U0901118

长庆石油勘探局年鉴

2008

长庆石油勘探局　编

石油工業出版社

图书在版编目（CIP）数据

长庆石油勘探局年鉴 . 2008 / 长庆石油勘探局编 .
北京：石油工业出版社，2009. 3
ISBN 978-7-5021-6995-4

Ⅰ . 长…
Ⅱ . 长…
Ⅲ . 鄂尔多斯盆地 – 油气勘探 – 工业企业 -2008- 年鉴
Ⅳ . F426.22-54

中国版本图书馆 CIP 数据核字（2009）第 011627 号

长庆石油勘探局年鉴
2008 / 长庆石油勘探局编

出版发行：石油工业出版社
（北京安定门外安华里 2 区 1 号　100011）
网　址：www. petropub. cn
编辑部：（010）64523594　发行部：（010）64523620
经　　销：全国新华书店
排　　版：石油工业出版社印刷厂
印　　刷：长庆油田分公司新闻中心印刷厂

2009 年 3 月第 1 版　2009 年 3 月第 1 次印刷
787×1092 毫米　开本：1/16　印张：48　插页：14
字数：1109 千字　印数：1—1050 册

定价：288.00 元
（如出现印装质量问题，我社发行部负责调换）

《长庆石油勘探局年鉴》
编　委　会

《长庆石油勘探局年鉴》
主编、副主编

编 辑 说 明

一、《长庆石油勘探局年鉴》是长庆石油勘探局主办的专业性企业年鉴，是一部全面记录长庆石油勘探局主要发展情况的编年书，是一部具有权威资料性的大型工具书。《年鉴》2008 卷全面、系统、真实地记述了长庆石油勘探局 2007 年建设发展的基本情况，向广大读者展示了长庆石油勘探局在“发展大油田、建设大气田、创建模范和谐矿区”实践中所取得的新成就。

二、本《年鉴》采用“板块式”结构，分类编纂，点面结合，把综合记述和条目记述相结合，力求全面客观地反映所记事项。全书分篇目、栏目、条目三个层次，以文字叙述为主，辅以必要的图表。

三、本《年鉴》内容包括总述，工程技术服务，生产服务、加工制造、低效油气储量合作开发，矿区服务，科技发展，质量安全与环境保护，对外合作与交流，企业管理与监督，精神文明建设，机构与人物，长庆石油勘探局所属单位概览，长庆石油勘探局大事纪要，附录共 13 篇。

四、《年鉴》2008 卷所引用的数据时间为 2007 年 1 月初至 12 月底，主要收集的是长庆石油勘探局 2007 年各项工作的资料。鉴于长庆石油勘探局于 2008 年 2 月 26 日与长庆油田分公司实行重组整合，中国石油天然气集团公司委托中国石油天然气股份有限公司授权长庆油田分公司对整合后的企业实行全面一体化管理，为保持历史资料的延续性和完整性，《年鉴》2008 卷收集了 2008 年 1 月 22 日召开的长庆石油勘探局 2008 年工作会议暨九届六次职工代表大会和 2008 年 2 月 26 日召开的长庆油田干部大会的有关资料。为保持《年鉴》的相对稳定性，编辑体例沿用了 2007 卷格式，仅在个别地方做了调整。

五、《年鉴》资料、稿件主要由长庆石油勘探局机关各部门、局属各厂（处）单位办公室、局档案部门及局年鉴编辑部的同志提供，各单位领导对本单位所提供的资料进行了审阅。

六、本《年鉴》中对机构名称采用首次出现用全称，随后出现用简称的处理方法。例如：“中国石油天然气集团公司”简称为“中国石油集团”，“长庆石油勘探局”简称为“长庆局”，“中国石油天然气股份有限公司长庆油田分公司”简称为“长庆油田分公司”，“钻井工程总公司”简称为“钻井总公司”等。

七、遵照年鉴编辑的有关规范，依据编写大纲和撰稿要求，年鉴编辑部对撰稿人提供的稿件进行了必要的编辑加工。主要是统一了全书的体例，规范了专业名词术语，删除了明显的重复，补充了部分资料，理顺了语言文字，力求做到文字顺畅、资料翔实、叙述简洁、数据准确。但由于编辑水平有限，疏漏和欠妥之处在所难免，恳请读者提出宝贵意见。

八、本《年鉴》所收数据虽经反复核实，但由于统计重点不同，来源渠道有别，截止时间也有差异，因此，难免存在收集不全、照顾不周，甚至相互矛盾之处。书中除特别指明者外，一般为规划计划处上报中国石油集团数据。

九、在本《年鉴》编辑和出版过程中，得到了局机关各部门、各厂(处)单位领导和同志们的大力支持和帮助。在此，谨向为本《年鉴》提供资料、审查稿件以及提供各种帮助的同志们，致以诚挚的感谢。

《长庆石油勘探局年鉴》编辑部

2008 年 12 月

中国石油

长庆石油勘探局

企业文化

企业理念：

战 略 制 胜

追 求 卓 越

和 谐 共 赢

企业精神：

攻 坚 啃 硬

拼 搏 进 取

2007年，在党的十七大精神指引下，长庆石油勘探局上下认真贯彻中国石油天然气集团公司工作会议精神，牢牢把握科学发展与构建和谐两大主题，按照“发展大油田、建设大气田，创建模范和谐矿区，把鄂尔多斯盆地建设成为我国石油天然气的重要能源基地”的总体要求，抢抓机遇、锐意创新、脚踏实地、埋头苦干，各项生产经营目标全面超额完成，企业综合实力显著增强，改革与管理积极稳步推进，广大干部员工、离退休职工和家属的根本利益得到较好的保证，企业的凝聚力、向心力明显增强，全局呈现出“好”字当头、快速发展、稳定和谐的良好局面。全年实现主营业务收入126.24亿元，比上年增长12.96%；企业增加值50.5亿元，比上年增长14.9%；资产总额197.33亿元，比上年增长29.65%；所有者权益113.08亿元，比上年增长40.56%；多元经济销售收入38亿元，比上年增长7.8%；固定资产投资32.3亿元，比上年增长55.39%；超额完成了中国石油天然气集团公司下达的各项业绩指标，全局共刷新和创造了70项历史新纪录。这些成果，标志着长庆石油勘探局迈上了科学发展的快车道。

《长庆石油勘探局年鉴（2008）》真实地记录了长庆石油勘探局2007年取得的新业绩、新战果；展现了广大员工解放思想，团结奋斗，不断开创科学发展、和谐发展、又好又快发展新局面的精神风貌。它和前七卷一起，构成了长庆石油勘探局在新世纪继承传统、开创未来的一幅绚丽多彩的画卷，是社会各个方面了解新时代长庆人的重要窗口。它融思想性、客观性、纪实性、资料性为一体，是长庆广大职工了解长庆、宣传长庆、建设长庆的一部具有很强史料价值的工具书。为此，年鉴编辑工作者付出了艰辛的努力。

由于2008年2月企业重组整合，这卷《年鉴》将成为长庆石油勘探局终卷本。但它所记载的历史在继续、在发展，长庆人的精神、文化和传统在继续、在发展，“服务油气发展、打造强势品牌、建设美好家园”的战略理念、思路和举措在继续、在发展，必将在新的时期得到更加辉煌的展现。我真诚祝愿长庆的明天更加美好！衷心祝福长庆人幸福安康！

苟三权

2008年3月

长庆石油勘探局局长、党委副书记苟三权在2008年工作会议上作报告

长庆石油勘探局党委书记、副局长曲广学在2008年工作会议上讲话

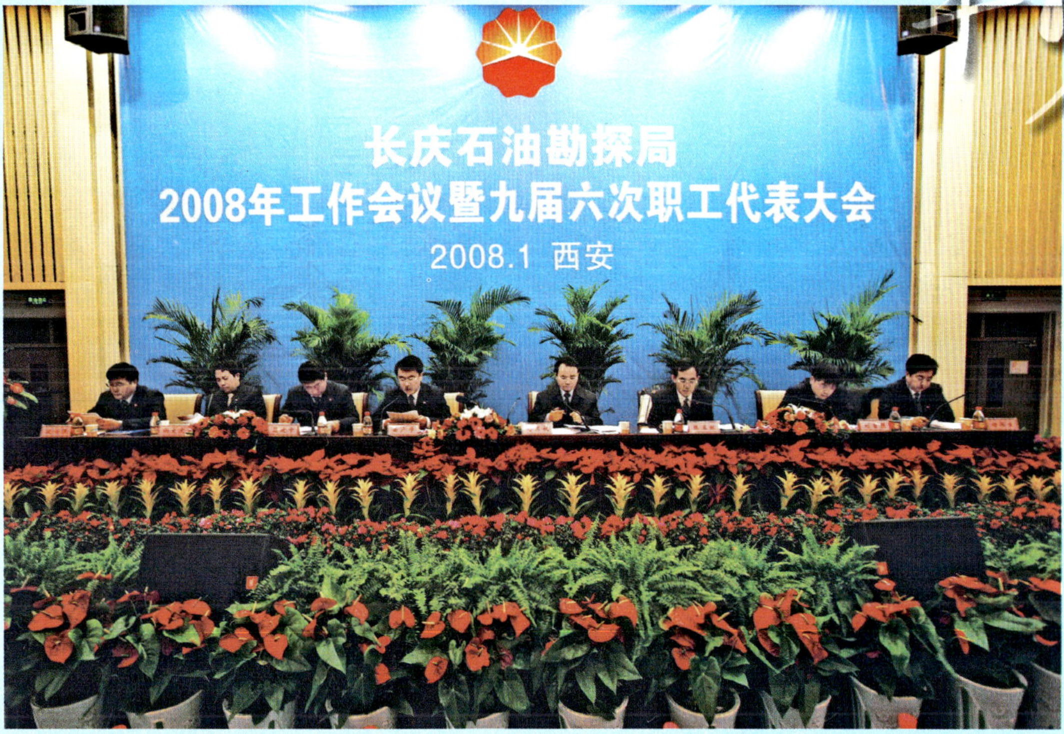

2008年1月29日，长庆石油勘探局在西安召开2008年工作会议

2007年5月12日，中国石油天然气集团公司总经理、党组书记，中国石油天然气股份有限公司总裁蒋洁敏深入长庆油田调研

2007年2月11—13日，中国石油天然气集团公司党组成员、副总经理周吉平到长庆进行工作调研

2007年11月23日，厄瓜多尔总统在西安接见长庆石油勘探局局长苟三权

2007 年 5 月 19 日，甘肃省省委书记、省人大常委会主任陆浩在长庆油田陇东生产一线检查指导工作

2007年2月8日，中国石油长庆培训中心在长庆未央湖揭牌成立

2007年2月9日，长庆油田向陕西石油普通教育管理中心捐赠1000万元教育教学资金

2007年3月20日，道达尔勘探与生产中国责任有限公司与长庆石油勘探局签订苏里格南项目服务合同

2007年5月17日，长庆石油勘探局召开医疗卫生系统业务整合暨矿区服务系统改革推进视频会议

2007年6月20日，长庆石油勘探局与壳牌中国勘探与生产开发有限公司签订了长北项目二期工程——井丛和管线的采购与施工合同

2007年7月31日，长庆油田矿区服务系统改革实施工作会议在西安隆重召开

2007年8月27日，长庆石油勘探局与土库曼斯坦地质公司在施工现场共同举行了尤拉屯气田12口气探井钻井工程开工典礼

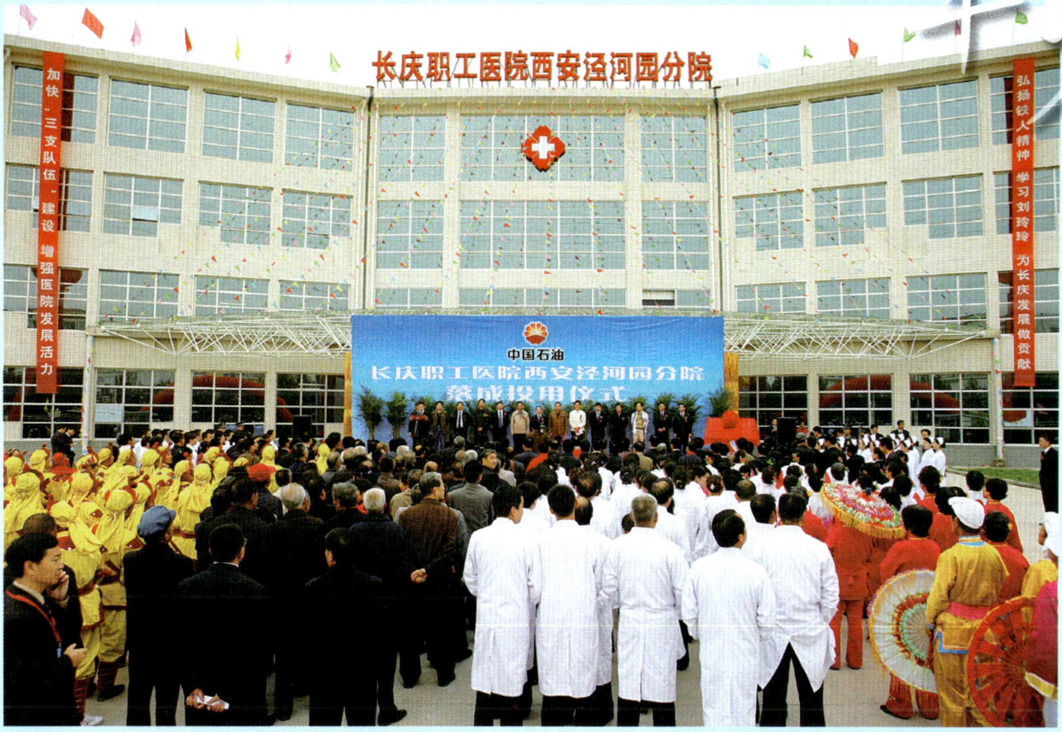

2007年9月29日，长庆石油勘探局在职工医院西安泾河园分院举行隆重而热烈的落成投用仪式

2007年10月15日，长庆石油勘探局组织广大干部群众收看党的十七大开幕盛况

2007年10月17日，长庆石油勘探局局长、党委副书记苟三权陪同以中国石油大学（北京）校长张来斌为组长的教育部专家考察组到西安石油大学实践教育基地——长庆工程技术研究院调研

2007年10月17日，长庆油田万套住宅建设工程之一——长庆湖滨花园开工奠基仪式在西安未央湖举行

2007年11月6日，长庆石油勘探局在西安基地召开长庆石油勘探局钻井年进尺突破400万米庆功大会

2007年11月26日，长庆石油勘探局在西安隆重召开井下作业试油压裂酸化突破6000层次庆功大会

2007年11月28日，长庆石油勘探局召开贯彻党的十七大精神务虚会

2007年12月10日，长庆石油勘探局在西安隆重召开低效储量合作开发年产油气当量突破60万吨庆功大会，并表彰先进集体和个人

2007年12月20日，长庆油田在西安隆重举行年产油气当量突破2000万吨表彰大会

2007年12月29日，长庆石油勘探局"技术大培训、岗位大练兵、技能大比武"活动总结表彰大会在西安召开

2007年6月26日，长庆石油勘探局局长、党委副书记苟三权在现场检查指导工作

2007年8月27日，长庆石油勘探局局长、党委副书记苟三权在土库曼斯坦施工现场慰问员工

2008年2月26日，中国石油天然气集团公司党组成员、副总经理，中国石油天然气股份有限公司副总裁廖永远出席长庆油田领导干部大会并作重要讲话

2008年2月26日，长庆油田召开干部大会，对长庆油田分公司和长庆石油勘探局实施重组

2007年11月9日，钻井工程总公司30653钻井队进尺突破8万米

土库曼分公司圆满完成了15、16井高压盐膏层钻井任务，攻克了世界级技术难题，为后续井作业积累了宝贵经验

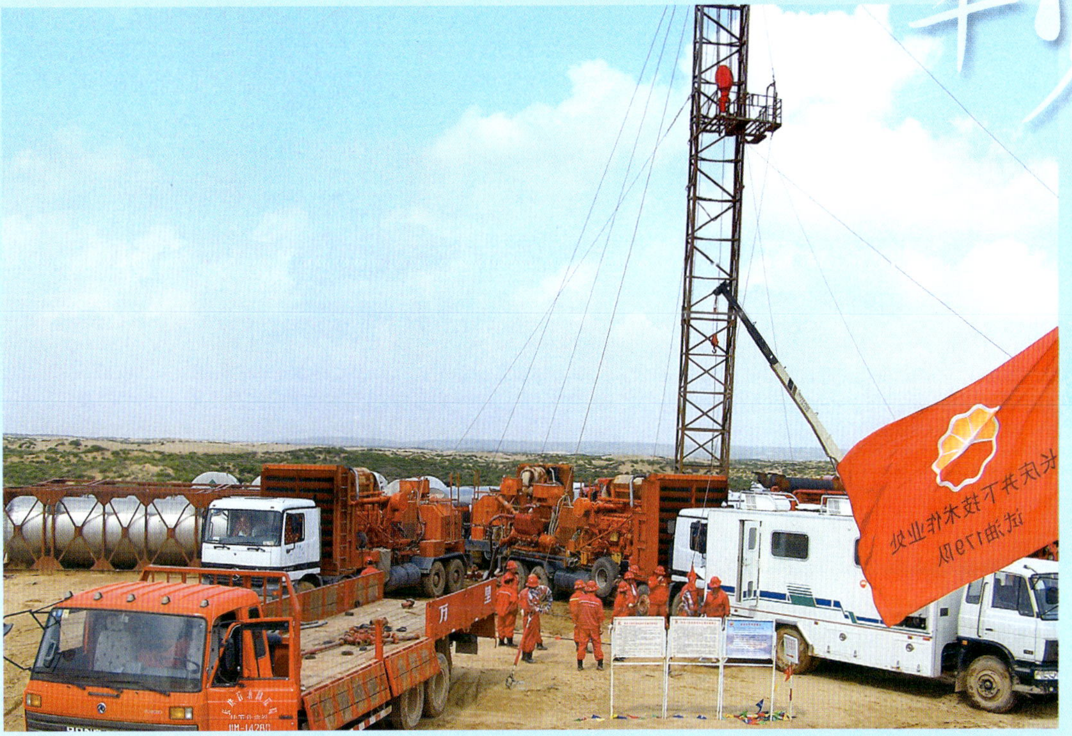

压裂施工现场

标准化修井作业施工现场

世界第三套、亚洲第一套直升机吊装钻机固控系统

苏里格气田骨架工程ϕ1016管线施工现场

采气技术服务处气井修井大队D15431队施工现场

现场应急演练

龙凤园鸟瞰

休闲生活

要　　目

目　录

第一篇　总　述

综　述

特　载

专　文

专　稿

第二篇　工程技术服务

钻井工程

录井工程

井下作业

工程建设

第三篇　生产服务　加工制造　低效油气储量合作开发

供水及发电供电

器材物资供应

通　信

运　输

加工制造

低效油气储量合作开发

第四篇　矿区服务

医疗系统改革

矿区服务系统改革

矿区服务管理

矿区建设

离退休管理

社会保险

公益服务

新闻工作

第五篇　科技发展

科技发展

信息化工作

第六篇　质量安全与环境保护

安全生产

环境保护

安全环保监督

质量、标准化、计量

节能节水

第七篇　对外合作与交流

对外交流与外事活动

国外项目运行与管理

技术装备引进

第八篇　企业管理与监督

企业管理

规划计划

财务资产

资本运营

物资采购与电子商务

审计监督

人事管理

第九篇　精神文明建设

第十篇　机构与人物

第十一篇　长庆石油勘探局所属单位概览

第十二篇　长庆石油勘探局大事纪要

第十三篇　附　录

长庆石油勘探局领导讲话

长庆油田干部大会领导讲话

附　表

编后记

第一篇

总　　述

综 述

2007年长庆石油勘探局工作情况概述

【概述】 长庆石油勘探局（以下简称长庆局）始建于1970年，是中国石油天然气集团公司（以下简称中国石油集团）直属的综合性地区服务公司，主要提供从油气田勘探开发到地面建设、炼化设施安装与维修等一系列工程的技术和生产服务，经营范围涉及8个板块共39类业务。国内主要工作区域在鄂尔多斯盆地，横跨陕、甘、宁、蒙、晋五省（区），国际市场业务已拓展到南美、中亚、东南亚等地区。截至2007年12月31日，长庆局设置机关职能处室23个，机关附属10个；长庆局矿区服务事业部设机关职能处室9个，机关附属2个；长庆局直属单位55个（其中矿区服务事业部直属单位19个），其他机构2个，局管项目组6个。共有职工30828人。

2007年，长庆局牢牢把握科学发展与构建和谐两大主题，按照“发展大油田、建设大气田，创建模范和谐矿区，把鄂尔多斯盆地建设成为我国石油天然气的重要能源基地”的总体要求，抢抓机遇，锐意进取，各项生产经营目标全面超额完成，全年取得了以钻井为“龙头”的提速工程、低效油气储量合作开发和外部市场开发等10项重大成果，企业综合实力显著增强，改革与管理积极稳步推进，企业的凝聚力、向心力明显增强，呈现出“好”字当头、快速发展、稳定和谐的良好局面。全年实现主营业务收入128.94亿元，比2006年增长12.96%；企业增加值54.4亿元，比2006年增长16.3%；资产总额197.55亿元，比2006年增长29.65%；所有者权益113.08亿元，比2006年增长40.56%；多元经济销售收入38亿元，比2006年增长7.8%；固定资产投资31.2亿元，比2006年增长52%；超额完成了中国石油集团下达的各项业绩指标，全年共刷新和创造了70项历史新纪录。

【工程技术及生产服务】 以保障长庆油气当量实现2000万吨为己任，确立了“靠技术提速、靠管理提速、靠和谐提速，保证安全、保证质量”的提速原则，建立了机构，明确了目标，形成了激励机制，分区域、分区块、分井型制订方案，突出重点勘探开发区域、特殊工艺井施工，实现了工程技术服务整体持续提速。钻井、录井、井下作业再创新高，打出了长庆速度，创出了长庆品牌，确保了长庆油气大发展；生产服务加快工作节奏，优化服务流程，努力提供优质高效的服务，较好地发挥了保障作用。

（1）钻井生产：开钻1879口，完井1873口（其中，天然气探井93口，石油探井7口，天然气开发井168口，石油开发井1605口），完成钻井进尺422.01万米，比2006年增长14.38%。钻机月速度4986米/（台·月），井身质量合格率100%，平均动用队年进尺38795米/（队·年），钻机利用率92.50%，钻井队利用率92.50%。

固井1837口，比2006年净增246口，增长 15.46%。油层套管固井合格率 100%，平均动用固井队年效率 370 口/（队·年），固井队利用率 70.86%。

录井 1988 口，比 2006 年净增 358 口，增长 21.96%。平均动用录井队年效率 21 口/（队·年），录井队利用率 75.68%。

（2）试油及井下作业：井下作业试油 2035 层，比 2006 年净增 484 层，增长 31.21%，试油交井 2278 口，比 2006 年净增 518 口。平均动用试油队年效率 38.50 层/（队·年），试油队利用率 81.95%。井下作业 21641 井次，比 2006 年增长 7.79%。完成作业井 19173 口，比 2006 年净增 642 口，增长 3.47%。

（3）建筑施工：签订工程合同金额 24.13 亿元，比 2006 年增长 40.60%。总承包工程完成产值 15.36 亿元，比 2006 年增长 0.24%。自行完成施工产值 10.90 亿元，比 2006 年增长 2.39%。

（4）供水供电：完成供水量 2002 万立方米，比 2006 年增长 1.45%。供水商品率 97.18%，供水损失率 1.32%。完成发电量 25047 万千瓦·时，比 2006 年增长 2.45%，供电量 143498 万千瓦·时，比 2006 年增长 10.54%。供电商品率 96.79%，网损率 2.35%，负荷率 76.19%。

（5）运输：完成货运量 306.06 万吨，比 2006 年增长 7.25%。货运周转量 76068.94 万吨·千米，比 2006 年增长 12.77%。客运量 357.26 万人次，比 2006 年增长 2.71%。客运周转量 28067.6 万人千米，比 2006 年降低 5.72%。车辆完好率 94.63%，车辆工作率 83.57%。

（6）物资供应：完成物资购进量 61.87 亿元，比 2006 年增长 16.04%。完成物资售出量 61.22 亿元，比 2006 年增长 15.90%，物资周转次数 7.06 次。

（7）加工制造：完成机械制造及修配产值 6.82 亿元，比 2006 年增长 18.53%，完成机械制造及修配销售产值 6.79 亿元，比 2006 年增长 19.28%。完成机械加工量 5.07 万吨，比 2006 年增长 3.19%。抽油机制造 2640 台，比 2006 年增加 90 台；压力容器制造 463 具，比 2006 年减少 44 具；抽油泵制造 6183 台，比 2006 年增加 270 台。

（8）通信：交换机总量 78788 门，比 2006 年增加 862 门，实装单机 55118 台，比 2006 年增加 250 台，中继电路 11100 路，比 2006 年增加 1500 路，中继电路长度 3231 千米（其中，微波电路长度 1064 千米，光缆电路长度 2167 千米），互联网用户接入端口 27600 门，比 2006 年增加 7600 门。

（9）合作开发油气田：生产原油 30.16 万吨，比 2006 年增长 91.98%。油田产能建设开钻 252 口，完井 252 口，进尺 54.40 万米，新增原油生产能力 20.03 万吨/年，完成投资 9.66 亿元。生产天然气 40474 万立方米，比 2006 年增长 138.18%。气田产能建设苏里格气田开钻 111 口，完井 106 口，进尺 36.72 万米，完成投资 7.99 亿元。

【科技创新】　完成重点科技项目 45 项，申报国家专利 58 件，获得各类科技成果奖 44 项，其中多分支水平井钻完井技术获中国石油集团技术创新奖一等奖。在重大技术攻关上取得 7 项成果。研制出水平井分段压裂机械封隔工具并在吴平 10 井进行了 4 段压裂试验获得成功；开发出具有高携砂、无固相、性能优良的稠化水酸性清洁压裂液，现场试验增油效果明显；0.3 毫达西特低渗透油藏增产改造取得了新进展，采用多裂缝加前置酸复合压裂技术完成了 28 口井的压裂施工，提高产能近 80%。水平井钻井技术集成效果明显，全年完成油井水平井 29 口，气井水平井 2 口，油井水平井平均机械钻速 18.63 米/小时，比 2006 年提高 42.21%；气井试气压裂高效施工技术研究成效明显，施工成功率达98%，单井平均试气周期缩短25天。建设工程总公司与长庆科技工程公司在苏里格气田探索实践“标准化设计、模块化建设”的模式取得重大突破，被称为“中国石油新的建设模式”，并在中国石油集团全面推广。

【安全 环保 质量】 坚持安全发展、清洁发展理念，扎实开展“安全环保基础年”活动，突出安全环保责任落实和重点领域安全监管，大力推进HSE体系和安全文化建设，着力夯实基层基础工作，有效地控制了安全环保事故的发生，安全环保整体达标。

（1）安全生产。层层签订安全环保责任书，修订安全环保责任考核制度，把安全环保控制指标分解落实到所属单位，并与领导业绩、单位工资总额挂钩。定期召开了长庆局HSE管理委员会会议，分区域、分季节、分专业召开了5次安全环保监管工作会，及时研究解决安全环保重大问题和事故隐患。组织开展安全试油（气）工艺技术研究、钻井液中H_2S综合处理技术研究、低分子环保型压裂液研究。在井筒作业现场应用了固定无线式8通道、4通道气体检测仪，智能可寻址H_2S检测装置、防爆型防碰天车装置。推广GPS车辆监控系统，在运输处试点引进驾驶员驾驶适应性检测系统，在油气站库安装自动探火、灭火装置。投入1.36亿元治理安全环保隐患69项。其中安全防护设施及检测仪器安全技术装置配备项目21个共1646台套，设备设施更新改造、基建改造项目共37个，其他治理项目11个。投资800万元重点对80个钻井液池进行了整治，投资990万元建成清洁文明井场57个。局属各单位先后投入1550万元整改事故隐患。发布了长庆局《安全文化手册》，在全局开展“百日安全文化系列活动”和“安全文化到基层”活动，把鲜活的安全环保故事编排成文化艺术节目，引导教育职工，切实增强广大职工的自警、自律意识和自防、自救能力。

（2）安全监督。建立长庆局对厂（处）单位“巡视督察、业务指导、监督考核”的运行机制；厂（处）单位建立垂直管理、异体监督机制，采取“派驻监督、巡回监督、区域监督和项目监督”的运行模式；生产作业现场采取“重点工序旁站监督、关键作业全程监督、要害部位巡回监督”的模式。以井控安全、油气区防火防爆、交通安全、隐患治理为重点，组织开展5次大型安全环保监督检查，检查基层单位及生产作业现场325场次，召开座谈会60多场次，下发整改通知单151份，现场责令停工1次，累计查出并纠正各类隐患和问题1068个。组织HSE体系内审检查、国庆节安全监督检查、两次冬季安全环保监督检查，督促各单位开展监督检查，查出各类隐患和问题15100多个，并及时组织整改，对消除隐患、防止事故的发生起到了有力的促进作用。

（3）环境保护。认真落实环境保护目标责任制、大力推行清洁生产、严格建设项目管理、强化污染防治，大力实施污染减排等举措，全面提高了环保管理水平，取得较好的环境保护绩效。环境保护达到中国石油集团提出的“一杜绝、两达标”控制要求；“三废”排放达到政府规定的排放标准要求，新建项目达到“三同时”建设标准要求。钻井作业落实了钻井液池铺设防渗布、岩屑在井场选择合理地点堆放并进行掩埋等措施。试油作业落实了抽汲时天滑轮安装防护罩、排污坑铺垫防渗布等措施。修井作业落实了清洁生产措施，推广绿色修井技术。采油、采气等单位，推行标准化井场建设，确保废水全部回注，杜绝废水外排。苏里格气田开发项目组投入900万元，进行80个废弃钻井液池的固化处理，低效储量合作开发项目组投入990万元，进行了66个井场的标准化清洁文明井场建设。油气田地面建设、筑路、管道、水电施工及通信电缆敷设等加强在湿陷性黄土和荒（沙）漠区域施工过程中的生态保护，并制定预防和控制措施，减少对生态环境的影响。生活基地、医院等固定源，重点加强了对处理设施的运行监控和管理，确保了环保设施正常运行。生产生活基地本着建设绿色社区、生态小区的宗旨，建立小区微循环水系统和种植耐旱植物等多种手段，营造绿色健康的人居环境，真正做到“人与自然的和谐”，泾河园小区获2007年度国家环保总局“全国绿色社区创建先进单位”称号。

（4）质量工作。截至2007年底，已经有包括主要工程技术服务、生产技术服务单位在内的29个厂（处）单位、基层单位通过了质量体系认证。局属单位、局控股单位生产的产品均已纳入产品质量认可范围；外部产品质量认可有效证书795个。对生产中采购的重点物资，开展了两次局内产品质量监督抽查，共抽查153批次，合格145批，综合合格率94.8%。认真开展质量月活动，动员和引导广大员工提高施工质量、产品质量和服务质量，营造人人关心质量，人人重视质量的良好氛围，推动长庆局生产经营工作顺利开展。组织1450名同志参加了中国质量协会组织的新一轮《全面质量管理基本知识》全国统考；组织23名同志参加了中国质量管理协会组织的全面质量管理普及教育师资培训班；组织4名同志参加石油质协举办的“石油工业质量学术论坛”，获一等奖3项、二等奖1项。2007年，长庆局获得全国优秀质量管理小组2个；石油工业QC小组活动优秀企业2个；中国质量协会石油分会石油工业QC小组一等奖2项、二等奖3项、三等奖1项；石油工业信得过班组2个；石油工业QC小组活动卓越领导者1名、石油工业QC小组活动优秀推进者3名；全国工程建设优秀QC小组1个；石油工程建设（施工企业）优秀QC小组一等奖1个、二等奖1个；石油工程建设（勘察设计）优秀QC小组成果二等奖3个、三等奖1个；陕西省工程建设（勘察设计）优秀QC小组二等奖4个；甘肃省优秀质量管理小组优秀奖4项；甘肃省质量管理小组活动卓越领导者1名。

（5）节能节水。2007年，全局总用能37.73万吨标煤，其中，工业用能33.90万吨标煤，非工业用能3.83万吨标煤。新鲜水总用量1177.82万立方米（其中，工业用水977.85万立方米，非工业用水199.97立方米），总用能比2006年上升7.21%，工业用能上升8.28%，非工业用能下降1.4%。其中原煤上升8.44%，天然气上升5.63%，电上升0.89%，汽油上升4.64%，柴油上升7.35%，新鲜水总用量上升8.72%。全局共投入节能技改资金4373.7万元，实施节能节水技术措施34项，新建技术措施节能能力1.6095万吨标煤。企业增加值综合能源单耗0.72吨标煤/万元，工业总产值单耗0.37吨标煤/万元，比2006年分别下降4.17%、5.41%；节约各种能源1.3404万吨标煤，节约价值4222.4万元；节约新鲜水34.8万立方米，节约价值127.5万元。超额完成中国石油集团下达节能量1.0万吨标煤、节水量30万立方米的任务指标；累计完成“十一五”节能规划下达节能量的72.35%，节水量的84.4%。

【外部市场开发】 坚持“积极、稳健、有效”的原则，积极拓展高收益的海外项目，全年实现收入4.42亿元，国际竞争力和企业知名度明显提升。4月10日，与土库曼斯坦签订了尤拉屯气田12口天然气井钻井总包合同，总金额近12亿元。在前2口井施工中攻克了高压盐膏层钻井技术“瓶颈”，顺利完成了高压盐膏层的钻井固井作业，使长庆局超深井、高难度复杂地层钻井技术赶上并达到了国际、国内先进水平。积极参与土库曼斯坦阿姆河项目，进一步拓展土库曼海外市场。

南美厄瓜多尔市场取得新进展，AP项目顺利"交钥匙"，回收资金1亿美元，新增钻机1部，新落实工作量4500万美元；成功修复一口出油量接近枯竭的38年老井，日增产6倍，为后续市场开发打开了新局面。在乌兹别克斯坦市场签约钻机服务项目合同金额701万美元。反承包市场成功中标壳牌长北二期滚动开发项目和道达尔营地服务、井场建设等9个项目，合同额4.14亿元。国内新疆市场深井和复杂工艺井的工程技术服务能力进一步增强，全年完成进尺6.4万米；积极拓展油气田建设、长输管道和道桥业务，中标合同金额达1.5亿元，并积极参与山西煤层气集输及集中处理厂建设。随着坚定有力的"走出去"步伐，外部市场正在成为长庆局新的经济增长点。

【深化改革】 整合医疗卫生系统业务，分区域组建3个医院。组建长庆局矿区服务事业部，涉及职工近8000人，矿区服务新型管理体制基本建立，各项工作步入正轨。将多元经济企业的钻井、井下、录井业务全部移交到长庆局主营业务进行管理，共移交钻机、试油气机组和录井设备125台（套），移交从业人员2181人。中国石油集团支持长庆局收购资金6.24亿元，对60家职工持股公司进行规范清理，顺利完成了职工股的回购工作，全局法人实体由2006年的86家减少到38家。按照专业化、扁平化的思路，进一步理顺钻井总公司内部管理体制，组建了固井、管具公司；跟进服务油气发展，拓展服务市场，组建定边采油技术服务处和采气技术服务处；加强设备管理和报废资产管理，统筹全局机械制造业务，成立了机械动力处；落实中国石油集团"监管分离、异体监督"的要求，成立了安全环保监督部；按照专业化、集约化的管理思路，组建成立长庆化工集团；根据中国石油集团统一部署，接管了西安石油勘探仪器总厂；平稳移交了分布在陕甘宁三省（区）的37个加油站和油库的管理权。

【财务资产管理】 深化资金集中管理，强化全面预算管理，提高预算控制能力，贯彻实施新企业会计准则，提升会计信息服务管理功能，积极研究国家财税政策，营造和谐"企税"关系，稳步推进财务内控体系建设，切实提高财会队伍素质，圆满完成了年度工作目标。

（1）指标完成：2007年实现营业收入128.94亿元，资产总额197.55亿元，较好地完成了中国石油集团下达的预算指标。

（2）预算管理："一厂一表"编制各单位考核情况表，为经营责任制考核工作奠定扎实基础；完善预算编制机制，夯实年度经营工作目标。按照企业经营管理需求，结合各单位主营业务特点，分类别制定预算编制方案和方法，与全局38家单位"一对一"沟通，完成2007年度企业实施预算编制工作，进一步提高了预算编制科学化水平。为确保完成中国石油集团下达的年度经营指标，12月份编制完成长庆局2007年调整预算总体方案及所属基层单位的调整预算，夯实了企业经营工作目标。

（3）会计核算：历时近90天，完成长庆局2006年财务决算工作，于2月2日向中国石油集团进行专题汇报，会计报告经会计师事务所审计，取得无保留意见的审计报告，真实反映了长庆局2006年经营成果与财务状况，并荣获中国石油集团2006—2007年度报表评比二等奖；2007年元月1日起执行新企业会计准则，长庆局认真做好新会计准则的培训与衔接工作，及时研究并解决新旧准则衔接和转换过程中的问题，实现了平稳过渡；综合运用财务分析方法，对长庆局的偿债能力、营运能力、盈利能力和发展能力进行综合分析评价，分析长庆局的综合经营理财及经济效益，为管理决策提供科学的信息支持。

（4）资产管理：进一步加强实物类资产

全过程动态管理，确保资产账实相符。对资产报废、核销及减值准备的计提与转回严把审核关，较为真实地反映企业资产状况。合理调整并优化资产结构，加强实物资产动态管理，盘活存量资产，提高资产使用效益；优化企业内部经济资源配置，着力组织长庆局专业化整合中的资产界定与整合工作。对长庆局及下属 6 个投资公司国有产权变动情况进行全面清理、审核，完成了 2006 年国有资产产权登记工作。

(5) 资金管理：编制 2007 年度货币资金总预算及分解资金预算，完善总分账户运行模式，拓展网上银行功能，进一步提高资金集中度。加强往来账管理，加大关联交易资金清兑清欠力度，有力确保企业生产经营正常运行，确保长庆局重点工程建设的资金需求。经过油田双方共同努力，关联交易封闭结算于 8 月 1 日正式试运行，为中国石油集团全面推行封闭结算积累了经验。依托中国石油集团境外资金管理平台，结合长庆局境外业务发展情况，制定并启动境外资金收支两条线管理，加强境外资金的监管力度，有效防范了境外项目资金运行风险。高度重视社会保险资金、住房资金和工会经费等表外资金管理工作，建立报表管理制度，完善内控程序，明确管理监督责任，确保长庆局表外专项资金管理规范、使用规范，切实保障和维护职工利益。

(6) 税收管理：认真研究国家现行企业所得税政策，做好企业扭亏为盈的所得税筹划，切实降低税收成本；研究特定地区石油勘探开发进口设备征免税及出口退税的各项财税政策，事先筹划，防止纳税争议；研究出口退税政策，加强出口退税业务管理，开展境外工程技术服务项目设备、材料等出口退税及境外工程项目纳税筹划研究工作，切实降低境外项目经营风险；积极配合税务部门税收征管工作，保持和谐企税关系。按照主管税务机关的安排，圆满完成 2006 年度企业所得税纳税调整及汇算清缴工作，积极配合石油天然气行业纳税评估、“秦税工程”系统上线等专项工作，主管税务机关对长庆局税收管理工作给予了充分肯定。

【审计监督】 按照构建“事前参与、事中监控、事后评价”全过程审计工作格局的要求，充分发挥内审在企业管理中再管理、再控制和再监督的特点，实现“全方位、全覆盖、全过程”审计工作目标。共完成各类审计项目 119 项，累计审计资金工作量 223.89 亿元，审计中发现各类违规、违纪金额及影响经济效益金额 9015.87 万元，基建维修工程、支出性合同等资金结算审计直接审减金额 2559.01 万元。分别对 22 个单位、部门进行审计督察，督察整改资金 6575.83 万元。财务审计坚持“网上在线实时审计”与集中现场审计相结合的审计方式，对 35 个登录财务中央服务器直接记账集中核算的单位，实行分类管理，对 14 个主要生产经营单位（控股公司）进行经营成果考核审计，审计查证资金 143 亿元，审计发现影响年度经营成果问题金额 998.9 万元，对 6 个单位的上报年度内部利润额进行了调减。先后完成第二采油技术服务处、机械厂等单位 10 名厂（处）领导的离任经济责任审计工作，共审计资金 32.88 亿元，发现问题金额 8016.97 万元，客观评价了离任者任职期间的经济责任。组织审计人员 173 人次深入施工现场，参与建设项目招标等重点环节，严格结算审计关口，累计审计建设资金 46599.1 万元，审减不合理工程造价金额 459.46 万元，取得较好的审计成果。审计人员共参与招标及商谈会议 2536 次，涉及金额 32.09 亿元，现场提出审计意见 121 条，采纳后降低合同价款、取得间接审计成果 7131.55 万元；开展合同签约前和结算付款前审计，累计审计合同和结算资料 11675 份，审计金额 70.35 亿元，直接审减金额411.51万元。同时，开展了西气东输、安全环保资金、工会经费、普教移交、重点科技项目经费、多元经济职工持股、多元经济企业移交、固定资产投资等专项审计及审计调查工作，重点突出对“难点、热点、盲点”领域的审计，较好地发挥了审计的监督作用。

【基层建设】 长庆局深入贯彻落实《中国石油天然气集团公司基层建设纲要》，召开基层建设工作推进会，专题研究部署基层建设工作。树立20个基础工作扎实、特色鲜明的基层建设示范点，进行现场观摩和经验交流。全局有201个基层队站完成示范点推进工作，占到基层单位总数的14.2%。将“五型”班组创建活动与基层建设示范点推进工作紧密结合，制订基层建设示范点三年推进计划方案和“五型”班组创建活动规划方案。在全局范围内集中5个月时间，深入开展“发扬大庆精神、铁人精神，学习刘玲玲，为长庆发展作贡献”主题教育活动，推出中国石油集团“十大标兵”刘玲玲、“中国石油·榜样”周丰两个在中国石油集团叫得响的先进典型，举行了“刘玲玲女子焊工班”命名仪式。各基层单位也树立了一批先进典型，促进了基层建设的不断发展。

【人才培养】 制订《局属单位（部门）领导人员后备人选推荐选拔工作实施方案》，举办两期共81人参加的后备干部培训班，组织各类管理干部培训班20期，培训管理人员1219人次。建立起一支数量适宜、素质较高、结构合理、专业配套的领导人员后备人选队伍，有效推进了领导人员队伍的年轻化，处级领导人员队伍平均年龄下降1.1岁。加强干部的跟踪考核与督察，完善相关考核办法，对55个局属单位及4个改制企业的395名领导人员进行了全面考核。继续推行民主、公开、竞争、择优的干部选拔任用机制，全年公开竞聘领导人员5名。进一步加大基层与机关、基层单位之间的人员交流力度，全年交流领导人员91名。重点加强两级技术专家、科研人员和一线关键岗位人员的培养。持续推进“万千培训工程”。广泛开展“技术大培训、岗位大练兵、技能大比武”活动，大力实施能力建设、技术创新、技能提升、学历层次提升及国际化骨干人才五项培训，局培训中心被中国石油集团确定为重点建设培训基地。加大操作技能人才技能鉴定和技师考评力度，全年共鉴定1.1万人次，114人取得技师、高级技师职业资格。承办陕甘宁三省（区）“长庆杯”13个工种的职工职业技能决赛，组织长庆局第十四届职业技能大赛，涌现出了15名技术状元、33名技术标兵、122名技术能手。全局共举办各类培训班1129期，培训2.9万人次，完成年培训计划的111.5%，比2006年增长28%。

【和谐矿区建设】 “万套住宅建设工程”全面推进，在西安、银川等基地顺利开工10582套职工住房；争取政策，确保兴隆园小区的户型面积，顺利完成住房配售工作；投资3.2亿元，对调整关闭基地的1.3万余套职工已购住房进行回购处理。各物业服务处积极开展矿区服务工作“创优达标”活动，业主服务满意度达到94.25%，有3个小区荣获“全国绿色社区创建单位”称号。各驻外办事处提高服务水平，进一步发挥了“窗口”作用。提高了有偿解除劳动关系人员再就业困难补助、基地服务类再就业岗位报酬、劳动家属生活补贴等标准。新征地220亩，开工建设定边生产基地，续建靖边生产基地；投资7673万元，新购789套野营房；切实关心一线职工的婚恋问题，为47对新人举行了大型集体婚礼；组织慰问团深入一线队站演出，丰富员工业余生活。为困难员工家属发放生活、医疗、助学、再就业帮扶资金4000余万元，慰问离退休人员2600万元。投入数亿元为员工建立各项社会保险及有关商业保险。

投入5100万元，购置各种医疗设备，组织开展“送健康到一线”服务活动，进一步完善医疗卫生和应急救护体系；长庆职工医院西安泾河园分院建成投用，为周边2万多户油田员工家庭提供健康就医保障。先后出台职工遗属生活补贴标准、油田无住房职工在外购房补贴、合同制员工购房政策及物业补贴政策等。拓宽就业渠道，使1000余名油田员工子女中的大中专院校毕业生实现就业，近4000名油田职工子女实现身份转聘。加大对基础教育的支持力度，向陕西石油普教中心捐赠1000万元，慰问教师500万元，确保油田子女得到高质量的教育。认真履行社会责任，主动向地方党委、政府汇报工作，支持和带动地方经济发展。油田双方捐赠2600万元支持甘肃庆阳市、宁夏固原市抗旱扶贫及陕西白于山地区人饮工程。陕西省渭南中医学校地热井发生井喷后，迅速出动设备和人员，制服井喷，并承担全部抢修费用，在社会上引起强烈反响，树立了良好形象。

【精神文明建设】　党的建设、班子建设、企业文化建设和群团工作全面加强。紧密围绕生产经营中心任务，切实加强和改进党建和思想政治工作，创造有利于加快发展、和谐发展的环境。扎实贯彻落实中共中央关于保持共产党员先进性长效机制“四个文件”精神，召开党建工作研讨会，落实党建工作责任制，大力推进基层党支部“六个一”创建活动，局领导班子成员和机关部门明确42个创建联系点，党建工作得到甘肃省委组织部的高度赞誉。认真开展“四好”领导班子创建活动，各级班子的整体功能和领导管理能力进一步提升。在局处两级领导干部和两级机关开展“公开承诺、转变作风”活动，促进领导干部和机关工作作风的转变。严格落实中纪委八项规定，加强廉洁文化建设，营造“以廉为荣、以贪为耻”的良好风尚。效能监察工作取得阶段性成果，挽回经济损失66.02万元。培育刻树4个具有长庆特色的企业文化示范基地，颁布实施长庆局《企业精神理念体系》和《员工行为规范体系》，长庆局被评为“中国文化管理先进单位”。积极推进社会主义荣辱观教育进岗位、进班组、进社区，总结了“特别能吃苦、特别能战斗、特别能负重、特别能奉献、特别能创造”的核心文化，得到广大员工的高度认同。各级工会组织认真履行职责，完善以职代会为基本形式的民主管理，长庆局荣获“全国厂务公开民主管理先进单位”称号。各级组织关注员工身心健康。及时出台并推进落实员工带薪休假、疗休养制度，提高了补贴标准，分批启动了劳模先进疗养工作，先后组织四批73名先进个人国内疗休养，19名劳动模范赴澳大利亚、新西兰疗休养，组织近百名处级干部外出疗休养。共青团组织引导广大青年岗位成才，充分发挥青年突击队的作用。各级武装保卫部门努力创建“平安长庆”，发挥了积极作用。2007年，沈双平等8名同志分别获得全国“五一劳动奖章”、陕西省劳动模范、甘肃省“五一劳动奖章”，同时第二采油技术服务处电焊工刘玲玲获得中国石油集团“十大标兵”、井下技术作业处技术带头人周丰获石油榜样等光荣称号。各条战线共有25个集体、41名个人、10幅作品获得了省部级以上荣誉称号。

（李三卫　任　龙）

特 载

长庆石油勘探局审计督察实施办法

（2007年1月10日长庆石油勘探局
以长局发［2007］4号文发布）

第一章 总 则

第一条 为严格执行财经法纪，规范企业经营行为，全面落实审计意见，确保企业经济安全，结合长庆局实际，制定本办法。

第二条 本办法所称审计督察，是指由长庆局审计主管部门组织实施，针对国家审计、社会审计、内部审计等各类审计机构对长庆局及所属单位进行的各类审计活动，所提出问题、意见、建议的整改落实情况进行的监督检查活动。

第三条 长庆局审计处履行长庆局审计总督察职责，下设审计督察科或专职审计督察人员。局属厂（处）单位的内部审计督察工作由本单位审计机构负责。

第二章 督察内容及范围

第四条 审计督察的内容及范围包括对国有资金、企业自有资金、表外资金审计发现的各类问题的整改落实情况。

（一）国家审计对企业审计中提出的问题、意见的整改落实情况；

（二）社会审计对企业审计中提出的问题、意见的整改落实情况；

（三）中国石油集团、长庆局内部审计在审计中提出的问题、意见的整改落实情况。

第三章 督察督办责任

第五条 长庆局对整改落实情况实行责任制和责任追究制度。发生问题的单位、部门为落实整改意见、回复整改报告的责任主体。

第六条 长庆局相关业务主管部门对整改落实情况负有督察督办的责任，并对整改回复报告复核把关。

第七条 接受审计检查的单位或部门，依据审计报告书、审计意见书、审计决定书、审计建议书提出的要求、意见和建议，落实审计部门提出的意见和建议，必须在接到相关审计文书30日内对问题进行整改、对管理控制缺陷进行规范。

第八条 相关责任单位或部门，必须如实反映整改情况，并对所提供各种资料的真实性负责。

第九条　审计督察结果由审计督察部门定期编制审计督察报告上报长庆局。

第四章　督察督办程序

第十条　相关业务主管部门在收到审计部门出具的审计报告书、审计意见书、审计决定书、审计建议书等书面文书，3 日内提出意见并连同局领导批件一并抄送审计督察部门备案，并书面通知需要整改落实的单位或部门进行整改。

第十一条　责任单位或部门依据相关文书的要求，应召开专题会议、研究落实整改措施，明确责任人及整改时间，并在规定的 30 日内提交整改回复报告及相关整改证明资料复印件，上报业务主管部门和审计督察部门。

第十二条　审计督察部门对整改落实情况进行跟踪监督检查，并对落实整改工作不力的单位或个人提出追究责任建议，确保发现的问题得到及时整改，意见、建议得到落实，管理控制缺陷得到规范和完善。

第十三条　相关业务主管部门对整改落实回复报告审核把关并签署意见，经主管领导批准后，负责向上级业务主管部门和实施审计的审计部门书面报告，同时抄送长庆局审计督察部门备案。

第十四条　审计督察部门依据相关书面文书，编制审计督察方案并实施现场审计督察工作，出具单项或综合审计督察报告，并提出处理、处罚建议。

第十五条　审计督察部门根据长庆局领导的批示下达审计督察处理、处罚意见书。

第五章　处理、处罚规定

第十六条　审计督察处理、处罚依据国家、中国石油集团和长庆局相关规定执行，采取的主要方式有：

（一）责令限期改正；

（二）责令书面检查；

（三）通报批评；

（四）扣发奖金；

（五）情节严重的，按照有关规定移交纪检部门给予党纪、政纪处分。

第十七条　本办法自 2007 年 1 月 1 日起施行。

长庆石油勘探局建设工程造价管理办法

（2007 年 1 月 15 日长庆石油勘探局
以长局发［2007］5 号文发布）

第一章　总　　则

第一条　为了规范长庆石油勘探局（以下简称长庆局）建设工程造价管理工作，合理确定建设工程投资和技术服务价格，切实保证各项建设工程投资、成本及费用经济合理，根据国家及石油行业的有关规定，结合长庆局具体情况，特制定本办法。

第二条 本办法所称建设工程造价，是指工程项目按照确定的建设内容、建设规模、建设标准、功能要求和使用要求等全部建成并验收合格交付使用所需的全部费用。地面工程费用包括设备及工、器具购置费、建筑安装工程费、工程建设其他费、预备费，还包括按规定应计取的建设期贷款利息等有关税费；勘探钻井工程包括直接费、其他直接费、间接费（管理费、HSE 费、科学技术发展费）、风险费、利润和税金等费用。

第三条 工程造价管理是指各级建设管理部门运用科学的方法和相应的技术手段，为确保建设工程的经济效益和管理效益，对建设工程造价进行全过程、全方位的业务管理活动。工程造价全过程管理应认真执行国家、工程所在地人民政府的相关文件政策，以及中国石油集团和长庆局的有关规定。

第四条 凡长庆局负责实施建设、拟建和承建的工程项目，包括油气田地面建设工程（含基地建设、矿区配套、维修工程、油气田合作开发、化工延伸、通信、电视、公路、抗震和防汛等工程）和钻井工程（含钻前、钻井、录井、测井、试油、试气、压裂酸化和地层测试等工程），在编制设计概算（投资概算）、施工图预算（工程预算），以及确定工程投资、招标标底、工程结算和决算时，应执行本办法。

第五条 工程造价管理应符合建设程序。

（一）地面建设工程：

项目建议阶段投资（粗）估算→项目可行性研究阶段投资（精）估算→项目立项后初步设计阶段设计概算→技术设计阶段修正概算（非必经程序）→施工图设计阶段施工图预算→项目前期准备阶段招标标底、承发包合同价→项目实施阶段调整概算、调整预算（非必经程序）、工程进度结算→工程结算、财务决算→保修期结束支付质量保修金。

（二）钻井工程：

项目建设阶段估算→技术经济评估→依据甲方工程设计书、钻井工程方案及地质资料编制工程预算→项目前期准备阶段招投标标底测算、确定→项目实施阶段调整预算→工程结算、财务决算。

第二章　管理机构与职责

第六条 长庆局工程造价管理按照四个层面自上而下建立，即：造价管理领导小组、主管部门、相关部门和基层单位。建立“统一管理、分工负责，相互配合、互相监督”的工作机制，积极推进工程造价工作规范、有序、有效运行。

第七条 长庆局成立由主管领导任组长的“造价管理领导小组”，成员由工程定额与造价管理中心（以下简称造价中心）、企管法规处、规划计划处、财务资产处、人事劳资处、生产运行处、质量安全环保处、工程技术部、基建工程部、基地服务部、纪检监察处、审计处、资本运营部和器材供应处等部门（单位）负责人组成。负责长庆局工程造价管理工作的组织领导和重大决策。

第八条 造价中心是长庆局工程造价管理工作的主管部门，其主要职责：

（一）负责工程定额管理，编制和修订工程定额，发布工程造价计价依据。

（二）负责工程项目概、预、结算审核，参与相关合同审查、工程量核实和工程竣工验收，以及工程项目招投标标底的编审等工作。

（三）负责内部产品和劳务互供价格管理。

（四）负责造价系统人员的资质管理、业务培训和业务建设，指导基层单位工程造价管理工作。

第九条 长庆局相关部门（单位）工程

造价管理职责：

（一）规划计划处负责工程项目投资控制、投资估算审查、组织工程概、预算会审和投资上报审批工作，确定工程项目建设内容、建设规模和建设标准。

（二）基建工程部负责依据已确立的工程项目建设内容、建设规模、建设标准，组织初步设计方案和施工图方案审查，参与设计概算和施工图预算会审。

（三）工程技术部参与井筒工程概预算会审。

（四）财务资产处负责工程竣工决算的组织及审定。

（五）器材供应处负责提供设备及主要材料、燃料供应价格。

（六）审计处负责工程概预结算及竣工决算全过程的监督审计。

（七）其他有关部门参与内部相关价格的审定工作。

第十条　基层单位工程定额与造价管理部门或工作岗位，在隶属单位领导下开展日常工作，长庆局造价中心负责对其进行业务指导。

其主要职责：

（一）负责工程建设项目预算编制和初审工作。

（二）负责工程定额试行、修订资料的收集、整理和报送工作。

（三）负责本单位内部产品与劳务互供价格管理。

（四）负责工程招投标标底编制和送审工作。

（五）参与工程合同价格条款审查、竣工验收和结算的初审工作。

第三章　工程计价依据的管理、修编和执行

第十一条　本办法所指计价依据包括：

（一）工程投资估算指标（或投资参考指标）。

（二）工程概算指标、概算定额及其基价。

（三）工程预算定额及其基价。

（四）工程修缮定额及其基价。

（五）建设工程费用定额，包括建筑安装工程其他直接费、间接费、单列费用及其他费用定额。

（六）人工、材料、设备、施工机械台（班）的概、预算价格。

（七）工期定额。

（八）工程造价的编制办法和其他工程造价的计价依据及相关文件。

第十二条　工程定额是企业在生产经营活动中，根据一定的技术组织条件，在一定的时间内，为完成一定数量的合格产品所规定的人力、物力、财力资源消耗及利用的标准额度。

（一）长庆局对工程定额实行归口管理，主管部门为造价中心。

1. 油田定额：由油田双方共同组织造价部门编制完成，报中国石油集团审批，以文件形式颁发执行或由油田双方定额审定委员会联合审批，以联发文件形式发布执行，报中国石油集团主管部门备案。

2. 长庆局定额：由造价中心组织编制，经长庆局工程定额与造价管理领导小组批准，以长庆局文件形式发布执行。

3. 局属各单位内部定额：由各单位根据管理需要，在长庆局主管部门指导下，可自行编制、发布内部预算定额和基础消耗定额，

但定额水平不得低于上级定额水平。

（二）长庆局定额的审查由造价中心牵头组织，相关部门参与。

地面工程定额审查由规划计划处、财务资产处、基建工程部、审计处和人事劳资处等部门参加；钻井工程定额审查由生产运行处、财务资产处、工程技术部、审计处和工程技术研究院等有关部门（单位）参加。

第十三条 按照适用范围和管理权限，油田双方造价主管部门建立沟通与协调制度，及时转发国家、工程所在地人民政府、中国石油集团、股份公司制定的工程定额及造价计价依据文件；定期组织编制、修订、发布各类计价依据；适时地发布工程概算、工程预算编制规定。

工程项目建设（施工）单位及相关部门应遵照执行长庆局发布的工程定额、价格和管理办法。

第四章 工程造价的确定与控制

第十四条 工程造价管理要求全过程、分阶段合理确定，并按工程建设程序层层控制。即：投资估算控制设计概算、设计概算控制施工图预算、施工图预算控制竣工结算。

第十五条 工程概算管理。

地面工程概算指初步设计概算，在初步设计阶段编制。初步设计概算应包括建设项目从立项、可行性研究、设计、施工到竣工验收的全部建设资金。工程概算由设计单位编制，一个项目如由几个设计单位共同承担时，主体设计单位应负责统一概算的编制原则、依据和取费标准等，并汇编总概算，其他设计单位按主体设计单位的要求提供有关资料。

造价中心负责工程概算的专业审查，规划计划处负责组织对有异议的工程概算进行会审。

经批准的工程概算是投资计划执行的最高限额。工程概算一经批准，一般不得调整。确实由于下列原因需要调整概算时，由建设单位调查分析变化原因，原设计单位编制调整概算。

（一）超出原初步设计范围的重大变更：

凡设计建设规模、产品方案、总平面布置、主要工艺流程、主要设备型号规格、建筑面积和设计定员等方面的修改，必须由原批准单位认可，原审设计审批单位复审，经批准后方案可变更。

凡项目建设单位自行扩大建设规模，提高建设标准，所增加的费用一律不予调整。

（二）属于国家、中国石油集团重大政策变动，可调整概算的动态部分，包括定额、费用标准的修订、外汇汇率调整、贷款利率变化、设备、材料调价等因素。

（三）不可抗拒的重大自然灾害引起的工程变动或费用增加。

（四）地下资源情况发生变化，造成地面建设工程量发生变化，应调整概算投资。

需要调整概算的工程项目，在影响工程概算的主要因素已经明确、工程量完成70％以上时方可调整。一般情况每个工程只调整一次概算。建设单位及委托设计单位应及时编制调整概算。

初步设计概算必须控制在立项批准的估算投资控制额以内。如果初步设计概算值超过控制额的10％时，应重新报批可行性研究报告或修改初步设计。

第十六条 工程预算管理。

（一）地面工程：

施工图设计完成后，必须编制施工图预算。凡从方案设计直接到施工图设计的工程，也应编制施工图预算。施工图预算是考核设计单位限额设计水平、编制和调整固定资产投资计划的依据，是编制招标工程标底、签订建设工程施工合同、拨付工程款、办理工程结算的基础，是有关部门监督、检查执行定额标准、合理确定工程造价及审定招标工程标底的依据。

设计单位在施工图设计阶段编制施工图预算，由建设单位（或项目组）初审，造价中心审核。

招标工程的招标标底，由建设单位（或项目组）自行或委托有资质的单位编制标底预算。

施工图预算必须控制在批准的工程设计概算以内，若施工图预算超出批准的设计概算，由建设单位调查分析变化原因，经批准后，原设计单位修改施工图设计和工程预算。

（二）钻井工程：

钻井工程预算应依据区块（或单井）工程设计及地质设计书，按照现行定额、指标和各项取费标准进行编制。它是编制招标工程标底、签订施工合同、进行工程结算和竣工决算的基础。

工程预算书由基层单位工程定额与造价管理部门编制并初审，造价中心审核。钻井工程预算书报审时，必须附相应的工程设计书（单井设计或单项工程设计）、钻前工程现场核实的工作量清单和有关情况说明。

第十七条　工程合同价格管理。

工程建设项目合同价格的确定，应遵循国家有关法律、法规，通过招标方式确定中标价格作为合同价款。

造价中心负责合同价格的审核。

实行工程量清单招标的，合同价格编制要附工程量清单（注明其主要工序内容）及单价（包括计算依据），要附甲方供应材料、设备及计入价格明细表。

第十八条　工程结算管理。

工程竣工结算是指按照合同规定的内容全部完成工程，经验收质量合格，并符合合同要求之后，进行的最终工程价款结算。是核定建设工程造价的依据，也是建设项目验收后编制竣工决算和核定新增固定资产价值的依据。

工程竣工后，施工单位在提交竣工验收报告的同时，根据已完成的实物工程量和合同价款编制工程结算书，建设单位（或项目组）根据合同、批准的施工图预算、施工方完成的实物工程量、实际发生的设备和材料价格审查进行工程结算。

工程结算由建设单位（或项目组）、造价中心两级进行审核。经审计部门审计后，资金结算部门方可付款，并按合同约定预留和支付质量保修金。

为了有效控制工程结算价款，在实施结算过程中，建设单位、监理公司或监督主管部门要加强施工现场管理，严禁擅自变更设计。要认真做好隐蔽工程记录，现场签证必须各方手续齐全，避免虚假现场签证引起的工程费用增加。

第十九条　工程竣工决算管理。

工程竣工决算是竣工验收文件的重要组成部分，是核定交付使用财产价值、办理交付使用的依据，工程竣工验收阶段必须编制竣工决算。

竣工决算由建设单位财务人员或概、预算人员在竣工验收后的规定期限内编报，财务资产处负责工程竣工决算的组织及审定，工程竣工决算价要严格控制在投资计划的额度之内。

第二十条　推行限额设计制度。

工程设计阶段是控制工程造价的关键环节，长庆局设计主管部门和项目建设单位要加强设计委托管理。

规划计划处负责对确定的设计单位，提出达到控制工程造价深度的设计委托书，明确设计标准及限额设计要求。在初步设计和技术设计阶段，要按可行性研究报告中的投资估算实行限额设计。施工图设计阶段要按设计概算实行限额设计，以设计施工图预算作为考核限额设计的基准。设计过程中，要做好多方案技术经济比选，努力降低和合理控制工程造价。

第二十一条　专业人员实行持证上岗制度。

工程造价是一项技术、经济相结合的特殊专业。凡从事地面工程造价的专业人员，必须持有国家、省或石油行业工程造价主管部门颁发的资格证书。应坚持审核人资格不低于编制人资格等级的制度，鼓励工程造价专业人员通过国家考试获得注册造价工程师执业资格，以提高在岗工程造价人员的专业素质和持证比例。钻井工程造价管理人员要根据中国石油集团培训、发证情况逐步实行持证上岗制度。

第二十二条　地面工程概、预（结）算书的编制按照地方、行业及原中国石油天然气总公司中油基字［1995］第79号文件印发的《石油建设工程概（预）算编制办法》、《石油建设引进工程概算制办法》规定的内容和深度编制，确保编制工作质量。钻井工程预（结）算书根据中国石油集团及长庆局统一格式编制。

工程概、预、结算文件和审核书，应加盖单位公章及专业人员资格证章。

第二十三条　为保证编制质量，提高编制速度，工程概算、预（结）算提倡计算机软件编制。

第五章　相关责任

第二十四条　各级工程造价管理人员应具备良好的职业道德、廉洁自律，要从保证长庆局整体利益的角度，做好工程定额与造价管理工作。

第二十五条　对在工程定额与造价管理工作中做出显著成绩的单位和个人，主管部门或单位应给予表彰、奖励。

第二十六条　凡有下列行为之一的单位或个人，应视其情节轻重，可给予警告、通报批评、没收非法所得、调离原岗位、取消资格证书等处罚。构成犯罪的，由司法部门追究其责任。

（一）不如实反映建设项目的建设内容、建设规模、建设条件的；不按照国家、中国石油集团、长庆局有关工程造价的管理规定编制投资估算、进行项目技术经济评估编制质量低劣的；有意少算和高估冒算造成工程概算、工程预算、招标标底、工程结算和决算价款失真引起经济损失的。

（二）对可行性研究报告投资估算、初步设计概算、施工图预算、工程结算、工程决算的评价或审批失误，造成经济损失的。

（三）无证、伪造资质证、出卖转让图章造成经济损失的。

（四）拒绝、妨碍和不积极配合管理部门对工程造价的检查、审查及抽查。

（五）以权谋私，徇私舞弊。

第六章　附　　则

第二十七条　本办法由工程定额与造价管理中心负责解释。

第二十八条　本办法自印发之日起施行，长庆局原制定的有关规定与本办法不符的，以本办法为准。

名词解释：

1. 工程造价。是建设工程造价的简称。是指工程项目按照确定的建设内容、建设规模、建设标准、功能要求和使用要求等全部建成并验收合格交付使用所需的全部费用。包括建筑工程、安装工程、井筒工程、设备及其他相关费用。

2. 工程造价管理。是指各级建设管理部门运用科学的方法和相应的技术手段，为确保建设（地面、井筒）工程的经济效益和管理效益，对建设工程造价进行的全过程、全方位的业务管理活动。

3. 工程定额。是企业在生产经营活动中，根据一定的技术组织条件，在一定的时间内，为完成一定数量的合格产品所规定的人力、物力、财力资源消耗及利用的标准额度。

4. 劳动定额。指在一定的生产技术和生产组织条件下，为生产一定数量的合格产品或完成一定量的工作所必需的劳动消耗标准。

5. 施工定额。是确定施工工人或小组在正常施工条件下，完成每一计量单位合格的产品所消耗的劳动、机械和材料的数量标准。

6. 钻井定额。是企业内部使用的一种定额，由劳动定额、机械定额和材料定额三个相对独立的部分组成。

7. 工期（周期）定额。指在一定的生产技术和自然条件下，完成某个单位（或群体）工程平均需用的标准天数。

8. 定额水平。是指在一定时期（比如一个修编间隔期）内，定额的劳动力、材料、机械台班消耗量的变化程度。

长庆石油勘探局建设工程概（预）算管理办法

（2007 年 1 月 15 日长庆石油勘探局
以长局发［2007］6 号文发布）

第一章　总　则

第一条　为加强长庆石油勘探局（以下简称长庆局）工程概（预）算管理工作，理顺和完善工程造价管理程序，合理确定和有效控制工程建设投资，充分发挥投资效益，根据国家、中国石油天然气集团公司（以下简称中国石油集团）和地方政府有关规定，结合长庆局实际，特制定本办法。

第二章　工程（概）预算分类及作用

第二条　工程概算是按照现行概（预）算定额、工程建设费用定额和设备材料价格，或行业建设主管部门规定的费用计算程序及其他取费规定等编制的单位工程、单项工程及建设项目工程造价的技术经济文件。

第三条　工程预算按包括的费用范围不同分为第一部分工程费用预算和工程总预算；按编制时段不同分为施工图预算、施工图变更预算和标底预算；按投资渠道不同分为固定资产投资项目预算和维修项目预算。

（一）工程总预算是指按施工图和工程预算的计算规则编制的某一建设项目的投资总额，由各单项工程第一部分工程费用、第二部分其他费用和第三部分预备费构成。其中，第一部分工程费用由施工图预算和施工图变更预算组成。

（二）施工图预算是在施工图设计完成后，以施工图纸为依据，并考虑施工组织设计确定的施工方案或方法，按照现行的预算定额、工程建设费用定额、设备及材料价格、政府或行业建设主管部门规定的需计入工程造价的其他费用等，确定的单位工程、单项工程及建设项目建筑安装工程造价文件。

（三）施工图变更预算是根据设计变更文件，按照施工图预算编制方法编制的，用于追加或减少施工图预算的工程造价文件。

（四）标底预算是指招标单位根据招标文件规定，依照施工图预算的编制方法，结合市场行情分别编制的招标工程造价文件。

（五）维修项目预算是指根据维修项目施工方案或施工图编制的工程预算文件。

第四条 工程概（预）算的作用：

（一）初步设计概算是中国石油集团向长庆局核定工程投资的依据。

（二）工程预算是编制和调整长庆局年度固定资产投资计划的依据；维修工程预算是编制长庆局年度维修项目计划的依据，也是长庆局向建设单位（项目组）核定工程投资的依据。

（三）工程预算的第一部分工程费用及与施工单位有关的第二部分其他费用，是招标标底预算编制的参考依据，也是招标的最高限价。

第五条 工程概（预）算及结算之间的控制关系：

初步设计概算控制工程总预算（含施工图变更预算）；工程总预算（含施工图变更预算）中的第一部分工程费用与施工单位有关的第二部分其他费用及部分预备费控制工程结算；维修工程预算控制维修工程结算。

第三章 工程概（预）算审核范围

第六条 工程概（预）算审核范围：

（一）长庆局计划确立的实施新建、改扩建工程建设项目的设计概算、工程预算审核。

（二）长庆局在年度财务预算内，安排专项资金用于生产、生活等设施的维修项目的预算审核。

（三）其他需要审核的项目。

第四章 工程概（预）算编制依据

第七条 工程量计算依据：

（一）委托设计工程的工程概算和工程预算，应分别按照基建工程部会审通过的初步设计技术文件工程量和施工图设计文件进行编制和审核。

（二）其他小型、简单、未出施工图的改扩建和维修工程，属于长庆局投资计划安排的项目，应由建设单位按照上报的项目施工方案所列工作量进行编制，由造价中心审核；属于厂（处）单位计划安排的项目，由建设单位审核。

（三）设计变更和现场签证工程量的签认，按有关规定执行。

（四）设备及主材价格的确定：工程概（预）算编制时可参考造价部门发布的指导价或询价，审核时对已签订采购合同的主材和设备，应调整为实际采购价。

第八条 工程概（预）算编制依据：

（一）国家、地方、行业、中国石油集团和长庆局的有关投资管理、工程造价管理的方针、政策及文件规定。

（二）建筑工程及附属于建筑工程的安装工程，依据工程所在地现行的建筑工程概（预）算定额和全国统一安装工程预算定额本地基价，与其配套的费用定额和当地价格信息。

（三）油气田建设安装工程，依据《石油建设安装工程概算指标》、《石油建设安装工程预算定额》及相应基价和取费标准。

（四）通信、公路和电力等工程，依据其行业颁布的定额及相关规定。

（五）井筒工程依据《长庆油田钻井系统工程预算定额（试行）》及相应的编制办法。

第五章　工程概（预）算编制及审核程序

第九条　初步设计概算的编制与审核。

初步设计概算由承担初步设计的单位编制。

建设单位（或项目组）负责工程概算初审（侧重概算与现场实际施工条件、环境和地方缴费），将审查意见上报造价中心。造价中心依据规划计划处核准的、经审查通过的初步设计确定的建设内容、建设规模和建设标准进行审核（侧重编制依据、编制质量），并结合建设单位审查意见，编制工程概算审核报告报送规划计划处。

第十条　工程总预算（含施工图变更预算）的编制。

（一）工程总预算编制：凡委托设计的地面工程项目，工程预算由设计单位、建设单位或委托工程造价咨询部门进行编制。编制完成后报送规划计划处，由规划计划处提交造价中心审核，审核报告报送规划计划处。

（二）维修项目预算编制：长庆局投资计划安排的小型改扩建项目，工程预算和其他资金来源列支的维修、改造、配套项目工程预算，由厂（处）单位编制，编制完成后报送规划计划处。

（三）施工图变更预算编制：由设计单位或建设单位负责，依据设计变更联络单编制施工图变更预算，编制完成后报送规划计划处。

第十一条　工程总预算审查：

（一）凡长庆局固定资产投资计划安排的工程项目，由建设单位或项目组初审，造价中心审核。

（二）长庆局投资计划安排的大型改扩建项目，日常审查由造价中心负责。有异议时，由规划计划处组织造价中心、基建工程部、设计单位和建设单位进行会审。造价中心结合预算会审意见，编制预算审核报告报送规划计划处。

（三）长庆局投资计划安排的小型改扩建项目，工程预算和其他资金来源列支的维修项目工程预算，造价中心依据规划计划处审定的方案进行审核，审核报告报送规划计划处。

第六章　关联交易工程概（预）算管理

第十二条　关联交易工程概（预）算管理应遵循以下原则：

（一）长庆局各施工单位应取全取准各项施工资料，做好现场工作量签证工作。

（二）关联交易工程概（预）算依据施工设计图、地质设计、工程设计、签认单等甲方审定的资料编制。

（三）关联交易工程概（预）算由施工单位负责编制，造价中心予以指导。

第七章 工程概（预）算报审规定

第十三条 报审资料要求：

（一）报审的工程概算，应提供经基建工程部审查的初步设计文件和方案审查纪要。

（二）报审的工程预算，应提供经基建工程部审查的全套施工图纸和审查意见。如有施工图变更预算，提供有关部门签认的设计变更单。已签订采购合同的主材和设备，应提供实际采购价。

（三）对于矿区建设和矿区配套项目，除提供以上资料外，建设单位还应提供规划计划处和基建工程部确定的项目建设标准（包括装修标准、主要材料、设备拟采用的价格等）、建设范围。

（四）报审的小型、简单、未出施工图的改扩建和维修工程预算，应提供经规划计划处批准的维修方案和核定的工作量。

（五）应提供的其他资料：工程所在地材价格，地方、城建缴费（包括土地征用、青苗补偿以及市政收费）文件等。

（六）报审的钻井系统工程预算，应提供地质设计、钻井工程设计、井下施工设计及钻前相关资料。

（七）报审的工程概（预）算文件要完整，并加盖单位公章和概（预）算人员资格专用章。

（八）报审工程概（预）算均应有规划计划处签署的审查要求。

第十四条 审核要求：工程概（预）算审核时，如有修改，理由要充分。审核结果应填写项目审核报告、审核结果汇总表。

第十五条 工程概（预）算编制、审核质量要求：

（一）委托设计单位编制工程概（预）算的工程设计合同以及建筑安装工程施工合同在签订时，合同中应有对工程概（预）算编制质量要求的相应条款。

编制单位送审预算如发现重大缺项、漏项，应退回重新编制。

（二）审核单位及部门应建立施工图预算台账，妥善保存好施工图、概（预）算及审核资料。

第十六条 工程项目概（预）算未经造价中心审核不予下达或调整投资计划，不予审计和结算。

第八章 工程定额测定费用管理

第十七条 工程定额测定费是指按规定支付工程造价（定额）管理部门的定额测定费。应按以下规定执行：

（一）按工程费用定额比例计提工程定额测定费。

（二）建立工程定额测定费用专项资金账户，确保专款专用。

（三）工程定额测定费用主要用于工程造价（定额）管理相关的专项开支等。

第九章 附 则

第十八条 本办法由工程定额与造价管理中心负责解释。

第十九条 本办法自印发之日起施行，长庆局原制定的有关规定与本办法不相符的，以本办法为准。

长庆石油勘探局安全防护设施和检测仪器监督管理办法

（2007 年 1 月 28 日长庆石油勘探局
以长局发［2007］26 号文发布）

第一章　总　　则

第一条　为加强安全防护设施和检测仪器的监督管理，保护员工健康与安全，防范重特大事故，依据《中华人民共和国安全生产法》、《长庆石油勘探局安全生产管理规定》和《长庆石油勘探局野营房井（固）控装置及安全技措装置仪器资产管理办法》，制定本办法。

第二条　本办法所指安全防护设施和检测仪器（以下简称安全防护设施）是指用于作业现场或危险场所人身安全的防坠落、防中毒、防窒息、防触电、防辐射、防粉尘、防噪声、应急救援等安全防护设施和各种安全报警及检测检验仪器。

第三条　本办法适用于局属各单位。

第二章　职　　责

第四条　安全监管部门。

（一）负责贯彻国家、中国石油集团有关安全防护设施的政策规定、标准制度，是安全防护设施的业务主管部门。有权在紧急情况下对各单位的安全防护设施进行调用。

（二）会同规划计划部门审核各单位安全防护设施需求计划。

（三）负责安全防护设施采购计划、供货厂商资质审查及报废技术鉴定和报废处置审批等工作。

（四）建立健全安全防护设施的实物管理台账，掌握使用和管理状况等信息。

（五）负责安全防护设施采购、验收、发放、检测、维修、保管、使用、更换、报废等环节的监督检查工作。

第五条　生产运行部门。

（一）负责安全防护设施采购计划的协调与管理。

（二）负责安全防护设施采购、供应及服务过程的监督。

（三）在紧急情况下，有权直接对各单位的安全防护设施进行调用。

第六条　计划、财务部门。

（一）负责安全防护设施购置计划审查与下达。

（二）负责安全防护设施购置资金的落实工作。

第七条　物资供应部门。

（一）负责收集、汇总、编制安全防护设施采购计划，报安全监管部门审批。

（二）负责组织安全防护设施的采购、验收、入库、保管和发放等工作。

第八条　技术检测部门。

负责对全局安全防护设施进行定期检测检验和校验标定工作，并出具检验合格证书。

第九条　使用单位。

（一）负责安全防护设施采购计划编制、申报等工作。

（二）主管部门负责建立本单位安全防护设施使用管理台账，按时组织对安全防护设施进行检测检验与标定。

（三）负责岗位员工安全防护设施的培训教育，使现场作业人员能够熟练使用安全防护设施。

（四）负责收集、制订有关安全防护设施的使用、维护、保养方法；负责对现场使用、维护、保养情况进行检查，确保安全防护设施处于良好状态。

（五）基层使用单位负责建立安全防护设施的使用、维护、保养、检测记录，记录保存时间不得少于1年。

第十条 使用人员。

认真接受安全防护设施的培训教育，严格按照规定使用、检查、维护、保养安全防护设施；

熟练掌握安全防护设施的使用和作业现场有关救援技术和急救方法。

第三章 配备要求

第十一条 安全设施的设计、制造、安装、使用、检测、维修、改造和报废，必须符合国家或行业等有关标准。

第十二条 局属从事油气生产施工作业的队伍（场所）应按照国家、中国石油集团有关法规和标准配备安全防护设施，具体参照《长庆石油勘探局施工作业队伍安全防护设施和检测仪器配备要求（试行）》执行。

第十三条 当施工作业队伍、作业区域或者是作业性质发生变化时，安全防护设施的配备应随之进行调整。

第十四条 局属多元经济法人企业所需安全防护设施，按照国家、中国石油集团有关法规和标准，参照《长庆石油勘探局施工作业队伍安全防护设施和检测仪配备要求（试行）》自行配置。

第十五条 局属境外从事油气施工作业的队伍，按照所在国安全防护设施配备标准及甲方要求配备。

第十六条 对于防护CO、H_2S等有毒有害气体的全面罩、半面罩呼吸器、过滤式滤盒、复合式口罩等安全防护设施，由各单位根据实际需要确定配备。

第十七条 其他从事生产、储存、使用危险化学品的作业场所，应当根据危险化学品的种类、特性，在车间、库房等作业场所配备相应的监测、通风、防晒、调温、防火、灭火、防爆、泄压、防毒、中和、防潮、防雷、防静电、防腐、防渗漏、防护围堤或者隔离操作等安全设施，并按照国家标准和有关规定进行维护、保养。

第四章 购置与验收

第十八条 长庆局实行安全防护设施准入制度。对进入局内的所有安全防护设施，供货厂商必须取得由质量安全环保处审查签发的《长庆石油勘探局安全防护产品准入证》。严禁各单位自行采购无准入资质的安全防护产品。

第十九条 长庆局实行安全防护设施购置统一计划管理。属于长庆局集中购置的安全防护设施，由各单位根据实际提出申请计划，分别报局规划计划处和质量安全环保处审查后，由规划计划处统一编制计划，提交局领导或局务会审批后下达执行。属于各单位自筹资金购置的零星安全防护设施，由各单位提出计划，经器材供应处汇总，报质量安全环保处审查后批复执行。

对于急需配备的安全防护设施，经质量安全环保部门确认后，可先行配备，再办理相关手续。

第二十条 采购的所有安全防护设施，每套（台）必须带有一份产品合格证书和使用说明书，属于进口的产品还必须同时具有中文使用说明书。

第二十一条 安全防护设施到货后，由使用单位器材供应部门组织，安全和设备管理部门参加进行验收。未经验收、验收不合格或审批手续不齐全者，不得发放使用，财务部门不得办理付款手续。

第五章 使用与管理

第二十二条 所有新购置的安全防护设施在首次投入使用前，必须按照产品使用说明或要求进行检验或计量标定。严禁使用未经检验标定或检验标定不合格的产品。正常使用过程中的检验和计量标定按照有关制度进行。

第二十三条 所有使用安全防护设施的人员必须经过厂商或专业人员的培训；各使用单位要对操作人员进行定期的安全教育和技术培训，确保操作人员熟练掌握其性能、操作要领、故障排除方法和安全注意事项等。操作使用人员必须严格遵守操作规程，严禁违章操作和违章使用。

第二十四条 长庆局对全局安全防护设施实行网络管理。质量安全环保处负责建立全局安全防护设施数据库与实物存量管理。各厂（处）单位主管部门负责对本单位安全防护设施进行实物管理，建立使用管理台账，并于每月 25 日前对数据库进行一次维护更新。

第二十五条 各基层使用单位要建立安全防护设施使用档案，定人保管，按时组织检测检验与标定，定期进行检查、维护、保养，准确记录使用、维修、校验、测试等情况，确保安全防护设施始终处于良好状态。

第二十六条 在施工作业期间，正压式空气呼吸器、防毒面具等员工直接使用的安全防护设施，应始终处于待用状态，保持卫生清洁，并放置在人员能迅速取用的位置。

第二十七条 对可燃气体和有毒有害气体检测仪器的报警值，由各厂（处）单位统一标准，由具有资质的检验检测机构或由本单位按照生产厂提供的权限说明统一设置，不得随意改动。报警值的设置按《石油化工企业可燃气体和有毒气体检测报警设计规范》（SH 3063）执行。

第二十八条 对正压空气呼吸器等有明确使用时间限制的安全防护设施，在使用时应充分考虑工作环境需要的时间、劳动强度、配套设备等综合因素，严防使用不当造成人身伤害。

第二十九条 安全防护设施拆卸、搬运、安装，要严格按照使用说明书进行，严禁私自改变安装位置，严禁私自减少使用功能、严禁随意调整参数，严禁超负荷使用、严禁野蛮装卸。

第六章 报 废

第三十条 对于使用年限到期、损坏导致功能丧失且无修理价值或影响正常使用的安全防护设施，应予以报废。严禁报废的安全防护设施在用。

第三十一条 有毒有害和可燃气体检测仪、固定式多功能检测仪、正压式空气呼吸器等安全防护设施的报废，以检验机构出具的检定证书为依据。其他安全防护设施的使用寿命，应严格按产品使用说明书规定年限和次数使用，对使用达到规定期限和次数者，应予以报废。

第三十二条 安全防护设施在使用中，如出现损坏或不能正常使用等情况，应及时告知器材供应部门，由器材供应部门联系维修厂商进行维修，若无法维修或无维修价值，则予以报废。

第三十三条 所有安全防护设施的报废，由厂（处）单位安全管理部门携带相关检定资料，按照《长庆石油勘探局野营房井（固）控装置及安全技措装置仪器资产管理办法》（长局发［2006］12号）向质量安全环保处提出报废申请，批复后予以报废。

第三十四条 报废后的安全防护设施由厂（处）单位安全管理部门建档并负责数据库资料的更新；实物及资产处理按《长庆石油勘探局野营房井（固）控装置及安全技措装置仪器资产管理办法》执行。

第七章 附　则

第三十五条 各单位可根据本办法制定实施细则。

第三十六条 本办法由质量安全环保处负责解释。

第三十七条 本办法自发布之日起执行。

长庆石油勘探局关于加强安全文化建设的实施意见

（2007年3月13日长庆石油勘探局
以长局发［2007］50号文发布）

为了认真贯彻落实中国石油集团《关于加强安全文化建设的指导意见》，切实提高全员安全意识和安全素质，实现本质安全，不断提升管理水平，实现长庆局持续有效快速协调发展。根据中国石油集团有关规定，结合长庆局实际，制定《长庆石油勘探局关于加强安全文化建设的实施意见》（以下简称《意见》）。

第一章 总　则

第一条 安全文化是企业文化的重要组成部分，是企业在安全生产实践中，经过长期积淀和不断总结提炼，企业所倡导、全体职工所认同并自觉遵守的安全价值观和行为准则，是安全生产、安全生活的精神、观念、行为和物态的总和。安全文化是安全生产的根本，是推动安全生产、促进安全发展的关键和灵魂。

第二条 健全和完善长庆特色的安全文化体系，建立安全生产长效机制，实现安全发展、清洁发展、和谐发展，是长庆局全面落实科学发展观、构建和谐长庆的内在要求，是持续有效快速协调发展的客观需要，是履行经济责任、政治责任和社会责任的重要保障。

第三条 长庆局安全文化建设刚刚起步。目前各级领导干部、岗位员工的安全意识和安全素质还有待进一步提高。安全管理还处在依赖严格的监督阶段，离独立自主管理、团队互助管理的目标差距较大，安全观念文化、安全制度（管理）文化、安全行为文化、安全物态文化建设任务十分艰巨。

第二章　安全文化建设的指导思想及原则

第四条　长庆局加强安全文化建设的指导思想是：以邓小平理论，“三个代表”重要思想和科学发展观为统领，以实现安全发展、清洁发展、和谐发展为目标，坚持“安全第一、环保优先、以人为本”的方针，坚持“安全是天，是政治，是大局，是责任，是最大效益”的理念，全面落实《中国石油天然气集团公司企业文化建设纲要》和《关于加强安全文化建设的指导意见》，突出传承大庆精神、铁人精神，弘扬长庆精神，夯实“三基”工作，建立安全生产长效机制，实现本质安全，努力构建具有长庆特色的安全文化体系，为长庆局持续有效快速协调发展提供强有力的文化支撑。

第五条　长庆局加强安全文化建设的原则：

（一）坚持以人为本的原则。安全文化建设必须坚持以人为本，把人的因素摆在突出位置，作为一切工作的出发点和落脚点，充分调动广大职工的积极性和创造性，切实维护职工的身心健康和生命安全。

（二）坚持服务发展的原则。安全文化建设必须紧紧围绕企业安全生产、安全发展这一要务，有的放矢地进行设计和组织实施，体现文化的先进性和导向性要求，同时具有针对性和可操作性，更好地推动企业安全生产，促进全局安全发展。

（三）坚持继承创新的原则。安全文化建设必须充分吸收长庆企业文化的优秀成果，同时紧密结合实际，积极借鉴国内外企业先进的安全文化经验，在实践中不断培育、提炼、创新，使之更加符合时代发展和形势任务的要求。

（四）坚持立足基层的原则。安全文化建设必须重在基层，注重基层安全文化建设实践，精心培育，全员参与，以先进的理念为引领，夯实安全生产基础，推进基层管理创新、技术创新和制度创新，通过自上而下、自下而上、上下结合的方式，使安全文化在基层有效落地，不断提高安全文化建设整体水平。

（五）坚持注重建设、注重实效、注重特色，立足当前，放眼长远，统筹兼顾，整体推进。

第三章　安全文化建设的目标

第六条　安全文化建设是一项长期任务。总体目标是：通过安全文化建设，使长庆局安全生产管理由目前依赖严格的监督阶段，迈向更高水平的独立自主管理和互助团队管理阶段。

第七条　“十一五”时期安全建设的具体目标是：

（一）唱响安全发展，初步确立具有长庆特色的安全理论体系和发展战略，在全局形成安全发展的共识。

（二）初步建立具有石油特点、长庆特色的安全文化框架体系，安全观念文化、安全制度（管理）文化、安全行为文化、安全物态文化建设等取得新的进展，井场安全文化、项目安全文化、车间安全文化、交通安全文化和社区安全文化典型突出、特色鲜明。

（三）员工安全意识进一步增强，安全技能进一步提高，安全素质得到明显提升，安全行为进一步规范。

（四）培养一批本质安全型单位、基层队（站或车间），树立具有示范效应不同类型的安全典型，本质安全全面保证，初步建设 10 个本质安全型单位，50 个本质安全型基层队

(站或车间)。

(五) 形成较为完善的安全生产宣传教育体系，建立和完善 1—2 个局级安全培训基地，开发 5—10 套有长庆特色的安全培训教材。

(六) 安全文化建设走在同行业前列，达到中国石油集团行业先进水平。

第四章　安全文化建设的任务

第八条　传承大庆精神、铁人精神，培育长庆安全理念，积极推进安全观念文化建设。在全局范围内大力宣贯和认真践行“奉献能源、创造和谐”的企业宗旨，“爱国、创业、求实、奉献”的企业精神，“诚信、创新、业绩、和谐、安全”的核心经营管理理念。发扬“三老四严”、“四个一样”等优良传统和作风，坚持“安全第一、环保优先、以人为本”的工作方针，不断培育和完善“安全是天、是政治、是大局、是责任、是最大效益”的长庆安全理念。

第九条　针对不同对象开展安全观念文化建设。在决策层，牢固树立和深入实践“安全第一”的“哲学观”，“以人为本抓安全”的“人本观”，“一切事故都是可以控制和避免的”的“预防观”，“安全是最大的节约、事故是最大的浪费”的“价值观”。在管理层，牢固树立和深入实践“安全源于责任心、源于设计、源于质量、源于防范”的“责任观”，“细节决定一切”的“严细观”，“工期服从质量，速度服从安全、管理必须科学”的“系统观”。在操作层牢固树立和深入实践“只有规定动作、没有自选动作”的“执行观”，“不伤害自己、不伤害别人、不被别人伤害”的“保护观”，“一人安全，全家幸福”的“亲情观”。

第十条　按照“因地制宜、简洁实用、操作性强”的原则，积极推进以 HSE 管理体系为核心的安全制度(管理)文化建设。以规范和持续改进 HSE 管理体系、开展以安全环保内控体系建设为契机，进一步梳理、修订完善安全生产管理制度。一是进一步完善文件化的 HSE 管理体系，修订 HSE 管理手册和程序文件。二是修订内部安全生产管理办法，形成包括：HSE 风险管理、事故责任追究、安全业绩考核、安全培训教育、危险化学品管理、重大危险源监控、事故隐患治理、应急管理、井控安全、设备安全(包括特种设备安全)、消防安全、交通安全、劳动防护、安全检查、事故管理、违章管理、安全生产奖惩、职业危害预防、危险作业许可等内容的安全管理规章制度体系。三是对所有岗位的安全生产责任制进行完善，对所有操作岗位制定岗位作业指导卡，对所有基层队(站、车间)和项目实施 HSE“两书一表”。四是针对不同行业、不同单位、不同生产施工环节、不同设备、不同现场，修订完善各类安全技术标准和安全技术操作规程。

第十一条　理顺安全生产监管体制，建立有利于安全生产的运作机制，完善安全制度(管理)文化。健全安全管理网络，加强安全监督，始终坚持“全员、全方位、全过程”的“三全”管理办法，努力构建横向到边、纵向到底的安全生产责任网络，各级行政正职负全面责任，分管安全副职负主管责任，其他副职负分管责任，安全总监负监督责任的安全生产责任体系，一级抓一级、一级对一级负责，分系统负责、分层次管理、层层抓落实的安全生产工作格局。坚持奖励、处罚和教育相结合，强化业绩考核和责任追究，进一步建立健全安全生产自我激励和自我约束机制。

第十二条　按照“享受安全、快乐工作、潜在养成”的原则，积极推进安全行为文化建设。把制度的约束和规范的刚性与文化的人性化柔性相结合，在教育职工模范遵守规章制度的过程中，逐步养成良好的职业操守，形成良好的行为习惯。充分发挥各级管理干部和广大职工的积极性、主动性，让广大职工自觉主动地参与各项管理，具备自觉遵守规章制度的意识，具备自主的安全理念，具备充分的安全技能，真正做到“我要安全、我会安全、我能安全”。切实增强广大职工的自警、自律意识和自防、自救能力，形成自主管理的局面。

第十三条　将加强安全宣传教育和培训，提高员工安全素质，作为安全行为文化建设的核心内容。

（一）加大宣传力度，营造安全氛围。充分利用报纸、网络、广播、电视等媒体，广泛开展“安全生产月”、“安全生产警示日”、安全责任讨论、事故案例分析、“亲身经历谈安全”、“安康杯”竞赛、安全知识竞赛、安全演讲比赛等活动，加大安全生产知识和法制宣传教育力度。充分发挥工会和共青团组织在安全文化活动中的优势和作用。注意培育安全文化建设的先进典型，进一步发挥典型的示范效应。采取多种形式引导职工由“要我安全”转为“我要安全、我会安全、我能安全”，营造“关注安全、关爱生命”、“人人抓安全、人人懂安全”的安全文化氛围。

（二）加强安全培训基地建设，建立起分层次、分类别、多渠道、多形式、重实效的安全培训网络，组织以实际演练和模拟操作为主的培训。

（三）严格执行主要领导、主管领导、安全监管人员和特种作业人员资格认证培训和持证上岗制度，组织安全监管人员轮训，做好注册安全工程师、HSE审核员、出国人员HSE培训工作，抓好三级安全教育。

（四）强化以操作技能、危险识别、风险控制、应急处置等为主要内容的岗位职工培训，重点搞好基层队长、带班干部、业务骨干的脱产培训。

（五）建立安全知识、专业知识和业务技能等方面年度应试试题库。

（六）开发钻井、试油压裂、修井、基建、采油（气）、运输等专业HSE模块式教材，加快HSE培训专兼职教师队伍培养，完善安全文化培训考核机制。

（七）解读中国石油集团《安全大家学》和长庆局《安全文化手册》。将《安全大家学》和《安全文化手册》作为各单位安全文化培训的基本内容。

通过抓好基本知识和基本技能的培训，提高每个员工的安全素质和岗位技能；通过考试考评，形成竞聘上岗、择优录用的机制；通过建立奖惩机制，增强每个职工的责任心；通过创造安全文化氛围，转变职工的安全观念。通过职工素质的提高，从根本上为安全生产提供保证。

第十四条　大力开展对各级人员的安全行为能力评价活动，促进安全行为文化建设。

决策层应具备以下安全行为：一是公布安全政策。包括安全责任、安全工作目标、安全承诺等。二是建立管理体制。包括管理权限、管理机制、组织机构、沟通渠道等。三是提供人力、物力支持。包括用人制度、员工培训与安全设备、装置和技术手段的投入、良好的工作环境。四是自我检查完善。在生产环境、业务发展、生产工艺技术变更后，审查安全管理是否配套、专家建议是否可行等。

管理层应具备以下安全行为：一是明确安全责任，并认真履行职责。以文件形式的授权，确保责任分明（不交叉不疏漏）。二是承担安全管理，建立、健全职责范围内的安全监督管理制度并正确贯彻。三是正确指导基层安全工作，强化人员资质审核与培训，确保每个员工都胜任工作。四是实施奖励和惩罚，使员工有持续的积极性。五是监察与完善，建立监督机制，研究外部有价值的信息等。

操作层应具备以下安全行为：一是探索性的工作态度。了解本岗位工作任务和责任，思考可能出现什么风险和差错，应该怎么削减防止风险和失误等。二是严谨的工作方法。能够掌握较多的安全技术知识和安全操作规程，有熟练的安全操作技能和较强的安全生产意识，自觉养成遵章守纪习惯，严格按程序办事，做到“三不伤害”，杜绝习惯性违章。三是进行经常性的安全教育和事故应急演练和互相交流的工作习惯。能从他人处获取有用的信息和向他人传递有用的信息。

第十五条 按照“设计无差错、设备无故障、系统无缺陷”的原则，积极推进安全物态文化建设。一是提高生产环境和生产工艺的本质安全性。从源头加强对项目的可行性研究、物资采办、工程设计、施工管理的安全生产条件论证，严格落实“三同时”和安全评价及设计审查制度。二是抓好生产设备、设施和机具的日常维护和冬季大修保养工作，使其始终处于完好状态。三是加大安全物力和财力的投入，消除事故隐患，做好生产施工现场、营区等区域安全防护设施建设，从人、机、料等三个环节提供安全保障。四是坚持以人为本，不断改进前线员工的生产生活条件，创造良好的休息环境，确保健康。

第十六条 以现场安全文明施工和环境标准化建设为重点，开展安全文化“五进”活动，抓好安全文化落脚点建设。一是开展安全文化进现场活动。生产作业场所要统一使用中国石油集团视觉识别（VI）系统，规范使用各种安全标志、禁止标志、警告标志、指令标志、提示标志，达到现场规范化、标准化要求。生活场所或营区要通过绿化、美化、净化，达到地面通道平整、畅通，无积水、积尘。二是开展安全文化进岗位活动。通过班前安全讲话、安全知识岗位练兵、安全警句标语、安全宣传板等形式，使安全文化的内容更多、更直接的融入岗位一线。在岗位上设立全家福亲情合影照片，写上每一个家庭对亲人的安全企盼话语，时刻提醒在岗员工安全的重要、家庭的企盼。三是开展安全文化进管理场所活动。管理场所设置安全宣传栏，及时报道安全生产状况和先进事迹，对先进的安全管理理念进行宣传。在显目位置设立安全生产无事故记录牌，营造良好的安全氛围。四是开展安全文化进社区活动。通过利用小区橱窗宣传安全知识，张贴安全宣传画、散发安全知识传单、举办安全应急演练、举办安全知识培训等方式，努力提高社区居民的安全意识和素质。五是开展安全文化进家庭活动。通过宣传教育、引导帮助、现场参观、座谈，或结合楼道文化和小区安全宣传栏等多种形式，向职工家庭成员及居民宣传安全知识。

第十七条 分专业、分系统建设安全文化。钻井、试油（气）压裂、修井等井筒作业系统和油气开发单位，要大力建设井场安全文化。油气田产建、管线道路施工、基地建设系统要大力建设项目安全文化。机加工和水电信系统要建设车间安全文化。运输系统要建设交通安全文化。物业系统要建设社区安全文化。各个系统和单位要树立安全文化典型，整体推进、建设本质安全型单位。

第十八条 开展安全理论研究，推动安全理论和管理机制的创新。坚持定期举办安全论文和技术成果发布会，利用局内外科研力量，充分发挥广大安全监管人员、工程技术人员和全体员工的积极性和创造性，开展安全理论研究和攻关，积极引进先进的理论成果和新技术、新工艺，加大研究成果转化力度，建立安全理论体系，完善安全管理机制。

第五章　保障措施

第十九条　加强对安全文化建设工作的领导。在长庆局 HSE 管理委员会领导下，企业文化处和质量安全环保处负责制定安全文化建设的指导政策，编制发展规划，探索符合长庆局实际安全文化建设模式，组织局内外安全文化交流，统筹全局性的大型安全文化建设公益活动等。各单位也要加强对安全文化建设工作的领导，明确相应的管理机构。

第二十条　建立健全安全文化建设相关制度和工作规则。长庆局制定全局安全文化建设的总体规划、方针目标和评价标准。各单位相应制定本单位安全文化建设的实施方案和具体措施，明确分阶段工作内容和标准要求。实施月报工作制度，长庆局对基层单位开展安全文化建设的情况进行定期调研和点评，每年进行一次全面考核，考核结果纳入基层建设和安全综合考核之中。各单位每半年向长庆局报告一次本单位开展安全文化建设的情况。长庆局每两年召开一次安全文化建设工作会，总结经验、推广典型、表彰先进、部署工作。

第二十一条　调动各方力量，齐抓共管。宣传思想工作部门要开展经常性的安全宣传教育活动，采取多种形式，利用多种途径，大力宣传安全生产方针政策、法律法规和加强安全生产的重大举措，宣传安全生产的先进典型和经验，弘扬企业安全文化。工会组织要把审议安全生产工作作为职工代表大会的重要议程，维护员工健康安全权益，加强对安全生产的监督；共青团组织要围绕企业安全生产目标，开展适合青年员工特点的各种安全活动；机关各职能部门在各自分管范围内抓好和落实安全生产工作。

第二十二条　加大对安全文化建设的必要投入。长庆局从企业文化建设经费和安全技术措施经费中提取一定比例用于安全文化建设的投入。各单位要结合实际，统筹考虑安全文化建设所需要的资金，提供必要的物质保证。

第六章　附　　则

第二十三条　各单位应根据本《意见》，制定本单位加强安全文化建设的实施细则。

第二十四条　本《意见》由长庆局企业文化处、质量安全环保处负责解释。

第二十五条　本《意见》自发布之日起施行。

长庆石油勘探局因私出国（境）管理若干规定

（2007 年 3 月 28 日长庆石油勘探局
以长局发［2007］65 号文发布）

为进一步加强因私出国（境）审查管理工作，根据中央组织部、中央金融工委、中央企业工委、公安部、人事部《关于加强国家工作人员因私出国（境）管理暂行规定》

（公通字［2003］13 号），结合长庆局实际，制定本规定。

第一条 严格执行因私出国（境）政治审查制度。对申请因私出国（境）人员，各单位要按照管理权限认真履行审查手续。对党员领导干部和涉及人、财、物等重要岗位上的人员要严格审查。审查内容主要包括政治表现、廉政和奖惩情况，对于法律规定不准出境和涉嫌严重违纪违法的人员，不得批准出国（境）。

第二条 审查范围。副处级及以上在职领导干部、具有副高级及以上职称在职人员、涉及财务（物资、设备）和行业机密的有关在职人员、具有独立法人资格企业的在职负责人，必须在户籍所在地公安机关出入境管理部门进行登记备案。上述人员中属于定居、旅游、访友、探亲、商务、劳务、留学、继承财产、应聘工作、结婚和其他事宜需要因私出国（境）者，在申请出入境证件前，应按照有关规定进行政治和廉洁审查。

除上述登记备案人员以外，其他人员只要不具有法律、法规规定的不准出境的情形，凭本人身份证、户口簿即可按需要向公安机关申请出入境证件。

第三条 登记备案权限。对户籍在西安以外的登记备案人员，由局属单位组织人事部门按照国家有关规定，向户籍所在地公安机关出入境管理部门进行报告备案。局人事劳资处负责户籍在西安地区人员的登记备案。

第四条 审查权限。在职局级领导干部因私出国（境）由中国石油集团人事劳资部签注意见。在职正、副处级领导干部由长庆局人事、纪检监察部门共同进行审查。局属单位和机关部门的副高级及以上职称在职人员、科级及以下在职备案人员因私出国，由局属单位（部门）负责审查，签注政审意见，报长庆局审批。

第五条 登记备案人员因私出国（境），按照以下程序履行审查手续：

（一）因私出国（境）人员到户籍所在地公安机关出入境管理部门领取《中国公民因私出国申报表》，按照有关规定如实填写。

（二）本人提出书面申请报告，详细说明出国（境）事由、前往国家（地区）、出国（境）时间以及团组随行人员等情况；填写《因私出国（境）人员审查表》。

（三）对各单位主要领导和机关处室正职领导，经局主管领导审批，局人事劳资处提出政审意见，局纪检监察处审查，报局主要领导批准后办理有关手续。

（四）对各单位副职领导和机关部门副职领导，经所在单位或机关部门主要领导审批，局主管领导审签，局人事劳资处提出政审意见，局纪检监察处审查并签署意见，报局主要领导批准后办理有关手续。

（五）对局属单位副高级及以上职称人员和科级及以下人员，经所在单位主管领导审批，组织人事部门提出政审意见，单位主要领导同意，局主要领导审批后办理有关手续（其中户籍在西安市的登记备案人员需加盖局人事劳资处印章）。对涉及财务、经营和行业机密的有关在职人员，以及具有独立法人资格企业的在职负责人，还应由本单位纪检监察部门进行审查并签署意见。

（六）对局机关副高级及以上职称人员和科级及以下人员，由部门进行审查。经部门主管负责人和主要负责人签署意见，局主管领导同意，局主要领导审批后办理有关手续。

第六条 认真做好因私出国（境）登记备案工作。

（一）对属于登记备案范围但尚未进行登记备案的人员，各单位组织人事部门要按照有关规定及时向当地公安机关出入境管理部门进行登记备案；对因退休、辞（离）职或调离长庆局的登记备案人员，应及时撤销备案。

（二）因私出国（境）登记备案工作原则上每年6月和12月各进行一次，各单位在完成登记备案工作后要以书面形式将备案工作总结报人事劳资处。

第七条 在全国大中城市全部实现公民按需申领因私护照前，少数地区公安部门仍然可能对非登记备案人员因私出国（境）沿用单位出具意见的办法，遇此情况由本人填写《因私出国（境）人员审查表》，单位组织人事部门负责按公安部门的规定进行审查，单位签署意见并盖章，报局办公室审核后加盖长庆局公章。

第八条 建立因私出国（境）证照专人负责制和护照使用登记保管制度。各单位要指派专人负责因私出国（境）护照的登记和保管。登记备案人员因私出国（境）返回后，本单位组织人事部门应在10日内收回出国（境）护照集中保管，并做好使用记录，其中副处级以上人员护照应交回局人事劳资处进行保管。

第九条 对因私出（境）实行报告登记制度。《因私出国（境）人员审查表》签注意见后，负责审查的组织人事部门应保留副本备案，同时填写《因私出国（境）报告登记表》，年底汇总后上报长庆局备案。

第十条 加强党员干部因私出国（境）后的管理。因私出国（境）的党员干部，在国外不得以党员身份参加公开活动，回国10日内要把在国（境）外的情况向单位和单位党组织进行汇报。

第十一条 取得因私出国（境）护照后再次出国（境）前，登记备案人员必须向所在单位组织人事部门报告并登记，各单位要按照审查权限登记备案或上报长庆局。

第十二条 各单位要高度重视因私出国（境）管理工作，切实加强领导。要明确一名领导班子成员负责这项工作，组织人事部门要严格执行国家、中国石油集团和长庆局的有关规定，杜绝违规操作和不良影响事件的发生。

第十三条 对因审查不严、管理不善造成出国人员渎职或给国家、企业造成不良政治影响和经济损失的单位，要追究分管领导和经办人员的责任，情况严重的要根据有关规定进行组织处理。

第十四条 加强因私出国（境）管理工作的监督检查。长庆局将按照管理权限，每年年初对各单位上一年因私出国（境）管理工作进行专项检查，发现问题及时纠正和处理。各单位组织人事部门每年要对因私出国（境）管理工作进行总结，并于当年12月31日前书面报局人事劳资处。

第十五条 加大查处违纪案件的力度。对因私出国（境）私自不归的登记备案人员，要根据有关规定给予相应的党纪政纪处分，对给国家和企业造成不良影响的人员要从严处理。

长庆石油勘探局机关部门责任目标量化管理考核办法（试行）

（2007 年 3 月 28 日长庆石油勘探局
以长局发［2007］69 号文发布）

第一章　总　　则

第一条　为了进一步推行责任目标量化管理，全面加强机关建设，转变工作作风，提高工作效率，确保各项目标任务的圆满完成，努力创建服务型、学习型机关，特制定本办法。

第二章　考核内容

第二条　按《长庆石油勘探局机关部门目标量化管理考核责任书》和《2007 年长庆局重点工作任务分解表》（长局发［2007］44 号）进行考核。

第三章　考核办法

第三条　考核指标包括个性指标和共性指标两部分，各占 100 分。个性指标与共性指标考核得分分别占 60%和 40%的权重，两部分考核得分相加为本部门年度责任目标量化管理考核的最终得分。按照最终得分，从高到低依次排序，使考核真正体现各部门落实长庆局各项工作目标、任务的质量和效果。

第四条　个性指标考核部分由机关各部门自行提出，经局主管领导审定同意后确定。其内容包括：长庆局确定或下达的工作目标和任务；根据部门职能职责和实际需要确定的工作目标和任务。

个性指标要围绕部门的核心、重点业务来制定，要便于量化，具有可操作性，能客观准确地反映部门的工作业绩和水平。指标上报前需经部门主要领导审核并签字。

第五条　共性指标考核部分由机关事务管理处（机关党委）统一制定，其内容主要是各部门都需完成的指标。

第六条　以下两种情况实行一票否决：本部门发生党风廉政建设、队伍稳定、安全环保严重问题或出现失职渎职行为的，或部门个性指标中有 2 项及以上未完成的，否决该项全部得分和评选当年先进资格。

第四章　考核形式

第七条　考核采取年度考核和日常考核相结合的方式进行。

（一）年度考核。由机关事务管理处（机关党委）牵头，局办公室（党委办公室）、人事劳资处（党委组织部）、纪检监察处和局工会等部门参加，组成机关考核组。主要任务是对机关部门的责任目标完成情况及服务效果进行综合评价。对机关考核组成员部门进行年度考核时，该部门应当实行回避制，以保证考核结果的公平、公正。

（二）日常考核。包括局办公室（党委办公室）对于阶段性工作的督查督办考核，机关事务管理处（机关党委）对部门建设和日常管理的跟踪考核和基层监督员的随机考核等三种形式。

第五章　奖惩办法

第八条　责任目标量化考核结果与各部门的奖金兑现挂钩。凡考核得分在 90 分及以上的，每高 1 分值，该部门年度考核奖金一般人员增加 50 元/人，部门副职领导增加 80 元/人，正职领导增加 100 元/人。考核得分在 80 分以下的，每低 1 分值，该部门年度考核奖金一般人员扣罚 50 元/人，部门副职领导扣罚 80 元/人，正职领导扣罚 100 元/人。考核得分在 80—90 分之间的，不奖不惩。

第九条　本部门发生党风廉政建设、队伍稳定、安全管理严重问题或出现失职渎职行为的，部门个性指标中有 2 项及以上未完成的，比照对基层单位的扣罚比例扣发部门领导业绩年薪。

部门挂钩单位和分管系统发生党风廉政建设、队伍稳定、安全环保严重问题或出现失职渎职行为，经长庆局认定该部门负有管理责任并进行追究处理的，部门领导业绩年薪比照对基层单位领导扣罚比例减半扣发。

第十条　机关各部门要争创油田内外各类先进。凡获得国家级集体荣誉称号的，在年终考核得分的基础上增加 5 分；获得省部级集体荣誉称号的，加 3 分；获得地市级集体荣誉称号的，加 1 分。

受到长庆局通报批评的，在年终考核得分的基础上扣 1—5 分。

第十一条　责任目标量化考核结果排名作为机关年度评选先进的主要依据。

第十二条　责任目标量化管理的考核结果上网公示，接受机关各部门和基层单位的监督。

第六章　附　　则

第十三条　责任目标量化管理由各部门主要领导负责，抓好落实。要把考核结果作为对该部门主要领导个人履职考核的重要依据。

第十四条　《考核责任书》经相关程序发布后，各部门要按照机关事务管理处（机关党委）的统一要求，逐项分解，落实责任，明确完成时间及要求。

第十五条　责任目标量化管理考核以年度为一个考核周期，有特殊规定的从其规定。

第十六条　要按照责任目标量化考核的要求，整理保存好相关资料，严禁弄虚作假。

第十七条　机关事务管理处（机关党委）要根据本办法的要求和机关部门的实际情况，研究制定相应的考核实施细则和标准。

第十八条　机关各部门要善于总结责任目标量化管理考核中的好经验、好做法，使之在实践中不断完善。

长庆石油勘探局招标管理办法

（2007 年 4 月 19 日长庆石油勘探局
以长局发［2007］86 号文发布）

第一章 总 则

第一条 为进一步规范长庆局招标活动，保证招标工作合法、有效，依法维护长庆局合法权益，根据《中华人民共和国合同法》、《中华人民共和国招标投标法》及中国石油集团有关招投标管理规定，特制定本办法。

第二条 长庆局、局属单位及局控股公司的招标活动，适用本办法。

第三条 长庆局招标工作实行统一制度、归口审查、两级管理的原则。

统一制度，是指建立统一的招标制度、统一的管理流程、统一的专家库。

归口审查，是指对招标项目按业务类别分别由长庆局相关职能处室负责审查。

两级管理，是指按项目的性质和合同估算金额大小，分别由长庆局和局属单位、局控股公司管理。

第四条 招标活动应当遵循公开、公平、公正、诚实信用的原则，以技术能力、管理水平、企业实力、社会信誉和合理报价等作为竞争条件，严禁对投标单位有任何歧视或特殊保护现象。

第五条 本办法中所称招标是指公开招标和邀请招标两种方式；非招标是指竞争性合同谈判和单方合同谈判两种方式。

第六条 对招标及非招标项目方案的审批，应根据中国石油集团合同管理信息化建设要求，依次按照公开招标、邀请招标、竞争性合同谈判和单方合同谈判的顺序，在合同管理信息系统中，确定选商方式。

第二章 机构及职责

第七条 长庆局招投标领导小组负责全局招投标工作。其主要职责是：

（一）负责指导长庆局招投标工作，决定招投标工作中的重大事项；

（二）按照国家、中国石油集团有关招投标的政策规定，审定长庆局招投标方面的制度、程序及管理办法；

（三）负责向中国石油集团汇报招投标工作；

（四）完成长庆局交办的涉及招投标的其他有关工作。

第八条 在长庆局招投标领导小组的领导下，招投标管理办公室（企管法规处）具体负责招投标管理工作。其主要职责是：

（一）拟定招投标管理制度及工作规程，并组织贯彻实施；

（二）管理评标专家库，组建招标项目的评标小组；

（三）审核招标及非招标方案和拟投标、合同谈判单位的资质；

（四）管理和正确使用长庆石油勘探局招投标管理办公室印章；

（五）建立健全招投标管理信息和档案；

（六）处理招投标工作中的有关事项，负责招投标管理的日常工作。

第九条　长庆局相关职能处室负责指导本专业项目的招标工作。其主要职责是：

（一）编制本专业项目的招标计划；

（二）审查本专业项目的招标及非招标方案；

（三）审查拟投标、合同谈判单位的专业资质；

（四）指导和监督招标单位开展招标活动。

第十条　各单位及招标项目组（以下简称招标单位）是招标活动责任主体，可组织招标或委托代理机构招标。其主要职责是：

（一）做好招标项目立项、资金来源、项目组筹备等前期准备工作的落实；

（二）负责招标方案的编制及上报工作，组织开展招标活动；

（三）落实招标项目合同的签订、履行等工作；

（四）完成涉及招标的其他有关工作。

第十一条　各单位负责招投标管理工作的部门，其主要职责是：

（一）制定本单位招投标管理规定，并组织实施；

（二）审查招标及非招标方案和拟投标、合同谈判单位的资质；

（三）建立健全招投标管理信息和档案，定期向上级主管部门报送有关资料；

（四）处理本单位招投标工作中的有关事项，负责招投标管理的日常工作。

第十二条　招标项目的评标小组成员由机关相关职能部门、招标单位、招投标管理办公室等部门代表及局专家库专家组成，其中技术、经济等方面的专家不得少于成员总数的三分之二。

评标小组成员应当客观、公正地履行评标职责，对所提出的评审意见承担个人责任。

第十三条　招标项目的监督小组成员由纪检监察、法律、审计等部门人员组成，全过程监督检查招投标活动，对所提出的监督意见承担个人责任。

第三章　招标范围

第十四条　下列项目必须进行招标：

（一）建设工程单项合同估算金额在100万元以上的；

（二）重要设备、材料等生产物资的采购，单项合同估算金额在50万元以上的；

（三）勘察、设计、监理，以及非生产物资采购等其他服务项目，单项合同估算金额在30万元以上的；

（四）符合中国石油集团联合集中采购的项目应参加中国石油集团组织的联合集中采购；

（五）长庆局认为需要招标的其他项目。

第十五条　具备下列情形之一的，经局招投标管理办公室审查或报请招投标领导小组组长审批，可以不进行招标：

（一）涉及企业秘密或安全的；

（二）采用特定专利或者专有技术的；

（三）当年已进行招标的物资、非安装设备采购等项目，在相关条件无变化的情况下，确需增加采购数量的；

（四）在建工程追加的附属小型工程或者主体加层工程，原中标单位仍具备承包能力的；

（五）设计招标中，已建成项目需要改、扩建或者技术改造，由其他单位进行设计影响项目功能配套性的；

（六）企业自投、自建、自用非公用、公益的设施，且本企业施工队伍资质能满足要求的；

（七）法律、法规规定的其他不适宜招

标的。

第十六条　具备下列情形之一的，经局招投标管理办公室审查或报请招投标领导小组组长审批，可以进行邀请招标：

（一）技术复杂或有特殊要求，只有少量几家潜在投标单位可供选择的；

（二）受自然地域环境限制的；

（三）涉及企业秘密或者安全，适宜招标但不宜公开招标的；

（四）拟公开招标的费用与项目价值相比，不值得公开招标的；

（五）法律、法规规定不宜公开招标的。

第十七条　各单位根据实际可以扩大招标的范围，但应上报局招投标管理办公室备案。

第十八条　招标单位确需委托招标，包括委托社会招标代理机构进行招标的，应报局招投标管理办公室审查批准。

第四章　招标及非招标方案的编制和审批

第十九条　招标及非招标方案的编制和报审主体，原则上为产品使用单位或项目建设单位，但长庆局集中管理的物资采购项目统一由器材供应部门负责编制和报审。

第二十条　单项合同估算金额在200万元以上的项目，报送局相关职能处室审查、局招投标管理办公室审核。

单项合同估算金额在200万元以下的项目，各单位可根据实际自行管理和组织招标，但应从长庆局建立的专家库内的相关专家名单中确定评标小组成员，并将招标结果上报局招投标管理办公室备案。

第二十一条　招标方案的主要内容应包括：项目名称、立项批件、招标规模、标段划分、招标项目组成员名单、拟投标单位、招标方式、招标文件、开标会议议程等。

其中，招标文件一般包含下列内容：

（一）投标邀请书、投标单位须知；

（二）招标项目的基本情况、资金来源和落实情况及项目审批情况介绍；

（三）投标单位的资质要求；

（四）编制投标文件所必需的技术资料和技术规格、设计要求等；

（五）交货、竣工或者提供服务的期限、质量等级要求；

（六）投标报价要求及其计算方法；

（七）投标保证金、履约保证金要求；

（八）投标书的编制要求及其送达方式、地点和截止时间；

（九）开标时间、地点；

（十）评标依据和标准、评标程序、评标方法等；

（十一）投标有效期；

（十二）拟签订合同的主要条款；

（十三）投标文件格式；

（十四）其他必要的事项。

第二十二条　非招标方案包括项目名称、立项批件、项目金额、谈判小组成员、采用非招标方式实施的情况说明，必要时附项目调研报告。

第二十三条　招标及非招标方案应依次报送局相关职能处室审查、招投标管理办公室审核。非招标方案经审批后，按《长庆石油勘探局合同管理办法》的规定订立合同。

第二十四条　招标及非招标方案经招投标管理办公室审核后，对于方案中不完善的内容，招标单位要限期整改；对于符合要求的方案，按照以下程序完成审批后，由招投标管理办公室办理相关实施手续：

（一）单项合同估算金额在1000万元以下的，由招投标管理办公室在三个工作日内完成审批；

（二）单项合同估算金额在1000万元以

上的，报请招投标领导小组组长审批。

第五章　招　　标

第二十五条　采用公开方式招标的，应当在长庆局外网上发布招标信息。

采用邀请方式招标的，由招标单位向三个以上具备承担招标项目的能力、资信良好的特定法人或者其他组织发出投标邀请书。

投标邀请书应当载明招标单位的名称和地址、招标项目的性质、数量、实施地点和时间以及获取招标文件的办法等事项。

第二十六条　招标单位可以根据招标项目本身的要求，在投标邀请书中，要求潜在投标单位提供有关资质证明文件和业绩情况，并会同局相关职能处室、招投标管理办公室、监督小组对投标单位进行资格预审。

第二十七条　采用邀请方式进行招标的项目，原则上应进行无标底招标。

需事先设立标底的，由招标单位负责编制，长庆局审计、工程定额与造价管理部门进行审核。

编制的标底只能作为防止串通投标、哄抬标价和分析报价是否合理等情况的参考，不应作为决定废标的直接依据。所有接触过标底的人员负有保密责任。

第二十八条　招标单位根据招标项目的具体情况，可以组织潜在投标单位踏勘项目现场。

第二十九条　招标单位对已发出的招标文件进行必要的澄清或者修改的，应以书面形式通知所有招标文件收受单位。该澄清或者修改的内容为招标文件的组成部分。

第三十条　招标单位应当确定投标单位编制投标文件所需要的合理时间。

第三十一条　招标单位可以在招标文件中要求投标单位提交投标担保。投标担保除现金外，可以是银行出具的银行保函、汇票、支票等方式。

第六章　投　　标

第三十二条　投标单位应当按照招标文件的要求编制投标文件。投标文件应当对招标文件提出的实质性要求和条件作出响应。

第三十三条　投标书一般由技术标书和商务标书两部分组成。

（一）技术标书一般包括以下内容：

1. 投标单位综合情况及业绩介绍；

2. 主要技术装备、主要人员素质、工艺技术水平、产品性能等情况；

3. 执行的系列技术标准和规范、质量指标；

4. 技术保证和质量控制措施及健康、安全、环保措施；

5. 供货（完工）组织方式、计划、交货期（工期）保证措施；

6. 其他有关投标的问题说明。

（二）商务标书一般包括以下内容：

1. 价格测算依据及说明；

2. 商务报价及其构成；

3. 合同主要条款的认可及优惠条件的承诺；

4. 其他必要的事项。

第三十四条　投标单位应当在招标文件要求提交投标文件的截止时间前，将投标文件送达投标地点。招标单位收到投标文件后，应当签收保存，不得开启。

在招标文件要求提交投标文件的截止时间后送达的投标文件，招标单位应当拒收。

第三十五条　投标单位在招标文件要求提交投标文件的截止时间前，可以补充、修改或者撤回已提交的投标文件，并书面通知招标单位。补充、修改的内容为投标文件的组成部分。

第三十六条 投标单位根据招标文件载明的项目实际情况，拟在中标后将中标项目的部分非主体、非关键性工作进行分包的，应当在投标文件中载明。

第三十七条 两个以上法人或者其他组织可以组成一个联合体，以一个投标单位的身份共同投标。

联合体各方均应当具备承担招标项目的相应能力；国家有关规定或者招标文件对投标单位资格条件有规定的，联合体各方均应当具备规定的相应资格条件。由同一专业的单位组成的联合体，按照资质等级较低的单位确定资质等级。

联合体各方应当签订共同投标协议，明确约定各方拟承担的工作和责任，并将共同投标协议连同投标文件一并提交招标单位。联合体中标的，联合体各方应当共同与招标单位签订合同，就中标项目向招标单位承担连带责任。

第七章 开标、评标和定标

第三十八条 开标由招标单位主持，邀请所有投标单位参加，召集全部评标小组成员出席，监督小组派人进行现场监督。

第三十九条 开标时，由监督小组成员检查投标文件的密封情况；经确认无误后，当众予以拆封，由投标单位宣读投标价格和投标文件的其他主要内容。

招标单位在招标文件要求提交投标文件的截止时间前收到的所有投标文件，开标时都应当当众予以拆封、宣读。

第四十条 招标单位应当对开标过程进行记录，并存档备查。

第四十一条 评标小组负责评标活动，推荐中标候选单位或者根据授权直接确定中标单位。

第四十二条 评标小组专家成员由局招投标管理办公室、局纪检监察部门、审计部门，从长庆局建立的专家库内相关专家名单中采取随机抽取的方式确定。

如采取随机抽取方式确定的专家难以胜任的，可以由招标单位提出意见，报局招投标管理办公室直接确定。

第四十三条 评标方法包括经评审的最低投标价法、综合评估法、性价比法或者法律、行政法规允许的其他评标方法。

评标小组经评审，认为所有投标都不符合招标文件要求的，可以否决所有投标。

第四十四条 评标活动截止后，评标小组应当在三个工作日内向招投标管理办公室提交评标结果的报告。

第四十五条 评标小组推荐的中标候选单位应当限定在一至三名，并标明排列顺序。

第四十六条 中标单位的投标应当符合下列条件之一：

（一）能够最大限度地满足招标文件中规定的各项综合评价标准；

（二）能够满足招标文件的实质性要求，并且经评审的投标价格最低，但是投标价格低于成本的除外。

第四十七条 招标项目单项合同估算金额在1000万元以下的，由招投标管理办公室会同招标单位、评标小组确定中标单位；单项合同估算金额为1000万—5000万元的，招投标管理办公室审核后，报分管相关业务的副局长审批；单项估算金额在5000万元以上的，经招投标管理办公室审查，分管相关业务的副局长审核后，报长庆局局长审批。

第四十八条 中标单位确定后，招投标管理办公室在中标通知书上加盖印章，招标单位向中标单位发出中标通知书。招标不成功的，由招标单位重新报审。

中标通知书对招标单位和中标单位具有

法律效力。

第四十九条　自中标通知书发出之日起20个工作日之内，招标单位应当按照招标文件和中标单位的投标文件订立书面合同。

招标文件要求中标单位提交履约保证金的，中标单位应当提交。

第五十条　中标单位应当按照合同约定履行义务，完成中标项目。中标单位不得向他人转让中标项目，也不得将中标项目肢解后分别向他人转让。

第八章　法律责任

第五十一条　招投标活动参与者有下列情形之一的，监督小组将建议按照有关规定追究责任人的相关责任：

（一）招标单位违反本办法，将必须进行招标的项目化整为零或者以其他方式规避招标的。

向他人透露已获取招标文件的潜在投标单位的名称、数量或者可能影响公平竞争的有关招标投标的其他情况的，或者泄露标底的。

在评标小组依法推荐的中标候选单位以外确定中标单位的，依法必须进行招标的项目在所有投标被评标小组否决后自行确定中标单位的。

（二）投标单位违反本办法，以他人名义投标或者以其他方式弄虚作假，骗取中标的。

（三）评标小组成员违反本办法，收受投标单位的财物或者其他好处的。

评标小组成员或者参加评标的工作人员向他人透露对投标文件的评审、中标候选单位的推荐以及与评标有关的其他情况的。

（四）招投标管理办公室、局相关职能处室违反本办法，怠于行使相应职责，造成严重后果的。

（五）有其他损害企业利益的行为。

第九章　附　　则

第五十二条　本办法规定的数额中所称的“以上”均含本数。

第五十三条　本办法未尽事宜或与国家有关法律法规和中国石油集团规定相抵触的，以国家法律法规和中国石油集团规定为准。

第五十四条　本办法由企管法规处负责解释。

局属单位及局控股公司可根据本办法制定本单位的招投标实施细则，报企管法规处备案。

第五十五条　本办法自印发之日起施行，原长庆局有关招投标管理规定同时废止。长庆局基本建设招投标管理办公室印章继续保留。

长庆石油勘探局合同管理办法

（2007 年 4 月 30 日长庆石油勘探局
以长局发［2007］92 号文发布）

第一章 总 则

第一条 为加强长庆局合同管理，规范企业行为，提高经营效率和质量，防范和控制风险，维护长庆局合法权益，根据《中华人民共和国合同法》及有关法律法规和中国石油集团《合同管理办法》，结合工作实际，制定本办法。

第二条 本办法所称合同，是指长庆局及局所属单位与其他法人或其他组织、自然人之间，长庆局内部领取《企业法人营业执照》或《营业执照》的单位之间设立、变更、终止民事权利义务关系的协议。

第三条 本办法适用于长庆局及局所属单位的合同管理。

长庆局控股公司的合同管理，参照本办法执行。

第四条 长庆局对合同管理实行“归口审查、两级管理”的原则。

归口审查，是指对合同内容按业务类别由相关职能部门负责审查。

两级管理，是指按合同的性质和标的金额大小，分别由局和局所属单位管理。

第五条 长庆局负责管理以下合同：

（一）上报中国石油集团审批的合同，指特大支出类合同，即工程类合同单项标的金额在 1 亿元以上、非工程类合同单项标的金额在 5000 万元以上，以及需中国石油集团批准的对外担保、投（融）资等重大合同；

（二）中国石油集团授权管理的合同；

（三）对外担保、合资合作、投（融）资、涉外及通过协议方式进行的产权交易项目等合同；

（四）单项合同估算金额在 200 万元以上的合同；

（五）以长庆局名义订立的合同。

以上范围外的合同由局所属单位负责管理。

第六条 长庆局运用《中国石油天然气集团公司合同管理信息系统》（以下简称合同信息系统）工作平台，对合同实行制度化、规范化、标准化和信息化管理，实现合同生成、审查等业务网上运行，不断提高合同管理水平。

第七条 订立合同，必须遵守国家的法律法规，符合中国石油集团及长庆局的有关规定，任何单位和个人不得利用合同进行违法活动，不得损害国家、中国石油集团和长庆局利益。

合同承办单位不得随意分解合同或以其他方式有意规避合同的审查审批、上级管理和监督检查。

第八条 纪检监察、审计部门对合同订立、履行进行全过程监督、检查。

第二章　合同管理部门及职责

第九条　企管法规处是长庆局合同综合管理部门，负责全局合同管理工作。主要职责是：

（一）贯彻国家有关法律、法规和中国石油集团合同管理制度，制订和完善长庆局合同管理制度并组织实施；

（二）负责长庆局层面合同信息系统的管理、设置、维护工作，推进合同管理信息化建设；

（三）指导、协调、检查局所属单位合同管理工作；

（四）管理长庆局合同专用章及审查章，规范合同标准文本，审查合同主体和内容的合法性、合规性；

（五）组织或参与长庆局重大合同项目的法律论证、招投标、合同谈判和起草，办理签约授权手续等工作，审查审批局所属单位上报的合同；

（六）管理全局合同纠纷案件，指导涉案单位正确参与诉讼活动；

（七）提供法律咨询服务，培训合同管理人员。

第十条　局所属单位负责合同综合管理工作的部门，主要职责是：

（一）落实长庆局合同管理制度，制定和完善本单位合同管理实施细则；

（二）做好本单位合同信息系统的管理、设置和日常维护工作；

（三）管理本单位的合同专用章及审查章，办理以本单位名义订立合同的签约授权手续，审查审批本单位管理的合同；

（四）审查合同主体和内容合法性、合规性；

（五）组织或参与本单位重大合同项目的法律论证、招投标、合同谈判和起草等工作；

（六）负责处理本单位合同纠纷案件，按照中国石油集团纠纷案件管理信息系统要求，上报有关案件材料。

第十一条　主要生产经营单位和合同量较多的单位，应当按照国资委颁布的《国有企业法律顾问管理办法》，设置合同管理机构或合同管理岗位，配备必要的专职合同管理人员；合同量较少的单位也应当配备兼职合同管理人员。

专职合同管理人员应当具有《企业法律顾问资格》或《律师资格》或《法律职业资格》，通过定期或不定期的专业培训，不断提高业务素质。

第十二条　长庆局及局所属单位的合同综合管理部门应根据工作需要配备熟悉法律和计算机业务的专兼职合同信息系统管理员。主要负责合同信息系统的管理、设置、维护工作，并承担安全保密义务。

局所属单位应当根据工作需要固定若干名合同承办员作为合同信息系统录入员。主要负责合同立项信息、相对人资料、合同及招投标文本的录入工作，并承担安全保密义务。

第三章　合同订立与审查审批

第十三条　已取得《企业法人营业执照》或《营业执照》的局所属单位，以本单位名义对外订立合同，使用本单位的合同专用章。

未取得《企业法人营业执照》或《营业执照》的局所属单位、局项目组和局业务职能处室，以长庆局名义对外订立合同。为便于区分承办单位，应当在长庆局名称后用括号注明某单位或某项目组，将合同文本送企管法规处加盖长庆局合同专用章。

对于满足本办法第十一条，但未取得

《企业法人营业执照》或《营业执照》的局所属单位、局项目组，可以申请使用长庆局授权的合同专用章。

第十四条　以长庆局名义对外订立的合同，除法定代表人外，以局所属单位名义对外订立的合同，除法定代表人或负责人外，任何单位和个人未经授权不得以局及局所属单位名义对外订立合同。

第十五条　除即时清结外，合同一律采用书面形式。但一次性发生金额在5万元以下的生产急需材料买卖或一次性发生金额在1万元以下的办公用品买卖和修缮修理项目，事先经本单位主管领导批准，可以不采用书面合同形式。

第十六条　订立合同应做到合同主体、形式、内容、程序合法，合同资料、证据齐全。

合同条款应当完整。合同当事人约定权利和义务，应当具体、明确，不得出现容易产生歧义或含混不清的条款。

合同中的专门术语、专有词汇应当设专款定义解释。

第十七条　任何单位和个人不得违反程序订立合同，不得出现事后合同。确因计划、投资、设计等原因致使主合同无法及时订立的，应先订立“框架协议”或“费率合同”，明确有关单价、定额、取费标准等，随后订立正式合同。

第十八条　订立合同应当按照立项、选商、谈判、审批、授权、签字盖章的程序进行。

第十九条　选择合同相对人，应当严格按照市场准入条件和规定，通过比选和竞争方式进行。

按规定应当采取招标方式选择合同相对人的，应当严格按照招投标的有关规定执行。

任何单位和个人不得违规干预选商活动，不得暗箱操作、收受商业贿赂。

第二十条　合同承办单位应当要求合同相对人提供下列资料，并查验其真实性：

（一）经工商行政管理部门年检合格、并加盖合同相对人印章的《企业法人营业执照》或《营业执照》副本复印件；合同相对人是自然人的，应当提供该自然人身份证的复印件；

（二）资质等级证书及涉及许可经营的许可文件；

（三）法定代表人或负责人的身份证明书，受托人的授权委托书；

（四）能够证明其履约能力的有关资信资料；

（五）需要合同相对人提供的其他资料。

第二十一条　合同承办单位负责组织合同的谈判、起草工作。凡属对外投（融）资、重大技术或设备引进、招投标等重大合同项目，应当由合同承办单位、计划、技术、法律、财务、审计、纪检等相关部门共同参与，进行商务、技术、法律论证，拟订谈判方案，有组织、有计划地开展谈判签约工作。

第二十二条　合同承办单位与合同相对人经要约、承诺达成一致的合同，应在十个工作日内上报长庆局相关职能处室进行审查审批。采用招标方式订立合同的，合同报审主体应当与招标单位主体、合同订立主体相一致。

各部门审查审批的工作时限一般不得超过3个工作日。特殊情况的，应当及时告知送审单位和合同综合管理部门。

第二十三条　合同在信息系统中审查审批的一般流程是：选商审批，业务、价款和法律审查，合同审批，签约授权，签字盖章和审计监督等。

第二十四条　选商审批。

合同承办单位根据合同项目要求，按照长局发［2007］86号《长庆石油勘探局招标管理办法》的有关规定执行。

第二十五条 业务审查。

（一）业务部门审查内容：

1. 合同资金渠道是否正确、资金来源是否落实，项目论证材料是否真实、齐全、合规，项目是否可行；

2. 与本部门有关的技术、质量、安全环保、商务条款及合同相对人履行合同所必需的专业资质和各项专业许可等，是否符合有关规定和要求；

3. 从业务角度提出合同价款和费用是否经济合理的建议。

（二）业务部门审查范围：

规划计划管理部门。主要审查投资项目前期可行性研究等业务范围内的合同。

财务资产管理部门。主要审查贷款、担保等业务范围内的合同。

人事劳资管理部门。主要审查劳务服务、培训服务等业务范围内的合同。

企业文化管理部门。主要审查影视作品委托制作、转让（许可使用），对外宣传及大型文化活动等业务范围内的合同。

生产运行管理部门。主要审查生产建设物资、运输车辆及通用设备买卖，水、电、气、热力供用，钻前、水电讯保障工程施工、运输、仓储、保管、通信及气象服务等业务范围内的合同。

对外关系协调管理部门。主要审查土地使用权的出让、转让、租赁、土地征用借用等业务范围内的合同。

科技发展管理部门。主要审查办公设备买卖、维修，技术开发、技术转让（许可使用）、技术服务与咨询、计算机软件转让（许可使用）、技术秘密保护等业务范围内的合同。

质量安全环保管理部门。主要审查安全防护环保、计量方面的物资买卖，安全防护环保产品加工、计量器具检测、车辆保险、认证、安全防护环保类工程施工、安全防护环保设施维修、废物加工（环保）处理等业务范围内的合同。

工程技术管理部门。主要审查井筒设备、固控设备、野营房、石油专用管材、钻具、井下专用工具买卖，钻井、固井、测井、录井、射孔、试油、压裂（酸化）、修井等工程，井筒工程监督、石油工程机械产品加工、机械设备车辆租赁、维修与检验等业务范围内的合同。

基建工程管理部门。主要审查建设工程勘察、设计、施工、建设工程外部市场工程施工、建设工程监理、建设工程质量检测、建设工程设备买卖、建设工程产品加工等业务范围内的合同。

合作项目管理部门。主要审查油气田合作项目可行性技术咨询、油气田合作开发等业务范围内的合同。

基地服务管理部门。主要审查生活物资买卖、物业服务、住宿服务、房屋租赁等业务范围内的合同。

资本运营管理部门。主要审查对外投资、合资合作、股权转让等业务范围内的合同。

医疗卫生管理部门。主要审查医疗药品、器械、设备买卖、医疗服务等业务范围内的合同。

企管法规管理部门。主要审查律师或法律顾问聘用、软科学研究项目技术咨询、商标转让（许可使用）、商业秘密保护等业务范围内的合同。

对于以上未列举的合同，由相关职能部门按照长庆局明确的职能部门的工作职责进行审查。

第二十六条 价款审查。

工程定额与造价管理部门是价格审查的职能部门，按业务管理范围进行合同价格及价格条款审查。主要审查合同价格形成是否符合有关规定和标准，价格条款是否表述清楚、规范、责任明确、价格是否科学合理。

第二十七条 法律审查。

企管法规处对合同各方当事人是否具有订立及履行合同的权利和能力，合同条款是否存在显失公平、违反法律法规的内容，合同的形式及订立的程序是否合法，条款是否齐备、完整，设定的权利、义务是否具体、明确，相应手续和相关附件是否完备，各审查部门审查意见是否齐备并符合规定等，作出判断并提出审查意见。主要负责：

（一）单项合同估算金额在200万元以上及金额不确定的合同；

（二）涉外合同、对外担保、合资合作、投（融）资及通过协议方式进行的产权交易项目等合同；

（三）以长庆局名义订立的合同。

第二十八条 审计监督。

审计部门按照有关规定履行合同内部审计监督职责。主要审核合同涉及的价格、酬金、违约赔偿等商务性条款的计算标准、依据是否符合比价原则和有关规定。

第二十九条 合同审批。

对于上报长庆局审批的合同，经局业务职能处室审查后，按照以下程序予以办理：

单项合同估算金额在200万—1000万元的，企管法规处审批；

单项合同估算金额在1000万—5000万元的，企管法规处审查，分管相关业务的副局长审批；

单项合同估算金额在5000万元以上的，企管法规处审查，分管相关业务的副局长审核，局长审批。

第三十条 签字盖章。

合同在信息系统审批完成后，承办单位须打印合同文本和《合同审查审批表》，送合同综合管理部门办理签约授权手续，加盖合同审查章和合同专用章。

第三十一条 法律、法规规定，或重大合同，还应当办理公证（见证）或批准、过户登记等手续。

第四章 合同的履行、变更、转让和解除

第三十二条 合同生效前，不得实际履行；合同生效后，应当全面、适当履行。

第三十三条 合同承办单位全面负责合同履行。应当跟踪了解合同履行进展情况，发现合同相对人未按照合同约定履行的，应当及时查明原因，并酌情告知合同相对人或向其提出异议，促使其严格履行合同；合同相对人就合同的履行向我方提出异议的，应当会同合同综合管理部门研究提出处理意见。

第三十四条 合同在履行过程中或履行完毕需要付款时，须经审计、合同、财务等部门通过合同信息系统进行审查审批，所形成的《合同履行（付款）审查审批表》作为付款凭证。

资金结算管理部门负责审核合同订立、履行的审查审批资料，办理付款结算手续。无《合同审查审批表》、《合同履行（付款）审查审批表》的合同，一律拒绝履行付款义务。

第三十五条 在合同履行过程中，有足够证据证明可以拒绝履行、中止履行、请求撤销、代位行使、解除合同等法定情形或约定情形发生的，合同承办单位应当及时向合同综合管理部门报告。

第三十六条 合同变更、转让应当与合同相对人订立书面协议。对合同作出实质性变更或转让的，应当按本办法第三章的规定办理审查审批手续。法律、行政法规规定应当办理批准、登记等手续的，应当及时办理。

第三十七条 在合同履行、变更、转让过程中发生的纠纷，应当先与合同相对人协商处理并保留好原始证据。对已进入或拟进

入诉讼程序或仲裁程序的法律纠纷，按照中国石油集团和长庆局有关法律纠纷管理的规定处理。

第五章　合同基础管理

第三十八条　长庆局及局所属单位应当建立合同动态统计分析制度。合同综合管理部门应当定期分析合同履行情况，及时发现合同管理和企业经营管理中存在的问题，并提出改进意见和建议，为经营决策提供支持。

第三十九条　长庆局及局所属单位应当建立合同档案管理制度。在合同订立和履行过程中所形成的各种不同形式和载体的与合同有关的原始凭证或资料，合同承办单位应当提交给本单位档案管理部门和合同综合管理部门，任何个人不得擅自留存。合同的档案资料包括但不限于：

（一）合同订立过程中形成的项目建议书、资信调查资料、可行性研究报告、备忘录、确认书、协议、协定、批准书、担保书、委托书、公证书、来往电文、正式合同文本（包括关联交易合同文本）和相关审批资料等；

（二）合同履行等过程中产生的货物进出口的海关报关单副本、商品检验、工商登记资料、付款凭证等有关凭证，以及有关合同的修改、补充、变更、中止、转让、解除和调解、仲裁等资料；

（三）所有审批过程中形成的各类审查审批表；

（四）档案管理部门和合同综合管理部门认为有必要保存的其他资料或证据。

除非本办法另有规定，凡归档的合同文本及资料应当是原件。没有原件的，保存复印件，并附书面说明。

合同档案的立卷、统计、保管、借阅、鉴定和销毁，按国家和本单位有关档案管理的规定执行。

第四十条　长庆局及局所属单位合同综合管理部门应当建立、健全内部保密规范，加强对合同有关人员的保密教育。在合同管理过程中，对谈判方案、项目信息、合同文件等商业秘密严格保密。

第四十一条　长庆局及局所属单位应当积极开展“守合同、重信用”活动，通过加强合同管理，提高本单位经济运行质量，提升市场信誉和形象。

第六章　检查与奖惩

第四十二条　长庆局及局所属单位应当对在合同管理工作中做出突出成绩的单位或个人按有关规定予以表彰和奖励。

第四十三条　长庆局合同综合管理部门应当定期检查合同管理情况，对合同管理混乱，存在较大隐患的，给予通报批评并责令其限期整改。

第四十四条　凡违反本办法，具有下列情形之一，且给长庆局造成经济损失的，按照有关规定对责任人追究相应责任。

（一）违反有关法律、行政法规和本办法有关规定，受到行政执法机关查处的；

（二）不了解合同相对人资信情况而盲目与之订立合同，或者未按本办法规定的程序订立合同，或者未订立合同即预付货物或价款的；

（三）未按规定授权或转委托、超越授权或滥用授权订立合同，或者擅自订立、变更、转让或解除合同的；

（四）与合同相对人或第三人恶意串通或收受贿赂的；

（五）工作不负责任，被诈骗，或者造成合同不能履行或不能全面履行或不适当履行，被合同相对人追究违约责任的；

（六）发现合同相对人违约，隐瞒或不及时向有关部门汇报，也不及时采取措施的；

（七）应当或可以追究合同相对人的责任而擅自放弃追究的；

（八）提供虚假资料或丢失合同文本及相关资料的；

（九）规避合同管理审查审批的；

（十）其他应当追究责任的行为。

第四十五条 利用合同进行犯罪活动，或者在合同订立、履行等过程中因严重不负责任被诈骗致使国家利益遭受重大损失，有犯罪嫌疑的，移交司法机关处理。

第七章 附 则

第四十六条 长庆局及局所属单位与其他当事人订立工程服务类合同的，应分别同时订立工程服务安全生产合同。工程服务安全生产合同订立前，应经本单位安全管理部门审查。

第四十七条 本办法中所称的币种为“人民币”；数额中所称的“以上”均含本数；“承办单位”是指局所属单位、局项目组和局业务职能处室；“局所属单位”不包括局控（参）股公司。

第四十八条 局属各单位应当根据本办法，制定具体合同管理实施细则，报企管法规处备案。

第四十九条 本办法由企管法规处负责解释。

第五十条 本办法自印发之日起施行。原《长庆石油勘探局合同管理办法（试行）》同时废止。

长庆石油勘探局年度综合业绩考核兑现办法

（2007 年 4 月 30 日长庆石油勘探局
以长局发［2007］93 号文发布）

第一章 总 则

第一条 为了完善长庆局年度综合业绩考核兑现体系，建立有效的内部激励、监督、约束机制，切实履行国有企业的经济责任、政治责任和社会责任，调动各级经营管理者和广大职工的工作积极性，确保企业年度综合业绩目标的实现，制定本办法。

第二条 本办法适用于局属各单位及其领导班子。对长庆局投资的控股公司，按照长庆局股权管理办法，由长庆局股权管理办公室提出考核兑现意见，经长庆局审定后，通过公司董事会下达。

第三条 长庆局采用定期监控、半年预考核与年终综合考核兑现相结合的方式，对所属单位及其领导班子实行考核兑现。

第二章 考核指标体系

第四条 长庆局对所属单位主要实行以经营指标和管理指标相结合的综合业绩考核体系；对所属单位领导班子实行以经营指标、管理指标和控制指标相结合的综合业绩考核体系。

第五条 经营指标主要包括：

工作量、上缴利润额、控亏额、单位操作费和费用控制额。

第六条 管理指标主要包括：

安全生产、环境保护、工作质量（含工程技术服务质量、生产技术服务质量、产品质量、服务满意度等）、节能降耗、稳定工作、基层建设、应收款项清收。

第七条 控制指标主要包括：

班子建设、社会治安综合治理、财经纪律。

第八条 综合业绩指标由主管部门提出，经长庆局研究确定后下达。

第三章 对单位的考核兑现

第九条 长庆局将所属单位的工资总额分为基数工资、基本增资和业绩增资三部分。其中：

基数工资由长庆局根据各单位在职职工人数和工资构成核定。

基本增资由长庆局根据中国石油集团下达的工资总额和全局整体经济效益预测，按照中国石油集团工资增长政策，参照上年全局基本增资情况进行核定。

业绩增资主要由超缴利润（减亏额、费用节余额）提成、单项指标考核奖励等构成。由长庆局按本办法进行全年业绩考核后给予兑现。

第十条 基数工资和基本增资指标年初由长庆局下达给各单位。

第十一条 单位超额完成工作量指标的，每超额一个百分点，按单位基本增资的0.5%予以奖励；未完成工作量指标的，每欠完成一个百分点，扣减单位基本增资的0.5%。

长庆局未确定工作量指标的单位，此项不进行奖惩。

第十二条 在工作质量达标、确保生产生活设施得到正常维修更新、安全隐患得到有效治理的前提下，盈利（减亏、费用节余）单位按当年超缴利润额（减亏额、费用节余额）的20%计算业绩增资；未完成经营指标的单位，按减少效益额（超亏额、费用超支额）的50%扣减年度基本增资。

第十三条 根据各单位安全环保风险不同，将全局各单位划分为三个类别：

特类单位：钻井工程总公司。

一类单位：井下技术作业处、建设工程总公司、第一采油技术服务处、第二采油技术服务处、第三采油技术服务处、运输处、水电厂、器材供应处、机械制造总厂、录井公司、低效油气合作开发项目组、苏里格气田合作开发项目组、国际事业部、交通服务处。

其余单位为二类及其他单位。

单位发生安全环保事故按以下标准进行扣减：

（一）特类单位。年内发生2起较大工业生产员工伤亡事故或1起重大交通事故（有责）、3起较大交通事故（有责）、1起较大环境污染和生态破坏事故之一者，扣减单位工资总额的1.5%；发生1起重大及以上工业生产员工伤亡事故或1起特大及以上交通事故（有责）、2起重大交通事故（有责）、4起较大交通事故（有责）、1起重大及以上环境污染和生态破坏事故、2起较大及以上环境污染和生态破坏事故之一者，扣减单位工资总额的3%。

（二）一类单位。年内发生1起较大工业生产员工伤亡事故或1起重大交通事故（有责）、2起较大交通事故（有责）、1起较大环境污染和生态破坏事故、2起一般环境污染和生态破坏事故之一者，扣减单位工资总额的1.5%；发生1起重大及以上工业生产员工伤亡事故或2起较大及以上工业生产员工伤亡事故、1起特大及以上交通事故（有责）、2起重大交通事故（有责）、3起较大交通事故（有责）、1起重大及以上环境污染和生态破坏事故、2起较大及以上环境污染和生态破坏事故之一者，扣减单位工资总额的3%。

（三）二类及其他单位。年内发生1起较大工业生产员工伤亡事故或1起较大交通事故（有责）、1起一般环境污染和生态破坏事故之一者，扣减单位工资总额的1.5%；发生1起重大及以上工业生产员工伤亡事故或2起较大及以上工业生产员工伤亡事故、1起重大及以上交通事故（有责）、2起较大交通事故（有责）、1起较大及以上环境污染和生态破坏事故之一者，扣减单位工资总额的3%。

经考核，单位安全环保工作达标的，特类单位按本单位年度基本增资额的3%予以奖励；一类单位按本单位年度基本增资额的2%予以奖励；三类按本单位年度基本增资额的1%予以奖励。

第十四条 单位发生一次直接经济损失在100万元及以上的工程技术服务、生产服务或产品质量问题的，扣减该单位基本增资的2%；工程技术服务、生产技术服务、产品质量未达到长庆局下达指标的，扣减该单位基本增资的1%。

经考核，单位质量工作达标的，按本单位年度基本增资额的0.5%予以奖励。

第十五条 基地服务单位、医疗卫生单位和驻外机构服务满意度达不到85%的，每降低一个百分点扣减本单位基本增资的1%。

其他单位基地服务满意度达不到85%的，每降低一个百分点扣减本单位基本增资的0.5%。

经考核，基地服务单位、医疗卫生单位和驻外机构服务满意度达到90%以上的，每提高一个百分点按单位基本增资额的1%予以奖励；其他单位基地服务满意度达到90%的，每提高一个百分点按单位基本增资额的0.5%予以奖励。

第十六条 单位发生严重的能源、水资源浪费事件，造成严重影响的，扣减该单位基本增资的1%；未完成长庆局下达的节能节水指标的，扣减该单位基本增资的0.5%。

经考核，单位节能降耗工作达标的，按本单位年度基本增资额的0.5%予以奖励。

第十七条 根据各单位稳定工作的难度，将全局各单位分为两类进行考核。

一类单位：钻井工程总公司、井下技术作业处、建设工程总公司、第一采油技术服务处、第二采油技术服务处、第三采油技术服务处、水电厂、机械制造总厂、运输处、器材供应处等10个单位。

其他单位为二类单位。

因责任不到位、措施不力、工作被动引发矛盾，发生一次到本单位集体上访的，一类单位扣减单位基本增资的1%、二类单位扣减单位基本增资的1.5%；发生一次到长庆局集体上访的，一类单位扣减单位基本增资的2%、二类单位扣减单位基本增资的3%；发生一次进京集体上访的，一类单位扣减单位基本增资的2.5%、二类单位扣减单位基本增资的5%。

经考核，单位稳定工作达标的，一类单位按本单位年度基本增资额的2%予以奖励；二类单位按本单位年度基本增资额的1%予以奖励。

第十八条 单位基层建设工作不达标的，扣减单位基本增资的2%。

经考核，单位基层建设工作达标的，按本单位年度基本增资额的1%予以奖励。

第十九条 单位社会治安综合治理工作不达标的，视情节扣减本单位基本增资的1%—2%。

经考核，单位社会治安综合治理工作达标的，按本单位年度基本增资额的0.5%予以奖励。

第二十条 局机关职能部门的考核按《局机关部门责任目标量化管理考核办法》执行。

第二十一条 考核结果以各单项考核部门提供的数据为准。各单位经营结果按照长庆局有关规定，经审计部门确认。

第二十二条 各业务主管部门应在当年12月31日前对各单位的控制指标、管理指标执行情况提出初步考核意见。需扣减基本增资的，由财务资产处在年终决算时一并予以扣减。

第四章 对单位领导班子的考核兑现

第二十三条 长庆局对直属单位领导班子实行模拟年薪制。

第二十四条 模拟年薪由岗位基薪和业绩年薪构成。其中，岗位基薪包括现行的岗位工资和津补贴，为年度固定的基本收入。根据履职岗位，执行长庆局统一的基本工资制度，并由所在单位按标准逐月支付。业绩年薪为年度综合业绩考核的浮动收入。根据岗位不同，参照上年标准，分别核定各单位领导班子正职的业绩年薪基数。

第二十五条 参照中国石油集团有关规定，局长助理、副总师的业绩年薪按机关职能部门正处级标准的120%确定。

班子副职按正职的85%确定；正处级副职按正职的95%确定。

距法定退休年龄2年及以内，本人主动提出退出现职领导岗位的，其业绩年薪按本单位（部门）现职同岗位人员标准确定；因身体健康和其他原因无法履职，距法定退休年龄不满一届任期（4年），本人主动提出退出现职领导岗位的，其业绩年薪当年按本单位（部门）现职同岗位人员标准确定，次年按95%确定，第三年至法定退休年龄按90%确定。

第二十六条 业绩年薪年初一次性拨付到各单位，由本单位按月代为预支，预支额控制在标准的80%以内。

凡任职不满一年的，其业绩年薪按实际任职月数计算。

领导班子实行模拟年薪制后，不得再领取本单位职工工资总额内的任何奖金。

第二十七条 单位未完成年度经营指标的，按此项指标所扣减单位人均基本增资的5倍扣减领导班子业绩年薪。

单位超额完成经营指标的，按此项指标计提单位人均业绩增资的5倍对领导班子进行奖励。

第二十八条 单位发生安全环保事故，按以下标准扣减领导班子业绩年薪：

（一）特类单位。年内发生2起较大工业生产员工伤亡事故或1起重大交通事故（有责）、3起较大交通事故（有责）、1起较大环境污染和生态破坏事故之一者，扣减单位主要负责人及相关领导业绩年薪的30%，班子其他副职按正职的80%扣减；发生1起重大及以上工业生产员工伤亡事故或1起特大及以上交通事故（有责）、2起重大交通事故（有责）、4起较大交通事故（有责）、1起重大及以上环境污染和生态破坏事故、2起较大及以上环境污染和生态破坏事故之一者，扣减单位主要负责人及相关领导业绩年薪的60％，班子其他副职按正职的80％扣减；发生1起特大及以上工业生产员工伤亡事故或2起重大工业生产员工伤亡事故、4起较大工业生产员工伤亡事故、1起特大及以上交通事故（有责）、3起重大交通事故（有责）、5起较大交通事故（有责）、1起特大及以上较大环境污染和生态破坏事故、2起重大环境污染和生态破坏事故、3起较大环境污染和生态破坏事故之一者，扣减单位主要负责人及相关领导业绩年薪的100％，班子其他副职按正职的80％扣减。

（二）一类单位。年内发生1起较大工业生产员工伤亡事故或1起重大交通事故（有责）、2起较大交通事故（有责）、1起较大环境污染和生态破坏事故、2起一般环境污染和生态破坏事故之一者，扣减单位主要负责人及相关领导业绩年薪的30％，班子其他副职按正职的80％扣减；发生1起重大及以上工业生产员工伤亡事故或2起较大及以上工业生产员工伤亡事故、1起特大及以上交通事故（有责）、2起重大交通事故（有责）、3起较大交通事故（有责）、1起重大及以上环境污染和生态破坏事故、2起较大及以上环境污染和生态破坏事故之一者，扣减单位主要负责人及相关领导业绩年薪的60％，班子其他副职按正职的80％扣减；发生1起特大及以上工业生产员工伤亡事故或2起重大工业生产员工伤亡事故、3起较大工业生产员工伤亡事故、1起特大及以上交通事故（有责）、3起重大交通事故（有责）、4起较大交通事故（有责）、1起特大及以上较大环境污染和生态破坏事故、2起重大环境污染和生态破坏事故、3起较大环境污染和生态破坏事故之一者，扣减单位主要负责人及相关领导业绩年薪的100％，班子其他副职按正职的80％扣减。

（三）二类及其他单位。年内发生1起较大工业生产员工伤亡事故或1起较大交通事故（有责）、1起一般环境污染和生态破坏事故之一者，扣减单位主要负责人及相关领导业绩年薪的30％，班子其他副职按正职的80％扣减；发生1起重大及以上工业生产员工伤亡事故或2起较大及以上工业生产员工伤亡事故、1起重大及以上交通事故（有责）、2起较大交通事故（有责）、1起较大及以上环境污染和生态破坏事故之一者，扣减单位主要负责人及相关领导业绩年薪的60％，班子其他副职按正职的80％扣减；发生1起特大及以上工业生产员工伤亡事故或2起重大工业生产员工伤亡事故、3起较大工业生产员工伤亡事故、1起特大及以上交通事故（有责）、2起重大交通事故（有责）、3起较大交通事故（有责）、1起重大环境污染和生态破坏事故、2起较大环境污染和生态破坏事故之一者，扣减单位主要负责人及相关领导业绩年薪的100％，班子其他副职按正职的80％扣减。

经考核，单位安全环保工作达标的，特类单位按本人业绩年薪的10％对领导班子正职和主管副职进行奖励；一类单位按本人业绩年薪的8％对领导班子正职和主管副职进行奖励；二类及其他单位按本人业绩年薪的5％对领导班子正职和主管副职进行奖励。班子其他副职按正职的80％奖励。

第二十九条 因责任不到位、措施不力、工作被动引发矛盾，发生一次到本单位集体上访的，一类单位扣减班子成员业绩年薪的5％、二类单位扣减班子成员业绩年薪的7％；发生一次到长庆局集体上访的，一类单位扣减班子成员业绩年薪的8％、二类单位扣减班子成员业绩年薪的10％；发生一次进京集体上访的，一类单位扣减班子成员业绩年薪的20％、二类单位扣减班子成员业绩年薪的30％。

经考核，单位稳定工作达标的，一类单

位按领导班子业绩年薪的5%进行奖励；二类单位按领导班子业绩年薪的3%进行奖励。

第三十条 单位班子建设或廉洁从业不达标的，扣减领导班子所有成员业绩年薪的20%。

本单位领导班子成员在廉洁从业方面出现问题而受到党内警告处分或行政警告、记过处分的，扣减本人业绩年薪的30%；受到党内严重警告处分或者行政记大过处分的，扣减本人业绩年薪的50%；受到撤销党内职务、留党察看、开除党籍或者行政降级、撤职、留用察看、开除处分以及被追究刑事责任的，扣减本人全部业绩年薪。

第三十一条 单位社会治安综合治理工作不达标的，视情节扣减本单位领导班子正职和主管副职业绩年薪的2%，同时扣减班子其他成员业绩年薪的1.5%。

经考核，单位社会治安综合治理工作达标的，对领导班子正职和主管副职按本人业绩年薪的2%进行奖励，对班子其他成员按本人业绩年薪的1%进行奖励。

第三十二条 根据长庆局规定，单位应收款项清收指标为：1—2年余额清收率达到80%、2—3年余额清收率达到90%、3年及3年以上的余额清收率达到100%。

单位完不成以上清收指标的，视情节扣减该单位领导班子正职和主管副职业绩年薪的2%—5%。

第三十三条 未经长庆局批准，擅自借贷款、对外提供债务担保或对外投资的，扣除领导班子责任人全部业绩年薪；账外设账、搞资金“体外循环”、设“小金库”的，扣除领导班子成员全部业绩年薪；单位存在《会计法》和有关财经纪律明令禁止的其他问题的，每发现一起，视情节扣减领导班子责任人业绩年薪的5%—20%。

第三十四条 单位用工总量和工资（劳务费）总额未按长庆局下达计划执行，并私自招用人员的，扣减领导班子正职和主管副职业绩年薪的5%。

第五章 考核兑现的组织机构及程序

第三十五条 考核兑现的组织机构。

（一）局务会：主要负责业绩考核兑现相关政策及办法的审定，考核指标的确定及调整，考核兑现结果的审核与确认。

（二）企管法规处：主要负责年度综合业绩考核兑现办法的制定，考核兑现工作的组织实施及协调，考核兑现结果的汇总、计算及上报等。

（三）各单项指标的考核部门：提出与本部门主管业务相关的考核指标，并负责单项指标的考核工作。

财务资产处：负责经营指标的提出及考核工作；

规划计划处：负责工作量指标的提出及考核工作；

质量安全环保处：负责安全生产、环境保护、工作质量、节能降耗指标的提出及考核工作；

人事劳资处（组织部）：负责领导班子建设和用工总量、工资（劳务费）总额的考核工作，同时负责基数工资和基本增资的核定，执行长庆局年度综合业绩考核结果；

企管法规处：负责基层建设指标的考核工作；

信访办公室（维护稳定办公室）：负责稳定工作指标的考核工作；

纪检监察处：负责班子建设廉洁从业指标的考核工作；

审计处：负责财经纪律执行情况的考核，同时做好经营成果确认工作；

资金结算中心：负责应收款项清收指标

的提出及考核工作；

保卫部：负责社会治安综合治理指标的考核工作；

基地服务部：负责基地服务满意度指标的考核工作；

局办公室：负责驻外机构服务满意度指标的考核工作；

卫生处：负责医疗卫生单位服务满意度指标的考核工作；

机关事务管理处：负责机关职能部门的考核工作。

第三十六条 长庆局对年度综合业绩考核指标执行情况实施定期监控。各单位应于当年7月20日前将上半年综合业绩考核指标执行情况报企管法规处，长庆局根据具体情况，适时组织跟踪检查。

第三十七条 年度综合业绩考核兑现工作在长庆局的领导下，由企管法规处负责组织有关部门实施，具体按以下程序运作：

（一）当年12月31日前，各业务主管部门对各单位的控制指标、管理指标执行情况提出初步考核意见，送企管法规处汇总；

（二）次年2月底前，各单位填写上年度《综合业绩考核兑现审批表》，报送企管法规处；

（三）一季度，各业务主管部门根据本办法审核相关考核指标，并确定考核结果；

（四）4月20日前，企管法规处根据业务主管部门考核结果和审计结果进行汇总分析，分别计算应兑现各单位的业绩增资及领导班子业绩年薪；

（五）提交长庆局专题会议研究；

（六）提交局务会审定；

（七）人事劳资处和财务资产处按局务会议审定结果执行奖惩兑现；

（八）企管法规处将各项业绩考核指标完成情况、考核奖惩情况等考核兑现结果反馈各单位。各单位对业绩考核兑现结果有不同意见的，可向长庆局反映。

第六章 罚　则

第三十八条 未按规定向长庆局足额上缴各种款项的，等额扣减单位工资总额。

第三十九条 对于因决策失误给单位或长庆局造成损失，对单位所发生的经济纠纷案件隐瞒不报，或者不进行正常的维修更新、不进行安全隐患治理，导致单位经营业绩明盈实亏的单位主要经营者，不论其是否在任，一经发现，由长庆局追回已发放的业绩年薪。

第四十条 长庆局建立领导干部业绩责任追究制度，对于在安全生产、维护稳定、廉洁从业、经济责任等方面出现问题的单位，除按本办法考核兑现外，还要视具体情况分别依照《中国石油天然气中国石油集团管理人员违纪违规行为处分规定》、《长庆石油勘探局厂处以上领导人员廉洁从业若干规定》、《长庆石油勘探局安全事故行政责任追究办法（试行）》、《长庆石油勘探局所属单位领导班子建设考核实施办法》、《长庆油田关于进一步加强维护稳定工作的实施意见》等规定，对单位领导班子进行责任追究。

第七章 附　则

第四十一条 未纳入本办法的其他单项工作，由主管部门或牵头部门实施专项管理和考核，考核结果经长庆局研究审定后进行奖惩。

第四十二条 为确保综合业绩考核工作的严肃性和权威性，考核指标经审批下达后，除长庆局出台相关政策外，原则上年度内不予调整。

第四十三条 本办法由企管法规处负责

解释。

第四十四条 本办法自2007年1月1日起施行，原有规定与本办法不一致的，以本办法为准。

长庆石油勘探局困难家庭女员工离岗休养暂行规定

（2007年4月30日长庆石油勘探局
以长局发［2007］96号文发布）

第一条 为妥善解决因生活基地调整后形成夫妻长期两地分居、部分一线女工在家庭生活、子女抚养和教育方面的实际困难，保持员工队伍稳定，创建模范和谐矿区，结合长庆局实际，制定本暂行规定。

第二条 本规定所称的“困难家庭女员工”，是指合同化员工中因生活基地调整夫妻分居两地或工作地点远离家庭住地等原因，在家庭生活、子女抚养和教育中确有实际困难的女员工。

第三条 困难家庭女员工，本人自愿申请离岗休养的，经组织批准后，可以离开工作岗位实行内部休养（以下简称离岗休养）。

第四条 女员工在离岗休养期间的待遇。

女员工在离岗休养期间，停发工资、津补贴、奖金和误餐费，不享受劳动保护，按下列规定享受有关待遇：

（一）离岗休养生活费，标准为500元/月，由所在单位按月发给，从工资总额中列支。

（二）离岗前的工资作为档案工资，不参加在岗员工的岗位（技）工资晋档，但其离岗休养前的工资考核期与返回岗位后的工资考核期可以合并计算为本岗位晋档考核期。若遇工资制度改革或标准调整，可按规定参加工资改革或调整标准，并继续作为档案工资及以后重返工作岗位时发放工资的依据。

（三）离岗休养期间，社会保险和住房公积金等有关缴费，按其档案工资作为基数计算，单位缴费和个人缴费均由原单位缴纳。

（四）离岗休养期间计算连续工龄，每年递增的工龄津贴计入档案工资。

第五条 离岗休养的审批程序。

（一）本人根据家庭实际困难情况，自愿提出书面申请。

（二）厂处单位研究同意，填写《困难家庭女员工离岗休养审批表》、《困难家庭女员工离岗休养审批花名册》，报人事劳资处审批。

（三）经批准离岗休养的员工，由用人单位办理劳动合同相关条款的变更手续，签订《困难家庭女员工离岗休养协议书》，明确离岗休养期间待遇、社会保险等有关事项。

第六条 离岗休养年限。

离岗休养年限原则上不超过3年，以1年为最小期限；因家庭确实困难需延长休养年限的，经本人申请，组织批准后可适当续延。但不得超过已签订的劳动合同到期时间。具体年限由本人根据家庭实际困难情况提出书面申请。

第七条 有关问题。

（一）员工离岗休养期间，因家庭情况变化或政策调整的，所在单位可书面通知本人，终止离岗休养，回单位工作。

（二）员工离岗休养期满，应在期满的次日（如遇法定节假日或公休日，相应顺延）回原单位人事劳资部门报到，由单位安排工作。无故延期报到的，按旷工处理。

（三）离岗休养员工由各厂处单位人事劳资部门统一管理，在统计报表中单列。各单位应做好离岗休养员工的登记、建档及日常管理工作。

（四）员工离岗休养期间，独立承担民事责任。凡违反计划生育政策和长庆局及厂（处）单位内部管理制度的，按管理权限和规定予以处理；符合解除劳动合同条件的，停止执行离岗休养待遇，解除劳动合同。

（五）员工离岗休养期间，不得从事其他经营活动。因从事各种经营活动而引起的伤、残及其他后果的，责任自负。

（六）员工离岗休养期间，如与其他企业及经济组织建立劳动关系，应通过原所在单位与长庆局解除劳动合同。否则，因此所发生的一切经济和法律纠纷责任自负。

第八条　本规定由人事劳资处负责解释。

第九条　以前规定与本规定不一致的，以本规定为准。

第十条　本规定自发文之日起执行。

长庆石油勘探局人力资源配置暂行办法

（2007 年 5 月 16 日长庆石油勘探局
以长局发［2007］110 号文发布）

第一章　总　　则

第一条　为科学合理配置人力资源，依法规范用工行为，建立公平竞争、择优选用的人力资源配置机制，结合长庆局实际，制定本办法。

第二条　本办法适用于长庆局直属单位、全资和控股企业（以下统称用人单位）及其使用的合同化员工、合同制员工和社会化劳务用工。

第三条　本办法所称人力资源配置是指人员招聘、人员流动和人员借聘。

第四条　人力资源配置实行长庆局一级管理，用人单位主要领导负责制。业务归口人事劳资处统一管理，人力中心组织实施。用人单位归口人事劳资部门管理。

第五条　人力资源配置的基本原则：

（一）公开招聘、平等竞争的原则。

（二）双向选择、择优选用和油田子女同等优先的原则。

（三）坚持程序、定编定员、按需配置的原则。

（四）优先保证一线、从严控制机关后勤的原则。

（五）规范、有序和监管约束的原则。

第二章　人员招聘

第六条　人员招聘应严格控制在长庆局核定的各类新增用工计划之内，原则上通过考试（考核）的方式公开进行招聘。

第七条　招聘权限。

（一）合同化员工：

1. 长庆局主干专业大学及以上学历毕业生，由人事劳资处编制招聘计划，人力中心统一组织各单位到有关院校招聘。

2. 从社会上引进高层次技术技能专家及各类急需人才的，由用人单位提出专项申请，人事劳资处核定计划，人力中心牵头会同用人单位组织招聘。

（二）合同制员工：

1. 长庆局的非主干专业大学本科及主干专业大专学历毕业生，由人事劳资处编制招聘计划，人力中心统一组织各单位到有关院校招聘。

2. 从社会上引进高层次技术技能人才及各类紧缺人才，由用人单位提出专项申请，人事劳资处核定计划，人力中心牵头会同用人单位组织招聘。

3. 长庆局主干专业中专（技校）及以上学历、年龄不超过25周岁、身体健康的长庆油田子女，由人事劳资处编制招聘计划，人力中心统一组织招聘。

（三）社会化劳务用工：

1. 劳务派遣工。由人力中心根据人事劳资处下达的用工计划和人员招聘要求，提出劳务输入实施方案，提交人事劳资处审核，主管局领导审批后，由劳务派遣公司按有关用工计划和用工条件组织招聘，人力中心监督。

2. 用工期限在一年以下的短期临时性用工。由用人单位根据人事劳资处下达的用工计划自行组织招聘，招聘前须将招聘方案报人事劳资处审批，招聘后须将招聘人员名单报人事劳资处备案。

第八条　长庆局招聘人员时，成立由人力中心牵头，人事劳资处、纪检监察处、局工会等部门和用人单位有关人员组成的招聘工作小组，负责组织考试（考核），择优提出拟聘人选。

各用人单位招聘人员时，也要相应成立招聘工作小组。

第九条　合同化、合同制员工招聘程序：

（一）人力中心根据用工计划，制定招聘方案，人事劳资处审核，主管局领导审批。

（二）人力中心发布公告，组织报名和资格审查。

（三）人力中心组织考试（考核），择优提出拟聘人选，主管局领导审批。

（四）人力中心在一定范围内公示。

（五）人力中心办理招聘手续。

（六）用人单位组织体检、签订劳动合同。

第十条　从高校毕业生中招聘合同化、合同制员工的，长庆局委托人力中心与毕业生签订就业协议。

第十一条　合同制员工一般每年组织两至三次集中招聘活动。用人单位招聘人数较多的，也可以适时组织招聘。

第十二条　招聘油田子女的资格审查实行两级审核制，由厂（处）单位初审，人力中心复审。

第三章　人员流动

第十三条　人员流动分局内流动和局外流动，范围为长庆局合同化员工和合同制员工。

第十四条　人员流动以公开竞聘流动为主，并与组织选聘流动，个人申请、组织批准流动相结合；鼓励人员向生产一线单位流动，从严控制向后勤服务等非生产性单位流动；从严控制外部人员调入。

第十五条　公开竞聘方式的局内流动。

（一）流动范围：

1. 单位整体在西安、银川方向，需要调

入人员的。

2. 单位机关或基层在西安、银川方向，需要调入人员的。

3. 因生产规模或经营范围扩大成立的新单位、新机构，需要调入较多人员的。

4. 其他需要采取公开竞聘方式调入人员的。

（二）流动程序：

1. 用人单位按照长庆局核定的机构编制，制订缺员岗位竞聘计划和竞聘岗位说明书，上报人力中心。

2. 人力中心会同用人单位编制公开竞聘方案，成立竞聘工作小组，人事劳资处审核，主管局领导审批。

3. 人力中心发布公告，组织报名和资格审查。

4. 人力中心组织考试（考核），择优提出拟聘人选，人事劳资处审核，主管局领导审批。

5. 人力中心在一定范围内公示。

6. 办理人员流动手续。

第十六条 向驻外办事机构及二线、后勤服务单位流动的，根据实际需要，采取以下流动方式。

（一）按照公开竞聘程序流动。

（二）按以下程序研究审批办理：

1. 员工书面申请，双方单位同意，报人力中心。

2. 人力中心提出意见，人事劳资处审核，主管局领导审批。

第十七条 直接办理流动的范围。

（一）局党委、长庆局任命（聘任）或组织调整的人员。

（二）长庆局有关会议研究同意，因单位撤并、划转等成建制流动的人员，以及新上项目或新组建单位组织决定调入的人员。

（三）申请调入一线岗位工作的人员。申请到钻井工程总公司、建设工程总公司、井下技术作业处、录井公司、第一采油技术服务处、第二采油技术服务处、第三采油技术服务处、低效储量合作开发项目组、苏里格气田合作开发项目组、机械制造总厂、水电厂、运输处、定边采油技术服务协调领导小组等单位且从事生产一线岗位工作的，经双方单位协商同意，人力中心提出意见，人事劳资处审核，主管局领导审批后，直接办理流动手续。

第十八条 局外人员流动。

（一）员工申请流动到长庆局以外单位：

一般员工调出长庆局，经本人所在单位同意，人力中心提出意见，人事劳资处审核，主管局领导审批。

石油工程主体专业本科学历人员、中级专业技术职称和具有技师职业资格人员调出长庆局，人力中心提交人事劳资处研究，主管局领导审批。

具有高级专业技术职称、高级技师职业资格的人员以及各学科技术带头人、硕士及以上学位研究生的调出，人力中心提交人事劳资处提出意见，局务会研究，主管局领导审批。

上述人员中，劳动合同或专项协议中有服务期约定的，应按照双方的约定，服务年限期满后，方可调出。

（二）严把人员入口关。原则上不从外部调入人员，特殊情况确需调入的，人力中心提交人事劳资处提出意见，局务会研究，主管局领导审批。长庆局紧缺的专业技术人才，由用人单位提出意见，人事劳资处核定计划，主管局领导审批后，人力中心会同用人单位采取多种方式引进。

第四章 人员借聘

第十九条 局属任何单位不得擅自借聘

人员。确因岗位短期缺员、或因项目施工需要临时借聘人员的，由借聘单位申报，人事劳资处审批下达借聘计划后，借聘单位方可借聘。借聘人员范围为合同化、合同制员工，其名单须报人事劳资处和人力中心备案。

第二十条　单位之间借聘人员，应签订借聘协议，就借聘期间的工资、社会保险、疾病、工伤待遇以及双方责任等做出明确约定。

第二十一条　局内单位之间六个月及以下人员的短期借聘。

（一）借聘到西安方向单位以及驻外办事机构的人员，由双方单位协商一致，人力中心提出意见，人事劳资处审核，主管局领导审批。

（二）借聘到非西安方向单位的，由双方单位协商一致，人力中心研究，征求人事劳资处意见，主管局领导审批。

第二十二条　长庆油田范围内人员借聘。

（一）长庆局所属单位借聘长庆油田分公司、长庆石化分公司员工，由借聘单位提出申请，人力中心提出意见，人事劳资处审核，主管局领导审批。

（二）长庆油田分公司、长庆石化分公司借聘长庆局员工，由人力中心归口联系并提出意见，征求员工所在单位意见，人事劳资处审核，主管局领导审批。

第二十三条　长庆油田外人员借聘。

（一）长庆局所属单位借聘长庆油田外员工，借聘单位提出申请，人力中心提交人事劳资处研究，主管局领导审批。

（二）长庆油田外单位借聘长庆局员工，由人力中心归口联系，征求员工所在单位意见，提交人事劳资处研究，主管局领导审批。

第五章　监督与人事纪律

第二十四条　局属各单位主要领导和人事劳资部门要严肃人事工作纪律，认真执行有关规定，严格履行报批程序，不得以任何理由擅自借聘和调动人员。

第二十五条　对违反人事工作纪律和有关规定，擅自借聘和调动人员的单位（部门），特别是擅自向西安、银川方向调动或借聘人员的，一经发现，严肃追究单位（部门）领导人员的责任。

单位（部门）领导人员遵守人事纪律情况，列入领导人员的年度考核内容。

第二十六条　各单位人事劳资部门工作人员在办理人员招聘、流动、借聘手续过程中，应公开透明，严格程序，高效有序地做好服务工作。对徇私舞弊、违反规定的人员，将严肃处理。

第六章　附　　则

第二十七条　用人单位应根据本办法制定实施细则。

第二十八条　本办法由人力中心商人事劳资处解释。

第二十九条　以往规定与本办法不一致的，以本办法为准。本办法自印发之日起施行。

长庆石油勘探局软科学研究管理办法

（2007 年 5 月 24 日长庆石油勘探局
以长局发［2007］114 号文发布）

第一章　总　则

第一条　为加强长庆石油勘探局（以下简称长庆局）软科学研究管理工作，优化配置和有效利用软科学研究的各种资源，发挥软科学研究对长庆局重大决策的支持作用，实现软科学研究和管理工作的规范化和制度化，参照《中国石油天然气集团公司软科学研究课题管理实施办法》（科技字［2003］8 号）、《战略与政策研究课题管理办法》（研究字［2006］5 号）和《关于进一步加强中国石油天然气集团公司战略与政策研究工作的意见》（研究字［2007］1 号），制定本办法。

第二条　软科学是自然科学和社会科学交叉发展而逐步形成的一个学科群。软科学研究是以实现决策科学化、民主化和管理现代化为宗旨，以推动长庆局持续有效快速协调发展为目标，以辅助领导决策为根本目的，利用现代科学技术提供的方法和手段而进行的多学科、多层次的综合性科研活动。

第三条　长庆局软科学研究的范围是：

（一）国际、国内宏观经济环境对长庆局发展的影响及对策；

（二）长庆局中长期目标规划研究；

（三）长庆局企业管理工作中的热点和难点问题；

（四）长庆局内部重大经济政策；

（五）重大经济建设项目可行性研究；

（六）上级下达的重点软科学课题及其他研究课题。

第四条　长庆局软科学研究注重软科学研究的创新性、科学性、前瞻性和实用性，体现和坚持以下“四个结合”：

（一）理论研究与实际应用相结合；

（二）前瞻性与创新性相结合；

（三）定性分析和定量分析相结合；

（四）自主研究和合作研究相结合。

第五条　长庆局软科学研究要努力实现以下“三个面向”：

（一）面向领导决策；

（二）面向生产经营活动；

（三）面向基层服务。

第二章　管理机构

第六条　为加强长庆局软科学研究管理工作，成立长庆石油勘探局软科学管理委员会。

主　任：苟三权　长庆局局长、党委副书记

副主任：滕玉林　长庆局党委常委、原副局长

蒲建中　长庆局党委副书记、纪委书记、工会主席

刘自强　长庆局副局长、党委常委

赵业荣　长庆局副局长、总工程师、党委常委

谢文虎　长庆局副局长、党委常委（常务副主任）

杨再生　长庆局副局长、安全总监、党委常委

凌心强　长庆局副局长、党委常委

委　员：张启英　长庆局党委常委、人事劳资处（党委组织部）处长（部长）

张元忠　长庆局局长助理

刘硕琼　长庆局副总工程师

戴能尚　长庆局安全副总监

朱文伯　长庆局局长助理、资本运营部（多种经营管理处、集体资产投资管理中心）主任（处长、经理）

吴述普　长庆局局长助理、生产运行处处长

杨杰山　企管法规处处长

张宏鹏　局办公室主任

王　红　财务资产处处长

肖剑华　规划计划处处长

赵清显　人事劳资处（党委组织部）副处长（副部长）

吕松林　质量安全环保处处长

陈军强　科技发展处处长

黄依理　咨询中心主任

长庆局软科学管理委员会是长庆局软科学研究的最高管理和决策机构，其主要职责是：

（一）负责软科学研究课题的立项审批；

（二）负责软科学研究课题验收和成果评审；

（三）负责软科学研究经费的审批、使用。

第七条　长庆局软科学管理委员会下设软科学管理办公室，办公室设在长庆局企管法规处，由杨杰山兼任办公室主任，全面负责长庆局软科学研究的日常管理工作，其主要职责是：

（一）负责长庆局软科学研究工作的组织和管理；

（二）负责起草长庆局软科学研究年度工作计划；

（三）受长庆局软科学管理委员会委托，负责软科学课题立项论证、过程管理、课题验收和成果评审等具体工作；

（四）负责软科学研究经费的管理、审查和监督使用；

（五）完成长庆局软科学管理委员会交办的其他任务。

第三章　课题立项程序

第八条　软科学研究课题立项程序包括：课题申报、审查、论证、下发年度研究计划等。

第九条　每年初，由软科学管理办公室根据长庆局生产经营、企业管理和企业发展的需要，在广泛征求各方意见的基础上，提出年度软科学研究内容要点。长庆局机关各部门、局属各单位根据内容要点，提出具体软科学研究课题，上报软科学管理办公室审查，提请长庆局软科学管理委员会审批、立项。

对于涉及长庆局改革发展稳定的重大课题，以及企业发展中的热点、难点问题，软科学管理委员会可委托有关单位组织研究。

对基础性、长远性的重大软科学课题可采取招标方式，经专家论证后，选择课题承担单位。

第十条　所有申报的软科学课题都应进行开题论证。开题论证由软科学管理办公室组织有关专家进行。开题论证的主要内容是：

（一）课题是否属于软科学研究领域的重大问题，是否对长庆局的生产经营和发展决策起重要作用，研究课题是否具有实用性和可操作性，能否取得显著的经济效益和社会

效益；

（二）是否具备开题研究的基本条件；

（三）课题承担单位研究人员是否具备软科学研究能力；

（四）研究方向、基本方案和方法是否正确、合理；

（五）计划进度是否合理、可行，课题提交形式是否明确；

（六）与课题协作单位签署的协议（合同）内容是否完备、有效；

（七）课题经费预算是否按照研究内容和实际工作量编制。

第十一条　所有上报立项的软科学研究课题经开题论证后，由软科学管理办公室上报软科学管理委员会审定，最终确定本年度软科学研究课题计划。

第四章　研究过程管理

第十二条　从下达长庆局年度软科学研究课题计划起，到提交研究报告止（一般为一年），为软科学课题的研究阶段。软科学管理办公室负责软科学课题的过程管理，并按照立项申请书、开题报告、年度软科学研究课题计划要求进行监督、检查和指导，保证课题研究的进度和质量。

第十三条　软科学研究的过程管理一般应包括下列内容：

（一）及时检查软科学研究课题进展情况和工作质量，发现问题并及时协调解决；

（二）在课题研究过程中，视课题研究周期的长短，由软科学管理办公室进行阶段性审查，作出阶段评价，并提出指导意见；

（三）根据需要可适时召开课题研讨会，沟通情况，交流观点，研讨问题，启发思路；

（四）按课题开题报告和工作进度及时划拨软科学研究经费。

第十四条　软科学课题承担单位应加强管理，定期向软科学管理办公室报告课题研究进展情况，确保课题研究质量、课题报告水平。

第十五条　对已签订合同并开始研究的软科学课题进行修改、调整或变更时，课题承担单位应提交修改、调整或变更申请，并报软科学管理委员会批准后实施。

第十六条　对不能按期执行或无法取得预期效果的研究课题，软科学管理委员会将根据具体情况，作出变更或中止合同的决定。对于非不可抗拒原因造成的损失，将依有关规定追究课题承担单位责任。

第五章　课题经费管理及使用

第十七条　每年初，由长庆局软科学管理办公室作出年度软科学研究课题经费预算方案，提请软科学管理委员会审定。软科学管理委员会将本年度长庆局确定的软科学研究课题、承担单位、课题负责人及课题经费，以长庆局文件形式下发局属各单位和机关各部门。

第十八条　软科学研究经费是软科学研究工作的必要条件，必须加强软科学研究课题实施过程中的经费管理，实行专款专用、专项管理。课题承担单位要按照有关规定使用软科学课题研究经费，向软科学管理办公室报告课题研究经费使用情况。

第十九条　软科学课题承担单位和课题负责人应根据课题研究的实际需要和有关任务指标，认真编制经费预算，合理安排课题经费的开支，力争做到少花钱、多办事，讲求经济效益。

第二十条　软科学研究经费实行费用包干的原则，即一次核定、规范使用、分次拨付给课题承担单位。软科学管理办公室按以下进度控制使用：

（一）课题调研阶段；

（二）课题研究报告初稿编写阶段；

（三）结题、验收阶段。

第二十一条　软科学研究经费开支范围：

（一）调研差旅费；

（二）文献资料费和翻译费；

（三）咨询费、会议研讨费和技术论证费；

（四）课题验收费、研究报告印刷费、出版费；

（五）其他费用，包括办公费、外协费等。

第二十二条　软科学评审工作所需费用，包括：聘请专家费、会议费、资料费及奖励费用等，由长庆局软科学管理办公室根据实际情况提出费用计划报告，报长庆局软科学管理委员会批准后，长庆局专项拨付。

第六章　课题验收及成果评审

第二十三条　长庆局对软科学课题承担单位形成的研究课题的评价，采取验收方式进行软科学研究课题的结题认定。

第二十四条　软科学成果评审是长庆局软科学管理委员会对已验收通过的软科学成果进行等级认定的一种形式。由长庆局软科学管理委员会根据参评成果数量的一定比例评定局级软科学成果奖，软科学成果每两年评审一次。

第二十五条　长庆局软科学管理委员会根据软科学研究工作实际建立软科学研究专家库，聘请局内生产、经营、财务、管理等领域的专家和局外有关专家担任软科学课题专业验收组、软科学成果评审委员会成员。

第二十六条　软科学研究课题承担单位应按照长庆局年度软科学研究课题计划和软科学课题开题报告所规定的研究内容，认真开展研究工作，按期完成软科学研究报告。

第二十七条　凡申请验收的课题，承担单位应向软科学管理办公室提交课题验收申请书，并附研究报告。由软科学管理办公室进行审查和登记，并组织专业验收组进行软科学研究课题验收。

第二十八条　软科学课题通过验收后，课题完成单位应按照验收意见要求对软科学研究报告进行修改完善，并向软科学管理办公室提交成果报告，由长庆局软科学管理委员会颁发《长庆石油勘探局软科学研究课题验收证书》。

第二十九条　软科学成果经评审获得等级认定后，由长庆局软科学管理委员会颁发《长庆石油勘探局软科学成果评审证书》，并给予适当的物质奖励。长庆局软科学成果为局级成果，软科学成果分设一、二、三等奖。对具有显著经济效益和社会效益的重大软科学成果，由软科学管理委员会按程序申报中国石油集团软科学成果奖。

第三十条　软科学研究课题验收及成果评审工作，具体按照《长庆石油勘探局软科学课题验收及成果评审细则》的规定执行。

第七章　成果归档和登记

第三十一条　长庆局建立软科学成果数据库，以达到软科学成果统一管理、信息共享的目的。验收通过的研究成果，承担单位应按时向软科学管理办公室提交成果报告的电子文档，并按规定办理入库手续。

第三十二条　软科学管理办公室负责督办各课题承担单位整理相关文件和研究资料，认真登记，完成归档工作。

对经验收通过的软科学成果，课题承担单位应提交的成果档案包括：软科学研究课题计划申请书、开题报告、与协作单位签订的技术合作合同、验收申请书、验收组验收意见、验收证书，以及正式成果报告两份。

对经过评审获得等级认定的软科学成果除提供以上资料外，还需提交成果评审证书一份。

第八章　成果应用

第三十三条　凡在长庆局及局属各单位（部门）立项研究所取得的软科学成果，均属长庆局所有。

第三十四条　对涉密成果，协作单位未经长庆局允许，不得以任何形式对外公布，确需用于学术交流、研究的成果，必须征得长庆局的同意。

第三十五条　对重大的软科学研究成果，特别是提出的决策方案、政策建议、实施措施、预警报告等，应及时提交领导层及有关职能部门，争取尽快进入决策程序，形成推动和指导工作的方案、意见等。

第九章　附　　则

第三十六条　本办法由长庆局企管法规处负责解释。

第三十七条　本办法自印发之日起施行，原《长庆石油勘探局软科学研究管理暂行办法》（长局发［2003］2号）、《长庆石油勘探局软科学研究项目管理程序》（长局科委字［2003］1号）同时废止。

长庆石油勘探局软科学课题验收及成果评审细则

（2007年5月24日长庆石油勘探局
以长局发［2007］114号文发布）

第一章　总　　则

第一条　为了规范软科学课题验收和成果评审工作，加强软科学研究工作的管理，加速软科学成果推广应用，根据科技部《科学技术成果鉴定办法》、国家科学技术委员会《软科学成果评审办法》（国科发政字［1995］249号），以及中国石油天然气中国石油集团《软科学研究课题管理实施办法》（科技字［2003］8号）和《战略与政策研究课题管理办法》（研究字［2006］5号）的规定，结合长庆局软科学研究实际，制定本细则。

第二条　长庆局软科学课题验收和成果评审工作，按照公平、公正、公开的原则进行。

第三条　长庆局软科学课题验收、成果评审均采取会议形式。

第二章　课题验收

第四条　长庆局软科学管理委员会授权软科学管理办公室统一组织开展长庆局软科学课题验收工作。

未列入长庆局软科学研究课题计划，由局属各单位和机关各部门自行安排立项的软科学课题，课题承担单位可按合同约定的验收方式进行验收。

第五条 申请取得中国石油集团软科学研究计划立项的课题或执行中国石油集团下达的软科学课题，按照有关要求，报送中国石油集团软科学管理机构验收，形成的最终报告应在长庆局软科学管理办公室备存。

第六条 执行、参与地方软科学计划取得的软科学成果，由地方相应管理机构组织验收，形成的最终报告应在长庆局软科学管理办公室备存。

第七条 软科学管理办公室聘请7—11名同行专家组成专业验收组，按照规定的方法、程序和标准，对软科学课题的完成情况及形成的研究报告质量、研究水平等进行审查、验收、评价，并作出相应结论。

第八条 聘请的专家应具备下述条件：

（一）具有高级专业技术职称，但在特殊情况下可聘请不多于四分之一的具有中级专业技术职称的中青年学术骨干。

（二）对被评价课题所属专业领域有较丰富的理论知识和实践经验，熟悉国内外该领域研究发展的状况。

（三）能坚持原则，公平公正，具有良好的科学道德和职业道德。

（四）该课题完成单位人员、参与该课题研究的人员，以及该课题的顾问人员不得入选专业验收组。

第九条 申请验收的软科学课题应具备以下条件：

（一）已完成合同约定的要求。

（二）对课题完成单位或人员名次排列无异议、无权属争议。

（三）经费使用合理。

（四）文件资料齐全，并符合软科学研究课题归档要求。

第十条 验收程序。

（一）提交验收申请：

1. 课题完成单位填写《长庆石油勘探局软科学研究课题验收申请书》（一式四份），并附课题报告15份；

2. 课题完成单位向长庆局软科学管理办公室申请验收，两个以上单位共同完成的课题，由第一完成单位申请验收；

3. 软科学管理办公室对软科学课题申请验收资料进行审查，并批复审查意见，对审查通过的研究课题准备验收事宜；对不同意组织验收的，应书面说明不受理的理由。

（二）组织验收程序：

1. 长庆局软科学管理办公室在确定的验收日期前，将有关文件资料送交专业验收组各位专家；

2. 参加验收工作的验收组专家，在收到验收资料后，应当认真进行审查，并填写软科学课题验收专家意见表；

3. 召开验收会议，由软科学管理办公室宣布专业验收组组成名单，并对成员资格予以确认。由专业验收组组长主持召开会议，开展课题验收工作；

4. 由课题第一完成单位负责人汇报课题研究情况和课题报告；

5. 由专业验收组成员向课题完成单位提出质疑；

6. 专业验收组讨论、评议验收意见，验收结论须经专业验收组三分之二以上成员通过；

7. 意见形成后，专业验收组组长向课题组成员宣读验收意见并签字。

第十一条 专业验收组成员应对软科学课题进行全面、认真、客观、公正的评价，并对提出的评价意见负责。在验收过程中，验收组成员可以充分发表个人意见，有权向课题完成人提出质疑并要求作出答复。对最终结论持不同意见的，可以声明保留并做好记录。

第十二条 软科学课题的验收，根据课题报告的科学性、创造性、先进性、系统性和应用价值等方面进行综合评定，可采用下述指标：

（一）经济效益和社会效益。

（二）科学价值和意义。

（三）对决策科学化和管理现代化的作用及影响。

（四）观点、方法和理论的创新性。

（五）研究难度和复杂程度。

（六）科研规模和效率。

第十三条 软科学课题验收的具体标准为：

（一）研究水平。在企业内部是首次研究，且企业外部的研究还不全面，企业有必要进一步深入研究；研究结论具有一定的先进性、创新性和启发性。

（二）科学价值。运用的研究和分析方法准确，概念界定准确，有一定的科学性；研究目的明确，结论客观；报告中有案例分析，经验可靠；调查研究扎实，符合企业实际。

（三）指导性和实践意义。研究结论对推动企业管理现代化有一定的理论指导意义，提出的方法措施具有创新性、针对性，能够切实解决企业现阶段或长远发展中的重要问题，促进企业管理水平的不断提升。

（四）逻辑推理和条理性。报告结构严谨，论证说理清楚、明确，逻辑性强。

（五）实施效果及效益。研究过程及结论能够产生互动影响，所提出的措施建议具有针对性和可操作性，能促进企业日常管理工作不断完善；能够被企业决策层、管理层认可或采纳，并能产生积极效果。

第十四条 课题验收结论分为：通过；基本通过，但需要按照专业验收组有关建议修改和补充相应内容；不通过，需要对主要内容（研究方向、研究框架、具体内容和措施建议等）进行进一步深入研究后再次提请验收。

第十五条 通过验收组验收的软科学研究课题，由长庆局软科学管理委员会颁发《长庆石油勘探局软科学课题验收证书》。

（一）《验收证书》由长庆局软科学管理办公室按年度统一编号。

（二）《验收证书》由长庆局软科学管理委员会盖章后生效。

第三章 成果评审

第十六条 软科学成果评审是对已验收通过的软科学成果按研究水平、科学性、逻辑性、指导性、风险性、效果及效益六个方面进行的综合评价和等级评定。

第十七条 局属各单位、机关各部门自行立项并通过验收的软科学成果，确有必要的，可报请参加成果评审。

第十八条 软科学成果评审由长庆局软科学管理委员会聘请同行专家9—15名组成评审委员会，按照规定的方法、程序和标准，对软科学成果进行评审，并作出结论。

第十九条 评审委员会委员应具备的条件同第二章第八条。

第二十条 评审委员会委员应对软科学成果进行全面、认真、客观、公正的评价，并提出等级认定意见。

第二十一条 成果评审前期准备：

（一）由长庆局软科学管理办公室通知成果完成单位，按规定提交根据验收意见修改后形成的研究成果报告20份，并准备评审事宜。

（二）长庆局软科学管理办公室应当在确定的评审日期前，将有关评审资料送交评审委员会各位专家。

（三）参加评审工作的专家，在收到评审

资料后，应当认真进行审查，并填写软科学成果评审专家意见表。

第二十二条 评审程序：

（一）由评审委员会主任主持召开会议，宣布评审委员会组成名单，并确认委员资格，开展成果评审工作。

（二）由成果第一完成单位负责人汇报研究成果。

（三）评审委员会委员进行质疑。

（四）评审委员会讨论、评议评审意见，并形成评审结论。评审结论须经评审委员会三分之二以上委员通过。

（五）评审委员会主任向成果完成单位宣布评审结论并签字。

第二十三条 出具评审结论：

（一）评审委员会评审结论应根据成果评审等级标准提出，主要确定软科学成果的等级，确有必要的可对软科学成果提出进一步完善的意见。

（二）软科学管理委员会应当对评审结论进行审核，并签署具体意见。评审结论不符合本细则有关规定的，软科学管理委员会应当及时指出，并责成更正。

（三）经评审获得等级认定的软科学成果，由长庆局软科学管理委员会公布评审结果，并颁发《长庆石油勘探局软科学成果评审证书》。

1.《评审证书》由长庆局软科学管理办公室按年度统一编号；

2.《评审证书》由长庆局软科学管理委员会盖章后生效。

第二十四条 成果等级评定的标准。

（一）一等奖标准。

1. 研究水平：研究成果总体达到国内领先水平；研究内容体现出全新的思维方式；研究结论具有独到的见解和创新观点；

2. 科学性：研究成果运用了先进的管理思想和科学的分析方法；典型案例的选择引用科学合理，经验总结充分；理论概念准确，资料、数据翔实，结论科学严谨；

3. 逻辑性：研究报告逻辑严密，条理清晰；能够在充分调查研究的基础上据理分析；推理符合规律，结论真实、可靠；

4. 指导性：对推动企业决策科学化和企业管理现代化有重要的指导作用和理论支撑作用；研究的对象是企业生产经营活动和管理过程中亟待探讨和需要解决的重大问题，针对性强；研究结论符合企业长远发展方向，具有很高的研究和应用价值；

5. 风险性：推广运用在企业实践过程中风险小；研究结论符合国家政策、行业标准及企业未来发展的要求；

6. 效果及效益：研究结果能够被中国石油集团或长庆局认可和采纳，在企业经营管理过程中产生了积极影响，效果明显。

（二）二等奖标准。

1. 研究水平：研究成果总体达到国内先进水平；研究内容体现出较新的思维方式；研究结论具有较独到的见解和创新观点；

2. 科学性：研究成果运用了较先进的管理思想和科学的分析方法；典型案例的选择引用科学合理，经验总结较充分；理论概念准确，资料、数据翔实，结论科学严谨；

3. 逻辑性：研究报告逻辑较强，条理清晰；能够在充分调查研究的基础上据理分析；推理符合规律，结论真实、可靠；

4. 指导性：对推动企业决策科学化和企业管理现代化有较重要的指导作用和理论支撑作用；研究的对象是企业生产经营活动和管理过程中亟待探讨和需要解决的重要问题，针对性较强；研究结论符合企业长远发展方向，具有较高的研究和应用价值；

5. 风险性：推广运用在企业实践过程中风险较小；研究结论符合国家政策、行业标准及企业未来发展的要求；

6. 效果及效益：研究结果能够被长庆局

决策层认可和采纳，在专业管理系统中产生了积极影响，效果明显。

（三）三等奖标准。

1. 研究水平：研究成果总体达到局内领先水平；研究内容体现出新的思维方式；研究结论具有一定的独特见解和创新观点；

2. 科学性：研究成果运用了较先进的管理思想和科学的分析方法；典型案例的选择引用科学合理，经验总结客观；理论概念准确，资料、数据翔实，结论科学严谨；

3. 逻辑性：研究报告逻辑较强，条理清晰；能够在调查研究的基础上据理分析；推理符合规律，结论较真实、可靠；

4. 指导性：对推动企业决策科学化和企业管理现代化有一定的指导作用和理论支撑作用；研究的对象是企业生产经营活动和管理过程中亟待探讨和需要解决的特定问题，有针对性；研究结论符合企业中、长远发展方向，具有一定的研究价值；

5. 风险性：推广运用在企业实践过程中有一定风险；研究结论符合国家政策、行业标准及企业未来发展的要求；

6. 效果及效益：研究结果能够被长庆局领导认可和采纳，在专业管理系统中产生了较积极的影响，效果较明显。

第四章 课题验收及成果评审参与单位职责

第二十五条 组织单位职责。

（一）对待验收（评审）的软科学研究资料进行预审查。

（二）根据课题规定的研究任务，确定是否符合验收条件，并批复申请验收单位，对符合条件的课题准备相关的资料。

（三）确定相应的专业验收组（评审委员会）组成人员名单，以及专业验收组组长（评审委员会主任）。

（四）发出召开验收会（评审会）通知。

（五）在确定的验收（评审）日期前将研究报告等资料送达承担任务的专家。

（六）组织并召开课题验收会（成果评审会），对课题（成果）进行验收（评审）。

（七）审查专业验收组（评审委员会）所作出的验收意见（评审结论）。

（八）签发《长庆石油勘探局软科学研究课题验收证书》、《长庆石油勘探局软科学成果评审证书》。

（九）做好软科学研究课题和成果登记、归档工作。

第二十六条 课题完成单位职责。

（一）在组织单位的具体指导下，准备有关验收（评审）工作的具体事宜。为验收工作提供必要的场地和设备，向参加验收（评审）工作的专家报送课题研究报告。

（二）在验收会（评审会）上向专业验收组（评审委员会）汇报研究课题（成果），接受质疑。

（三）课题（成果）通过验收（评审）后，及时办理长庆局《软科学课题验收证书》、《软科学成果评审证书》。

（四）全部程序完成后，课题完成单位应及时将课题验收（成果评审）的有关资料整理齐备，并按要求向软科学管理办公室报送归档。

（五）按照有关规定向专业验收组成员发放适当咨询费。

第二十七条 参加软科学课题验收（成果评审）工作的有关人员，应当抵制不正之风对验收（评审）工作的干扰，保证验收工作的严肃性和科学性。

第二十八条 完成软科学课题的单位或个人在验收（评审）过程中弄虚作假的，一经查实，组织单位应当中止验收（评审）；已经完成验收（评审）的，应当予以撤销，并视情节轻重严肃处理。

第五章　附　　则

第二十九条　本办法由长庆局企管法规处负责解释。

第三十条　本方法自印发之日起施行。

长庆石油勘探局教育培训工作暂行规定

（2007 年 6 月 4 日长庆石油勘探局
以长局发［2007］122 号文发布）

第一章　总　　则

第一条　为了全面贯彻落实科学发展观和"人才强企"战略，加快"三支队伍"建设进程，推动教育培训工作的规范化、制度化和科学化，根据《中国石油天然气中国石油集团教育培训工作暂行规定》（中油人劳字［2006］542 号），结合长庆局实际，制定本规定。

第二条　本规定适用于长庆局机关职能部门、直属单位和控股企业的教育培训工作。

第三条　长庆局教育培训工作必须坚持以邓小平理论、"三个代表"重要思想和科学发展观为指导，以长庆局发展战略需求为导向，以提高全体员工素质为目标，构建系统性、实用性、持久性和科学性的大培训格局，形成具有长庆特色、健全完备、运行高效的教育培训体系，为长庆局持续有效快速协调发展提供智力支持和人才保证。

第四条　教育培训工作应当坚持整体推进、常抓不懈、突出重点、学用结合、科学管理的原则。

（一）整体推进。教育培训工作要覆盖经营管理、专业技术和操作技能三支队伍，覆盖两级机关、前线后勤等各个领域的全体员工，实现纵向到底，横向到边，不留死角；

（二）常抓不懈。把教育培训工作作为经常性任务和基础性工作，经常抓，抓经常。坚持企业长期抓培训，员工终身受教育，为企业发展提供恒久动力；

（三）突出重点。围绕长庆局发展目标，把解决生产经营中的难点和热点问题作为重点，突出关键岗位，突出安全教育，突出技能训练，围绕重点人员、重大业务开展教育培训工作。使关键岗位人员优先培训，骨干人员重点培训，紧缺人员抓紧培训，让最需要培训的人员及时参加培训；

（四）学用结合。以市场需求为导向，结合生产经营实际需要，树立"培训是为了使用，使用前必须培训"的理念，缺什么、补什么，需要什么、培训什么，工学结合，学以致用，不断增强培训工作的针对性、实效性、系统性和科学性；

（五）科学管理。遵循教育培训规律，总结教育培训经验，改进教育培训方法，提高教育培训实力。不断改善办学条件，逐步实现教育培训手段的现代化、科学化，建立具有时代特征和长庆特色的教育培训模式和体系。

第五条 教育培训工作遵循以人为本、按需施教、继承创新、学以致用的原则。按企业发展需要和员工自身发展需求开展各项教育培训工作，增强培训的针对性，注重实效。

第六条 员工教育培训经历及技术、技能水平的高低应当作为上岗和晋级提薪的重要依据。

第七条 长庆局鼓励员工自学成才。对员工自学而获得的相关证书和资格予以承认。对操作人员自学获得的技能水平资格鉴定证明予以承认。根据中国石油集团的有关要求，适当放宽参加技师考试的工作年限，鼓励操作人员加快成才。

第二章 管理体制

第八条 长庆局教育培训工作实行“主要领导抓总，主管领导负责，人事劳资部门主管，业务部门参与，培训机构组织实施”的管理体制。

第九条 长庆局人事劳资处是长庆局教育培训工作的主管部门，履行教育培训工作的整体规划、宏观管理、协调服务、督促检查职能；负责中国石油集团年度培训计划的落实和长庆局重点培训项目的设计，指导局属单位培训项目的实施。

第十条 长庆局机关职能部门按照业务分工，协助主管部门编制本系统的教育培训规划；制定本系统员工队伍的教育培训指导意见；负责组织和指导本系统业务的教育培训；指导重点教育培训项目的设计；起草教育培训项目安排建议；参与本系统教育培训教材大纲的编制和审定。

第十一条 局属单位人事劳资部门主管本单位教育培训工作，履行教育培训规划计划、管理督查、制度落实等职能，在完成中国石油集团和长庆局各项教育培训任务和要求的同时，突出抓好本单位员工的各类教育培训，并指导基层单位的教育培训工作。人事劳资部门应当按规定设立专门机构或岗位具体负责教育培训工作。

第十二条 长庆局和局属单位的教育培训机构依据长庆局、局属单位教育培训计划，负责设计教育培训项目，制定培训项目施教方案，负责教育培训过程的管理与控制。

第十三条 教育培训工作实行“三级计划、四级培训、统分结合、分类实施、以局培训中心为龙头、以局属单位为主体、以其他培训资源为补充”的运行机制。

（一）三级计划。长庆局教育培训实行中国石油集团、长庆局和局属单位三级培训计划制度。参加中国石油集团培训计划和长庆局统一组织的培训计划，分为长庆局统一调训为主的指令性A类培训计划和指导性B类培训计划。局属单位要在长庆局培训计划的基础上，结合实际，编制本单位自主培训计划，报局主管部门备案。教育培训计划应当具有系统性、实用性和可操作性；

（二）四级培训。按照谁主管、谁负责的原则，教育培训计划的实施依据培训对象、内容、目标和任务等分为中国石油集团、长庆局、局属单位和基层队（站）四个层级。中国石油集团组织高层次、关键岗位人员的重点项目学习培训；长庆局机关职能部门负责组织本系统骨干人员的普及性培训和高级工及以上操作人员的培训；局属单位负责科级以下经营管理人员、中初级专业技术人员、中初级操作和服务人员的岗位技术培训；基层单位负责以岗位练兵、名师带徒、操作规程为主的现场操作知识和技能培训；

（三）统分结合。根据教育培训计划需要和教育培训资源的统筹平衡，教育培训工作由长庆局统一组织实施和局属单位分别组织实施相结合进行。长庆局机关职能部门在各类员工培训中应当突出业务主导作用，负责对本系统业务培训的组织实施；

（四）分类实施。长庆局教育培训工作，根据不同专业和特殊技术需要，按以下类别：生产管理、安全环保、工程技术服务、海外业务、财会经济、人力资源、思想政治（企业文化）、特殊工种等，由长庆局职能部门对口组织实施培训。

第十四条 局属单位应当把教育培训工作纳入本单位发展规划和计划。长庆局将教育培训工作纳入所属单位领导班子的业绩考核之中。

第三章 培训内容和方式

第十五条 长庆局和局属单位开展各类人员教育培训应当按照三支队伍建设要求，以政治理论、政策法规、岗位知识、安全知识、文化素养和技能训练等为基本内容。重点加强经营管理人员能力建设培训；突出专业技术人员技术创新培训；注重操作技能人员技能提升培训；创新国际化人才资质取证培训；强化各类员工的学历提高培训。

第十六条 根据不同情况，员工应当参加下列教育培训：

（一）在职期间的岗位培训；

（二）晋升职务的任职培训；

（三）从事专门工作的业务培训（包括职业资格培训）。

第十七条 按照中国石油集团要求，各类员工的教育培训时间每年不少于12天，其中处级及以上领导干部每五年应当参加一次中国石油集团指定的党校、管理干部学院或人事劳资部门认定的培训机构累计三个月以上的培训；中国石油集团、长庆局两级技术专家，以及关键技术岗位人员每三年（一个聘期）轮训一遍，培训时间不少于36天，其他专业技术人员三年内累计脱产培训时间不少于30天，中国石油集团和长庆局两级技能专家每三年轮训一遍，培训时间不少于三个月。

第十八条 局属单位应当加强生产一线员工的教育培训工作。一线员工教育培训应当符合下列规定：

（一）局属单位凡从事安全监管、井控操作和特种作业的人员，必须执行国家和行业有关规定，参加取证和定期复审的专项培训；

（二）一线操作技能人员必须按照岗位应知应会和操作规程达标要求，定期进行适应性岗位教育培训；

（三）新增员工必须进行以职业道德、厂纪厂规、安全生产和岗位基本知识与技能为主要内容的岗前培训，并经安全管理等部门考核合格后方可上岗；

（四）转换职业或岗位的人员重新上岗前必须按新岗位职业资格标准或岗位要求进行转岗培训；

（五）申请职业技能鉴定的人员，必须按规定时间参加鉴定前培训；

（六）基层班组长每五年至少参加集中脱产取证培训一次，培训时间不少于40学时；

（七）一线关键岗位35岁以下员工，必须达到中等职业教育以上学历。

第十九条 按照中国石油集团规定，长庆局实行员工岗位培训合格取证上岗制度和职业资格证书制度。其中职业资格等级证书制度和关键岗位培训合格证书制度由人事劳资部门负责指导实施；井控操作证、HSE培训合格证等取证上岗制度，由工程技术部、质量安全环保处分别负责实施；特种作业操作取证上岗制度按照国家、行业及地方主管部门的要求执行。

第二十条 教育培训工作应当引进先进

的教育培训理念、方法和技术，同时搞好消化吸收和再创新。

第四章 培训机构

第二十一条 长庆局教育培训机构以局培训中心为龙头，以局属单位教育培训中心（站）为主体，以社会培训资源为补充。

第二十二条 长庆局结合生产经营需要，通过对培训基地的逐步整合，形成长庆局、局属单位两级投资建设，共管共用，资源同享，覆盖主体专业、关键岗位和主要工种的骨干培训基地。

第二十三条 局培训中心和具备条件的局属单位培训机构是长庆局中高层次、关键岗位人员培训的骨干基地。长庆局将不断拓宽培训领域，合理利用培训资源，加强与大专院校的合作培训工作。充分利用好局内现有培训资源和资质，建好长庆远程教育培训网，大力推进现代化网络教学。

第二十四条 长庆局实行教育培训项目管理制度。局培训主管部门可采取直接委托、招标投标等方式确定承担培训项目的教育培训机构。要进一步加强培训需求调查、项目设计和过程管理。

第二十五条 要进一步加强教育培训管理者队伍建设。加快培养掌握培训项目计划管理基本原理和工作流程的各级培训项目负责人，进一步健全和优化教育培训管理队伍，提高培训管理水平。

第二十六条 加强教育培训档案管理。

（一）员工培训档案是员工人事档案的重要组成部分，员工参加各级各类培训后，应建立完整的纸质和电子培训档案。纸质培训档案按人事档案的格式建立；

（二）培训档案的主要内容包括培训时间、内容、机构、考核情况、所获证书及今后培训的需求等；

（三）各级培训机构按年度计划每次承办的各类培训班，也要建立相应的纸质和电子培训档案，经过培训机构、人事劳资部门、主办部门签字认同，纸质档案反馈学员单位归入受训者的培训档案；

（四）员工培训档案以管理权限为准，按照“谁负责培训员工，谁建立培训档案”的原则，局内培训由负责培训班的培训机构负责，局外培训由参训人员所在人事劳资部门负责。

第五章 师资、教材、经费

第二十七条 加强师资队伍建设，建立一支专兼结合，以专职教师为骨干，以兼职教师为主体的高素质培训教师队伍。

专职教师实行竞争选用制度，建立定期研讨交流和评比奖励制度。定期安排专职教师进修提高和到一线生产单位进行实训。

兼职教师实行选聘制度，选聘实践经验丰富、理论水平和技术水平较高，具有多年生产经营或科研实践经历的优秀企业管理者或技术、技能专家担任兼职教师，也可聘用社会上的优秀教师担任兼职教师。

通过推荐、选拔、培训、考核与聘用，建立长庆局、局属单位两级培训师资库，培训师资实行动态管理。

第二十八条 长庆局培训教材编审委员会，依据中国石油集团编制的各类培训大纲，按照局处结合、分类实施、分年推进、逐步配套的总体要求，开发编写形成门类齐全、层次分明、各具特色的员工培训教材或讲义。积极推广现代信息网络教学软件的应用，逐步普及员工易懂好用的电子教材。

第二十九条 长庆局按工资总额的2.5%提取教育培训经费，长庆局留用40%左右，局属单位留用60%左右；教育培训经费由培训主管部门掌握，财务部门监督，专款专用。

第三十条 根据教育培训工作发展需要加大其他培训投入。长庆局、局属单位应将培训所需的固定资产投资纳入计划，改善办学条件，优化办学环境。长庆局根据需要对骨干培训基地逐年投入建设，对有关局属单位重点专业（工种）实训基地在培训设施方面给予必要的扶持。

第六章 考核与评价

第三十一条 长庆局建立教育培训工作考核评价制度。考核评价以自我考核评价、上级考核评价相结合的方式进行。考核评价分当期考核评价和近期、远期考核评价。

第三十二条 教育培训工作的考核评价工作与局属单位领导班子业绩考核相结合，与员工的技能鉴定等工作相结合。考核评价坚持公开、公平、公正和科学、合理、可操作的原则，定性与定量相结合，激励与约束相结合，近期与远期相结合。

第三十三条 长庆局以冬训考核验收为主，每年对局属单位重点培训项目的实施进行综合考核评价。将考核评价结果作为局属单位培训主管领导和业务主管部门考核评优的依据之一。每两年对局属有关单位和培训机构员工教育培训工作进行一次综合性考核评价。

第三十四条 长庆局、局属单位培训主管部门应当及时协调教育培训工作的进度，督促检查、指导所属单位教育培训工作，解决工作中的矛盾和问题，推广好的经验，总结通报培训工作的考核评价结果。

第三十五条 长庆局教育培训评估考核工作，由局人事劳资处牵头组织实施，同时接受发证机构和社会中介机构对其培训资信的评估和检查。评估考核的对象是局属单位、培训机构、培训师资和受训者等。

第七章 附 则

第三十六条 局属单位应根据本规定制定具体实施细则。

第三十七条 本规定由局人事劳资处负责解释。

第三十八条 本规定自印发之日起施行。此前凡与本规定不一致之处，以本规定为准。

长庆石油勘探局员工教育培训经费使用管理暂行规定

（2007 年 6 月 11 日长庆石油勘探局
以长局发［2007］126 号文发布）

第一章 总 则

第一条 为了满足长庆局员工教育培训工作的需要，进一步加强员工教育培训经费使用和管理，实现员工教育培训经费使用和管理的规范化、制度化，根据中国石油集团有关规定，制定本规定。

第二条 员工教育培训经费是长庆局进

行员工新知识、新理论、新技术、新工艺培训与素质提高的经济基础和物质条件，是长庆局在员工继续教育培训事业中所必需的各项费用的资金保证。

第三条 本规定所指的员工教育培训经费是指按照中国石油集团有关规定，以员工工资总额为基数，按一定比例提取并用于员工教育培训的经费。

第二章 经费来源

第四条 根据《中国石油天然气中国石油集团教育培训工作暂行规定》（中油人劳字［2006］542号）中“所属单位按工资总额的2.5%提取和使用教育培训经费”的规定，长庆局已在“十一五”员工教育培训规划中明确，从2007年起，员工教育培训经费按长庆局员工工资总额的2.5%比例计提。

第五条 长庆局有关项目引进、技术开发与改造、新上项目或某项产品创优服务的培训（包括出国培训）费用，在项目总体费用中包含。

第六条 员工参加研究生学历教育、出国留学培训以及员工个人根据其职业生涯发展需要进行培训，按有关规定上缴的教育培训费用。

第七条 长庆局工会经费中用于员工业余教育培训部分的费用。

第三章 使用管理原则

第八条 足额提取、适应需要的原则。依据国家、中国石油集团有关规定，及时预算并足额提取员工教育培训经费，满足企业持续有效快速协调发展对员工教育培训所需的经费支持和保障。

第九条 严格控制、量入为出的原则。按照“账务清楚、开支有据、管理严格”的总体要求，推行年度费用预算提取与开支总额报告制度，保障员工教育培训工作顺利实施。

第十条 归口管理、分块使用的原则。员工教育培训经费使用管理，坚持统一提取、切块划拨、两级管理、专款专用。在长庆局、局属单位两级财务部门的监督下，人事劳资部门统一管理、有效使用。

第四章 使用管理办法

第十一条 员工教育培训经费严格执行专款专用，不得挤占和挪用，当年结余可结转下一年度继续使用。

第十二条 员工教育培训经费年度资金计划，由局人事劳资处按照长庆局员工工资总额计划编制，随同年初工资计划和年底调整计划，分为上半年和下半年两次下达、上缴。

第十三条 在员工教育培训经费总额内，长庆局集中管理使用40%，局属单位集中管理使用60%。

第十四条 长庆局集中管理使用的员工教育培训经费，由局人事劳资处填写“长庆石油勘探局员工教育培训经费上缴通知单”，交局财务资产处进行收取。

第十五条 长庆局集中管理使用的员工教育培训经费的开支，由局人事劳资处负责人审签。

第十六条 长庆局工会经费中用于员工业余教育培训的部分费用由局工会预算掌握使用。

第五章　经费使用范围

第十七条　长庆局集中管理的员工教育培训经费主要用于：

（一）局统一组织的中层及以上经营管理人员、局级及以上技术专家、技能专家参加中国石油集团和长庆局组织的有关培训班培训费用的开支；

（二）局统一组织的高层次学历教育培训费中企业承担部分的开支；

（三）局统一组织的相关培训考试、区域培训协作所需费用的开支；

（四）印制、订购培训教材、音像（光盘）制品资料、图书，办理培训证件以及购置必要的培训教学设施等费用的开支；

（五）对培训工作成绩显著的培训单位、培训机构、专兼职教师及培训管理人员表彰奖励费用的开支；

（六）长庆局统一组织的培训教材编审费，培训课题研讨与论文发布等费用的开支。

第十八条　局属单位集中管理的员工教育培训经费主要用于：

（一）选送员工参加中国石油集团和长庆局组织的各类短期培训班培训费用的开支；

（二）本单位组织或送系统外培训机构参加各类培训项目所需培训费用的开支；

（三）员工参加的职业技能鉴定、职业资格认证等费用的开支；

（四）专业技术人员继续教育应由企业承担部分的费用；

（五）编写教材（讲义）和聘请教师或兼职教师讲课酬金的开支；

（六）印制、订购培训教材、音像（光盘）制品资料，办理培训证件以及购置必要的培训教学设施等费用的开支；

（七）对培训工作成绩显著的培训单位、培训机构、专兼职教师及培训管理人员表彰奖励费用的开支。

第十九条　长庆局有关项目引进、技术开发与改造、新上项目或某项产品创优服务的培训（包括出国培训）费用，在项目总体费用中开支。

第二十条　下列各项费用不在员工教育培训经费范围开支，应按有关规定开支：

（一）培训机构专职教职员工的工资和各项劳保、奖金以及按规定发给脱产学习学员的工资；

（二）员工参加各类培训期间的交通费、住宿费、差旅费；

（三）员工教育培训的设施设备，凡符合固定资产标准的，按规定向规划计划处申请投资计划，纳入基建规模；

（四）开展员工教育培训所需的教室、校舍、基地配套等所需要的费用。

第六章　核算标准

第二十一条　除按第十七条第一款规定，费用由长庆局统一支付外，其他按长庆局年度培训项目计划在油田范围内组织的各类培训项目（班），预算（收费）执行如下标准：

（一）5 天以内（含 5 天）的培训班，每人每天收取培训费（含资料费）50 元，收费总额不超过 260 元；

（二）10 天以内（含 10 天）的培训班，每人每天收取培训费（含资料费）40 元，收费总额不超过 400 元；

（三）16 天以内（含 16 天）的培训班，每人每天收取培训费（含资料费）35 元，收费总额不超过 560 元；

（四）30 天以内（含 30 天）的培训班，每人每天收取培训费（含资料费）30 元，收费总额不超过 900 元；

（五）31天以上（含31天），每增加1天，每人培训费（含资料费）相应增加20元；

（六）凡需增加计算机操作教学的培训项目，按照实际上机天数每人每天加收上机费10元；

（七）有关培训机构送教上门，到单位或现场组织培训，其教师的食宿和交通费由聘请单位负担；培训费收取标准按上述规定的60%折算执行。

第二十二条　长庆局、局属单位在油田驻外培训机构（包括无锡、乳山等地）组织的各类培训项目（班）预算（收费）执行如下标准：

（一）科级及以下经营管理人员、局级专家以下专业技术人员培训班，培训时间在10天及其以内每人每天收取培训费（含资料费）100元，培训时间在10天以上每人每天收取培训费（含资料费）90元；

（二）中层经营管理人员、局级及以上技术专家培训班，培训时间在10天及其以内每人每天收取培训费（含资料费）150元，培训时间在10天以上每人每天收取培训费（含资料费）130元；

（三）长庆局、局属单位根据培训需要，经人事劳资部门同意，在油田以外组织的其他培训班，费用按市场价格协商确定。

第二十三条　兼职教师课时补助标准：

（一）兼职教师授课课时按实际授课时间计算，但每人每天最高不能超过8课时，自习不计算课时；

（二）技术员每课时补助15元；

（三）助理工程师每课时补助20元；

（四）工程师、技师每课时补助25元；现场技能培训每课时补助30元；

（五）高级工程师、高级技师、厂处级技术专家、厂处级技能专家每课时补助40元；现场技能培训每课时补助50元；

（六）局级技术专家、技能专家每课时补助50元；现场技能培训每课时补助60元；

（七）中国石油集团技术专家、技能专家等每课时补助60元；现场技术与技能培训每课时补助80元；

（八）外聘教师费用依据市场价格，双方协商议定。

第二十四条　凡由局主管部门统一安排或编写人自荐的培训教材，经局组织审查认定，在全局层面使用的培训教材（讲义）按每千字100元发给稿酬，在局属单位层面使用的培训教材（讲义）按每千字60元发给稿酬。

第七章　相关规定

第二十五条　员工教育培训经费应严格按照有关文件规定使用，对违反规定的要给予通报批评，直至追究有关人员的责任。

第二十六条　学员在培训期间有以下情况的，其培训费由个人承担：

（一）在培训期间，不遵守有关院校和培训机构的规章制度，违反学习纪律，造成不良影响，被勒令退学者；

（二）在规定的培训期限内，未取得相应的岗位培训证书或结业证书者；

（三）在培训期间，未经长庆局、局属单位人事劳资（培训）部门和培训承办部门同意，私自中途退学或未参加毕（结）业考试者。

第二十七条　经长庆局统一安排的员工培训项目（班），未经人事劳资处确认备案，主办或承办单位自行更改培训地点或外出考察的人次，长庆局、局属单位人事劳资（培训）部门不予核销培训费。

第二十八条　长庆局业务部门实施的局计划内培训项目（班），其费用应按长庆局年度《员工培训项目指南》核定的收费标准预算，不得随意提高标准。

第八章　附　　则

第二十九条　本规定由长庆局人事劳资处负责解释。

第三十条　本规定自印发之日起实行，凡以往规定与本规定不一致的，按本规定执行。

长庆石油勘探局 GPS 车辆管理系统运行管理办法（试行）

（2007 年 7 月 21 日长庆石油勘探局
以长局发［2007］155 号文发布）

第一章　总　　则

第一条　为提高全局运输车辆管理水平，充分发挥 GPS 车辆管理系统的功能和作用，加强交通安全监管，防止和减少交通事故，确保 GPS 车辆管理系统正常有效运行，特制定本办法。

第二条　本办法所称 GPS 车辆管理系统包括管理系统平台、GPS 客户端软件及车载终端等。

第三条　GPS 车辆管理系统的设计、安装、使用、维修保养及监督检查，应当遵守本办法。

第四条　本办法适用于长庆局所属各单位，多元经济法人企业和控股企业应参照执行本办法。

第二章　管理职责

第五条　局生产运行处为 GPS 车辆管理系统的归口管理部门，负责系统的日常运行、升级和维护管理，质量安全环保处、安全环保监督部负责交通安全监管的专业管理，机械动力处负责车载终端设备的归口管理工作。

第六条　通信处具体负责系统软件的开发、升级，平台的维护以及与网络运营商的协调管理，确保系统的正常运行。

第七条　各单位具体管理本单位 GPS 车辆管理系统的运行工作，生产运行、安全管理、安全监督、设备管理等部门对口负责具体工作，确保本单位车载终端运转正常，并负责新增车辆车载终端的安装工作。

第三章　设计和安装

第八条　GPS 车辆管理系统由长庆局统一规划、统一设计、统一标准。

第九条　局属各单位在用车辆必须安装 GPS 终端方能允许行驶。车载终端要纳入设备管理范围，并建立台账。

第十条　安装 GPS 车载终端，由各单位提出申请，报生产运行处备案，终端设备经通信处测试合格后，按规定标准进行安装。各单位应对GPS车载终端的安装进行监督，并组织生产运行、安全管理、安全监督、设备管理等部门进行验收，合格后方可使用。

第十一条 任何人员不得随意移动、改装、拆卸、调整和变更GPS车载终端。

第十二条 长庆局建立GPS车辆管理系统平台，统一监控管理全局运输车辆；局属各单位应分级安装GPS管理系统客户端软件，对所属运输车辆进行监控管理，逐步做到全面覆盖。

第十三条 生产运行、安全管理、安全监督及车管单位中队以上基层单位应安装GPS管理系统客户端软件，安装客户端软件的计算机必须专机专用，有关部门应指定专人负责操作和监控管理。

第十四条 相关单位在购买新车时，新购车辆必须配制符合长庆局系统要求的GPS车载终端设备，设备管理部门要严格按标准进行验收方可使用。

第四章 使用管理

第十五条 局属各单位、有关部门应充分利用和发挥GPS车辆管理系统的各种功能，提高车辆综合管理和安全管理水平，促进全局车辆管理上台阶。

第十六条 各单位应对安装GPS终端的车辆驾驶人进行培训，使其熟悉掌握GPS终端的功能和维护保养知识。在车辆运行过程中，驾驶人不得随意关闭和屏蔽GPS车载终端设备，否则将予以严肃处理。

第十七条 各单位应建立GPS车辆管理系统档案，定期对GPS车辆管理系统运行情况进行检查，发现问题及时处理和上报。

第十八条 长庆局对GPS车辆管理系统使用实行分级管理权限制度。各级管理部门依据管理权限可监控、查看或调度相应管理范围的车辆。

第十九条 GPS车辆管理系统的信息传递和沟通，以使用文字信息为主，各单位视情况可开通单向或双向语音通话功能。对开通语音功能的车辆，各单位要采取有力的管理措施，严格控制费用，驾驶人拨打电话仅限于紧急状态。

第二十条 长庆局制定统一的不同路段、不同车型的限速标准，并设置到GPS车辆管理系统中，驾驶人必须严格按照长庆局规定的限速标准行驶。

第二十一条 各级安全管理、安全监督部门应充分利用GPS车辆管理系统的跟踪定位、超速提示、轨迹回放等功能，加强对车辆的安全监控。

第二十二条 各单位应每月向长庆局安全管理、安全监督部门上报利用GPS系统查处超速行驶、不按规定线路行违章的车辆情况。长庆局安全管理、安全监督部门不定期利用GPS系统抽查运行车辆，对发现工作不到位，造成漏报超速车辆，局将对责任单位进行重罚。

第二十三条 各级生产运行部门要积极运用GPS车辆管理系统的车辆调度功能，逐步达到利用GPS系统，合理配置运力，提高车辆综合利用率的目的。

第五章 平台维护

第二十四条 GPS管理系统平台和软件的维护由通信处总负责，各厂（处）单位的信息管理部门协助配合辖区网络的维护，车辆GPS终端保养由驾驶人负责，各单位车辆管理部门指导、监督。

第二十五条 各单位应建立GPS车辆管理系统的维护制度，明确负责部门。对出现的车、机运行故障应及时上报处理，并通过厂家限期整改，非专业技术人员不得私自对设备进行维修。由于人为因素造成车载终端设备损坏的，由相关单位追究责任人的责任，并处车载终端价格一倍以上五倍以下的罚款。

第二十六条 驾驶人应按要求正确使用和维护GPS车载终端，加强对车载终端电源的维护管理，避免车载电瓶过量放电。

第二十七条 车辆报废需将GPS车载终端移装到其他车辆时，必须报长庆局生产运行处批准备案。

第二十八条 局属各单位应定期向通信处缴纳车辆管理系统平台运行、维护费用，以保证系统的正常运行。

第六章 监控管理

第二十九条 各单位、各级管理部门要充分利用GPS车辆管理系统的监控作用，有效监控车辆的科学运行、安全运行情况。

第三十条 生产运行处监控管理的重点：

（一）抽查全局运输车辆运行状况；

（二）对执行重要设备及物资拉运、危险品拉运、重点队伍搬迁任务的车辆进行实时监控；

（三）对执行重点任务的客运、生产指挥车辆进行实时监控；

（四）全局重点运输任务运力配置及运力平衡。

第三十一条 质量安全环保处监控管理的重点：

（一）制定并完善《交通安全管理办法》和不同路段、不同车型限速标准；

（二）检查各单位落实《交通安全管理办法》和不同路段、不同车型限速标准情况；

（三）定期召集各单位对实时监控数据进行分析，制定相应对策。

第三十二条 安全环保监督部监控管理的重点：

（一）抽查全局运输车辆安全行车情况；

（二）督促各单位实时纠查车辆运行中的超速行驶等违章行为；

（三）对抽查与各单位上报的违章车辆和人员及时进行处理和通报。

第三十三条 局属各单位生产运行、安全管理、安全监督等部门可参照局有关部门的监控重点确定相应的重点监控范围。

第七章 附 则

第三十四条 本办法由生产运行处、质量安全环保处负责解释。

第三十五条 本办法自印发之日起执行。

长庆石油勘探局信息化工作管理办法

（2007年8月8日长庆石油勘探局
以长局发［2007］176号文发布）

第一章 总 则

第一条 为进一步加强和规范长庆石油勘探局（以下简称“长庆局”）信息化管理工作，稳步推进长庆局信息化建设，依据《中国石油天然气中国石油集团信息化工作管理规定》，制定本办法。

第二条 长庆局信息化建设遵循“统一、成熟、实用、兼容、高效”的指导方针和“统一规划、统一标准、统一设计、统一投资、统一建设、统一管理”的原则，基本建成网络畅通、安全可靠、统一集成、先进实用的信息系统平台，为长庆局持续有效快速协调发展提供有效的技术支撑。

第三条 信息化管理工作包括规划计划管理、信息化建设项目管理、网络及信息系统运行维护管理、信息安全管理、信息标准管理和信息技术培训与交流。

第四条 本办法适用于局属各单位和机关各部门。

第二章 管理机构与职责

第五条 科技发展处是长庆局信息化工作的归口管理部门。主要职责是：

（一）认真贯彻执行国家、中国石油集团有关企业信息化工作的方针、政策及规章制度、标准和规范，负责组织制定长庆局信息化工作管理制度及实施细则。

（二）按照中国石油集团统一部署，组织完成长庆局信息系统建设和应用推广工作。

（三）负责组织编制长庆局信息化建设发展规划、年度实施计划和经费预算，并组织实施。

（四）负责全局信息化建设项目立项审查、技术论证、项目实施和项目验收的组织管理工作，对参与信息化建设项目的队伍进行资质审查。

（五）组织、协调局属各单位信息化建设工作，做好指导与服务工作。

（六）负责长庆局信息化建设项目软、硬件及办公设备购置计划的实施，并组织购置谈判和招标工作。

（七）负责组织长庆局信息化人员的业务培训、信息技术交流及信息新技术的推广应用工作。

第六条 通信处是长庆局信息技术的支持单位，负责长庆局网络基础设施建设，为中国石油集团统推项目在长庆局的实施提供技术支持。主要职责是：

（一）按照长庆局信息化建设发展规划，负责长庆局企业骨干网的建设、运行、维护、安全与业务经营。

（二）协助做好长庆局信息化建设发展规划的编制工作，参与中国石油集团统推项目在长庆局实施方案的制订、实施及系统的运行、维护等工作。

（三）参与审定局属各单位信息化建设的

技术方案。

（四）协助做好长庆局信息化人员的业务培训、信息技术交流及信息新技术的推广应用工作。

第七条　各厂（处）单位负责本单位的信息化管理工作。主要职责是：

（一）贯彻执行长庆局信息化工作制度和管理规范。

（二）依据长庆局信息化建设发展规划，编制本单位的年度工作计划，并组织实施。

（三）按照长庆局统一部署完成信息系统推广应用和运行维护工作。

（四）负责本单位网络运行维护和信息安全管理工作。

（五）负责本单位信息化队伍建设和培训工作。

（六）负责向局科技发展处按时上报年报、年度计划和工作总结。

第八条　局机关处室设专职或兼职信息员，负责本部门信息化管理及本业务应用系统的推广、应用及维护工作。

第三章　规划计划管理

第九条　长庆局信息化建设坚持统一规划的原则。长庆局信息化建设发展规划应依据中国石油集团总体规划，围绕长庆局发展目标，是为支持长庆局业务发展，提升生产经营和管理水平的信息化总体解决方案，是信息技术项目年度计划立项和投资的依据。

第十条　长庆局信息化建设发展规划由科技发展处组织，每五年编制一次，经规划计划处组织评估、局务会批准后，纳入长庆局业务发展计划。

第十一条　局属各单位的信息化建设项目由本单位信息管理部门根据业务发展需要，编制项目可行性研究报告，由本单位主管领导审核后，上报局科技发展处。

第十二条　科技发展处依据长庆局信息化建设发展规划和局属各单位上报的项目可行性研究报告，组织有关专家进行论证后，编制长庆局年度信息化建设实施计划和经费预算，分别由规划计划处、财务资产处列入年度投资计划和年度预算，由科技发展处统一组织实施。

第四章　信息化建设项目管理

第十三条　信息化建设项目是指依据长庆局信息化建设发展规划和年度计划开展的信息基础设施建设、应用系统建设、信息资源开发等相关项目。

第十四条　信息化建设项目所需的软件、硬件产品和咨询服务应通过招标选择。对于涉及企业秘密或者安全，不适宜招标选择的垄断性产品和服务，经局招投标管理办公室审查同意后，可以进行邀请招标。

第十五条　信息化建设项目的招标工作由科技发展处组织，业务主管部门、局招投标管理办公室和项目建设单位参加，纪检监察、审计部门全过程监督。

第十六条　对于中国石油集团统一推广项目的实施，长庆局成立项目指导委员会、项目经理部（实施推广项目组）。成员由主管局领导、业务主管部门和信息管理部门负责人以及业务骨干组成。项目指导委员会负责项目建设重大事项的决策，项目经理部负责项目的组织管理和具体实施工作。

第十七条　对于长庆局自建项目的实施，由业务主管部门牵头，科技发展处参与，项目建设单位和通信处等组成项目组，具体负责项目的管理和实施工作。自建系统应在中国石油集团统一标准下进行设计，要充分考虑系统的集成与扩展性，避免低水平开发和重复建设。

第十八条 信息化建设项目实施过程包括项目准备、项目启动、现状调研、方案设计、系统配置与测试、数据准备与培训、系统上线七个阶段。

第十九条 信息化建设项目采用规范的项目管理方法，实行项目经理负责制，严格控制项目范围，加强项目进度、成本、质量和风险管理。

第二十条 信息化建设项目验收包括初验、终验（竣工验收）两个阶段。验收工作由科技发展处负责组织。

第五章 网络及信息系统运行维护管理

第二十一条 长庆局主干网络建设遵循“统一规划、统一标准、统一设计、统一管理、网络共用、资源共享、分步实施”的原则，按照长庆局年度信息化建设实施计划，由通信处负责统一建设、管理和维护，各厂（处）单位局域网由本单位按照长庆局的统一标准进行建设、管理和维护。

第二十二条 因特网接入由通信处负责统一管理，全局各单位不得以任何理由擅自与因特网接入服务商办理因特网接入业务。对长庆宽带不能覆盖的地方，如确有业务需要接入因特网，可向科技发展处提出申请，经审查通过后方可实施。

第二十三条 局属各单位园区网接入长庆互联网，必须经科技发展处审批，由通信处统一分配和管理IP地址。各单位网络接入按照就近的原则，接入当地长庆局网络中心。用户需要申请和更改IP地址，必须按权限履行报批手续。

第二十四条 信息系统运行维护工作应变事后处理为主动预防。各级信息管理部门要树立主动服务意识，保障信息系统安全稳定运行。

第二十五条 通信处为中国石油集团统一推广项目的日常维护和升级改造提供技术支持。局属各单位、机关各部门主要做好本单位、本部门自建系统的日常运行维护工作。

第六章 信息安全管理

第二十六条 局属各单位应采取有效措施，保障应用系统、电子文档、硬件设备、数据资源、物理环境、信息网络等信息资产的安全。

第二十七条 信息门户是长庆局对内发布信息的唯一网络渠道，信息发布按照长庆局信息门户有关管理办法执行。任何单位和个人不允许在信息门户上设立留言板、论坛、聊天室等内容，不允许在信息门户上设立电影、游戏等栏目。

第二十八条 外部网站是长庆局对外发布信息的唯一网络渠道，任何单位不允许设立具有独立域名的互联网访问服务器。

第二十九条 加强对全局所有上网计算机的管理。所有接入长庆局内部网络的计算机必须使用正版操作系统，纳入补丁分发系统管理。各单位应按照长庆局的统一部署，建立防病毒体系，部署防病毒服务器，定期发布信息网络安全公告，将计算机纳入防病毒体系接受管理。

第三十条 加强网络管理员、系统管理员和数据库管理员账号的管理。对拥有的账号和密码严格保密，并定期修改密码，若发现账号被盗用，要及时向主管部门报告。

第三十一条 加强个人电子邮箱账号管理。采用中国石油集团统一用户认证体系，根据用户身份由通信处向中国石油集团申请唯一的用户账号，该账号只允许本人使用，严禁私自转给他人使用。用户调离长庆局，必须到通信处办理账号注销手续。

第三十二条 加强数据安全管理。各单位、各部门重要数据要有专人管理，定期做好数据备份。

第三十三条 加强设备安全管理。计算机机房应做到防雷、防火、防盗、防潮、防电磁辐射、防泄密。

第七章 信息标准管理

第三十四条 信息标准包括通用基础标准、数据标准、应用标准、基础设施标准、信息安全标准、管理与服务规范。

第三十五条 长庆局自建项目必须严格执行中国石油集团有关的标准和规范，采用标准信息代码。若暂时无标准代码，应按照国家、行业或企业信息编码的通用原则和要求，科学、规范地编制信息代码，并报局科技发展处备案。

第八章 信息技术培训与交流

第三十六条 科技发展处制定信息技术年度培训计划。各厂（处）单位根据本单位实际情况制定本单位培训计划。

第三十七条 培训采取与专业培训机构、大专院校联合或利用局内现有资源培训等多种方式进行。

第九章 考　　核

第三十八条 科技发展处负责对各厂（处）单位信息化工作进行考核，考核结果将作为年终总结评优的主要依据。

第十章 附　　则

第三十九条 本办法由科技发展处负责解释。

第四十条 本办法自印发之日起施行，同时原长局发［2002］146 号文件废止。其他文件与本文件相冲突的，按本文件执行。

长庆石油勘探局应急物资库管理办法（试行）

（2007 年 8 月 25 日长庆石油勘探局
以长局发［2007］187 号文发布）

第一章 总　　则

第一条 为了进一步规范长庆石油勘探局（以下简称长庆局）各级应急物资库的建设、管理以及应急物资的配备、使用、维护和调配，最大限度地发挥应急物资在突发险情时的作用，提高长庆局应急处置能力，特制定本办法。

第二条 应急物资是指在自然灾害、事故灾难、公共卫生等突发事件（事故）发生时，为将事件（事故）损失减少至最低限度所使用的各类物品和器材。

第三条 本办法适用于长庆局各级应急物资库及应急物资的管理。

第二章 应急物资库设置、变更和管理

第四条 应急物资库的设置坚持“分级设置、分级负责、区域兼顾、合理覆盖、就近使用、逐步完善”的原则，分为一级应急物资库和二级应急物资库两个级别。

第五条 应急物资库分级标准。

（一）一级应急物资库：

器材供应处庆阳总库、青铜峡库、靖边库、咸阳库、延安站、榆林站、西峰站等。

（二）二级应急物资库：

各厂（处）单位在陇东、靖边、延安、榆林、银川、靖安、西安等生产区域设置的各物资库（站）。

第六条 应急物资库的设置应根据每年生产规模和生产区域的变动情况，实行动态管理。生产规模和生产区域扩大，则应急物资库的设置（站）点相应增多；生产规模和生产区域缩小，则应急物资库的设置（站）点相应减少。

第七条 一级应急物资库的专业应急物资可以存放在相应单位二级应急物资库；二级应急物资库的大型应急物资，可以存放在一级应急物资库。

第八条 各单位生产运行部门负责本单位应急物资库建设、考核等工作，器材供应部门负责本单位应急物资日常管理，安全监督部门负责定期对本单位应急物资库建设、应急物资配备及应急物资库房管理进行监督检查。

第九条 长庆局应急办公室及长庆局各前线指挥部等派驻机构根据突发事件（事故）情况的需要，有权调用长庆局范围内各应急物资库的应急物资；各单位可调用各自应急物资库应急物资，并及时补充，做到账物相符。

第三章 应急物资储备

第十条 应急物资储备坚持“结合专业、满足需要、统一共享、先进先出、保证质量”的原则进行配备。

第十一条 各单位应急物资配备执行长庆局《二级应急物资库应急物资配备标准》。

第十二条 一级应急物资库应急物资由长庆局各预案主管部门负责提出，器材供应处按照长庆局物资采购程序，负责统一配备；二级应急物资库应急物资由各单位根据长庆局《二级应急物资库应急物资配备标准》，结合本单位生产实际，制订各自标准，并按照长庆局物资采购程序，配备到位。各单位对二级应急物资库中的小型工（器）具、个人防护用品、指挥用具及标识、警戒用品等根据具体情况进行补充。

第十三条 各单位应在生产成本中列支应急专项费用，用于应急物资的配备、补充、维护、仪器标定等。

第四章 应急物资管理

第十四条 一、二级应急物资库应设立专门的库房或专门区域存放应急物资。

第十五条 一、二级应急物资库所在单位应指派专人对应急库房进行管理，建立应急物资台账、应急器材检查、使用、维护、

保养、借用记录。

第十六条　应急物资应存放在适应存放条件的库房中，并定期检查、维护、保养、检验和标定。

第十七条　所有应急物资均应有牢固、显著的标识或铭牌，内容包括所属单位名称、编号、出厂日期等。需要检验、标定的仪器仪表，要有相关证书。

第十八条　各单位应在二级应急物资库中列出本单位可能发生的突发事件及该情况下所用到的应急器材明细（品名、目录、数量），以便于紧急情况下能迅速取用相关器材。

第五章　应急物资调用及恢复

第十九条　一级应急物资库由器材供应处负责日常管理，供区域各单位及本单位应急、抢险使用。二级应急物资库以本单位应急、抢险使用为主，同时兼顾邻近单位的抢险请求。

第二十条　发生突发事件（事故），各应急物资库所在单位均应按照“抢险第一，就近使用”的原则，根据应急抢险需求提供相应的应急物资。

第二十一条　各单位应将应急器材的使用纳入员工日常培训，岗位员工应熟练掌握应急器材的使用要领、方法。

第二十二条　应急物资用于应急抢险，其他情况下原则上不得使用。需要应急抢险使用时，一级应急物资库应急物资调用，须经长庆局主管部门同意；二级应急物资库应急物资调用，须经应急物资库所属单位主管领导同意。

第二十三条　应急物资库应急物资按照“谁配置、谁维护，谁使用、谁补充，谁损坏、谁赔偿”的原则，及时补充、维修、更换，使应急器材性能、数量始终处于良好、可用、饱和状态。

第六章　附　　则

第二十四条　长庆局各单位可根据本办法制定相应实施细则。

第二十五条　本办法由生产运行处负责解释。

第二十六条　本办法自发文之日起施行。

长庆石油勘探局境外资金管理办法（暂行）

（2007 年 9 月 14 日长庆石油勘探局
以长局发［2007］197 号文发布）

第一章　总　　则

第一条　为进一步拓展长庆石油勘探局（以下简称长庆局）国际市场业务，加强境外资金管理，建立严格的资金授权管理制度和收支两条线管理制度，提高资金使用效益，确保资金安全，根据国家有关规定及《中国石油天然气中国石油集团境外资金管理办法

(暂行)》(中油财字［2005］213号)的有关规定，结合长庆局境外业务管理实际情况，特制定本办法。

第二条 长庆局境外资金管理的目标是：建立集中统一、安全高效、监管到位的资金管理体系，确保境外资金运转的安全、及时、规范和高效。国际事业部财务科、境外项目财务部门对境外资金的筹集、使用、回收等全过程进行监督。

第三条 境外资金是指企业在境外生产经营活动中收入和支出的外汇资金。

第四条 长庆局国际事业部及其所属各境外分公司（项目组）从事境外业务必须依照本办法管理资金。

第二章 资金收入管理

第五条 国际事业部各境外分公司（项目组）必须坚持收支两条线的资金管理政策。各境外项目的合同收入与其他业务收入一律汇入指定的资金结算户，集中管理、统一调度，严禁坐支。

第六条 境外项目收入资金包括：项目合同收入、劳务服务收入、技术咨询收入、资产转让收入及其他相关收入。

第七条 境外项目的各项收入应通过指定银行转账结算。因特殊情况，以现金方式收取的劳务收入，应由经手人、财务负责人和项目负责人出具联合签字的情况说明并存入会计档案；收入资金于三日内存入指定银行结算账户。

第三章 资金支出管理

第八条 国际事业部各境外分公司（项目组）费用支出预算由国际事业部统一编制，财务资产处按预算进度调拨费用资金；资金通过中油财务公司外汇专户向境外分公司（项目组）所在地开户银行进行划拨。

第九条 境外项目资金支出的范围包括：

（一）生产经营性资金支出。

1. 职工工资、差旅费、医疗费及相关的支付给职工个人的资金；

2. 房屋租金、办公费、保险费、海关税费、各种税金等项目组经营管理资金；

3. 材料采购、设备租赁、设备修理、运输等生产性支出资金；

4. 分项承包、技术服务、技术合作等外包项目的合同支出资金。

（二）资本性资金支出。

经长庆局规划计划处批准的固定资产、长期资产投资支出的资金。严禁无投资计划购置固定资产、长期资产。

第十条 国际事业部应制定《境外项目资金授权管理办法》。境外项目资金支出实行分级授权管理制度，各级资金支出授权额度由国际事业部根据具体情况予以确定。

第十一条 境外项目资金支出实行联合签字制度，各项资金支出业务必须由经办人、财务负责人、项目负责人等共同签字后方能办理。单项超过5万美元的资金支付业务，除由境外工作人员联签外，须经国际事业部行政正职（或授权人）签字后方能办理。

第四章 银行账户管理

第十二条 长庆局在境外开立账户应符合我国有关法律法规和中国石油集团的有关规定，遵守开户地国家相关法律法规。

第十三条 国际事业部各境外项目开立境外银行账户，由各项目组填制《长庆石油勘探局境外账户开户申请表》，经分公司（项目组）经理、国际事业部总会计师签字后报财务资产处，财务资产处审核后报局主管国际业务领导和局主管财务领导审批，并报中国石油集团财务资产部批准。

第十四条　国际事业部各境外项目开立境外银行账户应选择中国石油集团的签约银行，当地确无中国石油集团签约银行，可先在签约银行之协作行或国家银行开户，待条件成熟后逐步转入中国石油集团签约银行。

第十五条　国际事业部各境外项目应单独开设资金收入账户和支出账户。各境外项目在非外汇管制国家的所有资金收入必须缴存长庆局的收入账户，境外项目收入账户按月接受长庆局资金预算拨款，国际事业部每周审批预算，批准分公司（项目组）将资金划转至支出账户。

各境外项目在外汇管制严格国家的所有资金收入缴存境外项目的收入账户。国际事业部每周根据审批的项目资金预算监管分公司（项目组）将资金由收入账户划转至支出账户。

各境外项目支出账户用于预算范围内的各项资金支出。

国际事业部各境外项目应严格控制境外银行账户数量，及时撤销执行完毕项目的账户，由分公司（项目组）财务负责人对账户进行清理，并将清理结果报告财务资产处。

第十六条　账户资金支出及上存资金应按境外资金授权管理权限执行，严格履行项目财务负责人、境外项目负责人、单位总会计师和单位主要负责人审批权限、执行审批程序。

第十七条　国际事业部各境外项目资金支出账户实行限额管理，账户资金限额由国际事业部核定并报财务资产处备案。

第五章　现金及备用金管理

第十八条　国际事业部境外项目要严格执行国务院颁布的《现金管理暂行条例》，规范管理现金收支。在现金管理中，严格执行“账款分管”的原则，会计岗位与出纳岗位之间必须职责分明，每笔现金支付均需加盖领款、出纳、会计等 3 人以上的印章（或签字）。现金账目要做到日清月结、账款相符，不允许用白条顶替现金，确保库存现金的账实相符。

第十九条　境外项目现金库存实行限额管理，不得超过各境外项目规定的限额标准。各境外项目库存现金限额由国际事业部确定。

第二十条　职工出差严禁携带大量现金，能够采用银行转账及信用卡结算的地区，一律使用上述结算手段进行支付。

第二十一条　严格执行现金支付范围规定。境外项目的材料采购、劳务费用等都要以银行转账的方式支付。

第二十二条　各境外项目实行定额备用金制度，即根据每个单位（部门）业务量以及工作性质，核定一定数量的备用金额度，每个部门指定专人管理备用金，发生业务时直接支用本部门的定额备用金，核销时，根据收支情况补足定额备用金。

第二十三条　项目人员出差或经办特殊业务，需要借款的，按规定填制申请单，经审批后，可以借款。业务办理结束后于 7 日内予以报销清账。对于逾期一个月不归还者，自次月起，从本人的工资中逐月扣除，直至扣完。

第二十四条　国际事业部财务部门与各境外项目财务机构每月对备用金余额进行清理核实，并作出备用金管理情况说明。

第六章 资金预算管理

第二十五条 国际事业部与各境外项目在每年底编制下一年度项目年度资金预算，新项目启动前编制该项目当年资金预算，每月末编制项目次月资金支付计划。资金预算和资金支付计划由国际事业部和境外项目财务部门编制，报财务资产处审定。各境外项目每周编制周资金支付计划报国际事业部审定。

第二十六条 财务资产处严格按批复的年度资金预算及月度资金支付计划拨付资金，国际事业部按周资金支付计划审批各境外项目由收入账户向支出账户划转资金，监管资金支出，实现境外资金收支良性循环。

第二十七条 由于境外项目生产经营情况的变化而发生的资金需求，由境外项目组提出书面报告经国际事业部审签，报局财务资产处审批后，相应增减本期资金预算指标。

第二十八条 各境外项目发生的全部收入和支出都必须纳入预算管理。

第七章 筹资管理

第二十九条 长庆局根据国际事业部境外业务资金预算，结合长庆局外汇结存情况，制定长庆局融资计划，经长庆局局长（或局长授权人）签发，报中国石油集团批准后，由财务资产处统一办理。

第三十条 长庆局财务资产处根据中国石油集团的规定，在中国石油集团授权的中油财务有限责任公司申请开立境外资金归集总账户，根据项目资金预算进行筹融资。

第三十一条 国际事业部使用长庆局融资额，按人民银行同期利率、费率计算，作为内部融资签订内部银行贷款合同。借款到期应按财务资产处指定的归还路径及时归还，并冲减内部银行贷款。

第三十二条 国际事业部及其所属的各境外分公司（项目组）不得在境内外金融机构进行筹融资活动。

第八章 外投、外借资金和境外担保管理

第三十三条 国际事业部及其所属境外分公司（项目组）必须严格执行中国石油集团和长庆局的规定，不得办理对外投资、对外借款和境外担保业务。确需办理对外投资、对外借款和境外担保业务的，必须报长庆局并由长庆局上报中国石油集团批准后方可办理。

第九章 境外资金安全管理

第三十四条 落实境外资金管理责任制。加强境外资金管理和监督，建立、健全资金内部控制制度，落实单位行政领导和总会计师、境外项目负责人及财务负责人资金管理责任，确保资金安全。

第三十五条 境外项目涉及现金保管的部门，必须根据各自的情况，采取相应的保密和保安措施，以保证现金安全。

第三十六条 境外项目超过 3 万美元以上的大额合同的签订及商务谈判，必须有境外机构负责人和财务负责人共同参与。

第三十七条 各境外项目必须按月对资金收支情况进行分析，并向国际事业部上报，国际事业部上报财务资产处。

第三十八条 单位行政正职是本单位资金安全的第一责任人，总会计师和财务负责人是资金安全的主要责任人。违反规定造成

损失的，将根据中国石油集团和长庆局有关规定追究责任。

第十章　重大事项报告制度

第三十九条　境外各项目应建立重大事项报告制度，对于出现的重大事项，必须在24小时内上报长庆局业务主管部门，重大事项包括：

（一）在金融机构的存款，到期不能收回；

（二）银行账户被冻结；

（三）存款所在的金融机构倒闭；

（四）财务人员涉嫌经济犯罪；

（五）对外担保发生损失或被追索责任；

（六）境外汇款被冻结；

（七）其他重大事项。

第十一章　境外资金管理纪律

第四十条　严格遵守国家对外汇管理的有关法律或法规，不逃汇、不套汇，按审批程序办理有关外汇收付业务。

第四十一条　严格遵守所在国外汇管理或管制政策，按当地国家对外汇管理有关规定办理有关外汇业务，切实规避政策风险。

第四十二条　境外资金管理中，严禁以下行为（包括但不限于）：

（一）未经批准，擅自融资；

（二）未经批准，擅自对外担保；

（三）未经批准，擅自开立、变更银行账户；

（四）未经批准，擅自从事金融投资；

（五）未经批准，擅自对外提供账户信息；

（六）未经批准，擅自透漏涉及资金管理的任何信息。

第十二章　附　　则

第四十三条　有境外业务的单位结合本办法，制订本单位的实施细则，报财务资产处备案。

第四十四条　本办法由长庆局财务资产处负责解释。

第四十五条　本办法自印发之日起施行。

长庆石油勘探局土库曼斯坦项目相关单位服务人员工资发放实施细则

（2007年10月12日长庆石油勘探局
以长局发［2007］217号文发布）

第一条　为了保证土库曼斯坦项目服务人员（以下简称员工）工资奖金的正常发放，建立和完善薪酬激励机制，充分调动员工工作积极性，根据《长庆石油勘探局关于明确土库曼斯坦项目管理相关事宜的通知》（长局发［2007］216号）和《长庆石油勘探局赴境外工作人员薪酬管理实施细则》（长局发［2005］121号）精神，制定本细则。

第二条　本细则适用于各相关单位在土库曼斯坦项目工作的员工。赴土库曼斯坦项目临时出差、调研、慰问的人员按长庆局有关规定执行。

第三条　员工实行由岗位工资、境外津贴和奖金三个单元构成的岗位等级工资制。支付标准及办法按照《长庆石油勘探局赴境外工作人员薪酬管理实施细则》（长局发［2005］121号）执行。

第四条　员工工资按月支付。岗位工资由原单位代发；员工基本养老、基本医疗等各项社会保险及住房公积金、住房补贴等仍按长庆局有关政策执行。

第五条　员工的境外津贴包括岗位津贴、地区补贴、现场津贴。支付标准及办法按照《长庆石油勘探局赴境外工作人员薪酬管理实施细则》（长局发［2005］121号）执行。员工的境外津贴由国际事业部统一发放。

第六条　员工的奖金总额的确定及对员工个人奖金的发放等，按照《长庆石油勘探局赴境外工作人员薪酬管理实施细则》（长局发［2005］121号）执行。

第七条　员工境外津贴发放程序：

（一）土库曼斯坦项目相关单位在组织队伍出境前，需与国际事业部协商确定本单位在土库曼斯坦项目的机构设置、人数及人员资质等；

（二）土库曼斯坦分公司根据员工工作岗位，确定相应的境外津贴标准；

（三）每月25日前，各相关单位向土库曼斯坦分公司报送本月人员考勤；

（四）土库曼斯坦分公司根据人员考勤及境外津贴标准计算当月境外津贴，并送交各相关单位审核签字。员工在派遣出国或结束工作回国的，当月津贴按实际出勤天数计发；

（五）土库曼斯坦分公司将审核后的发放表报国际事业部按标准发放境外津贴。

第八条　员工原单位按规定为其缴纳的各项社会保险、住房公积金单位缴费以及为其支付的住房补贴、岗位工资和特殊补助等费用，由境外项目负担。

第九条　国际事业部为各相关单位员工支付的境外津贴、奖金及节日补助、食堂伙食补贴、员工未休假补偿等费用，由内部合同约定的承担方承担，从项目成本中列支。

第十条　其他未尽事宜，按照《长庆石油勘探局赴境外工作人员薪酬管理实施细则》（长局发［2005］121号）的规定执行。

长庆石油勘探局安全环保监督管理办法

（2007年10月22日长庆石油勘探局
以长局发［2007］236号文发布）

第一章　总　　则

第一条　为进一步加强安全环保监督工作，完善安全环保监督机制，落实安全环保责任，保障职工生命和国家财产安全，防止或减少安全环保事故发生，促进长庆局安全环保和各项生产经营工作的顺利进行，根据中国石油天然气集团公司《安全监督管理办法》、《安全监督工作规则》和《长庆石油勘探局安全生产管理规定》等制度，结合长庆局实际，制定本办法。

第二条　本办法规定了安全环保监督的组织机构与管理，职责与权利、监督人员的素质要求与行为准则、监督程序、考核与奖惩等内容。

第三条　安全环保监督实行“监管分离、同级分开、异体监督”的监督运行机制。

第四条　本办法适用局属各单位，包括全资公司和控股公司。

第二章　组织机构与管理

第五条　按照中国石油集团《关于在企业设置安全总监、副总监的通知》（中油人劳字［2001］551号）规定，安全总监由中国石油集团审批与管理；安全副总监由长庆局按助理、副总师审批与管理。

第六条　局属各单位安全总监及副总监按照长庆局《关于设置安全总监、副总监的意见（试行）》和《关于在部分单位设置专职安全总监的通知》要求设置，安全总监由局党委、长庆局管理考核；安全副总监由各单位管理考核。

第七条　局管大型工程建设项目，由项目主管单位根据需要提出设置安全总监或副总监的意见，报长庆局审批聘任。厂（处）级单位管理的项目，原则上由安全总监派驻安全环保监督，报长庆局安全环保监督部备案。

第八条　安全环保监督机构与安全环保管理部门按照“监管分开、异体监督、平行运行、各司其职、互相配合、相互沟通”的原则开展工作。

第九条　长庆局安全环保监督部是全局安全环保监督业务的归口管理部门，在长庆局安全总监和副总监的领导下，代表长庆局行使监督职能，负责对全局安全环保监督工作进行指导、协调、督察、考核。

第十条　局属各单位按照长庆局《关于成立安全环保监督部的通知》（长局发［2007］119号）要求，建立相应的安全环保监督站。局属特类和一类安全生产单位，都应设置具有实体功能的安全环保监督站；二类及以下安全生产单位可根据工作需要，提出设立安全环保监督机构的意见，报长庆局审批后实施；未设立独立监督机构的单位，应设立专职安全环保监督岗，履行监督职责；对于作业区域分散、管理幅度或安全风险较大的基层单位或项目部，按照“异体监督、垂直管理”的原则，由所属单位安全环保监督站派出分站或监督人员，履行监督职责；未派驻专职监督的基层单位一般应设立兼职安全环保监督岗，履行监督职责。

第十一条　各单位现场监督人员的配备以保证监督工作需要为前提。钻井作业按照井队数量的1.5倍配备，试油（气）作业按照作业队伍数量的1.2倍配备，成建制运输车队至少派驻（配备）一名专职监督人员，其他车间（队）根据实际情况设立专（兼）职安全监督员。

第十二条　各厂（处）单位及其基层单位的专职监督，由各单位监督站实行行政垂直管理，监督人员代表厂（处）单位履行监督职责。

第十三条　各级安全环保监督机构和监督人员在履行对下级安全环保监督的同时，还应对同级管理部门和管理人员进行监督，从源头管理和本质安全上强化管理，切实督促各级落实管理责任。要依据建设项目“三同时”、HSE管理体系、“隐患挂牌消项”、“四不放过”、责任追究制度，强化生产作业现场及危险场所的监督。

第十四条　长庆局安全环保监督主要实

行派驻监督、巡回监督、区域监督和项目监督等模式。各单位要科学调配、合理安排，采用适合本单位实际的监督模式，对关键作业要全程监督，要害部位要巡回监督，关键环节要跟踪监督。

钻井作业应以派驻监督为主，对起下钻、下套管、甩钻具、起（放）井架、搬安作业、起重作业、电气作业、进入有限作业空间、动火动土等关键作业环节要实行旁站监督，严格作业许（认）可制度，强化井控、有毒有害气体防护工作；井下、修井作业应以区域监督和重点派驻监督为主，重点监督大型施工、大修作业、进入有限作业空间、井控管理和有毒有害气体防护、吊装作业等高风险施工；油气田地面建设、建筑安装等作业要实行项目监督，主要监督大型吊装、工业动火、动土作业和有限空间作业等许可制度的落实；油气田开发主要实行区域监督，重点监督二级及以上动火、较大及以上危险源（点）管理；交通安全要以巡回督察为主，充分运用GPS监控系统、路查路检等手段，重点查处超速行驶、疲劳驾驶、酒后驾驶、强超抢会等违章行为；机械、水电及其他辅助生产单位要逐步推行区域监督，重点监督特种设备操作、电气作业、机械加工等安全措施的落实。

第十五条 长庆局建立安全环保监督信息管理系统，定期收集、汇总、分析、发布监督信息；厂（处）单位应按规定建立监督信息周、月、年报制度，基层单位一般应建立监督信息日报制度。各级监督与管理部门对监督信息要及时传输、统计分析和处置，对监督发现的重大隐患要及时上报、果断处置、跟踪验证。

第十六条 基层安全环保监督应实行定期轮换制度，从本基层队（站）提任的监督，原则上一年内不应在该队（站）从事监督工作。

第十七条 安全环保监督业务费用，由各级监督机构根据工作需要进行预算，各单位予以保障，安全环保监督部负责督查。

第三章 职责与权利

第十八条 安全环保监督具有四种基本权力：即有权对严重违章作业者责令停工；有权对违章指挥者提出停职建议；有权对“三违”行为作出处罚；有权对安全环保优秀者提出奖励建议。

第十九条 安全环保监督人员实行易岗易薪制，各级监督人员享受同级副职待遇。

第二十条 派驻的安全环保监督机构或人员，代表派驻方履行相应的职责；委托的安全环保监督应与被监督单位签订相关协议，明确各自的权利和义务。

第二十一条 安全总监（副总监）职责。

（一）对本单位安全环保工作负监督责任，督促安全环保监督机构设置和人员配备。

（二）监督本单位贯彻执行国家有关安全环保方针政策、法律法规、标准规范和上级有关安全环保规章制度。

（三）在安全生产第一责任人的主持下，组织对同级副职、职能部门执行安全生产责任制情况的督察，并提出考核意见。

（四）领导、协调安全监督机构的工作，指导安全监督机构实施现场安全监督检查。

（五）监督安全评价和“三同时”的实施，督促整改事故隐患，参与重大事故的调查处理，监督责任追究制度的落实。

（六）监督本单位HSE管理体系的运行、审核和管理评审工作。

（七）审核安全环保技术措施经费计划，并监督其使用。

（八）接受并落实安全生产第一责任人交办的其他工作。

第二十二条 安全总监（副总监）权利。

（一）参加本单位有关安全生产工作会议，对本单位安全生产、环境保护和职业健康等方面的业绩考评有建议权和否决权。

（二）参加中国石油集团、长庆局及本单位组织的安全监督业务培训、会议及专业学术活动。

（三）对违反国家、中国石油集团和长庆局及本单位有关法律法规、标准、制度的违章行为，有权制止并按照有关规定进行处罚。

（四）对重大事故隐患应责令立即排除；重大事故隐患排除前或排除过程中无法保证安全时，有权责令从危险区域撤离作业人员，有权决定暂时停产停工或停止使用。

（五）在对本单位安全事故“四不放过”原则的执行情况进行监督时，有权调阅有关事故档案。一经发现营私舞弊、隐瞒事故等行为，有权直接上报局安全环保监督部。

（六）对坚持原则、秉公办事，工作业绩突出，提供深层次、重大事故隐患的单位和个人有奖励权；对反映隐患及事故真实情况者有责任给予保护。

第二十三条 监督机构的职责。

（一）负责建立完善安全环保监督体系，建立健全各项安全环保监督制度，制定年度安全环保监督计划并组织实施。

（二）负责监督检查 HSE 体系建设与运行情况。

（三）负责监督检查安全环保法律法规、标准规范、安全环保制度的建立与执行。

（四）负责监督检查外来施工队伍、人员、设备（设施）是否符合国家法律法规及企业有关 HSE 要求。

（五）负责监督检查一级、二级工业动火、重点工程项目现场安全环保管理工作。

（六）负责指导所属单位安全环保监督工作。

（七）负责各级安全环保监督人员的业务培训工作。

（八）负责安全环保监督信息的收集、反馈，定期通报监督检查情况。

（九）负责监督并参与事故调查。

（十）完成本单位交办的其他工作。

第二十四条 监督人员的职责。

（一）负责生产作业现场或工程项目安全环保监督工作。

（二）监督生产作业现场 HSE“两书一表”和“开工令”的执行。

（三）监督现场安全检查、隐患监控情况。

（四）向被监督单位递交现场监督意见，向上级监督部门递交现场监督工作报告。

（五）对检查中发现的违章和隐患，应立即责令纠正或要求限期整改，并按规定处罚。

（六）对监督检查中发现的事故隐患，相关单位应立即排除并上报相关部门。

（七）对不符合国家标准或者行业标准的设施、设备、器材可先查封，后报有关部门或领导妥善处理。

第二十五条 监督机构与人员的权利。

（一）参加本单位或派驻单位有关安全生产工作会议，对本单位安全生产、环境保护和职业健康方面的业绩考评有建议权。

（二）参加上级及本单位组织的安全监督业务培训、会议及专业学术活动。

（三）在对生产作业场所、工程施工作业项目等监督过程中，有权制止“三违”行为，有权按照规定进行处罚。

（四）发现重大事故隐患时，有权责令立即排除；重大事故隐患排除前或排除过程中无法保证安全时，有权责令从危险区域撤离作业人员，有权决定暂时停产、停工或停止使用。

（五）发现重大隐患时，有权向上级组织汇报。

（六）对坚持原则、秉公办事、业绩突出

和提供深层次、重大事故隐患的单位和个人有奖励建议权。

（七）有权根据安全监督合同约定，从安全监督站或委托方获得满足监督所需的保障条件。

（八）有权进入生产经营单位进行检查，调阅有关资料，向有关单位和人员了解情况。

第四章 监督人员的素质要求与行为准则

第二十六条 监督人员的基本条件。

（一）厂（处）单位一般应具有理工科中专以上文化，大学毕业后从事专业技术工作4年以上，或大专毕业后从事专业技术工作6年以上，或中专毕业后从事专业技术工作8年以上，年龄在55岁以下者。车间（队）一般应具有高中以上文化，从事现场工作10年以上，年龄在45岁以下。担任过基层领导者，条件可适当放宽。

（二）掌握安全生产的法律法规、技术标准和HSE，OSH，ISO 14000等管理体系相关知识。

（三）热爱监督工作，责任心强，有现场工作经验和较强的组织协调能力。

（四）具有一定的语言文字表达及计算机操作能力。

（五）接受过安全监督专业技术培训，取得安全监督上岗资格证书，从事钻井、井下、修井等与井控作业有关的安全监督人员，还应取得井控培训合格证。

第二十七条 各单位的安全总监、副总监及监督站人员，参加中国石油集团统一组织的专业技术培训，经考试合格，取得中国石油集团安全监督资格证书。

基层单位的专、兼职安全监督应取得中国石油集团授权的培训机构培训核发的安全监督资格证。

长庆局对取得资格证书的人员进行注册，作为聘任监督人员的条件。

第二十八条 监督人员聘任和管理由局、处两级监督机构分别负责。

第二十九条 监督人员的资格证有效期一般为5年。

第三十条 监督人员应恪守安全监督行为准则，做到遵纪守法、尊重民俗，信守合同、保守秘密，敬业诚信、恪尽职守，客观公正、敢于负责，文明服务、严于律己。

第五章 监督程序

第三十一条 安全环保监督一般按照监督、检查、许可、纠正、反馈、改进六项基本程序开展工作。

监督：各级监督组织行使相对独立的监督职能，监督所属单位执行国家安全环保法律法规，监督中国石油集团、长庆局及各单位有关标准规范、规章制度在生产作业现场的执行；监督各级管理层和操作层履行安全环保职责；监督HSE管理体系的建立与运行。

检查：根据作业性质、工艺流程、作业环境、作业风险等，分系统、分专业编制监督计划和标准，对照检查标准开展现场监督检查，及时下达监督指令，对隐患提出整改要求并现场复核验证。

许可：对重点要害部位、重大施工、危险作业、关键工序进行现场监督，落实作业许可制度和HSE“两书一表”，未达到标准和要求的不允许进行下步作业。

纠正：督促相关单位限期整改HSE不符合项和事故隐患。对发现的违章和隐患，应按规定给予提示、警告、罚款、停止操作、停止作业、一票否决。

反馈：定期收集汇总监督检查信息，建

立违章、隐患和未遂事件档案，及时向上级主管部门汇报。

改进：通过监督检查，发现作业现场的不符合项并监督落实整改、纠正；对照查找标准规范和管理制度中存在的缺项和缺陷，向管理层提出改进意见和建议，实现持续改进。

第三十二条　在开展监督工作前，应做好必要的前期准备工作，对于重点项目、关键作业环节，应编写监督工作方案。

第三十三条　各基层监督站和监督人员应把工作重点放在监督管理制度、安全责任和措施的落实上，做到依法监督、照章监督。

第三十四条　在重点项目、关键作业监督结束后，监督人员应对施工现场的设施、环境等恢复情况进行检查；对监督工作及时进行总结，并向监督机构提交监督报告；将监督工作计划、监督检查表、监督报告和监督工作总结等资料进行归档。

第三十五条　监督人员应建立“监督日志”或“监督备忘录”，及时报告监督工作信息，加强与被监督单位之间的交流、沟通，并对整改情况进行验证。

第三十六条　对监督发现的隐患与违章，应按照长庆局《事故隐患管理办法》和《违章行为管理办法》进行处理。

第六章　考核与奖惩

第三十七条　长庆局实行安全环保监督业务垂直考核。安全环保监督部对各厂（处）单位监督工作进行年度考核，厂（处）单位监督站对所属监督分站和监督人员进行考核。各级监督机构及人员原则上不接受监督业务范围之内的同级或下级的工作考评。

第三十八条　各级监督管理机构应根据监督考核管理办法，依据工作业绩、现场表现和任务完成情况，对监督机构、监督人员定期考核，并根据考核结果评定监督资格和兑现奖惩；考核合格者续聘；不合格或工作有严重失误者，给予处理；对业绩突出的安全监督人员和监督机构，应给予表彰奖励。

第七章　附　　则

第三十九条　各单位应根据本办法，结合实际，制定实施细则。

第四十条　本办法由长庆石油勘探局安全环保监督部负责解释。

第四十一条　本办法自发布之日起施行。原《长庆石油勘探局安全环保监督管理办法》（长局发［2004］187号）同时废止。

长庆石油勘探局安全环保监督信息管理办法

（2007 年 10 月 22 日长庆石油勘探局
以长局发［2007］236 号文发布）

第一章 总 则

第一条 为进一步规范长庆局安全环保监督信息管理工作，及时掌握各单位安全环保监督工作动态，确保安全环保监督信息及时、准确传递与处理，根据《中国石油天然气中国石油集团安全监督管理办法》、《中国石油天然气集团公司安全监督工作规则》和《长庆石油勘探局安全环保监督管理办法》等制度，结合长庆局实际，制定本办法。

第二条 安全环保监督信息实行局安全环保监督部、厂（处）单位安全环保监督站、现场安全环保监督人员三级管理，按照“分级管理，逐级上报，信息共享，适时更新，双向传递，信息畅通”的原则，确保信息真实、及时、准确、完整。

第三条 本办法规定了长庆局安全环保监督信息传递的类别、格式、内容、方式、时间、处理程序等。

第四条 本办法适用于长庆局各单位，包括全资公司和控股公司。

第二章 职 责

第五条 长庆局安全环保监督部是全局安全环保监督信息的主管部门，负责安全环保监督信息的管理。具体职责为：

（一）负责长庆局安全环保监督信息平台的建立、指导、维护和使用。

（二）负责收集、整理、汇总各单位安全环保监督信息，并作出总体分析和安全环保监督预警、进行安全环保管理与监督提示，形成局级安全环保监督信息报表、报告、管理台账。

（三）负责向主管领导、上级主管部门报送相关监督信息。

（四）负责长庆局安全环保监督指令的落实。

（五）完成局领导交办的其他工作。

第六条 厂（处）单位安全环保监督站是本单位安全环保监督信息的主管部门，负责本单位安全环保监督信息的管理。具体职责为：

（一）负责建立健全本单位安全环保监督信息管理台账，并对所属监督机构和现场安全环保监督人员进行信息管理指导。

（二）负责收集、汇总、分析本单位安全环保监督信息，并提出安全环保管理与监督的意见、建议。

（三）向局安全环保监督部报告本单位安全环保监督工作动态。

（四）负责长庆局安全环保监督信息指令在本单位的落实。

第七条 安全环保监督人员负责现场安全环保监督原始信息的采集和上报，跟踪现场存在问题的整改，负责上级安全环保监督信息指令在现场的落实。

第三章　监督信息类别、格式及内容

第八条　长庆局安全环保监督信息分为安全环保监督周报、月报、半年报、年报、事故报告、重大事故隐患治理报告和其他报告七类。

第九条　特类和一类单位报送安全环保监督周报、月报、半年报、年报、重大事故隐患专题报告和其他报告；二类单位（工程技术研究院、西安长庆科技有限公司除外）报送月报、半年报、年报、事故报告、重大事故隐患专题报告和其他报告；三类单位及工程技术研究院、西安长庆科技有限公司报送半年报、年报、事故报告、重大事故隐患治理报告和其他报告。

第十条　安全环保监督周报、月报、半年报、年报报送内容。

（一）安全环保监督周报内容应包括但不限于以下方面：

1. 安全总监、副总监、监督站站长工作动态。

2. 本周安全环保主要工作。

3. 上周及此前发现且未消项关闭的问题及处置情况（包括上级部门检查发现问题的整改情况）。

4. 本周安全环保监督检查发现的主要隐患和问题（包括上级部门检查发现的问题）。

5. 列入局级及厂（处）单位重大事故隐患治理项目的整改情况。

6. 下周工作安排。

7. 存在的主要问题。

8. 需报送的其他信息。

（二）安全环保监督月报内容应包括但不限于以下方面：

1. 本单位月度安全环保监督工作概况，包括本月主要工作、监督检查的单位、隐患和问题数量、归类分析及整改情况、上级部门检查发现的问题及整改情况。

2. 上月及此前查出未消项关闭的隐患和问题。

3. 本月发现的重大事故隐患和严重问题及处置情况。

4. 本月好的做法与工作建议。

5. 下月工作安排。

6. 需报送的其他信息。

（三）安全环保监督半年报、年报内容应包括但不限于以下方面：

1. 本单位基本情况（用工量、机动车数量、安全环保监督人员及监督队伍结构、安全环保指标控制情况等）。

2. 安全环保监督主要工作。

3. 监督工作运行机制及效果分析。

4. 安全环保隐患和问题归类、分析及消项关闭情况。

5. 局及本单位立项隐患治理进度。

6. 事故起数、类别、人员受伤、损失、原因分析及相关信息。

7. 对改进安全环保监督工作的意见及建议。

8. 下一个报告期内的监督工作安排。

（四）事故报告和重大事故隐患治理专题报告按长庆局规定的内容、格式上报。

第十一条　其他报告。

其他报告是不能归类于以上六类，且厂（处）单位认为需报告的事宜。由各单位自行确定上报的格式、内容等，用于监督站向安全环保监督部反映自身不能解决或不便解决的问题。

第十二条　对于上级部门查出的安全环保隐患和问题，应在周、月报中持续反映，直至消项关闭。

第四章 监督信息传递的方式、时间及程序

第十三条 监督信息的传递主要采取报表、报告等形式，辅助以网络、媒体、监管例会、座谈会、电话等方式进行。

第十四条 监督信息的报送时间为：

监督周报：每周星期三 18：00 前，报告上周星期四至本周星期三本单位安全环保监督信息。

监督月报：每月 26 日 18：00 前，报告上月 26 日至本月 25 日本单位安全环保监督信息。

监督半年报：每年 7 月 10 日前，对本单位上半年安全环保监督情况进行总结、分析和上报。

监督年报：每年 12 月 10 日前，对本单位全年安全环保监督情况进行总结、分析和上报。

事故报告：发生事故后，事故单位应根据《长庆石油勘探局安全事故管理实施细则》关于事故报告时间的规定，在向相关管理部门报送事故报告时，应同时抄报安全环保监督部。

重大事故隐患治理报告：应跟踪落实列入局级及本单位重大事故隐患治理项目的进度，并随监督周报一并报告。

第十五条 安全环保监督信息流转程序。

长庆局安全环保监督工作报告由局安全环保监督部编制，监督部领导审核审批后，呈报局主管领导。安全环保监督部相关专业科室根据领导批示，督促相关部门和单位整改，必要时进行现场督查。

特殊情况下，安全环保监督人员可向局安全环保监督部直接报告，安全环保监督部核准并及时处理。

第十六条 厂（处）单位安全环保监督周报由监督站站长审核后报局安全环保监督部；监督月报、半年报、年报及重大事故隐患治理报告由监督站站长审核，安全总监（副总监）审批后上报，未设安全总监（副总监）的由监督站负责人审批。

第十七条 重大事故隐患报告程序。

（一）安全环保监督人员现场发现重大事故隐患后，应立即电话报告厂（处）单位安全环保监督站，并及时跟踪、报告事态的发展情况及现场采取的主要控制措施。

（二）安全环保监督站接报后，及时报告局安全环保监督部，并向被监督单位通报。在现场情况核准后，以书面形式报告局安全环保监督部，并及时报告最新信息。

（三）局安全环保监督部接到报告后，以《安全环保监督部重大事项专项快报》的形式报告长庆局副总监、安全总监、同时通报长庆局机关相关业务部门，并将领导批示意见反馈给相关单位，必要时组织进行现场督查。

第十八条 各单位安全环保监督站要高度重视安全环保监督信息的汇报工作、做到信息传递真实、及时、准确、完整，不得迟报、谎报、漏报和隐瞒不报。

第十九条 安全环保监督信息管理工作纳入长庆局对各厂（处）单位及所属安全环保监督站年度工作考核内容。长庆局安全环保监督部定期对各单位安全环保监督信息的报告情况进行通报。

第五章 附 则

第二十条 本办法由长庆局安全环保监督部负责解释。

第二十一条 本办法自发布之日起施行。

长庆石油勘探局基建队伍管理办法

（2007 年 12 月 7 日长庆石油勘探局
以长局发［2007］271 号文发布）

为了规范长庆局基建队伍管理，维护长庆油田工程建设市场秩序，保证工程建设质量和施工安全，根据《中华人民共和国建筑法》、《中华人民共和国招标投标法》、《建设工程质量管理条例》、《建筑业企业资质管理规定》、《建筑施工企业安全生产许可证管理规定》、《长庆石油勘探局招标管理办法》等相关法律法规，特制定本办法。

第一章　总　　则

第一条　本办法适用于在长庆油田内从事油气田地面建设工程、矿区房屋建筑工程及公用基础设施建设等工程建设活动的勘察、设计、施工、监理等基建队伍的管理。

第二条　基建工程部是长庆局基本建设队伍管理的主管部门，负责油气田关联交易和建设市场建设队伍的协调管理工作。

第二章　基建队伍资质管理

第三条　长庆局所属基建队伍取得相应勘察、设计、施工、监理资质证书后，方可在资质许可的范围内从事建设工程勘察设计、施工、监理等建设管理活动。

第四条　长庆局所属企业在向上级部门或政府有关部门申请基建队伍资质升级、增项、注销等相关手续时，必须报长庆局基建主管部门审查，长庆局审批同意后方可办理。办理压力管道设计、电梯安装等施工许可证，需经长庆局质量安全环保处审查。

第五条　长庆局所属基建队伍，每年初必须到长庆局基建主管部门办理备案登记手续，法人营业执照、企业资质等重要事项必须在变更后 10 日内办理备案登记手续。

长庆局基建队伍备案登记的主要内容：

（一）施工企业基本情况（企业所持各类证件、持证从业人员、自有设备、生产经营财务状况）。

（二）施工企业近三年主要工程业绩。

（三）施工企业近三年来安全、质量、社会形象等不良记录情况。

第六条　长庆局所属基建队伍建筑师、结构师、建造师、监理工程师等基建相关专业执业资格在取得专业资格证书后必须到长庆局人事管理部门和基建主管部门备案。

第七条　长庆局所属基建队伍特殊工种操作人员必须持证上岗，即按照国家有关规定取得特种作业资格证后方可从事特种作业活动。

第三章　基建队伍准入与许可管理

第八条　建设项目需要引入外部基建队伍时，必须办理相关资格审查准入后方可进入长庆局建设市场。

外部基建队伍准入的条件：

（一）长庆局内部基建队伍的资质、业绩、能力不能满足工程建设管理需要。

（二）新技术开发、新产品（材料）试用、涉及知识产权保护和专利（有）技术的。

（三）确因协调处理外部关系需要。

（四）工程施工技术含量较低，长庆局内部基建队伍无意参与施工。

（五）按照国家招投标管理相关规定，通过招投标进入的队伍。

第九条　凡拟进入长庆局建设市场从事各类工程建设活动的外部基建队伍，必须经建设单位（项目组）审查推荐，长庆局基建主管部门审批办理相关准入手续。

长庆局建设市场办理准入所需资料：

（一）按要求填写《长庆石油勘探局地面工程建设市场准入申请表》。

（二）经发证机关年检合格的企业法人营业执照（原件）。

（三）企业资质证书副本（原件）。

（四）企业法人组织机构代码证书（原件）。

（五）税务登记证。

（六）银行开户许可证。

（七）特种行业许可证及安全生产许可证复印件。

（八）外地设计、建筑施工企业进陕备案手续。

（九）法定代表人身份证明、授权委托书。

（十）近三年内无重大安全、环保和质量事故证明。

（十一）通过质量保证体系、管理体系认证的企业须提供认证证书复印件。

（十二）本企业特殊岗位操作证、管理人员和作业人员资格证书原件（包括建造师、工程技术人员、经济管理人员、施工员、预算员、安全员、材料员、质检员等）。

（十三）主要机械设备情况表。

（十四）会计事务所或审计部门出具的上年度审计报告。

（十五）其他要求提供的资料。

第十条　长庆局投资工程建设项目开工前，除油气田工业项目外，其他项目建设单位都要到当地城建部门办理施工“三证”（用地规划许可证、建筑规划许可证、施工许可证）。

施工中标单位必须持以下资料到长庆局基建主管部门办理内部施工许可证：

（一）中标通知书。

（二）企业法人授权委托书。

（三）负责该工程项目建造师（项目经理）证书（原件）。

（四）负责该工程项目技术员、安全员、材料员、质检员等主要岗位人员证书。

（五）监理、建设单位（项目组）审查通过的施工组织设计、应急预等案资料。

第十一条　施工单位取得内部施工许可证后，应当按照所批准的项目和工期尽快组织施工，因故不能按期开工的，建设单位应当在期满前向长庆局基建主管部门书面说明理由，申请延期。不按期开工又不按期申请延期的，已批准的施工许可证失效。

第十二条　关联交易市场按照长庆局、长庆油田分公司双方关联交易协议和市场划分、队伍安排意见由双方基建主管部门共同确定，长庆局基建主管部门负责队伍推荐、长庆油田分公司基建主管部门办理相关许可手续。

第十三条　关联交易市场办理施工队伍推荐审查所需资料：

（一）建设单位（项目组）推荐函。

（二）企业法人授权委托书　。

（三）负责该工程项目建造师（项目经理）证书（原件）。

（四）负责该工程项目技术员、安全员、

材料员、质检员等主要岗位人员证书。

第四章　基建队伍管理

第十四条　勘察设计必须严格执行国家的有关建筑法规和建筑标准、技术规范，特别是强制性标准规范。

第十五条　勘察设计单位必须按照有关部门批准下达的设计委托书中规定内容进行设计，不得超计划投资、超规模和擅自改变其使用功能。

第十六条　勘察设计单位及各类设计人员要认真落实勘察、设计质量终身制的法律责任，全面履行委托勘察、设计合同规定的各项义务，恪守职业道德。接受建设行政主管部门的监督管理和相关勘察、设计行业协会的自律管理。设计单位在设计文件中选用的设备材料和通用设备，应当注明规格、型号、性能等技术指标，其质量要求必须符合国家规定的标准。除有特殊要求的设备材料、专用设备、工艺生产线外，不得指定生产厂、供应商。

第十七条　施工单位必须按照工程特点编制详细的施工组织设计，制定施工安全技术措施。经施工技术负责人审查签字，并报建设单位、工程监理部审核批准后实施。

第十八条　施工现场应建立安全技术和操作交底制度，施工作业人员上岗前安全教育，安全检查、安全生产管理制度等相关制度，并严格执行。

第十九条　对于基础施工、地下工程施工、脚手架（包括悬、挑、挂等特种脚手架）的搭设、使用和拆除，起重、垂直运输机械设备的安装、拆除，安全防护设施的架设、大型起重吊装工程、模板工程及其他危险作业，施工单位应当编制专项施工方案，制定专项安全措施，并按规定报本单位技术部门等批准后实施。

第二十条　施工现场必须设置明显的标牌，标明工地项目名称、建设单位、设计单位、施工单位、项目经理和施工现场总代表的姓名、开竣工日期、施工许可证批准文号等。并需公开管理人员名单及监督电话、消防保卫及安全生产事项、文明施工责任人、施工现场总平面图、安全警示布置图，并按标准设置安全警示标识等。

第二十一条　施工现场接到质量、安全等事故隐患整改通知书后应立即落实整改。存在重大事故隐患被安全监督管理机构查封的施工现场，在事故隐患未消除前，未经安全监督管理机构验收合格，施工现场不得擅自开工。

第二十二条　各类监理人员要认真落实法律法规赋予监理人员的法律责任，严格按照《建设工程监理规范》的要求履行监理人员岗位职责，全面履行委托监理合同规定的各项义务，恪守监理人员职业道德。接受建设行政主管部门的监督管理和相关监理行业协会的自律管理。

第二十三条　工程监理项目实行总监理工程师负责制，对于法律法规规定必须实行监理的工程项目，该项目的总监理工程师不得同时兼任其他项目的总监理工程师；对法律法规没有规定必须实行监理的工程项目，总监理工程师确需同时兼任其他项目总监理工程师工作时，需征得建设单位同意，但最多不得超过两个工程项目。

第二十四条　监理企业要制定项目监理机构的考核管理办法和各项监理工作标准，加强对项目监理机构检查考核，指导项目监理机构有效地开展监理工作。监理企业应保证项目监理机构监理人员专业配套，满足监理工作的需要。

第二十五条　各建设单位（项目组）在工程竣工后要分别上报各施工队伍在各自承

担项目工程施工中有关质量、安全、农民工工资支付情况等不良行为记录，并将作为该施工队伍以后考核、备案的依据。

第二十六条　对在长庆油田内部从事工程建设管理活动的基建队伍，长庆局基建主管部门、安全监督管理等有关部门有权履行监督检查职责：

（一）进入被检查单位进行检查，查阅相关资料。

（二）要求被检查单位提供建筑业企业勘察、设计、施工、监理等资质证书、注册执业人员的注册执业证书，有关施工业务的文档，有关质量管理、安全生产管理、档案管理、财务管理等企业内部管理制度的文件。

（三）纠正违反有关法律、法规和本规定及有关规范和标准的行为。

（四）现场文明施工和 HSE 安全管理情况。

第二十七条　长庆局建设主管部门、安全监督管理等有关部门依法对企业从事行政许可事项的活动进行监督检查时，应当将监督检查情况和处理结果予以记录，由监督检查人员签字后归档。

第二十八条　长庆局建设主管部门、安全监督管理等有关部门在实施监督检查时，应当有两名以上监督检查人员参加，不得妨碍企业正常的生产经营活动，不得索取或者收受企业的财物，不得谋取其他利益。

第二十九条　有关单位和个人对依法进行的监督检查应当协助与配合，不得拒绝或者阻挠。

第三十条　监督检查机关应当定期公布监督检查的处理结果。

第五章　分包管理

第三十一条　在长庆油田市场内鼓励长庆局所属基建队伍积极采取设计采购施工（EPC）、设计施工（EC）、设计采购（EP）、采购施工（PC）等总承包方式承揽工程建设项目。

第三十二条　施工分包分为专业工程分包和劳务作业分包。

专业工程分包是指施工总承包企业（以下简称专业分包工程发包企业）将其所承包工程中的专业工程发包给具有相应资质的其他建筑业企业（以下简称专业分包工程承包企业）完成的活动。

劳务作业分包是指施工总承包企业或者专业承包企业（以下简称劳务作业发包企业）将其承包工程中的劳务作业发包给劳务分包企业（以下简称劳务作业承包企业）完成的活动。

第三十三条　在长庆油田建设市场从事工程建设活动的基建队伍，因工程建设活动确需分包非主体工程项目时，必须符合外部基建队伍准入条件，经建设单位（项目组）审查同意，上报长庆局基建主管部门审批备案，并办理准入（许可）手续方可进行分包，审查未通过者一律不得分包。

第三十四条　在项目投标时，投标的施工总承包企业须将需要分包的非主体专业工程在投标书中给予说明，征得建设单位同意后，中标后且办理相关手续，才能分包。

第三十五条　分包工程承包企业必须具有相应的资质，并在其资质等级许可的范围内承揽业务，严禁个人承揽分包工程业务。

第三十六条　实行设计总包的，建设单位（项目组）不得将设计进行专业分包。实行施工总包的，建设单位（项目组）不得将工程分开发包。

第三十七条　油气田地面产能建设、矿区建设工程项目施工时，专业分包工程承包企业必须自行完成所承包的工程。

第三十八条　劳务作业分包由劳务作业

发包企业与劳务作业承包企业通过劳务合同约定。劳务作业承包企业必须自行完成所承包的任务。

第三十九条　建设单位（项目组）不得直接指定分包队伍，不得自行录用施工企业，不得先施工后补办手续。

第四十条　符合分包条件的工程建设项目，按照《长庆石油勘探局招标管理办法》（长局发［2007］86 号）招标程序择优选择录用符合要求的分包队伍。分包时必须优先选择局内基建队伍。

第四十一条　分包工程建设项目的总承包单位必须对总承包的工程进行全过程管理，承担总承包合同规定的责任。

第四十二条　分包单位承包的工程建设项目，应当设立项目管理机构，自行完成所承包的工程，不得再次分包。

项目管理机构应当按照建设部资质管理规定，具有与承包工程的规模、技术复杂程度相适应的技术、经济管理人员。其中，项目负责人、技术负责人、项目核算负责人、质量管理人员、安全管理人员必须是本单位的人员。

第四十三条　承发包双方必须按照《中华人民共和国合同法》（中华人民共和国主席令第 15 号，1999 年 10 月 1 日起施行）的规定，签订承发包合同，并严格履行。

第六章　HSE 管理

第四十四条　在工程勘察、设计、施工、监理中应贯彻执行国家有关职业健康、安全与环境保护的法律、法规、工程建设强制性标准及项目所在地政府的有关规定，认真落实工程建设“三同时”（同时设计、同时施工、同时验收）管理。建立有效的职业健康安全管理和环境管理体系，用于规范项目的职业健康、安全和环境保护管理工作。

第四十五条　建设单位对项目 HSE 管理负有管理责任。负责组织项目 HSE 管理评价，组织 HSE 设施“三同时”的检查验收，对施工单位和监理单位 HSE 执行情况进行监督管理，并负责纠正检查中发现的不合格项及整改情况的组织验证。

第四十六条　设计单位应履行下列安全责任：

（一）设计文件须符合国家安全标准及施工作业人员安全要求。

（二）采用新结构、新材料、新工艺时，制定保障施工作业人员健康、安全的措施。

第四十七条　工程监理单位应当将施工安全纳入监理范围，与工程质量、工期和投资控制同步组织实施。

第四十八条　项目安全、职业健康与环境保护管理是项目相关方的共同责任。建设单位、施工单位应设置专职管理人员，具体负责项目安全、职业健康与环境保护管理的组织与协调工作。

第四十九条　各建设单位（项目组）必须同各施工队伍签订安全承包合同（或 HSE 安全合同），不签订安全承包合同（或 HSE 安全合同）不得开工建设。

第五十条　发包企业对分包工程施工现场安全负责，并对分包工程承包企业的安全生产进行管理。专业分包工程承包企业应当将其分包工程的施工组织设计和施工安全方案报分包工程发包企业备案，专业分包工程发包企业发现事故隐患，应当及时做出处理。

第五十一条　施工现场必须符合有关安全文明工地（或 HSE 现场安全施工）管理要求，现场有建设单位审查通过的 HSE 安全管理体系图及应急逃生示意图。

第五十二条　建设单位和监理应制定并执行项目安全日常巡视检查和定期检查的制度，记录和保存检查的结果，对安全事故和不符合状况进行处理。

第七章 罚 则

第五十三条 长庆局所属基建队伍如有违反国家、中国石油集团和长庆局相关法律、法规和规定办法的将按照相关规定处罚。

第五十四条 对于转包、违法分包和用他人名义承揽工程的，除按有关规定处罚外，将取消长庆油田工程建设市场准入资格。对越级承包、非法分包转包的工作量，在结算时按施工费率下浮10%予以处罚。

第八章 附 则

第五十五条 本办法由基建工程部负责解释。

第五十六条 本办法自发布之日起实施。

长庆石油勘探局投资工程项目管理办法

（2007年12月7日长庆石油勘探局
以长局发［2007］271号文发布）

第一章 总 则

第一条 为加强对长庆石油勘探局（以下简称长庆局）投资工程项目管理工作，提高工程建设项目质量和投资效益，规范工程建设各方主体行为，根据国家、中国石油集团有关法规、办法，结合长庆局实际情况，特制定本办法。

第二条 本办法适用于长庆局投资的新建、改建、扩建、技术改造等工程建设项目的管理。

第二章 管理机构与职责

第三条 基建工程部是长庆局投资工程建设项目管理的主管部门，规划计划处、质量安全环保处、企管法规处、工程定额与造价管理中心、审计处、审计服务中心等部门按照长庆局赋予的职责行使相应的工程建设项目管理职能。

第四条 工程建设项目管理机构的组建。

建设周期长，规模、投资、项目影响力较大的新建大型重点工程，由长庆局成立局级建设项目组。承担长庆局投资的一般大中型工程建设项目的局属建设单位，必须组织成立处（厂）属建设项目组。一般小型项目或维修维护项目，由局属建设单位成立相应项目组，建设单位相关建设职能部门行使相应管理职责。

第五条 建设单位（项目组）是工程建设项目的实施管理部门，主要职责是：

（一）负责落实国家、省市、中国石油集团有关工程建设方面的方针、政策、法令、法规及长庆局的有关规定，对本单位的工程建设项目管理工作负全责。

（二）负责工程建设前期准备工作，办理设计委托，组织工程建设项目招标及合同的准备、报审和实施工作。

（三）负责办理工程建设项目的开竣工手续，施工、技术、质量、安全和投资等管理工作，协调处理勘察设计、施工、监理、物资采购等单位之间的关系。

（四）组织施工图纸会审、设计交底，审查工程建设项目的初步设计概算、施工图预算。

（五）负责土地征用手续，施工界区内的管线、建（构）筑物的拆迁和“三通一平”工作。

（六）组织建设项目的中间交接验收，办理中间交接验收手续；组织工程预验收、试运转和投产工作。

（七）负责工程建设项目进度款拨付、工程结算、决算等工作。

（八）负责办理工程项目实施过程中需要协调或办理的其他事项。

第三章　工程建设项目设计管理

第六条　工程建设项目设计管理工作按照《建设工程勘察设计管理条例》（中华人民共和国国务院令第293号）规定执行。

第七条　工程建设项目设计标准按照《关于印发〈工程建设标准设计管理规定〉的通知》（建设［1999］4号）规定执行。

第八条　工程建设项目所属单位必须依据工程建设项目可行性研究报告或项目建议书编制初步设计委托书，并经规划计划处、主管部门、基建工程部审查后委托设计单位编制初步设计（方案）。

第九条　工程建设项目初步设计必须经过相关部门审查后，方可进行施工图设计。初步设计审查具体执行《中国石油天然气中国石油集团建设工程初步设计审查管理办法》（中油计字［2003］439号）的相关规定。

第十条　施工图设计必须进行审查，未经审查的不得使用。施工图审查按照分级审查原则分别由长庆局或建设单位（项目组）组织，设计、监理、施工等单位参加。

第十一条　施工过程中，因业主的合理要求、设计误差、施工过程无法实施、无法维修等原因，均应以设计变更方式对施工图进行补充修改。设计变更单作为施工图同等技术文件使用。

第十二条　施工图设计进行变更时，建设单位（项目组）应填报经项目经理批准的《工程设计变更申请表》，报基建工程部、规划计划处等部门审查批准后执行。

第四章　工程建设项目招投标管理

第十三条　工程建设项目的招投标工作必须按照《长庆石油勘探局招标管理办法》（长局发［2007］86号）规定执行。

第十四条　建设单位（项目组）组织工程建设项目的招投标工作，编制招标文件、招标申请，并对投标单位进行资质审查，初审后报长庆局主管部门审批。

第十五条　建设单位（项目组）组织工程建设项目招投标时必须坚持公开、公平、公正的原则，同等条件下应优先选择长庆局所属勘察、设计、监理、施工等单位。

第十六条　工程建设的特殊设备、非标设备和有特殊技术要求的设备材料采购等，因供货厂家限制等不采用招标形式时，必须按照要求组织竞争性谈判。

第十七条　建设单位（项目组）应将工程建设项目招标结果公示3日后报长庆局主管部门审批，并发放中标通知书。

第五章 工程建设项目合同管理

第十八条 工程建设合同管理按照《长庆石油勘探局合同管理办法》(长局发〔2007〕92号）规定执行。

第十九条 勘察设计、施工、监理等工程建设合同必须采用网上形式报批，按照长庆局合同管理办法和基本建设程序，经基建工程部、定额与造价管理中心、企管法规处等部门按业务顺序审查，并按照相关文件授予的权限审批后方能签订。

第六章 从业人员资质管理

第二十条 建造师（项目经理)。

建筑施工企业在投标承包工程时，必须同时呈报承担工程施工管理的建造师（项目经理）的资质简况，接受招标单位的审查，并经长庆局主管部门审查、备案，备案时需要提供投标时确认的项目经理或建造师有关文件。

第二十一条 特殊作业人员。

局基建工程部、质量安全环保处、生产运行处为全局基本建设系统及承担长庆局工程建设任务的各有关单位的特种作业人员考核、管理部门。在长庆局从事工程建设任务的特殊作业人员必须符合《特种作业人员安全技术培训考核管理办法》（中华人民共和国国家经济贸易委员会令第13号)、国家安全生产监督管理总局《关于特种作业人员安全技术培训考核工作的意见》等上级有关部门的有关规定。

(一）在长庆局从事工程建设任务的特殊作业主要包括：电工作业、金属焊接切割作业、起重机械（含电梯）作业、企业内机动车辆驾驶、登高架设作业、锅炉作业（含水质化验)、压力容器操作、制冷作业、爆破作业、从事防腐工程施工及危险化学品施工的作业。

(二）特种作业人员在独立上岗作业前，必须进行与本工种相适应的、专门的安全技术理论学习和实际操作训练。特种作业人员必须经国家有关部门进行安全技术培训并持有特殊作业操作证。

(三）在工程开工前，由各建设单位负责将承担施工任务的特殊作业人员花名册、特种作业操作证原件和复印件1份审核备案，并接受长庆局主管部门的检查。备案合格者，方可独立作业。

第七章 工程建设项目技术管理

第二十二条 工程建设项目技术管理涉及工程建设中的设计、施工、物资供应、预制加工及技术检测等各个环节。包括图纸会审、技术交底、施工过程技术服务及技术变更、施工组织设计、施工技术措施等重要技术文件的编制与审批；设备材料采购中的技术规格文件、设备材料的验收及检验；施工过程的技术监督与管理、标准化及计量、技术资料管理及竣工资料的编辑等项业务。

第二十三条 工程建设项目所涉及的建设、设计、物资供应、监理和施工等单位，应根据工程建设的实际情况成立相应的项目技术管理机构，指派技术总负责人，并根据项目需要配备必须的专业技术人员，全面负责工程建设项目的技术管理工作。

第二十四条 建设单位的技术管理。

(一）建设单位的技术负责人应负责工程建设项目各参建单位的技术管理工作，负责组织技术准备、图纸会审、设计审查、技术交底、工序交接、重要技术文件的编制、审核及实施，负责监理、施工等单位在工程建设过程中的管理及监督，及时发现并协调解决有关问题，对重大技术问题应及时上报长庆局主管部门。

（二）工程建设中必须严格执行国家、行业和地方等有关标准、规范及设计图纸要求，不得擅自降低标准或更改设计内容。

（三）工程建设中拟采用的新技术、新工艺、新材料应当由建设单位组织专题技术论证，报长庆局主管部门审批。

第二十五条　施工企业的技术管理。

（一）施工企业应建立健全施工图纸会审、技术交底、工序交接、标准计量管理、技术培训考核、工程技术档案等各项管理制度。

（二）施工企业施工前应认真做好施工技术准备工作，包括图纸会审、编制施工组织设计和技术交底等。施工过程中应按照施工组织设计合理组织施工，严格执行有关标准、规范、技术规程，并按照要求进行检查，及时解决有关的技术、质量等问题。

第二十六条　工程技术资料管理。

（一）建设单位应督促、检查参建单位做好技术资料的记录、评定、组卷及归档等工作。

（二）工程技术资料要遵守国家、行业及各省（区）有关标准和规范要求，真实反映和记录工程建设全过程。

（三）工程竣工资料要按照中华人民共和国建设部第 90 号令《城市建设档案管理规定》及行业标准等标准规范进行归档。

第二十七条　工程建设各有关单位应认真总结工程建设中的成功经验、存在的问题，组织技术人员开展科研、革新活动，大力推广新技术、新材料、新工艺的应用，进一步提高技术人员的业务素质，为企业提供技术储备。

第八章　施工管理

第二十八条　建设单位施工管理。

（一）按照长庆局固定资产投资计划，筹建项目经理部，并将机构人员情况报长庆局主管部门备案。

（二）负责工程建设项目实施的组织和总体协调，全面落实工程建设项目的“安全、质量、进度、投资”四大控制。

（三）编制长庆局重点工程的保证大纲，并贯彻落实。

（四）审查监理单位编制的监理大纲、施工单位编制的施工组织设计。

第二十九条　监理单位施工管理。

（一）监理单位要组建项目监理部，任命总监理工程师，合理配备人员，落实工程项目的监理责任制度，现场监理采取旁站、巡视和平行检验等形式。监理人员必须持证上岗。

（二）监理单位要审查施工组织设计、施工技术方案、施工进度计划、施工质量保证体系和安全保证体系，并监督实施；抽查、核验建筑材料、构配件及设备的品种、规格、数量和质量；按照国家强制性标准或操作工艺，对分项工程、分部工程（子分部）、单位工程及时进行验收签认；监督施工单位严格按规范、标准施工，对现场发现使用不合格材料、构配件、设备的现象和发生的质量事故，及时督促、配合责任单位调查处理；控制工程投资、进度和分部分项工程质量的验收，签发付款凭证；参与建设工程的竣工验收和工程结算的审查，负责建设工程保修期工程质量状态的检查以及责任鉴定，督促期内保修，复核保修结算。

（三）监理单位要制订监理规划，并按照监理规划进行监理。监理规划须经项目监理部总监理工程师审查后报监理公司总工程师批准，并经建设单位（项目组）批准后执行。

（四）监理单位负责对进场承担建设工程任务的特殊作业人员持证上岗、岗前培训、安全操作等情况进行监督。对无证上岗、违章操作等特殊作业人员有权责令清退，并及时上报建设单位。

第三十条 施工单位施工管理。

（一）施工单位必须建立健全项目管理组织机构，并有可操作的质量管理、技术管理、安全管理措施。

（二）施工现场管理。

1. 施工现场必须设置工程公告、平面布置图等标牌，标志明显。

2. 施工料库要有围护，材料、设备等应按不同品种分类放置，规范堆放，并进行标识。对易燃、易爆和有毒有害物品要有明显的安全标识。

（三）现场文明施工。

1. 应认真贯彻执行各种规章制度、标准、施工技术措施，必须按规范施工、按标准进行检查和记录。

2. 现场作业的特殊工种必须持证上岗并佩戴胸卡。

3. 场地平整无杂物，工完料净。

4. 搅拌站应有硬防护，有适用的配合比标牌，有适用准确的计量器具，并设封闭通道。所搅拌物不洒不漏，工完日清，设备清洗干净。

5. 需防护的材料与设备必须按要求防护和摆放，需防护的施工段和已安设备要按要求进行防护，施工中应盲死的管口要盲死。

6. 临时用水、用电布置合理，施工现场排水通畅。

（四）施工组织。

1. 长庆局投资工程建设项目开工前必须到基建主管部门办理施工许可证，并在施工许可证规定时间内组织开工。

2. 建设工程实行总包和分包的，由总包单位负责施工现场的统一管理，监督检查分包单位的施工现场活动。分包单位应当在总包单位的统一管理下，在其分包范围内建立施工现场管理责任制，并组织实施。总包单位可以受建设单位的委托，负责协调该施工现场内由建设单位直接发包的其他单位的施工现场活动。

3. 施工单位必须编制建设工程施工组织设计。建设工程实行总包和分包的，由总包单位负责编制施工组织设计或者分阶段施工组织设计。分包单位在总包单位的总体部署下，负责编制分包工程的施工组织设计。施工组织设计按照施工单位隶属关系及工程的性质、规模、技术繁简程度实行分级审批。中国石油集团或局列重点工程，由建设单位审核、基建工程部审批，一般建设项目由建设单位审批。

4. 施工组织设计包括的主要内容：工程任务情况；施工总方案、主要施工方法、工程施工进度计划、主要单位工程综合进度计划和施工力量、机具及部署；施工技术措施，包括工程质量、安全防护以及环境污染防护等各种措施；施工总平面布置图；总包和分包的分工范围及交叉施工部署等。

5. 建设工程施工中需要进行爆破作业的，必须经长庆局主管部门审查同意，并持说明使用爆破器材的地点、品名、数量、用途、四邻距离的文件和安全操作规程，向所在地县、市公安局申请《爆破物品使用许可证》，方可使用。进行爆破作业时，必须遵守爆破安全规程。建设工程施工中需要架设临时电网、移动电缆等需要停水、停电、封路而影响到施工现场周围地区的单位和居民时，必须经建设单位和地方相关部门批准，并事先通告受影响的单位和居民。

6. 施工单位在建设过程中要及时向监理单位、建设单位报审、报验有关隐蔽工程和本单位组织采购的设备材料验收、检验申请，对存在的问题要及时整改，施工过程的所有施工资料必须与工程同步，并保证真实可靠。

（五）安全生产。

施工单位必须有安全施工许可证，各类机具要有准用证，塔吊安装人员要有拆装许可证与安装合格证。各种安全警示标志齐全、准确，合理使用好安全“三宝”，“三边”作业必须符合规定。安全网要设置合理，并有安全网准用证。高空作业有防护措施，上岗工人劳动有保护。临时用电符合安全规定。安全资料及时、齐全。

第三十一条　工程建设质量监督管理。

（一）质量安全环保处是全局工程建设项目质量管理的主管部门，基建工程部是全局工程建设项目质量管理工作的业务管理部门。局内所有新建、改建、扩建、技术改造等工程建设项目，均应接受当地政府质量安全监督部门或石油天然气长庆工程质量监督站的监督。

（二）质量监督人员应熟练掌握有关工程质量的法律、法规和工程建设标准规范。质量监督人员应经考核认定，取得相应的质量监督任职资格和岗位资格，并在规定的范围内从事监督工作。

（三）建设单位在申请开工报告前，应办理工程质量监督手续。

（四）工程建设各方责任主体应积极配合质量监督工作，为质量监督人员提供工作方便，不得拒绝或阻碍质量监督人员依法履行监督责任。工程建设各方责任主体对质量安全监督部门提出的工程质量问题应进行整改，直至符合法律、法规和标准规范的规定。

（五）未经质量初步评定或质量初步评定中评为不合格的工程，不得进行联动试车和投料试车。未办理工程质量监督手续的工程、未经竣工验收或竣工验收确定为不合格的工程，均不得交付使用并不予办理竣工备案手续。

第三十二条　重点工程的协调管理。

长庆局重点工程由基建主管部门牵头组织机关相关部门、参建单位，协调解决重点工程建设过程中的各种问题。

第九章　投产试运行管理

第三十三条　项目投产试运行按照项目的审批权限分级组织，分别由长庆局组织或建设单位（项目组）组织。在工程达到投产试运行条件后，没有明确由长庆局组织投产试运行，一般由建设单位（项目组）组织安全、消防、生产运行等有关部门及设计、监理、施工、物资供应等有关单位进行工程的投产试运行。

第三十四条　长庆局组织投产试运行的大型重点工程建设项目，建设单位（项目组）在项目具备投产试运行条件后向长庆局申请，长庆局组织有关部门和单位进行投产试运行。

第三十五条　建设单位（项目组）负责编制投产试运行方案及现场投产试运行管理。投产试运行方案包括投产试运行机构、投产作业程序、投产工艺、投产试车材料准备、投产抢险物资和人力资源准备、通信保障、交通保障、应急预案。现场投产试运行管理主要是严格落实投产试运行方案，做好现场各项操作执行记录，对出现故障、事故或意外情况进行处置。

第十章　建设项目 HSE 管理

第三十六条　工程建设项目 HSE 管理主要是危险、危害源识别及按照《建设项目（工程）劳动安全卫生预评价》在建设过程中制定和贯彻落实劳动安全卫生对策措施，包括建设及场地布置方面的对策措施、工艺及设备方面的对策措施、劳动安全卫生工程施工方面的对策措施、劳动安全卫生管理方面的对策措施、事故应急方面的对策措施及其他综合性措施。

第三十七条　工程建设项目 HSE 管理应建立完善的组织机构和管理网络，并明确各岗位人员在 HSE 管理中的职责。

第三十八条　HSE 管理要点涉及对营地进行规划、建设与管理，涉及对营地建设的选址，对职工食堂卫生与安全管理，现场库房的管理等。建立 HSE 设施管理档案，确保 HSE 设施配置的充分性、适宜性、有效性，要对不同危险源配置不同的消防器材，尤其是职工生活区、材料库必须配置；按照“两书一表”（《HSE 作业指导书》、《HSE 作业计划书》、HSE 现场检查表）要求现场施工作业严格执行；要对噪声、扬尘、废气、烟尘、废水、固体废弃物等关键环节进行控制；要制订应急预案，并进行演练。

第三十九条　建设项目“三同时”管理。按照《长庆石油勘探局建设项目 HSE“三同时”监督办法》要求，必须坚持工程建设项目的“三同时”，对在安全卫生评价和环境影响评价的审查批复中要求建设安全卫生和污染防治设施的项目，建设单位必须从评价报告审查批复之日起至安全卫生和环境污染防治设施竣工验收合格前，将建设项目主体工程及安全卫生和环境污染防治设施建设的资金筹备情况、设计单位、施工单位选择及开工时间、进度等情况定期向质量安全环保处申报，质量安全环保处负责工程建设环保“三同时”落实情况的监督工作。

第十一章　工程建设项目竣工验收管理

第四十条　工程建设项目的竣工验收管理按照《长庆石油勘探局转发〈中国石油天然气中国石油集团建设项目（工程）竣工验收管理办法〉的通知》（长局发［2003］115 号）执行。

第四十一条　一般工程试运投产 3 个月内应组织竣工验收，工程验收一般要经过初步验收和竣工验收两个阶段。初步验收由建设单位组织，对各单项工程逐项进行工程质量验收，对整个项目的环境保护、职业安全卫生、消防、技术档案等进行专项验收，对竣工财务决算进行审核。初步验收后并经整改完成后，方可申请竣工验收。

第四十二条　竣工验收按照工程建设项目的审批权限分级组织。中国石油集团重点项目和限额以上的工程建设项目按照中国石油集团有关规定组织验收。投资 100 万元以上的工程建设建设项目和部分特殊工程建设项目，由长庆局组织验收。其他项目由建设单位（项目组）组织竣工验收，报基建主管部门备案。

第四十三条　竣工验收根据工程建设项目规模大小和复杂程度组织验收委员会或验收组。由长庆局组织验收的工程验收委员会由基建工程部、规划计划处、财务资产处、工程定额与造价管理中心、质量安全环保处、审计部门、公安处消防科、档案馆等有关部门和建设、勘察、设计、监理、监督等单位的专家组成。由建设单位组织验收的工程，验收委员会或验收组由建设单位、规划、审计、消防、档案等部门和勘察、设计、监理单位的专家组成，并视情况邀请当地政府的建设、计划、财政、环保、安全、消防等部门参加。

第四十四条　工程建设项目竣工验收的程序。听取工程建设、勘察、设计、施工、监理和设备制造单位的全面汇报，审查初步验收结论和竣工验收文件；检查竣工工程，评价设计和施工质量；审定工程竣工财务决算；审查规划、环保、职业安全卫生、消防设施及工程技术档案整理归档等实施情况；检查生产准备工作，考核试生产情况，核实生产能力，确定交付生产使用日期；对竣工验收中提出的主要问题作出处理决定或提出解决途径；讨论并通过《竣工验收鉴定书》。竣工验收鉴定书由组织验收部门印发。

第十二章　附　　则

第四十五条　本办法由基建工程部负责解释。

第四十六条　本办法自发布之日起实施。

长庆石油勘探局员工意外伤害综合保险实施办法

（2007 年 12 月 21 日长庆石油勘探局
以长局发［2007］273 号文发布）

第一章　总　　则

第一条　为了有效组织实施员工意外伤害综合保险，根据长庆局实际，以及与保险人签订的《长庆石油勘探局员工意外伤害综合保险计划合同书》，制定本办法。

第二条　建立员工意外伤害综合保险的目的，是为了给遭受意外伤害员工提供经济补偿，提高综合保障水平，增强企业凝聚力，促进生产发展。

第三条　员工意外伤害综合保险由长庆局统一组织实施，采取参加商业保险的形式运作。

第四条　经招标确定，员工意外伤害综合保险由中国人寿保险股份有限公司西安分公司（以下称乙方）和中国太平洋人寿保险股份有限公司陕西分公司（以下称丙方）承保。乙方和丙方作为共同保险人，按照各自收取保险费的份额，共同承担长庆局员工意外伤害的保险责任及相关义务；其中一方因并购等原因无法履行保险责任时，由另一方代为履行，并取得追索权。

第五条　参加员工意外伤害综合保险的人员范围为长庆局合同化员工（含内退员工）和合同制员工。

参保员工本人及其配偶、子女，在自愿的基础上，可以自费投保一份。

按照与乙方、丙方的合同约定，参保人员的投保年龄范围为男性 16—60 周岁、女性 16—55 周岁。

第六条　本办法中所称投保人为长庆石油勘探局（以下称甲方）；保险人为乙方和丙方；被保险人为参保的合同化员工（含内退员工）、合同制员工，及其自愿自费参加本保险的参保员工配偶、子女。

第二章 投保方式和保险费缴纳

第七条 投保方式。

投保人统一出资为合同化员工（含内退员工）和合同制员工每人投保一份。其中在改制企业和多元经济单位工作的员工，缴纳保险费所需资金由改制企业和多元经济单位负担。

第八条 缴费方式。

2007年6月30日在册的合同化员工中的原全民在册职工一次性缴纳保险费；合同制员工、合同化员工中的内退人员、就业前培训工、集体工以及2007年6月30日后新增的合同化员工等按年度缴费。

第九条 保险费标准。

一次性缴纳保险费的，缴费标准按每份每人每年798元计算；按年度缴费人员的缴费标准为每份每人每年1000元。

参保员工本人及其配偶、子女自愿自费投保的，缴费标准为每份每人每年1000元，按年度缴纳。

按年度缴费的员工以及自愿自费投保人员每年的保费，由投保人收取后统一向保险人缴纳。

第十条 保险费本金分配和管理。

投保人趸缴的保险费按一次性缴费人员人数平均分配，记入保险人为每个被保险人建立的缴费账户进行管理。投保人按年度缴纳的保险费分年度分别记入被保险人缴费账户。

第十一条 意外伤害基础保费来源。

保险人每年度意外伤害基础保费从投保人缴费（含一次性缴费、按年度缴费及被保险人自愿自费缴费）基金当年运营收益中提取，提取标准按银行当年一年期利率计算。

为保证本计划的持续稳定运作，特设定一年期利率区间为3%—4.5%，当年一年期实际利率在此区间内，按实际利率执行；当年实际利率高于4.5%时，按4.5%执行；当年实际利率低于3%时，按3%执行。

第十二条 缴费时间。

一次性缴纳保费和按年度缴费首期保费由投保人按与保险人约定的起保时间缴纳。按年度缴费人员以后年度的缴费日为每年保单生效对应日。

第十三条 乙方和丙方分别为每一被保险人建立个人账户，个人账户包括缴费账户和红利账户。

（一）缴费账户。

用于记录投保人为每一被保险人所缴或分配保险费和被保险人个人缴费本金，在被保险人到达约定的领取年龄时一次性返还。

（二）红利账户。

用于记录每一被保险人分配产生的红利，在其到达约定的领取年龄时一次性返还。

第三章 被保险人权益

第十四条 意外伤害保险。

（一）因工身故保险金。

被保险人在工作期间因遭受意外伤害事故，并自事故发生之日起180日内身故或因疾病身故，被认定为工伤的，保险人按其因工身故保险金额给付“因工身故保险金”，同时注销该被保险人个人账户，保险人对该被保险人保险责任终止；自事故发生之日起180日以后身故的，按非因工身故给付保险金，但不扣除已给付的工伤残疾保险金。

（二）非因工身故保险金。

被保险人在非工作期间因疾病或遭受意外伤害事故而身故的，保险人按非因工身故保险金额给付“非因工身故保险金”，同时注销该被保险人个人账户，保险人对该被保险人的保险责任终止。在给付非因工身故保险金时，扣除当年已给付的残疾保险金。

（三）因工或非因工意外残疾保险金。

因工意外残疾保险金：被保险人因遭受意外伤害事故，并自事故发生之日起180日内因同一原因造成《工伤与职业病鉴定标准及保险金给付比例》所列残疾程度之一者，或者按照《职业病防治法》规定被诊断、鉴定为职业病，经甘肃省劳动保障部门指定的机构认定为工伤的，保险人将根据《工伤保险条例》及《工伤与职业病鉴定标准及保险金给付比例》的规定，按照残疾对应比例乘以其因工意外保险金额给付“因工意外残疾保险金”。如治疗仍未结束的，按第180日的身体情况进行残疾鉴定。如因治疗未终结，劳动保障部门不能鉴定的，由保险人认可的残疾鉴定机构进行鉴定，按中国人民银行1998年制定的《人身保险残疾程度与保险金给付比例表》残疾对应标准给付残疾保险金。

非因工意外残疾保险金：被保险人因遭受意外伤害事故，并自事故发生之日起180日内因同一原因身体残疾，保险人将根据中国人民银行1998年制定的《人身保险残疾程度与保险金给付比例表》的规定，按该表所列比例乘以其非因工意外保险金额给付“非因工意外残疾保险金”。如治疗仍未结束的，按第180日的身体情况进行残疾鉴定，并据此给付残疾保险金。

（四）疾病残疾（第一至四级）保险金。

被保险人因疾病造成《人身保险残疾程度与保险金给付比例表》第一级至第四级所列残疾程度之一者，保险人按该表所列比例乘以疾病残疾（第一至四级）保险金额给付“疾病残疾保险金”。

在同一保单年度内，每一被保险人的因工身故保险金、非因工身故保险金、因工或非因工意外残疾保险金及疾病残疾（第一至四级）保险金累计给付金额分别以其各自保险金额为限，同时每一被保险人因工身故保险金、因工意外残疾保险金额及疾病残疾（第一至四级）保险金累计保险给付金额以因工身故保险金额为限；非因工身故保险金、非因工意外残疾保险金及疾病残疾（第一至四级）保险金累计给付金额以非因工身故保险金额为限。

因职业病致残，获得因工意外残疾保险金后死亡的，按疾病死亡给付保险金，已获得的因工残疾保险金不得扣除。投保前已经有的职业病，投保后死亡的，按疾病死亡给付保险金。

（五）因工及比照因工处理的项目。

被保险人发生“因工及比照因工处理项目”列明的保险事故，造成被保险人身故的，保险人按照因工身故保险金额给付“因工身故保险金”，对该被保险人保险责任终止；被保险人发生“因工及比照因工待遇处理项目”列明的保险事故，造成被保险人残疾的，保险人按照因工意外残疾保险金额给付“因工意外残疾保险金”。

第十五条　保险金额和保险期间。

（一）保险金额。

每个缴纳保险费的年度每一被保险人享有以下保险权益：

因工身故保险金额20万元；

非因工身故保险金额10万元；

因工意外残疾保险金额10万元；

非因工意外残疾保险金额5万元；

疾病残疾（第一至四级）保险金额3万元。

1. 年缴费账户未缴纳保险费的年度，被保险人在该年度将不享有上述保险权益。

2. 被保险人超过双方约定的领取年龄愿意继续参保并选择缴费模式的，以及自愿自费参保的员工配偶和未在长庆油田系统工作的子女，其保险责任仅包含“非因工身故保险金”、“非因工意外残疾保险金”和“疾病残疾（第一至四级）保险金”。

（二）保险期间。

被保险人中按年度缴费的员工及自愿自费参保的配偶、子女的投保为每年一次，首年投保自保险人同意承保、收取保险费并签发保险单的次日零时开始，保险期间一年。第二年及以后，续保日为每年的保单周年日。

第十六条 缴费账户和红利账户资金的领取。

（一）保险金（本金）的领取。

被保险人领取缴费账户资金的年龄分别为：男性60周岁，女性55周岁的保单周年日。

（二）红利的分配及领取。

1. 被保险人缴费账户资金的年度红利，为保险人每年根据其总部公布的投资收益，扣除当年意外伤害基础保费后剩余部分的70%。红利按复利方式累积生息。

2. 分配的红利留存于被保险人红利账户中，并于该被保险人到达领取年龄时一次性给付。

3. 鉴于本保险由乙方和丙方两个保险人按照6∶4的比例共同承保，且两个保险人运营收益分别计算，允许相同份额资金实际分红额存在差异。

第十七条 责任免除。

因下列情形之一，造成被保险人身故、残疾的，保险人不负给付保险金责任：

（一）投保人、受益人对被保险人故意杀害、伤害。

（二）被保险人故意犯罪或拒捕、自杀或故意自伤。

（三）被保险人殴斗，服用、吸食或注射毒品。

（四）被保险人酒后驾驶、无照驾驶及驾驶无有效行驶证的机动交通工具。

（五）被保险人因整容手术导致医疗事故。

（六）被保险人因内、外科手术医疗事故导致的残疾。

（七）被保险人从事潜水、跳伞、攀岩运动、探险活动、武术比赛、摔跤比赛、特技表演、赛马、赛车等高风险运动。

（八）被保险人患艾滋病（AIDS）或感染艾滋病毒（HIV呈阳性）期间。

（九）战争、军事行动、暴乱或武装叛乱。

（十）核爆炸、核辐射或核污染。

发生上述情形，被保险人身故的，保险人对该被保险人保险责任终止，并按《长庆石油勘探局员工意外伤害综合保险计划退保金比例表》退还该保险人的未满期保险费。

第十八条 特别约定。

（一）根据长庆局的工作性质和实际，经与保险人协商，对本办法第十七条“责任免除”有关内容特别约定如下：

1. 被保险人因在保卫油田过程中造成的身故和残疾，由于保卫油田行为与保险保驾护航的目的一致，因此，这种情况不作为责任免除条款，保险人应承担由此引起的相应保险责任，但事故索赔时应提供投保人对这类情况认定其为保卫油田行为的书面文件（如因工死亡或残疾的处理决定）。但当保险人对保卫油田行为认定有疑问时，保险人保留对这类情况现场勘查的权力。

2. 被保险人在流产、分娩过程中身故的，保险人按非因工身故保险金额给付保险金；被保险人在流产、分娩过程中造成的残疾，保险人按非因工残疾的不同残疾等级所对应保险金额的10%给予适度经济补偿。

3. 对中国保险监督管理委员会关于“被保险人投保前已经确诊的疾病而导致的投保后被保险人的身故，保险人不承担给负保险金责任”的规定，经与保险人协商后修订如下：

（1）对于首次投保或中途退保后再次加保的被保险人，在投保前已经确诊的恶性肿瘤、心功能不全（Ⅱ级以上）、心肌梗塞、高血压病（Ⅱ期以上）、肝硬化、脑血管疾病、白血病、系统性红斑狼疮、肾脏衰竭、先天性疾病、精神病、癫痫 12 种疾病导致该被保险人因该疾病自投保之日起一年内身故及残疾的，保险人不承担保险责任；但该被保险人自其连续投保满一年后因投保前已经确诊的任何一种疾病而导致身故的，保险人应承担给付保险金的责任。

（2）对于投保前确诊已患上述 12 种重大疾病的员工，不享受个人加保。如发现加保人员疾病身故，病因是因加保前已确诊患有上述 12 种疾病引起的，保险人不承担加保保险责任，加保保险费退还本人。

（3）在保单生效及复效一年后患以上重大疾病，保险人应承担保险责任。

被保险人因疾病而导致的残疾等级在《中国人民银行残疾程度与给付比例表》所列第一级到第四级的，保险人按“疾病残疾保险金额”与第一至四级残疾相应等级赔付；被保险人因疾病而导致的残疾等级在《中国人民银行残疾程度与给付比例表》所列第五级到第七级的，保险人不承担赔付责任。

（二）自愿自费参保的被保险人在保险有效期内，在长庆油田及下属机构以外，因从事以下职业，所引发的意外伤害事故造成的意外残疾、死亡的保险责任为除外责任。具体为：橡胶、塑料及漆制品制造业，化学原料及化学制品制造业，运输设备制造业及修配业，土木工程建筑业，线路及竹藤棕草制造业，陶瓷及其他非金属矿物制品业，金属制品业，机械设备制造业及修配业，造纸及纸制品业，玻璃及其制品业，水泥及其制品业，钢铁冶炼及压延加工业，有色金属冶炼及压延加工业，水上运输业，煤矿采选业，金属矿采选业、其他采掘业，有毒制品制造业，烟花爆竹业。

第四章　其他事项

第十九条　在参保过程中，保险人根据业务需要可以对被保险人的有关情况提出书面询问，被保险人及其所在单位应当如实告知。

被保险人及其所在单位未能如实告知的，对于发生的保险事故，保险人不负给付保险金的责任，按《长庆石油勘探局员工意外伤害综合保险计划退保金比例表》退还保险费。

第二十条　缴纳保险费的年度，乙方及丙方共同对甲方局级先进员工优惠提供每人每年保险金额为 8 万元的意外伤害保障，人数以 100 人为限，由甲方提供名单，保险人按甲方提供的名单出具保单。

第五章　附　　则

第二十一条　根据投保人与保险人在合同书中的约定，甲方指定其社会保险中心负责本合同履行过程中的日常事务；乙方指定其团险部负责本合同履行过程中的日常事务；丙方指定其客户权益部负责本合同履行过程中的日常事务。

第二十二条　长庆局员工意外伤害综合保险实施过程中的具体问题和相关业务程序，由社会保险中心与保险人磋商后制定具体的实施细则。

第二十三条　本办法由社会保险中心负责解释。

第二十四条　本办法自 2007 年 12 月 5 日起施行。

长庆石油勘探局所属单位（部门）领导班子和领导人员年度考核办法

（2007 年 12 月 19 日长庆石油勘探局
以长局发［2007］275 号文发布）

第一章 总 则

第一条 为全面掌握领导班子及领导人员的履职情况，加强对领导班子及领导人员的管理与监督、激励与约束，根据中国石油集团、长庆局有关规定，制定本办法。

第二条 本办法适用于局属单位、局机关及矿区服务事业部机关部门领导班子和领导人员的年度考核。

第三条 考核工作必须坚持以下原则：

（一）德才兼备原则；

（二）客观公正原则；

（三）注重实绩原则；

（四）群众公认原则。

第二章 考核内容

第四条 局属单位领导班子按照“四好”班子创建标准，主要从政治素质、经营业绩、团结协作、作风形象四个方面进行年度考核综合评价。

政治素质。有坚定的理想信念，认真贯彻执行党的路线方针政策和国家的法律法规坚决，落实长庆局工作部署有力，政治意识、大局意识和责任意识强，领导班子核心作用明显。

经营业绩。坚持科学发展观，单位发展思路和目标明确，适应长庆局发展要求；大力实施管理和技术创新，积极应对市场变化，圆满完成长庆局下达的各项生产经营指标，经济效益明显提高，职工收入稳步增加，安全形势良好，职工队伍稳定。

团结协作。严格执行民主集中制原则，党政正职民主意识强，善于集中班子成员的智慧，充分发挥集体领导作用，确保科学、民主和制度化决策；班子成员分工合理，相互支持，工作协调；决策讲程序，工作讲效率，创造力、凝聚力、战斗力强。

作风形象。坚持党的根本宗旨，坚持全心全意依靠职工群众办企业，以人为本，关心员工；顾全大局，执行有力，求真务实，真抓实干；勤奋好学，忠于职守，勤勉尽责，艰苦奋斗；廉洁从业，严于律己，遵纪守法，群众满意度高。

第五条 领导人员主要从德、能、勤、绩、廉五个方面进行综合评价。

德。理论学习、政治立场、思想品质、坚持民主集中制、维护班子团结的情况；执行上级指示、决议，在事关方向、原则问题上的立场、观点、态度，遵守组织纪律，维护长庆局权威的情况；襟怀坦白、公道正派、坚持原则、谦虚谨慎、克己奉公的情况；虚心听取不同意见，勇于开展批评与自我批评的情况。

能。运用马克思主义中国化最新成果以

及企业管理理论指导实践工作的能力；组织协调、科学决策、开拓创新的能力；发现人才、培养人才、知人善任的能力；对党政正职领导人员，还要重点考核其驾驭全局、处理复杂问题的能力。

勤。勤于学习，善于思考，勇于实践，不断改进思想和工作方法的情况；联系群众，深入实际，调查研究，求真务实的情况；以身作则，勤勉尽责，严格管理，勤奋敬业的情况；以人为本，关爱职工，切实为职工办实事、办好事、解难事的情况。

绩。业绩指标、重点工作完成情况以及在履行岗位职责中所提出的工作思路、采取的措施、发挥的作用等情况。

廉。认真落实党风廉政建设责任制，带头遵守党政领导干部廉洁自律有关规定，廉洁自律，防微杜渐，艰苦奋斗，谦虚谨慎，戒骄戒躁，廉洁从业的情况。

第三章　考核方法及程序

第六条　考核工作在局党委、长庆局领导下，由局党委组织部、局机关党委、企管法规处、党委宣传部、纪检监察处、工会、巡视员办公室以及矿区服务事业部党委组织部、党群工作部等部门人员组成若干考核组负责组织实施。

第七条　考核采取以民主测评为主，个别谈话、查阅资料为辅，考核组综合评价，百分制量化考核的方法，一般在本年年底进行。

第八条　考核的基本程序。

（一）自我总结。

（二）汇报述职。

（三）民主测评。

（四）个别谈话。

（五）查阅资料。

（六）量化评分。

（七）综合评价。

第九条　自我总结。

领导班子对照全年生产经营及党建工作目标内容，领导班子成员对照职责分工内容，认真总结一年来的工作，实事求是地准备好班子工作汇报和个人述职报告。

第十条　汇报述职。

召开述职会议，听取领导人员述职。述职内容包括年度工作完成情况、党风廉政建设责任制落实情况等。述职会议由被考核人员所在单位主要领导主持（局机关、矿区服务事业部机关部门由部门主要负责人主持），述职时间一般不超过 15 分钟（正职可为 20 分钟）。领导班子不述职，只作书面汇报。

局属单位领导人员述职会议参加人员范围为单位领导班子成员、副总师、机关部门负责人、基层单位党政主要领导及一定比例的职工代表（一般为参加会议人数的 10%）。参加会议人数一般为：职工总人数在 5000 人以上的单位不少于 100 人，2000—5000 人的单位不少于 80 人，1000—2000 人的单位不少于 60 人，500—1000 人的单位不少于 50 人，500 人以下的单位不少于职工总人数的 8%，200 人以下的单位不少于职工总人数的 15%。

矿区服务事业部副职领导人员述职会议参加人员范围为事业部机关部门负责人、直属单位党政正职及一定比例的职工代表（一般为参加会议人数的 10%）。

局机关、矿区服务事业部机关部门领导人员述职会议参加人员范围为本部门全体工作人员。

第十一条　民主测评。

民主测评工作由考核组负责组织，被考核单位（部门）配合。

局属单位领导班子（含矿区服务事业部领导班子）从政治素质、经营业绩、团结协作、作风形象四个方面，按照好、较好、一般、差四个档次进行民主测评。参加民主测评的人员范围与参加述职会议的人员范围一致。

局属单位领导人员（含兼任局属单位主要领导的局长助理级领导、矿区服务事业部副职领导）、局机关部门领导人员（含兼任部门主要领导的局长助理级领导）、矿区服务事业部直属单位、机关部门领导人员从德、能、勤、绩、廉五个方面，按照优、良、中、差四个档次进行民主测评。参加民主测评的人员范围为：

局属单位副职与参加述职会议的人员范围一致；正职（含兼任局属单位主要领导的局长助理级领导、矿区服务事业部副职领导）除参加述职会议的人员外，还需由局党政主要领导对其进行书面测评。

局机关部门副职与参加述职会议的人员范围一致；正职（含兼任部门主要领导的局长助理级领导）除参加述职会议的人员外，还需由局党政主要领导、局分管领导对其进行书面测评。

矿区服务事业部直属单位、机关部门副职与参加述职会议的人员范围一致；正职除参加述职会议的人员外，还需由局党政主要领导、事业部党政主要领导对其进行书面测评。

对未兼任局属单位（部门）领导职务的局长助理级领导，由局党政主要领导对其进行书面评价。

第十二条　个别谈话。

考核组人员就领导班子政治素质、管理能力、经营业绩、团结协作、作风形象以及领导人员德、能、勤、绩、廉方面的情况与被考核单位（部门）领导人员谈话，重点了解和掌握领导班子的执行力、民主集中制、团结协作、工作作风、整体功能发挥等方面情况，以及领导人员履职情况、分管工作的完成情况和廉洁自律情况。根据考核需要，谈话范围可适当扩大到其他人员。

第十三条　查阅资料。

查阅资料工作由考核组负责。对领导班子，主要查阅中心组学习记录、党委会及党政领导会记录、党员领导人员参加双重组织生活会记录、领导人员学习笔记等资料；对领导人员，主要查阅学习笔记、工作日志、调研报告、工作总结等资料。

第十四条　量化评分。

（一）局属单位领导班子。

考核量化得分＝业绩考核得分(50％) ＋年度综合测评得分（20％）＋廉政建设评价得分（10％）＋考核组评价得分（10％）＋日常巡视考核评价得分（10％）。

1. 业绩考核得分。

业绩考核按照《长庆局年度综合业绩考核兑现办法》，以长庆局下达的经营指标、工作量指标、管理指标和控制指标等综合业绩考核目标值为依据，由局机关职能部门进行考核。其中：

（1）内部利润等经营指标由财务资产处考核打分（40％）；

（2）工作量指标由规划计划处考核打分（10％）；

（3）安全、环保、质量等管理指标由质量安全环保处考核打分（20％）；

（4）稳定工作指标由信访办公室（维护稳定工作办公室）考核打分（15％）；

（5）社会治安综合治理指标由保卫部考核打分（15％）。

2. 年度综合测评得分。

民主测评得分＝∑（好率×100＋较好率×85 ＋一般率×70 ＋差率×50）。

3. 廉政建设评价得分。

由局纪检监察处考核打分。

4. 考核组评价得分。

考核组结合个别谈话、查阅资料所掌握的情况，对被考核班子存在的问题和不足，经综合分析后进行量化打分。

5. 日常巡视考核评价得分。

结合平时考核或巡视所掌握的情况，经综合分析后进行量化打分。

（二）局属单位领导人员。

考核量化得分＝业绩考核得分(40％) ＋年度综合测评得分（20％）＋廉政建设评价得分（10％）＋考核组评价得分（10％）＋日常巡视考核评价得分（10％）＋公开承诺测评得分（10％）。

1. 业绩考核得分。

党政主要领导业绩考核得分＝领导班子业绩考核得分。

领导班子副职业绩考核得分按照不高于主要领导业绩考核得分的98％，由单位主要领导根据其分管工作完成情况打分。

2. 年度综合测评得分。

局属单位党政主要领导（含矿区服务事业部副职领导人员）民主测评得分＝局党政主要领导评价得分（30％）＋本单位班子成员评价得分（20％）＋本单位中层管理人员和职工代表评价得分（50％）；

矿区服务事业部直属单位党政主要领导民主测评得分＝局党政主要领导评价得分(30％）＋事业部党政主要领导评价得分(20％）＋本单位班子成员评价得分(10％）＋本单位中层管理人员和职工代表评价得分（40％）；

班子副职民主测评得分＝本单位党政正职评价得分（30％）＋本单位班子副职成员评价得分（20％）＋本单位中层管理人员和职工代表评价得分（50％）。

单类测评平均得分＝∑（优率×100＋良率×85 ＋中率×70 ＋差率×50)。

3. 廉政建设评价得分。

由局纪检监察处考核打分。

4. 考核组评价得分。

考核组结合个别谈话、查阅资料所掌握的情况，对被考核人员德、能、勤、绩、廉方面存在的问题和不足，经综合分析后进行量化打分。

5. 日常巡视考核评价得分。

结合平时考核或巡视所掌握的情况，经综合分析后进行量化打分。

6. 公开承诺测评得分。

以公开承诺考核结果为依据进行打分。

（三）局机关、矿区服务事业部机关部门领导人员。

考核量化得分＝业绩考核得分(30％) ＋年度综合测评得分（20％）＋廉政建设评价得分（10％）＋考核组评价得分(10％）＋日常巡视考核评价得分（10％）＋公开承诺测评得分（20％)。

1. 业绩考核得分。

部门主要领导业绩考核得分＝部门年度业绩指标考核得分。

部门副职业绩考核得分按照不高于主要领导业绩考核得分的95％，由部门主要领导根据其分管工作完成情况打分。

2. 年度综合测评得分。

局机关部门主要领导民主测评得分＝局党政主要领导评价得分（30％）＋局分管领导评价得分（10％）＋本部门其他人员评价得分（60％)。

矿区服务事业部机关部门主要领导民主测评得分＝局党政主要领导评价得分(30％）＋事业部党政主要领导评价得分(20％）＋本部门其他人员评价得分（50％)。

部门副职民主测评得分＝本部门主要领导评价得分（30％）＋本部门其他人员评价得分（70％)。

单类测评平均得分＝∑（优率×100＋良率×85 ＋中率×70 ＋差率×50)。

3. 廉政建设评价得分。

由局纪检监察处考核打分。

4. 考核组评价得分。

考核组结合个别谈话、查阅资料所掌握的情况，对被考核人员德、能、勤、绩、廉方面存在的问题和不足，经综合分析后进行量化打分。

5. 日常巡视考核评价得分。

结合平时考核或巡视所掌握的情况，经综合分析后进行量化打分。

6. 公开承诺测评得分。

以公开承诺考核结果为依据进行打分。

（四）未兼任局属单位（部门）领导职务的局长助理级领导。

考核量化得分 = 局党政主要领导评价得分（70%）+ 公开承诺测评得分（30%）。

局党政主要领导评价得分 = 优秀×100 + 称职×85 + 基本不称职×70 + 不称职×50。

公开承诺测评得分以公开承诺考核结果为依据进行打分。

第十五条　综合评价。

考核组在对考核情况进行全面、综合分析的基础上，提出考核综合评价意见，由局党委组织部汇总后，提交局党政联席会议研究审定。

第四章　考核结果的评定

第十六条　年度考核时，依据量化得分情况，采取定性与定量分析相结合的方式，对领导班子和领导人员进行总体评定。

第十七条　领导班子的考核结果分为好班子、较好班子、一般班子、差班子四个档次。

第十八条　领导班子的考核达到下列标准，可评定为好班子：

（一）大局意识强，政策水平高。

（二）团结协调，整体功能发挥好。

（三）综合考核得分在 95 分以上，民主测评好率在 90%以上。

（四）领导班子中无基本不称职和不称职人员。

单位在安全、环保、质量、廉洁、稳定、综合治理等方面发生重大问题，领导班子不能评为好班子。

第十九条　领导班子的考核达到下列标准，可评价为较好班子：

（一）大局意识、政策观念比较强。

（二）班子比较协调，成员的作用发挥比较好。

（三）综合考核得分在 85—95 分之间，民主测评好率在 75%—90%之间。

（四）领导班子中无不称职人员。

第二十条　领导班子存在下列问题之一的，评价为一般班子：

（一）班子不团结，成员之间存在分歧，整体功能作用发挥不够。

（二）综合考核得分在 75—85 分之间，民主测评好率在 60%—75%之间。

第二十一条　领导班子存在下列问题之一的，评价为差班子：

（一）班子不团结，成员之间存在较大分歧，影响到生产经营和队伍建设。

（二）在安全、环保、质量、廉洁、稳定、综合治理等方面发生重大问题，造成严重后果。

（三）综合考核得分在 75 分以下。

第二十二条　领导人员考核结果分为优秀、称职、基本不称职、不称职四个档次。

第二十三条　领导人员符合下列要求，评定为优秀：

（一）思想政治素质好。

（二）组织领导能力强。

（三）工作作风扎实。

（四）综合考核得分在 95 分以上，年度民主测评优率、公开承诺民主测评好和较好率在 90%以上。

单位领导班子被评为好班子时，其党政

主要领导才具备评价为优秀的资格。

第二十四条　领导人员符合下列要求，评定为称职：

（一）思想政治素质较高。

（二）组织领导能力较强。

（三）工作作风比较扎实。

（四）综合考核得分在85—95分之间，年度民主测评优率、公开承诺民主测评好和较好率在75%—90%之间。

第二十五条　领导人员有下列情况之一的，评定为基本不称职：

（一）缺乏敬业精神和内动力。

（二）组织领导能力较弱，不能适应岗位工作要求。

（三）工作不深或工作不深入，工作作风不扎实。

（四）综合考核得分在75—85分之间，年度民主测评优率、公开承诺民主测评好和较好率在60%—75%之间。

第二十六条　领导人员有下列情况之一的，评定为不称职：

（一）思想政治素质方面存在突出问题。

（二）政策水平、业务能力明显不能适应本职工作要求。

（三）在班子中闹无原则纠纷，严重影响班子团结的，或工作作风存在严重问题，职工反应强烈，群众基础差。

（四）有以权谋私行为，存在不廉洁问题。

（五）因渎职或决策失误，给单位造成较大损失。

（六）不接受组织分配的任务，不履行工作职责。

（七）综合考核得分在75分以下的。

（八）因违犯党纪国法或长庆局规定受到行政拘留或党纪政纪处分。

第五章　考核结果应用

第二十七条　考核结果作为领导人员选拔任用、职务升降、业绩兑现、奖惩、培训等的主要依据。选拔担任上一级职务的人选，应从考核中被评价为优秀、称职的人员中产生。

第二十八条　领导班子考核评价为好班子的，可参与“四好”领导班子评选。按照“好中选好、优中选优”的原则，根据班子年度考核量化得分高低，每年从“好”班子中提出不超过三分之一的班子，参与“四好”领导班子创建活动先进单位的评选，经局党政领导联席会讨论研究后，确定最后评选结果。

第二十九条　领导班子考核评价为一般班子的，给予班子成员集体诫勉，并由局分管领导对班子成员进行集体谈话。

第三十条　领导班子考核评价为差班子的，班子成员集体给予免职。

第三十一条　按照《长庆石油勘探局年度综合业绩考核兑现办法》，好和较好班子为达标班子，一般和差班子为不达标班子，由局企管法规处兑现年度业绩奖金。

第三十二条　对考核评价为基本不称职的领导人员，采取诫勉措施，由局分管领导与其谈话；年度业绩奖金按本单位（部门）同职级称职领导人员的50%兑现。对于连续两年考核评价为基本不称职的领导人员，给予降职或免职处理。

第三十三条　对考核评价为不称职的领导人员，不予兑现年度业绩奖金，并视具体情况作如下处理：

（一）免去现任职务。

（二）责令辞去现任职务。

（三）降职。

领导人员被免去现任职务或责令辞去现任职务后，另行安排适当工作。

第三十四条　考核结果由局党委组织部对各单位、部门进行反馈。领导班子和领导人员对考核结果若有异议，可提出申诉。

第三十五条　局党委组织部应根据考核结果，加强对领导班子和领导人员的管理和监督。

第三十六条　领导人员考核结果在一年内有效。考核工作结束后，领导人员年度考核材料存入本人档案。

第三十七条　考核中发现领导人员有违纪问题的，由纪检监察部门进行查处。

第六章　考核纪律与监督

第三十八条　考核人员要认真履行考核职责，按照规定的程序和要求实施考核，要全面、准确、细致地了解和客观公正地反映考核对象的情况。

第三十九条　实行考核工作责任制。考核人员和考核组组长要在考核材料上签名，对考核材料和考核报告的客观性、真实性负责。

第四十条　各单位、部门领导班子及领导人员要正确对待组织考核，如实汇报工作和思想，客观、负责地向考核组提供真实情况和有关数据。

第四十一条　对违反纪律，弄虚作假，造成后果的，要进行批评教育，或给予党纪、政纪处分。造成考核结果失实的，考核无效。

第四十二条　各级党组织要加强对考核工作的监督，认真受理下级单位、职工群众的检举、申诉，并按职权范围及时进行核查和处理。

第七章　附　　则

第四十三条　局属单位、改制企业可参照本办法，结合单位实际，制定中级及以下管理人员考核办法。

第四十四条　本办法由局党委组织部负责解释。

第四十五条　本办法自下发之日起施行。

长庆石油勘探局局处两级领导人员及局机关矿区服务事业部机关部门公开承诺考核办法

（2007年12月19日长庆石油勘探局
以长局发［2007］275号文发布）

第一章　总　　则

第一条　为全面掌握局处两级领导人员和两级机关开展公开承诺转变作风活动的情况，切实加强领导班子及领导人员思想作风、学风、工作作风、领导作风和生活作风建设，根据《中共长庆石油勘探局委员会关于在局处两级领导干部和两级机关中开展公开承诺转变作风活动的实施意见》（长党发［2007］149号）有关规定，制定本办法。

第二条 本办法适用于局处两级领导人员、局机关及矿区服务事业部机关部门公开承诺的考核。

第二章 考核内容

第三条 局处两级领导人员考核以《中共长庆石油勘探局委员会关于在局处两级领导干部和两级机关中开展公开承诺转变作风活动的实施意见》（长党发［2007］149号）中确定的内容和个人承诺的具体内容为依据，主要从思想素质、廉洁自律、转变作风、服务基层四个方面进行综合评价。

第四条 局机关、矿区服务事业部机关部门考核以《中共长庆石油勘探局委员会关于在局处两级领导干部和两级机关中开展公开承诺转变作风活动的实施意见》（长党发［2007］149号）中确定的内容和部门承诺的具体内容为依据，主要从思想建设、作风建设、服务基层、能力建设四个方面进行综合评价。

第三章 考核方法及程序

第五条 考核采取民主测评，百分制量化考核的方法，原则上每半年进行一次。其中，局领导班子成员以及局长助理级领导人员履诺测评分别在长庆局年初和年中工作会上进行，在局党委领导下，由局党委组织部具体实施；局属单位领导人员年中考核由各单位党委（党组织）负责组织实施；局机关、矿区服务事业部机关部门年中考核分别由局机关党委、矿区服务事业部党委组织部负责组织实施。局属单位及局机关、矿区服务事业部机关部门年终考核与局属单位（部门）领导班子建设年度考核一并进行。

第六条 考核的基本程序。

（一）自我总结；

（二）履诺述职；

（三）民主测评；

（四）量化评分；

（五）汇总考核结果。

第七条 自我总结。

局处两级领导人员对照公开承诺内容，认真总结半年和一年来的履诺情况，实事求是地准备好个人述职报告。

第八条 履诺述职。

召开述职测评会议，听取领导人员述职。

长庆局领导班子成员述职会议参加人员范围：年中为局机关、矿区服务事业部机关部门负责人和局属单位党政正职，年终与长庆局工作会人员范围一致。

局属单位领导人员述职会议参加人员范围：年中为单位机关科室负责人和基层单位党政主要领导，年终与领导班子建设年度考核述职会议人员范围一致。

矿区服务事业部副职领导人员述职会议参加人员范围：年中为事业部机关部门负责人和直属单位党政正职，年终与领导班子建设年度考核述职会议人员范围一致。

局机关、矿区服务事业部机关部门领导人员述职会议参加人员范围为本部门全体工作人员。

局长助理级领导在局领导班子成员述职会议上进行书面述职。

第九条 民主测评。

局领导班子成员、专职局长助理级领导以及局属单位领导人员（含矿区服务事业部副职领导人员）、局机关部门领导人员、矿区服务事业部机关部门领导人员，从思想素质、廉洁自律、转变作风、服务基层四个方面，按照好、较好、一般、差四个档次进行民主测评。参加民主测评的人员范围与参加述职会议的人员范围一致。

局机关部门，由局属单位从思想建设、作风建设、服务基层、能力建设四个方面，按照好、较好、一般、差四个档次进行书面测评。

矿区服务事业部机关部门，由事业部直属单位从思想建设、作风建设、服务基层、能力建设四个方面，按照好、较好、一般、差四个档次进行书面测评。

在局属单位、局机关部门以及矿区服务事业部副职领导岗位上兼职的局长助理级领导，从思想素质、廉洁自律、转变作风、服务基层四个方面，按照好、较好、一般、差四个档次进行民主测评。参加民主测评的人员范围除参加本单位（部门）领导人员述职会议的人员外，还需由参加局领导班子成员述职会议的人员对其进行测评。

第十条 量化评分。

考核量化得分＝年中测评得分(30％) ＋年终测评得分（70％）。

（一）局领导班子成员及未兼任局属单位（部门）领导职务的局长助理级领导：

测评得分＝长庆局干部大会人员评价得分；

单类测评平均得分＝∑（好率×100＋较好率×85 ＋一般率×70 ＋差率×50)。

（二）局属单位领导人员：

单位领导班子成员测评得分＝本单位干部大会测评得分；

兼任局属单位主要领导、矿区服务事业部副职的局长助理级领导测评得分＝本单位干部大会人员评价得分（70％）＋长庆局干部大会人员评价得分（30％）；

单类民主测评平均得分＝∑（好率×100＋较好率×85 ＋一般率×70 ＋差率×50)。

（三）局机关、矿区服务事业部机关部门领导人员：

部门领导人员测评得分＝本部门人员评价得分（70％）＋本部门公开承诺得分（30％）；

兼任局机关部门主要领导的局长助理级领导民主测评得分＝长庆局干部大会人员评价得分（30％）＋本部门人员评价得分（40％）＋本部门公开承诺得分（30％）；

单类测评平均得分＝∑（好率×100＋较好率×85 ＋一般率×70 ＋差率×50)。

（四）局机关、矿区服务事业部机关部门。

局机关部门测评得分＝局属单位书面评价得分；

矿区服务事业部机关部门测评得分＝矿区服务事业部直属单位书面评价得分；

单类民主测评平均得分＝∑（好率×100＋较好率×85 ＋一般率×70 ＋差率×50)。

第十一条 汇总考核结果。

考核结果由局党委组织部进行汇总。

第四章 考核结果应用

第十二条 对局长助理级领导和局属单位领导人员，公开承诺考核结果作为本人年度业绩考核量化评分的主要依据之一。

第十三条 对局机关、矿区服务事业部机关部门，按照公开承诺考核结果进行排名，在全局范围内公布。

第五章 附 则

第十四条 局属单位、改制企业可参照本办法，结合单位实际，制定中级及以下管理人员考核办法。

第十五条 本办法由局党委组织部负责解释。

第十六条 本办法自下发之日起施行。

专　文

中国石油天然气集团公司党组成员、副总经理王福成在长庆石油勘探局干部大会上的讲话

（2008 年 1 月 3 日）

我们这次到西安来，主要是受中国石油集团党组委托，宣布长庆石油勘探局党委书记配备的决定。同时也代表党组、代表蒋总看望大家，并通过你们向奋战在生产一线的广大干部职工和为长庆油田发展作出贡献的离退休人员、职工家属表示亲切的慰问！

刚才，中国石油集团人事部主任王永春同志宣布了中国石油集团党组关于曲广学同志任职的决定。苟三权、曲广学、王道富、冉新权四位同志分别作了表态发言，都表示坚决服从中国石油集团党组的决定，表达了决不辜负党组的重托和职工的期望，相互支持，相互配合，尽职尽责，开拓创新，团结带领广大干部职工全面做好各项工作的信心和决心。在此前的长庆局领导班子会上，局领导班子其他成员也都作了表态发言，他们讲得都很好。

下面，结合这次班子调整，我讲三点意见。

一、关于这次长庆石油勘探局党委书记的配备

长庆油田作为中国石油的重要油气田，在中国石油集团资源战略实施中肩负着重要的历史使命。党组对长庆局领导班子建设十分重视，始终把建设一个坚强有力的领导集体作为保证和促进企业持续有效较快协调发展的重要举措。2006 年 10 月长庆局领导班子调整后，党委书记岗位空缺，领导力量需要充实加强。党组在充分考虑局领导班子建设实际，全面考核、反复酝酿的基础上，经慎重研究并商得甘肃省委同意，决定：大庆石油管理局副局长曲广学同志提任长庆石油勘探局党委书记、副局长。

曲广学同志今年 46 岁，1984 年从大庆石油学院炼油化工机械专业毕业后在大庆油田参加工作，中共党员，教授级高级工程师。先后担任大庆石油管理局油建公司副总工程师、副经理、经理兼党委副书记，大庆石油管理局基建事业部主任，大庆油田建设集团董事长、总经理，大庆石油管理局局长助理等职务，2003 年起担任大庆石油管理局副局长，后增补为局党委常委，并兼任安全总监。他政治素质好，能够继承和发扬大庆精神、铁人精神，有大局观念，善于学习和思考，政策理论水平比较高。有基层抓班子、带队伍、闯市场的经历，熟悉油田建设和经营管理工作，思路清晰，考虑问题比较全面，处事稳妥，实践经验比较丰富，驾驭能力和组织协调能力比较强。担任大庆石油管理局建设集团主要领导期间，大力推行专业化重组，

努力实施精品工程，积极开拓外部市场，有效发挥了建设集团的整体优势，提升了核心竞争力，企业经济效益创历史最好水平；担任大庆石油管理局副局长以来，组织起草了管理局《二次创业指导纲要》，精心部署“安全生产基础年”、“打造优势年”活动，夯实管理基础，稳步推进改革，经济运行质量不断提高。他事业心和责任感强，工作扎实，勇于吃苦。为人朴实谦和，作风民主，与班子成员协作配合比较好，原则性强，自身要求严格，群众威信比较高。

希望曲广学同志在新的领导岗位上，与苟三权同志加强团结，互相支持，密切配合，与领导班子成员一道，团结带领全体干部职工，坚定不移地贯彻落实党组的各项决策和部署，务实创新，奋力拼搏，不断开创各项事业的新局面，不辜负中国石油集团党组的重托，不辜负长庆局干部职工的期望。

二、关于长庆油田近年来的工作

近年来，长庆局和长庆油田分公司坚持以邓小平理论、“三个代表”重要思想和科学发展观为指导，认真贯彻落实中国石油集团党组和股份公司的决策部署，始终把发展作为第一要务，紧紧围绕增储上产目标，大力发展主营业务，突出抓好安全环保，不断强化经营管理，稳步推进科技创新，持续改善矿区生产生活条件，圆满完成了各项工作任务，经营业绩大幅增长，综合实力显著增强，长庆局工程技术服务水平和保障能力明显提升，主要经营指标列中国石油集团油气田服务公司前列；长庆油田分公司油气勘探开发业务实现了跨越式发展，年产油气当量继2003年突破1000万吨之后，仅用了4年时间，2007年实现了2000万吨的历史性跨越，两个企业均呈现出健康发展的良好态势。

一是长庆油田主营业务迅猛发展。长庆局以确保油田增储上产为己任，着力增强服务保障能力和竞争能力，加快国际化经营步伐，实现了高速度、高质量发展。2007年钻井进尺达到400多万米，位居中国石油集团油气田企业第二。年试油（气）压裂酸化突破6000层次，蝉联中国石油集团第一。重组以来，累计实现主营业务收入467亿元，年均增长18.6%。2007年预计实现主营业务收入124亿元、企业增加值51亿元，超额完成中国石油集团下达的业绩指标，创重组以来最好业绩。大力实施市场开拓战略，开展特色服务，初步形成油田内部、国内和海外三大目标市场，2001—2007年累计实现关联交易收入470亿元左右，海外市场有7支钻井队伍先后在4个国家开展施工作业和技术服务，2007年预计实现境外收入近4亿元，比上年增幅8.6%以上。

长庆油田分公司始终把油气勘探作为重中之重，围绕重点领域大打勘探开发进攻仗，从2001年开始，年均新增探明石油地质储量1亿吨以上、天然气地质储量1000亿立方米以上，在苏里格地区形成了我国陆上第一个万亿立方米大气区，资源基础进一步稳固。着力做好老油田降递减和新区上产两大工程，实现了年产油气当量以每年230万吨以上的规模快速增长。“十五”以来累计新增探明石油地质储量7.9亿吨、天然气1.7万亿立方米，生产原油5855万吨、天然气465亿立方米，成为长庆油田发展史上油气储量产量增长最快的时期。经济效益持续提高，七年累计实现总收入超过1800亿元、国内准则利润超过1010亿元。2007年实现主营业务收入480亿元、国内准则利润282亿元，创历史最好水平。

二是安全环保和节能降耗工作成效显著。两家企业坚持安全第一、环保优先、以人为本的理念，始终把安全环保作为头等大事来抓，努力建设绿色环保油田。深入开展“安全环保基础年”活动，完善规章制度，强化生产受控，严格落实安全环保责任制，狠抓队伍安全素质建设，注重应急预案编制和演练，加强工作监管和监督检查，深入开展隐患治理和专项整治，大力深化节能减排工作措施，企业安全环保基础进一步夯实。多年来，两个企业均没有发生重特大安全生产和环境污染事故，并多次荣获“中国石油集团安全生产先进企业”称号。

三是科技创新能力和整体管理水平不断提高。以推动油气勘探开发业务加快发展为目标，在油气生产、施工作业等方面不断加强技术攻关和成熟技术推广应用，加快科技创新体系建设，形成了一批先进适用的特色技术、配套技术和具有国内外先进水平的新产品、新工艺，为企业发展提供了有力的技术支撑。不断强化细化各项管理，健全管理制度，完善经营管理机制和管理手段，推行集中统一管理，深入推进内控体系建设，管理的效率和效益进一步提高，整体管理水平明显提升。

四是党建、队伍建设及和谐矿区建设取得新成果。深入开展各种主题教育活动，大力弘扬大庆精神和铁人精神，不断加强党建、领导班子建设、队伍建设和企业文化建设，扎实开展维护稳定工作，积极推进矿区配套完善和民生工程建设，全力支持推动地方经济发展，员工整体素质不断提高，生产生活条件持续改善，企业凝聚力和向心力不断增强，内外部发展环境更加和谐。

以上这些成绩的取得，是长庆油田历届领导班子和广大干部员工长期以来共同努力、团结奋斗的结果。在此，我代表中国石油集团党组向长庆油田的领导干部，向长期奋战在生产经营第一线的广大员工、家属和离退休老同志表示亲切的慰问和衷心的感谢！

三、关于下步工作的几点要求

党的十七大报告指出：“当今世界正在发生广泛而深刻的变化，当代中国正在发生广泛而深刻的变革。机遇前所未有，挑战也前所未有，机遇大于挑战。”这一科学判断，对于我们搞好企业改革发展和建设具有极其重要的指导意义。今后一个时期，国际环境复杂多变、全球油气资源争夺和市场竞争日趋激烈，国内油气供需矛盾更加突出、国家宏观调控力度进一步加大，这些都会对我们的生产经营工作产生一定的影响，增加一些困难和挑战。但是，从总体上看，全球经济整体仍可望保持稳定增长，我国国民经济将继续保持平稳较快发展势头，经济的持续发展必将推动油气及石油石化产品的需求继续增长，为我们进一步加快发展提供了良好的机遇。从中国石油集团内部来看，经过多年来的发展，生产经营保持良好势头，各项业务健康稳定运行，资产规模快速扩大，销售收入大幅增加，实现利润和上缴税费连创历史高水平，规模实力和国际竞争力显著增强。中国石油在全球 500 家大公司中排名上升到第 24 位，在世界 50 家大石油公司中排名上升到第 7 位。同时也要看到，与国际大石油公司相比，我们在规模、结构、自主创新能力、经营管理和队伍素质等方面还存在较大差距，“大而不强”的特征比较明显。目前中国石油集团改革发展已进入关键时期，生产经营管理任务更加艰巨繁重。

面对机遇和挑战，必须把中国石油集团的发展纳入经济全球化和全面建设小康社会的大背景下进行思考和谋划，认真贯彻落实科学发展观，全面推进综合性国际能源公司建设。长庆油田作为中国石油的重要组成部分，要坚持以党的十七大和中央经济工作会议精神为指导，结合中国石油加快发展的战略机遇期，贯彻落实科学发展观，围绕“科学发展、构建和谐”两大主题，继续按照“发展大油田、建设大气田、创建模范和谐矿区，把鄂尔多斯盆地建设成为我国石油天然气的重要能源基地”的要求，加快提升油气勘探开发、工程技术服务能力，着力调整产业结构和转变经济发展方式，加快发展油气合作开发新兴业务，不断推进制度、技术和管理创新，大力加强党的建设、班子建设和队伍建设，努力开创科学发展、和谐发展的新局面。

1. 认真学习贯彻党的十七大和中央经济工作会议精神，进一步理清发展思路

要按照中国石油集团党组的统一部署和要求，把学习贯彻十七大和中央经济工作会议精神作为当前和今后一个时期的一项重要任务，摆到各项工作的首位。要从整体上全面把握十七大和中央经济工作会议的基本精神，深入思考和重点把握大会提出的一系列重要思想观点和重大工作部署，真正把全体干部员工的思想统一到十七大精神上来，统一到中央经济工作会议的决策和部署上来，用大会精神武装头脑、指导实践、推动工作，使工作的指导思想更加明确，发展思路更加清晰，对新的机遇和挑战、新的形势和任务、新的矛盾和问题的认识更加清醒，进一步增强全面贯彻落实科学发展观的自觉性和坚定性，进一步增强实现又好又快发展，保障国家能源安全的使命感、责任感和紧迫感。结合学习、宣传、贯彻十七大和中央经济工作会议精神，长庆局和长庆油田分公司两个班子要深入思考、认真研究，按照中国石油集团党组和中国石油集团对长庆油区的下步定位，进一步理清发展思路，明确工作目标和任务，保持油区持续稳定发展，积极转变经济发展方式，着力构建安定和谐的矿区环境，为中国石油集团持续有效较快协调发展再作新贡献。

2. 突出主营业务，保持持续稳定发展

长庆油田正处于快速上产的关键时期。长庆局要着眼于油田生产建设快速发展的实际需要，按照“提升实力、注重服务、打造品牌、扩大市场”的原则，坚持做强、做专、做特、做优，突出发展钻井、测录井、试油（气）压裂等方面的特色技术，加强核心技术攻关和成熟技术的推广应用，加强生产组织协调管理，切实增强服务水平和保障能力。加快发展油气合作开发业务，抓好低效储量合作开发和苏里格气田合作开发工作，运用市场机制，应用适用、配套的先进工艺技术，优化简化工艺流程，加强监督，规范管理，努力降低成本、提高效益，着力培育新的经济增长点。长庆油田分公司要继续加大勘探力度，深化研究，优化部署，加快节奏，努力发现更多的规模储量和战略接替领域，不断夯实油田快速发展的资源基础。继续推进勘探开发一体化，大力推行“标准化设计、模块化建设、数字化管理”，不断提高油田开发管理水平。积极转变发展方式，推动技术进步，加大 0.3 毫达西储层攻关、苏里格气田提高单井产量和采收率技术攻关力度，提高发展的质量和效益。通过上下努力，力争 2009 年产油气当量突破 3000 万吨，早日把鄂尔多斯盆地建设成为我国石油天然气工业的重要能源基地。

3. 切实抓好安全环保节能工作，努力建设资源节约和环境友好型企业

安全事关全局，稳定压倒一切。当前，冬季生产环境比较复杂，气候严寒多变，又时值年末岁尾，生产经营任务繁重，重点工程施工建设紧张，往往是事故多发的时期。要全力以赴抓紧抓实抓好安全环保工作，真正在强化全员安全意识、落实全员安全责任、提升全员安全素质上下工夫，务求万无一失。要严格安全生产责任制，落实责任主体，坚持不懈地狠反“三违”，引导职工树立“违章就是事故”的观念，自觉查找身边的违章行为。加大事故处理力度，按照“四不放过”原则，做到事故原因水落石出，事故处理切肤之痛，事故教训警钟长鸣。同时，要坚持节约资源和保护环境的基本国策，大力推进节能减排，努力实现综合能效持续改进、“三

废”总量持续削减。

4. 进一步加强领导班子建设，增强领导管理能力

新形势、新任务给我们领导班子提出了新的要求。要按照中国石油集团党组关于创建“四好”领导班子、加强领导班子领导管理能力建设的要求，不断提高“五种能力”，切实履行好企业的经济责任、政治责任和社会责任，努力成为“政治素质好、经营业绩好、团结协作好、作风形象好”的班子。要加强民主集中制，建立健全领导班子的决策程序和工作制度，坚持科学决策、民主决策，班子成员之间互相尊重、互相理解、互相支持、互相补台，形成团结、和谐、民主、向上的良好氛围。要提倡创新精神，大力推进制度、技术和管理创新，增强工作的主动性和创造性，每个班子成员齐心协力，心往一处想，劲往一处使，讲团结、讲大局、讲事业、讲友谊，步调一致，形成合力，共同把各项工作做好。

5. 切实加强基层建设，着力构建长效机制

要按照年中中国石油集团领导干部会议的要求，结合《基层建设纲要》，全面加强基层基础工作，建设高素质的职工队伍。要切实加强“五型”班组建设的组织领导，建立抓基层建设的责任制度，明确各级管理人员的责任，一级抓一级，形成各部门各单位横向到边、纵向到底、各司其职、各负其责、齐抓共管、常抓不懈的工作机制。要建立和完善成果推广机制，注意把那些业绩突出，充分体现时代特点、创新精神、长庆特色的先进典型挖掘出来，精雕细刻，树成样板。要用政策导向建立“奖先促后”的机制，激励先进，促进中间，鞭策后进，激发基层的活力和创造力，收到以点带面的良好效果。

元旦刚过，春节将至。油田各级领导干部要心系群众冷暖，深入基层，深入一线员工，继续开展好送温暖工程，做好扶贫济困工作，实实在在地帮助基层和困难职工群众解决实际问题。组织开展丰富多彩的群众文化生活，活跃节日期间文化生活，让油区全体干部员工和广大群众过上快乐、祥和、安全的节日。

同志们，中国石油集团正处在发展的关键阶段，长庆油田也处在发展的重要时期，中国石油集团党组对你们寄予殷切希望。我们坚信，你们一定能够不负众望，不辱使命，团结和带领广大干部员工，抓住机遇，乘势而上，推动长庆油田各项工作再上新台阶、再创新业绩，为中国石油建设综合性国际能源公司作出新的更大贡献！

苟三权在长庆石油勘探局领导干部大会上的发言

（2008 年 1 月 3 日）

尊敬的王总，各位领导、同志们：

刚才，中国石油集团人事部王主任宣读了中国石油集团党组和中国石油集团对曲广学同志的任命决定。首先，我坚决服从和拥护中国石油集团党组的决定，并向广学同志到长庆局工作表示热烈的欢迎和祝贺。这次

充实，体现了中国石油集团党组对长庆局的关心、爱护，对长庆局领导班子是一次有益的加强。中国石油集团党组、中国石油集团这次对长庆局领导班子的充实着眼全局、谋划长远，必将对长庆的发展、改革和稳定起到积极的作用。广学同志的到来，也必将为我们带来大庆油田的好传统、好作风、好经验、好做法，有助于我们更好地学习大庆精神，弘扬铁人精神，有利于把长庆今后的工作做得更好。

作为长庆局局长、党委副书记，我一定带头支持和全力配合好广学同志的工作，共同推进长庆局发展事业。我将一如既往地坚持民主集中制原则，真诚团结班子同志，切实发挥好班子整体功能；不断加强党性修养，加强沟通协商，和班子成员相互尊重、相互理解、相互支持、相互补台；认真履行岗位职责，持续加强班子建设，带头讲政治、讲大局、讲学习、树正气，努力把长庆局班子建设成为“四好班子”；时刻牢记发展重任，始终坚持科学发展、和谐发展，团结带领全局广大干部职工脚踏实地、埋头苦干，不断开创长庆局又好又快发展的新局面，绝不辜负广大干部职工对我们的期望，绝不辜负中国石油集团党组的关怀和厚望。

也希望领导班子全体同志、长庆局各级干部全力支持好、配合好广学同志的工作。支持好广学同志的工作，就是以实际行动拥护中国石油集团党组的决定；支持好广学同志的工作，发挥好班子整体功能，就会进一步增强队伍的凝聚力和战斗力，推动长庆又好又快发展。

当前和今后一个时期是长庆油田加快发展的重要战略机遇期。长庆局领导班子要携手并进，开拓创新，带领广大干部职工认真贯彻落实党的十七大精神，按照中国石油集团的总体部署，牢固树立敏锐的机遇意识、强烈的发展意识、高度的责任意识、厚重的人本意识，积极实施科技创新、人才强企、管理提升、持续发展和市场开发“五大战略”，全力打造长庆工程技术服务强势品牌，全力推动长庆局科学发展、和谐发展、又好又快发展，把鄂尔多斯盆地建设成为我国石油天然气的重要能源基地和长庆人的美好家园。

今后，我们要重点抓好以下工作：

一要全面推动长庆油田持续有效快速协调发展。把2009长庆油田油气当量实现3000万吨作为双方共同的责任和目标，紧跟长庆油气大发展的步伐，做强做大工程技术服务业务，着力提升工程技术服务保障能力与核心竞争力，打造长庆工程技术服务强势品牌；协调发展生产服务业务，提升生产服务能力；快速发展低效油气储量合作开发业务，加快推进“双百工程”；稳步发展海外业务，进一步提升国际竞争力；抓住难得的历史机遇，乘势发展装备制造业务；牢固树立服务意识，做实做优矿区服务业务；以专业化、集约化改革为方向，规范发展多元经济业务，全面推动各项业务持续有效快速协调发展。

二要加快推进科技创新步伐。大力实施科技创新战略，坚持服务油气发展，服务主营业务，认真落实蒋洁敏总经理关于长庆油田“突出两项技术攻关”的重要指示精神，突出自主创新，突出长庆特色，把加强自主创新、集成创新与引进、消化、吸收再创新有机结合，积极与长庆油田分公司联手，开展技术攻关、技术集成与配套推广，使科技创新成为长庆局又好又快发展的加速器、助推器，全面提升自主创新能力。

三要大力夯实安全环保基础工程。始终坚持“安全第一、预防为主、综合治理”的方针，牢固树立“生命和健康高于一切”的安全观，严格落实安全环保责任，不断完善HSE管理体系建设，进一步强化执行力；突出重点领域关键环节的安全管理，切实提高防范能力；严格落实安全培训教育制度，提高全员安全素质；突出抓好隐患治理，加强基层安全环保基础管理，严格安全环保源头管理和安全环保监测力度，加快建立安全环保长效机制，努力实现安全环保形势的持续好转。

四要持续深化企业改革与管理创新。按照中国石油集团统一部署，把深化改革和加强管理有机结合起来，不断理顺管理体制和组织架构；进一步强化激励约束机制，建立和谐的企业收入分配制度，形成物质激励、精神激励和荣誉激励相结合的长效激励机制；立足于提升企业内在素质，持续推进管理创新，全面加强基层建设，大力弘扬大庆精神、铁人精神及长庆精神，着力夯实发展基础，实现企业管理制度化、规范化、民主化、科学化。

五要稳步推进和谐矿区建设。坚持共举中国石油一面旗，同唱长庆油田一首歌，进一步完善符合“四共”要求的新型矿区管理体制；认真践行以人为本的企业宗旨，切实解决职工群众最关心、最直接、最现实的利益问题，真正把企业发展成果惠及广大职工家属；加强与地方党委、政府的沟通与联系，和长庆油田分公司一起，加强企地合作，推动共同繁荣，为油田加快发展创造一个稳定、和谐的内外环境，努力把长庆油田建设成为中国石油集团模范和谐矿区，建设成为长庆人的美好家园。

同志们，有中国石油集团党组的坚强领导，有陕甘宁蒙地方党委、政府和各族人民的大力支持，有长庆多年发展的坚实基础，有长庆油田分公司、长庆石化分公司的鼎力相助，有一支“特别能吃苦、特别能战斗、特别能负重、特别能奉献、特别能创造”的职工队伍，我们一定能够全面深入贯彻党的十七大精神和中国石油集团的总体部署，按照“发展大油田、建设大气田，创建模范和谐矿区”的总体要求，把鄂尔多斯盆地建设成为我国石油天然气的重要能源基地和长庆人的美好家园，为中国石油集团加快建设综合性国际能源公司作出新的更大的贡献。

曲广学在长庆石油勘探局干部大会上的发言

（2008 年 1 月 3 日）

尊敬的王总，尊敬的各位领导、同志们：

首先，我坚决服从中国石油集团党组的决定。感谢党组的信任，安排我到长庆局来工作。

长庆石油勘探局是一个有着光辉历史的企业，为中国石油的发展作出了重要贡献。特别是近几年，长庆局作为以石油工程技术服务为主的综合性地区服务公司，在中国石油集团的正确领导下，以科学发展观为统领，以“加快长庆发展、构建和谐长庆”为目标，大力实施整体发展、结构调整、科技兴企、人才强企、依法治企五大战略，把握机遇，规范管理，稳健经营，不断发展壮大，创造出辉煌的业绩，取得了长足发展。能够来到这样一个充满希望、前景光明的企业工作，我感到十分的荣幸和无比自豪。

这次，中国石油集团党组任命我为长庆局党委书记，副局长，我深感使命艰巨，责任重大。面对如此重要的岗位和艰巨的任务，我要认真学习党的十七大精神，忠实实践“三个代表”重要思想、全面落实科学发展观，努力提高政治素质，不断增强党性修养，务实敬业，埋头苦干，以勤补拙，全力以赴做好本职工作，不辜负中国石油集团党组的重托和长庆局广大职工群众的期望。

一要忠诚事业，恪尽职守。我深知这个岗位的分量，更清楚自己肩上的责任。在今后的工作中，我要以企业兴衰为己任，兢兢业业，尽职尽责，一心一意谋发展，以人为本促和谐，脚踏实地干事业，为长庆局的发展贡献出自己的全部才智和力量。

二要着眼大局，团结和谐。工作中我要以大局和事业为重，积极支持主动配合三权局长抓好行政一路工作。搞好班子成员之间的团结，做到互相支持，彼此信任，团结协作，和谐共融，依靠集体的智慧和力量作决策办事情，齐心协力推进企业发展。

三要严于律己，清正廉洁。领导干部的一言一行，一举一动，直接关系到自身在群众中的形象和威信。在今后工作生活中，我要牢固树立正确的权力观、地位观和利益观，认真按照领导干部廉洁自律的有关规定，始终严格要求自己，努力保持艰苦奋斗、勤俭节约的优良作风，作出好的表率，经得起组织上和群众的监督和检验。

四要扑下身子，真抓实干。我要紧紧围绕企业改革发展稳定的中心任务，在认真做好自己本职工作的同时，积极配合行政领导，全力推进主营业务发展，努力拓展外部市场，不断开创各项工作新局面，为将长庆局建设成为国内一流、西部领先，具有较强市场竞争力的综合性地区服务公司而不懈奋斗。

当前，长庆局已经站在更高的起点上，步入了崭新的历史发展时期。面对组织的重托，面对广大干部职工的殷切希望，我决心要学习和发扬老一辈石油人的思想品德和工作作风，与其他班子成员一道，团结带领广大干部职工勇挑重担，顽强拼搏，锐意进取，不辱使命，为确保国家石油战略安全、实现中国石油集团又好又快发展作出新的更大贡献。

王道富在长庆石油勘探局干部大会上的发言

（2008 年 1 月 3 日）

尊敬的王总、永春主任、各位领导、同志们：

正当长庆油田广大干部员工分享 2007 年胜利成果，满怀信心迎接 2008 年新的挑战，实施新的发展蓝图的重要时刻，王总一行代表中国石油集团党组来长庆油田宣布充实、加强长庆油田领导班子的重要决定，我表示坚决拥护。

近年来，长庆油田在中国石油集团党组

的正确领导下和总部各部门的大力支持和帮助下，各项事业进入快速发展时期，油气储量和产量增长连续5年位居中国石油前列，油气当量保持了20%—25%的增长速度，做到了安全生产、队伍稳定。这些成绩的取得都是长庆油田干部员工认真执行党组决策的结果，都是长庆油田团结一心、奋力拼搏的结果。

按照党组的部署安排，长庆油田2009年将实现油气当量3000万吨，到2012年，累计探明石油储量20亿吨，探明天然气储量4万亿立方米，将实现油气当量5000万吨的宏伟目标。正当长庆油田迎接新目标、部署新措施，组织和动员全体干部员工奋力拼搏的关键时期，党组决定曲广学同志任长庆局党委书记，我们深刻感受到这是党组对长庆油田的关心和关怀，是对长庆油田领导班子力量的充实和加强，是对长庆油田工作的最大支持，我代表长庆油田分公司和公司领导班子表示坚决拥护，并对党组的关心和关怀表示衷心的感谢！

曲广学同志是从大庆培养成长起来的优秀领导干部，现在是长庆油田领导班子的主要成员，这是对长庆油田领导班子的加强，我们相信不仅会为长庆的领导班子带来新的活力，而且还会把大庆精神带到长庆，必然会对长庆的生产发展、企业管理、干部员工成长产生极大的推动作用。

我本人一定会虚心向曲广学同志学习，长庆油田分公司一定会支持曲广学同志的工作。我们一定会以事业为重、以大局为重，本着为党组负责、为油田负责的精神，和长庆油田领导班子一道，团结、带领广大员工，实现长庆油田新的发展目标。

我们坚信，有中国石油集团党组的正确领导、总部各部门的大力支持，有长庆这支吃苦耐劳、攻坚啃硬的干部员工队伍，我们就一定能够在勘探开发、经营管理、安全环保、科技攻关、班子建设、队伍建设和稳定等方面再上新的台阶，一定能够实现长庆油田的规划目标，发展大油田，建设大气田，使长庆成为中国石油增储上产的主力军。我们决心用实际行动全面贯彻科学发展观，着力构建发展的长庆、和谐的长庆、生机勃勃的长庆，把长庆班子建设成为让党组、让王总放心的班子，把队伍培养成可以信赖的队伍，把长庆发展成能为中国石油增光添彩的企业。请党组放心，请王总放心！

冉新权在长庆石油勘探局干部大会上的发言

（2008年1月3日）

尊敬的王总，永春主任、各位领导、同志们：

刚才，中国石油集团人事部王主任宣布了中国石油集团党组对长庆石油勘探局领导班子的充实决定，任命曲广学同志担任长庆局党委书记。对中国石油集团党组的决定，我表示坚决拥护，同时对曲广学同志到长庆油田工作表示热烈的欢迎和衷心的祝贺！

长庆油田按照中国石油集团党组关于“发展大油田、建设大气田，建设我国重要油气生产基地”的总体要求，牢固树立和认真落实科学发展观，勘探开发、生产建设、经营管理、技术发展、安全环保、和谐矿区建设等各项工作都保持了协调发展的良好势头，特别是2007年年产油气当量突破2000万吨，标志着长庆油田进入了快速发展的新阶段，这些成果的取得，是中国石油集团正确领导的结果，是总部机关各部门大力支持的结果，也是长庆油田各级领导班子科学决策的结果，更是长庆油田广大干部员工攻坚啃硬、拼搏进取、团结奋斗的结果。

根据发展规划，长庆油田油气当量2009年要达到3000万吨以上，并保持稳步增长、持续发展。在长庆油田发展的关键时期，中国石油集团党组派在大庆工作多年、具有丰富专业知识和管理经验的曲广学同志来我们长庆油田工作，充分体现了中国石油集团党组对长庆油田领导班子建设的高度重视，体现了中国石油集团对我们长庆油田发展的关怀、关爱和支持，对我们是巨大的鼓舞和鞭策。

长庆油田经过37年的发展，已经具备快速发展的资源基础、技术基础、管理基础、文化基础和队伍基础。我们有信心、有决心，在中国石油集团党组的正确领导下，在油田广大干部员工的共同努力下，把我们长庆油田发展好、建设好，努力多产油多产气，为我国经济、社会发展作出我们应有的贡献。

请王总放心，请中国石油集团党组放心，请人事部的各位领导放心，长庆油田是一个整体，我本人一定会全力支持好曲书记的工作，向曲书记学习，以“发展大油田，建设大气田，建设我国重要油气生产基地”为己任，发扬大庆精神，进一步加强党的建设、领导班子建设、队伍建设、企业文化建设、基层建设和和谐矿区建设，认真贯彻落实“四共”方针，发挥好中国石油集团整体优势，加强团结协作、沟通协调，开拓进取、扎实工作，以实际行动贯彻落实党的十七大精神，共同谱写长庆油田大发展的新篇章。

服务油气发展　打造强势品牌　建设美好家园
努力开创长庆局科学发展和谐发展又好又快发展新局面

——苟三权在长庆局2008年工作会议暨九届六次职工代表大会上的报告

（2008年1月22日）

各位代表、同志们：

这次会议的主要任务是，深入学习贯彻党的十七大、中央经济工作会议和中国石油集团工作会议精神，总结2007年工作，明确2008年目标任务和工作部署，动员广大干部员工高举伟大旗帜，解放思想，团结奋斗，再鼓干劲，再创佳绩，努力开创长庆局科学发展、和谐发展、又好又快发展的新局面。

下面，根据长庆局讨论的意见，我向大会作报告，请与会代表审议。

一、2007年主要工作成果

2007年在党的十七大精神的指引下，全

局上下认真贯彻中国石油集团工作会议和领导干部会议精神，牢牢把握科学发展与构建和谐两大主题，按照“发展大油田、建设大气田，创建模范和谐矿区，把鄂尔多斯盆地建设成为我国石油天然气的重要能源基地”的总体要求，抢抓机遇、锐意进取、脚踏实地、埋头苦干，取得令人鼓舞的重大成果，各项生产经营目标全面超额完成，企业综合实力显著增强，改革与管理积极稳步推进，广大干部员工、离退休职工和家属的根本利益得到较好的保证，企业的凝聚力、向心力明显增强，长庆局呈现出“好”字当头、快速发展、稳定和谐的良好局面。全年实现主营业务收入 126.24 亿元，比 2006 年增长 12.96%；企业增加值 50.5 亿元，比 2006 年增长 14.9%；资产总额 197.33 亿元，比 2006 年增长 29.65%；所有者权益 113.08 亿元，比 2006 年增长 40.56%；多元经济销售收入 38 亿元，比 2006 年增长 7.8%；固定资产投资 32.3 亿元，比 2006 年增长 55.39%；超额完成了中国石油集团下达的各项业绩指标，全年共刷新和创造了 70 项历史新纪录。这些成果，标志着长庆局在服务油气发展、打造强势品牌、建设美好家园的道路上迈出了坚实的一步。

1. 以钻井为“龙头”的提速工程成效显著

2007 年是工程技术和生产服务的“提速年”，我们以维护国家石油战略安全、保障长庆油气当量实现 2000 万吨为己任，坚持发展是第一要务，突出主营业务发展，明确提出了各路业务的发展思路和“整体提速、持续提速”的工作要求，确立了“靠技术提速、靠管理提速、靠和谐提速，保证安全、保证质量”的提速原则。把提速工作按一项系统工程来组织，组建了长庆局钻井提速领导小组和提速项目组，明确了提速目标，建立了考核激励机制，分区域、分区块、分井型制订提速方案，突出抓好重点勘探开发区域、特殊工艺井施工，深入推进工程技术服务整体持续提速。坚持把油气勘探开发需要作为最高命令，进一步强化油田双方及长庆局内部生产运行和协调机制，研究解决生产技术施工中的突出问题，共同组织开展外协会战。继续加快关键主营设备更新步伐，全年非安装设备投资 6.9 亿元，新增加钻机 11 部、SS-2000型压裂机组 1 套，购进 17 套无线随钻测量仪（MWD）和 1 套地质导向无线随钻测量仪（LWD），工程技术装备水平和服务能力大幅提升，打出了长庆速度，创出了长庆品牌，确保了长庆油气大发展，得到了中国石油集团的充分肯定。钻井在比上年晚启动 15 天的情况下，年进尺突破 400 万米，达到 422.31 万米，比 2006 年增长 14.5%，位居中国石油集团第二，全年靠提速净增进尺 58 万米，相当于新增 16 部钻机的实际生产能力；试油（气）压裂酸化突破 6000 层次，达到 6469 层次，比 2006 年增长 19.0%，连续 8 年位居中国石油集团之首；井下作业 16730 井次，比 2006 年增长 3.3%；录井 1988 口，比 2006 年增长 21.96%；建筑施工总包产值 15.36 亿元，承建的 2 项工程分获国家优质工程金、银奖。这些业绩指标均创造了长庆油田会战 37 年以来的新纪录。

钻井工程总公司瞄准提速目标，坚定信心，自我加压，积极发挥“龙头”作用，形成了指挥靠前、责权明确、快速响应、高效运行的生产运行机制，科学合理配置队伍，落实关键作业干部跟班制度，充分发挥了施工队伍的作业潜能，钻井生产时效达到 95.65%，有 2 支油井钻井队进尺突破了 8 万米，3 支气井钻井队进尺突破 4 万米。录井公司积极跟进钻井，提升保障能力，资料优良率和解释符合率创历史最好水平。井下技术作业处狠抓各生产环节的衔接和组织，不留积压井，平均每天施工作业 22.3 层次，创历史最好水平；坚决服从大局，贯彻长庆局市场开发战略，与采油技术服务处联手拓展试油、试气市场份额，使年试油、试气压裂工作量迈上新台阶。三个采油技术服务处围绕提高单井产量，合理部署施工队伍，做到了协调有力、组织严密、运行高效、安全平稳。定边采油技术服务处、采气技术服务处合理整合资源，统筹安排队伍，迅速展开工作，积极拓展了服务市场。建设工程总公司创新管理，积极推行“区域化组织、项目化管理、专业化施工”的运行机制，优质服务长庆油田地面建设，大力发展管道产业，在“西气东输”二线工程中承揽了 340 千米直径 1016 毫米管道建设项目，实现了市场开发与施工能力快速同步增长。

在工程技术服务“提速工程”的牵引下，生产服务单位加快工作节奏，优化服务流程，努力提供优质高效的服务。水电厂加大供电系统改扩建和设备更新改造投入，优化运行方案，供电供水能力进一步增强。机械制造总厂统筹市场需求，打造品牌优势，落实“提质增量”措施，取得了重大突破，亚洲第一台直升机吊装固控系统、海洋平台超高压大管径管汇成功下线，填补了国内空白，达到了国际先进水平。器材供应处克服价格上涨和各类供需矛盾，多方落实资源，超前快捷组织供应，确保了生产所需物资的及时到位和采购成本的有效控制。运输处以保障生产提速为重点，狠抓交通安全专项整治，完善生产运行动态监控体系，缩短生产组织衔接时间，保证了钻井搬迁和物资拉运及时到位。通信处加快长庆气田通信网络系统建设，建立完善 GPS 车辆调度管理系统，提高专网主干网络的传输能力，实现了油田边远井队的卫星电话及视频通信。工程技术研究院、工程监督、监理、技术监测等单位和局机关部门着眼全局，积极转变作风，服务基层一线，及时解决生产提速过程中的新情况、新问题，全力做好技术、管理和服务工作，较好地发挥了保障作用。全局广大员工的智慧和力量在提速目标中凝聚，作风和能力在提速过程中得到磨砺，士气和信心在提速成果中得到鼓舞。

2　低效油气储量合作开发实现了跨越式发展

长庆局把低效油气储量合作开发业务定位成为长庆局增效创收与工程技术服务并驾齐驱的两个轮子之一，始终坚持“四个不动摇”，确立了“快速发展、增储上产、增效创收”的发展思路和“双百工程”的规划目标，理顺并加强了合作项目部和低效油气储量合作开发两个项目组的机构和队伍，争取了产建投资、细化了产建方案，低效油气储量合作开发实现了跨越式发展。一是滚动勘探成效显著。大力实施“勘探、评价、开发”三位一体的滚动建产模式，在王盘山、樊学、吴定和姬 15 区块获得重大突破，发现了学 3、学 22、元 214、铁 2 等一批“小而肥”的高效开发油藏，新增探明加控制储量 2010 万吨；苏里格气田在苏 6 和苏 36－11 井区落实了 110 平方千米的相对富集区和 9 条有利砂带。二是开发水平日益提高。低效油田逐步积累形成了小油藏勘探评价、低电阻油层识别、跳跃式滚动建产等 6 项具有低效油田特点的特色技术，综合递减率、自然递减率、含水上升率三大油田开发管理指标保持先进水平；苏里格气田逐步形成了井位优选、快速钻井、井下节流等 12 项开发主体配套技术，全年Ⅰ＋Ⅱ类井比例达到 80.56%，压降速率控制在较合理的正常水平，开发水平在合作单位中处于领先地位。三是产能建设规模不断扩大。超额完成了全年油田 20 万吨、气田 4 亿立方米的产能建设重点工程。原油生产能力达到 45 万吨/年，天然气生产能力达到 8 亿立方米/年。原油日产水平保持在 1000 吨以上，天然气日产水平突破 200 万立方米。全年原油产量超过30万吨，天然气产量突破4亿立方米，油气当量突破了60万吨，为“双百工程”目标的实现奠定了坚实基础。同时，长实集团强化油井管理，原油生产稳中有升，原油商品量完成15.77万吨，为年计划的124.9%，走出了一条自我积累、不断壮大的发展之路。

3. 外部市场开发取得重大突破

坚持“积极、稳健、有效”的原则，积极拓展高收益的海外项目，全年实现收入4.42亿元，国际竞争力和企业知名度明显提升。特别是中亚市场取得历史性重大突破。4月10日，与土库曼斯坦签订了尤拉屯气田12口天然气井钻井总包合同，总金额近12亿元。在前2口井施工中攻克了高压盐膏层钻井技术瓶颈，顺利完成了高压盐膏层的钻井固井作业，受到该国内阁的高度赞誉，使长庆局超深井、高难度复杂地层钻井技术赶上并达到了国际、国内先进水平。积极参与土库曼斯坦阿姆河项目，进一步拓展土库曼海外市场。南美厄瓜多尔市场取得新进展，AP项目顺利“交钥匙”，回收资金1亿美元，新增钻机1部，新落实工作量4500万美元；成功修复一口出油量接近枯竭的38年老井，日增产6倍，为后续市场开发打开了新局面。在乌兹别克斯坦市场签约钻机服务项目合同金额701万美元。反承包市场成功中标壳牌长北二期滚动开发项目和道达尔营地服务、井场建设等9个项目，合同额4.14亿元。国内新疆市场深井和复杂工艺井的工程技术服务能力进一步增强，全年完成进尺6.4万米；积极拓展油气田建设、长输管道和道桥业务，中标合同金额达1.5亿元，积极参与山西煤层气集输及集中处理厂建设。随着“走出去”步伐的坚定有力，外部市场正在发展成为长庆局新的经济增长点。

4. 重点领域自主技术创新取得新成果

把科技创新作为提升企业核心竞争力的重要手段，加快形成低渗透油气藏勘探开发的优势技术、集成技术和领先技术，全年完成重点科技项目45项，申报国家专利58件，获得各类科技成果奖44项，其中多分支水平井钻完井技术获中国石油集团技术创新奖一等奖。在重大技术攻关上取得7项成果。研制出水平井分段压裂机械封隔工具并在吴平10井进行了4段压裂试验获得成功；开发出具有高携砂、无固相、性能优良的稠化水酸性清洁压裂液，现场试验增油效果明显；0.3毫达西特低渗透油藏增产改造取得了新进展，采用多裂缝加前置酸复合压裂技术完成了28口井的压裂施工，提高产能近80%。在技术集成上有7项重点项目见到了明显成效。水平井钻井技术集成效果明显，全年完成油井水平井29口，气井水平井2口，油井水平井平均机械钻速18.63米/小时，比2006年提高42.21%；气井试气压裂高效施工技术研究成效明显，施工成功率达98%，单井平均试气周期缩短25天。建设工程总公司与长庆科技工程公司在苏里格气田探索实践“标准化设计、模块化建设”的模式取得重大突破，被称为“中国石油集团新的一种建设模式”，并在中国石油集团全面推广。科技管理工作进一步加强。全面推行重大科研项目首席专家负责制，实行课题制管理项目21项，落实激励政策，提高奖励额度，充分调动了科研人员的创新积极性；低渗透油气田工程技术实验室建设进一步加快。组织实施了16个信息化项目，提高了全局信息化水平。

5. 安全环保稳定保持平稳态势

始终把安全环保稳定工作摆在突出位置，牢固树立“安全第一、环保优先、以人为本”的理念，扎实开展“安全环保基础年”活动，安全环保稳定形势持续好转。一是全面落实安全环保责任。全局各级领导班子层层签订责任书，进一步明确责任目标，严格执行安全事故责任追究制度，促进了安全责任的有效落实。二是大力夯实安全环保基础。全年投入1.36亿元，重点配备完善井控设施、安全防护设施和检测仪器，积极推广应用安全环保新工艺、新技术、新设施，治理各类安全环保隐患69项；举办各类安全环保培训班128期，培训3800人，全员安全环保素质进一步提高。三是持续推进HSE管理体系建设。制订长庆局《HSE管理体系建设推进方案》，研究制定了加强和改进安全生产的具体措施，全局HSE信息系统成功运行。四是突出抓好重点领域安全监管和治理。在一线关键岗位严格落实坐岗观察制度，持续加强井控管理；组织现场监督检查10次，整改问题1068个；推行GPS车辆管理系统，交通安全控制水平明显提高；组织各级应急救援预案演练1.3万余次，人员18.9万人次，克服了多年不遇的持续阴雨天气，保障了汛期生产，基层作业队的应急指挥和处置能力有效提升。五是积极推进节能减排和环保工作。制定长庆局“十一五”防污减排规划方案，积极推行环境管理体系建设，大力推广低分子环保型压裂液、绿色修井等新技术，全局累计节能量1.34万吨标准煤，节水量34.77万立方米，节能减排各项指标达到了中国石油集团控制要求。六是维护稳定工作进一步加强。健全机制，逐级落实维稳责任制，畅通信访渠道，定期排查，强化调处，认真解决群众信访问题，依靠政策推进维护稳定综合性措施的实施，保持了油田持续稳定的良好局面，受到中国石油集团三次嘉勉。

6. 改革与管理积极稳步推进

按照中国石油集团总体部署要求，稳步推进企业改革，整体控制力进一步增强。矿区服务系统改革取得阶段性成果。整合了医疗卫生系统业务，分区域组建了3个医院。组建了长庆局矿区服务事业部，涉及职工近8000千人，矿区服务新型管理体制基本建立，各项工作步入正轨。整合规范了多元经济企业的井筒业务。按照“两交一不变”的原则，将多元经济企业的钻井、井下、录井业务全部移交到长庆局主营业务进行管理，共移交钻机、试油气机组和录井设备125台（套），移交从业人员2181人。完成了规范职工股暨清理法人实体工作。长庆局专门成立规范清理工作领导小组和6个专业组，按照“总体设计、统一政策、分类处置、一企一案”的原则，先后多次召开会议，制订方案，严明纪律，分批推进。积极争取中国石油集团的收购资金6.24亿元，组织完成了60家职工持股公司的规范清理，已全面顺利完成了职工股的回购工作，全局法人实体由2006年的86家减少到38家。根据业务发展需要，适时理顺组织机构。按照专业化、扁平化的思路，进一步理顺了钻井工程总公司内部管理体制，组建了固井、管具公司；跟进服务油气发展，拓展服务市场，组建了定边采油技术服务处和采气技术服务处；加强设备管理和报废资产管理，统筹全局机械制造业务，成立了机械动力处；落实中国石油集团“监管分离、异体监督”的要求，成立了安全环保监督部；按照专业化、集约化的管理思路，组建成立了长庆化工集团；根据中国石油集团统一部署，接管了西安石油勘探仪器总厂，平稳移交了分布在陕、甘、宁三省（区）的37个加油站和油库的管理权。

在深化改革的同时，全面加强企业管理。坚持“战略制胜、追求卓越、和谐共赢”的经营理念和“关注细节、重在执行”的管理理念，全年制定完善7大类52项管理制度，荣获国家及省（部）级企业管理现代化创新成果13项。强化了战略决策管理和投资管理。认真梳理发展战略和发展思路，编制完成了长庆局2008—2010年滚动发展规划和2008—2013年业务发展框架性规划，科学决策、依法治企水平和风险管理能力有效提高。不断强化财务和资产管理。推行新会计准则，理顺预算管理机制，会计信息质量进一步提高；严格资金集中管理，有效控制了成本费用，资金运行效率和风险防范能力进一步提升。依法妥善处理了华油公司、长实集团、管业公司等多元企业在债权债务、资产处置等方面的历史遗留的“老大难”问题，收回资金及实物资产3860多万元，维护了企业合法权益。加强法律事务、合同、招投标、审计和工程造价管理。共审查各类合同8881份，涉及金额99.16亿元，合同送审率、综合履约率达到100%，合同信息系统的运行使合同签约速度提高了26%，有效防范了法律风险；进一步理顺招投标管理和结算价格管理机制；两级审计体系逐步完善，共完成审计项目119项，累计审计资金223.89亿元，节约资金支出3293万元。规范和加强劳动用工管理。建立起“123”用工管理模式，对劳动用工实行局一级管理，对用工总量和工资总额进行双控制，对用工形式按合同化、合同制员工和社会化劳务用工三种形式规范，出台了一系列规范劳动用工的规定，减少市场化用工2000人。全面风险管理体系建设初见成效。率先在中国石油集团未上市企业启动了全面风险管理体系建设，完成了17个专业491个业务流程目录和《程序文件》，评估风险124项，形成长庆局《风险管理手册》并正式发布试行，基本建立起了涵盖全局主要生产经营管理业务的全面风险管理体系。

7. 基层建设取得新进展

长庆局深入贯彻落实《中国石油集团基层建设纲要》，召开了基层建设工作推进会，专题研究部署基层建设工作。一是扎实开展基层建设示范点创建活动。按照“典型示范、总结经验、突出重点、有序推进”的工作思路，刻树了20个基础工作扎实、特色鲜明的基层建设示范点，进行了现场观摩和经验交流。各厂（处）单位先后召开推进会、现场会，紧密结合实际，制定了钻井队、试气队、录井队等队种基层建设工作标准和考核办法，通过与示范点对标分析、现场蹲点帮促、反复整改完善等措施，全局有201个基层队站完成示范点推进工作，占到基层单位总数的14.2%。二是大力实施“五型”班组创建活动。将“五型”班组创建活动与基层建设示范点推进工作紧密结合，制订了基层建设示范点三年推进计划方案和“五型”班组创建活动规划方案。两级机关加大现场帮促力度，基层单位不断摸索总结，逐步形成了独具特色的好做法、好经验。钻井工程总公司分钻井队、专业公司基层队、车队三个类别制定了基层建设等级达标考核办法，对钻井作业的全过程进行科学分解，形成了110个程序文件，作为员工技术培训和基层管理的标准。建设工程总公司根据队伍分散、流动性强的特点，采取了“型星对应、星酬结合”的“五型”班组创建实施办法。三是深入开展大庆精神、铁人精神的再学习、再教育。在全局范围内集中5个月时间，深入开展“发扬大庆精神、铁人精神，学习刘玲玲，为长庆发展作贡献”主题教育活动，推出了中国石油集团“十大标兵”刘玲玲、“中国石油·榜样”周丰两个在中国石油集团叫得响的先进典型，举行了“刘玲玲女子焊工班”命名仪式。全局共有10个集体、32名个人获得省部级以上荣誉，2人获得“全国五一劳动奖章”，各基层单位也刻树了一批先进典型。

8. 党的建设、班子建设和企业文化建设全面加强

紧密围绕生产经营中心任务，切实加强和改进党建和思想政治工作，创造了有利于加快发展、和谐发展的环境。以继续巩固和扩大先进性教育活动成果为主线，大力加强和改进基层党的建设。扎实贯彻落实中央保持共产党员先进性长效机制“四个文件”精神，召开党建工作研讨会，全面部署长庆局党建工作。进一步落实党建工作责任制，大

力推进基层党支部“六个一”创建活动，局领导班子成员和机关部门明确了42个创建联系点，长庆局党建工作得到了甘肃省委组织部的高度赞誉。以“公开承诺、转变作风”活动为载体，大力加强领导班子建设。认真开展“四好”领导班子创建活动，各级班子的整体功能和领导管理能力进一步提升。在局处两级领导干部和两级机关开展了“公开承诺、转变作风”活动，促进了领导干部和机关工作作风的转变。以推进惩防体系建设为目标，不断深化党风建设和纪检监察工作。严格落实中纪委八项规定，加强廉洁文化建设，营造了“以廉为荣、以贪为耻”的良好风尚。效能监察工作取得阶段性成果，挽回经济损失66.02万元。以构建核心文化为根本，有效推进企业文化建设。培育刻树了4个具有长庆特色的企业文化示范基地，颁布实施了长庆局《企业精神理念体系》和《员工行为规范体系》，长庆局被评为“中国文化管理先进单位”。以建设社会主义核心价值体系为重点，不断加强思想政治工作和精神文明建设。积极推进社会主义荣辱观教育进岗位、进班组、进社区，总结提炼了“特别能吃苦、特别能战斗、特别能负重、特别能奉献、特别能创造”的核心文化，得到广大员工的高度认同。各级工会组织认真履行职责，完善以职代会为基本形式的民主管理，长庆局荣获“全国厂务公开民主管理先进单位”称号。共青团组织引导广大青年岗位成才，充分发挥青年突击队的作用。各级武装保卫部门努力创建“平安长庆”，发挥了积极作用。

9. 人才培养迈出实质性步伐

将人才培养和使用作为一项重要的战略任务来抓，在企业发展的同时，高度关注和努力实现全体员工的共同发展。着力增强长庆局干部队伍活力。制订了《局属单位（部门）领导人员后备人选推荐选拔工作实施方案》，举办了两期共81人参加的后备干部培训班，组织各类管理干部培训班20期，培训管理人员1219人次。建立起了一支数量适宜、素质较高、结构合理、专业配套的领导人员后备人选队伍，有效推进了领导人员队伍的年轻化，处级领导人员队伍平均年龄下降了1.1岁。加强干部的跟踪考核与督察，完善了相关考核办法，对55个局属单位及4个改制企业的395名领导人员进行了全面考核。继续推行民主、公开、竞争、择优的干部选拔任用机制，全年公开竞聘领导人员5名。进一步加大基层与机关、基层单位之间的人员交流力度，全年交流领导人员91名。重点加强两级技术专家、科研人员和一线关键岗位人员的培养。持续推进“万千培训工程”。广泛开展了“技术大培训、岗位大练兵、技能大比武”活动，大力实施能力建设、技术创新、技能提升、学历层次提升及国际化骨干人才等五项培训，培训中心被中国石油集团确定为重点建设培训基地。加大操作技能人才技能鉴定和技师考评力度，全年共鉴定1.1万人次，114人取得技师、高级技师职业资格。承办了陕甘宁三省（区）“长庆杯”13个工种的职工职业技能决赛，组织了长庆局第十四届职业技能大赛，涌现出了15名技术状元、33名技术标兵、122名技术能手。全局共举办各类培训班1129期，培训2.9万人次，完成年培训计划的111.5%，比上年增长28%。关注员工身心健康。及时出台并推进落实员工带薪休假、疗休养制度，提高了补贴标准，分批启动了劳模先进疗养工作，先后组织四批73名先进个人国内疗休养，19名劳动模范赴澳大利亚、新加坡疗休养，组织近百名处级干部外出疗休养。

10. 和谐矿区建设取得阶段性成果

坚持“为国家奉献能源、为社会创造和谐、为长庆创造价值、为员工谋求幸福”的企业核心价值观，真心实意地将发展成果惠及广大员工家属，同时与社会共建和谐。一是“万套住宅建设工程”全面推进。成立了建设领导小组和4个局管施工建设项目组，在西安、银川等基地已顺利开工10582套职工住房；争取政策，确保了兴隆园小区的户型面积，顺利完成了住房配售工作；投资3.2亿元，对调整关闭基地的1.3万余套职工已购住房进行了回购处理。康馨广场、湖滨大厦、油气合作科研综合楼等项目前期及建设工作进展顺利。二是提高了职工住房和物业补贴标准。各物业服务处积极开展矿区服务工作“创优达标”活动，业主服务满意度达到94.25%，有3个小区荣获“全国绿色社区创建单位”称号。各驻外办事处提高服务水平，进一步发挥了“窗口”作用。三是提高了有偿解除劳动关系人员再就业困难补助、基地服务类再就业岗位报酬、劳动家属生活补贴等标准。四是大力改善一线生产、生活条件。新征地220亩，开工建设了定边生产基地，续建了靖边生产基地；投资7673万元，新购789套野营房；切实关心一线职工的婚恋问题，为47对新人举行了大型集体婚礼；组织慰问团深入一线队站演出，丰富了员工业余生活。五是积极开展“送温暖”活动，为困难员工家属发放生活、医疗、助学、再就业帮扶资金4000余万元，慰问离退休人员2600万元。六是投入数亿元为员工建立各项社会保险及有关商业保险。七是投入5100万元，购置各种医疗设备，组织开展“送健康到一线”服务活动，进一步完善医疗卫生和应急救护体系；长庆职工医院西安泾河园分院建成投用，为周边2万多户油田员工家庭提供健康就医保障。八是研究出台相关惠民政策。先后出台了对职工遗属生活补贴标准、油田无住房职工在外购房补贴、合同制员工购房政策及物业补贴政策等。拓宽了就业渠道，使1000余名油田员工子女中的大中专院校毕业生实现了就业，近4000名油田职工子女实现了身份转聘。九是加大对基础教育的支持力度，向陕西石油普教中心捐赠1000万元，慰问教师500万元，确保油田子女得到了高质量的教育。十是认真履行了社会责任，主动向地方党委、政府汇报工作，支持和带动地方经济发展。油田双方捐赠2600万元支持甘肃庆阳市、宁夏固原市抗旱扶贫及陕西白于山地区人饮工程。陕西省渭南中医学校地热井发生井喷后，迅速出动设备和人员，制服井喷，并承担了全部抢修费用，在社会上引起强烈反响，树立了良好形象。

2007年的各项工作成果来之不易，是中国石油集团党组正确领导和大力扶持的结果，是地方各级党委、政府关怀支持的结果，是长庆油田分公司理解、支持和帮助的结果，是长庆局领导班子谋划长远、科学决策的结果，更是全局上下团结一致、同心同德、攻坚啃硬、拼搏进取的结果，是广大离退休老同志热情帮助的结果。在此，我代表局党委、长庆局向广大员工家属、离退休老同志表示亲切的慰问和衷心的感谢！向长期关心、支持我们工作的陕、甘、宁、内蒙古四省（区）各级党委、政府和人民，长庆油田分公司全体干部员工表示诚挚的谢意！

二、面临的发展形势与任务

当今世界和中国都在发生广泛而深刻的变化。2008年是全面贯彻党的十七大精神，深入贯彻落实科学发展观的重要一年，也是改革开放30周年、举办北京奥运会等大事不断的一年。对长庆局而言，是为长庆油田油气当量跨越3000万吨大关奋力拼搏，实现科学发展、和谐发展、又好又快发展的关键一年。在新的历史时期，长庆局面临的内外环境都发生了重大变化。

国际环境的新变化。世界经济继续保持平稳增长态势，石油资源偏紧，供需处于脆弱平衡状态，世界已进入高价能源时期。新年伊始，国际油价一度突破100美元，在高油价的冲击下，各大石油公司和石油资源国持续加大油气勘探开发投入，全球工程技术服务行业处在快速发展的黄金时期。

国内形势的新变革。改革开放30年来，我国国民经济实现了持续稳定健康发展，中央经济工作会议提出了“控总量、稳物价、调结构、促平衡”的12字方针，明确要把防止经济增长由偏快转为过热、防止价格由结构性上涨演变为明显通货膨胀作为当前宏观调控的首要任务，完善和落实宏观调控政策，保持经济平稳较快发展的好势头。面对国内油气和石化产品需求的持续增长，石油供需矛盾日趋突出的形势，国家对能源问题高度重视，制定了以能源安全为中心的全球化、可持续发展战略，加强了战略石油储备建设和管理，新的《能源法》即将出台，国民经济的又好又快发展，为我们提供了广阔的发展空间和旺盛的市场需求。

中国石油集团发展的新契机。中国石油集团确立了“建设综合性国际能源公司”的奋斗目标，实施资源、市场、国际化三大战略，集中发展石油天然气业务，坚持把资源勘探放在首位，努力寻找更多的大油气田，确保国内原油产量稳中有升。协调发展石油工程技术服务业务和石油工程建设业务，不断增强服务保障能力与核心竞争力。精心打造石油装备制造业务，切实办好生产、生活矿区服务业务，有序发展新能源业务。按照突破中亚、拓展非洲、做大南美、推进亚太、加强中东的总体要求，加快建设东北、西北、西南和海上四大油气战略通道，实现国际业务规模有效可持续发展。中国石油集团的全面协调可持续发展，为我们加快发展奠定了良好的物质基础。

长庆发展的新目标。一是长庆油田将继续保持大规模增储上产的良好势头。中国石油集团把长庆确立为中国石油实现持续发展的战略接替区，油气当量2009年将达到3000万吨，2013年将达到4200万吨，为长庆局主营业务的快速发展提供了充裕的市场工作量。二是国际市场前景广阔。土库曼斯坦尤拉屯气田12口天然气评价井的钻井总包项目进展顺利，阿姆河右岸工程技术服务积极推进，做大中亚的构想正在变为现实。同时，厄瓜多尔市场也在稳步发展。三是提升长输管道施工能力恰逢良机。中国石油集团规划的横跨东西、纵贯南北的全国油气骨架管网将陆续开工，每年平均有5000千米的建设项目，为长庆局长输管道业务拓展了发展空间。四是装备制造业务有望成为长庆局新的经济增长点。五是油气合作开发前景看好。目前油气当量已突破60万吨，“双百工程”目标的实现具备了一切基本条件。

内外环境的诸多变化，为我们提供了千载难逢的发展机遇，但同时也面临着严峻的挑战。从外部来看，国家调整了宏观经济政策，对中央企业将收取国有资本收益；运用财税杠杆调控稀缺资源，资源财税政策相继出台；防止经济过热将压缩固定资产投资规模；原油价格上涨、节能降耗、环保等压力急剧增加，使长庆局面临较大的成本压力。同时，中国石油集团2008年将全面实施预算紧缩政策，这都将给我们的生产建设和经济效益带来较大影响。从内部来看，一是油气田勘探开发工作量增加，但投资成本进一步降低，“大市场、低效益”的矛盾将会更加突出。二是“三支人才”队伍总量依然不足，技术创新的“瓶颈”仍然没有完全打破，自主创新的能力不强。三是安全环保虽然保持了较好的态势，但依然面临严峻挑战。四是结构性矛盾依然突出，各业务板块发展不平衡，粗放型增长方式短期内还不能彻底解决。五是影响或者制约发展的体制、机制障碍依然存在。

清醒认识和科学把握当前面临的新形势、

新任务，对做好 2008 年各项工作至关重要。在 11 月 30 日召开的长庆局贯彻党的十七大精神务虚会上，围绕中国石油集团的总体要求，经过上下互动、深入思考、集思广益、统一认识，确立了长庆局的发展目标和企业的愿景，即“打造长庆工程技术服务强势品牌，把鄂尔多斯盆地建设成为我国石油天然气的重要能源基地和长庆人的美好家园”，可以简要概括为“服务油气发展，打造强势品牌，建设美好家园”。

服务油气发展，这既是历史赋予我们的使命，也是长庆局的立身之本。必须把长庆局的发展纳入经济全球化、全面建设小康社会和中国石油集团建设综合性国际能源公司的大背景下进行思考和谋划，明确长庆局的定位，以保障国家能源安全和油气稳定供应、实现中国石油集团战略目标为己任，积极履行经济、政治、社会三大责任，坚定不移地服务长庆油气大发展，坚持不懈地提高服务能力和水平。

打造强势品牌，这既是我们的愿景，也是我们的发展目标。有了自己的强势品牌，就赢得了发展机遇和强势市场。要以品牌促发展，靠品牌树形象。工程技术服务业务打造强势品牌，要靠核心技术，打出长庆速度，在中国石油集团保持领先地位和水平；生产服务业务打造强势品牌，要靠特色服务，不断提高保障能力；机械制造业务打造强势品牌，要靠特色产品，拓展市场；矿区服务业务打造强势品牌，要靠优质服务，真心为群众办实事；各业务板块要走内涵式、集约式发展之路，实现统筹、协调发展。

建设美好家园，这既是科学发展、和谐发展的必然要求，也是以人为本的具体体现。要坚持把发展成果惠及员工，坚持把企业的发展与员工个人价值实现统一起来，坚持全心全意依靠员工办企业；要妥善处理不同利益群体的关系，认真研究落实政策，加大稳定工作力度，广大员工也要心系企业发展，发挥主人翁精神，凝心聚力，立足岗位，多作贡献。

总体来看，长庆局正站在新的发展起点上，机遇前所未有，挑战也前所未有，机遇大于挑战。我们必须自觉地把长庆局的发展放在中国石油集团建设综合性国际能源公司的大趋势下，放在长庆油田“把鄂尔多斯盆地建设成为我国石油天然气的重要能源基地”的大格局中，冷静思考、科学谋划。

三、2008 年重点工作部署

2008 年工作指导思想：全面贯彻落实党的十七大、中央经济工作会议和中国石油集团工作会议精神，以科学发展观为指导，围绕“服务油气发展，打造强势品牌，建设美好家园”的工作主线，牢固树立敏锐的机遇意识、强烈的发展意识、高度的责任意识和厚重的人本意识，大力实施科技创新、人才强企、管理提升、持续发展、市场开发五大战略，始终坚持“七大业务发展思路”，持续推进“五大工程”，深入推进科技、管理、制度创新和内部改革，不断夯实安全、环保、稳定基础，大力推进党的建设、基层建设和企业文化建设，努力开创长庆局科学发展、和谐发展、又好又快发展的新局面。

2008 年的主要工作目标：实现主营业务收入 132 亿元，比 2007 年增长 5%；企业增加值 58 亿元，比 2007 年增长 11.5%。多元经济实现销售收入 35 亿元。安全环保实现四个杜绝、三个不超、两个确保；精神文明建设走在所在省（区）前列。

实现 2008 年各项目标，重点要抓好以下几项工作。

1. 认真学习贯彻十七大精神，进一步理清发展思路

党的十七大作出的一系列重大决策和战略部署，为党和国家各项事业发展指明了方向，我们必须按照党中央、中国石油集团党

组的统一部署和要求，把学习贯彻十七大精神作为当前和今后一个时期的一项重要政治任务，用党的十七大精神武装头脑、指导实践、推动工作、促进发展。学习贯彻党的十七大精神，必须深刻理解和全面把握科学发展观的科学内涵、精神实质和根本要求，不断更新发展理念，理清发展思路。长庆局务虚会以十七大精神为指导，明确提出了发展目标、发展战略和发展思路，这是实现长庆局又好又快发展的纲领，各单位、各部门要结合实际，进一步明确发展目标，落实各项保障措施，在全局上下营造一心一意谋发展的良好氛围。

（1）做强做大工程技术服务业务。工程技术服务是长庆局的主营业务，是核心竞争力所在，必须下大力气，在做强、做大上下工夫，着力提升工程技术服务保障能力与核心竞争力，创建长庆速度，打造长庆工程技术服务强势品牌。

钻井继续坚持“做强做大、规模适度、重在做强”的发展思路。立足长庆市场，坚持效益优先，保障长庆油田分公司重点勘探开发项目，走内涵式、集约式发展的新路子。录井、固井、管具坚持“做专做强、质量为本、保障有力”的发展思路，紧跟钻井提速，努力使技术服务能力与钻井能力相配套、相一致。重点在做“专”上做文章，在确保质量上做文章，在提升保障力上下工夫。试油（气）压裂酸化继续坚持“做大做强、培育特色、拓展市场”的发展思路，全面承揽长庆重点勘探开发区块及各主要采油建产区块的工作量，力争全部承担气井主体工作量。不断扩大油探评价井市场和周边压裂市场，确保长庆局低效油气储量合作开发，稳步推进壳牌长北、道达尔苏里格南反承包施工项目。采油、气技术服务继续坚持“跟进发展、突出重点、就近服务”的发展思路，遵循“井下技术作业处和采油、采气技术服务处联手拓展市场”的工作要求，缩短服务半径，适度增加试气机组的配置，跟进占领长庆内部市场。工程建设坚持“创新模式、培育规模、效益优先”的发展思路，加快发展管道业务，稳定集输炼化业务，有效开展道桥业务。工程监督、监理与技术监测按照“坚持标准、质量第一、确保安全”的发展思路，切实对业主负责，对工程质量和安全负责，做到让业主满意、让用户安心。

（2）协调发展生产服务业务。水电、器材、运输、通信等坚持“协调发展、做优做专、保障生产”的发展思路，进一步提高生产服务能力和保障水平，逐步做到与油田发展和长庆局工程技术服务能力相协调、相配套。

（3）快速发展低效油气储量合作开发业务。坚持“快速发展、增储上产、增效创收”的发展思路，始终坚持“双百工程”目标不动摇、加快推进的决心不动摇、保护矿权的意识不动摇、低成本开发的路子不动摇。将长庆实业集团油气开发纳入长庆局低效油气储量合作开发业务，统一管理、统一规划、统一建设、全面支持、快速发展。

（4）稳步发展海外业务。坚持“做大中亚、稳健发展、确保效益”的发展思路，全面优化目标市场结构，跟进中国石油集团海外重点项目，通过优质服务赢得市场，实现规模经营、效益经营。

（5）乘势发展装备制造业务。坚持“做优做特、打造品牌、扩能提效”的发展思路，抓住难得机遇，突出自身优势，有效整合资源，打造“三抽”产品、固控设备及钻井液管汇、天然气采输设备为主体的研发、制造、营销一体化的装备制造中心，打造长庆制造品牌。积极培育核心竞争力，着力提高经济效益，推动长庆装备制造业务快速发展、协调发展、跨越式发展。

（6）做实做优矿区服务业务。坚持“以

人为本、优质服务、构建和谐”的发展思路，强化服务意识，落实保障措施，完善服务功能，提升服务水平。持续推进矿区基础建设，加快生活基地建设步伐，持续改善职工居住环境；开展小型多样的文体活动，开辟服务窗口，开展社区教育，广泛争创文明社区。

(7) 规范发展多元经济业务。坚持“规范管理、集约发展、确保效益”的发展思路，紧紧围绕油气产业链延伸，加快推进产业结构调整，提高产业集中度，在专业化整合的基础上规模化发展化工、机电、建筑安装、加工、服务及相关产业。发展模式要从小规模、低层次，向集团化、集约化转变；从单纯依靠油田市场需求拉动，向依靠产业投资和技术进步推动转变。

2. 以持续推进“五大工程”为抓手，快速提升核心竞争力与综合实力

根据中国石油集团关于加快推进综合性国际能源公司建设的战略方向，结合长庆局务虚会部署及生产经营、市场开发目标需要，2008 年我们要持续推进“五大工程”。

(1) 继续抓好“以钻井为‘龙头’的工程技术服务‘再提速’工程”。实现生产整体持续提速是长庆局工程技术业务做强做大的根本需要，也是转变企业发展方式，实现内涵式发展的内在要求。2008 年，工程技术服务业务要继续组织“再提速”，实现“再提速”。要坚持把“再提速”作为一项系统工程，按照“三靠两保证”的提速原则，继续组建提速项目组，明确提速目标，建立提速重奖机制，以“提速”为抓手，认真抓 2—3 年，抓出大成效，全面提升长庆局工程技术服务能力和水平，不断增强服务保障能力与核心竞争力。

钻井全年计划动用钻机 140 部，长庆市场保持 119 部，完成进尺 445 万米，其中关联交易达到 400 万米。全年靠提速贡献钻井进尺 30 万米以上。一是继续加大钻机更新改造力度。2008 年更新 11 部钻机。有关部门要加大监造力度，争取 8 月份以前全部出厂投运；加快特殊工艺井所需装备仪器的配套更新，为技术提速提供支撑。二是加大后勤保障力度。优化人力资源配置，确保一线人员，适度增加二线人员，满足生产需要和员工正常倒休。三是加大新技术、集成技术的应用推广。突出抓好 PDC 钻头、“四合一”钻具等快速钻井技术的推广应用，提高机械钻速，缩短钻井周期，实现不同区块、不同井型、不同井队的整体协调提速。四是加大生产组织协调力度。要加强与长庆油田分公司各个层面的对接协调，密切掌握油田部署和调整变化情况，合理调整施工队伍，统筹调配生产要素，进一步提高生产组织效率。五是加大外协工作力度。统筹外协力量，攻克难关，努力减少等停现象。

录井全年动用录井队 141 个，完成录井 2000 口以上。要以服务油田勘探开发评价为重点，建立和完善以“三低”油气藏为目标的资料采集、处理及解释评价技术，继续深化地化、全烃、快速色谱等技术的应用研究，加大三维定量荧光、核磁共振等新技术的推广力度，积极引进和储备光谱录井等新技术，建立完整的主体配套技术系列，实现从单纯资料采集服务逐渐向技术服务的转变。

固井全年动用 7 个固井中队，固井 1970 口，固井质量一次合格率达到 100%。管具服务保障率达到 100%。固井、管具两个公司要尽快理顺内部管理体系，建立顺畅的工作机制，做专工艺技术，坚持培育特色，提升专业保障能力，以高质量的服务巩固和扩大市场。

试油（气）压裂酸化全年动用试油（气）机组 193 套，压裂机组 18 套，完成试油（气）压裂酸化 6500 层次。其中，井下技术作业处 5500 层次，依靠提速贡献 260 层次。长庆局还将新购置 1000 型主压机组，有效占

领关联交易市场，不断扩大市场份额。井下作业尤其要注意开展试油工艺，有毒有害、可燃气体的防范与治理，大力推广应用不动管柱分层压裂工具、水力喷射压裂工艺等新技术。

采油采气技术服务全年动用186套修井机组，完成修井18000井次以上。要依靠关联交易和优质服务，继续巩固扩大“一对一”服务市场，加快形成特色井控、井筒处理、油水井大修、带压作业修井等系列技术，强化生产经营管理，努力实现扭亏为盈。

工程建设全年完成施工总包产值17亿元。强化工程建设项目管理，着力推行EPC、PC项目总承包模式，重点做好气田“标准化设计、模块化建设”模式的推广应用，优质高效地完成中国石油集团和油田产能建设重点项目。

生产服务单位要紧跟工程技术服务业务，加快提升保障能力。供水供电要围绕油气开发重点区域，跟进建设油气田供电网络，确保及时安全供应。全年完成供电13.7亿千瓦·时；完成供水1260万立方米。物资采供要围绕油田生产建设需求，超前落实资源，规范管理，降低成本，加快周转，确保生产，全年完成物资供销量55亿元。运输要利用“两个资质”，有效拓展市场，全年完成货运周转量3.2亿吨·千米。长庆局将适度增加投入，购置运输设备，理顺运输价格体系，支持运输业务发展。通信要以中国石油集团推进信息化建设为契机，延伸拓展服务网络，持续提高数据传输能力，全年实现营业收入8500万元。机械加工制造要进一步优化调整产品结构，加快技术升级，积极延伸产业链，努力提升市场竞争力，全年完成工业总产值7.3亿元。

(2) 持续推进“低效油气储量合作开发双百工程”。全年计划新建原油产能20万吨，生产原油45万吨，力争50万吨；长实集团生产原油达到28万吨。全年天然气要达到“7788”，即计划建产能7亿立方米/年，生产天然气7亿立方米/年；力争建产能8亿立方米/年，生产天然气8亿立方米/年。全年油气当量达到135万吨以上，力争在2007年的基础上翻一番。一是持续加大勘探评价工作力度。油田开发在重点区块部署15口勘探评价井，力求有突破，完成探明加控制储量1500万吨以上，并积极争取新的合作开发区块。气田开发围绕苏6－9－8等9条有利砂带开展工作，力求有新的突破，并积极落实两个新的合作区块。二是加强综合地质研究。油田对樊学、王盘山、吴定等重点区域开展成藏及富集规律研究，寻找有利勘探相带，提高探井成功率和单井产量。气田要加强对气藏精细描述，寻找富集区块，做好井位优选，确保Ⅰ＋Ⅱ类井比例达75％以上。三是要稳步提高油气田科学管理水平。油田要加强油藏开发动态研究，及时监测调控，加大老井措施改造力度，加强稳产研究及工艺技术推广，完成50万立方米注水任务，力争油田开发三大指标达到先进水平。气田管理继续推广12项配套技术，加强动态研究，开展完善井网井发试验，提高单井产量和采收率。四是要加快油气田产建速度。按照市场化原则引进外雇队伍，加快速度，确保质量。同时，细化产建方案，严格控制投资和成本，对外协特别复杂的区块，要探索多种合作开发模式。

(3) 积极实施“以中亚为重点的海外业务开发工程”。坚定不移地实施走出去的“市场开发”战略，实现国际业务规模有效可持续发展。全年动用机组28台（套），其中土库曼尤拉屯和阿姆河项目动用钻机10部，实现合同签约额1.5亿美元，实现收入1.16亿美元。一是切实有效组织好尤拉屯12口井钻井项目。中国石油集团已经同土库曼斯坦签订了3年300亿立方米天然气合同，2009年开始正式供气，尤拉屯是主力气田。因此，长庆局承担的12口井钻井项目不仅是效益工程，更是政治工程，要全力组织好，完善施工方案，总结形成高压盐膏层等复杂地质条件下的钻井工艺技术规程标准和应急处置预案，确保安全快速钻进，力争主体工程完工。同时，要以这个项目树立品牌，扩大影响，争取承担到更多的工作量。二是加快阿姆河项目启动和运行步伐，组建施工队伍，加大人员培训力度，抓好设备配套动员、技术方案制定和项目运行保障，加快项目组织进度。三是国际事业部要根据生产进度需求，超前计划，做好钻机、配套设备和相关物资的组织准备，畅通采购、运输渠道，建立高效顺畅的后勤保障体系和完善的设备管理体系，确保设备、材料及时到位和项目正常生产。四是切实抓好境外项目井控管理、有毒有害气体防护和交通安全工作，针对尤拉屯气田高压、高产、高含硫的特点，制定井控措施，配备相应的装备，完善应急预案，并组织现场演练，坚决杜绝各类重大事故的发生。五是加强境外项目部管理，长庆局将尽快研究充实加强土库曼斯坦等中亚项目的组织机构和人员。在从局内调配关键岗位骨干人员的基础上，招聘当地优秀人才，强化员工培训，保证项目正常运转。同时，稳步扩大南美市场，坚持市场开发与运营管理并重，延伸服务范围，集中力量做大厄瓜多尔项目；反承包市场要加强壳牌长北项目和道达尔苏里格南项目协调，确保服务质量、效率和效益。

（4）启动实施“第二个万套住宅建设工程”。“万套住宅建设工程”是长庆局关注民生的一项民心工程，是落实以人为本的具体体现，也是将企业发展成果惠及广大干部员工的重要举措。要在2007年顺利实施第一个万套住宅建设工程、基本解决合同化员工住房问题的基础上，按照“抓住机遇、加快建设；企业组织、以需定建”的思路，以“零利润、完全成本配售”的原则，统筹规划、统一组织、科学管理、规范运作，2008年再开工建设员工住房一万套，基本解决现有合同制员工的住房问题。其中，湖滨花园4216套、泾渭苑三期B区3484套、燕鸽湖基地新区的南区新建1152套、银川金凤小区规划804套、银川新城小区310套、其他小区200套。此外，如果庆阳市西峰区土地价格合理、相关优惠政策到位、职工家属也有需求，长庆局将尽快规划建设一个新的生活基地。为确保“第二个万套住宅建设工程”顺利推进，一是要超前做好职工住房需求摸底，抓紧项目报建工作。当前，国家对土地及房地产市场宏观调控的力度持续加大，有关省区的相关政策日趋从紧。各建设项目组一定要加强协调，周密组织，尽早做好项目前期各项准备工作。二是切实加强项目管理，严格控制进度、投资、成本，确保工程质量全优、投资不超。建立健全各项管理制度，强化考核，规范建设程序和管理体系。加强监督检查，加大现场管理和安全管理力度，确保工程进度和建设质量。要认真学习推广银川燕鸽湖基地建设经验，科学组织，加快进度，真正建成职工群众满意工程。三是积极稳妥地实施新建房出售和腾空房的交易。合理确定出售对象，明确出售价格，有计划、分区域实施新建住房的销售；完善油田住房交易办法，规范交易行为，严格住房交易审批制度，做好腾空旧房交易工作。

（5）持续推进“万千培训工程”。坚定不移地实施“人才强企”战略，认真落实“人才就在身边”的人才观，着力提升队伍整体素质，尽快解决队伍结构不尽合理、一线人员总量偏少、关键岗位人才缺乏等制约企业发展的“瓶颈”问题。大规模开展员工培训，全年计划培训3万人次，其中经营管理人员7100人次、专业技术人员4000人次、操作技能人员18500人次、国际化骨干人员270人次，选送 820 名员工参加在职学历教育。一是积极实施长庆局“十一五”员工教育培训规划，不断加强一线骨干人员培训，通过岗前培训和全日制教育两条途径，培养急需的骨干人才。二是坚持按需培训原则，以招收油田职工子女为主，按各单位需求定规模，重点开展采油采气、钻井、试油、焊接、机修等急需专业接替补充人员的培训，确保入口与出口培养目标相一致，确保基本就业。三是继续加强培训体系建设。进一步整合局内相关培训资质，综合利用培训资源，加快培训基地建设步伐，完善技能训练设施和仿真培训，探索建立远程网络培训，加强师资队伍建设，抓好培训教材开发。完成职业技能鉴定和质量管理体系认证工作，全面提高技能鉴定管理水平和服务能力。四是继续广泛深入开展群众性“技术大培训、岗位大练兵、技能大比武”活动，全力打造各行各业的岗位明星和技术标兵。

3. 深入推进科技、管理、制度创新和内部改革，不断增强发展的动力与活力

（1）加快推进科技创新。技术创新能力是企业的核心竞争力。要坚定不移地实施“科技创新”战略，坚持服务油气发展，服务主营业务，突出自主创新，突出长庆特色，使科技创新成为推动生产再提速的加速器、助推器。2008 年要积极承担中国石油集团以上级重点项目，启动 35—40 项局级科技项目，申报国家专利 50 件以上。一是加快先进适用技术的集成研究与推广应用。重点抓好 PDC 钻头、“一趟钻”工程和油井水平井“两趟钻”工程等油气井快速钻井技术的集成推广；抓好试油（气）压裂高效施工、气田场站“标准化设计、模块化建设”等新技术的推广应用。二是加大科技攻关力度。重点是开展 0.3 毫达西油藏增产改造和苏里格气藏提高单井产量、采收率的相关技术攻关；开展天然气水平井、丛式井钻井和水平井等技术的研究；开展大口径管道全自动焊接等长输管道关键技术和低渗透油田场站标准化设计与施工技术的攻关；加强新工具、新材料的研发与新装备的引进应用。三是搞好科技基础平台建设，不断完善科技创新体系。加大科研经费投入；积极争取建设国家级低渗透油气田工程实验室；创新科技管理体制，以技术中心为载体，全面推行课题制项目管理，进一步优化整合科技资源；加强科技交流与合作；进一步完善科技经费管理、知识产权管理；加强自主创新、集成创新与引进、消化、吸收再创新的有机结合，提升自主创新能力。四是继续抓好信息化建设。做好生产运行系统等中国石油集团信息化项目和长庆局网络基础设施的建设。

（2）全面推进管理创新。管理是企业永恒的主题，也是企业发展的基础。要坚定不移地实施“管理提升”战略，全面提升管理水平。一是切实加强以提高投资回报、控制成本费用为重点的经营管理。将投资、成本、费用、收入及分配等全面纳入预算，加强对产品流向、资源配置、产品收入和支出要素的管理控制。优化投资结构，控制投资增长幅度，确保重点项目。要采取综合性措施，有效控制成本，大力压缩非生产性支出，开展群众性修旧利废等活动，坚决把“五项”费用降低 10%。进一步加强和完善法律事务、合同与招投标管理，建立健全法律风险防控体系，全面推进合同信息系统建设；进一步加强两级审计体系建设，努力向管理效益型审计转变；进一步强化物资采购管理，规范审批流程，落实责任、把好关口、高效快捷、确保供应。二是强化劳动用工管理。结合企业实际和《劳动合同法》的贯彻实施，着力在减少用工总量、盘活存量、规范管理、提高素质上下工夫，强化劳动用工计划管理，要严格控制用工总量，确保一线用工，坚决清理压缩社会化劳务用工，完善和扩大劳务

派遣用工范围，有条件地推行专业外包。多元经济企业要在规模化、效益化发展的基础上，努力承担安置油田职工和待业子女、稳定职工队伍的社会责任。三是继续推进全面风险管理体系建设。对已发布的《风险管理手册1—4册》要严格执行，并探索建立监督和改进体系；适时开展风险管理问卷调查活动，扎实推进风险评估工作，准确识别企业风险，制定切实可行的解决方案，适时发布《风险评估手册》；要加大风险管理知识的宣贯力度，构建风险管理文化，建立一事一评估制度，真正实现防范风险、规范管理。

（3）深入推进制度创新。要认真研究企业发展中的新情况、新问题，出台相关的政策和制度，着力推进制度体系建设，使运行、约束、激励机制互为补充、整体联动、发挥作用。一是完善工作运行机制。要根据新的形势和要求，进一步修订完善工作制度，规范工作流程，强化过程控制，做到事事有人管，责任明确，运行高效，提高企业的执行力。二是强化约束监督机制。完善综合业绩指标考核体系，层层签订综合业绩考核责任书，严考核、硬兑现，围绕规范“四项权力”，进一步健全完善对权力运行的制约监督制度；增强各项工作的透明度，推行厂务公开与民主监督；以“公开承诺、转变作风”活动为主线，自觉接受广大干部员工的监督。三是建立科学的激励机制。注重物质激励和精神激励相结合，研究出台相关激励政策和手段，形成干部“能上能下”、员工“能进能出”、收入“能增能减”的新局面。

（4）继续深化企业改革。改革是企业发展的不竭动力。2008年，要积极稳妥地推进三项改革：一是探索发展长庆物流业务。运输和物资供应要借鉴石油物流业务开展的经验，积极搭建长庆物流业务平台，探索形成长庆物流模式，挖潜提高运输能力和营运效率。二是稳步推动多元经济法人实体专业化整合，选择多元经济企业中业绩良好、前景广阔、规模较大的企业，对同类业务进行整合兼并，培育几个“龙头”企业，成为多元经济新的增长点。要充分利用行业优势和区位优势，加快形成以西安泾河工业园和宁夏银川河东工业园为中心，辐射油田内外市场、有较大规模和发展潜力、相互协调配套的产业群体。三是适时推进机械加工类业务整合。以机械制造总厂为主体，整合全局机械制造加工类业务，优化资源配置，形成品牌、资质和规模效应，争取建设成西北地区油气装备制造基地。

4. 全力抓好安全环保和节能减排，构建矿区和谐与稳定

（1）保持安全生产良好态势。始终坚持“安全第一、预防为主、综合治理”的方针，牢固树立“生命和健康高于一切”的安全观，以大力推进HSE管理体系建设为主线，深入开展“安全环保基础年”活动，实现全年安全环保形势进一步好转。一是严格落实安全环保责任，进一步强化执行力。二是坚持“规范、简明、统一、可操作”的原则，不断完善HSE管理体系建设。三是严格落实安全培训教育制度，加强基层安全环保基础管理。四是加大安全环保监督检查力度，持续抓好隐患排查治理。五是强化井控培训和应急演练，杜绝井喷失控、中毒和重大污染事故的发生。六是着力抓好井筒作业、交通、油气合作开发、地面建设工程、国际业务、多元经济法人企业重点领域、关键环节的隐患治理和安全监管。七是切实加强应急管理，提高员工应急意识，修订完善应急预案，提高应急演练水平，进一步提高预防和处置突发事件的能力。

（2）积极推进节能减排工作。节约资源、保护环境是基本国策，是企业的社会责任，也是对企业领导人考核的重要内容。按照中国石油集团下达的指标，全年节能0.68万吨

标准煤、节水15.4万立方米。坚持转变方式、调整结构、节约优先，坚持优化设计、源头治理、关口前移，把节能减排作为转变发展方式的突破口。钻井、试油（气）压裂酸化等业务要把节约用地、节约能源、减少污染、提高效益相结合，作为转变经济发展方式的重要举措。要强化组织领导，认真研究制定节能减排目标和保证措施，积极开发推广资源节约、环境友好、现场适用的新项目、新技术，使全局节能减排工作跟上中国石油集团总体要求的步伐。

(3) 切实抓好稳定工作。严格落实维护稳定工作责任制，完善稳定机构体系，构建维护稳定工作长效机制。新成立单位、同一区域的稳定工作小组要及时充实到位；有针对性地做好政策宣传、教育和引导工作；建立完善维护稳定工作预警机制，完善信息网络，综合实施维稳措施；在重要时期、敏感时期，要有针对性地对重点人群做好监控防范工作，集中精力排查调处影响大局稳定的突出矛盾和问题，确保油田矿区大局稳定。

(4) 大力推进和谐矿区建设。构建和谐矿区是实现科学发展、和谐发展、又好又快发展的内在要求，也是广大职工群众的共同愿望，要以改善职工及家属生产生活条件为重点，努力建设发展协调、平稳有序、守法诚信、环境友好、团结稳定、安居乐业的和谐矿区。

坚持以人为本，将发展成果惠及广大职工家属。一是加快重点工程建设。康馨广场、湖滨大厦、油气开发科研综合楼等重点工程要在确保施工质量的前提下，加快进度，力争早日投用，为职工家属工作、生活、健身提供良好环境。二是有计划地对各生活小区进行调整改造，提升整体服务功能。抓好新建生活基地、已建城市生活基地功能完善和远离城市老生活基地改造三个规划，加大对基本生活、休闲健身、节能减排、智能化控制、生态景观和小区“四化”工程等项目的投入。对老基地要加强环境治理，改进水电气暖配套设施，个别偏远离散小基地适时进行关闭。对新建小区要着力完善服务功能，千户以上社区要有绿化景观、休闲活动场所，大型社区要有配套的医疗条件和大型文体活动场所，创造宜居环境，提高生活质量。三是各物业服务单位要努力提升服务水平。继续开展“创优达标”服务活动，增强服务意识，拓展服务内容，提高服务质量。要加大物业服务专业技术人员引进、培养和使用力度，真心为职工群众排忧解难，通过亲情服务、个性化服务赢得广大职工群众信赖。要加强小区综合治理，办好小型多样的文体活动和老年大学，陶冶情操、弘扬正气。要抓好医疗服务，建立小区居民健康档案，提高医疗水平。四是研究出台相关惠民政策。在企业发展的同时，稳步增加员工收入，改善员工待遇，加大一线生产生活设施改造力度，薪酬增长继续向艰苦、关键岗位和各类高层次人才倾斜。建立企业年金制度，制定员工福利计划，规范和统一福利政策。五是解决好职工群众最关心、最现实、最直接的利益问题。要积极推进再就业工程，在物业服务单位通过延伸业务链、择优发展劳动密集型产业，拓展便民利民等途径，创造更多的就业机会，完善政策措施，重点帮助解决困难群体的就业问题。要热情关心离退休职工，落实有关政治待遇和生活待遇，积极做好相关服务工作。要切实关注困难群体，继续做好生活、医疗、助学、再就业四个帮扶，积极开展“送温暖”工程。要继续关注和支持石油普通教育，确保油田职工子女德智体美全面发展。六是要关注员工身心健康。大力倡导快乐工作，高度关注职业健康，严格落实带薪休假制度，认真落实疗休养政策。七是深化和推进油田大外协体系建设，加强与地方政府的联系、汇报和沟通，支持地方经济发展，为油田发展创造一个和谐的外部环境。

5. 大力推进党的建设、基层建设和文化建设，为企业改革发展提供强大的政治思想保障

（1）全面加强党的建设。一是以局处两级中心组学习、党员教育、主题教育、社区教育为载体，积极构建全局理论教育体系，坚持用马克思主义中国化的最新成果武装党员干部思想，不断提高广大党员干部政治理论素质和政策水平。二是抓好领导班子建设。继续深入开展“四好”领导班子创建活动，着力提高领导人员“五种”能力，努力建设素质优良、作风过硬的坚强领导集体。坚持党的干部路线和德才兼备原则，注重加强领导人员后备人选的选拔、培养和使用，在选好配强“一把手”的同时，大力选拔优秀年轻干部，进一步优化领导班子结构，努力形成年龄梯次科学合理、专业知识配套互补、个性气质团结相容的干部队伍结构，力争使全局厂处级领导人员的平均年龄再降低2岁左右。三是抓好干部队伍作风建设。在局处两级领导干部和两级机关中，深入开展“公开承诺、转变作风”活动，继续倡导“六个要坚持、六个不允许”，使各级领导干部和局处两级机关工作人员的政治素质进一步提高，工作作风根本好转，执行力明显提升，服务意识进一步增强。四是加强以完善惩治和预防腐败体系为重点的反腐倡廉建设。注重把握和体现改革创新、惩防并举、统筹推进、重在建设的基本要求，进一步强化教育和监督，加大巡视工作力度，加强案件查处和效能监察，确保领导干部政治生命安全，确保企业经济运行安全。

（2）不断推进基层建设。全面推进以基层党支部建设为核心、以“五型”班组创建活动为主线、以开展“三大活动”为主要内容的基层建设工作。一是深入开展“五型”班组创建活动，深化基层建设示范点推进工作，选树一批学习型、安全型、清洁型、节约型、和谐型示范班组，完成全局40%基层队（站）的基层建设示范点推进工作，命名长庆局第二批基层建设示范点。二是进一步完善基层建设考核机制。在完成钻井队、试气队、录井队三个队种基层建设工作标准的基础上，结合实际，完善制定压裂队、固井队、修井队、试油队基层建设工作标准，使基层建设进一步制度化、规范化、科学化。进一步修改完善基层建设考核实施细则，使基层建设考核更具有操作性和实用性。三是完善后进基层单位的承包帮促机制，建立机关与基层后进单位承包帮促责任制，促进基层管理水平的整体提升。四是积极探索，不断创新，整合形成具有长庆特色的基层建设经验。

（3）全面推进企业文化建设。以先进文化为引领，深入推进企业文化建设，精心打造企业软实力。深入开展“企业文化建设年”活动，适时召开企业文化建设工作推进会。加强长庆局企业文化理念体系和行为规范体系的宣贯，重点实施企业文化建设落地工程。广泛开展创立一批金字品牌、树立一批典型人物、选树一批示范基地、总结一批典型案例和故事、生产一批精神文化产品的“五个一”活动。

全面加强宣传和思想政治工作，扎实开展主题教育活动。大力培育和选树典型，开展“一线岗位明星”和“感动长庆·道德楷模”评选；思想政治工作要在注重人文关怀和心理疏导上下工夫，不断增强实效性和创新性；抓好“五大工程”、重点项目的宣传战役，形成强大宣传声势。继续完善报纸网络电视“三位一体”的大宣传体系建设，弘扬主旋律。

加强工会工作，积极推进民主管理机制建设，落实职代会制度，尊重和维护职工民

主管理、民主监督的权力。围绕生产经营中心工作，广泛开展劳动竞赛、群众性技术创新、技术比武及合理化建议活动。加强共青团工作，不断健全、完善基层团组织建设，充分发挥广大团员青年生力军和突击队作用。武装保卫组织要继续发挥在加强国防教育、维护矿区治安稳定、承担急、难、险、重任务等方面的积极作用。

两级机关要进一步提高机关服务基层的质量和效能，切实转变工作作风，加强业务学习，建立完善基层评价机关的制度，把基层是否满意作为重要标准，努力建设学习型、服务型、落实型机关。各驻外机构要认真履行对外窗口、接待服务职能，强化信息沟通和内外联络，努力提高工作质量和服务质量。

各位代表、同志们，2008年是长庆局坚持科学发展、构建和谐长庆，各项工作再上新台阶、再创新业绩的重要一年。我们一定要在中国石油集团党组的坚强领导下，按照“发展大油田、建设大气田，创建模范和谐矿区，把鄂尔多斯盆地建设成为我国石油天然气的重要能源基地”的总体要求，牢牢把握科学发展与构建和谐两大主题，振奋精神，团结奋斗，真抓实干，开拓创新，努力开创长庆局科学发展、和谐发展、又好又快发展的新局面！

曲广学在长庆局2008年工作会议暨九届六次职工代表大会结束时的讲话

（2008年1月23日）

各位代表、同志们：

长庆局2008年工作会议暨九届六次职工代表大会，经过与会同志的共同努力，圆满完成了各项议程。这次会议主题鲜明，内容丰富，气氛热烈，高效务实，开得很成功。

会议期间，我们传达学习了中国石油集团2008年工作会议精神，听取并审议通过了长庆局工作报告，通报了党风廉政建设和反腐倡廉工作以及安全环保工作情况，长庆局领导班子成员进行述职并接受民主测评，与各单位签订了2008年度业绩考核责任书、安全承包责任书及党风廉政建设责任书，观看了电视片《2007——科学发展的里程碑》。有9个单位作了很好的表态发言。会议分5个小组进行了讨论，大家紧紧围绕会议主题，结合各路工作和各单位的实际，交流收获，畅谈体会，积极建言献策，提出了许多建设性意见和建议。大家一致认为，苟三权同志所作的工作报告紧扣党的十七大精神，认真总结了2007年长庆局取得的成绩，深入分析了企业面临的机遇与挑战，明确提出了2008年的工作主线和发展思路，全面部署了各项工作，思路清晰、内容丰富、重点突出、措施具体，报告始终贯穿着求真务实、开拓创新、昂扬向上的奋斗精神，必将指引全局开创2008年及今后一个时期又好又快发展的新局面。这是一次明确任务、振奋精神的部署会，更是一次凝聚人心、鼓舞士气的动员会，会议达到了预期目的，取得了圆满成功。概括起来主要有以下几个方面的收获：

一是进一步统一了思想、达成了共识。与会代表通过学习讨论工作会议报告，联系实际深入思考，在事关企业改革发展稳定的重大问题上统一了思想认识。与会代表一致认为，长庆局作为国有大型企业，一定要以保障国家能源安全和油气稳定供应、实现中国石油集团建设综合性国际能源公司的战略目标为己任，坚定不移地服务于长庆油气大发展，坚持不懈地提高服务保障能力与核心竞争力，切实履行好经济、政治和社会三大责任，以良好的发展业绩回报国家、回报职工、回报社会。

二是进一步明确了工作主线与重点部署。这次会议在长庆局贯彻党的十七大精神务虚会的基础上，站在全局和战略的高度，深刻分析了面临的机遇和挑战，深度思考和谋划今后的发展，对2008年重点工作进行了总体部署，全局上下一定要坚持“服务油气发展，打造强势品牌，建设美好家园”的工作主线，认真学习贯彻十七大精神，进一步理清七大业务发展思路；以“五大工程”为抓手，快速提升核心竞争力与综合实力；深入推进科技、管理、制度创新和内部改革，不断增强发展的动力与活力；全力抓好安全环保和节能减排，着力构建矿区和谐与稳定；大力推进党的建设、基层建设和文化建设，为企业改革发展提供强大的政治思想保障。

三是进一步坚定了加快发展的信心与决心。大家深刻认识到，过去一年里取得的可喜成绩充分证明，长庆局确定的发展思路正确、部署科学、举措有力、效果显著，广大员工队伍充分展现了“特别能吃苦、特别能战斗、特别能负重、特别能奉献、特别能创造”的良好精神风貌。大家共同表示，一定要坚定信心，团结奋斗，按照长庆局的总体部署，以更加昂扬的斗志和更加饱满的精神状态，抓住机遇，迎接挑战，脚踏实地，埋头苦干，以实际行动为长庆大发展作出新贡献。

下面，就深入贯彻落实长庆局工作会议精神，做好2008年各项工作，我再强调几点意见：

一、迅速统一思想，提高认识，形成推进发展的强大动力

2008年将是长庆局全面贯彻落实十七大精神，深入推进“十一五”规划的关键一年，是承前启后、争取工作主动权的重要一年。做好全年工作，对长庆局今后发展至关重要。需要全局上下群策群力，共同奋斗。特别是各级班子作为企业发展的组织者和推动者，责任尤为重大，必须认清形势、统一思想、坚定信心、真抓实干。

一要以十七大精神为指导，认真学习领会中国石油集团和长庆局工作会议精神。党的十七大精神对于我国改革开放和社会主义现代化建设具有长远的指导意义。各级领导干部要把深入学习贯彻党的十七大精神作为当前和今后一个时期的首要政治任务，以科学发展观为指导，在深刻领会中国石油集团和长庆局工作会议精神实质上下工夫，带头学习、深入讨论，全面把握科学发展、和谐发展的内涵和精神实质，以会议精神统一思想、明确方向，落实责任、谋划全局。要通过学习，进一步解放思想、创新思路，着力转变不适应、不符合科学发展观的思想观念，不断研究新情况、解决新问题、开创新局面，团结和带领广大干部员工积极投身于“服务油气发展，打造强势品牌，建设美好家园”的伟大事业之中。

二要从战略高度谋划企业发展，提高推进工作主线的自觉性与坚定性。这次会议进一步理清发展思路，提出了“服务油气发展，打造强势品牌，建设美好家园”的工作主线。就是要坚定不移地服务油气大发展，站在政治的高度，战略的高度，全力保障油田勘探开发建设，为国家能源安全供应作出应有的贡献，在长庆油田整体协调发展中实现长庆局的快速发展；就是要坚持不懈地打造长庆工程技术服务强势品牌，精心树立品牌、培育品牌、发展品牌，不断提升品牌价值，真正提升服务保障能力与核心竞争力；就是要矢志不渝地建设长庆人的美好家园，坚持以人为本，切实把企业发展的成果惠及在关注民生、解决民事上。要积极营造良好工作氛围，引导广大职工心系企业发展，增强主人翁意识，进一步形成全局上下千方百计谋发展、团结协作干事业、万众一心构和谐的新局面。

三要切实搞好宣传贯彻，形成全员推进工作的良好氛围。各级领导班子要认真组织好会议精神的传达贯彻，迅速统一全员思想，形成共同意志，把会议的各项部署变为广大干部员工的自觉行动。要按照“积极深入、全面细致、不折不扣、求真务实”的原则，广泛开展主题教育活动，紧紧围绕全年工作主线，深刻剖析会议精神实质，集中宣传长庆局2007年成果和2008年形势、目标、任务和工作部署，及时准确地把会议精神贯彻到基层，贯彻到每一位员工，形成良好的舆论氛围和强大的群众基础，切实把广大干部职工的思想与行动迅速统一到中国石油集团和长庆局工作会议精神上来。

二、紧紧围绕全年工作主线，真抓实干，认真落实好各项工作部署

长庆局新一年各项工作任务目标已经确定，当前首要任务就是贯彻落实好这次会议的各项决策部署，紧紧围绕全年工作主线，平稳均衡地组织好生产建设和经营管理各项工作。

一要把握大局，积极推进各路业务整体协调发展。长庆局工作会议确定了七项业务发展思路，为企业今后发展指明了方向，落实好会议精神，推动各项工作，首先要明确发展思路，突出转变经济发展方式，增强全局观念，促进各项业务整体协调发展。要突出集中发展主营业务，同时其他业务要全力做好支持保障和配套服务，发挥整体优势，优化资源配置，充分挖掘潜力，全面实现长庆局持续有效快速协调发展。

二要突出重点，全力确保“五大工程”顺利实施。这次会议提出的“五大工程”，是长庆局提升企业核心竞争力和构建和谐矿区的重中之重，全局上下必须立即行动起来，牢固树立“四种意识”，超前主动地开展工作，强化组织管理，理顺工作运行机制，细化抓落实的措施，在抓落实、见成效上狠下工夫，确保“五大工程”顺利实施。

工程技术服务是长庆局的“龙头”，必须在做强、做大上下工夫，在提升服务保障能力上下工夫，着力打造长庆速度，打造强势品牌，实现“再提速”；低效油气储量合作开发业务是长庆局增效创收、维护矿权的需要，也是与工程技术服务业务并驾齐驱的“两个轮子”之一。我们必须牢牢把握难得的历史机遇，始终坚持“四个不动摇”，进一步加快发展步伐，确保“双百工程”目标顺利实现；“以中亚为重点的海外业务开发工程”是长庆局优化市场结构，培育新的经济增长点的现实需要，是效益工程，更是政治工程，必须全力抓好项目实施，确保完成目标任务；“第二个万套住宅建设工程”是长庆局的又一项民心工程，万众关注、万户期待，必须坚定不移地组织实施，把握员工群众现实需求，把广大员工群众的切身利益实现好、发展好、维护好，真正建成员工群众满意工程。“万千培训工程”是解决长庆局人才“瓶颈”的有力措施，也是对员工的一种福利，必须持续有效、坚持不懈地抓好技能人才培训工作，深入开展“技术大培训、岗位大练兵、技能大比武”活动，倾力打造一支技术精湛、作风过硬、素质优良的员工队伍，不断开创人才辈出、人尽其才、才尽其用的新局面，使企业受益，让员工受益。

三要注重特色，积极推进技术创新。技

术创新是企业做大做强的关键所在，也是转变发展方式的中心环节。我们要大力开展技术创新，认真落实科技发展计划，抓好科技攻关，着力突破制约生产发展的关键技术，把水平井、欠平衡钻井、气体钻井作为常规技术，作为转变发展方式的有力抓手。要抓好成熟技术的集成配套和推广应用，促进科技成果向现实生产力转化。要进一步完善科技创新体系，优化科技资源配置，扩大科技交流与合作，积极争取建设国家级低渗透油气田工程实验室。要建立健全科技人才激励机制，营造“尊重劳动、尊重知识、尊重人才、尊重创造”的良好氛围，真正使科技创新成为推动生产再提速的加速器。

四要提升效率，切实加强企业管理和内部改革。全局上下要继续坚持“关注细节、重在执行”的管理理念，以科学管理、规范管理为目标，着力解决管理上的突出问题和薄弱环节。中国石油集团工作会议强调，要把控制投资和降低成本作为今后的重点工作之一，特别是要严格控制非生产性支出，2008 年五项非生产性费用要降低 10%以上。要落实中国石油集团的要求，我们必须狠抓经营管理，加强资金集中统一管理，科学合理调度资金，研究大预算管理体系，从体制机制上为优化资金配置、促进高效利用提供保障，确保生产经营的正常运行。

要通过规范用工提升管理效率，控制和减少用工总量，强化人工成本意识，科学合理地确定岗位设置，努力提高劳动生产率。统一配置人力资源，压缩用工总量，清理和规范市场化用工，根据业务发展和结构调整的需要，引导人力资源向重点项目、生产一线和关键岗位流动。

要稳步推进企业改革。2008 年仍然是长庆局改革调整任务繁重的一年，要按照中国石油集团的统一部署，不断深化改革，不断完善体制机制，使我们的工作更加符合新时期、新阶段发展的新要求。比如搭建长庆大物流平台，大家要充分认识到，目前我们的物流成本占生产成本的比重较大，面对国内成品油市场开放，国外大石油公司不断带来低的成本挑战，加快建立现代化物流体系已经迫在眉睫，必须通过物流服务的一体化管理，统筹安排采购、运输、仓储、配送等各个环节，尽快提高服务效率与服务质量。

五要落实责任，毫不放松地抓好安全环保和节能减排。安全环保和节能减排是国有企业肩负的重要政治责任，也是构建和谐矿区的重要前提，必须严格落实责任，确保万无一失。在安全环保上我们应当居安思危，看到安全环保的严峻形势。重点抓好井控安全、交通安全和工业生产安全，要狠反“三违”，颁布安全禁令，严肃追究处理。同时，要继续抓好节能减排责任制的落实，强化节能减排过程控制，注重源头清洁化、减量化，做好生产过程中的原料综合平衡与有效利用，发展循环经济，依靠技术进步和加强管理，促进清洁发展、节约发展。

六要强化保障，全面推进党的建设和企业文化建设。必须按照党的十七大关于“以改革创新精神全面推进党的建设新的伟大工程”的要求，扎实抓好党员队伍建设，强化理想信念教育和思想道德建设，健全让党员经常受教育、永葆先进性的长效机制。要下工夫加强基层党组织建设，大力推进党支部“六个一”创建工作，努力把各级党组织建设成为推动企业改革发展稳定的坚强政治核心和战斗堡垒。要大力推进长庆核心文化体系建设，积极实施文化管理，充分发挥企业文化的引领作用。

三、切实转变干部作风，求真务实，打造引领企业发展的领导核心

作风就是旗帜，作风就是形象。中国石油集团和长庆局的各项决策部署能否得到全面贯彻落实，关键要看各级领导干部的作风。

我们必须始终把作风建设作为落实各项战略部署的切入点，严格落实“六个要坚持、六个不允许”的要求，积极创建“四好班子”，深入开展“公开承诺、转变作风”活动，努力把各级班子和领导干部队伍建设成为引领企业发展的坚强领导核心。

一要勤勉敬业，以高度负责的信念干事。干部作风是否转变，首先体现在敬业精神上。勤勉敬业就是要用献身精神投身事业，提高工作质量，做出优异成绩。中国石油集团和长庆局广大干部员工把推动长庆局又好又快发展的重担交到各级领导干部身上，这既是信任和责任，更是压力和动力。我们必须进一步增强事业心和责任感，竭诚履行领导职责，以高度负责的精神，创造性地开展工作，在实干中求突破，在实干中谋跨越。

二要服务基层，以心系职工的情感干事。各级领导干部要坚持全心全意为职工群众服务的根本宗旨，多为职工群众办好事、办实事。要按照“公开承诺，转变作风”活动的要求，严格履行承诺，经常深入基层和群众当中，帮助解决实际问题，努力提升服务基层的能力和水平。必须在关注民生上抓出成效，下大力气解决好、落实好长庆局工作会议提出的各项民心工程，有计划、有步骤、高质量地向前推进，把好事办好、实事办实，让广大职工群众满意。

三要扑下身子，以埋头苦干的精神干事。空谈误国，实干兴邦。各级领导干部要以务实的态度、务实的作风，扎扎实实地抓队伍，抓管理，对确定的任务和目标要有一股韧劲，抓住不放，抓出成效。特别是对于一些大事、难事、棘手的事，一定要扑下身子，亲自上手，迎难而上，不怕不避，一抓到底，抓出实效。

四要严于律己，以清正廉洁的形象干事。各级领导干部一定要始终牢记“两个务必”，按照“八个坚持，八个反对”的要求，“常思贪欲之害、常除非分之想、常修为官之德”，认真按照领导干部廉洁自律的有关规定，自觉加强道德修养，倡导良好的生活作风和健康的生活情趣，树立起“为民、务实、清廉”的良好形象，经得起组织和群众的监督与检验。

四、春节期间要重点抓好的几项具体工作

春节即将来临，各单位、各部门要落实责任，认真研究，精心部署，严格措施，统筹安排好、运行好节日期间的重点工作。

一是抓好生产启动准备。根据长庆局生产启动方案，2008 年生产将于 2 月 22 日陆续启动，各单位、各部门要认真抓好工作衔接，抓好技术、装备、队伍和物资等方面的准备。

二是确保节日安全稳定。各单位、各部门要切实落实安全生产的领导责任和岗位责任，严格安全防范措施，确保万无一失。特别是对冬季作业的前线施工队伍和油气田连续生产单位，要严格落实安全制度和生活保障措施，确保节日期间生产的安全平稳运行。要严格落实维护稳定工作责任制，把握重点环节，主动化解各种矛盾，确保油田矿区节日和谐稳定。

三是搞好节日慰问和文化娱乐活动。领导干部和两级机关要带头深入一线、深入基层、深入群众，慰问节日期间坚守岗位的职工，看望离退休老同志、老劳模、老专家，关心困难家庭，使职工群众切实感受到企业大家庭的温暖。

新的一年，充满希望；新的目标，催人奋进。我们一定要在中国石油集团党组的坚强领导下，深入贯彻落实中国石油集团和长庆局各项战略部署，同心同德、扎实工作，为全面完成 2008 年各项工作任务、开创长庆局科学发展、和谐发展、又好又快发展新局面而努力奋斗！

春节将至，我代表长庆局党委、长庆局，

向在座的各位同志，并通过你们向全局广大职工家属、离退休老同志和各界朋友拜年，祝愿大家身体健康，工作愉快，阖家欢乐！祝愿我们长庆在新的一年里，事业兴旺、矿区和谐、职工幸福！

专　稿

长庆局首部合作生产的 ZJ70D 钻机将下线

2007 年 1 月 15 日，机械制造总厂与宝鸡石油机械有限责任公司合作产品发布会在西安泾河工业园区隆重举行。发布会向客户——江汉石油管理局的代表，推介了长庆局和宝鸡石油机械有限责任公司合作生产的首个产品——成套 ZJ70D 钻机。这标志着长庆石油勘探局与宝鸡石油机械有限责任公司的合作进入了新的时期，合作的品牌产品取得了阶段性的成果。

长庆局副局长、总工程师赵业荣，副总工程师刘硕琼，局长助理吴述普以及局机关工程技术部、质量安全环保处、规划计划处、科技发展处、党委宣传部等处室的负责人，宝鸡石油机械有限责任公司董事长兼党委书记雷庆平、副总经理忽宝民等领导，双方员工代表 200 余人出席了产品发布会。

由宝鸡石油机械有限责任公司总承包、长庆局机械制造总厂总成套，为江汉石油管理局生产的 ZJ70/4500D45 钻机，是集机电、数字控制和通讯于一体的具有国际先进水平的直流调速电动钻机。该钻机成套所需的首批部件于 2006 年 12 月 6 日开始陆续送达长庆局机械制造总厂。经过 1 个多月的紧张工作，1 月 11 日，由钻机用户、宝鸡石油机械有限责任公司、长庆局机械制造总厂对钻机进行了初步验收。该钻机整改完初步验收时发现的问题后，近日将下线出厂。

赵业荣在仪式上作了重要讲话。他说，2006 年 9 月 20 日长庆局和宝鸡石油机械有限责任公司正式签订了合作协议。今天，双方的第一个成果——ZJ70D 钻机顺利下线，这对长庆石油机械加工制造行业来说，迈出了关键性、实质性的一步。这一步令人欢欣鼓舞，长庆局机械制造行业在经历了多年的发展之后，和宝鸡石油机械有限责任公司建立了一个互信、共赢、共同发展的良好合作关系。尽管时值隆冬，但是合作双方的心中却洋溢着春风般的喜悦，合作双方迈出了坚实的、自信的第一步。按照宝鸡石油机械有限责任公司发展的定位，宝鸡石油机械有限责任公司要建设成为一个国际知名的石油机械研发、设计、制造大公司、长庆局机械加工制造业的同仁会在宝鸡石油机械有限责任公司发展的过程中伸出一双手，尽长庆人的能力去支持宝鸡石油机械有限责任公司的发展、跟进宝鸡石油机械有限责任公司的发展，在宝鸡石油机械有限责任公司不断发展的同时，推动长庆石油机械加工制造能力和实力的提升。长庆局机械制造总厂的全体职工、长庆局各部门都会高度重视这一合作，积极推进合作。长庆局机械制造总厂、长庆局石油机械加工制造业同仁愿意尽自己最大的能力，把宝鸡石油机械有限责任公司的牌子“擦亮”，把长庆的产品做精。只要坚定双方合作的信念，坚定双方合作关系的定位，合作的前景就会越来越光明。

雷庆平同志也在仪式上的讲话中表示，ZJ70D 钻机是宝鸡石油机械有限责任公司与长庆局自去年 9 月份签订战略合作伙伴关系以来合作成套的第一部钻机，它凝聚着相关方和所有工作人员的智慧与汗水，是双方共同推进战略合作伙伴关系的成功示范，是双方优势互补、合作共赢的里程碑，也为双方加深交往、加强合作提供了宝贵的经验，具有十分重要的意义。

（王海波 韩 瑜 卢一姮 吕 瑶）

钻井工程总公司连续 6 年实现良性发展

2007 年 1 月 19 日下午，车牌号为陕 AB3993 的客车缓缓驶进银川燕鸽湖基地内，车上 50626 钻井队的职工安全返回基地，至此，钻井工程总公司自 2006 年 11 月 8 日开始在油田内部施工的 103 支钻井队已全部冬休。这标志着该公司自成立以来，钻井生产连续 6 年实现良性发展。

为了确保 2007 年冬休工作安全顺利完成，该公司本着“超前计划、超前组织、确保安全”的原则，对今年的冬训工作进行了详细部署。首先，该公司提前制订了钻井队冬休停钻验收征训工作计划，要求各项目部、专业公司严格按冬休计划提前做好准备工作，确保 2007 年的冬训工作顺利完成。其次，抓好冬休收尾阶段钻井队的安全工作。各项目部成立了以项目部经理为组长，工艺技术、安全环保、生产等部门人员组成的验收组，深入各队做好停钻冬休收尾前的安全生产、职工思想的稳定、物资防盗等方面的检查验收工作，保证各钻井队在停钻收尾期间，不发生一起井下、设备、人身方面的事故，确保年底停钻收工阶段的安全平稳。

为了保证各队安全顺利地进入冬休，该公司还狠抓接送钻井队职工返回基地的客（轿）车辆的安全运输工作。各项目部在钻井队冬休前均制订了《钻井队伍冬休回撤项目 HSE 作业计划书》，报经质量安全环保部审核、公司主管领导审批后实施；各钻井队在回撤前对职工进行安全教育，把回撤途中可能遇到的风险及应对的措施向职工全面交底；负责拉运职工返回冬休的运输公司制订了《钻井队冬休返回基地客（轿）车 HSE 作业计划书》，提前对客（轿）车驾驶人员进行安全教育和培训。接送职工冬休的客（轿）车由钻井队队长和车队干部共同押车，各项目部安全办、监督站对执行队伍回撤任务的客（轿）车及乘车人员进行安全检查，在确认安全措施落实后方可签发行车令。各基地管委会和物业服务公司提前做好钻井队伍回到基地的迎接及食宿安排工作。为了做好最后一个冬休钻井队——50626 队的安全工作，该公司派出由主管技术工作的公司领导带队组成帮促小组进驻现场，抓好技术服务和安全施工，现场协调指挥，抓好各个施工环节的衔接工作，并针对职工可能出现的急躁情绪，通过安排丰富多彩的文体活动，加强职工间的沟通交流，确保职工思想稳定，使职工全身心地投入到生产中。1 月 14 日下午 6 时，该队顺利完成技术套管施工任务，1 月 18 日顺利进入冬休。

至此，钻井工程总公司 2006 年接送生产一线职工返回基地冬休的车辆共计 211 车次，未发生一起交通事故，安全地将每一位职工送回了家。

（李 伟）

长庆局隆重召开2007年工作会暨九届五次职工代表和先进模范表彰大会

2007年1月30日至31日，长庆局2007年工作会暨九届五次职工代表和先进模范表彰大会在西安隆重召开。长庆局局长、党委副书记苟三权作了题为《坚持科学发展，构建和谐长庆，努力开创长庆局持续有效快速协调发展新局面》的工作报告；党委副书记、纪委书记、工会主席蒲建中传达了中国石油集团工作会议精神，通报了2006年党风建设和反腐倡廉工作；副局长、安全总监、党委常委杨再生通报了2006年安全环保工作。长庆局党委常委滕玉林，副局长、党委常委刘自强，副局长、总工程师、党委常委赵业荣，副局长、党委常委谢文虎，副局长、党委常委凌心强，党委常委张启英，局长助理张元忠、邓火孝，副总工程师刘硕琼，安全副总监戴能尚，局长助理朱文伯、吴述普，长庆局所属各厂（处）单位、机关部门主要负责同志，劳动模范、职工代表，共205人参加会议。

会议的主要任务是：深入学习贯彻党的十六届六中全会、中央经济工作会议和中国石油集团工作会议精神，总结长庆局2006年工作，明确2007年目标、任务和工作部署，表彰先进模范，动员广大职工进一步坚定信心、团结奋斗，努力开创长庆局持续有效快速协调发展的新局面，以优异成绩迎接党的十七大召开。

本次会议传达了中国石油集团2007年工作会议精神；与会代表听取和审议通过了苟三权所作的工作报告；听取了蒲建中通报的2006年党风建设和反腐倡廉工作情况；听取了杨再生通报的2006年安全环保工作情况；听取了局领导班子成员的述职报告，并由中国石油集团人事劳资部组织对领导班子成员进行了民主测评；表彰了长庆局2006年度模范集体和劳动模范；苟三权与厂（处）单位主要领导分别签订综合业绩、安全环保责任书；12个厂（处）单位作了表态发言。

苟三权在报告中回顾了2006年工作的主要成果。他说，2006年是长庆局实现大发展、大跨越的重要一年。全局上下以科学发展观为统领，认真贯彻中国石油集团工作会议和领导干部会议精神，按照“发展大油田，建设大气田，创建模范和谐矿区”的总体要求，强化生产组织，积极稳健经营，狠抓安全环保稳定，各路生产持续提速，各项任务全面完成，实现主营业务收入111.75亿元，比2006年增长20.96%；企业增加值比2006年增长35.43%；资产总额比2006年增长26.81%；所有者权益比2006年增长29.64%；多元经济销售收入比2006年增长10%，超额完成了中国石油集团下达的各项业绩指标，主营业务收入是重组以来增速最快、增幅最大的一年。企业规模和可持续发展能力显著增强，呈现出快速发展、稳定和谐的良好局面。

在深入分析长庆局面临的形势和任务后，苟三权说，我们必须牢固树立敏锐的机遇意识，必须牢固树立强烈的发展意识，必须牢固树立高度的责任意识，必须牢固树立厚重的人本意识，全力保证长庆局持续有效快速协调发展。

苟三权在报告中全面部署了长庆局2007年的工作任务。他指出，2007年长庆局的总体工作指导思想是：深入贯彻落实党的十六届六中全会和中国石油集团工作会议精神，以科学发展观为统领，以“发展大油田，建设大气田，创建模范和谐矿区”为总体要求，牢牢把握科学发展与构建和谐两大主题，坚持加快发展，整体推进；坚持协调发展，互利共赢；坚持安全发展，筑牢基础；坚持绿色发展，环保优先；坚持和谐发展，以人为本。着力加快提升工程技术服务能力，着力加快调整产业结构和转变经济增长方式，着力加快发展油气合作开发新兴业务，着力加快推进制度、技术和管理创新，着力加强党的建设、领导班子建设、职工队伍建设和基层建设，认真履行经济、政治和社会三大责任，全面开创长庆局持续有效快速协调发展的新局面，以优异的成绩迎接党的十七大召开。

苟三权还着重强调，要以创建“四好”班子活动为主线，大力加强领导班子建设；要以构建惩治和预防腐败体系为主线，深入开展党风建设和反腐倡廉工作；要以推进“三支人才”队伍建设为重点，全面提升队伍整体素质；要以一线主干队伍为重点，努力夯实基层基础工作；要以打好宣传思想教育战役为重点，把思想政治工作做到生产经营全过程；要以调动广大职工的积极性、主动性和创造性为重点，充分发挥群众组织的桥梁和纽带作用。

第九届五次职工代表大会经过审议通过了苟三权代表长庆局所作的《坚持科学发展，构建和谐长庆，努力开创长庆局持续有效快速协调发展新局面》的工作报告。

苟三权在会议结束时作了重要讲话。他说，这次会议统一了思想，达成了共识，突出了主题，明确了目标。可以概括为“14633”，即坚持科学发展、构建和谐长庆的工作主线；牢固树立敏锐的机遇意识、强烈的发展意识、高度的责任意识、厚重的人本意识等4个意识；抓紧抓好2007年生产经营管理等6项重点工作；扎实筑牢安全、环保、稳定等3大基础工程；切实加强领导班子建设、队伍建设和基层建设等3大建设，努力开创长庆局持续有效快速协调发展的新局面。

苟三权指出，要把强化执行力作为第一要求，努力加强领导班子和干部队伍作风建设。胡锦涛总书记在中纪委七次全会上，从全面贯彻落实科学发展观、构建社会主义和谐社会的高度，精辟阐述了全面加强新形势下领导干部作风建设的重要性和必要性，明确要求在各级领导干部中大力倡导勤奋好学、学以致用，心系群众、服务人民，真抓实干、务求实效等8个方面的良好风气。处级、科级领导干部，是长庆局改革发展稳定的骨干力量，在企业中处于关键地位，负有重大责任，其作风如何，对我们事业的兴衰成败直接产生重大的影响。我们要从坚持科学发展、构建和谐长庆出发，从各项事业发展成败的高度，充分认识加强领导干部作风建设的极端重要性和紧迫性，切实把加强领导班子和干部队伍作风建设放在更加突出的位置，下决心抓紧、抓实、抓出成效。目前，各级干部一是要树立勤奋好学、学以致用的良好作风；二是要树立发扬民主、团结和谐的思想作风；三是要树立求真务实、真抓实干的工作作风；四是要树立关爱职工、服务群众的领导作风；五是要树立廉洁自律、遵法守纪的良好作风。

苟三权强调指出，加强领导班子和干部队伍建设必须在强化执行力上狠下工夫。企业的本质就是执行，没有执行力就没有企业的核心竞争力。强化执行力，首先必须在政治上与中国石油集团、长庆局保持高度一致，思想上同心，行动上同步，确保政令畅通、令行禁止。强化执行力，必须从各级领导干部抓起，下大力气解决基层单位执行力不足的问题。强化执行力，必须把工作的着力点真正放到认真落实全年生产经营管理工作的重点部署上，放到全力抓好安全环保稳定的重大问题上，放到努力创建模范和谐矿区的紧迫问题上。强化执行力，必须从各种会议和应酬中解脱出来，坚决避免和克服“行动在嘴上，决心在会上，落实在纸上”的情况。

强化执行力，两级机关必须做出表率，要把减少会议和文件作为责任目标量化管理的重要内容，认真研究和解决实际问题，抓实事、出实招、见实效，进一步提高服务水平。

苟三权最后指出，春节即将来临，各单位、各部门要落实责任，认真研究，精心部署，严格措施，井然有序地安排好、有条不紊地运行好节日期间的有关工作。按照“平稳、均衡、效率、受控、协调”的要求，抓好生产启动准备；各单位、各部门要切实落实安全生产的领导责任和岗位责任，确保节日安全稳定；两级机关和领导干部要带头转变作风，深入一线、深入基层、精心部署、统筹设计，搞好节日慰问和文化活动；要严格落实值班制度和领导带班制度，下移重心，明确责任，认真抓好节日值班，坚持请示报告制度，确保节日期间安全稳定责任不挂“空档”，确保油田矿区生产、生活秩序和职工队伍的稳定；要坚决反对奢侈浪费，文明过节。各级纪检监察部门要强化监督检查，对违反规定的要严肃查处。

蒲建中在通报长庆局党风建设和反腐倡廉工作情况时说，2006年，各单位领导班子和领导人员能认真落实党风廉政建设责任制，对党风建设和反腐倡廉工作的认识进一步提高，履行责任和“两手抓”的自觉性进一步增强，廉洁从业、廉洁自律的意识明显强化，工作作风有了新的转变，考核结果全部达标。

杨再生在通报长庆局2006年安全环保工作时说，2006年，长庆局上下以“安全环保基础年”为主线，突出“强三基、反三违、严达标、除隐患”的主题，大力推进安全生产“五要素”（安全文化、安全责任、安全制度、安全投入、安全科技）到位，落实环境保护四项措施，使安全环保在生产经营持续快速增长的情况下，取得了较好成绩。全年主业单位没有发生工业生产死亡事故，员工伤亡事故千人死亡率为零，交通千台车死亡率为0.75。比2006年事故总起数下降8.3%，死亡人数下降38.5%，重伤人数下降44.4%，长庆局获得了中国石油集团安全生产先进企业称号。

（杨文礼）

中国石油长庆培训中心隆重揭牌

2007年2月8日，中国石油长庆培训中心在西安未央湖揭牌成立。中国石油集团人事劳资部主任李万余、副主任金华、股份公司人事部副总经理侯创业，中国石油集团人事服务中心主任徐新福，长庆油田分公司总经理、党委副书记王道富，长庆局局长、党委副书记苟三权，副局长、总工程师赵业荣，以及油田双方机关有关处室负责人、长庆油田有关厂（处）单位负责人等出席了揭牌仪式。会议由王道富主持。

中国石油集团人事劳资部副主任金华宣读了中国石油集团关于中国石油长庆培训中心的命名决定。随后，伴随着隆隆的礼炮声和欢快的音乐声，李万余和苟三权为“中国石油长庆培训中心”揭牌。中国石油长庆培训中心正式成立，标志着长庆油田教育培训事业进入了一个新的历史阶段。

李万余在揭牌仪式上作了重要讲话。他指出，中国石油长庆培训中心的成立是中国石油集团实施人才强企战略、全面推进人才培训工程的又一重大举措。标志着中国石油集团教育培训基地网络建设日趋成熟。他强调，“十一五”是长庆油田大发展的重要战略机遇期，2010年油气当量将达到3000万吨，企业的快速发展需要各类人才，培训就是关键。希望中国石油长庆培训中心牢固树立为企业服务的思想，切实提高管理水平，完善办学条件，提升培训质量，努力建成区域优势鲜明、专业特色突出、培训设施先进的中国石油主体专业和骨干工种的示范性教育培训基地。

王道富在揭牌仪式上指出，开展教育培训工作，加快人力资源开发是落实人才强企战略和加强基层队伍建设的重要举措，是提高员工素质、提升企业竞争力和构建和谐企业的重要途径，是坚持科学发展观的必然要求，是解决目前员工队伍中部分人员技能、技术水平不高，确保安全发展、清洁发展的治本之道。各级组织要按照中国石油集团的发展要求，坚持“围绕中心、突出重点，注重实效，完善体系”的教育培训方针，以中国石油集团发展战略需求为根本，以提高员工素质为目标，扎实推进人才培训工程，为中国石油集团发展战略目标的实现提供人才保证。

在揭牌仪式上，苟三权发表讲话。他说，中国石油长庆培训中心的成立是长庆教育培训史上的一件大喜事，对加快长庆培训中心建设，加大“三支人才队伍”培养力度，推动长庆油田大发展具有十分重要的意义。

苟三权指出，伴随着长庆油田的大发展，长庆培训事业从无到有，为长庆发展作出了贡献。中国石油集团赋予长庆油田“发展大油田，建设大气田，创建模范和谐矿区”的历史使命，到2010年，长庆油田要实现年产油气当量3000万吨。长庆油田的快速发展对员工队伍的素质提出了更高的要求，培养和造就适应企业发展的“三支人才队伍”，培训是关键、是基础。中国石油集团决定将长庆培训中心列为重点扶持的培训基地之一，并隆重挂牌，不仅是对长庆油田教育培训工作的肯定和大力支持，也是对长庆油田今后教育培训工作提出的更高要求和希望。长庆油田决心以这次揭牌为起点，在中国石油集团人事劳资部、股份公司人事部，以及中国石油集团人事服务中心的指导和大力帮助下，依托西安大专院校的师资力量和社会教育资源，努力把中国石油长庆培训中心办成中国石油集团的教育培训示范基地。要加强领导，加大投入，统筹规划，在基础设施、师资队伍、教学设施、培训质量、服务水平、培训环境等6个方面下工夫，努力提高长庆油田职工素质，为长庆油田持续有效快速协调发展作出更大的贡献。

（江 波 韩 愈 志 武 方 媛 绍 军）

长庆局2007年生产全面启动

2007年3月2日，长庆局在陕、甘、宁3省（区）的马岭、银川、礼泉、咸阳、三桥等生产、生活基地隆重举行2007年生产启动仪式，上万名钻井、录井、井下、建工将士在喧天的锣鼓声中奔赴千里油气施工作业区，拉开了为长庆油田攀上年产2000万吨油气当量新台阶拼搏的帷幕。苟三权等长庆局领导分赴5个基地为出征将士送行。

马岭基地

3月2日早晨，钻井工程总公司马岭基地文化广场锣鼓喧天，彩旗猎猎，清脆的鞭炮响起来，热闹的社火耍起来。长庆局陇东片生产启动欢送施工队伍仪式在这里隆重举行。长庆局局长、党委副书记苟三权，副局长刘自强，副局长、安全总监杨再生，局党委常委、组织部部长（人事劳资处处长）张启英，局长助理吴述普，以及长庆局庆阳前指、钻井工程总公司、录井公司、局长办公室、生产运行处、工程技术部、质量安全环保处、对外关系协调处、局团委等处室领导，在春寒料峭中为出征将士壮行。

欢送仪式上，苟三权、刘自强、杨再生、张启英、吴述普等领导向出征钻井队、录井队授了队旗和青年突击队队旗。30529钻井队队长贾培德代表20支出征钻井队伍作表态发言，录井70队队长纪俊峰代表15支出征录井队作表态发言。

杨再生在讲话中说，在过去的一年中，全局上下围绕长庆油气增储上产，坚持靠安全、靠技术、靠管理、靠和谐实现持续提速，长庆局工程技术服务能力迅速提升，运行效率大幅度提高，钻井生产指标超额完成，全年完成进尺369万米，比2006年增长50%，先后刷新、创造了58项历史新纪录，为长庆局持续有效快速协调发展作出了突出贡献。新的一年，是坚持科学发展、构建和谐长庆的重要一年。2007年，长庆油气当量目标锁定2000万吨大关，比2006年净增加300万吨，这是长庆油气当量突破1000万吨之后的又一个大跨越，也是长庆油田有史以来生产任务最繁重的一年。钻井作为长庆局工程技术服务的“龙头”，要率先全面抓好生产经营管理，实现生产经营平稳持续增长；要全力抓好安全环保和稳定工作，切实履行好“三大责任”；要认真落实“四共”原则，努力创建模范和谐矿区；要切实加强领导班子建设、队伍建设和基层建设，不断提升队伍的凝聚力、战斗力和执行力。希望钻井工程总公司趁势而上，以安全为前提，做到持续提速、整体提速，最大限度地发挥生产能力，全面完成400万米进尺生产任务。机关部门一定要积极服务基层，后勤单位务必全力支持前线，上下一条心，拧成一股绳，聚精会神搞建设，一心一意促生产。长庆局相信，只要全局员工脚踏实地、真抓实干，各项生产指标一定能够全面完成。

8时45分，苟三权宣布：“长庆局2007年生产全部启动，钻井、录井将士出发！”随着出征令的下达，高亢激越的《我为祖国献石油》乐曲响起来，催人奋进的锣鼓敲起来，1000多名钻井员工乘坐着41辆客车奔赴前线，20辆满载生产、生活物资的车辆紧随其后，在局领导及3000余名员工、家属的欢送中精神抖擞地踏上了新的征程。

银川基地

长庆局宁夏片2007年钻（录）井生产启动仪式3月2日在银川燕鸽湖基地隆重举行。长庆局党委副书记、纪委书记、工会主席蒲建中，副总工程师刘硕琼以及党委办公室、局工会、质量安全环保部、规划计划部、党委宣传部、钻井工程总公司、录井公司等机关部门、厂（处）单位负责人参加了启动仪式。

启动仪式上，银川物业管理处社火队为出征将士献上了社火表演，钻井工程总公司、录井公司领导先后致欢送辞，钻井70518队和录井40队代表作表态发言。蒲建中为钻井队、录井队和青年突击队授旗，并发布出征令。

蒲建中在讲话中代表局党委、长庆局向银川片出征的员工致以亲切的问候，并向银川片各单位离退休老同志和员工、家属表示新春的祝福。

蒲建中指出，目前，长庆油田油气探明储量奠定了油气大发展的资源基础。中国石油集团赋予了长庆“发展大油田、建设大气田，创建模范和谐矿区”的历史使命，明确要求长庆油田在2010年实现油气当量3000万吨，这都为长庆局创造了千载难逢的战略发展机遇。

他指出，2007年，长庆局钻（录）井系统要力争实现主营业务收入125亿元，完成钻井进尺400万米，录井1756口。各级领导干部一定要牢固树立敏锐的机遇意识、强烈的发展意识、高度的责任意识和厚重的人本意识，以科学发展观为统领，以“发展大油田、建设大气田，创建模范和谐矿区”为总体要求，牢牢把握科学发展与构建和谐两大主题，坚持加快发展，整体推进；坚持协调发展，互利共赢；坚持安全发展，筑牢基础；坚持绿色发展，环保优先；坚持和谐发展，以人为本。要着力加快提升工程技术服务能力，着力加快调整产业结构和转变经济增长方式，着力加快发展油气合作开发新兴业务，着力加快推进制度、技术和管理创新，着力加强党的建设、领导班子建设、员工队伍建设和基层建设，认真履行经济、政治和社会三大责任，全面开创长庆局持续有效快速协调发展的新局面，以优异的成绩迎接党的十七大召开。

礼泉基地

3月2日早上，钻井工程总公司礼泉培训基地锣鼓喧天、彩旗飘飘。钻井工程总公司19支钻井队与6支录井队将士，带着局党委、长庆局的嘱托和员工、家属的厚望奔赴生产一线。长庆局副局长、总工程师赵业荣，安全副总监戴能尚，以及长庆局人事组织部、企业文化处、宣传部、钻井工程总公司、录井公司的负责人出席了启动仪式。

在启动仪式上，赵业荣代表局党委、长庆局为奔赴生产一线的将士送行。他在讲话中说，2007年，全局钻井、录井系统的广大员工要认真落实中国石油集团和长庆局2007年工作会议精神，坚持“做强做大、规模适度、重在做强”和“相互配套、基本一致、积极跟进、提升能力”的发展思路，瞄准钻井400万米、录井1756口的目标，提高服务水平，扩大市场份额，实现钻井生产持续提速、整体提速，为长庆油气大发展作出贡献。随后，赵业荣为出征队伍授旗。

出征将士代表也表示，决不辜负局党委、长庆局的期望，在牢记安全生产的同时，依靠管理提速和科技提速，努力实现2007年长庆局钻井、录井各项生产目标。

出征将士代表的话音刚落，1000双由礼泉基地家属亲手绣的鞋垫送到了出征将士的手里，每一双鞋垫上都绣着一句安全警语，“高高兴兴出门，平平安安回家”成为送行员工和家属的嘱托。

随着赵业荣一声令下，10多辆大客车满载着19支钻井队和6支录井队的成员，在震天的锣鼓声和欢快的秧歌中，奔赴生产一线。

在送走出征将士后，赵业荣听取了钻井工程总公司和录井公司关于2007年生产启动和生产准备的汇报。在汇报会上，赵业荣指出，安全生产和科技提速是主题，安全生产的根本在于队伍素质，提高队伍素质的根本在于培训，所以要加大员工队伍培训力度，提高队伍整体素质。同时，他要求钻井工程总公司与录井公司要做好启动后的后勤准备工作，做到生产、生活两不误。

赵业荣等还看望了礼泉基地的老领导、老同志。

咸阳基地

3月5日，井下技术作业处生产启动仪式在咸阳隆重举行。长庆局副局长、安全总监杨再生，局长助理张元忠，安全副总监戴能尚，对外关系协调处、生产运行处、局党委宣传部、人事劳资处、局团委、质量安全环保处、局工会等机关部门负责人以及井下作业处负责人出席了启动仪式。

启动仪式上，杨再生同志代表局党委、长庆局欢送井下将士奔赴生产一线。他说，刚刚过去的2006年，长庆局各项业务取得长足发展。在井下技术作业处全体干部工人的共同努力下，井下技术作业创造了全年试油（气）、压裂酸化4600层次的优异成绩，为长庆局持续有效快速协调发展作出了贡献。2007年是长庆油田大发展的历史机遇，一定要按照中国石油集团和长庆局工作会议精神，努力实现全年试油（气）、压裂酸化5000层次的奋斗目标。新的征程就在脚下，希望大家以崭新的面貌和姿态，迅速投身到油田生产建设中。迎接挑战、再创佳绩。

井下技术作业处负责人为出征将士作了动员令。出征将士代表表示决不辜负局党委、长庆局以及全体员工、家属的期望，在确保安全生产的同时，努力实现试油（气）、压裂酸化5000层次的奋斗目标。

随着杨再生一声令下，126名出征将士乘坐的大巴车缓缓启动。此刻，欢快的舞蹈跳起来，欢送的锣鼓敲起来，象征着平安的500多只“平安鸽”腾空飞起。126名出征将士带着全局员工、家属的嘱托和祝福，在局领导以及在场所有人的挥手致意中奔赴生产一线。

三桥基地

彩旗飘展鼓乐鸣，建工将士又远征。3月5日上午，建设工程总公司2007年生产启动暨员工队伍出征欢送仪式在三桥基地隆重举行。长庆局副局长凌心强，局长助理朱文伯，长庆局生产运行处、基建工程部、党委宣传部等部门负责人以及建设工程总公司领导出席了启动仪式，为出征将士壮行。

凌心强代表局党委、长庆局为奔赴生产一线的将士送行。他在讲话中说，2007年是长庆局坚持科学发展、构建和谐长庆的重要一年，长庆局正面临着千载难逢的历史发展机遇，建设工程总公司广大干部工人要抓住机遇、坚定信心、明确目标、努力工作，认真贯彻中国石油集团和长庆局工作会议精神，坚持“平稳、均衡、效率、受控、协调”的工作方针和“确保质量、创新模式、培育规模”的发展思路，积极引进先进施工管理模式，不断提高服务保障能力和市场竞争能力，为长庆油气增储上产提供重要保障。希望建设工程总公司广大干部以崭新的面貌和姿态，迅速投身到火热的油田生产建设中，迎接新挑战、再创新业绩。

随后，凌心强为出征队伍授旗，建设工程总公司负责人也为出征将士发出生产动员令，全体出征将士庄严宣誓：尽职尽责、奋力拼搏、不获全胜、决不收兵！

随着凌心强宣布“2007年长庆局建设工程总公司生产建设全面启动，欢送将士出征！”长庆局建设工程总公司13支队伍、200余名将士带着局党委、长庆局的嘱托，带着全局职工、家属的祝福和期盼，在高亢激昂的《我为祖国献石油》乐曲声中，在震天的锣鼓声和欢快的秧歌中浩浩荡荡奔赴生产一线。

生产启动仪式后，凌心强、朱文伯一行在建设工程总公司进行调研，听取了建设工程总公司2007年生产经营安排和生产启动情况的汇报，并就相关问题与建设工程总公司负责人进行了座谈。

（海　波　江　波　巴　凯等）

长庆局召开领导干部会议
学习贯彻胡锦涛、温家宝视察
中国石油集团的重要讲话精神

2007年3月5日上午，长庆局召开局领导班子、处室长会议，认真传达中国石油集团办公厅第六期通报精神，专题学习胡锦涛主席、温家宝总理到中国石油集团所属企业和海外项目视察时的重要讲话和指示精神。长庆局局长、党委副书记苟三权主持了会议，并就学习贯彻落实胡锦涛主席、温家宝总理重要讲话和指示精神及蒋洁敏总经理重要指示精神提出了明确要求。

首先，认真学习、深刻领会胡锦涛主席、

温家宝总理的重要讲话和指示精神，结合实际贯彻落实到各项工作中去。会议认为，近期胡锦涛主席、温家宝总理在不到 10 天的时间里，先后 3 次到中国石油集团所属单位视察并发表重要讲话，这在历史上是少有的，反映了党和国家领导人对中国石油集团工作的高度重视，这是对中国石油集团工作的充分肯定，是对百万石油员工的巨大鼓舞，也是党和国家领导人对我们工作的殷切期望。胡锦涛主席、温家宝总理的重要讲话和指示精神，站在政治和全局的高度，为我们提出了工作要求，指明了任务和奋斗目标，这对于我们更好地适应新形势、新任务的要求，进一步做好各方面工作，实现又好又快发展，具有重大的现实意义和指导意义。我们要以胡锦涛主席、温家宝总理视察时的讲话、指示精神为动力，认真组织好学习贯彻活动，紧密联系工作实际，瞄准年产 3000 万吨油气当量目标，把各方面工作纳入科学发展、和谐发展的轨道，切实履行好国有企业的经济、政治和社会三大责任，以优异的成绩迎接党的十七大召开。

其次，认真贯彻落实中国石油集团、长庆局 2007 年工作会议精神，全面完成今年各项工作任务。按照“发展大油田、建设大气田，创建模范和谐矿区”的总体要求，真抓实干，开拓创新，坚持科学发展、构建和谐长庆的工作主线，牢固树立敏锐的机遇意识、强烈的发展意识、高度的责任意识、厚重的人本意识，抓紧抓好 2007 年生产经营管理等各项重点工作，扎实筑牢安全、环保、稳定等三大基础工程，切实加强领导班子建设、队伍建设和基层建设，努力开创长庆局持续有效快速协调发展的新局面。要根据 2007 年长庆局工作报告所确定的工作任务逐项分解，明确责任领导、责任部门和落实时间，认真履行职责，突出工作重点，切实抓出成效，全面实现全年工作目标，向中国石油集团交上一份合格答卷，不辜负中央领导的厚望和重托。

最后，抓好安全生产，维护大局稳定，着力推进和谐油田建设。要深入贯彻国家和中国石油集团关于安全环保稳定工作的一系列指示精神，严格执行安全环保法律法规，坚持安全发展、清洁发展，切实做到安全第一、环保优先、以人为本。当前，要认真抓好全局生产启动工作，按照“精心组织、确保安全、有序启动、平稳加速”的原则，切实做到领导重视、靠前指挥、关注细节、依规操作。认真抓好安全教育，强化制度约束，克服盲目蛮干和急躁情绪，对开工投用的车辆、设备严格进行检查，决不允许“带病”出征。要认真汲取事故教训，全面落实安全生产责任，突出重点环节，强化安全措施。近期施工作业区域普降大雪，要把交通安全管理放到第一位。要认真细致地做好稳定工作，落实责任，完善措施，保稳定、保安全、保平安。各单位要研究制订得力措施，积极做好思想疏导和矛盾化解工作，集中力量解决事关群众切身利益的问题，建立稳定工作的长效机制，确保大局稳定，努力构建和谐长庆。

（轩　萱）

长庆局党委部署
学习贯彻党的十七大精神

按照中央和陕、甘、宁三省（区）及《中国石油集团党组关于认真学习宣传贯彻党的十七大精神的通知》要求，长庆局结合实际，近日就学习贯彻党的十七大精神有关事项下发《通知》，要求各级党组织把传达学习贯彻党的十七大精神摆到各项工作的首位，集中时间、集中精力，采取多种行之有效的方式，在不同层面上组织对党的十七大精神的传达和学习，在全局迅速掀起一个学习宣传贯彻党的十七大精神的热潮。

《通知》指出，要充分认识学习贯彻党的十七大精神的重大意义。党的十七大是在我国改革发展关键阶段召开的一次十分重要的大会。大会批准胡锦涛代表十六届中央委员会所作的报告，以马克思列宁主义、毛泽东思想、邓小平理论和“三个代表”重要思想为指导，深入贯彻落实科学发展观，科学回答了党在改革发展的关键阶段举什么旗、走什么路、以什么样的精神状态、朝着什么样的发展目标继续前进等重大问题，对继续推进改革开放和社会主义现代化建设、实现全面建设小康社会的宏伟目标作出了全面部署，对以改革创新精神全面推进党的建设新的伟大工程提出了明确要求。描绘了在新的时代条件下，继续全面建设小康社会、加快推进社会主义现代化的宏伟蓝图，为我们继续推动党和国家事业发展指明了前进的方向，是我们党团结带领全国各族人民坚定不移地走中国特色社会主义道路、在新的历史起点上继续发展中国特色社会主义的政治宣言和行动纲领，是马克思主义的纲领性文献。大会通过的党章修正案，体现了党的理论创新和实践发展的成果，体现了党的十七大报告确立的重大理论观点、重大战略思想、重大工作部署，对坚持和改善党的领导、加强和改进党的建设提出了明确要求。认真学习宣传贯彻党的十七大精神，关系党和国家工作全局，关系中国特色社会主义事业长远发展，对于动员全党、全国各族人民，在以胡锦涛为总书记的党中央领导下，高举中国特色社会主义伟大旗帜，奋力夺取全面建设小康社会新胜利、开创中国特色社会主义事业新局面，具有重大现实意义和深远历史意义。

《通知》说，要深刻领会和准确把握党的十七大精神实质。当前和今后一个时期的首要政治任务，就是学习宣传和全面贯彻落实党的十七大精神，为实现党的十七大确定的奋斗目标而扎实努力。各级党组织要把传达学习贯彻党的十七大精神摆到各项工作的首位，集中时间、集中精力，采取多种行之有效的方式，在不同层面上组织对党的十七大精神的传达和学习，在全局迅速掀起一个学习宣传贯彻党的十七大精神的热潮。各级领导要率先垂范，带头学习，组织班子成员原原本本、认认真真地学习党的十七大报告和各项决议，既要从整体上全面把握报告的基本精神，又要悉心领会报告提出的一系列重要思想观点，特别是要对一些重大理论观点、重大战略思想、重大工作部署进行深入思考和重点把握。

要深刻领会十七大的主题，领会中国特色社会主义道路和中国特色社会主义理论体系，坚定不移地高举中国特色社会主义伟大旗帜，抓住和用好主要战略机遇期，求真务实，锐意进取；深刻领会党的十六大以来党和国家取得的新的重大成就，更加自觉地贯彻党的理论和路线方针政策；要深刻领会改革开放的伟大进程和宝贵经验，要始终保持改革创新、奋发有为的精神状态；要深刻领会科学发展观的内涵、精神实质和根本要求，准确把握贯彻落实科学发展观的“四个基本要求”，增强贯彻科学发展观的自觉性和坚定性；要深刻领会实现全面建设小康社会奋斗目标的新要求，为推进全面建设小康社会进程、发展中国特色社会主义而不懈奋斗；要深刻领会社会主义经济建设、政治建设、文化建设、社会建设等方面的重大部署，努力促进各项事业的协调发展、共同进步；要深刻领会以改革创新精神全面推进党的建设新的伟大工程，以坚定理想信念为重点加强思想建设，以造就高素质党员、干部队伍为重点加强组织建设，以保持党同人民群众的血肉联系为重点加强作风建设，以健全民主集中制为重点加强反腐倡廉建设，不断提高执政能力，始终保持党员队伍的先进性。

《通知》强调，要大力发扬理论联系实际的学风。学习宣传贯彻党的十七大精神，要坚持理论联系实际，紧密联系本单位、本部门的工作实际，紧密联系广大党员的思想实际，坚持学以致用、用以促学，把用党的十七大精神武装头脑、指导实践、推动工作作为学习的出发点和落脚点。

一要认清长庆局面临的机遇和挑战。二要进一步理清发展思路，明确工作目标和任务。三要按照十七大关于坚持把发展作为党执政兴国第一要务的重要方针，继续加快长庆局主营业务的发展。四要按照十七大关于加快转变经济发展方式的战略要求，努力建设技术创新、资源节约、环境友好型企业。五要按照十七大关于推进改革开放伟大历史进程的重大决策，不断深化企业内部改革，加快"走出去"步伐。六要按照十七大关于积极构建社会主义和谐社会的要求，不断推进和谐企业建设。七要按照十七大关于推进党的建设新的伟大工程的总体部署，不断加强和改进企业党建工作。八要认真抓好当前工作，全面完成今年各项任务目标，确保明年开好局、起好步。

《通知》要求，各级党组织要把学习宣传贯彻党的十七大精神作为首要政治任务，高度重视、加强领导，精心筹划、周密安排，区分层次、突出重点，采取多种有效方式，扎扎实实地把十七大精神学习好、宣传好、贯彻好、落实好，务求取得实效。

重点抓好领导干部的学习。学习贯彻十七大精神，处级以上领导干部和两级机关干部是重点。各单位要充分发挥党委学习中心组的作用，领导班子成员要带头学习好、领会好、掌握好、贯彻好。要亲自辅导、宣讲，亲自组织好全体党员职工、家属的学习。局党委将集中时间举办处级干部十七大精神学习班，举行学习十七大精神专题辅导报告会。各级党组织要采取多种形式，举办培训班，联系实际召开各个层次、各种类型的学习交流会、研讨会和座谈会，把十七大精神的学习引向深入。

要认真抓好广大党员和职工群众的学习。通过举办专题学习班、研讨会、党员学习日、讲党课、利用倒班时间集中学习等多种形式，组织广大党员集中时间、集中精力认真学习十七大报告和党章。通过组织宣讲团到基层宣讲、举办知识竞赛等生动活泼的形式，帮助广大党员和群众掌握党的十七大精神的基本内容，有针对性地回答职工群众在学习中提出的问题，使十七大精神进队站、进车间、进班组，深入人心。长庆局将在陕西、庆阳、宁夏等地分片召开学习研讨会，听取各单位学习贯彻十七大精神的工作情况汇报，研讨明年工作的思路和重点。

各职能部门要认真做好十七大精神学习的组织和安排工作。局党委组织部要作出相应安排，用十七大精神指导和加强领导班子建设和基层党组织建设。局党委宣传部要精心筹划、周密安排，开展多种形式的宣讲活动，要加强对党的十七大精神的理论研究，组织人员进行深入研究，编写十七大精神学习辅导材料，组织局宣传理论骨干在全局范围内进行宣讲。培训部门要把十七大精神的学习作为今冬明春职工冬季培训的重要内容，认真进行安排。各级离退休职工管理部门要抓好离退休干部和职工的学习，使十七大精神家喻户晓，深入人心。

要发挥各类媒体优势和特色，广泛深入宣传党的十七大精神。广播、电视、报纸、网络等新闻媒体要牢牢把握正确导向，及时报道各单位学习情况，总结推广好典型、好经验。要通过多种形式的学习宣传贯彻，引导广大党员干部、职工群众为"发展大油田、建设大气田，创建模范和谐矿区"，"把鄂尔多斯盆地建设成为我国重要的石油天然气能源基地”作出新的贡献。

（网　轩）

长庆局与土库曼斯坦签下1.5亿美元合同

2007年4月10日，长庆局最大的一笔海外项目合同——土库曼斯坦地质康采恩尤拉屯气田12口气探井钻井工程总包合同，在土库曼斯坦正式签署。土库曼斯坦地质康采恩总裁朱马耶夫、副总裁阿达，长庆局副局长谢文虎出席了签字仪式。

这份总金额1.5亿美元合同的签署，标志着长庆局在开拓国际市场方面迈出了一大步，为长庆局继续加快“走出去”步伐，着力提升企业综合实力开辟了又一个主战场。

该项目于2006年6月30日公布招标，同年11月20日，土库曼斯坦8136号总统令宣布长庆局中标。项目中标后，长庆局立即派人赴土库曼斯坦进行项目实施的前期准备工作，同时在国内启动了人力资源、设备配套、材料供应、技术储备、财务经营等相关准备工作。2006年12月20日，长庆局在全局范围内为土库曼斯坦项目招聘了23名机械、电气、钻井、司钻、设备管理等专业的技术人员和管理人员，集中培训了3个月，并成立了土库曼项目部。目前，启动土库曼斯坦项目的相关准备工作已全部就绪。

该项目从中标到正式签署合同，先后经历了20多场次的艰苦谈判，最终双方在互信、互让、互利、互惠的基础上，达成广泛共识，并于4月10日正式签署合同。

签字仪式上，长庆局副局长谢文虎代表中国石油长庆石油勘探局，对严格履行合同、确保项目顺利实施作出了郑重承诺。他说，地质康采恩是土库曼斯坦国家石油公司，具有雄厚的综合实力和良好的国际声誉，能够服务于这样的公司是长庆局的荣幸。长庆石油勘探局能够提供从地质研究、勘探开发方案编制、石油工程设计到各种专业化油田施工作业等一体化服务，在37年的油田开发历程中积累了丰富的作业经验和良好的施工业绩。特别是2001年以来，在与尤拉屯地区有着相近地层地质结构特点的乌兹别克斯坦库克杜马拉克油田成功钻探了6口水平井，为完成尤拉屯项目积累了一定的经验。他同时承诺，将严格按照合同要求履行职责，精心准备、严密组织，保证人员和设备按期到位，早日开钻；选派最优秀的专家和技术人员，采用最先进的技术和管理，完成总包合同中的各项施工作业任务，确保施工安全，确保工程质量，为地质康采恩提供最好的服务，为土库曼斯坦发展石油天然气工业作出应有的贡献。

（齐永茂　王海波）

亚洲第一套直升机吊装固控系统在长庆下线

2007年4月12日，由机械制造总厂承造的ZJ50DB直升机吊装固控系统在西安泾河工业园成功下线，这标志着长庆油田的固控系统生产水平已达到国际水平。据悉，这套世界第三、亚洲第一的直升机吊装固控系统将出口到澳大利亚OSL公司，在巴布亚新几内亚进行热带雨林等区域的石油勘探作业。

热带丛林和热带雨林石油勘探是世界石油勘探开发的新领域，具有广阔的市场前景。此次长庆油田自主研发制造的ZJ50DB直升机吊装固控系统就是专门针对热带丛林和热带雨林等区域石油勘探开发而设计的。整套系统设计均参照和执行国际通用ASME标准，并采用“模块单元”的设计方法，保证了产品的互换性和直升机吊装吨位限制要求，同时采用四级钻井液净化设备，实现了固相控制、钻井液加重、筛分、循环、控制和储备等多种功能，达到了在同一井场同时钻6—8口井的特殊工艺要求。

经兰州兰石国民油井石油工程有限公司和业主澳大利亚OSL公司的验收，系统制造整体达到了设计的标准。澳大利亚OSL公司直升机吊装钻机项目组兰州项目经理Rob Murray先生表示，这套系统已经达到了国际水平，特别是增加了直升机吊装过程中单个吊装载荷不超过9吨的要求，这一要求对于任何一个制造商来说都是困难而且具有挑战性的，但是我们最终看到了满意的设计和产品。

长庆局副局长、总工程师赵业荣在产品出厂仪式上说，近年来，长庆局在认真做好工程技术服务的同时，积极开拓外部市场，参与到外部油田的发展当中，并勇敢地走向国外，成功参与厄瓜多尔、乌兹别克斯坦等国石油勘探项目的服务，在国际上赢得了较高的声誉，证明长庆人有能力，有远大的目标走出去，为更多客户提供优质的服务。长庆石油机械制造也从最初的满足油田一些生产的机械加工，发展到今天主动寻求合作伙伴，不断扩大市场领域，承接产品的技术含量越来越高、涉及技术领域越来越宽、市场合作领域越来越广。这次直升机吊装固控系统的成功下线就是长庆做大做强机械制造的有力见证，希望产品在国外使用的过程中，让业主真正感受到中国制造的产品质量优良，感受到长庆不凡的能力与实力。

近年来，长庆油田机械加工领域在高标准地服务好长庆油田内部市场的同时，着力于产品的技术创新和质量提升，不断开拓对外合作领域。据不完全统计，仅2006年，长庆机械加工社会市场和国际市场开发实现的产品销售额就突破6000万元，并与众多企业建立了稳定的合作关系，获得了良好的市场信誉，在海内外树立起了“长庆”品牌的良好形象。这次直升机吊装固控系统的成功下线，又为长庆在世界石油勘探领域赢得了新的商机和更多的市场份额。

（赵 瑛 郝元武 周建勇）

长庆局领标中油乌兹别克公司5650米超深探井项目

继2007年4月10日长庆局最大的海外项目合同《与土库曼斯坦国签约12口天然气钻井总包服务项目》后，近日在长庆局积极跟进的中亚市场捷报再传，4月26日，中油国际（乌兹别克斯坦）有限责任公司授标长庆局第一口井深为5650米的钻井综合服务项目。该井是中国石油集团目前在海外钻井项目中最深的一口超深井，正式合同将在近期签约。

这是一个月之内，长庆局在海外项目中通过招投标获得的又一个项目，表明长庆局在南美和中亚两个油气工程技术服务重点市场取得新突破。该项目有国内外7家公司参与投标。4月26日，中油国际（乌兹别克斯坦）有限责任公司授标长庆局，第一口探井设计井深为5650米，预计270天完成，金额为700多万美元。

近年来，长庆局立足已有的成熟市场和中国石油集团海外投资项目，积极发挥先进适用技术和服务优势，实施相对集中和重点发展的市场开发战略，具备了一体化石油工程技术服务能力，树立了良好形象。截至目前，长庆局在厄瓜多尔、乌兹别克斯坦、土库曼斯坦、印度尼西亚和阿尔及利亚等国家已完成和正在运行的国际项目有17个。2005年以来，长庆局采用多项新技术和新工艺，解决服务区块复杂地层、高压盐水层等工程技术难题，先后在乌兹别克斯坦完钻7口井，最大的井深为3822米，其中GW－1井是长庆局为该国成功打出的第一口水平井，受到了业主的高度评价。在乌兹别克斯坦水平井的顺利完成，也为该项目中标奠定了良好的基础。

（齐永茂）

全国政协常委考察团视察长庆油田

2007年5月24日，以全国政协副主席张思卿为团长，全国政协常委、安徽省原省委书记、原省政协主席卢荣景和全国政协常委、全国政协经济委员会副主任、陕西省原省长程安东为副团长，全国政协副秘书长孙怀山为秘书长的全国政协常委考察团来长庆油田视察工作。陕西省委、省人大、省政府、省政协领导，以及长庆油田领导苟三权、冉新权、杨再生、冯尚存等陪同。

5月24日下午，长庆油田为考察团举行了隆重的欢迎仪式，苟三权代表长庆油田致欢迎辞并作了简要的工作汇报。冉新权主持欢迎仪式。

欢迎仪式上，张思卿在听取长庆油田的汇报后发表重要讲话。他指出，石油是国家经济发展的命脉，石油工业是国家的支柱产业。当前，我们国家正处于经济、社会快速发展阶段，石油能源的重要性和战略性越来越明显。长庆油田组建37年来，为国家经济的发展作出了突出贡献。军人的“攻坚啃硬”精神和作风，为长庆油田持续发展打下了坚实的基础。长庆油田正处于大发展时期，2007年的油气当量将达到年2000万吨，到2010年将达到年3000万吨，到那时，长庆油田将成为真正的大油田，将为国家经济和社会的发展作出更大的贡献。希望长庆油田在今后的发展过程中，继续发扬军人的“攻坚精神”、石油行业的“铁人精神”、革命老区的“延安精神”和新时期的“科技精神”，以“我为祖国献石油”为目标和宗旨，不断发展壮大，为国家经济的发展和社会的进步作出更大的贡献。同时，向奋战在石油战线上的全体职工表示最崇高的敬意和衷心的问候。

苟三权在致欢迎辞时说，此次调研检查指导工作，是政协履行职能、参与国事的基础性工作和重要途径，对充分发挥政协的政治协商、民主监督、参政议政职能，推动社会主义物质文明、政治文明和精神文明协调发展，具有十分重要的意义。特别是政协围绕经济社会发展具有综合性、全局性、前瞻性的重大问题，深入研究调研，立科学发展之论、献科学发展之策，对国有企业持续有效快速协调发展具有积极的指导和推动作用。

苟三权还向考察团简要介绍了长庆发展的基本情况。他说，长庆油田经过37年的发展，已经发展成为中国石油第二大油田，在企业发展的同时，很好地履行着国有企业的经济、政治和社会责任，为西部大开发和石油工业“稳定东部、发展西部”战略的全面实施，做出了突出贡献。到2010年，长庆油田年产油气当量将达到3000万吨，鄂尔多斯盆地将成为我国重要的石油天然气能源基地，长庆油田为保障国家能源安全，促进地方经济发展和社会各项事业全面进步，构建社会主义和谐社会，切实履行好国有企业的经济、政治和社会“三大”责任，将作出新的、更大的贡献。

冉新权表示，长庆人将按照张思卿副主席的要求，以“我为祖国献石油”为己任，发展大油田、建设大气田，为祖国经济和社会的发展作出新的、更大的贡献。

（李江波　张　芳　贯　勇）

长庆局在靖边基地隆重召开基层建设工作推进会

2007年6月26日至27日，长庆局基层建设工作推进会在靖边基地隆重召开。会议总结了近年来长庆局基层建设所做的主要工作和取得的成效，明确了当前和今后一个时期基层建设工作的指导思想、工作目标、重点任务和措施，观摩学习了7个基层建设示范点，命名、表彰了20个基层建设示范点，命名了4个企业文化建设示范基地，并就今后一个时期的基层建设工作做了安排。

中国石油集团思想政治工作部副主任朱元，长庆局局长、党委副书记苟三权，党委副书记、纪委书记、工会主席蒲建中，副局长、总工程师赵业荣，局长助理朱文伯，局机关各部门主要负责人，局属各单位及控股企业主要领导、基层建设主管领导、基层建设主管部门负责人，基层单位代表及基层建设示范点代表共135人参加了会议。朱元副主任、苟三权局长在会上作了重要讲话。

6月26日，会议组织与会代表到40591钻井队、苏6-1集气交换站等7个基层建设示范点现场观摩。6月27日，会议举行大会，朱元宣读中国石油集团第三批“中国石油企业精神教育基地”的决定，并为长庆苏里格气田功勋井——苏6井授牌；蒲建中代表长庆局作题为《为长庆局持续有效快速协调发展奠定基础》的基层建设工作报告；赵业荣宣读长庆局第一批基层建设示范点命名决定；朱文伯宣读长庆局企业文化示范基地命名决定；钻井工程总公司、井下技术作业处作基层建设工作专题发言；30533钻井队等6个基层建设示范点单位作经验交流。会议还举行了授牌和表彰仪式，对基层建设示范点单位进行了奖励。

蒲建中在报告中全面总结了长庆局近年来基层建设所做的工作和取得的成效：一是进行了整体设计，健全组织体系，形成基层建设合力；二是刻树了典型样板，以点带面推进，基层建设示范点创建活动初见成效；三是坚持以人为本，加大基层投入，全力维护一线员工的根本利益；四是提高了“五种能力”，开展“六个一”活动，基层的凝聚力和战斗力明显增强；五是开展了“三大活动”，强化员工培训，基层队伍整体素质全面提高；六是创新管理方式，加强“三标”建设，基层基础管理水平逐步提高；七是突出了长庆特色，营造文化氛围，基层企业文化示范基地建设稳步推进。他在报告中概括了全局基层工作的宝贵经验：必须坚持以科学发展为统领，基层建设才会有内动力；必须建立长效机制，基层建设才会有生命力；必须坚持以人为本，基层建设才会有向心力；必须抓住影响基层建设的重点问题，基层建设才会有凝聚力；必须以示范点建设为突破口，基层建设才会有推动力；必须把基层建设纳入企业管理的范畴，基层建设才会有聚合力。蒲建中在报告中对下一步工作做了部署，并提出明确的保障措施和要求：一是要提高认识，加强领导，落实基层建设的责任；二是要典型示范，全面推广，稳步推进基层建设示范点工作；三是要完善标准，严格考核，确保创建活动见到实效；四是要政策激励，措施保障，逐步形成基层建设的长效机制；五是要加大宣传，舆论引导，形成基层建设的良好氛围。他强调指出，全局各单位要认真贯彻落实长庆局《关于进一步推进基层建设工作的实施意见》，加强基层领导班子建设，加强基层党组织建设，加强员工素质建设，加强本质安全建设，加强“三标”建设。

苟三权在会上作重要讲话。他说，近年来，长庆局深入贯彻落实《中国石油集团基层建设纲要》，以“坚持科学发展、构建和谐长庆”为目标，着眼基层、立足基层、服务基层、建设基层、发展基层，做了大量卓有成效的工作，企业发展的基础不断巩固和加强。集中体现在基层班子整体功能不断增强、基层党支部作用有效发挥、基层队伍整体素质进一步提高、基层基础管理更加科学规范、基层员工生产和生活条件明显改善、企业文化建设取得新的进步。

在回顾长庆局加强基层建设的实践和经验时，荀三权指出，必须坚持紧紧围绕长庆局持续有效快速协调发展这个中心。全局基层建设坚持把服务和保障长庆油气大发展作为根本任务，实现年产油气当量突破 1700 万吨和长庆局服务保障能力快速提升的实践证明，只有坚持抓基层建设从发展出发，抓发展从基层建设入手，把基层建设的各项工作深入到生产经营的各个环节，才能充分发挥基层组织的政治优势、组织优势，调动广大员工的积极性和创造性，投身于企业加快发展的火热实践。必须坚持以基层领导班子和党支部建设为核心。基层班子和党支部是基层队伍的“龙头”与“核心”，抓基层，就要首先抓好班子建设和支部建设，着眼基层、立足基层，“谋实”工作思路、“抓实”活动载体、“靠实”体制机制、“落实”工作部署，这样才能使基层始终充满生机与活力。必须坚持全面提升员工队伍整体素质这个根本。多年的发展实践证明，大力推进“三支队伍”建设，特别是去年以“三大活动”的广泛深入开展，使一大批技术能手、岗位明星脱颖而出，充实壮大了长庆局的技术骨干队伍和高技能人才队伍，也正是这部分“领军”人物在生产一线屡创佳绩、在科研战场攻坚啃硬、在后勤基地优质服务，才推动了长庆局的大发展、大跨越。必须坚持不断夯实基层基础管理这个基石。只有抓住管理这条主线不放松，在管理的科学化、制度化、规范化、专业化上下工夫，才能做到有法可依、有章可循、有序推进，以科学高效的管理推动基层建设水平不断提升。必须坚持以人为本、构建和谐这个主题。基层建设的内涵十分丰富，涉及企业的方方面面，直接与员工的生产和生活密切相关，基层建设必须以人为内动力，如果基层没有活力，就难以推动整体工作，基层不和谐，就难以推进企业发展。

针对下一步加强和推进基层建设工作，荀三权从三个方面作了强调。一是全局上下要统一思想、明确目标，进一步提高对加强基层建设重要性和紧迫性的认识。加强基层建设是贯彻落实中国石油集团“把鄂尔多斯盆地建设成为我国重要的石油天然气能源基地”的战略需要，加强基层建设是长庆“发展大油田、建设大气田，创建模范和谐矿区”的内在要求，加强基层建设是长庆局实现“十一五”发展目标的基础工程，加强基层建设是长庆局凝聚力量、科学发展，提升核心竞争力的有效途径。二是全局上下要结合实际、突出重点，努力把长庆局基层建设提高到一个新水平，加强和推进基层建设工作就必须着力突出“五个重点”、坚持做到“五个结合”，就是着力突出基层领导班子和党支部核心作用，坚持把加强基层建设与打造坚强有力的基层领导力量和工作堡垒紧密结合起来；着力突出基层队伍素质建设，坚持把加强基层建设与实现员工的全面发展紧密结合起来；着力突出基层基础管理，坚持把加强基层建设与提高基层执行力紧密结合起来；着力突出业绩与效益，坚持把加强基层建设与实现各路工作持续提速、整体提速紧密结合起来；着力突出企业文化建设，坚持把加强基层建设与建立具有长庆特色的企业文化体系紧密结合起来。三是全局上下要落实责任、扎实推进，确保基层建设任务全面完成。要统筹规划、整体联动，形成基层建设齐抓共管的工作格局，各级机关要转变作风、履行职责，发挥领导干部的引领推动作用，要以点带面、典型引路，促进全局基层建设水平进一步提高。

中国石油集团思想政治工作部副主任朱元在讲话中强调，要进一步提高认识，切实把握基层建设基础性工程的深刻内涵和重大意义，各企业要坚决贯彻落实中国石油集团党组和中国石油集团领导的决策部署及指示精神，充分发挥积极性、主动性和创造性，以更大的决心、更高的标准、更严的要求，把基层建设工作提高到一个新的水平；要进一步理清工作思路，切实保持基层建设的正确方向，基层建设是一项十分复杂的系统工程，要准确把握基层建设的新特点和新要求，就必须首先在理清工作思路上做文章、下工夫；要进一步加强组织领导，狠抓基层建设各项任务的落实，重视基层建设是中国石油的优良传统，各级领导干部和机关要将此项工作摆到突出位置，加强领导、精心组织、狠抓落实。

（王海波）

长庆油田矿区服务事业部正式成立

2007 年 7 月 31 日上午，长庆油田矿区服务系统改革实施工作会议在西安隆重召开，标志着长庆油田矿区服务系统改革进入实质性实施阶段，同时长庆油田矿区服务事业部也正式成立。参加会议的有长庆油田矿区服务系统改革领导小组成员；长庆局领导苟三权、滕玉林、蒲建中、刘自强、赵业荣、杨再生；局长助理、副总师；长庆局机关各部门及附属单位副处级以上干部，矿区服务系统改革工作小组成员；长庆局所属西安地区各单位党政主要领导，主管人事劳资、计划、财务、物业服务、医疗卫生、离退休职工管理等工作的领导，以及相关业务部门负责人；长庆油田分公司、长庆石化分公司有关矿区服务业务部门负责人，共计 480 多人参加了会议，其中西安主会场 280 人，银川、庆城等分会场 200 余人。

会上，长庆局副局长刘自强宣布了《长庆油田矿区服务系统改革实施方案》（以下简称《实施方案》）。《实施方案》简要介绍了长庆油田矿区服务系统的基本情况，宣布组建长庆油田矿区服务事业部，明确了矿区服务系统的指导思想、总体目标、工作原则、领导机构、管理机构、业务整合方案、矿区建设的组织及工作流程等。

局党委常委滕玉林传达了《中国石油天然气集团公司关于长庆油田矿区服务系统改革方案的批复》。《批复》原则同意长庆油田矿区服务系统改革实施方案，同意《实施方案》提出的矿区服务事业部组建方案及业务整合方案等。

会上，长庆局局长、党委副书记苟三权宣读了中国石油集团人事劳资部《关于沈双平等三人任职的通知》，并宣布矿区服务事业部领导班子。蒲建中兼任矿区服务事业部党委书记，刘自强兼任矿区服务事业部主任。沈双平任长庆局局长助理，李静群任长庆局副总工程师，王红任长庆局副总会计师。长庆局党委常委、人事劳资处处长（党委组织部部长）张启英宣布了矿区服务事业部机关和有关单位、部门领导班子。

苟三权传达了中国石油集团领导干部会议精神，并作重要讲话。他说，中国石油集团领导干部会议内容丰富，收获很多，概括起来主要有三点：一是重温了大庆石油会战艰苦创业的光荣历史，接受了一次大庆精神、铁人精神的再教育。二是学习了兄弟油田尤其是大庆油田基层建设的经验，看到了工作上的差距，明确了加强基层建设的目标和任务。三是进一步领会了中国石油集团关于科学发展、和谐发展的基本要求，明确了工作目标和方向。

苟三权就贯彻落实中国石油集团领导干部会议精神提出，要坚持“积极全面、不打折扣、求真务实、务求实效”的原则，抓好4个方面的工作。一是进一步弘扬大庆精神、铁人精神、长庆精神，开展向中国石油集团“十大标兵”刘玲玲等先进人物和先进班组学习活动。二是学习兄弟单位基层建设经验，加强基层建设。三是进一步转变工作作风。四是始终坚持科学发展、和谐发展。

苟三权指出，矿区服务业务是长庆局的四大业务之一。实施矿区服务系统改革，是中国石油集团发挥整体优势、加强专业化管理的战略举措，是长庆局加快发展的现实需要，也是长庆油田深化改革的必然要求，对于科学发展、和谐发展具有十分重要的意义。

苟三权强调，矿区服务系统改革涉及业务、资产、人员等方面的整合，涉及体制的调整、职能的划分和机制的转变，是一项情况复杂、涉及面广、政策性强的系统工程。矿区服务事业部的组建时间较紧、任务繁重、头绪很多，全局广大职工特别是各级领导干部一定要深刻领会推进矿区服务系统改革的现实和深远意义，充分认识到此项工作的艰巨性和复杂性，坚决做到与局党委、长庆局保持高度一致，迅速把思想和行动统一到中国石油集团的重大决策上来，全面贯彻落实《实施方案》，扎扎实实推进各项工作，确保矿区服务系统改革实施工作的顺利推进。

苟三权就矿区服务系统改革提出7点具体要求。第一，严肃组织纪律。严格按《实施方案》规定和要求推进改革，对业务人员和资产的划分，要坚持原则，把握政策，不允许搞政策变通，不允许乱开口子，更不允许各行其是，对一些共性的问题必须确保同一问题相同的政策。实施推进过程中，要加强情况沟通与协调，对一些具体问题的处理，要保持政策的统一性、一致性。各级干部要进一步严肃组织纪律、工作纪律，对于按规定划转的人员，尤其是领导干部必须无条件服从。第二，切实加强组织领导。矿区服务系统改革在局党委、长庆局的领导下，在改革领导小组具体指导下有序推进。组织实施条块结合、明确责任、落实到人。同时，长庆局成立综合、财务和人事3个工作组，主要按照《实施方案》明确责任，加强协调，相互配合，按计划推进矿区服务系统改革实施工作。第三，牢固树立“一盘棋”思想。此次矿区服务系统改革，从体制上讲是内部分开，不是从长庆局分离出去。矿区服务事业部是长庆局的一个组成部分，接受长庆局党委和长庆局的领导，长庆局党委、长庆局将统一管理全局包括矿区服务事业部在内的处级以上干部。全局上下、全体干部、广大职工必须要有清醒的认识，广大党员干部必须围绕大局，维护长庆局这个整体，牢固树立“一盘棋”思想，自觉抵制流言飞语，自觉维护《实施方案》的完整和统一，全力确保这项改革按照《实施方案》整体推进。第四，抓紧推进制度建设和机制建设。矿区服务事业部的组建启动，先是机构建立、人员到位，后是规章制度的建立、工作职责的明确和工作流程的梳理，尤其要界定事业部机关与长庆局机关的工作界面。这些工作任务很重、情况复杂，无现成东西可供参照借鉴，需要我们认真研究、积极探索，建立制度健全、职责清晰、体系完备的运行机制。局机关各有关部门要积极主动地支持事业部的工作，为事业部的迅速组建和工作的平稳顺利启动大开绿灯，强力推进。第五，认真编制“十一五”发展规划。按照中国石油集团“十一五”发展规划，矿区服务事业部要抓紧编制《长庆油田矿区服务系统“十一五”发展规划》，对今年的老基地维修改造、棚户区改造以及节能减排项目建设计划，抓紧编制上报，积极向中国石油集团争取项目、争取资金。加大老矿区维护改造力度，加快步伐，使广大职工和家属切实感受到、享受到发展与改革的成果。第六，统筹兼顾，同步推进发展与改革工作。长庆局下半年生产经营任务和各项改革工作十分繁重，各级领导干部一定要牢牢抓住加快发展的良好机遇，扑下身子、真抓实干，做到改革和生产经营“两不误、两促进”。要把推进改革、促进发展、维护稳定一起抓，以矿区服务系统改革为动力，进一步推动长庆局生产经营中心工作，不能因为矿区服务系统改革而影响企业大局稳定、影响生产经营工作及全年经营目标的顺利实现，必须做到统筹兼顾，全面推进。第七，深入宣传教育，确保长庆油田大局稳定。各单位、各部门要充分运用报纸、电视、网络等手段，大力宣传矿区服务系统改革的重大意义、目标任务和政策措施，统一思想、提高认识、消除顾虑、推进改革。凡涉及重大政策问题，要及时报告，避免因工作失误和政策上的偏差引起新的矛盾和问题，确保长庆油田大局和职工队伍稳定。

苟三权最后指出，矿区服务系统改革关系到中国石油集团重大决策部署的贯彻落实，关系到长庆油田的长远发展和繁荣稳定，关系到广大职工群众的切身利益，时间紧、要求高、任务重，实际情况复杂，工作难度很大。我们一定要按照中国石油集团、长庆局的统一部署和总体要求，精心组织，稳步推进，按时、圆满地完成各项工作任务，为长庆局持续有效快速协调发展，为“发展大油田、建设大气田，创建模范和谐矿区”做出新的更大的贡献！

（李江波 徐志武 韩 瑜 李 洪）

改善职工住房条件倾心打造和谐长庆“万户住宅”建设工程平稳启动

在长庆局生产全面启动之际，职工住房建设也取得新进展。近日，基地建设管理领导小组及5个局级建设项目组已经成立，建设项目的规划设计等工作陆续展开，标志着广大职工群众关注的“万户住宅”建设工程正式启动。

住房问题历来是职工群众普遍关注的热点问题。面对解决职工住房问题和改善职工住房水平的现实要求，长庆油田领导始终非常重视生活基地和职工住房建设，将这项工作作为心系职工、关爱职工的“人本工程”常抓不懈。2006年以来，长庆油田已经在西安未央湖、银川燕鸽湖等基地储备了一些土地，为解决职工住房问题创造了良好的条件。在2007年长庆局工作会议上，长庆局局长、党委副书记苟三权对加快职工住房和基地建设做出了明确部署，提出把切实解决好广大职工群众最关心、最直接、最现实的利益问题作为工作重点，把改善职工住房条件作为“创建模范和谐矿区”的重要内容，与生产经营和安全工作同步规划、同步部署，努力促进职工住房条件不断改善。按照工作会议部署，今年计划开工建设9000—10000套经济适用住房，并给买不起房的特困户建设一定数量的廉租房，力争用3年时间基本解决油田职工的住房问题。同时将开工建设定边生产基地，切实改善一线职工的生产、生活条件。

2007年是长庆油田历史上基地及住房建设规模最大的一年，为了规范操作，确保基地及住房建设项目的顺利实施和各项工作如期到位，长庆油田成立了基地建设管理领导小组，具体负责贯彻落实中国石油集团有关油田基地共建精神，创造长庆油田和谐发展环境；审查、审批油田基地重大建设项目方案；统一组织协调油田双方在基地建设过程中的有关问题及建设前期工作；统一组织协调局管基地建设项目组及有关厂（处）单位的项目管理工作。

为了强化项目建设管理，长庆局决定成立长庆湖滨花园、银川燕鸽湖基地、泾河工业园、兴隆园小区以及定边生产基地5个局管建设项目组，代表长庆局承担委托设计、投资控制、施工管理、预决算及对外协调等责任，并对安全、质量、工期、投资等指标负责，同时接受长庆局机关部门的业务指导和检查。目前，泾渭苑三期建设工程和银川燕鸽湖基地扩建工程规划方案经长庆局局务会审查原则通过，正在进行方案的修改完善及组织施工图设计；湖滨花园项目正在进行整体规划；兴隆园基地项目组正在加紧协调，尽快完成项目的报建工作；定边生产基地正在完善土地征用相关手续，项目整体规划也在进行中。另外，长庆油田2007年新建住房出售工作将在调查摸底及登记后，按照政策逐步推进。

（赵　杰）

江夕根同志遗体告别仪式在上海举行

2007年6月10日，中国石油集团投资管理委员会专职副主任、长庆石油勘探局原局长、党委书记江夕根同志遗体告别仪式在上海龙华殡仪馆举行，数百人到现场为他送行。

江夕根同志因病医治无效，于2007年6月7日21时05分在上海不幸逝世，享年42岁。

江夕根同志1965年10月13日出生于江苏省海安县。1986年12月加入中国共产党。1987年7月华东石油学院管理工程专业大学毕业并参加工作。2004年6月石油大学企业管理专业硕士研究生毕业。高级经济师。历任中国石油天然气总公司、中国石油集团规划计划部投资处副处长、处长、副主任、主任。2005年5月任长庆石油勘探局局长、10月兼任党委书记，2006年11月改任中国石油集团投资管理委员会专职副主任（正局级）。

告别仪式庄严肃穆。江夕根同志安躺在百花丛中，身上覆盖着中国共产党党旗；仪式大厅正中央摆放着他的遗像；侧挂着挽联：上联为“殚精竭虑谋划发展功绩载丰碑”，下联为“鞠躬尽瘁献身石油英名垂青史”。这是对他奋斗的一生、奉献的一生、对事业执著追求的一生的高度概括。

告别仪式大厅内摆满了花圈。中国石油集团和股份公司领导蒋洁敏、周吉平、段文德、王宜林、曾玉康、王福成、李新华、廖永远、王国樑，以及徐文荣、汪东进、陈明、贾承造、胡文瑞、李怀奇分别送来花圈表示沉痛哀悼；甘肃省省长、省委副书记徐守盛、辽宁省省委常委、组织部部长苏树林专门致电慰问并送来花圈；中国石油集团老领导马富才、陈耕、张永一、阎三忠、黄炎、吴耀文、任传俊、郑虎、李克成、贡华章、刘海胜、史兴全等也送来了花圈。同时，总部机关各部门、专业公司、所属企事业单位，长庆油田及各厂（处）单位，以及中石化江苏油田、中石化天然气管道公司，中国石油大学、西安石油大学，有关地市县党委和政府，东方肝胆医院特区科等，许多离退休老同志、老领导，以及江夕根同志的亲朋好友、同学校友送来花圈或发来唁电，对江夕根同志的不幸逝世表示沉痛哀悼。

13时30分，江夕根同志遗体告别仪式在哀乐声中开始。中国石油集团副总经理、党组成员王宜林，老领导贡华章，中国石油集团机关有关部门、专业公司、所属部分企事业单位及驻沪各单位的领导，长庆油田领导及油田机关有关部门、各厂（处）单位的负责同志；甘肃庆阳市市委和政府、江苏南通市委、中国石油大学和西安石油大学的领导，以及江夕根同志家乡的领导、生前好友、同学校友等300多人，怀着悲痛的心情向江夕根同志的遗体默哀、三鞠躬，并与江夕根同志的亲人一一握手，表示慰问。

江夕根同志遗体告别仪式由中国石油集团人事劳资部副主任刘志华主持。

（贾　勇　韩　瑜）

长庆局土库曼斯坦尤拉屯气田项目开工

经过精心准备，长庆局与土库曼斯坦地质公司于当地时间8月27日12时（北京时间15时），在该国尤拉尔屯气田15井的施工现场举行了尤拉屯气田12口气探井钻井工程开工典礼。长庆局局长、党委副书记苟三权，副局长谢文虎带领机关有关部门负责人赴土库曼斯坦参加开工典礼剪彩。典礼由谢文虎主持。土方代表国家内阁油气工业勘探技术部执行部长穆哈莫德夫、地质公司副总裁阿达和长庆局领导苟三权、谢文虎为开工典礼剪彩。典礼上，苟三权和阿达分别致辞，共同祝愿尤拉屯12口气探井开钻顺利、首钻告捷。

参加开钻典礼的土方代表还有土库曼斯坦防喷委员会主席玛买诺夫等政府官员、油气界要员20余人，长庆局代表团成员、在土库曼斯坦工作的国际事业部领导、土库曼斯坦分公司员工和专业技术服务人员等92人。土库曼斯坦国家电视4台进行了现场采访和报道。

尤拉屯气田12口井总包项目，是2007年4月10日长庆局与土库曼斯坦地质康采恩签署的最大一笔海外项目，合同金额达1.5亿美元。合同签署后，在国内外产生很大反响，对长庆局坚定不移地实施“走出去”战略和稳步拓展中亚市场至关重要。2007年，中国石油集团与土库曼斯坦签订了天然气合作协议，未来30年内，土库曼斯坦每年将向中国输气300亿立方米。长庆局施工的区块是土库曼斯坦承诺向中国年供气300亿立方米的主力气源之一，这12口既是探井也是生产井，年供气量要达到170亿立方米，另外130亿立方米来自阿姆河区块。鉴于此，成功实施12口气探井钻井项目，对加快推进尤拉屯气田开发影响重大、意义深远。

苟三权表示，长庆局有幸成为土库曼斯坦地质公司的合作伙伴，为土库曼斯坦石油天然气工业发展贡献力量，对此感到十分光荣和自豪。为了不辜负土库曼斯坦地质公司的信任和期望，确保如期、安全、圆满地完成合同约定的工作任务，长庆局自获得总统令后，立即从技术、设备、材料等方面做了积极的准备工作，聘请国内富有经验的专家参与技术方案的研究和开发工作，选派得力的管理人员和技术专家承担该项目。在合同生效后的1个多月里，长庆局克服中哈边界铁路转运繁忙的困难，通过高层协调，保证物资尽快到达。为保证如期开钻，长庆局做了积极努力和充分准备，并将继续付出加倍的努力，全力保障项目顺利运行。

苟三权指出，尤拉屯12口气探井项目对中土两国都具有十分重要的意义，长庆局将应用最新的技术，采取有效的技术措施，强化后勤保障支持，安全、优质、快速履行合同，使气田早日投产。面对光荣而艰巨的任务，希望中土员工像亲兄弟一样团结起来，相互学习、相互尊重、紧密协作，特别是中方员工要严肃组织纪律，遵守当地法律法规，尊重当地人民、宗教、风俗和文化传统，严格执行安全操作规范和技术规程，确保安全生产。他祝愿长庆局与土库曼斯坦地质公司的合作取得圆满成功，并祝愿土库曼斯坦天然气勘探开发事业兴旺发达。

阿达在开工典礼上对长庆局的前期工作给予了充分肯定。他表示，长庆局是中国石油集团所属的大型技术服务公司，具有丰富的油气田勘探开发经验，在项目准备期间，长庆人扎实认真、细致务实的工作作风给他们留下了深刻的印象。他相信长庆局能够克服重重困难，成功完成该项目，在土库曼斯坦树立良好的形象，实现合作双赢。

在双方领导讲话之后，当地时间12时36分，随着一声汽笛长鸣，第一口井钻井施工顺利启动，标志着长庆局在尤拉屯气田的合作项目正式拉开序幕。

（李东勋）

3万户石油人走出山沟安居城市

“太感谢了！太感谢了!”9月14日，已在甘肃庆阳马岭镇居住了30多年的钻井工程总公司员工王侃志，拿着在西安市长庆兴隆园小区的购房通知单激动地说：“快退休的人了，还能在大城市买到一套房子，这在原来想都不敢想啊!”同王侃志一样，由于油田的大发展，目前，长庆油田已有3万多户石油人先后从陇东、陕北等偏远山区搬往西安、银川、咸阳、延安等大中城市安家落户。

在“先生产，后生活”的油田会战初期，“井架下面支口锅，采油树旁安个窝”是当时石油工人生活的真实写照。由于当时的条件有限，在一线工作10多年的员工没有一处固定的住所是件很正常的事。从20世纪70年代后期开始，随着油田勘探开发面积的进一步扩大，长庆油田曾建了一些大小不同的集生产、生活为一体的基地，这些基地以服务生产为主，均地处偏僻的山沟、荒凉的戈壁。钻井、采油、录井、井下作业、水电、地面建设等一线单位的生活基地，甚至连乡镇的边都靠不上，员工的生活以及子女的教育等很不方便。

进入20世纪90年代，随着油气开发大场面的形成，长庆油田把改善员工的工作、生活环境纳入了重要的议事日程，在加快油田发展的同时，本着“让老员工先受益，让一线员工先受益”的原则，下工夫让员工分享油田的发展成果。在完善配套咸阳、延安等中小城市基地的基础上，到21世纪初，又在西安、银川两个靠近油田的大城市建成了5个现代化小区，其中超过万户的大规模小区就有两个。

在地处银川市具有万户规模的燕鸽湖和西安市具有7000多户规模的泾河园两个小区，其住户的一半以上都是在钻井、采油等一线岗位工作过的离退休员工。昔日在油田一线辛苦了大半辈子的老石油，如今安居大城市，不但就医方便，而且通过参加老年大学学习、各类适合老年人的体育和娱乐比赛活动，大大丰富了他们的晚年生活。

住宅基地的大规模调整，给离退休老员工的生活提供了方便，也给生产一线的在职员工带来了福音。由于他们在城市有住宅，除了平时上班在一线外，休假的日子全能在城市度过，另外，孩子也能在城市接受良好的教育，解除了后顾之忧。

据悉，2007年，长庆油田又在西安、银川等城市启动了历史上规模最大的“万户住宅建设工程”，一大批长期与钻塔为伍、与采油树为伴的石油人，将陆续乔迁大城市，享受现代化的文明生活。地处西安市的泾渭苑小区住户将超过1.5万户。

（杨文礼　徐　佳）

长庆油田组织广大党员、职工收看党的十七大开幕盛况

2007年10月15日上午9时，举世瞩目的中国共产党第十七次全国代表大会在北京胜利召开。长庆局按照中国石油集团的统一安排，组织广大党员、职工收看党的十七大开幕盛况。苟三权、滕玉林、蒲建中、赵业荣、谢文虎、凌心强等长庆局和矿区服务事业部领导及长庆局和矿区服务事业部机关260多人在西安主会场集中收看了开幕盛况。与此同时，局属各单位在本单位集中组织收看了开幕盛况。

党的十七大是在我国经济社会发展进入关键阶段召开的一次重要会议，是全党、全国各族人民政治生活中的一件大事、喜事，对我们党团结和带领全国各族人民继续解放思想、坚持改革开放、推动科学发展、促进社会和谐、全面建设小康社会、加快中国特色社会主义现代化建设具有十分重要的意义。

胡锦涛总书记代表党中央向大会作的报告高屋建瓴、内容丰富、思想深刻，科学分析了当前我国面临的新形势、新任务，全面阐述了以邓小平理论和“三个代表”重要思想为指导，深入贯彻落实科学发展观的基本要求，认真总结了党的十六大以来的工作，对全面推进我国改革开放和社会主义现代化建设、全面推进党的建设新的伟大工程作了战略部署。

在收看党的十七大开幕盛况、聆听胡锦涛总书记的报告后，蒲建中就如何贯彻学习好、落实好党的十七大会议精神提出要求。他指出，要把学习贯彻党的十七大会议精神作为当前和今后一个时期重要的政治任务来完成。各单位要高度重视、周密部署，充分利用报纸、电视、网络等媒体，浓厚学习风气、强化学习氛围、掀起学习宣传和贯彻党的十七大精神的热潮。他强调，要把党的十七大精神作为局处两级中心组学习的重要内容。各级党员领导干部要带头学习、贯彻、落实党的十七大精神。要认真抓好基层党组织和广大党员干部的学习。要把学习贯彻党的十七大精神与全局正在开展的主题教育结合起来，与进一步转变领导干部作风、加强“四好”班子建设结合起来，与推动基层示范点建设、“五型”班组建设结合起来，与完成全局各项生产任务结合起来，按照局党委、长庆局的工作部署，进一步理清发展思路，做好当和今后一个时期的各项工作，为“发展大油田、建设大气田，创建模范和谐矿区”，“把鄂尔多斯盆地建设成为我国重要的石油天然气能源基地”作出新的贡献。

（李江波）

长庆局钻井年进尺突破400万米

2007年11月3日，从生产一线传来捷报，长庆局钻井年进尺突破400万米，创造了长庆油田会战37年来钻井年进尺新纪录，标志着长庆钻井整体技术服务水平迈上了新台阶，成为长庆钻井事业发展进程中一个非常重要的里程碑。为此，长庆局于11月6日下午在西安隆重召开庆功大会，分析总结钻井提速经验、表彰先进集体及个人，全面推动全局各项事业蓬勃发展。

长庆局局长、党委副书记苟三权，长庆油田分公司党委书记、副总经理冉新权，长庆局党委常委滕玉林，党委副书记、纪委书记、工会主席蒲建中，副局长刘自强、杨再生、凌心强，油田老领导张云清、魏光强、陈国法、刘福德、雷发瑞，局长助理、副总师及矿区服务事业部领导，油田双方机关有关部门负责人，局属部分单位负责人及先进

集体和个人代表近300人参加了庆功大会。

会上，发布了长庆钻井年进尺突破400万米的喜讯，传达了中国石油集团总经理、党组书记蒋洁敏，副总经理、党组成员廖永远关于长庆钻井年进尺突破400万米大关的重要批示。会议宣读了长庆油田分公司党委、长庆油田分公司的贺信，以及长庆局关于表彰钻井年进尺突破400万米先进集体、先进个人的决定；授予钻井工程总公司等2个单位"先进集体"光荣称号，授予30693等5支钻井队"标杆钻井队"光荣称号，授予30520等10支钻井队"先进钻井队"光荣称号，授予30666钻井队工程三班等50个基层班组"先进班组"光荣称号，授予陈秉炜等150名同志"先进个人"光荣称号。会上，受表彰的先进集体、先进个人代表作了表态发言。

冉新权代表长庆油田分公司党委、长庆油田分公司，对长庆局钻井年进尺突破400万米表示祝贺并发表重要讲话。他说，37年来，长庆钻井弘扬攻坚啃硬、拼搏进取的精神，不断强化技术攻关和技术优化，为长庆油气发展作出了突出贡献。特别是近年来，长庆钻井大力推广"磨溪经验"，探索形成了以PDC钻头和复合钻井为核心的配套技术。今年又实施了以钻井为"龙头"的"提速工程"，整体带动了油田工程技术服务的飞速发展，创造形成了"长庆速度"，受到中国石油集团的充分肯定。预计到12月中旬左右，长庆油田年产油气当量将突破2000万吨，以钻井为主体的工程技术服务为长庆油气发展起到了关键性作用。长庆油田已经确立了2009年提前实现年产油气当量3000万吨的宏伟目标，我们相信，在党的十七大精神的指引下，在中国石油集团的领导下，长庆油田广大职工一定能够按照科学发展观的要求，转变发展方式、提高发展质量，不断加快油气发展步伐，为把鄂尔多斯盆地建设成为我国重要的石油天然气能源基地做出新的、更大的贡献。

荀三权在会上发表重要讲话。他说，长庆局钻井年进尺突破400万米大关，创造了长庆油田会战37年来钻井年进尺新纪录，标志着长庆钻井整体技术服务水平迈上了新台阶，成为长庆钻井事业发展进程中一个非常重要的里程碑。这既是全局生产建设取得的一项重大成就，也是工程技术服务水平和保障能力得到整体持续提升的充分体现，对于做强做大工程技术服务业务，推动长庆局持续有效快速协调发展，具有十分重大和深远的意义。

荀三权指出，2007年年初以来，长庆局深入贯彻落实中国石油集团工作会议精神、领导干部会议精神和蒋洁敏总经理在长庆视察工作时的一系列重要指示精神，坚持"靠技术、靠管理、靠和谐提速，确保安全与质量"的"三靠两保证"提速原则，全面实施以钻井为"龙头"的工程技术服务"提速工程"。截至11月3日，全局共创造和刷新了最高机械钻速、最短钻井周期等62项生产纪录，钻井进尺连续5个月超过50万米，累计进尺近401万米，超过2006年全年水平，比2006年增长11.9%，提前实现了全年钻井生产目标。

荀三权强调，钻井大提速所展现的"长庆速度"，得到了中国石油集团的高度关注和充分肯定。蒋洁敏总经理批示：要着力在提高效率的基础上，增强技术为主，增加油气产量的竞争力。廖永远副总经理批示：长庆局取得的成绩令人可喜，提速经验值得总结推广，希望认真落实蒋洁敏总经理批示精神，努力转变经济发展方式，加强技术和管理工作，持续提高钻井速度、缩短施工工期，着力提高效率和效益，不断增强队伍的战斗力和竞争力。

荀三权要求，我们必须以400万米为新

的起点，坚决深入贯彻蒋洁敏总经理在传达学习党的十七大精神会议上的明确要求，紧密结合长庆实际，聚精会神、一心一意地抓好当前工作，全面完成今年各项工作任务。要坚决贯彻落实中央精神和中国石油集团各项工作部署，脚踏实地、埋头苦干、振奋精神、再创辉煌，努力推动长庆局科学发展、和谐发展，为把鄂尔多斯盆地建设成为我国石油天然气的重要能源基地而努力奋斗。

会后，苟三权、冉新权等长庆油田领导与原油田老领导和与会代表合影留念。

（李江波 徐志武）

30653 钻井队 8 万米年进尺创长庆钻井最高纪录

2007 年 11 月 8 日上午，对 30653 钻井队所有职工来说是一个值得骄傲和自豪的日子。这一天，长庆局在姬塬油田生产现场召开 30653 钻井队年进尺突破 8 万米庆功大会，表彰该队为长庆钻井事业、为长庆油田发展作出的贡献。长庆局副局长、安全总监杨再生等领导，局机关相关部门及钻井工程总公司、定边前线指挥部，长庆油田分公司采油五厂、采油六厂有关负责人约 100 多人参加了庆功大会。

11 月 4 日 20 时，在姬塬油田施工的 30653 钻井队以 241 天 6 小时的有效施工时间，年钻井进尺突破 8 万米，成为长庆钻井 37 年来首支突破 8 万米的钻井队，也是中国石油集团今年第一支年进尺上 8 万米的钻井队。长庆局、钻井工程总公司为此给该队发来贺信，颁发了奖金，油田其他兄弟单位也分别致电、致信表示祝贺。

庆功会上，杨再生代表局党委、长庆局对 30653 钻井队取得的辉煌成绩表示热烈祝贺，并对今后的工作提出希望和要求。他说，这些成绩的取得源于钻井工程总公司良好的管理、注重安全生产、科技集成，是严格落实 HSE 有关规定，注重细节管理，充分利用综合优化钻井工艺技术，不断加强技术创新的结果。同时，希望该钻井队在成绩面前谦虚谨慎、戒骄戒躁，继续加强基础工作，发扬求真务实、艰苦奋斗精神，用科学的方法和途径，当好钻井生产的排头兵。要认真总结成功经验，进一步提高科学管理水平，认真抓好安全环保工作，坚持技术创新，抓好职工技能培训，为实现“发展大油田、建设大气田，创建模范和谐矿区”的战略目标，为长庆局持续有效快速协调发展，为把鄂尔多斯盆地建设成为我国重要的石油天然气能源基地再立新功。

（李江波 韩 瑜 徐志武）

油井定向井二开“一趟钻”技术改写长庆钻井历史纪录

自 2006 年以来，长庆局坚持采用“四合一”钻具，在油井定向井施工中大力推广应用二开“一趟钻”钻完井技术，2006 年和 2007 年上半年先后刷新了长庆钻井历史 27 项纪录。该技术还大大加快了钻井速度，提高了钻井质量。长庆局 2006 年完成钻井进尺 368.96 万米，在中国石油集团处第二位。2007 年 7 月 5 日，实现钻井进尺 200 万余米，比 2006 年上半年增加 20 多万米，提速 11%，创造了油田 37 年来历史最高纪录。

近几年来，随着长庆油气勘探开发步伐不断加快，作为工程技术服务方的长庆局钻井工作量大幅度增加，为了适应油田发展的需要，长庆局持续提高钻井速度和质量，降低钻井成本，积极采用 PDC 钻头、螺杆钻具、接头、稳定器“四合一”钻具，在油井定向井施工中实施二开“一趟钻”钻完井技术。

油井定向井二开“一趟钻”钻完井技术，是长庆局不断创新研发的。其技术创新表现为围绕两个关键点进行攻关和突破。一是采取个性化设计的PDC钻头，能够实现二开到完钻的目标；二是采用“四合一”钻具能够实现由直井钻进到造斜钻进、增斜钻进、稳斜钻进的4种工况的钻具结构。为了推广应用该技术，早在2005年和2006年，长庆局就把生产提速列入全年工作报告，确定了全局生产提速目标，并以红头文件的形式明确要求下属钻井行业推广使用“四合一”钻具。在该项新技术推广应用和管理方面，长庆局坚持一把手抓一把手和抓全面推广与整体应用，并调整经营政策，抓政策激励，推动快速钻井。在新技术推广应用的技术方面，坚持优化井身剖面、优化钻井参数、优化钻井液体系、优选钻头类型、优化钻具结构等。

扎实有效措施的实施，有力地推动了油井定向井二开“一趟钻”钻完井技术在全油田的推广应用，并见到了显著成效。2006年，长庆局在642口油井钻井中使用“四合一”钻具，占全油田总井数的47.76%，机械钻速提高了11.78%。“四合一”钻具的采用，使油井定向井二开“一趟钻”钻完井技术得到大面积推广，全年二开“一趟钻”技术推广的油井共达113口，与未推广该项技术的油井相比，机械钻速提高了33.01%，钻机月速度提高45.84%，钻井周期、建井周期也分别下降了41.94%和36.19%。2007年上半年，长庆局在长庆油田各区块全面推广该项新技术，刷新了长庆16项历史纪录。截至6月底，完成油井钻井691口，实现钻井进尺138.71万米。其中二开“一趟钻”完钻井达到27.24%，钻机月速度提高27.45%，机械钻速提高19.7%。

采访中，长庆局主管科技领导和有关专家告诉记者，2006年以来，“四合一”钻具和二开“一趟钻”完井新技术在长庆油田推广应用后，大大地解放了钻井生产力，进一步提高了钻井速度和质量。

（张新民）

长庆局井下作业试油压裂酸化突破6000层次

2007年11月26日，长庆局在西安隆重召开井下作业试油压裂酸化突破6000层次庆功大会，分析总结井下作业试油压裂酸化提速经验、表彰先进集体及个人，全面推进长庆局各项事业又好又快发展。11月21日，从生产一线传来喜讯，长庆局井下作业试油压裂酸化突破6000层次，创造了长庆油田会战37年来压裂酸化新纪录，并连续8年居中国石油集团之最，标志着长庆局井下作业的能力和水平迈上了一个新台阶。

长庆局局长、党委副书记苟三权，长庆油田分公司党委书记、副总经理冉新权，长庆局党委常委滕玉林，副局长刘自强，长庆油田分公司副总经理、安全总监周宗强，长庆局副局长、总工程师赵业荣、谢文虎、杨再生、凌心强，长庆油田老领导张云清、魏光强、陈国法、局长助理、副总师及矿区服务事业部领导，长庆油田双方机关有关部门负责人，局属部分单位负责人及先进个人代表270多人参加了庆功大会。

会上，发布了长庆局井下技术作业试油压裂酸化突破6000层次的喜讯；宣读了中国石油集团工程技术与市场部、科技发展部分别发来的贺信，长庆油田分公司党委、长庆油田分公司的贺信，以及长庆局关于表彰试油压裂酸化突破6000层次先进集体、先进个人的决定；授予井下技术作业处等两个单位“立功单位”光荣称号，授予S00533队等4支基层队伍“标杆队”光荣称号，授予

S00504 队等 16 支基层队伍“先进队”光荣称号，授予 S00519 队一机组等 50 个基层班组“先进班组”光荣称号，授予向玉清等 150 名同志“先进个人”光荣称号。

冉新权代表长庆油田分公司党委、长庆油田分公司，对长庆局试油压裂酸化突破 6000 层次表示祝贺并发表重要讲话。他说，长庆油田以压裂为核心的井下技术作业，坚持不懈地唱响主旋律，服务主战场，打好主动仗，担当油田增储上产主力军，以“做大做强、培育特色、拓展市场”为思路，以促进生产持续提速为目标，优化资源配置、推进科技进步、提升综合服务能力，井下作业能力不断跃上新台阶，创造了令中国石油瞩目的“长庆速度”。同时，形成了一系列新工艺、新技术，提升了长庆井下工程技术服务的核心竞争力，树立了“长庆井下”响亮的品牌。12 月中下旬，长庆油田年产油气当量将突破 2000 万吨，2009 年将实现年产油气当量 3000 万吨，这是长庆工程技术服务业务做大做强、实现跨越式发展的历史机遇。我们相信，在党的十七大精神的正确指引下，在中国石油集团的正确领导下，长庆井下广大职工一定能够按照科学发展观的要求，转变发展方式、提高发展质量，不断完善压裂新工艺、新技术，为把鄂尔多斯盆地建设成为我国重要的石油天然气能源基地作出新的贡献。

苟三权在会上发表重要讲话。他说，试油压裂酸化突破 6000 层次大关，创造了长庆油田会战 37 年来的历史新纪录，标志着长庆局井下作业的能力和水平又迈上了新台阶。这是长庆工程技术服务业务发展史上又一个重要的里程碑。

苟三权指出，跨越 6000 层次，得益于中国石油集团的正确领导和长庆油田分公司的大力支持。2007 年年初以来，中国石油集团持续加大投入，积极支持长庆局购置和更新了SS－2000 压裂机组等装备，为大提速提供了装备支撑。全局井下作业系统的发展，更离不开长庆油田分公司的大力支持和帮助，长庆油田分公司的快速发展给长庆局各项业务的发展提供了广阔的市场空间。得益于长庆局历届领导班子和几代长庆井下人的发奋努力与不懈追求。37 年来，长庆局年完成试油压裂酸化工作量从 1973 年的 389 层次增长到 1999 年重组时的 1779 层次，攀升到 2007 年的 6000 层次以上；自 2000 年以来连续 8 年位居中国石油集团试油压裂酸化工作量首位；施工作业成功率由 1973 年的 30％提高到 100％；形成了 CO_2泡沫压裂、气井连续分层压裂、老油田增产增注等储层改造技术为代表的 8 个系列 28 项先进优势技术，走出了一条勘探开发低渗透、特低渗透油气田的成功之路。得益于长庆局坚持解放思想，抢抓机遇，持续推动科学发展。长庆局立足自身发展实际，抢抓发展机遇，确立了井下作业系统“做大做强、培育特色、拓展市场”以及“跟进发展、突出重点、就近服务”的发展思路，将发展核心技术与强化组织管理、提高单井产量与降低作业成本统筹考虑，有机结合，发展壮大了长庆局井下作业业务。得益于全局上下发挥整体优势、顾全大局、密切协作、和谐共进。

苟三权强调，面对新形势、新任务，我们要清醒地认识到，与长庆油田持续发展的要求和 2009 年实现年产油气当量 3000 万吨的宏伟目标相比，井下作业系统任重而道远，必须紧跟油气田加快发展的形势，继续坚持“做大做强、培育特色、拓展市场”和“跟进发展、突出重点、就近服务”的发展思路，遵循“井下技术作业处和采油、采气技术服务处联手拓展市场”的工作要求，将科技创新和管理创新统筹考虑，将提高产量与降低成本有机结合，以“提速”为主要环节，认真抓 2—3 年，抓出大成效，全面提升长庆局工程技术服务能力和水平，做大做强工程技术服务业务，转变经济发展方式，闯出一条科学发展、高效发展的新路子。

苟三权要求，全局上下一定要深入学习贯彻落实党的十七大精神，全面完成全年的各项生产建设任务，不断提升综合保障能力和核心竞争能力，持续推动长庆局科学发展、和谐发展、又好又快发展，全力以赴保障长庆油田 2009 年油气当量 3000 万吨宏伟目标的顺利实现，为“发展大油田、建设大气田，创建模范和谐矿区”，“把鄂尔多斯盆地建设成为我国石油天然气的重要能源基地”作出新的更大的贡献。

（李江波）

水平井技术成为长庆油气上产“撒手锏”

2007 年年初以来，长庆局加大水平井钻井力度，有力地促进了油气上产。1—7 月，长庆局在内部市场完钻水平井 16 口。目前，水平井技术已成为长庆油气上产的“撒手锏”。

近年来，长庆局和长庆油田分公司清醒地认识到，要实现 2009 年油气当量 3000 万吨的目标，为保障国家能源安全作出更大贡献，就要转变经济增长方式，坚持实施水平井工程。

在实施水平井工程过程中，长庆局坚持自主创新，积极组织力量进行水平井技术攻关，优化井身结构和 PDC 钻头，推广应用动力螺杆，优化钻井液性能，形成系列水平井井下作业技术，并积极实验水力喷射压裂技术等，均取得良好效果。

长庆局合理配置资源，优选施工队伍。同时，注重人才的培训，为水平井规模开发储备了一批技术人才。

科技的自主创新和新工艺、新技术的推广应用，大大解放了生产力，实现了安全快速钻井。长庆局在 2006 年完成 21 口水平井的基础上，2007 年完成水平井总数将达到 60 口以上。

长庆油田自 1993 年实施水平井工程至 2007 年 7 月底，共实施水平井 71 口。

为攻克长庆油田产能建设低产、低效难题，钻井工程总公司与工程技术研究院联合完成龙平 1 井。这是长庆气田第一口下古生界水平井，完钻井深为 4678.8 米，水平段长 1006.8 米。这口水平井的顺利完钻，开了长庆下古生界水平井施工的先河，刷新了 6 项国内水平井钻井纪录，取得了 12 项技术成果。该水平井经酸化试气求产，日产天然气无阻流量 93 万立方米，成为近年来长庆气田又一口高产天然气井。

钻井工程总公司与工程技术研究院合作完成的杏平 1 井，成功地在 1203 米水平段内裸眼悬空侧钻 7 个分支井眼，成为国内首口 7 分支水平井，水平井累计长度达 3503 米，形成一整套包括轨迹控制、钻井液、固井在内的水平井钻井新技术，填补了中国石油集团水平井钻井技术的空白。

长庆局有关单位提供的 42 口水平井产油资料显示，单井日产油量在 4—34 吨的油井达 17 口。这些水平井的单井日产油量大多是常规油井单井日产油量的 2—4 倍，个别油井还达到 9—10 倍。

（张新民）

长庆局领导班子成员率先向全局作出转变作风承诺

2007 年 11 月 27 日下午，长庆局局长、党委副书记苟三权在局党建工作研讨会上，分别从思想素质、廉洁自律、转变作风、服务基层四个方面，向全局职工郑重作出了切实转变作风的公开承诺。随后，局领导班子成员蒲建中、刘自强、赵业荣、谢文虎、杨再生、凌心强也分别在会上作出公开承诺。

长庆局领导班子成员作出转变作风的公开承诺，是落实局党委《关于在局处两级领导干部和两级机关中开展公开承诺、转变作风活动的实施意见》的具体行动。《意见》指出，“公开承诺、转变作风”活动是学习贯彻党的十七大精神的重要体现，是促进局处两级领导干部和两级机关工作人员作风根本好转的有效措施，是建立起群众评价领导、基层评价机关和下级评价上级有效机制的必然选择。《意见》强调，要以此次活动为契机，切实加强思想作风、学风、工作作风、领导作风和生活作风建设，牢固树立和落实正确的群众观、政绩观和权力观，努力实现作风的根本好转，为实现长庆局持续有效快速协调发展提供强有力的保障。《意见》还就开展“公开承诺、转变作风”活动的人员范围、时间和目标，公开承诺的内容、形式和考核的程序、方法及相关要求作了规定。

在承诺中，局领导班子成员结合个人思想、工作和作风的实际，分别从思想素质、廉洁自律、转变作风、服务基层四个方面表明了决心。在思想素质方面，要讲政治、讲大局、讲团结、讲素质，进一步坚定理想信念，牢固树立大局意识，大力加强团结协作；在廉洁自律方面，要讲清廉、重品行、勤为民，严格执行党风廉政建设责任制，严于律己、遵纪守法，不断提高拒腐防变能力；在转变作风方面，要多调研、务实效、做表率，坚持全心全意为职工群众服务，以求真务实作风推进各项工作，切实转变工作作风和生活作风；在服务基层方面，要勤指导、多支持、解难题，指导和帮助基层单位科学发展，牢固树立基层观点和群众观点，认真履行服务基层的职责。局领导班子成员一致表示，将严格履行公开承诺，并欢迎各级党组织和广大职工群众监督。

（权　力　王　炜　郝元武　徐志武）

长庆油田多个集体和个人获得国家及省部级劳动模范称号

“五一”前后，长庆油田捷报频传，多个集体和个人获得国家及省部级劳动模范称号。其中采油三厂厂长杨玉祥和钻井工程总公司经理沈双平、井下处处长李静群喜获“全国五一劳动奖章”。

随着长庆油田的快速发展，在油气田勘探开发、生产建设中涌现出了一大批先进集体和个人，并得到了国家和所在地区政府的认可与肯定。2007 年，除 3 人获得“全国五一劳动奖章”外，在省部级先进集体和劳动模范中，长庆油田的优秀集体和员工也位列其中。其中，油田分公司副总经理、安全总监周宗强，第一采油厂郭秀玲、第一采油技术服务处卢克芨和郭宝珍被授予陕西省劳动模范荣誉称号；第一采油厂被授予陕西省先进集体荣誉称号。长庆油田分公司副总经理杨华、采油二厂梁庆辉和井下处处长李静群获得“甘肃省五一劳动奖章”；长庆油田分公司勘探开发研究院、长庆局机械制造总厂获得“甘肃省五一劳动奖状”先进单位称号，采油二处修井一公司 26 队获得“甘肃省五一劳动奖状”先进班组称号，为长庆油田赢得了良好的声誉。

此外，采油二处长庆巨力工程建设公司女子焊工班班长刘玲玲获得中国石油集团“十大杰出青年”荣誉称号。

（赵　瑛）

长庆局低效储量合作开发年产油气当量突破 60 万吨

2007 年 12 月 10 日，长庆局在西安隆重召开低效油气储量合作开发年产油气当量突破 60 万吨庆功大会，分析总结低效合作开发经验、表彰先进集体和个人，全面推进长庆局各项事业又好又快发展。12 月 9 日，从生产一线传来喜讯，长庆局低效油气储量合作开发年产油气当量突破 60 万吨。这是长庆局继钻井年进尺突破 400 万米、井下作业试油压裂酸化突破 6000 层次之后的又一件喜事、盛事。

长庆局局长、党委副书记苟三权，党委副书记、纪委书记、工会主席蒲建中，长庆油田分公司副总经理李安琪，长庆局副局长、总工程师赵业荣，副局长谢文虎、杨再生、凌心强，局长助理、副总师及矿区服务事业部领导，长庆局、长庆油田分公司和矿区服务事业部机关有关部门负责人，局属部分单位负责人以及先进集体和个人代表 210 人参加了庆功会。苟三权在会上发表重要讲话。

在庆功大会上，发布了长庆局低效油气储量合作开发年产油气当量突破 60 万吨的喜讯，宣读了长庆局关于表彰低效油气储量合作开发年产油气当量突破 60 万吨先进集体、先进个人的决定：授予低效储量合作开发项目组、苏里格气田合作开发项目组“立功单位”光荣称号，授予低效储量合作开发项目组地质研究所等 10 个集体“先进集体”光荣称号，授予低效储量合作开发项目组学三计量接转站等 20 个基层班站“先进班站”光荣称号，授予白忠民等 60 人“先进个人”光荣称号。

苟三权在讲话中说，低效油气储量合作开发油气当量提前突破 60 万吨，是重组改制以来长庆局发展进程中的一件大事，也是长庆局加快产业结构调整、着力培育新的经济增长点见到显著成效的一件盛事、喜事。这些成绩的取得，是中国石油集团和股份公司亲切关怀、正确领导的结果，是长庆油田分公司大力帮助、鼎力支持的结果，也是低效油气储量合作开发战线全体员工艰苦奋斗、无私奉献的结果。

苟三权指出，长庆局 2007 年工作会提出，低效油气储量合作开发业务是快速提升经济实力的新兴业务，是能够为长庆局大幅度创收增效、与工程技术服务业务并驾齐驱的“两个轮子”之一，同时提出了年产原油 100 万吨、年产天然气 12 亿立方米，实现两个年 100 万吨油气当量的“双百工程”目标。全局低效油气储量合作开发系统，尤其是两个项目组认真贯彻工作会议精神，努力工作，全面推行“勘探、评价、开发”一体化的滚动建产模式，圆满完成了油田 20 万吨/年、气田 4 亿立方米/年的产能建设重点工程，创造了多项新纪录。截至目前，年原油产量超过 30 万吨、年天然气产量接近 4 亿立方米，稳步踏上了年油气当量 60 万吨的步子。低效油气储量合作开发战线广大员工紧紧围绕“有效解决储量不落实、单井产量低、产建投资大、采油采气成本高”的难题，解放思想、刻苦钻研、大胆实践，加快推进技术创新步伐，着力解决制约发展的技术难题，努力降低开发成本，实现高效开发，取得了显著成果。

苟三权强调，低效油气储量合作开发业务快速发展的实践再次证明，全局广大员工是一支特别能吃苦、特别能战斗、特别能负重、特别能奉献、特别能创造的过硬队伍，团结协作、同舟共济的团队精神必将为做大做实油气开发业务提供坚强有力的保证。全局各单位紧密配合两个项目组的生产进度，采取有力措施，确保生产建设有序衔接和顺利推进，为低效油气储量合作开发业务快速发展提供了强有力的技术支撑和服务保障。此外，长实集团多年来通过积极探索和有效拓展低效油田开发业务，走出了一条自我积累、不断壮大的发展之路，为长庆局全年油气当量总量上升作出了积极的贡献。

苟三权要求，面对新的机遇和新的挑战，我们必须保持清醒的认识，必须牢牢把握难得的历史机遇，进一步加快发展步伐。要按照“快速发展、增储上产、增效创收”的发展思路，始终坚持“双百工程”目标不动摇、加快推进的决心不动摇、保护矿权的意识不动摇、低成本开发的路子不动摇，全面推行“勘探、评价、开发”三位一体的滚动建产模式，加强生产组织协调，加大勘探评价工作力度，提高油气科学开发水平，努力做大做实油气开发业务，使其真正成为与工程技术服务业务并驾齐驱的“两个轮子”之一。全局上下都要大力支持低效油气储量合作开发，低效油气储量合作开发战线的广大员工要坚定信心、加倍努力、脚踏实地、埋头苦干，确保油田矿权得到维护，确保“双百工程”目标的顺利实现，为把鄂尔多斯盆地建设成为我国重要的石油天然气能源基地，作出新的、更大的贡献。

李安琪代表长庆油田分公司党委、长庆油田分公司，对长庆局低效油气储量合作开发年产油气当量突破60万吨表示热烈祝贺。他说，几年来，长庆局低效油气储量合作开发建立健全了组织机构和管理制度，建立了可靠的队伍、技术保障，推动了“快速发展、增储上产、增效创收”的发展步伐。长庆局低效油气储量合作开发始终站在长庆油田“一盘棋”的高度，以强烈的责任感和使命感为长庆大发展不懈努力，创造了一个又一个奇迹。面对复杂的地质状况和恶劣的外部环境，长庆局低效储量合作开发一线员工发扬“攻坚啃硬、拼搏进取”的长庆精神，解放思想、大胆创新、顽强拼搏，用勤劳和智慧换取了各项工作的创纪录、上水平。相信长庆油田广大员工一定能够按照科学发展观的要求，转变发展方式、提高发展质量，不断加快长庆油气发展事业步伐，发展大油田、建设大气田，为把鄂尔多斯盆地建设成为我国重要的石油天然气能源基地，作出新的、更大的贡献。

（李江波　徐志武）

长庆油田隆重召开年产油气当量突破2000万吨表彰大会

继2003年年产油气当量突破1000万吨大关之后，长庆油田连续4年平均每年油气当量增长230万吨以上，到2007年12月20日，年产油气当量达到2007.73万吨，成为我国第三个年油气当量上2000万吨的特大型油气田。12月20日下午，长庆油田在西安隆重举行油气当量突破2000万吨表彰大会，庆祝这一具有里程碑意义的盛事。这天，长庆油田综合科研大楼前的广场被鲜花、彩旗装扮一新，100块展板展示着长庆大发展的辉煌成果，两万只放飞的气球寄托着十多万长庆人对美好明天的期望。

长庆油田领导苟三权、冉新权、滕玉林、蒲建中、赵业荣、谢文虎、冯尚存、刘德，油田老领导张云清、魏光强、陈国法以及油田副总师以上领导出席了大会；油田劳动模范和先进集体代表、油田机关及附属单位领导、油田基层单位党政领导、油田西安地区各单位员工代表共2000人，共同庆祝和见证了长庆发展史上这一历史性的时刻。

表彰大会在雄壮的国歌声中开始。长庆局局长、党委副书记苟三权主持了表彰大会。他指出，正值油田上下掀起深入学习贯彻党的十七大精神热潮，全面推进科学发展、和谐发展、又好又快发展，确保全年各项工作任务圆满完成之际，我们在这里隆重召开长庆油田年产油气当量突破2000万吨表彰大会。长庆油田年产油气当量突破2000万吨，实现了几代长庆人的理想与追求，书写了长庆人“发展大油田、建设大气田”的新篇章，创造了“我为祖国献石油”的新辉煌，这是长庆油田发展历史上的又一座丰碑，标志着长庆油田步入了一个崭新的发展阶段。年产2000万吨的跨越，对于中国石油集团加快推进综合性国际能源公司建设，对于国家加快推进西部大开发，促进陕、甘、宁、内蒙古省（区）的经济振兴和民族团结具有十分重要的意义。

苟三权在表彰会上宣读了中国石油集团的贺信。贺信说，长庆油田勘探开发37年来，历届领导班子率领几代长庆人，与恶劣的自然环境斗、与复杂的地质条件斗、与“三低”油气藏的严峻现实斗，肩负“我为祖国献石油”的崇高使命，大力弘扬铁人精神，矢志不渝，奋力拼搏，取得了一个个丰硕的成果。特别是近4年来，实现了年产油气当量1000万吨向2000万吨的翻番，为推动西部快速发展，为中国石油建设综合性国际能源公司谱写了新篇章。同时，长庆油田经济效益不断增长，企业管理水平不断提升，员工队伍保持积极向上、奋发有为的精度风貌，各项事业呈现加快发展的新局面，为建设和谐企业、促进地方经济发展作出了应有的贡献。贺信说，希望长庆油田继续以科学发展观为统领，发扬中国石油光荣传统，按照中国石油集团战略部署和总体要求，抓住机遇、乘势而上，再接再厉、开拓进取，为加快建设我国西部油气资源重要战略基地，为全面建设小康社会，作出新的、更大的贡献。

原中国石油集团总经理助理、股份公司副总裁、长庆局老领导史兴全及辽河石油勘探局、天津钢管集团股份有限公司、宝山钢铁股份有限公司、中油测井公司、西安石油大学等兄弟单位也发来贺信，祝贺长庆油田年产油气当量突破2000万吨。

长庆油田分公司党委书记、副总经理冉新权代表长庆油田总结年产油气当量突破2000万吨的工作，提炼出长庆实现大发展3个方面的体会和9个方面的成绩。他说，长庆油田年产油气当量突破2000万吨，在长庆发展史上树起了一座新的里程碑，标志着长庆油田进入了一个持续快速发展的新阶段，展示出长庆油田蓬勃发展、蒸蒸日上的强劲势头。取得这些发展成绩的根本原因，是由于长庆油田始终坚持把发展作为第一要务，紧紧围绕国家石油工业发展战略，高举发展旗帜，不断提出富有时代精神的奋斗目标，激发广大员工的积极性和创造性，保证了油气勘探开发业务的快速发展；始终坚持依靠科技进步，坚持把科学技术作为第一生产力，紧密结合盆地油气勘探开发实际，不断探索“三低”油气田勘探开发配套技术，加大科技投入、技术引进和科研合作，努力提高科研攻关能力和自主创新能力，努力解决制约油气田发展技术的“瓶颈”问题，不断挑战开发极限，实现了1—0.5毫达西储层的有效开发，形成了一系列具有长庆特色的低渗透油气田开发配套技术和模式，为类似储层开发提供了经验，走出了一条具有长庆特色的科技兴油兴气发展之路；始终坚持“以人为本”的理念，坚持一切相信员工、一切依靠员工、一切为了员工，始终把实现好、维护好广大员工的根本利益作为一切工作的出发点和落脚点，使广大员工的创造力、凝聚力、战斗力明显增强。

冉新权在总结长庆发展历程中取得9个方面的成绩时说，在年产油气当量继2003年突破1000万吨之后，长庆仅用4年时间就实现了净增长1000万吨，实现了各项事业大提速、大发展、大跨越，创造了令人瞩目的

“长庆速度”，这是因为长庆油田坚持把勘探开发放在首位，打牢了油田发展的根基；不断创新开发模式，推动了油气产量持续攀升；着力提升工程技术服务能力，确保了油田持续快速协调发展；大力推进技术进步，进一步增强了企业 核心竞争力；坚持安全第一、环保优先、以人为本的理念，安全环保工作迈上了新台阶；不断加强企业经营管理，企业价值显著提升；加强党的建设、领导班子建设和队伍建设，为油田发展提供了有力保障；不断加强基层建设和企业文化建设，促进了企业良性循环；着力推进和谐矿区建设，营造了良好的发展环境，夯实了长庆油田发展的基础。我们要继续围绕“发展大油田、建设大气田”的总体目标，加大科技创新力度，加快发展速度，力争 2009 年年产油气当量达到 3000 万吨以上，并稳步增长、持续发展，努力把鄂尔多斯盆地建设成为我国重要的油气生产基地。

冉新权强调，在分享成功喜悦的同时，也应该清醒地认识到，油田发展过程中还存在许多问题和矛盾。我们必须牢固树立机遇意识、发展意识、责任意识和人本意识，必须牢固树立科学发展、和谐发展的思想，充分认识到发展中存在的困难。再接再厉、勇挑重担、勇往直前，以饱满的精神、昂扬的斗志迎难而上，争取新的胜利、新的辉煌。高举中国特色社会主义伟大旗帜，以邓小平理论和“三个代表”重要思想为指导，深入贯彻落实科学发展观，围绕中国石油总体发展战略目标，继续解放思想、实事求是，扎实推进油田科学发展、和谐发展、又好又快发展，继续加大勘探开发力度，不断夯实油田快速发展的资源基础；创新发展理念，转变发展方式，提高发展质量和效益，继续推进勘探开发一体化，大力推行“标准化设计、模块化建设、数字化管理”，不断提高油田开发管理水平；继续推进技术进步，加大 0.3 毫达西储层攻关、苏里格气田提高单井产量和采收率技术攻关力度，加大特殊井钻井、压裂改造等新技术攻关力度，不断提高企业核心竞争力；进一步夯实安全、环保、稳定基础，推进机制体制转变，建立安全环保稳定长效机制；持续提升工程技术服务核心竞争力，努力打造长庆工程技术服务的强势品牌；做实做优矿区服务业务，推进矿区基础建设，完善服务功能，提升服务水平，营造和谐环境；关心离退休职工，努力为离退休职工健康长寿创造良好的环境；不断改善员工生产生活条件，实现好、维护好员工的根本利益；继续加强党的建设、领导班子建设、队伍建设、基层建设和企业文化建设，推进和谐矿区建设，为油田又好又快发展提供坚强保障。

在表彰大会上，长庆局党委副书记、纪委书记、工会主席、矿区服务事业部党委书记蒲建中和长庆油田分公司党委副书记、纪委书记、工会主席冯尚存，分别代表长庆局和长庆油田分公司宣读表彰为长庆年产油气当量突破 2000 万吨作出突出贡献的先进模范集体和先进模范个人的决定。长庆局授予提速领导小组等 32 个单位（组织）2007 年度模范集体光荣称号；授予钻井工程总公司 30520 钻井队等 59 个单位 2007 年度先进集体光荣称号；授予刘永横等 30 名同志 2007 年度劳动模范光荣称号；授予杨茂存等 152 名同志 2007 年度先进生产（工作）者光荣称号。长庆油田分公司授予第一采油厂王南采油作业区等 26 个单位“长庆油田油气当量突破 2000 万吨模范集体”荣誉称号；授予第二采油厂马世清等 20 名同志“长庆油田油气当量突破 2000 万吨劳动模范”荣誉称号；授予第三采油厂五里湾第二采油作业区等 15 个单位“长庆油田油气当量突破 2000 万吨先进集体”荣誉称号；授予第一采气厂翁军利等 64 名同志“长庆油田油气当量突破 2000 万吨优秀管理

（技术）工作者”荣誉称号；授予第一输油处王莉等99名同志“长庆油田油气当量突破2000万吨优秀员工”荣誉称号。同时，长庆油田领导专门为获得“全国五一劳动奖章”的沈双平、李静群、杨玉祥，中国石油集团十大标兵刘玲玲，陕西省劳动模范郭秀玲、郭宝珍、卢克芨，“甘肃省五一劳动奖章”获得者田永峰、王辉、刘贤玉鲜花。

苟三权在表彰大会结束时说，长庆油田年产油气当量突破2000万吨，实现了长庆特低渗透油气规模、科学、有效开发的大跨越，勾绘出长庆油田大发展的新蓝图。我们一定要秉承长庆油田37年积累的优良作风和光荣传统，发扬大庆精神、铁人精神和长庆精神，高唱《我为祖国献石油》的主旋律，抓住历史机遇，坚持不懈地加大勘探开发力度，不断增加储量产量；坚持依靠科技进步，提高工程技术保障能力和核心竞争力；坚持以人为本，把创建模范和谐矿区提升到一个新水平。他强调，长庆油田广大员工要紧紧团结起来，同心同德、振奋精神，脚踏实地、埋头苦干，着力打造长庆工程技术服务强势品牌，全面提升服务油气发展综合保障能力，向着2009年油气当量突破3000万吨的宏伟目标奋勇前进，为“发展大油田、建设大气田，创建模范和谐矿区”和“把鄂尔多斯盆地建设成为我国石油天然气的重要能源基地和长庆人的美好家园”作出新的更大的贡献，不断开创长庆油田科学发展、和谐发展、又好又快发展的新局面。

表彰大会后，油田领导与劳模先进以及员工代表共同观看了《我为祖国献石油》主题文艺演出。500多名来自一线的员工和长庆艺术团的演艺人员献上了一台精心编排的节目，将数万长庆人为跨越2000万吨而欢欣鼓舞的自豪与骄傲融会其中。劳模吴光勇和张丽在演出现场接受主持人采访，表达了他们奉献长庆、建功立业的石油情结，使大家近距离领略了长庆劳模风采。72岁的著名艺术家刘秉义专程从北京赶来，为长庆石油人献上了他的经典曲目——《我为祖国献石油》，讴歌石油人战天斗地的豪情壮志，将文艺演出推向高潮。来自陕北的歌王王向荣、韩军和贺斌的一曲《山丹丹开花红艳艳》和首次亮相的长庆军乐团、合唱团的精彩表演，为现场增添了欢乐的气氛。

文艺演出之后，长庆油田领导分别与受到表彰的先进模范集体和先进个人代表及演职人员合影留念。

表彰大会当晚，兰州歌舞剧院的艺术家们在西安人民剧院为长庆员工献上了享誉国内外的大型舞剧《大梦敦煌》，祝贺长庆油田年产油气当量突破2000万吨。

（赵　瑛）

李静群同志荣获“全国五一劳动奖章”

李静群，男，汉族，1963年7月出生，陕西省渭南市人，中共党员，硕士研究生，油藏地质高级工程师。1987年7月毕业于江汉石油学院地质石油勘查专业，同年分配到长庆局井下技术作业处工作，1996年7月毕业于江汉石油学院地质石油勘查专业，取得硕士学位。参加工作以来，先后在长庆局井下技术作业处试油174队、地质队、地测大队、试油压裂地质研究所、天然气勘探开发项目部等单位任地质助理工程师、地质工程师、副大队长、所长、经理等职务。1999年12月晋升为油藏高级工程师，2001年任井下技术作业处副处长兼总地质师，长庆局技术专家，石油地质一级学术带头人，2004年起担任长庆局井下技术作业处处长，2006年任长庆局井下技术作业处处长、党委副书记。

近20年来，李静群同志在各级组织的培

育下，扎根陇东，热爱油田，努力进取，无私奉献，在井下技术作业处试油技术研究、安全生产管理、企业改革发展等方面做出了显著的成绩。近几年，特别是2006年以来，李静群团结带领全处干部职工，认真履行企业的经济责任、政治责任和社会责任，为推动企业持续有效快速协调发展和支持地方经济建设作出了突出的贡献。

李静群担任井下技术作业处处长以来，带领“一班人”和全体职工，坚持以经济建设为中心，大力推进科技创新、体制创新和管理创新，突出抓好生产建设、经营管理及安全、质量、环境保护，积极创建环境友好型企业。同时，加快技术升级和装备更新步伐，促进产业结构优化，企业生产经营规模快速增长，工作量和经营业绩连创历史新高。2004年到2006年，共完成试油（气）压裂酸化11400.5层次，实现收入295226万元。尤其是2006年，生产建设快速推进，经营工作业绩良好，全处工作量一举突破4600层次大关，创造了长庆井下成立以来历史最好水平。

（薛 明）

刘玲玲获中国石油集团“十大标兵”称号

在2007年7月18日召开的中国石油集团2007年领导干部会议上，长庆局第二采油技术服务处巨力工程建设公司女焊工刘玲玲被中国石油集团授予“十大标兵”光荣称号。

刘玲玲自1994年参加工作以来，在电焊工岗位上一干就是14个年头。她爱岗敬业、勤学实干、忘我奉献，在平凡的岗位上做出了不平凡的成绩。在担任女子焊工班班长后，她精心管理、团结协作，在她“立足岗位、永不言弃”的精神影响和带动下，由19名女焊工组成的焊工班成为“积极进取、技能自强、勇挑重担、连创辉煌”的“强势团队”，为巨力公司的发展作出了积极贡献。

由于工作表现突出，刘玲玲先后荣获长庆局劳动模范、甘肃省劳动模范称号，并多次在各类技能大赛中获奖，赢得了技术能手、技术状元、工人明星等称号。2006年，她又获得了“全国三八红旗手”、“中央企业巾帼建功标兵”等荣誉称号。她所带领的女子焊工班，也先后被授予“甘肃省青年文明号”、“甘肃省三八红旗集体”、“全国青年文明号”、“全国三八红旗集体”等称号。

同时，长庆油田有5个班组被授予中国石油集团标杆班组称号，其中包括长庆局钻井工程总公司70518钻井队工程一班、井下技术作业处压裂大队压裂五队二机组、建设工程总公司新疆工区道桥项目部路面作业组3个班组，长庆油田分公司第一采油厂王南采油作业区郭秀玲站、第二采油厂西峰集输大队西一联合站加热消防班等2个班组。有45个班组被评为中国石油集团先进班组，包括长庆局钻井工程总公司30533钻井队工程一班等23个班组和油田分公司第一采气厂作业三区中3站等22个班组。

（王 静 杨绍军）

长庆局企业文化建设项目综述

“企业文化是企业发展的灵魂，是企业的软实力，反映企业的核心竞争力。靠文化管理是企业管理的高级阶段。”长庆局局长、党委副书记苟三权在2007年11月底召开的长庆局贯彻党的十七大精神务虚会上的这段精辟论述，充分反映了长庆核心领导层对文化管理企业的高度重视，揭示了文化在企业发展中的重要地位和作用。

长庆在37年的发展历程中，已形成深厚

的文化底蕴。如何让已有的文化发挥更大的作用？如何在企业快速发展中形成更具竞争优势的核心文化理念？长庆局领导站在知识经济时代企业管理的前沿，审时度势作出了建设长庆企业文化核心价值体系的决策。长庆局历史上一次空前的企业文化“铸魂”工程由此拉开帷幕。

启动企业文化建设项目
铸就企业快速发展之魂

2007 年 7 月 12 日，苟三权局长与此次企业文化建设项目的牵头部门企业文化处，合作方深圳宏略企业文化管理咨询公司的负责人，就长庆局企业文化建设提出意见。苟三权局长从三个方面论证了这次企业文化建设工程的重要意义。

其一，企业快速发展的要求。长庆油田从 20 世纪 80 年代的年产百万吨发展到 2007 年的两千万吨，成为中国石油第二，油气发展速度非常快。面对世界闻名的“三低”油气藏，取得这个成绩非常不易，这是长庆油田双方共同创造的成果。表面看是科技的进步、是油气主业的增长，但背后是因为有着深厚的文化作支撑。我们说，油气兴，人气旺，油气兴作支撑，人气旺作保障。我们员工的付出成倍增长，但员工没有怨言，这是一种文化，这是一种精神，需要我们去挖掘、去构建。我们不仅要总结历史，更是为了以后的发展。

其二，企业管理的要求。过去是人管人，后来是制度管人，但这些都不是员工所情愿的。我们管理的最终境界是要让员工自觉自愿、无怨无悔、甘愿付出、对企业负责，从而进入管理的高级阶段。而这个目标只有通过文化建设来实现。

其三，构建和谐长庆的要求。“坚持科学发展，构建和谐长庆”是我们工作的主线，是中国石油集团对长庆油田的要求。因此，和谐是长庆油田发展的主要目标，而人与企业的和谐、人与人的和谐、人与环境的和谐，都需要企业文化来统一思想、统一认识。

苟三权局长还提出项目建设中要注意的几个问题：一是要把握长庆局企业文化体系建设与基层企业文化示范基地建设的关系。二是要注意长庆文化 30 多年来的同根同源性问题。三是要突出长庆局服务特点，创建品牌服务，打造特色文化。四是要注意创新与发展的问题，在继承的基础上必须要有创新。

此次谈话，明确了长庆局企业文化建设的目标和任务，为项目的快速启动和后期各项工作的开展奠定了坚实的基础。按照苟三权局长的要求，企业文化处与宏略专家团队完善了项目建设内容，着力准备项目启动工作。

2007 年 7 月 26 日，长庆局“构建和谐长庆，提升企业执行力”企业文化建设项目正式启动。由局主管领导、机关相关部门负责人组成的企业文化建设委员会及项目建设小组人员召开第一次会议，部署了长庆局企业文化建设工程的目标、任务、运行时间及要求。

此次企业文化建设工程的主要任务是，梳理、评估长庆 37 年的企业文化建设成果，构建长庆企业文化体系，提炼并创作以核心理念体系、行为规范体系为重点的 10 项文化产品，即《长庆石油勘探局企业文化建设评估报告》、《企业文化建设及执行力问卷调查报告》、《精神理念体系》、《行为规范体系》、《企业文化五年发展规划》、《企业文化建设与企业执行力提升研究报告》、《企业文化建设实施计划》、《员工手册》、《企业文化手册》、《完美执行手册》。项目将按照调研评估、梳理总结、成果提交三个阶段运行，要求 11 月底前全部完成。

在项目启动会上，长庆局党委副书记、

纪委书记、工会主席蒲建中强调指出，此次企业文化建设工程意义重大，是长庆局发展史上一次空前的“铸魂”工程，最终形成的10项成果，将成为长庆局近几年乃至今后相当一个时期企业文化建设的纲领性文献。整个项目时间紧、任务重，必须在2007年优质高效完成。要把企业长期积淀的文化特质挖掘出来，要把员工队伍中高昂的精神风貌体现出来。我们提炼出的企业价值观和核心理念体系，必须要得到基层广大员工的认同，必须能够引领长庆局企业文化的发展方向，使长庆局的企业文化建设走在中国石油集团的前列。

长庆局党政领导的高度重视，给项目建设人员以极大的鼓舞。局企业文化建设项目小组由局企业文化处等部门的8名同志、深圳宏略团队的8名资深专家共16人组成。大家精心制作问卷调查内容、准备调研提纲、编制调研计划、收集整理资料，很快拉开了企业文化建设工程的帷幕。

广泛调研听取不同心声
多方征询锤炼文化理念

企业文化调研是企业文化建设的基础性和先导性工作，对企业文化建设的科学评估、整体构架、规划制订起着决定性的作用。

自2007年7月27日开始至8月12日，局企业文化建设项目小组兵分两路，深入长庆局各单位调研。由局企业文化处负责人带队，深圳宏略派出两名教授、两名总经理助理等7人组成的专家团随同一线调研。七八月正是炎夏之时，调研组人员奔赴陕、甘、宁、内蒙古4省（区）的局属生产单位及一线施工现场。每到一处，大家都认真地听取所到单位的企业文化建设情况介绍，大量收集相关资料；分别召开科级干部、技术骨干及员工座谈会，访谈基层管理人员和岗位员工，广泛征求大家对企业文化建设的意见和建议。深入钻井、井下、修井、建工及物业服务等油气田作业现场，体验长庆局不同业务板块的工作性质，感知一线员工的文化需求。在钻井队70518调研中，专家们被该队浓厚的文化氛围所感染。从餐厅员工的全家福、宿舍床头的温馨安全提示语到井场企业理念，企业精神和标识牌，尤其是队部的文化展室，各种荣誉、规章制度、队刊队报等，充分展示出这个全局企业文化示范基地的“龙头”风采。在苏里格一号集气站，年轻的员工们以站区为家、以建站为荣，在大漠腹地用青春书写着气田开发的新篇章，他们管辖的苏6井成为全局唯一被中国石油集团命名的企业精神教育基地。以和谐矿区著称的第三采油技术服务处顺宁基地，从环境建设、生活服务到生产保障，处处体现出长庆一家人的手足之情和人文关怀之意，其浓厚的文化氛围得到调研组专家的充分肯定。

在18天的调研中，项目小组共走访局属基层单位28个、基层队站及作业现场15个；组织召开座谈会33个，座谈人员500余人，个人访谈80余人；发放问卷调查1500份，收回1200份。在对一线调研的基础上，专家组还对长庆局主管领导及相关处室负责人进行了访谈。在接下来的工作中，项目小组对掌握的数百种资料集中进行了研阅与分析。重点包括调查问卷分析，长庆局近5年的工作报告，“十一五”规划、长庆油田的发展历程及历史沿革，局主要领导讲话，长庆局相关规章制度，局各单位企业精神理念征集及员工个人创作的企业理念征集资料，媒体对长庆局及领导的访谈和主要成果报道，长庆局近年获得的各类成果与荣誉等。通过分析研判，项目小组对长庆局37年的企业文化建设情况有了一个较为全面的认识，为梳理、总结、提炼、构建长庆局核心价值体系奠定了扎实的基础。

企业理念是企业文化建设的核心，是引领企业发展的灵魂。因此，企业理念的制定必须严谨、严密、严肃，必须是在对企业发展过程中形成的不同价值观念进行分析整合、精心提炼的基础上形成的最适应本企业发展、最有价值的精神理念。长庆局企业理念形成的过程，正是核心领导层倡导、全体员工创作认同的过程。在这次项目建设中，仅理念体系的创作与形成，项目小组先后组织召开了20多次讨论会，在全局范围内开展了3次规模较大的理念创作与意见征集活动，各单位领导与基层员工积极参与创作，共征集到300多条理念与建议。长庆局企业文化建设委员会成员，各厂（处）单位领导，基层文化专干等都参加了理念的创作与讨论。项目小组人员更是一次又一次地反复推敲。长庆局主要领导和主管领导，长庆局企业文化建设委员会领导先后多次参加理念体系讨论，逐字逐句、逐条逐项审定，最终形成了长庆局《精神理念体系》和《行为规范体系》，确立了企业核心价值观。

厚重文化彰显企业实力
创新理念引领未来

长庆油田在37年的发展历程中，形成了厚重的文化底蕴，自会战伊始，长庆人就发扬“一不怕苦，二不怕死”的解放军精神，“自力更生、艰苦奋斗”的延安精神，“三老四严”、“四个一样”的大庆精神和“宁肯少活二十年，拼命也要拿下大油田”的铁人精神，凝结形成了“攻坚啃硬、拼搏进取”的长庆精神。长庆人正是凭借这种精神，以“我为祖国献石油”的豪迈情怀，形成了“跑步上陇东”、“三块石头支口锅”、“磨刀石上闹革命”的创业故事，创造了“三低”油气藏高效开发的世界奇迹。长庆局在长期创业实践中形成的一系列优良传统和作风，成为企业大发展中强大的精神动力，成为新时期刘玲玲式先进人物精神风采的集中体现。

在这次企业文化建设项目运行中，长庆局企业文化的整体架构和核心价值体系的形成、企业理念的锤炼，都较好地吸纳了长庆厚重的历史文化，同时站在21世纪知识经济管理的前沿，大胆创新、着眼发展，使核心理念充分体现厚重、饱满、创新、求实的内涵。

长庆局“特别能吃苦，特别能战斗，特别能负重，特别能奉献，特别能创造”的“五特”核心文化，既是长庆传统文化创造辉煌过去的真实写照，也是引领企业创造辉煌未来的精神航标。“为国家奉献能源、为社会营造和谐、为长庆创造价值、为员工谋求幸福”的“四为”核心价值观，充分体现了国有企业所肩负的“三大责任”和对员工以人为本的人文关怀。“打造长庆工程技术服务强势品牌，把鄂尔多斯盆地建设成为中国重要的石油天然气能源基地和长庆人的美好家园”的企业愿景，成为长庆大发展的共同目标和长庆员工的共同追求。

在长庆局核心理念形成中，全局上下坚持科学务实的原则，一切从长庆实际出发。针对企业经营和企业管理的不同职能，分别形成了“战略制胜、追求卓越、和谐共赢”的企业经营理念和“关注细节、重在执行”的企业管理理念，科学界定了二者之间的关系。在基本理念系统中，核心领导层以人为本的管理思想得到了充分体现。“生命和健康高于一切”的安全观使人耳目一新，充满人性化和亲和力。“人才就在身边”的人才观，成为鼓舞全局员工立足岗位、积极进取的可及目标。

简洁通俗、凝练深刻是这次核心理念形成的又一特点。如“我为祖国献石油”的企业使命，“持续有效、快速协调”的发展观，“像服务外部市场那样优质服务长庆市场”的市场观，“质量是我们的人格和尊严”的质量观，“践诺重于承诺”的服务观，“知识凝聚力量”的学习观等，简短有力，通俗易记，且内涵深刻，寓意深远。这些理念虽寥寥数语，在提炼形成中却聚集了来自全局上下数百条理念的精华，凝聚着全局员工、各级管理干部、核心领导层的集体智慧。

作为企业核心价值体系重要组成部分《员工行为规范体系》，则对员工职业道德规范和行为准则进行了高度的概括和浓缩。“热爱长庆，奉献石油事业；发扬传统，弘扬企业精神；提升素养，技术技能精湛；追求卓越，安全文明生产；胸怀大局，坚定理想信念”的员工职业道德规范，从五个方面概括了作为一名合格员工应具备的职业态度、职业精神、职业技能、职业境界和职业品质，成为每一个加入长庆团队的员工必须遵循的道德规范。领导干部“六个要坚持，六个不允许”；管理者“勤勉、廉洁、民主、高效”；科技人员“勤钻研、重实践、善协作、勇创新”和员工“忠诚、尽责、执行、安全”的行为准则，成为全局员工自我约束、自我勉励的行为指南。

企业核心理念的形成来自于基层、提炼于管理层、认同于全体员工。这些理念只有得到全局员工的认同，才能转化为自觉行为，才能增强企业的凝聚力和战斗力，真正发挥企业文化的作用。在11月底召开的长庆局学习贯彻十七大精神务虚会上，苟三权局长把企业文化建设作为2008年6项重点工作之一，进行了部署。他指出，2008年要加强企业文化理念的宣传贯彻，要争取得到全体职工的认同，最后形成一种共识，来引领企业、引领职工的思想，形成企业的凝聚力，最后形成战斗力。这是我们未来2—3年必须着力抓好的一项工作。

因此，企业文化理念的落实与宣传贯彻任重道远。随着长庆局《企业精神理念体系》和《员工行为规范体系》的颁布，长庆局《企业文化建设五年规划》、《企业文化实施意见》及《企业文化手册》、《员工手册》、《完美执行》等配套内容将随之出台，长庆局的企业文化建设将进入一个全新的发展阶段。在企业核心理念的作用和引领下，长庆局必将迈入更加广阔的发展空间，长庆局的美好愿景终将成为现实。

长庆局苏里格气田合作开发区块大发展纪实

“苏里格”蒙古语为半生不熟的肉，同时也是大地的心脏和肺的意思。

——题记

2007年11月16日，举世瞩目的苏里格大气田终于绽放出了炫目的光彩，天然气日产突破1000万立方米。其中，长庆局合作开发的苏6、苏36－11区块日产能力达到200万立方米……

2000年8月26日，长庆油田天然气重点探井——苏6井，喷出无阻流量达120万立方米/日的强大气流，苏里格气田横空出世。但苏里格气田也是全球开发难度最大的气田：有效储层埋深达3500米，曾经平均单井综合钻井成本高达1200万元。由于储层呈现低渗、低压、低丰度、低产和非均质的特性，平均单井日产量不到1万立方米，单井高投资与低产量的矛盾十分突出。经过长达5年的先导性开发评价试验，牵动无数长庆人心脉的苏里格气田，试采生产表明：平均单井产量1万立方米/天，可以稳产3年。苏里格特殊的地质特征决定着苏里格气田的开发必须走低成本之路。

2005年1月，中国石油股份公司作出了“引入市场竞争机制，加快苏里格气田开发步伐”的重要决策，决定与未上市企业合作开发苏里格气田，构建了中国石油历史上独一无二的“5+1”合作开发模式。

2005年6月28日，长庆局宣布成立苏里格气田合作开发项目组。

2005年9月2日，长庆局中标苏6、苏36-11区块。

两年时间在历史的长河里只是弹指一瞬间，而对苏里格气田合作开发项目组来说，却是历史性的突破。

到2007年12月初，苏6、苏36-11区块已经建成产能8亿立方米/年，累计生产天然气5.4亿立方米，2007年生产3.64亿立方米，折合油气当量30万吨。员工队伍由成立之初的27人发展壮大到290人。

在茫茫大草原上，这些为人类送来圣火的当代普罗米修斯——苏里格气田合作开发项目组的全体员工们，面对“低渗、低压、低产、低丰度”的全球开发难度最大的气田，肩负着“做强做专长庆局天然气项目”，实现长庆局又好又快发展的使命。他们按照“简化开采、创新机制、依靠科技、走低成本开发之路”的思路，大胆解放思想、开拓创新、集成优势，实施非常规的开发模式，在重重困难中寻求突破，走出了一条前人没有走过的路，使低效气田实现了规模有效开发，为长庆局实现持续稳定协调发展、增大经济总量作出了积极贡献。

创新思维实现又好又快发展

2005年9月28日，苏6-12-12井场，天高云淡。苏里格气田项目启动仪式在此举行，苏6井区、苏36-11井区产建工程迅速拉开了序幕。此时距离签订开发合同仅仅只有26天时间。

作为长庆局产业结构调整的两个“轮子”之一，苏里格气田合作开发项目组的责任重大。长庆油田在中国石油的战略地位，赋予了苏里格气田为全国低效气田探索开发模式、储备人才和技术的重任。在“5+1”合作开发模式下，在长庆家门口与其他4个兄弟油田同台竞技，对项目组员工来说，压力与机遇、挑战与希望，无疑都是巨大的。

解放生产力，必须首先解放思想。低效气田要得到有效开发，必须大幅降低开发成本。实践—认识—再实践—再认识，只有遵循这一规律才能带来观念上的大转变。在长庆局的带领下，项目组从气田开发的根源上寻求突破，集成“内”与“外”的优势。

集成内部优势，重点在发挥存续企业自身潜力上大做文章。从“和谐”与“统筹”的高度出发，项目组在总结吸取评价阶段经验的基础上，充分发挥存续企业30多年来在鄂尔多斯盆地积累的工程技术优势，以降低开发成本。

积极充分借助油田现有的资源优势：一是长庆油田分公司勘探开发处、勘探开发研究院、油气工艺技术研究院提供的技术支撑；二是采气一厂、采气二厂、采气三厂等单位的友情援助，建设合作开发的良好格局。

和谐，这一理念成为项目组开发气田的主旨，成为贯穿整体工程建设的主旋律。全面施工体现了统筹安排、统筹部署、统筹运行的特点，开发形式上凸显“早安排、早上手、争主动、见效果”，全力构建和谐开发的良好格局。项目组在对苏里格气田开发评价资料进行大量分析研究的基础上，提出了切合实际、操作性强的产建工作计划。项目组从发展的高度，搭建起辐射各个工序的无形网络。项目组从编制开发方案、井位下发、材料供应、外协关系、现场协调、工序衔接等方面主动为地震、钻井、井下、录井、测井、建工等施工单位，做好支撑服务，使原先各自作业的施工单位形成一个有机联结体。每一道工序均实现了平稳有序推进，共同演绎着高效开发的合唱之歌，整体开发速度实现了提速。

牢记使命，努力工作，成为苏里格人的行为准则。大家在大漠里追逐太阳，与时间赛跑。

质量，是项目建设始终不渝的生命线。项目组从工期控制、施工质量、材料供应等方面抓好过程控制，在工程质量控制方面，坚持做到“四个明确”，即施工内容明确、质量标准明确、安全措施明确、监理程序明确。整体建设以10天时间为一个控制工期，编排了工程进度运行大表，以节点目标的实现确保整体工程进度按期完成。全程跟踪施工过程，会同施工单位、现场设计代表协调解决出现的各种问题，实现了发现一个问题现场拍板解决一个，确保施工不脱节。

速度，是苏里格项目组的明显标志。单井开发上，实现钻井一口、压裂试气一口、连头一口、投产一口。钻井最短建井周期缩短为15天20小时，集气站建设更是从建设速度、建设质量、开发技术指标等方面达到了领先水平。苏6－4集气站主体工程建设、安装仅用13天，创造了长庆油田有史以来集气站主体工程建设最短工期的新纪录。

工艺流程改造一度成为攻克气量外输“瓶颈”的重要手段。针对苏6井区、苏36－11井区集气能力的大幅提高，项目组积极对地面集输气管网、站内工艺流程等进行优化改造，达到既能适应老系统生产，又能满足新的集气模式需要的多重工况。

和谐，调动了所有施工单位的积极性和能动性。两年快捷高效的运行，带来的是天然气产量跳跃式增长。2005—2006年项目组钻生产井167口，压裂试气141口，建井135口，新建集气站6座，集气支线5条，产量5.4亿立方米。

2006年10月10日，实现日产100立方米，10月12日年产突破1亿立方米大关。

2007年，在120天的时间里实现上亿立方米。11月5日，年产突破3亿立方米。12月1日，完成3.5亿立方米，提前30天完成全年生产任务。

2007年，产建主体工程“四站三线”全部一次投运成功。

2007年，日产先后突破百万立方米、150万立方米、170万立方米、190万立方米四道关口。年产突破亿立方米、2亿立方米、3亿立方米、3.5亿立方米四道大关。日产能力达到200万立方米，是接管时的10倍，从而成为苏里格气田各个合作区中上产最快的区块之一。

苏里格的开发建设速度，是一天一个样发生着变化。对长庆局的整体大提速起着积极的推进作用。

走过的一串串脚步，留下了一片片深印……

每一个时间点，都是速度；每一个数字量，都是进程，记录了项目组快速发展的节奏。

苏里格项目组抓住主要矛盾，仅用了两年时间，采用非常规开发手段，取得了常规模式下4—5年的开发效果，使企业的经济、政治、社会责任得到了有机统一。在“5+1”的开发模式里，发挥了示范、引领作用，树起了长庆品牌的大旗。项目建设整体呈现了又好又快发展的态势。受到了中国石油集团、股份公司、长庆局各级领导和专家组的充分肯定。

科技攻关催生低成本开发

2007年8月下旬，中国石油股份公司领导一行赴苏里格气田视察，在听取了长庆油田关于苏6、苏36－11井区的开发工作汇报后，对项目组开展大量的气井动态分析工作给予了高度评价。

思想解放，创新了苏里格气田的开发机制。科技攻关，成为低成本开发气田的动力源泉。如何找到有利区块？如何又好又快开发出Ⅰ+Ⅱ类井？如何把单井综合建井成本降下来，解决开发建设中遇到的最现实、最需要的问题？是苏里格项目组科研攻关的出发点和立足点。

Ⅰ+Ⅱ类井比例达到80%以上、单井综合建井成本控制在800万元以内是实现苏里格气田开发的关键。项目组在原有技术力量的基础上，成立了地质研究所和采气工艺研究所，组建了一支近30人的科研队伍。按照“技术集成化、建设标准化、管理数字化、服务市场化”的思路，开展了3大类12项开发主体技术的攻关、运用，主要是：地质与气藏工程类系列，包括区块优选、井位优选、滚动建产和稳产接替4项技术；钻采工程类系列，包括快速钻井、分压合采、快速投产、井下节流和排水采气5项技术；地面工程类系列，包括地面优化、增压开采和分类管理3项技术。

在攻关中，项目组员工弘扬了独具特色的“四种精神”：一是不断探索的精神。二是敢于怀疑的精神。苏里格气田是世界级的气田。苏里格气田研究没有一个规范成型、可供借鉴的成果。项目组提出要重新正确认识气井，要敢于怀疑自己和别人最初的认识是否正确。要科学分析一些数据的来源，真正做到不唯上、不唯书、只唯实。三是不断求真的精神。四是全身心投入的入迷精神，真正能体会到工作的快乐，找到工作的感觉。

一系列科研技术的成功推广运用，使苏里格气田产建与生产、地面与地上、优化、简化的采集气模式实现了有机结合，使低成本开发最终成为现实。

寻找高产富集区取得突破。“Ⅰ+Ⅱ类井比例”是苏里格气田特有的概念，是指最终累计采出量能够达到2000万立方米以上井在总开发井中的比例。项目组利用高精度二维地震试验来获得高品质资料，提高叠前含气性预测的准确度。两年来完成了576千米高精度二维地震，24条测线资料的采集分析处理。通过滚动建产与甩开评价相结合，开展地质、测井、地震多学科立体交叉的含气薄砂层综合预测技术研究，实行“专家布井、集体讨论、共同决策”的井位优选程序，开展低渗砂岩气藏地质研究，加强随钻分析，优化布井，开展技术合作攻关，对整个区块主砂体的走向认识更加明了，在苏36-11井区发现了相对富集区，Ⅰ+Ⅱ类井比例由评价阶段的50%提高到82.7%以上，富集区Ⅰ+Ⅱ类井比例达到90%以上。

充分发挥存续企业工程技术服务的优势，降低了单井综合建井成本。

以PDC钻头、复合钻井为核心的快速钻井技术的应用，钻井速度大幅度提高。2006年，创造了9天15小时的钻井新纪录，2007年，钻井周期缩短为7天18小时。先后刷新了最短建井周期15天20小时、最高钻机月速度8685米/（台·月）、最高机械钻速32.47米/小时等7项指标。加上直井开发、套管国产化、简化固井工艺的事实，使综合钻井成本降低了40%。

快速投产。通过一定的压裂试气原理数据，计算新井产能，简化试气程序，实现快速投产。这一技术减少了放空气量，平均单井可减少放空量5万—7万立方米。缩短了投产周期，降低了建设成本。

井下节流技术，是地面优化的革命性技术，使得不加热、不注醇、中低压集气的工艺得以推广。单井地面建设投资由原来的220万元降低到110万元，气井开井时率由原来的60%提高到了96.3%。实施气井差异化管理，最终实现单井稳产，实现效益开发。

苏里格气田特殊的地质条件决定着气井生产的特殊管理。单井稳产成为气井管理的重头戏。以地震、地质、测井、测试等静态资料建立模型，以试井渗透率、单井生产数据拟合进行模型修正，对气井定期实施压力和产能核实，优化气井、气藏开采工作制度。开展气井生产动态分析、区块流动单元研究、气藏开发趋势预测。建立采气班站、作业区、项目组三级生产动态分析制度，以合理生产压差为主要评价依据，分类对气井进行“差异化”管理，促进气井生产管理扎实有效。连续生产4—5年的28口老井生产状况保持良好。2006年后投产新井压降速率控制在有效范围之内，可实现单井日产1万立方米，稳产3年的开发指标。

项目组始终把科研攻关作为解决低成本开发“瓶颈”的着力点，产生了综合效益：钻井周期由原来的45天缩短到15天，单井成本由原来的1200万元降到800万元，Ⅰ+Ⅱ类井的比例由原来的50%上升到80%以上，平均单井地面成本由220万元降低到110万元。

目前，项目组积极展开了小井眼钻井、CO_2压裂试验、小规模压裂改造、丛式井施工等技术试验，为进一步降低成本，提供了积极有效的尝试。

以人为本建设现代化大气田

2007年8月，投运后的苏36－1集气站控制室内，两名员工正注视着墙上的大屏幕监控着19口单井的生产数据……，坐在屋里就能巡井的理想变成了现实。

现代化气田的开发建设，是贯彻落实科学发展观，转变增长方式，运用现代化技术和手段，实现清洁发展、节约发展、安全发展。几年来，项目组走出了一条资源消耗少、科技含量高、经济效益好，人、资源、自然和谐相处的发展之路。

“标准化设计、模块化建设”，实现中国石油气田建设领域的重大变革。项目组会同兄弟单位，针对长庆油气田地面建设的特点进行全面分析论证后，2007年新建设的4座集气站和所有单井全面推广“标准化设计、模块化建设”。确定了集气站的增压规模、工艺流程、平面布置、主要设备及阀门选型、建设标准的“五统一”设计。实现了物资采购规模化，建造实现模块化，实行流水化、工厂化作业。统一了设备材料，简化了工作程序，提高了施工效率。与往年比，2006年建站时间提前了近3个月。现场工艺安装时间比2006年缩短了1/3，现场工作量减少了60%，缩短了建站周期，提高了新建产能当年贡献率。

建设后的新集气站实现了生产运行程序化，岗位配置、技术培训统一化，应急保障一体化，标准化气田逐步建成。使苏里格气田生产管理迅速走向规范化。在单井建设中，通过精细预配，实现了井口采气树不动火安装。

数字化的气田提高了管理效率。苏里格气田单井产量低，为了提高气田的采收率，必然要加密井网，未来的苏里格气田是由几千口甚至上万口气井组成的。解决后期人工巡井、人力资源消耗、环境保护等一系列问题，是气田开发初期就应长远考虑的问题。项目组率先在气田实施了“数据远程无线传输”实验，用一套价格较低的国产仪器仪表把气井的流量、压力、温度、井场情况等重要数据传输到集气站，再由集气站通过光缆传到指挥中心。实现了利用数据自动采集、无线传输、数据库、互联网技术，实施天然气单井及集气站远程监控，达到电子巡井、信息建产，从而提高了气田的开发管理效率，精简了组织机构、保护了草原环境、大大降低了管理成本。目前，实施单井安装160口，集气站内监控8座、压缩机系统1套，累计接入点1000多个。项目组生产管理模式从传统的“电话＋钢笔＋纸张”转变为信息化的“NET＋SERVERDATA”（即网络＋服务＋数据）。

绿色环保气田实现生态文明。两年多来，项目组大力推行 QHSE 管理体系，精心培育安全文化，突出重点领域安全监管与隐患治理。严格落实各级人员安全责任，不断加强员工安全培训和应急管理，强化演练、完善预案，提高管理层和员工的安全管理水平及防护技能，提高了全员安全意识。注重对重点区域和重点生产环节的污染整治力度，突出源头控制和污染防治，努力实现安全发展、清洁发展、节约发展的目标。全面实施钻井液池无害化治理与防风固沙工程，先后防风固沙 3500 亩，治理钻井液池 73 口，实现了“建一个气田，留一片绿色”的目标。进入冬季，苏 36－11 井区出现了成群的天鹅，为创建绿色环保气田增添了亮丽的风景。

以人为本、构建和谐大气田。进入茫茫草原，在苏 6－1 集气交接站附近，一片洁白的院落耀眼醒目，这里草木郁郁葱葱，这是项目组按照苏里格气田“六统一”模式建立的采气前线倒班点。内设办公楼、餐厅、凉亭、宿舍、活动健身器材、篮球场、员工活动室等，能够满足 10 余名员工的住宿、办公、娱乐需要。员工们在忙碌了一天后，能够娱乐放松，从一草一木中感受到家的温暖。采气倒班点的建立对进一步加强苏 6 井区、苏 36－11 井区合作开发区块生产现场管理、操作，促进区域优势发挥，改善项目组员工的野外生活、生产条件发挥了重要作用。

高效管理打造高素质团队

2007 年 6 月 27 日，长庆局基层建设推进会在靖边石油基地举行。中国石油集团思想政治工作部领导及长庆局领导分别为苏 6 井、苏 6－1 集气交接站颁授荣誉奖牌。

苏里格气田位于内蒙古自治区鄂尔多斯市境内，典型的沙漠地域环境，一年四季风沙肆吼，气候干燥，人烟稀少，温差最大时高达 30—40 摄氏度，自然环境极为恶劣，交通不便。在这样的自然环境下，攻克世界级的难题，建设一支管理高效、目标一致、技能互补的优秀团队就成为一个必要条件。

“一专多能、唯才是用”构建特殊项目团队。复杂的地质条件决定了项目人才结构必须打破技能单一的传统模式。该项目组按照“严把入口、一专多能”的用人原则，层层把关，选拔油田具有较好专业特点、敬业精神强的管理队伍，招聘技术好、素质高的操作员工队伍；鼓励员工自学，引导员工加强采气工艺、项目管理等知识的学习，尽可能拓宽知识培训范围，积极设计合理的梯队建设。通过参观、委派学习、专业技能集中培训、内部“传、帮、带”等形式，实现人员的一专多能，培养气田开发的管理和技术人才。同时建设任人唯贤、人尽其能的用人机制，调动了员工的工作积极性和主动性。

“精干高效”保证了项目团队的高效率管理。根据项目建设实际需要，及时调整机构配置，建设精干高效的扁平化组织机构，形成决策迅速、运作便捷的管理层次。

建立共同愿景，引导团队全体成员齐心协力、步调一致，是项目建设团队获得成功的必要保证。该项目组时刻牢记“把鄂尔多斯盆地建设成为中国重要的石油天然气能源基地和长庆人的美好家园”的企业愿景，结合执行力建设加强融合教育。近年来，项目组新增添了 200 多名员工。由于历史的原因，员工队伍结构多样化，文化观念存在着差异。该项目组及时实施“转换观念”教育，先后分三批在长庆培训中心未央湖、临潼、长庆桥三个培训点进行专题培训，内容涵盖了“苏里格气田合作开发的历史背景、历程以及重要意义”、“气田开发管理的有关安全生产知识”、“气田开发主要采用的工艺技术系列”、“气田开发基本工作流程”等7个方面。通过培训，员工的认识得到了提高，带着满腔激情入岗位角色。由于教育内容深入人心，实现了各项工作目标思路清晰、整体工作简捷高效，生产建设工作部署、起步、进展与年度计划环环相扣，使员工的思想与项目组的发展目标始终相吻合。

基层是项目基层团队创新建设的灵魂。项目组积极借鉴兄弟单位的经验，从员工队伍建设、HSE体系建设、企业文化建设等5个方面健全了60多项制度与管理措施，以构建“四个规范、七个坚持、三个氛围”模式为载体，加强基层建设，大力加强标准化的基础工作。在接管仅两年的时间里，克服了时间短、工艺复杂、生产任务繁重、人员新、经验不足等困难，确保了8座集气站、165口单井的安全平稳运行。在“5+1”合作开发模式中树立了长庆品牌的窗口形象。

弘扬长庆特色五种精神，使“宝石花”在大草原上闪闪发光。围绕进度、质量、投资三大控制目标，突出统筹管理，强化薄弱环节，注重工作实效。在恶劣的自然环境面前，自我加压、艰苦创业，发扬大庆精神、铁人精神，开展学习中国石油集团标兵刘玲玲的活动。多次与大雪、风沙、暴雨等搏斗，使全年的目标任务与计划实现“吻合”。青年突击队、“大干100天、建功大气田”等劳动竞赛活动，展示了员工奋发向上、斗志昂扬的精神风貌，有力地弘扬了长庆特色五种精神：身在主战场、当好主力军；忘我工作、任劳任怨；攻坚啃硬、敢打恶仗；解放思想、求实创新和顾全大局、主动协作配合。

两年来，项目组有1名员工被授予中国石油集团优秀共产党员称号，7名员工被授予长庆局先进工作者、长庆局优秀共产党员称号，先后有8名一线员工被吸收为中共党员。2007年6月，苏6井被树为中国石油集团企业精神教育基地，苏6－1集气交接站被确立为长庆局基层建设示范单位。

（崔玉喜　王文钧　巴　凯）

低效储量合作开发
项目组发展纪实

短短3年的发展历程，浓缩了长庆37年发展史上艰苦创业、建设和发展的3个阶段，低效储量合作开发项目组用坚实的步伐，实现了年产30万吨原油目标，大踏步地走在长庆局可持续发展的道路上。

在经历了3年的艰苦创业和开发建设，尤其是经过2007年的全面提速，长庆局低效储量合作开发项目组即将实现年产30万吨的生产目标。在这一重大收获的背后，有着项目组全体员工辛勤的汗水与建设的智慧。

迅速发展——前行路上的大步伐

2005年夏天繁花似锦，6月1日，长庆局组建成立低效储量合作开发项目组。长庆局与长庆油田分公司签订了合作开发合同，拉开了低效储量合作开发区块的序幕，双方互通有无、技术共享，共同为实现长庆油田分公司年产2000万吨油气当量目标，实现长庆油田持续有效快速协调发展的大目标提供支持！

经过两年多的建设，低效油田开发事业逐步走上了良性发展的轨道，呈现出快速发展、和谐发展、科学发展的良好局面，正在成长为长庆局新的经济增长点。然而这个时候的低效储量合作开发项目组在很多人的眼里，还是一个小小的“项目组”。

2005年成立之初的项目组，人员只有54名，年产量仅仅4.46万吨，全部是“零流程”的土法采油。

2006年底，人员增加到了97人，年产油量实现了15.71万吨，建成了第一座大型联合站，实现了净化原油外输。

2007年，低效储量合作开发项目组的员工达到了908人，年产量即将实现30万吨。已经配套建成了包括联合站、转油站、注水站、生活点、主干道路在内的众多完善配套的生产、生活设施。

人员增加了17倍，原油产量增加了7倍。

3年的时间里，项目组的员工经历了住铁皮房子挨过寒冷的冬天和炎热的夏天；经历了没有车步行几十千米翻山越岭进行地质踏勘；经历了突破“三低”现实，彻夜钻研寻求科研求产增产；经历了人员不足，一人多岗加班加点；经历了管理不足，依据实际不断修正不断健全；经历了很多很多……在每一个长明灯下，在每一串山间脚印里，在每一次激烈的讨论中，在每一个科学的方案践行到井站时……无数的艰辛换来了今天的30万吨目标的即将实现，目标是简单的，简单的就是一个数字；目标也是纯粹的，纯粹的就是为了大踏步前进。围绕着目标而付出艰辛的低效储量合作开发项目组的每个员工步伐是坚定的、扎实的、更是大幅度的。当今天走在长庆局创效前列的时候，人们才惊喜地发现，低效储量合作开发项目组的脚步，在长庆局可持续发展的道路上，走得那样稳，步伐那样大。

攻破难关——持续发展的长镜头

地质研究所低效储量合作项目组是最早的一个集科研、生产技术管理于一体的基层单位。现有技术干部13人，其中党员8人，团员4人，平均年龄27岁。获得过2005年度局先进集体，2006年度局模范集体、先进党支部称号。

石油开发地质先行。鄂尔多斯盆地油藏的特点是油层分布范围广，但储量丰度低，单井产量低，油藏隐蔽性强变化大，开发过程一般都要经历勘探、评价、试采、建产四个阶段，而低效储量开发面对的是更为复杂的油藏，走的是滚动勘探开发一体化的路子。

面对合作区块复杂的地质情况，后备储量不足的形势，科研队伍人员新、经验不足的现状，按照“摸着石头过河”的思想，本着边学习、边培养、边锻炼的原则，地质研究所加强科研人员的培养，定期进行油水井动态分析、方案讨论，以会代培，不断提高地质技术人员的技术素质。向地质研究要储量，向地质研究要效益。

确定了“稳定老井产量、加快新建步伐，适度甩开评价、有选择打下去”的滚动勘探开发指导思想和“侏罗三叠并重，上下兼顾勘探，跳跃滚动建产，分层科学开发”的勘探开发原则，深化勘探开发，加大评价力度，瞄准主攻目标，谋求新的发现和突破，努力扩大探明储量，不断提升建产规模，为大发展提供了技术支撑，奠定了基础。

地质所组织科研人员加班加点查阅大量资料，现场反复实验，探索出低电阻油层判识技术，重新制订油水层判识标准，修订测井解释模板，自应用此判识标准至今，部署油井120口，探明增加石油地质储量637万吨。立足于“三叠系控制找储量、侏罗系兼探找开发”的思路，结合油藏特性，开发了跳跃式滚动快速建产技术。通过对樊学等井区跳跃式滚动建产的实践证明，此技术是行之有效的，大大提高了滚动建产的步伐，加快了产建速度，钻井成功率高达99.3%。

此外，通过正确判识古地形以及同沉积变形对侏罗系微幅度构造形成的影响，经过大量对比，开发了侏罗系微幅构造—岩性油藏精细描述技术。成功发现了学3等十几处侏罗系油藏，开发油井134口，在王盘山100

多平方千米的面积内，建成原油生产能力即将达到30万吨/年，对长庆局的经济增长起到举足轻重的作用。在滚动建产过程中，针对侏罗系延长组油藏特点，总结了“不试油射孔投产技术”。通过对29口侏罗系油井负压射孔求初产，均达到较好的产量，既节约了费用，较好地改善了油井的生产能力，又严防与底边水的沟通，对保护油气层、提高单井产能起到了积极的作用。

同时，坚持科学开发，实现持续稳产。通过优化布井、合理开采实现油田良性开发；通过对已注水见效的樊学长2油藏进行压裂引效，单井平均日增油2吨以上；通过引进新工艺，治理低产井，措施挖潜，老井增油效果显著。仅2007年，共实施酸化压裂、化学堵水等进攻性措施34井次，单井日产油水平由措施前的0.84吨上升为目前的2.93吨，综合含水保持平稳，累计增油8419吨。三大开发指标持续保持较高开发水平，综合递减6.19%、自然递减9.43%、含水上升率0.55%。

大力推进自主技术创新，走低成本开发之路，以科技创新来降低产建投资和吨油操作成本，提升了开发经济效益。以樊学、王盘山合作区块中生界油藏富集规律及油藏描述研究、三叠系油藏注水稳产技术研究、油层综合识别技术研究、姬塬油田长8油藏综合地质研究、樊学王盘山区块长4+5沉积微相及油藏分布规律研究、吴定合作区侏罗系油藏成藏规律研究以及合作区域内油层复查研究为代表的科技创新项目，既是低效储量合作开发建设过程中不断摸索出的创新成果，又是推动大发展的“助推器”和“加速器”。

定边采油作业区。低效储量合作项目组最大的作业区，共管理油井251口，水井40口，日产液量1310立方米，日产油量770吨，总产量占到项目组总产量的3/4。基层下设王评2井区、王评7井区、学3井区3个井区和维修队、巡护队。

截至12月10日，定边作业区实际完成原油产量213615吨，完成全年计划的110%；综合递减率控制在5.33%；自然递减率控制在9.25%；检泵周期386天；采油时率96.1%。

共有员工414人的定边作业区，以建立高效的生产管理平台为目标，严格按照“责任下移、严考硬兑、新老井分开、按曲线检查”的运行机制组织生产，深入推进原油产量“月度计划、旬度安排”的目标管理，分阶段推进的运作模式，每天监控老井产量、新井产量和措施增油量，随时掌握生产动态，提高了生产组织的内动力和执行力。

作业区结合点多、面广、人员结构复杂等特殊的生产管理和生产、生活环境，使作业区建立了领导分片承包制度，划分责任区，确定强化现场管理，以提高问题整改效率为目标，做到现场问题、整改结果与措施效果三清楚。将机关服务、帮促、指导职能发挥落实在目标实施过程中，实施现场办公制度，不断督促和监督生产管理的具体实施过程。

在2007年工作会议上，作业区同各基层单位签订了《HSE管理业绩考核合同》，将安全责任、压力层层传递，形成了责任到人、风险共担的管理模式。开展“勤督察、纠违章、查隐患、反三违”为主题的安全活动，对生产场点的作业现场、交通安全管理、岗位操作规程的落实等“三违”行为进行有力地查处和曝光。同时加大安全隐患整改力度，坚持每月组织一次有毒有害气体、工业安全、交通安全和消防安全检测检查，在各井区、站设立专职安全员，严格履行监督职能。组织全体员工开展了“三个一”活动，即每位员工查一处安全隐患、每位员工提一条安全建议、每位员工整改一处安全隐患。通过此项活动的开展，在全区形成了“安全工作人人参与，和谐环境共同创建”的良好风尚。

针对季节特点和生产需要，对油区的主干道路、单井站、单井道路进行了详细的勘察、摸底，对3个井区的主干道危险地点进行加固。虽然今年遇到了多年不遇的连续大雨，但是道路没有摧毁，雨一停就及时拉运原油，没有因为道路问题造成憋罐、停产。

参照长庆油田标准化井场和大站大库建设标准，结合低效实际，加强标准化井、站建设。逐步引入“6S”管理，按照“整理、整顿、清扫、清洁、素养、安全”的内容，规范重点井站的每一个现场管理空间，员工自主管理的积极性不断加强，现场管理水平得到提高。

长期开展以“查岗、查职责、查时率、查注水、查产量”为主要内容的“机关督察”工作，机关各组室分片上井站，严格要求岗位员工认真履行“看、听、摸、嗅”巡回检查制，单井做到以憋压变化曲线，增减单量次数，真实录取油套压、含水、库存等数据，及时准确地反馈生产动态信息，实现了科学组织增产上产。

以各采油厂采油工多媒体教程为主要内容，按照“按需施教、综合提高、突出技能、讲求实效”的原则，强化现场演练指导，弥补和解决了技术人员虽然理论知识强，但是现场操作经验弱；岗位员工虽然现场经验丰富，但是理论知识不足的实际矛盾，提升了员工的技术素质。

吴定采油作业区。作业区成立于2006年2月，目前管理的有元213、元214、元215、元221、元248五个采油区块，探明地质储量1019万吨，到2006年年底，共建成油水井74口，年产油达到了3.83万吨。仅占项目组原油产量1/4的吴定作业区，每月将任务分解到井区和井组、单井，使人人心中有压力、个个肩上有重担，坚持每日一次碰头会、每周一次生产会、每月一次月度大会，作业区上下统一思想、齐心协力，一切围绕原油生产开展工作，强化内部管理，全面推行生产目标管理。

对油井每月进行两次井筒动态分析，根据情况编排油水井措施运行大表，并按计划实施，经常性开展“憋、碰、调、校”小措施。在措施井实施过程中，技术组从方案的制订到实施，进行全方位的跟踪监督，确保了作业质量，提高了措施效果。

对于新井投产，作业区专门成立新井投产小组，积极配合产建前指，抓好衔接工作，并加强新投产油井的管理，做到“四个及时”即及时录取资料，及时跟踪产量、含水、液面变化，及时进行动态分析，及时调整生产参数。坚持季度、半年油水井动态分析，使新井投产的速度和质量得到了全面提高和技术保障。

本着“注好水、注足水”的原则加强注水井管理，完善改造加药流程，从加药比例和时间上从严要求，定期检查，从注水设备、单井配注、注水水质、注水压力及地面流程等方面，进行了详细的调查分析，确保注水系统平稳运行，保障了油井稳产。目前注水开发的元213、元221区块，通过超前注水实验对比，效果比较明显。

作业区还成立了安全环保管理委员会，开展“反习惯性违章”主题活动，每月定期进行安全检查，下发安全检查通报。组织员工观看“3·30”一氧化碳中毒事故录像，以此提高全体员工的安全意识和应急反应能力。并组织员工对井场污油池的油水进行回收清理，统一拉运到学一联集中处理，杜绝了各井组乱排放污水，使井站面貌大为改观。

为保护当地生态，实现绿色发展，2007年3月份，作业区积极响应当地政府“开发资源、美化环境”的号召，出动500余人次开展义务植树活动，栽种各类树苗26200余棵，撒种草籽150余斤，用实际行动参与到了保护生态环境，创建绿色家园的活动中。

由于作业区采取原油拉运实现转输的现状，加强原油拉运管理、保证油品的外输安全就显得尤为重要。作业区每月都要召开罐车司机、车主单位参加的专题会议，就车辆安全及消防设施的配备、隐患整改提出要求，对有问题的车辆执行停运。同时加强原油拉运中的过程监督，从票据管理、装油环节控制以及路途时间上进行监控，每天对装油量和卸油量进行核对，过磅计量，摸清了每台罐车的空磅质量，认真核对数据，从而杜绝拉运途中油品损失。

结合油区的特点，将复杂的管理工作按内容进行分类，明确产量、安全、经营、技术管理、队伍建设等方面的目标责任，并从作业区、井区两个层面监督落实，使实现目标影响的因素得到有效控制。每月下达月度原油生产计划，月中进行检查，月底进行考核，与奖金挂钩，并张榜公布，使效益和员工利益透明。

由于作业区横跨吴起 3 个乡镇，线长、面广，为在油区范围内合理、合法地开展护油工作，全力维护油区治安，严厉打击违法盗油行为，该区积极与当地有关部门协调，并加大巡护夜查力度，每天出动人力押送油罐车，并对单井组进行核库。2007 年年初以来，开除内勾外联盗油社会化用工人员 4 人，先后扣押三轮车 4 辆，小车 2 辆。对原油拉运实行“四统一”政策，确保了原油生产平稳有序运行。

目前，该区已建成油水井 212 口，年产油能力达到了 15 万吨。

项目组集输大队学一联合站。长庆局目前唯一一个已投运的联合站，2007 年度中国石油集团先进班组。拥有员工 38 人，集输能力 50 万吨的学一联合站，与即将投运的吴定联合站，都隶属于项目组集输大队，是长庆局采油集输的“姊妹花”。

项目组集输大队学一联合站从 2006 年 9 月份投产以来，以“学、干、查、比、清”5 字为发展的金钥匙。“学”即是通过站内教育、学习相关安全和技术知识（每周三安全学习、每周五技术学习），提高个人安全意识，提高班组的操作技能；学习各类文件，学习时事政治，学习先进事迹，明确工作目标和目的，学习大庆精神、铁人精神、长庆精神（攻坚、啃硬、顽强、拼搏），做一个新时期合格的中国石油工人；通过阶段性总结性的学习（即每个月度的考核），总结各岗位的具体工作成果及问题，提出完善措施，改进工作，提高生产效率，强化现场管理。“干”即立足岗位，干一行，爱一行，爱岗敬业，干一流工作，创一流业绩；按流程、按标准操作；根据站内自身特点，各岗位相互配合，落实本班各项工作职责，落实交接班制度。“查”即检查岗位责任制是否落实；查隐患、查违章、查劳动纪律；查是否及时帮促和纠违；查工作质量和任务完成情况；查资料的完整性、准确性、规范性；查安全教育是否落实到每个岗位、每个人，是否坚持安全第一。“比”即比、学、赶、帮、超，即比数量、比质量、比产量；学先进，取长补短，争先创优；赶时间、赶速度，增产增效；帮促互进，共同提高；超常发挥，超越极限，为原油上产贡献力量。今天与昨天比，比勇于创新、比无私奉献、比爱岗敬业；岗位与岗位比，比标准化操作、比技能水平；班组与班组比，比生产效率、比安全生产、比班组管理。“清”即清楚承担的责任与义务，认清当前发展趋势，认清自己的地位。时刻牢记“发展大油田、建设大气田”和“把鄂尔多斯盆地建设成为我国石油天然气重要能源基地”的任务。

学一联合站以这五个字贯穿于班组建设的全过程，实现了全过程的管理。员工的安全意识增强，工作流程更加清晰，工作效率明显提高。全面提高并实现了集输生产的安全平稳高效运行。以“五字法”为突破口着力加强基层工作建设，促进了队伍素质和管理水平的整体提升，为快速发展打牢了基础。

产能建设前线指挥部。拥有员工 38 人，全面负责项目组产能建设和地面基础设施建设。

从产能建设前线指挥部成立以来，最多动用钻机 35 部，3 年来共完钻 617 口，钻井任务连年超额完成。试油工程最多动用试油机组 24 部，3 年来共试井 471 口。地面工程已建成大型联合站、转油站、注水站、增压点等站点 22 座，建成综合倒班点、井区部、食宿点 6 座，建成油区主干道路 43 千米，各类输油管线 405 千米，各类输电线路 305 千米。安全环保达标，实现了伤亡事故为零，火灾、爆炸事故为零，井喷事故为零的目标。

为了加强生产的协调组织，产建前线指挥部坚持每天的晨会、月度生产分析总结会，各路工作人员及时汇报生产任务完成情况，以及生产中出现的各种问题，前指根据各路汇报的情况统一安排、统一部署。在 8 月中旬，产建前指组织各施工单位针对钻井生产、试油、井控等问题，分别召开了钻井生产协调会、试油生产协调会、井控工作会及质量分析会，对相关的问题作出了及时、有效、合理的安排，确保了生产安全正常运行。

为保证队伍质量，产建前指多次组织生产管理人员、技术人员、监督公司人员，重点对进入项目组钻井施工队伍的资质、设备状况、入井材料、仪器校验等方面进行了突击检查，达不到要求的不允许开钻。由副指挥带队，每旬进行一次以基础工作、现场管理为主的全面检查，通过检查和限期整改，使各施工队伍的基础工作和现场管理工作明显提高。

始终把一开表层作业、二开钻进、直井段防斜防碰、斜井段定向造斜、井身剖面控制、打开油层的验收、下套管固井作业、完井试压、井下异常、复杂事故处理过程等工序作为检查监督的重点。要求监督人员必须亲临现场，把好关口，做到早发现、早提出，及时整改，防患于未然。下套管前，坚持要求监督人员提前到井，从套管的排洗、丈量、通内径、合格证审查、外观检查及套管数据的复查到下套管时的标准化操作进行全过程现场旁站监控。在固井施工中，严格审查固井设计，认真检查水泥、添加剂的质量和数量，密切监控水钻井液密度、替量、碰压等环节，使之达到设计要求，确保整个固井过程施工紧凑连续，上返高度达到设计要求。加大监督、监理的覆盖面，做到了过程控制。

认真进行地层对比，加强随钻分析，尽可能做到提前预测，超前建议。每一口重点井完钻后，地质人员及时上井复查钻屑，电测完定套管时，把本井油层海拔、油层厚度等与邻井进行对比，分析油层展布方向及砂体走向，每口井都要到现场复查钻屑，看岩心，认真进行地层对比，并将录井显示情况及地质信息及时反馈到项目组地采所，提出现场观点和建议，加快了接井顺序和部署方案的调整。对一些关键井的试油情况，产建前指从压裂到抽汲，每道工序都派人到现场监督，对一些试油产量和油层实际情况不太相符的井，认真分析，查问题、找原因，及时向项目组领导和地采所反映情况，提出看法。为优化地质方案、试油方案提供了可靠的资料依据。

材料也决定了质量。产建指挥部加强材料管理，严把材料质量关。一是加强了日常材料管理。二是加强了入井材料管理，入井材料严格按项目组的规定使用，每口井压裂前都要派人检查压裂队压裂砂的准备数量和质量。定期到各套管厂、水泥库、压裂单位材料库进行巡检。三是地面工程对使用的设备、阀门及仪表统一规格、统一型号、统一厂家，所有入场材料要求手续齐全，未经检验合格不得入场，不得使用。

地面工程的施工组织不断强化。尤其在重点工程学一联改造、吴定联合站、倒班点及学3井区部的建设中，前指坚持按照设计要求施工，同时前指地面工作人员积极联系、协调与地面建设相关的单位及部门，在材料组织、设计方案变更、消防动火、生产协调等方面相互协作，为工程的顺利进行创造了条件，为工程的质量和速度打下了坚实的基础。

提升素质——奋发向前的活力剂

以地质研究为先导，外协攻关为重点，生产组织为保障，和谐发展为理念，强化安全生产，注重环境保护，加强基层建设，提升管理水平。这是项目组的发展纲要，围绕着“精严细实”做大发展的文章。

通过不断深化老区勘探开发研究，取得了一些重要发现和成果。樊学王盘山中西区获重要突破；学3、元214井区勘探评价进一步扩大了储量基础。通过一批重点勘探评价井的实施，为项目组后续快速发展奠定了坚实的储量基础。

继2006年建成并投运以“三站三线”为代表的一大批油田集输工程、地面产建工程后，2007年又相继新建联合站、转油站、注水站、增压点等14座（个），完成改扩建工程3项，为实现30万吨提供了有力保障。

项目组通过开展“基础管理年”活动，企业管理和基层建设稳步推进，企业管理不断加强，标准化建设成果充分显现。建立健全了各项管理制度和标准87项，制定了包括生产管理、HSE体系建设、经营管理等11个方面的“三基”工作考核标准，打造了学一联合站、学三转等一批绿色井站、亮点工程、品牌工程；标准化井场达到了90%以上，规格化井场达到了65%以上；合同化管理、制度化建设、规范化运行促进了项目组整体管理水平的进一步提高。

项目组倡导的“四种精神”（即顾大局、识大体、谋大事、创大业的创业精神；珍惜集体荣誉、同舟共济、奋发有为、积极向上的团队精神；吃大苦、耐大劳、锲而不舍、任劳任怨的奉献精神；严细认真、精益求精、勇于开拓的进取精神）、“四种作风”（即良好的思想作风、工作作风、管理作风和求实作风）在广大员工身上得到了充分体现；以安全第一、环保优先，以人为本、和谐发展，科学开发、确保效益，规范运行、健康发展的理念为主导的项目组“四种发展理念”正在逐步形成并得到贯彻落实。同时“三禁一反”、综合治理、安全稳定工作取得有效的成果。

项目组安排隐患治理项目计划21项，资金约360万元；投资300多万元，治理井场38个，治理加热炉取暖46个井场，安装井口防护栏116个，地方授予“清洁文明井场”20个。启动QHSE体系建设，加强井控安全管理、交通安全管理、安全环保基础管理，进一步夯实了安全管理基础。截至目前，未发生一般以上责任事故，杜绝了一般以上环境污染事故，采油污水回注率达到95%以上，工业固废妥善处置，做到了清洁文明生产。

针对项目组划转人员、新招人员多，技能素质差、安全意识淡薄的实际，项目组花气力、下工夫，投入人力、物力、财力，本着“缺什么、补什么”的原则，以实用、提高基本素质为目的，采取集中培训与专业培训相结合，现场培训与岗位培训相结合，教学与自学相结合，分层次、分专业培训等多种方式，扎扎实实组织开展员工“技术大培训、岗位大练兵、技能大比武”活动。共举办送外脱产培训班4期，培训员工362人次，占应培训员工总数490人的73.9%；两个采油作业区共举办各类培训班9期，培训116

人，占应培训员工的23.7%；送外参加班站长培训、特殊工种培训及安全取证、复证69人；培训新招收人员187人；组织参加干部理论培训、安全管理培训、合同管理培训12期。通过培训，干部素质进一步提高，新增员工操作技能、安全意识明显增强。

紧紧围绕经济运行安全和领导人员政治生命安全这一课题，狠抓党风廉政教育，大力推进机制创新，实行异体监督、规范运行、制度防范，组织施工队伍招标5次，优选30多家施工队伍；积极开展廉洁文化建设，有效地促进了党建工作与生产经营工作的有机融和，有力地保证了年产30万吨原油生产目标的实现。

5月30日，长庆局局长、党委副书记苟三权在项目组原油日产上千吨庆功会讲话中指出，“油气合作开发原油日产突破千吨，是长庆局坚持科学发展、构建和谐长庆进程中的一个重要里程碑，书写了长庆局发展史上浓墨重彩的一笔。”长庆局给项目组的贺信中指出：“低效储量合作开发原油日产突破千吨，是长庆局调整产业结构，实现可持续发展的一个重要的里程碑。”“这些成绩的取得，得益于项目组广大员工的辛勤劳动，充分展示了项目组全体员工顾大局、识大体、谋大事的创业精神，同舟共济、奋发有为、积极向上的团队精神，锲而不舍、勇于实践、任劳任怨的奉献精神，求真务实、严细认真、精益求精的进取精神。”

在2007年的冬天，低效储量合作开发项目组的广大员工，用心血和汗水铸就的年产30万吨产量，是在长庆可持续发展的道路上展现的一幅美丽画卷。

（王新荣　张　彤）

世界第三台、亚洲第一台直升机吊装固控系统生产纪实

2007年4月12日，由机械制造总厂承造的ZJ50DB直升机吊装固控系统在西安泾河工业园成功下线，标志着长庆油田的固控系统生产水平已具备国际水平。据悉，这套世界第三台、亚洲第一台直升机吊装固控系统将出口到澳大利亚OSL公司，并远赴巴布亚新几内亚进行热带雨林等区域的石油勘探工作。自此，“长庆机械”品牌首次亮相国际舞台。

当机械制造总厂的人们为这一喜人的成果欢欣鼓舞的时候，曾经饱含的艰辛与泪水历久弥新……

一

热带丛林和热带雨林石油勘探是世界石油勘探开发的新领域，具有广阔的市场前景。此次机械制造总厂自主研发制造的ZJ50DB直升机吊装固控系统就是专门针对热带丛林和热带雨林等区域石油勘探开发而设计。整套系统设计均参照和执行固控系统国际通用标准，并采用“模块单元”的设计方法，保证并符合产品的互换性和直升机吊装吨位限制要求，同时采用四级钻井液净化设备，实现了固相控制、钻井液加重、筛分、循环、控制和储备等多种功能，达到了在同一井场同时进行6—8口钻井的特殊工艺要求。

成功的喜悦总是与付出的艰辛成正比。要完成以上具有国际水平的技术课题，技术组的成员付出的努力可想而知，他们历经的失败不止一次。

白文雄，华东石油大学毕业，机械高级工程师，工作20多年来，一直从事石油机械

产品的开发和设计工作，曾多次承担局、处两级重点科研项目，在石油钻井液固控系统及其设备研制方面积累了丰富的经验，是本次项目的技术经理。

由于直升机吊装时，要求单个吊装单元质量不超过 9 吨，且每个罐高达 2.8 米，要同时满足复杂的钻井工艺技术要求，技术组遇到了前所未有的难题和挑战。他们先后走访了其他兄弟企业，学习好的经验和做法，还聘请了西安石油大学结构力学专家进行了罐体的强度和刚度计算。

在复杂的设计过程中，技术经理白文雄说得最多的一句话就是："这个设计行不通，要换思路，我们失败了，再来！"他考虑最多的就是简单、易行、最大程度地满足业主的要求。那段时间，白文雄夜不能寐，苦苦地思考，寻找突破口。通过思考，他采用了罐体分层设计和模块单元设计的方案，满足了单元设计质量不超过 9 吨的要求。技术组成员相继完成了 30 多个技术难题，进行各类实验 80 余次，成功的终点近在咫尺。春节是中国的传统节日，为了加快设计进度，技术组的 10 名同志放弃了春节阖家团聚的机会，大年三十下午回家吃了个团圆饭，大年初一早上 8 点就来到办公室，开始了紧张的设计工作。在 5 个月的时间里，技术组全体成员累计加班 9600 小时，平均每人加班达 120 天。

二

此套直升机吊装系统由固控设备制造分公司承接具体生产加工及制造。面对产品要求高、制造工期紧、技术难度大等重重困难，分公司上下拧成一股绳，运用"木桶效应"原理，最大限度地挖掘每名员工的创造力和可塑性，团队作用发挥到了极致。

张春新，华东石油大学毕业，机械高级工程师，工作 20 多年来，长期从事技术、生产制造等多项工作，是本次项目的生产经理。

在生产组织上，项目组严格实施标准化操作、精细化管理、准时化运行，依靠有效的管理和团队的合作，实现了生产的新突破。根据施工进度和计划，项目组合理编制生产作业计划，实施"月规划"、"周计划"、和"日安排"的滚动生产制造计划；与器材供应部门随时联系，确保了材料供应信息畅通，超前计划购料，避免停工待料现象的发生。在安全保证上，以 ISO 14001、OSHMS 18000、HSE 体系运行为纲，以"整理、整顿、清扫、清洁、素养和安全"为内容的"6S"现场安全管理为载体，积极构建标准化管理体系和"6S"现场管理网络。更换起吊绳索、配发 30 余个护目镜、100 多个安全帽，项目组切实加强安全环保工作，实现了此套系统的安全试运行。

分公司 110 余名员工都直接或间接地参与了直升机吊装固控系统项目的生产制造过程，可谓真正意义上的"全民皆兵"。由于分公司青工较多，技术水平和实践操作能力较弱。针对这一棘手问题，项目组特意聘请兰石国民公司的高级焊工技师对 28 名焊工进行了为期 30 余天的强化培训和理论辅导，内容涉及焊接工艺指导、焊接原理、焊缝处理等。师父认真教，徒弟虚心学，很快，在分公司形成了"比、学、赶、帮、超"的良好氛围。大家的学习热情高了，技术有了长足的长进，信心也随之大增，他们说："我们找到了自己的差距和不足，更坚定了不断探索技术、不断提高工艺水平的决心。我们有信心有斗志打造具有国际水平的'长庆机械'品牌。"通过这次培训，产品检验合格率从刚开始的 70％左右，提高到了 100％。检验人员打趣地说："前一个月我们忙得不可开交，现在我们都该下岗找新工作去了。"技术水平和业务水平的提高同样得到了兰石国民油井公司专家的好评，他们对操作和施工人员的进步给予了充分肯定。

同时，钳工请专人现场指导，传经送宝。打磨、画线、下料，一个步骤、一个环节地抠细节、抓质量。铆工、车工、铣工等工种也以聘请专家、互相探讨、内部交流等形式进行了培训。全公司累计培训 300 余人次，有效提高了各工序、工种人员的技术水平，促进了整机质量上台阶。

每一个项目的完成都凝结了全体参与人员的心血。憨厚老实的长庆机械制造总厂人没有华丽的辞藻，只有一双勤劳的双手，默默工作。钳工组长邹艳萍，小孩生病住院，心急如焚的她硬是完成了全天的工作任务后才拖着疲惫的身体前往医院照顾。第二天她又按时出现在施工现场。领导体谅邹艳萍，给她放两天假，她却谢绝了。邹艳萍说："我是组长，要起好带头作用，家里的事我会处理好，请领导放心，绝不影响工作、影响大局。"安永忠和妻子杨燕同在固控分公司焊工大罐班，在项目施工最紧张的时候，他们连续 100 多天中午不回家。孩子上学无人接送，自己买饭吃，有时甚至吃方便面。每次回到家，孩子在沙发上睡着了，因为他一个人在家害怕，就把电视开着睡在客厅。这对夫妻成了固控分公司最亮丽的风景。事例不胜枚举，正是像他们一样，许多优秀而"可爱"的员工在平凡的岗位上创造了不平凡的业绩。

三

机械制造总厂于 2006 年 10 月 18 日接到兰州兰石国民油井石油工程有限公司的订货合同，随即展开了前期的准备工作。其中，4 名资料组成员主要负责直升机吊装项目所需的所有资料的翻译、整理修订和成册工作。同时，还要随时处理往来邮件的沟通协调。此次翻译工作，他们遇到了前所未有的挑战。首先是专业性强和专业术语多，其次是要翻译的资料量大，时间紧迫。面对如此艰巨、复杂的任务，资料组成员能否做到翻译工作准确无误，已成为设计制造这套固控系统成败的关键。

张延水，江汉石油学院毕业，机械工程师，1998 年参加工作，负责新产品设计和英文翻译工作，有一定专业工作和翻译工作经验，担任本次项目资料组组长。

用张延水的话说，此次翻译工作历时 3 个月，资料组的 4 名成员在短短的 3 个月时间里，翻烂了 3 本字典，用坏了 10 多支笔，翻译出了共计 1348 页的 9 个质量文件和 13 个技术文件。据不完全统计，资料组共翻译往来邮件 100 余封，4 个成员累计加班 1000 余小时，完成了 8 万字中英文对照的翻译任务，准确率均达 100%。

资料组成员张晓珍刚刚做母亲，为了方便工作，女儿刚满半岁她就"狠心"地停止了母乳喂养。看着嗷嗷待哺的孩子，张晓珍流下了愧疚的泪水。按照项目的计划安排，资料的翻译已到关键时期，不能有半点耽搁。于是，在征得家人同意的情况下，她主动要求领导给自己加任务、压担子。领导体谅她的特殊情况，想安排她相对量少的工作，可张晓珍还是婉言谢绝了领导的好意，说不能因为自己的特殊，影响整个固控系统的生产制造进度，并表示一定要完成任务，绝不拖资料组的"后腿"。领导的关心，家人的支持，项目的重要，时刻鼓舞和鞭策着她，张晓珍的工作更加积极主动了。在 3 个月紧张的翻译工作中，她与其他资料组成员互相配合、相互鼓励，解决了众多难题，为后续工作赢得了宝贵的时间。

在资料组里，材料的装订和整理是一项重要工作。根据兰石国民油井公司和澳大利亚 OSL 公司的要求，材料的装订和整理要严格执行国际规范装订标准，来不得一丝一毫的改变。为此，大到封面格式、装订样式、文件字号、字体颜色，小到页眉、页脚、页边距的设定、纸张的选择，资料组成员都严格按照国际规范标准的要求，“钉是钉，铆是铆”。在几次考核检查中，均受到业主的一致好评。

四

经过兰石国民油井公司和业主澳大利亚OSL公司的验收，系统制造整体全部达到了设计要求。澳大利亚OSL公司直升机吊装钻机项目组项目经理Rob Murray先生说，这套系统已经达到了国际水平并且在国际水平之上又增加了直升机吊装过程中单个吊装载荷不超过9吨的要求，这一要求对于任何一个制造商来说都是困难而且具有挑战性的，但是我们最终看到了满意的设计和产品。

长庆局副局长、总工程师赵业荣在产品出厂仪式上讲道：近年来，长庆局在认真做好工程技术服务的同时，积极开拓外部市场，也参与到其他外部油田的发展当中，并勇敢地走向国外，如在厄瓜多尔、乌兹别克斯坦等国际石油勘探项目的成功开展，在国际上赢得了较高的声誉，证明长庆人有能力、有远大的目标走出去，为更多的客户提供优质的服务。长庆石油机械制造总厂也从最初满足油田的一些生产机械加工的合作，发展到今天主动寻求合作伙伴，不断扩大市场领域，承接产品的技术含量越来越高，涉及技术领域越来越宽，市场合作领域越来越广，这次直升机吊装固控系统的成功下线，就是长庆做大做强机械制造的有力见证。希望业主真正感受到中国制造的产品质量优良，感受到长庆不凡的能力与实力。

4月29日，该厂又接到了兰石国民油井石油工程有限公司发来的第二套订货合同。新的挑战、新的动力、新的希望、新的理想。面对竞争日趋激烈的国际市场，机械制造总厂力争通过突破认识局限和技术“瓶颈”，将“长庆机械”品牌在国际舞台上展现出更多的华彩舞姿，迎来增长的新高峰。

五

近年来，长庆油田机械加工领域在高标准地服务好长庆油田内部市场的同时，着力于产品的技术创新和质量提升，不断开拓对外合作领域。

仅2006年，长庆机械加工社会市场和国际市场开发全年实现产品销售突破6000万元，并与众多企业建立了稳定的合作关系，获得了良好的市场信誉，在海内外树立起了“长庆”品牌的良好形象。这次直升机吊装固控系统的成功下线，又为长庆局在世界石油勘探领域赢得了新的商机和更多的市场份额，也将永远载入长庆机械加工制造的史册。

对机械制造总厂今后怎样实现又好又快发展，制造总厂正严格按照苟三权局长4月19日在总厂调研时的指示精神（要围绕长庆油气的发展，调整总厂产品研发的方向和定位；要联合攻关、联合发展、互利共赢、坚持“走出去”的思路；要突出效益等3条思路。突出主营业务，做优现有的主体产品；围绕下一步研发的高端产品要做特做专；加强各类人员培训；高度重视质量、安全、稳定工作等4条要求）狠抓落实、确保各项工作取得新的突破。

龙凤园小区抗洪抢险纪实

2007年8月8日晚，10时45分，龙凤园小区遭遇特大暴雨袭击，洪水疯狂肆虐，小区主干道被淹、三号电动大门被冲毁、泾河路护坡多处坍塌、住户地下室进水、个别楼宇短路断电。当洪灾发生后，泾河园物业服务处全体职工和部分小区居民立刻行动起来，投身到抗洪抢险中，谱写出了一曲齐心协力、众志成城抗洪灾的壮歌。

特大暴雨袭击引发洪灾

8月8日，正是24节气中的立秋，异样的闷热让人觉得喘不过气来，晚上9时50分，天空飘起了小雨，在龙凤园小区乘凉的居民伴着这丝丝凉意陆续回家入睡。

10时45分，炸雷、闪电、狂风突然在瞬间袭来，原本淅淅沥沥下着的温顺的小雨立刻变成了瓢泼大雨。据当地气象部门测定，此次暴雨的降雨量达119.6毫米，创高陵地区历史同期之最。仅几分钟，龙凤园靠泾河路区域的各条路面及住宅楼前后就出现不同程度的积水。10时50分，泾河园物业服务处立刻启动防洪防汛应急预案，60多名突击队员拿起铁锨，铁钩等工具紧急分赴各区块排水抢险。大雨就像从天上往下倒一样，越下越大，突击队队员们刚排放完毕，地面立刻就又积上深深的一层，一阵狂风吹过，掀起一层层浪。晚上11时15分，由于龙凤园小区在泾河园工业园地势偏低，再加上西安泾河工业园区路面标高高于龙凤园，泾河工业园主干道的雨水突然像决堤的河水一样涌进龙凤园三号大门，冲倒了三号大门的电动伸缩门，水顷刻之间就淹过了10厘米的道沿，并顺沿着三号门内的主干道直冲小区最北边的泾河护坡，使三号路附近100多米的泾河护坡段出现4处塌陷，其中最大的一处被洪水拉开了约10米×8米×7米大小的豁口，坡面塌陷，护坡里敷设的园区供电高压电缆沟随之毁坏，6根高压电缆在两棵大树的倒压下悬空，大塌方直接将泾河护坡穿透，三号门主干道洪水最深处约1米，几乎淹没了路边停放的小轿车。水流湍急，险情严重。与此同时，服务处各部服务电话不断接到居民来电，5区、6区、8区相继有居民反映家中地下室进水。

灾情就是命令，抗洪就是战斗

“灾情就是命令”。泾河园物业服务处党委书记尚世君、副处长田瀛洲立即召集全处人员，决定兵分3路展开全力抢险。一路迅速对三号门进行围堵，截住泾河工业园流入小区内的洪水；一路分头揭开三号门路面上的所有雨水、污水井盖、井箅子，加快泄洪速度。同时，安排人员马上赶往求助居民家里了解情况，围堵洪水，实施救助，保护居民生命及财产安全。第三路组织人员迅速到塌陷护坡处，设立隔离带，现场警戒，防止意外。与此同时，将险情立刻向上级有关部门进行了汇报。

倾盆大雨夹伴着狂风肆虐，丝毫没有停下来的意思，小区外的水就如同拉开了泄洪的闸门一样一个劲向小区里面涌。600多条防洪防汛的草袋、草帘及铁锨等物资迅速运到现场，大家铲的铲、扛的扛，治安员们趟进齐腰深的水中展开围堵，肩扛沉重的沙包，在泥水中来回穿梭，暴雨猛烈地打在他们的脸上，打在他们的身上，沙石割破了手指，他们也全然不顾，心中只有一个念头：“一定要防止水继续倒灌入小区内部！”由于水流太大，有些草帘卷土压不住。他们就一屁股坐下来压，跪着用膝盖压，经过40分钟的鏖战，三号门口筑起了坚固的护堤，泾河工业园的水终于再也流不进龙凤园。治安员们全身上下湿透了，一身的泥，一头的水，分不清是雨水还是汗水。三号门主干道就像一条河一样，玉龙广场成了一个大水塘。

淹没的道路给泄洪工作造成巨大的影响，看不见井盖，大家拿着铁钩撞击着找，拿手在水里摸，可是摸着了，水的压力太大，井盖揭不起来，一个井盖得四五个大小伙子拿着木棍等杠杆抬起来。这边揭开了，看水哗哗地朝下流，可是又从旁边没揭起来的井盖眼里冒出来，过量的水使得排水系统完全饱和。水，排都排不急。

9日凌晨0时30分左右，下了一个多小时的大雨总算停了下来，水势渐退，积水也逐渐地排下去了。凌晨1时42分，园区三号门内主干道的积水全部排放完毕，此时大家又赶紧转向塌陷部位进行援助。在那里，小区的所有高压线缆全部裸露在外面，碗口粗的大树倒塌并直接压在了高压线缆上，暴雨过后泥土松软，一旦大树继续下沉，就可能因重力过度引起线缆故障，那么整个龙凤园小区就将陷入一片黑暗。针对现状大家又纷纷出谋划策，最后采取了利用绳索，对陷口周围的树进行牵拉固定，把倒压在电缆上的树从7米深坑拉上来的办法，保证了电缆临时安全。经过全体人员的密切配合和努力，9日凌晨3时10分，小区内的险情基本得到处理，确保了居民生命财产不受损失。

齐心协力恢复家园

为了防止雨水再次冲击引起更大的损失，9日凌晨3时30分，泾河园物业服务处有关领导和部门负责人立刻商讨恢复工作的应对措施，确保居民生活正常。9日一大早，泾河园物业服务处组织开展恢复家园工作，各部门负责人分别组织人员展开工作。

绿化保洁服务中心人员分段包干清理淤泥堆积的路面，他们铲淤泥、扫垃圾、冲洗路面。8点刚过，停了4个多小时的雨又下了起来，地面上瞬时又是泥水混合，有些同志光着脚走在泥水中，有些同志的衣服上溅满了泥水，有些同志的手脚被磨出了血泡……但是他们没有半点怨言，直到地面干净整洁、雨水箅子排水畅通。

维修中心人员也赶在天亮前就把百方沙石，2000条编织袋，600条草帘、钢管等所有的抢修物资全部运到塌陷部位现场。早8时，对塌陷部位的回填工作正式展开。伴着下个不停的雨，大家对塌方部位用沙袋、草袋进行回填，为确保高压电缆安全，泾河园物业服务处党委书记尚世君带着8名维修人员跳进塌陷的坑中，用肩膀支撑起悬空的电缆，利用钢管搭架，滑轮上吊，最终确保电缆安全。9日下午5时，整个塌陷部位的回填工作结束。

8月9日14时，洪灾使小区9区9号楼突然全部断电，水电维修队在正确判断事故原因后立刻组织人员冒雨架设临时线路，下午5时10分，整个龙凤园小区因洪灾引起的各类损坏都得到及时恢复，保证了居民正常生活。

洪灾面前奏和谐篇章

龙凤园的险情得到了各方的关心和帮助。9日凌晨2时40分，高陵县吴逸伦副县长一行来龙凤园抢险现场了解防洪抢险情况，检查指导抢险工作。8月9早上8时20分，矿区服务事业部物业管理部主任倪文清来园区察看情况，现场指挥抢险工作。局长助理吴述普、矿区服务事业部有关领导分别打电话询问，并对善后工作作了指示。上午10时，高陵县县委王碧辉副书记、防洪防汛指挥部领导、高陵县电力局、泾河园管委会、泾渭镇领导一行到龙凤园现场查看险情。下午3时30分，西安市副市长朱智生、高陵县委书记张中堂、代县长赵寅初等市县领导又亲临现场指导工作，作了具体的安排和要求。

在抢险的过程中，小区不少居民闻讯也纷纷加入到抢险的队伍中，有的冒雨和工作人员一起在水里摸井盖、揭井盖，有的给工作人员撑起了伞、有的拿来雨衣硬是披到抢险人员身上，有些拿来家里的铁锨和维修人员一起装沙袋、运沙袋，不少女同志帮忙撕袋口，运草帘。在暴雨袭来之际，小区居民与物业人员在龙凤园上演了和谐、感人的一幕。

此次暴雨袭击，对龙凤园造成一定的经济损失，但经过全处人员及居民的努力奋战，及时控制住了险情，将损失降到了最低。目前，泾河园物业服务处各项工作得到妥善安排，小区居民生活正常稳定。

（张 敏）

建设工程总公司构建和谐企业纪实

建设工程总公司充分理解人、尊重人、关心人，增强了企业的凝聚力和向心力，职工在各项工作中当先进、做表率，发挥了主人翁作用，促进了生产经营任务的完成，实现了企业持续有效快速协调发展。

营造氛围倡导和谐

近年来，面对不断变化的形势和企业不断发展的需要，建设总公司充分认识到，构建和谐对企业发展的重要意义。该公司从宣传贯彻和谐理念入手，积极引导职工树立“和为贵”、“和为上”、“和为美”、“和为福”、“和气生财”等思想，注意营造一个和谐发展、健康向上的文化氛围。

建设总公司2001年8月整合重组后，先后明确了体现“和谐”思想的“为用户提供满意产品，为职工提供满意环境”的企业价值观和“尊重人才、崇尚实干、鼓励创新、奖惩分明”，“建工是我家，兴旺靠大家”的文化理念，将其通过展板、橱窗、广告牌等宣传形式进行深入宣传贯彻；三桥和兴园新区建成后，公司将古代思想家有关“和”、“和睦”、“和谐”的名言警句篆刻在风景石上，让职工、家属在茶余饭后休闲时学习品味；2004年中国石油集团南戴河工作会议后，建设总公司深入贯彻中国石油集团企业文化建设“四统一”要求，将“诚信、创新、业绩、和谐、安全”的核心经营管理理念宣传贯彻到职工当中，同时将中国石油集团提出的“发展共谋、责任共担、稳定共抓、环境共建”的“四共”指示精神进行宣传贯彻；2005年建设总总公司根据长庆局党委要求，深入开展了“共举中国石油一面旗，同唱长庆油田一首歌”主题教育活动，将长庆油田创建模范和谐矿区的精神进行传达贯彻；2006年年初，长庆局明确了“建设国内一流、西部领先，以工程技术服务为主、各类业务协调发展，与相关利益者和谐共建，具有较强市场竞争力的综合性地区服务公司”的“十一五”发展目标，建设总公司也相应确定了“一基三业、有效扩张、提质升级、和谐发展”的“十一五”工作思路；2007年，长庆局和建设总公司将构建和谐写进了长庆局局长和建设总公司总经理的工作报告里，对这些文件、讲话精神，建设总公司通过各种形式和手段，进行了深入宣传贯彻。

通过深入持久地开展宣传教育活动，将“和谐”理念灌输、渗透到了职工的头脑当中，使之变为职工的自觉行动。

关爱员工体现和谐

关心职工的工作、生活、学习和身心健康是构建和谐企业的根本。建设总公司认真落实“三个代表”重要思想，坚持将发展成果惠及职工，注意给职工办好事、办实事、解难事。

建设总公司建立起“培训是职工最大的福利”的理念，坚持不懈地抓职工的培训教育。每年都划出一定额度的经费用于职工的专项教育培训，制定一系列激励政策，激励职工培训学习提高。针对每年工程施工实际，分层次、有重点地开展大规模的职工培训和岗位练兵活动，特别是利用冬季职工队伍休整的有利时机，开展红红火火的职工培训活动，对管、焊、铆、测量等岗位的主要工种进行培训，突出新技术、新工艺的掌握运用，培养了一大批适应企业发展的技能人才，在各项工程建设中建功立业，参加各类竞赛活动，并取得了优异成绩。

为了给有志者提供一个发展的平台，帮助其实现自身价值，公司注重营造一个公平竞争的环境，不重文凭重才能、不重资历重能力，建立完善了《人才选拔任用制度》。遵循“公开、公正、公平”的原则，通过“竞聘上岗”选拔任用干部，是“虎”就将其放归山林，是“龙”就将其放入大海，特别对年轻干部加大培养选拔任用力度，给其“压担子”、“腾位子”，始终保持干部队伍年轻化、知识化、专业化，使干部队伍充满生机和活力。2007 年年初，建设总公司选拔了 26 名一般干部担任科级干部，让 68 名科级干部进行轮岗交流，11 名科级干部因年龄问题退出领导职务，调整后的科级干部平均年龄 37 岁，干部队伍年龄结构更趋于合理。

建设总公司一线施工艰苦，职工的生产和生活设施简陋，建设总公司领导充分理解职工的苦衷，从加强基层建设入手，千方百计改善职工的生产和生活条件。近两年，建设总公司拨出专项资金为基层共配备了 18 套野营房。同时结合 HSE 建设，在各项目营地的选择上，尽可能靠近城镇，提供较为便利的生产和生活条件。在各营地的建设上，加大投资力度，力所能及地提供一个优美舒适的营地环境。各项目部通过开展丰富多彩的文体活动陶冶职工情操；不断强化安全设施建设，按照“安全保障生产、生产必须安全”的原则，配全、配齐职工的安全防护设施，确保安全生产；各项目部花气力改善职工伙食，办好工地食堂，让职工吃得香甜，干得起劲；抽调卫生所医护人员常驻项目部，设工地诊疗室，为职工就诊提供方便。坚持每两年为职工免费体检一次，特殊工种坚持每年免费体检一次，发现病症提早预防治疗，保证职工身体健康。对一线年龄偏大、体弱多病的职工，尽可能给予照顾，将其调到后勤劳动强度较小的岗位工作，2007 年一次性调动 10 余人。

建设总公司关注困难职工，建立起了扶贫救困机制，真正做到了“不能让一户困难职工生活不下去，不能让一户困难职工子女上不起学，不能让一户困难职工看不起病”；坚持做到“五必访”，职工看病住院必访，职工家中发生矛盾必访，职工父母去世必访，职工家里困难必访，困难职工逢年过节必访。2006 年用于扶贫救困的资金达到 120 多万元，2007 年仅春节期间就发放慰问金 140 余万元，实实在在地帮助困难职工解决问题，赢得了职工的赞誉和好评。

美化环境促进和谐

优美的住宅环境不仅让职工赏心悦目，更能提升职工的生活品位，而且还可以增强企业的凝聚力和向心力，促进和谐发展。为了实现“为用户提供满意产品，为职工提供满意环境”的企业价值观，建设总公司优化美化住宅小区，营造文明祥和的人居环境。

为了使职工有其居、优其居、人乐居，建设总公司近年下工夫解决职工的“住房难”问题，先后在三桥和兴园、高陵龙凤园兴建职工住房 2340 套，整体购买金陵花园住房 325 户，使大家都能够安居乐业。同时，为了使“家”的感觉更强烈、更温馨。建设总公司加大公用设施投资力度，在和兴园小区、金陵花园等地，建造亭台楼阁，种植花木，成立专业绿化队，按时浇水灌溉、修剪花木，使小区环境四季如春、风景如画。职工、家属置身其中，就像徜徉在公园、花房之中。如今的和兴园小区，美名远扬，“新新娘”婚纱摄影和 30 集电视连续剧《一起走过的日子》等部分外景都是在和兴园小区取景拍摄的。建设总公司先后被评为全国绿化 400 家、中国石油集团绿化先进工作单位。

为了树文明新风，让职工、家属做文明人，办文明事，建设总公司充分利用社区宣传橱窗宣传《社区文明公约》、《八荣八耻》等社会主义荣辱观。同时利用彩色周末、文化广场等文化活动形式，宣传“亲邻里”、“敬老人”、“爱小孩”、“支持亲人上前线”等公民道德、社会公德、家庭美德，形成相互尊重、相互理解、相互支持、相互帮助的良好小区氛围。和兴园小区被西安市未央区和西安市委市政府评为“文化活动模范社区”和“西安市示范社区”。

建设总公司强化小区的综合治理工作，狠抓“三禁一反”，禁赌博、禁酗酒、禁吸毒，反盗窃，加强对个别重点人员的帮教看护，加强小区门卫的值班看护和巡逻保卫工作，对走亲访友的外来人员和进出机关办事的外部人员实行严格的登记制度，确保小区平安祥和。小区的发案率明显减少，2007 年的刑事案件和治安案件均为零。

维护稳定保障和谐

做好稳定工作是构建和谐企业的保证。建设总公司坚持把企业稳定当作硬任务来完成，花费大量人力、物力、财力做好这项工作。

为了倾听职工的呼声，解决职工群众关心的热点和焦点问题，建设总公司有效建立起维护稳定的长效机制，成立信访和维护稳定办公室，负责处理日常群众来信、来访的接待工作，坚持“有信必回、有访必接”的原则，做到“接待热情、转办及时、答复到位”。同时建立“领导接待日”制度，将每月的 15 日和月末的最后一天定为“领导接待日”，排出领导接待来访群众的运行表，对所有来访群众提出的问题能办理的责成有关单位、有关部门尽快办理，解决不了的给予明确答复。努力做到件件有落实、事事有回音，使职工、家属背着“思想包袱”来，放下“思想包袱”去。全年共接待来访群众 26 人，提出 20 件事，解决 17 件。

健全完善信访网络，畅通信息渠道。建设总公司健全完善了信访信息网络体系，形成上下联动、纵横畅通的信息收集、报送、反馈系统。严格信息报送制度，保持信息传输 24 小时畅通，重要信息第一时间上报、第一时间处理、第一时间追踪反馈。充分发挥基层兼职信访员尤其是重点群体中信息员的作用，使各类信息能够按性质、程度，在最短时间内反映到维稳信访部门及有关领导，为决策提供依据，有效化解不稳定因素。

坚持职工思想动态分析，把握职工思想脉搏。各级政工人员主动深入到职工群众之中，通过召开座谈会、个别走访等形式，摸清职工群众的思想脉搏，了解职工在想什么、做什么、有什么要求等，分析可能出现的不稳定因素，做出准确判断，研究对策，做到防患于未然。各级党组织注重发挥思想政治工作和舆论宣传的优势，有效疏导群众情绪，做耐心细致的思想政治工作，化解矛盾。进一步加大相关政策、法律的宣传解释力度，引导职工群众以理性合法的方式表达利益诉求，解决利益矛盾，避免群体性和越级上访事件的发生，始终保持矿区的稳定和谐。

（心　诚　星　辰）

记中国石油集团标杆班组钻井工程总公司 70518 钻井队工程一班

钻井工程总公司 70518 钻井队工程一班组建于 2004 年。现有员工 11 名，其中青工 10 名，占班组总数的 90.9%，平均年龄 27 岁。所在钻井队 2005 年实现了气井“8 开 8 完”，2006 年实现气井“11 开 11 完”，创造了多项钻井纪录，钻井“三大”工程质量全优，无工业安全事故和人身伤害事故。2004 年、2005 年连续两年获得长庆钻井工程总公司先进班组称号，2006 年荣获全国职业道德建设百佳先进班组殊荣。2006 年，中国石油集团总经理、党组书记蒋洁敏到 70518 队视察时，对该队实现长庆气田“8 开 8 完”并刷新 6 项先进技术指标给予高度赞扬。

在生产大提速中确保安全生产。2006 年，长庆局以钻井为龙头各项工作驶人全面提速的快车道。苏里格区块“产建 3 个亿，钻井 50 口”，生产开发任务相当繁重，而 70518 钻井队工程一班作为参战队班组之一，从统一职工的思想认识入手，认真开展“形势、目标、任务、责任”主题教育活动，教育职工充分认识苏里格气田开发的重大意义、工作目标和承担的责任，树立了“多打井，打好井”的意识，增强了职工服务油气田大发展的责任感和使命感。在生产提速过程中，该班组坚持抓好安全生产，认真落实安全生产规章制度，组织开好班前会、班后会、HSE 例会，严格执行标准化岗位操作，开展向低标准、老毛病、坏习惯告别活动，组织员工学习讨论事故案例选编、安全警示录、安全漫画和安全格言，观看安全教育专题片，开展安全警示语征集和安全合理化建议活动，在一点一滴中树立员工良好的安全意识。同时，认真落实以“查漏洞、纠违章”为主要内容的班组长巡回检查制度，每月开展一次安全隐患违章集中分析教育活动，发动全班员工参与安全管理，鼓励员工积极参与“献计策、出点子”的安全生产合理化建议，员工的合理化建议或发现的一切安全隐患问题，由值班干部在班会上进行评定，及时采纳好的建议，并奖励给建议人 100 元，努力营造人人关心安全生产，全员参与安全管理的良好氛围。

持之以恒提升班组管理水平。该班组把创建“青年文明号”、“青年先锋岗”、“安全示范岗”、“党员模范岗”、选树“文明窗口”等作为提升班组建设的载体，坚持学习政治理论和文化知识，进行社会主义荣辱观、法制观、道德观等理想信念教育，每季度组织一次“三德三讲”专题教育活动，开展“我为长庆发展作贡献”、“职业道德建设与我同行”等大讨论，人人撰写学习心得和体会文章，切实加强班组人员文化、技能、身心素质和敬业精神，班组的凝聚力和战斗力得到显著增强。钻井施工中，班组长根据员工提出的青工职业道德建设意识薄弱、岗位操作技能普遍较低等问题，开展“九个一”活动。即每天开展一小时的班前技能培训，每月开展一次岗位大练兵活动，每季上一堂职业道德教育课，每口井组织一次主题实践活动，每半年开展一次职工思想调查，每年开展一次技术比武活动，每年推荐一名优秀青年作为党组织培养对象，每年选树一名身边的先进典型，全年向上级上交一份满意的答卷。并通过“励志敬业、提升自我”主题读书活动、“创优争先”为主要内容的“比、学、赶、超”活动和“优秀师徒结对子”竞赛等活动，互传本领和技术，互促工作作风互比工作水平，促进青工岗位操作技能的快速成长。同时，班组还制定了“创先争优”奖励办法，设立了班组贡献奖，创新成果奖，岗位成才奖等奖项，引导班组员工学技术、钻业务、提素质，为提高班组整体水平打下了坚实的基础。

通过技术创新不断创造良好业绩。针对气田钻井任务繁重，工作量大的特点，班组职工普遍认识到在激烈的市场竞争中，钻井服务的技术水平、施工质量、效率将决定钻井行业的生存。因此，他们以甲方满意为目标，把竭诚服务作为占领、开拓钻井市场的先决条件。把依靠技术创新进步，加强技术管理，作为实现钻井生产全面提速的主要举措。冲破思想观念禁锢，勇于探索钻井禁区，大胆使用PDC钻头和复合螺杆钻进技术，钻井速度得到了突飞猛进的提高。先后创造最高班进尺429米纪录，最短二开安装井口3小时的最优成绩，为70518钻井队奉献苏里格气田作出了积极贡献。该班组累计完成班进尺4.8万米，先后上交优质井12口，刷新长庆气田开发以来最短建井周期28.79天和钻机3895米/（台·月）两项纪录，有10多项技术创新成果在全队得到推广，创经济效益30多万元。组建以来，班组中有2人荣获钻井总公司先进个人，1人在陕西省长庆杯石油钻井工技能大赛中荣获“技术状元”，先后培养优秀司钻1名，副司钻2名，班组培训优秀率达100%。

（刘小军）

记中国石油集团标杆班组
井下技术作业处压裂五队二机组

井下技术作业处压裂五队二机组组建以来，在气田主战场共完成压裂酸化1800余层次，施工一次成功率100%，施工设计符合率100%，施工全优率86.4%，创造了长庆压裂史上施工质量和工作量的新纪录，为压裂五队全年完成压裂酸化581层次的历史最好的成绩作出了杰出贡献。2004年被评为第四届全国职工职业道德建设“百佳班组”，2005年被评为长庆局先进班组。他所在的压裂五队曾被评为中国石油集团“百面红旗单位”。

艰苦奋斗、拼搏奉献的精神，是压裂二机组不断创造佳绩的基石。近年来，长庆局各路生产全面提速，气田产能建设异常繁重，为了确保完成生产任务，压裂二机组团结奋斗、拼搏进取，足迹遍及陕、甘、宁、内蒙古4省（区）。2007年4月14日，压裂五队二机组早上5时30分准时从靖边出发到大20井执行施工任务，下午3时到达距井场1千米的沙路碰到了难题。由于道路维修不到位，除了表面薄薄一层沙柳和黄土，下面全是厚厚的黄沙，沉重的压裂车根本无法通过。面对困难，带队干部和前指工作人员带头拿起铁锹，全机组的职工纷纷动手扛起了草袋子，又买来了大量的沙柳条，经过5个多小时的艰苦修路，终于艰难地通过了这段沙路，当天胜利完成了大20井的压裂施工任务。4月30日，二机组一大早奔赴陕286井进行酸化施工，快到井场时被老乡挡住去路，经过一番艰难的协调，直到黄昏6点多才得以通过。由于要严格执行夜间不能施工作业的要求，井场上又无处可住，该机组的职工一部分住在车上，另一部分到老乡家借宿。小小的一张炕上挤了8个大男人，有4名职工只好靠着墙坐到天亮，几乎一夜未眠。就这样，他们依然胜利完成了第二天的酸化施工任务。

提升素质，“预情维修”，是压裂二机组实现安全生产的重要保障。在压裂五队深入开展“三大活动”的基础上，二机组强化学习、练兵、比武，有效地提升了个人综合能力，增强了队伍整体素质。长期在恶劣的自然环境下工作，仪器仪表很容易产生一些故障，为了确保生产任务的顺利运行，相关技术人员在施工间隙对仪器仪表进行“预情维修”，对高压管线、阀件进行探伤，确保施工过程中的安全，真正做到“未雨绸缪”。压裂泵车操作工吴效金，发现台上打气泵铜质气管路与台上发动机的控制线路捆绑在一起，工作时铜质气管路发热，会烧蚀发动机控制线路的外绝缘层，导致发动机失控，为此自己动手分离了这些线路与管路，确保台上发动机工作正常，还主动帮助其他操作工整改了这一隐患。多年的实践中，吴效金还摸索总结出了一套拔泵技能，加工了一些相关辅助工具，既轻巧又实用，提高了拔泵速度，又降低了工作强度，他所监控的设备从来没有出现过任何问题。在他的影响和带动下，压裂五队二机组人人爱护设备、人人维护设备，设备完好率始终在压裂系统名列前茅。

发挥党员先进模范作用，是压裂二机组取得进步的强劲动力。近年来，气田施工外部环境日益恶化，老乡时常挡路，经常是早上7时出发，下午才能到达井场，干活到半夜，但是二机组始终坚守在最为艰苦的环境里。2006年10月8日，二机组到榆林执行压裂任务，半路上老乡挡路，左挺和前指外协人员经过近20个小时的努力协调，直到第二天上午11时30分机组才得以继续前进，下午16时50分车队才到达井场，他们立即开始管线连接，18时40分开泵施工，顺利完成了该井的压裂任务。2007年4月12日，在执行洲16－22井施工任务时，当机组赶到距井场3千米的半山上，原路面被雨水冲毁，新修的路面窄、坡度大、弯道急，压裂车无法通过，如果向前指汇报，要求铲车来修，需要6—7个小时，为了不影响生产进度，“老先进”吴效金默默地拿起了铁锹，带头修起了路。在他的带动下，全机组的职工纷纷拿起了铁锹，扛起了草袋子，开始了艰难的修路工作。7个小时的艰苦奋斗后，全机组人员推着最后一辆车终于艰难地通过了弯道，用满身的尘土和汗水确保当天完成了洲16－22井的压裂施工任务。

（薛 明）

记中国石油集团标杆班组
建设工程总公司新疆工区道桥
项目部路面作业组

建设工程总公司新疆工区道桥项目部路面作业组现有职工37名，是一支有着17年征战边疆路桥市场经历的光荣之旅，是修造过“世界沙漠第一路”的光荣队伍，所在项目部获得过中国石油集团“百面红旗单位”。先后承担了塔克拉玛干沙漠公路、塔里木油田道路和天山南北的公路及市政道路工程建设，为边疆建设和塔里木油田的发展作出了贡献。

常年征战“死亡之海”不言苦。被喻为“死亡之海”的塔克拉玛干瀚海大漠，是作业组全体施工将士常年四季征战的沙场，“白天头顶大太阳，夜晚风吹黄沙扬，沙石拌和汗水淌，沥青熏黑两脸庞，一上工地整日忙，思念亲人心里藏”是他们生活的真实写照。近5年来，作业组施工将士先后六次深入塔克拉玛干沙漠腹地，承建了英买力气田道路、塔中凝析气田道路、哈得水毁道路和塔指基地道路工程。英买力道路第三标段地处沙漠腹地，每当沙漠风起，便是一场铺天盖地、飞沙走石的“沙尘暴”。大家戴着口罩施工，捂着毛巾睡觉，好不容易打来的一碗菜拌面变成了沙子拌面。但条件的艰苦和恶劣的环境依然磨蚀不掉长庆人冲天的干劲。摊铺机手谭宏林为了鼓舞士气，用记号笔在摊铺机上写道“大风当电扇，沙暴当炒面，加班加点连轴转，我是长庆好儿男，誓为西气东输作贡献”，激励大家只用40天的时间就完成了22千米的水稳和沥青路面铺设工作。

“团结诞生兴旺，凝聚产生力量”。2004年，路面作业组承担了塔里木油田分公司一、二、三期基地道路施工任务。毕业于江汉石油学院城市建设专业的主洪松挑起了项目总工的重担，盛夏时节，他坚持钉在现场和大家一起斗酷暑、冒高温，把好施工技术关口。针对人行道采用天然花岗岩铺装的新课题，他翻阅国内外有关资料，结合房屋建筑室外地平施工规范，总结出该工序的施工方法，确保了塔指小区一、二、三期工程的顺利完工。相关部门负责人盛赞道：长庆筑路人不但是修筑沙漠路的能工巧匠，更是建设市政路的行家里手。针对塔中凝析气田道路工程一套沥青拌和站燃料能耗高、施工成本大的实际，作业组会同厂家联合攻关，对沥青拌和站燃料系统进行柴油改燃煤技术改造。改装后的沥青拌和站每吨成品料的成本由原来的 37.1 元下降到 6.6 元。截至塔中项目完工，拌和站共出成品料 3200 吨，生产成本总计减少了 97600 元，有效降低了生产成本。2006 年，路面组承担了鄯吐高速公路工程建设。地处火洲吐鲁番盆地的鄯善，最热时温度飙升到 50 摄氏度。高温使这里处处热浪袭人，灼热难耐，大太阳下，翻斗车的雨刮器胶皮被晒化，营地空调主机长期顶在高温下超负荷运转，导致空调“失调”。但即使高温如此肆虐，全体党员依然从早上 7 点施工至晚上 11 点，连续突击奋战 16 个小时。长庆局模范党员、路面作业组负责人刘虎程每天钉在工地，脸庞晒得黝黑，眼睛布满血丝，工服被汗水渗透，又被高温烤干，脊背上一道道白色汗渍如地图挂在他的后背，成为他拼搏奋战的“鲜亮标记”。

“只有荒凉的沙漠，没有荒凉的人生”。沙漠是荒凉的，但项目领导关爱员工的心并没有荒凉。项目书记胡天平的爱人从几百千米的库尔勒基地赶到沙漠腹地，项目经理弥继刚把自己的办公室兼宿舍腾出来做夫妻团聚的“洞房”，并安排食堂开小灶、组织大家放鞭炮来庆祝夫妻团聚。在条件艰苦的沙漠腹地，因找不到一张红纸来剪喜字，调度李博涛就用白纸剪了一个喜字，然后仔细地用红色记号笔涂成红色，当一张鲜红的喜字贴到工地活动房上时，全场人员无不为之喝彩，为之动容……近年来，不管野外施工项目环境多艰苦，条件多困难，作业组都尽其所能，全力以赴安排好探亲职工的生活，共为 11 对探亲夫妻在项目施工现场，安置了“工地小家”。哈得油田水毁道路工程深处人烟稀少的沙漠腹地，周围散布着大面积的胡杨林和沙生红柳。为有效地保护好脆弱的生态环境，作业组施工人员积极主动，会同业主和监理一起协商研究，采取改道和避让措施施工，虽然增加了工作量、增大了劳动强度，但使 9 处生长胡杨的地方得到有效保护，共保护胡杨树 23 棵。当地政府和人民称作业组施工将士是“仁义之师”、“文明之师”。

近 5 年来，新疆工区道桥项目部路面作业组共承担油田道路工程 5 项，承担地方道路工程两项，累计完成施工产值 1.3 亿元，工程施工质量一次合格率达到 100%，质量履约率达到 100%，所有在建工程均确保了安全生产。

（杨宽新）

记中国石油集团标杆班组
西峰油田西一联合站消防加热班

截至 2007 年 8 月 20 日，西峰油田西一联合站已经连续安全生产 1370 天。与此同时，该站也连获 3 项殊荣：被中国石油集团确定为外事接待点；被共青团中央国家安全生产监督管理总局命名为第五届“全国青年安全生产示范岗”；站内的消防加热班被中国石油集团命名为“中国石油集团标杆班组”。

西一联合站是一座占地 6 万多平方米、总库容达 3 万立方米、年原油处理能力达 180 万吨、年采出水处理能力达 51 万立方米的大型油气集输站库，设备设施多、工艺流程复杂、进出站人员频繁，加之日常生产中油、气、火、电交织，给站内安全生产尤其是消防安全管理带来了极大的压力。

责任心根植于岗位

作为长庆油田分公司二级重点防火、防爆的西一联合站，在建站初期就配套了有压力、温度、流量、大罐液位等参数的自动监控以及工艺画面显示、超限报警、设备故障报警等自动化设备，在一定程度上降低了岗位员工的工作强度。但是消防加热岗上的7名员工并不因此而“高枕无忧”，站内的11个地下消火栓、8台机泵、10具消防及加热设施的巡回检查、维护保养、调试运转成了他们每天一丝不苟的“必修课”，巡检、清洁、润滑、保养、紧固……，庆阳市消防支队和长庆油田分公司保卫部的专家由衷地说，这里的消防系统管理水平完全可以跟专业的消防管护相媲美。

俗话说，熟能生巧。消防加热岗上的7名员工，每个人手里都有一个小本本，从消防设备、设施的结构、性能到每一个消火栓接头的口径、压力，从消防泵浦的标准操作程序到管线内灭火剂在不同压力下的流量、流速，从灭火器的使用、维护、保养到不同压力下直流水枪、开花水枪的有效控制范围等等，不管是耳熟能详的日常操作，还是深奥晦涩的专业知识，他们都根据自己的所学、所思、所悟，密密麻麻地记录在小本本上。操作工陈玉莲感慨地说：“任何一个看似简单的工作岗位，其实都不简单，关键看你用不用心。”现在，大家闭着眼睛，也能准确无误地说出每一个消火栓、每一台泵、每一件消防设施以及每一个泵浦的参数，就像熟悉自己的左右手一样，一切都习以为常了。

自主性体现于“用心”

张淼既是西一联合站的讲解员，又是消防加热岗的操作员工。说起自己的班组，她显得有些激动：“消防演习只不过是一种必要的工作检阅形式，真正的考验是实战……”

正是基于这种共同的认识，消防加热班的每一名成员“练为战”的意识才非常强烈。每周一次的班组演练雷打不动，每周一次的班组交流分析会从不含糊。通过班组演练，既可以熟悉流程、明确分工、锻炼团结协作的意识，又可以积累实战经验，为检验和完善预案奠定基础。在班组交流会上，每个人不但要进行自我剖析和岗位适应性分析，“亮出”自身工作盲点，还要对他人的安全表现进行点评和分析。通过对安全工作、生产管理、岗位操作中需要改进的问题进行集体讨论和研究，为实现员工的自我完善和班组管理水平的提高搭建了平台。

王小梅拿着自己随身携带的小本本说：“只要我们发现问题，随时就写在上面，并且还要负责给其他员工讲清楚问题的来龙去脉，然后大家一起研究讨论解决问题的办法。这是我们班长期以来一直坚持的一项工作。”说到这里，她的语气中流露出了骄傲，“以前的岗位安全和操作是站长、安全员、班长给我们讲，现在我们每个人都可以讲，讲得多了，学得自然也就多了……”

在消防加热班的办公桌上，每天早晨都会有一张“岗位温馨提示卡”被准时更新，告诉班员“今天气温高加强大罐喷淋降温”、“今天天气凉，请随时添衣服”。而同时摆放在桌上的还有当班员工的一张附有家人照片和嘱托的“亲人寄语卡”。王小梅的儿子在“亲人寄语卡”中告诉妈妈：“要好好上班，注意安全。”王小梅说：“看见温馨提示卡，看见儿子写下的歪歪扭扭的字，我就意识到自己不仅仅属于自己、属于家庭，还属于这个岗位，属于整个西一联合站。”

大拇指为用心者而竖

西一联合站消防加温供热系统应用的是“热载体加热炉”，其结构、工艺、性能等与油田以往使用的水套炉有很大的不同。一次，正值严冬时节，该加热炉的燃烧器出现了故障，导致热煤炉停运，原油外输、伴生气的回收利用、周边站库的生产、生活等严重受到影响。急急赶来的热煤炉生产厂家技术人员也无法查找到“病因”，正在大家束手无策时，消防加热班的老大姐陈玉莲根据自己的操作经验，建议对程控器硬件中的风门调节器进行检查维修。当加热炉正常运行后，厂家技术人员赞叹一年前还是“学徒”的石油人，有如此大的进步。

令加热炉生产厂家技术人员更为叹服的是消防加热岗的员工们的一个小改造。原来新型的供热系统投入运行后，加热炉的燃烧器表面温度总是偏高不下，对周围的仪表、电缆等造成影响，成为长期困扰加热炉运行的一个问题。为了消除这种安全隐患，消防加热班员工们经过仔细观察和研究，对加热炉进行了改造，在引风机上接上冷却管，使得棘手多年的问题迎刃而解。

消防是油气生产建设的生命线。“中国石油集团标杆班组”殊荣的获得，使大家有了与荣誉共生共存的强烈责任感。

没有比脚更长的路，西一联合站的消防安全任重道远；没有比心更大的舞台，西一联合站消防加热班的7名员工心大着呢，用心想安全，用心抓安全，让安全永远与自己相伴。

（柳忠宏　骆庆安）

记中国石油集团先进班组水电厂靖安110千伏变电所

水电厂靖安110千伏变电所始建于2002年，坐落在陕西省靖边县境内，是绥靖油田的一座枢纽变电所。该所现有女工8名，平均年龄27岁。5年来，她们以站为家，面对荒原，别夫离子，情系水电，默默地奉献着自己的青春。截至2007年7月底，该变电所已连续安全运行1705天，累计转供电量11.6亿千瓦·时。

安全管理“严”字当头

靖安110千伏变电所是长庆油田一级安全生产要害部位。为确保安全运行，该变电所认真落实安全培训计划，狠抓安全教育，始终将“安全是天，是责任，是政治和大局”的安全理念铭记在心，时刻提醒自己，处处遵守《安全法规》。从落实岗位责任制入手，对规范化汇报、操作、巡检、现场、资料等5个环节予以规范，严格执行设备管理、保卫及防火、设备巡回检查、所长岗位责任制、值班员岗位责任制、交接班、设备验收、运行分析等8项制度，使每项工作具体细化，每台设备专责到人。结合“三大”活动，人人苦练基本功，每月坚持开展“三个一”活动，即一次事故预想和反事故演练，一次岗位责任制考核，一次所内运行情况分析。认真执行电气“两票”制度和HSE/OSH管理标准，实施违章违纪曝光和违章违纪积分卡制度，相互监督，确保操作运行安全规范。建所5年来，累计实施倒闸操作1265次，重大运行方式调整238次，均未发生一次误操作，实现了“零”事故。

职工培训以“能”为主

该变电所设备较新，自动化程度高，对运行操作人员素质要求很高。变电所采取“人人当老师”和“滚动培训”的培训方法，通过拆解设备原件、现场对照图纸讲解、岗位练兵等方式，从点滴学起，对每一个技术细节、操作动作，要求每个人都必须学会弄懂。为掌握断路器的储能机构运行状况，技术人员从百里之外的站所找来一台备用的断路器，打开机构箱亲自示范操作，一遍一遍、不厌其烦地讲解储能机构的结构、原理，直到人人全面掌握。副所长蒋玲根据两位实习生的特点编写了一套通俗易懂、操作性较强的专题教案，由浅及深地进行业务知识培训，经过不懈努力，不到一年时间她们就被历练成岗位骨干。变电所还坚持以岗位练兵、培训授课以及技术比武等形式强化培训。5年来，变电所累计开展技术培训474课时，岗位练兵1662人次，反事故演练104人次，使全所职工的岗位技术素质、操作技能、故障的判断排查处理能力大幅提高。

运行操作以“精”为先

确保变电所安全运行，为用户提供优质可靠的供电服务，是变电所的首要职责。该所员工以“在岗一分钟、负责60秒”，“藐视3000天、重视一伸手”，为工作准则，对每一次操作都一丝不苟，精心细致。2007年3月20日，所长欧阳丽在巡检时发现35千伏出线311安培线路发生A相断路的故障，她果断采取应急措施，及时处理故障，避免了变电所停电事故的发生，挽回经济损失10万多元。针对35千伏出线316安培大线的负荷增长过快，原来电流互感器已不能满足要求的实际，人人开动脑筋，集思广益，利用断路器本身电流互感器的功能，对设备进行了改造，满足了运行要求，减少投资3万多元。

班站建设以“家”为本

面对变电所地处偏僻、文化生活单调的实际，变电所提出“站所是我家，建设靠大家”的口号，人人动手平整荒地，种草栽树，创建美好家园。5年来累计栽树300多棵，种草150多平方米，栽植各类花木100余株，每到夏季，院内绿意盎然、花草飘香，成为荒山上一道美丽的风景线。她们还自己动手制作剪纸、绘画、书法等小工艺品，对职工小家进行美化布置。水电厂工会先后投资数万元为变电所配置了乒乓球、家庭影院等文化娱乐设施，为职工营造了温馨的生产、生活和学习环境。8名水电青年女工为了自己挚爱的石油水电事业，为了使胸前的宝石花更加美丽，她们依然选择了寂寞、选择了付出，人人克服了家庭和生活上的种种困难，以站为家，坚守岗位，用辛勤的汗水谱写了一曲新时期石油儿女动人的乐章。

该变电所建所5年来，先后有两人两次获得水电厂“十大生产（工作）标兵”称号，两人3次获得“长庆局先进工作者”称号。变电所也先后被水电厂授予“模范变电所”、“双文明先进集体”、“女职工先进集体”、“青年安全监督示范岗”称号。2006年，该变电所被长庆局授予“十佳创新示范岗”称号，荣获“甘肃省五一巾帼奖”。

（姜　宁　王琳科）

记中国石油集团先进班组
长实集团镰刀湾东作业区L65井站

长庆实业集团镰刀湾油田东作业区L65井站建站7年来，安全、优质、高效地完成了各项生产任务，累计生产原油 5 万余吨。先后荣获长庆局、长实集团先进集体荣誉称号，多次被评为镰刀湾油田红旗井站。该站操作人员换了几茬，但爱岗敬业、以站为家的传统得到了持续弘扬，2007 年被中国石油集团评为基层建设先进班组，成为镰刀湾油田一颗璀璨的明珠。

抓班组建设，培育团队精神

班组是企业的细胞，更是企业的一面镜子，它折射出一个企业的管理水平。

L65 井站成立 7 年来，注重抓好班组执行力建设，并将其作为创建标准化井站的核心，在严格落实各项管理制度、采油操作规程的基础上，坚持每天开班组讨论会，认真剖析、相互交流、取长补短，在日常的点点滴滴中不断超越自我，达到了标准化红旗井站的要求，培育了积极向上的团队精神，在平凡的岗位上创造了一流的工作业绩。

2006 年 5 月，井站的发电机组大修，由于发电机房空间小、机械搬运难度大且费用高，该井站 5 名员工在原站长张贵超的组织下，靠人抬肩扛、推拉撬移，经过 6 小时的奋战，硬是一寸一寸地把一吨多重的设备挪出了机房，装上了卡车。

2007 年 1 月 20 日，镰刀湾地区遭遇寒流袭击，大雪纷飞，气温骤降，当班人员量油时发现液量忽减，通过检查切换流程，判断是 L81 至 L65 井站的输油管线刺漏，每小时约有 3 立方米的液量渗漏到地下，情况非常严重，必须立即采取措施。站长杜同仪带领员工顶风冒雪，沿管线挖坑检查，奋战了整整一天一夜，终于找到了管线的破裂口，并进行了堵漏。

立足岗位培训，造就所需人才

L65 井站成立以来，由于卓越的工作业绩，在人才培养方面已成为长实集团培育采油管理人才的基地，先后为镰刀湾东作业区、麻黄山油田大梁湾作业区培养输送了 15 名技术骨干，其中有两人担任了采油队长，有 7 人担任了井站长。

为了使员工练就过硬的生产技能，该站想出了许多新点子。通过拜师学艺、新老员工结对子、签订师徒合同等形式进行传帮带。坚持“一日一练”，组织各种技术比武，使员工在比赛中得到锻炼和提高。在去年长实集团组织的技术比武中，该站取得了采油工操作第一名的优异成绩。

积极开展“创建学习型班组，争做知识型员工”活动，设立了井站学习阅览角，要求每个员工每个月读一本好书，形成了上班互学、下班自学、集体促学的浓郁学习氛围。通过不间断培训和学习，每个员工既熟悉了管护井站油水井和设施设备的各项参数，又掌握了整个区块的基本构造和发展趋势。站内先后涌现出 5 名技术尖子，通过综合考评和竞聘，分别担任了采油队长、井站长等职务。

从点滴入手，努力降低成本

L65 井站在成本费用核算上，精打细算，严格控制，逐步摸索，在每次作业区季度消耗定额考核中，是节约最多的井站。

节约用电，从一点一滴入手。每天天刚亮就关掉探照灯和站内照明灯，在天晴、月圆的夜晚只开一个探照灯和一个照明灯，在各个开关处都标有“随手关灯”、“节约用电”等温馨提示，时刻提醒大家树立节约意识。节约燃煤，经过多次摸索试验后，实行“烧两头，停中间，平稳烧夜间”的锅炉加温方法。全年的燃煤用量比上年节约了 1/3 以上，取得了燃煤及脱水剂消耗量的最低定额。

瞄准修旧利废，变废为宝，努力降低成本。对腐蚀的闸阀、井口等配件，多次进行拼装再用。该站员工分析发现，闸阀的壳体等部位腐蚀较小，主要是丝杆腐蚀磨损问题，就采取了更换完好相同规格丝杆的方法，仅此一项每年就节约 2 万多元。

强化基础管理，建标准化井站

近年来，L65 井站在标准化井站建设上下工夫，对井区、罐区、生活区及设备进行了全面清理、刷新，加强了以“八项制”和“三图四表”为内容的现场制度管理。

在原油生产上，突出一个“准”字，加强日常生产中各项基础资料录取的准确性，严格执行制度，认真做好油井液量、含水资料的录取，一旦发现异常情况就反复核实，直到将数据取准为止，为井筒分析提供了第一手资料。在注水井管理上严格执行“三坚持一卡片”的原则，对每口井每小时注水量的录取都做到准确无误，并保证平稳、均衡注水，使井网产量保持不降反升的势态。在设备维护中突出一个“细”字，在抽油机、发电机、注水系统、热循环系统各路管阀的日常设备维护工作中，该站认真执行设备的巡回检查制，仔细做好设备的维护保养。注水设备的维修技术性较强，该站员工就虚心向专业人员请教，及时掌握维修保养技术。在修井监督工作中坚持把好第一关，按照修井施工方案的要求，细心监督下井的抽油杆、油管的丈量，抽油泵的泵径和质量，扶正器的下方位置是否准确等，保证了修井质量。几年中未出现过修井返工的现象，延长了检泵周期。在安全管理方面突出一个“严”字。对采油生产的每一个环节，严格按 HSE“两书一表”要求作业。强化安全教育活动，不断增强职业健康和安全环保意识。通过在设备设施及各操作部位添加安全文化提示语、文化窗帘等，将安全工作落实到工作、生活的方方面面。从设备工具的摆放到劳保着装、持证上岗，都严格执行统一的标准，坚持执行“定人负责、定点处理、定期检查”措施，经常进行安全知识培训，积极配合作业区进行防火、防高压刺漏等应急预案的演练工作。

（雍亚强　甘世纪）

记“全国五一劳动奖章”获得者钻井工程总公司总经理沈双平

鄂尔多斯盆地，亦称陕甘宁盆地。半个多世纪以来，无数革命先烈的鲜血和汗水洒在这里，使这块古老传奇的盆地变成了国人世人仰慕的圣地。近四十年来，长庆油田几代数万名职工汇集在这里，展开了规模宏大的石油天然气会战，使年产油气当量 2000 万吨的大油田、大气田将于今年崛起在这个盆地上。在这个英雄群体里，有一位年仅 42 岁的企业家带领的钻井队伍创出的业绩格外受人瞩目。他就是全国“五一劳动奖章”获得者、陕西省优秀青年企业家、长庆钻井工程总公司总经理沈双平。

2005 年，钻井工程总公司完成钻井进尺 243.5 万米；主营业务收入 33.74 亿元，比 2004 年增长 21%。完成的钻井工作量在中国石油排名第三。

2006 年，该公司完成钻井进尺 364.62 万米，比 2005 年增长 50.21%，相当于钻透了 412 座珠穆朗玛峰；主营业务收入 42.2 亿元，比 2005 年增长 23.54%；各项经济技术指标创造了长庆钻井 36 年以来的最高纪录。完成的钻井工作量在中国石油排名第二。

2007 年，钻井生产启动比上年晚 15 天的情况下，5 月 7 日，钻井总公司钻井进尺突破

100万米，钻井周期比2006年缩短19天，为完成400万米工作目标奠定了基础。

这里面，凝聚着沈双平及其“一班人”的辛勤汗水和智慧胆识。

钻井提速核心是解放思想，关键是技术创新

1984年，年仅20岁的沈双平从原华东石油学院钻井专业毕业来到长庆油田，怀着一份对钻井独有的情结，从基层一步一步成长起来，于2005年成为执掌长庆钻井的主要负责人之一。上任伊始，面对长庆油气发展的大场面，他和班子成员一起学习磨溪经验，解放思想，打破禁锢，实现钻井提速。

钻井人历来就是拿“干”说话，解放思想不是喊在嘴上，而是付诸到实际行动中，体现在打好井、快打井上。

沈双平和同事们一起认真分析长庆钻井提速面临的油井井眼轨迹控制难、气田中下部地层钻井速度慢、天然气井机械钻速低等“五大”难题。经过反复研究，PDC钻头映入了他和同事们的视野。经过2005年一年多的试验和使用，PDC钻头技术成为长庆钻井的“撒手锏”技术，其中气井机械钻速比试验前提高了50.1%，钻井周期缩短了19.69天。

PDC钻头的成功使用，没有使沈双平感到满足。2006年，他又与技术人员一道进行技术创新。为了攻克防碰绕障、轨迹控制等一系列钻井难题，从最初的常规钻具到复合导向，再到单弯螺杆，勾画出了“四合一”钻具结构的大体框架。从堡30-40井开始，连续5口井在钻具、钻井液等方面进行尝试。功夫不负有心人。在堡27-45井采取PDC钻头、复合钻井等钻具组合，有效地解决了稳斜的难题，实现了二开后用一只钻头、一套钻具组合、起下一趟钻、完钻一口井的“四合一”技术的重大突破。2006年长庆50.51%的油井使用“四合一”钻具完井，机械钻速提高了2.57米/小时，钻机月速度提高了632米/（台·月），钻井周期缩短了0.4天。

技术的创新，为长庆钻井的持续、整体提速奠定了坚实基础，油井平均队年进尺上升7.36%；气井平均队年进尺上升22.50%。全公司钻井生产以平均日进尺1.4万米的速度向前推进，提前68天完成了上年335万米的奋斗目标，并先后有354个队（次）改写和创造历史最高钻井指标28次，创造气井单队13开13完进尺4万米的奇迹和油井突破7万米的神话。“长庆速度”在中国石油集团叫响，完成钻井进尺列中国石油集团各钻井公司之首，使长庆局钻井总量跻身中国石油集团第二位。中国石油集团党组书记、总经理蒋洁敏赞扬“长庆钻井是苏里格钻井提速的领头羊”。

2006年，水平井、分支井是中国石油勘探开发亟须攻克的重点。永不满足的沈双平领衔组成了特殊工艺井项目组，进行水平井等特殊工艺井的技术攻关。他和参与试验的技术人员在总结经验的基础上，从优化钻头入手，通过优化钻头、钻井参数、钻具结构以及推广应用PDC钻头和MWD，见到了很好的效果。全年完成21口水平井的钻井施工，是历年来长庆完成水平井的总和，其中，元平3井日产量是邻井的6倍，龙平1 井日产天然气无阻流量超过百万立方米。参与组织完成的中国石油集团重点试验项目7分支水平井——杏平1井，被评为中国石油集团2006年十大科技进展之一。

管理创新的落脚点，是提高执行力和工作效率

早在2002年，国家重点工程项目“西气

东输”项目正式启动，时任副总经理兼钻井项目经理的沈双平勇挑重担，带领3000名精兵强将，依靠技术创新和精细管理，顺利完成了27亿立方米的天然气产能建设钻井任务，36个气井钻井队年完井188口，平均队年完井5.2口，创造了长庆气田历史上的最高纪录，先后有21项指标被刷新。

2006年，中国石油集团对长庆油田提出“发展大油田、建设大气田”的总体要求，长庆油田持续成为中国石油集团快速上产的主战场。面对长庆钻井用工总量近1.7万人，专业门类多、区域分散的问题，如何进一步提高钻井速度，又好又快地为祖国奉献石油，成为萦绕在沈双平脑海里的大问题。经过客观分析研究，他和“一班人”着力在体制、机制和管理上大胆创新，按照扁平化管理的要求，调整和理顺了工程项目部组织机构及管理职能，充实了管理力量，使工程项目部成为集生产经营管理职能于一体、专业服务功能相对齐全配套的区域性生产指挥中心。并定位工程项目部和钻井队为内部模拟甲方，修订完善了劳务定额与结算价格，专业公司以模拟乙方的身份通过为钻井队提供服务自挣费用、以收养支，形成了内部模拟市场运作机制，极大地激发了各单位打好井、快打井的积极性。

沈双平说，我们的管理还处在严格管理和监督阶段，用制度管理企业是这一阶段最有效的办法。他从理顺机制、激发全员的责任意识入手，围绕“谁来管，谁来做，谁监督”这一思路，对机关部门和专业公司的部分职能进行了调整。构建起以钻井总公司—工程项目部—钻井队为主体，以专业化服务公司、后勤服务支撑保障单位为两翼，功能分明、职责明确、内部经济关系简洁清晰、运行顺畅高效的组织架构。

在钻井队推行以单井定额（可控成本、进尺工资、周期工资）为基础的“三分段一挂钩”的经营政策，实行单井预算、单井考核，单井结算、单井兑现。在后勤服务单位推行了“三分段两挂钩”的经营政策。将各单位生产经营的重点落实在过程的控制和重点时段的控制上，有效地保障了钻井生产的顺利运行。同时，他和“一班人”从完善监督体系入手，建立了企业内部控制体系，加大了内部监督和过程控制力度。机制顺了，制度有了，更重要的是提高执行力。于是，他亲自参与修订了42项规章制度。为了加大考核力度，沈双平亲自担任主任，组成业绩责任考核委员会，将原先单一的组织考评变为职能部门考核、组织考评、领导考评，每月逐单位按标准一项一项考评，网上公布考核结果，并做到了硬兑现。

石油钻井属高风险作业，安全监管事关员工生命。家庭幸福和企业发展。对此，沈双平逢会必讲的第一件事情是安全，下基层检查的第一项工作也是安全，工作当中强调的第一个重点还是安全。他针对钻井总公司现有的钻机类型，对各岗位操作规程进行了科学修订，研究开发了107个《钻井HSE作业程序文件》和54个《运输车队作业程序文件》。全面推行监管分离、异体监督。学习壳牌管理经验，对钻井队实行“两书一表”和运输车队“一书一表”管理。坚持经常性的安全监督检查，完善了10个一级应急预案，组织井控等应急预案演练，建立了事故预防、制度管理和责任追究“三个体系”，形成了安全管理上“横向到边、纵向到底”的管理网络，做到了风险评估和受控管理。同时，沈双平和“一班人”积极组织开展创建绿色钻井工程，每口井开钻前都要进行前期的环保论证，从井场布置、废物处置、资金投入等方面给与充足的保证，确保每口井“工完料净场地清”。钻井总公司投入559万元落实了钻井作业清洁生产和环境保护所需的设备，把中国石油“奉献能源、创造和谐”的价值观不折不扣地落实到具体工作当中。

两年来，钻井总公司工业生产“零”死亡，无油气火灾爆炸，无锅炉压力容器爆炸，无井喷，无环境污染，无有毒有害气体中毒等事故，实现了安全发展、清洁发展。

构建和谐必须坚持以人为本

国有企业，既是一个经济组织，又是一个政治组织和社会组织。沈双平和“一班人”牢记“三大责任”，在自我超越中注重用企业文化凝聚人心、实施管理。作为行政一把手，他注重发挥班子成员的管理才能，在重大问题的决策上，虚心听取各方面的意见，坚持大事讲原则、小事讲谦让，凡是涉及企业发展的大事要事，都要经过班子集体讨论决定，建立了相互信任，相互支持、相互配合、相互补台的工作机制。他以自己独特的人格魅力，将领导班子成员紧紧地团结在一起，使钻井总公司这艘“巨轮”在科学发展、安全环保、科技创新、构建和谐等方面展现出蓬勃的活力。

江西九江，人文江南。从江西水乡走出的沈双平把勤奋学习、提升自我，作为奉献石油事业的重要途径。他经常晚上看书到深夜，还经常在双休日用“扎进”办公室学习的方式给自己“放松”，把时间和心思都用在学习和工作上。2005 年他撰写的《企业党组织如何把企业文化纳入到思想政治工作与企业管理之中》的论文获得省级一等奖。

在他的影响和带动下，钻井总公司建立了决策层、管理层、执行层“三个层面”的培训网络，下大工夫对公司职工进行培训。两年来，钻井总公司共有近 3 万人次接受了各级各类系统培训，队伍素质有了明显提高。2006 年，在中央企业职工技能大赛石油钻井工竞赛上，钻井总公司 8 名选手与来自中国石油集团、中石化、中海油三大公司的 21 个代表队的 137 名选手同场竞技，最终夺得了“四金四银”和团体第一的好成绩。

员工的心，是企业的根。沈双平热爱企业，关心员工。在长庆局的大力支持下，2006 年，钻井总公司投入资金 3.59 亿元，更新、配套设备及设施 1695 台（套），其中各类型号的钻机 24 部，改善了职工的工作条件。钻井总公司还投入 7052 万元更新改造野营房 820 栋，使一线员工住上了宽敞明亮的房子，洗上了热水澡，吃上了免费饭。他和“一班人”组织建立了领导接待日制度和“五必访”制度，开展“送温暖、献爱心”活动，每逢重大节日，他都要深入基层对一线职工、离退休职工和困难职工家庭进行慰问。两年来共发放慰问金 1000 多万元，把组织的关怀和温暖送到职工的心坎上。

沈双平为祖国的石油事业作出了突出贡献，党和人民给予了他应得的荣誉。他先后荣获国家西气东输工程建设先进个人、陕西省优秀青年企业家等 13 项荣誉，他有 10 项科研成果先后获得了长庆油田和中国石油集团的奖励。

在鄂尔多斯盆地这片热土上，沈双平以对事业的忠诚，和对石油的热爱，奋力实现着自己的人生价值。

（冯永祥）

记“全国五一劳动奖章”获得者井下技术作业处处长、党委副书记李静群

“压、压、压，狠狠地压，压开地层千条缝，压得石油滚滚流。”多年来，这首脍炙人口的《压裂歌》，唱红了长庆，唱响了鄂尔多斯盆地。它像一把号角，动员和激励了一代又一代人。数万名长庆人依靠压裂、钻井、物探、测井等先进适用的科学技术，向“三

低”油田挑战。正是几代长庆人发扬“攻坚啃硬、拼搏进取”的企业精神，长期顽强地在低渗透油藏上做文章，才迎来了近十多年来长庆的大发展。预计到2007年年底，一个年产油气当量2000万吨的特大油气田将在鄂尔多斯盆地崛起。长庆试油压裂酸化队伍的主要领头人之一，就是今年获得“全国五一劳动奖章”的井下技术作业处处长、党委副书记李静群。

依靠科技创新推动企业发展

熟悉长庆油田的人都知道，井下技术作业处是长庆油田酸化压裂、测试试井唯一一支井下作业专业队伍。

长庆油气田地下大部分是低渗透或特低渗透油气藏。长庆的特点基本上是“井井有油，井井不流”。

面对长庆这一特点，在20世纪70年代中期，时任石油部部长、中国石油老专家康世恩同志，在深入长庆油田调研时就明确指出：“陕甘宁盆地打一万口井，如果通过压裂使其每口井日产油量都能增加到1吨以上的话，一年下来你们这里就是一个年产原油360多万吨的大油田。如果延长统油层压不开，一切等于零。”他要求长庆组织油田数万名职工“唱压裂歌，吃压裂饭”。

20世纪90年代初，时任中国石油天然气总公司总经理王涛、副总经理周永康等领导，多次在长庆现场办公期间强调指出：长庆要提高经济效益，就要演好深度酸化压裂这出重头戏，努力提高油气单井产量。

面对长庆油田这一特点，在长庆局几届领导班子的领导和支持下，井下技术作业处几届领导班子带领井下技术人员和职工，依靠科技进步，勇敢地挑战低渗透，在“磨刀石”上做工作，终于解放了“三低”油气藏，赢得了油气勘探、开发的连连大突破，年年大发展。

在长庆发展过程中，作为一名油藏地质高级工程师、局级技术专家、局级石油地质一级学术带头人的李静群，在长庆大气田一边工作一边攻读硕士学位期间，他研究的主要课题是油（气）藏理论，先后在省部级刊物上发表论文30多篇，其中《表皮系数的分解与增产效果预测》科技论文被录入《跨世纪的中国石油天然气产业》一书。他领衔承担组织实施的《长庆气田多层系连续分层压裂改造》项目获中国石油集团2006年度科技进步二等奖。

2004年4月，41岁的李静群从井下技术作业处副处长兼总地质师岗位走上处长岗位，成为井下技术作业处的“掌舵人”。李静群走马上任后清楚地意识到，要在前任班子工作的基础上实现将井下处建成“国内一流，西部领先，具有核心竞争力的专业化工程技术服务公司”，就必须使企业保持具有长庆压裂特色的“撒手锏”技术，继续唱好油气深度酸化压裂的重头戏。他与班子成员一起认真务实，达成共识后，他们就一步一步地认真实施。

李静群和“一班人”爱才如命，在上级的支持下，近3年来平均每年引进接收80名大学毕业生和硕士研究生，使井下专业技术人才累计达到509人，其中博士生2人、硕士研究生20人、局级技术专家1人、局级学术带头人10人，具有副高级职称19人、中级职称242人。在引进人才的同时，李静群和“一班人”还积极引入竞争机制，完善激励机制，使高素质人才脱颖而出。井下处建立完善了科技人才培养奖励机制，出台了科技成果奖励办法，设立了项目津贴、科技创新贡献奖等奖项。近年来，井下处拿出近百万元，对多名有突出贡献的技术技能人才给予重奖。在职称评审中，优先考虑科研单位和生产一线的专业技术干部，以实际能力为标准，打破职称评审论资排辈、重文凭轻能力的现象。李静群和“一班人”还高度重视操作人员的技能培养，重点突出对高级技师、技师的培养，使全处操作技能人才总量占职工总数的30%以上。

除此以外，李静群和“一班人”还在上级的支持下，积极进行压裂等设备的更新。2000年以来，井下处先后投入大量资金，从美国引进了一套2000型压裂机组，从加拿大引进了液氮泵车，从德国、荷兰引进了多种测试试井设备，极大地提高了企业的装备水平。

李静群和“一班人”始终坚持技术的自主创新，使长庆井下工程技术的一些重大科研项目在中国石油界居于领先水平。其中，连续混配工艺技术、低分子环保型压裂液、软体可折叠储液罐等工艺技术引导着国内环保技术的发展方向。截至目前，井下处已经形成了具有长庆特色的、科学有效改造“三低”油气藏的试油（气）压裂酸化、测试试井等4大配套主体工艺技术30多项，部分技术填补了国内空白。

科技创新的实施，使井下技术作业处如虎添翼，在确保安全的基础上，生产建设得到不断提速。2004年至2006年，井下处共完成试油（气）压裂酸化1.14万余层次，实现收入29.52亿元。其中，2006年，生产建设进一步快速推进，经营业绩良好。全处完成试油（气）压裂酸化工作量一举突破4600层次大关，连续7年在中国试油行业中位居第一，质量指标稳中有升，企业年收入达到11.5亿元，创造了长庆井下处成立33年来的最高纪录。

科技创新的实施，使长庆井下压裂这一独具特色的“撒手锏”技术在长庆油气田勘探开发中大显神威。近3年来，井下处通过演好深度酸化压裂重头戏，使“三低”油气藏得到解放，使一大批低产和特低产油气井获得了高产工业油流。其中西25－15井经压裂获得日产量127.84吨的高产工业油流，成为西峰油田勘探开发以来产量最高的一口油井。元平3号井经过压裂，日产油量是邻近井6倍；龙平1号井经过酸化，日产天然气无阻流量超过百万立方米。更为可喜的是，井下处积极探索低渗透油田老井重复压裂技术，在“十五”期间，已推广应用243口井，累计增油近14万吨。

管理是企业实现
又好又快发展的重要一环

2004年4月，自李静群担任井下处处长职务以来，在他身上体现出“民主意识强、管理严、细、强”等特点。在民主意识方面，李静群坚持大事讲原则，小事讲谦让，凡涉及企业重大问题决策、重要建设项目安排、干部人事任免、大额资金使用等问题，都坚持集体讨论决定的原则。在和党委书记及班子成员共事过程中，他从心里尊重党委书记和班子成员，遇事总是事先听取主管副职的意见，并及时与党委书记碰头沟通，达成共识，然后才上会讨论通过。

在用人方面和对人的管理上，李静群和“一班人”主张放长“缰绳”，在生产一线、工作岗位上“赛马”、“选马”；而不是在“小院子”里，“赛马”、“选马”。并积极引入竞争机制，为各类人才的脱颖而出和健康成长搭建平台。

为了进一步增强中层干部的执行力和提高工作水平，近3年来，李静群及“一班人”强化对中层干部的培训，将培训效果与使用结合起来。同时，实行干部公开竞聘，打破干部使用上一潭死水的局面。他们在处里最大的科级单位——压裂大队，进行干部竞聘试点，让大队6名副科级干部全部“就地卧倒”，竞聘上岗。竞聘结果是4名副科级干部顺利竞聘上岗，1名副科级主动放弃竞聘，1

名副科级干部落选。干部制度改革的实施，极大地增强了全处干部的敬业精神，激励和调动了大家的工作热情。

安全生产，始终是李静群和“一班人”关注的焦点。他平时脑子里考虑最多的是安全生产，每次在会上讲得最多的也是安全生产，每次下基层检查最多的还是安全生产。在抓安全生产方面，李静群及其“一班人”强化安全培训，其中一次性花了11万元资金，从北京请来“中国红十字会”专家给各试油队班长和全处干部讲授防护知识，进行防护技能培训。同时，他和“一班人”高度重视安全投入，注重查治安全隐患，仅2006年一年，长庆局、中国石油集团和井下处一起给井下试油压裂投入安全资金3000多万元，使该处实现本质安全有了雄厚的物质基础。

李静群及其“一班人”坚持建立和完善安全生产规章制度，用制度规范人的行为。井下处先后两次对现有的安全制度及经营制度进行系统梳理，完善了安全管理制度、规程等50多项，以此构建起安全生产的长效机制。

制度完善下发后，李静群及其“一班人”就扑下身子狠抓制度的落实。近3年来，井下处每年坚持中层干部安全述职制。一次，李静群在听完了一名中层干部安全述职后，突然要求这位述职干部现场演示安全防护器具的正确使用，使在场的许多人惊得目瞪口呆。事后有人问他为什么要这样做，他回答说，一是干部要求工人做到的，自己首先应该做到；二是作业现场一旦发现重大险情，指挥员自己都不会使用安全工具，怎么指挥职工去抢险。

在质量管理方面，李静群及其“一班人”积极推行全面质量管理，严格执行“质量一票否决制”，确保企业质量管理水平的提高。2005年年初，井下处被中国质量协会评为2004年度“石油工业用户满意企业”，荣获2005年度“优质服务月”先进单位称号。

在国际合作方面，李静群带领职工勇敢地与竞争对手比高低，先后与壳牌、斯伦贝谢等国际石油公司进行技术合作20多次。其中完成了乌兹别克斯坦国家石油公司技术服务施工，累计作业44口井，有33口井获得了工业油流，赢得了乌兹别克斯坦国家石油公司的信任，为长庆工程技术服务企业进军中亚市场树立了良好的信誉。

和谐稳定靠职工

陕西关中，人杰地灵，这里的黄土孕育了无数国家精英。李静群出生在陕西渭南的农村，是当农民的父母把他养育长大并供他完成学业。李静群担任井下处处长后，从心里滋生了“服务职工、回报社会”的理念。他任职后和“一班人”抓的第一件大事就是实施好安居工程。在长庆局领导的大力支持下，井下处使2100多户职工家属从陇东山沟里搬了出来，过上了都市人的生活。

其次，李静群和“一班人”抓的第二件大事就是关爱工程的实施。井下处近4000名职工施工地点分布在沙漠、戈壁、高原、大山，自然条件十分艰苦。为了实现队伍的稳定，李静群和“一班人”时刻不忘关心职工，把关爱职工作为构建和谐矿区的根本。多年来，每逢节日前夕，李静群和“一班人”都要带领机关人员深入困难职工家中慰问。3年来，全处累计为困难职工840人次送去困难补助金62万元，为44户困难家庭的78名子女资助学费8万余元，为职工遗属发放生活费202万元。节日期间慰问特困职工281户次，看望住院职工683人次；向灾区群众捐款9次，共计54万元。为改善一线生产生活环境，李静群和“一班人”对4个项目部生活基地的住房、采暖、供水系统进行了改造、扩建和完善，并建立了职工文化活动室。现在一线职工住上了第五代功能齐全、能看电视能洗澡的野营房。坚持对全处员工进行每年一次的健康体检，建立了员工健康档案。还按照上级规定，筹集较多资金为职工办理安康互助保险和团体人身意外伤害保险。一枝一叶总关情，李静群和“一班人”为职工做了大量好事和实事，有力地促进了队伍的稳定，大大提高了职工的生产积极性。

目前，李静群和“一班人”带领井下处正像一支开足马力的油轮驰骋在油气勘探战线上，向今年完成试油压裂5000层次的目标冲刺！

记井下技术作业处
靖边项目部经理周丰

压，压，压，狠狠地压，
石油战线催战马；
压开地层千条缝，
压进油层万立方米砂。
压裂试油压裂，
超越突破超越，
压出历史新跨越。

一首激越昂扬的压裂歌，是周丰心底的歌，道出了他胸中的豪情，反映了他的志向，唱出了他的追求。

皮肤白皙、身材纤瘦，目光里透着睿智的江南学子——周丰，放弃留在大城市的机会，1994年，孑然一身来到地处祖国大西北的长庆石油勘探局。

学着吼秦腔，练着吃辣椒，风沙强筋健骨，艰辛磨砺意志。用双脚丈量毛乌素沙漠的荒凉，用心智探索鄂尔多斯盆地深处的奥秘，他怀着对祖国的无限忠诚和对石油事业的无比热爱，在试油压裂的王国里，书写着青春的壮丽华章，描绘着石油工业的新美图画。

志存高远——扎根梦想起飞的摇篮

年轻的时候总会有梦，梦总是五彩斑斓。品学兼优的江汉石油学院开发系采油工程专业的毕业生周丰，渴望愈发湛蓝愈发高远的苍穹，任理想自由翱翔。“西部大开发”的号令牢牢地吸引了他那颗年轻蓬勃的心，毅然来到了地处毛乌素沙漠南缘内蒙古纳林河乡的井下技术作业处试油177队。

他把这里作为自己梦想起飞的摇篮。

然而，理想与现实，总是存在距离。一旦身临其境，周丰才陡然发现，文字记载和电视画面与现实竟然是那样的判若两样。没有“风吹草低见牛羊”的景象，更看不见挥舞鞭儿唱着歌儿的牧羊姑娘，只有黄沙在肆行，荒漠在延伸。那是傍晚，面对呼呼作响的风沙，沮丧、疑惑、懊悔，久久地折磨着他的选择。就在这个夜晚，远处传来的《压裂歌》的歌声，那铿锵的节奏，澎湃的激情，强劲地震撼着周丰的心灵。

唱歌的人是他的师傅，他挨师傅坐下，在这万籁俱寂、寒星满天的夜晚，随着师傅浑厚的嗓音，周丰一步一步走近长庆压裂的历史，走近翻天覆地人的行列。

“井井有油，井井不流。”这是对鄂尔多斯盆地客观的描述。“一件破棉袄，扔了可惜，穿上虱子咬。” 这是对鄂尔多斯盆地的形象比喻。就是在这种情况下，长庆人创造了奇迹。靠什么？红井子会战，压裂机组是国产400型，他们靠的是“唱压裂歌，吃压裂饭，过压裂年”；牛毛井会战，压裂机组是国产500型，山路崎岖，没有搬家车，他们靠的是“人抬肩扛”；大水坑会战，压裂机组是国产700型，生活条件艰苦，他们靠的是“开水煮白菜”；1989年，1400型压裂机组进入长庆，面对的依然是“低渗、低产、低压”这块硬骨头，他们靠的是“攻坚啃硬，拼搏进取”，压裂酸化层次一年一个台阶……听着一个又一个“压裂歌”的故事。周丰终究明白：与长庆的前辈、与现在的师傅相比，自己仅仅是多认识了几个英语单词，要扎扎实实地向师傅们学习，越是艰苦越坚强，越是孤寂越乐观，困难面前敢进取。

周丰的石油生活是从上小班开始的：排油管、刷螺纹、拉锚头、洗滤芯……一桩桩、一件件，周丰总是干得兢兢业业，一丝不苟。不懂的，他向师傅请教；不熟练的，他反复操练。回到驻地，周丰都要做笔记，记录着每台设备的特性，一天的操作要领，一天的所思所想所感所悟。

“当工人就当最棒的工人，当技术员就当最出色的技术员”。这是周丰当上技术员时对自己的鞭策。然而，井场故障仿佛有意考验周丰。在靖边县五里湾乡的柳 123－32 井，下油管冲砂遇阻，正反冲、顿钻无效，不得不打铅印检测。井场上没有车，心急如焚的他二话不说，背上十多千克油腻腻的铅印，徒步朝项目部赶去。酷暑时节，高悬的太阳像个大火球，周丰翻一座山，趟一条河，穿一片林，来到项目部，额头上淌着汗，衣衬湿透了，他顾不上喝口水，只是急促地说：“快检验。”

每逢年关，工作在外的人都盼望回家过个团圆年。然而，周丰的试油队并不是人人都可以回家过年的，因为陕 190 井需要有人驻井。会上，周丰第一个发言：“我是技术员，我留下。”一个人的日子是寂寞的，寂寞的日子却有规律：每天凌晨，周丰都坚持背英语单词；早饭后，周丰去清扫井场，保养器械。漫长的夜晚，孤灯相伴，周丰神情专注地看着一本又一本专业书籍。

日子清苦，却也充实。周丰在三年没回家的日子里，写下了几十万字的学习心得：鄂尔多斯盆地的地理、历史、文化、风土人情，地质结构、油气储量和通井、洗井、射孔、地层求初产、酸化、压裂、排液等技术要领。

在周丰的笔记里，有这样几句话：“就地理而言，它空旷而寒冷；就精神而言，它馨香而温暖——鄂尔多斯盆地，恰似母亲的乳汁，喂壮了我的躯体，喂饱了我的精神”。

攻坚啃硬——驯服世界一流洋设备

作为新时代的压裂人，周丰对自己的要求没有停留在保质保量完成工作任务这个层面上，他渴望拥有一流的压裂设备，让中国的压裂技术扬眉国际压裂市场。

理想需要奋斗去实现。周丰默默地为这一天的早日到来做着贮备。设备管理、队伍管理、技术素质、人员素质都在于无声处与国际接轨。

平日里，周丰总是如饥似渴地吸纳知识。《中国石油地质》、《压裂酸化技术》、《油井建井周期》、《井下作业工程师手册》、《细节决定成败》、《找准位置做对事》、《领导科学概论》、《团队精神》等书籍，都是他用心研读过的。

2000 年，周丰被调任为压裂大队副大队长，牵头筹建压裂五队。为了适应长庆油田大发展的需要，长庆局投资近 1 亿元从美国引进当时世界上最为先进的 SS－2000 型压裂机组。得知这一消息后，周丰彻夜难眠，他深知，长庆油田由小到大，由弱到强，依靠的就是压裂技术的不断进步。眼下，长庆油田再创辉煌，就指望 SS－2000 型压裂机组这个“宝贝疙瘩”了。周丰感到了肩上担子的分量，他当即为准备接手 SS－2000 型压裂机组的压裂五队如此定位：设备一流、技术一流、职工一流，招之即来、来之能战、战之必胜。

同年10月10日，身为SS－2000型压裂机组设备验收人员的周丰踏上了美国的土地。他无暇领略这里的旖旎风光，无暇品尝这里的美味佳肴，无意消遣这里的灯红酒绿，一门心思想着SS－2000型压裂机组。这套机组特点鲜明，集数个国家、数家顶尖公司的高科技于一体，工艺之精可想而知。周丰用眼在看，用心在记，反复进行模拟操作。有时通宵达旦，有时废寝忘食。不懂的，虚心向外国专家请教。周丰的一举一动，引起了一个美国人的注意，他十分欣赏周丰的求学态度和敬业精神。这个美国人名叫克瑞斯，是SS－2000型压裂机组亚洲地区销售总经理。后来，他曾要高薪聘请周丰，都被周丰婉言谢绝了。

2001年6月，SS－2000型压裂机组在鄂尔多斯盆地的压裂五队安家落户。周丰做梦也不会想到，这套洋玩意儿也像人一样，染上了水土不服症，测试时完好无损的混砂车自动化控制系统失灵。“宝贝疙瘩”刹那间变成了一堆冷冰冰的生铁。国外的专家请来了，折腾了好几天，耸耸肩，摊摊手，一筹莫展。“外国专家解决不了，自己想办法解决”。他开始向说明书要答案了。说明书全是英文，一块仪表、一个转盘、一颗螺丝钉都有一本说明书，大大小小、薄厚不一的说明书一大堆，翻译起来谈何容易。

周丰是不服输的倔汉子，他成立了攻关小组。由于SS－2000型压裂机组专业性太强，攻关小组的成员们掌握的词汇量不够，周丰也像大家一样，左边一本《英汉大词典》，右边一本《石油专业词汇手册》，白天摸索着调试，晚上翻译说明书。

20多天过去了，周丰和他的攻关小组夜以继日地翻译编写了《SS－2000型压裂机组技术性能手册》，编写了6种机型的操作规程和保养规程。他不仅摸清了混砂车自动化控制系统的脾性，还一步一步地消化、吸收、使用、改造、开发、完善整套压裂机组，使之与鄂尔多斯盆地的实际达到“无缝焊接”。

周丰毕生都不会忘记2001年11月10日这个黄沙弥漫的日子。这一天，SS－2000型压裂机组在长庆靖边气田G20－22井投入使用，一次成功，施工合格率100%，执行设计符合率100%，正式宣告长庆的压裂历史迈入了一个新阶段。克瑞斯情不自禁地拥抱了周丰，连声称赞：“长庆的压裂工人，了不起！周丰，了不起！”

创新管理——用压裂精神带队伍

周丰信奉一位管理学家的话：“播下一种思想，收获一种行为；播下一种行为，收获一种习惯；播下一种习惯，收获一种性格”。

“技术强军，市场阅军，纪律管军”。先进的设备需要高素质的员工去操作，而只有高素质的员工才能将高端设备发挥到极致。周丰总是见缝插针地举办员工培训班，时而办在会议室，时而办在井场，时而办在餐厅，长则三五天，短则三两个小时。每当长庆局和作业处的专家来时，周丰也总是千方百计地请人家给职工们讲一课。对此，周丰感悟是：“没有一流的技术、一流的队伍、一流的管理，就干不出一流的成绩。”

他针对二氧化碳压裂技术实行“定人、定机、定岗”管理，完善了一套系统的管理流程。在周丰的组织下编写了《二氧化碳压裂技术现场实施细则》的手册，使二氧化碳压裂技术成功的运用到长庆油气田开发中。

压裂五队员工的技术素质迅速提高。在长庆石油勘探局和陕西省技术比赛中包揽了前三名，令业界人士惊羡不已。后来，乌兹别克斯坦引进SS－2000型压裂机组时，专门请周丰队伍里的技术员去协助培训。

他把人性化管理与刚性化管理相融合。他和员工都要站着开会，这不仅是要开短会，更重要的是培养队伍作风，振奋员工精神，时刻保持一个旺盛、向上的精神状态。

周丰的严细管理是出了名的。在他当试油队长时，177 队正在 L42－17 井进行试气压裂施工。班长高昌为了赶进度早投产，在没有进行通井和洗井的情况下，就通知相关人员进行射孔操作。周丰得知这一情况后，迅速驱车赶到现场，要求重新通井、洗井，并对高昌做出了停职检查 1 个月，扣除 200 多元生活费，撤销班长职务的处罚。后来，高昌深刻认识到了自己当时操作所存在的危险性，严格要求自己，并以自己作为反面教材来教育其他职工，很快成长为一名技术过硬的司钻。

周丰按照人生规律和人的心理特点进行人员管理，总是使员工在心悦诚服中受到约束，并使才智和能量得到充分发挥。

记工作日志已是周丰的习惯，施工记录、工作体会、重点工作提示、需要解决的问题，还有值得思考与借鉴的内容等等，都要清晰地记录下来。

“脑子要清楚”是周丰常说的一句话。他要求干部和员工思维要清晰，善于抓主要矛盾，注重细节管理，保证各项工作有序推进，有条不紊。

压裂五队在周丰的带领下，形成了“敢于拼搏、勇于创新、团结协作”的压裂五队精神。

如今，人们都把压裂五队誉为井下技术作业处的“黄埔军校”，这里已向外输送了十多名领导干部。

新的市场观念和市场开拓能力，是对新时期企业管理者的必然要求。几年来，周丰在稳固占领内部市场的同时，积极开拓中国石化、延长油矿等外部市场。在谈到开拓市场体会时，周丰说，一靠先进的设备和技术，二靠优质的服务，三靠诚实可信的人品。

周丰在他的试油压裂王国里如痴如醉。他们坚持学习—探索—实践……，短短几年，压裂五队推广新工艺、新技术 50 多项，使长庆的压裂技术稳步提升，逐渐闪耀国际压裂领域。

在 177 队当队长，周丰把这个试油队带成了全国“青年文明号”和中国石油集团“精品工程示范队”。

在压裂五队当队长，他又把五队带成了中国石油集团“百面红旗单位”和“金牌队”。

在靖安项目部当经理，他又带出来一个响当当的标杆队。

2007 年，他来到了靖边项目部任经理，肩上挑着长庆井下技术作业处主业 60%的产值指标。

压力大，动力也大，困难多，信心更足。周丰和他的工友们，正在新的战场创造新的业绩。

他也因此获得了应有的荣誉：中央企业劳动模范、全国青年岗位能手、甘肃省劳动模范、长庆局劳动模范、十大杰出青年。

日出日落，风霜雨雪。周丰和他的压裂队在鄂尔多斯盆地这片热土上，辗转东西，征战南北，沙漠、戈壁、山巅、沟壑，有油的地方安家园，有气的地方建功勋。

记者来到靖边项目部采访，发现员工们都非常喜欢《压裂歌》，就连手机的铃声都是“压裂歌”那激昂美妙的旋律：

压裂将士奔向四方，
为了油气何惧风霜。
攻克低渗夺高产，
井下工人高唱压裂歌……

采访札记——唱响心中的“压裂歌”

记者从西安出发，汽车沿着包茂高速公路西安—榆林段向北，经过 400 多千米的奔行，迎着落日的余晖来到了靖边项目部。

靖边是边塞之地，与内蒙交界。偏僻，荒凉，孤寂，远离基地，条件艰苦。

当见到周丰时，记者怎么也无法把面前的周丰与照片上的周丰相比，因为他明显地瘦了许多，简直是判若两人。

在靖边采访，记者听到最多的是那首几乎人人会唱的《压裂歌》，大家说得最多的是那句“地无压力不出油，人无压力轻飘飘”的名言。对于这些，周丰则有着比别人更深刻的领悟和认知。

人们说，长庆油田的历史就是一部压裂史。而周丰又投身于试油压裂事业，他在感觉到了一种荣誉和自豪的同时，时刻不忘的是一种责任和使命。

记者发现，作为井下技术作业处厂歌的《压裂歌》，更能体现周丰的精神和品质。他不惧艰难困苦，用自己的行动把铁人精神发扬光大；他在钻研技术上用真功夫，通过自己的艰辛努力，让长庆的压裂水平不断上台阶；他不断创新管理，提升了队伍素质和作战能力；他厚禄面前不动摇，忠诚祖国，让理想、信念、抱负在油田的热土上开花结果；他舍小家顾大家，恪尽职守，受到领导和职工的交口称赞；他关爱每一个员工，千方百计为大家排忧解难；在长庆试油压裂的行业里，曾涌现出一批批先进模范人物，周丰是新时期的一位优秀代表。他无愧于自己的理想，无愧于父母的寄托，无愧于组织的培养，无愧于伟大的时代！

（和军校）

记中国石油集团“标兵个人”采油二处女焊工刘玲玲

2007 年 7 月 20 日，大庆油田会议中心，中国石油集团领导干部会议正在这里举行。

“现在，请中国石油集团‘十大标兵’上台领奖！”主持人的话音刚落，十位身披绶带的标兵，在豪迈激昂的乐曲声中走上主席台。刘玲玲略施粉黛的脸上带着自信的笑容，深蓝色的西装让她高挑的身材更显挺拔，格外引人注目。从中国石油集团领导手中接过奖牌，面对出席会议的各长庆油田领导和闪烁的镁光灯，刘玲玲突然有一种恍然如梦的感觉。这可是中国石油集团一次高规格的会议啊，自己真的是作为长庆油田唯一的女工来参加这次会议的吗？想到自己在工地上走过的 5000 多个日日夜夜，想到伴随了她 14 年青春岁月的艰苦生活，想到她为苦练焊接技术付出的艰辛，想到和她并肩作战的姐妹们，想到默默关心和支持她的家人，一时间，她百感交集，眼眶不由得湿润了……

“我的家在长庆，我的根也在长庆”

刘玲玲说：“给不了甲方一个满意的交代，我就不是刘玲玲。”

多年来，刘玲玲心里始终装着集体，她爱护集体的荣誉，胜过爱护自己的眼睛。这份坚持，伴随着她走过了难忘的艰辛岁月，也伴随着她一步一步地成长。

江苏太仓的那次经历让她至今记忆犹新。

2004 年，第二采油技术服务处巨力工程公司承揽到了西气东输工程江苏太仓门站的施工任务。首次走出长庆施工的意义不言而喻，干好了，将开辟一方市场；干砸了，刚刚开启的市场之门将重新关闭。

参与施工的全是从公司里挑选出来的精兵强将，技术过硬的刘玲玲作为唯一的女工名列其中。带着沉甸甸的责任和领导同事的殷殷期望，刘玲玲和工友们踏上了南去的列车。

对这次施工，刘玲玲心里有底。10 年来，她已经取得了氩弧焊、下向焊等多个焊接证书，先后参与了元城首站、五蛟大型联合站、西马动脉管线、西峰油田西一联等30多项工程的施工，积累了丰富的焊接经验。说句大话，这些年还没有她拿不下来的活儿。

但是接下来发生的事情远远出乎她的意料。

太仓高温潮湿的大气和典型的浅表地下水特性，给了这位天不怕地不怕的西北女焊工“当头一棒”。

太仓的气温高达40摄氏度以上，人站着不动，浑身都像水浇一样。刘玲玲和工友们穿着厚厚的工服，背顶着毒辣辣的太阳，面对着焊接高温的烘烤，一个焊口下来，抓住衣服的下摆一拧，就能拧出水来。时间一长，工服上布满了厚厚的汗碱，用手一拍，白色的粉末直落；脖子、腋下、大腿根部起初长满了痱子，最终成片成片地溃烂，汗水一泡，更是钻心的疼。

太仓是典型的水洼地带，管沟深度要求开挖1.2米，下掘一米就会有地下水像泉水一样涌出来。刘玲玲穿着雨衣，套着雨鞋站在水里施焊，随着姿势的不断变换，泥水从她的雨鞋、袖口、领口不断涌进去，把她活脱脱糊成了一个泥人。70多岁的房东老太太实在看不下去了，从屋里找来一把老式油布伞，颠着小脚来到刘玲玲焊接的管线跟前，为她遮挡毒辣的太阳。看着怎么劝说也不愿离开，依然执著地站在大太阳底下为她打伞的老人，刘玲玲流着眼泪，依然没有停下手中的活儿。

超强度的劳动和超负荷的体力支出，加上对当地饮食生活的不适应和毒蚊子的叮咬，好几名焊工打起了摆子。刘玲玲的身上已被毒蚊子叮出了密密麻麻的疙瘩，两条腿肿得像紫茄子。看大家愁眉不展，刘玲玲开玩笑说，这儿的蚊子外形威武，很勇猛，大的像元帅，中不留的像将军，小的像士兵。惹得大家哄堂大笑。为了减轻压力，刘玲玲和工友们在晚上收工以后，一起唱歌、跳舞、做游戏，苦中作乐。

但这种日子没过几天，接下来发生的事，令刘玲玲瞠目结舌，很没面子。甲方X光机的第一轮检测结果显示，每一道焊口上都爬着密密麻麻丑陋不堪的小气孔，合格率不及20％。甲方代表发脾气了，他指着刘玲玲说：“你们到底会不会焊？长庆焊工的水平就这样？误了工期，你们要负全部责任！”刘玲玲的眼泪刷的流了下来，不是为自己，而是为长庆。她不允许别人怀疑长庆的水平，更不允许有人因此而轻视长庆！

性格倔强的刘玲玲也火了，“没有金刚钻，就不揽你这瓷器活儿，你放心，我们既然来了，就会给你一个交代！”

擦干眼泪，刘玲玲暗暗发誓，一定要把问题的根源找出来！她坚信，技术绝对没有问题，但症结出在哪呢？太仓是水塘地带，属于带水作业，焊接过程中焊条药皮容易受潮，导致出现气孔、夹渣等问题。为此，她反复验证，但问题依然未能解决。那几天，刘玲玲吃不下饭，睡不着觉，走路想，睡觉想，她到书店购买了相关的资料，希望在书上找到答案，甚至自己掏钱，请别的单位的焊接技师前来指点。苦思冥想中，她终于找出了三个疑点：甲方提供的氩气纯度是否达标？氩气皮带漏不漏气？焊丝是否符合母材的标准？通过反复实验，逐个排查，终于在更换氩气后焊口一次成功，合格率达到了99％。刘玲玲控制不住内心的激动，高兴得流下了眼泪，她终于给了甲方交代，也给了长庆一个交代！

刘玲玲的辛苦被那位当初发脾气的甲方代表看在眼里，他拿来一个红包，硬要塞给刘玲玲，想表达一下自己的心意。刘玲玲说什么也不要，“是嫌少吗？我可以再多给些。”说着，又从口袋里掏出一沓钞票，放在桌上。刘玲玲笑了，真诚地说：“我们只是做了我们应该做的，如果你真的要感谢的话，就给大伙儿买两箱矿泉水吧，这是我们最需要的。”

太仓门站工程提前 10 天完工，试运行一次成功，受到了前来参加剪彩仪式的副市长的高度赞誉。

刘玲玲要返回长庆了。那位甲方代表找到刘玲玲：“我们想请你留下来在这儿工作，月薪 4000 元，奖金另算。”对于当时一个月只拿几百块钱工资的刘玲玲来说，这个条件无疑是充满诱惑的。她的心动了一下，但很快又平静了，她谢绝了甲方代表的好意，说：“长庆培养了我，我不能离开长庆，我的家在长庆，我的根也在长庆。”

这些年，刘玲玲到过北京、深圳、上海等各大城市，也曾远赴比利时参观考察。不管走到哪里，她都会时常提醒自己：我是代表长庆外出的，我的形象就是长庆的形象！在参加中央企业模范人物先进事迹巡回报告会时，不管天气如何炎热，始终穿着一身红工服，以展现当代石油女工的美好形象。作为中央企业班组建设培训团的一员赴比利时参观考察时，常年奔波在野外没时间打扮的她，专门买回一身套裙和一管口红。当身着白底黑点套裙，手挎淡蓝色挎包的刘玲玲出现在众人面前时，大家纷纷投以赞许的目光。她说，咱不能给中国石油丢脸，更不能给咱长庆女工丢份儿。

“好技术是焊条烧出来的，更是汗水浇出来的”

刘玲玲在入党申请书中这样写道：“以知识报效祖国，以技术回报石油事业，是我不变的信念。有了这种信念，就没有练不出的过硬技术。”

1994 年夏，甘肃庆阳董家滩采油二厂焊接工房内。

中午时分，工人们都回家吃饭休息去了，只有一名焊工正蹲在工房施焊，神情专注。一名老同志悄悄地站在旁边观看。十多分钟过去了，那焊工居然还没察觉。

“玲玲，咱回家吃饭吧。”

那人停下手中的活，取下面罩，原来是一个眉清目秀的女孩。她的额头上已经布满了细细密密的汗珠儿。

“爸，你怎么来了?”

“我和你妈等你吃饭哩，左等右等不见你回来，猜想你在这。”“你先回，爸，我再多练一会儿。”看着女儿倔强的神情，老人只好摇摇头离开了。那一年，刘玲玲 18 岁，刚刚参加工作。为了练技术，她到了痴迷的程度。

刘玲玲认为，作为一个普通工人，首先必须练就一手过硬的技术，没有过硬的技术，报效祖国、热爱油田就是一句空话。

凭着这种信念，十多年来，刘玲玲夜以继日地潜心磨炼焊接技术。有一段时间，父母发现了一个怪现象，如花似玉的姑娘家，不知道打扮自己，偏偏抱着沙包、三合板之类往家里跑。放着好好的沙发不坐，偏要蹲着，就连吃饭、看电视、拉家常时也不例外。这孩子怎么了？还是父亲看出了门道，玲玲这是在练技术呢。为了练蹲姿，她的双脚肿成了“面包”。为了练稳定、练臂力，她把沙包挂在焊枪上，比比划划 40 分钟才休息，胳膊练得又红又肿。为了达到心与手的协调，她在三合板上画上各种形状的曲线，用克丝钳夹着铅笔练走线。为了强化技术，她工余时间跑到私人施工队干脆做起了义务劳动，老板乐得合不拢嘴，刘玲玲也乐，不掏钱练技术，多好的事。像这样的义务劳动，她断断续续干了一年多。为了弄懂一个问题，她深夜叩开过师傅的家门。为了掌握更新的技术工艺，她自费购买书籍和订阅杂志百余册，一有空就啃，有时间就练。每天早晨，刘玲玲总是提前一个小时上班，打扫完工区就找来边角料练技术，10 分钟“平焊”、10 分钟“立焊”……等她练得满头大汗的时候，别人才陆陆续续上班。工间休息，别人聚在一起凑热闹，她却抱着书本躲在一边做笔记。由于练焊时间过长，刘玲玲的眼睛被电焊弧光刺得又红又肿，流泪不止，疼得像针扎一样，连吃饭都摸着往嘴里送，胳膊和脚面上也是伤疤摞伤疤，旧伤没有好又添新伤。这期间，烧破多少件衣服，流过多少眼泪，连刘玲玲自己也说不清。

施工中遇到技术上搞不懂的地方，刘玲玲就跑到山顶上有手机信号的地方打电话向丈夫求教。丈夫雷建国既是她生活上最贴心的人，又是她工作上的好伙伴，虽然在两个单位工作，聚少离多，一年见不了几回面，回不了几次家，但只要聚在一起，多是相互切磋技术上的难题。夫妻俩相互理解，共同进步，在甘肃省 2004 年百万员工技能竞赛焊接比赛中，分别获得第三名和第四名，后又双双被甘肃省评为“技术能手”。

德国监考老师说：“你焊的焊口和你的人一样漂亮，长庆的女焊工真是了不起!”

刘玲玲的技术日趋成熟，一个好焊工应该具备的蹲要实、手要稳、摇摆均匀、焊缝美观的扎实功底，都在她这儿得到了体现，干的活越来越漂亮了。但刘玲玲并没有满足，她深知“知识”和“技术”在焊工这一工种中所占的分量，她的目光在更高更远处。

1997 年，刘玲玲被巨力公司推荐到大庆参加 NE－287 德国焊接技术培训。接到通知，刘玲玲就兴奋地把这消息告诉了家里。一个临时工，能够有机会参加这种高规格的培训，机遇很难得，更何况，NE－287 德国焊接证书代表的是焊接工艺的最高水准。刘玲玲暗下决心，一定不负厚望，把最一流的技术带回来!

来到大庆后的第一次模拟考试，给满腔热情的刘玲玲当头浇了一盆冷水。其他学员都是有着十几年到几十年丰富工作经验的老焊工，甚至有些已经拥有了高级资格证书，而刘玲玲却是一名新手，在焊接技术、工作经验上存在明显的差距，理所当然成为班里的倒数第一名。教练关切地说：“小刘啊，你基础太差了，一定要加把劲啊!”刘玲玲被说得面红耳赤，羞愧地低下了头。

刘玲玲给自己加压，一定要摆脱这尴尬的“第一名!”

按照学校规定，训练场地的大门课余时间是关闭的，不允许学员私自练习。刘玲玲就三番五次地找教练和培训部主任要求加练。耐不住她的软磨硬泡，学校为她开了先例。双休日、中午、晚上的休息时间，刘玲玲总是一个人悄悄来到训练场练习。平常上课练习，其他学员每天最多焊两个焊件，双手一抱就能拿走，而刘玲玲则推着满满一架子车焊件，往自己的工位拉运。连教练也开玩笑说：“刘玲玲哪是学习来了，分明是报仇来了。幸亏只有她一个，要是多来几个像她这样的学员，我们可是要赔得砸锅卖铁了。”

在练习仰焊时，要蹲在焊件下面操作，一大块一大块的焊花迎面坠落，落在刘玲玲的脸上、脖子上和手上，所到之处都被烧得起了黄豆大的水泡，可是焊缝却怎么也焊不好，每一块焊件，都以失败告终。但刘玲玲没有停止。教练看着心里着急，就手把手地教，一滴铁水溅落在刘玲玲手心里，等她硬是坚持到那根焊条烧完，已疼得泪流满面，手心里赫然一个指头大的水泡，连教练也感动地说：“就凭这，你一定会成为一名好焊工!”

两个多月的学习，刘玲玲身上的伤疤数不胜数，崭新的一套工作服前襟和袖子几乎被烧掉了，全是大大小小的破洞。付出总有回报，在结业考试中，刘玲玲被评为优秀学员，考试试件也受到了德国监考老师的好评，夸赞刘玲玲说：“你焊的焊口和你的人一样漂亮，长庆的女焊工真是了不起!”

由于常常加班练习，刘玲玲和看门的付

婶结下了深厚的友谊。临近毕业，付婶专门让自己的女儿上街去买了一条淡蓝色的裙子，送给刘玲玲，她希望刘玲玲能脱下工服，美丽一回。至今，那条裙子承载着一个美好的记忆，还被刘玲玲用心珍藏着。

一个热爱学习、热爱劳动的人，在任何时候都能得到别人的尊敬、理解和帮助。凭着一股子不服输的拼劲和执著，刘玲玲完成了知识的不断更新和焊接技术的一次次升级。《锅炉压力容器焊接证》、《氩弧焊手工操作证》、《焊工高级操作证》等一本本证书，让她走上了焊工这个行业的最高平台。目前，她和她的女子焊工班在生产实际中掌握了“左右手焊”、“薄板焊”等22项绝活。

“再苦再累再难，我也不会离开现在的岗位”

刘玲玲说：“吃再多的苦，受再多的累我都不怕，总有一天，我要干出个样子来，证明给你们看！”

14年的焊工生涯，承载了刘玲玲的光荣与梦想，也承载了许多痛苦与欢乐。

最初成为一名焊工，刘玲玲内心也曾有过挣扎。十八岁的花季女孩，有谁不爱美呢？可是当了焊工，就与美丽无缘了。永远的红工服取代了漂亮时装，原本娇嫩的肌肤受到高温烤灼，很快就失去了本色，抹再多的护肤品也是白搭。每天穿着浑身是泥的工作服、蓬头垢面地下班回家，刘玲玲总是自卑地低着头匆匆忙忙从单位家属区走过，甚至会刻意选择人少的路线回家。

邻居的大妈看着刘玲玲被焊花烧得层层起皮的脸，责备她母亲说：“一个女娃娃，干这么苦这么累的活，你就不心疼！我女儿就算去要饭也不会干这种活！”很多和她一块参加工作的人，都受不了这种苦，换岗的换岗，调动的调动，留下的几个也是满腹牢骚。父母亲也心疼女儿，劝她转岗。可刘玲玲不服输的那个劲头又上来了：“男同志能干的工作，我可以干；男同志不愿干、干不好的工作，我通过努力还可以干得更好！吃再多的苦，受再多的累我都不怕，总有一天，我要干出个样子来，证明给你们看！”

仅仅用了一年时间，刘玲玲以临时工的身份参加采油二处第八届工人运动会，一举夺冠，真的令众人刮目相看了。

2000年1月，刘玲玲成家了。新婚的蜜月刚刚开始，小两口就依依惜别，丈夫奔赴靖边工地，刘玲玲则到吴起县的桑树坪。那间11平方米新房从此成了空房。从分手的那一天到2006年年关，刘玲玲每年与丈夫只见三回面，长则半个月，短则三五天，有时在刘玲玲的工区，有时在丈夫的工区。

桑树坪里没桑树，只有6户人家。院子里枯草丛生，窑洞内光线暗淡，老鼠在土炕上嬉戏。房东说：“十多年没有住人了。” 刘玲玲是班里的大姐，袖子一挽说：“当焊工的啥地方没住过，我来收拾。”

刘玲玲这些年没少吃苦。野外施工，住的是当地村民废弃的窑洞，常常与老鼠和蜘蛛为伴；阴雨连绵常与外界隔绝，一连几天吃难以下咽的“白水煮面片”；在陕北、内蒙古的作业区，还曾经连续多天喝过又苦又咸、漂满了柴草和牛羊粪的窖水……

陕北的二月天，北风犀利，尘土直灌裤腿和脖子。刘玲玲在管沟里躺着焊了几个小时，头晕目眩，面色如土，虚汗直流。

刘玲玲病了。她怕影响工程进度，连夜直奔县城看病。几十里黑路，她走得毛骨悚然。到了县城，她做的第一件事是拨通了丈夫雷建国的手机。千里之外的丈夫喊着“玲玲”，一口气问了三个“怎么了”。听着丈夫关切的问候，一股暖流涌上心头，她捂着嘴巴，眼泪潸然而下。丈夫更加焦急了：“玲玲，你是不是生病了？快说话呀，玲玲……”

刘玲玲把哽咽堵回去，把眼泪堵回去，她说："建国，我们今天加班，在山顶上呢，山顶上有信号，就给你打个电话。我好着呢，你别担心，噢，对了，你要多注意，把身体保养好，她们等着我回去呢，不跟你说了，拜拜。"挂断电话，刘玲玲蹲在地上又哭了。刘玲玲红着眼睛去县医院看了大夫，又连夜赶往桑树坪。天亮了，刘玲玲走回了窑洞，跟没事人一样，哼歌，洗脸，刷牙，梳头，上工地。

刘玲玲对父母说："我干焊工顺手了，虽然辛苦，可我从中找到了乐趣，找到了自己的价值。"

特殊的工作性质和工作环境常常需要刘玲玲在亲情和工作上做出选择，这使她失去了平常人应该享受的生活乐趣，甚至承受常人难以承受的痛苦。

刘玲玲有一个活泼可爱的儿子，叫子涵，2007 年 4 岁半了，可他已经是刘玲玲第四次怀上的孩子了。

2000 年，新婚不久的刘玲玲为了争取到大庆学习下向焊新技术的机会，拍着胸脯向领导打了三年之内绝不要小孩的保票，到医院拿掉了他们的第一个孩子。接下来的两个孩子都是因为过度劳累，在工地上流产了。作为一个女人，一个母亲，孩子还没出生就夭折的痛苦是无法言说的。刘玲玲把这种痛苦深埋在心里，像往常一样工作着。

2002 年开始，西峰油田进入快速建产时期，各项基础工程的建设速度很快，刘玲玲像一个上足了发条的钟表，全心全意投入到了西峰油田的建设当中。但老天好像故意考验刘玲玲，当年 2 月，刘玲玲终于第四次怀上了孩子子涵，由于多次流产，怀孕 40 多天就出现了先兆流产的症状，刘玲玲只好请了病假在家保胎。休息了一个月后刚上班，就接到了上工地的通知，西峰注水管线工期紧张，需要过硬的焊工。想到肚子里的孩子，刘玲玲犹豫了，她想告诉领导自己怀孕的实情，但一句"那里非常需要你"的话让她话到嘴边又咽了回去。

回到家里，她开始收拾行装。正在洗碗的丈夫听说她要上工地，一下子把碗摔到地上，冲刘玲玲吼道："工作对你来说真的比一切都重要吗？你还是不是我老婆？你还要不要这个家了？"刘玲玲的眼泪刷的流了下来，丈夫一直是她最贴心的人，也是她工作上的好伙伴。一直是理解她，帮助她的。这次发火，她不怪他，他也是心疼孩子，心疼她呀！其实她又何尝不知道这个孩子的重要，如果这次再有什么意外，她可能永远都当不了母亲了！

好强的刘玲玲执意不改变主意，拗不过她的坚持，丈夫只好应承下来。临别时，丈夫流着眼泪，拜托同行的工友照顾她。刘玲玲坐在大卡车的驾驶室里，一路颠簸来到了工地。为了避免电焊对肚子里的孩子造成伤害，她专门找了一块薄铁皮护在肚子前面；担心蹲着对肚子造成挤压，她硬是跪在地上整整焊了一天！当天的焊接任务完成后，她的两个膝盖又红又肿，几乎已经无法站立，在场的人无不为之动容。

领导得知她已经怀孕 3 个多月，除了钦佩，更多的是埋怨。他们及时调整了刘玲玲的工作，让她留在工地担当技术指导。刘玲玲毅然留了下来，这一留就是 4 个多月。婆婆担心她把孩子生在工地，托人把孩子的小衣服和尿片捎到了工地。临产前 20 多天，刘玲玲才回到家中待产。

刘玲玲总说，自己是个"狠心"的母亲。其实，天底下有哪位母亲不疼爱自己的儿女呢？当她为了能够随时上工地，擅自剥夺了孩子吃母乳权利的时候；当她撇下高烧的孩子，义无反顾去一线的时候；当她很长时间才回到家里，孩子冲着她喊"阿姨"的时候；当她给孩子打电话，孩子哭喊着叫"妈妈"

的时候，这位母亲的心在滴血，但是，为了工作，她别无选择！

父母和丈夫，曾多次劝刘玲玲换个轻松些的工作，有一次甚至帮她把表都填好了，刘玲玲一看急了，坚决不同意："我干焊工顺手了，虽然辛苦，可我从中找到了乐趣，找到了自己的价值。"

14 年的光阴，把一个如花般美丽的少女变成了历经沧桑的女人，也把一无所知的刘玲玲锻造成焊接领域的高手。她也许是痛苦的，因为这份执著，她失去了美丽的容颜，经历了别人难以想象的艰辛；但她又是幸福的，因为所有的付出都换来了回报，她获取了知识、赢得了荣誉，收获了亲情、友情、爱情，甚至更多更多……

"女子焊工班是我另一个家，她们都是我的亲姐妹"

刘玲玲对她的姐妹说："不怕干不好，就怕你不干！只要你能掌握技术，我受点伤也值得！"

2000 年，随着西峰油田的发现，采油二处巨力公司的工作量猛增，急需大量焊工，技术过硬的刘玲玲理所当然成了女子焊工班的班长。

班长是个小官，却也是最难当的官。十几名女工都是来自打字员、材料保管员等后勤服务岗位，思想认识不统一，技术水平参差不齐，有的甚至从来没有摸过焊枪。要把这样一支队伍锻造成招之即来、来之能战、战之能胜的队伍，刘玲玲压力不小。

看到姐妹们士气低落，各行其是，如同一盘散沙，刘玲玲决定：攻心为上！她挨个找到女工，和她们谈家长里短，谈她的学习经历，谈掌握一门技术的重要性……

每天早晨，刘玲玲总是第一个到工房打扫卫生，她要给姐妹们一个整洁的"家"；下班以后，她又是最后一个离开，看到姐妹们都回家心里才踏实。班里有什么活，她二话不说，总是抢在前头干。女工哪个有个头疼脑热，刘玲玲替她干了活，还把可口的饭菜送到床前；哪个过生日了，刘玲玲送个蛋糕；哪个要结婚了，刘玲玲早早随上一份情，下了班就去帮着布置新房……

渐渐地，女工们的眼神开始活络起来，一向沉闷的工房里也开始有了欢声笑语，大伙儿都说，女子焊工班越来越像个家了。

思想上的疙瘩虽然解开了，但没有过硬的技术，为西峰油田的发展作贡献就成了一句空话。刘玲玲开始手把手教大伙儿学技术。哪个的活儿"出彩"了，刘玲玲都是一通猛赞，赞在心里，赞在嘴上，赞在行动上。于是，女子焊工班"出彩"的活儿越来越多。哪个的活儿出现了"小气孔"，刘玲玲不批评，自个儿替她返工，然后说："活要这样干。"于是，女子焊工班的"小气孔"越来越少。

在巨力公司的支持下，刘玲玲请来了高级技师给大家传授焊接技艺，她带领大家早出晚归，别的班组都收工了，可女子焊工班的姐妹们还蹲在工房里一边看老师焊，一边琢磨，认真记录各种焊接手法、焊接电流……

女工王云霞，刚到焊工班时情绪非常低落，整天闷闷不乐，和谁也不来往。刘玲玲就主动找她交流，动员她学技术。起初她的抵制情绪和畏惧心理很重，迟迟进入不了角色，学习效果很差。刘玲玲决定采用"逼"的办法，不管这活她能不能拿下，都要求她先试着干，成功的及时表扬，不成功的指导她补救。有一次，刘玲玲在指导她进行焊件打磨时，由于打磨时间太长，她手一软，打磨机打到了刘玲玲的手上，鲜血直流。王云霞抚摩着刘玲玲受伤的手，内疚地说："都是我不好，害得你受了伤！"刘玲玲说："不怕干不好，就怕你不干！只要你能掌握技术，我受点伤也值得！”从那以后，王云霞逐渐进入了角色，技术水平提高得越来越快，现在已成为女子焊工班的技术骨干。

在刘玲玲的带动和影响下，学习在女子焊工班蔚然成风。工程公司在大庆焊培中心高薪聘请了 NE－287 德国焊接教练前来进行理论知识和实际操作培训，不在培训人员之列的女工王庆玲主动找到公司领导，要求参加培训。领导担心她技术相对薄弱，有可能无法取得证书，王庆玲斩钉截铁地说：“拿不上证书，培训的 6000 元费用我自己出！”50 多天的培训，女工们掌握了立焊、平焊、横焊、仰焊、管状斜 45 度焊及管状水平固定焊的操作技能，王庆玲在内的 16 名女工全部取得了 NE－287 德国焊接证书。

技术上的日臻成熟让女子焊工班的整体施工能力有了质的飞跃。2001 年 7 月，女子焊工班承接了 1000 立方米大罐的焊接任务，7 月的骄阳把大地烤得如火炉一般，大罐的钢板经过持续暴晒温度更高，拿根火柴在罐壁上一划，“刺啦”一声，火柴就燃着了。穿着厚重的劳保鞋踩上去，一股烧焦的气味就弥漫开来。在这样恶劣的环境中，女子焊工班的姐妹们没有一个人退缩，没有一个人观望。为了不延误工期与进度，刘玲玲带领大伙儿，“发明”了在脚下绑两块砖这样的特殊方法。罐内高达 60 多摄氏度的高温使大伙儿的工服能拧出水来，更难以忍受的是，施焊时产生的呛鼻的浓烟，让人呼吸困难，视线模糊。长时间的暴露在毒辣的太阳底下，女工们一个个患上日光性皮炎，身上起满了痱子和湿疹，嘴唇也干裂出一道道血口子。姐妹们相互鼓励，昼夜奋战。仅用了 7 天时间就完成了大罐主体工程，比计划工期提前了 3 天。当甲方和监理公司得知是十几名女同志优质高效地完成了施工任务时，纷纷竖起了大拇指。

女子焊工班一时间在油田有了名气。刘玲玲说，大家在一起就是一个小家庭，小团队，关键处，不是看大家“以一当十”，而要看“以十当一”，团结得像一个人一样。

多年来，刘玲玲和她的姐妹们一起品尝过人生的欢歌笑语，也品尝过人生的酸甜苦辣。她们是一个血肉相连的大家庭，她和女子焊工班的姐妹们情同手足，在连续多年的征战中，曾经历过生与死的考验。

那一年，刘玲玲带着姐妹们来到陕北的红柳沟乡，参与盘二转油站的建设。临时驻地是当地村民废弃的土窑洞。

工程开工后不久的一个晚上，劳累了一天的女工们享受着大雨带来的清凉，睡得格外香甜。午夜时分，只听“轰”的一声巨响，不知是什么东西砸了下来。女工们惊慌失措，不知道发生了什么事。凭着野外工作生活的经验，刘玲玲脑海里第一个反应就是窑洞塌了！她赶快爬起来大声说：“快跑，窑洞就要塌了！”她挨个叫着每个女工的名字，她不能让一个姐妹落在这里，是她带着姐妹们出来，就有责任保证每个姐妹的安全！当喊到“王晓燕”的时候，刘玲玲没有听到回答。她一下子开始发慌，边大声喊叫着名字，边摸索着去找。她摸黑走到王晓燕的铺位，一摸全是土，原来王晓燕被窑顶塌下来的土埋住了！她一边哭着，一边发疯似的刨着土。好一阵，才听见王晓燕微弱的声音：“我在这里。”当刘玲玲背着王晓燕，一步三挪地和姐妹们来到了男工友住的窑洞前时，一下瘫倒在地放声痛哭起来。男工友打开门看见她们失魂落魄的样子，这些坚强的男子汉也流下了眼泪。

这种生与死的考验，这种情同手足的情谊，让女子焊工班显示出了巨大的凝聚力。

2007 年，刘玲玲参加巡回演讲，刚刚返回驻地后，无意中听到领导说宁二工地上缺焊工。她二话没说，匆匆赶到马岭收拾东西，第二天一大早，刘玲玲就乘坐交通车赶到了宁县工地，与姐妹们并肩作战，一天就焊了

60 多个口……

在西峰油田镇二转至镇三转输油管道工程建设中，巨力公司首次承担 70 米远距离管线跨越。由于工程难度大，施工要求高且工期紧，刘玲玲临危受命，带领姐妹们承担了焊接任务。时至寒冬，沟底快干涸的水渠里已结了薄薄一层冰，在凛冽的北风中，姐妹们紧张而忙碌的施焊，为了赶工期，她们已经一连几天都没睡过好觉了，终于在计划工期当天晚上 8 点焊完了最后一个焊口时，姐妹们欢呼雀跃，一天没顾上吃饭的副班长彭彩霞也高兴得伸直了腰，忽然一阵头晕目眩，险些摔倒在地……

这几年中，没有一个姐妹因工作艰苦而离开这个团队。有一名女工患了腰椎间盘突出症，已不适宜再干野外艰苦的焊工工作。刘玲玲记在心里，三天两头就找领导要求给换岗位。当领导答应调整的时候，这位女工竟然流着眼泪谢绝了刘玲玲的好意。刘玲玲知道，她是舍不得离开女子焊工班，离不开这些与她共患难的好姐妹。

……

刘玲玲一路走来。她的笑容平静而灿烂。

多少年来，她就是凭着这股子拼劲和不服输的性格，带领女子焊工班行程上万里，足迹遍及陕、甘、宁、青、内蒙古五省(区)，先后参与完成了五蛟大型联合站、西一联至中集站大口径输油管线等重点工程，在现代化模式开发西峰油田建设中，参与了西一联、西二联、西三计量接转站、董一注水站、盘古梁盘二转油站、靖二连站内改造等新油田标志性建设工程的施工任务，焊接各类管线 2000 余千米，制作 1000 立方米大罐 15 具，完成大小焊口 47000 多个，攻克技术难题 22 个，并研究创造了薄壁材料焊接等技术，创产值 7800 多万元，利润达 870 万元，为公司的发展乃至整个西峰油田的建设做出了不可磨灭的贡献。先后荣获“全国三八红旗集体”、“全国青年文明号”、“甘肃省青年文明号”、“甘肃省三八红旗集体”、“中国石油集团先进班组”等光荣称号。

在很多人看来，刘玲玲获得了巨大的成功。“长庆局劳模”、“甘肃省劳模”、“全国三八红旗手”、“中国石油集团十大标兵”……这些年，她获得了太多太多的荣誉，也拥有了太多太多的鲜花和掌声。面对荣誉，刘玲玲显得很平静。她告诉我们，这次大庆参观了铁人纪念馆后，让她对共产党员有了全新而深刻的认识。大庆精神和铁人精神让她无比感动，更令她十分震撼。从王铁人身上，她看到了自身的渺小，也更加坚信了自己的目标与方向，那就是：以企业发展为己任，做一个忠实的大庆精神、铁人精神的传承者。

（王　静　刘筱君）

记活跃在各条战线上的复转军人们

在长庆油田的发展历程中，石油传统、解放军作风和延安精神一直作为企业文化的精髓不断传承。在新世纪的今天，许许多多新老复转军人依然活跃在平凡的岗位上。他们就像抗洪的战士，冲在石油抢险的最前面；他们就像阵地上的士兵，坚守在工作岗位；他们就像受检阅的战士，纪律严明、作风过硬、英姿飒爽。他们永葆军人的本色，在鄂尔多斯大地上为长庆油田大发展建功立业，给军功章增光添彩！

1971 年长庆油田成立之初，2 万多名解放军指战员复员、转业到大会战中的长庆创业队伍中，在长庆油田 37 年的发展历史上，军人为长庆油田的创业、建设、发展做出了突出的贡献，在处于大发展时期的今天，长庆油田还活跃着一批退伍军人，他们怀揣着部队颁发的军功章，在油田普通的岗位上默默无闻地奉献着自己的力量……

热心肠的李雪峰

2007年已52岁的李雪峰是钻井工程总公司离退休职工管理站的会计，他1976年2月入伍，1978年加入中国共产党，在新疆服役期间先后于1979年12月、1987年12月荣立解放军36141部队政治部三等功，1992年1月荣立解放军步兵第八师政治部三等功。1996年到2007年先后被钻井工程总公司评为优秀共产党员、先进生产（工作）者、标兵能手。

在部队的18年里，锤炼了李雪峰强烈的事业心和责任感，转业复员到长庆油田后，在离退休管理岗位上，被离退休的老人们称为“热心肠的好人”。

李雪峰管理着离退休职工养老金、内部退养职工生活费发放，医疗费、死亡职工丧葬补助等费用报销等。每次各种费用领回来后，他都及时逐个打电话通知本人前来领取，对那些年龄偏大、行动不便的老职工，就将报销费用送到家中。在离退休职工养老金发放过程中，他发现向外地邮寄工资的51人中，经常会因地址、账号有误，养老金邮寄后不能及时到达职工手里，于是他多次打电话、跑银行，将其中41人的各种费用转存改换为直接存入，解决了离退休职工汇款不易的问题。管理站近千名离退休、内部退养、有偿解除劳动关系人员的基本情况，李雪峰的心里都记着一本账，谁家里几口人、儿女在哪儿上班、生活怎样，他都了如指掌。

2005年度他被钻井工程总公司评为标兵，奖励了5000元钱，拿着奖金，李雪峰想到了因胃癌住院的困难职工杨秀仓，他的家属常年患病，两个孩子都在上大学，生活实在是困难。还有孙芳兰，冠心病支架手术半年期间3次住院，费用达5.37万元。李雪峰没有犹豫，从自己的工资里取了1000元，加上奖励的5000元，以退休职工管理站的名义，分别送到了杨秀仓、葛来孝、赵贵林等12名困难职工的家中。当一名老职工到退休管理站表示感谢时，同事们才知道事情的真相。实际上李雪峰自己的家庭状况也不宽裕，妻子体弱多病，每月医药费用就要三四百元，加上两个孩子还在上学，老少5口人靠他一个人的工资生活，平时舍不得给自己买件衣服，家中没有一件高档家具和电器，可他却将奖金送给了身边更困难的人。

点点滴滴的小事情李雪峰做了很多很多，李雪峰没有记住，可是老工人全记下了，都说李雪峰是一个“热心肠的好人”。

带好“兵”的李军治

在姬塬低效油田活跃着一支被甲方认为是“最放心的试油机组”，那就是井下处试油172队三机组，李军治便是这个集体的领头人。

1992年12月参军到新疆36232部队的李军治，担任过班长，多次被评为优秀士兵、受到团嘉奖，复员到油田当了石油工人，更是把带工人当成带兵一样。

2006年，长庆油田全面开发姬塬低效油田，井下处决定在姬塬油田寻找发展机遇，李军治主动请战，带着队伍上了姬塬油田，一年就完成了15口井的作业任务，口口效果显著，李军治带领的172机组被甲方采油五厂低效项目组评为“最放心的机组”。

2006年，李军治针对抽汲过程中，玻璃油管与三通的连接存在安全隐患的情况，带领班组职工自行设计并加工了活接头变扣，避免人站在井口上进行螺纹连接，降低了安全风险。在担任司钻的5年里，李军治的机组没有发生一起事故。由于现场管理到位，该机组在2002年度被靖安项目部推荐为

"HSE建设示范班组"，2003年度被评为井下处"安全管理先进班组"。2004年他所带领的机组，年试油压裂突破60层次，各项施工合格率百分之百，他本人也被评为"井下处先进生产者"。2005年他所带领的机组，年试油压裂突破65层次，各项施工成功率百分之百，他本人连续3年被评为井下处"优秀共产党员"、"十佳优秀班组长"等，该机组被评为"安全管理先进班组"。

站好岗的王利明

水电厂王窑水电队王一转供水工王利民，2007年已经45岁了，1981年入伍，1996年转业到水电厂安塞综合大队王窑水电队。

王一转水站地处安塞县与志丹县王南沟交界处，运行水源井24口，日供水量5000多立方米，占据着采油一厂王窑作业区供水任务的"半壁江山"。该站自1991年组建以来，陆陆续续换了很多职工，可是干不了多久就因为站里条件艰苦、工作任务繁重而要求换到其他岗位，很多人一听要去王一转巡井就有怨言不愿意去。1998年3月，王利民主动请缨从检修班到王一转水站工作。有人认为他傻，有人认为他是在出风头，而他这一去就是九个年头。九年如一日，年复一年，日复一日，无论是酷暑寒冬还是刮风下雨，不知道爬了多少山，走了多少路，王利民每天对24口水源井进行日常巡视、检修，夏天一身土、冬天一身雪对他来说如同家常便饭。

为了保障设备安全运行，王利明找来各种专业书籍仔细地研读，并把相关资料按照工作的需要做成卡片，或摘录、或剪贴到笔记本上，凭借多年的工作经验和娴熟的业务技能，保证了24口水源井的安全运行。王利明患有腰疾，医生建议他要尽快动手术，但为了工作，他一再推迟做手术的时间。大家都劝他在家好好休息，可王利明却说："没关系，老毛病了。"在部队，王利明加入中国共产党，获得过军功章，是一个好兵；在单位的11个年头里，王利明多次获得"优秀共产党员"的光荣称号，在艰苦的岗位上，每天都像一个兵，站好自己最平凡的那班岗。

保安全的张贵军

2007年44岁的张贵军，是第二采油技术服务处特车运输公司一名普通的锅炉车司机。1982年，张贵军入伍，而且当上了自己喜欢的汽车兵。当兵的15年里，张贵军在甘肃挖了两年金矿，在云南守了两年边关，在珠海参加了填海工程……辗转的军旅生涯，使他喜欢跟车在一起。1996年，张贵军转业到了第二采油技术服务处特车运输公司。

在特车公司，锅炉车是特种车辆的一种，主要承担和修井公司协同作业的任务。修井公司到哪里作业，他们就跟到哪里，只要甲方一个电话，他们就必须按时赶到井场。张贵军开这种车经常熬夜，当时和他一起开锅炉车的有十来个人，先后都调离了锅炉车司机岗位，而张贵军一直坚持着，这一干就是10年。熬夜、加班已经习以为常，吃不上饭、睡不好觉已经司空见惯。

锅炉车司机最怕两件事，一是冬天怕水箱冻，里面的水如果冻了，就得先一点一点地放掉再去拉新的，这一来一去，就要花上四五个小时往返上百千米，这还不要紧，最担心的还是找不到水源；二是怕晚上熬夜，连夜转战施工现场。

张贵军长期跟随修井工人吃住在一起，一年中很少有机会回家。夫妻俩长期两地分居，张贵军两口子很少见面，只有他请到假才能回去见见家里人。然而特车公司锅炉车数量有限，随着修井工作量的不断加大，锅炉车工作量也自然加大，请假回家的事情也只有一拖再拖。

2000 年春节，已经很久没有回家的张贵军还是没有请假，那个春节，张贵军配合完井下作业，吃着方便面过了一个年，自打那以后，他在西峰塬上常常一住就是 8 个月……

这样的生活，张贵军经历了十年，可也就是这十年，他对特车的爱到了常人难以想象的地步。在特车公司，他也有被提拔为干部的机会，但他拒绝了。一方面因为经常在外配属，可以多挣点钱养家，更重要的是因为他放不下手中的这辆锅炉车。十年里，张贵军没有一次习惯性违章，没有发生过车祸，甚至连车辆擦碰都没有过。张贵军还像一个老汽车兵，每天都稳稳当当地行驶在通往井下作业现场的一条条曲曲折折的山间道路上。

好钻研的乔鑫

水电厂安装大队电气修试班班长乔鑫脱下军装 12 年，但工作、学习仍保持着兵样，是水电厂上百名退伍军人的一个缩影。

1991 年乔鑫光荣入伍到了酒泉卫星发射中心，当了一名铁路卫士，终年驻守在大漠深处奉献着青春，当兵四年里两次荣立三等功，4 次受到部队嘉奖。1995 年，乔鑫从部队复员，分配到水电厂工作。

自上岗的第一天起，乔鑫就立志要干出点模样来。三年时间里，他自学了电力专业大、中专课程，熟读了《电工基础》、《电工调试》、《继电保护校验》和《集成电路及微机保护》等各类专业书籍，记学习笔记 4 本，绘制电气图纸 112 张，熟练掌握了电气设备原理。

靖边燃气发电厂建设项目是 1999 年长庆局重点建设工程，在工程建设初期，担任班长的乔鑫第一个进驻施工现场，一住就是四个多月。在最短的时间内，完成了发电厂升压站立杆、高压电气设备安装工作。2002 年 5 月，在靖安 110 千伏变电所建设工程中，乔鑫组织大家熟悉图纸、施工内容和工作量，攻克了 500 平方毫米大截面钢芯铝绞线电气工程施工压接技术难题。2004 年 4 月，在第一采气厂检修作业区南 25 站，他及时安装了雷电保护单元错接交流电源的避雷装置，明确标示了“不可互换，互换危险”的字样，避免了一次三相短路事故的发生。

脏活、累活抢着干，在抢修的非常时刻，冲在最前面的总是乔鑫。2005 年 5 月，靖安 110 千伏变电所一套保护装置经常发生插件烧毁故障。乔鑫反复检查设备故障，一一测试保护元件，发现保护装置的一个集成电路板接线发生故障，及时进行更换解决了问题，5 名来自南京自动化设备厂的技术专家在现场向他竖起了大拇指。2006 年，马岭 110 千伏变电所 25000 千伏安、50000 千伏安两台主变大检修，这是水电厂大容量变压器的初次检修。乔鑫带班配合厂家做好吊芯试验等工作，坚守现场半个月，工作笔记、竣工报告厚厚一大本，为水电厂设备管理维护积累了丰富的经验资料。

作为基层班组的带头人，乔鑫从科学管理着手，要求大家严格台账记录，严格交接班制度，严格执行电业安全规章制度，夯实班组基础建设。2007 年，乔鑫所在的检修班组被水电厂推选为“双文明”先进班组，他本人也被推荐评选为中国石油集团“标兵个人”。

在 12 个年头里，乔鑫先后参加了靖边燃气发电厂建设、靖安 110 千伏变电所建设、华池 110 千伏变电所扩建等 12 项局重点工程项目，自 1998 年以来，他 6 次被评为水电厂“岗位技术能手”、“双文明先进个人”、“春检先进个人”，2004 年被评为长庆局“劳动模范”、“工人明星”，2005 年又被评为中国石油集团“劳动模范”。他所带的班组先后 5 次获得水电厂“双文明”先进班组、“优秀三标”班组和“青年文明号”等荣誉称号。

第二篇

工程技术服务

钻井工程

【概述】　2007年，长庆局钻井系统共有钻井队123支，从业人员14963人。固定资产19.64亿元，有各类设备3690台（套），其中ZJ70、ZJ50、ZJ40、ZJ30、ZJ15等各型钻机123部；固井车辆167台，供水设备173套，运输车辆599台，加工设备130台，施工设备66台，供暖锅炉48台，其他设备2384台。2007年，钻井系统广大职工，以科学发展观为统领，全面落实“持续提速、整体提速”的工作要求，坚持“三靠两保证”的提速原则，集成配套长庆油气田快速钻井技术，钻井提速取得了明显效果，生产能力和技术服务水平进一步提升，钻井进尺突破422万米，为长庆局持续有效快速协调发展作出了突出贡献。

【钻井生产】　2007年开钻1879口井（其中，天然气探井92口，石油探井8口，天然气开发井170口，石油开发井1609口），完井1873口（其中，天然气探井100口，石油探井7口，天然气开发井168口，石油开发井1605口），完成钻井进尺422.01万米（其中，天然气探井30.23万米，石油探井1.39万米，天然气开发井58.68万米，石油开发井331.71万米）。钻井进尺比2006年增长14.38%。开钻1879口井按市场划分：本企业128口，关联企业1708口，社会市场43口（其中，国外24口）；完井1873口，按市场划分：本企业128口，关联企业1708口，社会市场37口（其中，国外20口）；钻井进尺422.01万米，按市场划分：本企业38.90万米，关联企业368.43万米，社会市场14.68万米（其中，国外6.25万米）。钻机月速度4986米/（台·月），井身质量合格率100%，平均动用队年进尺38795米/（队·年），钻机利用率92.50%，钻井队利用率92.50%。2007年完成固井1837口，比2006年净增246口，增长15.46%。固井合格率100%，平均动用固井队年效率370口/（队·年），固井队利用率70.86%。

【生产特点】

（1）钻井、录井工作量再创新高。全局钻井年完井1873口，完成钻井总进尺422.01万米，在钻机台·月比2006年减少8.02%（33台·月）的情况下，比2006年增长14.45%。

（2）钻井速度大幅度加快。钻井速度在各类井、各个区块都实现了跨越式的提高，油田内部油气井平均机械钻速达到21.5米/小时，比2006年提高26.77%，跨越了20米/小时的台阶。天然气井（不含水平井）平均机械钻速11.42米/小时，比2006年提高14.77%，跃过了11米/小时的台阶；钻机月速度3404米/（台·月），比2006年提高11.1%；钻井周期23.05天，建井周期34.14天，比2006年分别缩短了8.28%和3.5%；油井（不含水平井）平均机械钻速29.98米/小时，比2006年提高29.17%，踏上了30米/小时的台阶；钻机月速度6655米/（台·月），比2006年提高17.1%；钻井周期6.8天，建井周期10.46天，比2006年分别缩短了20.37%和12.47%；钻井队年进尺达3.9万米，比2006年提高23.8%。并有68个队次改写和创造了19项钻（录）井历史纪录，其中油井有2支钻井队年进尺突破8万米，气井有3支钻井队年进尺突破4万米。

(3) 井下事故和复杂情况整体降低。2007年复杂情况时率1.5%，比2006年下降了0.78个百分点；事故时率0.49%，比2006年下降了0.56个百分点。由于受年初和九、十月大面积雨雪的影响，2007年生产时效93.12%，比2006年降低了2.55个百分点。

(4) 工程质量继续保持较高水平。油气井取心收获率平均为99.9%，其中，油井继续保持100%，气井提高了0.44个百分点；井身质量合格率100%；固井质量合格率100%，一次合格率99.78%；录井剖面符合率93.5%；油气层发现率100%；岩心卡取率97.2%。

【钻井提速】 坚持“三靠两保证”的提速原则，各级领导在思想上重视提速，技术人员在工作上认真落实提速方案，“提速成为企业增效的手段”得到了普遍认同。提速项目组充分发挥组织协调和督导作用，定期召开提速项目组例会，进行评比考核，掀起了项目部之间的提速竞赛热潮，促进了规模提速。按照“抓两头、促中间”的思路，各单位及时分析完成井的技术指标与提速目标之间的差距，确定着力点，进行帮促和技术指导，缩小了差距。建立了考核激励机制，有关单位完善了经营承包政策，发挥基层提速积极性，对推进持续整体提速起到了重要作用。提速项目组和各提速分项目组，分区域、分区块、分井型制订提速方案，并进行适时改进和完善，指导基层队提速，确保了提速效果。工程院、录井、钻井之间及时协商解决提速中出现的矛盾和问题，特别是录井适应钻井提速、跟进钻井，充分展现了和谐提速的氛围。全年提速贡献进尺达58.72万米，相当于增加16部钻机。

【技术攻关】 2007年，钻井系统以保护产层，提高低渗透油气田开发效率为目的，共承担局级以上科研项目22项，形成了一批具有长庆特色的优势技术和具有较好前景的技术储备，提升了长庆局的技术实力和市场竞争能力。

(1) 在重大技术的攻关上：高难度超深井钻井工艺技术有了新的突破，顺利完成了土库曼斯坦尤拉屯15井、16井四开井段的钻井固井施工，受到该国内阁会议的高度赞誉；水平井分段压裂机械封隔工具研制成功，开发出具有高携砂、无固相等性能优良的稠化水酸性清洁压裂液，现场试验，增油效果明显；0.3毫达西特低渗透油藏增产改造取得了新进展，开发了对储层伤害小的低黏、酸性等压裂液，提高产能近80%；CO_2泡沫压裂液在5口井成功应用，缩短了排液时间，提高了单井产量；耐酸混砂车及碳酸盐储层酸液加砂压裂工艺技术的配套完善，填补了国内酸液加砂压裂的空白。

(2) 在适用技术的集成上：水平井钻井技术进一步成熟和配套完善，2007年完成水平井31口，其中油井水平井完成29口，钻井速度比2006年提高42.21%；提高钻井速度配套工艺技术集成效果明显，“一趟钻”完钻453口，成功率29.47%，钻井周期比非“一趟钻”完成井缩短了31.47%；缝内转向压裂技术推广使用139口，平均单井增产达到1.5吨；不压井带压作业在3口油水井、2口气井试验取得成功；可膨胀套管套损井补贴技术在3口井上应用，平均增油1.52吨；套管内开窗侧钻工艺技术取得进展，掌握了开窗、井眼轨迹控制、尾管固井等核心技术。

(3) 在油井上：形成了以“四合一”钻具深化使用为核心，重点集成配套钻具结构优化、大扭矩、大排量、大钻压、钻井液性能优化的快速钻井系列技术。

(4) 在天然气井上：形成了以PDC钻头全面使用为核心，重点集成配套优选钻头、优化钻具结构、优选钻井参数、优化钻进方式的系列技术。

(5)“一趟钻”工程应用：为进一步持续提速提供了新的技术发展方向，显示了良好的发展前景。

(6) 在区域性井漏治理上：形成了桥塞、水泥封堵、充气微泡、凝胶、添砂堵漏等系列工艺技术。

(7) 在固井上：形成了防气窜水泥、双晶体膨胀水泥、微硅和轻珠低密度水泥、物理泡沫水泥、水平井固井的序列技术。

(8) 在录井上：形成了 PDC 钻头条件下录井及卡层、井场数据远程传输、轻烃录井的系列技术。

(9) 在钻具管理上：形成了天然气井预防钻具失效的系列技术。

【创新指标】 共刷新历史指标 28 项。(1) 最高日进尺 23320 米，比历史最好指标高 4192 米；(2) 钻井进尺上 100 万米周期 62 天，比历史最好指标缩短 19 天；(3) 钻井进尺上 200 万米周期 121 天，比历史最好指标缩短 30 天；(4) 钻井进尺上 300 万米周期 179 天，比历史最好指标缩短 41 天；(5) 钻井进尺上 400 万米周期 249 天，历史首创；(6) 油井队最快上 1 万米周期 31 天 18 小时 (30520 钻井队创造)，比历史最好指标缩短 6 天 17 小时；(7) 油井队最快上 2 万米周期 63 天 6 小时 (30693 钻井队创造)，比历史最好指标缩短 21 天 17 小时；(8) 油井队最快上 3 万米周期 90 天 14 小时 (30653 钻井队创造)，比历史最好指标缩短 31 天 6 小时；(9) 油井队最快上 4 万米周期 122 天 4 小时 (30653 钻井队创造)，比历史最好指标缩短 45 天 1 小时；(10) 油井队最快上 5 万米周期 151 天 20 小时 (30693 钻井队创造)，比历史最好指标缩短 50 天 16 小时；(11) 油井队最快上 6 万米周期 182 天 7 小时 (30653 钻井队创造)，比历史最好指标缩短 54 天 7 小时；(12) 油井队最快上 7 万米周期 215 天 4 小时 (30653 钻井队创造)，比历史最好指标缩短 48 天 5 小时；(13) 油井队最快上 8 万米周期 241 天 6 小时 (30653 钻井队创造)，属历史首创；(14) 油井最短钻井周期 1 天 19 小时 (15529 钻井队 4 月在化 103－42 井创造)，比历史最好指标缩短 4 小时；(15) 油井队最高日进尺 1402 米 (30693 钻井队创造)，比历史最好指标提高 251 米；(16) 油井队最高月进尺 11474 米 (30520 钻井队创造)，比历史最好指标提高 1660 米；(17) 油井队最高年进尺 84255 米 (30653 钻井队创造)，比历史最好指标提高 12636 米；(18) 油井队最高单井机械钻速 67.50 米/小时 (18167 钻井队 9 月在杏 16－101 井创造)，比历史最好指标提高 8.82 米/小时；(19) 油井队最高钻机月速度 17258 米/(台·月) (30653 钻井队 6 月在学 78－85 井创造)，比历史最好指标提高 3038 米/(台·月)；(20) 气井最短建井周期 15 天 22 小时 (40636 钻井队 3 月在苏 36－16－13 井创造)，比历史最好指标缩短 16 小时；(21) 气井队最高日进尺 1260 米 (40659A 钻井队 10 月 23 日创造)，比历史最好指标提高 259 米；(22) 气井队最高月进尺 6680 米 (40636 钻井队 6 月创造)，比历史最好指标提高 233 米；(23) 气井队最快上 1 万周期 53 天 18 小时 (40632 钻井队创造)，比历史最好指标缩短 3 天 4 小时；(24) 气井队最快上 2 万米周期 116 天 1 小时 (40632 钻井队创造)，比历史最好指标缩短 6 天 13 小时；(25) 气井队最快上 3 万米周期 177 天 3 小时 (40650 钻井队创造)，比历史最好指标缩短 1 天 10 小时；(26) 气井最短钻井周期 7 天 18 小时 (40650 钻井队 8 月在苏 36－15－23 井创造)，比历史最好指标缩短 1 天 21 小时；(27) 气井最高机械钻速 32.47 米/小时 (40650 钻井队 8 月在苏 36－15－23 井创造)，比历史最好指标提高 8.5 米/小时；(28) 气井最高钻机月速度 8685 米/台月 (40650 队 8 月在苏

36－15－23 井创造)，比历史最好指标提高 1317 米/（台·月)。

【市场开发】 在国外中亚市场取得重大突破，一举中标土库曼斯坦尤拉屯气田 12 口天然气钻井总包项目，合同总额近 12 亿元。积极参与土库曼斯坦阿姆河右岸项目，为有效拓展土库曼市场奠定了坚实基础。在乌兹别克斯坦市场签约钻机服务项目合同金额 701 万美元。南美厄瓜多尔市场取得新进展，AP 项目顺利“交钥匙”，回收资金 1 亿美元。新增钻机 1 部，新落实工作量 5000 万美元。成功修复一口井口出油量接近枯竭的 38 年老井，日增产 6 倍，为后续市场开发打开了新局面。在国内新疆市场深井和复杂工艺井的工程技术服务能力进一步增强，全年完成进尺 6.4 万米。

【井控安全】 结合长庆油田的实际情况，长庆局把一次井控作为井控安全的重点，提出了“六个必须坚持”的工作思路和基本要求。即：“必须坚持立足一次井控，杜绝二次井控；必须坚持把防止有毒有害气体中毒放在首位；必须坚持在出现油气侵、井涌险情时及时汇报；必须坚持做好物质器材储备和准备工作，做到有备无患；必须坚持井控装备的安装可靠和有效使用；必须坚持井控系统的反应快捷、科学、准确，做到从现场到局机关，整体联动。”强调基层队和岗位操作人员必须在“第一现场、第一动作、第一时间”具备有效、快速、正确的处置能力，确保井控险情处置的及时性和有效性。重点完善了井控管理机构和管理制度，配齐了所有作业队的井控装备，强化了存在问题的整改力度，规范了井控技术培训。连续两年实现了长庆局井控安全管理目标，杜绝了井喷事故、井喷失控事故、井喷着火爆炸事故和有毒有害气体中毒伤亡事故的发生。

录井工程

【概述】 长庆局录井系统有各类录井队伍 151 支，其中综合录井队 37 支（含国外录井队 3 支)，常规录井队 97 支，地化录井队 7 支，快速色谱录井队 10 支。职工 1182 人，其中具有专业技术职称人员 245 人，工人中具有中级工以上 240 人（局级技能专家 1 人，高级技师 4 人，技师 9 人，高级工 86 人，中级工 140 人)。拥有各类主要录井设备 274 台（套)，资产总额为 7603.89 万元，固定资产原值 3743.74 万元，净值 2946.28 万元，固定资产更新率为 56.00%。主要从事样品采集、判识、准确卡取油气层的现场录井和岩性化验分析、资料解释研究的后期综合研究。每年可完成 1900 口各类油气井的录井、资料处理、解释评价、分析化验工作。

【录井生产】 2007 年共动用录井队伍 134 支，实现年录井完井 1988 口（其中，气井 287 口，油井 1701 口)，比 2006 年增长 21.96%；录井进尺 442.42 万米，比 2006 年增长 22.71%；资料一级品率 94.50%，比 2006 年上升 0.7%；取心 154 口（其中，油井 49 口，气井 105 口)，收获率 98.95%，累计取心次数 667 次，取心口数比 2006 年增加 14.82%；完成化验分析 246 口（其中，气井 149 口，油井 97 口)，比 2006 年增加 21.78%。

【生产特点】 加强生产信息预测、收集和分析处理，严密组织，超前运作，提高运行效率。按照“宁等钻井三天，不误钻井一时”

的原则组织生产，加强与钻井生产单位的配合，及时协调解决生产运行中存在的问题。完善生产组织、生产汇报、质量管理、安全管理等制度，确保各生产组织环节的责任落实。积极研究、推广应用新技术，提高录井质量。针对PDC钻头应用给现场录井带来的岩屑细小、失真等情况，及时组织人员驻井分析研究，总结出利用钻时判断岩性、综合录井参数判断岩性、及时调整迟到时间等方法，并大力推广，确保了在钻井大提速条件下的录井质量。

【创新指标】 年录完井1988口，比2006年增加358口，增幅21.96%，气探井综合录井完井95口，比2006年增加39口，增幅69.64%，均创历史最高纪录；关联交易和长庆局苏里格气田录完井1860口，比2006年增加240口，增幅15.0%。累计录井天数26140天，平均单井录井14.05天，比2006年缩短1.97天；L30854队年录油井完井43口，完成录井队年平均工作量的215%，创油井录井队年录井完井口数之最；L30885队年录油井进尺80067米，比2006年最高纪录多8448米，创历史新高；第38综合录井队年录气井完井17口，录井进尺58339米，比2006年队录最高口数多1口，比2006年最高录井进尺多4472米，增幅8.3%，创综合录井队年气井录井最新纪录；L10817录井队累计取心进尺269.21米，心长268.11米，收获率99.6%，创气井岩心录井新高；完成水平井录井32口，油层靶点一次入窗成功率100%，油层发现率100%；特别是元中平3井预测油层深度与实际深度误差0.48米，均创历年水平井录井之最；分析化验中心年累计分析246口的资料（其中，气井149口、油井97口），比2006年分析口数增加了44口，增幅21.78%，创分析化验历史新高；历时139天突破了年录完井1000口井大关，比2006年时间提前了19天，周期缩短了36天，创年录井的新纪录；历时201天突破了年录完井1500口大关，比2006年时间提前了35天，周期缩短了53天，创长庆录井历史新高。

【市场开发】 积极实施“走出去”战略，以中国石油集团的海外项目为依托，扩大非洲等油气资源国的工程技术服务市场，开拓发展相关业务。已有3支综合录井队伍进入阿尔及利亚录井服务市场，累计完成录井31口。

选定目标市场，划分责任区块，提早筹划，主业队伍的工作量得到全面落实；依靠强势品牌，发挥技术优势，进入了延长油矿市场和国内反承包市场。

圆满完成了法国道达尔公司苏南1井和苏南2井反承包录井任务，服务质量优良，树立了长庆录井良好的企业形象，已续签了2008年的工作量。

【工程质量】 2007年，地质录井资料一级品率为94.50%，资料齐全率100%，剖面符合率93.60%，油气层发现率100%，岩心卡取率98.95%，数据差错率0.45‰。五项主要地质资料质量评价指标均达到或优于历史最好水平。

【技术攻关】 以“三低”油气藏解释、评价为突破口，以发展和完善资料采集、物性分析及解释评价等核心录井技术为目标，以服务现场录井技术为主体，突出长庆特色，着力提升技术自主创新能力。

（1）以提高油层解释符合率为目标，持续推进地化录井、快速色谱录井的解释评价技术。

（2）全力支持轻烃、定量荧光等录井新技术的推广应用，多次联系专家进行技术交流与指导。全年累计完成新技术录井115口，解释符合率达75.05%。

（3）水平井录井技术日趋成熟。现场技术人员结合龙平1井、杏平1多分支水平井等井的现场实践，从引导钻头准确入窗、地质导向、油气水层判识、储层和非储层判识等4个方面进行水平井录井技术总结，初步形成了一套水平井录井技术，全年共完成油井水平井录井29口，天然气水平井录井5口，一次入窗成功率100％。

（4）以钻井持续提速为目标，在推广应用PDC钻头条件下录井技术研究成果的基础上，积极开展PDC钻头条件下卡层取心技术研究，已取得初步成果。

（5）以完善录井技术系列，服务钻井安全施工为目标，全力推进工程录井技术水平的提升，在综合录井工程参数应用研究方面取得突破性成果。综合录井充分利用工程、气测参数资料，及时对井下情况综合分析监测，为钻井队提供工程事故及有毒有害气体实时预报48次，成功率95％，充分发挥录井“前哨”作用。

（6）组织完成了中国石油集团新技术推广应用项目《轻烃录井在低渗透油田中的应用》、《井场数据远程传输与网络发布推广应用》。

（7）适时组建录井新技术研发中心，为录井新技术的有效发展创造条件，为科技人员的快速成长搭建平台。

（8）组建仪器维修中心，实施专业化管理与服务，为工程录井及设备维修技术的进步奠定了良好的发展基础。

【装备状况】　2007年，长庆局拥有各类主要录井设备275台（套），其中综合录井仪39台、快速色谱仪7台、地质参数仪155套、地化仪25台、主要化验分析仪器24台（套）、各类车辆18台、岩心图像高分辨率扫描仪2套、轻烃分析仪5套。新度系数0.90。

井下作业

【概述】　2007年，井下作业系统坚持解放思想，抢抓发展机遇，紧扣“做大做强、培育特色、拓展市场”以及“跟进发展、突出重点、就近服务”的发展思路，认真贯彻落实《长庆石油勘探局井下作业业务发展规划》，强化生产协调组织，试油（气）压裂酸化突破6000层次，修井作业突破16000井次，创造了长庆油田会战37年以来历史新纪录。

【生产指标】　2007年完成井下作业21641井次（其中，井下技术作业处4146井次，第一采油技术服务处4995井次，第二采油技术服务处6452井次，第三采油技术服务处5866井次，运输处38井次，定边采油技术服务处116井次，采气技术服务处28井次），与2006年相比增长7.79％。完成作业井19173口（其中，井下技术作业处1706口，第一采油技术服务处4995口，第二采油技术服务处6452口，第三采油技术服务处5866口，运输处38口，定边采油技术服务处116口），与2006年相比净增642口，增长3.47％。完成试油2035层，比2006年净增484层，比2006年增幅31.21％。试油交井2278口，比2006年净增518口。平均动用试油队年效率38.50层/队年，试油队利用率81.95％。

【生产组织】

（1）优化组织结构。紧跟油气田市场发展，适时组建了定边采油技术服务处和采气技术服务处，推进了对口服务；按照“跟进发展、突出重点、就近服务”的发展思路，第一、第二、第三采油技术服务处除原“一对一”服务外，分别按照《井下作业业务发展规划》的要求，进入了新的对应服务单位进行服务，初步形成了跟进油田发展的格局；井下技术作业处和采油技术服务单位联手拓展市场，快速发展新区的试井测试业务，使年试油压裂工作量迈上新台阶。

（2）规范了采油技术服务单位试油机组的管理。采油技术服务单位在关联交易市场的试油队伍，由井下技术作业处“统一指挥、统一生产组织、统一外协、统一结算”，提高了试油速度。

（3）调整了井下作业业务结构。按照“三个全面占领”的业务规划要求，即：“占领关联交易试油市场、占领油气田压裂酸化市场、占领技措大修市场”，认真落实8月份河庄坪推进会议精神，实现了关联交易市场全面占领和非关联交易市场份额大幅提升两个目标。各采油技术服务单位在长庆油田分公司采油四厂、五厂、六厂、七厂完成的试油酸化工作量比2006年提高了58.2%，修井工作量比2006年提高了47%；采油技术服务单位在关联交易技措、大修市场的份额达100%，在非关联交易市场的份额达30%以上。

【主要特点】 井下作业的服务能力显著增强。2007年，全局井下作业系统试油（气）压裂酸化完成6469层次，比2006年增长19.5%，完成年计划的108.6%；修井作业完成16730井次，比2006年增长3.3%，完成年计划的101.9%。各单位的完成情况如下：

井下技术作业处年完成试油（气）井1706口，比2006年增加30口；试油（气）压裂酸化5423.5层次，比2006年增长17.5%。

第一采油技术服务处年完成井下作业4977井次，比2006年增长2.1%；完成试油209层次。

第二采油技术服务处年完成井下作业6289井次，比2006年增长1.7%；完成试油450层次。

第三采油技术服务处年完成井下作业5338井次，比2006年增长4.1%；完成试油206层次。

定边采油技术服务处年完成井下作业126井次；完成试油180层次。

采气技术服务处年完成井下作业25井次；完成试气86层次。

工程技术研究院年完成压裂酸化设计441口，现场组织施工279口，施工井层400层。

【创新指标】 2007年，长庆局井下作业系统共刷新纪录指标61项。其中，井下技术作业处创造了以256天的有效时间实现试油（气）、压裂酸化突破5000层大关，月度完成试油（气）压裂酸化792.5层、完井224口，周完成试油（气）压裂酸化215层次、完井73口，日完成压裂18口井、25层，生产时效首次突破80%等38项纪录；第一采油技术服务处创造了全年完成大修作业22口井，年完钻9口（开窗侧钻2口、侧钻7口）、平均建井周期15天，单公司日投产17口，单车组月完成21口等5项纪录；第二采油技术服务处创造了月交井819口，8小时内完成射孔、下压裂钻、配压裂液、实施压裂的“四个当班”，单队日完井5口等9项纪录；第三采油技术服务处创月交井725口、投产137口，单机组年交井178井次，实现经营收入290.06万元等9项纪录。

【市场开发】

（1）壳牌长北综合完井、修井服务项目。2007年完成了3口井综合完井作业，首次使用连续油管进行了2口井泵注水泥塞作业；使用ZJ30钻机对S213井进行修井作业，修井后日注水量达到120立方米；成功地完成了3口井的腐蚀测井作业。通过合作，掌握了壳牌部分综合完井项目施工方法以及相关的 HSE 要求，为长庆局国际井下作业技术水平的提升以及承揽国际项目奠定了坚实的基础。

(2) 道达尔水力射孔、压裂、测试项目。与哈里伯顿服务公司合作完成了苏南 1 井、苏南 2 井连续油管水力喷射射孔、加砂压裂，增产效果良好。

(3) 乌兹别克斯坦压裂施工技术服务项目。自 2005 年 10 月开工至 2007 年 2 月共计完成 45 口井的水力压裂，单井试油产量最高达到 100 吨/天，显示出良好的改造效果，得到乌国国家石油公司的好评。目前正在进行第二阶段 30 口井水力压裂合同的投标工作。

(4) 土库曼斯坦修井及中途测试技术服务项目。已签订了 12 口井中途测试技术服务合同。目前正准备对 15 和 16 井进行测试作业。老井修井和新井投产工作计划下年 8 月完成设施配套及就位工作。

(5) 厄瓜多尔修井项目。有修井机组 3 套，当年累计完成 95 井次的修井/检泵作业，全部顺利完成相关作业任务。

【技术攻关】 试油压裂方面形成了快速抽汲、连续分层压裂、连续混配、可回收低分子环保压裂液、安全试油、水平井试油等系列工艺技术；试气压裂方形成了不关井缩短试气周期工艺、不动管柱分层压裂、液氮助排等系列工艺技术；在修井作业上形成了高效磨（套）铣及事故处理、提前预埋地锚、新型油管滑车、无水清洗管杆、低压密闭修井作业、老井酸化等系列工艺技术。

工程建设

【概述】 2007 年，长庆局工程建设施工队伍由 2006 年的 20 家整合重组成 11 家，关联交易队伍 5 家，准关联交易队伍 6 家，使专业队伍数量，施工队伍资质结构进一步规范。队伍发展方向趋于合理，具有 33 亿元的施工能力，拥有各类资质 20 多项，基本涵盖了油气田建设各个领域。

【主要业绩】 2007 年完成施工产值 28.5 亿元，其中建设工程总公司完成产值 15.2 亿元，比 2006 年增长 37.5%，实现收入达 2.72 亿元。长庆油气田市场占有率达到了 86%，其中关联交易市场占有率达到了 83%。

(1) 完成油田产能建设 325.55 万吨（其中低效储量合作开发 20 万吨/年）及油田维护工程的设计、施工、监理任务。完成王集站—延河湾输油管道复线、靖一联—靖三联输油管道、白豹油田白二联合站工程、铁边城吴定联合站等新（扩）建站点 99 座，集输油管线 1118.55 千米，供、注水管线 519.21 千米，电力线路 576.322 千米，道路 26.698 千米，建设标准化井场 353 座。

(2) 完成 28 亿立方米/年气田产建（其中苏里格气田合作开发 4 亿立方米/年），累计完成靖边、苏里格气田 22.5 亿立方米/年规模及苏里格气田 50 亿立方米/年骨架系统工程的设计、施工、监理等任务。新建场站 11 座，改扩建集气站 41 座；新建集气干、支线 225.75 千米，采气、注醇管线 362.45 千米；供电线路 11.018 千米，通信光缆 206.03 千米，道路 234.098 千米。完成了苏里格第二天然气处理厂、苏里格第一天然气处理厂扩建工程以及苏里格第三天然气处理厂、山西煤层气中央处理厂初步设计，创造了一年完成 3 座 130 亿立方米/年天然气处理厂设计的历史新纪录。

(3) 长输管道工程，完成了西部管道原油部分、铁边城—西峰输油管道工程、长庆—蒙西输气管道、安徽利辛—淮北输气管道工程、吴延输油管道工程调整、榆天化输气管道复线工程等跨省（区、市）的油气管道工程的设计、施工、监理任务。

(4) 重点工程项目建设，完成苏里格气田合作开发区块 4 亿立方米/年产能建设工程、低效储量合作开发区块 20 万吨/年产能建设工程、"万套住宅工程"的兴隆园基地、燕鸽湖基地、泾渭苑三期、湖滨花园等六个基地 10600 套住房及配套工程全面开工建设以及定边生产基地建设和井下咸阳工具研发制造和特种设备制造中心、机械制造总厂机加工基地、泾河工业园油气生产基地、湖滨花园湖滨大厦等生产基地的建设。

【生产特点】 按照"区域化组织、项目化管理、专业化施工"的生产组织模式，动态配置资源、科学组织施工，强化现场保障，深入广泛开展"双 9 · 30"生产大提速和"大干 60 天、冲刺总目标"劳动竞赛等活动，彻底扭转了生产被动局面。按期完成苏里格气田骨架工程、铁—西管道工程、低效油田项目等重点工程项目。初步形成苏里格气田"标准化设计、模块化建设"技术，并在现场拓展运用，取得了良好效果，显现出"标准、优质、高效、安全、超前、数字化"的优点，提高了苏里格气田场站建设的施工效率、施工质量、安全水平和经济效益。

【创新指标】 依靠技术进步打造传统施工领域的差异化，提高工程建设效率和效益。加大工艺技术开发与运用力度，培育企业核心技术，重点研究推广天然气处理、天然气液化、原油稳定、气体处理和轻烃综合利用等方面的新工艺新技术。"气田场站标准化设计，模块化建设配套技术研究"、"苏里格气田地面工艺技术研究和创新"两个项目获长庆局 2007 年科技进步一等奖，"特殊地区油气管道施工技术集成"获三等奖。"西峰油田 150 万吨产能建设地面工程"、"化子坪联合站建设工程"分获国家优质工程金、银奖；"姬塬油田整体开发方案"荣获国家优秀工程咨询成果奖。"三甘醇脱水橇装装置"项目获"甘肃省经济技术创新成果一等奖"，并推荐参评全国经济技术创新成果；"单塔精馏回收甲醇"、"天然气三甘醇脱水装置"、"油田伴生气综合利用回收技术"和"天然气田含甲醇污水处理工艺技术"等 4 个项目首次列入"中国企业新纪录"。

【市场开发】 根据长庆局提出的"坚持'创新模式、培育规模、效益优先'"的工作思路，大力推进勘察设计提速、推进技术创新、推进标准化设计、推进 EPC 工程业务，在保障长庆油田建设，服务长庆油气发展的同时，积极培育开发外部市场。承担国家重点工程项目——西气东输二线高台—景泰直径 1219 毫米 518 千米天然气管道工程勘察设计，以及国内最大的煤层气中央处理厂初步设计和山西沁水盆地煤层气 5 亿立方米/年产能建设和应张天然气管道，长—蒙管道等项目的勘察设计；在国际合作项目上，参与了哈萨克斯坦 PK 油田伴生气利用及让纳若尔油田 4 号气举项目、巴基斯坦 MARI 油田天然气脱水项目、俄罗斯中亚油气公司轻烃处理等工程。同时努力开发法国道达尔、壳牌长北二期项目等国际反承包工程，成功中标道达尔苏南合作区块六项工程服务项目、壳牌长北二期滚动开发项目、俄罗斯输油管道土石方工程项目。

【工程质量】 单位工程验交合格率 100%，优良率 93.3%，用户满意度 91 分；西峰油田 150 万吨/年产建工程获中国石油集团 2007 年度优质工程金质奖及国家优质工程金质奖，化子坪联合站工程获中国石油集团2007年度优质工程银质奖及国家优质工程银质奖；顺利通过QHSE/OSH/EMS四项体系的复评。

【技术攻关】 重点研究推广天然气处理、天然气液化、原油稳定、气体处理和轻烃综合利用等方面的新工艺新技术；在天然气脱水脱油、含醇污水处理、煤层气处理工艺等方面取得了研究成果，成为苏里格气田开发及山西煤层气开发等项目的核心工艺技术。

在油田地面工程技术方面，注重低产、低渗油田低耗节能油气集输配套技术的研究与应用，积极在西峰模式完善、姬塬油田多层系开发模式攻关的前提下探索标准化设计，模块化建设，降低了投资，提高了效益。

在气田地面工程方面，强化集成创新，标准化设计取得显著成绩。以苏里格气田经济开发为目的，不断集成创新，形成了以“工艺流程通用化、井场布局标准化、工艺设备定型化、安装预配模块化、建设标准统一化、安全设计人性化、设备材料国产化、生产管理数字化”为核心技术的“苏里格气田标准化设计”，在苏里格气田12座站场、329口井场以及苏6、苏14井区等10座集气站建设中推广运用，达到了“两提高”（提高生产效率、提高建设质量）、“两降低”（降低安全风险、降低综合成本）、“三有利”（有利于均衡组织施工、有利于坚持以人为本、有利于EPC模式的推广）的综合效果。同时积极探索气田索道布管技术、特殊地质段管道施工技术、大型河流穿越施工技术、水网段、沼泽地区管线施工技术的集成。

在长输管道工程方面，掌握了X80大口径长距离输气管道设计及施工技术，代表了当前国内的最高设计水平。大型定向钻，大型储罐的科研技术攻关，先进的数据采集自动控制、信息通信系统及管道建设信息系统在西气东输二线、苏里格气田工程等大型项目中得到应用。同时针对管道工程的施工技术特点，研究大口径油气集输管道内涂层减阻防腐蚀技术，实现全自动根焊设备与外全自动焊接设备相结合，达到焊接过程全自动化，适应长距离、大口径、高压力、大壁厚、高强度钢的管道建设市场，形成一套大口径管道内涂层涂敷的最佳工艺参数和内涂层试样检测标准。形成涵盖从内防腐到外防腐、从小口径到大口径防腐的系列化产品，更加具有市场竞争力。

在道路工程方面，探索研究Superpave沥青混合料配合比设计方法和Superpave沥青路面施工工艺，形成一套能够达到改善沥青路面抗滑能力、高温抗车辙能力、抗水浸害能力，提高沥青路面耐久性的Superpave沥青路面施工配套工艺，在西北地区首先得到应用，为今后Superpave沥青路面建设提供技术支撑。

【装备状况】 勘察、设计拥有行业内最先进的技术装备，拥有高档微机、全数字摄影测量与遥感系统、地理信息系统、GPS全球定位系统、全站仪、数字水准仪、数码工程复印机等设备1000多台（套）。建设施工拥有各类管道及道路施工设备763台（套），组建了大口径管道自动焊机组，其中直径1016毫米的自动焊机组1个、半自动焊机组9个、直径711毫米的半自动焊机组12个。大型管道试压设备1套，10万立方米大型储罐制作设备3套，模块化预制作业线1套，防腐作业线10套。

（赵　诚　左维国　王安育　李崔兰　马腾飞）

第三篇

生产服务 加工制造 低效油气储量合作开发

供水及发电供电

【概述】 长庆局承担供水及发电供电的单位主要有水电厂、第三采油技术服务处等单位。其中水电厂为供水、发电供电大户。拥有自备发电站 9 座、各类发电机组 23 台（套）、总装机容量 81660 千瓦·时，变电所 50 座（其中长庆油田分公司投资建设 17 座），35 千伏以上输电线路 68 条 1056.787 千米，6—10 千伏配电线路 285 条 3023.523 千米，配电变压器 3084 台；供水站 15 座、转水泵 76 台（套）、水源井 177 口，集水、输水管线 48 条 466 千米，水处理设备 4 组；年供电能力 191110 万千瓦·时，发电能力 28240 万千瓦·时，供水能力 1680 万立方米。

【工作量及技术经济指标】

供水：2007 年完成供水量 2002 万立方米（其中，水电厂 1452 万立方米，采油三处 71 万立方米，矿区服务事业部 479 万立方米），与 2006 年同期相比增长 1.45%。供水商品率 97.18%，供水损失率 1.32%。

发电供电：2007 年完成发电量 25047 万千瓦·时（其中，水电厂 24568 万千瓦·时，采油三处 479 万千瓦·时），比 2006 年增长 2.45%，供电量 143498 万千瓦·时（其中，水电厂 112930 万千瓦·时，采油三处 24021 万千瓦·时，矿区服务事业部 6547 万千瓦·时），比 2006 年增长 10.54%。供电商品率 96.79%，网损率 2.35%，负荷率 76.19%。

器材物资供应

【概述】 2007 年，长庆局物资供应系统以“保障供应，降低成本，规范管理，优质服务”为主线，认真分析市场资源和价格走势，克服市场资源紧俏的困难，精心组织，抢抓商机，派出 40 多名业务人员长驻生产厂家，现场催交催运，多渠道落实石油专用管材、油品、钻头等主要物资资源量。贴近生产，靠前服务，分别在陇东、靖边等 5 个生产现场派驻服务组，有效地保证了油田生产建设的物资需求。加强物资采购过程控制，规范采购行为，加强采购过程监督，大批量物资实行招标采购，下工夫降低物资供应成本。全年物资供销总额 61.48 亿元，比 2006 年增长 16%，其中，局内物资供应 59.11 亿元，关联交易供应 8778.5 万元，社会外销 1.49 亿元；物资周转 8.06 次，超过长庆局下达指标 1.06 次；代储物资 19.45 亿元，比 2006 年增长 18%。工程项目收入 4823 万元，比 2006 年增长 140%。

【业务范围】 油田生产建设所用物资的采购、检验、仓储、配送及社会市场物资销售、储存等物流服务。

【生产服务能力】 长庆局物资供应系统共有职工 1735 名，设陕西咸阳、延安、靖边、榆林，甘肃庆阳、西峰，宁夏青铜峡等7个一级仓储站库、97个料性库和24个钻管库。铁路专用线4.28千米，专业库房153栋，面积7.09万平方米；料棚54个，面积3.28万平方米；料场53个，面积40.12万平方米；2个大型龙门吊，专业装卸机械68台套。2007年物资吞吐量158.27万吨，比2006年增长28.6%；检验物资6283批76.49万吨，分别比2006年增长52.89%、35.58%；新增设备22台（套），新增生产能力100万吨。

通　信

【概述】 长庆通信网横跨陕、甘、宁三省（区），覆盖长庆油田各个主要生产站、点和生活基地，是集光纤传输系统、数字微波传输系统、卫星通信传输系统、NGN软交换系统、数字程控交换系统、电视电话会议系统、宽带信息网络系统、有线电视系统、集群移动通信系统、一点多址传输系统为一体的多功能专用通信网。网络的南、中、北段分别在陕西西安市、甘肃庆阳市和宁夏银川市与电信公网相连。截至目前干线光缆已经超过2000千米，传输能力是2.5Gbps，微波电路长度达1000千米以上。

长庆互联网以西安网控中心为核心，由西安园区网、庆阳园区网、银川园区网、延安园区网、龙凤园园区网、靖边园区网等组成的通过100—1000Mbps带宽互联的计算机广域网。分别在西安、银川、庆阳接入CHINANET，带宽共计900Mbps。同时它与中国石油计算机专用网西北区域中心采用双100Mbps链路直联，是中国石油计算机专用网的重要组成部分。长庆互联网的网络结构、覆盖范围、接入能力在全国石油系统处于领先水平。

【资产及服务能力】 截至2007年12月31日，通信系统拥有固定资产原值1.96亿元、净值1.2亿元；交换机总容量78788门，实装固定电话用户55118户，其中住宅用户36823户；宽带网络用户总容量27459户，实际安装用户17498户；有线电视数字化转换21610户；新长庆通用户913户；GPS车载终端用户2983台。

运　输

【概述】 长庆局运输服务主要由运输处、第一、二、三采油技术服务处、钻井工程总公司运输公司等单位承担。其中运输处是从事油田井队搬迁、试油（气）、修井队设备搬迁服务、物资配送、原油拉运、旅客运输等服务的专业运输队伍。2007年运输处完成货物周转量48612.79万吨·千米，吊车246.9万吨·小时，货物周转量、吊车吨·小时分别比2006年提高了14.3%和22.4%。

【业务范围及服务能力】　长庆局运输主要为油田生产建设的井队搬迁、试油（气）、修井队设备搬迁、物资配送、原油拉运、车辆配属、旅客运输等运输服务。2007年完成货运量306.06万吨（其中，运输处164.36万吨、第一采油技术服务处49.74万吨、第二采油技术服务处29.31万吨、第三采油技术服务处40.16万吨、钻井工程总公司22.49万吨），比2006年增长7.25%。完成货物周转量76068.94万吨·千米（其中，运输处48612.79万吨·千米、第一采油技术服务处5197万吨·千米、第二采油技术服务处4812.07万吨·千米、第三采油技术服务处6081.6万吨·千米、钻井工程总公司11365.48万吨·千米），比2006年增长12.77%。客运量357.26万人·次（其中，运输处18.62万人·次、第一采油技术服务处153万人·次、第二采油技术服务处18.15万人·次、第三采油技术服务处17.97万人·次、钻井工程总公司149.52万人·次），比2006年增长2.71%。客运周转量28067.6万人·千米（其中，运输处3391.38万人·千米，第一采油技术服务处10868万人·千米，第二采油技术服务处4031.69万人·千米，第三采油技术服务处3977.73万人·千米，钻井工程总公司5980.8万人·千米），比2006年降低5.72%。车辆完好率94.63%，车辆工作率83.57%。

【设备状况】　2007年，长庆局共有生产营运车辆2439台26666.55个吨位。其中，卡车1665台15679.75个吨位；拖车80台1652.5个吨位；罐车319台3533.3个吨位；吊车301台5801个吨位；轿子车140台4682个座位。主要分布情况为：运输处生产营运车辆604台6264.5个吨位，包括：卡车391台4707.1个吨位；拖车53台1153.7个吨位；罐车32台403.8个吨位；吊车54台1225个吨位；轿子车27台931个座位；第一采油技术服务处201台1398.8个吨位；第二采油技术服务处114台1351个吨位；第三采油技术服务处374台2568个吨位；钻井工程总公司672台8353个吨位；建设工程总公司107台1057.35个吨位。

加工制造

【概述】　2007年完成机械制造及修配产值6.82亿元（其中，机械制造6.21亿元），比2006年增长18.53%，完成机械制造及修配销售产值6.79亿元（其中，机械制造6.18亿元），比2006年增长19.28%。完成机械加工量5.07万吨，比2006年增长3.19%，抽油机制造2640台，比2006年增加90台，压力容器制造463具，比2006年减少44具，抽油泵制造6183台，比2006年增加270台。

【技术进步】　主要产品及业务已形成抽油机、抽油泵、抽油杆、天然气设备、固控设备及系统、钻井液管汇、钻机总装调试及金属结构件加工、各类钻采配件及油气田地面工程施工9大系列。企业具有产品设计、毛坯生产、加工制造、成品组装、质量检测及售后服务等完整的生产经营能力。一是完成了两套80万立方米天然气脱水橇产品的设计和制造。其中一套已安装在中石化西南局生产现场四川省巴中市生产现场，经过安装调试，运行效果良好。二是真空加热炉已完成了7种规格的产品设计，其中800千瓦一拖二多体相变加热炉的设计工作进展迅速。固控系统完成了9000米钻机等5种固控系统的设计。三是世界第三、亚洲第一套直升机吊装钻机固控系统4月12日成功下线出厂，出口到澳大利亚OSL公司，并远赴巴布亚新几内亚进行热带雨林等区域的石油勘探工作，标志着长庆固控系统生产水平已具备国际水平。四是抽油机产品提质升级，无基础抽油机，已经运往长庆油田分公司采油三厂新寨作业区，安装在2-32井进行现场工业试验。五是围绕长庆油田分公司0.3毫达西项目开发了5种特色抽油机。其中，超低冲次抽油机项目进展迅速，完成全部图设计，完成了7型弯梁变矩非标抽油机、7型复合平衡非标抽油机和3型复合平衡以及1机双井抽油机的产品设计。六是智能化抽油机项目，小批量制造了10台，正在采油二厂岭北作业区现场安装，进行工业运行。

【生产特点】 紧跟市场需求，超前组织生产。生产系统各单位及时与市场营销部门沟通，了解用户需求状况，据此合理组织生产、确定成品库存结构、调整部件的库存量，建立了月计划、周安排，有效地进行生产组织，使生产计划更贴近市场。按照专业化、规模化、精细化生产组织模式，打破按一个单号10台的生产安排，采用关键大件按实际装配能力10—20台为一个单号（六型以上大机型一个单号10台，其他小机型一个单号20台），其他标准小件按当月生产能力和排产数量的大小50—100件为批量安排生产。减少了生产和管理成本，最大限度地提高了生产效率。有效实施“提质增量”工程，实现了生产的良性循环。

【科技成果及新产品】

（1）天然气橇装脱水装置是在吸收国外脱水系统单元先进技术的基础上，结合国内有关技术标准和设备制造水平研制开发的具有国际先进水平，可替代进口同类设备的天然气脱水处理系统。该装置具有结构紧凑，自成独立系统，运行稳定、自动化程度高，可不依赖外接电源工作等特点：①采用国内外成熟的三甘醇（TEG）脱水机理，确保装置长期稳定可靠地运行。脱水后的干天然气气水露点不高于-13摄氏度，满足管道输气和商品用气的露点指标要求。②采用橇装结构后，天然气脱水、甘醇再生和自动控制各部分的设备、仪表、管线等全部集中在橇的底座上，充分体现橇装装置设备布置紧凑、合理、结构一体化的特点。③装置的自动控制水平高，一次调试正常后可长期稳定可靠地工作。④关键控制系统采用气动控制，可适应边远井区在无电情况下安全运行。⑤脱水吸收塔采用8层不锈钢泡罩塔盘，能充分满足脱水深度的要求。吸收塔下部设置重力分离段，能除去原料气中夹带的游离水，保证装置的平稳运行。⑥采用Kimray能量回收泵，既节约了能耗，又能起到吸收塔液位调节稳定作用。⑦采用火管式加热的甘醇再生系统，先进的温控系统可将甘醇再生温度精确控制。⑧装置富液系统设置活性炭过滤器及机械过滤器，除去溶液系统中的杂质和降解产物，以利于吸收塔的平稳操作。⑨本装置自动控制部分的调节阀、自力式调压器、气浮筒液位变送器及基地式调节器等均采用具有国际先进水平的Fisher公司产品，可靠性高，确保运行稳定。

（2）分离器。①采用来液旋流同心板整流预分离技术，实现对气液的初分离，与传统设备相比，大大降低了设备内的气体流速，抑制了设备内液面“起浪”和气体对液体的“二次夹带”，稳定了设备内气、液流场，提高了设备处理能力。②采用“闪蒸”及析气调整装置，使溶解气得以最大限度的析出，同时兼具良好的稳流和整流作用，能够有效地降低出口的液中带气率和气中带液率，且对段塞流具有良好的抑制和流型调整作用。③采用两级整流装置，对气中含液量不同和液滴直径不同的气体进行逐级处理。④采用不同功能和不同结构的整流聚结元件，加大了气液的处理深度，给气体处理创造了良好的分离和流场环境。⑤采用强化聚结材料增加液滴碰撞聚结几率，稳定了流动状态，提高分离效率。⑥采用了散堆填料和滤芯式相结合的结构元件，增大了对液体的润湿性能，实现了对雾状的有效捕集。⑦采用外置式除气装置，有效地控制了进入设备内气体量。

(3)“长石”牌钻井液管汇陆地及海洋平台系列钻井液管汇总装调试技术，具有国内领先水平，属国内品牌产品。主要有：钻井液高压管汇、节流和压井管汇、固井管汇等陆上钻井管汇，以及海洋钻井管汇。该产品先后荣获国家优质产品银质奖、两次荣获“全国用户满意产品”称号。曾先后成功地为番禺海洋项目设计总装调试高压钻井液管汇、固井管汇、节流压井管汇，为惠州和春晓海洋项目设计总装调试，为兰石国民油井公司总装调试出口美国理想钻机管汇。①受国家发展改革委员会委托修订编制了《钻井液循环管汇》标准，并与国际先进的 API 标准接轨，从 2007 年 6 月开始颁布执行。②先后开发了单翼 JG-21 节流管汇和 YG-21 压井管汇、双翼手动 JG-35 节流管汇和 YG-21 压井管汇、双翼液动 JGY-35 和 JGY-70 节流管汇。三翼液动 JGY-70 节流管汇，能满足各种钻机总装调试的要求。③ 2007 年 7 月承担了上海国民油井工程公司 10 套出口美国的海洋平台钻井液立管管线、生产立管管线、水泥（固井）立管管线的制造任务，工作压力分别为 70 兆帕和 105 兆帕。全部材料采用美国同类材料，所有的弯头、三通、管线、法兰、活接头、螺栓、螺母均按 API 标准和 ASME 标准制造，达到了设计要求。

(4) 以“长庆牌”振动筛为主导产品的系列固控设备及系统总装调试技术，突出“长庆”的品牌化，具有国际水平。同时，具有研发、设计、生产四级钻井液净化系统及各种总装调试设备的能力，先后荣获中国石油集团科技进步一等奖和新产品奖。主要产品有：各种系列振动筛、除气器、除砂器、除泥器、清洁器、砂泵、搅拌器、剪切泵等固控设备及各型号钻机固控系统。ZJ50DB 直升机吊装固控系统于 2007 年 4 月 12 日成功下线。这套世界第三台、亚洲第一台直升机吊装固控系统，已出口到澳大利亚 OSL 公司，并远赴巴布亚新几内亚进行热带雨林等区域的石油勘探工作，标志着长庆的固控系统生产水平已达到国际水平。“长庆”牌钻井液振动筛在国内同行业中保持了一定的先进性，其优势在于：从机理研究入手，以理论为基础，进行深化研究；完善钻井液振动筛测试手段，保证产品的先进性和技术性能。形成了“双轴平动椭圆振动筛”、“轨迹和振幅可调的平动椭圆振动筛”、“非等质量矩双轴自同步平动椭圆振动筛”和“双轨迹振动筛”等专利技术和特色技术，是国内生产种类最全，性能优良的振动筛系列产品。其中 GW 系列、CQ 系列振动筛在国内同行业中具有领先优势，“长庆”的品牌优势得到进一步的巩固。2007 年，双轨迹振动筛已进入试制阶段；完成了 9000 米钻机等 5 种固控系统的设计。

(5) 钻机总装调试及金属结构件加工。根据长庆石油勘探局与宝鸡石油机械公司签订的合作协议，充分利用行业优势和地域优势，与宝鸡石油机械公司进行了积极有效的协作生产。

(6) 目前主要生产 D 级抽油杆和高强度 K 级抽油杆，正在开发 KD 级防腐抽油杆和 HL 超高强度抽油杆。

【产品质量与质量管理】 拥有 ISO 9001 质量体系认证、ISO 14001 环境管理体系认证和

OHSM S18001 职业健康安全管理体系认证证书；Ⅰ、Ⅱ类压力容器生产许可证，压力容器设计资质；抽油机、抽油泵、抽油杆、钻井液管汇等产品取得了美国石油学会颁发的API 证书，属“国家一级计量企业”。2007年，生产抽油机 2767 台，抽油泵 6753 台，钻机改造 65 套，钻井液管汇 113 套，井口装置 1129 套，钻采配件 53516 件/套，固控设备 306 台（套），天然气设备 443 具，全部达到质量目标。

低效油气储量合作开发

【概述】 长庆局低效油气储量合作项目主要由低效石油储量合作开发项目组和苏里格气田合作开发项目组承担。

低效石油储量合作开发项目组合作开发区分布在陕西省吴起县（楼房坪Ⅰ、Ⅳ区，铁边城吴定区（元 213、元 214、元 215、元 221、元 248）），宁夏盐池（马坊北），陕西定边县（樊学、王盘山、姬塬 15 井区）等 5 个合作区，面积共计 936.3 平方千米。截至 2007 年底，低效储量合作开发项目组在现有合作区内动用含油面积××平方千米，动用地质储量××××万吨，建成产能 50.85 万吨/年。累计销售原油 54.39 万吨。

苏里格气田合作开发项目组主要工作区块是苏 6、苏 36－11 井区。这两个区块位于苏里格气田中部，是苏里格气田评价试验开展较早的区块。截至 2007 年底，苏 6、苏 36－11 井区有探井、评价井和开发井 220 口，其中已投产井 173 口，历年累计井口产气 89386 万多立方米，长庆局接管后累计外输气量 55348 万多立方米。

【工作量及技术经济指标】

（1）原油产量 30.16 万吨（其中，本单位份额 27.29 万吨），比 2006 年增长 91.98%。原油产能建设：2007 年累计开钻 252 口（王盘山 158 口，吴定 94 口），完井 252 口（王盘山 158 口，吴定 94 口），进尺 54.40 万米（王盘山 34.10 万米，吴定 20.30 万米），新增原油生产能力 20.03 万吨/年，完成投资 9.66 亿元（其中，王盘山 5.96 亿元，吴定 3.58 亿元）。

（2）天然气产量 40474 万立方米，比 2006 年增长 138.18%。气田产能建设全年开发井开钻 111 口（苏 6 井区 52 口，苏 36－11 井区 59 口），完井 106 口（苏 6 井区 50 口，苏 36－11 井区 56 口），进尺 36.72 万米（苏 6 井区 17.24 万米，苏 36－11 井区 19.48 万米），完成投资 7.99 亿元（苏 6 井区 3.49 亿元，苏 36－11 井区 4.22 亿元，二维地震数字采集工程及模块预制厂 0.27 亿元）。

【主要工作】

（1）采取有效措施，确保了产建任务的完成。深化地质研究，及时调整钻井部署，钻井成功率稳中有升。紧跟油气快速发展步伐，继续深化推进“标准化设计、模块化建设”模式，地面工程建设成效显著。

（2）加大油藏地质研究力度，油气田勘探评价取得新进展。油田在三个合作区块均有新发现，新发现三叠系油藏 8 个、侏罗系油藏 4 个。气田评价获得了新认识，完成了 2008 年勘探开发方案的编制工作，完成了《长庆樊学等区块 20 万吨/年石油合作开发方案》、《苏里格气田苏 6、苏 36－11 区块 15 亿规划开发方案》编制。

（3）严密生产组织管理，确保生产高效平稳运行。严格按照规范组织生产运行，逐步建立健全了从决策、管理到操作各个层面的运行管理体系。

（4）高度重视技术管理，油气田开发效果日益凸现。以降低成本、提高开发水平和效益为目的，高度重视技术管理工作，整体效果明显，油田稳产状况良好，井筒参数匹配更加合理，三大开发指标控制保持先进，总体呈现出“老井稳产、措施增产、新井上产”的良好发展势头；气田生产能力稳步提高，生产工艺趋于完善。

（5）充分发挥沟通协商作用，保障油气合作业务顺利开展。强化日常工作的沟通与协调，确保了油气合作开发业务的平稳运行。进一步规范了边远油井的管理，维护油田正常开发秩序。加大外协攻关力度，营造油气合作良好外部环境。

（6）加强安全环保管理，积极开展应急预案演练，安全预控能力不断提升，有力地保证油气田安全平稳生产。

（7）深入开展基础管理年活动，大力提升油气合作管理水平。狠抓了《油气田开发管理纲要及规定》的宣贯和落实。开展整章建制，建立健全油气合作管理制度，进一步规范管理，大力提升油气合作管理水平。加强油气合作队伍建设。不断推进规范管理、标准化管理。为满足油气合作开发可持续长远发展管理，实现业务管理的制度化、规范化、科学化奠定了较好的基础。

（王安育　赵　诚　钟华誉）

第四篇

矿 区 服 务

医疗系统改革

【概述】　长庆局现有医疗卫生机构5个，其中厂（处）单位医院3所（职工医院、兴隆园医院和燕鸽湖医院），防疫站1所，厂（处）单位所属医院1所（河庄坪综合服务处职工医院）。共设置病床804张。全局涉及职业病危害因素30种，接触职业危害因素员工12918人。通过加强防治和管理，全年无新增职业病病人。全油田现有专兼职计划生育管理干部215人，分布在长庆局、长庆油田分公司和矿区服务事业部的94个厂（处）单位，较好地完成了各级地方政府下达的计划生育任务。卫生防疫工作紧紧围绕油田生产建设和员工家属身体健康，主动出击、积极预防，确保了矿区环境卫生和员工生产生活卫生，健康到人。中小学教育也取得了稳步发展。

【医疗卫生】　长庆局医疗卫生系统用工总量1390人，其中卫生专业技术人员1137人、中级技术职称309人、副主任以上职称57人。医疗用房建筑面积53726平方米，固定资产净值8216万元，其中医疗设备净值1398万元。全年共完成诊疗工作量516482人次，比2006年减少54191人次；收治住院病人6728人次，比2006年减少1824人次；手术1690例，健康体检75721人次，预防接种10145人次，医疗服务满意度达90.63%。

（1）全面实施医疗卫生资源整合。为进一步适应油田生产生活基地调整的需要，合理调整医疗卫生机构布局，全面提升医疗服务质量和服务水平，结合中国石油集团矿区服务系统改革的要求，长庆局下发了《关于对油田部分医疗卫生业务进行整合的实施意见》（长局发［2007］107号），成立了医疗卫生机构整合领导小组。2007年5月17日，召开了全局医疗卫生系统业务整合暨矿区服务系统改革推进视频会议，医疗卫生业务整合调整工作全面展开。5月18日，长庆局医疗卫生机构整合领导小组召开会议，认真研究分析了整合工作存在的具体问题，并分片深入到各医疗机构，召开会议，宣传整合工作的重要意义和有关政策，积极协调移交和接收单位之间的关系，帮助解决实际问题。各医院及时召开领导班子专题会、整合工作小组会、干部职工大会，认真组织学习长庆局关于医疗卫生系统整合的有关文件精神，切实做到领导到位、宣传到位、解释到位，做到职工思想不乱，队伍不散，确保了大局稳定，平稳有序地完成了医疗卫生业务整合工作。建立起了机构设置合理、服务功能健全、运行机制科学、以社区卫生服务为主的四级医疗卫生服务网络，职工群众的就医环境和条件都得到较大改善，医疗卫生服务和突发公共卫生事件医疗救护两个体系建设得到进一步加强。

（2）全力组织做好医疗设备招标采购工作。2007年，长庆局投资5100多万元为医疗卫生系统购置了一批必要的先进医疗设备。采购工作在长庆局机关有关部门的监督参与下，按规定组织了竞争性谈判、国内招标和国际招标采购。除小型设备器械按规定进行竞争性谈判外，数字胃肠、彩超和64排CT由陕西省西北国际招标公司和中国石油集团物资装备总公司进行公开招标采购，除个别大型设备因场地问题没有安装外，大部分设备已投入使用。

(3) 进一步加强职工健康管理。制定了《长庆石油勘探局职工健康管理暂行办法》和《长庆石油勘探局职业健康考核标准》。截至2007年底，全局50个厂（处）单位中已有39个单位完成体检，其中合同化员工体检率为88.7%，合同制员工体检率为86.7%，社会化用工人员体检率为33.4%，处级领导干部体检率为81.6%，助理级及以上领导干部体检率为100%。各体检医院为参检职工全部建立了电子健康档案。

【职业健康】　长庆局涉及职业病危害因素的单位有50个，涉及职业病危害作业的单位有29个，职业病危害因素30种，其中粉尘8种，毒物16种，物理因素6种。职业病危害作业场所1006个，其中放射性工作场所11个，粉尘作业场所63个，毒物作业场所279个，噪声及其他物理因素作业场所653个。接触职业病危害因素员工12918人（女员工1258人，男员工11660人），占全局员工总数的21.38%。接触职业病危害因素人员中，接触毒物的3451人，占26.7%；接触粉尘的884人，占6.8%；接触放射性的149人，占1.2%；接触物理因素的8434人，占65.3%。

2007年，长庆局认真贯彻落实中国石油集团《2006年职业健康工作指导意见》，牢固树立“以人为本，健康至上”的理念，进一步完善防护对策，实现了职业健康与安全生产、环境保护同步发展。全年无新增职业病病人。

(1) 健全职业健康管理机构，加强职业健康管理。根据长庆局2007年工作会议有关要求，成立了保健管理科，落实了人员，明确了岗位职责，制定了《长庆石油勘探局职业健康管理暂行办法》、《长庆石油勘探局职工健康管理暂行办法》、《长庆石油勘探局职工健康档案管理规定》及《长庆石油勘探局职业健康考核标准》等规章制度，职业健康工作逐步走上制度化的轨道。

(2) 积极开展作业场所检测和职业健康体检。共完成8个厂（处）级单位242个职业病危害场所卫生检测评价，布点1194个，其中毒物危害场所596个点，噪声危害场所561个点，粉尘危害场所37个点。对检测的场所进行职业危害程度分级，0级（安全作业）场所167个，Ⅰ级（轻度危害）场所41个，Ⅱ级（中度危害）场所17个，Ⅲ级（高度危害）场所7个，Ⅳ级（重度危害）场所10个；完成13个厂（处）级单位职业健康体检3452人，并建立职业健康监护档案。

(3) 配合生产大提速，积极组织开展“送健康到一线”服务活动。送健康小分队共深入野外基层队站146个，咨询服务2498人次，为员工诊治疾病3587人次，印发各类宣传材料6840余份，配发药品、器械价值14万余元。

(4) 加强应急预案演练，提高处置突发事件能力。9月13日和9月21日分别组织进行《长庆局重大中毒事件应急处置预案》和《长庆局重大突发疫情防控应急处置预案》的演练，锻炼医疗卫生队伍，完善应急预案。同时又制订了长庆局《职业病危害事故应急处理预案》，加强了应急队伍建设，完善了各项预防措施，提高了突发职业卫生事件的应急处置能力。

(5) 加强宣传与培训，提高职业病防控意识。在《职业病防治法》颁布实施五周年之际，下发了《长庆石油勘探局卫生处关于开展〈职业病防治法〉实施五周年宣传活动的通知》。2007年4月27日，在全局五大生活基地同时组织开展《职业病防治法》宣传活动，共印发宣传手册1万多册，发放各类宣传资料2万余份，咨询2000多人次，举办专题知识讲座3场。9月份先后在西峰、靖边集中举办了两期“预防有毒有害气体中毒安全知识培训班”，重点加强了检测报警仪和正压呼吸器的正确使用以及紧急情况下的逃生、自救与互救能力训练等，培训一线关键岗位人员 225 人。

【计划生育】　长庆油田计划生育委员会是管理全油田计划生育工作的专业委员会，办公室设在矿区服务事业部公益服务部，负责长庆石油勘探局、长庆油田分公司、矿区服务事业部共 94 个厂（处）级单位 123480 名员工、家属的计划生育工作。业务涉及陕西、甘肃、宁夏三省（区）二十几个县、市。全油田现有专、兼职计划生育管理干部 215 人。

（1）加强计划生育政策宣传。充分利用春节、“三八妇女节”、世界人口日等有利时机，开展“关注妇女，抗击艾滋”、“关心母亲健康、关爱女孩成长”等主题宣传和“最可爱的人最感人的事”有奖征文活动；组织参加全国贯彻中央《决定》计划生育知识竞赛，58 个单位参加，收到答卷 41922 份；年初配合局团委、工会组织 36 对职工的集体婚礼，现场发放计生用品礼盒 36 份。

（2）狠抓新建单位计划生育管理。针对企业改革、新单位不断成立的现状，督促落实计划生育机构、管理制度和专兼职人员，培训专兼职计生干部 59 人。

（3）继续推进计划生育信息化建设。完成了计划生育信息管理系统的功能拓展，核查了 61 个单位 72261 人计划生育信息档案，共查出 8 类 21 项 6392 条信息统计错误，并向全油田进行了通报。

截至 2007 年 9 月 30 日，全油田共出生小孩 1046 人，其中男孩 591 人，女孩 455 人，性别比为 129.9 ∶ 100，自然增长率为 7.78‰，其中一孩 1008 人，二孩 37 人，三孩 1 人，计划生育率为 100%；初婚 1148 人，其中男职工 694 人，女职工 454 人，女性晚婚率为 95%；初育妇女 1008 人，其中 24 岁以上生育的 943 人，晚育率为 93.6%；符合领取《独生子女证》的有 17491 人，已领证 16350 人，领证率为 93.5%，已婚育龄妇女 26863 人，采取各种节育措施的 22126 人，节育率为 95.7%，较好地完成了各有关地方政府下达的计划生育工作指标及任务。

【卫生防疫】　长庆局卫生防疫系统现有员工 30 人，其中高级职称 1 人，中级职称 12 人，设有劳动卫生、防疫、监督、检验和综合管理等五个业务部门，挂有“长庆石油勘探局卫生防疫站”、“长庆石油勘探局职业病防治中心”、“庆阳市卫生监督所驻长庆油田派出所”、“长庆石油勘探局职业病防治所”4 块牌子，已获得宁夏、陕西职业健康体检机构资质和陕西、甘肃两省的职业卫生技术服务机构资质。现有美国 VOYAGER 便携式色谱仪、肺功能测定仪、GC－920 气相色谱仪、WD2 声级机耳测听器、万分之一和十万分之一电子分析天平及各种现场测量仪等 20 余台设备，主要承担油田职业卫生监测、疾病预防控制、食品卫生监督等技术服务职能，为长庆油田的快速发展提供优质的技术服务。

（1）加强对食品从业人员管理。完成食品、公共场所从业人员体检 1000 人，为身体健康的 990 人办理了健康证，办证率 100%；查出调离“五病”[1] 人员 10 人，调离率 100%。为 92 个单位（部门）办理了卫生许可证。

（2）加强食品卫生检查，确保职工饮食安全。下发了《长庆石油勘探局卫生处关于进一步加强食品安全及防暑降温工作的通知》（长局卫字［2007］3 号）和《长庆石油勘探局矿区服务事业部关于开展食品安全大检查的紧急通知》（长矿发［2007］1 号），组织食品安全检查小组，先后两次深入陕、甘、

[1] “五病”即痢疾、伤寒、病毒性肝炎、活动性肺结核、化脓性或者渗出性皮肤病。

宁、内蒙古四省（区），对各单位食品安全和防暑降温工作进行专项检查。对查出的问题，现场下达《检查结果告知单》，限期整改；将检查与培训结合起来，进行现场培训和业务指导。两次共检查食堂103个，查出食品安全隐患286项次，现场整改224项次，限期整改62项次。确保全年未发生一起食物中毒事故。

（3）加强计划免疫和传染病管理。共完成各类疫苗免疫接种2621人次（份）：其中计划免疫疫苗2518人次（份），有价疫苗103人次（份）。全程免疫接种率，乙肝疫苗98.7%、麻疹疫苗98.9%、脊灰糖丸100%、百白破三联疫苗97.6%、卡介苗100%。收集、上报计免资料21份，报告及时率100%。无重大传染病疫情发生。共报告传染病10种151例，其中乙类传染病9种147例，丙类传染病1种4例。

（4）加强陕北鼠疫的防治和监测。共完成9个厂（处）级单位20个生活基地、作业区的调查及灭鼠毒饵投放，疫区净化达到省疾控中心的要求；同时继续平稳推进疫情报告网络建设，发放宣教光盘9套用于人群健康教育，有力保证了油田矿区内无鼠疫疫情发生。

矿区服务系统改革

【概述】 矿区服务系统改革是中国石油集团2007年的一项重点工作，关系到广大职工群众的切身利益。为此，长庆局党委、长庆局高度重视，多次召开专题会议，深入研究政策，统一思想认识，精心安排部署。从2007年3月份启动，到年底基本建立了新型的管理体制及运行机制，形成了专业化的管理模式。

【前期工作】 2007年3月，长庆局适时召开了医疗卫生系统业务整合暨矿区服务系统改革推进视频会议，对矿区服务系统改革工作进行了安排部署，并按照布局合理、体制顺畅、管理专业、优势互补的思路，首先对全局医疗卫生业务进行整合调整，为矿区服务系统改革持续推进奠定了基础。

【改革进展】 在广泛征求各方面意见的基础上，长庆局专门下发文件安排部署改革实施工作。成立了矿区服务系统改革领导小组，组成四个工作小组。同时，派出专人赴中国石油集团矿区服务系统改革试点企业进行对口学习交流，积极参加中国石油集团业务培训；组织力量拟订《长庆油田矿区服务系统改革实施方案》，向中国石油集团专题汇报并得到正式批复。2007年7月31日，召开了长庆油田矿区服务系统改革实施工作会议，正式组建成立了矿区服务事业部。事业部成立后，根据自身职能和定位，按照“边组建、边运行、边规范”的原则，进一步落实“保障企业生产、服务职工生活、维护矿区稳定、建设宜居矿区、创造就业机会”五项职责，统筹做好各项改革与服务工作。2007年8月底，召开了事业部成立后的第一次领导干部会议，对矿区服务系统各项工作进行了全面、系统的安排部署；10月下旬，又顺利通过了中国石油集团矿区服务系统改革工作考核验收。自此，油田矿区服务系统新型管理体制及运行机制基本建立，专业化管理模式初步形成。

【组织机构】 根据中国石油集团的批复精神和《长庆石油勘探局关于成立矿区服务事业

部的通知》（长局发［2007］167号）有关精神，按分公司模式组建的长庆局矿区服务事业部（以下简称“事业部”），对所属矿区服务单位的业务实行统一、集中和专业化管理，并接受长庆局机关职能部门的工作指导和管理监督。机关由“八部一室”组成，下设17个直属单位及1个委托管理单位。

机关“八部一室”为综合办公室（党委办公室）、计划财务部、人事劳资部（党委组织部）、安全环保部、党群工作部、物业服务部、公益服务部、离退休管理部、矿区建设部；机关附属分别为住房管理中心（正处级级别，业务上接受物业服务部领导和西安住房公积金管理中心的指导）、档案资料室（业务上接受综合办公室领导）。

直属单位有兴隆园物业服务处、燕鸽湖物业服务处（银川办事处）、泾河园物业服务处、泾渭苑物业服务处、湖滨花园物业服务处、庆城综合服务处、河庄坪综合服务处、兴庆路综合服务处、和兴园综合服务处、昌源综合服务处、礼泉综合服务处、靖边物业服务处、职工医院、兴隆园医院、燕鸽湖医院、社会保险中心、新闻中心。其中正处级单位12个，副处级单位5个；原有单位11个，新组建单位6个。长庆石化综合服务处为委托管理单位。

【人员配备】　下发了《关于矿区服务事业部人员划转工作安排的通知》和《关于明确人员划转移交有关事宜的通知》，对划转移交进行了安排部署，完成了矿区服务系统人员划转移交工作。截至2007年12月末，事业部用工总量7882人。其中合同化员工4887人，合同制员工631人，社会化劳务用工2364人。根据《长庆局2007年度社会化劳务用工转聘实施方案》，对所属单位符合条件的268名社会化劳务用工转聘为合同制员工。经事业部推荐，中国石油集团矿区工作部同意聘任徐斌同志为矿区住房管理咨询专家、牛仁会同志为矿区物业管理咨询专家、王黎明同志为矿区建设咨询专家。为进一步规范事业部所属单位内部机构编制管理，拟定了《矿区服务事业部所属单位内部机构编制管理暂行办法》，为事业部科学有效运作奠定了基础。对庆城综合服务处等11个物业（综合）服务处和职工医院等3所医院的机构设置、人员分布、管理模式等情况进行了调研，并对上述单位机关、基层的机构设置进行了调整理顺。

【主要工作】　事业部成立后，即对原隶属于长庆局各单位的矿区服务系统的业务、机构、人员及资产等整体与原单位剥离，新整合组建了6个区域性矿区服务单位。同时，为进一步规范事业部所属单位内部机构编制管理，拟定了《矿区服务事业部所属单位内部机构编制管理暂行办法》，为事业部科学有效运作奠定了基础。

矿区服务管理

【概述】　2007年，矿区服务系统管理工作紧紧围绕事业部的中心工作，着力于夯实基础、提高水平、强化职能、增强活力，有效落实好“保障生产、服务生活、维护稳定”的职能，为创建长庆模范和谐矿区提供强有力的支持和保证。

【人事管理】 编制下达了事业部所属单位工资总额计划，对事业部划转人员1—9月份工资总额，进行了模拟还原测算。完成了《矿区服务系统综合业绩考核办法》的起草和操作服务岗位合同化员工岗位工资晋档的审核组织工作。并指导所属单位按规定和要求完成了操作服务岗位合同化员工职业技能鉴定的申报、考核晋档工作。按照统一安排，分解拨付事业部2007年度奖金。与所属单位核对矿区服务系统人员意外伤害保险参保人数，收集人员名册。拟定下发了事业部《两级机关临时借用工作人员的实施意见》，为事业部及所属单位两级机关选配了工作人员。拟定了《关于对矿区服务事业部两级机关临时借用工作人员进行试用期满考核的实施意见》，对事业部两级机关借用工作人员进行了考核，优秀称职率达100%。对事业部机关61名工作人员的22675条个人信息进行采集和录入、并逐项认真审核，确保信息的准确、真实。完成了事业部机关及社会保险中心人员工资、奖金的造册、核对及发放工作。指导、汇总各单位劳资、社会保险和住房公积金统计报表，建立完善了相关的基础资料台账。举办劳资业务培训班，对事业部所属单位劳动工资、社会保险、住房公积金业务人员30余人进行了培训，对长庆局基本管理制度、操作流程等进行了学习讨论。

【财务和规划计划管理】 财务管理工作紧紧围绕长庆局整体发展战略和矿区服务事业改革发展部署，加强制度建设和制度执行监督检查，控制投资和成本，建立财务管理、资本运营和内部控制新体系，提升财务管理工作水平，2007年实现营业收入4.36亿元，资产总额13.19亿元；规划计划工作重点保障油田“万套住宅”建设工程分年实施配套资金的落实，同时积极推进庆城、礼泉等新老基地的功能完善和维护改造，为创建模范和谐矿区奠定坚实的物质与经济基础。完成中国石油集团固定资产投资32014万元，矿区服务系统资产回购8500万元，矿区服务事业部维修费8033万元。重点工作：

（1）加强全面预算管理，注重过程控制，积极、稳妥、全面、有序地完成了预算管理工作。当年7月份按中国石油集团的要求编制上报了2007年度预算及运行费用分担方案，调整下达了所属矿区服务单位实施预算。建账分账结束后，在对10—12月份经营情况进行预测的基础上，对全年预算指标完成情况进行合理预测，匡算出全年预算盘子，对所属矿区服务单位以及机关部门2007年度实施预算调整下达，预算执行符合率达98.8%。

（2）完善会计核算制度，组织会计预决算、核算，加强成本控制。结合中国石油集团“一分开”、“两集中”视频会议提出的2007年财务运行模式初步方案，设计矿区服务系统中油财务信息系统账务结构、报表体系，实现了矿区服务系统独立建账、独立核算和独立编制报表的目标。结合长庆矿区服务业务特点，编写了《长庆局矿区服务事业部会计核算办法》和《长庆局矿区服务事业部固定资产管理暂行办法》，为矿区服务系统财务管理与会计核算提供了制度依据，并顺利通过了中国石油集团财务资产部的检查验收。配合矿区服务系统财务独立核算方式，建立了矿区固定资产管理数据信息系统，核对矿区单位接交的各项资产，补充、细化资产信息，按长庆局统一要求进行固定资产信息维护，加强对各类固定资产的管理。

（3）加强资金集中管理，科学调度资金，提高资金管理与使用效益。在规定时间内完成了长庆矿区服务系统银行账户的单独设立工作，新开和保留收入户、支出户、封闭结算户共52个。确保了矿区服务事业部和所属单位的资金收支两条线10月8日全部正常上线运行。制定了《矿区服务事业部资金管理暂行办法》、《矿区服务事业部机关费用报销制度》等相关规定和办法。对矿区服务事业部和所属单位的银行账户管理、银行对账、资金安全、资金计划管理等进行了统一规范。

【安全管理】 矿区服务事业坚持安全发展、清洁发展、节约发展，牢固树立“安全生产就是优质服务”、“清洁发展就是惠及职工”的理念，大力开展整章建制、规范运作和监督管理工作，实现了矿区服务系统安全环保工作的良好开局和整体达标。

(1) 机构建设。2007 年 8 月，在矿区服务事业部机关组建的同时，成立了由主要领导担任主任的 HSE 管理委员会，这是事业部成立后组建的第一个专业委员会，走在了中国石油集团各矿区服务事业部的前列；所属单位成立了 16 个 HSE 管理委员会，设立了安全环保管理部门和专兼职岗位，初步建立起了从行政一把手到岗位员工的安全环保组织网络，为安全生产、环境保护工作的开展提供了坚强的组织保证。

(2) 整章建制。制定了安全环保制度体系方案，形成了支撑矿区服务事业部安全环保管理工作的 36 项基本制度，起草完成了《事业部安全生产责任制通则》、《事业部领导及机关部门安全生产责任制》、《事业部安全生产、环境保护综合考核办法（草案）》，明确了新成立单位的年度安全环保考核指标；各单位制定了《安全承包点管理办法》、《锅炉安全管理规定》等相关的制度和应急预案。组织开展了矿区服务系统安全环保工作调研，建立了锅炉压力容器、加油（气）站（库）、天然气管道、液化气站（库）、各种气瓶、电梯、客轿车、危险化学品储运等 8 项重大危险源档案，并对矿区服务系统 10 个方面的风险进行了发布，为各项工作提供了制度保障。

(3) 落实责任。事业部主要领导、主管领导、分管领导经常督促、指导安全环保工作。机关部门各司其职、各负其责，形成了安全环保齐抓共管的局面。各单位领导与基层单位层层签订了安全环保责任书，供热、供电等基层单位与关键岗位、特种作业人员签订了《岗位安全生产协议》，与学徒工签订了《师徒合同》，并实施定期考核，做到安全环保目标层层分解，安全环保责任层层落实。同时严格执行目标管理、一票否决和风险抵押金制度，将安全环保业绩与责任追究和经济效益挂钩，严考核、硬兑现，2007 年矿区服务系统安全环保没有不达标单位。

(4) HSE 体系建设。组织召开了矿区服务事业部 HSE 管理体系建设座谈会和“两书一表”培训研讨会，制订并发布了《事业部 HSE 管理体系建设推进实施方案》。组织各单位编制了 HSE“两书一表”，覆盖了锅炉房、液化气站、开闭所、配气站等重要场所，有效控制了基层岗位风险。组织了矿区服务事业部 HSE 信息系统基础知识培训和现场技术支持培训，为矿区服务系统 HSE 信息化管理提供支撑。

(5) 环境管理。组织开展了矿区服务系统环境监测和能源审计工作，完善了重点污染源档案和污染源信息数据库，建立了各单位能源资源消耗台账，编制了矿区服务系统“十一五”节能节水和污染物减排工作方案。各单位积极开展绿色社区、绿色基层队、节能节水型企业和环境友好型企业创建，营造了绿色健康的人居环境。泾河园小区获得了 2007 年度国家环保总局“全国绿色社区创建先进单位”称号。

(6) 安全环保监督检查和隐患治理。先后组织开展了三次安全环保大检查，对所属的 16 个单位 90 多个场点开展了现场检查，帮促查改各种问题 280 余项。一次投入 370 多万元，为各单位配备了 10 个种类 204 台（套）安全防护设施及检测仪器，同时投入 1524 万元用于 3 项较大安全环保隐患治理，为进一步提升矿区服务系统安全环保预警与防范能力奠定了基础。

（7）安全环保文化建设。先后组织开展了矿区“119”消防宣传日活动及“中秋、国庆”双节期间宣传教育工作，编印了26000多字的《家庭安全常识手册》和《中华人民共和国节约能源法宣传手册》，发放到各单位和居民家庭进行学习宣传。各单位举办各类咨询活动、知识竞赛15场次，参加17000多人次；悬挂横幅36幅，张贴标语139条，张贴宣传画120余幅，更新板报55期；组织各种应急演练12场次，参加演练850余人；发放各类宣传册13000余份，入户检查12000余户，及时将安全环保管理工作向小区家庭延伸。

【党群工作】 逐步完善事业部基层党组织建设，成立事业部机关党总支和事业部纪委、工会、团委，明确纪委组成人选、工会副主席人选，为事业部党团工作的正常开展提供了保障。充分利用报纸、网络、电视、宣传橱窗等载体，深入宣传《中国石油天然气中国石油集团矿区服务系统改革实施意见》和改革实施方案等相关政策文件，以及中国石油集团、长庆局领导的重要讲话。泾河园、兴隆园、燕鸽湖、庆城、河庄坪等物业服务处，在离退休职工、家属中开展十七大精神传达学习活动。事业部纪委先后参与了涉及矿区建设、安全技防等项目的有关招投标活动，标底总价2938万元；协助长庆局效能监察领导小组办公室对“万套住宅建设工程”项目及重点单位实施情况进行跟踪检查。建立健全了413户困难职工档案，国庆节前夕，开展了“金秋助学”、“双节”困难职工帮扶解困和“扶贫帮困献爱心”捐助活动。据统计，有10个单位2289人共为困难职工和灾区群众捐款88660元，为困难户发放帮困资金13500元。兴隆园、泾渭苑、燕鸽湖等物业服务处开展了锅炉工、维修工、配电工、保安员等10个工种1500余人（次）参加的技术大比武；各医疗卫生单位开展了近1000人次参加的医疗、医护技能大赛；各级工会以“全民健身与奥运同行”为宗旨，开展了寓教于乐、职工喜闻乐见的文化体育活动，不断丰富广场文化、节日文化、彩色周末等社区文化活动。共开展球类、田径比赛15项、500余场，开展大众体育项目比赛20项，参加人数3000人次。物业服务处在国庆节、重阳节期间，充分利用社区活动中心、文化广场、健身场所和老年大学、老年艺术团及文体协会，举行大型演出、文艺比赛等活动40余场，参加活动人数超过3万人次。礼泉综合服务处举办了“九九重阳节，浓浓敬老情”活动，为14对金婚夫妇举行了庆典。河庄坪综合服务处先后组织了150多人的“青年突击队”，在9月份红庄水库抢险过程中，团员青年经过两天冒雨奋战，人拉肩扛，成功架设了红庄水库至河庄坪之间3000多米的临时供水管线，保障了河庄坪基地正常供水。靖边、燕鸽湖、泾渭苑等物业服务处开展“学雷锋、树新风”青年志愿者服务和养护“青年林”、与孤寡老人结成帮扶对子等活动，有效推动了和谐小区建设。各单位主要领导与治安保卫部门签订了责任书，采取以现场检查与资料查阅相结合的方式开展了社会治安综合治理大检查，及时发现、掌握影响治安稳定的各种问题和隐患，认真落实隐患整治、预防和监控措施。各园区按照需要补充了保安人员，同时，加大生活基地治安保卫硬件设施的投入力度，配备了小区巡逻车、对讲机等。与园区入住单位签订了责任状，严格落实长庆局“三禁一反”的规定，对涉毒人员进行监控，杜绝矿区生活基地出现“黄、赌、毒”现象，严防各类恶性事件发生。加强夜间巡查，加大巡逻密度，落实值班制度，对重大治安问题及初露苗头和带倾向性问题做到及时、准确、全面报送，及时掌握辖区治安动向，有效应对和处置各类突发事件和重大治安问题。各级党群组织整章建制，对宣传、纪检、工会、团委、武装及保卫等各路工作制定了相应的规章制度和流程，保证了各路工作的正常开展。党群工作部门精心策划，通过资料查阅、现场交流、个人访谈、问卷调查、召开座谈会等形式，对所属15个单位的宣传思想、党风建设，工会、共青团，社会治安综合治理等工作进行了全面系统的调研。采取“请进来、走出去”等多种形式，先后组织各单位党群干部参加了在北京工会干部学院举办的两期工会干部培训班；配合企业文化处做好参加长庆局首期“企业文化师”职业资格培训的组织工作，矿区服务系统共有8人接受了培训；组织人员参加了中国石油集团标识应用与管理业务培训班、中国石油西北西南青年工作协作区及新疆地区企业团委书记座谈会、长庆局宣传理论骨干十七大精神学习培训班、长庆局团委第47期基层团干部培训班等相关业务的学习培训，促进了党群工作人员素质的提高。

矿区建设

【概述】 按照中国石油集团和长庆局对矿区服务系统的要求，先后修订完善了矿区建设的相关业务管理制度、工作标准；加快了万套住宅建设步伐，加强对矿区配套建设项目的管理，严把工程质量关，有效地提升了矿区建设的管理水平。

【万套住宅建设】 2007年初开展了全油田范围的职工住房需求摸底统计工作，并根据国家关于企事业单位职工集资建房的相关规定，协助各建设项目组围绕申请经济适用住房计划开展了大量协调工作，分别在西安、银川、咸阳等基地取得了经济适用住房计划，降低了建设成本，为减少职工购房支出奠定了基础。并对油田职工住房现状进行了认真分析，提出了2008年在银川基地、湖滨花园等8个基地进行住宅建设的规划方案。

【矿区配套建设】 组织启动了《长庆油田矿区职工生活基地2008—2010年调整改造规划》编制工作。2007年10月24日，组织召开了矿区职工生活基地调整改造座谈会议，委托并积极配合中国石油集团规划总院及时完成规划编制。抓好矿区维修、固定资产投资等计划的编制及项目落实工作。编制完成了庆城、河庄坪、昌源、和兴园、礼泉、靖边等物业服务处等新组建单位办公场所改造及办公设施和设备配置计划。根据长庆局确定的生活基地配套投资重点方向，积极组织长庆局造价中心、审计中心、各住宅建设项目组，开展住宅配套投资测算工作，编制了“万套住宅”成本测算，并据此下达了住宅配套投资25151万元；组织各单位上报2007年维修项目建议计划。制定了矿区投资项目管理相关制度，编制下发了《长庆石油勘探局矿区服务事业部固定资产投资管理办法》（试行）、《长庆石油勘探局矿区服务事业部固定资产投资项目前期工作管理办法》（试行）、《长庆石油勘探局矿区服务事业部维修项目前期工作管理办法》（试行），规范了项目计划管理流程。完成了长庆油田矿区服务系统统计初始报表的填报工作，保障了中国石油集团矿区工作部统计信息系统正常测试运行。

【房产管理】 制订并印发了泾渭苑三期A区和C区、燕鸽湖基地、湖滨花园等基地住房出售工作的实施细则，明确出售对象，确定出售价格，积极督促各单位做好售房款的收缴工作，确保建设资金及时足额到位；下发《兴庆路小区、咸阳干休所拆迁补偿办法》，保证了兴庆路小区、咸阳干休所翻建项目顺利实施，合理解决了职工已购住房拆迁补偿问题；制定《长庆油田西安兴隆园小区2007年职工住房出（预）售实施办法》，顺利完成了兴隆园小区2229名购（调）房人员的选房工作。加快基地职工已购住房补偿金的发放工作，截至2007年底已为11473户职工。发放补偿金2.6亿元；完成了油田住房补贴资金的清算工作，补发住房补贴资金3600余万元。完成了2006年度晋职晋级人员住房级差补贴的发放工作，对全油田57个单位，1419人发放补贴资金630.87万元。同时，进一步落实清理多占住房工作，共纠正多占住房1733户。

【住房公积金管理】 2007年，油田的住房公积金缴存基数为职工上年末月工资总额加一定数额的基本生产奖，缴存比例为单位12%、个人8%。住房公积金实行“管委会（住房公积金管理委员会）决策、管理中心运作、银行专户存储、财政（财务）监督”的原则。油田住房公积金管理部门作为西安住房公积金管理中心的分支机构，业务上由西安住房公积金管理中心实行授权管理。

截至2007年，在长庆油田住房资金管理中心办理缴存住房公积金业务的有长庆石油勘探局、长庆油田分公司、长庆石化分公司、中国石油集团测井有限公司、中国石油集团东方地球物理勘探有限责任公司长庆事业部及物探研究院长庆分院等单位。住房公积金管理部门应用专门的住房公积金管理软件，开通了电话语音查询系统，方便职工查询本人住房公积金账户状况。住房公积金管理严格按照《住房公积金管理条例》和财政部下发的《住房公积金财务管理办法》、《住房公积金会计核算办法》办理各项业务。经中华人民共和国审计署、中国石油集团、西安市审计局、长庆局、西安住房公积金管理中心等多次审计，认为油田的住房公积金管理到位、制度健全、运行规范、资金安全。全年完成油田84个缴存单位，68622人的住房公积金归集工作，归集住房公积金50290万，其中单位部分30246万元，个人部分20044万元；历年累计归集住房公积金190686万元。办理住房公积金支取3885人，提取8015万元，其中购房支取2737人5442.7万元，离退休支取1148人2572.3万元；累计办理住房公积金支取55500人次，支取57468万元，其中购房支取36309人42645.9万元，离退休支取19191人15001.8万元。职工个人住房公积金累计余额141777万元。办理职工调动转移住房公积金13859人次，新增开户11个单位4430人。发放住房公积金贷款37户、资金289.5万元，累计办理400户1792.1万元。按照《住房公积金条例》规定，2007年6月30日为职工个人账户计息1798万元，历年累计计入个人账户利息8739万元。针对2007年央行六次存款利率的调整，合理制定资金计划，计算利息盈亏平衡点，增加利息收入117万元。

【矿区绿化建设】 以创建和谐、文明、优美小区为目标，组织编制了《长庆油田2007年绿化工作安排意见》，全年共植树104.48万株，新增绿化面积9.7公顷，绿化覆盖率平均达36.6%，矿区绿化工作取得了显著成效，有3个单位获得了全国创建“绿色社区”称号，1个单位获得省级“绿色文明单位”称号。

【基地管理】 定期对各基地供暖锅炉安全运行、冬煤储运及停暖后锅炉检修情况进行检查，认真落实冬防保温、防洪防汛工作；认真抓好矿区治安保卫及交通安全管理，加大矿区治安巡查和车辆管理力度，做好车辆乱停乱放的专项治理，对部分小区开展交通秩序集中整治，在各小区安装视频监控系统，确保各小区的安全工作平稳、有序运行。

离退休管理

【概述】　2007年，油田离退休工作按照“发展大油田、建设大气田，创建模范和谐矿区”的总体要求，认真落实“两项”待遇和“六有”目标，组织退休高工参观考察活动和文娱体育活动，充分发挥了离退休职工在物质文明和精神文明建设中的作用，确保了离退休职工队伍的稳定，全年各项工作整体水平有了明显提高。

【人员状况】　截至2007年12月底，全局离退休系统管理服务对象总数为23149人。其中，离休干部187人、退休干部3516人、退休工人8893人、有偿解除劳动关系后退休人员1577人、退职人员125人、内部退养人员2783人、离退休职工遗孀1528人、有偿解除劳动关系人员4540人。

离休干部中，局级9人、享受局级待遇9人、享受局级单项待遇12人、处级18人、享受处级待遇97人，一般干部42人。

退休干部中，局级20人，教授级高工8人，处级284人，高工462人，科以下干部2742人。

离退休职工中党员6706人，设立党总支32个、党支部155个、党小组503个、离退休职工自管小组395个。

管理工作人员298人，其中，专职管理人员263人，兼职管理人员35人。

2007年离退休系统管理服务对象死亡224人，其中，离休干部6人、退休干部60人、退休工人106人、有偿解除劳动关系后退休人员7人、退职人员2人、离退休职工遗孀27人、内部退养人员16人。

【主要工作】　离退休管理工作坚持从抓党建工作入手，充分发挥老同志的作用，注重落实有关待遇，组织参观考察活动，同时加强离退休部门的建设，提高服务管理水平。

（1）狠抓党组织建设。一是及时进行支部换届改选，把党性原则强、民主作风好、热心老年事业、有奉献精神的党员充实到支部班子中，增强了离退休职工党支部的凝聚力和战斗力。二是为党支部配备了一定数量的学习材料，为开展学习活动提供了条件。三是认真落实“三会一课”制度，较好地发挥了党支部的战斗堡垒作用和党员的先锋模范作用。

（2）充分发挥老同志的作用。各级离退休管理部门积极组织老同志为全面完成油田各项任务贡献力量，收到了良好的效果。他们在油区（社区）治安联防、环境绿化、民事调解，在自我管理、自我教育、自我服务，在关心培养下一代上发挥了一定的作用。有的被返聘到生产一线，继续为生产建设贡献力量。

（3）认真落实老同志的有关待遇。一是坚持每月组织离退休职工进行一次政治理论学习，积极落实老干部阅读文件和联系老干部制度。二是对长期患病、生活困难的离退休职工、遗属从经济上给予资助。三是重大节日期间先后两次为12000多名离退休职工发放生活补贴1400多万元。四是及时将离退休职工的养老金、护理费、健康疗养费、书报费、交通费、电话费、降温费、慰问费等发放到手中。五是及时将“三项”经费划拨到各基层单位，确保了离退休职工文体活动的正常开展和老同志有关待遇的落实。六是坚持每两年为老同志进行一次体检制度，为每个在油田小区居住的离退休职工建立了体检档案。七是组织开展了兴隆园、龙凤园、泾渭苑、咸阳昌源、银川燕鸽湖等基地离退休老同志购房、选房的各项工作，协调解决了离退休老同志在购房中遇到的问题和困难。八是积极配合社保、劳资、财务等部门及时完成了给退休职工增加养老金的报批工作。九是在离退休职工中开展了冬季使用水、电、暖、气安全防范教育活动，配发温馨提醒定时器 12000 个。十是加强了 200 多名 20 世纪 60 年代落实政策人员的管理服务工作，通过银行及时给他们电汇养老金、生活费、医疗费。使广大离退休职工和在职职工一样享受着企业发展的成果。

（4）采取分期分批的方法，组织西安、银川片 200 多名高级职称的退休干部分别到银川燕鸽湖基地、西安兴隆园基地等地进行参观考察，使老同志亲身感受到油田发展的喜人形势和美好前景。

（5）开展了健康向上的文体活动。一是先后组织举办了第六届离退休女职工门球赛、第二套大秧歌健身舞培训班、门球教练员培训班、第二十届离退休职工门球赛、离退休职工台球赛、第十二届离退休职工地掷球赛、第六届离退休职工乒乓球赛和协作区“老寿星”门球赛、第二套大秧歌健身舞录像评选赛和离退休职工书画、摄影展，活跃和丰富了离退休职工的文化生活。二是选拔部分优秀运动员参加了石油系统在新疆石油管理局举办的门球大赛，组队代表中国石油集团参加了在陕西富平举办的全国老年门球赛，取得了较好成绩。三是加强老年大学建设，配备了必要教学设施，贴近实际开展教学活动。全局 4 所老年大学注册在读学员 2000 多名，开设 20 多个专业，累计毕业学员 500 多名，丰富充实了离退休人员的生活。

（6）各级离退休管理部门针对矿区服务事业部成立后出现的新情况、新问题，健全完善了各项管理规章制度和相关的基础资料，使管理工作有章可循；离退休管理信息化建设及统计报表工作得到中国石油集团离退休管理部门的肯定。

社会保险

【概述】　社会保险中心（以下简称中心）原为长庆局机关附属单位，2007 年 8 月矿区服务事业部成立后（长局发［2007］167 号），机构升格为正处级，成为长庆油田矿区服务事业部下属厂（处）单位，保留“甘肃省劳动和社会保障厅长庆油田保险管理中心”的牌子，为甘肃省社会保险经办机构的业务分支机构，按照“一套机构、两块牌子”的运作模式，在甘肃省劳动和社会保障厅、甘肃省社会保险事业管理中心和长庆局人事处的业务指导下，负责长庆油田及各托管单位职工各项社会保险和企业内部授权管理的有关保障业务的组织实施和管理。同时还协议托管东方物探长庆物探处、中油测井长庆事业部以及方元公司、宁夏长庆抽油杆公司等单位职工的社会保险业务。

中心内设养老保险科、医疗保险科、基金管理（财务）科、综合办公室、保险保障科 5 个业务科室。中心原定员 22 人，现有人员 17 人，其中具有高级专业技术任职资格 2

人、中级专业技术职称任职资格9人、初级专业技术职称任职资格6人；按文化程度划分：硕士1人、大本9人、大专7人；按聘任岗位划分：主任1人、副主任2人、科长4人、主管4人、主办1人，助理主办5人。

【业务范围】 中心目前的业务范围包括：基本养老保险、基本医疗保险、失业保险、工伤保险、企业年金、补充医疗保险、离退休人员生活补贴发放和劳动家属生活补贴代发放、长庆局员工意外伤害综合保险等业务。

根据油田点多线长、单位分散的实际，油田社会保险业务在原模式下实行两级管理模式。大多数单位在人事劳资部门设有专兼职社会保险业务管理人员，负责离退休人员养老金和生活补贴的发放，职工和离退休人员日常医疗费用的审核报销和大病医疗费用核销的申报，其他各项社会保险待遇的支付，基本养老保险、基本医疗保险、企业年金个人账户的管理和维护，以及社会保险有关数据、资料的收集、汇总和上报等工作。

为进一步建立和完善油田社会保险管理体制和服务网络，结合油田社会保险业务发展实际，在对社会保险管理业务进行整合，内部设置进行调理，实行集中统一管理。中心按照社会化服务的原则，将分区域设立社会保险经办机构，负责区域内员工、退休人员医疗费用报销，离退休人员养老金和生活补贴的发放、个人账户管理等工作。

【重点工作】

（1）完成了各保险基金的收缴工作。基本养老保险缴费60766.36万元；基本医疗缴费12913万元；工伤保险缴费4951万元；失业保险缴费2175.48万元；企业年金缴费6873.45万元；补充医疗缴费7881万元。

（2）完成了保险基金等有关费用的拨付工作。基本养老保险金23417.69万元；基本医疗金10841万元；工伤保险待遇452万元；上解失业保险金1007.93万元；企业年金562.97万元；补充医疗金5962万元；离退休人员生活补贴4108.85万元；家属工生活补贴848.91万元；基本养老个人账户一次性退付107.14万元，转移支出83.65万元；基本医疗大病费1141万元；年金一次性退付606.17万元。

（3）根据《关于2007年调整企业退休（职）人员基本养老金有关问题的通知》（甘劳社发［2007］119号），为14751名退休人员调整了基本养老金265.32万元。为211名离休人员和170名建国前参加革命的老工人增加了基本养老金和艰苦边远地区生活补贴，补发基本养老金和艰苦边远地区生活补贴146.26万元。

（4）完成了长庆局各单位2005、2006年养老金补缴费的审核工作。累计补缴5194.17万元，其中单位缴费3685.88万元、个人缴费1508.29万元。完成了养老金缴费基数上、下限调整后的缴费补收工作。补收单位缴费2731.56万元、个人缴费118.15万元。

（5）完成本年度退休审核报批工作。办理了1574名退休人员审批手续，对1998年未认定提前退休人员中本年达到法定退休年龄的277人资料进行清理上报，及时转由基本养老金负担；对1297名退休人员档案资料、个人账户记账户情况及缴费情况、养老金标准等进行了核准并办理了退休手续；完成了490名退休人员补偿养老金的审批工作。

（6）做好个人账户管理工作。采集了各参保单位2007年度人员个人缴费基数，并将基数及时录入数据库。及时做好基本养老保险个人账户数据库和企业年金个人账户数据库的信息变更和维护工作，确保职工个人账户的准确性。在此基础上，办理基本养老保险个人账户转移手续70人，办理基本养老保险个人账户储存额一次性退付手续100人，办理油田外基本养老保险关系转入手续43人，办理企业年金个人账户储存额一次性退付手续1272人；及时拨付192名死亡离退休人员丧葬费、抚恤费，办理了43名退休职工养老金关系转移手续。

(7) 接受并配合完成了有关省（区）、中国石油集团对油田社会保险专项基金的审计工作。1月份，配合长庆局审计处完成了审计，起草上报了《长庆油田社会保险资金管理情况的汇报》。3月份，主动配合完成了甘肃省审计厅对长庆油田养老保险基金、失业保险基金、企业年金等的专项审计。5月下旬至6月下旬，配合完成了中国石油集团专项审计组对油田2001—2006年各项社保基金缴纳情况、保险待遇发放、报销情况和基金收支结余情况、计提比例、基数及参保单位个数、参保人数等方面的审计工作。

(8) 建立并完成了长庆局员工意外伤害综合保险工作。拟定了《关于规范和完善长庆石油勘探局各类用工社会保险及参加有关商业保险的意见》和《关于建立长庆石油勘探局员工团体福利保障意见》（长局发［2007］133号），并与商业保险公司进行了多次商谈工作，于当年9月14日筹备组织了由长庆局领导、商业保险公司等领导人员参加的关于《长庆石油勘探局员工意外伤害综合保险计划合同书》签字仪式。制作了保单、手册，并会同长庆局人事劳资、财务、结算等部门对保费进行核定，交付了员工参保的全部保费，建立起了36445名员工意外伤害综合保险。目前已向参保员工赔付意外伤害综合保险金额累计51余万元。

(9) 完成了陕西省境内油田员工失业保险参保工作。起草了《关于在陕西境内职工参加失业保险问题的建议意见》，报送了油田在陕境内参保花名册和缴费基数核定确认表，同时就缴费事宜与陕西省地税局、省劳动厅等部门达成一致。完成了参保登记、缴费基数核定和确认等工作；期间与榆林市劳动部门协商确定了榆林区油田员工失业保险参保等事宜。

(10) 完成15000余名离退休人员生活补贴发放工作，其中，中国石油集团负担人数13051人，企业负担2226人。对中国石油集团2006年拨付2004年、2005年油田符合转投保条件的905名退休人员兑付生活补贴费，307.14万元（其中，长庆局转投保625人，金额217.38万元；长庆油田分公司转投保160人，金额53.44万元；其他板块转投保120人，金额36.32万元）。

(11) 下发了《关于转发甘肃省劳动和社会保障厅〈关于调整长庆油田部分单位2007年度工伤保险缴费费率的复函〉的通知》（长庆社保字［2007］6号），将工伤保险综合费率由1.5%降为1%。下发了《长庆油田社会保险管理中心关于调整2004年1月1日以后因工伤残职工（人员）伤残津贴生活护理费及因工死亡职工供养亲属抚恤金标准的通知》（长庆社保字［2007］3号）。

(12) 印发了《关于收缴2007年度团体高额医疗保险费率的通知》（长庆社保字［2007］5号）。对2006年度高额医疗保险赔付情况进行清理，及时与财务账目核对理赔和补充医疗保险基金使用情况，测算2007年度保费水平，与商业保险公司接洽2007年度合作协议有关事宜，签订了《高额医疗保险补充协议》，启动了2007年度的高额医疗保险工作。印发了《长庆油田有偿解除劳动关系人员参加高额医疗保险办法（试行）》（长局社保［2007］1号）。

公益服务

【社区管理】　制定下发了《关于社区居民管理委员会有关情况进行调查摸底的通知》，对各服务处社区居委会工作进行调研，完善社区建设管理职能。至2007年年底，已按法定程序正式成立社区居委会的和兴园社区和礼泉基地社区两个居委会，均于2007年10月按规定程序，进行了新一轮居委会换届改选。虽已设立居委会，但非正式选举产生，仅履行部分职能的有兴隆园社区和河庄坪社区两个居委会。昌源综合服务处和泾河园物业服务处于2007年11月已向当地政府主管部门上报了成立社区居委会的申请，等待批复。燕鸽湖物业服务处已与地方政府接洽成立居委会事宜。泾渭苑物业服务处和湖滨花园物业服务处暂不具备条件，尚未申报成立居委会。

为加强社区管理，组织有关人员到华北、大港油田进行社区管理工作调研，学习兄弟油田先进的管理经验，进一步修订完善相关工作方案。认真总结和兴园居委会、礼泉居委会的工作经验并进行推广。加强与陕西、甘肃、宁夏三省区地方政府民政部门的沟通联系，督促已正式成立的居委会，夯实基础工作，健全完善各项规章制度，改善办公条件，重点搞好社区困难群体调查摸底，收集掌握政府相关惠民政策，逐步开展扶贫帮困等工作，提高社区服务和管理水平。

【中小学教育】　截至2007年年底，长庆局代管的陇东中小学有6所，其中完全中学2所，完全小学4所。有中小学生3390人，其中小学生2040人，初中学生697人，高中学生553人。教职工332人，其中专任教师252人（小学101人，初中74人，高中77人），行政人员60人，后勤人员20人。

陕西石油普通教育管理移交中心（以下简称“中心”）管理的中小学有8所，其中高级中学1所，完全中学2所，九年制学校5所。有中小学生9369人，其中小学生5766人，初中学生2186人，高中学生1417人。教职工871人，其中专任教师685人（小学316人，初中236人，高中133人），行政人员130人，后勤人员50人。

2007年中小学教育教学主要成绩：

（1）德育工作亮点纷呈。全体学生无严重违纪，违法犯罪率为零，思想品德合格率达到100%，所有学校社会治安综合治理全部达标。长庆八中、六十六中被授予“陕西省德育工作先进集体”称号。“中心”参加陕西省“明辨荣耻，立志成才”电视知识竞赛获团体第二名，参加陕西省第22届青少年科技创新大赛获优秀组织奖，参加陕西省联合国教科文组织协会组织的“我为别人做一件好事”助人为乐先进个人和先进集体评选，有120名同学被评为先进个人，20个班级被评为先进集体，中心获最佳组织奖。

（2）办学水平显著提升。高考本科上线736人，上线率68.4%，比2006年增长2.4个百分点。其中，六十六中高考本科上线率达到63.7%，跃居未央区19所高中第四名。长庆八中、泾河中心学校成为未央区教育局教学质量挂牌表彰学校，六十六中为两所表扬学校之一，长庆八中连续第四年被评为未央区“初中教学质量优秀学校”。礼泉分校中考各科平均分数在礼泉县30所学校中均列第一，咸阳子校中考总分平均分数位居渭城区第二，长庆七中中考总分平均分数列宝塔区48所公办学校第二位。六十六中被评为“省级标准化学校”、“陕西省校本教研示范学校”，六十六中教师包新安同志被评为全国优秀教师，柴仓库同志被评为陕西省特级教师，刘少阳等7人被评为陕西省德育工作先进个人，席进忠等5人入选陕西省基础教育课程改革指导专家。教师论文、课件、案例等获国家级奖励14人次，省部级奖励72人次，地市级奖励125人次。长庆八中的研究课题《积极参与课改下的教学研究，努力提高课堂教学质量》，被评为国家“十五”课题“九年义务教育素质教育目标体系与评价机制研究实验”优秀成果。学生参加学科竞赛获国家级奖励37人次，省部级奖励136人次，地市级奖励152人次。

(3) 稳定工作卓有成效。一是建立了维稳工作信息上报制度。在各学校建立了信息员网络，各学校每月分析学校稳定工作形势，每季度向“中心”和教育处汇报维稳工作情况，发现问题苗头，尽快上报并果断处置，确保不出现群体性事件。二是认真做好解释说服工作。针对内部退养、退休的教职工对个人待遇等方面的疑虑，分别召开了座谈会，根据有关政策、有理有据地解答他们提出的问题，最大限度地化解了他们的疑惑。三是努力维护移交人员的利益。保证离退休教师同油田离退休人员享有受同等水平的福利待遇；从局工会协调落实40万元扶贫帮困资金，用于生活困难的移交人员；通过多个部门协调落实了21.5万元离退休教师“双节”慰问费和移交人员在油田基地购房等相关事宜，移交人员住房问题得到妥善解决。四是通过不懈的努力，移交教职工2006年事业单位工作人员工资收入分配制度改革增资问题得到了“实升实发”。

(4) 子女就学妥善解决。在陕西省教育厅有关部门的积极协调下，解决了非陕西户口及户口迁转至陕西但不到三年的油田子弟考生在西安市、咸阳市的高考报名问题。通过调研、汇报、长庆局协调解决了银川燕鸽湖基地小学扩建教学楼的费用，保证了搬迁户小学生的就学问题。

(5) 办学条件明显改善。长庆局捐助1000万用于改善学校办学条件，中小学校园网络已经建成并通过验收，长庆八中、咸阳子校塑胶操场建设、长庆二中阶梯教室配套、礼泉分校、长庆七中、长庆八中、未央湖学校门窗更换、楼道墙裙贴瓷片、庆阳总校暖气系统重建以及泾河中心学校操场改造等40多项新建和维修项目已经竣工，学校校园面貌发生了很大变化。

(6) 布局调整基本完成。关闭了马岭小学、董家滩小学和长庆二中马岭校区。从陇东向陕西方向调整教职工212人。

新闻工作

【概述】 2007年是新闻中心三大媒体合并后，长庆油田新闻工作形成强势、取得突破、迈上高峰的大发展一年。报纸、电视、网络三大媒体充分发挥新闻媒体的“喉舌、阵地、窗口、平台”作用，为长庆持续有效快速协调发展、为长庆油田油气当量实现2000万吨作出了新的贡献。2007年累计完成1600人次新闻采访任务，共完成新闻作品（报纸、电视、网络）近2294条（幅），记者单月最高完成作品46篇。

【报纸】 报纸宣传重点突出长庆油田工作会议、生产启动、长庆局47项重点工程、和谐矿区建设、安全环保等重点内容，以宣传战役的形式进行了突出宣传，取得显著的成绩。共出版报纸136期，其中，正刊113期、生活时讯23期。在中国石油报刊登记者稿件162篇。

【电视】 电视宣传以长庆新闻联播和专题片为两大宣传阵地，在突出电视特点，提高转播质量改进制作手法上下工夫，是长庆电视宣传走进油田千家万户。《长庆新闻联播》编辑制作157期，制作专题新闻20多期。制作专题片及电视栏目49部。收录厂（处）单位新闻素材长度1980分钟，播出各类节目1364部（集），1710小时。在《中国石油报》播出新闻40条。

【网络新闻】 网络宣传突出“新”和“快”，紧密配合油田的重点工作，突出报道各单位在油田生产建设、和谐矿区建设、基层先进典型、安全环保、科技进步等方面取得的最新成果，营造了长庆大发展的舆论氛围。四大网站（长庆局信息门户、长庆局主页、长庆局外网、网络电视平台）发布信息总工作量15910条/期/部，在中国石油集团信息门户刊发新闻226条。

（安　浩　田荣刚　田景利）

第五篇

科 技 发 展

科技发展

【概述】　2007年，长庆局科技工作认真贯彻“十一五”发展计划，坚持“服务油气发展，服务主营业务”的科技工作指导思想，认真落实“大力推进科技创新，着力提升技术支撑能力”的科技工作任务，重点围绕“提高生产效率，降低作业成本，提高单井产量，提高油气采收率”的研发方向，制定、实施科技发展项目54项，取得科研成果44项，申请专利58项。这些成果和专利在生产应用中见到了良好的经济效益。

【科技计划】　依据长庆局生产经营部署，坚持适应生产大提速的需要，解决制约生产的瓶颈技术、集成与推广先进技术，部署新开项目37项，接转项目7项，承担中国石油集团科技项目10项。年度项目完成率93.7%，形成了一批优势技术，为实现全年生产目标提供了强有力的技术支撑，使长庆局技术实力和市场竞争能力得到有效提升。

【科技管理】　健全和完善长庆局科技制度和管理流程，继续推行重大科研项目课题制管理，为20名项目第一负责人颁发了首席专家聘书。实行科研项目阶段成果通报和重大项目跟踪管理，有效促进了管理效率和重点科研项目研究试验，全面实现了全年科技工作目标。

【科技成果】　2007年共有44项科技成果获奖，其中获中国石油集团科技创新成果一等奖1项，二等奖1项；陕西省科学技术二等奖1项；局科技进步成果一等奖4项，二等奖8项，三等奖29项（见表1）。这些成果的应用取得了明显的经济效益，尤其是：

（1）集成创新项目的实施，大幅度提高了生产效率。①提高油、气井钻井速度配套技术应用研究再上新台阶。深化“四合一”钻具研究与PDC钻头优选，集成无固相钻井液和高压喷射钻井等多项先进技术，实现油气井钻井持续提速。全年气井平均机械钻速11.43米/小时，比2006年提高14.87%；油井平均机械钻速达到30米/小时，比2006年提高29.25%，油井实现二开后“一趟钻”工程453口，占总完成井的29.3%。②油井水平井钻井工艺配套技术研究取得重大突破。通过优化井身剖面、优选PDC钻头、改进螺杆钻具结构、应用硅酸盐PX－S钻井液体系等技术，使油井水平井钻井速度得到大幅提高。完成水平井29口，平均机械钻速18.63米/小时，比2006年提高42.21%，其中元中平5井实现二开到中途电测位置一趟钻试验获得成功。③气井试气压裂高效施工技术研究应用大幅度提高了作业效率。通过不动管柱连续分层压裂和新型试气方法等技术集成与推广，大幅度缩短天然气井试气周期，提高了作业效率和新井改造效果。全年连续分层压裂工艺技术在气井推广应用78口井173层次，施工成功率达98%，单井平均试气周期缩短25天，在气井实施新型试气方法井631层次，排液后单层关井时间平均缩短86%。④气田厂站模块化、标准化设计与施工技术在苏里格气田成功应用，取得了显著效果。平均单站工艺安装施工工期缩短20天，焊接一次合格率达到96%以上，实现了组件预制工厂化、工序作业流水化、过程控制程序化、模块出厂成品化、现场安装插件化、施工管理数字化，有效提高了生产效率

表 1　重要获奖成果一览表

序　号	成果名称	完成单位	获奖等级
1	辽河、长庆多分支水平井钻完井技术研究	辽河长庆局长庆石油勘探局	中国石油集团技术创新一等奖
2	低分子环保型压裂液体系的开发及推广应用	长庆石油勘探局	中国石油集团技术创新二等奖
3	长庆气田第一天然气净化厂低浓度硫化氢处理工艺研究与应用	西安长庆科技工程有限责任公司	陕西省科学技术二等奖
4	鄂尔多斯盆地天然气井提高钻井速度成套技术研究与推广	钻井工程总公司	长庆局科技进步一等奖
5	5万—10万立方米浮顶储罐设计与建造技术研究及应用	建设工程总公司西安长庆科技工程有限责任公司	长庆局科技进步一等奖
6	长庆钻井管理信息系统	钻井工程总公司	长庆局科技进步二等奖
7	长北气田长分支水平井钻井（完井）液技术	工程技术研究院	长庆局科技进步二等奖
8	控水压裂工艺技术研究	工程技术研究院	长庆局科技进步二等奖
9	吴定地区长4+5成藏规律及储层精细描述	低效储量合作开发项目组	长庆局科技进步二等奖
10	PDC钻头条件下录井技术	录井公司	长庆局科技进步二等奖
11	榆林气田南区地面工艺技术研究及完善	西安长庆科技工程有限责任公司	长庆局科技进步二等奖
12	长庆ZJ30—ZJ70钻机固控系统优化设计	机械制造总厂	长庆局科技进步二等奖
13	钻杆高耐磨带焊接技术研究与应用	钻井工程总公司	长庆局科技进步二等奖

和建设质量。⑤低效储量合作开发区三叠系油藏注水稳产技术研究成效显著，实现了控水稳油，降低油田递减的目的。全年注水平稳，注水见效井48口，累计增油16018吨，有效控制了注水区老井自然递减率(7.67%)，含水上升率为-0.61%，措施有效率达到100%。⑥水平井录井技术应用研究保证了储层钻遇率。形成了鄂尔多斯盆地水平井钻头准确入窗和在储层中准确穿行的地质导向技术以及相应的水平井录井技术标准和现场操作规程，通过36口井研究试验，岩性识别准确率85%以上。⑦不压井带压装置引进配套应用取得良好效果。实现了在不放喷卸压的情况下进行井下作业，保障了注采平衡，达到了安全无污染带压施工。

(2) 一批重大攻关项目的突破，有效提升了长庆局市场竞争能力。①水平井分段压裂机械封隔工具。在吴平10井实施了分压4段均获成功。全井四段压后试油求产，日产纯油41.4立方米。试验表明，该工具采用隔离桥塞坐封、解封动作可靠，密封套管压差达50兆帕，能够在管串上建立循环，降低施工风险，增加施工安全性，提高成功率，能满足中深水平井的分段压裂施工要求。②压裂连续混配工艺与装备研制取得重大进展。符合连续混配压裂作业的高性能速溶胍胶压裂液的开发，并成功应用于工作流量1.5—3.0立方米/分钟边配边注配液车的现场施工。工作流量2.0—4.0立方米/分钟边配边注配液车正在进行出厂检验，下步将投入工业化试验。③0.3毫达西特低渗透油藏增产改造技术研究取得了新进展。完成复合压裂

28 口井，措施有效率 85%以上，单井压后平均累计产油量与采用常规压裂的邻井相比，提高产能近 80%。④油田腐蚀套损井膨胀套管修复技术现场试验初获成功。先后攻克膨胀工具研制、膨胀管连接、膨胀工艺配套等多重难关，成果进行了两口套损井修复，累计补贴长度 21.75 米，为套损井修复作业开辟了一条新的技术途径。⑤樊学、王盘山合作区块中生界油藏富集规律及油藏描述研究保证了低效油田产能建设。先后发现了学3—学 26 等一批中小油藏，探明或控制面积 45.6 平方千米。同时部署滚动开发井 376 口，建成产能 21.72 万吨/年，钻井成功率达到 90%以上，为完成日产 1000 吨/年产建任务提供了科学的部署方案。⑥稠化水酸性清洁压裂液获得成功，为低渗透油田改造提供了新的思路。通过对盆地长 2、长 6 储层特征、伤害机理研究，开发出具有高携砂、无固相等优良性能的稠化水酸性清洁压裂液，现场试验 37 口井，其中老井重复压裂 20 口井，施工成功率 100%，施工有效率 90%以上，平均单井增油 1.3 吨/日以上。⑦$5^1/_2$英寸套管开窗侧钻技术研究与应用初见成效。在安塞油田分别完成了王侧 9-16、王侧 11-17 两口实验井侧钻作业获得成功，使两口井废弃井恢复生产。

【知识产权管理】 2007 年，共申请专利 58 件（见表 2），其中申请发明专利 18 件，分别比 2006 年增长 61%和 80%，在中国石油集团存续企业排名第四，发明专利占申请专利比例在油田企业排名第一；授权专利 36 件，比 2006 年增长 24%；申请中国石油集团甲级专利 5 件，改变了以往无甲级专利的状况，被中国石油集团评为知识产权工作优秀单位。

表 2 长庆石油勘探局 2007 年专利申请统计表

序号	专利名称	申请单位	发明单位	申请日（年-月-日）	申请号
1	轨道式油管滑车装置	长庆石油勘探局	第二采油技术服务处	2007-05-10	200720031759.1
2	分体式抽油杆地面倒扣器	长庆石油勘探局	第二采油技术服务处	2007-05-10	200720031764.2
3	可调式井口抽油杆刮蜡器	长庆石油勘探局	第二采油技术服务处	2007-05-10	200720031761.9
4	自封防喷装置	长庆石油勘探局	第二采油技术服务处	2007-05-10	200720031760.4
5	修井井口定向导流器	长庆石油勘探局	第二采油技术服务处	2007-05-10	200720031763.8
6	油管螺纹涂脂器	长庆石油勘探局	第二采油技术服务处	2007-05-10	200720031762.3
7	天然气长输管道投产置换注氮量计算方法	长庆石油勘探局	第三采油技术服务处	2007-01-26	200710017312.3
8	遥控电动机械式线路除冰器	长庆石油勘探局	第三采油技术服务处	2007-12-17	200720311290.7
9	遥控电动机械式线路除冰系统	长庆石油勘探局	第三采油技术服务处	2007-12-17	200710188599.6
10	快速绳卡器	长庆石油勘探局	第一采油技术服务处	2007-12-14	200720311253.6

续表

序号	专利名称	申请单位	发明单位	申请日（年－月－日）	申请号
11	地面油管活门式密闭回流装置	长庆石油勘探局	第一采油技术服务处	2007－12－14	200720311254. 0
12	多功能组合监控柜	长庆石油勘探局	工程技术研究院	2007－01－19	200720031077. 0
13	一种新式弯管	长庆石油勘探局	工程技术研究院	2007－02－09	200720031209. X
14	一种抗磨耐用的弯管	长庆石油勘探局	工程技术研究院	2007－02－09	200720031208. 5
15	一种提高低渗储层产能的压裂方法	长庆石油勘探局	工程技术研究院	2007－07－18	200710018306. X
16	钢质管线焊接接口防腐保护接头	长庆石油勘探局	工程技术研究院	2007－09－24	200720032842. 0
17	一种油田采油污水处理方法及工艺流程	长庆石油勘探局	工程技术研究院	2007－11－08	200710019018. 6
18	一种 CO_2 泡沫压裂用酸性交联剂的制备方法	长庆石油勘探局	工程技术研究院	2007－12－18	200710018998. 8
19	一种无减速器的潜油螺杆泵	长庆石油勘探局	机械制造总厂	2007－11－16	200710019142. 2
20	数控潜油电泵	长庆石油勘探局	机械制造总厂	2007－11－16	200720126446. 4
21	一种高可靠性的双井抽油机	长庆石油勘探局	机械制造总厂	2007－11－20	200710019115. 5
22	一种双井抽油机	长庆石油勘探局	机械制造总厂	2007－11－20	200720126433. 7
23	单井增压采气系统	机械制造总厂	机械制造总厂	2007－12－12	200710179280. 7
24	单井增压采气装置	机械制造总厂	机械制造总厂	2007－12－12	200720190727. 6
25	密封多管地层降水施工装置	长庆石油勘探局	建设工程总公司	2007－12－18	200720311289. 4
26	分离除砂器	长庆石油勘探局	井下技术作业处	2007－11－16	200720126444. 5
27	低密度支撑剂的制备方法及制备工艺	长庆石油勘探局	井下技术作业处	2007－11－30	200710188410. 3
28	油气井抽汲排气点火装置	长庆石油勘探局	井下技术作业处	2007－12－18	200720311286. 0
29	试油井口旁通式下法兰	长庆石油勘探局	井下技术作业处	2007－12－18	200720311287. 5
30	深井防卡抽子	长庆石油勘探局	井下技术作业处	2007－12－20	200720311288. X
31	一种防卡抽子	长庆石油勘探局	井下技术作业处	2007－12－20	200710188515. 9

续表

序号	专利名称	申请单位	发明单位	申请日（年－月－日）	申请号
32	油气田多井短距离串接集气装置	西安长庆科技工程有限责任公司	西安长庆科技工程有限责任公司	2007－02－09	200720031210.2
33	中低压集气装置	西安长庆科技工程有限责任公司	西安长庆科技工程有限责任公司	2007－02－09	200720031211.7
34	中低压集气工艺方法	西安长庆科技工程有限责任公司	西安长庆科技工程有限责任公司	2007－02－09	200710079036.3
35	油气田多井短距离串接集气工艺	西安长庆科技工程有限责任公司	西安长庆科技工程有限责任公司	2007－02－09	200710079037.8
36	一种热管常压煤气两用热水炉	西安长庆科技工程有限责任公司	西安长庆科技工程有限责任公司	2007－06－12	200720032006.2
37	一种隔声罩	长庆石油勘探局 北京航空航天大学	西安长庆科技工程有限责任公司	2007－06－20	200720149738.X
38	组合消声器	长庆石油勘探局 北京航空航天大学	西安长庆科技工程有限责任公司	2007－06－20	200720149739.4
39	天然气过滤用复合过滤芯	长庆石油勘探局 中国石油大学（北京）	西安长庆科技工程有限责任公司	2007－06－20	200720149740.7
40	内浮顶挂中央排水系统的储罐	西安长庆科技工程有限责任公司	西安长庆科技工程有限责任公司	2007－10－23	200710018922.5
41	内浮顶挂中央上排液装置的储罐	西安长庆科技工程有限责任公司	西安长庆科技工程有限责任公司	2007－10－23	200720126139.6
42	内浮顶挂下部排水装置的储罐	西安长庆科技工程有限责任公司	西安长庆科技工程有限责任公司	2007－10－23	200720126138.1
43	内浮顶挂中央排水装置的储罐	西安长庆科技工程有限责任公司	西安长庆科技工程有限责任公司	2007－10－23	200720126137.7
44	一种接触厌氧化粪池	西安长庆科技工程有限责任公司	西安长庆科技工程有限责任公司	2007－11－06	200720126300.X
45	原油集输过程中处理大股段塞流的油气混输装置	西安长庆科技工程有限责任公司	西安长庆科技工程有限责任公司	2007－11－08	200720126316.0

续表

序号	专利名称	申请单位	发明单位	申请日（年－月－日）	申请号
46	原油集输过程中处理大股段塞流的油气混输工艺方法	西安长庆科技工程有限责任公司	西安长庆科技工程有限责任公司	2007－11－08	200710019019.0
47	石油储罐伴生气回收装置	西安长庆科技工程有限责任公司	西安长庆科技工程有限责任公司	2007－11－30	200710188435.3
48	石油储罐伴生气回收自力式调节阀	西安长庆科技工程有限责任公司	西安长庆科技工程有限责任公司	2007－11－30	200720126075.X
49	自产稳定轻烃做吸收剂的冷冻油的吸收方法	西安长庆科技工程有限责任公司	西安长庆科技工程有限责任公司	2007－12－10	200710188541.1
50	储油罐挥发烃蒸汽的回收工艺方法	西安长庆科技工程有限责任公司	西安长庆科技工程有限责任公司	2007－12－10	200710188539.4
51	储油罐挥发烃蒸汽的回收装置	西安长庆科技工程有限责任公司	西安长庆科技工程有限责任公司	2007－12－10	200720033084.4
52	自动降温的取样装置	西安长庆科技工程有限责任公司	西安长庆科技工程有限责任公司	2007－12－14	200720311252.1
53	一种锅炉排污扩容器	西安长庆科技工程有限责任公司	西安长庆科技工程有限责任公司	2007－12－14	200720311251.7
54	油气分离缓冲装置	西安长庆科技工程有限责任公司	西安长庆科技工程有限责任公司	2007－12－14	200720311255.5
55	差压液位计内置式取压方法	西安长庆科技工程有限责任公司	西安长庆科技工程有限责任公司	2007－12－14	200710199215.0
56	大功率动力设备降噪野营房	长庆石油勘探局	钻井工程总公司	2007－11－16	200720126442.6
57	钻井绞车试验加载装置	长庆石油勘探局	钻井工程总公司	2007－11－16	200720126445.X
58	刹车毂自动化焊接装置	长庆石油勘探局	钻井工程总公司	2007－11－16	200720126443.0

信息化工作

【概述】　2007年，按照中国石油集团信息化建设的总体部署，坚持“统一规划、统一标准、统一设计、统一管理”的原则，按照“整体规划，突出重点，注重效益，稳步推进”的思路，组织实施推广了10个中国石油集团信息化项目，启动了6个长庆局自建项目，有效地推进了信息化建设，促进了企业管理水平的提升。

【信息化管理】　按照中国石油集团的统一部署，积极开展中国石油集团工程技术生产运行管理系统在长庆局的试点与应用工作，成立了项目指导委员会和项目组，确定了试点工作的基本思路和原则，完成了系统硬件环境搭建，开展了工程技术业务层面需求调研，为下一步系统适应性开发与推广奠定了基础。

【门户建设与管理】　完善了长庆局信息门户主页，建成了长庆社区版网站，实现了办公区域和生活区域访问分开，优化了长庆局网络到西北区域数据中心出口，实现了长庆网站向信息门户的顺利切换，出台了信息门户管理办法及应急处理方案，规范了信息门户网上发布流程。目前，长庆局信息门户、矿区服务事业部、29个厂（处）单位及18个机关部门共计49个信息门户已正式上线运行。

【应用系统建设与维护】　积极开展中国石油集团人力资源管理系统在长庆局的推广与实施工作，完成了权限数据采集、业务骨干培训及系统差异化分析报告的编写与上报工作；完成了HSE、合同管理、效能监察、综合统计及计划管理等5个中国石油集团信息系统在长庆局的推广实施工作；积极推广应用中国石油集团电子邮件和VPN系统，编写了《邮箱设置及VPN使用说明》，长庆局目前在线邮件用户已达8000个；积极配合中国石油集团广域网改进项目组，完成了长庆局骨干网络、桌面安全管理、重要信息系统安全定级等项目的现状调研、方案编写及有关资料的上报工作；完成了长庆局生产运行及物资管理系统的升级改造和科研信息服务平台及档案信息系统的建设工作，启动了长庆局价格及医疗信息管理系统建设工作。

【计算机局域网络建设】　配合中国石油集团广域网改进项目组，与长庆油田分公司紧密合作，对长庆局网络接入中国石油集团西北区域数据中心的链路方式进行了优化，减少了长庆局至中国石油集团总部链路的中间环节，提高了网络的安全系数，提高了网络的使用效率，确保了中国石油集团统推系统的通畅安全；开展了通信网络传输能力实验课题研究。长庆互联网西安至庆阳，西安至延安实验段千兆以太网业务运行良好，为下一步网络传输建设做好了技术准备。

（周正队）

第六篇

质量安全与环境保护

安全生产

【概述】　2007年，长庆局认真贯彻落实科学发展观，坚持安全发展、清洁发展理念，扎实开展“安全环保基础年”活动，突出安全责任落实和重点领域安全监管，大力推进HSE体系和安全文化建设，着力夯实基层基础工作，有效地控制了安全事故的发生，安全生产整体达标。

【安全责任】　长庆局从上到下与各级领导干部和各部门层层签订了安全责任书，修订了安全责任考核制度，把安全控制指标分解落实到所属各单位，并与领导业绩、单位工资总额挂钩。定期召开HSE管理委员会议，分区域、分季节、分专业召开了5次安全环保监管工作会，及时研究解决安全生产重大问题和安全隐患治理。坚持局处两级领导干部安全环保联系点和各级领导干部安全述职制度。机关部门各司其职、各负其责。各厂（处）单位明确了主要领导、主管领导、管理者、操作者的安全责任，落实了“一职一责”、“一岗一责”的安全责任制度，形成了安全生产齐抓共管的局面。

【HSE管理】　认真落实中国石油集团HSE体系建设视频会议精神，召开了长庆局深化HSE体系建设动员会，总结了十年来推进HSE体系建设的经验，分析了HSE体系运行中存在的问题，部署了“十一五”后三年的HSE体系建设工作。制定了长庆局《HSE管理体系建设推进方案》，修订了HSE《管理手册》和《程序文件》。两次邀请中国石油集团安全环保部的专家对各级领导进行HSE培训。组织了全局范围的HSE体系内审，迎接了中国石油集团对长庆局的HSE体系外审。各厂（处）单位普遍加快了HSE体系建设步伐，在HSE体系整合、持续改进、HSE信息系统建设方面做了大量深入细致的工作。

【隐患治理】　投入1.36亿元，治理安全生产隐患69项。其中安全防护设施及检测仪器安全技术装置配备项目21个共1646台套，设备设施更新改造、基建改造项目共37个，其他治理项目11个。各厂（处）单位也先后投入1550万元整改安全隐患。

【安全科技】　将安全科技纳入整体科技计划进行安排部署，组织开展安全试油（气）工艺技术研究、钻井液中H_2S综合处理技术研究、低分子环保型压裂液研究。在井筒作业现场应用了固定无线式8通道、4通道气体检测仪，智能可寻址H_2S检测装置、防爆型防碰天车装置。全局推广了GPS车辆监控系统，在运输处试点引进了驾驶员驾驶适应性检测系统，在油气站库安装了自动探火、灭火装置。

【制度建设】　先后制定了《安全防护设施及检测仪器监督管理办法》和《钻井施工现场布置规范》（标准代号为Q/CNPC－CQ 3306—2007)、《试油（气）作业井场布置规范》（标准代号为Q/CNPC－CQ 3307—2007)、《油（水）井修井作业井场布置规范》（标准代号为Q/CNPC－CQ 3308—2007）三项标准。

【安全文化建设】　制定下发了《关于加强安全文化建设的实施意见》，提出了加快安全文化建设的具体指导意见和安排，发布了长庆局《安全文化手册》。在全局开展了“百日安全文化系列活动”和“安全文化到基层”活动，把安全环保故事编排成鲜活的文艺节目，生动形象地引导教育职工，增强广大员工的自警、自律意识和自防、自救能力。以“安全环保基础年”活动为主线，安排了“3·30”安全生产警示日、“6·5”世界环境日、“安全生产月”、“11·9”消防日和“12·23”安全生产警示日等一系列的活动。

环境保护

【概述】 长庆局认真贯彻《环境保护法》和《清洁生产促进法》，按照中国石油集团环境保护工作总体部署，树立可持续发展的思想，坚持“清洁发展、和谐发展”的理念，坚持“预防为主，防治结合”的方针，通过认真落实环境保护目标责任制、大力推行清洁生产、严格建设项目管理、强化污染防治，大力实施污染减排等举措，全面提高了环保管理水平，取得了较好的环境保护绩效。达到了中国石油集团提出的“一杜绝、两达标”的控制要求；“三废”排放达到了政府规定的排放标准，新建项目达到“三同时”建设标准要求。

【环境管理】 完善机构，成立长庆局节能减排领导小组，明确相关责任人和部门的职责，严格落实节能减排的各项指标；健全制度，编制《环境保护先进单位及个人奖励办法》，同时修订了长庆局《重大环境污染事故应急预案》；继续开展绿色基层队创建活动，建立了75个绿色基层队；对15个厂（处）单位的污染源进行了调查和监测，并形成了监测报告和监测分析报告；加强ISO 14001环境管理体系建设，第一采油技术服务处、第三采油技术服务处、建设工程总公司、定边采油技术服务处等生产单位积极开展环境管理体系的认证、换版工作。燕鸽湖物业服务处、泾河园物业服务处等后勤服务单位也开展了环境体系认证工作；加大全员环境保护宣传与教育，编制完成了《长庆局环境保护培训教材》，举办了50人参加的环保管理骨干培训班。

【污染防治】 钻井、井下作业严格执行环保法规和甲方的设计规定，加强了生产过程污染防治措施的落实，特别是加强对饮用水源、水库、荒漠等环境敏感地区施工作业过程污染防治措施的落实，积极采取防渗处理、钻井液固化等技术、加强对“三废”的综合治理等措施，提高了生产全过程污染防治效果。钻井作业落实了钻井液池铺设防渗布、岩屑在井场选择合理地点堆放并进行掩埋等措施；试油作业落实了抽汲时天车滑轮防护罩、排污坑铺垫防渗布等措施；修井作业落实了清洁生产措施，推广绿色修井技术；采油、采气等单位，推行标准化井场建设，确保废水全部回注，杜绝废水外排。通过创建清洁文明井场，提高了现场作业的管理水平。低效储量合作开发项目组和苏里格气田开发项目组两家油气生产单位，从开发前期环境评价、井筒作业污染治理及标准化井场建设等方面严格落实环境保护的相关规章制度。苏里格气田开发项目组投入900万元，进行了80个废弃钻井液池的固化处理；低效储量合作开发项目组投入990万元，进行了66个井场的标准化清洁文明井场建设。油气田地面建设、筑路、管道、水电施工及通信电缆敷设等加强了在湿陷性黄土和荒（沙）漠区域施工过程中的生态保护，并制定预防和控制措施，减少对生态环境的影响。

生活基地、医院等固定源，重点加强了对处理设施的运行监控和管理，确保了环保设施正常运行，使污水、烟气、固体废物达到国家或当地政府的排放标准。生产生活基地本着建设绿色社区、生态小区的宗旨，建立小区微循环水系统和种植耐旱植物等多种手段，营造了绿色健康的人居环境，真正做到了“人与自然的和谐”，泾河园小区获2007年度国家环保总局“全国绿色社区创建先进单位”称号。

【环保技术】 通过实施清洁生产，形成了多项各具特色的污染防治技术。钻井工程总公司加强生产全过程控制，积极开发使用环保型钻井液体系，实施钻井液分类存放，探索废弃钻井液固化处理，提高了钻井液的重复利用率，有效降低了环境污染。井下技术作业处研究开发和推广应用了低分子环保型压裂液、连续混配技术和不动管柱分层压裂技术，同时对井下作业废水处理装置进行了科技攻关，有效节约了资源，实现了污染物减排。试油（气）作业现场对排污池、大罐、导流沟、井口、抽汲绳等进行防渗处理，并自主开发研制了密闭抽汲防喷盒，减少了原油飘逸污染，回收了资源，保护了环境。

安全环保监督

【概述】 根据《中国石油天然气中国石油集团关于进一步加强安全生产工作的决定》（中油办字［2004］373号），2007年6月，长庆局成立安全环保监督部，标志着安全环保工作“监管分离、异体监督”的监管两条线彻底分开运行。按照“从上到下建立强有力的异体监督管理体系”的要求，围绕长庆局安全环保目标，从组织机构建设、机制和运行模式建立、制度建设、督察考核四个方面重点开展工作，为整体实现2007年度安全环保达标起到了有效的基础支撑和保驾护航作用。

【机构建设】 2007年以来，按照长庆局的要求，低效储量合作开发项目组、苏里格气田合作开发项目组、定边采油技术服务处、机械制造总厂、器材供应处、长庆实业集团、长庆地产集团、国际事业部、固井工程公司、钻井管具公司和采气技术服务处共11个单位新成立了正科级监督站，配备了监督人员；钻井工程总公司、第一采油技术服务处在原有机构的基础上，又增设了安全副总监。其中，钻井工程总公司将6个QHSE监督站升格为正科级。全局19个厂（处）单位共成立26个监督站，监督人员405人。

【机制模式】 经过全局上下共同努力，建立了长庆局对厂（处）单位“巡视督察、业务指导、监督考核”的运行机制，并探索和总结出“派驻监督、巡回监督、区域监督和项目监督”四种监督运行模式；厂（处）单位按照长庆局要求，建立和完善了“垂直管理、异体监督”的机制。各施工单位根据生产作业现场实际，坚持重点工序旁站监督、关键作业全程监督、要害部位巡回监督的原则，富有成效地开展监督工作。钻井工程总公司在各工程项目部设分监督站，每个钻井队都派驻监督人员，实施派驻监督；井下技术作业处采取区域巡回监督模式，实施“期项”监督；建设工程总公司以项目监督和区域巡回监督为主；四个采油技术服务处在主要生产区域派驻监督人员；低效储量合作开发项目组、苏里格气田合作开发项目组的监督站，定期对所属生产作业场所进行巡回监督。

【制度建设】 制定了《长庆局安全环保监督管理办法》（长局发［2007］236号），明确了监督职能定位、机构人员、监督模式、制度建设、重点工作、人员培训等内容，为建立强有力的异体监督管理体系提供了指导依据。制订了《安全环保监督信息管理办法》和钻井、修井、酸化压裂、地面工程建设、机械加工等12项专业方面的监督标准；收集了安全环保法律、法规及行业标准，编制了安全环保监督手册；督促和帮助各单位建立和完善了146项安全环保监督制度。

【监督考核】 以井控安全、油气区防火、防爆、交通安全、隐患治理为重点，组织开展了5次大型安全环保监督检查，检查基层单位及生产作业现场325场次，召开座谈会60多场次，下发整改通知单151份，现场责令停工1次，印发监督通报2期，累计查出并纠正各类隐患和问题1068个。组织了长庆局HSE体系内审检查、国庆节安全监督检查、两次冬季安全环保监督检查，组织对各单位监督站工作进行了量化考核，督促各单位开展监督检查，查出各类隐患和问题15100多个，对消除隐患、防止事故的发生起到了有力的促进作用。

质量、标准化、计量

【概述】 2007年，长庆局质量工作以科学发展观为指导，以提高顾客满意度为宗旨，着力提高“三种能力”、强化“四项基础”，全面提升质量、标准化、计量管理水平。

【质量工作】 坚持加强质量认证、质量认可和监督抽查工作，广泛开展质量月和群众性质量活动，注重质量培训，质量工作水平不断提高。

（1）质量认证。截至2007年年底，包括主要工程技术服务、生产技术服务单位在内的29个厂（处）单位、基层单位通过了质量体系认证。

（2）质量认可和监督抽查。长庆局局属单位、局控股单位的产品均纳入产品质量认可范围，外部产品质量认可有效证书795个。对采购的重点物资，开展了局内产品质量监督抽查，两次共抽查153批次，合格145批，综合合格率94.8%。为迎接中国石油集团产品质量监督，抽查7批次，共26种产品，合格率84.6%。

（3）开展质量月活动。印发了《关于开展“2007年质量月”活动的通知》（长局发［2007］192号），并成立了以主管副局长为总负责人，质量安全环保处、生产运行处、机械动力处、安全环保监督部、党委宣传部、工会、企业文化处、局团委等部门负责人为成员的“2007年质量月”活动协调小组。长庆局各单位围绕“质量安全，共同的责任”活动主题，以长庆局各项工作全面提速为中心，动员和引导广大员工提高施工质量、产品质量和服务质量，营造人人关心质量，人人重视质量的良好氛围，推动长庆局生产经营顺利开展。活动期间，组织实施了产品质量监督抽检、全面质量管理基本知识考试、迎接中国石油集团采购物资监督检查等多种质量活动，坚持做到在宣传中突出教育，在监督中强化服务，在检查中注重帮促。

（4）群众性质量活动成果丰厚。2007

年，长庆局所属单位获得全国优秀质量管理小组2个；石油工业QC小组活动优秀企业2个；中国质量协会石油分会石油工业QC小组一等奖2项、二等奖3项、三等奖1项；石油工业信得过班组2个；石油工业QC小组活动卓越领导者1名、石油工业QC小组活动优秀推进者3名；全国工程建设优秀QC小组1个；石油工程建设（施工企业）优秀QC小组一等奖1个、二等奖1个；石油工程建设（勘察设计）优秀QC小组成果二等奖3个、三等奖1个；陕西省工程建设（勘察设计）优秀QC小组二等奖4个；甘肃省优秀质量管理小组优秀奖4项；甘肃省质量管理小组活动卓越领导者1名。

（5）加强质量培训教育。先后组织1450人参加了中国质量协会组织的新一轮《全面质量管理基本知识》全国统考；23名同志参加了中国质量管理协会组织的全面质量管理普及教育师资培训班；4名同志参加石油质协举办的“石油工业质量学术论坛”，分别获得一等奖3项、二等奖1项。

【标准化工作】　为各单位配备标准文本8000余套，基本做到了每个基层小队都有一套现用有效标准文本。组织召开两次标准制定会，制定、发布长庆局钻井、试油（气）、修井现场布置规范3个；组织3次局级标准审查会，审查有关单位上报的企业标准48项，批准发布47项。重点宣贯了GB 17167—2006《用能单位能源计量器具配备和管理通则》、GB/T 20901—2007《石油石化行业能源计量器具配备和管理要求》、《钻井施工现场布置规范》、《油（水）井修井作业井场布置规范》、《试油（气）作业现场布置规范》等标准，标准化管理得到了进一步加强。

【计量工作】　组织完成了28项次局级标准器的考核工作及能源计量器具配备调查，加强了计量体系建设。

节能节水

【概述】　2007年，长庆局总用能37.73万吨标煤，其中工业用能33.90万吨标煤，非工业用能3.83万吨标煤。新鲜水总用量1177.82万立方米，其中工业用水977.85万立方米，非工业用水199.97立方米。比2006年总用能上升7.21%，工业用能上升8.28%，非工业用能下降1.4%，其中原煤上升8.44%、天然气上升5.63%、电上升0.89%、汽油上升4.64%、柴油上升7.35%、新鲜水总用量上升8.72%。

全局企业增加值综合能源单耗0.72吨标煤/万元，工业总产值单耗0.37吨标煤/万元，比2006年分别下降4.17%、5.41%；节约各种能源折合1.3404万吨标煤，价值4222.4万元；节约新鲜水34.8万立方米，价值127.5万元。超额完成中国石油集团下达节能量1.0万吨标煤、节水量30万立方米的任务指标；已累计完成“十一五”规划下达节能量的72.35%，节水量的84.4%。

【节能节水管理】　坚持加强节能降耗、节能减排工作。7月27日，长庆局组织召开了半年度节能节水工作座谈会暨《用能单位能源计量器具配备和管理通则》、《石油石化能源计量器具配备和管理要求》的标准培训班，对节能节水工作进行分析、总结和安排。根据中国石油集团要求，于2007年11月11日成立了以局长为组长、主管副局长为副组长的节能减排领导小组，并将节能减排领导小组办公室设在质量安全环保处，明确了职责和任务。各单位也相应建立健全了节能管理网络体系，明确了专兼职管理人员，及时制订计划，组织开展节能节水型企业的创建等各项活动。

【节能节水技术】长庆局共投入节能技改资金4373.7万元，实施节能节水技术措施34项，新建技术措施节能能力1.6095万吨标准煤/年，当年节约各种能源1.3404万吨标煤，价值4222.4万元，技术措施节能率2.66%。新建技术措施节水能力70.7万立方米/年，当年节约新鲜水34.8万立方米，价值127.5万元，技术措施节水率2.95%。钻井作业，通过PDC钻头应用、“四合一”钻具、随钻测斜、复合钻井等一系列新技术、新工具的集成应用，钻井周期缩短了0.71天，节约柴油1693吨，折合标煤2466吨。试油气作业，推广应用新方法、水平井水力喷射压裂技术、用软体罐替代金属罐，不动管柱分层压裂工艺技术等，平均单井施工期缩短11天左右，施工效率大幅提高，节能减排成效明显，工人劳动强度大大降低。

（李镇州　辛熠平）

第七篇

对外合作与交流

对外交流与外事活动

【对外合作与交流】　2007年，外事部门紧密围绕“把国际业务建成长庆局效益工程”的总体思路，认真落实“注重效益、积累经验、重点跟进、培育优势、协调统一”的要求，实施重点市场战略，在继续保持与厄瓜多尔国家石油公司、乌兹别克斯坦国家石油天然气公司、印度尼西亚国家石油公司良好合作关系的同时，积极开拓新市场，先后派人到土库曼斯坦等国进行市场开发。国际事业部组织各路专业人员到塔里木、四川等地调研学习，请专家讲课培训，在此基础上开展了钻井工艺、钻井液、固井等专项技术研究，先后组织6次专业技术研讨会研究确定技术方案，又组织全国知名专家对各路技术方案进行“会诊”。

【外事管理】　2007年，共办理长庆局及境外项目人员因公出国立项91批375人次，办理因公护照182本，办理签证125人次，订购国际机票378张。办理境外项目人员公证50人次。接待外宾7批共23人次。

【人才培训】　组织举办各类培训班43个，参加263人次，已有81人取得井控证、86人取得了HSE证、43人取得了防硫化氢证、13人取得司钻操作证、49人通过了中国石油集团考试中心的出国人员外语考试。

【会议与展览】　2007年9月8日，土库曼分公司在当地举办了大型展览，介绍和宣传长庆的发展历程、特色技术以及企业文化，受到各界的关注和好评，提升了中国石油的影响力。

国外项目运行与管理

【概述】　境外机构有厄瓜多尔分公司、土库曼分公司、阿姆河右岸项目部、乌兹别克项目部、印度尼西亚项目部。境外作业队伍11支，其中钻井队8支、修井队3支。在厄瓜多尔分公司有钻井队4支、修井队3支；土库曼分公司有钻井队2支；乌兹别克项目部钻井队1支，印度尼西亚项目部钻井队1支。井下作业队伍主要分布南美厄瓜多尔市场，中亚土库曼斯坦和乌兹别克斯坦市场，以及东南亚印度尼西亚市场。现有中方员工326人，外方员工650人。

【海外项目】　在海外服务的设备有ZJ70D钻机2部、ZJ70DB钻机1部、ZJ50D钻机2部、ZJ40DB钻机1部、ZJ50DB钻机1部、XJ550修井机2部、XJ650修井机1部。厄瓜多尔项目经过几年的艰苦努力，已见到效应，整体项目运营已步入良性循环。2007年，单机组年平均开钻口数、完钻口数、完井口数、总进尺、有效作业时间，比2006年分别增加50%、33%、19%、54%、115%；井下作业单机组年平均启动完修井作业口数、完成完修井作业口数分别比2006年增加61%

和57%。

2007年是乌兹别克斯坦项目独立运行的第一年，项目部较好地完成了钻机设备法律主体的转移手续，在短时间内完成了设备运输工作，整体项目管理水平有所提高。

印尼项目根据国际业务总体发展战略进行了有序收缩，完成了40DB钻机的出售和50D钻机的租赁工作。特别是40DB钻机的出售，经过艰苦细致的工作，取得了良好收益。

累计在南美、中亚等四个地区六个国家完成和正在运行的国际项目共19个，在境外市场落实工作量4.15亿美元。

技术装备引进

【概述】 2007年，国际事业部非安装设备购置投资计划10645万元，购置大型关键设备29台，其中新购置ZJ70DB钻机1套，ZJ50DB钻机1套，更新钻井液泵3台，新增顶驱装置1套。

（齐永茂）

第八篇

企业管理与监督

企业管理

【概述】　2007年，长庆局企业管理工作紧紧围绕长庆油田增储上产和长庆局生产建设目标，按照“发展大油田、建设大气田，创建模范和谐矿区”的总体要求，坚持“强化管理，夯实基础”和“事前防范，事中控制，事后补救”，基础管理工作得到稳步提升，保证了全局“生产提速工程”、“双百工程”、“万套住宅建设工程”重大工作顺利有序推进。

【内控体系建设】

（1）明确工作思路。年初下发了《关于推进内控体系建设的意见》，制定了“结合实际、务求实效、质量至上，稳步推进”的工作原则；确立了新的指导思想，即“从长庆局管理需要出发，以规范管理、防范风险为目的，以风险评估为重点，积极实践，大胆创新，最终构建了设计有效、执行有力、监督到位、抵御风险的、具有长庆特色的全面风险管理体系”；明确了内控体系的建设内容，将开展的专业从7个扩展到19个，编制并发布试行《风险管理手册》。

（2）进行业务培训。根据工作进展情况和需要，采取请进来和走出去的方式，聘请中国石油股份公司专家、长庆油田分公司内控项目组负责人作专题辅导。在日常工作中，采取集中和分散的形式，主动到长庆油田分公司学习。坚持学中干、干中学，学以致用，共组织各类培训10多次，参加150多人次；编印和下发培训资料两册。

（3）提高工作质量。根据项目运行的特点，以内控函的形式，加强对各专业工作组的指导、帮助，并明确了工作方法、工作步骤和时间进度。从7月10日开始，认真审核各专业组的业务流程目录、风险目录及风险评估表、程序文件及流程图和权限指引表，并对审核出来的问题进行现场整改、完善。同时，制订下发了《关于延伸专业风险识别注意事项》、《关于程序文件中关键控制点（K点）的描述要求》、《关于风险和工作质量问题的区别》、《关于项目组办公室审核验收专业组风险管理手册的说明》等内控函，确保了各项工作优质高效地完成。

（4）加快工作进度。2007年前9个月，重点开展了风险评估、业务流程目录梳理、程序文件编制、流程图绘制、权限指引表编制、相关制度汇集等工作。共编制《风险管理手册》20册，包括流程目录分册、风险数据库及措施库分册、权限指引表分册、各个专业的分册等。为了做好手册的发布工作，起草了关于发布《内控管理手册》的发布令、编制概述、项目组大事记及业务目录、程序文件、流程图、分险目录、风险评估表、分险数据库、制度汇编等相关内容的编制说明，汇集成《业务流程目录》、《权限指引表》、《控制文件》、《管理制度目录》等《风险管理手册》资料。经11月14日局内控体系建设指导委员会审定，在OA办公系统和内控体系建设网上以电子文档的形式发布试行。

（5）完善风险评估。参照国际上比较通用的分类方式，结合《国资委全面风险管理指引》，最终将风险划分为战略风险、财务风险、市场风险、运营风险和法律风险。编制完成了《长庆石油勘探局风险数据库》，数据库共收录风险255个。在对《风险数据库》

中列举出的重大风险进行分析后，初步选择了126个重大风险进行了评估，制定风险解决方案，编制了《长庆石油勘探局风险措施库》，收录控制措施165个。通过风险评估的工作实践，形成了一整套的长庆局风险识别、评估、控制方式等风险管理策略。

【经营责任考核】

（1）修订完善考核政策。2007年初，按照国有企业经济、社会、政治三大责任相统一的要求，修订完善了《长庆石油勘探局年度综合业绩考核兑现办法》，从生产经营、管理指标、控制指标三个方面，设定了工作量、利润（费用控制）、安全生产、环境保护、维护稳定、应收款项清收、用工总量、班子建设、廉洁从政等15项考核指标。并按单位整体和领导班子两个板块进行考核兑现，体现了责、权、利的统一，提高了考核兑现政策的可操作性。同时，进一步明确了相关指标的考核责任部门和程序，限定了考核周期，保证了业绩考核工作的及时性和常态化。通过综合业绩考核兑现政策的实施，使局属单位的工作任务更加明确，工作重点更加突出，有力地促进了生产、经营、管理等各领域工作的全面提升。

（2）及时完成考核兑现工作。严格按照考核兑现政策，测算完成了局属35个单位的年度经营承包考核兑现额和领导班子考核兑现额，圆满地完成了2006年度的考核兑现工作。

局属各单位在认真贯彻落实《年度综合业绩考核兑现办法》的基础上，完善考核体系，层层分解考核指标，实行“严考核、硬兑现”。第一采油技术服务处在全处实施月度考核、季度通报制度，保证了预算控制的及时性和有效性；钻井工程总公司针对单位特点，将等级队达标工作纳入综合业绩考核，对基层单位实行“一厂一策”，提高了考核的全面性和有效性；培训中心建立业绩考核预警机制，严格对照各项业绩考核指标，建立领导责任制，分解项目、落实责任，确保硬达标；定边采油技术服务处、采气技术服务处等单位在成立之初，就将业绩考核工作纳入重要议事日程，在较短的时间内建立了业绩考核体系，保证了单位工作规范、有序运行，调动和激发了干部职工的工作积极性。

【基层建设】

（1）开展基层建设示范点创建活动。下发了《2007年基层建设示范点实施方案》，在全局主体施工基层队伍中开展基层建设示范点创建工作，通过再培育、再建设、再提高，形成20个具有长庆局特色的基层建设示范点，按“边示范、边推广、边创新”的工作理念，有序推动全局基层建设工作上水平。钻井工程总公司等16个单位的29个基层队（站）实施了示范点创建活动，通过验收评比，经局务会审定，40591钻井队等20个基层队（站）获得了长庆局第一批基层建设示范点称号。基层建设示范点的创建，为基层工作上台阶打下了基础，制定了标准，提供了参照，深化了基层建设的内涵，扩展了基层建设的外延，提高了基层建设质量。

（2）召开基层建设工作推进会。为了认真总结和交流基层建设经验，研究新形势下基层建设的主要特点和规律，2007年6月长庆局在靖边召开了基层建设工作推进会，对长庆局第一批20个基层建设示范点单位进行了命名和表彰，并对6个示范点进行了现场观摩。进一步增强了基层党组织的凝聚力和战斗力，提高基层生产经营管理水平。井下技术作业处、录井公司、第二采油技术服务处等单位在西安、庆阳等地区也组织召开了本单位基层建设工作推进会，表彰、命名了处级基层建设标杆队，进行了现场观摩和经验交流。

（3）组织“五型”班组创建活动。各单位根据长庆局《关于创建“五型”班组进一步推进基层建设示范点工作的实施意见》要求，按照“先成熟、先推进”的原则，分步骤、有重点地制订了基层建设示范点三年推进计划方案和“五型”班组创建活动规划方案，并制定了相应的工作标准和考核办法，明确了每个半年段的实施主体和工作目标。同时，组织机关工作人员深入基层进行蹲点，现场帮促，形成了推进创建工作的强大合力。各班组在“五型”班组建设活动中，注重个性化建设，将自身最好、最具实力的方面作为创建目标类型，采取干部承包、骨干带动、全员参与的方式，把创建内容落实到岗，责任到人，使创建活动各具特色，富有成效。

（4）做好基层建设现场帮促工作。为了切实掌握基层单位现状及有关活动开展情况，局处两级机关人员多次深入基层进行现场指导和帮促，采取查看资料与现场观察相结合、个别访谈与小型座谈相结合、检查与指导相结合三种方式，帮助分析问题、介绍工作方法、制订改进方案、提出具体要求，督促工作落实，形成了推进基层建设工作的强大合力。局基层建设主管部门先后3次到基层队站、班组和厂（处）单位进行调研和现场帮促，对基层建设示范点创建、推进和“五型”班组的作法进行了提炼和总结。第三采油技术服务处机关工作人员分批组成“基层辅导团”相继下基层进行辅导锻炼，使机关工作人员对基层的理解意识、责任意识和服务意识有了明显提高和加强，树立了新的工作理念和服务理念，较好地掌握了修井业务知识和相关工艺流程，真正体验到了一线职工的艰辛、敬业和奉献，帮促基层加强了基层建设和基础管理水平，达到了“使个人实践满意，为基层服务满意，更让处里对学习辅导效果满意”的预期目标。

（5）完成基层建设考核工作。根据长庆局《年度综合业绩考核兑现办法》、《基层建设考核办法（试行）》、《2007年“基层建设示范点”实施方案》和《开展“五型”班组创建活动进一步推进基层建设示范点工作的实施意见》的要求，成立了两个基层建设工作考核验收组，按单位类型采取三种形式，对基层建设进行考核验收。并认真总结好的做法及取得的经验，了解基层建设工作存在的全局性问题，为长庆局下一步采取更有效的措施，进一步加强基层建设工作创造了条件。

【管理创新】

（1）开展管理创新实践。局主管部门在及时了解前沿管理成果的基础上，制定了管理创新工作推进意见，积极组织局属单位结合实际开展管理创新活动。钻井工程总公司按照扁平化管理的要求，努力探索适应油田市场的管理体制和管理模式，优化内部资源配置，强化执行层，精干管理层，突出专业化，充分挖掘管理潜力，激活有利因素，有力地促进了生产提速。低效储量合作开发项目组针对自身特点，采取“板块化运作，智能化管理”的模式，解决了四个板块之间的管理关系，使原油生产以每年15万吨的速度递增。银川燕鸽湖建设项目组采取“统筹安排，交叉运行，整体推进”的管理模式，节省了建设时间，降低了工程费用，提高了工程进度。建设工程总公司建立了石油工程建设EPC管理模式，优化设计（E）、采购（P）、施工（C）的资源配置，动态安排作业计划，有效降低了三个环节之间的协调成本，降低了工程风险，确保了工程质量、工程进度和工程成本，提高了企业竞争实力，推动了企业持续、稳定发展。

（2）组织管理评优工作。各单位根据自身管理创新实际，积极开展软科学课题研究和优秀管理成果评选工作。2007年全局共确定《石油钻井工程企业HSE监管机制建设》等企业管理现代化成果13项。其中，《石油企业以安全管理为目标的资金集中延伸管理》

成果荣获省部级企业管理创新成果一等奖，此外，还荣获省部级企业管理创新成果二等奖3项，三等奖7项。

（3）适时开展软科学课题研究工作。根据中国石油集团经济研究工作会议精神和《关于进一步加强中国石油集团战略与政策研究工作的意见》，制定了长庆局《软科学研究管理办法》和《软科学课题验收及成果评审细则》、《2007年软科学研究课题计划》，确定开展长庆局《管理体制和健全机制研究》、《多元经济整合及管理研究》、《基层建设理论与实践创新研究》等7项局级软科学研究课题，积极与各课题承担部门协调，督促课题承担单位按照研究计划开展工作，加强了过程管理。截至2007年年底，《企业文化建设与企业执行力提升研究》、《多元经济整合及管理研究》、《物流管理体系建设研究》已经完成研究报告，进入结题验收阶段。

【法律事务】

（1）认真做好规章制度审查工作。全年共完成了《科技项目经费管理办法》、《科技项目课题制管理办法》、《长庆油田合同制员工住房问题的暂行办法》等30多项规范性文件的审查，确保了企业规章制度对外合法、有效，对内统一、协调。同时，完成了局《HSE法律法规及其他要求清单》的编制，清单包括了长庆局生产活动所涉及的方方面面，涉及200余项法律法规及标准，完善了长庆局HSE建设体系。

（2）提前做好法律风险防控工作。随着长庆局全面风险管理建设工作的不断推进，适时调整工作思路，加大对法律事务工作中所存在风险的分析和研究，已完成法律事务专业10个风险业务流程梳理、程序文件编制、流程图绘制以及风险识别和风险数据库的建立等项工作。

（3）切实加强字号和商标保护工作。为了加强对“长庆”商标的集中管理，将原由各厂（处）单位申请并持有的“长庆”商标统一转让到长庆局名下，由长庆局统一管理，并从39件“长庆”商标中选出具有代表性的5件参与陕西省、西安市著名商标的评比。经过努力，5件“长庆”商标均荣获陕西省和西安市著名商标称号。目前，西安市工商局又将“长庆”商标（钻井）纳入2007年国家驰名商标培育计划。

（4）积极做好法制宣传工作。《物权法》、《劳动合同法》颁布后，聘请了人大法工委的专家在局党委中心组学习会上，对《劳动合同法》进行了解读，使各级领导对关乎企业利益的《劳动合同法》有了全新的认识，为人力资源管理措施的制定打好了基础。同时，与长庆油田分公司法律事务部门联合举办了法律骨干培训班，聘请专家教授重点对《物权法》和《劳动合同法》进行了全方位的讲解，并探讨了新法实施后长庆局所面临的法律环境和法律风险，提出了法律风险的防范措施。

（5）积极参与清理法人实体和规范职工股工作。在认真研究《公司法》等相关法律法规和中国石油集团政策规定的基础上，结合局属多种经营企业的发展历史和现状，对规范所涉及的法律问题进行了全面系统的研究与分析，从实体权利、法律程序、法律文书等多个方面入手，完成了《规范职工股暨清理法人实体工作法律风险评估报告》，提出了规范工作所涉及法律风险防范和控制的20多项具体措施。同时，认真研究每一个单位上报的实施方案，出具了32份法律意见书，在公司注销、注册资本变化、股权交换等方面提出了法律建议，确保了清理法人实体和规范职工股工作的顺利进行。

（6）认真做好法律论证工作。参与了泾河医院用地转让和建设事宜的谈判和论证、万套住宅建设工程论证、员工意外伤害保险咨询等十几项重大事项的法律咨询论证。提出书面法律建议（意见）6份，内容涉及土地使用、环境保护、项目开发等方面，从法律上保证了相关重大决策的合法性和有效性。

（7）积极参与纠纷处理工作。先后代理处理延川县政府诉承德亿隆公司建设合同纠纷案（长庆油气建设工程公司作为第三人）、横山县劳动监察行政纠纷案等10多起案件，在纠纷处理中组织相关人员慎重研究案件，准确运用法律规定，确保不输掉该赢的官司，不失去该得到的利益，共避免或挽回经济损失200多万元。

【合同与招投标】

（1）修订长庆局《合同管理办法》。依据新的管理办法，优化了工作流程和岗位职责。共审查各类合同6581份，涉及金额97.95亿元，合同送审率达到100%，使合同的全过程控制、动态管理得到明显加强。

（2）积极开展合同信息化管理工作。根据长庆局《关于实施中国石油天然气集团公司合同管理信息系统试运行方案》进度安排，在进行“全封闭”式集中培训的基础上，信息系统共设立47个二级组织机构，注册用户1600余人，除驻外机构、多元经济企业以及建设工程企业订立的野外施工合同外，使信息化功能覆盖合同管理工作的全过程，实现了系统上线运行。

在合同信息化系统运行中，各单位克服业务新、时间紧、工作量大、系统不稳定等困难，成立试点运行领导小组，进一步优化流程、明确分工、落实责任，采取务实与上机相结合的方式，对合同系统操作人员进行培训，对内部流程进行初始化设置，既实现了合同管理按时上线运行，又保证了生产急需。低效储量合作开发项目组、工程技术研究院、定边采油技术服务处、采气技术服务处等单位把合同管理信息化作为经营工作的首要任务来抓，安排专门人员积极联系主管部门培训人员、调试系统、申办长庆局合同专用章，严格按照长庆局的合同管理规定开展经济活动，保证了生产经营工作依法顺利开展。通过合同信息系统的运行，加快了合同审查速度，节约了管理成本，提高了工作效率。

（3）严格加强招投标管理工作。修订了长庆局《招标管理办法》，完善了招投标工作流程，逐步建立起符合企业实际的招投标管理机制，努力实现“制度健全、运作规范、标准量化、监督有效”的工作目标。为提高工作效率，规范业务审批行为，满足生产经营实际需要，以书面方式告知机关各职能部门审批事项时限。明确要求对局属单位上报的招标及非招标方案，当日上午送审的，下午须办理完结；下午送审的，第二日上午须办理完结。做到既能落实责任，把好关口，又高效快捷、确保生产。截至2007年年底审查各类选商方案236个，指导和参加开标及谈判会议80余次。

（李 正 马 丽）

规划计划

【概述】 2007年，规划计划工作紧紧围绕长庆局“14633”工作思路和目标，切实以“谋全局，想长远，抓机遇，促发展”为己任，谋全局、想长远，精心规划发展蓝图；

千方百计筹措资金，固定资产投资规模再创新高；统筹兼顾，严把投资方向，优化投资结构，进一步转变了发展方式、提高了发展质量；规范项目前期工作，强化投资全过程管理；加强统计分析，强化统计服务；加强学习，规范管理，强化职能部门建设。使规划计划工作取得显著成效。长庆局被中国石油集团规划计划部授予2007年度统计工作先进单位荣誉称号（计划字［2007］105号）；被陕西省统计局分别授予2007年度工业统计工作、能源统计工作、固定资产投资（直报）统计工作先进单位荣誉称号（陕统函［2007］43号）。

【战略研究和中长期规划】

（1）根据企业内外部经营形势的变化，积极开展发展战略研究。5月份正式启动了《长庆石油勘探局发展战略研究》课题。11月份，在长庆局务虚会上，对长庆局整体发展思路、发展战略提出一系列建议，得到了与会同志的好评。

（2）编制完成了《长庆石油勘探局2008—2010年业务发展滚动计划》；根据5月份中国石油集团蒋洁敏总经理在长庆视察期间作出的重要批示，为进一步加快发展，确保“建设第二个大庆”宏伟目标的实现，编制了《2008—2013年长庆石油勘探局业务发展框架性规划》；为满足各专项业务发展的需要，编制完成了长庆装备制造产业园区、长庆局装备制造业务、主要生产基地建设用地中长期需求、苏6、苏36－11区块15亿立方米/年天然气产能建设、2008—2013年工程建设业务等5项专业发展规划。

（3）在广泛调研论证的基础上，先后完成了兴隆园、泾渭苑三期、燕鸽湖、湖滨花园、礼泉基地和咸阳基地等6个生活基地的整体规划，新建238栋多层和20幢高层住宅楼，总建筑面积110万平方米，建设职工住宅10590套，投资额度、建设规模、涉及范围在长庆油田历史上前所未有。

【投资计划与项目管理】

（1）2007年固定资产投资规模达到31.2亿元，比2006年增长52.2%。加上1.09亿元的跨年投资和递延资产投资等，总投资达到了37亿元以上，是重组以来长庆局固定资产投资规模最大的一年，为长庆局的持续有效快速发展提供了有力保证。

（2）紧密结合实际，深入落实科学发展观，精心编制年度发展计划，严把投资方向，突出发展重点，优化投资结构。优先确保油气合作开发业务快速发展，为“十一五”末实现“双百”工程奠定了坚实的基础；大力支持工程技术服务业务发展，持续提高生产能力，提升技术含量；跟进发展生产服务业务，加快发展装备制造业务；加大安全环保投入，确保安全生产和清洁生产；以“万套住宅建设工程”为重点，大力推进矿区建设，持续改善一线生产生活条件，构建和谐矿区。

（3）明确项目管理和投资控制职责，规范项目前期工作，加强投资项目全过程监督与管理。对厂（处）单位上报的投资项目，坚持深入现场、实地调研，了解第一手资料，全面掌握和吃透项目的基本情况，在此基础上，再经过深入的分析和论证后提出决策建议；对于投资规模较大或采用新技术、开拓新市场的项目，坚持专家评估制度；任何投资项目的论证，一律按照中国石油集团和长庆局投资项目管理程序，坚持“有资源、有市场、有技术、有效益”的原则，严格把关；委托咨询中心对苏里格气田合作开发等重点项目进行了后评价，为长庆局深入实施投资全过程管理进行了有益的探索，积累了经验。

（4）完善投资管理制度，不断强化投资管理。修订完善了长庆局《项目前期工作管理办法》、《项目评估管理办法》、《固定资产投资管理办法》、《非安装设备计划编制和购置实施管理办法》等投资管理制度；严格了投资审批制度，严把投资决策关；严格执行基本建设程序，不断提高项目前期调研水平。

【生产经营计划】

（1）编制完成了《长庆石油勘探局2007年业务发展计划》。根据长庆局“十一五”发展计划纲要、长庆油田分公司2006年油气生产部署、长庆油田分公司对工程技术服务与生产服务的需要及其外部市场情况，结合长庆局的实际作业能力，在广泛征求相关部门意见的基础上，组织编制了长庆局2007年业务发展计划。

（2）编制完成了《长庆石油勘探局2008年业务发展建议计划》。按照中国石油集团和长庆局的具体要求，在认真分析长庆局目前市场格局和生产能力保障等因素的基础上，测算了2008年投资规模，提出了2008年的经营目标，并向中国石油集团做了专题汇报。

【综合统计】　2007年，长庆局广大统计工作者以“科学发展、构建和谐”为主题，坚持“为领导决策服务、为机关部门服务、为基层单位服务”的宗旨，不断完善统计工作、指标体系，加强统计分析和统计评价，加快综合统计信息系统建设，加强统计业务知识培训，统计队伍素质、服务质量明显提高。长庆局先后荣获中国石油集团2007年度综合统计先进集体称号；荣获陕西省统计局2007年度全省工业、能源、固定资产投资统计工作先进单位称号；荣获国家统计局陕西调查总队统计工作先进单位称号。

（刘恒衎　赵　诚）

财务资产

【概述】　2007年，财务资产管理工作按照长庆局改革发展的需要，深化资金集中管理，强化全面预算管理，提高预算控制能力，贯彻实施新企业会计准则，提升会计信息服务管理功能，积极研究国家财税政策，营造和谐“企税”关系，稳步推进财务内控体系建设，切实提高财会队伍素质，各项工作进展有序，圆满完成了年度工作目标。

【指标完成】　2007年实现营业收入128.94亿元，资产总额197.55亿元，资产负债率43.70%；流动比率1.33；速动比率1.1；存货周转率6.13次；国有资本保值增值率103.92%。

【预算管理】　紧密围绕长庆局中心工作，深化预算管理，突出预测与调控职能。“一厂一表”编制各单位考核情况表，分类别制定预算编制方案和方法，与厂（处）单位“一对一”沟通，提高了预算编制科学化水平。为确保完成中国石油集团下达的年度经营指标，12月份编制完成了长庆局2007年调整预算总体方案及所属基层单位的调整预算。

【会计核算】　稳步实施企业会计准则，促进提升会计信息质量。精心安排、周密部署，圆满完成长庆局2006年度财务决算工作，于2月2日向中国石油集团进行了专题汇报。会计报告经会计师事务所审计，取得无保留意见的审计报告，真实反映了长庆局2006年经营成果与财务状况，并荣获中国石油集团2006—2007年度报表评比二等奖；认真做好新会计准则的培训与衔接工作，研究并解决新旧准则衔接和转换过程中的问题，实现了平稳过渡；运用财务分析方法，对长庆局的偿债能力、营运能力、盈利能力和发展能力进行综合分析评价，分析长庆局的综合经营理财及经济效益，为管理决策提供科学的信息支持。

【资产管理】 加强资产全过程管理，切实提高资产运营效益。对资产报废、核销及减值准备的计提与转回严把审核关，真实反映企业资产状况。合理调整并优化资产结构，加强实物资产动态管理，盘活存量资产，提高资产使用效益；优化配置企业内部经济资源，组织参与全局电力电网、有线电视模拟信号系统以及成品油销售业务中的资产整合与移交工作；按照中国石油集团安排部署，对长庆局及下属6个投资公司国有产权变动情况进行全面清理、审核，完成了2006年国有资产产权登记工作。

【资金管理】 加强资金集约化管理，确保资金安全、高效运转。编制2007年度货币资金总预算及分解资金预算，完善总分账户运行模式，拓展网上银行功能，进一步提高了资金集中度。加大关联交易资金清兑清欠力度，确保企业生产经营正常进行和重点工程建设的资金需求；依托中国石油集团境外资金管理平台，结合长庆局境外业务发展情况，制定并启动境外资金收支两条线管理，加强境外资金的监管力度，有效防范境外项目资金运行风险；高度重视社会保险资金、住房资金和工会经费等表外资金管理工作，资金监督管理部门通过建立报表管理制度、完善内控程序、明确管理监督责任，确保表外专项资金管理规范、使用规范。

【税收管理】 加强税收政策研究，维护企业根本利益。认真研究国家现行企业所得税政策，做好企业扭亏为盈的所得税筹划，切实降低税收成本；研究特定地区石油勘探开发进口设备征免税及出口退税的各项财税政策，事先筹划，防止纳税争议；研究出口退税政策，加强出口退税业务管理，开展境外工程技术服务项目设备、材料等出口退税及境外工程项目纳税筹划研究工作，切实降低境外项目经营风险。按照主管税务机关的安排，圆满完成2006年度企业所得税纳税调整及汇算清缴工作，积极配合石油天然气行业纳税评估、“秦税工程”系统上线等专项工作，主管税务机关对长庆局税收管理工作给予了充分肯定。

【关联交易】 从构建和谐长庆出发，积极稳妥做好关联交易工作，提升企业经济实力。进一步建立和完善关联交易有效协商机制，解决关联交易运行中存在的主要问题，最大限度地减少不利因素对生产经营活动的影响，确保生产经营工作顺利进行；与长庆油田分公司协商签订了《2007—2009年关联交易有关问题的备忘录》，完成了2007—2009年关联交易各项分协议和2007年各项具体服务合同的签订工作，为生产顺利运行和关联交易正常结算提供了保障。加强工程技术服务预付款结算协调工作，有效保证了生产启动资金需求；编制《长庆石油勘探局协商解决关联交易主要问题的工作方案》以及《主要问题协商提纲》，组织、指导、督促主要施工单位与对方项目组、部门反复协商结算中存在的具体问题，积极推进结算进程，确保2007年关联交易结算工作顺利完成。

【财务管理信息系统建设】 建立完善统一高效的财务信息数据库，提高财务信息共享与集成化管理水平，确保全局会计集中核算系统、资产集中管理系统的安全；进一步优化中油财务管理信息系统和资产管理系统软硬件环境，实现双机热备，确保全局财务资产数据安全；将4家子公司纳入长庆局会计集中核算，统一、规范和优化业务流程；加强财务信息保密管理工作，建立综合的多层次的企业财务信息安全体系，提高了数据安全防范能力。

【内控体系建设】 扎实推进财务内控体系建设，提升财务管理工作制度化、程序化、规范化水平。在树立全面风险管理理念的基础上，以资金安全有效管理为核心，以现金流向作为关键控制点，进一步完善和落实授权管理，促进了财务管理进一步规范化、程序化和科学化。

【矿区服务系统财务管理】 编制矿区业务预算，实现了“三统一、三分开”的财务管理目标。根据《中国石油天然气中国石油集团矿区服务系统改革实施意见》的通知精神，结合长庆局物业服务板块未实现专业化管理，核算范围不完整的实际情况，制定详细工作计划。按照“客观公正、不重不漏”的原则，根据确定的移交范围，核实、还原2006年的基数，确保预算基数真实、完整；在时间紧、任务重的情况下，按时完成矿区服务系统运行费用分担基数的核定及2007年、2008年矿区预算的编制与上报，实现预算全面对接；按照“资产随着业务走”的原则，制定资产、负债的分割办法，确保资产负债分割公允；按照服务项目价格化的原则，研究制定各项运行费用的分担办法及结算办法，保证矿区业务平稳运行。

【队伍建设】 突出抓好财会人员职业道德与财经法规教育。深入开展以“遵守财经纪律，规范职业行为”为主题的会计职业道德教育活动，努力建设一支思想作风优良的财会队伍；先后举办了高级财务管理、职称考试、新企业会计准则等7期培训班，共54天，累计培训350人次。同时，举办了长庆局会计知识竞赛，有38个单位18支代表队参加了比赛，并组织全局1233名财会人员参加财政部举办的会计知识竞赛，为执行新会计准则，促进提高财会队伍整体素质奠定扎实基础。

【制度建设】 为适应企业经营管理，先后制定了《2007年账务处理规范》、《长庆石油勘探局关于明确局属项目组财务管理有关事项的通知》、《长庆石油勘探局关于医疗卫生系统整合相关财务事项处理的通知》等20多项财务资产管理制度，进一步加强全局财务管理，规范经营行为，确保完成全年经营目标。

（张展鹏）

资本运营

【概述】 长庆局资本运营工作以规范职工股、清理法人实体、加强股权管理为重点，积极稳妥推进多种经营钻井、井下作业、录井业务移交整合，有效促进控参股公司管理，较好地完成了各项工作任务。

【企业总数】 经过法人实体清理，到2007年底保留多种经营法人企业41家，其中，国有、集体控股或全资公司23家，其余18家为其子公司。

【资产状况】 截至2007年12月31日，多种经营企业资产总额54亿元，负债总额39.8亿元，所有者权益14.2亿元。

【经济总量】 2007年多种经营企业完成经营总值43.5亿元，销售收入41.1亿元，利润总额2.6亿元，增加值12.0亿元；全员劳动生产率9.34万元/（人·年）。生产经营总值上亿元的企业16个。

【产业结构】 多种经营6个产业板块收入比重为：建安工程（含油田地面建设，水电讯、房建施工）179225万元，占43.6%；产品生产94074万元，占22.88%；社会服务（含商贸、餐饮、绿化、租赁等）55709万元，占

13.54%；原油生产34207万元，占8.32%；工程技术服务（含井筒作业、监理检测等）33400万元，占8.13%；交通运输14498万元，占3.53%。

【产品结构】 多种经营企业生产油田化学、机械、建筑材料、电器电材、劳保、橡胶塑料等六大类4045个规格型号的产品。2007年产品销售总额9.4亿元，其中社会市场销售1.4亿元，占15%。

【从业人员】 截至2007年年底，多种经营系统从业人员12350人，比2006年减少5359人，其中，合同化员工3315人、合同制员工1561人、社会化劳务工7474人；目前所保留41家多种经营企业从业人员10994人，其中，合同化员工3253人，合同制员工1458人，社会化用工6283人。

【股权投资】 截至2007年年底，国有股权投资总额70643.45万元，累计分红19973.86万元；集体股权总额6362.72万元，累计分红3256.53万元。收购职工股工作完成后，国有股权投资93791.6万元，其中多种经营企业国有投资42426.25万元，集体股权投资32225.2万元。

【集体资产】 截至2007年12月31日，集体资产投资管理中心资产总额12550万元；负债总额2519万元；所有者权益达到10031万元，为2002年集体资产投资管理中心组建时的2.2倍，年均增值24%。规范职工股后，多种经营企业集体资产完全收归集体资产投资管理中心管理，集体权益达到34083万元，比2002年集体资产评估值净增加1.2亿元。

【重点工作】 2007年，资本运营工作紧扣多种经营管理、股权管理、集体资产管理，重点完成了八个方面的工作：

（1）统一组织，全面完成多种经营钻井、井下、录井业务移交。由资本运营部牵头，财务资产、人事等部门配合，先后编制和组织实施了多种经营钻井、井下作业、录井队伍移交方案，按照“两移交一不变”原则，坚持总体督办，积极跟进，抓住问题、及时协调，全面完成了多种经营钻井、井下、录井业务的整体移交。确定了钻井、录井业务实行“委托经营”模式结算，井下作业实行租赁经营模式进行结算。移交共涉及厂（处）单位8个，多种经营企业18家；实际移交钻机14部，涉及从业人员868人；移交井下作业机组66套，涉及从业人员1030人；移交录井队伍45支，涉及从业人员283人；移交资产原值2.92亿元，资产净值1.78亿元。通过移交，有效解决了多种经营与长庆局主业的业务雷同和同业竞争问题，促进了相关队伍的统一调动和规范管理。

（2）依法依规实施规范操作，圆满完成规范职工股任务。根据中国石油集团规范职工股工作的总体部署和相关要求，研究明确了规范职工股的原则、程序和要求，编制出台了规范职工股总体实施方案和指导意见，并先后三次召开工作会议进行宣传动员和安排部署。督促指导32家单位编制上报规范工作实施方案，按程序进行审核和研究批复。开展职工股权专项审计，查证核实了职工的原始出资时间、股权数量、董事会分红方案以及配送股等基本情况。深入开展对职工持股企业的财产清查，坚持实物盘点同核实账务相结合、清理资产同核查负债与净资产相结合，有效掌握了各企业的资产和经营状况。按照先试点、后全面铺开的原则，在有效试点和总结经验的基础上，加强调研督导，由领导带队，深入各单位进行现场调研和“一对一”指导服务，依法合规推进了全局性实施工作，确保了职工股回购资金兑付如期进行和规范职工股任务的圆满完成。规范职工股共兑付资金5.459亿元，其中，国有受让职工股权4.285亿元，溢价额1.132亿元；集体受让职工股权0.190亿元，溢价额0.043亿元。

（3）统一部署，加大力度，清理法人实体工作取得实质进展。着眼多种经营持续发展需要，以减少法人实体数量、压缩法人实体层级，在年底前将全局多种经营法人实体缩减至40家以内为目标，对多种经营系统的法人实体逐个反复研究，与规范职工股合并编制了规范清理工作实施方案，确定了各企业的股权结构、业务定位和管理方式，明确了对多种经营法人实体实施专业化、集团化重组的基本方向，并研究完成多种经营系统化工产业整合重组方案。对多种经营企业移交主业边远采油井资产情况进行调查，涉及5个单位、86口油井、2座接转站和1座总站，经审计确认的2697.90万元资产，确定了移交处置意见。研究并报经中国石油集团批复，对多种经营企业移交矿区服务系统的资产进行了妥善处置。

（4）加强股权管理，努力提升长庆局控、参股企业管理水平。以规范公司治理运作、加强公司监管、维护保障长庆局权益为目标，推进股权管理内控体系建设，编制并下发《全面风险管理手册（股权管理分册）》。认真抓好控、参股公司的议案审理和股权决策的督促落实，全年审议各类议案221个。加强控股公司监管，对局属6家控股公司进行实地调研，并完成了经理班子业绩考核，解决了地产集团资金危机及所属多种经营企业的整合、长实集团西奇公司债权转换等复杂问题。就地产集团发展定位与管理模式问题进行了认真研究。对所投资公司股权价值逐一进行分析，初步完成了公司价值评价报告。加强出资人代表管理，修订完成《股东代表、董事、监事履职考核奖惩暂行办法》，制订下发了《控股公司经理班子综合业绩考核指导意见》；对股权代表和股权管理委员会及时进行了决策和调整；完成对30多名出资人代表的行权履职评价报告；研究制订《关于全面推行专职董监事制度的实施方案》，并配合抓好组织实施工作。加强股权管理基础工作，及时进行了股权管理信息系统维护更新，并按照中国石油集团要求，举办股权管理信息系统培训班，顺利完成了信息系统升级后的操作维护和资料更新。业务研究论文《加强国有企业股权管理的实践探索与思考》，在中国石油集团评审中获一等奖。

（5）加强综合监管和有效服务，促进多种经营又好又快发展。加强系统管理，研究并及时下发多种经营2007年发展指导计划，形成《关于加强多种经营企业管理的若干意见》、《监管企业管理办法》等文件。把工作总结、部署与调研、服务相结合，分陕西、宁夏、陇东等片区召开2007年多种经营系统工作会议，对系统先进集体、先进个人进行了表彰。加强多种经营财务管理，完成系统财务决算，掌握各企业财务资产和经营状况，结合新企业会计准则编制下发新会计科目，指导各企业及时建账，协调搞好多种经营系统资金结算服务，全年实现结算资金29.72亿元，其中，长庆油田分公司9.57亿元，长庆局20.15亿元。督促华油公司搞好清欠工作，收回货币资金1272万元，实物资产1697万元。加强项目投资管理，审查多种经营投资项目7个，涉及投资2.56亿元。开展规范清理所涉及的历史投资项目调研，对5个利用职工借款建设的项目提出了处置意见；编制并向中国石油集团上报《长庆局股权投资业务发展规划》；开展集体资产管理和发展专项研究，完成《多种经营系统油田化学企业整合重组实施方案》，以及野营房业务、建筑施工业务摸底调查工作；做好项目开发储备，完成《咸阳市地热资源开发利用项目调研报告》。着眼多种经营发展需要，与西北大学合作完成长庆局软科学课题《长庆局多种经营资源整合及管理研究》。加强业务培训，举办了多种经营企业厂长（经理）培训班。

（6）加强监管服务，提升多种经营安全

质量及市场管理水平。结合长庆局2007年安全环保目标、工作部署和多种经营实际，制订了《多种经营系统2007年安全环保质量工作要点》、《长庆局多种经营系统2007年安全环保基础年活动实施方案》，分专项、分阶段开展安全生产检查督导工作，确保了生产经营的安全平稳运行。审核多种经营企业车辆准入1114台，组织安装GPS系统729台。编制和修订完善了长庆局《多种经营装备制造业"十一五"发展规划》，2010年多种经营装备制造业销售收入计划达到6亿元，销售利润率和投资回报率达到2%以上，主要生产企业全部通过ISO 9000和ISO 14000体系认证，节能减排目标达到所在地区规定指标。起草下发《关于加强多种经营企业物资采购管理的通知》，参与修订《长庆局价格管理办法》，疏通了内部产品采供政策。截至2007年12月10日，全局内部产品实现销售收入14.72亿元，比2006年增长6.89%，其中，多种经营产品企业实现销售收入7.87亿元，比2006年增长11.35%。按市场划分，长庆局市场6.96亿元，长庆油田分公司市场5.54亿元、社会市场2.22亿元。强化内部产品质量管理，两次质量抽查的11个生产厂点、67批次产品全部合格，为历年最好。内部产品年内未发生质量投诉事件。

（7）积极磋商协调，推动"两个合作项目"取得实质性进展。针对泾河医院合作办医问题，与陕西省人民医院进行了12次反复谈判商谈，使合作方式从最初的股份制办院模式到合作办医、合作建院、合资设立股份制医院，再调整为"土地一次性转让"方式，并正式签订了土地转让合同。

针对陕西长庆专用车制造有限公司改制合作涉及的有关问题，多次与合作方蓝溪集团进行了正式谈判协商、书面函件沟通，并协调运输处、陕西长庆专用车制造有限公司，解决了厂房租赁事项。组织审核了《长庆局所属客车改装厂改制项目资产评估报告书》（共三册），赴中国石油集团就资产评估备案事项进行了专题汇报，完成评估备案。结合当前实际情况变化，重点就下步合资合作模式，进行了深入的沟通和谈判，并起草了有关商谈纪要，拟从源头上解决土地过户等一系列关键问题。

（8）加强组织协调，实施成品油销售业务的管理权移交任务。根据中油资字［2007］454号文件和中国石油集团有关会议精神，长庆局成立了领导小组，统一负责加油站移交工作的组织领导和协调。先后对移交涉及的37座加油（气）站、油库的基础资料进行收集汇总，编制了《长庆局成品油销售业务整合及产权转让方案》，提交移交领导小组及相关部门审定后，协调组织实施；积极承办并圆满完成了中国石油股份在长庆召开的两次成品油销售业务整合协调座谈会的组织与接待工作。

（李天琛）

物资采购与电子商务

【概述】 2007年，物资系统以"保障供应，降低成本，规范管理，优质服务"为主线，紧紧围绕油田生产建设总体部署，以保障物资需求为最高命令，全力落实资源，强化内部管理，降低采供成本，提高服务水平，保障了全局生产持续提速的物资需求。

【管理机构】 长庆局生产运行处履行全局物资供应的专业管理工作，负责制订物资管理政策，实施大宗物资年度需求计划的下达、主要物资供应的组织协调和服务质量监督以及全局加油站的统一管理工作；器材供应处负责全局大宗物资集中采购、验收、仓储、供应、服务等工作；各厂（处）单位供应站库负责下放物资采购供应工作。

【经营指标】 2007年，长庆局生产建设物资保障率达99%以上；物资购销总额123.48亿元，比2006年增长16.49%；完成物资周转8.06次，平均库存8.34亿元。

【采购业务量】 2007年，长庆局购进物资58.68亿元，其中器材供应处购进物资56亿元，厂（处）单位采购2.68亿元，占总采购资金的4.57%。

【电子商务技术平台建设】 按照长庆局内控体系建设部署，改进完善了“长庆局物资管理信息系统”、“长庆局物资招投标系统”，实施了“长庆局IC卡加油系统”改造，修订完善了《重要物资采购管理办法》、《票据管理办法》等10项内控管理制度，明晰了物资计划编制、招投标、合同签订、结算付款等环节流程，强化了相互监督制约和过程控制，持续加强采供管理，加强合同审查审计，进一步规范物资招投标行为，提高了物资采供工作效率。

【重点物资采购】 2007年，全局生产建设重点物资主要由器材供应处负责采购。器材供应处坚持早计划、早动手，提前摸清需求，制定采购方案，全面落实资源。在石油专用管材、油品、钻头等主要物资资源十分紧俏的情况下，及时分析市场资源和价格走势，超前谋划组织，并确立了由主要领导负总责、分管领导具体抓、业务部门蹲点催交催运的工作机制，多方式、多渠道、多平台落实物资资源。进一步巩固和发展同上海宝山钢铁集团有限公司、天津钢管集团有限公司等主要供货厂商的战略联盟关系，石油专用管材在中国石油股份电子商务挂牌价的指导下，加大商务公关力度，取得了较为充裕的资源和优惠的价格。坚持每月派人到西北石油销售公司、各炼厂协调落实成品油资源。选派业务人员长驻生产厂家，盯在生产线上，督促优先排产长庆物资，现场催交催运，全力保证了油田生产所需主要物资及时整点到货。

【网上交易物资采购管理】 按照长庆局的统一部署，以建立健全内控体系为契机，加强供应商动态管理，大力发展以供货厂家为主的物资采购主渠道，初步建立了网上注册的供应商网络体系。业务采购部门严格按照《长庆石油勘探局招标暂行办法》、《长庆石油勘探局物资招标采购实施细则》等有关规定，充分利用长庆局“物资招投标系统”，进一步加大物资网上招标力度，对5万元以上的物资全部实行网上招标采购。强化了审计、法律、合同、纪检、工程技术部门和用户在招标和商务谈判过程中的监督。认真抓好以物资采供管理为主的制度学习，严格考试、考核，强化制度执行力，提高了采供管理水平。全年累计网上招议标采购物资56亿元，节约采购资金1.78亿元。

（王安育）

审计监督

【概述】　2007年，全局审计部门，坚持以财务审计为基础，以内部控制审计为主线，以经济责任审计和资金管理审计为重点，加强了对企业经营管理关键环节和高风险区域的日常监控。

并按照“事前参与、事中监控、事后评价”的要求，充分体现内审在企业管理中再管理、再控制和再监督的特点，初步实现了“全方位、全覆盖、全过程”审计工作目标。截至2007年12月底，共完成各类审计项目119项，累计审计资金工作量223.89亿元。审计发现各类违规、违纪金额及影响经济效益金额9015.87万元。基建维修工程、支出性合同等资金结算审计直接审减金额2559.01万元。

【主要审计活动】　为确保审计发现问题得以及时纠正和整改，提高审计实效，及时开展了审计督察及后续审计。2007年分别对22个单位、部门进行了审计督察，督察整改资金6575.83万元。

努力提高审计人员素质，大力开展业务培训。2007年全系统培训人数达150人次。其中，举办了2期全局审计系统企业会计准则培训班，培训审计人员83人。举办了审计信息软件1.0培训班，培训审计人员21人；参加中国石油集团、陕西省内部审计协会举办的内部控制、经济效益等审计培训班，培训46人次，并全部取得了合格证。

完善内部控制体系建设工作。2007年，审计部门在已有内部控制体系工作的基础上，按照局内控体系的总体部署，组织人员对《内控手册》进行了进一步的修改完善，对关键控制流程和控制点再一次梳理，形成适合长庆局企业管理特点的《内控手册——审计分册》。

【财务审计】　2007年坚持“网上在线实时审计”与集中现场审计相结合的审计方式，集中对35个登录财务中央服务器直接记账集中核算的单位，划分三个层次，实行分类管理。在审计监控程序上，建立审计监督日记；根据网上监控实际，不定期进行现场抽查，收集审计证据；注重在线审计问题分析，提出初步结论，确定重点关注对象；重点抓好现场查证工作，对落实的问题编制审计工作底稿，并与被审计单位及时交换意见，对需要整改的问题随时进行跟踪落实。经营成果考核审计，突出对重点生产经营单位的审计核实。2007年初，对局属各单位2006年度经营成果考核审计采取了抽查审计的方式，集中力量对14个主要生产经营单位（控股公司）进行经营成果考核审计，审计查证资金143亿元，审计发现影响年度经营成果问题金额998.9万元，对6个单位的上报年度内部利润额进行了调减，为长庆局严格考核兑现提供了依据。

【经济责任审计】　坚持厂处领导干部“离任必审”制度，先后完成第二采油技术服务处、机械厂等10位厂（处）级单位领导人员的离任经济责任审计，共审计资金32.88亿元，发现问题金额8016.97万元，客观评价了离任者任职期间的经济责任。同时，各单位积极开展经济责任审计工作，完成科级离任审计项目21项，查证资金25.71亿元，发现有问题金额472.16万元，为加强本单位经营管理和干部任用提供依据，为落实内部管理人员经济责任发挥了积极作用。

【资金结算审计】 2007年，审计部门瞄准企业资金流动，狠抓资金管理控制这个重点，加强了对局级重点项目的审计监控。长庆局先后下达了2批建设工程审计项目计划，下达局级建设工程审计项目12项。审计服务中心组织实施了全过程跟踪审计。全年组织审计人员173人次深入施工现场，参与建设项目招标等重点环节，严格结算审计关口，累计审计建设资金46599.1万元，审减不合理工程造价金额459.46万元。合同签约前及对外结算付款前审计，突出对资金管理和程序控制，强化对合同及结算事项的事前监督和事后结算把关。组织两级审计机构分工配合，明确责任，突出现场审计，现场监督，把好资金流失的关口，全年共参与招标及商谈会议2536次，涉及金额32.09亿元，现场提出审计意见121条，采纳后降低合同价款、取得间接审计成果7131.55万元；开展合同签约前和结算付款前审计，累计审计合同和结算资料11675份，审计金额70.35亿元，直接审减金额411.51万元。

【专项审计调查项目】 专项审计及审计调查工作，重点突出对“难点、热点、盲点”领域的审计。一是根据中国石油集团迎接中华人民共和国审计署西气东输专项审计的要求，对参与西气东输的有关单位工程施工及物资采购结算等进行了全面深入的审计调查，及时向中国石油集团提交了审计报告。二是为迎接中国石油集团对安全环保资金、工会经费的专项审计，对全局2005—2006年度安全环保专项资金、工会经费的管理和使用进行了审计调查，及时发现并督促整改了审计查出的问题，为顺利迎接中国石油集团审计做好了准备工作。三是按照长庆局要求，对陕西普教移交管理中心2005年至2007年4月的转移支付费用进行了审计调查，按照有关事业单位的会计核算标准，针对发现的问题及时提交了审计报告，为加强管理和监督提供了依据。四是对工程技术研究院等7个单位2006年度的11项重点科技项目经费的管理与使用进行了审计，提出了审计建议，进一步规范对科技经费的专项核算和明细核算，确保科技项目经费归集的真实性、完整性和准确性。五是组织人员对局属25个主办单位的多元经济企业职工持股情况进行了专项审计。六是开展了局多元经济企业整合移交由主业托管资产专项审计项目，对托管资产的移交程序、手续的合规性、托管资产的真实性、托管资产账面价值、计价依据的合理性、准确性进行审计确认。七是根据中国石油集团的要求，开展了2006年度、2007年1—6月固定资产投资使用管理情况审计调查。

【优秀审计项目】 2007年，经过申报、推选，获得中国石油集团2006年度优秀审计项目一等奖1项，二等奖3项。

【优秀审计论文】 2007年，全局推选的审计论文获得中国内部审计协会分会优秀审计论文二等奖1篇，三等奖5篇。

（黄忠铭）

人事管理

【概述】 2007年全局人事工作以“服务油气发展，打造强势品牌，建设美好家园”为工作主线，牢固树立机遇意识、发展意识、责任意识和人本意识，认真开展“四好”班子创建和领导人员管理能力提升活动和“公开承诺，转变作风”活动，不断加强各级领导班子和领导人员队伍建设；努力抓好“三支队伍”建设，加快转换用工管理机制，不断完善各类人才选拔、培养、使用、激励、监督约束和保障机制；进一步加强组织人事系统自身建设，为扎实推进人才强企战略提供了强有力的人才支持和组织保证。

【领导班子建设】 完成了2006年度局属单位（部门）领导班子、领导人员考核及领导人员后备人选推荐工作。先后对40个局属单位领导班子（包括4个改制企业）和335名领导人员进行了考核和结果反馈。制定下发了《长庆石油勘探局所属单位及机关部门领导人员后备人选工作暂行办法》和《局属单位（部门）领导人员后备人选推荐选拔工作实施方案》。按照规定的推荐程序和条件，结合2007年度领导班子和领导人员考核，一并对领导人员后备人选进行了推荐。经局党委、长庆局研究，确定了43个局属单位（含矿区服务事业部）和27个机关部门（含矿区服务事业部机关）316名领导人员后备人选。初步建立起了各级领导人员后备人选队伍。先后调整和配备了152名领导人员，为安全环保监督部等机关部门公开竞聘了3名副职领导人员。组织对党委宣传部等单位（部门）的7名新提拔领导人员进行了半年试用期满考核。局处两级党委（党组织）召开了以加强领导人员作风建设为主题的专题民主生活会。结合长庆局实际，制定下发了《关于加强领导干部作风建设的若干意见》、《关于在局处两级领导干部和两级机关开展“公开承诺，转变作风”活动的实施意见》和《长庆石油勘探局“四好”领导班子创建活动实施方案》。按照中国石油集团人事劳资部要求，配合中国石油集团考核组召开了挂职锻炼工作座谈会，起草上报了挂职锻炼人员书面鉴定及相关汇报材料。根据陕西省国资委企业军转干部工作小组办公室有关要求，对全局军转干部有关信息逐人进行了核对，并及时上报。先后组织各类管理干部培训班10期，培训409人次。其中厂处领导人员经营管理培训班3期，培训厂处级领导人员116人；中青年干部培训班2期，培训后备干部81人；党校培训班2期，培训基层党组织负责人88人；党支部书记培训班2期，培训党支部书记88人；女干部培训班1期，培训科级女干部36人。协助组织举办了3期处级领导人员学习贯彻党的十七大精神学习班，培训103人。根据地方各级人大、政协换届改选工作通知要求，按照长党发［2003］6号文件规定的程序，与地方有关部门沟通，提出了推荐人选意见，其中，推荐全国人大代表候选人1名、高陵县人大代表人选1名、未央区第九届政协委员人选2名、陕西省十届政协委员人选1名，推荐并选举产生银川市兴庆区人大代表1名。完成了甘肃省第十一次、宁夏回族自治区第十次党的代表大会代表选举工作，以及推荐甘肃省和宁夏回族自治区出席党的十七大代表的相关工作。根据局党委《关于认真做好2007年度局属单位（部门）领导班子和领导人员及党风廉政建设责任制、厂务公开民主管理考核工作的通知》（长党发［2007］161号）精神，由局党委组织部、局机关党委、企管法规处、党委宣传部、纪检监察处、工会、巡视员办公室以及矿区服务事业部党委组织部、党群工作部等部门联合组成的6个考核组，对54个局属单位领导班子（包括4个改制企业）和390名领导人员进行了考核评价。

【人才队伍建设】 选送19名优秀中青年干部，参加北京大学、清华大学等重点院校的硕士研究生学习；选拔1名专业技术人员赴俄罗斯大学攻读硕士学位。选拔刘硕琼为新世纪百千万人才工程国家级人选候选人。评审高级职称96人，推荐7人参加中国石油集团高级职称评审，评审中级职称 322 人，初级职称 410 人。81 人通过国家统一考试取得中、初级职称。组织 2282 名专业技术人员参加中国石油集团晋升职称外语水平考试。截至 2007 年年底，长庆局在职高级职称人员共计 824 人，其中，正高级职称 22 人、副高级职称 802 人。共有 30 人取得高级技师职业资格、163 人取得技师职业资格。组织气焊工、变电站值班员职业技能竞赛暨参加中国石油集团 2007 年职业技能竞赛选手选拔赛。水电厂刘贤玉、郑小花、包小艳等在中国石油集团 2007 年职业技能竞赛变电站值班员比赛中荣获银牌，水电厂梁爱琴荣获铜牌；建设工程总公司康卫平在中国石油集团 2007 年职业技能竞赛气焊工比赛中荣获银牌，建设工程总公司贺志峰荣获铜牌。组织开展了第四届“陇原技能大奖”和“甘肃省技术能手”候选人选拔推荐活动。第二采油技术服务处井下作业工梁东平荣获“陇原技能大奖”，建设工程总公司苏治华、钻井工程总公司郭宝珍、井下技术作业处田永峰、水电厂任晓洲等荣获“甘肃省技术能手”荣誉称号。

【人才交流】

（1）人才引进。2007 年引进应届高校毕业生 651 人，其中，硕士研究生 57 人、本科生 547 人、专科生 47 人；石油主体专业 307 人。采用考试、考核、面试的方式，面向社会公开招聘 2007 届通用专业高校毕业生 170 人。先后为国际事业部引进阿塞拜疆国立石油大学留学生 4 人，公开招聘司钻、电气工程师、平台经理等土库曼斯坦项目工作人员 20 人。全年办理高校毕业生落户手续 716 人。

（2）人力资源配置。先后为低效储量合作开发项目组、苏里格气田合作开发项目组、定边采油技术服务处、采气技术服务处等 8 个单位组织公开竞聘活动 11 次，报名应聘 375 人，竞聘上岗员工 151 人。共办理整体移交划转 15 个单位 11022 人次。办理日常流动手续 320 人。先后为钻井工程总公司、井下技术作业处等 8 个一线生产单位，组织社会化劳务用工专场公开招聘会 6 场次，报名应聘 1795 人次，录用 767 人，输出待业子女 20 人。接收 2006 年 189 名退伍军人和 6 名军转干部。

（3）再就业工作。组织召开“长庆石油勘探局再就业工作座谈会”，集中宣贯长庆油田基地服务类再就业调整政策。安置再就业人员 2662 人，清退第二职业者 368 人，按时为 1985 名符合申领再就业困难补助的有偿解除劳动关系人员核拨费用。

（4）人事代理服务。积极做好整体代理单位的员工考勤、薪酬待遇发放、岗位工资晋档、调整、报表报送及各类保险费用的缴纳等日常管理工作。为 5397 人及时收缴基本养老保险费，占应缴费人数的 94.58 %。全年共查档 1200 人次，办理退休手续 635 人。

【劳动力管理】　加强劳动用工管理，实行劳动用工“一二三”管理模式。即用工由长庆局一级管理，实行用工总量与工资劳务费双控制，将全部用工分为合同化员工、合同制员工、社会化劳务用工三种类别。并制定了《长庆石油勘探局劳动合同管理实施办法》及配套规章制度，制订新的劳动合同文本（六种）。

【薪酬管理】　制定了《长庆石油勘探局完善合同化员工基本工资制度实施办法》（长局发［2006］313 号）、《长庆石油勘探局合同制员工及社会化劳务用工工资制度改革方案》（长局发［2006］314 号）、《长庆石油勘探局合同制员工工资制度动态运行实施办法（试行）》（长局人劳字［2006］81 号），对各类员工工资制度进行了统一和规范。制定印发了《长庆石油勘探局关于操作和服务岗位合同化员工岗技工资考核晋档的通知》（长局发［2007］237 号），对 2005 年 7 月 1 日至 2007

年6月30日考核期满操作服务岗位合同化员工，晋升了一档岗技工资。根据甘肃省劳动和社会保障厅《关于调整我省企业职工和退休人员因病、非因工死亡一次性丧葬补助费和一次性抚恤费的通知》（甘劳社发［2007］46号）精神，制定了《长庆石油勘探局关于员工死亡后有关待遇规定的通知》（长局发［2007］106号），对员工死亡后的有关待遇进行了调整。并制定《长庆石油勘探局关于调整员工因病或非因工死亡后供养直系亲属定期生活困难补助费标准的通知》（长局发［2007］274号），对员工因病或非因工死亡后供养直系亲属定期生活困难补助费标准作进行了调整。为贯彻实施《劳动合同法》，制定了《长庆石油勘探局关于调整员工试用期工资标准的通知》（长局发［2007］289号），对员工在试用期内的工资标准进行了调整。

【职工培训】 2007年，共举办各级各类培训班1129期，培训29098人次（培训时间在50学时以上），完成年培训计划的111.5%，比2006年增加28%。其中，经营管理人员5651人次（副处级及以上322人次），专业技术人员4513人次（局处两级技术专家3人次）、操作技能人员18934人次（局处技能专家9人）。加大处级经营管理人员培训力度，完善厂处领导人员"阶梯式模块培训"精品项目，先后在北京石油管理干部学院举办厂处领导人员培训班3期，参加培训116人；举办中青年干部培训班2期，参加培训81人；选派14名酒店管理业务骨干在北京外事学校脱产培训2个月；在局培训中心举办2期党校培训班，参加88人；举办1期妇女干部培训班，参加36人；在广州石油培训中心举办党（总）支部书记培训班2期，参加88人。同时，还依据国家《安全生产法》和长庆局《安全培训管理办法》，对安全监管人员进行资质取证（复审）培训554人。培训各类经营管理人员5651人次，比2006年增加35.1%。培训主干专业技术骨干416人。其中举办井下作业技术骨干、钻井技术骨干、地质技术骨干培训班3期，参加培训80人；举办钻井、修井、试油压裂技术员培训班5期，参加培训252人；举办水平井钻井技术、井下作业侧钻技术培训班2期，参加培训84人。全局培训专业技术人员4513人次，比2006年增加37.2%。强化操作技能培训，为操作技能人员成才搭建平台。2007年培训高级技师27人、技师228人、高级工1591人。加大新增人员、特种作业和井控操作培训力度，培训新增人员1698人、特种作业取（复）证人员3988人、井控操作取（复）证人员3529人、有毒有害气体防护人员221人、基层班组长培训293人。培训各类操作技能人员18934人次，比2006年增加24.1%。结合国际项目运行需要，适时开展国际化骨干人才培训。举办1期90天有24人参加的俄语及国际商务知识和项目管理培训班，1期30天25人参加的俄语强化培训班；与西安石油大学合作举办了1期90天12人参加的英语强化培训班；举办国际井控及HSE培训班2期，培训69人；同时，根据土库曼斯坦项目需要以及甲方要求，对选派的14名甲方平台经理、钻井工程师以及司钻等人员，进行井控、HSE知识以及钻井现场管理培训。有计划分阶段实施学历教育，逐步提高员工队伍学历层次。重点组织20名局处两级机关和工程技术岗位人员参加硕士研究生培训学习，有计划地组织了797名在职员工参加了本科和专科层次函授学历教育培训学习。加大培训教材建设，有效提升员工培训质量。在完成钻井、试油气、修井专业基层操作现场培训教材编写出版的同时，完成了钻井、试油气、修井专业基层操作现场培训多媒体教材的制作，共刻制培训光盘2498套，已在局属14个基层单位投入使用。完成了《石油HSE管理教程》编写。加大兼职教师培训力度，不断强化师资队伍建设。2007年举办了2期兼职教师培训班，培训兼职教师87名。同时，在局属单位组织员工培训兼职教师技能预赛选拔的基础上，举办全局首届兼职教师技能大赛，评选出金牌选手2名、银牌选手3名、铜牌选手5名，“优秀选手”9名。使全局兼职教师队伍的整体业务水平得到了一定的提高。

（人事劳资处）

长庆局机关管理

【概述】　2007年，长庆局机关设处室23个，附属单位11个；职工总数464人，其中干部458人，工人6人；男职工352人，占职工总数的75.8%，女职工112人，占职工总数的24.2%。干部中各类管理人员458人。具有高级职称140人，占干部总数的30.6%；中级职称210人，占干部总数的45.9%；初级职称114人，占干部总数的23.5%。

机关工作紧紧围绕局党委、长庆局中心工作，在全面实施责任目标量化管理和服务承诺的基础上，按照业务管理职能建立健全安全环保责任追究制度；转变工作作风，加强部门之间的沟通与合作；增强执行能力，优化管理流程，注重细节服务，完善规章制度和运行机制，确保机关各个运行环节的有效控制和有序运转，为局领导、基层单位和其他协作部门提供满意服务，努力建设服务型、学习型机关。

【学习与教育】　机关各个部门及附属单位结合自己的业务重点，制定了切实可行的年度学习计划，明确了学习的内容、时间、方法、目标、效果等，保证了机关干部教育学习活动的有序和有效。

（1）重点抓好党的十七大精神的学习讨论。机关党委组织210多名职工集中收听收看了“十七”大召开盛况。各处室结合部门建设和业务实际，围绕“深刻领会高举中国特色社会主义伟大旗帜的重要思想，进一步坚定走中国特色社会主义道路的信心和决心”等六个观点，采取领导带读、专家讲座、集中讨论、撰写体会等形式，对党的十七大报告进行了深入学习和思考。为了加深理解，机关党委还为各支部配发了《新党章》、《党的十七大报告》单行本和辅导材料1500多册。

（2）学习贯彻中国石油集团和长庆局2007年工作会议精神。机关党委下发了《关于传达学习宣传贯彻长庆局2007年工作会议精神的通知》，提出了学习重点和具体要求。各部门在学习讨论的基础上，结合实际，提出了部门2007年工作思路。机关党委也及时对各部门的学习情况进行督促检查，确保学习贯彻的效果。

（3）开展“形势、目标、任务、责任”主题教育活动，不断加深对长庆局发展目标、发展战略、发展思路和重点工作的认识和理解，并结合日常检查和部门负责人会议、综合科长会议等形式，对机关服务和作风建设进行讲评，促进机关干部作风建设的提高。

（4）组织编写《机关工作人员公文写作培训手册》，印刷了500多本，下发机关干部进行学习。5月23—27日，机关党委举办了入党积极分子培训班。35名入党积极分子参加了为期5天的培训。还组织学员参观了八路军驻西安办事处，接受革命传统教育。

机关各部门及附属单位全年累计学习960次，约1960小时。

【责任目标量化管理】

（1）制定了机关部门量化考核责任书。机关各部门结合各项工作目标任务和自身业务，提出了个性考核指标，与主管局领导签订了责任书。同时，修订了《局机关部门责任目标量化考核办法（试行）》、《局机关2007年度责任目标量化管理工作考核标准》和《局机关2007年度责任目标量化管理考核评分细则》，使机关责任目标量化管理考核工作体系更趋科学合理。

（2）进一步完善机关部门基层联系点制度。机关各部门按照机关党委《关于建立机关处室联系点的通知》要求，本着“深入基层，帮促工作，厉行节约，做好表率”的原则，下移工作重心，深入基层对口联系点，了解、帮促基层单位分析解决生产经营、安全管理、社会治安综合治理、队伍建设等方面存在的困难和问题。机关党委通过电话询问、调研、查询资料等方式对各部门建立联系点的情况进行监督抽查，并将这项工作纳入机关量化考核内容，进行考核兑现。机关部门设立基层对口联系点34个，进一步密切机关和基层单位的联系，提高了为基层服务的能力。

（3）引入服务对象对机关工作进行监督。在2006年建立基层服务监督员的基础上，进一步扩大范围，加大基层评价机关工作的力度。2007年，长庆局17个主要厂（处）单位邀请了6名基层监督员，以暗访形式，采取实地考察、电话咨询、设置问题等方法，对机关各部门的工作作风、执行能力和服务承诺的履行情况进行了日常跟踪考核。2007年年底，结合服务承诺测评，又组织基层监督员对机关各部门的服务承诺的落实情况进行量化评价，并作为机关党委对该部门工作年终考核的重要依据，纳入责任目标量化考核管理体系中，并在当年考核中进行兑现。

（4）公开服务承诺，不断探索为基层服务的新途径。按照局领导关于加强机关作风建设的指示，机关党委下发了《关于公开服务承诺，加强为基层服务的通知》，各部门上报了本部门服务承诺，并在机关党委网站公布，接受基层和公众监督。11月份，按照《关于在局处两级领导干部中开展以公开承诺为主要内容的转变作风活动的实施意见》要求，机关90多名副处级以上领导干部和部门对服务承诺进行了修订完善，为建立群众评价领导、基层评价机关、下级评价上级的评价机制打下了基础。

【行政事务管理】 为机械动力处、安全环保监督部、矿区服务事业部机关等部门和单位调配办公室93间、3200多平方米。协调解决了苏里格气田合作开发项目组、低效储量合作开发项目组、中油财务公司和监理公司等基层单位的办公场所问题，保证了相关部门和单位搬迁的顺利进行和工作的正常开展。为机关新成立部门和新调入人员配置了办公设备和办公家具。对机关报废固定资产和贵重物品进行收集、整理，按规定对242台报废设备进行了处置。组织实施了长庆大厦“亮化工程”的招标和建设工作。对机关各部门的安全、消防、社会治安综合治理、进行了3次卫生全面检查，发现问题14个，现场整改14个。组织了3次安全教育。通过集体学习讨论、观看安全警示教育片等形式，加强对机关取得准驾证人员的安全教育。对机关配属车辆进行了机械性能、派车及行车记录登记、回场检验等方面的综合检查，消除了安全隐患。与兴隆园物业服务处和西安市公安局经开分局联合组织了“11·9”长庆大厦防火演习，有12个单位及部门共计2000余人参加，提高了应急疏散、抵御大厦火灾事故的整体能力。邀请陕西省消防科普教育中心的专业安全宣传员，为机关部门举办冬季消防安全知识讲座，并将讲座内容制作成学习光盘，人手一张，确保机关“人和谐、物安全”。按照长庆局下达的预算指标，将各部门预算明细下达，坚持一切开支纳入预算。在积极主动组织配合2007年职工分房及长庆大厦办公场所调整工作的同时，及时核对整理职工住房物业费用收缴资料273户，确认办公调整面积48000余平方米，并按照协议及时收取了长庆大厦租金。

【机关党群工作】

(1) 加强党的组织和队伍建设。组建调整了企管法规处、规划计划处等6个部门的党支部，转正预备党员22名，吸纳新党员30名。组织10名党员参加了长庆局党支部书记培训班，进一步增强了支部活力。组织机关部门及6个党组织关系隶属机关党委的厂(处)单位党总支学习了《中纪委八项禁止性规定》的主要内容，共有115名副处级以上党员领导干部向局纪委和机关纪委提交了书面自查和承诺表，496名科级以下党员向本党支部提交了书面自查和承诺表。

(2) 开展丰富多彩的文体活动。2007年，先后组队参加了局工会“三八”节女职工广播操比赛，机关代表队获得团体一等奖；局机关迎“五一”、“五四”机关职工排球比赛，共有37个基层工会的8支代表队参加了比赛；参加了局工会、局团委组织的大众项目运动会；西安基地第九届职工排球比赛；长庆油田纪念建军80周年射击活动；“迎新年·与奥运同行”职工乒乓球、羽毛球系列体育比赛活动，参加人数110多人次。组织了职工参加“与奥运同行”职工知识答题竞赛、节能知识竞赛、安全知识竞赛、廉政教育知识竞赛等答题竞赛活动，共计1600多人次。小型多样、丰富多彩的文体活动，在机关营造了快乐工作、和谐共事的良好氛围。

(3) 做好节前机关困难职工的帮扶工作。共慰问生病住院职工24人，发放慰问费2.14万元；发放遗属生活费、困难职工救济款近16.4万元；为患重大疾病职工发放大病补助金10.5万元。慰问庆阳、靖边前指工作人员共18人。“六一”节对西安基地子校、幼儿园和泾河工业园中心学校的师生进行了慰问，“护士节”对医疗中心的护理人员进行了慰问。在元旦、春节、“五一”等节假日，对值班人员进行慰问，把组织的关怀和党的温暖送到职工的身边。

(4) 积极主动关注职工健康。对351名离退休职工和416名在职职工进行了体检。组织机关160多名职工参加了兴隆园医院社区服务门诊专家所做的《生活方式与健康教育》知识讲座。7月，对机关137名高危人群进行了葡萄糖耐量测试。入冬时节，为机关478人集中注射了流感疫苗。为机关411名职工办理职工活动中心内部健身卡，增强职工体质。

(5) 组织职工向贫困地区捐物。组织机关职工两次为宁夏彭阳和南方受灾地区捐款捐物，先后有1010人次向灾区捐款70840元、捐书431本、鞋16双、衣服1621件，充分体现了长庆职工“一方有难、八方支援”的社会责任感。

(6) 积极做好稳定工作。在对机关在职人员、离退休人员、有偿解除劳动关系人员、内部退养人员、家属、遗属等六类人员调查摸底的基础上，建立完善了人员管理数据库，实行动态管理。针对机关实际情况，梳理出了稳定方面存在的4个可能性问题，进一步完善稳定预案，制定针对性的措施，落实专人责任，确保机关大局稳定。

【前指工作】

(1) 庆阳前指。定员7人，其中领导3人，工作人员4人（含陇东地区信访接待人员)，下设综合办公室（陇东地区信访接待室)、生产办公室。庆阳指挥部设立隶属于局机关党委的党支部，为了便于工作协调与对外联络，对外称临时党委。

主要职责：①负责长庆局陇东片各单位生产经营活动的统一协调组织及有关工作；②受长庆局委托，负责长庆局与庆阳市及各县（区）有关方面、有关部门之间的工作联系，协助陇东片各单位做好企地关系协调工作；③协助做好油田陇东片各单位信访、稳定及社会治安综合治理等工作；④完成长庆局交办的其他工作。

主要工作：①抓住有利时机，提升长庆局形象。利用接待领导和参加各种会议的机会，积极推介长庆局的核心业务和整体实力，扩大长庆局的影响力。根据长庆局安排，全力配合长庆局及陇东各单位，完成了甘肃省委书记陆浩来陇东油田视察时的协调工作，展示了长庆人的精神风貌。通过向来陇东油田检查指导工作的各级领导汇报长庆局驻陇东各单位的基本概况和施工情况，增进了解，提升了各级政府对长庆局地位和作用的认知度。②全力转变工作作风，搞好生产协调。一是坚持每月到各生产单位进行调研活动，了解生产经营活动，及时与甲方项目组、长庆局有关单位进行协调，解决各单位存在的困难，保证前线生产的顺利进行。二是坚持每周一次的工作例会，一月一次的生产、安全、外协协调会，了解基层单位的生产进度、安全情况、存在的问题及建议。共收集基层单位反馈的生产经营信息及存在的问题130多条，及时进行协调。对于牵扯面大，需要长庆局有关部门共同解决的问题，及时反馈到局领导及有关部门，并根据实际情况提出建议。三是加强了与长庆油田分公司有关单位、产建项目组的联系，就长庆局有关单位在生产服务及处理地方关系中的问题进行沟通协调，确保长庆局钻井、试油压裂、地面建设、新井投产、“一对一”服务、物资、产品供应等关联交易项目顺利开展。四是与长庆局有关单位成功组织了“赛安全、赛质量、赛速度，比效益、比贡献、比服务”为主要内容的“三赛三比”立功竞赛等活动。协助生产单位做好持续提速工作，各项指标再创陇东新纪录，全面超额完成了任务。五是采取措施，提供帮助服务。积极开拓采油七厂井下作业市场，保证了长庆局所钻的井由局内试油队伍施工。及时协调井下技术作业处与采油二处试油工作量安排，促进采油二处工作量的完成。六是在安全环保工作中牢固树立“安全第一”，“安全是天、是政治责任、是最大的经济效益”的理念，协助监督各单位深入开展以“强三基、反三违、严达标、除隐患”为主题的“安全环保基础年”、“安全生产月”、“安全生产警示日”等活动。按照“关键在领导、重点在基层、核心在岗位”的安全工作要求，检查督促基层单位安全措施、责任、制度的落实情况，督导基层单位从生产一线的安全管理入手，加强安全技能、风险识别、应急演练措施、安全生产禁令的理解和掌握，认真查找安全管理漏洞、制度缺陷和思想盲区，定措施，抓落实，消除不安全因素，把安全生产贯穿到生产的全过程，降低了人为不安全因素发生的几率。通过全方位、全过程、全天候的监督，使各项安全措施、责任落到了实处。2007年，在陇东区块，没有发生大的工业生产事故和人身伤亡事故，实现了安全提速。七是先后参与了长庆局重大供电事故、中毒和井控应急救援演练，制订完善了庆阳指挥部重大事件应急预案。根据长庆局基层建设会议精神，健全了领导机构和组织体系，明确了各级的职责，确立责任主体，提出了详细的处置措施，组建了陇东区域应急分队，随时戒备，应对可能发生的不测事件。八是制订了陇东地区的防洪防汛工作实施方案，建立了区域性抗洪抢险联动机制和庆阳指挥部防洪防汛领导小组，明确了各级责任。督促各单位成立了防洪防汛抢险队伍，对防汛度汛重点加固工程进行了监督验收。由于措施到位，虽然2007年汛期来得早、去得晚，但没有发生险情。③搞好企地关系，建设和谐矿区。一是针对井位审批中的问题，多次向庆阳市委、市政府汇报油田生产现状。市委、市政府主要领导、主管领导亲自组织召开了4次有各县（区）主管领导和部门负责人参加的全市支持油田发展督察汇报会议，就全力支持油田生产建设，维护油区治安进行安排部署。2007年协助钻井工程总公司报批139个井场473口井，保证了全年钻井任务的完成和2008年生产启动的井场准备。二是协调解决了由于各种原因在陇东油区发生的较大矛盾8起、拦车挡路36起，确保油田生产顺利进行。三是参加庆阳市各种大型会议15次，及时掌握地方政府施政动态，并积极谏言献策，主动争取地方政府的支持。四是积极支援地方政府的经济和公益事业，较好地履行了政治、经济、社会责任。及时协调支持解决当地3万多群众饮水困难的西川供水工程建设，指挥部领导会同地方政府及有关人员5次前往现场，确定施工方案，最大限度地减少了企业财产损失。五是牵头组织长庆局有关单位投入庆阳市抗旱救灾之中，拉送饮用水200多立方米，救群众于危难之中。六是协调长庆局相关部门和单位解决了庆城镇在市政工程施工中遇到的具体问题。七是加强企地之间的沟通与联络，协调陇东各单位从财力物力上大力支持庆阳市“香包节”、“慈善会”及庆城县的造林绿化以及教育事业。④做好信访接待工作，维护油区社会稳定。一是认真接待职工家属的来电、来信、来人上访。全年接待来访49件65人次。其中，集体上访1件6人次，重复上访27件35人次。上访件数及人次比2006年分别下降了37.9%和48.8%；重复上访件数及人次比2006年分别下降了38.6%和51.4%；集体上访下降50.0%。杜绝了进京和越级集体上访，60%的上访问题得到答复或解决。在接待中，坚持以法律、政策、规定为依据，不推诿扯皮，耐心细致地做好疏导解释工作，没有依据的绝不乱表态，绝不乱开口子，绝不节外生枝，得到了上访人员的理解。二是转变工作作风，坚持下访，主动做好工作。把听取民声、体察民情作为解决信访和稳定问题的重要一环，变“接”为“访”，变“堵”为“疏”，采取多种方式，主动收集职工群众的反映和意见，指导基层单位做好稳定、信访、综合治理工作，取得了较好的效果。三是坚持季度例会、重要事件分析会制度和重大事件及时报告制度，及时互通信息，有效地遏制了重大事件的发生。特别在党的十七大召开、重大节日、全国“两会”等敏感时期，都下发了维护稳定的通知。针对不同时期的稳定形势，指挥部专门进行安排部署。对重点问题、带有倾向性的问题及新的动向，及时向长庆局有关部门报送信息20多条，同时向各基层单位反馈，上下共同做好工作，创建和谐矿区，保持稳定的生产、生活环境。四是协助陇东各单位认真落实《长庆石油勘探局进一步加强“三禁一反”工作的规定》，共同维护陇东石油矿区的社会治安稳定。

生产指标：2007年共开井460口，完井460口，累计钻井进尺975275米，井下试油压裂1363层次，录井290口井，购发电量11.178亿千瓦·时，供水1476万立方米，修井作业5996口，新井投产610口，抽油机制造2640台，地面建设、车辆运输、器材供应、物业服务等项工作快速推进，呈现出和谐共进的良好局面。

精神文明建设：认真开展了贯彻落实党的十七大精神学习讨论活动和“发展大油田，建设大气田”、大庆精神、铁人精神、刘玲玲等典型事迹主题教育活动。建立了学习制度，安排了学习内容，定期组织人员学习理论。全体工作人员均建立了个人学习笔记。用中央和中国石油集团、长庆局的大政方针统一思想。党支部根据每个阶段的工作要求进行了总结，使每一个党员对局党委、长庆局全面落实科学发展观，努力构建和谐长庆和发展大油田，建设大气田，创建模范和谐矿区的工作目标认识更加明确。

其他工作：加强了指挥部的各项管理工作，突出服务协调职能。特别是长庆局对庆阳指挥部领导班子调整后，在原有的各项管理制度的基础上，根据长庆局赋予的新职能，修订完善了《庆阳指挥部工作制度》、《会议制度》、《管理制度》、《庆阳指挥部职责》、《临时党委（党支部）职责》、《岗位职责》、《工作人员守则》、《值班制度》等规章制度，完善和充实了各个岗位的职责，制定并发布了庆阳指挥部、领导成员及工作人员服务承诺，使指挥部管理与工作更加规范化、制度化、责任化。

（2）靖边前指。2007 年靖边前指设生产办公室和综合办公室两个职能科室，建有临时党支部，隶属于机关党委，共有 9 名工作人员。靖边前指按照“平稳、均衡、效率、受控、协调”的工作要求，根据全局整体工作部署，积极组织气区各生产单位、项目部以完成气井钻井进尺 105 万米，确保苏里格合作开发项目 4 亿立方米/年产能建设和 3.5 亿立方米/年产气为主要目标，认真落实各项安全措施，重点抓好各路生产“安全、优质、快速、高效”运行，大力开展外协工作，尽力占有长庆气田的试气、地面建设市场，保证了长庆局气田施工作业任务和长庆油田分公司气田重点勘探开发建设任务的全面完成。

生产指标：钻井作业全年完井 259 口，完成钻井进尺 87.86 万米，机械钻速 10.79 米/小时，比 2006 年提高 1.12 米/小时，比 2006 年上升 11.58%；钻机月速度 3303 米/（台·月），提高了 51 米/（台·月），比 2006 年上升 1.73%；平均钻井周期为 24.83 天，缩短 1.60 天，下降 6.05%。井下作业完成试气 504 层、压裂酸化 693 层次，完井 344 口，比 2006 年增加 58 层次。井下作业的各项质量、技术指标与 2006 年相比稳中有升。压裂施工一次成功率 100%、压裂施工全优率 98.0%、施工设计符合率 100%、试气完井资料一级品率 89.2%，杜绝了三级品资料。用户满意度 95%以上。地质录井进尺 959614 米，比 2006 年增长 9.08%，其中天然气探井 97 口，比 2006 年增加 56.45%；地面建设广泛应用标准化设计、模块化建设场站预制技术，采用自动焊，焊口一次合格率从 92%提高到 96%以上，模块工艺预配率达到 85%—90%，建设周期缩短了 50%。苏里格气田合作开发项目产能建设如期保质完成，已产气 3.5 亿立方米，提前 30 天完成了全年计划指标，比 2006 年增长 179.5%。HSE 管理实现了“零污染、零事故、零伤亡”的目标。采气技术服务处在机组设备不足，工程技术人员欠缺的困难条件下，仅 4 个月完成气井修井 2 口、不压井作业 1 井次、安全隐患治理 1 口井、完成试气 35 层次、完井 28 口；连续油管作业 18 井次、小井眼钻井 2 口，压裂酸化 50 层次。质量技术指标、安全环保指标全部达标，试气资料一级品率达到了 85%以上，杜绝了三级资料；试气压裂施工合格率达到 100%，执行设计符合率 100%。

主要措施：①深入调研，准确把握工作重点和目标。先后 10 多次到长庆油田分公司各项目组、乌审旗、榆林等地方县市调查了解情况，13 次深入重点井队督促检查安全管理、生产组织工作，确定了总体工作目标，并根据靖边前指的人员和职能，按照重点工作、工作准则、生产组织、阶段性重点工作及保障措施等 5 个方面进行了责任分解，为全年工作目标的顺利完成奠定了基础。②合理安排，科学均衡组织生产。以钻井工程技术服务为“龙头”，以产建重点区块、气探井和特殊工艺井为重点，实施钻机运行部署和勘探开发部署紧密结合战略，合理配置生产资源，提前预见，超前计划，靠前指挥。针对不同区块、不同季节施工作业的特点及总体进度，用科学的方法，帮助重点项目组对生产作业进行分解、梳理、细化，并通过落实大型关键作业干部跟班制等一系列配套制度，把制约生产进度的矛盾化解在萌芽状态之中，保证了气田各路生产的均衡、安全、有序运行。③强化沟通机制，加大协调力度，全力服务基层。坚持定期与长庆油田分公司北线指挥部及各项目组之间在外协方面的信息交流和工作协调制度；转变观念，创新方法，充分发挥油田大外协的整体优势，加大对地方政府的协调工作；全力做好与地方部门在外协方面的信息沟通和矛盾纠纷的统筹协调处理；认真做好长庆局各施工单位之间的协调统一工作。及时有效地解决了多起重大外协问题。④把安全生产放在首位，突出抓好重点领域和关键环节的安全监管。把井控工作作为安全工作的头等大事来落实，帮促各生产单位结合区块实际，细化“反三违、除隐患”的安全措施；以查究违章，清查隐患为切入点，落实安全责任；加强风险的识别、预警和超前预防，根据生产实际和季节特点，及时做出风险识别、预警提示和防范措施的制定，特别突出了对井控安全和防H_2S中毒的风险控制。⑤坚持“靠技术、靠管理、靠和谐提速，确保安全与质量”的提速原则，加强现场管理，保证技术方案得到落实。推广成熟技术，积极倡导新技术的应用。加强科技攻关，努力攻克提速技术瓶颈。⑥常抓不懈，防患未然，明确防洪防汛和冬防保温工作责任，完备应急预案。针对汛期气候多变，生产、生活物资运送难度大的特点，加强物资储备。野外施工队伍汛期的生活、生产物资储备量不得少于 10—15 天。畅通信息沟通渠道，跟踪落实重点作业区块气候变化、职工生产、生活情况，做到及时预警通报、及时协调解决。加强防灾安全检查力度。⑦组织建功大气田百日劳动竞赛，有效激发了全员职工的工作热情和劳动干劲。强化基层队伍建设，推进了气田施工作业队伍整体素质的不断提高。以“学习贯彻十七大精神”，“学习刘玲玲”活动为载体，不断加强思想政治工作。

（蒙阿仔　王瑞民　高应翔）

其　他

【治安综合治理】　2007 年，油田治安保卫工作在油区以保卫油气生产建设为重点，持续开展了油区治安整治行动；在矿区内部以创建“平安长庆”为重点，认真落实治安综合治理措施；在消防工作上以确保防火重点部位和生产要害部位安全为重点，全面加强消防安全管理监督力度，充分发挥公安保卫、经警（保安）、消防队伍的职能作用，使各项工作取得了显著成效。

（1）紧紧围绕油田油气生产建设中心工作，持续开展“严打”斗争和油区生产治安专项整治行动。先后组织开展了“能源利剑行动”、“春季严打攻势”、“夏季严打”、“反内盗”、“百日追逃‘猎鹰’行动”、“冬季严打行动”等7次专项斗争，在破现案、挖积案、打团伙、追逃犯上下工夫。全部侦破了2007年公安部挂牌督办4起重特大涉油案件。全年油田公安机关共破获各类案件1219起，比2006年提高了26%；打击处理违法犯罪人员1281人，比2006年提高了45%。其中刑事拘留299人、提请逮捕404人、治安处罚287人、行政处理296人。摧毁涉油犯罪团伙67个，抓获逃犯162人。有力震慑了不法分子，保障了油气生产建设顺利完成。下大力气整治非法涉油厂点，从5月到9月，彻底拆除取缔了宁夏、内蒙古境内非法原油脱水厂54家（宁夏44家、内蒙古10家），储油罐235具，总容量16.3万立方米。拆除管线25000米，清理卸油槽36具，拆除炼油装置3套，共取缔土炼油炉251座、收油窝点268处。查处非法贩运原油车辆1448台，炸毁“三无车辆”386台，收缴原油5700余吨，挽回直接损失3400余万元。进一步增强油区内部整体防范功能。全年累计抓获不法分子385人，抓获盗贩原油车辆857台次，配合单位回收非法抢占油井118口，收缴原油2790余吨，制止侵权钻采行为90余起。持续开展“严打”专项斗争和油区生产治安整治行动，危害生产案件明显下降，全年共发生各类危害生产案件1649起，比2006年减少了603起、下降了27%。其中输油管道打孔盗油852起、比2006年减少了632起、下降43%。

（2）以创建“平安长庆”“和谐矿区”为载体，认真落实综合治理工作措施，有效地维护了油田内部大局稳定。全年协助处理群体上访事件8起，打击处理法轮功非法活动案件1起。对19名“法轮功”重点人员，53名治安重点人员和“两劳”释放人员落实了帮教措施，并每月对“法轮功”重点人员帮教情况进行检查，做到跟踪帮教、跟踪管理。组织召开了长庆油田2007年度社会治安综合治理工作会议，表彰先进单位18个，单项工作成绩突出单位11个，见义勇为积极分子16名；对发生重特大案件的单位进行了通报处罚；与58个厂处级单位签订了2007年治安综合治理责任书。深入开展“平安长庆”创建活动。把租赁住宅房屋的治安管理作为2007年综合治理重点工作，开展小区内部治安专项整治。制订了《长庆油田租赁住宅房屋治安管理暂行办法》，进一步规范了租赁住宅房屋的秩序。及时组织开展“三禁一反”专项行动，各单位利用电视、网络、报刊、专栏等媒体集中宣传，重温长庆油田“三禁一反”规定，把“三禁一反”专项行动步步深入推进。在全油田范围内组织开展了为期三个月的以查处监守自盗、内勾外联盗卖原油及石油物资器材为主要内容的“反内盗”专项活动，共查处的内勾外联案件48起，查处的内部涉案52人。各单位在侦破案件的同时，从日常治安防范工作入手，广泛开展自查自改活动，主动查找管理缺口，堵塞漏洞，落实“三防”措施，进一步完善巡逻检查和值班守卫制度，减少各类内盗案件发生。加强内部治安管理、节日检查和安全防范工作。重新修订了《长庆石油勘探局危险化学品监督管理程序文件》和《长庆石油勘探局民用爆炸物品监督管理程序文件》，从部门职责、主要风险、控制措施、控制证据等七个方面对危险化学品和民用爆炸物品的运输、使用、存放、保管等环节加强管理，进一步健全完善相关规章制度。针对春节、“五一”、“十一”等重大节日期间治安特点，提前下发通知进行安排部署，在各单位开展自查自改的基础上，保卫部组织专人有重点地开展了节前治安防范大检查。共检查治安防范部位640个，查出治安隐患125个，当场整改110个，限期整改15个。节日期间，各单位结合内部治安实际，坚持领导带班和24小时值班、巡查制度，对生产要害部位、治安防范重点部位实行全方位的管理和监控，有效地预防治安问题发生。

（3）以突出消防现场监督检查、隐患治理为重点，狠抓各项消防安全措施的落实，保持了油田消防安全良好局面。根据各时期、各阶段的消防重点，先后就消防隐患项目治理、重大活动和节假日消防监督检查、防雷防静电设施检测、生产启动消防安全管理、重点工程消防验收、新（扩）建消防站基础设施建设、专职消防队基层建设达标考核等17项重点工作进行了安排部署和监督落实。狠抓了专职消防队基层达标建设。对消防队基础设施和车辆、装备进行了改造和更新，购置大型消防车13辆，消防专用车25辆。为基层消防队配置先进的办公、消防器材。先后组织举办了消防队骨干培训班、消防装备技术培训班6期。联系生产厂家对配备的消防车、抢险救援车、装备器材的操作、使用、维护进行了专业培训。全年组织开展消防安全监督检查9次。共检查防火重点部位2641个次，查出隐患问题2101个，现场整改1758个，限期整改343个，下发隐患整改通知书261份。开展避雷防静电设施检测4961部位32807个点。严格工业动火管理和工程设计审查、验收。坚持对一级动火作业计划书进行严格审批，并派人深入现场进行消防安全措施落实的监督检查。审查重点工程和产建项目设计施工图38项，对竣工项目进行了消防验收，提出审查意见及建议200余条，保证了工程建设、投产的安全。组织开展了消防培训和灭火应急预案演练。完成了新招录40名消防员专业理论及消防技能培训任务；各消防队也按照消防员教育培训计划，对消防员进行了系统培训。对地面工程、设计管理人员进行了工程建设消防建审及消防验收的培训教育。组织4个消防大队主管领导到兰州石化、大庆、辽河油田等单位进行了观摩学习。对新建消防中队应急预案的制订与演练进行了检查。组织并参加了“重大火灾爆炸事故应急抢险企地联动演练”。共举办消防培训387场次，培训员工14113人次，预案演练471场次，参加员工8620人次。

（4）创新观念，明确目标，落实措施，充分发挥了油田公安保卫职能作用。熟悉掌握油田形势，明确目标、任务和责任。结合油田中心工作，确定了2007年油田治安保卫工作目标、思路、重点和主要措施，树立长庆油田治安保卫、消防安全工作“一盘棋”思想。针对油田各个时期、各个阶段治安实际，及时调整工作部署，切实抓好重点、热点、难点工作。先后下发阶段性的工作安排文件26份，适时地对各阶段治安保卫、消防重点工作进行了安排部署，积极推进油田治安保卫各项工作深入开展。始终盯住油田区域各阶段可能凸显的治安保卫、消防安全等突出问题，加强工作研究部署，加大对基层公安保卫、经警保安、消防队伍的组织、督查、指导、协调、服务力度。主要领导、主管领导坚持经常性深入基层、深入油区，带着问题开展调查研究。强化基层基础工作，全面加强队伍建设。按照“抓班子，带队伍，促工作，保平安”的基本思路，坚持“政治建警、从严治警、依法治警”的方针，各公安保卫部门按照保卫部和当地上级公安部门的要求，先后开展了“社会主义法治理念教育”、“人民警察警容警姿专项训练”、“纪律作风整顿”等一系列活动，利用多种形式组织干警学习党的重要会议精神和路线方针政策，并通过写心得体会、召开研讨会等方式，深刻领会精神实质。为坚持反腐倡廉，保卫部领导与各科室长，各公安分局领导与各科股队层层签订了《党风廉政建设责任书》，并坚持经常性的政治理论学习和有关案例的学习教育，做到警钟长鸣。同时，严明规章制度、严肃组织纪律。通过各种措施的落实，油田公安保卫、经警（保安）、消防等专职队伍学习风气浓，执行纪律严，工作效率高，呈现出心齐气顺，风正劲足，稳定和谐的良好状态。

【信访工作】 2007 年，信访工作把维护企业稳定作为首要政治责任，从完善体制、落实责任入手，不断将稳定工作“关口前移、重心下移”，加强组织领导，建立不同群体政策格局和利益调整机制，构建维护稳定的长效机制。把排查、调处、化解各类影响稳定的突出矛盾和问题作为工作重点，认真落实基层源头防控、单位管控、地区协控和企地掌控四级网络体系。强化调处力度，按照中国石油集团党组确定的指导思想、工作原则和政策底线，逐一落实有关政策措施和责任，平稳有序地推进维护稳定综合性措施的实施。先后调整了有偿解除劳动关系人员再就业劳动报酬和再就业困难补助标准，调整提高了劳动家属、非因工死亡职工遗属生活补贴标准，制定了油田无住房人员采暖费和物业费限额报销等政策，认真负责地为群众办实事、解难事，努力解决职工群众关心的实际问题。2007 年，信访总量比 2006 年下降了 11.8%。

在全国“两会”、党的十七大等维稳重点时段，先后两次向局属各单位党政主要领导、机关部门主要负责同志下发了《维护稳定阶段工作责任令》，明确了任务、目标和责任。各单位认真贯彻落实重点阶段稳定工作部署，切实落实第一责任、直接责任和“一岗双责”，以高度的政治意识、大局意识和责任意识，严密布控，突出防范，完善强化横向连动、纵向贯通的责任体系和工作网络。实现了“确保在党的十七大特别重点阶段稳定工作万无一失”的目标，无进京集体访和无群体性事件，继续保持了油田持续稳定的良好态势。局维稳部门在中国石油集团大连稳定工作座谈会上作了《关口前移，重心下移，落实责任，为长庆大发展创造和谐稳定的环境》的经验介绍，稳定工作得到中国石油集团的充分肯定。

【档案工作】 2007 年，全局档案工作始终以“发展大气田、建设大油田，构建和谐矿区”为己任，进一步解放思想、提高认识、强化基础、完善管理，在提高档案管理服务水平、基层基础工作、管理人员素质、创造和谐等四个方面狠下工夫。全系统心齐劲足、圆满完成了全年各项工作任务。43266 卷，34272 件，录音录像 1517 盘，照片档案 3798 张，底图档案 106336 张，光盘 186 张。全年档案借阅利用 6659 人次，34337 卷，41437 件（张），利用资料 864 人次，194336 册次，复制档案文字 26713 张。档案的归档率、准确率、查全率、利用率均达到国家规定标准。充分发挥了档案在生产建设工作中的服务作用。

2007 年，长庆局档案管理机构进一步健全、基础业务更加扎实。截至年底，全局共有档案室 31 个，专职档案管理人员 99 人，占人员编制总数的 96.1%。档案管理网络体系进一步健全，档案收集工作较以前更及时，归档资料质量明显提高，电子档案归档工作更加普及。电子档案管理系统数据库条目已达到 47 万条。

完成中国石油集团档案规章制度编写工作，促进了档案管理水平的提高。根据 2007 年 6 月 15 日中国石油集团办公厅关于中国石油集团档案工作规章制度建设研讨会议精神，长庆局以编写一组组长身份参与此次编写工作，主要承担 8 项《档案管理制度》和《油气田勘探开发类档案管理规范》的编写工作。在人员少，时间紧，任务重的情况下，抽调局处两级业务骨干参加编写工作。历经 5 个月，在完成初稿后，4 次参加中国石油集团办公厅举办的档案编写专项研讨交流会，听取其他编写组及兄弟油田反馈意见，并六易其稿，于 11 月形成定稿，共计 3 万余字。在完成规章制度编写任务的同时，档案管理人员学习兄弟单位的经验，完善了长庆局档案管理规章制度，制定了岗位职责，健全了各类记录和工作流程，对促进全局档案管理水平的提高发挥了重要作用。

开展岗位技能培训，进一步增强档案管理人员素质。2007 年，根据全局近年来档案人员更换频繁，新人员多的现状，聘请陕西省档案培训学院专职老师授课，于 7 月 29 日举办了为期 20 天的档案管理干部岗位培训班，培训人员 50 名。此次培训在遵循国家及上级有关岗位培训课程设置原则下，凸现长庆局档案管理工作特点，以理论学习为铺垫，注重实际操作。基本达到了人人了解档案管理工作流程，人人都能完成档案分类、组卷等工作的目的。11 月下旬，协调局机关有关部门和钻井工程总公司档案管理部门，举办了档案管理操作人员技能等级考评培训班，使 39 名同志取得了初、中、高级技能等级资质证，有效地提高了全局档案管理人员的综合素质。同时，针对档案管理新系统的应用，举办专项培训班 2 期，共培训人员 70 人次。

推广新的档案管理系统，开创档案管理新局面。经过近三年的调研、论证、开发、测试，长庆局新的档案管理系统具备了使用条件。3 月 22 日，在局机关归档工作会议上，对机关档案网员进行了操作培训，随后在局机关各部门投入使用。8 月 1 日，新系统在全局推广使用。11 月份，对各单位使用系统中提出的问题进行了修改，完善了系统功能，增强了系统可用性，强化了网上远程查询、借阅功能。11 月 23 日，新系统通过局有关部门的验收。随后，完成了 OA 系统数据向档案系统的导入，开始了各单位旧系统数据向新系统的转换。

同时，新闻中心对 1970 年以来形成的新闻录像带及相关素材进行了数字化加工，形成光盘 336 盒，解决了录像带数量多，规格不一，无处存放等难题。局档案管理部门讨论制订了照片档案管理规范，逐步完成照片档案的数字化转换，充实档案管理系统的数据内容。

突出利用服务，确保全局重点工作的开展。全局档案系统把“为领导服务、为机关服务、为基层服务”作为档案工作的根本宗旨，积极主动想办法满足利用者的需要，有力地提升了档案管理在企业工作中的地位。

强化业务指导工作，提升档案管理整体水平。在全局档案工作基本理顺的情况下，重点加强了驻外机构的档案管理工作。帮助他们建立健全了档案管理网络体系、各项档案管理规章制度，并分别编制了文书、会计、基建、设备等档案归档范围，为顺利开展各类档案实体的收集、整理、归档工作奠定了基础，促进了全局档案管理整体水平的提高。

总结经验、树立典型。经检查评比，对 2005—2006 年度档案工作取得显著成绩的单位和个人给予表彰奖励，分别授予钻井工程总公司档案室等 8 个厂（处）单位及 8 个机关处室“长庆局档案工作先进单位”荣誉称号，王毅等 30 名同志“长庆局档案工作先进个人”荣誉称号。同时，推广先进经验，有力地提高了档案工作者的积极性，分析档案工作存在的不足，为今后档案工作指明了努力的方向。

挖掘档案信息资源，及时完成年鉴编辑及相关稿件的报送任务。经过努力，到 11 月底，完成了《长庆石油勘探局年鉴》（2007 卷）的编辑和《崛起在祖国大西北的特大型石油天然气工业基地——长庆油田》稿件的收集及修改，以及中国石油集团《中国石油企业名录》管理系统长庆石油勘探局有关部分的更新维护工作。

【保密工作】　2007 年，局党委保密委员会不断加强涉密人员教育管理，完善保密规章制度，强化保密技术手段，加强保密干部队伍建设，全面提升了全局保密工作能力，较好地完成了各项工作任务，全局保密工作呈现出良好的发展势头。

（1）结合实际，进一步修订和完善保密工作规章制度，不断细化各项业务的保密管理措施。一是科学界定了密与非密，坚持保放适度，着力保核心、保重点。二是适当调整了秘密范围，做到既不漏定秘密，又防止保密范围过宽、确定密级偏高的倾向；三是依据保密范围制定了详细的国家和企业商业秘密目录，对秘密事项的具体名称、密级、保密期限和知悉范围提出明确要求；四是改革了现行定密方式，规范了定密程序，增强了定密工作的科学性和可操作性；五是认真做好密级变更和解密工作，定期对已确定的国家和企业商业秘密事项进行审核，根据情况变化及时调整密级和解密。

（2）根据涉密程序确定了涉密岗位，按照接触、使用、经管国家和企业商业秘密，将涉密岗位工作人员分为核心涉密人员、重要涉密人员和一般涉密人员，实行了分类管理；对涉密人员上岗前进行了严格涉密资格审查，签订保密责任书，确保可靠、可信、可用；实行重大事项报告制度，对涉密人员在岗期间履行保密职责、遵守保密纪律和接受保密教育等情况定期进行了考核，加强了日常管理和监督；建立健全了涉密人员监督管理机制，加强了对核心涉密人员和重要涉密人员流动情况的跟踪管理。

（3）明确了要害部门、部位主要负责人和工作人员的岗位责任，逐级签订了保密责任书，切实做到了责任到人、管理到位。结合实际制定了管理细则，落实了管理要求，加强了对责任落实情况的监督考核；为保密要害部门、部位提供了完善可靠的人防、物防、技防保障条件；加强了对办公场所的安全防范，根据实际需要完善了监控、报警和警卫等措施，提高了技术防范能力和水平；加大了对要害部门、部位使用的笔记本电脑、移动存储介质以及复印、传真和新技术产品等设备保密管理，严禁通过普通移动通信工具谈论、发送国家和企业商业秘密信息。

（4）严格控制涉密载体接触范围，因工作需要确需携带涉密载体外出的，严格执行保密管理规定，采取保护措施。制作涉密载体要标明密级、标识和保密期限，根据工作需要确定发放范围及制作数量。复制、汇编涉密文件资料，必须经原制发单位同意，不得改变其密级、保密期限和知悉范围。涉密移动存储介质统一购置、统一标识、严格登记、严格管理，不在涉密信息系统和非涉密信息系统之间交叉使用，严防涉密信息泄露。销毁涉密载体要经单位主管领导审核批准，履行清点登记手续，并确保秘密信息无法还原。按照“谁主管谁负责、谁运行谁负责”的原则，规定涉密信息系统必须与公共信息系统实行物理隔离，不得以任何方式与国际互联网连接。严禁在非涉密计算机和国际互联网上存储、处理国家和企业商业秘密信息。严禁使用含有无线网卡、无线鼠标、无线键盘等具有无线互联功能的设备处理涉密信息，尤其是企业重大科研项目、重大科技成果以及中长期发展规划等企业商业秘密。

（5）把保密工作摆在重要议事日程，定期听取保密工作汇报，及时研究解决重大问题，为保密工作的顺利开展提供人力、财力、物力保障。按照突出重点的原则，涉密程度高、产生秘密多、保密任务重的部门和单位，在办公室或综合部门设置了保密工作机构，明确职责任务，保证机构、人员编制与其承担的任务相适应；其他涉密部门和单位，配齐配强了保密干部。按照政治强、业务精、作风好、纪律严的要求，加强了保密干部的思想建设、作风建设和能力建设，优化保密干部队伍的人员结合和知识结构。加强了对保密干部的业务培训，不断提高保密干部的工作能力和水平。

【巡视工作】 2007年，长庆局巡视工作坚持从大局着眼、从实际出发、从调研入手，将日常巡视与重点巡视有机结合，创新巡视方式，突出工作重点，力求做到“听得到、看得清、悟得透、说得准”，使巡视工作富有特色、卓有成效。

突出重点巡视，创新巡视方式，深入了解了局属有关单位整体工作及领导班子建设情况。对钻井工程总公司等20个单位进行了重点及例行巡视，反映基层存在的有关问题、基层单位意见和建议6大类100余条，向局党委、长庆局提交单项巡视报告8份、综合巡视报告1份，较为客观地了解了局属主要单位。领导班子调整幅度较大单位的整体工作及班子建设、党风建设、作风建设情况。

开展季度巡视，实现点面结合，了解了全局各单位的整体工作情况。在认真搞好重点巡视的同时，还对井下技术作业处等20个单位进行了季度巡视，收集汇总问题20多个，形成巡视报告1份，较好地了解了长庆局年度工作会议精神的贯彻落实及全局整体工作运行情况。

突出重点会议，加强日常巡视，促进了领导班子工作规范化、制度化和决策的民主化、科学化；突出了以加强领导干部作风建设为主题的领导班子专题民主生活会的巡视，提出了加强领导干部作风建设的4条建议和提高民主生活会质量的6条建议。突出了“三重一大”会议的巡视，列席局属单位研究重要问题和决策重大事项的会议115次，使领导班子工作的规范化、制度化和决策的民主化、科学化程度进一步增强。

参与年度考核，使监督与考察有机结合，进一步掌握了局属单位领导班子及领导干部的履职情况。参与了局属35个单位领导班子及234名领导干部年度考核工作，提交考核汇报材料2份，使监督与考察有机结合，促进了领导班子和干部队伍建设。

编写程序文件，加强内控体系建设，使巡视工作更加制度化、程序化。评估了局属单位超越权限带来的风险”、“违反决策程序带来的风险”。围绕流程简介、流程设计部门及职责、流程步骤、关键控制点、控制制度、控制依据、其他需要说明的事项等7个方面，编写了《巡视监督程序文件》，绘制了《巡视监督流程图》。

（陈继鸿　崔月玲　刘永红　李红霞　龚振鹏）

第九篇

精神文明建设

党建工作

【概述】　截至2007年底，隶属长庆局党委的厂处单位党委48个、总支部131个、支部1126个；党员20013人，其中在岗职工党员11829人、离退休（内部退养）党员6440人、其他党员2681人。各级党组织紧紧围绕生产经营中心任务，大力加强和改进党的基层建设，进一步落实党的建设工作责任制，充分发挥党员的先锋模范作用，创造了有利于加快发展、和谐发展的环境。

【思想政治建设】　各级党组织始终把加强领导班子思想政治建设放在首位，不断完善学习制度，健全个人自学、中心组学习、脱产进修“三位一体”学习机制。采取理论培训、专题讲座、座谈讨论等形式，深入学习邓小平理论、“三个代表”重要思想以及科学发展观等重大战略思想。全年局处两级中心组集中学习14次，人均集中学习时间达到60小时以上，学习出勤率达到98%以上。特别是党的十七大召开后，局党委认真学习贯彻十七大精神，下发文件进行统一部署，购置十七大报告和党章修正案的辅导材料4150册，举办了3期105人参加的处级干部学习班。通过扎扎实实的政治理论学习，领导人员的科学判断形势、战略决策思维能力，总揽全局、科学发展的能力，依法办事、组织执行能力，以及执政为民、廉洁自律能力得到进一步提高。

【作风建设】　各级党组织坚持把强化执行力作为第一要求，把执行力的强弱、抓落实的能力作为衡量领导干部德才素质的重要方面，作为领导干部奖惩和使用的重要依据。按照甘肃省纪委、省委组织部和中国石油集团党组的要求，组织局处两级党委（党组织）普遍增开了一次以加强领导干部作风建设为主题的专题民主生活会。在对领导干部提出“六个要坚持、六个不允许”总体要求和牢固树立“五种良好风气”的基础上，再次明确提出了领导干部作风方面的“五点要求”，即要搞好团结协作；要勤政廉洁；要坚持民主集中制；要依章依规办事；要营造“团结紧张、严肃活泼”的工作氛围。并制订下发了《关于加强领导干部作风建设的若干意见》、《领导人员廉洁从业规定》、《党员领导人员报告个人有关事项的实施办法》等制度。在局处两级领导干部和两级机关中开展了“公开承诺、转变作风”活动。7名局级党员领导干部率先在干部大会上作出郑重承诺，并以文件形式公之于众，接受职工群众监督。

【组织建设】　坚持干部“四化”方针和德才兼备原则，把想干事、会干事、能干事的优秀同志选拔到各级领导岗位上，进一步优化了各级领导班子结构。先后调整和配备了154名领导人员，为局办公室（党委办公室）等5个机关部门公开竞聘5名副职领导人员。注重加强领导干部后备人选队伍建设，研究修订了《长庆石油勘探局所属单位及机关部门领导干部后备人选工作暂行办法》，加大了领导干部后备人选培养培训力度，在北京石油管理干部学院举办了2期81人参加的后备干部培训班，初步建立起了一支数量适宜、素质较高、结构合理的领导干部后备人选队伍。完善了领导班子、领导人员考核体系，先后对40个局属单位领导班子（包括4个改制企业）和335名领导人员进行了考核，促进了领导班子建设。采取局内培训和送外培训相结合的办法，先后培训各类管理干部5650余人次，其中，举办女干部培训班1期，培训科级女干部36人；与北京石油管理干部学院联合开展阶梯式模块培训，轮训处级干部3期116人。制订下发了《领导人员交流工作暂行办法》，通过岗位交流、承担重点项目、以老带新、定期谈话激励、考核帮促等综合措施，加强领导人员特别是中青年干部的实践锻炼，进一步提高了各级领导人员引领企业发展、维护安全稳定、科学民主制度化决策、培育先进企业文化以及拒腐防变的能力。加强和改进流动党员管理，普遍建立了流动党员日常管理制度，启用了新党员组织关系介绍信，给外出党员发放了《流动党员活动证》。许多单位还根据野外施工党员流动性比较大的特点，参照流动党员管理办法，制订和实施了内部流动党员管理办法和措施，确保了内部流动党员的有效管理。严格落实联系报告制度方面，局处党委坚持按时向上级党委报告党建工作全年计划、半年工作汇报、全年工作总结以及民主生活会等情况，遇有重要事项及时请示，主动加强与上级党委及其组织部门的联系。认真落实党委书记是党建工作“第一责任人”的职责，班子其他成员按照“一岗双责”的要求，切实抓好分管部门和单位的党建工作，形成了党委抓党建、书记带头抓党建、党委各部门齐抓共管，一级抓一级，一级带一级的党建工作格局。根据中国石油集团《关于开展基层党支部“六个一”创建工作的实施意见》，制订下发了《基层党支部“六个一”创建活动实施办法》。6月份，组织检查组，对29个基层队站创建活动开展情况进行了检查和指导。7月份，召开了以党支部建设为核心的基层建设工作推进会，命名表彰了首批20个各具特色的基层建设示范点。明确了42个局领导班子成员、机关各部门基层党支部“六个一”创建工作联系点。加强了对基层党支部书记的培训，先后在广州石油培训中心举办了2期88人参加的支部书记培训班，在局党校举办了2期88人参加的党总支（支部）书记培训班。各基层党组织在继续深化“建区创岗”、“创先争优”、“双培双提高”等活动的同时，坚持标准，严把“入口”，认真做好发展党员工作，及时把党外的优秀职工、行业骨干吸纳到党的队伍中来，全年共发展党员802名，党员队伍结构和分布进一步得到改善。

【党员教育】　认真学习党中央《关于加强党员经常性教育的意见》等四个先进性长效机制文件精神，研究贯彻文件的具体措施。随后召开了有12个单位党委及其组织部门负责同志参加的座谈会，并就进一步贯彻落实中央四个长效机制文件提出了具体意见。制订下发了《关于加强党员经常性教育的实施意见》、《关于做好党员联系和服务职工群众工作的实施意见》、《关于加强和改进流动党员管理工作的实施意见》三个先进性长效机制文件和《关于贯彻落实〈中央在甘企业党建工作报告联系制度（试行）〉的意见》。各基层单位进一步细化和完善先进性长效机制，普遍建立了党员学习培训、学习效果考评和征求群众意见、结对帮扶困难群众、党员承诺、党员服务岗、接待群众等制度，为党员服务群众、加强党性锻炼搭建了平台。组织开展了建党86周年纪念活动，采取文艺晚会、歌咏比赛、座谈会、书法美术摄影展览等丰富多彩的形式，讴歌了党的丰功伟绩，展现了党员的亮丽风采。钻井工程总公司70518钻井队党支部等6个基层党支部、马海军等10名党员、李功玉等6名同志分别荣获中国石油集团“先进基层党组织”、“优秀共产党员”、“优秀党务工作者”光荣称号。完成了甘肃省第十一次、宁夏回族自治区第十次党的代表大会代表的选举任务。承担和参与了甘肃省企业党建研究会13项课题研究，其中，2个课题荣获甘肃省企业党建研究会第三届年会优秀论文一等奖，3个课题荣获二等奖，8个课题荣获三等奖。组织召开了全局党建工作研讨会，16个基层单位党委从不同侧面交流了开展党建工作的经验和做法，10个局党委职能部门和2个基层单位就进一步加强和改进党建工作进行了交流探讨，局党委就党建工作作了安排部署。通过多方面、多角度的探索研究，使党建工作围绕生产经营发展，始终保持着生机与活力。

宣传思想工作

【概述】 长庆局宣传思想工作认真学习党的十七大精神，全面贯彻落实中国石油集团和长庆局工作会议精神，围绕生产经营中心工作，狠抓干部理论学习，扎实有效地开展主题教育活动，集中宣传和展示以钻井为龙头的工程技术服务整体提速、持续提速及万套住宅、万千培训等重点工程和重点项目取得的突出成果，选树和培养了一大批在油田内外叫得响的先进典型，为“发展大油田、建设大气田，创建模范和谐矿区”营造了良好的舆论氛围，奠定了坚实的思想基础，提供了强大的精神动力。

【政治理论学习】

（1）认真抓好两级中心组学习。在学习的形式上力求多样，先后5次外请专家作专题讲座，3次组织局处两级领导干部视频学习。针对部分中心组成员出差在外的实际，将学习内容和辅导资料上挂网络，及时电话联系，确保一人不漏。在学习的内容上紧贴实际，先后组织进行了“两会”精神、《劳动合同法》、党的十七大精神等14个方面的专题学习，确保了最新的理论思想、政策法规及时传达到位。与此同时，加大了检查考核的力度，先后两次对局属各单位的中心组学习情况进行了抽查，保证了学习的有效性和规范性。

（2）扎实推进理论学习进基层。进一步加强了对基层理论学习的组织引导，强化了“空中课堂”、“临时党校”等理论教育阵地的功能，将基层党小组“三会一课”制度作为基层建设检查考核的重要内容予以落实。各基层单位通过政策宣讲、抽查学习笔记等形式，强化了基层党员的理论学习。

（3）深入做好理论宣传研究。充分发挥报纸、电视、网络等媒体的作用，宣传中心组学习的优秀成果。开设了理论学习专栏和学习网页，择优选登各单位领导干部的体会文章。开展了“党的十七大精神知识竞赛”活动，参与率达到了83%以上。结合工作实际，下发了22个方面的理论研究参考题日，召开了党建研讨会，有16个单位作了经验交流，12个单位提交了研讨论文。

【学习贯彻十七大精神】

（1）系统策划，统筹安排。提前一个月在报纸、电视、网络开设“创造新业绩、喜迎十七大”专栏，集中宣传一线职工拼搏进取、大干快干的精神风貌，为迎接党的十七大营造了浓厚的氛围。组织两级机关领导干部、党员和职工2000多人集中收看了大会开幕式。基层一线单位按照局党委的整体部署，也采取各种形式组织职工认真收看、收听了十七大报告。及时购买了十七大报告单行本和辅导材料，从学习的重点、时间安排、具体要求等方面认真抓落实，确保学习收到实效。及时召开了宣传科长学习贯彻十七大精神汇报会，起到了交流、指导、帮促的作用。

（2）突出重点，形式多样。以两级中心组为龙头，认真抓好党员领导干部的学习。组织领导干部原原本本学报告，择优选登各单位领导干部的体会文章30多篇，网络电视上挂专家解读10讲，为两级中心组学习提供了翔实的资料；扎实推进十七大精神学习进基层，及时为基层配发《十七大报告》、《党章修正案》等学习资料4150册。举办十七大精神辅导班5期，培训理论骨干135人，组织宣讲组深入基层宣讲14场次。与此同时，编印下发了十七大精神冬训辅导教材，将学习十七大精神、长庆局务虚会精神及大庆精神、铁人精神教育作为干部职工集中培训的重要内容。开设了十七大精神专题学习网页，刊发各单位学习十七大精神报道200多篇。开展了“十七大精神知识竞赛”活动，各单位组织职工认真答题，参与率达到了83%以上。

【主题教育活动】

（1）开展“形势目标任务责任”主题教育活动。组织编印了涵盖形势分析、目标任务、重点工作等内容的宣讲材料3000册，下发至基层单位。专门下发文件，分集中学习、专题讨论、制定措施三个步骤制订了教育活动时间表，明确了各阶段目标任务和重点。报纸、网络开辟专栏，集中力量宣传长庆局全年工作目标和重点工作，跟踪报道教育活动中各单位的好做法、好经验，营造声势，凝聚人心。各基层单位通过举办学习班、报告会、专题讨论等多种形式，在较短的时间内统一了职工的思想，为全局生产开门红打下了坚实的基础。

（2）开展“发扬大庆精神、铁人精神，学习刘玲玲，为长庆发展作贡献”的主题教育活动。策划实施了专题讨论、知识竞赛、基层建设检查帮促等6个方面的专项工作，为基层配发了教育材料和《大庆精神、铁人精神》简明学习手册2000册，先后两次派出调研小组深入一线指导帮促。在网络上开设了“基层建设特别报道”栏目，对18个单位基层建设的典型经验进行了广泛宣传，编印下发了《基层建设示范点风采录》画册。各基层单位将主题教育的效果落实在实际工作中，表现出方式灵活、注重实效的特点。分别制订主题教育运行大表，将活动细化为组织学习、检查学习、开展讨论、整改提高、检查评比等五个阶段，对每个阶段学习时间、学习内容、活动形式、组织部门、责任部门等都进行了详细的安排。新闻媒体抓好舆论导向，开设教育专栏，广泛报道活动取得的成果和经验，有力配合了生产黄金季节上产和年底向业绩目标冲刺的形势需要。

【宣传工作】

（1）生产提速的宣传。重点组织进行了30653和30693钻井队进尺突破8万米、全局钻井年进尺突破400万米，井下作业试油压裂酸化突破6000层次，低效油气储量合作开发油气当量突破60万吨，长庆油田年产油气当量突破2000万吨等重大成果宣传。重点推广了长庆局整体提速、持续提速过程中的一些好经验、好做法，如钻井工程总公司“区域突破、模板推进、整体提速”新模式，建设工程总公司气田场站“标准化设计、模块化建设”新技术均得到了中国石油集团的高度认可。

（2）基层建设宣传。筹备召开基层建设工作推进会，编印长庆宣传专刊和基层建设画册，及时跟踪基层建设示范点的宣传推广工作，将示范点的典型做法制作成多媒体光盘下发各生产队（站），起到了很好的引导作用。加大了“三大活动”及冬训工作的宣传力度，制定了主题为“冬训是职工成长的春天”的冬训宣传方案，按类型、有重点地对各单位冬训宣传工作进行了部署，营造了良好的冬训工作氛围。首次组织对厄瓜多尔、土库曼斯坦等海外项目进行实地采访慰问宣传，集中展示了海外员工的精神面貌。

(3) 安全环保宣传。在媒体开设《安全环保基础年》专栏，围绕安全生产周、安全警示日等活动引导广大干部职工心系安全、落实行动。在主要生产单位组织进行了讲安全故事活动，有效地规范了职工的操作行为，强化了安全意识。通过发放安全文化书籍、送平安家书、事故案例报告会、“珍爱生命，关注安全”为主题的大讨论活动等多种形式，先后策划了“安全生产月”、“重点工作执行力”、“安全管理大家谈”等安全主题活动，不断强化职工的安全质量意识。营造了浓厚的安全文化氛围。

(4) 和谐矿区宣传。抓好长庆局出台的一系列“惠及员工”政策的宣传，特别是加大了“万套住宅建设工程”和银川燕鸽湖项目组典型经验的宣传力度。各物业服务处以和谐矿区的创建为目标，将思想教育和文化活动有机结合，收到了明显的成效。开展“文明月”和十佳“好儿媳”评选活动，组织开展了丰富多彩的文化活动，营造了浓厚的和谐氛围。协调各方媒体，抓好了中国石油长庆培训中心揭牌仪式、向陕西省普教移交中心捐赠1000万元仪式、长庆局帮助渭南中医学校制服地热井井喷等一系列重要活动的宣传报道。

(5) 不断提高媒体宣传工作质量，发挥媒体“三位一体”优势。全年共出版报纸125期、制作长庆新闻联播157期、发布网络新闻8227条、对外报道见报160篇、在中国石油集团信息门户刊发新闻255条，电视新闻被中国石油集团影视中心和中国石油集团门户采用51条，均创历史最好水平。认真抓好主办理论刊物《长庆宣传》和宣传橱窗的建设，2007年共编印《长庆宣传》6期，制作宣传橱窗12期。投入300万元，为基层单位更新配备了摄影、摄像器材，极大地改善了宣传装备。加强宣传骨干队伍的培训，举办了网络通信员学习班等不同类型的业务培训班4期，提高了全局宣传思想工作者的素质和能力。

【选树典型】　重点培养、选树了中国石油集团“标兵个人”刘玲玲、“中国石油·榜样”周丰两个重要典型。局党委专门下发《关于开展向刘玲玲学习的决定》，宣传部策划了宣传方案，为刘玲玲、周丰这两个重要典型分别撰写长篇通讯、拍摄电视专题片，在各媒体重点宣传；开展了“刘玲玲、周丰同志先进事迹”巡回报告12场次，行程2000多千米，20个单位1800多名干部职工现场聆听，深受教育；组织了“刘玲玲女子焊工班”命名仪式，编印了《映日焊花别样红》画册1000册、《刘玲玲故事集》2000册和刻录《刘玲玲、周丰专题片》光盘300张下发基层学习。在媒体开设“劳模风采”栏目，对长庆局年度劳动模范、模范集体及先进基层党组织、中国石油集团优秀共产党员、优秀党务工作者等典型进行大力宣传。对“全国五一劳动奖章”获得者沈双平、李静群进行了重点宣传，并推荐选树宣传了中国石油集团3个标杆班组和23个先进班组。在长庆电视推出“红旗飘飘”栏目，播放了保持共产党员先进性电视教材100部、《十七大精神专家解读》10讲和《十七大代表风采录》电视专题片26集，组织1000多名党员干部观看了《我的长征》、《公仆》等革命教育影片，收到了良好的教育引导作用。

【思想工作】　突出抓好改革推进过程中的思想动员和政治保证工作。紧密围绕矿区服务系统改革和医疗卫生系统整合工作，做好政策宣传引导。及时跟进改革进展，掌握职工思想动态，先后编印下发宣传材料3本5000册，有针对性地做好职工的思想引导工作。围绕规范职工股暨清理法人实体等企业改革工作，指导基层单位制定宣传稳定预案 30 多个，统一政策宣传口径，编印宣传材料 3000 册。抓好了旧房回购补贴发放、公积金知识问答等热点问题的宣传思想工作。针对该项工作政策性强，数据繁杂的实际，利用编选案例的方式，分门别类解答了职工的疑问，收到了好的效果。加强“三禁一反”工作的宣传力度，先后两次深入基层调研，及时采取针对性的教育措施，为企业持续发展奠定了良好的思想基础。

【制度建设】　推行宣传思想工作“四个一”制度。即年初对宣传思想工作进行一次认真分析，下发全年工作计划和安排；每季度召开一次宣传工作例会，研究阶段工作重点和保证措施；每季度召开一次协调会，有针对性解决工作中出现的新情况、新问题；每月召开一次总结分析会，及时总结工作中的得失，安排部署下月重点工作。建立专项工作例会制度，在全局范围内进行协调，保证各项工作横向到边、纵向到底。坚持重大新闻审查制度，确保了新闻宣传报道的准确、快速，确保了政治差错率为零。

【普法和统战工作】　重点抓好《宪法》、《物权法》、《劳动合同法》等新法律的学习宣传。举办普法骨干培训班 1 期，局属各单位 50 多人参加了培训。加强了对统战对象的稳定联系工作，节日期间对 40 多位统战对象进行了慰问，对全局党外知识分子进行全面摸底登记，建立了党外知识分子数据库。向甘肃省第十届政协推荐了 1 名政协委员。

企业文化建设

【概述】　2007 年，长庆局站在知识经济时代企业管理的前沿，审时度势，作出了建设长庆企业文化核心价值体系的决策，成立长庆局企业文化建设委员会。企业文化建设项目正式启动后，共走访局属基层单位 28 个、基层队站及作业现场 15 个；组织召开座谈会 33 个，座谈人员 500 余人、个人访谈 80 余人；发放问卷调查 1300 份，收回 1200 份。在调研和访谈的基础上，评估了长庆 37 年的企业文化建设成果，构架了长庆企业文化体系，提炼产生了 10 项文化产品，即《长庆石油勘探局企业文化建设评估报告》、《企业文化建设及执行力问卷调查报告》、《精神理念体系》、《行为规范体系》、《企业文化五年发展规划》、《企业文化建设与企业执行力提升研究报告》、《企业文化建设实施计划》、《员工手册》、《企业文化手册》、《完美执行手册》，正式印制了《企业文化手册》。长庆核心文化不断深入人心，具有石油特点、长庆特色的文化氛围正在形成，获得了“中国文化管理先进单位”称号。

【文化体系建设】　充分利用职工培训和各单位大型会议的有利时机，深入基层宣贯长庆企业文化，开展企业文化教育培训 20 余场次，接受培训 1500 多人次。与陕西省企业文化建设协会共同组织举办了为期 15 天由局属各单位 32 名专干参加的企业文化师培训班。请西安交通大学、西北大学的企业文化专家、教授讲课。参加了全国企业文化师资格统考，有 12 人通过了考试。及时总结提升了长庆局企业文化建设的做法和经验，进行了“企业文化建设与企业执行力提升”课题研究，形成了《企业文化建设与企业执行力提升》研究报告。抓典型、树样板，在全局掀起了弘扬大庆精神、铁人精神，继承优良传统，打造优秀团队活动。运用劳模事迹报告、演讲、说唱典型，宣传先进，大力宣传和弘扬大庆“三老四严”、“四个一样”等优良传统和作风。中国石油集团压裂专家周丰、十大标兵刘玲玲以及钻井工程总公司“大提速带来大效益、大提速促进大发展”等报告文学在中国石油报、中国石油集团门户网站等媒体推出。编辑《长庆文化》专刊3期，发稿200多篇，每期3000册下发基层。先后介绍全局安全、管理、基层企业文化建设先进典型20多个。企业文化门户网站，上载各种信息稿件、经验介绍、理论文章、专题图片、音频视频、文学艺术、歌曲1000多件。制作长庆局对外宣传画册、个性化邮票纪念册，宣传企业形象、核心理念和综合实力。长庆局年度工作会、基层建设推进会、钻井400万米庆功会、井下6000层庆功会以及长庆两千万吨庆典等重大活动制作展板150多块。2007年，长庆局荣获“中国文化管理先进单位”称号，这是继上年荣获“全国企业文化建设优秀单位”之后的又一国家级殊荣。

【企业理念】

（1）核心文化：特别能吃苦，特别能战斗，特别能负重，特别能奉献，特别能创造。

（2）核心价值观：为国家奉献能源，为社会营造和谐，为长庆创造价值，为员工谋求幸福。

（3）长庆使命：我为祖国献石油。

（4）长庆精神：攻坚啃硬，拼搏进取。

（5）长庆愿景：打造长庆工程技术服务强势品牌，把鄂尔多斯盆地建设成为中国重要的石油天然气能源基地和长庆人的美好家园。

（6）企业经营理念：战略制胜，追求卓越，和谐共赢。

（7）企业管理理念：关注细节，重在执行。

（8）发展观：持续有效，快速协调。

（9）市场观：像服务外部市场那样，优质服务长庆市场。

（10）服务观：践诺重于承诺。

（11）质量观：质量是我们的人格和尊严。

（12）安全观：生命和健康高于一切。

（13）人才观：人才就在身边。

（14）廉洁观：堂堂正正做人，清清白白做事。

（15）学习观：知识凝聚力量。

【行为规范】

（1）员工誓言：我是光荣的长庆人，肩负“我为祖国献石油”的崇高使命，发扬“攻坚啃硬，拼搏进取”的长庆精神，忠诚企业，恪尽职守，为打造工程技术服务强势品牌、建设我国重要的油气能源基地、建设长庆人的美好家园而努力奋斗！

（2）员工职业道德规范：热爱长庆，奉献石油事业；发扬传统，弘扬企业精神；提升素养，技术技能精湛；追求卓越，安全文明生产；胸怀大局，坚定理想信念。

（3）员工行为准则：①领导干部行为准则：一要坚持立党为公、执政为民，不允许以权谋私、背离民意；二要坚持胸怀大局、开拓创新，不允许得过且过、敷衍了事；三要坚持积极进取、真抓实干，不允许故步自封、推诿扯皮；四要坚持遵章守纪、严于律己，不允许违法乱纪、为所欲为；五要坚持政令畅通、步调一致，不允许有令不行、各行其是；六要坚持艰苦奋斗、联系群众，不允许奢侈浪费、脱离群众。②管理者行为准则：勤勉、廉洁、民主、高效。③科技人员行为准则：勤钻研、重实践、善协作、勇创新。④员工行为准则：忠诚、尽责、执行、安全。

【示范基地建设】　截至2007年底，长庆局建设企业文化示范基地共有12个，其中2007

年挂牌的有5个。

（1）苏6井：苏6井超百万立方米工业气流的发现，为长庆大发展提供了雄厚的资源基础，成为长庆人在鄂尔多斯盆地天然气勘探的又一里程碑，苏里格气田由此获得了“中国最大的整装天然气田”的美誉。苏里格气田的勘探发现，引起了党和国家领导人的高度关怀。2001年3月21日，全国人大常委员会副委员长布赫一行视察苏里格气田，观看了苏6井放喷的壮观场景，并当场题词：“加快苏里格气田开发步伐，为西气东输工程作贡献”，同时为功勋井——苏6井纪念碑题词。2007年5月，苏6井被中国石油集团命名为“中国石油企业精神教育基地”。

（2）70518钻井队：该队努力创建井队特色文化，逐步探索应用文化管理理念。用中国石油企业宗旨、企业精神、企业核心经营管理理念和企业标识统一全队职工的思想和行动，中国石油集团和长庆局领导先后到该队调研，都给予了很高的评价。2007年6月文化示范基地正式挂牌。

（3）压裂五队：该队以创建科技文化为先导，研发、实践、运用科学技术，攻破了一个又一个难关，创造了一个又一个新纪录，形成了具有长庆特色、展现井下实力的压裂五队文化，即：“一流设备、一流技术、一流员工、一流工作”。2007年6月文化示范基地正式挂牌。

（4）靖边燃气电厂：该厂培育了独特的企业文化，形成了“电厂是我家，发展靠大家”的团队精神。2007年6月文化示范基地正式挂牌。

（5）采三顺宁桥物业管理站：他们以建设具有特色的矿区文化作为模范和谐矿区建设的切入点和着力点，培育和总结了“四心”文化。2007年6月文化示范基地正式挂牌。

【安全文化建设】 发布了《长庆石油勘探局关于加强安全文化建设的实施意见》，广泛进行全员安全文化普及活动、“百日安全文化系列活动”，开展了“珍爱生命，关注安全”、“安全在我心中”大讨论以及安全知识竞赛活动，开展安全文化培训，在全局上下营造了浓厚的安全文化氛围，提高了全员安全意识。

在全局范围内开展安全文化艺术作品（歌曲、歌词、相声、小品、三句半、快板诗、戏曲唱词）及安全文化小故事有奖征集，组建了长庆安全文化演出小分队，精心创作编排了以安全为主题的相声、小品、快板、独唱等文艺节目12个，赴前线钻井队、采油队、采气队、试油队、修井队、水电队等施工现场，以文艺节目表演形式说安全、唱安全、讲安全，累计演出上百场次，产生了很好的社会效益。

【文联工作】

（1）文联办公室由虚拟机构变为专职机构，配备了专人，明确了职责。文联下设9个协会：

“中国石油作家协会长庆分会”共有会员129人，其中国家级会员3名。

“长庆美术家协会”共有会员160人，省部级会员25名。

“长庆书法家协会”共有会员214人，省部级会员6名。

“长庆摄影家协会”有会员139人，其中省部级会员18名。

“长庆集邮协会”有会员482名，其中省部级会员61名。

“长庆电视艺术协会”是集体会员，20个有自办电视节目的单位为会员单位。

“长庆音乐家协会”有会员90余人，其中省部级会员8人。

“长庆舞蹈家协会”有会员105人，其中省部级会员11名。

“长庆戏剧曲艺协会”有会员200余人。

到2007年底，油田有文化艺术骨干2000余名，共有各类业余文艺创作及文化活动积极分子 300 余人。

（2）积极参加“中国石油杯”全国职工小品展演，第五届中国石油职工艺术节“冀东油田杯”戏剧、曲艺大赛，全国网络歌曲创作，第十一届中国行业电视节目展评及省部级书画美术比赛，获各种奖 68 个。举办长庆局纪念建党 86 周年“长庆党员风采”书法、美术、摄影展览，征集到作品 1260 件，精选展出作品 400 幅。开展银川燕鸽湖小区、河庄坪小区、兴隆园、泾河园的系列广场文化活动、秦腔自乐班演唱、“弘扬社会主义荣辱观卡拉 OK 大家唱”、“夕阳红”等文艺会演，邀请陕西秦腔界的数十位秦腔名角来园区献艺，满足了园区居民的文化生活需求，提升了社区文化品味。

（3）编辑《长庆》文学季刊 4 期，选登油田作者创作的各类文学艺术作品 80 多篇。在企业文化门户网站上开辟创作园地，刊发文学、书画、摄影、集邮、歌曲、戏曲等作品 800 多件。

（4）举办油田文学艺术骨干创作培训班，邀请著名作家授课，出版了学员的优秀习作《记忆长庆》一书。各协会利用自己的活动阵地和“职工活动中心”及“老年大学”等场所，先后举办文学、书画、摄影、音乐舞蹈等不同形式的学习班达 10 余期，参加学习培训的学员 1000 余人次，使职工文化艺术骨干和文化艺术队伍的素质不断得到提高。

（5）2007 年，长庆文联成绩斐然。长庆电视片《映日焊花别样红》在全国第三届“女性风采优秀电视作品推选展播活动”中荣获三等奖。长庆油田 5 名职工被中国石油文联、中国石油戏剧家协会、中国石油曲艺家协会授予“石油曲艺家”称号。长庆油田 9 名职工成为中国音乐家协会会员。长庆作家集体亮相中国发行量最大的文学刊物《杂文选刊》，先后有 7 篇作品被刊发。长庆文联获各种奖项 68 项。

工会、共青团和武装工作

【工会工作】　2007 年，各级工会组织按照“发展大油田、建设大气田，创建模范和谐矿区”的总体要求，以服务中心、服务大局、构建和谐为第一要务，以扩大覆盖面、增强凝聚力为基本要求，激发基层工会活力，充分调动了广大职工的积极性、主动性和创造性，各项工作有了长足的发展。

（1）组织“当好主力军，建功‘十一五’，和谐奔小康”竞赛活动。围绕年产油气当量 2000 万吨和长庆局“双百工程”、“提速工程”，动员职工开展了形式多样的群众性经济技术创新工程竞赛活动。围绕提升工程技术服务保障能力，加快科技进步，提高核心竞争力，深入开展了“创纪录、上水平、增效益”竞赛活动；围绕服务主战场、打好主动仗，在靖边、西峰、定边等油气区和苏里格气田项目组、低效油田项目组等重点工程项目中，组织开展了“赛安全、赛质量、赛速度，比效益、比贡献、比服务”的“三赛三比”竞赛和“大干 100 天、建功大气田、立功创优”等竞赛活动；围绕“安全环保基础年”，开展了争创安全“百佳班组、百佳个人”的“安康杯”竞赛活动；围绕和谐矿区创建和“万套住宅建设工程”的实施，在基地物业系统开展“创文明服务窗口，争明星服务岗位，树服务行业新风”和争创“文明家庭”、文明社区的竞赛活动，围绕“建精品工程、创安全文明示范工地”，组织开展了“比安全、比质量、比进度、赛标准化工地”的“三比一赛”竞赛活动；组织职工针对生产经营中的关键环节和技术难题，开展“小革新、小发明、小改造、小设计、小建议”、“五小”竞赛活动。

(2) 组织开展“技术大培训、岗位大练兵、技能大比武”活动。2007年，全局共举办和外出参加各级各类培训班1129期，培训29098人次，完成年培训计划111.5%，较2006年增长28%。组织开展了166个（次）工种的岗位培训和练兵比武活动，参加职工达34850人次；举办厂、处级技术比武46场次，126个（次）工种，参赛职工5712人。组织开展了中国石油集团2007年变电站值班员、气焊工职业技能选拔赛和长庆局第14届职工职业技能大赛，积极承办了陕西、甘肃、宁夏三省（区）职工职业技能大赛，在中国石油集团2007年变电站值班员、气焊工职业技能竞赛中，分别获得“三银一铜”、团体第三名和“一银一铜”、优秀组织奖等荣誉。在长庆局第十四届工人技术运动会上，进行了8个项目、13个工种的总决赛，选拔出15名技术状元、34名技术标兵和128名技术能手。成功举办了首届员工培训兼职教师技能竞赛，评选出金牌选手2名、银牌选手3名、铜牌选手5名，优秀选手9名。

(3) 认真组织开展送温暖活动。充分利用节日做好帮扶慰问工作，给困难职工送去节日关怀。全年为98名患病人员发放医疗救助金89万元；春节期间局领导深入到陇东、宁夏、陕北、西安等地的42个一线单位进行慰问。为全局特困职工下拨了生活补助金228.4万元，慰问困难职工1804户（人）。其中特困户190户，困难职工861户（人），临时困难职工176户（人），因病困难195户（人），职工遗属、有偿解除劳动合同人员、军烈属及劳动模范382户（人）。慰问节日期间坚守工作岗位的一线职工7854人次，住院职工475人。中秋节、国庆节期间，调整了《帮扶解困实施办法》，进一步加大了帮扶解困的力度，下拨帮扶资金541.5万元，厂（处）单位自筹资金444.4万元，总计985.9万元。2007年，局处两级用于帮扶解困、一线慰问的资金达1428.15万元，为历年之最。在历年助学的基础上，2007年加大困难家庭子女的助学力度，提高了标准。困难家庭的子女考上大中专院校的每年给予2000—6000元的资助，中小学生每年600—2000元。助学救助大中专学生106人、中小学学生277人、支付助学金78.2万元。组织前线慰问团深入陕北油区、靖边基地、苏里格气田、定边前指、陇东油区、银川基地等一线和生活基地，对41个边远井区进行了慰问，文艺演出9场，发放慰问品600多件，书籍41套500多册，慰问金30万元。深入到姬塬、吴起参加钻井队年进尺突破8万米庆功仪式，协助局有关单位做好钻井进尺年进尺突破400万米、井下试油压裂酸化突破6000层次、低效储量油气当量突破60万吨、长庆油田年产油气当量突破2000万吨等庆功会的表彰工作。开展了地方扶贫捐赠活动。与陕棉十三厂结成帮扶对子，送去困难帮扶资金10万元。在宁夏彭阳县遭受罕见旱灾后，组织长庆油田西安、宁夏地区41个单位、14000多名职工捐赠衣服46462件、鞋574双、棉被1066条、图书14482册，文体用品3713件、桌椅66套及其他物资809件。同时给予“两联一包”定点扶贫县米脂县10万元，给予甘肃省肃南县教育扶贫资金20万元。

(4) 深入开展“创建学习型组织、争做知识型职工”活动以及各类职工喜闻乐见的群众性精神文明创建活动，不断提高广大职工的思想道德素质、科学文化素质和业务技能素质，努力建设一支适应油田发展要求的高素质职工队伍。进一步宣传贯彻长庆局企业文化理念，大力弘扬大庆精神、铁人精神和长庆精神，开展群众性文化体育活动，特别是结合2008奥运主题活动，开展全民健身运动。组织了西安基地第九届迎新年职工体育比赛、迎新春第24届庆城环城赛、第六届大众体育项目运动会、西安基地第九届“兴隆杯”职工排球赛、第五届三人篮球公开赛、首届陇东杯排球邀请赛、第五届靖安杯前线职工篮球邀请赛。组织元宵节焰火、纪念建党86周年暨长庆职工文化活动中心落成庆典文艺晚会、书法美术摄影展等文化活动6场次。组织参与奥运火炬手选拔参选活动，第二采油技术服务处刘玲玲获得推选。

（5）工会业务建设和评先树模。组织召开了长庆局九届六次职代会。审议了长庆局2007年工作报告，评议了局领导班子，参与了局2007年度领导干部考核工作。召开了长庆油田职工代表团（组）长九届十一次、十二次联席会议，审议并通过《长庆石油勘探局劳动合同管理实施办法》及《劳动合同文本》、《长庆油田工伤保险试行办法》、《长庆石油勘探局赴境外工作人员薪酬福利管理实施办法》。加强了职工信访工作，全年接待群众来信来访42人次，处理领导批转信件15封。深化厂务公开，对全局33个单位进行了全面检查整改，形成局、厂（处）、大队、车间队站四级厂务公开制度工作格局。在工会部门开展了“公开承诺”活动，制定了工会承诺书，领导干部带头承诺，其他干部人人承诺，转变作风。组织召开了局工会第七届全委扩大会议，表彰了2006年度工会信息工作先进单位、优秀信息员、优秀稿件及2005—2006年工会财务工作先进单位、先进个人。会议审议通过了《长庆石油勘探局集体合同（草案）》、《长庆石油勘探局女职工特殊权益保护专项集体合同（草案）》、《长庆石油勘探局困难家庭女员工离岗休养暂行规定（讨论稿）》，从源头上维护了职工的劳动权益、经济权益。以学习贯彻《劳动合同法》为重点加强工会干部培训力度，举办工会劳动保护监督检查员培训班，15个厂（处）单位的30名工会干部和基层监督员参加了培训。组织了两期156人参加的工会干部培训班，系统学习了工运理论知识，取得了上岗合格证。加强调查研究，组织《劳动合同法》研讨，参加了甘肃省工运理论论文评选，获得一等奖1个，二等奖2个，三等奖3个。各整合单位、新建单位、股份制改造单位都能按照《工会法》和《工会章程》的有关规定组建工会组织，做到凡是有职工的地方，工会组织就延伸到那里，健全了工会组织体系。针对人事制度改革、干部调整、人员流动等实际，各级工会及时改选、增补了工会委员会成员，补充了工会工作人员。工会财务经审工作得到加强。局工会经审会获得甘肃省工会经审工作先进单位。重点筹备组织了2007年度总结评比和劳模表彰。在油田年产油气当量2000万吨庆典表彰大会上，30名劳动模范、32个模范集体、50个先进集体、152个先进个人受到表彰。在钻井突破400万米、试油压裂突破6000层次、年产油气当量突破60万吨的表彰大会上，分别表彰立功单位6个、标杆队9个、先进集体36个、先进班组160个、先进个人360个。在靖边、西峰、定边等油气区的立功表彰大会上72个先进集体和185名先进个人受到表彰。沈双平等8名同志分别获得“全国五一劳动奖章”、“陕西省劳动模范”、“甘肃省五一劳动奖章”，第二采油技术服务处电焊工刘玲玲获得中国石油集团“十大标兵”、井下技术作业处技术带头人周丰获“石油榜样”等光荣称号。2007年先后组织三批70名先进个人国内疗休养，18名劳动模范赴澳大利亚、新加坡疗休养。

【共青团工作】 各级团组织在局党委、长庆局的正确领导下，以服务企业生产经营为中心，服务青年成长成才为重点，从全面提升青工队伍整体素质入手，深化和拓展青年人才培养工作，大力开展“青年文明号”、“青年岗位能手”、“青年突击队”、“青年创新创效”、“青年志愿者”等活动，团结、引导、带领团员青年为实现长庆局持续有效快速协调发展作出了积极的贡献。

(1) 加强团的基层组织建设。各级团组织积极拓展工作空间，努力扩大团组织覆盖面，在符合建团条件的基层单位或项目部，及时建立团支部或团小组，使团组织覆盖率达到100%，做到“团员青年战斗到哪里，团的组织活动就延伸到哪里”。在团员人数不足，青工人数较多的单位成立青工部，把优秀青年团结凝聚在党团组织周围，为青年成长成才搭建平台。把一批工作热情高，工作能力强，德才兼备的优秀青年干部选拔到团的工作岗位上来，加强了团干部队伍的整体力量。各级团组织加强团员的教育管理，健全和完善入团、退团仪式、团员注册、团费收缴、团组织关系转接等团内组织生活制度，定期开展主题团日活动，强化团员意识。加强对合同制员工、待业共青团员的教育和管理。通过深入开展“双推优”活动，共有264名优秀共青团员加入党组织。一大批优秀团干通过团组织推荐挂职锻炼，逐步走上了基层领导岗位，切实发挥了团组织作为党的助手和后备军的作用。

(2) 大力开展“青字号”活动。各级团组织围绕重点工程建设，成立青年突击队643支，突击队员1万余名，在生产突击、抗洪抢险、科技攻关等“急、难、险、重、新”任务中，勇挑重担，发挥重要作用。围绕生产、经营、市场开发工作，在社会面较广、服务性较强的“窗口行业”积极开展“青年文明号”创建活动，展现了团员青年的良好形象。以提高青工的岗位技能水平和创新能力为重点，在青工中开展上技术课、导师带徒、岗位练兵、技术比武等活动，共结成师徒对子300多对。围绕安全生产在广大青工中开展“青年安全生产示范岗”创建活动，创建安全生产示范岗735个，岗位互查隐患及存在问题上千个，制止现场违章百起，有效地遏止了各类事故的发生。第三采油技术服务处X03475队获得了全国青年安全生产示范岗光荣称号。全局共有7161名青年志愿者在西安、银川、庆阳、河庄坪等生活基地，创建社区青年志愿者协会、联系点、服务队，为职工家属提供了扶贫助残、基地搬迁、家庭服务、植绿护绿、社区建设、“一对一帮扶”等多方面的服务。共组织便民活动50余次，为数百位孤寡老人等困难群体提供了力所能及的帮扶，树立起了青年志愿者的良好形象。

(3) 加强团员青年理想信念教育。以提高团员青年的思想政治素质为目标，加强对团员青年的理想信念教育，“形势、目标、任务、责任”教育，“与祖国共奋进，与企业同发展”和“发扬大庆精神、铁人精神，学习刘玲玲，为长庆发展作贡献”主题教育活动，引导青年爱岗敬业、无私奉献，争当长庆局发展的生力军。在“五四”、“七一”、“十一”等重大节日，通过召开座谈会、讨论会、上团课、参观革命旧址、开展党团知识竞赛等多种形式爱国主义教育活动，教育广大团员青年树立正确的人生观和价值观；通过及时发现和选树勤于学习、善于创造、甘于奉献的先进青年典型，引导青工在思想上、行动上积极向先进靠拢，营造争当先进、争作贡献的良好氛围。

(4) 不断强化团的服务能力。从青年特点出发，积极开展小型多样的文体活动，先后举办了第四届“中小学生网络征文大赛”、第二届“西安基地羽毛球赛”、“庆‘五一’、‘五四’大众项目运动会”，活跃青年业余文化生活；广泛开展“求知、实践、成才”主题读书活动，创建青年读书俱乐部，开展读书论坛，建立野外流动书箱，很好地为团员青年服务，满足他们学习知识，成才进步的需求。全局共建流动图书箱484个，读书角1000多个，读书小组500余个，举办读书心得交流会100余场；各级团干部经常深入一线，加大对一线青工工作、生活、学习情况的调研，对团员青年提出的问题和建议，及时反馈有关部门，切实做好青工维权工作。并针对一线青工婚恋问题，积极联系周围地方企业团组织，举办一线未婚青工的交友会、联谊会，为一线未婚青工做好牵线搭桥工作。

（5）加强对青年职工的典型宣传和引导作用。组织召开了纪念“五四”运动暨共青团表彰会，对2007年度的优秀青年集体和个人进行了表彰，并发出了“学习大赛英才，争做岗位能手”、“学习先进典型、提升业务技能、岗位建功立业”的倡议，鼓舞全局青工为企业发展而奋斗。2007年共涌现出国家级青年先进集体1个、青年先进个人1名，省部级青年先进集体4个、青年先进个人11名。

【武装工作】　2007年，油田民兵预备役工作按照“组织落实、军事落实、政治落实”的要求，坚持党管武装的原则，不断加强对民兵工作的组织领导，狠抓民兵基层建设，民兵工作呈现出机制灵活、形式多样、活动经常的良好局面。

（1）坚持党管武装，确保各项工作落实到位。2007年初，长庆局党委、油田分公司党委以长庆党发［2007］1号文件及时批转下发《长庆油田2007年民兵预备役工作安排报告》，为全年开展民兵预备役工作提供了依据。各厂（处）单位主管武装工作的领导亲自批阅文件，听取民兵工作汇报，解决武装工作中遇到的困难和问题，确保了民兵工作顺利进行。

（2）积极开展“双拥”活动。慰问陕、甘、宁三省（区）军事机关和部队14个单位，召开座谈会17场次，慰问油田老红军、老八路、伤残军人、退伍军人特困户及现役军人家属489户。给他们送去了慰问金，向他们宣传油田的大好形势，并通过他们鼓励在部队服役的子弟好好学习，安心军营，献身国防，为长庆争光。

（3）开展民兵整组工作。以总参《关于调整民兵组织的意见》（参动［2006］110号文件）和省军区、军分区、警备区《2007年民兵预备役整组工作指示》为指导，对民兵组织重新调整分类，将基干民兵组织整合为作战队伍、勤务保障队伍、应急队伍和其他队伍四大类。进一步规范和统一各类队伍的种类、名称和编制。整组之后，组织了第二采油技术服务处（厂）、水电厂、运输处、第二输油处5个单位80名应急民兵参加集结点验和科目表演。对新分配来油田工作的181名退伍军人进行了为期13天的军政教育训练。又分别从井下技术作业处、第二采油技术服务处、第二采气厂、第四采油厂和第一采气厂等单位抽调武装干部和军训教员20多人次在长庆石油学校，对宏田公司839名岗前培训员工进行了两期为期5天的军政教育训练。对长庆局2007年新分配大学生进行军政教育训练，参训学生650人，是长庆局近年来规模最大的一次上岗前军训。对低效储量合作开发项目部新招收的200名岗前培训工集中进行了为期5天的强化军政教育训练。钻井工程总公司和建设工程总公司也组织了180多人的军政教育训练。

（4）隆重纪念中国人民解放军建军80周年。为全面增强全员的国防意识，油田上下开展了丰富多彩的庆祝建军节纪念活动。先后在靖边、庆阳和西安组织油田

120名民兵预备役人员实弹射击比武活动。在报刊、网络上刊登油田民兵和退伍军人围绕油田生产发挥尖兵作用的先进事迹，在西安基地文化长廊举办长庆油田民兵风采图片展，充分展示了油田民兵预备役人员在油田建设、执勤训练、突击生产、急难险重任务中的风采。在有线电视上播放爱国主义题材的影视片，在西安、礼泉、庆城、龙凤园等生活基地开展了国防电影周活动。泾河园物业服务处特别邀请西安陆军学院教授为小区职工家属上了一堂生动的国防课。通过开展丰富多彩的活动，扩大了普及国防教育的覆盖面。

(5) 协助完成年度征兵工作。在兵役登记的基础上，长庆局武装部三次到基层协调帮助指导征兵工作，各厂（处）单位武装部积极动员适龄青年应征报名，主动与县市人民武装部门配合，认真负责地搞好征兵工作，严格把好政审关，坚持了廉洁征兵。经过征兵登记统计，报名85人，体检合格63人，经过最后定兵，油田共向部队输送合格兵员60名。

(6) 2007年，长庆局被宁夏回族自治区党委、宁夏回族自治区人民政府、中国人民解放军宁夏军区命名为拥军优属模范单位。长庆局人民武装部被庆阳军分区评为先进武装部。建设工程总公司武装部、第一采油技术服务处武装部、第二采油技术服务处武装部、第三采油技术服务处武装部、机械制造总厂武装部、水电厂武装部、运输处武装部、第四采油厂武装部、第二采气厂保卫科、第二输油处武装部等10武装部被评为长庆局2007年度先进武装部。

纪检监察工作

【概述】 2007年，长庆局党风建设和纪检监察工作按照局党委、长庆局工作部署，围绕科学发展和构建和谐两大主题，坚持标本兼治、综合治理、惩防并举、注重预防的反腐倡廉战略方针，不断强化领导人员的教育、监督和廉洁自律，持续推进惩防腐败体系建设，各项工作取得了新的明显成效。

【党风廉政建设责任制】 在对2006年度全局党风廉政建设责任制落实情况全面考核后，局纪委修订完善了《党风廉政建设责任书》。按照“谁主管、谁负责”的原则，把落实责任制向深化改革、开拓市场、提高效益延伸，细化责任内容，健全责任网络体系。层层签订党风廉政建设责任书1456份，构筑了齐抓共管的工作格局。局纪委、纪检监察处年初、年中分组分片深入局属单位，开展巡视检查，加强工作指导，及时帮助基层解决工作中存在的问题和困难，使全局党风建设和反腐倡廉各项工作高起点、高标准、健康顺利运行。

【廉洁自律】 按照长庆局党委《关于加强领导干部作风建设的若干意见》的安排部署，局纪委重点组织开展了“加强作风建设、促进廉洁从业”主题教育活动。抓学习，开展对照检查；抓制度，规范从业行为；抓执行，体现良好作风；抓活动，激发创业干劲。全局共组织局处两级党委中心组专题学习166次，上党课268次；召开作风建设专题民主生活会214次，征求转变作风方面的意见和建议886条，制定整改措施并有效整改762条。局处两级领导班子成员和1302名科级管理人员作出了转变作风承诺。

以作风建设为切入点，不断促进领导人员廉洁从业。长庆局党委下发了《厂处以上领导人员廉洁从业若干规定》、《党员领导人员报告个人有关事项的实施办法》，进一步规范了领导人员廉洁从业行为。以学习贯彻中纪委“八条禁止性规定”为契机，在长庆局全面实行了党员领导人员廉洁承诺制度，党员干部对照检查覆盖面100%、个人承诺覆盖面100%，全局党员干部均无违反“八条禁止性规定”的行为。认真执行党内监督制度。局处两级纪委负责人同下级党政主要负责人谈话516人次；纪检监察部门进行任前廉洁谈话281人次，诫勉谈话11人次。有56名处以上领导人员报告了个人重大事项，3名处级领导人员主动上缴了无法退回的礼金和有价证券，总金额1.63万元。

【惩防腐败体系建设】　坚持把惩防腐败体系建设作为一项重要的政治任务来抓，做到“教育、制度、监督”并重。在长庆局层面，进一步细化了工作计划和责任分解表，明确了年度重点开展的63项工作，并将其落实到19个职能处室和64名责任人。组织召开了惩防腐败体系建设工作协调会，建立起工作沟通机制和督导机制，推动了工作落实。以建立自律机制、防范机制、监管机制和规范“四权”为重点，按照完善企业内控体系建设的总要求，共清理有关惩防腐败体系建设方面的在用制度109个，修订完善制度30个，新制定制度66个，初步形成了反腐倡廉制度体系框架。

局纪检监察处利用日常巡视、专项巡视，加强对各级领导班子议事情况特别是对“三重一大”问题实行民主集中、集体决定情况的监督。充分发挥管理部门监督职能作用，开展重大工程项目稽查、审计、财务稽查、内控测试、民主监督等工作，加强对“四权”的监督检查。实行阳光采购，通过招标采购物资32.5亿元，比标的节约资金1.19亿元。通过网络平台公开选拔领导人员，对新提任的91名处级领导人员、500多名科级干部进行了任前公示。在47个加油站投入使用了自主开发的IC卡加油信息管理系统，有效杜绝了油品管理漏洞。应用GPS车辆调度管理系统，促进了交通安全规范管理，保障了职工生命和财产安全。

【查处违法违纪案件】　局处两级党委高度重视查办案件工作，大力支持纪检监察部门依纪依法办案。主要领导坚持亲自批阅重要信访件，对重大案件、重要问题提出明确要求。纪检监察部门围绕企业生产经营中心工作，突出办案重点，准确把握政策，加大工作力度，严肃查处了各类违纪违法案件，维护了纪律的严肃性。在认真执纪办案的同时，注重研究新形势下案件发生的特点和规律，积极实施一案一剖析、一案一整改、一案一次座谈会、一案一堂法纪教育课等“四个一”制度，较好地发挥了查办案件治本功能，促进了预防机制进一步完善。2007年局处两级纪检监察部门共受理群众信访和举报95件(次)。初查核实86件，了结83件，了结率为96.51%。立案7件，处分18人。通过查办案件和初查违纪线索挽回经济损失139.43万元。

【效能监察】　围绕建设资源节约型企业和提高资源利用效率，重点组织开展了自用资源使用管理和不良资产处置管理效能监察。制订方案、精心组织，加强培训、夯实基础，点面结合、整体推进，总结推广、整改提高，使效能监察由纠错性监督向建设性监督延伸，提高了工作质量，较好地发挥了服务企业发展的作用。进一步完善效能监察工作机制，加强组织协调，加强对重点项目监督；业务管理部门主动配合，保证了监察工作有序开展。2007年，通过效能监察发现问题14个，发现问题金额151.76万元，查出违纪违规金额64.54万元；整改问题13个，整改问题金额151.76万元，挽回经济损失66.02万元，避免经济损失63.31万元，节约资金1704万元；被追究领导责任5人；协助建章立制25个，提出合理化建议76条，被采纳68条。

【源头治理】 以厂处领导人员和重要岗位人员为重点，深化党纪政纪教育和廉洁从业警示教育。局纪委印发了中国石油集团党组纪检组、监察部编写的15篇案件剖析材料，坚持每季度编印一期反腐倡廉学习教育材料，配发给全局处级领导人员和部分单位科级管理人员学习。全年共组织观看各类电视教育片299场、11114人次，编印学习材料9349份。与长庆油田分公司纪委联手，邀请未央区人民检察院检察长和有关人员，深入油田各单位开展法制讲座。举办了以法制篇、作风篇、案例篇为主要内容的反腐倡廉巡回展，引导各级领导人员算好“七笔账”，取得良好效果。

廉洁文化建设不断创新和发展。大力培育“诚信守法、廉洁敬业”的理念，将“堂堂正正做人，清清白白做事”的“廉洁观”纳入企业精神理念体系。局党委制定下发了《关于加强和推进廉洁文化建设的意见》。各单位按照局党委的部署和要求，积极创新廉洁文化建设的形式和内容，普遍开展了征集廉洁文章、发送廉洁短信、举办廉洁书画展览、观看反腐倡廉电教片等系列文化创建活动，推动廉洁文化进班子、进机关、进厂区、进岗位、进家庭，营造了“以廉为荣、以贪为耻”的文化氛围。局纪委组织召开了廉洁文化建设工作推进会，总结交流了8个单位的典型做法和经验。编印了《廉洁文化专刊》，为进一步开展廉洁文化建设工作开拓了思路和方法。

【队伍建设】 局党委、长庆局进一步强化了纪检监察监督，对全局纪检监察机构及岗位进行了重新设置，配齐配强了纪检监察干部。局纪检监察处新增了审理教育室和项目稽查岗。在人员、资金等管理幅度较大的单位，除设立纪委外，还独立设置了纪检监察机构。抓培训环节，提高干部业务素质。全年安排6名处级纪检监察干部参加了上级组织的培训，举办了长庆局纪检监察干部业务培训班，28人参加了培训。重视和加强纪检监察理论研究。全年确定开展20个课题研究，其中有3个课题在中国监察学会第三片组理论研讨会上进行了交流，分别获得一等奖、二等奖和优秀奖。1个课题在甘肃省企业党建研究会第三届年会上交流，获二等奖。

（李维勤　刘小军　张平心　吴　波　王少骅　陈业祥　郭世擘）

光荣榜

【中国文化管理先进单位】 长庆石油勘探局。

【全国厂务公开民主管理先进单位】 长庆石油勘探局。

【全国亿万职工迎奥运健身活动先进单位】 长庆石油勘探局。

【全国亿万职工迎奥运健身活动优秀组织奖】 长庆石油勘探局。

【全国石油职工乒乓球赛团体第四名】 长庆石油勘探局。

【第二届全国职工小品展演优秀组织奖】 长庆石油勘探局。

【第二届全国职工曲艺展演优秀组织奖】 长庆石油勘探局。

【全国安康杯先进企业】 钻井工程总公司。

【2006年度全国学习型先进班组】 建设工程总公司一分公司铆焊班。

【全国青年安全生产示范岗】 第三采油技术服务处。

【全国优秀质量管理小组】 钻井工程总公司信息平台建设QC小组。

【全国质量管理小组邀请赛优秀QC小组】 钻井工程总公司固井技术攻关QC小组。

【全国工程建设优秀QC小组】 建设工程总公司5000立方米浮顶罐自动焊QC小组。

【石油工业QC小组活动优秀企业】 钻井工程总公司、工程技术研究院。

【石油工业优秀质量信得过班组】 水电厂第三供热站综合检修班、井下技术作业处机修队焊钳班。

【第五届中国石油职工艺术节小品大赛优秀组织奖】 长庆石油勘探局。

【甘肃省五一劳动奖状】 科技工程公司、机械制造总厂、第二采油技术服务处。

【甘肃省科技成果一等奖】 西安长庆科技工程有限责任公司。

【甘肃省先进集体】 水电厂安塞变电所。

【2006年度甘肃省财务先进集体奖】 长庆石油勘探局工会。

【陕西省安康杯先进企业】 建设工程总公司。

【陕西省“五四”红旗团委】 泾河园物业服务处团委。

【陕西省“五四”红旗团支部】 器材供应处咸阳转运站器材队团支部。

【陕西省青年文明号】 水电厂安塞综合大队团总支。

【陕西省安全生产示范岗】 钻井工程总公司40591队。

【长庆局模范集体】 钻井提速项目组；

银川燕鸽湖基地建设项目组；

钻井工程总公司：第四项目部30653钻井队、第一项目部30693钻井队、第五项目部40591钻井队、第二项目部30689钻井队、第四项目部40627钻井队；

井下技术作业处：靖边项目部压裂5队、靖安项目部S00533队；

建设工程总公司：第一分公司储罐作业队、第三分公司苏里格项目部、防腐工程分公司西峰防腐厂；

第一采油技术服务处：石油工程技术服务公司、特车大队特车中队；

第二采油技术服务处：第一修井公司X03454队、第二修井公司S00617队；

第三采油技术服务处：井下作业一大队X03461队；

定边采油技术服务处：试油技措大队S00662队；

采气技术服务处：S08431队；

录井公司：第三录井项目部；

水电厂：靖边燃气发电厂；

机械制造总厂：西安长庆石油天然气设备制造有限责任公司；

运输处：运输处三分公司；

长庆实业集团有限公司：麻黄山项目组；

器材供应处：靖边供应站；

工程技术研究院：钻井液完井液研究所；

西安长庆科技工程有限责任公司：天然气工程设计部；

苏里格气田合作开发项目组：采气作业区；

低效储量合作开发项目部：地质研究所；

国际事业部：土库曼分公司7004钻井队；

培训中心：陇东培训项目部；

矿区服务事业部兴隆园物业服务处：物

业服务站。

【长庆局先进集体】 钻井工程总公司：第一项目部30520钻井队、第三项目部70518钻井队、第二项目部30533钻井队、第五项目部40636钻井队、定向井公司工程技术队、钻前公司供水5队、运输公司运输8中队、机修公司石油机械修造厂钻修车间；

井下技术作业处：压裂大队压裂3队、井下工具研发制造中心、运输大队特车1队；

建设工程总公司：第二分公司采气三厂第二处理厂项目部、壳牌长北项目部；

第一采油技术服务处：长庆华泰公司建安分公司、井下作业工程公司修井6队；

第二采油技术服务处：第三修井公司S00613－02队、特车运输公司运输2中队、工程公司安装工程1队；

第三采油技术服务处：油房庄供电所、建设工程一分公司、客运中队、顺宁职工食堂；

录井公司：分析化验中心；

机械制造总厂：抽油机制造分厂、西安长庆油气建设实业有限责任公司；

水电厂：水电安装大队、线路施工大队、庆阳水电工程有限责任公司；

器材供应处：咸阳转运站延安中转站、生产运行科；

运输处：陕西长庆专用车制造有限公司、劳资（党委组织）科；

西安长庆地产集团有限公司：西安长庆物业管理有限公司；

通信处：银川总站；

工程监督公司：第六监督部；

西安长庆建设监理有限公司：采气三厂骨架工程监理部；

技术监测中心：节能环保计量站；

培训中心：油气开发科；

交通服务处：车队；

长庆宾馆：房务部；

泾河工业园项目组：工程技术部；

局机关：生产运行处、人事劳资处（党委组织部）、财务资产处、审计处；

矿区服务事业部机关：离退休管理部；

矿区服务事业部兴隆园物业服务处：靖边石油宾馆；

矿区服务事业部燕鸽湖物业服务处（银川办事处）：四区服务站；

矿区服务事业部庆城综合服务处：第一物业公司；

矿区服务事业部河庄坪综合服务处：公用事业管理站绿化队；

矿区服务事业部泾河园物业服务处：维修服务中心；

矿区服务事业部泾渭苑物业服务处：一区服务站；

矿区服务事业部和兴园综合服务处：和兴园绿化班；

矿区服务事业部新闻中心：网络新闻部；

矿区服务事业部职工医院：检验科、龙凤园门诊部；

矿区服务事业部兴隆园医院：外妇科；

矿区服务事业部燕鸽湖医院：外妇科。

【长庆局第一批基层建设示范点】 钻井工程总公司：30533钻井队、40591钻井队、70518钻井队、40627钻井队、机修公司机械修造厂钻修车间；

井下技术作业处：压裂5队、S08431队三机组；

建设工程总公司：七分公司；

水电厂：靖边燃气发电厂生产运行部；

第一采油技术服务处：井下作业工程公司X03441队；

第二采油技术服务处：第一修井公司X03454队；

第三采油技术服务处：井下作业一大队X03479队、顺宁物业管理站职工食堂；

录井公司：L10815队；

器材供应处：咸阳转运站器材队；

苏里格气田合作开发项目组：苏6-1集气交接站；

运输处：运输一分公司二中队；

机械制造总厂：西安公司抽油泵制造分公司；

银川物业管理处：六区服务站；

培训中心：西安项目部。

【长庆局钻井年进尺突破400万米先进集体】 钻井工程总公司、钻井提速项目组。

【长庆局钻井年进尺突破400万米标杆钻井队】 钻井工程总公司：30693钻井队、30653钻井队、40627钻井队、40636钻井队、40650钻井队。

【长庆局钻井年进尺突破400万米先进钻井队】 钻井工程总公司：30520钻井队、30672钻井队、30689钻井队、30533钻井队、40658钻井队、70518钻井队、30656钻井队、40591钻井队；

国际事业部：50112钻井队；

塔里木第八勘探公司：70539钻井队。

【长庆局钻井年进尺突破400万米先进班组】

钻井工程总公司：30666钻井队工程三班、30656A钻井队工程一班、30635钻井队工程一班、30636钻井队工程三班、30518钻井队工程二班、30524钻井队工程三班、30657钻井队工程三班、30691钻井队工程二班、30533钻井队工程二班、30637钻井队工程一班、30689钻井队工程三班、40658钻井队工程三班、30532钻井队工程一班、30523钻井队工程三班、40603钻井队工程一班、40592 钻井队工程二班、40599钻井队工程一班、40621钻井队工程一班、40635钻井队工程四班、40647钻井队工程三班、30653钻井队工程二班、40627钻井队工程二班、30656钻井队工程二班、40631钻井队工程三班、40591钻井队工程三班、40650钻井队工程一班、40632钻井队工程三班、40636钻井队工程二班、40585钻井队工程一班、固井公司三中队二小队、管具公司、第一服务部姬塬前指供应班、钻前工程公司供水五队供水二班、机修公司石油机械修造厂钻修车间钻修一班、运输公司六中队一小队、钻宇中国石油集团；

录井公司：L30837录井队、L30835录井队、L10815录井队、L30865录井队、L30874录井队；

工程技术研究院：特殊工艺技术服务中心天然气水平井提速技术服务组、钻井研究所苏里格小井眼技术服务组；

运输处：一分公司二中队四小队、三分公司五中队一小队；

国际事业部：厄瓜多尔分公司物资装备部、土库曼斯坦分公司项目启动组；

塔里木第八勘探公司：70540钻井队工程大班、70562钻井队工程二班；

器材供应处：咸阳转运站延安中转站。

【长庆局低效油气合作开发年产油气当量突破60万吨立功单位】 低效储量合作开发项目组、苏里格气田合作开发项目组。

【长庆局低效油气合作开发年产油气当量突破60万吨先进集体】 低效储量合作开发项目组：地质研究所、定边采油作业区、经济民警大队、工程项目管理站；

苏里格气田合作开发项目组：地质研究所、采气工艺研究所、采气作业区；

长庆实业集团有限公司：镰刀湾油田项目组、麻黄山油田项目组；

合作项目部：油气田开发科。

【长庆局低效油气合作开发年产油气当量突破60万吨先进班站】 低效储量合作开发项目组：定边作业区学3井区学3计量接转站、吴定作业区元215井区洼82-83井组、吴定作业区元221井区元221井组、油气集输大队定边输油队学一联合站、产能建设前线指挥部地面工程管理组、采油工艺研究所采油作业室、安全环保监督站、党群工作科基层建设办公室、生产运行科综合组；

苏里格气田合作开发项目组：苏 6－1 集气交接站、苏 36－4 集气站、工程项目管理站、综合维修队、生产运行科调度室、质量安全环保科工业安全组；

长庆实业集团有限公司：镰东作业区 65 井站、大梁湾作业区姬 80 井站、镰西作业区 93 井站、小河作业区 53 井站；

第三采油技术服务处：低效油井管理大队生产运行组。

【长庆局 2007 年试油（气）压裂突破 6000 层次立功单位】 井下技术作业处、第二采油技术服务处。

【长庆局 2007 年试油（气）压裂突破 6000 层次标杆队】 井下技术作业处：S00533 队、S00511 队、压裂 3 队、压裂 6 队。

【长庆局 2007 年试油（气）压裂突破 6000 层次先进队】 井下技术作业处：S00504 队、S00525 队、S00521 队、压裂 5 队、运输大队运输队；

采气技术服务处：S08431 队；

第一采油技术服务处：S00599 队、S00595 队；

第二采油技术服务处：S00632 队、S00610 队、S00611 队；

第三采油技术服务处：S00644 队、S05431 队；

定边采油技术服务处：S00662 队；

工程监督公司：第三监督部；

工程技术研究院：压裂酸化研究所。

【长庆局 2007 年试油（气）压裂突破 6000 层次先进班组】 井下技术作业处：S00519 队一机组、S00508 队五机组、S00535 队二机组、S00509 队二机组、S00516 队四机组、S00501 队三机组、S00504 队五机组、S00520 队一机组、S00547 队二机组、S00527 队一机组、S00514 队三机组、S00529 队二机组、S00525 队二机组、S00534 队三机组、S00515 队四机组、S00523 队二机组、S00550 队二机组、S00521 队六机组、压裂大队液氮槽车班、压裂大队靖安水罐班、压裂四队三机组、运输大队特车二队靖安搬家班、测试试井队试井六班、特种设备检测维修中心靖边维修站靖边班、工具研发制造中心钻具班、工程技术发展研发中心技术服务部、交通服务大队三中队靖安班、器材库油库班、助剂公司二车间三班；

采气技术服务处：S00537 队一机组、S00570 队一机组；

第一采油技术服务处：S00599 队三机组、S00599 队四机组、S00604 队一机组；

第二采油技术服务处：S00634 队一车组、S00633 队二车组、S00617 队二车组、S00610－02 班组、S00607－04 班组、S00611－01 机组；

第三采油技术服务处：S00644 队三机组、S05431 队一机组、工艺所钻具班；

定边采油技术服务处：S00680 队一机组、S00671 队一机组；

工程技术研究院：苏里格合作开发区块压裂技术支撑小组；

器材供应处：靖边供应站保管一班；

国际事业部：厄瓜多尔分公司井下作业部；

工程监督公司：第五监督部试油专业组；

运输处：一公司一中队 4 小队。

【长庆局青年文明号】 钻井工程总公司：第一工程项目部 30663 钻井队、第二工程项目部 30529 钻井队、第三工程项目部 40599 钻井队、第四工程项目部 40627 钻井队、第五工程项目部 40591 钻井队、新疆工程项目部 70539 钻井队；

建设工程总公司：物业公司招待所、七分公司南海翔机组、防腐工程公司防腐厂；

井下技术作业处：压裂 5 队、试油 166

队、试油 178 队；

第一采油技术服务处：油城宾馆、“440”热线服务中心；

第二采油技术服务处：庆城第一供热站、修井 6 队、S00607－04 机组；

第三采油技术服务处：银川长庆石油医院外科护理部、燕莎大酒店、长呼天然气管道运行维护大队纳林河首站；

运输处：运输一分公司二中队、三分公司五中队；

水电厂：靖边燃气发电厂、线路施工大队；

录井公司：第五录井工程项目部；

矿区服务事业部兴隆园物业服务处：公寓部；

机械制造总厂：抽油机制造分厂总装工段、机械制造总厂建安公司第八分公司；

矿区服务事业部职工医院：麻醉手术科；

培训中心：石油工程开发教研室；

长实集团：勘探开发团支部；

苏里格气田合作开发项目组：苏 6－1 集气站；

矿区服务事业部泾渭苑物业服务处：110 警务室；

矿区服务事业部泾河园物业服务处：收费室；

长庆宾馆：第二团支部；

器材处：咸阳转运站器材队；

矿区服务事业部新闻中心：印刷厂胶印班；

通信处：银川分公司客户服务组；

矿区服务事业部银川物业管理处：水电服务队；

长庆地产集团：长庆物业公司保安队；

技术监测中心：特检中心；

局机关：财务资产处会计核算科；

工程技术研究院：压裂酸化研究所；

西安长庆科技工程有限公司：公用工程设计部。

【长庆局 2007 年度“五四红旗团委”】 钻井工程总公司团委、井下技术作业处团委、建设工程总公司团委、第二采油技术服务处团委、第三采油技术服务处团委、机械制造总厂团委、培训中心团委、矿区服务事业部燕鸽湖物业服务处团委、矿区服务事业部泾渭苑物业服务处团委、长庆宾馆团委。

【长庆局 2007 年度“五四红旗团支部”】 钻井工程总公司：第一工程项目部 30520 钻井队团支部、第一工程项目部 30627 钻井队团支部、第二工程项目部 30689 钻井团支部、第四工程项目部 30656 钻井队团支部、第五工程项目部 40621 钻井队团支部、70518 钻井队团支部、机修公司石油机械修造厂团支部、钻前公司第一服务部团支部、管具公司马岭服务部团支部、物业服务公司宁夏服务区团支部；

建设工程总公司：长庆建工七分公司团总支、长建有限公司团总支；

井下技术作业处：试油 180 队团支部、机关团支部；

第一采油技术服务处：井下作业工程公司修井 8 队团支部、特车大队团总支；

第二采油技术服务处：第二修井公司团支部、第三修井公司团支部、机械厂团支部；

第三采油技术服务处：井下作业一大队作业 7 队团支部、顺宁物业管理站综合服务队团支部、水电厂大水坑供电所团支部；

器材处：宁夏供应转运站团支部；

运输处：汽车修理厂团支部；

水电厂：安塞大队王窑水电队团支部；

录井公司：第二录井工程项目部团支部；

矿区服务事业部兴隆园物业服务处：长庆大厦管理中心团支部；

机械制造总厂：西安公司团支部；

矿区服务事业部职工医院：外妇科团支部；

培训中心：石油开采06－2班团支部；

长实集团：长乐公司团支部；

苏里格气田合作开发项目组：采气作业区团支部；

矿区服务事业部泾河园物业服务处：治安服务中心团支部；

矿区服务事业部泾渭苑物业服务处：保安队团支部；

矿区服务事业部燕鸽湖物业管理处：暖气服务站团支部；

长庆地产集团：西安长庆建筑安装工程有限公司团支部；

局机关：综合团支部；

长庆科技工程有限责任公司：天然气设计部团支部；

通信处：信息中心团支部；

长庆宾馆：第一团支部；

矿区服务事业部新闻中心：新闻宣传团支部；

技术监测中心：技术监测中心团支部；

工程技术研究院：钻井完井液研究所团支部。

【长庆局员工培训兼职教师技能大赛优秀组织单位】 第二采油技术服务处、井下技术作业处、钻井工程总公司、水电厂、第三采油技术服务处。

【长庆局第14届职工技能大赛优秀组织单位、部门】 钻井工程总公司、井下技术作业处、建设工程总公司、录井公司、第一采油技术服务处、第二采油技术服务处、第三采油技术服务处、水电厂、培训中心、矿区服务事业部职工医院、人事劳资处、技能鉴定中心、工程技术部、质量安全环保处、局工会。

【长庆局2007年度纪检监察先进集体】 第一采油技术服务处纪委、纪检监察科；

第二采油技术服务处纪委、纪检监察科；

第三采油技术服务处纪委、纪检监察科；

水电厂纪委、纪检监察科；

机械制造总厂纪委、纪检监察科；

器材供应处纪委、纪检监察科；

矿区服务事业部泾河园物业服务处纪委；

矿区服务事业部职工医院纪委、纪检监察科。

【长庆局廉洁文化建设工作示范单位】 第一采油技术服务处、第二采油技术服务处、水电厂。

【长庆局2007年度社会治安综合治理先进单位】 钻井工程总公司、第二采油技术服务处、第三采油技术服务处、机械制造总厂、矿区服务事业部兴隆园物业服务处、矿区服务事业部泾河园物业服务处、矿区服务事业部泾渭苑物业服务处、低效储量合作开发项目组、长庆实业集团有限公司、器材供应处、通信处。

【“全国五一劳动奖章”获得者】 钻井工程总公司：沈双平；

井下技术作业处：李静群。

【全国优秀女职工工作者】 局机关：周红霞。

【全国女职工之友】 第二采油技术服务处：刘拴孝。

【2006年度全国知识型先进个人】 西安长庆科技工程公司：林罡。

【石油工业QC小组活动卓越领导者】 钻井工程总公司：沈双平。

【石油工业QC小组活动优秀推进者】 徐峰、李晓明、史立峰。

【陕西省劳动模范】 郭宝珍、芦克岌。

【“甘肃省五一劳动奖章”获得者】 王辉、刘贤玉、田永峰。

【甘肃省先进个人】 杨芸芸。

【甘肃省文明家庭】 周琦。

【甘肃青年“五四奖章”获得者】 李四广。

【甘肃省陇原技能大奖获得者】 梁东平。

【甘肃省技术能手】 苏治华、郭宝珍、田永峰、任晓洲。

【甘肃省质量管理小组活动卓越领导者】 李建林。

【甘肃省总工会 2006 年度财务先进个人】 刘红萍。

【宁夏女职工之友】 程玉虎。

【宁夏回族自治区“杰出青年岗位能手”】 王芸香、文金霞、姜军武、安启萍。

【陕西省优秀共青团干部】 周建勇。

【陕西省优秀共青团员】 王勇、包晓燕、尹良瑞。

【中国石油集团第四届十大杰出青年】 刘玲玲。

【中国石油集团第三届优秀青年工作者】 范洲、刘晓东。

【中国石油集团变电站值班员技能大赛】 银牌获得者：水电厂刘贤玉、郑小花、包小艳；铜牌获得者：水电厂梁爱琴。

【中国石油集团气焊工技能大赛】 银牌获得者：建设工程总公司康卫平。

铜牌获得者：建设工程总公司贺志峰。

【长庆局劳动模范】 钻井工程总公司第四项目部 30653 钻井队队长：刘永横；

钻井工程总公司第一项目部 30693 钻井队队长：张兆安；

钻井工程总公司第五项目部 40591 钻井队队长：刘镇宏；

钻井工程总公司第二项目部技术办主任：刘李宏；

钻井工程总公司第四项目部 40627 钻井队工程二班班长：文峰；

录井公司第三录井项目部经理：吴风云；

井下技术作业处压裂大队压裂一队三机组班长：吴光勇；

井下技术作业处 S00510 队司钻：田永峰；

井下技术作业处工程技术发展研究中心油藏工程师：袁冬蕊；

建设工程总公司第三分公司工人：王辉；

建设工程总公司第一分公司经理：王小明；

第一采油技术服务处井下工艺研究所：屈军勤；

第二采油技术服务处工艺所副所长：毕文良；

第二采油技术服务处特修 5 队二车组车组长：杨长军；

第三采油技术服务处井下作业大队大队长：高忠礼；

第三采油技术服务处信访（维护稳定工作）办公室主任：关玉琴；

定边采油技术服务处 S00662 队队长：陈刚；

国际事业部厄瓜多尔分公司生产运行部主任：张雄；

水电厂水电工程有限责任公司南梁变电所所长：刘贤玉；

机械制造总厂抽油机制造分厂厂长兼党支部书记：王国红；

运输处三分公司汽车驾驶员：强鹏纲；

工程研究院机械电气研究所高级工程师：张毓民；

西安长庆科技工程有限责任公司建筑工程设计部主任：任兴文；

培训中心长庆井控培训站副站长：张发展；

长庆实业集团有限公司镰刀湾项目组：陈传金；

苏里格气田合作开发项目组生产运行科科长：陈海涌；

低产低效储量合作开发项目组集输大队大队长：吴广洲；

矿区服务事业部燕鸽湖物业服务处物业管理员：丰德强；

矿区服务事业部庆城综合服务处治安管护队队长：崔文先；

矿区服务事业部职工医院副主任医师：

王平。

【长庆局先进生产（工作）者】 钻井工程总公司：杨茂存、陈秉炜、郁贵田、王万庆、马海军、赵国荣、孙宁平、王林、杜长江、李春发、刘建强、潘成亮、冀海霞、朱立锋、闫亚东、王向延、冉华、赵静、韩佩章、任俊道、南坤、杨言、王勇、刘兆利、李卫、倪华峰、马宣志、贺建宁、吕继强、任斐、卢建华、钟发延、李世海、姜鹏勇、王建军、吕凤彬、姚学虎、谢洪江；

井下技术作业处：赵进国、王喜成、杨奎英、田卫林、尉文灵、苏敏文、谢璇、赵勇、兰建平、陈根林、张宏波；

第一采油技术服务处：卢克茇、郝治平、唐亮、侯尚俊、刘爱芳、王银广、高臻洪；

第二采油技术服务处：张永峰、张理锋、谢志鹏、程文涛、邵乾坤、丁俊富、厚贵缠、白金虎、王卫朋、赵亚莉、黄爱华；

第三采油技术服务处：李向阳、张利民、梁平、张十全、魏志彦、杨剑、王学海、张志斌、沈传海、武喜怀、胡凤珍；

采气技术服务处：黄勇；

建设工程总公司：闫晓峰、刘军、李凯峰、安小虎、张广、豆筱涛、高贵胜、徐军锋、张震、齐涛、赵刚、蔺起飞、万守义；

录井公司：白峰、龙贤刚；

机械制造总厂：周良超、冯飞、纪效广、张延水；

水电厂：郑小花、王继龙、梁爱琴、包小艳、顾沈卉、李志峰、刘建中；

低效储量合作开发项目组：张晓明；

苏里格气田合作开发项目组：朱建波；

运输处：王启华、郭建刚、陈刚、郭宝平；

工程技术研究院：任雁鹏；

西安长庆科技工程有限责任公司：何军；

通信处：刘劲、宋养齐；

器材供应处：张忠建、马晓丽、牛玉兰、李世聪、黄瑞；

长庆实业集团有限公司：刘建刚；

西安长庆地产集团有限公司：杨振桓；

西安长庆建设监理有限公司：武权；

工程监督公司：马跃川；

交通服务处：卢有民；

技术监测中心：饶旻久；

长庆宾馆：崔鹏虎；

培训中心：郇晓斌、辛增福；

乳山职工培训中心：刘军；

西安泾河工业园项目组：刘新文；

兰州办事处：孙彦福；

北京办事处：刘全利；

上海联络处：李署英；

局机关：童树光、杨玉军、丁京娟、马双林、文鹏祥、霍江梅；

矿区服务事业部兴隆园物业处：张庭杰；

矿区服务事业部泾河园物业处：陈玉林；

矿区服务事业部泾渭苑物业处：陈宝玮；

矿区服务事业部庆城综合服务处：吴晓刚；

矿区服务事业部河庄坪综合服务处：韩进录；

矿区服务事业部长庆石化综合服务处：彭涛；

矿区服务事业部兴庆路综合服务处：王克杰；

矿区服务事业部职工医院：武卫东；

矿区服务事业部兴隆园医院：吴彦；

矿区服务事业部燕鸽湖医院：常淑梅；

矿区服务事业部新闻中心：杨良喜、赵瑛。

【长庆局钻井年进尺突破400万米先进个人】

钻井工程总公司：陈秉炜、李延新、马宣志、韩红卫、张红新、李振奎、冯东阳、周军林、赖建中、马康康、张昌峰、李卫军、朱吉勇、牛文斌、吕飞、解永平、陈联国、双建文、李永强、李红旗、杨生辉、郁贵田、李新建、孙继军、刘李宏、杨军明、唐勇、董秦峰、武军、刘亚林、何庆刚、张万顺、双传洋、王卫东、刘建国、何进忠、宋建武、李金玉、罗建兵、卢小军、莫思军、谢红宁、王步宽、杨献讴、舒红兵、姚新毅、刘玉庆、孙刚强、谭欣、王善成、杨茂存、张跃武、吴生林、陈仲银、樊祎、王剑军、买吉合、王强、巩玉东、李义峰、俞小松、陈志宏、张保峰、周永平、付卫星、杨英峰、李翔、孙海合、贺航、谭小勇、杨晋权、马海军、陈志贵、王海明、潘成、杨中波、贺会锋、陈全发、党国雷、冯文革、赵钰、俞群、田亚军、李小平、王勤勤、杨云坤、杨钧、陈吉宏、杨昆、李世海、王晓剑、王海涛、李小平、张建、贾武升、冯保宁、王尚海、刘栋廷、翁保民、惠国宁、姚立新、刘新宇、党军、杨小平；

国际事业部：喻向阳、王霞、程国辉、李强、张利军、陆野；

塔里木第八勘探公司：王学枫、邓贺璟、闫亚东、贾文江、秦龙辉；

录井公司：吴风云、彭清明、王迅安、高哲民、李书俊、史瑞杰、马腾飞、吴卫东、苏明、段志强、陈鹏、刘庆志、唐吉根、岳风玲、刘志强、李成杰、王刚、种小柯、郭宏、刘璐；

工程技术研究院：李欣、陈恩让；

运输处：冯登玉、强鹏刚；

器材供应处：黄瑞、赵世友；

靖边前线指挥部：高应翔；

庆阳前线指挥部：王瑞民；

定边前线指挥部：黄应红；

局机关：王海平、薛让平、李秉跃、刘晓明、马全仁、马怀东。

【长庆局低效油气合作开发年产油气当量突破60万吨先进个人】　低效储量合作开发项目组：白忠民、孔红勤、王义存、秦学文、张瑞瑞、朱彦军、刘济胜、曹智民、李永胜、胡军、胡大科、贺伟、杨军、王俊德、史跃凯、贾西文、余红燕、王伟、齐红宝、冯亚东、王秋霞、张卫刚、王进恒、李勇红、范志强、朱更生、高怀琳、代辉、苏秉宏、邬志新、熊娟华、李青；

苏里格气田合作开发项目组：杨智荣、邹国曙、李军、邵江云、程琪、刘立文、张宗伟、王文钧、史凌峰、金涛、马正兵、陈战强、乔军委、宋继军；

长庆实业集团有限公司：王科、王学存、贾进孝、姚九存、张吉光、张金福、朱建伟、李志荣；

第三采油技术服务处：闫玉平、杨林杰、刘新民、马伟、沈俊；

合作项目部：钟华誉。

【长庆局2007年试油（气）压裂突破6000层次先进个人】　井下技术作业处：向玉清、赵刚、柳志勇、张武庆、赵进国、寇东、汪小龙、刘小平、王怀玉、林涛、田海军、来国荣、周波、李彦虎、胡爱军、张建军、张文轩、贺建军、李军治、王军党、李建忠、闫向忠、刘文新、班维宏、董红红、刘文奎、王立庆、李斌、王世林、赵继强、李健仁、刘文波、张玉华、姚志杰、李建国、贺国炜、张林学、朱殿毅、徐岗宏、王庆喜、崔锡宏、安永江、张永红、方军伟、何伯桥、程剑楠、白建鹏、张海琦、张春明、詹勇、杨为民、王建军、薛华、兰建平、万小平、薛伟旗、郭天平、孙世峰、王滨、王养志、徐克平、李文成、黄昌宇、赵恩维、强学锋、陈琦、景立军、田荣生、罗春源、邓小强、杨文明、杨燕、安晓明、贾敏、李胜、王力强、李文涛、张艳丽、安爱荣、王琦、宜建国；

采气技术服务处：殷生荣、王霍锋、曹辉剑、张立业、常春余、方亮；

第一采油技术服务处：刘炳森、魏海峰、杨新宁、黄东江、冯小峰、马金斌、贺文涛、崔钢林、王保柱、贺世宏、赵晓庆、曹鹏程；

第二采油技术服务处：敬公成、范建功、王峰、杨长军、张军宏、王锋涛、李国庆、成海刚、张元存、张满具、白金虎、王小林、王波、延晓鹏、王卫朋；

第三采油技术服务处：杨学峰、马叶金、王跃江、李忠良、王君民、武海、张利民、邹平、于小林、王学发、黄克军、王灏；

定边采油技术服务处：王希龙、王建国、张东、郭庆平、杜阳忠、杨爱武；

工程技术研究院：周然、李勇；

国际事业部：季玉俊、朱孟江；

工程监督公司：张兆杰、刘志宏；

运输处：汪家林、刘晓宏；

器材供应处：赵曼宏；

靖边前线指挥部：刘建凡；

庆阳前线指挥部：李建福；

定边前线指挥部：王小勇；

局机关：王贵刚、李聘川、周浩、黄源琳、杨仕武、石宪峰。

【长庆局员工培训兼职教师技能大赛获奖选手名单】　金牌获得者：钻井工程总公司张俊杰，井下技术作业处田军；

银牌获得者：钻井工程总公司王建胜、姜延龄，第三采油技术服务处马荣录；

铜牌获得者：井下技术作业处王国峰，建设工程总公司赵莉、牛黎，技术监测中心朱景敏，第二采油技术服务处郭绍忠；

优秀选手获得者：刘佳、刘光卫、杨逸斐、尚忠峰、谭建、张军峰、赵瑞元、曹运涛、华丽军。

【长庆局技术状元】　石油钻井工：钻井工程总公司王耀荣；

钻井柴油机工：钻井工程总公司潘成亮；

固井工：钻井工程总公司张振林；

井下作业工（试油试气）：井下技术作业处田永峰；

作业机司机：井下技术作业处周远斌；

井下作业工（修井）：第一采油技术服务处赵东军；

输气工：第三采油技术服务处杨剑；

钻井地质工：录井公司李小军；

综合录井工：录井公司张志鹏；

配电线路工：水电厂王继龙；

变电检修工：水电厂任晓洲；

计算机操作员：第三采油技术服务处刘光全；

护理工：矿区服务事业部职工医院靳桂花；

气焊工：钻井工程总公司窦宝群；

变电站值班员：水电厂梁爱琴。

【长庆局技术标兵】　石油钻井工：钻井工程总公司王宏伟、郭雄峰、王永刚；

钻井柴油机工：钻井工程总公司胡长宏、常群、高彩军；

固井工：钻井工程总公司余林、岳引庆；

井下作业工（试油试气）：井下技术作业处田永杰、田军；

作业机司机：井下技术作业处包建军、朱绪文；

井下作业工（修井）：第三采油技术服务处李斐，第二采油技术服务处张耀军；

输气工：第三采油技术服务处王哲、于清建、徐毅，苏里格气田开发项目组宋继军；

钻井地质工：录井公司吕红、贾海龙；

综合录井工：录井公司肖李承、贾登荣；

配电线路工：水电厂张建兵、夏功，第三采油技术服务处杨波；

变电检修工：水电厂赵斌楼、向兴强，第三采油技术服务处朱新玲；

计算机操作员：通信处王鸿麟，培训中心宋金虎；

护理工：矿区服务事业部职工医院麻丽娜、包彩绒、王晓燕。

【长庆局技术能手】　石油钻井工：钻井工程总公司颉永刚、李涛、刘荣、高国虎、李军峰、杨钰、吴玄、葛景波、张应军、王禧、周体军、刘晓东、李晓亮、丁东锋、王海龙、娄振华、吉昱、马文超；

钻井柴油机工：钻井工程总公司冀海霞、王向军、王强、王刚、孙炎、常群、高述伟、张富强、任海龙；

固井工：钻井工程总公司王宁、王长荣、张国平、李泾虎、杜毅、亢德劲、刘登华；

井下作业工（试油试气）：井下技术作业处王国峰、唐冲、王军党、孙新龙、韩会军、张玉华、何向华；

作业机司机：井下技术作业处党军、王小林、苏鹏；

井下作业工（修井）：第一采油技术服务处郑建刚、巩继云、黄军强、肖宗政、周伟战，第二采油技术服务处潘峰、何毅、王小林，第三采油技术服务处李伟、陈志勇、梁平，定边采油技术服务处书勤；

输气工：第三采油技术服务处许晓琴、王卫兵、王跃彬、刘成龙、王涛、范迎巧、贾玉霞、冶有花、刘玉荣、马沙丽；

钻井地质工：录井公司何占军、芮红斌、吴汉波、郭雅丽、万惠军、高哲民、折宝虎、陈小霞；

综合录井工：录井公司传镇、王雷、罗红梅、常永青、吴占国、赵煜、王忠宝、阎志国；

配电线路工：水电厂王宏伟、王刚、蒋文俊、侯瑞、郭世耀、史小鹏、李宏明，第三采油技术服务处张卿；

变电检修工：水电厂薛焕廷、索军文、露永睿、唐云东、李向峰、王洪亮，第三采油技术服务处殷晓辉；

计算机操作员：定边采油技术服务处魏建宏，第一采油技术服务处张强，通信处田海量，第二采油技术服务处李钢，运输处郑华，建设工程总公司姚伟，第三采油技术服务处杨丽蓉，培训中心郭乙霞，机械制造总厂刘涛，通信处张萍，钻井工程总公司张洋；

护理工：矿区服务事业部职工医院李兰、杨小莉、王黎、李冬梅、金莉、肖彩红、程艳，矿区服务事业部燕鸽湖医院刘志霞、王小红，矿区服务事业部河庄坪综合服务处田咏梅，矿区服务事业部兴隆园医院景文娟；

气焊工：建设工程总公司贺志峰；

变电站值班员：水电厂包小艳。

【长庆局青年岗位能手】　钻井工程总公司：李春刚、刘亚林、杜宗、徐庆琦、康芳龄、徐仕杰、李维刚、党天敏、张利军、史西峰；

井下技术作业处：赵杰、韩春明、田永峰、祈波、丁锋；

建设工程总公司：王辉、温志鹏、苏治华、吴永峰、黄晓辉；

第一采油技术服务处：孙勇、孟洁、郑建刚、刘书勤；

第二采油技术服务处：彭彩霞、周清平、杨厥银、徐杰斌、张耀军、张建军；

第三采油技术服务处：冯建平、李雯、张晓瑞、姜军武、李伟宁、张茹；

运输处：敬勇民、何军虎；

水电厂：刘贤玉、李承东、荔占忠；

录井公司：魏新宁、邵新燕；

矿区服务事业部兴隆园物业服务处：冯刚强；

机械制造总厂：姚谋谋、王海飞、何双军；

矿区服务事业部职工医院：李君霞；

长实集团：王平；

培训中心：刘宁林、李小兵；

苏里格气田合作开发项目组：宋继军；

矿区服务事业部泾渭苑物业服务处：弥天平；

矿区服务事业部泾河园物业服务处：严乐；

长庆地产集团：孙如青；

长庆宾馆：胡玉华、刘维；

器材处：马艳飞、马晓丽；

矿区服务事业部新闻中心：李茂玲；

交通服务处：谢江元；

通信处：章瑞；

矿区服务事业部燕鸽湖物业管理处：胡晓梅；

技术监测中心：朱永；

局机关：程学军；

工程技术研究院：武自博；

西安长庆科技工程有限责任公司：张箭啸。

【长庆局优秀共青团干部】 钻井工程总公司：魏文举、魏炜、何军、金晶、徐建勋、贺亚妮、窦小兵、单桂芳；

建设工程总公司：党亚玲、罗炜、张秦兵、谢建峰；

井下技术作业处：吴宝荣、印敬亮、赵建科；

第一采油技术服务处：李金平、田晓强；

第二采油技术服务处：梁环萍、蒋鸿；

第三采油技术服务处：殷晓辉、顾继萍；

器材处：王冬梅；

运输处：张先兵；

水电厂：张静周、姜智华；

录井公司：司晓鸽、杨艳宁；

矿区服务事业部兴隆园物业服务处：王宁；

机械制造总厂：陈义锋、吕瑶；

矿区服务事业部职工医院：徐波；

长实集团：柳桂永；

培训中心：冯帼华；

苏里格气田合作开发项目组：唐雄风；

矿区服务事业部泾渭苑物业服务处：黄睿；

矿区服务事业部泾河园物业服务处：严艺娟；

矿区服务事业部燕鸽湖物业处：郭延芳；

长庆地产集团：方富丽；

技术监测中心：尚文静；

局机关：蒙阿仔；

工程技术研究院：李晓黎；

长庆科技工程有限责任公司：马永宁；

通信处：郭宣宏；

长庆宾馆：豆海燕；

矿区服务事业部新闻中心：彭应战。

【长庆局优秀共青团员】 钻井工程总公司：杜涛、梁健、王海龙、孙海峰、荀海峰、乔浩、李晓龙、乔来有、朱搏辉、付良成、王景涛、胡延霞、马飞、李养财、田瑜、刘明；

建设工程总公司：尹杉、温亚、金泽、阎晓峰；

井下技术作业处：赵成、王霍峰、陈建林、朱亚萍；

第一采油技术服务处：高娜、强盛、武娟；

第二采油技术服务处：陈军、张军、尹良瑞、蒋天昊、张晓英；

第三采油技术服务处：张文华、马雯、马志鑫、蒋小颖；

运输处：赵珏嘉、杨宏涛；

水电厂：沈靖、张亚丽；

录井公司：唐芳、王刚；

器材供应处：郭晨；

矿区服务事业部兴隆园物业服务处：杨凤梅；

机械制造总厂：向自强、李莹；

矿区服务事业部职工医院：李冬梅；

长实集团：高原；

培训中心：刘国蕊、张文、刘芳、郭薇、党斌、康仑；

苏里格气田合作开发项目组：张宗伟；

矿区服务事业部泾渭苑物业服务处：王恒；

矿区服务事业部泾河园物业服务处：王琼；

矿区服务事业部燕鸽湖物业管理处：田刚；

长庆地产集团：李岳；

技术监测中心：王海军；

局机关：李勇；

工程技术研究所：杨建荣；

长庆科技有限责任公司：章小龙；

通信处：任雅维；

长庆宾馆：高倩；

矿区服务事业部新闻中心：赵瑛；

工程技术研究院：姚俊昌。

【长庆局第 14 届职工技能大赛优秀组织者名单】　杨炜栋、王标、张军、曾龙、郑芳、孟繁强、董延玲、周兴炯、王学海、王永汉、吕峰、杜永葆、王玲、陈龙、赵新团、魏立斌、黄金河、达录章、张晓祥、刘吉庆、王新军、刘晶、赵斌、李玉红、贾刘林、安锁贤、程晓东、文小平、王宝元、王维珍、翟炳华、吴大康、李仲华、赵瑞、朱新军、向红、崔建伟、徐波、赵英、袁剑洁、李益民、杨少波、李运库、韩鹏、孙晓勇、赵伟兰、韩世伟、耿元庆、刘春琪、冯树立、王宜光、高峰、蔡金海、段毅龙、尹才元、刘晓东。

【长庆局 2006—2007 学年职业教育战线优秀教师优秀班主任及先进教育工作者名单】　优秀教师：郭虹、谢梦华、辛增福、李雪红、金玲、高飞、邢丽萍、杨丽萍；

优秀班主任：冯帼华、周爱霞、杨丽芳；

先进教育工作者：王立军、王学全。

【长庆局 2007 年度矿区服务幼教系统优秀教师和先进教育工作者名单】　优秀教师：庆城综合服务处幼儿园陈倩、汤晓梅，兴隆园物业服务处幼儿园张小青、王静，燕鸽湖物业服务处第一幼儿园王京琼，燕鸽湖物业服务处第二幼儿园邓莉，河庄坪综合服务处幼儿园何芸，机械制造总厂幼儿园豆玲霞；

先进教育工作者：庆城综合服务处幼儿园马兰、王瑛，兴隆园物业服务处幼儿园李叶珍，燕鸽湖物业服务处第一幼儿园牛亚萍，燕鸽湖物业服务处第二幼儿园赵永香，河庄坪综合服务处幼儿园申瑜，和兴园综合服务处幼儿园张育平，礼泉综合服务处幼儿园王玉苗，昌源综合服务处幼儿园索平艳，泾渭苑物业服务处马岭服务站幼儿园陈巧莲。

第十篇

机构与人物

长庆石油勘探局组织机构

（长庆局机关职能处室23个，机关附属10个。长庆局矿区服务事业部机关职能处室9个，机关附属2个。长庆局直属单位55个（含矿区服务事业部直属单位19个），其他机构2个，局管项目组6个。资料截至2007年12月31日）

一、长庆局机关（23个处、室、部） 陕西省西安市

1. 局办公室（党委办公室）
2. 规划计划处
3. 财务资产处
4. 生产运行处
5. 人事劳资处（党委组织部）
6. 质量安全环保处
7. 企管法规处
8. 审计处
9. 科技发展处
10. 对外关系协调处
11. 工程技术部
12. 合作项目部
13. 基建工程部
14. 机械动力处
15. 企业文化处
16. 党委宣传部
17. 纪检监察处
18. 局工会
19. 信访办公室（维护稳定工作办公室）
20. 机关事务管理处（机关党委）
21. 教育处
22. 局团委
23. 武装部

二、长庆局机关附属（10个） 陕西省西安市

1. 咨询中心
2. 巡视员办公室
3. 资金结算中心

4. 审计服务中心
5. 人力资源开发服务中心（再就业服务中心）
6. 职业技能鉴定中心
7. 工程定额与造价管理中心（工程定额概预算管理站）
8. 安全环保监督部
9. 庆阳指挥部
10. 靖边前线指挥部

三、长庆局矿区服务事业部机关（9个）　　陕西省西安市

1. 综合办公室（党委办公室）
2. 计划财务部
3. 人事劳资部（党委组织部）
4. 安全环保部
5. 党群工作部
6. 物业服务部
7. 公益服务部
8. 离退休管理部
9. 矿区建设部

四、长庆局矿区服务事业部机关附属（2个）　　陕西省西安市

1. 住房资金管理中心
2. 档案资料室

五、长庆局直属单位（55个）

1. 钻井工程总公司　　陕西省西安市
2. 井下技术作业处　　陕西省西安市
3. 建设工程总公司　　陕西省西安市
4. 第一采油技术服务处　　陕西省延安市
5. 第二采油技术服务处　　甘肃省庆城县
6. 第三采油技术服务处　　宁夏回族自治区银川市
7. 定边采油技术服务处（定边前线指挥部）　　陕西省定边县
8. 采气技术服务处　　陕西省定边县
9. 低效储量合作开发项目组　　陕西省西安市
10. 苏里格气田合作开发项目组　　陕西省西安市
11. 录井公司　　陕西省西安市
12. 工程技术研究院　　陕西省西安市
13. 国际事业部（国际石油技术工程公司）　　陕西省西安市
14. 器材供应处　　陕西省西安市
15. 水电厂　　甘肃省庆城县
16. 机械制造总厂　　甘肃省宁县
17. 运输处　　甘肃省庆城县

18. 通信处　陕西省西安市
19. 工程监督公司　陕西省西安市
20. 技术监测中心（石油天然气长庆工程质量监督站）　陕西省西安市
21. 培训中心　陕西省西安市
22. 固井工程公司（副处级）　陕西省西安市
23. 钻井管具公司（副处级）　陕西省西安市
24. 资本运营部（多种经营管理处、集体资产投资管理中心）　陕西省西安市
25. 交通服务处　陕西省西安市
26. 长庆宾馆　陕西省西安市
27. 乳山职工培训中心（乳山长庆公司）　山东省乳山市
28. 塔里木第八勘探公司（挂靠塔里木石油勘探开发指挥部）　新疆维吾尔自治区
29. 北京办事处　北京市
30. 兰州办事处　甘肃省兰州市
31. 上海联络处　上海市
32. 西安长庆科技工程有限责任公司　陕西省西安市
33. 长庆实业集团有限公司　陕西省西安市
34. 西安长庆化工集团有限公司　陕西省西安市
35. 西安长庆地产集团有限公司　陕西省西安市
36. 西安长庆工程建设监理有限公司　陕西省西安市
37. 矿区服务事业部兴隆园物业服务处　陕西省西安市
38. 矿区服务事业部泾河园物业服务处　陕西省西安市
39. 矿区服务事业部泾渭苑物业服务处　陕西省西安市
40. 矿区服务事业部湖滨花园物业服务处　陕西省西安市
41. 矿区服务事业部燕鸽湖物业服务处（银川办事处）　宁夏回族自治区银川市
42. 矿区服务事业部庆城综合服务处　甘肃省庆城县
43. 矿区服务事业部河庄坪综合服务处　陕西省延安市
44. 矿区服务事业部和兴园综合服务处（副处级）　陕西省西安市
45. 矿区服务事业部礼泉综合服务处（副处级）　陕西省礼泉县
46. 矿区服务事业部昌源综合服务处（副处级）　陕西省咸阳市
47. 矿区服务事业部靖边物业服务处（副处级）　陕西省靖边县
48. 矿区服务事业部兴庆路综合服务处（副处级）　陕西省西安市
49. 矿区服务事业部职工医院　甘肃省庆城县
50. 矿区服务事业部燕鸽湖医院　宁夏回族自治区银川市
51. 矿区服务事业部兴隆园医院　陕西省西安市
52. 矿区服务事业部社会保险中心　陕西省西安市
53. 矿区服务事业部新闻中心　陕西省西安市
54. 矿区服务事业部长庆石化综合服务处（由长庆石化分公司托管）　陕西省咸阳市
55. 矿区服务事业部西安石油勘探仪器总厂　陕西省西安市

六、其他机构（2个）

1. 博士后科研工作站　陕西省西安市
2. 中油财务西安分公司（机构隶属中油财务有限责任公司）　陕西省西安市

七、局管项目组（6个）

1. 北京办事处综合楼建设工程项目组　北京市
2. 泾河工业园项目组　陕西省西安市
3. 定边生产基地建设项目组　陕西省定边县
4. 长庆湖滨花园建设项目组　陕西省西安市
5. 银川燕鸽湖基地建设项目组　宁夏回族自治区银川市
6. 兴隆园小区建设项目组　陕西省西安市

长庆石油勘探局党政领导

序号	姓　名	职　　务
1	苟三权	长庆石油勘探局局长、党委副书记
2	滕玉林	长庆石油勘探局党委常委
3	蒲建中	长庆石油勘探局党委副书记、纪委书记、工会主席兼矿区服务事业部党委书记
4	刘自强	长庆石油勘探局副局长、党委常委兼矿区服务事业部主任、党委副书记
5	赵业荣	长庆石油勘探局副局长、总工程师、党委常委
6	谢文虎	长庆石油勘探局副局长、党委常委
7	杨再生	长庆石油勘探局副局长、安全总监、党委常委
8	凌心强	长庆石油勘探局副局长、党委常委
9	张启英	长庆石油勘探局党委常委、人事劳资处处长、党委组织部部长

长庆石油勘探局局长助理

序号	姓　名	职　　务
1	张元忠	长庆石油勘探局局长助理
2	朱文伯	长庆石油勘探局局长助理、矿区服务事业部党委副书记兼纪委书记、工会主席、副主任

续表

序号	姓　名	职　　务
3	吴述普	长庆石油勘探局局长助理
4	沈双平	长庆石油勘探局局长助理兼钻井工程总公司总经理、党委副书记

长庆石油勘探局副总师（副总监）

序号	姓　名	职　　务
1	刘硕琼	长庆石油勘探局副总工程师兼靖边前线指挥部指挥
2	李静群	长庆石油勘探局副总工程师兼井下技术作业处处长、党委副书记
3	王　红	长庆石油勘探局副总会计师
4	吕松林	长庆石油勘探局安全副总监兼质量安全环保处处长

长庆石油勘探局机关处室及附属单位班子成员

序号	单　　位	正　　职	副　　职
1	局办公室（党委办公室）	张宏鹏	杨懿峰（兼）　李三卫　关登彬　员小杰
2	规划计划处	肖剑华	张国伟　陈　军（兼）
3	财务资产处	童天喜	杨杰山（兼）　刘继红　李　艳　张剑平　刘聪亮
4	生产运行处	高连中	万云峰　张振武
5	人事劳资处（党委组织部）	张启英（兼）	刘拴孝（兼）　杨　锋　王录军

续表

序号	单　位	正　职	副　职
6	质量安全环保处	吕松林（兼）	徐非凡　李红瑞
7	企管法规处		高　鹏　张　伟　冉启华
8	审计处	苏计成	何丽君
9	科技发展处	陈军强	高尊民
10	对外关系协调处	勾　建	宋联银
11	工程技术部	岳砚华	雷　桐　谢正温
12	合作项目部		衣国安　郭　和　何崇康　薛建强
13	基建工程部	李时宣	尚　进
14	机械动力处	孙治国	雒建胜　李　勇
15	企业文化处	张文锦	
16	党委宣传部	戴　娜	刘春科（兼）　李　强　王汝宇
17	纪检监察处	安武林	苏碎勋　张景尧　刘　龙　郭世擘
18	局工会	周红霞	吴汉平
19	局信访办公室（维护稳定工作办公室）	孔明杜	陶德荣　刘晓峰
20	机关事务管理处（机关党委）	王纪中	陈云虎　高万善　曾晓培
21	教育处	孟汉青	
22	武装部		台克忠
23	局团委		张明力　范　洲
24	咨询中心	黄依理	刘利群
25	巡视员办公室	李　涛（兼）	李守泉　马积玉　宋钊元　王殿民 施洪建　郭必虎　曹金锋　成邦运 杜建龙
26	资金结算中心	范万动	
27	审计服务中心	易宝安	王小川　李全山
28	人力资源开发服务中心（再就业服务中心）	赵清显	石恒春
29	职业技能鉴定中心	刘晓华	冯树立　雷卫华
30	工程定额与造价管理中心	王秉科	常　青
31	安全环保监督部	郭占春	张瑞勇　王居明　芦连鑫

续表

序号	单　　位	正　　职	副　　职
32	庆阳指挥部	王玉琦	张　虎　李建福　李　锋
33	靖边前线指挥部	刘勇谋	车文金
34	定边前线指挥部	黄应红（兼）	吴志华（兼）
35	中油财务有限责任公司西安分公司		谢西兰

长庆石油勘探局所属单位及控股单位班子成员

序号	单　　位	处长（经理、主任、院长、校长、社长、站长）	党委（总支）书记	副处长（副经理、副主任、副院长、副校长、副社长、副站长、副书记、纪委书记、工会主席、总工程师、总会计师、安全总监）
1	钻井工程总公司	沈双平（兼）	李功玉	赵宏英　王宏伟　马志章　石玉国　彭国荣　李建林　李晓明　王均良　秦建忠　刘新建
2	井下技术作业处	李静群（兼）	吕凤军	李尊团　付贵荣　胡文让　苏金柱　孙　虎　周　丰　张　强　赵维斌　李武平　赵中华
3	建设工程总公司	郝世英	朱德胜	文杰堂　刘建华　阮开奎　韩建成　王国仁　王　凌　常　宏　黄　雁　杨　涛　尚建文　朱传敬
4	第一采油技术服务处	贺军生	刘　琴	张　暄　高金刚　刘再兴　卢继平　田　云　李　翔

续表

序号	单　位	处长（经理、主任、院长、校长、社长、站长）	党委（总支）书记	副处长（副经理、副主任、副院长、副校长、副社长、副站长、副书记、纪委书记、工会主席、总工程师、总会计师、安全总监）
5	第二采油技术服务处	雒继忠	杨　文	李开连　李芳刚　韩哲剑　范存孝　王振华　金正谦　魏世明
6	第三采油技术服务处	程玉虎	刘永林	曹继虎　朱彦博　樊　成　杨吉明　张鹏云　郁　星
	原油气技术综合服务处处长、党委书记，现待派	杨　清		
7	定边采油技术服务处	黄应红	吴志华	高占武　肖朝福　王忠锁
8	采气技术服务处	徐宝亮	郭怀林	窦祖宏　苏　胜　王青山
9	低效储量合作开发项目组	张凤奎	姬定成	王永华　李金明　雒和敏　杨　暹　王天新　宋世华
10	苏里格气田合作开发项目组	杨志伦	韩相义	李建奇　赵喜民　史向东
11	录井公司	姚建国	杜永葆	杨金龙　龙利平　张应忠　陈四魁　孔维方
12	工程技术研究院	刘顶运	刘贵喜	王长宁　陈在君　宋振云　谭　平
13	西安长庆科技工程有限责任公司	何宗平	余连城	张正海　李智渊　杨世海　白天元　夏　政　刘　祎　胡建国
14	国际事业部	金学智	李旭春	闫世和　董兰生　袁争鸣　郭建友　张增年　郑　重　王立军　张岳荣　李永泓
15	器材供应处	张富中	李巨龙	周建民　李崇奇　李光明　武永革　石仲昭
16	水电厂	童建平	于　军	李永军　常亚文　青小林　杨志铎

续表

序号	单　位	处长（经理、主任、院长、校长、社长、站长）	党委（总支）书记	副处长（副经理、副主任、副院长、副校长、副社长、副站长、副书记、纪委书记、工会主席、总工程师、总会计师、安全总监）
17	机械制造总厂	纪忠明	徐步京	李红才　冯林生　陈建毅　王　翔　彭志祯　吉振宇
18	运输处	韩　庆	潘应元	李建民　翟习佳　张　峰　栾　虎
19	工程监督公司	张晓成	张晓成	王平生　赵　康　荣建利
20	通信处	黄晓东	郝永宏	艾宝泉　杨定普　陈国庆　景怀民　杨增辉　杨纪民
21	技术监测中心（石油天然气长庆工程质量监督站）	何　毅	何　毅	贾春虎　谷怀栋　梁桂海
22	西安长庆石油工程建设监理有限公司	孙志文	孙志文	凌玉龙　翟彦和
23	培训中心	史仲乾	郭月琴	王　乐　徐进学　张立荣　文小平
24	长庆实业集团有限公司	王鸿彬	王跃龙	郭树森　王　锐　王维东　田毓峰　曹丽辉
25	西安长庆地产集团有限公司	王育中	刘　伟	张树国　李广权　刘文惠
26	固井工程公司	慕建军	李志昌	常占宪　贾　芝　陈全发　杨　毅
27	钻井管具公司	李雪岗	杨国荣	李天明　何文涛　康安平　宋顺平
28	资本运营部（多种经营管理处、集体资产投资管理中心）	高小东	高小东	王万里　周延礼　杨共和　张生春
29	交通服务处			刘耀东　李　明
30	长庆宾馆	刘　琦	刘　琦	李晓明　陈辉荣　李　虎
31	乳山职工培训中心（乳山长庆公司）	刘维忠	刘维忠	周义刚　魏振禄
32	北京办事处	邵明新	王欣夫	闫永利

续表

序号	单　位	处长（经理、主任、院长、校长、社长、站长）	党委（总支）书记	副处长（副经理、副主任、副院长、副校长、副社长、副站长、副书记、纪委书记、工会主席、总工程师、总会计师、安全总监）
33	兰州办事处	陈晓玲	陈晓玲	
34	上海联络处	刘志文		刘志文
35	塔里木第八勘探公司	彭国荣（兼）	文杰堂（兼）	陈　辉
36	泾河工业园建设项目组	王黎明（兼）	王黎明（兼）	夏孟虎　杨正新 张君海（兼）
37	北京办事处综合楼建设工程项目组	王　凌（兼）	王　凌（兼）	闫永利（兼）
38	定边生产基地建设项目组	黄应红（兼）	黄应红（兼）	王忠锁（兼）
39	长庆湖滨花园建设项目组	权　衡（兼）	周地南（兼）	高思毅（兼）
40	银川燕鸽湖基地建设项目组	燕世文（兼）	燕世文（兼）	李广权（兼）　丁　伟（兼）
41	兴隆园小区建设项目组	牛仁会（兼）	牛仁会（兼）	李　云（兼）　张树国（兼） 邹铁军

长庆石油勘探局矿区服务事业部机关处室班子成员

序号	单　位	正　职	副　职
1	部党政领导	蒲建中（兼） 刘自强（兼）	朱文伯（兼） 马效忠　慕甲锋 徐　斌　刘拴孝
2	矿区服务事业部综合办公室（党委办公室）	杨懿峰	廖应兵
3	矿区服务事业部计划财务部	杨杰山	邢发银　陈　军

续表

序号	单　　位	正　　职	副　　职
4	矿区服务事业部人事劳资部（党委组织部）	刘拴孝	杨雄义
5	矿区服务事业部安全环保部	熊浩平	吕立国
6	矿区服务事业部党群工作部	刘春科	
7	矿区服务事业部物业服务部	倪文清	王广科
8	矿区服务事业部住房资金管理中心		夏化民
9	矿区服务事业部公益服务部	戎玉瑛	贺红旗　杨耀民
10	矿区服务事业部离退休管理部	朱世骏	秦有明
11	矿区服务事业部矿区建设部	王黎明	方文俊

长庆石油勘探局矿区服务事业部所属单位班子成员

序号	单　　位	处长（经理、主任、院长、校长、站长）	党委（总支）书记	副处长（副经理、副主任、副院长、副校长、副站长、副书记、纪委书记、工会主席、总工程师、总会计师、总编辑、安全总监）
1	兴隆园物业服务处	牛仁会	牛仁会	白文运　李　云　张晓林
2	泾河园物业服务处	许　允	尚世君	杨耐厚　田瀛洲　张君海
3	泾渭苑物业服务处	陈有仁	严正江	惠培锋　刘宁祥
4	湖滨花园物业服务处	权　衡	周地南	高思毅　丁　伟
5	燕鸽湖物业服务处（银川办事处）	燕世文	李　泉	文宏平　周宏跃　刘光前　巴怀富　张占玺
6	庆城综合服务处	杨伯岳	刘兴福	王进海　马忠林　左颖魁　赵建荣
7	河庄坪综合服务处	孙常印	王　旭	张树德　康　熹
8	和兴园综合服务处	王建国	边文宇	

续表

序号	单　　位	处长（经理、主任、院长、校长、站长）	党委（总支）书记	副处长（副经理、副主任、副院长、副校长、副站长、副书记、纪委书记、工会主席、总工程师、总会计师、总编辑、安全总监）
9	礼泉综合服务处	李介英	郭宜昌	
10	昌源综合服务处	田广平	李　锋	
11	靖边物业服务处	王东生	苏振国	
12	兴庆路综合服务处	刘永刚	谭郁平	
13	社会保险中心	李锡璋		田小宁　张会生
14	职工医院	张百宁	强少军	王树德　苟庆林　白晓霞　胡　清　席建堂　黄金环
15	燕鸽湖医院	李　琪	李建凯	杨泽福　唐建平　宋建明
16	兴隆园医院	贺红旗（兼）	郝自力	张建萍　薛庆生
17	新闻中心	雍亚民	李辉宁	张新民　程正才

长庆石油勘探局正高级职称人员

编号	单　　位	姓　　名	技术职称
1	长庆石油勘探局机关	苟三权	教授级高级工程师
2	长庆石油勘探局机关	赵业荣	教授级高级工程师
3	长庆石油勘探局机关	刘自强	教授级高级经济师
4	长庆石油勘探局机关	杨再生	教授级高级工程师
5	长庆石油勘探局机关	谢文虎	教授级高级工程师
6	长庆石油勘探局机关	刘硕琼	教授级高级工程师
7	长庆石油勘探局机关	孙玉辰	教授级高级政工师
8	长庆石油勘探局机关	岳砚华	教授级高级工程师
9	长庆石油勘探局机关	陈军强	教授级高级工程师
10	长庆石油勘探局机关	李时宣	教授级高级工程师

续表

编号	单　　位	姓　　名	技术职称
11	录井公司	姚建国	教授级高级工程师
12	定边采油技术服务处	吴志华	教授级高级工程师
13	国际事业部	金学智	教授级高级工程师
14	低效储量合作开发项目组	张明山	教授级高级工程师
15	工程技术研究院	王长宁	教授级高级工程师
16	工程技术研究院	刘顶运	教授级高级工程师
17	长庆实业集团有限公司	王跃龙	教授级高级政工师
18	长庆实业集团有限公司	王鸿彬	教授级高级经济师
19	矿区服务事业部机关	贺红旗	主任医师
20	矿区服务事业部机关	杨耀民	主任医师
21	职工医院	张百宁	主任医师
22	燕鸽湖医院	李　琪	主任医师

长庆石油勘探局副高级职称人员

序号	单　　位	姓　　名	技术职称
1	长庆石油勘探局机关	蒲建中	高级工程师
2	长庆石油勘探局机关	凌心强	高级工程师
3	长庆石油勘探局机关	滕玉林	高级经济师
4	长庆石油勘探局机关	张启英	高级工程师
5	长庆石油勘探局机关	朱文伯	高级工程师
6	长庆石油勘探局机关	张元忠	高级经济师
7	长庆石油勘探局机关	吴述普	高级工程师
8	长庆石油勘探局机关	沈双平	高级工程师
9	长庆石油勘探局机关	李静群	高级工程师
10	长庆石油勘探局机关	丁京娟	高级经济师
11	长庆石油勘探局机关	万云峰	高级工程师

续表

序号	单　　位	姓　名	技术职称
12	长庆石油勘探局机关	马　崇	高级工程师
13	长庆石油勘探局机关	马全仁	高级工程师
14	长庆石油勘探局机关	马积玉	高级政工师
15	长庆石油勘探局机关	勾　建	高级工程师
16	长庆石油勘探局机关	孔明杜	高级政工师
17	长庆石油勘探局机关	尹才元	高级工程师
18	长庆石油勘探局机关	王　红	高级会计师
19	长庆石油勘探局机关	王小川	高级审计师
20	长庆石油勘探局机关	王凤礼	高级工程师
21	长庆石油勘探局机关	王玉琦	高级工程师
22	长庆石油勘探局机关	王纪中	高级政工师
23	长庆石油勘探局机关	王宏伟	高级政工师
24	长庆石油勘探局机关	王居明	高级工程师
25	长庆石油勘探局机关	王录军	高级政工师
26	长庆石油勘探局机关	王海平	高级工程师
27	长庆石油勘探局机关	王新民	中学高级教师
28	长庆石油勘探局机关	王殿民	副教授
29	长庆石油勘探局机关	邓忠义	高级工程师
30	长庆石油勘探局机关	冉启华	高级工程师
31	长庆石油勘探局机关	冯　彪	高级政工师
32	长庆石油勘探局机关	冯忠全	高级工程师
33	长庆石油勘探局机关	田璟利	中学高级教师
34	长庆石油勘探局机关	石宪峰	高级工程师
35	长庆石油勘探局机关	石恒春	高级工程师
36	长庆石油勘探局机关	关登彬	高级经济师
37	长庆石油勘探局机关	刘　敏	高级会计师
38	长庆石油勘探局机关	刘东方	高级工程师
39	长庆石油勘探局机关	刘永红	高级政工师
40	长庆石油勘探局机关	刘利群	高级工程师
41	长庆石油勘探局机关	刘忠和	高级工程师
42	长庆石油勘探局机关	刘勇谋	高级工程师

续表

序号	单　　位	姓　　名	技术职称
43	长庆石油勘探局机关	刘恒衔	高级经济师
44	长庆石油勘探局机关	刘春华	高级会计师
45	长庆石油勘探局机关	刘晓华	高级经济师
46	长庆石油勘探局机关	刘继红	高级会计师
47	长庆石油勘探局机关	刘聪亮	高级经济师
48	长庆石油勘探局机关	吕松林	高级工程师
49	长庆石油勘探局机关	孙治国	高级工程师
50	长庆石油勘探局机关	安国荣	高级工程师
51	长庆石油勘探局机关	安武林	高级政工师
52	长庆石油勘探局机关	朱宁康	高级审计师
53	长庆石油勘探局机关	江昱洁	高级会计师
54	长庆石油勘探局机关	衣国安	高级讲师
55	长庆石油勘探局机关	何丽君	高级审计师
56	长庆石油勘探局机关	何崇康	高级工程师
57	长庆石油勘探局机关	何雪英	高级会计师
58	长庆石油勘探局机关	余彩霞	高级工程师
59	长庆石油勘探局机关	吴乳玲	高级经济师
60	长庆石油勘探局机关	宋钊元	高级政工师
61	长庆石油勘探局机关	张　伟	高级经济师
62	长庆石油勘探局机关	张　丽	高级工程师
63	长庆石油勘探局机关	张　芸	中学高级教师
64	长庆石油勘探局机关	张　斌	高级经济师
65	长庆石油勘探局机关	张　瑞	高级工程师
66	长庆石油勘探局机关	张文锦	高级政工师
67	长庆石油勘探局机关	张平心	高级政工师
68	长庆石油勘探局机关	张利堂	高级审计师
69	长庆石油勘探局机关	张宏鹏	高级政工师
70	长庆石油勘探局机关	张志恒	高级政工师
71	长庆石油勘探局机关	张国伟	高级经济师
72	长庆石油勘探局机关	张剑平	高级会计师
73	长庆石油勘探局机关	张振武	高级工程师

续表

序号	单　位	姓　名	技术职称
74	长庆石油勘探局机关	张景尧	高级政工师
75	长庆石油勘探局机关	张雅婷	高级经济师
76	长庆石油勘探局机关	李　宁	高级工程师
77	长庆石油勘探局机关	李　丽	高级会计师
78	长庆石油勘探局机关	李　明	高级工程师
79	长庆石油勘探局机关	李　勇	高级工程师
80	长庆石油勘探局机关	李　涛	高级政工师
81	长庆石油勘探局机关	李　艳	高级会计师
82	长庆石油勘探局机关	李三卫	高级政工师
83	长庆石油勘探局机关	李全山	高级会计师
84	长庆石油勘探局机关	李庆丽	高级会计师
85	长庆石油勘探局机关	李红瑞	高级工程师
86	长庆石油勘探局机关	李建福	高级经济师
87	长庆石油勘探局机关	李焕东	高级审计师
88	长庆石油勘探局机关	李菊芳	高级工程师
89	长庆石油勘探局机关	李鸿明	高级政工师
90	长庆石油勘探局机关	李聘川	高级工程师
91	长庆石油勘探局机关	杨　锋	高级经济师
92	长庆石油勘探局机关	杨全胜	高级工程师
93	长庆石油勘探局机关	沈仲鸣	高级会计师
94	长庆石油勘探局机关	肖剑华	高级经济师
95	长庆石油勘探局机关	芦连鑫	高级工程师
96	长庆石油勘探局机关	苏计成	高级经济师
97	长庆石油勘探局机关	苏碎勋	高级政工师
98	长庆石油勘探局机关	辛熠平	高级工程师
99	长庆石油勘探局机关	陈永春	高级会计师
100	长庆石油勘探局机关	陈鸿斌	高级工程师
101	长庆石油勘探局机关	周　浩	高级工程师
102	长庆石油勘探局机关	周正队	高级工程师
103	长庆石油勘探局机关	周红霞	高级政工师
104	长庆石油勘探局机关	孟汉青	高级工程师

续表

序号	单　位	姓　名	技术职称
105	长庆石油勘探局机关	孟海泉	高级工程师
106	长庆石油勘探局机关	尚　进	高级工程师
107	长庆石油勘探局机关	尚佑平	高级工程师
108	长庆石油勘探局机关	易宝安	高级会计师
109	长庆石油勘探局机关	范万动	高级会计师
110	长庆石油勘探局机关	施洪建	高级政工师
111	长庆石油勘探局机关	赵　明	中学高级教师
112	长庆石油勘探局机关	赵　涛	高级经济师
113	长庆石油勘探局机关	赵清显	高级经济师
114	长庆石油勘探局机关	赵盛华	高级会计师
115	长庆石油勘探局机关	席崇道	高级会计师
116	长庆石油勘探局机关	徐　军	高级审计师
117	长庆石油勘探局机关	徐　峰	高级工程师
118	长庆石油勘探局机关	郭　和	高级工程师
119	长庆石油勘探局机关	郭东宏	高级工程师
120	长庆石油勘探局机关	郭占春	高级工程师
121	长庆石油勘探局机关	郭必虎	高级政工师
122	长庆石油勘探局机关	郭金耀	高级审计师
123	长庆石油勘探局机关	高　鹏	高级经济师
124	长庆石油勘探局机关	高万善	高级经济师
125	长庆石油勘探局机关	高连中	高级工程师
126	长庆石油勘探局机关	高尊民	高级工程师
127	长庆石油勘探局机关	崔建华	高级工程师
128	长庆石油勘探局机关	梁德平	高级工程师
129	长庆石油勘探局机关	章九和	中学高级教师
130	长庆石油勘探局机关	黄依理	高级工程师
131	长庆石油勘探局机关	黄晓明	高级工程师
132	长庆石油勘探局机关	曾晓培	高级政工师
133	长庆石油勘探局机关	温哲豪	高级工程师
134	长庆石油勘探局机关	焦少红	高级政工师
135	长庆石油勘探局机关	童天喜	高级会计师

续表

序号	单 位	姓 名	技术职称
136	长庆石油勘探局机关	谢正温	高级工程师
137	长庆石油勘探局机关	赖永潮	高级工程师
138	长庆石油勘探局机关	雷 桐	高级工程师
139	长庆石油勘探局机关	蔡金海	高级工程师
140	长庆石油勘探局机关	雒建胜	高级工程师
141	长庆石油勘探局机关	冀小祁	高级工程师
142	长庆石油勘探局机关	薛让平	高级工程师
143	长庆石油勘探局机关	薛建强	高级工程师
144	长庆石油勘探局机关	戴 娜	高级政工师
145	钻井工程总公司	马志章	高级工程师
146	钻井工程总公司	王均良	高级工程师
147	钻井工程总公司	王宏伟	高级工程师
148	钻井工程总公司	王社利	高级工程师
149	钻井工程总公司	王学枫	高级工程师
150	钻井工程总公司	王 武	高级工程师
151	钻井工程总公司	王泽霖	高级工程师
152	钻井工程总公司	王俊海	高级工程师
153	钻井工程总公司	王 婧	高级工程师
154	钻井工程总公司	王潜龙	高级工程师
155	钻井工程总公司	白树奎	高级经济师
156	钻井工程总公司	石玉国	高级政工师
157	钻井工程总公司	石芳娥	高级工程师
158	钻井工程总公司	刘巨军	高级会计师
159	钻井工程总公司	刘李宏	高级工程师
160	钻井工程总公司	刘胜娃	高级工程师
161	钻井工程总公司	刘新建	高级会计师
162	钻井工程总公司	吕平福	高级工程师
163	钻井工程总公司	孙保林	高级工程师
164	钻井工程总公司	朱 虎	高级工程师
165	钻井工程总公司	许保华	高级工程师
166	钻井工程总公司	吴付频	高级工程师

续表

序号	单　位	姓　名	技术职称
167	钻井工程总公司	宋宗林	高级工程师
168	钻井工程总公司	张汉信	高级工程师
169	钻井工程总公司	张建卿	高级工程师
170	钻井工程总公司	张宽龙	高级工程师
171	钻井工程总公司	张跃武	高级工程师
172	钻井工程总公司	李功玉	高级工程师
173	钻井工程总公司	李百顺	高级经济师
174	钻井工程总公司	李建林	高级工程师
175	钻井工程总公司	李录科	高级工程师
176	钻井工程总公司	李晓明	高级工程师
177	钻井工程总公司	李晓琼	高级会计师
178	钻井工程总公司	李润苗	高级工程师
179	钻井工程总公司	李爱辉	高级工程师
180	钻井工程总公司	李　莉	高级工程师
181	钻井工程总公司	李崇民	高级政工师
182	钻井工程总公司	李章顺	高级工程师
183	钻井工程总公司	李满江	高级工程师
184	钻井工程总公司	杜玉明	高级会计师
185	钻井工程总公司	杨芝萍	高级工程师
186	钻井工程总公司	杨作峰	高级工程师
187	钻井工程总公司	杨茂存	高级工程师
188	钻井工程总公司	汪耀平	高级工程师
189	钻井工程总公司	肖纪石	高级工程师
190	钻井工程总公司	肖建东	高级工程师
191	钻井工程总公司	苏兴华	高级工程师
192	钻井工程总公司	陈水镜	高级经济师
193	钻井工程总公司	陈　倩	高级工程师
194	钻井工程总公司	周永平	高级工程师
195	钻井工程总公司	郁贵田	高级工程师
196	钻井工程总公司	姚立宏	高级经济师
197	钻井工程总公司	贺建明	高级工程师

续表

序号	单　　位	姓　　名	技术职称
198	钻井工程总公司	赵宏英	高级政工师
199	钻井工程总公司	赵根山	高级工程师
200	钻井工程总公司	饶胜久	高级经济师
201	钻井工程总公司	侯新荣	高级工程师
202	钻井工程总公司	倪华峰	高级工程师
203	钻井工程总公司	党　军	高级工程师
204	钻井工程总公司	秦建中	高级工程师
205	钻井工程总公司	郭卫军	高级工程师
206	钻井工程总公司	曹湘华	高级工程师
207	钻井工程总公司	逯忠阳	高级工程师
208	钻井工程总公司	彭国荣	高级工程师
209	钻井工程总公司	智兴昌	中学高级教师
210	钻井工程总公司	宋顺平	高级工程师
211	钻井工程总公司	李雪岗	高级工程师
212	钻井工程总公司	贾　芝	高级工程师
213	钻井工程总公司	常占宪	高级工程师
214	钻井工程总公司	慕建军	高级工程师
215	井下技术作业处	王文渭	高级工程师
216	井下技术作业处	付常赢	高级工程师
217	井下技术作业处	兰建平	高级工程师
218	井下技术作业处	包小红	高级工程师
219	井下技术作业处	史建金	高级工程师
220	井下技术作业处	白明伟	高级工程师
221	井下技术作业处	刘文晖	高级工程师
222	井下技术作业处	刘吉庆	中学高级教师
223	井下技术作业处	刘国良	高级工程师
224	井下技术作业处	刘振辉	高级工程师
225	井下技术作业处	刘润才	高级工程师
226	井下技术作业处	吕凤军	高级政工师
227	井下技术作业处	孙　虎	高级工程师
228	井下技术作业处	张宏忠	高级工程师

续表

序号	单　　位	姓　　名	技术职称
229	井下技术作业处	张　冕	高级工程师
230	井下技术作业处	张摩西	高级工程师
231	井下技术作业处	李武平	高级工程师
232	井下技术作业处	杨兆萍	高级工程师
233	井下技术作业处	汪义发	高级工程师
234	井下技术作业处	苏金柱	高级工程师
235	井下技术作业处	陈　平	高级工程师
236	井下技术作业处	周　丰	高级工程师
237	井下技术作业处	姜俊昌	高级工程师
238	井下技术作业处	封治军	高级工程师
239	井下技术作业处	段建婷	高级工程师
240	井下技术作业处	赵中华	高级会计师
241	井下技术作业处	赵维斌	高级工程师
242	井下技术作业处	高银锁	高级工程师
243	井下技术作业处	曹　欣	高级工程师
244	井下技术作业处	温亚魁	高级工程师
245	井下技术作业处	黎荣剑	高级工程师
246	建设工程总公司	文杰堂	高级工程师
247	建设工程总公司	王国仁	高级工程师
248	建设工程总公司	王　锋	高级工程师
249	建设工程总公司	卢宝庆	高级会计师
250	建设工程总公司	白延生	高级工程师
251	建设工程总公司	白建平	高级政工师
252	建设工程总公司	刘　军	高级工程师
253	建设工程总公司	刘建华	高级工程师
254	建设工程总公司	刘济民	高级工程师
255	建设工程总公司	朱传敬	高级工程师
256	建设工程总公司	朱晓荣	高级工程师
257	建设工程总公司	朱德胜	高级政工师
258	建设工程总公司	牟建栋	高级工程师
259	建设工程总公司	许小成	高级工程师

续表

序号	单 位	姓 名	技术职称
260	建设工程总公司	阮开奎	高级会计师
261	建设工程总公司	张建仁	高级工程师
262	建设工程总公司	张建升	高级工程师
263	建设工程总公司	张景斌	高级工程师
264	建设工程总公司	李存兰	高级工程师
265	建设工程总公司	杨宗毅	高级工程师
266	建设工程总公司	杨拥军	高级工程师
267	建设工程总公司	杨 涛	高级工程师
268	建设工程总公司	苏 勇	高级工程师
269	建设工程总公司	豆 锋	高级工程师
270	建设工程总公司	陈永进	高级工程师
271	建设工程总公司	岳志宏	高级工程师
272	建设工程总公司	赵永忠	高级工程师
273	建设工程总公司	郝世英	高级工程师
274	建设工程总公司	徐耀强	高级工程师
275	建设工程总公司	郭 伟	高级工程师
276	建设工程总公司	黄 明	高级工程师
277	建设工程总公司	黄高优	高级工程师
278	建设工程总公司	黄 雁	高级政工师
279	建设工程总公司	韩建成	高级工程师
280	建设工程总公司	路彩青	高级工程师
281	第一采油技术服务处	卢慧春	高级工程师
282	第一采油技术服务处	田 云	高级政工师
283	第一采油技术服务处	刘广胜	高级工程师
284	第一采油技术服务处	刘再兴	高级工程师
285	第一采油技术服务处	刘 琴	高级政工师
286	第一采油技术服务处	李万春	高级政工师
287	第一采油技术服务处	李岩成	高级工程师
288	第一采油技术服务处	周锋者	高级工程师
289	第一采油技术服务处	贺军生	高级工程师
290	第二采油技术服务处	王兴国	高级政工师

续表

序号	单　　位	姓　　名	技术职称
291	第二采油技术服务处	王振华	高级政工师
292	第二采油技术服务处	王朝荣	高级经济师
293	第二采油技术服务处	王　琪	高级工程师
294	第二采油技术服务处	安卫东	高级经济师
295	第二采油技术服务处	朱久红	中学高级教师
296	第二采油技术服务处	李开连	高级工程师
297	第二采油技术服务处	李芳刚	高级经济师
298	第二采油技术服务处	李建刚	高级会计师
299	第二采油技术服务处	杜佩钦	中学高级教师
300	第二采油技术服务处	杨　文	高级政工师
301	第二采油技术服务处	金正谦	高级工程师
302	第二采油技术服务处	段转林	中学高级教师
303	第二采油技术服务处	第明哲	中学高级教师
304	第二采油技术服务处	靳思贤	高级工程师
305	第二采油技术服务处	雒继忠	高级工程师
306	第二采油技术服务处	魏世明	高级会计师
307	第三采油技术服务处	丁乃文	高级工程师
308	第三采油技术服务处	公晓宁	高级经济师
309	第三采油技术服务处	白海军	高级工程师
310	第三采油技术服务处	刘永林	高级政工师
311	第三采油技术服务处	师文喜	高级工程师
312	第三采油技术服务处	朱彦博	高级农艺师
313	第三采油技术服务处	张鹏云	高级讲师
314	第三采油技术服务处	李　红	高级工程师
315	第三采油技术服务处	李前萌	高级工程师
316	第三采油技术服务处	杨生德	高级工程师
317	第三采油技术服务处	杨吉明	高级会计师
318	第三采油技术服务处	杨显丽	高级工程师
319	第三采油技术服务处	杨　清	高级政工师
320	第三采油技术服务处	武喜怀	高级工程师
321	第三采油技术服务处	胡春代	高级工程师

续表

序号	单　位	姓　名	技术职称
322	第三采油技术服务处	程玉虎	高级工程师
323	第三采油技术服务处	樊成	高级工程师
324	定边采油技术服务处	张新峰	高级工程师
325	定边采油技术服务处	肖朝福	高级工程师
326	定边采油技术服务处	郭文学	高级会计师
327	定边采油技术服务处	高占武	高级工程师
328	定边采油技术服务处	黄应红	高级工程师
329	采气技术服务处	王庚锁	高级工程师
330	采气技术服务处	徐宝亮	高级工程师
331	采气技术服务处	郭怀林	高级工程师
332	低效储量合作开发项目组	王　萌	高级工程师
333	低效储量合作开发项目组	王天新	高级工程师
334	低效储量合作开发项目组	王永华	高级经济师
335	低效储量合作开发项目组	王新民	高级工程师
336	低效储量合作开发项目组	王鹏志	高级工程师
337	低效储量合作开发项目组	刘朝东	高级工程师
338	低效储量合作开发项目组	孙义军	高级工程师
339	低效储量合作开发项目组	宋世华	高级审计师
340	低效储量合作开发项目组	张凤奎	高级工程师
341	低效储量合作开发项目组	李卫民	高级工程师
342	低效储量合作开发项目组	李秋实	高级工程师
343	低效储量合作开发项目组	李章元	高级工程师
344	低效储量合作开发项目组	陈付星	高级工程师
345	低效储量合作开发项目组	侯勤虎	高级工程师
346	低效储量合作开发项目组	胡学锋	高级工程师
347	低效储量合作开发项目组	高怀琳	高级工程师
348	低效储量合作开发项目组	谢凌祥	高级工程师
349	苏里格气田合作开发项目组	史向东	高级工程师
350	苏里格气田合作开发项目组	李建奇	高级工程师
351	苏里格气田合作开发项目组	杨志伦	高级工程师
352	苏里格气田合作开发项目组	邹国曙	高级工程师

续表

序号	单 位	姓 名	技术职称
353	苏里格气田合作开发项目组	赵喜民	高级工程师
354	苏里格气田合作开发项目组	韩相义	高级工程师
355	录井公司	马世伟	高级工程师
356	录井公司	支孟辉	高级工程师
357	录井公司	王志峰	高级工程师
358	录井公司	王孟军	高级工程师
359	录井公司	龙利平	高级工程师
360	录井公司	刘文真	高级工程师
361	录井公司	刘志强	高级工程师
362	录井公司	刘 明	高级工程师
363	录井公司	孙水利	高级工程师
364	录井公司	吴风云	高级工程师
365	录井公司	张学忠	高级工程师
366	录井公司	张 杰	高级工程师
367	录井公司	杨成杰	高级工程师
368	录井公司	邵东波	高级工程师
369	录井公司	武万军	高级工程师
370	录井公司	罗 强	高级工程师
371	录井公司	段志强	高级工程师
372	录井公司	胡培茂	高级工程师
373	录井公司	赵永军	高级工程师
374	录井公司	高兴山	高级工程师
375	录井公司	曹岩刚	高级工程师
376	录井公司	董拴有	高级工程师
377	录井公司	雍存侠	高级工程师
378	工程技术研究院	马海忠	高级工程师
379	工程技术研究院	毛连海	高级工程师
380	工程技术研究院	王文斌	高级工程师
381	工程技术研究院	王培峰	高级工程师
382	工程技术研究院	王惠生	高级工程师
383	工程技术研究院	韦孝忠	高级工程师

续表

序号	单　　位	姓　　名	技术职称
384	工程技术研究院	韦海防	高级工程师
385	工程技术研究院	卢　力	高级工程师
386	工程技术研究院	田福德	高级工程师
387	工程技术研究院	买炎广	高级工程师
388	工程技术研究院	任雁鹏	高级工程师
389	工程技术研究院	刘仲勋	高级工程师
390	工程技术研究院	刘贵喜	高级工程师
391	工程技术研究院	宋振云	高级工程师
392	工程技术研究院	张汉林	高级工程师
393	工程技术研究院	张建斌	高级工程师
394	工程技术研究院	张　波	高级讲师
395	工程技术研究院	张毓民	高级工程师
396	工程技术研究院	李志航	高级工程师
397	工程技术研究院	李　欣	高级工程师
398	工程技术研究院	李前春	高级工程师
399	工程技术研究院	李　勇	高级工程师
400	工程技术研究院	李登前	高级工程师
401	工程技术研究院	杨　斌	高级工程师
402	工程技术研究院	陈小荣	高级工程师
403	工程技术研究院	陈兴中	高级工程师
404	工程技术研究院	陈在君	高级工程师
405	工程技术研究院	陈炼军	高级工程师
406	工程技术研究院	陈恩让	高级工程师
407	工程技术研究院	范兴沃	高级工程师
408	工程技术研究院	温雪丽	高级工程师
409	工程技术研究院	程宏英	高级工程师
410	工程技术研究院	蔺志鹏	高级工程师
411	工程技术研究院	谭　平	高级工程师
412	工程技术研究院	魏周胜	高级工程师
413	西安长庆科技工程公司	方　俊	高级工程师
414	西安长庆科技工程公司	方　鹂	高级工程师

续表

序号	单　　位	姓　　名	技术职称
415	西安长庆科技工程公司	毛　丽	高级工程师
416	西安长庆科技工程公司	王文武	高级工程师
417	西安长庆科技工程公司	王治军	高级工程师
418	西安长庆科技工程公司	王晓东	高级工程师
419	西安长庆科技工程公司	王登海	高级工程师
420	西安长庆科技工程公司	王燕燕	高级工程师
421	西安长庆科技工程公司	王　璐	高级工程师
422	西安长庆科技工程公司	包　斌	高级工程师
423	西安长庆科技工程公司	叶长发	高级工程师
424	西安长庆科技工程公司	白红升	高级工程师
425	西安长庆科技工程公司	任兴文	高级工程师
426	西安长庆科技工程公司	刘文喜	高级工程师
427	西安长庆科技工程公司	刘成文	高级工程师
428	西安长庆科技工程公司	刘　祎	高级工程师
429	西安长庆科技工程公司	刘新枝	高级工程师
430	西安长庆科技工程公司	吕海莹	高级工程师
431	西安长庆科技工程公司	孙志鹏	高级工程师
432	西安长庆科技工程公司	牟小平	高级工程师
433	西安长庆科技工程公司	何　军	高级工程师
434	西安长庆科技工程公司	何宗平	高级工程师
435	西安长庆科技工程公司	何茂林	高级工程师
436	西安长庆科技工程公司	余连城	高级工程师
437	西安长庆科技工程公司	吴宝祥	高级工程师
438	西安长庆科技工程公司	宋继文	高级工程师
439	西安长庆科技工程公司	宏小龙	高级工程师
440	西安长庆科技工程公司	张正海	高级政工师
441	西安长庆科技工程公司	张丽娟	高级工程师
442	西安长庆科技工程公司	时常敬	高级工程师
443	西安长庆科技工程公司	李巧玲	高级工程师
444	西安长庆科技工程公司	李相庭	高级工程师
445	西安长庆科技工程公司	李　娟	高级工程师

续表

序号	单　　位	姓　　名	技术职称
446	西安长庆科技工程公司	李智渊	高级会计师
447	西安长庆科技工程公司	李疆英	高级工程师
448	西安长庆科技工程公司	杜一男	高级工程师
449	西安长庆科技工程公司	杨仓海	高级工程师
450	西安长庆科技工程公司	杨开玖	高级工程师
451	西安长庆科技工程公司	杨世海	高级工程师
452	西安长庆科技工程公司	杨吉兰	高级会计师
453	西安长庆科技工程公司	杨学青	高级工程师
454	西安长庆科技工程公司	邹涛录	高级工程师
455	西安长庆科技工程公司	陆　环	高级工程师
456	西安长庆科技工程公司	陈金根	高级工程师
457	西安长庆科技工程公司	孟林卉	高级工程师
458	西安长庆科技工程公司	林玉和	高级工程师
459	西安长庆科技工程公司	林　罡	高级工程师
460	西安长庆科技工程公司	郑　欣	高级工程师
461	西安长庆科技工程公司	姚光蓉	高级工程师
462	西安长庆科技工程公司	胡建国	高级工程师
463	西安长庆科技工程公司	赵兴国	高级工程师
464	西安长庆科技工程公司	赵志刚	高级工程师
465	西安长庆科技工程公司	唐　琼	高级工程师
466	西安长庆科技工程公司	夏　政	高级工程师
467	西安长庆科技工程公司	徐　伟	高级工程师
468	西安长庆科技工程公司	徐　捷	高级工程师
469	西安长庆科技工程公司	耿生明	高级工程师
470	西安长庆科技工程公司	聂　华	高级工程师
471	西安长庆科技工程公司	贾德义	高级工程师
472	西安长庆科技工程公司	郭少林	高级工程师
473	西安长庆科技工程公司	郭信军	高级工程师
474	西安长庆科技工程公司	郭增民	高级工程师
475	西安长庆科技工程公司	常益民	高级工程师
476	西安长庆科技工程公司	梁孝忠	高级工程师

续表

序号	单　　位	姓　　名	技术职称
477	西安长庆科技工程公司	黄　志	高级工程师
478	西安长庆科技工程公司	雷文贤	高级工程师
479	西安长庆科技工程公司	演　强	高级工程师
480	西安长庆科技工程公司	熊　超	高级工程师
481	西安长庆科技工程公司	谭　滨	高级工程师
482	西安长庆科技工程公司	潘新建	高级工程师
483	西安长庆科技工程公司	穆冬玲	高级工程师
484	国际事业部	王立军	高级会计师
485	国际事业部	王　军	高级工程师
486	国际事业部	王团利	高级工程师
487	国际事业部	刘会芳	高级政工师
488	国际事业部	师　良	高级经济师
489	国际事业部	成　峰	高级工程师
490	国际事业部	宋绍军	高级工程师
491	国际事业部	张岳荣	高级工程师
492	国际事业部	张增年	高级工程师
493	国际事业部	李东勋	高级工程师
494	国际事业部	李永泓	高级工程师
495	国际事业部	李旭春	高级工程师
496	国际事业部	李进塘	高级工程师
497	国际事业部	杨平春	高级工程师
498	国际事业部	杨劲松	高级经济师
499	国际事业部	拓伯民	高级工程师
500	国际事业部	罗晓琴	高级工程师
501	国际事业部	郑　重	高级工程师
502	国际事业部	俞向阳	高级工程师
503	国际事业部	袁争鸣	高级工程师
504	国际事业部	郭建友	高级工程师
505	国际事业部	梁仲钰	高级会计师
506	国际事业部	阎世和	高级工程师
507	国际事业部	景向东	高级工程师

续表

序号	单　　位	姓　　名	技术职称
508	国际事业部	董兰生	高级工程师
509	国际事业部	魏　斌	高级工程师
510	器材供应处	王永春	高级会计师
511	器材供应处	宋晓峰	高级工程师
512	器材供应处	张　晖	高级政工师
513	器材供应处	张富中	高级经济师
514	器材供应处	李巨龙	高级政工师
515	器材供应处	李崇奇	高级会计师
516	器材供应处	苏　曼	高级经济师
517	器材供应处	陈　玮	高级经济师
518	器材供应处	尚世永	高级会计师
519	器材供应处	贾葳蕤	高级经济师
520	器材供应处	郭小军	高级经济师
521	器材供应处	陶　炜	高级经济师
522	器材供应处	曹　忠	高级经济师
523	器材供应处	颜海珠	高级经济师
524	水电厂	于　军	高级政工师
525	水电厂	刘志恩	高级工程师
526	水电厂	何权民	高级工程师
527	水电厂	张文科	高级工程师
528	水电厂	张安平	高级工程师
529	水电厂	李永军	高级工程师
530	水电厂	李志锋	高级工程师
531	水电厂	杜春发	高级政工师
532	水电厂	杨志铎	高级政工师
533	水电厂	芦麦侠	高级工程师
534	水电厂	欧阳昌录	高级工程师
535	水电厂	青小林	高级工程师
536	水电厂	唐绍生	高级工程师
537	水电厂	曹　举	高级工程师
538	水电厂	童建平	高级工程师

续表

序号	单　位	姓　名	技术职称
539	机械制造总厂	丁发亮	高级工程师
540	机械制造总厂	马敬东	高级工程师
541	机械制造总厂	毛　勇	高级工程师
542	机械制造总厂	王安平	高级工程师
543	机械制造总厂	王　翔	高级经济师
544	机械制造总厂	田百选	高级工程师
545	机械制造总厂	白文雄	高级工程师
546	机械制造总厂	刘　侃	高级工程师
547	机械制造总厂	刘舒义	高级工程师
548	机械制造总厂	吉振宇	高级工程师
549	机械制造总厂	朱兴业	高级政工师
550	机械制造总厂	纪忠明	高级政工师
551	机械制造总厂	何　勇	高级工程师
552	机械制造总厂	吴亚武	高级工程师
553	机械制造总厂	吴新锁	高级工程师
554	机械制造总厂	张春新	高级工程师
555	机械制造总厂	李红才	高级工程师
556	机械制造总厂	李晓平	高级工程师
557	机械制造总厂	陈建毅	高级经济师
558	机械制造总厂	周朝晖	高级政工师
559	机械制造总厂	孟平德	高级工程师
560	机械制造总厂	孟军锋	高级工程师
561	机械制造总厂	罗颖萍	高级工程师
562	机械制造总厂	唐忠钰	中学高级教师
563	机械制造总厂	徐步京	高级经济师
564	机械制造总厂	秦德福	高级工程师
565	机械制造总厂	曹接民	高级工程师
566	机械制造总厂	彭志祯	高级经济师
567	机械制造总厂	韩宏斌	高级工程师
568	机械制造总厂	谭家荣	高级工程师
569	运输处	田少江	高级工程师

续表

序号	单　位	姓　名	技术职称
570	运输处	刘峰	高级工程师
571	运输处	李健民	高级政工师
572	运输处	韩　庆	高级工程师
573	运输处	翟习佳	高级工程师
574	运输处	潘应元	高级经济师
575	通信处	艾宝泉	高级政工师
576	通信处	杨增辉	高级工程师
577	通信处	陈国庆	高级工程师
578	通信处	郝永宏	高级经济师
579	通信处	黄晓东	高级工程师
580	通信处	王建忠	高级工程师
581	通信处	刘玉芬	高级工程师
582	通信处	刘秀达	高级工程师
583	通信处	吴军锋	高级工程师
584	通信处	吴　刚	高级工程师
585	通信处	张红莉	高级工程师
586	通信处	李世红	高级工程师
587	通信处	李　燕	高级工程师
588	通信处	杜玉刚	高级工程师
589	通信处	杜　娟	高级工程师
590	通信处	陈秀芳	高级工程师
591	通信处	金建伟	高级工程师
592	通信处	郭　晶	高级工程师
593	通信处	惠　斌	高级工程师
594	工程监督公司	马跃川	高级工程师
595	工程监督公司	王平生	高级经济师
596	工程监督公司	张晓成	高级工程师
597	工程监督公司	荣建利	高级政工师
598	工程监督公司	眭明庆	高级工程师
599	技术监测中心	刘丰年	高级工程师
600	技术监测中心	朱景敏	高级政工师

续表

序号	单　　位	姓　　名	技术职称
601	技术监测中心	何　毅	高级工程师
602	技术监测中心	贾春虎	高级工程师
603	技术监测中心	梁桂海	高级工程师
604	技术监测中心	潘文琪	高级工程师
605	西安长庆工程建设监理公司	王生才	高级工程师
606	西安长庆工程建设监理公司	韩国都	高级工程师
607	西安长庆工程建设监理公司	翟彦和	高级工程师
608	培训中心	马仁华	高级讲师
609	培训中心	王友文	高级讲师
610	培训中心	王　乐	高级政工师
611	培训中心	王　泓	高级讲师
612	培训中心	王淑娟	高级讲师
613	培训中心	王维珍	高级讲师
614	培训中心	王樊科	高级讲师
615	培训中心	史仲乾	高级讲师
616	培训中心	左志宏	高级讲师
617	培训中心	刘仁相	高级讲师
618	培训中心	刘致远	高级政工师
619	培训中心	孙俊郎	高级讲师
620	培训中心	巩智远	高级讲师
621	培训中心	闫恩平	高级讲师
622	培训中心	余洪林	高级讲师
623	培训中心	宋永民	高级讲师
624	培训中心	张发展	高级讲师
625	培训中心	张保金	高级讲师
626	培训中心	张积峰	高级讲师
627	培训中心	张德瑛	高级讲师
628	培训中心	李广西	高级讲师
629	培训中心	李丽华	高级讲师
630	培训中心	李树旺	高级讲师
631	培训中心	李晓周	高级讲师

续表

序号	单　　位	姓　　名	技术职称
632	培训中心	李新民	高级讲师
633	培训中心	杜红昌	高级讲师
634	培训中心	杨保林	高级讲师
635	培训中心	陈永红	高级讲师
636	培训中心	陈明支	高级讲师
637	培训中心	周勤学	高级讲师
638	培训中心	屈发启	高级工程师
639	培训中心	武俊锋	高级政工师
640	培训中心	郑社教	高级讲师
641	培训中心	金俊禄	高级讲师
642	培训中心	唐　磊	高级讲师
643	培训中心	徐进学	高级讲师
644	培训中心	栾中鹤	高级讲师
645	培训中心	栾开东	高级讲师
646	培训中心	郭月琴	高级政工师
647	培训中心	高志光	高级讲师
648	培训中心	高松厚	高级讲师
649	培训中心	路利民	高级讲师
650	培训中心	廖军伟	高级讲师
651	长庆实业集团有限公司	王红云	高级会计师
652	长庆实业集团有限公司	王　科	高级经济师
653	长庆实业集团有限公司	王维东	高级经济师
654	长庆实业集团有限公司	冯　科	高级经济师
655	长庆实业集团有限公司	石建军	高级政工师
656	长庆实业集团有限公司	任绥海	中学高级教师
657	长庆实业集团有限公司	刘蔓录	高级政工师
658	长庆实业集团有限公司	张汉海	高级经济师
659	长庆实业集团有限公司	张志荣	高级工程师
660	长庆实业集团有限公司	李存群	高级工程师
661	长庆实业集团有限公司	李志荣	高级工程师
662	长庆实业集团有限公司	李晓峰	高级政工师

续表

序号	单　位	姓　名	技术职称
663	长庆实业集团有限公司	姚明星	高级政工师
664	长庆实业集团有限公司	唐小忱	高级会计师
665	长庆实业集团有限公司	郭志明	高级工程师
666	长庆实业集团有限公司	郭树森	高级政工师
667	长庆实业集团有限公司	高宜惠	高级工程师
668	长庆实业集团有限公司	曹丽辉	高级会计师
669	西安长庆地产集团有限公司	王育中	高级政工师
670	西安长庆地产集团有限公司	王　辉	高级经济师
671	西安长庆地产集团有限公司	刘文惠	高级经济师
672	西安长庆地产集团有限公司	刘东轸	高级政工师
673	西安长庆地产集团有限公司	刘　伟	高级政工师
674	西安长庆地产集团有限公司	李敏光	高级政工师
675	资本运营部	王海林	高级经济师
676	资本运营部	张生春	高级经济师
677	资本运营部	张　晖	高级经济师
678	资本运营部	杨共和	高级政工师
679	资本运营部	秦延平	高级经济师
680	资本运营部	贾葳莉	高级经济师
681	资本运营部	高小东	高级经济师
682	长庆宾馆	冯　萍	高级会计师
683	长庆宾馆	刘　琦	高级经济师
684	乳山职工培训中心	刘维忠	高级经济师
685	乳山职工培训中心	孙鸿章	高级工程师
686	乳山职工培训中心	魏振禄	高级会计师
687	北京办事处	王欣夫	高级经济师
688	北京办事处	张　平	高级政工师
689	北京办事处	邵明新	高级政工师
690	矿区服务事业部机关	马效忠	高级工程师
691	矿区服务事业部机关	方文俊	高级工程师
692	矿区服务事业部机关	王广科	高级经济师
693	矿区服务事业部机关	王黎明	高级工程师

续表

序号	单　位	姓　名	技术职称
694	矿区服务事业部机关	刘生龙	高级园艺师
695	矿区服务事业部机关	刘拴孝	高级经济师
696	矿区服务事业部机关	戎玉瑛	高级工程师
697	矿区服务事业部机关	朱世骏	高级政工师
698	社会保险中心	张华礼	高级经济师
699	社会保险中心	李锡璋	高级经济师
700	矿区服务事业部机关	杨杰山	高级会计师
701	矿区服务事业部机关	杨雄义	高级经济师
702	矿区服务事业部机关	杨懿峰	高级经济师
703	矿区服务事业部机关	侯　瑾	高级经济师
704	矿区服务事业部机关	倪文清	高级经济师
705	矿区服务事业部机关	党万里	副主任医师
706	矿区服务事业部机关	秦有明	高级政工师
707	矿区服务事业部机关	慕甲锋	高级会计师
708	矿区服务事业部机关	熊浩平	高级经济师
709	兴隆园物业服务处	牛仁会	高级政工师
710	兴隆园物业服务处	白文运	高级政工师
711	兴隆园物业服务处	张晓林	高级工程师
712	兴隆园物业服务处	陈　旭	中学高级教师
713	兴隆园物业服务处	屈江玮	高级经济师
714	泾河园物业服务处	许　允	高级政工师
715	泾河园物业服务处	杨耐厚	高级政工师
716	泾河园物业服务处	杨振新	高级经济师
717	泾河园物业服务处	尚世君	高级会计师
718	泾渭苑物业服务处	刘宁祥	高级经济师
719	泾渭苑物业服务处	严正江	高级政工师
720	泾渭苑物业服务处	陈有仁	高级工程师
721	湖滨花园物业服务处	丁　伟	高级经济师
722	湖滨花园物业服务处	周地南	高级经济师
723	湖滨花园物业服务处	高思毅	高级工程师
724	燕鸽湖物业服务处	万长金	高级园艺师

续表

序号	单　位	姓　名	技术职称
725	燕鸽湖物业服务处	文宏平	高级政工师
726	燕鸽湖物业服务处	李　泉	高级工程师
727	燕鸽湖物业服务处	周战江	高级畜牧师
728	燕鸽湖物业服务处	周海成	中学高级教师
729	燕鸽湖物业服务处	袁永丰	高级经济师
730	燕鸽湖物业服务处	曹培成	高级会计师
731	燕鸽湖物业服务处	盖庆龙	高级工程师
732	燕鸽湖物业服务处	黄若宁	高级经济师
733	燕鸽湖物业服务处	燕世文	高级经济师
734	庆城综合服务处	王进海	高级工程师
735	庆城综合服务处	刘兴福	高级经济师
736	庆城综合服务处	孙祎颗	中学高级教师
737	庆城综合服务处	李荣虎	高级政工师
738	庆城综合服务处	赵建荣	高级经济师
739	河庄坪综合服务处	刘延民	副主任医师
740	河庄坪综合服务处	孙常印	高级经济师
741	河庄坪综合服务处	吴福兴	副主任医师
742	河庄坪综合服务处	张树德	副主任医师
743	河庄坪综合服务处	张清俊	副主任医师
744	河庄坪综合服务处	杨烈文	副主任医师
745	河庄坪综合服务处	康　熹	高级政工师
746	和兴园综合服务处	王建国	高级工程师
747	和兴园综合服务处	边文宇	高级政工师
748	兴庆路综合服务处	谭郁平	高级工程师
749	职工医院	化柱州	副主任医师
750	职工医院	牛靖锋	副主任医师
751	职工医院	王　平	副主任医师
752	职工医院	王长青	副主任医师
753	职工医院	王占魁	副主任医师
754	职工医院	王立生	副主任医师
755	职工医院	王树德	副主任医师

续表

序号	单　　位	姓　　名	技术职称
756	职工医院	白晓霞	副主任医师
757	职工医院	向　红	副主任护师
758	职工医院	吴世俊	副主任医师
759	职工医院	张为民	副主任医师
760	职工医院	张月年	副主任医师
761	职工医院	张建民	副主任医师
762	职工医院	李永宏	副主任医师
763	职工医院	李西安	副主任医师
764	职工医院	李建明	副主任医师
765	职工医院	李曙平	副主任医师
766	职工医院	杨　伟	副主任医师
767	职工医院	武卫东	副主任医师
768	职工医院	苟庆林	副主任医师
769	职工医院	胡　清	副主任医师
770	职工医院	赵文军	副主任医师
771	职工医院	党延琴	副主任医师
772	职工医院	唐承伟	副主任医师
773	职工医院	席建堂	副主任医师
774	职工医院	黄金环	副主任医师
775	职工医院	强少军	高级政工师
776	燕鸽湖医院	王　梅	副主任医师
777	燕鸽湖医院	王占宁	副主任医师
778	燕鸽湖医院	祁学成	副主任医师
779	燕鸽湖医院	宋建明	副主任医师
780	燕鸽湖医院	李建凯	副主任药师
781	燕鸽湖医院	李德印	副主任医师
782	燕鸽湖医院	庞耀斌	副主任医师
783	燕鸽湖医院	唐建平	副主任医师
784	燕鸽湖医院	常淑梅	副主任医师
785	燕鸽湖医院	韩文兴	副主任医师
786	燕鸽湖医院	韩志民	副主任医师

续表

序号	单　　位	姓　　名	技术职称
787	燕鸽湖医院	鲍山林	副主任医师
788	兴隆园医院	艾江宇	副主任医师
789	兴隆园医院	张吉平	副主任医师
790	兴隆园医院	张建萍	副主任医师
791	兴隆园医院	李秀英	副主任医师
792	兴隆园医院	侯文林	副主任医师
793	兴隆园医院	郝自力	副主任医师
794	兴隆园医院	梁晓春	副主任医师
795	兴隆园医院	廉援朝	副主任医师
796	兴隆园医院	熊　刚	副主任医师
797	兴隆园医院	薛庆生	副主任医师
798	新闻中心	王晓琴	高级工程师
799	新闻中心	张庆文	主任记者
800	新闻中心	张新民	高级政工师
801	新闻中心	金其超	主任编辑
802	新闻中心	栾　瑛	主任编辑

第十一篇

长庆石油勘探局所属单位概览

钻井工程总公司

【概述】　钻井工程总公司（以下简称钻井总公司）是长庆局下属的一个钻井施工服务单位，主要从事井深7000米以内各类石油、天然气及其他地下资源勘探开发的钻井工程。截至2007年末，钻井总公司机关设有职能部门18个，机关附属单位2个，工程项目部7个（其中在长庆油气区的5个工程项目部为副处级基层单位），专业公司（中心）13个（其中固井公司、管具公司、运输公司、钻宇中国石油集团于2007年11月份升格为副处级基层单位），钻井队123个。钻井总公司从业人员14963人。固定资产19.64亿元。拥有各类设备3690台（套）。其中ZJ70、ZJ50、ZJ40、ZJ30、ZJ15等各型钻机123部；固井车辆167台，供水设备173套，运输车辆599台，加工设备130台，施工设备66台，供暖锅炉48台，其他设备2384台。设备资产原值17.81亿元，净值11.68亿元。设备新度系数0.66。施工区域分布在陕、甘、宁、内蒙古、新疆等省（区）。

【钻井生产】　2007年完成钻井进尺415.87万米，比2006年增加51.25万米，增幅达14.06%。完成钻井工作量在中国石油集团名列第二。其中，在长庆油田内部市场开钻1839口，完井1838口，进尺407.44万米，比2006年增加47.71万米，增幅达13.26%，创长庆钻井历史之最；在社会市场开钻19口，完井17口，进尺8.43万米，比2006年增加3.54万米，增幅达72.39%。

【经营指标】　完成主营业务收入54.14亿元，比2006年增长28.29%；完成企业增加值10.25亿元，比2006年增长25.92%；上缴各种费用7.08亿元，比2006年增长56.64%；多元经济收入5.30亿元，剔除钻井业务，比2006年增长12.91%。

【经济技术指标】　完成井平均井深2212米（不包含特殊井），比2006年减少14米。平均机械钻速21.72米/小时，比2006年提高了4.47米/小时；平均钻机月速度5332米/（台·月），比2006年提高了741米/（台·月）；平均钻井周期9.45天，比2006年缩短了2.23天；平均建井周期14.30天，比2006年缩短了1.97天。其中，油井完成井平均井深2025米，比2006年减少4米。平均机械钻速29.61米/小时，比2006年提高6.81米/小时；平均钻机月速度6479米/（台·月），比2006年提高926米/（台·月）；平均钻井周期6.96天，比2006年缩短1.82天；平均建井周期10.78天，比2006年缩短1.51天。气井完成井平均井深3362米，比2006年增加153米。平均机械钻速10.92米/小时，比2006年提高1.16米/小时；平均钻机月速度3217米/（台·月），比2006年提高246米/（台·月）；平均钻井周期24.78天，比2006年缩短1.38天；平均建井周期35.97天，比2006年缩短0.14天。

【生产时效】　在长庆内部市场钻井总时间为554309小时，比2006年减少21988小时；生产时率93.11%，比2006年降低2.24个百分点。剔除自然灾害因素，2007年全年生产时效高达95.65%，比2006年提高0.3个百分点。其中纯钻时率34.13%，比2006年降低2.87个百分点。非生产时率6.89%，比2006年增加2.24个百分点。其中，事故时率

0.49%，比2006年下降0.55个百分点；修理时率0.21%，比2006年下降0.18个百分点；自然停工时率4.02%，比2006年提高3.59个百分点；路阻时率0.09%，比2006年下降0.18个百分点；复杂时率1.15%，比2006年下降0.71个百分点；组织停工时率0.41%，比2006年上升0.18个百分点；其他停工时率0.17%，比2006年上升0.09个百分点。

【创新指标】 2007年，钻井总公司共创造和刷新历史指标28项。

（1）最高日进尺23320米（5月30日创造），比历史最好指标高4192米；

（2）钻井进尺上100万米周期62天，比历史最好指标缩短19天；

（3）井进尺上200万米周期121天，比历史最好指标缩短30天；

（4）钻井进尺上300万米周期179天，比历史最好指标缩短41天；

（5）钻井进尺上400万米周期249天，历史首创；

（6）油井队最快上1万米周期31天18小时（30520钻井队创造），比历史最好指标缩短6天17小时；

（7）油井队最快上2万米周期63天6小时（30693钻井队创造），比历史最好指标缩短21天17小时；

（8）油井队最快上3万米周期90天14小时（30653钻井队创造），比历史最好指标缩短31天6小时；

（9）油井队最快上4万米周期122天4小时（30653钻井队创造），比历史最好指标缩短45天1小时；

（10）油井队最快上5万米周期151天20小时（30693钻井队创造），比历史最好指标缩短50天16小时；

（11）油井队最快上6万米周期182天7小时（30653钻井队创造），比历史最好指标缩短54天7小时；

（12）油井队最快上7万米周期215天4小时（30653钻井队创造），比历史最好指标缩短48天5小时；

（13）油井队最快上8万米周期241天6小时（30653钻井队创造），属历史首创；

（14）油井最短钻井周期1天19小时（15529钻井队4月在化103－42井创造），比历史最好指标缩短4小时；

（15）油井队最高日进尺1402米（30693钻井队9月30日创造），比历史最好指标提高251米；

（16）油井队最高月进尺11474米（30520钻井队6月创造），比历史最好指标提高1660米；

（17）油井队最高年进尺84255米（30653钻井队创造），比历史最好指标提高12636米；

（18）油井队最高单井机械钻速67.50米/小时（18167钻井队9月在杏16－101井创造），比历史最好指标提高8.82米/小时；

（19）油井队最高钻机月速度17258米/（台·月）（30653钻井队6月在学78－85井创造），比历史最好指标提高3038米/（台·月）；

（20）气井最短建井周期15天22小时（40636钻井队3月在苏36－16－13井创造），比历史最好指标缩短16小时；

（21）气井队最高日进尺1260米（40659A钻井队10月23日创造），比历史最好指标提高259米；

（22）气井队最高月进尺6680米（40636钻井队6月创造），比历史最好指标提高233米；

（23）气井队最快上1万米周期53天18小时（40632钻井队创造），比历史最好指标缩短3天4小时；

（24）气井队最快上2万米周期116天1

小时（40632钻井队创造），比历史最好指标缩短6天13小时；

（25）气井队最快上3万米周期177天3小时（40650钻井队创造），比历史最好指标缩短1天10小时；

（26）气井最短钻井周期7天18小时（40650钻井队2007年8月在苏36-15-23井创造），比历史最好指标缩短1天21小时；

（27）气井最高机械钻速32.47米/小时（40650钻井队8月在苏36-15-23井创造），比历史最好指标提高8.5米/小时；

（28）气井最高钻机月速度8685米/(台·月)（40650队8月在苏36-15-23井创造），比历史最好指标提高1317米/（台·月）。

【工程质量】　坚持把每一口井作为精品工程组织实施，通过严格执行《钻井工程质量标准》等程序文件，开展ISO 9001质量体系认证工作，严格工序管理，保证了三大工程质量高点运行。全年开钻1858口，井身质量合格率100%；完井1855口，固井质量合格率100%，其中固井一次合格率99.78%；累计取心4618.52米，取心收获率99.90%，比2006年提高0.23个百分点。用户满意率达94.65%。全公司共注册QC小组94个，取得QC成果85项，有2项获国家级奖励、9项获省部级奖励、19项获局级奖励。

【提速工程】　坚持把“服务长庆油气发展”作为最高责任目标，按照长庆局“整体提速、持续提速”的要求和“三靠两保证”的提速原则，坚定“一把手抓提速”的思想不动摇，通过建立组织保证体系，分解目标、细化措施，完善以项目部为中心的靠前指挥、快速响应、就近保障的运行机制，不断优化生产组织方式和施工过程管理。先后完成新钻机配套13部，更新非安装设备841台（套），生产能力得到了增强。各专业公司克服困难，及时跟进，先后办理用地手续499个井场，完成钻前工程494个井场，动迁钻机604队次，协调解决当地村民阻路问题805起，打水源井169口，组织车辆拉水295井次，运送油料材料9.94万吨，周转货物11606万吨·千米，修理设备4939.04标准台，吞吐物资66.41亿元，转运钻具207.42万米、套管649.68万米，实施表层、油（气）层固井作业3641井次，为钻井持续提速提供了有力的保障。全公司平均队年进尺由2006年的3.15万米提高到3.9万米。先后有88队次创造和改写历史纪录28项。30653、30693钻井队年进尺分别突破8万米，30653创最高队年进尺84255米，成为中国石油集团2007年率先突破8万米的钻井队；40650、40636、40632等3个气井钻井队年进尺上4万米；70539钻井队在新疆超深井年进尺突破2万米。队年进尺上台阶的层次和数量前所未有。在动用钻机比2006年少30.31台·月的情况下，油田内部市场以平均日进尺16000米左右的速度向前推进，生产黄金季节连续5个月在50万米以上运行，提前50天完成了年进尺400万米的目标任务，得到中国石油集团的高度关注和充分肯定。

【市场开发】　在保证长庆油气勘探开发建设的同时，持续拓展外部市场。坚持依靠技术、规范运作，突出快节奏、高质量，全年完成市场工作量8.43万米、经营收入17815万元，分别比2006年提高72.28%、73.67%，实现了外部市场开发的规模、质量、效益同步增长。其中新疆项目实现了13开11完，完成合同工作量6.45万米，有3口井被评为优质工程。长北反承包项目全日费工作时效达94%。打出了长庆速度，打造了长庆品牌。

【安全环保】　始终坚持把安全环保摆在突出位置，牢固树立“安全第一，环保优先，以人为本”的理念，深入开展“安全环保基础年”活动，安全环保工作保持了平稳态势。千人重伤率比长庆局控制指标低0.39个千分点，事故起数和负伤人数分别比2006年下降

33.33％、29.41％，做到了无交通事故、无油气火灾爆炸事故、无锅炉压力容器爆炸事故、无井喷事故、无有毒有害气体中毒事故。交通安全是历史上最好的一年。

一是在目标责任上，总公司与7个项目部、13个专业公司、18个职能部门签订了《安全环保责任书》。各单位层层传递压力、分解指标，形成了比较完善的管理、监督、执行“三个层面”的安全环保责任体系。倡导“安全是领导的帽子、是员工的票子”的观念，强化安全责任考核和事故责任追究，先后处理事故相关责任者83人，其中追究责任48人，有8人被撤职，促使公司上下进一步增强了安全环保责任意识。

二是在行为受控上，以完善“统一管理、异体监督”安全监管机制为重点，按照中国石油集团HSE管理体系新标准，先后修订和完善《吊索具安全管理办法》、《钻机操作规程》等管理制度14项，技术标准16项；补充《下导管作业程序》等3个HSE作业程序文件；整合程序文件34个，形成了质量、健康、安全、环保“四位一体”的QHSE管理体系。经过全面推行“两书一表”，落实现场作业许可认可制度，加强钻井施工一开验收考核，专门下拨30万元用于STOP卡活动，建立挂牌警示制度，强化生产过程旁站监督，开展安全大检查等一系列措施，全年共查纠各种违章行为6473例，排查并整改各种HSE不符合项及安全隐患13548项次。积极推广饮水层位封闭式钻井技术，把资源保护、环境保护工作与钻井工程同设计、同施工、同检查、同验收，并结合实施“三池”双层铺垫防渗布、井场周边加筑围墙等一系列减排措施，有效杜绝了环境污染事故的发生。

三是在本质安全上，以削减安全风险和治理隐患为重点，先后投资6817万元，安排项目21项，配置和更新了数码防碰天车、护罩、钻头盒子等多种安全防护设施，拆除了69部钻机的机械锚头，实施井场电路标准化改造18个队，更新了50部钻机的高压管汇和8部钻机的循环系统，对26部井架进行了检测评价，对40部钻机、148个储气瓶、5处油库进行了安全评估，对3部钻机的关键部件进行了改造，报废旧钻机3部、立式下灰罐40具，关闭重大危险源5个。

四是在交通安全上，坚持以限速治快为重点，组织开发了《交通运输作业程序文件》和《驾驶员岗位指导卡》54个，颁布施行了《机动车驾驶员安全行驶千米管理办法》、《不同路段限速规定》等制度，为车辆增装GPS终端系统903套，装配GPS的车辆总数达1003台，占车辆总数的98.25％。通过强化风险识别、强制限速行驶、在线跟踪监控、实行限时行车、落实属地管理、倡导文明驾驶、加密路检路查、强化考核激励机制等一系列措施，有效地规范了机动车驾驶员的行为，提高了交通安全管理水平。

五是在应急管理上，坚持以井控安全为重点，制定了《CO、H_2S防护知识及措施》、《井控设备管理规定》等制度，修订完善了总预案和12项专项应急预案，建立应急指挥中心40个，进行应急知识培训1132人次，组织开展二级、三级演练37次，参演人员达3.5万人次。坚持跟踪提示预警，重点加强了玄马、白豹、熊家庙、冯地坑等地区CO和气井H_2S的检测与预防工作，先后3次组织开展井控专项检查，对两口同时含有CO、H_2S气体的井实施了全程跟踪监控，并在G19－14井、堡平3井开展了雨天防喷应急救援演练，增强了恶劣天气状况下应对突发事故的反应、处置能力。新疆项目部70562钻井队井控工作在中国石油集团井控检查中列塔里木油区第一名。

六是在安全培训及文化建设上，以解决“无知、无能、无畏”问题为重点，通过加大教育培训力度，普及安全环保知识，强化基本功训练，狠反“三违”行为，在网页上创办“安全与我同行”、“安全大家谈”、“安全知识问答”、“温馨提示”、“天气预报信息”、“感恩企业”、“我身边的安全故事征文”等专题栏目，广泛开展了“安全生产月”、“6·5世界环境日”、“6·19事故警示日”、“安全生产警示周”、“安全知识竞赛”等系列活动，员工队伍的安全环保意识进一步增强、素质进一步提高，实现了“要我安全”向“我要安全、我懂安全、我会安全”的转变，“细节决定成败、关键在于落实”的执行理念更加深入人心，事故防范意识和自我保护能力明显增强。

【科研攻关】　坚持把技术创新作为提升核心竞争力的重要手段，确定了“全面推广，重点突破，优化方案，集成规范”的技术工作思路，坚持以PDC钻头、“四合一”钻具为核心的综合配套技术集成，着力在PDC钻头个性化设计、“四合一”钻具优化组合、大功率螺杆改进、无线随钻测量仪等新技术、新设施的推广应用上做文章，形成了“区域突破、模板推进、规模提速”的提速模式；全年累计投入科研经费1010万元，比2006年提高近1倍；完成重点科技攻关项目46项，其中中国石油集团重点科研项目3项、技术推广项目4项；取得科技成果39项，其中有1项获中国石油集团科技进步一等奖、5项获长庆局科技进步奖。取得了五个方面的突破。

一是个性优化PDC钻头全面使用取得突破，已成为钻井提速的核心技术。全年共在1838口井中推广应用PDC钻头1329只，推广面达100%；完成进尺281万米，占总量的69%。天然气井PDC钻头使用在长庆气田中北部向上部井段延伸、在苏里格气田向下部延伸，钢体结构、双级切削结构PDC钻头得到应用，形成了以PDC钻头全面使用为核心，重点集成配套优选钻头、优化钻具结构、优选钻井参数、优化钻进方式的系列技术。在苏里格气田79口开发井中，有31口井实现了两只钻头一口井，2口井实现了“一趟钻”；有21口井单井机械钻速在20米/小时以上，有26口井单井钻机月速度在6000米/(台·月）以上。白豹区块PDC钻头穿越富县组的试验取得了突破。

二是“四合一”钻具组合应用取得突破，“一趟钻”工程在油田定向井施工中形成主流并成为持续提速的技术发展方向。通过优化剖面设计，推广应用以7LZ172大功率螺杆为主的“四合一”钻具组合，结合使用直径180毫米缸套、MWD先进仪器，形成了以“四合一”钻具深化使用为核心，重点集成配套钻具结构优化、大功率、大排量、大钻压、钻井液性能优化为主体的快速钻井系列技术。长庆油田定向井有453口井实现了“一趟钻”，为2006年的4倍，“一趟钻”工程比例由上年的8.65%提高至29.43%，与非“一趟钻”相比，机械钻速提高24.3%，钻机月速提高28.38%，钻井周期缩短31.47%。吴起区块提速幅度高达38.5%。

三是水平井钻井技术集成取得突破，速度、效益进一步提高。通过优化水平井设计，改进水平段PDC钻头，优化螺杆钻具结构，试验聚硅酸盐生物聚合物钻井液体系，推动了水平井钻井速度的加快。全年共完成长庆油田水平井29口，比2006年多11口，平均机械钻速比2006年提高44.59%，平均钻井周期比2006年缩短2.84天；完成长庆气田水平井3口，比2006年多1口，平均钻机月速度比2006年提高19.57%，平均钻井周期比2006年缩短44.89天。70165钻井队在CB3-2井第一水平分支井中，以2251米创壳牌中国陆上钻井最长水平段纪录。

四是治漏工艺技术取得新进展，堵漏成功率大幅度提高。在陇东区块共有65口井发生漏失，在镇40-32井首次试验GD-1凝胶堵漏获得成功后，在34口井使用化学凝胶配合注速凝水泥堵漏，在27口井应用化学凝胶堵漏均取得了成功，堵漏一次成功率达41.54%。刘家沟和洛河组的平均单井堵漏时间比2006年分别降低110小时和5小时。

五是超深井钻井工艺技术进一步成熟，提升了市场竞争力。通过完善超深井防斜打快技术、PDC钻头优选、钻井参数优化、盐层钻进技术、优质抗高温润滑钻井液等技术，新疆市场三开直井钻机月速度比2006年提高28.05%。红旗5井二开后用1只PDC钻头26.29天钻完了4200米井深，创二开井最短钻井周期纪录。70539钻井队大胆应用PDC钻头加螺杆复合钻进技术，用113天顺利地完成了井深6258米的TK1033H井，以年进尺22013米被中石化西北分公司评为优秀施工队伍。

【机构调整】 在长庆油田内部的五个工程项目部，由派出机构向固定管理机构模式转变已经完成，并正式升格为副处级单位，以项目部为中心的生产组织服务系统进一步完善，区域管理工作转入正轨。按照长庆局的统一部署和扁平化、专业化管理思路，接管了长庆局内多元经济系统的钻机，完成了多元经济企业A类业务回归主业管理和医疗卫生、基地物业服务及固井、管具业务的整建制分离，并将运输公司和钻宇中国石油集团升格为副处级单位，对定向井技术服务公司进行了职能调整，管理层次和幅度有所减少。在规范职工股暨清理法人实体工作中，严格按照长庆局的要求，规范了5家职工持股公司，处置了3家法人实体，清理了6家股权转让企业，顺利完成了职工股的溢价收购工作。

【成本控制】 进一步完善了钻井队单井成本考核，对专业公司实行利润、成本考核，对项目部和总公司机关实行管理费用及专项费用控制考核的三级承包经营责任制，加大了综合业绩考核与月度、年度奖金兑现挂钩的力度。全年自我消化土地费用上涨等成本增长因素6788万元，可控成本较2006年下降2.03%；修复利用旧PDC钻头414只，调剂利用废旧钻具1198根，完成节能8954吨标煤、节水43.3万立方米，节约率分别达6.43%和6.88%。全面超额完成了长庆局下达的内部利润指标。

【内控管理】 坚持“关注细节、重在执行”的管理理念，先后修订资金管理、计划投资、审计监督、经营考核等方面的管理制度36项，完善了以劳务定额、工作标准、运行程序、考核办法为架构的全面受控管理体系和以审计、巡视、效能监察、财务监管为架构的“四位一体”监督体系。理顺并规范了钻井队管理费用开支渠道及报销程序，实行总公司统一核销。提高钻井液成本定额，配套出台了《井下故障考核办法》，全年井下事故及复杂情况损失时间比2006年下降1.26个百分点。完成专项审计调查2项、领导离任审计4项、支出性合同审计786项，减少资金损失253.05万元。处理诉讼案件7宗、非诉讼纠纷12起，挽回和避免直接经济损失1000多万元。组织招标和商务谈判101项，实现合同交易额5896万元，节省投资314.87万元。

【设备管理】 完善《新钻机设备管理规定》、《固控设备管理规定》、《仪器仪表管理规定》、《特种设备管理制度》、《起放井架、底座大绳管理规定》、《井口校正作业程序》、《安全防护设施管理规定》等多项管理制度。初步建立、试行了《钻井队设备动态管理信息系统》。完成13套新钻机配套投产及整改工作和14部多元经济钻机检查、整改、移交工作，更新固控系统8套。全面落实设备本质安全治理工作，消除设备隐患。一是对国有59部老旧钻机和多元企业3部移交钻机，进行护栏、护罩、铺台、梯子、井架笼梯等安全防护设施的全面摸底排查，对不符合现行标准的，组织专业维修单位进行整改。二是对50套使用超过12年和不符合标准的钻井液高压管汇进行了评估和更新。三是对15部钻机防爆性能差的电路进行了标准化电路改造。四是将10部钻机老旧气源房更新置换为标准螺杆压缩机气源房。五是对40部使用超过12年的钻机进行全面评估，对评估中发现的问题进行了逐项整改；对20部到检验周期的井架进行安全检测；对钻井队的148具储气罐进行全面检测；对97具立式下灰罐和车载灰罐按压力容器标准进行检测；对汽车起重机和其他起重设备进行全面检测；对所有安全阀、压力表按规定周期进行周检。通过这些具体工作，进一步规范了特种设备的管理。投资39313万元，购置、投产钻机12部，其他钻井设备444台（套），固井设备78台（套），交通运输设备59台（套），其他各类设备15台（套），更换钻机主要部件963台/套。这些性能先进、技术含量高的设备投入使用，改变了过去报废再用设备多、设备技术性能差的不利局面，保证了设备的安全运行，提高了生产效率，有效地提高了装备能力。2007年主要设备综合完好率97.94%，综合利用率64.66%。钻井设备机修时效0.22%。故障停机率0.11%，设备修理费用率5.7%，低于中国石油集团8%的指标。设备重大责任事故发生率为零。特种设备检测率、车辆年审合格率达到100%。设备资料归档率100%。总公司被评为中国石油集团设备管埋先进单位。

【生产特点】　按照“平稳、均衡、效率、受控、协调”的生产组织原则，克服生产运行中外部关系复杂，井位接替被动，复杂区块和特殊工艺井增多，后勤服务保障力量严重不足等诸多困难，周密计划，精心组织，确保了钻井生产的安全高效运行，全面实现了年度生产经营目标。主要特点：

一是加强与长庆油田分公司职能部门、项目组的联系沟通，换位思考，主动为长庆油田分公司分忧解难。实施“用户满意”工程，定期组织质量回访，不断提升工程服务质量。通过每月一次的生产技术协调会和钻井总公司项目部与长庆油田分公司项目组联合办公，互通信息，共同办理复杂区块的井位手续报批，解决与地方政府部门的突出矛盾，落实钻井工作量，安排钻机接井，构建起了生产运行、对外关系协调的联动机制和良好的战略伙伴关系，保证了区块钻井工作量。在吴起、靖边外部关系协调，陇东、姬塬和15型钻机施工区块井位准备，重点区域探井、水平井、复杂工艺井的实施等方面，双方目标一致，工作到位，为钻井生产创造了良好的条件。

二是精心策划、周密组织，确保了生产启动平稳有序。本着“超前计划，规范组织，平稳启动，准点运行，安全第一”的原则，从抓设备整修和人员培训着手，提早准备启动所需的人员、物资和设备；根据区域生产布局和钻机就位部署状况，周密编排启动计划，加强与各相关部门之间的协商和沟通力度，执行以生产运行部为协调中心，五个项目部为运行主体的启动方案，全方位进行生产启动工作。针对启动期间的大雪天气，严格按照特殊天气下的安全生产要求组织施工，各级领导深入现场把好安全关，有效落实各项保障措施。实施安全检查验收后出具“开工令”制度，开展岗位练兵等活动，在最短时间内启动了生产，降低了灾情损失。启动期间共动用车辆956台·次，接送职工10600人次，完成107支钻井队供水管线安装212.2千米，建泵站51个、拉水点5个，组织送井物资15000多吨，确保了生产启动有序。

三是理顺程序，重心下移，使后勤保障更具活力。针对施工点多、面广、战线长，生产节奏快、组织难度大的实际，进一步完善了以总公司→项目部→钻井队为主体，以专业服务、后勤服务为“两翼”，功能相对配套、职责清晰明确、运行顺畅高效、行为规范统一的管理体系，建立了领导定期深入基层、跟踪督查和与之相对应的经营考核制度，做到关键环节细化，生产组织严密，现场监管到位，后勤保障有力，大大提高了生产效率。

四是周密计划，统筹安排，量化考核，实现了均衡生产。根据季节、区块、钻机特点，将全年生产任务分阶段量化分解下达到各项目部、钻井队；将非生产时效、井间停工控制指标层层落实到职能单位承包控制，制定了与之相对应的保障措施和考核办法，通过生产信息的汇总分析，查找和改进生产组织的薄弱环节，适时调控生产节奏，按月对生产任务完成、非生产时效控制和重大施工情况进行量化考核，避免生产的大起大落现象，达到了均衡生产。同时，通过生产例会和信息收集上报，严格生产指令的传达和跟踪考核，使非生产时间降到了最低。2007年全年井间停工控制在了520天以内。

五是深入现场，过程监控，重点保障，确保生产连续运行。根据市场变化和经营模式的调整，制定下发了《生产运行管理规定》，对各生产单位的工作职责、业务范围以及生产运行程序进行了划分，由总公司、项目部对专业公司进行综合业绩考核，使之对钻井队的服务更能贴近生产现场，减少了中间环节，变被动服务为主动服务，生产组织达到了优质、高效。确定重点要害监控部位23个，完成度汛工程5项，组织防洪防汛专项检查4次，整改存在问题56个。尤其是9月份以来，罕见的雨雪天气，给生产组织带来了前所未有的困难。在此期间，共动用各类施工机具101台，组织维修钻前道路1681千米，出动人力10226人次，完成气路防冻装置检修41套，成套安装5套，准备上井锅炉9台，有效保障了生产连续均衡运行。

六是优化区块，合理部署，保证了年度生产任务的顺利完成。根据长庆油田分公司产建部署，加强与各项目组的沟通联系，及时了解其生产方案调整变化情况，掌握钻井施工进度，落实后续可实施工作量，分析月度钻井工作量完成情况，提出钻机调整建议，保证了钻井队正常井位接替。

七是预防为主，预案为先，加强应急培训、指导和监督检查，提高了全员应急处置能力。建立健全了应急预案体系、应急组织体系、应急保障体系和预测预警协调联动机制，强化了全员应急培训，加强了应急预案演练。制定发布了《钻井工程总公司信息网络安全事件应急处置预案》和《钻井工程总公司突发重大事件（事故）新闻发布预案》两项新增预案。在筹划大型、特殊作业的同时，制定和落实应急防范措施，储备生产应急物资，为应急处理提供保障。举办应急知识培训班16期，参加1132人次；积极组织了“应急知识答题竞赛”活动，参加人数9860人。开展专项检查5次，提高了全员对突发事件（事故）的感知和处置能力。

八是主动协调，重点突破，积极创造稳定良好的外部环境。在工作量承揽和进入新区块前，结合外部环境实际，优选施工区域。加强重点区块、特殊工艺井、重点井的生产组织、技术管理和后勤保障等方面的管理，严格落实考核制度。抓好井队完井、搬迁、井位衔接等生产组织的关键环节，制定相应措施。并有预见性地提早协调解决重点区块村民阻挡问题，减少井队等停时间。

【信息化建设】 钻井管理信息系统是一个建立在总公司信息门户系统基础上的，以“三网一库”（内网、外网、专网、钻井数据库）为基本构架，由管理信息系统、无线传输有线接入系统、视频应用系统等三大系统组成的钻井企业管理信息化系统。2007年在继续做好公文管理、合同管理等子系统维护工作的同时，对管具管理子系统、专业公司器材管理和设备管理子系统进一步完善，并在管理中得到应用。将视频系统应用拓展到新疆项目部，实现了对新疆项目部的实时管理，标志着视频应用系统走向了一个新阶段。全年共计召开需要网络配备的视频会议134次，其中计算机网络视频会议91次，非视频会议43次，其中月度工作视频会10次，生产例会43次，其他如培训学习、应急演习等会议共计81次。结合生产实际，开发了车辆费用管理系统软件。该系统可以提高总公司各种交通基础设施的利用效率，优化运力配置，挖掘运输潜力；对路单等业务单据进行计算机管理，在车管单位和用车单位之间共享，及时了解车辆运行动态，提高运费结算效率；并以运费核算为突破口，逐步完成总公司内部劳务核算的计算机管理，完善业务核算，为总公司业务、财务核算一体化提供平台；实现了沟通各专业公司之间的信息往来，共享生产信息，提高各专业公司的协调能力，规范运输秩序，提高专业化服务水平。加快钻井设备动态管理系统开发应用步伐。这套系统的应用，可实现对钻井队设备动态的实时监控。钻井总公司设备管理部门每天可以监控钻井队设备运转情况、运转小时、停机状况，还可以实时掌握设备的运转时间、保养、维修、加油、润滑等情况。该管理系统还能实现对设备生命周期的管理，即从设备购入时起就将该设备的基础信息记录在案，设备的调换、修理、保养、加油、润滑等信息以及设备事故情况，全部记录在系统中，为钻井队设备管理和维护提供了信息保障，实现了设备的维修、保养报警。设备管理系统的运行，提升了总公司钻井设备的管理水平，为动态监控井队设备的运行状况提供了现代化管理平台。加强计算机和网络系统的安全维护工作。新增服务器3个，进行操作系统的升级安装20余次，对服务器操作系统“打补丁”245次；开展数据备份工作312次，完成了2812G的备份数据量，其中有近800G数据量进行刻录光盘保存。在服务器上建立邮箱20余个。采取杀毒措施900次，进行防病毒程序升级400余次，查杀病毒3万余个；在保密性方面共更改服务器密码22次。对WWW服务器进行了重新调整，操作系统进行了升级，提高了总公司网页的访问速度。开展了对邮件服务器进行应用程序升级和安全性的研究，使邮件服务器的稳定性得到了根本性提高；对数据库服务器进行后台服务程序的补丁工作和SQL2000的性能优化。研究“无线传输，有线接入”数据的备份、恢复、复制等工作，对数据库进行日志跟踪记录；对主域控制器进行系统的稳定监测工作，主域控制器全年没有发生故障。为总公司机关和各个项目部加装路由防火墙，有效防止计算机病毒攻击破坏。做好计算机系统维护维修工作，维护计算机软硬件及其附属设备和网络2000余次，平均每工作日8次左右，其中排除系统软件故障560次，网络故障480次，病毒破坏维护960余次。在网络方面共进行IP地址的调整2000余次。加强网站维护及多媒体制作工作。内部网站更新新闻16000余条，其中新闻4000余条；公告栏500余条；组织机构信息3500余条；企业文化信息1500余条；女工工作信息共1100余条；钻井英模、典型信息900余条；《廉政建设》、《管理论坛》、《主题教育活动专题》信息更新1000余条；其他信息3500余条。在钻井队网站发布信息3400余条；钻井总公司门户网站发布信息3560余条。制作多媒体材料290部。2007年举办专业管理信息系统运用培训班8期160人次。计算机知识和Office系统软件、总公司井队网站、无线传输等信息技术的培训300多人次。信息化建设工作取得可喜成绩。《提高钻井信息管理系统的稳定性》QC成果荣获甘肃省优秀QC成果一等奖，同时该课题小组被甘肃省评为

2007年度优秀QC小组，被中国质量协会、中华全国总工会和中国科学技术协会评为2007年度全国优秀质量管理小组。《降低视频会议系统故障次数》QC成果荣获甘肃省优秀QC成果二等奖，同时该课题小组被甘肃省评为2007年度优秀QC小组。《缩短工程资料归档时间》QC成果荣获陕西省优秀QC成果二等奖。

【技能培训】 为适应钻井提速的需求，以安全知识培训和岗位操作技能提高为重点，认真落实“万千”培训工程。坚持把“三支”队伍建设作为提升企业竞争力的根本，进一步完善三级培训网络，坚持冬休轮训与日常培训、办班培训与岗位练兵、理论辅导与实践操作、课堂教学与军政作风训练、集中办班与现场指导“五个相结合”，广泛开展了技术大培训、岗位大练兵、技能大比武活动。2007年累计培训员工13828人次，其中管理干部1722人次、技术干部531人次、操作人员11575人次，完成培训计划的126%。在钻井总公司层面办班91期、培训人员4280人次，其中管理人员912人次、技术人员110人次、操作人员3258人次；项目部及基层队(站)层面培训8500人次，其中管理人员565人次、技术干部380人次、操作人员7555人次；送外培训人员1048人次。另外，先后组织了40人参加了中级技师和高级技师培训考试，考核局技能专家8人，对2336名初、中级操作人员进行了技能鉴定。准确把握“冬训是员工成长的春天”主题，建立健全了“主要领导抓总体、主管领导负责，人事劳资部门主管，业务部门参与，培训机构组织实施”的上下统一协调的冬训管理系统；完成培训项目70个，办班234期，培训9829人次。其中，管理人员667人次，专业技术人员522人次，操作技能人员8640人次。利用生产现场，开展岗位练兵和技能比武45场次，参赛人员达7611人次。在省局两级职业技能大赛中，涌现出技术状元10人次、技术标兵20人次、技术能手65人次。重视和加强技能人才培养，有3768人通过了高一级职业技能鉴定，新增技师和高级技师54名。坚持在提速实践中锻造培养技术人才，建立激励政策，拿出200多万元奖励在提速工程中的优秀技术人员，表彰技术突出贡献者6名，局级优秀技术工作者32人，钻井总公司级优秀技术人才60人。有181人取得了高一级专业技术职务任职资格，新增高级工程师13人。钻井总公司被长庆局评为开展“技术大培训、岗位大练兵、技能大比武”优秀组织单位。

【“四好”领导班子建设】 2007年按照长庆局党委、长庆局对各级领导干部提出的“六个要坚持、六个不允许”的要求，以“四好班子”创建活动为载体，以提升“五种能力”为重点，重点抓了以下几项工作：

一是以理论学习为重点，加强各级领导班子思想政治建设。印发了总公司中心组理论学习计划，安排了12个方面的具体学习内容，全年集中学习14次。各基层单位班子成员把理论学习作为提高自身素质的一项关键性、基础性工作，积极学习，自觉做好学习笔记，撰写心得体会。各级领导干部能够坚持理论联系实际的学风，立足工作实际，研究解决一些带有战略性、前瞻性的问题，为科学决策奠定了基础。

二是以制度建设为重点，增强各级领导班子团结协作意识。建立和完善了重大事项集体研究决策、征求意见、专家咨询、公示公告、会议议事规则、决策程序和责任追究等相关制度，继续推行综合业绩责任制考核，从生产任务、经营责任、技术与工作质量、安全环保、综合管理等五个方面，按单位对年度目标进行了细化考核，与月度、年度效益工资挂钩。各单位能够充分发挥班子每个成员的作用，各负其责，互相尊重配合，互相关心帮助，相互补台，班子整体功能得到有效发挥。

三是以经营管理为重点，规范各级领导班子民主决策行为。钻井总公司领导层严格遵守领导班子议事规则和决策程序，对于发展规划、重大部署、重要人事任免、重大技术措施实施、重大资金使用、奖金分配等涉及企业和员工切身利益的事项，坚持个别酝酿、集体讨论、会议决定。全年召开党委会、党政领导联席会、常务会等决策性会议 47 次，决议事项 167 项。召开领导工作例会 28 次，协调事项 225 项。进一步完善了《领导班子和管理人员综合业绩考核办法》，层层分解指标，考核情况每月公布。全面落实厂务公开制度，建立和完善了成本费用的动态分析、监测、反馈和控制机制，加强和完善了审计、巡视、效能监察和财务监管等“四位一体”的“大监督”格局，使经营管理过程控制得到了保障，有效地保障了生产经营目标的安全运行。

四是以作风建设为重点，树立各级领导班子的良好形象。总公司领导坚持深入基层调查研究，及时发现和解决问题，帮助基层排忧解难。钻井总公司领导全年下基层 154 人次，累计 805 天，深入基层队站 627 队次。各项目部，专业公司领导干部在生产一线、边远区块等环境条件差、工作难度大的单位建立了联系点，经常深入联系点和生产一线调查研究，并且各专业公司分区块都有一名领导常驻一线，全面负责各片区的生产组织协调和队伍管理，切实解决影响发展和群众关心的问题，切实改进了工作作风。

五是完善干部选拔任用和监督考核机制，进一步优化各级班子结构。先后调整各级领导班子 124 个，调整选拔任用管理人员 275 名，其中从优秀操作人员中选聘管理人员 117 人、技术人员 35 人。从年轻有为、德才兼备的干部中提拔任用副科级人员 57 人、正科级人员 39 人，推荐到副处级岗位 25 人。给予党纪政纪处分的干部 12 人次，诫勉谈话 4 人，各级班子结构进一步优化，执行力明显增强，在抓管理、带队伍、促发展中有力地发挥了整体功能。

【学习党的十七大精神】　制定下发了《关于认真学习贯彻党的十七大精神的通知》（钻党发［2007］60 号），对学习宣传贯彻十七大精神做出了全面部署，在公司网页开设了“喜迎十七大，总公司党建工作巡礼”系列报道，集中展示了总公司 2007 年党的建设工作所取得的成绩，增强了党员的党性认识和荣誉感；开设了“学习十七大、贯彻十七大”专题网页；召开了党委中心组成员专题学习会；指派专人参加中国石油集团和长庆局组织的十七大学习培训；组织两级机关人员进行了 3 场次 235 人次参加的十七大精神专题学习，增强了党员对十七大精神的领会贯通和准确把握能力；举办了党的十七大知识竞赛；向生产一线发放十七大书籍 1200 余册、光盘 400 盘；把学习十七大精神列入生产一线员工冬季培训内容中，作为干部职工集中培训的重要内容，与业务培训同时考核，促进了学习的实际效果。

【“公开承诺、转变作风”活动】　根据长庆局党委《关于在局处两级领导干部中开展以公开承诺为主要内容的转变作风活动的实施意见》的要求，钻井总公司党委在中心组集体学习全文的基础上，结合创建“四好”领导班子工作的实际，将“公开承诺、转变作风”的人员和部门范围进行了延伸，由钻井总公司班子成员、项目部、专业公司班子成员，分别延伸到各基层队（站）班子成员和副科级人员和两级机关所有管理人员；部门范围由钻井总公司机关延伸到了项目部、专业公司机关；并就各级领导班子、领导人员及部门的承诺内容、承诺方式、考核方式等提出了具体要求，下发了《关于在各级管理人员和两级机关开展公开承诺、转变作风活动实施方案》（钻党发［2007］78 号）。在具体承诺活动的实施上，一是钻井总公司班子成员：于 2007 年 12 月 27 日在由机关部门负责人、各项目部、专业公司（中心）党政正职以及基层队（站）党政正职参加的基层建设工作推进会上进行了郑重承诺，并以钻井总公司文件形式下发，供全体职工群众监督。二是将其他副处级领导及副总师的承诺在钻井总公司网页上进行了公布；项目部、专业公司领导班子成员在本单位干部大会上宣讲承诺，以钻井总公司文件形式在全公司范围内下发；其他副科级及以上管理人员在本单位干部大会上承诺，在钻井总公司网页进行公布。三是钻井总公司机关部门的公开承诺以钻井总公司文件进行公布；项目部、专业公司（中心）机关的公开承诺在各单位进行公布；两级机关管理人员在本单位职工大会上宣讲承诺，以书面形式在本部门范围内进行公布。

【党支部“六个一”创建工作】　认真贯彻落实中央四个先进性长效机制文件精神和长庆局党委关于开展党支部“六个一”创建工作部署，按照融入中心、进入管理的思路，建立健全了党建工作机制。

一是以《党支部工作手册》、《党员手册》管理为重点，抓了党员教育管理工作。制定了《基层党支部“六个一”创建工作实施方案》，加大了考核力度。在发展党员工作中，注重把生产一线、技术人员和 35 岁以下的青年作为发展重点，全年共发展党员 353 名，转正党员 390 名，党员总数达 4322 名。其中钻井队生产一线党员占公司党员总数的 32.7%，35 岁以下党员占 38.2%，大专以上学历党员占 25.5%，党员从分布、年龄和结构都得到了优化。大部分基层队站实现了班班有党员。

二是建立健全了党组织，确保了党的工作正常开展。全年新建党支部（直属）2 个、改选党组织 46 个、补选完善党组织 20 个。钻井总公司共有党总支 17 个、党支部 273 个，党组织健全率和覆盖率达到了 100%。

三是创新党建活动载体，加强了党性实践活动。开展了贯穿全年的“担当主力军，党员站排头”主题实践活动。主要包括：以增强党员本领，提高党员技能为主题的评选“百名有绝活”党员活动；以比党性、争当先锋模范，比能力、争做岗位能手，比奉献、争创一流业绩为主要内容的“三比三争”活动；以关心职工、密切党群干群关系为主要内容的党员承诺为职工办“百件实事”活动；以加强党员干部作风建设，增强“三种意识”为主题的“警示教育”活动。各基层党组织创造性地将活动开展与本单位的生产经营工作紧密结合，全体党员立足岗位，踊跃实践，争当主题活动的排头兵，赢得了职工群众的称赞。

四是切实加强党员经常性教育，进一步提高了党员队伍的整体素质。制定下发了《关于成立总公司党校分校的通知》，在五个工程项目部和三个基地管理委员会分别成立了分校，构建起了党员队伍教育培训的新体系。各基层党支部结合实际制定了党员学习培训、学习效果考评等制度，建立了党员学习园地、学习笔记。组织党员开展经常性谈心活动，沟通思想，经常分析党员思想状况，从政治、思想、工作和生活上关心、爱护、帮助党员。

五是积极做好党员联系和服务员工群众工作，进一步密切了党群干群关系。通过深入开展调查研究、参加设岗定责活动、帮扶困难群众、建立领导干部联系点、做好接待群众工作、落实厂务（队务）公开等制度，牢固树立党组织为党员服务、党组织和党员为职工群众服务的意识。制订下发了《关于明确领导干部 2007 年“三全”承包点的通知》、《关于明确基层党支部“六个一”创建工作联系点有关事宜的通知》，确定了钻井总公司各级领导与基层单位及基层党支部的承包联系点，落实了责任。各基层党支部根据自身实际情况，按照自主申报和组织安排相结合的办法，努力做好联系和服务员工群众工作。同时，积极履行企业的社会责任，全年各级党组织发动党员和群众9900余人，先后3次向陕、甘、宁贫困地区捐赠衣物7619件、被褥10床、图书3992本、现金23.2万余元。

六是加强和改进流动党员管理，保证了公司内部流动党员正常参加组织活动。紧密结合公司党员队伍人数多、分布广的实际，建立了党员向党支部请示汇报制度，制订下发了钻井总公司《内部流动党员管理办法》，进一步明确了钻井总公司内部流动党员、流出地党组织、流入地党组织的职责；印发了《流动党员活动证》，设立了流动党员服务咨询电话，确保每一个党员都始终处在党组织的管理和监督之中。

七是落实了党建工作报告联系制度，党建工作责任制进一步健全。制订下发了《关于贯彻落实〈中央在甘单位党建工作报告联系制度（试行）〉的实施意见》，进一步明确了钻井总公司党委职能部门的党建工作报告职责，建立健全了党建报告工作制度、会议制度、联系制度、考核及反馈制度等五个党建工作报告联系制度，使钻井总公司党的建设工作进一步走向规范化、制度化。全年各基层党组织上报信息64篇。同时，针对党建工作中需要解决的重要工作列出题目，进行调查研究，全年深入部分钻井队、专业公司基层队站党支部开展专题调研5次，撰写调研报告5份，选树出了30663钻井队党支部、运输公司第一服务部党支部等9个先进党支部，并将其典型经验汇集成册，编辑印发了3.5万字的《巍巍钻塔党旗红》600册，下发到各党支部，供各基层学习。撰写的两篇党建研究论文分别获得甘肃省委党建论文二等奖和三等奖。

【党风建设和反腐倡廉工作】　切实加强反腐倡廉工作，为总公司的健康发展提供了有力保障。

一是加强党风廉政建设宣传教育。下发了《科级领导人员廉洁从业若干规定》，对领导人员的廉洁从业行为进行了规范，以“理想教育、警示教育、条规教育”为重点，组织党员领导干部进行了党风廉政教育；认真学习贯彻中纪委《关于严格禁止利用职务上的便利谋取不正当利益的若干规定》精神，切实抓好领导干部任职前廉政谈话制度，加强新任领导人员的教育培训工作，对新提拔的基层党支部书记（副书记）、钻井队队长和成本核算员进行了党风廉政教育宣讲；开展廉洁自律承诺签字活动，共有498名管理人员在承诺书上签字；在全公司范围内组织开展了以“加强作风建设，促进廉洁从业”为主题的作风建设宣传教育月活动，通过手机短信，精选自律警言警句，编入总公司台历、演唱廉政歌曲等方式进行廉政教育。开展了“话说党风建设和反腐倡廉”征文活动，收到征文稿件122篇。

二是加大违纪案件查处力度。进一步拓宽案源，从效能监察和日常监督检查中发掘违纪案件线索。在案件调查过程中，认真贯彻落实中央纪检监察机关关于严格依纪依法办案的有关规定，保证了依法依纪文明办案和案件查处工作健康有序进行。在信访件初查和案件调查过程中，始终坚持标本兼治的指导方针，针对发现的漏洞和薄弱环节，有针对性地提出改进的意见和建议，达到了完善制度、堵塞漏洞的目的，维护了企业权益和职工的利益。

三是加强惩防腐败体系建设。紧紧围绕党风廉政建设重点，完善了相关制度，制定了《资金授权管理办法》、《计划投资管办法》、《资金结算实施细则》、《内部劳务结算规定》等规定，为加强资金管理、规范资金运作奠定了坚实的制度保障；同时还制定了《器材物资管理规定（修订案）》、《套管管理规定（修订案）》等规定，对物资采购管理单位的职责和责任，物资采购计划、入库验收、库存、发放、安全管理和监督考核等内容进行了明确的规定，增强了权力运作的规范性，保证了企业管理和监督约束机制落到实处，使党风廉政建设的要求贯穿到了各项管理制度和规范之中。

四是强化监督制约机制。按照事前预防、事中参与、事后跟踪检查的过程监督机制，继续对重点部位和关键环节加强监督检查，制定了《纪检监察部日常监督检查情况登记表》，促进了监督检查向精细化发展。纪检监察部门对总公司范围内的72次招投标活动进行了全面监督，有效地保证了招投标工作制度的落实；各级纪检部门深入辖区项目部钻井队492队次，重点对党风廉政教育情况、油材料管理等情况进行了监督检查，帮助完善规章制度94项。对专业公司驻项目部的基层单位检查60次，主要检查重点部位的管理制度、责任的落实、厂务公开制度的落实情况及领导人员履行责任的情况；认真落实领导干部任职前廉政谈话制度。2007年钻井总公司领导共进行任前廉政谈话184人，纪检监察部门对新调整的钻井队队长、支部书记、班子成员及新调换的成本核算员进行谈话160人次，增强了基层班子的廉洁从业意识。

【审计工作】　以内部控制审计为主线，以经济责任审计和资金管理审计为重点，完成管具公司2006年外雇运费审计调查和各工程项目部外部协调及钻前施工等费用的专项审计调查2项，完成第一、三、五工程项目部及钻前工程公司原经理离任经济责任审计4项。共提出审计建议24项。支出性合同审计523份，总额5695.58万元，总审减额139.48万元。其中签约前合同审计204份，审计金额2371.87万元，审减额41.31万元；结算付款审计319份，审计金额3323.71万元，总审减额98.17万元，积极主动加强部门间的沟通协调，完成商务谈判28项，涉及金额2244.15万元，取得间接成果427.3万元。对新疆项目部的制度建设、合同管理、经营工作等做了检查，配合中国石油集团规范职工股及清理法人实体，完成职工股收购工作，开展钻宇施工分公司经营工作调研并完成调研报告，就审计中发现的诸如某些外部结算费用管理基础工作薄弱，内部控制程序不规范等问题作了情况通报。

【巡视工作】　先后深入到22支钻井队、14个专业公司辅助单位，听取班子工作汇报11场次，找干部职工谈话125人次，查阅各类资料158本，察看了钻前工程公司、运输公司的部分基层单位和4个钻井队的工作现场，发调查问卷102份，发现问题11个。向总公司党委上报书面汇报材料3份。对项目部、钻井队2006年年底的补发工资、奖金等9类款项的发放情况进行了检查。同时对部分专业公司在银川的9个服务部也进行了检查。将检查情况在钻井总公司干部大会上进行了通报。对小车公司、固井公司、管具公司、机修公司进行了重点巡视，共听取班子工作情况汇报3场次，找班子成员谈话12人次，查看党总支会议记录、中心组学习会议记录、经理办公会议记录、季度工作会议记录等资料20本，发调查问卷32份，共发现存在问题9个，向总公司党委上报书面汇报材料3份。配合长庆局巡视员办公室对总公司进行了重点巡视。局巡视办领导听取了总公司全面工作和班子建设汇报，查阅了总公司党委会议记录、党政联席会议记录、总公司领导会议记录、常务会记录、领导班子成员中心组学习笔记及班子建设有关的资料，分别与

13名总公司领导；91名部门领导和专业公司及第二、三工程项目部领导班子成员和职工代表进行了谈话。召开了有基层干部、职工代表、离退休职工代表参加的座谈会4次参加67人次。下发问卷调查表171份。并深入到钻宇中国石油集团的恒易工贸公司、第二项目部、30525钻井队、银川河东工业园各基层单位、各专业公司在第三项目部的辅助单位进行实地考察、现场调研。收集了总公司班子建设、领导分工、安全环保、公司重大事项决策、基层建设、经营考核、等级达标、组织建设、勤政廉政制度等方面形成的文件、制度共61份。

【基层建设】　总公司坚持把基层建设作为“一把手”工程，明确了主管部门，加强了力量配备，形成了上下联动、齐抓共管的工作机制，由钻井总公司强力推进为主，逐步向基层单位自我深化为主转变。

一是统筹规划，常抓不懈。制定了《2007—2009年基层建设推进计划》，按半年一个时段，对全公司195个基层队站推进工作进行了安排部署。按照2007年要有三分之一的钻井队和四分之一的后勤基层队站达到2006年示范队水平的目标，实行领导承包、强化督导检查，进行强力推进。先后3次组织调研督导组，深入基层队站检查督导。各项目部、专业公司也分别采取到示范点观摩学习、领导承包、驻队帮促等方式，对示范队创建进行帮促指导。11月份，由钻井总公司领导带队，分别对39支钻井队和专业公司27个基层队站进行检查验收，有61支达到了同类示范队建设标准。

二是着眼发展，不断创新。坚持从长庆钻井发展的需要出发，提出了“总结经验、注重细节、科学管理、整体推进、开拓创新”的二十字工作思路，确定了加强基层领导班子和党支部建设、深化“技术大培训、岗位大练兵、技能大比武”活动，强化以HSE管理体系为主体的基础管理等三大任务，制定了加强组织领导、落实制度、强化考核、统筹协调等四项措施，充分体现了发展的主题和创新的内涵。

三是示范带动，整体提高。先后命名表彰了25个基层建设示范队，通过近两年来的典型培育和宣传，示范队的品牌效应日渐凸显，典型的作用更加生动感人。70518、40591、30533、40627等钻井队、机修公司石油机械修造厂钻修车间被长庆局命名为基层建设示范点，同时，70518钻井队还被长庆局命名为企业文化建设示范基地。在抓好示范队创建工作的同时，将2006年排位在后三分之一的钻井队和基层队站，分别由项目部和专业公司班子成员承包帮促，建立帮促责任制，帮促效果与领导人员业绩考核挂钩，以此带动基层建设水平整体提升。各项目部和专业公司通过召开基层建设推进会和现场观摩交流会，组织后进队领导到先进队观摩学习，在后进队蹲点帮促等方式，促使16支后进队达到总公司前三分之一的水平。同时对管理滑坡、标准下降的3支示范队予以摘牌，以确保示范队的先进性和示范性。

四是突出重点，夯实基础。坚持把加强“五型”班组建设，提升班组执行力作为推进基层建设的基础工程，规范了班组建设标准和管理办法，夯实班组基础管理工作，注重班组长素质培养，对优秀班组长进行表彰，总结交流推广他们的先进管理经验，提升班组管理水平，努力把班组建设成为基层学习的平台、培育基层文化的平台，促使班组整体管理水平得到较大幅度的提升，为基层建设的不断深化注入了勃勃生机，创造了许多鲜活的经验。

五是完善标准，严格考核。制定了钻井队、专业公司基层队站、车队等三个基层建设等级达标考核办法，设置了41类246项考核细则，将基层工作内容全部纳入考核之中，对考核结果除进行单项奖惩外，还与各单位领导班子和领导人员综合业绩考核相挂钩。各专业公司针对本单位基层队站的不同实际，进一步细化标准，完善考核细则，逐步建立起了比较完整的基层建设考核评价体系。先后对120支钻井队组织了3次基层建设等级达标考核，对77个后勤基层队站组织了2次考核，各项目部、专业公司也自行组织了每季一次的检查考核，确保了基层建设有序推进。

2007年，钻井总公司按照长庆局确定的基层建设考核三个定量硬性指标，即：5个基层队站成为长庆局示范队；10%的基层队站达到示范队标准；示范队50%的班组达到“五型”中的其中“一型”创建标准。经长庆局基层建设考核组检查考核，有5个基层队站被长庆局命名为示范队；58支基层队站达到了同类示范队标准，占基层队占总数的29%，超出长庆局考核指标的近两倍；22个示范队的66班组中，43个达到了“五型”中的其中“一型”创建标准，占示范队班组总数的65%，超出长庆局考核指标近三分之一。在2007年初和年末，两次召开全公司基层建设工作会，命名表彰基层建设示范队20个，“五型”班组创建先进班组30个，优秀班组长30名。

【宣传思想工作】 以建设社会主义核心价值体系为重点，各级党政工团组织充分发挥“大政工”的机制作用，广泛深入地开展了“形势、目标、任务、责任”和“发扬大庆精神，铁人精神，学习刘玲玲，为长庆钻井发展作贡献”主题教育，编发教育材料5860册。组织巡回宣讲组、钻井英模事迹报告团，深入各项目部、钻井队、基地巡回演讲。先后组织宣传《劳动之歌》典型28个、《中国石油榜样系列报道》人物10个，组织文艺小分队赴陕、甘、宁、内蒙古生产一线慰问演出30场次，开办了“形势、目标、任务、责任”和“学大庆，作贡献”专题栏目，刊发员工学习体会文章1180余篇，有效地促进了思想政治工作的不断深入。

【企业文化建设】 坚持以特别能吃苦、特别能战斗、特别能负重、特别能奉献、特别能创造的“五特”核心文化为根本，全面启动了长庆局《企业精神理念体系》和《员工行为规范体系》的宣贯工作。坚持加强以“六进井场”为主要内容的井场文化建设，制定了《钻井队“井场文化示范队”建设实施方案》，以长庆局命名的企业文化建设示范基地为标准，选树了20个企业文化建设示范队重点培养；编发了《我为祖国献石油》、《难忘2006》等宣传画册。建成了长庆钻井文化长廊和靖边基地公寓文化走廊，全景式展现了长庆钻井人36年来光辉奋斗历程。紧紧抓住长庆油气大发展的大好机遇，以钻井大提速为契机，努力打造工程技术服务强势品牌，长庆钻井的品牌形象和知名度、影响力越来越大。在报纸、网站、电视等新闻媒体和技能大赛上经常可以看到长庆钻井人的风采。《中国石油报》头版刊载了《创造长庆速度》、《“长庆模式”促生“长庆速度”》，中国石油网、国际石油网分别发表了《长庆钻井持续提速的思考》、《长庆钻井转变提速方式的调查》等反映长庆钻井提速的长篇报道。创作的歌曲《平安的日子就是好福气》、《回家》，编演的小品《挡路》，摄制的电视片《好儿媳韩曙光》，油画《苏醒》、《高原之春》、《云雾深处》等作品分别在全国、中国石油集团和甘肃省大赛中获奖，《长庆油田钻井前线工作剪影》、《钻工的心声》等上百幅反映长庆钻井人风采的照片纷纷被央视网、人民网、搜狐网、新浪网、中国网等国内主流网站刊载。

【工会工作】 各级工会组织按照长庆局工会要求，紧紧围绕总公司年400万米进尺目标，组织动员职工，调动职工群众的积极性，坚定不移地为中心工作服务。一是扎实开展

“基层工会组织建设年”活动。建立健全了三级工会组织网络，规范了工会会员会籍管理，改选和健全基层工会组织 8 个，指导新建工会组织 7 个。先后举办了三期基层工会干部学习班，加强了工会组织建设，提升了各级工会干部的素质。二是深入开展立功创优劳动竞赛活动，总结表彰了“安全质量增效，技术创新提速，生产服务创优，经营管理提质，基层建设争先”竞赛、“大干一百天，建功大气田”百日安全无事故竞赛，“强三基、反三违”等多种竞赛活动中涌现出来的先进指标 85 项。生产服务创优 28 个优胜单位。全年刷新历史纪录 28 项，各项创新指标 125 项，为年进尺突破 8 万米的钻井队召开大型庆功庆典 2 次，编发劳动竞赛简报 23 期，有效地推动了各项竞赛活动和全年 400 万米生产任务的完成。三是根据生产经营和安全生产的要求，利用工会组织发动职工群众的优势，认真开展技术大培训、岗位大练兵、技能大比武活动，在 5 个专业公司和 5 个项目部组织的 16 个项目 34 场练兵比武活动的基础上，有效地配合长庆局工会承办了陕西省“长庆杯”钻井工技能大赛暨长庆局第 14 届职工职业技能大赛钻井、柴油机、固井项目决赛，共有 44 人获得名次，其中，5 人入选技术状元，10 人入选技术标兵，29 人入选技术能手。既促进了全员岗位技能的提高，也为长庆钻井争得了荣誉。四是积极推进民主管理。在落实各项民主管理制度的同时，进一步扩大了厂（队）务公开的工作范围，规范了公开栏和公开橱窗，组织开展了三次民主管理、厂务公开检查督导，促进了民主管理、厂务公开按制度运作。先后下基层开展厂（队）务公开调研两次，下发问卷 800 余份，深入 42 个队（站）与 180 多人座谈，整改纠正问题 23 个，逐步形成了一套民主管理体系，有效地推动了基层队务公开工作。五是积极开展工会劳动保护监督检查工作，健全组织网络，精心策划制作多媒体教学片 157 张，为基层现场举办培训班 5 场次，培训劳动保护监督员 180 多人。2007 年组织下基层督导 11 人次，参与安全检查、基层建设等级达标检查 3 次，为促进劳动保护和安全生产提供了有力的保障，特别是在职工执行力和自我保护的完善上起到了第三道防线的作用。六是积极做好职工生活保障工作和开展形式多样的文化娱乐活动，配送图书 9700 册、大型文体活动用品 110 多套，制作发放安全生产漫画扑克 15000 幅，为靖边基地配置电视机 150 台，添置健身器材 12 组（套），并配置了灯光球场。组织职工疗养 351 人次。节假日慰问在岗职工 1113 人，组织文艺演出队到前线慰问演出 33 场次，利用节假日组织职工举办拔河、羽毛球、排球、篮球等比赛活动 6 类 42 场次，丰富了职工业余文化生活。七是积极推进“女职工素质工程”计划，成功地承办了长庆局“女职工素质工程”推进大会，组织编写了《万紫千红春满园》一书，开展了单亲困难女工的帮扶工作，帮扶慰问金额 13400 元，举办了女职工才艺展览，奖励作品 64 幅，专门为每位女职工配发了 2 本图书和部分卫生用品，对提升女工素质和身心健康水平产生了积极作用。

【共青团工作】　以服务企业发展需要和青年成长成才“青字号”活动为载体，开展了安全生产示范岗、安全生产监督岗、节能降耗建议、志愿者献爱心、“我身边的安全故事”征文、“励志敬业、提升自我”主题读书、“与祖国共奋进、与钻井同发展”主题教育等系列活动，积极引导广大团员青年在生产建设中勇挑重担、争当能手，凝聚团员青年的智慧和力量，充分发挥了青年突击队的作用。

【机关建设】　一是组织两级机关加强政治理论教育和党十七大精神的系统学习，举办党十七大报告专题辅导 4 场次 10 小时，并分批组织学习了长庆局工作会议、基层建设会议精神，进行知识竞赛答题 360 份，有效地提高了两级机关人员的政治素质。二是在两级机关推行“5S”管理，每月至少检查两次，先后查出和整改问题 369 个，并与当月奖金挂钩，有力地促进了机关环境建设，提升了机关服务基层、服务职工的整体形象。三是在两级机关开展了“学习新知识、练就真本领”活动，举办专题学习辅导 8 次 16 课时，推动机关向“学习型机关”发展。四是组织机关开展了下基层调研活动。两级机关下基层调研 450 人次，撰写调研报告 23 篇。通过开展上述工作，使两级机关建设整体水平有了新的起色，服务基层、服务职工的思想进一步巩固。

【发展成果惠及员工】 坚持把员工的冷暖放在心上，把企业发展成果惠及员工的好事落到实处。一是投资 5585 万元，为前线钻井队更新野营房 26 套、沙漠公寓 12 顶，补充生活设施 37 套；二是投资 4447 万元实施基建及维修项目，靖边钻井公寓、食堂相继投入运行，礼泉基地被誉为“全国绿色社区创建活动先进社区”；三是建立和完善了 36 户特困职工和 276 户困难职工档案资料，并实施了救助。投入资金 889 万元用于送温暖工程，为 94 名困难职工家庭子女发放金秋助学金，慰问、救济困难户 564 户，救济困难职工 276 户，慰问老弱病残职工 6617 人次；四是在西安、银川等地配售住房 1261 户，发放旧房回购款 5995 万元；五是安排职工子女就业 218 人，转聘劳务派遣工 1390 人；六是分三批解决了部分一线大龄女工及夫妇双方均在一线工作女工的工作调整和调入后勤问题；七是解决了管业公司的历史遗留问题，最终使职工股得到了溢价回购，维护了职工的利益。

【稳定工作】 落实领导干部维护稳定工作责任，层层签订责任书，切实做好不稳定因素的排查化解工作，进一步完善维护稳定信息网络体系，加强了对重点部位及人员的排查与监控。通过教育引导，化解矛盾、理顺情绪，保持了大局稳定。钻井总公司领导先后下基层接访 372 人次、阅批群众来信 46 件，专题研究并协调解决问题 319 个。信访系统共接待职工家属来访 317 件 437 人次，受理答复率 100%，办结率为 99.4%，将问题解决在基层，将不稳定因素消除在萌芽状态，员工群众最关心、最直接、最现实的一些利益问题得到了妥善解决。

落实重点人员帮教措施，加强临时用工人员管理，保证了治安秩序稳定。加强危险化学品管理，全年未发生食物中毒和因危险化学品管理不当而引发的各类治安灾害事故。

【民兵武装工作】 认真开展拥军优属工作。元旦、春节期间对 53 户现役军属、12 户伤残和 7 户困难退伍军人家属进行了走访慰问，共发放慰问金 2.16 万元。深入开展国防教育，进一步增强全员国防意识。积极宣传《兵役法》、《国防法》、《国防教育法》，共悬挂大幅标语 18 幅，办专题黑板报、宣传栏 14 版（块），播发电视新闻稿 10 篇，向《长庆石油报》投稿 8 篇。完成了基层队（站）长培训中的军事训练工作。在西安市民兵训练基地，分别对钻井队正副队长、党支部书记 278 人，专业公司基层队、站长，党支部书记 181 人，小车公司驾驶员 120 人组织进行了军训。认真做好退伍军人待分配期间摸底登记和家访教育。进行了年度民兵组织整顿和退伍军人预备役登记。认真开展纪念建军 80 周年活动，分别在银川、靖边、庆城、西安组织 170 人参加了领导干部军事日活动。积极协助做好征兵工作。应征青年报名参军 9 人，其中钻井总公司职工子女 4 人，整合分离至外单位职工子女 5 人。

【计划生育】 按照长庆油田计划生育委员会工作安排，进一步完善组织机构，明确责任，及时调整钻井总公司计划生育委员会成员。组织召开了钻井总公司 2007 年计划生育工作会议，学习了《中共中央、国务院关于加强人口和计划生育工作统筹人口问题的决定》，并在总公司范围内进行了广泛的宣传；系统地安排了 2007 年钻井总公司计划生育工作。组织进行了职工计划生育信息库的录入工作。组织参加了计划生育知识竞赛活动，共收答卷 5000 多份。积极落实计划生育优惠政策，办理独生子女证 139 个，生育证 124 个，二孩准生证 14 人，审核报销独生子女住院费、计划生育费、独生子女保健费、托幼费、门诊医药费共计 409.52 万元，在长庆油田计划生育委员会的年度考核检查中获得好评。

【职业健康】　组织员工分别在高陵、礼泉、马岭、银川体检 5762 人次；组织医护人员深入项目部、钻井队开展了“送健康到一线”活动，为 80 支钻井队送医送药，开展义诊 870 余人。对 5 个项目部所属钻井队的卫生员和医疗器械设备进行了调查。对全公司 56 个生产岗位，180 个检测点的有毒有害情况进行检测。结合生产实际和夏季防暑降温工作，为一线配发了防暑降温药品，并组织钻井队卫生员对井队食品卫生进行监测管理，没有出现中毒中暑问题，较好地保障了职工的职业健康。

【保密工作】　认真贯彻落实长庆局保密委员会一系列指示精神，在保密宣传教育、制度建设、技术防范、监督管理等方面不断加大力度。

一是健全和完善保密组织机构和责任体系。25 个基层单位对保密领导小组成员做了补充调整；同时，确定了一名兼职保密工作人员，形成了从总公司保密委员会到基层单位保密领导小组的比较完善的保密组织机构。总公司保密委员会与各项目部和专业公司保密领导小组、各项目部和专业公司保密领导小组与基层队站领导及涉密人员层层签订了保密管理责任书和保密协议书，使总公司保密管理责任体系得到了全面完善。

二是建立保密管理和宣传教育网络信息系统。创办了保密管理和宣传教育专题网页，内容涉及保密业务通知 16 项、法规制度 18 项、25 个组织机构及其职能规定 16 条、领导讲话 5 份、保密工作动态信息 18 条、保密知识 68 条、保密技术 50 多项、警示教育案例 5 份，用以指导各基层单位开展保密工作，收到了良好的效果。

三是进一步深化保密宣传教育。钻井总公司利用视频会议系统组织总公司领导、机关部门、专业公司负责人及各工程项目部班子成员同步观看了保密教育宣传专题片《小心你的手机》，各单位利用党组织生活、职工大会等机会组织班子成员、保密要害部位涉密人员和干部职工学习了《郑虎同志在中国石油集团保密工作视频会议上的讲话》、《蒲建中同志在长庆局保密工作业务培训班开班典礼上的讲话》、钻井总公司 2007 年保密工作要点和《保密管理规定》。并按要求认真开展保密法制宣传月活动。各单位共在网络上发表活动开展情况报道 17 篇，形成了浓厚的教育氛围。各项目部、钻井队、专业公司、三个基地管理委员会在工作现场、驻地和各基地利用现有的宣传栏、宣传橱窗等办了以宣传保密工作理念和规定为主要内容的板报，以强化对基层员工的教育效果。部分单位还自制试卷，组织领导干部和涉密人员开展了保密知识问卷竞答活动。

四是进一步规范保密管理。针对办公自动化设备广泛应用而呈现的保密工作新特点，对计算机信息系统保密管理，严格按照涉密信息系统分级保护工作要求，坚持“谁上网、谁管理、谁负责”的原则，对办公自动化、计算机信息系统和网络系统的保密工作进行了认真检查，对总公司信息网络安全制定了切实可行的保障措施，安装了防火墙，采取了安全检查（身份认证）、加密、数字签名、内容检查等安全保密措施。坚持做好涉密文件的发放、传递、回收、销毁等各环节的保密工作，在文件资料的保管、运行、归档、销毁等过程以及档案管理和提供利用等环节上都严格按保密管理制度执行，坚持对涉密文件及时清理核收，关闭了钻井总公司网页上的文件阅览窗口，加强了文件的保密性，杜绝了涉密文件丢失和泄密事件的发生。

【档案工作】 以人事档案整理达标为重点，加快档案现代化管理步伐，积极开发档案信息资源，在突出完成钻井生产经营工作中形成的有关主体档案收集归档的同时，注重加强了对电子文档、国外施工项目档案、因机构改制撤销单位的档案资料的收集归档工作。通过以上措施，使各类档案的归档率、完整率均达到100%。共收集归档各类档案8998卷，47484份。人事档案达标工作共整理档案5580卷，审核档案5014卷，录入5546卷，检查5600卷，装盒5014卷，整改问题245份。对干部档案进行标准化审核2513卷。突出服务，落实档案提供利用工作制度。利用电话、传真、网络等信息传输工具，实现了档案信息的远距离查询。共利用档案2191人次，查阅10567卷160254份。档案利用的查全率，查准率均达100%。加快档案现代化管理步伐，逐步提高档案计算机管理水平。各立卷单位全面实现了计算机辅助立卷和文件全文载入，开展了数据录入工作，完善了档案检索系统数据库，逐步开展了计算机检索档案，实现了对各类档案的编目、立卷、统计、提供利用等环节的全面管理。

【社会保险工作】 严格执行社会保险制度，提高社会化服务水平，逐步完善了多元经济企业社会保障体系。以基本养老保险为基础，对10096名参保职工和2325名离退（职）休人员的保险基数、基金征收、账户记录、待遇审核拨付、信息维护等账户信息进行了逐人核对，确定了基本养老、医疗保险个人和单位缴费基数及享受的养老金数额，完善了各类保险台账，调整维护了企业各险种信息库，强化了各险种数据资料统一对口和动态管理，实现了核定、征收、记录、维护工作的程序化。2007年在甘肃省参保8924人，基本养老保险单位缴费7674.37万元（其中，调整2006年基数后补缴费1390.14万元），个人缴费2498.70万元（其中，调整2006年基数后补缴费556.20万元），补充养老保险单位缴费1109.17万元，发放离退休职工基本养老保险金3507.00万元，企业补偿养老金发放92.76万元，基本生活补贴658.16万元；2月份，调整了61名离休干部及原劳动人事部劳人险［1983］3号文件《关于建国前参加革命工作的老工人退休待遇的通知》规定的老工人基本养老金和艰苦边远津贴，月增资2.45万元；完成了2362名退休人员基本养老金的调整补发，月增资20.67万元；赴甘肃省审批了151人的退休手续，2次迎接了甘肃省离休人员月基本养老金情况调查和中国石油集团社会保险审计，各项社保基金运行和账户管理完全符合国家和企业规定。积极稳妥参加工伤保险。全年参保职工基本医疗保险单位缴费1982.37万元，个人缴费570.30万元，个人账户支付602.53万元，缴纳企业补充医疗保险1236.28万元，支付468.53万元；报销全民职工和离退休职工住院药费636人次201.1万元；转入转出手续1067人，办理转外就医手续29人，整理上报大病理赔资料2人；申报特殊慢性病280人，报销门诊医药费184人次60.3万元；收缴有偿解除劳动关系人员医疗基金551人35.1万元，报销住院医药费37人26.4万元；工伤保险参保8433人，上缴单位缴费277.89万元，工伤保险待遇支付55.1万元，及时进行了2005、2006年工亡人员亲属抚恤金的调整，做到了医疗保险报销过程精确公正，工伤保险三省区协调到位。社会化用工保险稳步开展。失业保险跨省区按比例正常、足额缴纳，依据国家属地管理的原则，分别在甘肃庆阳市和宁夏银川市参保人员上缴失业保险金240.06万元；进一步完善了家属工生活补贴信息库，对777名参加长庆油田集体劳动的职工家属生活费进行了调整，月增加3.26万元，按季度审核发放生活补贴91.32万元；协助和督促劳务派遣机构制定了长兴员工2005—2006年社会保险个人缴费补交方案，确定了2007年社会保险缴费基数，完成了首批2160人社会保险立户。

【离退休职工管理】　根据总公司离退休人员多、地域分散、管理面宽、工作难度大的特点，离退休管理工作始终围绕“和谐稳定、老有所为、老有所依、积极向上”的工作原则，结合老年队伍的特点和实际，认真开展“形势、目标、任务、责任”主题教育活动；开展丰富多彩的文化娱乐活动；开展送温暖和“一进、二出、三个一”活动，不断加大对离退休老职工、内部退养职工、工亡和病故职工遗属、有偿解除劳动关系人员的管理力度，积极引导他们为维护油田发展大好形势、创建安享晚年生活和安定环境做了一定的工作。先后组织发放养老金4000万元，补偿养老金103万元、内部退养人员生活费1650万元、遗属生活困难补助费320万元，发放节日慰问金972万元。组织开展了“文化广场”、“彩色周末”“读书评书”活动和体育比赛，为302户生活困难的职工家庭发放救济款26.5万元，组织看望患病老职工家属186人次。

【精神文明建设成果】　钻井总公司先后荣获“全国守合同重信用企业”、“全国‘安康杯’竞赛优胜企业”、“全国用户满意企业”、“石油工业质量协会优秀会员单位”、“石油工业QC小组活动优秀企业”、“中国石油集团设备管理先进单位”、“长庆石油勘探局年钻井进尺突破400万米先进集体”等荣誉称号14项，有10项创新指标入选中国企业新纪录。全公司共有84队次、43班次、433人次受到局级及其以上的表彰。其中，70518钻井队党支部荣获“中国石油集团先进党支部”称号；5支进入新疆的钻井队中有3支分别荣获“塔里木和塔河油田优秀施工队伍”称号。70165钻井队在壳牌亚太地区26部钻机HSE管理工作业绩中排名第二。沈双平同志获得“全国五一劳动奖章”，李功玉同志荣获“中国石油集团优秀党务工作者”光荣称号，马海军同志获得“中国石油集团优秀共产党员”光荣称号；郭宝珍同志获得“陕西省劳动模范”荣誉称号，5支钻井队获得“长庆局模范集体”荣誉，4支钻井队和专业公司4个基层队站获得“长庆局先进集体”荣誉，5名同志荣获“长庆局劳动模范”称号，38名同志获得“长庆局先进生产（工作）者”荣誉。

（李作宁）

井下技术作业处

【概述】　2007年，井下技术作业处（以下简称作业处）用工总量4054人。其中，合同化员工2208人（含内退人员82人）、合同制员工538人、社会化劳务用工1308人。干部795人，其中各类管理干部472人、专业技术干部323人。离退休人员569人，有偿解除劳动关系人员 170 人（其中已办理退休手续 75 人）。

设置 14 个机关职能科室，5 个附属单位，5 个项目部，8 个科级基层单位，22 个直属小队级单位（试油气队 20 个），6 个多元经济单位。

截至 2007 年 12 月底，资产总值为 62029.32 万元。其中，固定资产原值 57447.88 万元，净值 35347.29 万元。设备总数 700 台（套），设备新度系数 0.61。

【生产经营指标】 2007 年试油（气）压裂酸化完成 5423.5 层次，完井 1706 口，工作量连续 8 年在中国石油集团排名第一，创造了作业处成立 34 年来完成工作量最多、生产效率最高等 40 多项历史新纪录。主要生产创新指标有：

（1）6 月 12 日，压裂酸化突破 1000 层次大关，达 1003 层次，比历史最好的 2006 年提前 20 天。

（2）7 月份完成试油（气）压裂、酸化 792.5 层，完井 224 口，创造了作业处月度完成工作量新纪录。

（3）8 月 6 日至 12 日，完成试油（气）压裂、酸化 215 层次，创造了作业处周完成工作量新纪录。

（4）8 月 19 日，试油（气）、压裂酸化突破 3000 层次，比 2006 年提前 6 天突破 3000 层次。

（5）9 月 16 日，完成 18 口井 25 层压裂工作量，创造了作业处日压裂层次最新纪录。

（6）9 月 18 日，完成 21 口井的压裂施工，创造了作业处日压裂井口数的最新纪录。

（7）10 月 14 日，完成试油压裂酸化 4000 层次，有效时间 223 天，比 2006 年周期缩短 11 天。

（8）11 月 11 日，原试油 184 队 3 机组累计完成试油压裂 77 层、完井 39 口，创试油单机组年度工作量最新纪录。

（9）11 月 13 日，原试气 174 队 2 机组累计完成试气压裂酸化 48 层、完井 14 口，创试气单机组年度工作量最新纪录。

（10）11 月 18 日，全处试油（气）、压裂酸化突破 5000 层次。

（11）11 月 26 日，原试气 174 队年累计试气、压裂突破 150 层次、完井 38 口，创造了试气队年工作量新纪录。

（12）全处生产时效首次突破 80%，由 2006 年的 76.07%提高到 82.21%。

（13）2007 年，实现总收入 157925.76 万元，成本费用 131627.21 万元，实现内部利润 26298.55 万元（含试行新定额价格补贴 20050 万元），较好地完成了长庆局下达的考核指标。

【生产组织】 2007 年先后投入压裂机组 16 套、测试试井班组 8 个、试油（气）机组 141 套（包括挂靠局内试油机组 33 套），较好地完成了长庆油田分公司气探、油探、评价、采气厂、采油厂和长庆局低效储量合作开发项目等 14 个项目组的试油（气）、压裂、酸化工作量。在生产中，坚持优化资源配置，强化生产管理，注重均衡调节工作量，合理安排生产进度，实现了全年生产的均衡推进。坚持抓好月度生产计划和每周生产运行，跟踪落实生产计划。在乌审旗、杏河和吴起分别为靖边、安塞、靖安项目部设立前指，使生产组织更加便捷，进一步增强了项目部的区域调控和综合协调职能。在安塞、靖安项目部推行“一拖一”作业模式，在靖边项目部实行一队多机组滚动作业，努力提高设备利用率。主动与长庆油田分公司技术管理部门联系沟通，积极参与油气井方案讨论，保证了地质设计、工程方案的及时到位。同时，按照“四统一”的原则，统筹安排管理三个采油技术服务处的 25 套挂靠机组，有效缓解了机组紧缺的局面，增强生产组织的灵活性，为生产的安全高效运行争取了主动。针对日益复杂的外部环境，在各项目部积极推行全员外协和划片专人负责的运作模式，调整了非外协人员参与外部关系协调处理的授权方式和权限范围，同时加强与长庆油田内部单位的沟通和协调，保障了生产正常运行。

【市场开发】　面对关联交易市场的变化，实行由项目部分片承包、作业处及时联动的市场开发模式，全力抓好市场开发。经过多方努力，重新占领了采油一厂南梁西区产建市场，全面续接了原有多元企业进入的采油六厂、外围油探和延长油矿、中石化等社会压裂市场。从6月份开始，进入并逐步扩大了采油七厂产建市场。按照先干活后谈价的原则，承担了部分0.3毫达西油层开发项目的施工。包揽了长庆油探项目组在演23井区的油探井和部分外包气井压裂工作量。同时，积极开发并不断扩大了非关联交易市场工作量。稳固占领了延长集团瓦窑堡采油厂压裂市场，完成压裂施工809口井、821层次，为吐哈油田实施了3口油井的CO_2吞吐施工，与中石化北方勘探公司进行了技术交流和合同谈判，提供了2口井、3层次的施工服务，进一步确立了作业处在鄂尔多斯盆地油气井压裂改造市场的主体地位。

【对外合作】　在壳牌长北反承包项目，开展了陕213井修井作业，完成了CB1－1等5口井的测试完井、陕141井等3口井的腐蚀测井等作业。在道达尔合作项目，完成了苏南1井、苏南2井的大型压裂和苏3井、陕56井等5口井的重上测试配合作业。完成了壳牌20余口井的综合完井，实现合同收入3500万元。完成了道达尔7口井的测试和压裂施工水力压裂，实现收入约1000万元。与长庆局国际部签署了土库曼斯坦尤拉屯项目12口井的测试分包合同，进行了项目考察和技术澄清。

【科技创新】　作业处承担中国石油集团科技发展项目1项，局级新开课题4项，接转项目1项，确定处级科研项目32项。2007年投入科研经费806.8万元，大部分重点项目试验已经取得成功并进行了推广。不动管柱分层压裂工艺技术实施311井次，施工成功率达到98.8%，增产效果比较明显，平均缩短试气周期20多天；不关井试气工艺技术在气田应用240余井层，累计节约试气时间约1500天，有力推动了生产提速；投入使用33具软体可折叠储液罐，满足了现场压裂施工的需要，缓解了井下作业施工任务重、运输力量不足等矛盾；连续混配压裂工艺技术应用10口井13井次，提高了施工效率，保证了施工质量；推广应用获得国家专利的油管堵塞器/防喷挡板、自封封井器安全起下钻技术245井次，施工成功率100%，该技术现场操作简单、施工安全性高，有效避免了井喷和石油伴生气的逸出；推广应用低分子环保型压裂液体系48口井，施工成功率100%，增产效果显著，累计回收再利用压裂液3100立方米，平均回收、利用率达到51.3%，降低了施工成本，提高了施工效率，减少了环境污染；CO_2泡沫压裂技术、酸性压裂液压裂技术分别在现场进行了5井次和9井次的试验，均取得成功，增产效果明显；着手开展了P110平式油管、活动地锚、高效抽子、洗井污水处理车、电潜泵油井排液等工具和工艺的试验和论证。钢丝作业、连续油管打水泥塞、连续油管喷砂射孔、腐蚀测井等新技术在对外合作中得到了广泛应用，标志着我处的作业水平逐步达到国际标准。建立了支撑剂评价实验室，扩建完善了压裂液实验室，购置了导流能力试验台，初步搭建了支撑剂研发平台。研究实验能力进一步加强，能够生产22个系列56种石油化工添加剂。对报废在用的12台700型底盘车进行系统增效技术改造，与厂家合作，开展卸酸泵酸车、大排量连续混配车的研发制造，并着手研发耐酸混砂车。同时，不断优化质量要素，技术质量指标稳中有升，全年试油（气）完井地质资料一级品率86.3%，压裂酸化施工全优率89.8%，测试试井资料全准率100%，用户满意度90.8%。

【机构调整】 按照长庆局的总体部署，配合完成了医疗卫生业务的整合和采气技术服务处、昌源综合服务处的组建。积极推进规范职工股以及法人实体清理，平稳实现了内部机修、加工以及主业对多元经济资产和业务的整合。2007年3月，在原试气178队、压裂大队油管车组的基础上，成立气井修井大队，完成了ZJ30钻机调试配套。7月，按照长庆局的总体部署，划归了采气技术服务处。对机械加工和维修业务进行了整合，对机修队（机械加工业务除外）、压裂维修队、运输修保队进行资源整合，成立了特种设备检测维修中心，负责全处各类设备的检测、维修及保养；对准备队、机修队机械加工业务进行资源整合，成立了井下工具研发制造中心，负责试油钻采工具研发、制造与加工业务，实现了同类业务力量集成，优势增强，资源优化。

按照长庆局的统一部署，稳步推进主业对多元经济资产和业务的整合，整合作业处鑫源公司、昌源公司、盛源公司2个压裂队5套压裂机组和8个试油（气）队31套试油（气）机组；整合资产原值4694.36万元、净值2521.08万元、人员574人；整合运输处、长庆实业中国石油集团试油（气）机组6套，资产原值621.88万元，净值525.79万元、人员55人。

【内部管理】 实施精细管理，严格控制成本。向各单位下达内部成本控制和节约指标，并与月度奖金直接挂钩；严格控制油料、材料管理，对油料、陶粒、化工料、油管等材料实行重点控制。特别是在油料管理上，结合实驶路单，严格定额管理，有效地堵塞了漏洞，降低了油料消耗。加强大宗物资和车辆商业保险投保管理，对大宗物资严格落实交旧领新制度，通过政策激励，鼓励节约挖潜，确立了19个修旧利废项目，制订了《修旧利废项目执行书》及项目验收、考核办法；对全处561台车的商业保险进行了邀请招标，总保险费用下降了近30%，逐步规范了保险招标工作。

坚持依法治企、从严管理、关注细节、注重执行。结合市场开发和生产进度，开展动态分析预算，定期开展经营分析，实行预算完成与绩效挂钩。强化大宗物资交旧领新制度，鼓励节约挖潜，严格控制成本。强力推行施工车辆实驶路单制度，严格落实油品计划、提取、配送及储存过程中的有关程序，降低了油料消耗。通过实施精细管理，较好地实现了管理日趋精细、责任得以落实、方法更加科学、收入稳步增长的目标。

【安全生产】 以“强三基、反三违、严达标、除隐患”为主题，深入开展“安全环保基础年”活动，安全环保责任制进一步落实，QHSE管理体系持续改进，整体应急能力不断提高，安全生产各项考核指标全面达标，节能、质量、环保工作进入长庆局先进行列。一是不断完善安全监管体系，层层落实安全责任。对现行的安全生产规章制度、行业标准、法律法规进行了再学习、再认识、再提高；系统梳理安全职责，进一步完善了安全生产责任追究制等相关制度。层层建立安全环保责任制，强化安全业绩考核，推进安全责任落实；与32个基层单位签订了《安全环保责任书》、《环境保护目标管理责任书》，与5个多元经济法人企业签订了《安全生产协议书》，对852名关键要害岗位人员进行了全年安全生产风险抵押；在全处范围内按照三个层次设立安全机构，明确了处领导承包单位及重点要害部位，各单位建立了以行政正职为第一责任人、相关干部按分工各负其责、班组长和专（兼）职安全环保员为重点、全员参与的安全环保责任体系，形成了适应分散作业模式的基层安全管理网络。二是积极探索，注重实效，强化安全培训。在全处范围内开展了“3·30”警示日、“安全生产月”、“安全生产大讨论”活动和以岗位风险识别、操作规程、应急处置、紧急救援为主要内容的安全技能培训活动。各项目部及基层单位坚持“开工先开学”，组织开工培训183场次。作业处组织安全培训班18个，培训1239人次，送外培训28人，重点培训基层单位主要负责人、专（兼）职安全员、特种作业人员、驾驶员及新聘用的社会化劳务用工。突出抓好各级干部及关键岗位人员的法律法规、安全生产知识培训，并将培训效果作为干部任职和选拔的重要条件。三是加大安全投入。共筹措资金766.5万元，用于特种设备检测、作业场所职业危害检测、职工健康体检和劳动防护用品、紧急逃生装置、检测仪器等安全防护设施购置。共配备正压式空气呼吸器739套、充气泵124台、M40气体检测仪338台、固定式气体检测仪65台，并定期对安全防护设施进行标校或更换，确保设施性能良好，基本满足了现场安全防护的要求。四是注重查治隐患，开展隐患排查治理活动。2007年，累计监督检查1544次，共查出隐患3103项，现场整改1208项，验证整改1895项，检查车辆1141台次。月度试油（气）机组监督检查覆盖率88.5%，后勤生产单位监督检查覆盖率90%。累计发布监督周报、监督公报、质检月报、月度综合考评报告68期。修订完善了《井下技术作业处试油（气）作业现场巡查标准》，新增了交叉作业现场作业风险识别、管理责任落实等监督检查项目，为有效预防、消除风险提供依据。积极开展重大隐患排查治理，2007年共排查重大隐患15项，完成了贺旗油库整改、靖边项目部酸站改造、姬塬项目部砂库维修、安塞项目部液化气库房及砂库改造等8项，其他项目（野营房取暖改造、靖边项目部37具现场储酸罐改造、作业现场安全防护、检测设施的补充及更换等）正在进行。同时，在各项目部和后勤生产生活基地设立曝光栏，公布安全隐患、违章行为曝光图片184张，为各单位整改问题、制定纠正措施提供了依据。五是加强应急管理，提高应急处置和反应能力。年初，经过充分调研、论证、评审，修订了全处113项应急预案。其中，二级应急预案11项、三级应急预案94项、四级单井应急处置措施8项，进一步完善了应急预案管理体系。先后组织井喷、火灾及气体中毒二级应急演习4次，三级演习46次，基层班组应急演练3889次，累计参演39786人次，有效锻炼了队伍，提高了全处各级应急处置能力。六是完善激励措施，形成全员抓安全的工作机制。在对监督检查和各类专项检查中发现问题进行跟踪验证的基础上，严格执行《井下技术作业处QHSE监督奖惩办法（试行）》及有关规定，奖优罚劣。全年投入QHSE专项奖励基金80万元，对当月安全生产工作业绩突出的单位和个人进行奖励，累计奖励19.34万元，对当月发现的问题进行处罚，累计罚款26.3万元。坚持实施各级安全员岗位贴薪制度，较好地落实了安全管理责、权、利的统一。

【基层建设】　根据长庆局《进一步推进基层建设工作的实施意见》，制定了基层建设推进计划，坚持以班组建设为核心，以班组长培养为重点，以基础工作和基本功训练为主环节，以班组建设带动基层建设上台阶，基层建设工作继续保持了良好发展的势头。

坚持管理重心向基层下移。作业处领导兼任项目部经理、书记，各项目部配备主管外协的副经理，各参战大队级单位至少要有1名处领导常驻项目部主持所属业务，各试油（气）队队长、书记每月要有20天以上的时间在机组工作。

改善一线人员结构。根据人力资源的发展需求和部分前线单位操作人员不足的现状，新接收研究生、大学生 63 名，完成培训后陆续分配上岗。给试油（气）机组补充临时工 93 名、复转军人 31 名。向车辆单位补充驾驶员 79 名，加强了一线班组生产力量。

狠抓培训工作，提升员工技术素质。培训工作努力做到“两个改变”，即改变培训方法，突出实际操作培训；改变培训时间，将年底的集中培训改为平时短期轮训，收到了较好的效果。全年作业处实施培训 24 项，办培训班 41 期，培训 2695 人；大队级单位组织培训 72 期，培训 7590 人次；小队级单位组织培训 286 期，培训 18197 人次；基层班组组织现场培训 856 期，培训 17003 人次；选派参加长庆局高级工等项目培训 482 人，井控培训 527 人，特殊工种取证（复审）培训 213 人。

坚持典型引路，促进基层建设。根据《长庆石油勘探局 2007 年基层建设示范点实施方案》要求，选择压裂五队、试油 178 队、试油 166 队开展“基层建设示范点”创建工作，形成了具有作业处特色的“基层建设示范点”，压裂 5 队和试油 178 队受到了中国石油集团和长庆局的高度赞扬和充分肯定，压裂 5 队二机组荣获“中国石油天然气中国石油集团标杆班组”称号、试油 178 队四机组荣获“中国石油天然气中国石油集团先进班组”称号。

开展“五型”班组创建和“技术大培训、岗位大练兵、技能大比武”活动。根据长庆局“五型”班组创建要求，制定了《井下技术作业处关于开展“五型”班组创建活动，进一步推进基层建设工作的实施意见》，明确了工作目标和工作标准，细化了实施内容，在全处范围内分期、分批推进“五型”班组创建工作。大力开展“技术大培训、岗位大练兵、技能大比武”活动，加强技术员、班组长的培养，增强一队多机作业情况下单机组的独立作战能力。组织开展了第十届工人技术运动会，涌现出了一批操作能手。成功承办了 2007 年甘肃省职工职业技能大赛“井下作业工”省级决赛、2007 年甘肃省“长庆杯”井下作业机司机决赛和长庆局第十四届工人技术运动会井下作业工、作业机司机决赛。其中，在 2007 年甘肃省职工职业技能大赛“井下作业工”省级决赛上，作业处 30 名参赛选手包揽了大赛的前 29 名，试油 180 队职工田永峰，获得了“甘肃省技术状元”称号。

激励员工岗位成才。设立管理人才专项奖、操作服务优秀人才奖，科技、QHSE 突出贡献奖，对科技工作中有重大创新、技术突破的技术人才给予重奖，奖励对象不受职务、职称、年龄、学历、用工形式等限制。组织 66 名作业处优秀管理干部、优秀班组长、长庆局工人明星和技术状元到海南进行旅游疗养。组织 25 名先进代表参加了翠华山汇思达拓展训练。通过强化激励机制，调动员工岗位成才的积极性。在职工先进技术操作法征集评选活动中，“志学”鼓风机操作法被评为 2007 年甘肃省“职工先进操作法”。达录章、王增元、王学东等对庆龄皮卡进油管路的改进项目获得了 2007 年甘肃省职工优秀技术创新成果二等奖。作业处评选出职工先进操作法一等奖 3 项，二等奖 5 项，三等奖 9 项。在开展群众性经济技术创新活动中，4 名职工荣获陕西省“优秀高技能人才”称号，作业处被评为陕西省 2006 年度职工经济技术创新优胜单位。

【党建思想政治工作】　一是加强党的组织建设。健全基层党支部，新成立了 1 个党总支，6 个党支部，改选了 13 个党支部，改选调整党（总）支部书记 59 人，由行政骨干调任党（总）支部书记 28 人，保证了各党总支（支部）班子成员齐全。重视对基层党支部书记的培训，举办培训班3期89人次。抓好基层党支部“六个一”创建工作，制订了实施细则，组织了5次基层党建工作调研，梳理完善了有关党建工作制度，印制了《井下技术作业处党建工作文件汇编》，有效指导了基层党建工作。做好党员管理和发展工作，在全处上下大力开展“党员责任区”创建和“党员模范岗”评选活动，重视对流动党员、有偿解除劳动关系党员的管理，坚持“三会一课”制度，认真搞好党员民主评议，确保党员队伍的先进性。全年有108名同志递交了入党申请书，确定入党积极分子72名，举办培训班2期，发展新党员70名。优化党员结构。新党员中中专以上学历49人，占70%；高中及以下学历21人，占30%；专业技术和管理岗位人员55人，占78.6%；操作人员15人，占21.4%。

二是抓好各级领导班子建设。认真落实“作风建设年”的有关要求，制定了《井下技术作业处开展“四好”领导班子创建活动实施意见》，明确了创建活动的具体标准和评价考核体系，确保了创建活动的有效开展。优化基层领导班子配置，根据生产经营和内部管理的需要，对干部队伍学历、职称、年龄结构和岗位的适用性进行系统分析，优势互补，合理配置基层班子。加大基层单位之间、机关与基层之间的干部交流力度，主要生产和管理单位，党政领导实行交叉任职，对部分基层单位的领导班子进行了调整。

三是强化领导作风建设。作业处党委重新调整了领导班子分工。按照局党委《关于在局处两级领导干部和两级机关中开展公开承诺、转变作风活动的实施意见》的具体要求，召开了领导班子成员以及副总师公开承诺视频大会，作业处领导班子成员、副总师率先向全处做出转变作风承诺。把廉洁从业教育纳入作业处各种培训计划，组织全体党员干部全面学习宣贯《中共中央纪委关于严格禁止利用职务上的便利谋取不正当利益的若干规定》，严格掌握政策界限和时间要求，做到党员干部学习覆盖面100%，对照检查覆盖面100%，个人承诺覆盖面100%。重新修订了《党风廉政建设责任书》，将党风建设、班子建设、民主集中制建设及领导人员作风建设融为一体。抓好领导班子及领导干部的廉洁自律，认真贯彻落实领导人员廉洁从业各项规定和领导人员廉洁从业承诺、重大事项报告、任职回避、任前谈话、述职述廉及回复组织函询等制度。作业党政主要领导与分管领导、分管领导与分管单位层层签订党风廉政建设责任书66份，签订廉洁从业承诺书219份。制订了2007年惩防体系建设推进计划责任分解措施，以规范人、财、物、事“四项权利”为重点，进一步加强对关键岗位人员的事前、事中监督，健全监督制约体系。对重点项目、大额投资项目采取提前介入，相关部门共同参与，共同决策，共同监督，做到了监管并重，监督与经营管理并行。认真落实民主集中制原则，对重大问题决策、重要建设项目安排、干部人事任免、大额资金使用等问题，坚持集体讨论决定，营造了分工明确、密切协作、相互支持的良好氛围，形成了“心齐、气顺、风正、劲足”的良好局面。

四是深入开展主题教育活动。在全体职工中开展“学习制度、执行制度”活动，学习发扬大庆精神、铁人精神，学习贯彻中国石油集团、长庆局领导干部会议精神和基层建设推进会精神，学习中国石油集团“十大标兵”刘玲玲、中国石油榜样周丰、压裂功勋吴光勇、标杆班组和先进人物典型事迹。把学习好、贯彻好十七大精神作为全处党建工作的重大任务抓实抓好。作业处党委组织督导组，两次深入基层各单位，对主题教育活动进行了调研和督导检查，促进了活动的持续深入开展。

五是重视企业文化建设。组织文艺小分队，开展送文化下基层活动。加强门户网站企业文化栏目建设，编发各种形势任务教育宣传辅导材料1100多册，在报纸、网络、广播电视刊登、播出各类信息1978条，比2006年增长7.2%。加大中国石油集团企业精神、核心理念的宣贯力度。开展了《细节成就卓越》、《程序与执行》、《十七大学习辅导百问》读书活动和“解读十七大”专家讲座，收到明显的效果。严格实施企业文化规划，引导员工践行职业道德规范和行为规范，加强了企业文化活动阵地建设。

【精神文明建设】　在离退休老同志和职工家属中，开展了“四争三当三比”和“好儿媳”、“好公婆”、“老有所为”、“健康之星”评选活动，组织老石油、老劳模、老司钻深入一线观摩交流，开展互动教育。积极开展扶贫帮困，走访慰问困难职工，助推企业和谐稳定发展。大力开展“技术大培训、岗位大练兵、技能大比武”活动，作业处先后举办各类培训班41期，培训2695人次，有效提高了员工的技术水平、业务素质以及班组整体作战能力，涌现出了一批操作能手和岗位明星。全年有36人次分别获得省部级技术能手、技术标兵、优秀选手称号。员工收入稳定增长，生活质量稳步提高，和谐矿区正在形成，精神文明创建活动成果喜人。作业处被授予国家级“守合同、重信用”企业和陕西省职工经济技术创新优胜单位、厂务公开民主管理工作先进单位。压裂五队被长庆局选树为企业文化示范基地、基层建设示范点。压裂五队二机组被中国石油集团授予标杆班组。李静群荣获“全国五一劳动奖章”和“甘肃省五一劳动奖章”，周丰被选树为“中国石油榜样”。

（陈志刚）

建设工程总公司

【概述】　建设工程总公司（以下简称建设总公司）是长庆局唯一集油气田地面工程建设、长输管道建设、道桥工程建设于一体的专业化综合性建筑安装施工企业。对外是一套人马、两块牌子，即“长庆石油勘探局油气工程建设公司”和“长庆石油勘探局筑路工程公司”。

2007年，建设总公司按照专业化、区域性管理的原则，设置10个机关职能部室、5个附属单位、13个专业化分公司、4个后勤服务及生产辅助单位。用工总量4100多人，其中，合同化员工2747人（含内退174人、就业前培训工32人、集体工88人），合同制员工525人，社会化用工900多人；公司党政领导班子成员12人。各类管理及专业技术人员874人（其中管理干部630人，专业技术干部200人，实习生44人），操作及服务人员3151人；男3055人，女1144人；具有中级及以上职称人员338人，中、高级操作服务人员2212人，技师60人、高级技师9人。离退休职工873人，有偿解除劳动关系人员581人。公司拥有一级建造师81人，造价工程师4人，注册安全工程师4人。

截至2007年底，资产总值10.77亿元，固定资产原值2.87亿元，净值2.03亿元；所有者权益2195.8万元，负债10.6亿元，资产负债率97.9%。拥有主要施工设备763台（套），原值1.88亿元，净值1.19亿元，总功率 39762.3 千瓦，设备新度系数 0.63。

2007 年，建设总公司紧紧围绕“一基三业”产业模式，分析把握市场发展规律，扩大产业规模，提高施工能力，三大板块业务均有较大发展，主力生产单位发展到了 17 个。产建施工能力可以达到气田 30 亿立方米/年,并可同时承揽 2 个以上净化厂或处理厂；油田产建可满足 150 万吨/年及大型场站和系统工程；管道专业可同时组建三个大项目，机组已扩充到 12 个以上，每年可完成大口径长输管道 300 千米以上；道路施工可同时满足三个高等级项目的需要；炼建及储罐业务取得质的突破和飞跃，由过去的 2 万立方米攀升至 10 万立方米；其他相关配套业务都有较大进展。

【经济指标】 完成施工产值 15.36 亿元，为年计划指标的 102%；实现施工收入 12.48 亿元，为长庆局考核指标的 103%，比 2006 年增长 4.69%。按定额实现利润 3869 万元，超额完成年度利润指标。计提上缴固定资产折旧费 2055 万元，报废资产占用费 61 万元，投资回报额 487 万元，社会保险费用 3860 万元，住房公积金 1068 万元，均完成上缴指标。

【工程建设】 完成 47 座油气田场站建设，其中油田场站 18 座，气田场站 29 座；完成 43 座油气田场站改扩建、长庆石化厂改扩建等建设任务，其中石化工程新建场站 3 座，油田扩建场站 7 座，气田扩建场站 33 座；完成 7 具 5000 立方米储罐建设；完成各类管道工程 1438 千米，其中社会长输管道 745.3 千米，油田输油管道 212.7 千米，气田集气支干线 272.3 千米，油田产建管道工程 207.8 千米；完成气田 108 口单井井口安装和 292 口单井 847 千米采气管线铺设；完成 47 口单井井区通讯光缆铺设；完成 1260 千米各类规格管道黄夹克保温管预制及管道防腐任务；完成社会、油气田各类道路 467.6 千米；完成桥梁工程 7 座。

【市场开发】 共计承担施工项目 62 个，其中 53 个为 2007 年新开发项目，9 个为 2006 年跨年项目；共计承揽工作量 13.81 亿元，其中跨年项目实现收入 4.08 亿元，2007 年项目实现收入 9.72 亿元，为完成 12 亿元的收入提供了充足的市场资源。

按照长庆局提出的加快探索“搭船出海”、“借船出海”拓展海外业务的要求，积极跟踪阿曼、哈萨克斯坦、印度等境外产能建设、道路项目信息，努力开发法国道达尔、壳牌长北项目二期工程等国际反承包工程。在长庆局的大力帮助指导下，国际市场项目开发取得重大突破，成功中标道达尔苏南合作区块六项工程服务项目、壳牌长北二期滚动开发项目、俄罗斯输油管道土石方工程项目，累计中标合同价 4.3 亿元以上。

【生产组织与管理】 2007 年，面对“项目资源不足、生产前松后紧”的严峻生产施工形势，建设总公司坚持一手抓工作量落实，一手抓现场生产组织。按照“区域化组织，项目化管理，专业化施工”的生产组织管理模式，动态配置资源、科学组织施工，强化现场保障，落实油田“三靠两保证”生产提速措施，适时开展生产提速及各项劳动竞赛活动，确保了各项重点工程履约目标。尤其是三、四季度，抓住施工生产黄金时机，开展“双 9·30”（到 9 月 30 日，实现施工收入 9.30 亿元）和“大干 60 天、冲刺总目标”（大干 11、12 月 60 天，向全年总目标冲刺）活动，实现了科学提速，后半年完成施工产值 12 亿元，彻底扭转了全年施工生产被动局面。

【质量安全】 深入开展“安全环保基础年”活动，健全组织机构、完善规章制度、强化责任追究、狠抓隐患治理、风险动态管理、突出 Q/HSE 培训、深化体系运行、加大检查力度、组织应急演练、开展专项整治、推行科技管理，以建立质量安全环保工作长效机制、实现本质安全为目标，创造性地开展“质量安全环保千日无事故”和“领导干部质量安全环保千人屏障”活动，全面提高各级领导干部和广大员工质量安全环保法制和责任意识，在全公司营造了浓厚的质量安全环保氛围，使施工生产、营地建设、食品卫生、应急演练、职工体检、车辆GPS监控等过程Q/HSE控制措施得到较好落实，确保安全生产达到五个“杜绝”，无重大环境污染事故，节能降耗达标。建设总公司荣获长庆局2007年度安全生产先进单位、环境保护先进单位。

质量管理程序规范，产品过程受控，质量目标控制成效显著。承建的西峰油田150万吨/年产能建设地面工程和化子坪联合站建设工程，分别荣获2007年度国家优质工程金质奖和银质奖，为全国唯一一家同获两项大奖的单位。公司累计8项工程获得国家优质工程奖项。

【经营管理】　按照“转机制、严预算、重效益、强监督、夯基础、防风险”的经营工作指导思想，着力开展“一个完善优化”和“四个全面”工作。“一个完善优化”即完善经营政策，优化绩效考核体系。“四个全面”即全面预算管理、全面成本管理、全面风险管理和全面指标化管理。从完善管理制度、落实管理措施入手，明确管理界面，建立以风险管理为核心、涵盖公司生产经营管理业务的内控体系。全年健全完善内部经营管理制度30多项；进一步规范、理顺业务流程，严格落实责任制度，夯实企业管理基础；加强资金监控，实施收支两条线管理；研究探索出道桥专业“项目化管理、专业化施工”新的组织管理模式，并在宁夏盐中高速公路项目试点运行；着力加强信息化建设，加速了远程网络化办公进程，财务管理、合同签审均实现网上监控、审批；强化内部审计监督，强化风险识别、强化过程控制、强化监督体系，大大增强了企业抗风险能力。

【产业、组织结构调整】　认真把握市场脉搏，按照专业化发展方向，盘活企业人力、技术、设备资源，加大内部产业和组织结构调整，延伸产业链条，理顺内部结构。进一步拓展油气田服务功能，成立油气田维护抢修专业机构，独立运行电气仪表服务专业，新建苏里格管道防腐作业线，扩充储罐专业施工队伍，整合道桥专业施工资源，成立路桥工程项目部，实行管理、操作两层分离；理顺规范建设总公司市场开发、对外关系协调、人事教育培训、技术研发、机关建设等业务；加大配套更新施工装备，投资2448万元，购置41台（套）关键施工设备，优化设备结构；无损检测专业取得国家B级资质，积极开展消防业务资质升级，为开拓新的市场领域奠定基础。同时，管道试压、定向钻穿越、道桥设计、桥涵施工、试验室业务等延伸产业都有了长足的发展。通过内部产业、组织结构调整，使得专业更专，优势更优，经营链条更加完整，企业综合实力、发展后劲显著增强。

【基层建设】　坚持推进基层建设，不断夯实基层建设工作基础。起草印发了《建设工程总公司基层建设工作实施细则》、《建设工程总公司基层建设综合考核办法》、《建设工程总公司2007—2011年基层建设示范点推进及“五型”班组创建计划》等11个基层建设工作文件。深入开展基层建设工作专项调研，形成了《建设工程总公司基层建设基础工作调研报告》。结合实际，认真研究，制定了“八四三二”基层建设示范点推进法及创“五型”、争“五星”班组达标活动标准，稳步推进基层建设示范点和“五型”班组创建工作。七分公司被命名为全局第一批基层建设示范点，一个基层作业班组荣获“中国石油集团标杆班组”称号，两个基层班组荣获“中国石油集团先进班组”称号。着力抓好基层党支部“六个一”创建工作，建立健全基层党组织，加强党员干部、流动党员的教育和管理，积极开展党组织生活，基层党组织的战斗堡垒作用和党员的先锋模范作用得到充分发挥。以“四好”班子建设为重点，加强两级领导班子建设和领导干部作风建设。深入开展领导班子成员廉洁教育和“公开承诺、转变作风”活动。加大资金投入，改善一线职工生产生活条件。购置14顶野营房配置到各施工现场，配套完善一线生产单位办公设施、各类用品等，广大员工生产生活条件日益改善。

【队伍建设】　积极引进，57名主体专业大学生充实到管理队伍。加大员工队伍培训力度，全年培训员工2641人次，其中经营管理人员772人次、专业技术人员315人次、操作技能人员1554人次；公开竞聘选拔27名年轻有为、懂管理、善经营的优秀人才充实了生产、经营管理岗位。持续开展“大培训、大练兵、大比武”活动，承办了长庆局2007年气焊工职业技能竞赛，并选派3名选手代表长庆局参加中国石油集团气焊工职业技能竞赛，积极参加长庆局兼职教师竞赛。全年参加局级以上技术比武13人，公司内部组织开展技能比武12场次，参加896人。王辉、刘晓东、张仲平等三名职工分获“甘肃省五一劳动奖章”、“中国石油集团劳动模范”和“中国石油集团西部管道工程建设先进个人”荣誉称号；两名职工分获中国石油集团气焊工比赛银牌和铜牌。

【科技创新】　进一步加大工艺技术开发与运用力度，培育企业核心技术。“标准化设计、模块化建设”技术在苏里格气田苏6、苏14井区等10座集气站建设中成功运用，取得良好效果，焊口合格率和模块化工艺预配率大幅提升，工艺安装施工工期、建成场站周期比2006年大幅度缩短，有力地提高了施工效率、工程质量、安全水平和经济效益，形成了“撒手锏”技术。与西安长庆科技工程有限责任公司联合研究形成的“气田场站标准化设计，模块化建设配套技术研究”、“苏里格气田地面工艺技术研究和创新”两个项目获长庆局2007年科技进步一等奖，“特殊地区油气管道施工技术集成”研究成果获三等奖。

【精神文明建设】　宣传教育、企业文化工作紧紧围绕生产经营中心，努力实施“13442”工程，即抓好一个学习，开展三项教育，巩固四块阵地，打好四场战役，做好两项具体工作，保障服务成效显著。认真落实中心组学习和基层领导班子政治理论学习制度，提高两级领导干部思想政治觉悟和政治理论水平；深入开展主题教育、执行力教育和安全质量教育，提高全员凝聚力和责任意识；《长庆建工》杂志、建工网站以及电视等宣传报道有声有色。新华网、人民网、中国新闻网和中国企业报等国家级媒体先后十多次对公司进行宣传报道，引起了社会上高度重视。建设总公司被评为2007年“中国最具成长力的企业”之一，使“长庆建工”品牌和社会影响力大幅提升。

【稳定和谐】　始终坚持将企业发展成果最大惠及职工群众，扎实履行政治责任、经济责任和社会责任，构建和谐建工。坚持进一步配套完善靖边基地、长建大厦、金陵花园、陇东基地及和兴园基地等服务设施和服务功能，改善一线广大职工生产生活条件，提高职工家属生活质量；积极开展“千人送亲情”慰问活动；投入300多万元和大量物资实施“扶贫帮困”、“送温暖”及“救灾帮困”活动，帮助困难职工家庭，援助陕、甘、宁受灾群众；积极解决职工子女就业问题，解除职工群众的后顾之忧。企业稳定和谐，职工群众安居乐业。

同时，在长庆局的统一部署下，顺利实施了生产业务和矿区服务业务的分离，规范职工股和清理法人实体工作取得阶段性成果。“西气东输”二线工程各项准备工作有序开展。纪检监察、工团组织、后勤保障、武装保卫、综合治理、信访维稳、计划生育等其他各路工作均结合自身特点，围绕中心任务，创造性地开展工作，促进了企业全面发展。

（练鹏飞　史文博）

第一采油技术服务处

【概述】 第一采油技术服务处（以下简称采油一处）主要从事井下作业、油田地面建设、运输、机修、机械加工、器材供应、采油劳务等业务，是陕北地区最大的石油工程服务单位。处机关及生活基地设在革命圣地延安市河庄坪镇，主要服务对象是长庆油田分公司第一采油厂。

截至2007年底，采油一处设机关科室16个，附属单位3个，下设科级单位8个，副科级单位1个，多元经济单位1个；直属小队级单位1个。全处职工总数1226人。其中，干部270人，工人956人；男职工1009人，女职工217人。拥有各类管理人员218人，各类专业技术干部52人。其中，副高级职称8人，中级职称62人，初级职称153人。资产总值23546万元，其中，固定资产原值22307万元，净值12366万元；负债23546万元。共有各类设备562台（套），资产原值13453.77万元，资产净值8148.58万元，设备新度系数0.61。

【主要生产指标】 井下作业全年完井折合5186个自然井次。修井一次合格率99.96%，施工优质率99.95%，措施方案执行率99.90%；特车运输实现收入8757.5万元；机械修理、加工实现收入1780万元；油田地面建设实现收入6542万元，山四计量接转注水站、山五增压点、白九增压点3个项目。

【经营指标】 主营业务实现收入2.24亿元，比2006年增长2.06%；多元经济实现收入1.03亿元。

【主要产品】 华泰公司防腐厂生产的再生橡胶防腐管、环氧媒防腐管、黄夹克防腐保温管，涂料油管厂生产的注水涂料油管，恒丰公司生产的注塑抽油杆。其中，各类防腐管线年产量481.74千米，收入2261万元，主要销往采油一厂、采油四厂、杏子川钻采公司、采油六厂等市场；涂料油管年产量790千米，收入138.25万元。销往采油七厂、采油五厂、采油三厂、采油六厂、采油一厂、采油四厂；抽油杆注塑完成62933根，收入361万元，全部供应采油一厂。综合机修公司主要生产橡胶产品和机械加工产品。橡胶产品为各类密封填料、密封圈、清蜡球、减震垫子等，均销往采油一厂各作业区。机械加工产品主要为各型号采油井口、注水井口、简易井口、水罐、加热炉、抽油机皮带轮、护罩、刹车等。全年共生产简易井口355套，各类储油罐315具，7次和5次皮带轮389个，5型抽油机护罩935套，6型和5型抽油机刹车91套，实现产值784.92万元。

【关联交易】 积极推进采油一厂与采油一处整体协调发展，与采油一厂签订了2007年关联交易协议，就当年的措施工作量及计划安排进行全面对接。加强厂处双方在生产组织、工程技术、安全环保等方面的协调和沟通。针对采油一厂杏河作业区油水井增加、吴堡作业区投运等情况，科学合理地安排作业动力和运输车辆，进一步扩大了“一对一”关联交易市场。精心组织生产，积极开展修井会战，全力支持采油一厂原油日产跨越7000吨大关。在车辆协调、工程质量与设备安全监督、宣传报道等方面，优质高效地服务原油上产，特车运输创下单月完成试油、钻井搬家666车次，备水1.14万立方米的新纪录。

【市场开发】　在稳固占领“一对一”关联交易市场的基础上，积极拓展油田开放市场和社会市场。加强铁边城、化子坪两个前线指挥部的力量，积极与采油四厂、采油七厂及局低效储量合作开发项目组联系沟通。在油田开放市场完成试油62层，比2006年增长55%。管线试压在陕西、宁夏、四川等地完成油田内外各类任务20项。机修加工铆焊件业务首次进入“一对一”服务以外市场。地面建设巩固长庆油田市场，积极拓展延长集团市场，先后承揽站点工程8项，产值比2006年增长32.97%。

【科技创新】　坚持将提高技术水平作为提升企业核心竞争力的重要手段，全年承担局级科研课题3项，安排处级科研项目11项。申报国家专利2项，获得长庆局科技进步奖4项、QC成果奖12项。可膨胀套管补贴技术在采油一厂王10－29井实施后，含水下降了80%，平均日增油1.52吨。安塞油田酸化系列技术研究项目，对采油四厂实施暂堵酸化技术的油井，单井平均日增油1.6吨以上。套管开窗侧钻技术项目完成实验井2口，并形成了斜向器一次性安装定向、套管一次性开窗、尾管悬挂一次成功，以及小套管固井技术优化等阶段性技术成果。振动压裂复合酸化技术在长庆局低效储量合作开发项目组、采油四厂、长实镰刀湾项目组等市场完井15口，措施有效率达到85%，创产值100余万元。

【企业管理】　认真贯彻长庆局2007年工作会议精神，坚持“关注细节、重在执行”的管理理念，不断规范企业管理机制和职工行为。在财务管理上，细化预算指标，建立月报制度，对各单位预算执行情况进行动态跟踪监控，不断调整偏差，确保预算目标的实现。在经营管理上，按照责任、利益、风险相一致的原则，建立了有效的内部激励、监督、约束机制以及科学合理的综合业绩考核体系，加大了经营效果对分配制度的调控力度，提高了经营管理水平。在合同管理和招投标管理上，认真开展“企业成本效益年”活动，规范和细化合同运行流程，全处合同综合履约率达到100%。修订完善了招投标管理办法，健全了招投标运行机制。全年实施招标2次，按照市场价格核算，节约资金180万元。在劳动用工管理上，规范劳动合同文书，统一了劳动合同签订行为。严格按照长庆局的政策，积极稳妥地推进了部分社会化劳务用工的转聘工作。在效能监察上，认真开展企业自用资源使用管理、不良资产处置管理、自立项目物资采购等方面的效能监察，避免经济损失125万元。在内部审计上，建立了审计价格资料库，实现了支出性经济合同审计的全面覆盖，付款审计履行率达到了100%。在废旧物资清理上，制定完善了报废物资管理及处置办法，检查和清理了井下作业工程公司等5个单位的废旧生产物资，回笼资金60余万元。在风险管理上，认真宣贯长庆局《风险管理手册》，结合实际对27个方面的管理制度进行了修订完善，下发至全处所有副科级以上领导干部，提升了企业的风险管理能力。

【结构调整】　严格执行长庆油田矿区服务系统改革实施方案，将矿区服务业务顺利移交河庄坪综合服务处，并圆满完成了资产、人事、社会保险、党工团等关系的转移手续。优化人力资源结构，引进主体专业高校毕业生6名，将委培的36名大专生充实到生产一线，适时对全处科级干部进行了合理的调配，有效缓解了矿区服务业务移交后内部人力资源紧张的局面。改善设备结构，细化设备购置前期调研，及时上报选型建议，全程参与设备技术配置谈判，严把设备验收关，保证设备质量。在长庆局的支持下，投资2191.98万元，更新修井作业机、特车等关键设备59台（套），设备新度系数达到0.61，工程技术服务保障能力进一步增强。严格按照中国石油集团、长庆局有关文件精神和具体要求，提前动手，认真规划，平稳有序地推进多元经济井下作业队伍整合与规范职工股暨清理法人实体实施方案。在确保移交前后队伍不乱、市场不丢、资产不失的前提下，完成了华泰公司5套试油机组移交主营业务的工作，维护了全体出资人的权益和长庆局的整体利益。

【安全生产】 扎实推进“安全环保基础年”活动，认真贯彻长庆局安全监管文件和会议精神，全面落实安全环保责任，安全生产和环保工作全面达标。严格执行安全事故责任追究制度，“一职一责、一岗一责”覆盖率达到了100%。不断深化HSE体系和现场标准化建设，对体系文件进行了再次修订整合，确保了持续有效运行，HSE体系覆盖率、实施率达到100%，并顺利通过了北京中油QHSE“四合一”管理体系认证。加强安全隐患治理，检查井下作业现场244个，查出各类隐患和问题601个，现场整改494个，限期整改107个。加大安全技术设施投入，落实费用25万元，申请长庆局立项投资152.6万元，对安全隐患进行销项治理。强化职工安全知识和操作技能培训，共举办培训班21期，培训461人次。认真宣贯新版《井下作业井控实施细则》，建立了井控车间，开展了有毒有害气体普查建档工作，新配备井控器材94套，检修49套，举行了2次处级井控演练，提高了应对突发事件的能力。不断强化驾驶员的安全行车责任教育，356名驾驶员书写了安全行车保证书。全年开展交通安全风险评价14次，路检各种车辆975台次，查处各种交通安全违章行为55人次。加强GPS监控，继续推行车辆属地管理制度，杜绝了重特大交通安全事故的发生。深入贯彻执行中国石油集团、长庆局关于节能减排工作的安排部署，顺利通过了中国石油集团节能型单位验收。

【基层建设】 扎实开展基层建设示范点和“五型”班组创建活动。将“五型”班组创建活动与基层建设示范点推进工作紧密结合，制定下发了“五型”班组创建实施方案、工作要求、创建思路和实施考核标准。井下作业工程公司X03441修井队被长庆局命名为首批基层建设示范点。全年共创建基层建设示范点8个，实现了年内完成10%的示范点建设推进计划。深入开展“万千培训工程”和“三大”活动，坚定不移地实施“人才强企”战略，先后举办各类培训班134期，培训3654人次，送外培训605人次，完成年培训计划的167%。举行了处级修井、试油、驾驶、护理、计算机操作等5个工种的技术比武。在2007年陕西省“长庆杯”职业技能大赛暨长庆局第十四届职工职业技能大赛井下作业工（修井）决赛上，采油一处职工赵东军获得“技术状元”称号、郑建刚等5名职工获得“技术能手”称号，取得历史最好成绩。

【和谐矿区建设】 坚持共举中国石油一面旗，同唱长庆油田一首歌，建立和谐的厂处关系，加强和谐文化建设，加快了构建和谐矿区的步伐，切实将发展成果惠及广大职工家属。在物业服务业务分离工作中，给予河庄坪综合服务处有力地支持，确保了移交工作的平稳有序推进。在采油四厂“8·29”原油泄漏事件中，组织人员268人，车辆41

台，各种抢险救援物资2180余件，出色地完成了抢险救援任务，受到长庆油田分公司、长庆局和地方政府的肯定。

构建以“物质文化、制度文化、精神文化、行为文化、和谐文化”为内容的特色企业文化，初步形成了特色鲜明、内容丰富的企业文化体系。努力改善职工群众的生产生活条件，为侧钻队购置了25套野营房，投资50多万元，更新了杏北、王南倒班点的生产生活设施。投资改造了河庄坪小区三区大门、中道、中心广场，为职工群众创造了良好的生活环境。春节期间，举办了迎新春系列活动，邀请地方歌舞团、秦腔剧团来基地为员工群众进行文艺演出；组织河庄坪186名离退休员工、遗属开展踏春、老年舞会等活动；庆“五一”职工篮球友谊赛、“颂歌献给党”主题歌咏晚会、国庆节摄影书法主题作品展等形式多样的文娱活动。

充实维稳领导小组，完善了维稳预案。调整补充了处综合治理（禁毒）领导小组成员，与所属各单位签订《社会治安综合治理工作责任书》14份，与支部、班组签订《综合治理责任书》、《禁毒责任书》各115份，建立各级社会治安综合治理领导小组14个。与采油一厂、河庄坪综合服务处建立了联席会议和信息联系制度，召开专题会议6次，完善巩固了和谐联动机制，共同营造和谐“大采一”的良好氛围。“两处一厂”重点在基地建设、住房分配、再就业、处理历史遗留问题，以及重大接待、组织群众性文化活动等方面及时协调沟通，共同努力解决好职工群众关心的问题。深入开展“送温暖”工程，落实“特困必访、节日必看、住院必探、孤寡必管、贡献必奖、贫困生必助”的帮困救助机制，每逢重大节日，处领导和有关部门的同志深入一线、深入离退休职工、困难党员、军属、遗属家中走访慰问，发放慰问金、救济金等救助款项58万多元。

【精神文明建设】　利用多种形式广泛宣传先进集体、模范人物，精神文明建设取得丰硕成果。全处共有56个集体、72名个人获得局级以上荣誉。采油一处成为中国企业文化促进会团体会员；华泰公司建安分公司荣获陕西省青年文明号标兵；获甘肃省企业党建研究会第三届年会优秀课题论文三等奖1项；入编《中国石油理论成果集》论文1篇；入编《中国石油人物风采录》先进事迹文章2篇；电视专题片《战地黄花分外香》荣获中国企业报协会百优新闻奖；卢克茇荣获陕西省劳动模范、中国石油集团优秀共产党员等荣誉。

（王　涛）

第二采油技术服务处

【概述】　第二采油技术服务处（以下简称采油二处）是长庆石油勘探局下属的以井下作业、特车运输、机械加工、器材供应、油田地面建设、化工产品销售等业务为主的油田技术服务企业。主要服务对象是长庆油田分公司第二采油厂。下设科级单位19个，附属单位4个，机关科室15个，科级干部122人。设置党总支11个，直属党支部14个，党员1507人。全处用工总量3111人，其中合同化员工（含内部退养146人）2008人，合同制员工 425 人，临时用工 678 人。有干部 601 人，工人 2510 人；男职工 2576 人，女职工 535 人。管理人员 454 人，各类专业技术人员 147 人。初级职称 278 人，占干部总数的 46.26%；中级职称 159 人，占干部总数的 26.46%；高级职称 14 人，占干部总数的 2.33%。离退休职工 1047 人，有偿解除劳动关系人员 426 人，职工遗属 166 人。

截至 2007 年底，资产总值 24849.31 万元。其中，固定资产原值 31226.41 万元，净值 14064.93 万元。共有各类设备 434 台（套），资产原值 118856.53 万元，净值 11054.00 万元，新度系数 0.59。

【生产建设】 坚持“有机遇就要抓，有多大市场就要拿下多少工作量”的理念，认真分析生产过程中的不确定因素，及时召开工作推进会，成立生产指挥小组，制定生产组织、技术、装备等应对策略，构建生产、安全、技术、市场、外协“五位一体”的大生产格局，创造了维修检泵月交井 706 口、措施作业月交井 81 口、检泵机组单机提速 24.45% 等 30 多项新纪录，有效地促进了生产全面大提速。全年井下作业交井 6890 口，比 2006 年增长 7.7%。其中，维修检泵交井 6192 口，比 2006 年增长 8.2%；措施作业交井 479 口，比 2006 年增长 7.2%；试油交井 285 层，比 2006 年增长 11.8%。完成货运周转量 5082 万吨·千米，比 2006 年下降 1.6%。完成客运周转量 7302 万人·千米，比 2006 年增长 7.6%。完成特车作业 5.62 万小时，比 2006 年下降 1.2%。生产涂料油管 39.1 万米，比 2006 年下降 4.2%。安装抽油机 531 台，比 2006 年下降 8.3%。

【经营管理】 制定《经营管理实施细则》、《合同管理结算支付程序》、《材料采购结算支付流程》等多项经营制度。推行“内部利润责任、费用包干、模拟法人和自主经营”四种经营模式，确定“同期对比、联动考核、分项计算、年终兑现”的考核办法，把经营指标分解到管理的各个环节，层层传递压力，经营管理职能进一步明确，管理程序进一步规范。成立运费、修理费、人工费用三个项目化管理组，修订完善单井、单机、单车成本控制标准，加强成本费用归集。建立专项费用监督机制，严格控制非生产性支出，重点费用得到控制，成本管理更加标准化、规范化。全年，主营业务实现收入 3.33 亿元，支出 4.62 亿元，控亏 1.29 亿元，考虑长庆局认可因素后，全面完成了长庆局下达的业绩目标。

【安全生产】 坚持“安全第一、环保优先、以人为本”的方针，牢固树立“安全是天、是责任、更是政治和大局”的理念，深入开展“安全环保基础年”活动，加大重大危险源监控和事故隐患治理力度，大力推进 QHSE 体系建设，全年安全生产平稳运行。

安全环保责任制有效落实。层层签订安全承包责任书 178 份，在 135 个基层队（车间）及要害部位建立管理人员现场检查记录台账。将安全环保、QHSE 建设等指标纳入考核体系，以干部问责、行政计分和经济处罚相结合的方式，严格落实责任追究制，做到了责任落实“三到位”。

监督检查工作进一步加强。深入开展“千人百岗查隐患”活动，把违章当事故来对待，严格落实监督积分、违章记分、安全述职等制度。建立安全监管联动新模式，完善安全监督标准，加大交通安全、井控安全、修井现场、多元经济企业等监督检查力度，减少了违章行为，提高了作业场点的安全管理水平。

【市场开发】 稳固占领关联交易市场。建立了厂处关联交易运行会晤机制，定期通报月度生产工作量，增进相互理解、妥善处理各类问题。“一对一”服务模式日趋完善，形成了“生产组织联合，技术攻关联手，外协工作联动”的大生产格局。井下作业、抽油机安装、器材供应等市场占有率均达 100%，外部市场份额大幅提升。成立定边生产协调组，建立流动缝隙补充开发模式，组织市场开发、技术人员到各目标市场走访调研，加强交流协商，开发了采油五厂检泵、扩大了采油七厂、低效储量合作开发项目组等市场份额。全年主营业务外部市场交井 1041 口，比 2006 年上升 148.4%；安装抽油机 133 台，比 2006 年上升 160.8%，创造了外部市场开发新纪录。

陇东产建试油进展顺利。与井下技术作业处共同组建陇东试油领导小组，主动加强沟通协商，及时协调解决生产过程中的问题。全年关联交易产建试油完井 102 口（116 层），为完成全年业绩目标起到了关键作用。

开辟了新兴业务。投入 300 多万元引进不压井带压作业装置，并结合陇东油田的地层特点，改进工艺技术，配套完善设备。通过 3 口井的现场试验，基本掌握了不压井带压作业核心技术，初步形成了生产能力。水平井修井、侧钻等新兴业务也取得了一定成效。

【科技创新】　紧贴生产实际，加大科技投入，突出特色技术引进和应用，加快人才培养步伐，加强科研项目攻关，在大修、带压作业、增产增注等技术上取得新进步。

科技研发能力不断提高。投入 100 多万元，对低压密闭修井技术、不压井带压作业技术、修井现场机械化配套工艺等 10 个局处级科研项目进行攻关。开发研制轨道式油管滑车、分体式抽油杆倒扣器、井口流体回收装置等 10 多件井下作业新工具，解决了生产技术难题，缩短建井周期 2—3 小时。研究开发了井下作业生产管理系统，为生产指挥部门快捷、全面、准确地获取信息并及时指导生产提供了方便。全年申报国家专利 6 项。

新技术成果应用成效显著。引进油管液压解卡仪，为处理井下作业卡钻提供了新的技术手段。推广应用井下防喷泄油器、抽油杆刮蜡器、升降式井口操作台、新型油管滑车等 9 项技术成果，降低了劳动强度，提高了作业质量和效率。

大修技术实力进一步凸显。成功处理外部油田三个作业队无法完成的采油五厂盐 55－35 井落物叠加事故，攻克中 240 井的“钢筋水泥”复杂井下作业、峁 30－19 井的环空打捞电缆、元平 3 井的首口水平井的打捞、沙 16－16 井油管杆同时落井且下部被轨封卡死等十多口复杂大修井，体现出了井下大修作业实力。

科技人才培养力度加大。与石油大学（北京）、胜利油田等单位开展技术交流活动 6 次，参与人员达 100 多人次。推荐选送出国访问学者 1 名、出国攻读硕士研究生 1 名、参加中国石油集团组织的硕士研究生 3 名。召开井下作业现场工具配套观摩会，开展“创新杯”论文评选活动，提高了技术人员的技术素质。

【基层建设】　完善基层建设工作机制，细化工作措施，强化考核激励，发挥典型引领和标杆示范作用，全面加强和推进基层建设，进一步夯实了企业发展基础。

职工队伍建设取得明显成效。以培育“四有”职工队伍为目标，以深入开展“三大”活动为载体，加强对管理层、技术层、操作层的教育培训，职工队伍综合素质进一步提升。探索总结出具有采油二处特色的“六个促学”培训新思路、新方法，增强了培训效果。全年培训 1585 人，完成计划的 105%。

以创建“基层建设示范点”为载体，以中国石油集团“十大标兵”刘玲玲为典型，深入开展学习刘玲玲“八个一”活动，掀起了“学习刘玲玲、立足本职岗位，为采油二处发展作贡献”的热潮。涌现出 10 个基层建设“红旗”队，7 个基层建设标兵，2 个长庆局基层建设示范点。荣获省部级先进集体 7 个、长庆局劳模 2 名及一大批局级以上先进个人。

【党群工作】　按照“围绕中心、服务大局、突出重点、讲求实效”的整体工作思路，大力加强党的建设和思想政治工作，加强领导班子和干部队伍思想、组织、作风和能力建设，充分发挥党组织的政治核心作用和工会、共青团组织的桥梁纽带作用，有效促进了“三个文明”建设的同步发展。

基层党组织建设富有成效。以继续巩固和扩大先进性教育成果为主线，深入贯彻落实中央保持共产党员先进性长效机制四个文件，积极实施基层党支部“六个一”创建工作，扎实开展“双培双提高”活动，进一步落实党建工作责任制。共设立党总支 8 个，党支部 83 个。发展新党员 63 名，按期转正 52 名。涌现出以修井 19 队党支部为代表的一大批先进党支部。

两级班子建设稳步推进。以创建“四好”班子、提高“五种能力”为要求，加强两级领导班子政治理论学习。全年党委中心组学习 13 次，三级单位中心组学习 219 场次。完善领导班子议事规则和决策程序，严格落实民主生活会制度。对中层领导人员进行优化调整，选拔 12 人、交流 12 人、免职 2 人、降职 1 人。扎实开展“公开承诺、转变作风”活动，深入基层单位进行调研，帮助基层解决实际困难 30 多个，领导班子的整体功能和管理能力进一步提升，工作作风进一步转变。

党风廉政建设不断深化。以落实党风廉政建设责任制为抓手，完善层级网络体系，各级领导班子和领导干部责任意识不断增强；以推进惩防体系建设为主线，突出制度建设，预防和制约腐败体系初步形成；以效能监察工作为切入点，紧盯管理薄弱环节，促进了管理水平的不断提高；以查处信访举报件为突破口，及时澄清事实，解决问题，化解矛盾，全年无违法违纪现象发生。

宣传思想工作有效加强。深入开展“形势、目标、任务、责任”、“发扬大庆精神、铁人精神，学习刘玲玲，为长庆发展作贡献”等主题教育活动，对生产建设、重点工程、科技创新、市场开发等进行强势宣传。举办十七大精神学习班两期、报告会 10 场次，发放学习辅导材料 4500 余份。坚持每季一次的职工思想动态调研，有针对性地做好一人一事的思想政治工作，营造了团结互助、平安祥和、安全稳定的良好环境。有两部专题片分别荣获第十一届中国行业电视节目展评大赛三等奖和优秀奖。

企业文化建设持续推进。围绕企业理念、视觉形象、行为规范“三大体系建设”，大力宣贯企业精神、企业宗旨、企业核心经营理念，深入开展企业文化“五个一工程”，形成了具有采油二处特色的服务文化、安全文化、质量文化。荣获全国企业文化建设先进单位。

企业大局和谐稳定。健全信访稳定工作机构，充实信访稳定工作力量，全面落实稳定工作责任制。完善突发事件应急预案，加大关键时期、特殊时期信访稳定工作力度，积极开展“平安二处”创建活动，开展“三禁一反”专项整治，有效落实社会治安综合治理措施，全面排查不稳定因素，及时调处矛盾纠纷，保持了全处持续稳定的良好态势。全年无重大治安、刑事案件发生。

工会、共青团组织作用有效发挥。工会组织认真履行职责，加大厂务公开力度，扎实推进民主管理，积极开展劳动竞赛和文体活动。共青团组织加强团员教育，持续推进青年素质提升工程，引导广大团员青年岗位成才，突击队作用得到充分发挥。

（唐　林）

第三采油技术服务处

【概述】　第三采油技术服务处（以下简称采油三处）主要从事井下作业、水电供应、运输服务、机械维修、器材供应、油气田地面建设、矿权维护和边远低效油井管理、天然气管道运行维护、生活服务等业务，为长庆油田分公司采油三厂提供“一对一”服务，同时，向采油四厂、采油五厂、采油六厂、采油七厂、采气一厂、采气二厂、长庆局低效储量合作开发项目组等单位提供部分服务。截至2007年底，机关设置13个职能科室、4个附属单位，下属基层单位19个。全处用工总量4568人，其中，合同化员工1959人，合同制员工653人，社会化员工1956人。各类管理人员522人，占员工总数的11.4%；各类专业技术人员526人（含副高级14人、中级114人）占员工总数的11.5%。

2007年，坚持以党的十七大精神和科学发展观为统领，深入落实“发展大油田、建设大气田，创建模范和谐矿区”的总体要求，牢牢把握科学发展与构建和谐两大主题，紧紧围绕采油三厂原油产量跨越年产300万吨宏伟目标，坚持“平稳、均衡、效率、受控、协调”的工作方针，认真落实“跟进发展、突出重点、就近服务”的工作思路，不断强化生产组织、市场开发和安全环保工作，持续加强经营管理、基层建设、队伍管理等基础工作，扎实开展党的建设、企业文化建设和维护稳定工作，整体工作呈现出快速、稳定、和谐的良好局面，自我积累和持续发展能力显著增强，较好地履行了国有企业政治、经济和社会责任。

2007年，主营业务实现收入60521万元，比2006年增长1.29%，完成长庆局下达的经营业绩指标；企业增加值24248.15万元；资产总额40964.45万元，比2006年增长14.87%。多元经济实现收入29515.66万元，实现内部利润676.87万元。

【生产提速】　以井下作业为“龙头”，大力开展提速工程，全力保障油田生产。一是完善生产指挥系统，靠管理提速。围绕采油三厂等长庆油田单位产能建设主战场，在吴起设立生产指挥中心，由处领导兼任指挥；在油房庄、凤凰山和苏里格分别设立前线指挥部，由处领导兼任指挥并抽调3名组织能力强、生产经验丰富的干部任专职副指挥，与长庆油田生产单位相配套的指挥服务系统逐步形成，协调、指挥作用得到了有效发挥。二是贴近现场、就近服务，靠服务提速。各主要生产单位根据油田产建形势和生产提速要求，分别将机关全部搬迁至油房庄、吴起和马坊，为促进市场开发和提高服务效率创造了有利条件。处生产运行科、质量机动安全环保科、安全监督站等职能科室，将工作重点和人员前移，缩短了与基层单位之间的距离，服务、管理、协调职能发挥更加到位、更加充分。三是强化与采油三厂等单位的生产协调，靠和谐提速。坚持定期召开生产运行协调会，及时组织开展质量回访，促进了厂处双方生产组织工作的良性运行。克服吴起基地办公条件差、食宿紧张等困难，全力支持采油三厂前指搬迁吴起，有力支持了采油三厂重点开发区域的原油上产。组织开展了以“构建和谐采三，为跨越年产300万吨作贡献”为主题的劳动竞赛活动，为采油三厂原油产量跨越300万吨/年提供了有力支持。

2007年，完成井下作业5866自然井次，比2006年增长8.95%；完成转供电23543万千瓦·时，比2006年增长5.9%；转供水63万立方米；完成货运周转量6081.6万吨·千米，比2006年增长25.28%；客运周转量3977.73万人·千米，比2006年增长3.8%；吊、特车12.32万小时，比2006年增长17.87%；完成输气量9.45亿立方米，比2006年增长26.5%；生产原油6995.4吨，完成年计划的108%。

【安全管理】 逐级签订了《2007年安全环保责任书》，继续在全处范围内开展以“强三基、反三违、严达标、除隐患”为主题的“安全环保基础年”活动，组织开展了“安全生产警示周”、“安全文化下基层”等专题活动。修订完善了《QHSE综合考核和奖惩办法》、《安全事故行政责任追究办法》等20余项制度；开展安全环保大检查4次、安全专项检查9次；实施安全监督抽查12次。

全面推行“监管分开、异体监督、区域派驻”的安全监督运行机制。各基层单位领导不再兼职安全总监，全处安全监督工作及人员归口安全环保监督站管理，实行“垂直管理、区域派驻”，有效解决了安全管理与安全监督存在的职能交叉、以监代管、监管不分等诸多弊端，提高了监督的时效性和覆盖面。整合了GPS监控平台，设立GPS运行监控管理中心，实现了对全处车辆的实时监控。

投入安全技术设施费用230.5万元、QHSE体系审核专项费用31万元，为井下作业各大队配备气体检测仪70台、正压呼吸器46台，压缩机4台，防护设施的配备水平进一步提高。

【经营管理】 以有效激励为手段，细化指标、落实责任。以长庆局综合业绩考核兑现办法为指导，结合生产经营实际，制定了采油三处2007年度综合业绩考核办法，并与各基层单位签订了业绩指标考核责任书，逐级分解了年度经营、管理及控制指标，明确了各单位的责任、目标。效益工资实行了“月度预发放、年度总考核”的发放制度，有效地激励了干部员工的工作积极性。

加强预算管理，注重过程控制。科学编制年度预算、严格执行预算并将预算管理延伸到生产经营管理的全过程，预算对生产经营工作的指导作用得到全面体现。认真组织实施新会计准则，企业经营情况反映更科学、更准确。全面推行单项工程、单车核算制度，在井下作业系统建立成本精算模式和成本核算体系，广泛开展“成本写实”活动和节能降耗、修旧利废活动，生产成本得到有效控制，全年生产成本下降2%。

加强经营管理，注重制度落实。坚持月度经营分析例会制度，组织开展经营调研4次，为全面掌握预算执行情况和适时调整预算提供了可靠依据。实行基层会计主管委派制度，修订《资金授权管理办法》、《资金结算管理（暂行）办法》，财务管理基础工作进一步加强。在顺宁、吴起、油房庄、银川等处设立财务结算点并指导开展工作，保证了各单位生产经营的资金需求。

招投标管理和合同管理的各项制度得到有效落实。根据招标管理办法，组织生活生产物资采购、工程建设等招标65项，涉及金额2387.72万元，节约成本90.47万元。按照“成熟一个，签订一个”的要求，签订关联交易合同23份。对合同管理制度进行修订，明确授权管理、印章制度、合同履行等程序，有效规避了法律风险。按照中国石油集团合同网上审查审批的要求，全面推广合同管理系统，全处合同系统注册用户122个，网上提交合同317份，合同系统运行正常。

加强审计工作。出台了《关于进一步加强支出性合同审计的若干规定》，完善各类支出性合同审计程序，规范经营行为。严格遵守“离任必审”制度，先后对10个单位的行政领导进行了离任经济责任审计。开展物资采购、外包工程、外付款等合同审计 707 份，累计审计金额 16581.48 万元，审减资金 224.59 万元；通过经济合同送达审计和网上审计，退回不合规合同 100 余份，涉及资金 800 余万元；对吴起基地等 6 份维修投资预算进行审计，累计审计金额 443.23 万元，审减 66.96 万元，切实维护了企业的合法权益。

【企业改革】 加快井下作业产业结构调整。按照长庆局要求，将多元经济井下作业队伍划归主营业务，成立了井下作业四大队；整合大修和试油业务，成立了井下作业三大队和井下特种作业大队，井下作业的业务结构更趋合理。根据市场形势，合理划分服务区域，形成了区域性“一对一”服务格局，井下作业保障能力有了较大提高。

全面组织实施苏里格采气业务、低效油井管理业务和矿区服务系统及成品油销售业务的移交工作。苏里格采气作业区、王盘山采油作业区分别移交苏里格气田合作开发项目组和低效储量合作项目组；长庆银川职工医院平稳移交矿区服务事业部燕鸽湖医院；吴忠物业管理站、农业综合大队、离退休职工管理站顺利移交燕鸽湖物业服务处。共移交从业人员 348 人，移交固定资产 640.69 万元。全处 7 座加油站的管理权全部平稳移交陕西、宁夏油品销售公司。主营业务特色更加突出。

管理体制进一步理顺。根据各业务发展实际，成立了社会化用工管理部、房产办公室、银川项目组，明确了管理职能和业务定位。同时，在离退休职工管理业务移交矿区服务系统后，成立了公共事务管理办公室，切实加强内部退养员工、有偿解除劳动关系人员、劳动家属、遗属遗孀等人员管理。

规范职工股和清理法人实体工作扎实推进。根据《长庆石油勘探局规范员工股暨清理法人实体工作指导意见》，制定了《采油三处规范员工股暨清理法人实体工作方案》，成立了规范员工股暨清理法人实体领导小组，按照“统一政策、分类处置、一企一案”的原则，加强组织领导，规范员工股暨清理法人实体工作依法、合规、扎实推进，共清退职工股 2151.31 万元。

全面完成钻井工程总公司边远油井的移交工作。经长庆局同意 2007 年 11 月接收钻井工程总公司 63 口边远油井的管理权。低效油井生产组织、基础管理得到加强，规模、效益同步提高。

【组织建设】 修订完善了《中层领导人员管理办法》、《干部请销假管理暂行办法》、《科级领导干部外出学习培训汇报制度》等 10 多项制度，调整、充实、聘任科级干部 25 人次。对 5 名考核靠后的科级干部进行了诫勉谈话，对考核不胜任的 3 名科级干部进行了免职处理。领导干部选拔任用机制和考核激励机制逐步完善。

全面加强“四好”班子建设。处党委先后两次开展了以“建设‘四好’班子，提高‘五种’能力，全面加强基层领导班子建设”和“坚持科学发展，构建和谐三处”为主题的党课教育活动，收到了明显效果。年底按照局党委关于在局处两级领导干部和两级机关开展“公开承诺、转变作风”活动的实施意见，组织处领导班子成员、副总师、副科级以上干部、两级机关工作人员 286 人，按规定程序进行了公开承诺，公开接受广大职工群众监督，增强了领导干部的大局意识、责任意识和服务意识。

完善了《基层党支部考核细则》、《基层党组织制度汇编》，及时成立调整党支部 24 个，配备党务干部 29 人。成立了顺宁、油房庄 2 个前线指挥部临时党支部，党的基层组织进一步健全。开展了基层党支部“六个一”创建活动，落实了党建工作责任制、“三会一课”、“三级考核”和党委委员基层联系点制度，命名“党员责任区”42个、“党员模范岗”68个，发展党员49人，党员队伍不断壮大。成立了采油三处党建研究会，召开了采油三处党建经验交流会，交流论文5篇，表彰奖励论文10篇。积极参加甘肃省企业党建课题研究，有两篇论文分获甘肃省企业党建研究会第三届年会优秀课题一等奖和三等奖。

强化领导干部能力建设，全年组织领导干部学习12场次，参加400人次；制定了处领导班子成员工作通知等制度，全年共向领导班子成员发出工作通知115份，督办基层请示报告158件，各项工作安排具体、落实到位、督办反馈及时准确。两级机关开展了以“提高制度执行力，争当先进科室和优秀员工，保持先进性教育长效机制”为主题的专项活动，两级机关的执行力进一步加强。

坚定不移地抓好党风廉政建设，处党政主要领导与班子成员、副总师、各单位主要领导、机关科室长等签订党风廉政责任书82份，23名基层单位党总支书记被确定为党风廉政建设监督员，建立了副科级以上领导干部廉政档案，开辟了网上举报信箱，公布举报电话。全处副科级以上干部都作出了书面廉洁承诺。全年受理信访件5件，已全部核实。开展了“读书思廉”、“领导干部党风建设和廉洁从业”、“党的十七大反腐倡廉精神”征文和知识竞赛等活动；认真开好两级领导班子以加强干部作风建设为主要内容的专题民主生活会。围绕“四项权力”，完善制约监督机制，规范领导人员廉洁从业行为，开展了加强制度执行力建设的专项调研和年中巡视工作。加强效能监察工作，全年共参加招投标13次49项，涉及金额1827.7万元，节约资金78万元。

【科技管理】　吴起、顺宁基地视频网络升级改造工作全面完成，覆盖主要生产服务区域的视频会议系统、合同管理系统、井下作业数据库信息系统、加油站无线视频监控系统建成。

企业技术实力得到充分展示。组织申报局级科研项目4项，局级科技成果9项，申报国家专利1项；两个项目被确定为局级科研项目，承担局科研项目3项；确立5个新技术推广应用项目，科技创新能力和成果转化能力进一步提高。参加了第三届宁夏青年科学家论坛，有3篇论文分别获得一、二、三等奖。

企业管理成果显著。在全国石油企业管理现代化创新成果评审中，《采油技术服务企业精细管理执行力体系的建立与应用》荣获三等奖；在长庆局优秀论文评选中，获一等奖1篇，三等奖3篇。

【技术培训】　认真落实员工岗位业务技能培训计划。全年共举办各类培训班49期，培训1683人次；送外培训621人次，员工培训规模扩大。超前组织主营业务专业技术人才培养，委托长庆局培训中心招收2007届石油工程、焊工等专业大专班学生115名，在读的共6个专业209人。倡导和鼓励员工参加各种形式的学历培训，对208名员工取得的学历进行了认证，对233名正在接受学历培训的员工进行了统计备案。

大力实施领导干部能力建设培训工程。先后邀请多所大学的教授专家，为120名副科级以上领导干部举办了“中国优秀传统文化与企业管理知识”专题讲座和“执行力与团队建设”专题学习辅导，对40名基层党支部书记进行了政策和业务培训，对40名外协业务人员进行了心理学、经济法、土地法、谈判技巧、人际关系协调能力培训。同时，有处领导12人次、科级领导59人次参加了长庆局、中国石油集团及其他社会团体组织的各类培训。

落实激励政策，营造员工成长、成才的良好氛围。按照长庆局和采油三处相关制度，奖励 2006 年度各级技术比武获奖人员 47 人次 22 万元；引进石油工程、土木工程、机械设计制造等 4 个专业大学毕业生 25 名；经过严格考核，向长庆局推荐评审高级职称 4 人、中级职称 22 人、初级职称 21 人，全处的技术队伍专业结构有了明显改善。

【基层建设】　以固本强基为重点，大力开展“示范点”和“五型班组”创建活动。成立“五型”班组创建活动领导小组，制定下发了《基层建设三年（2007—2009 年）推进计划》《2007—2010 年“五型”班组创建活动计划》，“五型”班组创建工作长效机制初步建立。顺宁物业管理站职工食堂和井下作业一大队 X03479 队被长庆局命名为基层建设示范点，X03466 等 5 个基层队被采油三处命名为基层建设示范点，35 个班组被命名为基层建设示范班组。

以防范风险为主线，学法谨守，知法善用。启用了合同管理信息系统，完成了流程定义，各部门的合同管理职责更加明确；对各单位主管合同审批的领导及合同管理网员进行了合同管理程序和法律知识培训；主动参加法律诉讼，维护了企业的合法权益。

【职工福利】　加大基础设施建设投入，和谐企业建设取得阶段性成果。认真落实《长庆油田 2007 年廉租住房管理实施细则》，对大水坑等三个关闭基地的 1257 户员工已购住房进行了回购，员工的切身利益得到维护。

落实维修专项费用 2235.45 万元，为重点工作正常开展提供了资金支持。争取长庆局投资 3786 万元，使固定资产投资、维修改造、井控设备、安全环保隐患治理、安全检测设备、供电设施技术改造等计划得到落实。新购野营房 50 顶，极大地改善了一线员工的生活条件。持续加大“员工之家”建设力度，为基层配备了 50 多万元的电视机等文体器材。坚持企业发展成果惠及员工，员工收入较 2006 年有较大增长。

【精神文明建设】　采油三处荣获 2006 年度全国“安康杯”竞赛优胜企业，宁夏回族自治区“文明单位”先进称号。燕莎大酒店荣获“三星级旅游饭店”称号；大水坑变电所被评为“全国学习型先进班组”；修井 X03475 队被共青团中央和国家安全生产监督管理总局命名为第五届“全国青年安全生产示范岗”；修井 X03476 队被中国石油集团评为“先进班组”；宁石建公司荣获 2006 年度全国“守合同重信用”单位称号。程玉虎荣获宁夏回族自治区“先进女职工之友”称号；高忠礼、关玉琴荣获“长庆局劳动模范”称号。

（赵文杰　冯彦龙）

定边采油技术服务处
（定边前线指挥部）

【概述】　定边采油技术服务处（以下简称定边服务处）主要从事井下作业业务。是榆林市定边地区首个长庆石油工程技术服务单位。主要服务对象是长庆油田分公司采油五厂、采油六厂、采油三厂、定边生产区域，长庆局低效储量合作开发项目组。

2007年3月9日，经长庆局党政联席会议研究决定，成立定边采油技术服务协调领导小组。5月28日，局党委、长庆局决定在定边采油技术服务协调领导小组的基础上，组建成立定边采油技术服务处和定边前线指挥部。6月19日，定边前线指挥部、定边采油技术服务处正式挂牌。

定边服务处设机关职能科室6个、附属单位4个、基层单位3个。下设党总支1个、党支部7个，现有党员77人。全处用工总量363人，其中合同化员工128人、合同制员工28人、社会化劳务用工207人。干部97人，工人266人；男职工345人，女职工18人。干部中各类管理人员66人，专业技术干部31人，其中，教授级高工1人、副高级职称6人、中级职称17人、初级职称35人。

截至2007年底，资产总值7155.62万元。其中固定资产原值1969.92万元，净值1868.53万元；所有者权益4922.22万元。拥有各种设备43台（套）。

【生产指标】 自2007年6月6日生产启动至年底，井下作业完成217自然井次，其中，试油91口180层，技术措施井8口，新投产井44口，检泵维修井74口。

【生产建设】 按照“队伍稳定、安全第一、质量至上、组织有序、保障有力、稳妥运行”原则，严格执行《生产运行管理办法》，建立了月度、周度和每晚生产例会制度，及时解决存在问题，确保了生产平稳运行、逐步提速。2007年11月试油完井25口、31层，创服务处成立以来井下作业单月完井历史新纪录，创同时一天5口井压裂、4个机组搬迁，一个机组27天完成试油3口5个地质层的好指标。在长庆局的投资支持下，更新设备39台（套），重点加快修井机、通井机等井下关键设备更新步伐，提高了主营业务生产能力。

定边生产基地建设项目组制定了“五大控制目标”，提出了“五个确保、三个到位”的保障措施，严格执行施工设计，严把甲方供料、甲方监控材料质量，有效落实监理工作制度，加强现场监控管理，组织开展了“团结一致、顽强拼搏、奋战60天”劳动竞赛活动，确保了工程施工质量和施工速度。经过共同努力，主体工程于6月18日开工建设，10月18日提前13天完成长庆局下达四项主体工程封顶任务。取得了主体五层封顶最短时间43天，六层最短时间53天，6天一层楼等创优指标。

【市场开发】 完成了长庆局内多元经济井下作业13支队伍移交验收工作，制定了接收队伍的生产运行、设备配套等实施方案，以最快速度进入定边非关联交易市场。同时，深入各采油单位进行市场调研，掌握区域内各种井下作业队伍情况，并向各采油厂送发了《采油技术服务承诺》和《协议协商函》，得到支持并发来了回复函。建立了定边前指生产协调月度会议制度，召集大型生产协调会议5次，与各生产单位一并协调地方关系、单位协作、生产组织等30多次（件），有效解决了生产组织中存在的问题。督促并整改采油厂提出的建议和意见，促使施工进度、工程质量和服务质量明显提高。组织开展了定边油区劳动竞赛活动，使长庆定边油区各单位生产指标大幅增长，确保了长庆局在定边地区市场份额的不断扩张。钻井工程总公司30653钻井队年进尺突破8万米、井下技术作业处姬塬项目部试油突破600层、录井公司第五项目部完成工作量比上年增长150%、采油二处DO4438队二车组成功打捞盐55-35复杂井等多项创新指标和精品工程，为定边油区又好又快发展提供了有力保障。通过不懈努力，与采油厂基本建立了情况相互通报、重大问题共同协商、共性外协问题协同解决的友好发展态势。

【企业管理】 坚持依法治企、从严管理、关注细节、注重执行，各项管理工作明显加强。

制定了38项管理规章制度，明确了各级各类人员工作职责标准和业务流程；建立了科学的薪酬激励机制，制定完善了《社会化劳务用工工资暂行办法》、《社会化劳务用工管理暂行办法》，统一了用工政策和工资标准，激发了全员工作积极性；逐步完善市场开发激励机制等配套政策，加大了向一线施工队伍的政策倾斜力度，激发了干部职工的积极性；全面推行责任目标量化管理，严格考核评价，促进了机关工作质量、工作效率和服务水平的提高。

【安全环保】　建立完善了《安全生产管理规定》、《安全生产监督管理规定》、《违章行为积分办法》、《安全生产行政责任追究办法》等20多项管理制度，将安全生产目标纳入各单位和领导班子的考核内容，促进了各级安全环保责任的有效落实。组织召开安委会3次，实施了重点要害部位领导干部承包点制度，坚持按月进点检查。在确保本质安全方面，投入近600余万元，购置了多功能气体检测仪、正压空气呼吸器、正压空气呼吸器压缩机及速差控制器等安全防护设施和检测仪器，并对关键设备、设施进行了维修改造与更新。在井控管理工作方面，突出重点区块管理，形成了每月（季）检查一次和不定期的井控检查制度，井控取证50余人次。积极开展各类井控演练，提高了全员井控意识和安全防范能力；开展了安全环保隐患排查和专项整治活动，重点检查执行岗位责任制、整改安全隐患、开展安全培训、落实应急体系等内容，对查出的各类重大隐患实行督办整改。先后组织安全大检查3次，先后检查作业现场95个（次），查出问题167个，现场整改142个，下发整改通知单33份，限期整改25个。实施安全监督检查35次，整改问题268个。坚持把安全隐患当作事故来处理。加强安全技能教育培训，组织开展了“安全生产月”活动，编印了《安全文化手册》，利用冬训强化安全技能培训，提高了职工安全意识和依规操作的能力；加强HSE管理体系建设，大力实施风险管理，完成了服务处HSE管理手册和程序文件的编制，完成了HSE体系咨询工作，召开了体系发布会，为体系认证工作做了前期准备工作；加强环境保护工作，开展了“6·5”世界环境日活动，大力推广“绿色”作业，在生产、生活基地加强了环保设施管理，取得了较好效果。

【经营管理】　全面推行预算管理，先后出台了《资金授权管理办法》、《货币资金管理办法》、《物资管理制度》、《备用金及其他借款管理办法》等规章制度，不断加强银行及现金账户管理，规范了合同、招投标、物资采供、运费、水费、外协费结算、内部审计等管理流程，实行逐级负责制，确保了全处资金安全。不断加强成本管理，净化靠实单井成本，建立了单井成本模块，积极推行单井（单车组）标准成本核算体系，严格控制材料、燃料、运费、水费、外协费等变动成本消耗，有效地降低了生产成本支出。逐步建立科学考核机制，制定了《经营责任制考核实施办法》，使经营指标量化、细化，明确到人，真正实现工资、效益与工作任务挂钩的动态管理，体现了多劳多得、效益决定收入的管理理念。加强与长庆油田分公司等上级领导和各部门的协调沟通，积极主动争取，取得了比较理想的年终结算价格。

【基层建设】　坚持以基层建设和作风转变为重点，深入开展了“公开承诺，转变作风”活动，科级以上领导干部和两级机关向广大职工作出公开承诺。机关党总支积极倡导赶超之风、实干之风、团结之风、服务之风、表率之风，狠抓机关劳动纪律，使机关工作人员的整体素质、业务能力不断提升。

认真落实创建“四好”班子的具体措施，对涉及企业发展规划、经营政策、机构调整、职工利益等问题，做到了“集体领导，民主集中，个别酝酿，会议决定”，发挥了班子的合力；制定下发了《基层建设实施办法》；加强了生活、办公场所治安工作，加大“三禁一反”工作力度，全年未发生重大治安、刑事案件，为企业发展营造了安定、和谐的环境。

在企业组建发展的同时，确保了员工的生活质量。积极改善一线生产生活条件，更新野营房55顶，储备冬煤500吨。为全处职工进行年度健康体检；制订了《职工考勤管理办法》、《职工假期管理办法》和《基本医疗保险实施办法》，切实保障了职工权益；对银川、湖滨花园住房积分排名进行了张榜公示，切实做好扶贫帮困工作，组织了“五一”、“十一”等节日去一线慰问活动和爱心捐款活动。投资6万余元建成了篮球场、排球场、职工健身房、乒乓球室等活动场地，先后为基层配发2000余件文体活动器材，丰富了职工业余文化生活。

【人才培养】 建立人员任用新机制，坚持以能力建设为重点，不断加强各级领导班子和干部队伍建设，先后选拔调整中层干部30人次，进一步提高了基层领导班子整体功能。加大人员引进力度，先后3次组织在全局范围内公开招聘68人，接收应届毕业大学生25人，增补作业机组社会化劳务用工107人，为持续发展提供了人力资源支撑；加大人员培训力度。以“技术大培训、岗位大练兵、技能大比武”为载体，突出实用性和操作性，重点做好职工冬训工作，先后举办井下作业、安全等各类培训班8期364人次，送外培训10期、169人次。

【党风廉政建设】 坚持预防与监督相结合，建立完善惩防体系。初步建立了党风廉政建设预控机制、监督机制、考核机制、查办机制、回馈机制、教育机制“六个方面”的惩防机制，构建了教育、制度、监管并重的惩防体系，加强制度建设，从源头上杜绝腐败现象的滋生。坚持把制度建设贯穿于生产经营管理的全过程，加强对权力运行的制约和监督，逐步把反腐败的关口前移和延伸到管人、管事、管财、管物的各个环节，从源头上杜绝了腐败现象的发生，加强廉政教育，筑牢拒腐防变的思想道德防线。组织学习了《中国共产党纪律处分条例》、《领导人员廉洁自律规定》等制度，开展了科级干部廉洁承诺活动，并将内容公示，接受群众监督。党员领导干部对照八项禁止性规定进行自查，上报书面自查材料39份。

（崔　勇）

采气技术服务处

【概述】 采气技术服务处（以下简称采气处）是长庆局为积极跟进气田开发，规范气田修井业务，加强采气技术专业化管理，提升专业化服务水平，打造长庆工程技术服务强势品牌，实现长庆气田又好又快发展，于2007年7月18日宣布成立的厂（处）单位。主要从事气井修井、老井复产增产措施、开窗侧钻、气井钢丝作业、气井特殊作业、新井试气等气田工程技术服务业务。设机关职能科室5个，机关附属单位2个，直属基层单位2个。用工总数199人，其中干部62人，工人137人。有党总支1个，党支部6

个，党员 52 人，团员 45 人。

主要设备有修井、试气机组 7 套、不压井修井作业机组 1 套、ZJ30 钻机 1 套、连续油管作业队 2 支。拥有施工设备 27 台（套），其中，ZJ30 车载钻机 1 部、XJ550 修井机 2 台、XJ450 修井机 2 台、XT－12 通井机 4 台、发电机 9 台、连续油管车 2 套、S－9 不压井作业机 1 套、单点测斜仪 2 套。

D15431 队和 D10431 队取得中国石油集团甲级大修队资质，S08431 队取得甲级试气队资质，S00537 队、S00570 队取得乙级试气队资质。

截至 2007 年底，资产总值 3560.63 万元。其中，固定资产原值 4519.29 万元，净值 3092.58 万元。国有资产设备 27 台（套），新度系数为 0.67。

【生产、经营指标】　2007 年 8—12 月独立运作以来，共完成气井修井 3 口；完成试气 63 层次，完井 50 口；连续油管作业 37 井次；小井眼钻井 2 口；老井重上 3 口。主营业务实现收入 5601.7 万元，完成了上级下达的各项考核指标。

【主要措施】

（1）平稳有序搞好起步工作。成立伊始，多次召开党委会、领导办公会、机关科室长和基层干部大会，统一思想，明确任务，牢记使命。采取务虚与务实相结合的办法，系统研究了采气处的市场开发、生产部署、安全环保等工作。同时，领导班子成员先后 20 多次深入到基层队和机组，认真传达长庆局党委、长庆局关于成立采气处的重大决策，宣讲重大意义，教育和引导干部员工认清形势，明确目标，坚定信心，振奋精神。

（2）加强生产建设提速步伐。全处共投入修井（试气）机组 7 套、不压井作业机组 1 套，一支小井眼钻井队、一支连续油管作业队。按照“跟进发展，突出重点，就近服务”的发展思路，进一步优化管理模式，精心编排施工流程，按照不同区域、不同井型，科学配置内部资源，合理利用局内和社会等资源，实现了生产的均衡发展；坚持贴近一线，靠前指挥，进一步增强全处生产的调控和协调能力，提高了单机组生产时效和整体生产效率。安全优质地完成了中国石油集团新技术推广项目—小井眼钻井任务，创造了多项生产新纪录。实现了平均机械钻速 7.74 米/小时、最大机械钻速 9.37 米/小时、单只钻头进尺 2922 米、日钻井进尺 320 米、单井建井周期 44 天、完井周期 26 天的好成绩。顺利完成了采气处组建以来第一口气井——陕 100 井的修井作业，创造了队月试气（压裂）16 层次，完井 5 口，单机组月试气（压裂）7 层次、完井 2 口的生产新纪录。

（3）扎实推进培训工作。一是突出安全培训，重点抓好井队长、技术员、班组长、安全员的井控知识和技能培训。聘请局培训中心井控专家到 D15431 队现场授课，参加长庆局安全取证、井控取证、有毒有害气体预防培训 28 人次，做到人人持证上岗。举办消防知识、安全防护设施使用培训 63 人次，通过全面培训，员工较好地掌握了操作技能、认识了岗位风险、提高了安全素质。二是突出新增人员培训，做到先培训后上岗。对新入厂的 5 名大学生以及长庆石油学校实习的 43 名中专生，进行了入厂安全教育和操作技能培训。三是突出技术骨干培训，先后举办柴油机司机、修井试气工等培训班 9 期，培训 175 人次，采用送外培训、集中培训等方式培训干部员工 131 人次，员工素质得到有效提升。四是组织各作业队技术员、班组长对员工进行岗位技能培训，认真落实“每日一题、每周一练、每月一评、每季一测”培训制度，通过签订师徒合同、现场操作演示等形式，不断提高培训效果。

（4）党建工作有效加强，基层建设不断推进。一是建立健全了党、工、团各级组织。

成立了采气处纪律检查委员会、工会委员会、共青团采气处委员会。建立健全了基层党总支（支部）、成立团支部 20 个，党、工、团小组 7 个；健全了信访与维护稳定、保密、社会治安综合治理等工作委员会、领导小组 6 个，为各项工作有序开展提供了组织保障。二是突出抓好“三基”工作。制定和实施了“五型”班组创建活动三年推进计划，明确了工作目标，细化了考核标准。三是积极开展劳动竞赛活动。四是切实加强信访与维护稳定工作。对全处员工队伍的基本情况进行了摸底，对可能影响稳定的重点人员、重点部位、重点问题进行了排查，及时了解员工关注的热点问题，坚持把问题解决在基层、隐患消除在萌芽状态。五是深入开展主题教育。编印了“形势、任务、目标、责任”主题教育学习材料，刻录了中国石油集团模范榜样周丰、十大标兵刘玲玲、《铁人王进喜》先进事迹学习光盘，下发到每个机组，教育覆盖率达到 100%。通过大学习、大讨论、撰写心得体会、对照检查整改等形式，使广大员工提高了认识，明确了目标，统一了思想，激发了干劲。

【企业管理】 突出扁平化管理，减少中间管理层，加大管理幅度，使机关管理职能直接覆盖到各基层作业队，更好地应对市场变化。加快整章建制工作，规范完善各项业务流程，先后梳理出包括安全生产、生产经营、人事劳资、物资等方面的 8 大类制度 122 项，明确了机关 5 个科室及 2 个附属单位的工作职责，编制了全处 29 个管理岗位、技术岗位和关键操作岗位职责，使管理进一步规范化、制度化。加快修订、编制内部气井修井工程、内部成本控制、各类设备油耗等工作定额。建立完善内部成本核算体系，坚持单机组和单井成本核算办法；建立规范的内部物资采购、验收、入库等制度和标准，真实反映物资库存和消耗情况；完善分配激励机制，逐步建立起科学、有效的绩效考核体系。

【安全生产】 坚持以“强三基、反三违、除隐患、严达标”为主题，深入开展“安全环保基础年”活动。在目标责任上，进一步完善各级领导、职能部门安全生产责任制，制订了《安全生产责任制通则》，将安全生产目标纳入各单位和领导班子的考核内容，促进了各级安全环保责任的有效落实。在组织保障上，成立了采气处 HSE 委员会，在管理层和关键岗位实行了安全风险抵押金制度，签订了安全生产责任书。在行为受控上，对 27 项安全环保规章制度进行了梳理，出台了 15 项新的规章制度。以案例教育为主，认真汲取吉林油田“6·5”事故、大港油田“9·9”井喷事故和中油运输公司“8·17”重大交通事故教训，把 15 起安全案例资料汇编成册，下发基层班组，组织员工学习，进一步提高了全员的安全意识。持续加强安全培训，有 91 人次参加井控取证、有毒有害气体预防、安全防护设施使用等培训，员工安全操作技能得到有效提升。制订和完善了全处应急总预案 1 项，井喷事故、交通事故、火灾爆炸等专项应急预案 7 项，按标准配备井控设施、应急物资，组织参加局级演练 1 次，实施二、三级演练 70 余次。在督促检查和安全隐患治理方面，各级领导干部认真履行工作职责，坚持深入基层和作业现场检查指导工作，及时消除了各类隐患和违章行为。基层和班组安全员积极发挥作用，班前会、施工交底会、班后会得到了较好落实，全处的安全工作保持了良好的发展态势。

【市场开发】 按照长庆局提出的要 100%占领气井修井市场、做专做强采气技术服务业务的要求，重点加强与三个采气厂、苏里格合作项目组的联系，建立工作协商、生产协调、技术攻关和方案优化合作机制，加强质量控制，严格施工设计，以优质的工程、优质的服务开拓市场、进入了采气一厂和水电厂气井修井市场、采气二厂产能建设试气市场、苏里格合作项目组的小井眼钻井市场。在反承包市场上，积极与壳牌和道达尔公司合作，并进入了土库曼斯坦修井项目。

【精神文明建设】　认真学习宣传贯彻党的十七大精神，落实科学发展观，围绕采气处党建工作部署，以基层党支部“六个一”创建活动和“四好”领导班子创建活动为主线，全面加强基层党的建设、领导班子建设，积极开展“三大活动”，提升员工队伍整体素质。在长庆油田油气当量突破2000万吨表彰大会上，S08431队被授予模范集体称号，黄勇被评为优秀生产（工作）者；在长庆局井下作业突破6000层次庆功大会上，1个集体、2个班组、6名个人受到表彰；在长庆局组织开展的“大干100天，建功大气田”劳动竞赛中，涌现出了2个立功集体和3名立功个人；在10—11月份开展的“大干60天，实现新跨越”劳动竞赛活动中，创造了多项生产新纪录，6个集体和31名个人受到了表彰；选拔3名优秀选手参加了甘肃省“长庆杯”井下作业工省级决赛和作业机司机技术比武决赛；在长庆局举办的兼职教师技能竞赛中，技术干部张军峰被授予“优秀选手”称号。

（武立平）

低效储量合作开发项目组

【概述】　低效储量合作开发项目组（以下称项目组）设有直属单位6个、机关科室8个、附属单位6个、前线指挥部2个。员工908人，其中，管理人员119人、专业技术人员68人（其中，正高级职称1人，副高级职称15人，中级职称52人）。操作服务人员721人。有博士研究生2人，硕士研究生3人，本科学历101人。员工平均年龄29岁。项目组管辖5个区块，矿权登记面积963.3平方千米，生产区域分布在陕西的定边、吴起、志丹和宁夏盐池四县境内。2007年底资产总值为163144.99万元，固定资产121614.47万元，负债163144.99万元，负债率100%。

【生产经营指标】

（1）2007年生产原油30.16万吨，为年计划的106.2%，比2006年增长91.98%。

（2）按中国石油股份公司油藏分类管理标准，油田综合递减率、自然递减率和含水上升率三大控制指标应分别小于7%、12%和3%，实际控制在6.98%、10.27%和－0.34%。保持了Ⅰ类油田开发的较好水平。

（3）全年完钻勘探评价井34口，新发现三叠系油藏8个、侏罗系油藏4个，新增探明加控制地质储量2010万吨，超额完成年计划600万吨。

（4）完成产能建设31.16万吨/年，为计划的155.8%，比2006年增长49.8%。

（5）完成油田注水26万立方米，实际注水26.6万立方米，为计划的102%。

（6）局下达固定资产总投资10.04亿元，完成投资9.662亿元，其中，产能建设总投资8.2467亿元，实际完成投资8.2467亿元，比2006年增长22.21%。

（7）2007年，完成账面销售收入6.74亿元，比2006年增加3.97亿元，增长143.3%，加中国石油集团风险返还2.3亿元，共计收入9.04亿元，实现内部利润4.96亿元，比2006年增加3.75亿元，增长309.9%。

(8) 吨油操作费用565.1元/吨，比局下达吨油操作成本指标节余0.9元/吨。

(9) 安全环保控制指标全面达标，被长庆局评为2007年度安全生产先进单位、环境保护先进单位、消防安全先进单位、安全监督先进单位。

(10) 职工队伍稳定，党风廉政建设、社会治安综合治理、计划生育工作等全面达标，被评为长庆油田社会治安综合治理先进单位。

【机构调整】 紧紧围绕长庆局确定的“快速发展、增储上产、增效创收”的发展思路和“两个轮子”的发展战略，为确保原油生产和产能建设顺利进行，做到组织保证、措施到位，根据《长庆石油勘探局关于调整理顺低效储量合作开发项目组机构编制的通知》精神，结合项目组生产和管理实际，调整理顺了管理机构，成立了定边采油作业区等6个直属单位，党群工作科等8个机关科室，工程项目管理站等6个机关附属单位，产建前线指挥部、采油前线指挥部等2个前线指挥部，建立基层党总支4个、党支部16个。建立健全了从基层班组到机关、从采油作业到油气集输、从外部协调到民警保卫、从研究机构到职能管理，涉及各路工作的管理机构，管理职能进一步得到加强。

【职工队伍建设】 随着生产规模的迅速扩大，项目组员工队伍也不断发展壮大。2007年，从采油一、二、三处两次划转采油人员410人，新招聘员工252人，接收大学毕业生28人，人数从2006年底的146人迅速增加至908人，增长了5倍。与此同时，全年组织干部职工开展理论、安全、合同、员工技能等各类培训12期300多人次，送外培训362人次，作业区举办各类培训班9期305人次。基层单位通过开展各种形式的技术比武和竞赛活动，使近70%的员工接受了强化技能培训，持证上岗率由不到5%提高到40%以上，培训投资达68.8万元。为低效油田大发展培养了一支作风过硬、素质优良的开发建设队伍。

【勘探评价】 面对合作区块地质情况复杂、后备储量不足的形势，项目组坚持甩开勘探，有选择地开展多项专题研究，寻找有利区域，精心部署井位，对侏罗系微幅构造——岩性油藏精细描述技术研究，先后发现了学27、学16等4个侏罗系油藏；以长2油藏成藏规律研究为基础，结合低电阻油层综合识别技术，先后在樊学、王盘山学16、学11井区、吴定合作区铁84－97、铁95－87等井区发现多个长2油藏；以长4+5沉积相、沉积微相研究为基础，寻找厚砂体、高渗区，长4+5油藏勘探评价获得重要成果。在学22、学26等井区发现长4+5油藏，油层稳定，试采获高产工业油流，初步可以规划出年产15万—20万吨的建产潜力，为2008年滚动建产奠定了基础。先后在樊学王盘山中西区长4+5、学16—学11井区、吴定区长2、元214井区长4+5、姬15井区长8等储油层勘探评价取得突破，2007年共新发现三叠系油藏8个、侏罗系油藏4个，在姬15井区发现长8油藏，新增探明加控制储量2010万吨。

【油田开发】 原油产量大幅快速增长，迈上了规模化开发的新台阶，原油日产量历史性地突破了1000吨大关，跨越式地迈上了年产30万吨台阶。5月28日，井口日产油突破1000吨；8月20日，年产原油突破20万吨；12月9日，年产原油突破30万吨。原油日产水平从2006年末的728吨快速攀升至2007年底的1090吨，比2006年增长49.7%。油田开发总体呈现“老井稳产、新井上产”的良好态势。一是新井投产快速增加，单井产能稳步提高，有力地促进了原油产量的快速增长。全年共投产新井247口，较2006年增加100口，投产初期平均日产油4.05吨，与2006年相比平均单井产能提高0.36吨。全年新井累计核实产油 9.26 万吨，占全年产量的近三分之一；二是边远井与第三方合作区块全年完钻 41 口井，新投产油井 41 口，全年销售原油 4.17 万吨；三是低产井治理增油效果明显。通过对注水见效油藏进行压裂引效、引进新工艺治理低产井，平均单井措施日增油 2.5 吨以上，全年实施酸化压裂、化学堵水等进攻性措施 34 井次，累计增油 9858 吨，有效维持了老井的稳产；四是油田注水明显见效。全年共投转注水井 40 口，完成注水 26.6 万立方米。6 个注水油藏 123 口油井，已有 78 口井见到注水效果，见效率达 63.4%。单井产能由 2.12 吨/天上升至 3.37 吨/天。含水、动液面保持平稳，油田稳产基础得到加强；五是全年共调大生产参数 16 井次，检泵加深 15 井次，调小生产参数 119 井次，通过优化生产参数，使边底水油藏含水上升得到一定的控制，单井日产油由调参前的 3.51 吨上升到的 4.34 吨，含水由调参前的 24.0%下降到的 19.4%，检泵周期达到 387 天，平均泵效率达到 44.5%，累计增油 3851 吨，提高了单井产量。

【产能建设】　长庆局下达产能建设钻井任务 252 口，新建产能 20 万吨/年，全年实际完成钻井 341 口，为计划的 135.3%，完成进尺 73.97 万米，钻井成功率 98.8%，实际建成产能 31.16 万吨/年。其中，2007 年核定 252 口，上报 20 万吨/年，为 2008 年提前实施 89 口，提前建成产能约 11.16 万吨/年。试油压裂 221 口，348 层，压裂成功率 99.3 %，试油合格率 99.3%。新井投产 207 口，新井投转注 40 口，资料录取全准率 95%。

【基础设施建设】　2007 年，新建、改扩建各类场站 17 座，新建 35 千伏变电所 1 座，供电线路 13.2 千米，跨年建设食宿点 2 座。投运了吴定倒班点、学三井区部，建设各类输油管线、注水干线 210 多千米。截至 2007 年底，已累计建成大型联合站、转油站、注水站、增压点等各种较大站点 22 座，建成综合倒班点、井区部、食宿点 6 个，建成油区主干道路 43 千米，钻前及场站道路 240 多千米，各类输油管线 405 千米，各类输电线路 305 千米。项目组油气集输、油田注水、道路、电力、信息传输、生活后勤配套设施日臻完善，生产生活保障能力大幅度提升。

【企业管理】　建立健全计划预算、人事劳资、物资采购、事务管理、多种经营、工程项目管理等结构合理、全面覆盖、相对完善的管理运行体系。一是在专业管理方面，建立完善了生产管理、安全管理、油藏管理、工艺技术、项目管理、经营管理、行政管理、党群工作、后勤管理等 9 个方面、200 多项管理制度、100 多项岗位职责；二是在决策管理方面，形成了经理办公会、党政领导联席会、民主生活会、预算委员会、HSE 委员会、招标委员会、科委会、领导工作例会、生产会等多种形式的决策管理制度，基层党政工团等机构逐步健全，各项管理系统开始正常运行；三是在宏观管理模式方面，实行“板块化运作、职能化管理”的运行管理体制，运行顺畅，成效显著。产建速度快、质量好。采油产量持续上升，管理水平不断提高。边远井与合作管理上了台阶，产量大幅度上升。经营理顺程序、细化管理，成效明显；四是在规范管理方面，严把施工队伍引入关，优先满足局内企业施工需求的政策，主体工程以局内专业队伍为主，辅助工程以局内有实力的多种经营队伍为主。严格按照长庆局招投标管理办法组织公开招标，择优选择社会市场施工队伍。先后组织开展了钻井、固井、试油压裂、测井、地面工程、信息化建设、场站绿化等专业项目的公开招标。严把施工过程监督关，由长庆局监督、监理、质检等具有专业资质的局内企业进行监督，做到过程监控，保证了工程质量。项目管理按照横向到边、纵向到底、不留漏洞、全面受控的原则，实行全过程、全方位受控，做到公开、透明，程序受控运行。所有预算、工程造价都以项目组预算委员会、长庆局造价中心、长庆局相关部门的批复进行确定。在方案设计、工程变更、工程造价、队伍使用、预算开支等方面，均以会议、文件、报告等形式加以明确，并严格按程序报送长庆局相关部门审查审批。严把合同结算关，所有合同结算，纵向上都从最基层、最前沿的管理人员及监督人员开始审查，直至长庆局相关部门审查；横向上所有相关部门、有关单位、相关领导都要进行审查认可，最大限度地做到规范操作。严把油品安全关，不断加大油区治安综合治理，坚决打击内勾外联盗卖原油的不法行为；加强油区巡护力度，坚决打击管线打眼等破坏油田设施的违法犯罪行为；全面实行原油拉运“四统一”。内部各项管理体制和运行体系的日臻完善，使各项工作全面步入正轨，管理水平得到大幅度提升。

【安全生产】　加大安全环保资金投入，逐步完善安全环保监督管理程序，健全了各项管理制度，确保了全年生产安全平稳。一是进一步健全安全环保管理制度及体系。调整成立了井控工作领导小组，严格执行施工队伍招投标和准入制度。健全了安全环保异体监督机构，相继出台了《项目组安全事故管理办法》、《井筒作业施工队伍管理办法》、《工业动火安全管理规定》、《项目组地面施工队伍管理办法（暂行）》、《项目组应急物资库管理办法（试行）》等各类涉及井控、井下作业、工业动火、物资管理等方面的管理制度和办法10多项，制定了安全事故行政责任追究办法、《项目组突发重大事故（事件）应急求援（响应）Ⅱ级预案》，促进了安全环保管理工作的规范化、程序化。二是通过自上而下层层签订安全环保责任书，逐级传递压力，实现安全环保责任制落实。三是以QHSE内控体系建设为保障，推进安全文化建设；投资30多万元，启动了QHSE体系建设，不断提升项目组安全环保管理水平。四是以“查问题、找根源、定措施、促整改”为根本，组织开展安全环保、防洪防汛、冬防保温等专项大检查。从狠抓安全基础工作入手，加强基层基础工作建设。本着“还清旧账，不欠新账”的原则，加大投入，治理安全环保隐患。五是有针对性地开展了防气体着火、爆炸和中毒的应急演练，加强员工现场安全技能培训，提高岗位员工的安全意识。同时加大交通安全管理力度，有效防止了重大交通事故的发生，达到了年度安全环保目标要求。全年实施隐患治理及安全环保项目45项，总投资2300万元。其中，投资1104.46万元，建设清洁文明井场57个；投资49.7万元，治理煤炉取暖井场39个；投资161.64万元，治理钻井液池36个；投资104.74万元，配套正压呼吸器18台、灭火器16套；投资约33万元，完成节能减排项目2个；投资846.46万元，完成其他隐患治理项目40个。同时，投资33.6万元，为112台车辆安装了GPS监控系统。全年未发生一般以上责任事故，杜绝了一般以上环境污染事故，采油污水回注率达到95%以上，工业固体废物妥善处置，做到了清洁文明生产，标准化井场覆盖率达到了90%以上，规格化井场覆盖率达到了65%以上，被地方政府授予清洁文明井场20个。

【科技创新】　不断加大科研投资和科研管理力度，采油工艺与地质研究向更高更深层次迈进，使勘探评价获得重大进展，采油工艺技术不断创新。一是“低电阻油层判识技术”与“跳跃式滚动快速建产技术”相结合，提高了产建速度，加快了滚动建产的步伐，全年新增探明加控制石油储量2010万吨，探井成功率为88.2%。二是“侏罗系微幅构造岩性油藏精细描述技术”与“不试油射孔投产技术”相结合，提高了单井产量，保护了油气层，降低了投资。三是“小泵径采油技术”与“抽油机自动润滑保护技术”相结合，提高了采油时率和生产效率。采油时率达 94.1%，平均泵效 48.9%，检泵周期为 387 天，大大节约了成本。特别是低阻油层综合识别以及跳跃式滚动建产等技术创新获得重大进展，使勘探开发及工程建设基本具备了独立研究、独立设计、独立组织实施以及独立解决重大地质及工程技术问题的能力，形成了低效储量合作开发快速发展的强有力的技术支撑。

【保油护矿】 开展了“反内盗”专项行动，严格执行原油拉运“四统一”管理，确保油品安全；通过全方位、严厉打击打眼盗油和盗取石油物资器材等违法犯罪行为，大力开展“三禁一反”等活动，确保油区治安综合治理环境趋于良性发展；通过阻挡和蹲点设卡，有力地阻挡了地方钻采公司大规模侵犯矿权，维护了油田合法权益。经济民警大队和采油作业区护矿队，2007 年巡护总里程 1.5 万多千米，出动车辆 1699 台次，9782 人次，缴获被盗原油 138.5 吨，盗油车辆 31 台。

【企业文化建设】 按照“班子是关键，队伍是根本，重心在基层”的基本思路，围绕生产建设实际，稳步推进党建工作与生产经营活动和管理工作的有机融合。一是在调整理顺机构的同时，按照“三同步”原则，先后成立 4 个党总支、16 个党支部，设立了党员责任区、党员模范岗，开展基层党支部“六个一”创建活动，党支部的战斗堡垒作用和党员的先锋模范作用得到了充分发挥。二是以“四好”领导班子和“三支队伍”建设、“公开承诺、转变作风”等活动为载体，努力践行“六个要坚持，六个不允许”，干部职工队伍作风建设成效显著。三是大力倡导“创业、奉献、团队、进取”精神，努力培养“过硬的思想作风、扎实的工作作风、严细的管理作风、求实的科学作风”，牢固树立“安全第一、环保优先，以人为本、和谐发展，科学开发、确保效益，规范运行、健康发展”的理念，形成了具有项目组特色的企业文化主体，也铸就了一个朝气蓬勃、奋发有为的团队。四是通过积极开展以基层建设示范点、“五型”班组创建为主题的各项活动，有力地带动了基层建设工作，打造了学一联合站等一批品牌和亮点。五是“发扬大庆精神、铁人精神，学习刘羚羚，为长庆发展作贡献”主题教育活动持续推进。全年涌现出 26 个先进集体、7 个先进部门和单位、3 个优秀党总支（党支部）、57 名立功个人、15 名先进生产（工作）者、10 名优秀共产党员，其中，局级模范集体 1 个、劳动模范 1 人、先进生产（工作）者 2 人、中国石油集团先进班组 1 个、中国石油集团优秀共产党员 1 人。六是宣传、工会、共青团工作进一步发挥了坚强有力的保障作用。全年通过电视、报纸、网络媒体以及作业区、集输大队各自创办的宣传栏大力宣传干部职工的先进事迹、工作成果。七是以人为本，关爱员工。在学一联合站、学三井区部、吴定倒班点建立了职工活动中心和阅览室，丰富一线员工业余文化生活；为 543 名员工进行了健康体检，建立了健康档案；对 84 个生产场所 761 个点进行了气体检测，制定了预防措施；积极创造条件，解决职工住房问题，分别在西安基地购房 63 套，燕鸽湖基地购房 7 套，湖滨花园一期购房 68 套，高陵泾渭园购房 1 套；投入 20 多万元开展向离退休人员、生病住院员工、单亲家庭及节日期间坚守岗位员工“送温暖”活动；节假日慰问一线员工 3 次，发放慰问品 100 多万元。八是通过学习、宣传、教育，提高广大党员及干部的廉洁自律和廉洁从业意识；通过开展“服务型甲方，诚信型乙方”活动和加强制度建设，确保了党风廉政建设责任制的落实。

（王鹏志）

苏里格气田合作开发项目组

【概述】 苏里格气田合作开发项目组（以下简称苏里格项目组）是长庆局下属的天然气生产单位。主要负责苏里格气田苏6、苏36－11井区的天然气合作开发工作。设有机关职能科室7个、机关附属单位3个、基层单位3个。有员工292名，其中领导班子成员5名、副总师2名、管理以及专业技术干部95名、操作员工190名。2007年全年新建产能5.0688亿立方米，生产天然气40474万立方米，生产建设任务超额完成，经营业绩良好，安全生产平稳发展，工程质量得到保证。

【合作区块】 苏6井区和苏36－11井区总面积1036平方千米；苏6井区含气面积458平方千米，苏36－11井区含气面积440平方千米。两个区块共完成钻井220口（苏6井区134口，苏36－11井区86口）。有生产井173口，其中苏6井区投产106口井，苏36－11井区投产67口井，天然气生产能力达到每天220万立方米左右。2007年，按照长庆局4亿立方米/年产建方案安排，部署开发井95口，新建集气站4座，改扩建3座，集气支线3条，道路5条。2007年底累计形成天然气年生产能力7亿立方米。

【机构调整】 根据《长庆石油勘探局关于调整理顺苏里格气田合作开发项目组机构编制的通知》精神，成立了苏里格气田合作开发项目组党委，同时设立纪委、工会、共青团组织。按照长庆局机构编制要求，撤销原4个综合管理部门，设立了办公室（党委办公室）、人事劳资科（党委组织科）、计划科、财务资产科、生产运行科、质量安全环保科、党群工作科等7个职能科室，工程项目管理站、监督管理站、物资采办站3个机关附属单位，地质研究所、采气工艺研究所、作业区3个基层单位。组建成立乌审旗前线指挥部，主要负责生产管理协调和产建组织实施；逐步形成以乌审旗为中心、辐射各生产点的生产指挥管理系统；形成以西安为中心集计划经营、技术研发、决策管理为一体的后勤支撑管理体系。

模拟采气厂运行架构，在整体接管第三采油技术服务处苏里格采气作业区人员的基础上，完成了采气承包运行管理模式向直属管理的理顺调整。招聘了部分管理及专业技术人员充实到管理岗位，分2批招聘采气工，为后续发展做好了队伍储备。

【产能建设】 2007年，完成钻井108口，新建产能5.0688亿立方米/年，为年计划的126.7%，比2006年增长62.3%。积极推行“标准化设计、模块化建设”，加快地面工程建设步伐，以“四站三线”为主体的地面工程实现了“6·30”建设目标，新建集气站均提前一次性投产成功，达到了地面早建设、提高当年新建产能贡献率的要求；创造了主要设备和主体工艺安装工期10个有效工作日的苏里格气田建设新纪录。地下工程各项质量指标均达到或优于设计标准；地面评定单位工程16个，优良率93.7%，新建站标准化程度和建设水平得到了中国石油集团领导及长庆油田各级领导专家的高度评价。

完成高精度二维地震野外采集测线23条544千米。应用AVO烃类监测技术与叠前反演技术，开展室内精细处理，为后期井位优选提供了可靠依据。按照储层静态分类标准，根据现场录井和电测解释结果，完钻 108 口井实施效果为：Ⅰ+Ⅱ类井 87 口，Ⅲ类井 21 口，Ⅰ+Ⅱ类井比例 80.56%，比 2006 年高出 3.86 个百分点。

【生产运行】　有生产井 173 口，全年累计产气量 40473 万立方米，为计划的 115.6%。提前 30 天完成年计划任务，提前 2 天实现 4 亿立方米奋斗目标。日产量从年初 80 多万立方米到年末增至 220 多万立方米，年累计产气量比 2006 年翻了一番还要多，采气生产呈现了跳跃式增长的良好势头。

【安全环保】　围绕产能建设和采气生产两个中心，实行监管分离、异体监督管理。推行项目监督与施工监督工作同步化，加大现场安全监督力度，消除安全隐患。积极开展以“强三基、反三违、严达标、除隐患”为主题的“安全环保基础年”活动，建立健全各项管理制度，推行 QHSE 体系建设，严格落实安全监督和管理责任，抓好安全生产过程控制，组织开展预案演练，杜绝了各类事故的发生，实现了“零污染、零事故、零伤亡”的目标。2007 年被长庆局评为安全生产先进单位。落实“建一个气田，留一片绿色”的环保要求，对集气站生产污水进行处理排放，完成 73 个钻井液池无害化治理，在集气站和倒班点周围种植树苗 3000 多株，完成防风固沙工程 3500 亩，被长庆局评为环境保护先进单位。组织开展接外电、不试采直接求产、井口加热炉等节能减排措施，节约自用天然气约 1200 多万立方米。

【经营管理】　强化计划管理，编制投资计划运行大表，进行跟踪监控，动态分析调整，有效避免年底集中投资清理、中间过程无法控制的现象，实现了投资的事前、事中、事后全过程、全方位有效动态控制。2007 年长庆局共下达固定资产投资 83140 万元、实际完成投资 79854 万元，其中井筒完成投资 60722 万元、地面工程完成投资 18772 万元、委托通信处完成投资 360 万元。另有 3286 万元是未实施压裂工程和地面管线工程，作为跨年工程列入 2008 年投资。

继续开展预算管理，加大预算对整体生产经营工作的调控，通过费用分解，严格考核，过程控制，有效降低非生产性费用开支。全年采气生产完成商品量 38474 万立方米，收入 2.56 亿元，操作成本 7650 万元，实现内部利润 1.22 亿元，成本有效控制在长庆局下达指标以内。

【科研攻关】　坚持低效气田开发技术领先的思路，突出抓好关键配套技术的应用。分压合采、井下节流、高低压截断阀等技术得到推广应用，排水采气技术应用见到成效，丛式井、小井眼、CO_2 压裂取得阶段性成果。根据气井生产情况及压缩机处理能力，调整优化管网，满足富集区和有利条带的外输能力，实现气量站间灵活调配；利用增压外输，降低井口压力，减少冻堵，提高开井时率。大力推广井下节流工艺，有效抑制气井水合物冻堵现象发生，控制气井生产压差，提高井筒携液能力。全年投放井下节流器 130 井次。优化布井技术有效提高了Ⅰ+Ⅱ类井比例；有 8 个集气站、164 口单井安装了无线数据远传，实现了气田管理数字化。

科研攻关以 2 项局级科研项目为载体，开展课题研究 15 项，有针对性地开展了开发地质、气藏工程、钻采工艺、采气工艺技术等多学科综合研究。其中《苏里格气田低产低效储量采气工艺技术配套研究》、《苏 6、苏 36－11 井区稳产接替研究》两个局级课题，完成了分项研究、编写报告和相关图表，一次性通过验收。研究形成的不试气条件下气井产能确定技术，实现了快速投产、减少放空、节约能源的目的。

【队伍建设】　坚持“整体推进，分步实施”的原则，提出“五型班组”创建推进计划，积极提高场站标准化硬件水平，帮促完善制度建设，规范执行标准，选树样板，新建集气站硬件和管理水平明显提升，基层管理水平有了明显提升。苏6井被中国石油集团确立为企业精神教育基地，苏6-1集气站被长庆局确立为基层建设示范点。在发展生产的同时，注重抓好队伍建设，有1名员工被长庆油田授予年产油气当量突破2000万吨劳动模范荣誉称号，项目组被长庆局授予“年产油气当量突破60万吨”立功单位荣誉称号，有3个基层单位被授予“长庆石油勘探局年产油气当量突破60万吨先进集体”和“长庆油田年产油气当量突破2000万吨模范集体”荣誉称号，有6个班组被授予年产油气当量突破60万吨先进班组荣誉称号，有15名职工被长庆局授予“年产油气当量突破60万吨先进个人”和“年度先进生产（工作）者”光荣称号。

【党建和思想政治工作】　按照长庆局统一安排，健全了党委、纪委和工会等党群机构，成立了职能部门。健全工作制度40多项，明确了管理界面和工作流程。积极开展党支部“六个一”创建和“建区创岗”活动，党员队伍发展壮大。

以思想发动、双向依靠教育、目标激励、典型示范、十七大精神学习等为内容，组织了形式多样、内容丰富的思想政治和形势任务教育，把广大职工的思想始终统一到生产建设这个中心上来，统一到实现天然气项目快速发展这个战略上来，使广大职工始终保持了旺盛的战斗力。

根据“发展大油田，建设大气田，创建模范和谐矿区”的总体要求，主动为钻井、井下、建工等施工单位从井位下发、方案制订、材料供应、现场协调、工序衔接等方面，做好服务，创造最优的提速条件，保证产建工作全面提速。以构建和谐外部环境为宗旨，通过为气区自然村解决用电问题，组织对困难牧民家庭子女捐款、“亲情联谊”等活动，创建了和谐发展的外部环境。

（薛　侃）

录井公司

【概述】　截至2007年底，录井公司设置机关部门6个、基层单位5个、录井工程项目部5个。有各类录井队伍151支，其中综合录井队37支（含国外录井队3支）、常规录井队97支、地化录井队7支、快速色谱录井队10支。职工总数1182人，其中合同化员工418人、合同制员工229人、社会化劳务用工535人。中专以上学历451人，占职工总数的38.15%；具有专业技术职称的245人，占职工总数的20.72%（高级职称24人，中级职称120人，初级职称101人）；工人中中级工以上240人，占职工总数的20.30%（局级技能专家1人，高级技师4人，技师9人，高级工86人，中级工140人）；党员163人，占职工总数13.79%。拥有各类主要录井设备274台（套），固定资产更新率为56%，其中拥有进口综合录井仪3套、国产综合录井仪35套、地质参数仪155台、地化录井仪25套、快速色谱录井仪7台、主要分析化验仪器24台（套）、各类车辆18台、岩心图像高分辨率扫描仪2套、轻烃分析仪5套。资产总额7603.89万元，固定资产原值3743.74万元，净值2946.28万元。

【录井生产】　2007年，共动用录井队伍134

支，比2006年增加了12支。实现录井完井1988口，比2006年增长21.96%，录井进尺442.42万米，比2006年增长22.71%。录井施工区域横跨陕、甘、宁、内蒙古四省（区），并进入了阿尔及利亚和土库曼斯坦录井市场。

【经营指标】 以强化过程控制为手段，加强制度建设，完善运作程序，实施全面预算管理。建立了单项费用预算制度，较好地发挥了预算管理的重要作用。实行“三位一体”成本动态分析，挖掘降低成本潜力，建立了三级考核体系。2007年，实现主营业务收入1.535亿元，比2006年增长20.65%；实现超额利润57万元，内部利润比2006年增长20.6%；企业增加值比2006年增长35.43%。

【工程质量】 着力加强质量过程控制，实现地质录井质量稳步提高。全年地质录井资料一级品率为94.50%、资料齐全率100%、剖面符合率93.6%、油气层发现率100%、岩心卡取率98.95%、数据差错率0.45‰。五项主要地质资料质量评价指标均达到或优于历史最好水平。

【生产特点】 面对工作量骤增、技术要求高、技术人员短缺、工作区域点多面广的形势，通过及时掌握各录井队生产动态，紧扣生产关键环节，有重点、有计划进行录井生产。

(1) 各录井工程项目部以提高生产运行效率为重点，创新管理方法，实行“网式”管理模式，分片管理。管理人员分工协作，各负其责，积极发挥主动性和创造性，录井现场管理工作得到了明显加强。第二录井工程项目部于2007年9月实现了月搬迁48井次的最高纪录；在应用PDC钻头钻井卡层取心的42口井中，成功率达98.5%，尤其是所完成的97口天然气探井的平均循环次数、取心次数和循环时间呈逐步下降趋势。第四录井工程项目部不断创新管理思路，由全面管理改为有重点、有目的、有层次、有针对性的管理模式，特别是在白豹区块的整体管理中坚持以现场基础工作为切入点，以全烃分析、资料分析为先导，在目的层段实行双岗制作业，有力地保障了钻井生产大提速，连续获得了长庆油田分公司第七采油厂产能建设项目组“安全质量管理示范单位”和“2007年度采油七厂产建施工质量示范单位”称号，共收到表扬信11封，为项目组滚动开发提供了翔实可靠的地质资料。第五录井工程项目部提出了“安全、主动、责任、规范、绩效”的管理思想，强化两级管理的岗位责任制，切实提高岗位的执行力。L30874队克服新人员多的困难，严密部署工作流程，认真做好地层对比、地质预告和油气层预测等基础工作，连续率先突破2万米、3万米、4万米、7万米后，录井进尺一举突破8万米，创造了多项录井新纪录。录井新技术研发中心不断深化适应性技术研究，解决了储层含油量化评价及低渗透储层含水评价等技术难题，保证了PDC钻头快速钻进技术的推广，确保油层发现率100%；在水平井施工中提供储层入窗导向，随钻监测施工井身轨迹，为进一步加快油气增储上产的速度，作出了突出贡献。

(2) 加强安全管理措施，逐步完善QHSE管理体系。结合实际修订完善了考核体系，落实管理责任，公司与项目部、仪器装备服务部、分析化验中心等安全要害单位签订了《QHSE目标责任书》和《安全生产合同书》，并对相关人员采取风险抵押金制度，形成了一级抓一级、一级对一级负责的安全生产监管网络体系；全面完成了B版QHSE管理体系的换版工作；充分利用现有应急资源，以钻井为主、录井为辅，统一组织、统一指挥、统一处置的联动模式，建立了各录井作业队应急处置程序；建立了H_2S、CO等有毒有害气体井的档案，落实安全防护设备，实现了录井作业在“三高”地区的安全生产。全年共增配了复合气体检测仪、正压式空气呼吸器、智能 H_2S 探测器、防毒面罩和滤毒罐等 264 台（套）；全面实施 QHSE“两书一表”，不断提升监管人员的整体素质，加大现场安全监督检查力度，开展创建 HSE 精品工程和绿色基层队，持续强化交通安全各项管理措施的落实，有 21 名管理干部取得了安全管理资格证，有 828 人取得安全监督资格证、危险化学品操作合格证、有毒有害气体防护培训证书、内审员培训合格证和井控合格证，井控操作持证率 100%、监督人员持证率 100%、领导干部持证率 100%。逐步实现了安全管理的规范化和常态化，安全生产管理水平不断提高，安全生产长效机制建设的成效开始显现。

（3）加大岗位技能培训，加快了操作技能人才建设步伐。紧紧围绕长庆局“五项”培训工程，以“教育质量年”活动为载体，积极探索“日训、周考、月兑现、年评优”的有效途径。制订培训计划，召开培训专题会议，确立了“一条主线、两项加强、三个重点、四种途径”的培训工作思路。各主要生产基层单位以班组为重点，以职工为主体，以创新为特点，大力开展“技术大培训、岗位大练兵、技能大比武”活动。全年共组织培训班 27 期，培训 1448 人次；送外培训 156 人次；参加成人学历教育 112 人次；共组织录井队级技术比武 300 多场次，项目部级技术比武 19 场次，公司级技术比武 2 场次，参加省（局）级技术比武 1 场次，各级技术比武参加 1700 多人次。

【创新指标】　坚持靠安全、靠技术、靠管理、靠和谐持续提速，生产规模不断扩大，录井工作量及录井质量保持良好势头，生产经营指标不断刷新，创造了录井口数、物性分析等 10 项新指标。

（1）年录完井 1988 口，比 2006 年增加了 358 口，增幅 21.96%。气探井综合录井完井 95 口，比 2006 年增加 39 口，增幅 69.64%，均创历史最高纪录。

（2）关联交易和长庆局苏里格气田录完井 1860 口，比 2006 年增加 240 口，增幅 15.0%，累计录井天数 26140 天，平均单井录井 14.05 天，比 2006 年缩短 1.97 天，生产提速显著。

（3）L30854 队年录油井完井 43 口，完成录井队年平均工作量的 215%，创油井录井队年录井完井口数之最。

（4）L30885 队年录油井进尺 80067 米，比 2006 年最高录井进尺多 8448 米，创历史新高。

（5）第 38 综合录井队年录气井完井 17 口，录井进尺 58339 米，比 2006 年队录最高口数多 1 口，比 2006 年最高录井进尺多 4472 米，增幅 8.3%，创综合录井队年气井录井最新纪录。

（6）L10817 录井队累计取心进尺 269.21 米，心长 268.11 米，收获率 99.6%，创气井岩心录井新高。

（7）完成水平井录井 32 口，油层靶点一次入窗成功率 100%，油层发现率 100%；特别是元中平 3 井预测油层深度与实际深度误差 0.48 米，均创历年水平井录井之最。

（8）分析化验中心年累计分析 246 口井（气井 149 口，油井 97 口），比 2006 年分析口数增加了 44 口，增幅 21.78%，创分析化验历史新高。

（9）历时 139 天突破了年录完井 1000 口大关，比 2006 年时间上提前了 19 天，周期缩短了 36 天，创年录井完井新纪录。

（10）历时 201 天突破了年录完井 1500 口大关，比 2006 年提前了 35 天，周期缩短了 53 天，创长庆录井历史新高。

【科技创新】　持续推进地化录井、快速色谱录井的解释评价技术，全力推广应用轻烃录井、定量荧光等录井新技术；初步形成了一套水平井录井技术；推广应用《PDC钻头条件下录井技术》研究成果；综合录井工程参数应用研究取得突破性成果；适时组建新技术研究，为科技人员的快速成长搭建平台。全年累计完成新技术录井115口，解释符合率达75.05%；完成油井水平井录井29口，天然气水平井录井3口，一次入窗成功率100%；实现了工程事故及有毒有害气体实时预报48次，成功率95%。多次举办技术座谈会，从《快速色谱录井技术在油层解释中应用初探》等5个不同方面研讨；结合龙平1井、杏平1井多分支水平井录井等经验，从引导钻头准确入窗、地质导向、油气水层判识、储层和非储层判识等4个方面进行交流，初步形成了一套水平井录井技术。组织完成中国石油集团《轻烃录井在低渗透油田中的应用》、《井场数据远程传输与网络发布推广应用》项目和局级《综合录井工程参数应用研究》等3个科研项目。解决了储层含油量化评价及低渗透储层含水评价等技术难题；推广了PDC钻头快速钻进中的录井技术，确保油层发现率100%；在水平井施工中提供储层入窗导向，随钻监测施工井身轨迹；进一步完善了地化、快速色谱、轻烃等新技术的操作标准和技术规范。2007年，累计完成新技术录井115口，解释符合率达76.90%。

【市场开发】　选定目标市场、划分责任区块、提早筹划，主业队伍的工作量得到全面落实；依靠强势品牌、发挥技术优势，进入了延长油矿市场和国内反承包市场；开展质量回访、坚持优质服务，巩固和稳定了多元经济企业回收以后的社会市场；国际录井市场成果丰硕，阿尔及利亚录井项目运行顺利，经营效益良好。圆满完成了法国道达尔公司苏南1井和苏南2井反承包项目录井任务，服务质量优良，树立了长庆录井良好的企业形象。

（马腾飞）

工程技术研究院

【概述】　工程技术研究院（以下简称工程院）是长庆局直属的井筒工程技术研发单位。主要从事钻井、钻井液与完井液、固井工艺技术及相关工具、配套技术研究；试油、压裂酸化、井下作业工艺技术及相关工具、产品、配套技术研究；油气田腐蚀与防护技术及配套技术研究；工程设计及化学添加剂、水泥、支撑剂的质检和特殊工艺井的技术服务。是长庆局唯一获中国石油集团资质认证的钻井设计单位，拥有钻井液、固井水泥与压裂酸化添加剂质检省级CMA质量认证资质。通过了ISO 9001质量体系、ISO 14001环境管理体系、职业安全健康管理体系认证。建起了中试加工装配厂和中试化学助剂厂，已成为具备研究、开发、生产一体化新型技术开发型企业。

工程技术研究院下设基层单位9个，机关职能科室4个。共有职工251人，其中，经营管理人员30人、专业技术人员202人、其他人员19人。拥有教授级高级工程师2人、高级工程师35人，工程师72人。拥有局级专家2人、局一级学术技术带头人13人、二级学术技术带头人17人。

截至2007年底，资产总值8248.7万元。其中，固定资产原值9483.7万元，净值6704.1万元，设备新度系数0.8。

【经营成果】 2007年完成技术服务工作量9150万元，比2006年增长8.63%。其中外部收入5396万元，比2006年上升60%；长庆油田分公司技术服务市场收入1432万元；长庆局内部产品技术服务结算收入2321万元。管理费全年控制在预算之内。

【科研成果】 完成局级以上科研项目20项（分项26项）。其中，中国石油集团级项目8项（重大技术现场试验项目2项、应用基础研究项目2项、其他1项、中青年创新基金项目1项、新技术推广项目2项）；长庆局科技项目8项（分项12项）；接转项目4项（分项6项）。此外，还承担长庆油田分公司合作项目5项。“水平井分段试油压裂技术现场试验”项目，在吴平10井完成了四段压裂施工，初步形成了具有自主知识产权的水平井分段压裂工具和配套的工艺技术。“土库曼斯坦复杂地层钻井技术研究与应用”项目，成功完成了尤拉屯15、16井四开钻井任务，使工程院钻井液技术在高温高压盐膏层钻井与固井方面取得重大突破，为长庆局海外项目提供了关键技术支撑。“稠化水酸性清洁压裂液研究”完成现场试验42口井，施工成功率100%；酸性压裂液在现场应用中也取得重大成效，在10口井中获得成功应用，施工有效率达到90%，平均单井日增油2.4吨，累计增油1960吨。新型系列酸性压裂液改善了储层渗透率，有效提高了油井产量。“缝内转向压裂工艺技术”，在原有技术基础上扩展了与其他技术的联作，使该项技术更趋完善，试验井139口，施工成功率100%，措施有效率91.6%，平均单井日增产1倍以上，技术推广应用效果明显。“油田腐蚀套损井膨胀套管修复技术”，申报了4项专利。设计了新型堵头、高效刮刀钻头与锚定胶筒，成功完成了王10－29井的施工。初步形成了膨胀管修复套损井配套技术。“储层最大有效进尺钻井技术现场试验”完成了3口水平井的施工。“小井眼钻井技术”在苏里格气田有了新进展；以试验新型小尺寸PDC钻头为突破口，单只钻头进尺达到2318米，钻井周期从36天降低到25天，创造了长庆局小井眼单只钻头进尺的历史新纪录。完成了密闭混砂罐的研制，并成功进行了水介质试验，为液态CO_2介质试验奠定了基础。“水平井多管外封隔器完井技术”完成了3口井施工，为底水油藏水平井完井提供了新的完井技术。“纤维增韧水泥的研究与应用”，完成现场试验9井次，均施工顺利。完善了工程院水钻井液体系。2007年获得长庆局科技进步奖7项。其中，“杏平1水平多分支井钻井技术”项目获中国石油集团一等奖，正在申报国家项目奖；“长北气田长分支水平井钻井（完井）液技术”、“控水压裂工艺技术研究”两个项目获二等奖；“提高宁东油田固井质量技术研究”等四个项目获三等奖。

【技术服务】 空气钻井技术取得了重大突破，在普光气田打出了品牌。全年共进行了4口天然气井水平井技术服务，顺利完成了普光12井、大湾101井、元坝5井和元坝102井的空气钻井，总进尺达9468.58米。最大日进尺达到260米，单井日平均机械钻速最高达到15.3米/小时，单只钻头机械钻速最高达12.81米/小时，刷新了该地区空气钻井3项纪录。

土库曼斯坦尤拉屯项目15、16井顺利钻穿高温高压盐膏层，钻井液技术服务取得重大突破，受到土国内阁的赞誉。

壳牌、道达尔技术服务提升了技术品牌。全年完成了壳牌3口井和道达尔2口井的技术服务。其中，CB3－1井成功完成了三个水平分支的施工，CB3－2井第一条水平分支长2251米，创造了壳牌在中国陆上水平井分支最长钻井纪录。

压裂技术服务市场进一步拓宽。完成油气井压裂施工269口井，方案与施工设计270

多口井。支撑了苏6、苏36－11井区80口井168层的产建压裂设计及现场技术服务。完成新疆油田老井暂堵压裂技术服务43口，平均单井增油2.87吨/日。

钻井设计能力不断提高。成功取得了中国石油集团首批甲级钻井设计单位资质，承担了8个项目组的钻井工程设计任务，完成设计843口井。

固井技术在外部市场形成了品牌，进一步拓展和巩固了市场。完成了中石化华北局井下处天然气井固井技术服务80口井，油井固井技术服务6口井，销售外加剂114吨，销往辽河苏里格项目部125吨，销往新疆贝肯50吨。

机电研究突出了工具的研发与完善，加快了新产品、新技术的转化。水平井分段压裂工具研发取得重大突破，密闭混砂装置取得实质性进展，旋转导流装置现场试验取得成功。在现场广泛推广应用了底法兰、温控阀、防喷器、组合柜、节能柜、电磁阀等产品，实现产值数百万元。

防腐技术在长庆油田的应用出现了新的起点。完成了采油一厂王十六转现场测试及采油四厂注水井防腐防垢的现场测试任务。完成了低效合作开发项目组油田水质分析的全部工作量。

建成了长庆局科技信息服务平台，为长庆局开展科技信息研究、学术交流、信息共享与应用服务提供了便利条件。初步建立了工程院生产信息系统。

【管理创新】

（1）围绕长庆发展，突出技术支撑，建立灵活有效的激励机制、打造国际化长庆科技品牌的发展思路。确立了自主创新的科技发展战略、技术引导的市场开发战略、积极稳妥的“走出去”发展战略和以人为本的队伍培养管理战略。

（2）经营管理流程和工作程序进一步完善。突出了基层科研、经营责任，加大了基层自主管理权力。机构职能得到理顺，成立了特殊工艺技术服务中心，调整了办公场所，满足和适应了油气井特殊技术服务的需要和支撑。调整完善了市场开发部的职能。

（3）转变机关作风，强化了机关工作人员的责任；转变队伍作风，大力倡导实事求是的良好风尚，培育尊重他人劳动，积极向上的学术文化气氛。

（4）强化财务与合同管理，全面完成了运行指标。加强过程控制，规范经营管理，提高了全院经济运行的质量和效率；健全预算管理制度，构建全面预算管理体系，严格了资金运行管理；全院经营运行状况良好，各类指标均达到了长庆局的要求。对工程院现有合同审查审批流程进行了补充和完善。明确了各部门合同审查职责和管理权限，实现了所有重大项目都经过了“三同时”审查。调整了合同管理流程，提高了效率，确保了经济运行安全。

（5）初步创建了科技型企业文化体系。进一步诠释了“完善自我，追求卓越”的企业精神，企业文化体系得到了广大职工的认同和支持。工程院的品牌正在得到油田内外石油界人士的认可、信任。

（6）完善了安全生产的长效机制，安全、环保、质量管理工作不断加强。全面推行了HSE体系管理，修订完善了有关文件。通过了壳牌专家HSE的审核。2007年7月25日至27日顺利通过了由北京中油健康安全环境认证中心进行的质量、环境、安全健康体系审核。分析形势，强化培训，提高全员安全意识。对现场服务人员进行了劳动保护、危险辨识、救护技能、事故预防等基础知识的培训。明确责任主体，建立安全责任区联系点制度，确保重点部位安全。院领导与院属各单位分别签署《安全生产责任书》。落实了《安全风险抵押金制度》，并将安全工作作为考核的一项否决指标。2007年，召开了4次安委会，共开展了5次全面性安全检查和10多次专项安全检查。强化了对现场技术服务、试验场所、交通运输等重点部位的安全管理工作。进一步加强人防和技防措施，确保安全工作目标的实现。加强了对所有场点消防器材的配置和更换，落实了两个加工厂的值班制度。制定了《租用外部机动车辆管理办法》，对所有车辆安装了GPS卫星定位系统，强化了管理。

（7）规范职工股和清理法人实体工作平稳有序进行，成立了领导小组，制定了《工程技术研究院规范职工股暨清理法人实体实施方案》、《防范法律风险预案》、《稳定应急预案》，按时完成了钻井队和试油队设备与人员的移交工作，完成了公司的审计工作。职工个人出资款退款、股权置换等工作全部完成。

【人才培养】　加强管理人员、专业技术人员的培训。组织30人参加了为期90天的英语强化培训班，1人参加了中国石油集团国际化千人培训工程培训班。11名管理人员参加了相关业务的培训，249人次参加了中国石油集团、长庆局及工程院组织的相关培训。

强化了ISO 9000、ISO 14000和《职业安全健康管理体系试行标准》体系的培训工作。中层干部和技术骨干78人次参加了“三证”体系培训、88人次进行了井控取证复证培训、35人次进行了急救知识培训、78人次进行了HSE取证培训、85人次进行了H_2S操作取证培训。

在职职工学历教育健康有序、协调发展。在职攻读博士3人、硕士4人，参加中国石油集团组织的硕士考前辅导班3人，参加成人函授大专及专升本培训21人。

【队伍建设】

（1）坚持以创建“四好班子”为目标，强化政治意识，激发使命感；强化大局意识，统一认识、统一行动；强化民主意识，构建领导班子民主决策机制；强化业绩意识，班子引领发展的能力不断增强。一批业绩突出、群众公认的优秀干部充实进入了基层领导班子，调整任免干部6人次，组建新单位领导班子1个，对全院13个单位的领导班子进行了年中巡视和年终考核。

（2）加强基层党组织建设，新组建党支部1个，调整党支部2个，增补党支部委员5名。开展基层党支部“六个一”创建工作，明确了领导干部基层联系点。以建立责任区、示范岗为内容，开展了“塑造共产党员形象”活动，全院建立示范岗134个、覆盖率达100%。落实“双培双提高”活动，努力提高党员的基本素质。全年共发展新党员4名，完成了9名预备党员的培养考察转正工作。突出了支部书记的培训，组织召开了三次党支部书记学习讨论会议，保证了基层党建工作扎实开展。

（3）制定了《工程技术研究院关于加强基层建设实施意见》。确定了压裂酸化研究所为2007年“基层建设示范点”，示范点建设有序推进，取得了显著效果。

（4）加强宣传思想工作。2007年共出简报36期，组织新闻稿件40多份，拍摄电视片2个。先后在《中国石油报》见报2篇、《长庆石油报》见报30篇、长庆网上发表信息30多条。总结推广了压裂酸化研究所加强基层建设、钻井液研究所精心打造创新团队，扎实做好技术服务等工作经验和陈在君、张毓民等的典型事迹。陈在君被授予2006—2007年度中国石油集团优秀共产党员荣誉称号；钻井液所被授予长庆局2007年度模范集体荣誉称号；张毓民被授予长庆局2007年度劳动模范荣誉称号；任雁鹏同志被授予长庆局2007年度先进个人荣誉称号。

（5）以劳动竞赛为突破口，加强基层工会工作，推动科技创新。筹划、组织、开展了“科研创新金点子”征集活动和“科研提速、服务创效”劳动竞赛活动，累计有220

人次参加了活动，共收集到 9 个基层科研所 26 个“金点子”，评选出四川气田空气钻井服务等 7 项工程技术服务优胜项目和水平井分段工具研制等 4 项优秀创新项目，进一步增强了职工的凝聚力和向心力。

（6）加强青年工作，充分调动了青年的创新积极性。成立了工程院团总支，设立了 6 个团小组，健全了团总支各项制度。引导青年立足岗位，面向市场，大胆进行技术革新、发明创造，深入挖掘青工创新潜力，为青年知识分子岗位成才提供了保证。

（7）以人为本，努力为职工做好事、办实事、解难事，营造了“友爱、互帮”的和谐氛围。先后慰问前线职工 360 多人次，发放慰问金、慰问品 8 万余元。坚持基层领导亲自看望住院职工、慰问困难职工及遗孀的制度，推行了劳模、先进外出考察、学习制度和职工一年一度的体检制度。多次召开会议专题研究稳定工作。3 次召开离退休领导座谈会，及时解答了老同志提出的问题。为 70 多人进行了住房分配和调整，定时为无房员工发放月度住房补贴，继续执行了家属住院补贴制度。

（8）落实廉政勤政目标责任制，和谐企业建设取得新进展。以廉洁文化“进班子、进岗位、进园区、进家庭”为基本形式，拓宽了廉政教育经常化、制度化的途径和方法。以落实廉洁从业制度为重点，深化监督检查，促进制度落实。全年有 38 名党员领导干部进行述职述廉，纪检部门进行任前廉洁从业谈话 5 人次。7 名院领导进行了廉洁从业公开承诺，全面接受职工的监督检查。扎实推进了党风廉政责任制。院主要领导先后与各主管领导、各主管领导与部门领导干部签订党风廉政责任书 18 份。制定了《工程技术研究院落实“健全教育、制度、监督并重的惩治和预防腐败体系实施纲要”的实施办法》，全面开展了物资器材采购管理和车辆修理费用效能监察工作。

（马红宁）

国际事业部

【概述】　国际事业部主要负责长庆局国际市场开发，境外工程项目的组织实施、管理，外事管理等。机关设 8 个部门和 1 个附属单位。境外机构有 2 个公司 3 个项目部，其中包括厄瓜多尔分公司、土库曼斯坦分公司、阿姆河右岸项目部、乌兹别克项目部、印尼项目部。2007 年 4 月，国际事业部正式设立党委，下设 2 个基层党总支（厄瓜多尔分公司党总支、土库曼斯坦分公司党总支）和 12 个基层党支部（生产一线支部 10 个，机关及附属单位支部 2 个），现有党员 140 名，其中干部党员 121 名，工人党员 19 名，女党员 10 名，少数民族党员 3 名。

2007 年底，资产总额 8.13 亿元，其中流动资产 4.53 亿元，固定资产 2.86 亿元，递延资产 0.74 亿元。

【生产指标】　2007 年，落实工作量达到 3 亿多美元。开钻 24 口井，完井 20 口，累计进尺 64397 米。其中厄瓜多尔分公司开钻 20 口，完井 18 口，完成进尺 58579 米；印尼项目开钻 2 口，完井 2 口，完成进尺 4906 米；土库曼斯坦续钻井开钻 2 口，完成进尺 813 米。井下作业：累计修井 48 口。其中厄瓜多尔修井 46 口；乌兹别克斯坦水力压裂 2 口。

【经营指标】 2007年，实现主营业务收入4.47亿元，实现利润1701万元，超额完成了长庆局下达的1662万元的年度利润指标。特别是厄瓜多尔AP项目效益全面显现，项目结算收入11328万美元，归还全部贷款及利息4670万美元，投资全部收回，实现利润1700万美元，项目整体运营已步入良性循环。

【综合管理】 班子建设、党风廉政责任制、社会治安综合治理和稳定工作等各项指标达标。

【市场开发】 签署了长庆局最大的一笔海外项目合同——土库曼尤拉屯气田12口气探井钻井工程总包合同，合同金额1.5亿美元。落实了土库曼阿姆河右岸钻井总包项目，预计合同金额1亿美元。与中油国际（乌兹别克斯坦）有限责任公司签署了1口井的钻机服务合同，金额701万美元。在厄瓜多尔市场落实工作量4500万美元。国内反承包市场中标壳牌长北二期滚动开发项目，合同金额4亿元；道达尔项目共9个分项目，合同额近1400万元。

在反承包市场，协助各相关单位进行市场开发，落实了壳牌长北项目二期地面建设工程项目和道达尔苏里格南项目工作量，达到了预期目标。

【项目生产】 新启动项目生产技术取得重大突破，已有项目生产运行平稳有序。成功启动尤拉屯项目，攻克高压盐膏层钻井世界级技术难关，为后续井作业提供了宝贵经验。阿姆河项目计划投入的6部钻机正在加紧制造和配套，其中两部50LDB钻机即将出厂发运，2部SK2000录井仪已交到西安西站，准备发运。4部SK2000录井仪已订货，6部钻机的外围设备已全部订货，大部分已交货，其他设备也正在抓紧定购落实或组织发运。

【经营管理】 进一步完善了经营目标责任制，修订完善了境外单位经营管理考核办法，建立了经营指标、管理指标和控制指标并重的经营管理考核体系，促进了境外单位经营管理水平的提高，确保了年度经营目标和长庆局下达指标的实现。

结合境外业务的实际情况，修订了《国际事业部境外资金管理办法（暂行）实施细则》，建立了严格的资金授权管理制度和收支两条线管理制度，对境外项目的收入全部纳入长庆局收款账户，提高资金的使用效率。完成出口退税3900万元，大幅度提升了企业效益。

【安全管理】 认真汲取“2·22”事故教训，深刻剖析事故原因，查找安全管理漏洞，重点对境外项目特殊作业进行了检查和抽查，共查出问题136项，全部进行了整改；及时调整和完善了国际事业部HSE委员会及其职责，成立了质量安全环保科、安全环保监督站，为境外每个单位配备和补充了专职HSE监督，初步健全了HSE监管网络；深入开展以“强三基、反三违、严达标、除隐患”为主题的安全环保管理基础年活动，在境外机组全面落实HSE“两书一表”，开展风险管理，加强HSE培训，组织安全培训1020余人次，强化员工安全意识，促使HSE管理工作上台阶。各境外项目单位不断强化现场HSE管理工作，根据不同项目情况，分别编写了《土库曼斯坦HSE管理方案》、《HSE管理手册》、《厄瓜多尔环境手册》，以及十多项现场应急预案，扎实进行演练，有效防范了各类风险。

【后勤保障】 物资采办紧密围绕境外项目生产需求，尽最大努力保证项目顺利运行。生产运行保障科在人员十分紧张的情况下，加强与厂家协调，积极理顺供应渠道，优先保证国外用料，必要时派人驻生产厂家催料、提货，及时处理各类突发事件，提高后勤保障质量及效率，努力保障境外项目的生产需求。先后发运各类物资500多车13000多吨，仅土库曼尤拉屯项目前两口井物资需求就达6000余吨，类型数千项。2007年先后向境外项目发运物资设备价值约6.31亿人民币，基本保证了现场供应。

【设备管理】 借鉴壳牌设备管理经验，投入资金在厄瓜多尔、印尼、乌兹别克等项目钻机上配置预防性的设备维护系统（PMS），提高设备维护保养水平；投入资金 1500 多万元，对乌兹别克项目 70D 钻机和动迁厄瓜多尔项目的 70D 钻机进行大修，提高设备的安全性能。特别是针对境外设备无法回国大修的情况，组织在境外就地检修，积极与局内外相关修理单位沟通和联系，为现场设备维修提供了大量的技术人员、技术方案和配件供应，确保了设备检修工作。厄瓜多尔分公司从设备保养入手，认真落实设备管理制度，全年未发生设备管理事故，有效延长了设备使用寿命。2007 年，境外项目主要设备综合完好率达到 93.72%，主要设备综合利用率达到 74.03%，主要设备故障停机率 0.11%，设备新度系数达到 0.76。

【队伍建设】

（1）通过接收高校毕业生、社会招聘、从局内单位调入等方式，先后增加 93 名新员工，缓解了人员不足的矛盾。

（2）通过举办讲座、自助培训、业务交流、短期脱产培训等多种形式，加强中外两籍管理人员、专业技术人员、操作技能人员的培训。

（3）大力实施本土化战略。厄瓜多尔项目钻修机组司钻、司机长、电器大班和电工岗位人员基本实现属地化，修井作业组主要管理人员和操作人员也已属地化。一大批当地优秀员工在项目中发挥了重要作用，促进了文化交流和中外员工思想融合。2007 年国际事业部评选表彰了 8 名优秀外籍员工，调动了他们的工作热情，有效提升了当地员工对公司的忠诚度。

【班子建设】 国际事业部党委成立后，坚持中心组学习制度，着力抓好领导班子思想、作风、能力和廉政建设，进一步提高领导班子的政治意识、全局意识和责任意识，坚定了加快国际业务发展的信心。本着“合理、高效、精干”的原则，对厄瓜多尔分公司、土库曼分公司等境外机构进行了完善，先后调整基层干部 39 人（次），使基层班子结构不断优化，战斗力进一步增强。凡属重大决策、重要干部任免、重大项目安排和大额度资金使用等事项均严格按照规定程序集体讨论决定，确保了廉政建设制度的落实，没有发生违规违纪事件。班子执行力强，工作效率高，无违纪、违法、失职渎职行为，核心作用充分发挥，在员工中树立了良好的作风形象。

【精神文明建设】 坚持用长庆精神激励和鼓舞队伍，营造积极向上、刻苦工作、建功立业的氛围。先后组织了社会主义荣辱观专题教育，纪念建党 86 周年、“永葆先进性、争当排头兵”大讨论等活动，对员工进行爱国、爱企、爱岗教育，激励员工在国际业务发展中建功立业，涌现出了中国石油集团优秀党员杨平春、长庆局模范集体 70129 钻井队、长庆局劳动模范张雄等 7 个先进集体和 22 名先进个人。

（齐永茂）

器材供应处

【概述】 器材供应处（以下简称器材处）紧紧围绕“保障生产、降低成本、规范管理、优质服务”工作主线，紧跟全局提速工作步伐，努力克服供需矛盾，大力强化执行力，集中精力落实资源，超前快捷组织供应，严细管理降低成本，夯实基础保障安全，持续推进领导班子和职工队伍建设。确保了油田生产建设的物资需求，全面超额完成了各项生产经营指标，安全生产平稳有序，内部治安形势良好，职工队伍和谐稳定，各项工作取得新的成效。

截至2007年底，器材处共有员工889人(不包含社会化劳务用工563人)，其中，专业技术人员15人、高级职称13人、中级职称107人、初级职称135人；有处级干部7人、科级干部91人。设机关职能科室12个、专业科室9个、附属单位3个、科级基层单位9个。

器材处固定资产原值8277万元，净值5779.8万元；共有吊车、抓管机等各类设备46台（套)，资产原值4368.7万元，资产净值3097.4万元，设备新度系数0.70。

【经营管理指标】 2007年，生产建设物资保障率达99%；物资购销总额123.48亿元，超长庆局下达指标的16.49%；内部利润超长庆局下达指标44.1%；企业增加值3500万元，创历史新高；物资吞吐量158.27万吨，比2006年增长28.6%；关联交易物资代储量19.45亿元，代理收入超过亿元；检验物资6283批76.49万吨，比2006年增长52.89%、35.58%；处理积压物资1926万元，比2006年增长93.3%；物资周转8.06次，超长庆局下达指标1.06次；新增设备22台（套)，新增生产能力100万吨；工程项目收入4823万元，利润715万元，比2006年分别增长140%、165%；安全生产、消防、要害保卫工作被评为长庆局先进单位，社会治安综合治理、计划生育工作均在长庆局优秀行列。

【物资采购与供应】 针对长庆局以钻井为“龙头”的生产持续提速、整体提速，相应的物资需求保障呈现出量大、需求紧急等特点。为及时有效保障生产建设的物资需求，器材处专门成立物资供应保障提速领导小组，始终把资源落实放在工作首位，超前筹划，严密组织，对缺口资源早计划、早安排；针对不同资源市场差异，及时分析市场形势，采取不同策略和措施，全方位、多渠道落实生产所需物资；特别对生产急需的部分石油专用管、钻具、成品油等紧缺物资，每月下任务、定目标，指定一名主管领导和副总定期督促落实；加大催交催运力度，处领导先后带领有关部门人员数次到天钢、宝钢、西北销售公司、各炼油厂等厂家，多方沟通落实资源，保证了油田所需物资按时到位。

根据长庆局生产总体布局，先后派驻陇东、靖边、延安等5个现场服务组与7个一级站库和中转站形成供应服务网点，贴近生产一线，靠前服务钻井、井下等主力生产单位。每天落实物资需求量和到货量，切实做到了需求指令、配送指令、车辆组织、物资收发、物资装卸、票据传递“六不耽误”。针对全局生产再提速，以提升服务质量为目标，由处领导带队，先后深入榆林、延安、陇东地区的油田厂（处）单位和项目组，开展综合性和专业性质量回访25次，协调解决各类问题57条。各基层站库坚持24小时收发料，商检所坚持靠前驻站检验，不断提高服务质量和工作效率。全年全局重点工程保障率、主要物资保障率、关键物资保障及时率均达到了100%，用户满意率有了新的提高。

【采购资金管理】 按照长庆局内控体系要求，结合内部管理实际，修订完善了《票据管理办法》等10项内控管理制度，明晰了物资计划编制、招投标、合同签订、结算付款等环节流程，强化了相互监督制约和过程控制，持续加强采供管理，加强合同审查审计，进一步规范物资招投标行为，不断推进“阳光采购”，使采购资金尽可能发挥最大经济效益。每月的资金占用量比 2006 年减少 5000 万元；全年使用承兑汇票结算 21 亿元，节约资金成本 1890 万元；按政策规定抵扣增值税近 10 亿元，办理进口免税 2637 万元。在物资采供量快速增长的情况下，采供成本进一步降低。

【物资网上招标】 严把市场准入关，对供应商实行动态管理，健全了以名优大厂为主渠道的物资供应商体系；紧扣行业特点，进一步加大员工队伍职业道德、法律法规、廉洁自律和反腐倡廉教育，增强员工遵纪守法的自觉性，筑牢思想道德防线；加强采购质量管理，坚持名优大厂的采购主渠道，大幅度减少中间公司采购量，2007 年全年从厂家进货比例达到 80％以上，节约采购资金 1. 78 亿元，10237 份国内国际买卖合同无一发生法律纠纷；审计支出性合同 8150 份，审减资金 2070 万元，经济责任专项审计 7 项。物资采供管理日趋规范，保证了采供活动安全有序进行。

【经营管理】 依据《长庆石油勘探局年度综合业绩考核办法》，本着“分类管理、综合考核、绩效结合、分段兑现”的原则，细化修订完善了《器材供应处综合业绩考核办法》，健全了以管理指标、经营指标及控制指标相结合的综合业绩考核体系。及时调整健全预算委员会，完善全处预算管理体系，坚持将生产经营、市场开发、基建维修等重大经营活动纳入预算管理，强化了预算对各项经营活动的控制。对预算执行情况实行月度监控、季度预考核、年终综合考核兑现，按月下达经济计划，季度和半年进行分析，动态控制，适时采取措施，有力促进了各项预算目标的实现。深入开展增收节支活动，完善了接待费用管理办法，细化分解节能降耗指标，进一步规范内部管理，较好地控制了成本费用支出。

【关联业务及实业经济】 持续加强与长庆油田分公司物资装备部沟通联系，积极建立月交流、周例会、日碰头的工作机制，充分发挥自身仓储、商检等优势，不遗余力地争取关联交易市场，物资代储量有了新突破。紧盯国家和中国石油集团重点工程项目，加强与油田兄弟单位合作，积极争取壳牌长北二期项目物资采办业务，开拓项目物资综合服务市场，完成工程项目配套物资销售 4823 万元，工程项目收入和实现利润比 2006 年有了较大幅度增长。积极拓展市场，严格规范管理，稳步推进了关联产业。全年完成关联交易市场供销物资 8778. 5 万元，代储物资 19. 45 亿元，外销物资 1. 48 亿元。实业经济单位以销售为龙头，不断扩大市场，强化内部管理，切实提升产品和服务质量，稳步推进多元经济。全年实业经济单位发展呈平稳上升趋势，完成生产经营总值 1. 4 亿元，实现净利润 563. 6 万元。

【改革调整】 按照长庆局专业化重组和规范清理的总体要求，及时成立了清理规范领导小组及办公室，制定上报了《器材供应处规范职工持股暨清理法人实体实施方案》，按期完成了兴融公司钻机、试油业务和人员、资产的移交工作。认真开展了职工股审计核实和多元经济企业财产清查工作，起草《股权转让协议》、《授权委托书》等相关法律文本，签订股权转让委托书，严格程序，精细操作，按计划有序完成了三个多元经济单位职工股清理工作。根据中国石油集团矿区服务系统改革工作部署和有关文件精神，积极配合局有关部门完成了器材处原公用事业管理站、离退休职工管理站、干休所等三家矿区服务单位人员的摸底、资产清理和整体移交工作。依据长庆局规定，结合实际，进一步调整理顺内部机构，完成了全处机构和人员定编、定岗、定责工作。在改革调整中坚持依靠政策耐心细致地做好宣传解释和思想政治工作，保证了工作平稳推进和职工队伍稳定。

【安全和谐】 认真落实“安全第一、环保优先、以人为本”的工作方针，建立了安全责任追究机制和薪酬总额挂钩的考核体系，修订完善了《安全生产管理规定》、《安全生产综合考核办法》等一系列安全管理制度，明确了管理、执行和操作层的工作职责。成立安全环保监督站，推行“监管分开、异体监督”，扎实开展“强三基、反三违、严达标、除隐患”活动，充分利用GPS系统等先进技术加强车辆交通监控，将各项安全管理监督措施落到了实处。加大安全生产隐患治理力度，先后完成了咸阳转运站龙门吊更新等35项安全隐患治理项目，累计投入350万元，进一步夯实了安全生产基础。以构建和谐器材为目标，大力开展慰问和扶贫帮困活动，及时把组织的关怀和温暖送进千家万户，密切与职工群众的联系，累计慰问4523人次，发放慰问金352.8万元，职工收入比2006年增长10%以上，全处和谐稳定的氛围进一步提升。

【精神文明建设】 按照长庆局“六个要坚持，六个不允许”总体要求，以创建“四好班子”为目标，进一步健全完善了两级领导班子议事规则和中心组学习制度，制订下发了《创建“四好班子”实施方案》和《加强领导干部作风建设的意见》，两级领导班子成员从强化执行力入手，深入一线，靠前指挥，扑下身子，扎实工作，发挥了关键和核心作用。大力开展了基层建设示范点和“五型”班组创建活动，严格按照《基层建设考核办法》、《基层建设考核评分细则》进行考核评比，逐步建立了推进基层建设的长效机制，千方百计筹措资金1016.26万元，有效改善了基层生产和生活设施。加大职工学习教育和培训力度，全年分批组织送外培训175名管理及操作人员，举办拓展训练、HSE管理、消防知识、业务知识培训班和专题讲座32期，参加1623人次，有效提升了职工队伍的综合素质。领导班子、职工队伍建设持续得到加强。

（杨治鹏　高　杰）

水电厂

【概述】 水电厂是集油田生产和生活发供电、供水、水电工程施工、多元经济为一体的综合性企业。主要生产区域分布在甘肃、陕西、内蒙古三省（区）16个县域。设机关科室及附属单位15个，基层单位13个。全厂用工总量2128人，其中，管理人员301人、专业技术人员59人、操作服务人员1649人、内部退养人员119人。

2007年底，资产总额5.26亿元。其中，固定资产3.3亿元，流动资产1.96亿元。同时租赁长庆油田分公司资产2.51亿元。拥有变电所50座，自备发电站8座、发电机总容量84.79兆瓦。6—10千伏供电线路309条3888千米，35千伏、110千伏供电线路71条1026千米。供水站26座，水源井197口，供水管线497千米。年供电能力17.56亿千瓦·时、供水能力1400万立方米。

可承担220千伏及以下电压等级的送变电线路工程和变电所建设、安装工程施工、电讯安装、水泥预制、玻璃钢内防腐、镀锌、电机维修、二级污水处理和净化厂、10万吨以下给排水工程、输变电工程建设，以及变压器、水泵、电杆、电线、电缆、钢丝、PP－R管材制造等业务。

【主要生产经营指标】　购发电量首次突破11亿千瓦·时，达到11.36亿千瓦·时，比2006年增长11.78%；完成供水量1452万立方米，比2006年降低2.19%。实现企业总收入8.09亿元，比2006年增长8%；实现内部利润2704.09万元；实现企业增加值34467.83万元，比2006年增长35.58%；全员劳动生产率达22.96万元/（人·年），比2006年增长42.78%；累计上缴折旧、劳保统筹、资产占用、住房公积金、税费等费用16814.96万元。

【主要产品】　有变压器、水泵、钢芯铝绞线、聚氯乙烯绝缘导线、铁丝、钢丝、电杆、整筒泵、三色塑料线、PP－R管材（管件）等。

【市场开发】　建立完善四级（厂、大队（作业区）、区域协调小组、全员）市场开发工作机制和季度工作例会制度，制定下发市场开发奖惩办法，坚持四级（厂主要领导年度、主管领导半年度、主管部门季度和基层单位月度）市场调研和质量回访，完善了拓展水电业务的长效工作机制。组织对长庆油田分公司17个单位、项目组进行了调研回访，承揽了工程项目，并就双方关心的一系列问题达成了共识。围绕镇北、南梁西、吴定、低效、姬塬、白豹油田和榆林、苏里格气田等重点目标市场，实施布点连线策略，拓展了姬塬、镇原、彭阳区块和杏河新区等供电市场，承揽油田内外部工作量7775.8万元，新增电力负荷13580千瓦。

【经营管理】　强化厂、大队、小队三级预算管理，严格预算事前、事中、事后“三个控制”，有效控制成本增长。广泛开展增收节支活动，坚持从源头购电、配售电、回收三个环节加强外部用电监管，及时优化电网运行方式32次，节约支出200多万元。加强资金管理，及时结算各项收入，回收率达100%；加大欠款清收力度，回收欠款2171万元，保证了重点项目资金需求。强化资产管理，核查处置不良资产179项。加强物资采购招投标管理，规范采购，堵塞漏洞，节约资金43.3万元。全方位、全覆盖、全过程加大审计力度，审减资金232.91万元。积极研究电价政策，采取分片承包、与销售人员签订责任书、月度考核兑现等办法，供电、供水商品率比2006年分别提高2.4个和1.79个百分点，荣获了“陕西省金牌客户”称号。

【生产管理】　落实“三靠两保证”提速要求，提早策划，精心组织，比计划提前10天圆满完成了春检任务。加强重点工程建设，优质高效完成了陈高庄、乌审召35千伏变电所建设、白豹变电所二期扩建工程、杏河、坪桥变电所改造等长庆局重点工程项目，2007年投入1.15亿元，实施生产设施维修改造项目536项。加强应急管理工作，强化防洪防汛、冬防保温，保证了生产平稳。创新推行“一检三效”（在巡检过程中携带常用工具及时对巡检中发现的跑冒滴漏等问题进行处理，达到检查、消缺、维护三种效果）综合巡检制度和“三面一点”（值长、班长、班员面对面，设备点对点）交接班制度，及时排查消除设备缺陷694项，设备完好率达到97%。坚持重心前移，就近保障，在南梁、白豹、靖北、盘古梁、杏北变电所等边远站所派驻外线工和车辆，靠前服务，事故故障停电次数比2006年下降16.4%，未发生停水事故，保障了油气生产。

【安全生产】　层层分解安全环保指标，落实领导干部定期述职、月度工作通报、季度考核挂牌制度，促进安全环保责任制落实；以“安全环保基础年”活动为主线，修订下发了水电厂《安全生产管理办法》等12项安全生产管理制度，建立厂领导、机关部门安全生产要害部位、单位承包点26个，配备各级安全员231人；深入开展安全管理十项活动、安全监督“八个一”活动，集中利用5个月时间开展了安全管理专项整治活动，创新开展了安全生产综合治理工作，整改、消除事故隐患 115 项，安全基础工作得以强化；投入 3134 万元，对关键设备、设施进行了维修改造与更新。投资 30 多万元，治理采配气系统隐患 19 项；投资 1142.7 万元，实施安技项目 66 项；建立职工健康档案，检测气井 4 口、燃气电站 2 个、职业病危害场所 14 个，治理有毒有害作业场所 6 个、噪声作业场所 8 个，提高了安全水平；修订完善专项应急总预案 2 项，Ⅲ、Ⅳ级应急预案 96 项，开展应急演练 56 次，响应局级演练 3 次，应急管理水平有效提高。坚持路查路检，适时开展换季安全教育，加强 GPS 监控管理，确保了交通安全。

【科学技术】 健全完善科技管理体系，实行科技项目课题长负责制，完成了 69 项局级、厂级、大队级科技项目和 34 项软科学研究项目。推广应用了黄土塬接地极降阻、防腐、测试技术研究与应用、余热锅炉停炉后保养技术研究与应用等 6 项科技成果，供电系统电压不平衡度下降了 2%，杏河、靖安变电所中性点位移电压分别降低了 2.7%和 5%。大力推进节能减排工作，节约 1685.7 吨标煤、新鲜水 42180 立方米。加强信息化建设，推广应用了合同管理、人力资源、健康安全环保信息管理系统，运行良好。

【多元经济】 认真执行长庆局关于发展多元经济和规范运作的要求，加强监管力度，对经营指标由董事会下达和考核，项目投资严格执行董事会研究、股东会审议、长庆局审批制度；把生产、安全、质量、党群等工作纳入水电厂日常工作管理，建立和完善管理体系，规范了多元经济发展。2007 年，多元经济收入达到 1.92 亿元，实现税前利润 1108.17 万元。

【基层建设】 加快内控体系建设，构建以“政治、纪律、经济、法律、安全和质量监督”为重点的大监督体系，实现了对人、财、物、事的有效监控；根据市场发展需要，组建了顺宁水电大队、定边水电作业区和靖边燃气发电厂榆林供电队，按照长庆局的部署，完成了矿区服务系统改革和职工股规范工作；创新应用“调度管理模式”，做到工作事前有计划，行动有方案，步步有确认，过程有控制，事后有评价，结果有反馈，提高了执行力。深入开展基层建设和“五型”班组创建活动，评选出基层建设优秀单位 3 个、示范点 4 个、“五型”班组 10 个；加强劳动用工管理，先后 2 次对全厂用工情况进行了全面清查清理，并根据基层实际，从大专院校引进 13 人，招聘油田职工子女 109 人，充实到生产一线；推行责任目标量化管理，坚持季度严格考核、奖惩兑现，促进了生产、经营、安全、质量、科技、党群、计划生育、档案管理等各项目标的实现。

【精神文明建设】 先后荣获“陕西省金牌客户”，甘肃省“模范职工之家”，中国石油集团变电站值班员职业技能竞赛团体第三名等称号，参建的西峰油田产能建设工程获国家和中国石油集团“优质工程金质奖”。庆阳水电工程有限责任公司荣获国家级“守合同重信用企业”、“甘肃省名牌产品生产企业”，整筒泵被评为甘肃省“名牌产品”，厂工会财务工作荣获 2006 年度“甘肃省工会财务工作先进单位”，安塞综合大队团总支荣获陕西省“青年文明号”荣誉，靖边燃气发电厂分别荣获中国石油集团“基层优秀党组织”称号、长庆局“企业文化建设示范基地”、长庆局“基层建设示范点”等荣誉，靖边燃气发电厂运行二班、顺宁水电大队靖安 110 千伏变电所荣获中国石油集团优秀标杆班组，刘贤玉荣获甘肃省“五一劳动奖章”，刘贤玉、包晓艳、郑小花获得中国石油集团变电站值班员职业技能竞赛中银牌。

（杜永平）

机械制造总厂

【概述】　机械制造总厂（以下简称机械总厂），设机关职能科室13个、机关附属单位7个，下属制造分厂9个，控参股公司2个，生产辅助单位3个，用工总量为2113人，其中合同化及合同制员工1161人。

【生产经营】　机械制造业务完成工业总产值6.21亿元，比2006年增长18.92%，实现销售额6.18亿元，比2006年增长19.7%。此外，机械总厂控（参）股的西安长庆油气建设安装有限责任公司完成产值2.11亿元，实现销售额2.11亿元；宁夏长庆抽油杆制造有限责任公司完成产值5913.51万元，实现销售额7255.72万元。全厂工业生产总值8.91亿元，销售总额达到9.02亿元。工业总产值、销售额双双再创历史新高。

【主要产品】　机械总厂主要产品有成抽油机、抽油泵、抽油杆、天然气设备、固控设备、钻井液管汇、各类钻采配件、钻机改造、油气田地面工程施工等9大系列，其中有4项产品获得国家实用新型专利证书。2007年，抽油机制造2640台，产值3.66亿元，比2006年增长3.43%；钻机成套64套，产值5265.55万元，比2006年增长354.24%；天然气设备制造463具，产值4854.8万元；固控系统及设备制造1314台（套），产值8732.31万元，比2006年增长46.03%；钻井液管汇制造115套，产值2817.82万元，比2006年增长29.28%；抽油泵制造8587台，产值2584.42万元，比2006年增长26.96%；钻采配件制造10123件套，产值1252.11万元，比2006年增长118.7%。

【企业管理】　通过对内狠抓管理，对外积极实施品牌战略，企业核心竞争能力进一步得到加强。生产的“长庆牌”钻井液振动筛、除砂清洁器、抽油机具商标分别被认定为“陕西省著名商标”和“西安市著名商标”；参建的长庆西峰油田150万吨产能建设地面工程荣获中国石油集团2007年优质工程金奖。

2007年，机械总厂荣获“中国石油石化装备制造业50强企业”称号，同时荣获中国石油和石油化工设备工业协会首次组织评定的“行业信用AA等级企业”称号，成为中国石油集团内部获得行业信用等级称号的两家企业之一。

【科技发展】　2007年，共立项20个科研项目，11个项目完成投用，提升了企业研发水平和发展后劲。压力容器取得设计资质；真空加热炉完成7种规格的产品设计；双轨迹振动筛进入试制阶段；开发了多种特色抽油机，推动抽油机产品提质升级；单井增压采气装置项目完成整套装置自动控制系统的初步方案设计；固控系统完成了9000米钻机等5种固控系统的设计与制造，亚洲第一套、世界第三套直升机吊装钻机固控系统研制成功，出口澳大利亚，并远赴巴布亚新几内亚进行热带雨林等区域用于石油勘探工作，标志着长庆固控系统已达到国际水平，该项目还荣获第12批中国企业新纪录奖；钻机成套从30型到70型形成系列技术，钻机底座及链条并车厢等零部件设计用于实践；研制的海洋平台超高压、大管径管汇突破了超高压和大管径两大技术瓶颈，成功下线，结束了国内只能生产压力等级为10000磅力（44.48

千牛）以下、管径为5英寸（127毫米）以下高压管汇的历史，填补了国内空白，达到了国际水平。

【市场开发】 始终将长庆市场作为第一市场。多次组织较大规模的市场调研和质量回访，及时掌握各类产品在长庆市场的使用情况，听取用户意见，持续改进，周到服务，促进了长庆油田内部市场的持续巩固和提升。2007年，长庆市场实现产品销售额4.82亿元，占销售总额的78.11%。抽油机、抽油泵、天然气非标设备在长庆市场的占有率分别达到96.98%、95.41%和93.56%。

社会市场开发取得新突破。2007年，共取得钻机配套社会市场订单11部；井口装置首次进入靖边钻采公司市场；压力容器首次进入大庆油田；固控、管汇、压力容器等在中石化西南分公司、兰石国民油井公司和上海国民油井公司市场份额不断提升。同时，进一步加快"走出去"战略的实施，国际市场开拓不断取得新的进展，10台API抽油机出口加拿大实现了抽油机产品在国际市场"零"的突破。同时，在乌兹别克斯坦、俄罗斯、澳大利亚等国外油田市场销售平稳增长，2007年间接出口产品5000多万元。社会市场和国际市场共实现销售额1.35亿元，占全厂机械产品销售总额的21.89%。

【队伍建设】 在管理和专业技术人才队伍建设上，采取请进来、送出去、内部培训和深入生产现场四种方式，厂内办班6期，培训179人次；送外培训221人次，其中管理、专业技术干部培训32人次，操作岗位高级工技术等级培训5人，工人岗位适应性培训75人次，特殊作业取、复证培训109人。大力加强技能型操作人才队伍建设，广泛开展"技术大培训、岗位大练兵、技能大比武"活动，职工参与率、受培率达95%以上。各个基层单位组织开展岗位大练兵、技术比武、技术攻关、技术培训活动15场次、参加1800人次。在各类技术竞赛中，"创纪录，上水平"达30余项。

【安全生产】 根据长庆局关于安全环保的有关规定，层层签订《机械总厂安全环保责任书》，认真落实各级管理者的安全环保责任；深化体系建设，顺利通过了北京中环质量认证中心的复评审核，确保ISO 9001体系、ISO 14001体系、OHSMS 18001体系和HSE体系有效运转；成立安全环保监督站，在全厂各单位设立专职安全监督岗，实现了安全环保监管分离，异体监督；举办基层班组长、安全环保监督员、操作人员等培训班10期，培训671人次，送外培训241人次；坚持从视觉文化、亲情文化入手，在基层单位实施车间安全文化建设试点，并初见成效。机械总厂再次荣获长庆局"安全生产先进单位"称号。

【成本管理】 深化"市场开发、优化设计、生产运行、质量保证、财务核算"五位一体成本控制体系。按市场需求排产，减少库存；制定产品优化设计方案，把各类产品做专做精，降低成本；强化生产组织，强化设备维护保养，强化工序管理，减少窝工损失；确保ISO 19001体系的有效运行，保证质量，减少废品损失和售后服务费用；加强财务核算，对原材料成本、人工成本、燃料成本、动力成本以及各项管理费用全面实行动态预算管理。

【精神文明建设】 按照"围绕经济抓党建，抓好党建促经济"的工作原则，努力探索党建工作长效机制。充分发挥党组织的政治核心作用，深入开展"坚持科学发展、构建和谐长庆"的主题教育活动；以创建"四好班子"为契机，细化考核方案，加强两级班子作风建设，强化执行力；认真落实"四抓四促"的党建措施，以"两卡一栏"活动为载体（即，"加强党的基层组织建设支部目标责任卡"、"党员发挥先锋模范作用行动卡"和

“党员管理公示栏”），深入开展“党员责任区”、“党员模范岗”、党员“一联二带三承包”等活动；深入开展“公开承诺、转变作风”活动，要求各级领导干部和机关部门带头执行“六个要坚持、六个不允许”，接受监督，转变作风，规范行为，进一步推进党风廉政建设和反腐倡廉工作。

按照构建和谐矿区的要求，树立“稳定是政治，是效益”的稳定观，着力构建稳定工作长效机制。在维护稳定的具体工作中，充分发挥信访部门的作用，加强政策研究，准确把握导向，加强指导协调，着力化解政策性矛盾，用政策解疑心；充分发挥各党支部的作用，广泛联系群众，沟通信息，沟通意愿，沟通感情，用情感动人心；真心实意地帮扶、救助老、弱、病、残、困职工及家属，解决职工群众最关心、最直接、最现实的问题。2007年，机械总厂荣获甘肃省“思想政治工作先进集体”称号。

（孟　超）

运　输　处

【概述】　运输处是以公路运输服务为主的专业运输企业。截至2007年底，全处下设9个科级单位、10个职能科室、3个附属科级单位。在册职工870人（含内部退养27人）；其中，干部226人（管理人员214人、专业技术人员12人）。工人中技师16人、高级工393人，中级工157人。共有离退休职工798人、有偿解除劳动关系人员1054人。

2007年，运输处围绕“安全、稳定、发展”的总体工作思路，强化生产组织，积极稳健经营，狠抓安全环保，扎实抓好稳定，各项工作全面完成，呈现出持续有效快速协调发展的良好态势。2007年，完成货物周转量48615.7万吨·千米，吊车246.9万吨·小时，货运量164.4万吨，实现收入32625.43万元，完成了长庆局下达的经营指标。

【业务范围及服务能力】

（1）为长庆油田钻井工作提供钻井设备的转移服务，同时为试油（气）、修井队提供设备搬迁服务。2007年完成井队搬迁321队次，其中，长庆局内钻井队搬迁165队次（独立搬迁129队次，参与搬迁36队次），外雇钻井队搬迁6队次，长庆局内试油（气）队、修井队搬迁150队次。

（2）为油田生产提供边远单井原油转运服务。全年拉运原油11.87万吨。

（3）为油田产能建设工作提供所需专用物资（钻井专用的油套、表套、油井水泥，采油专用的抽油管、抽油杆等）的运输服务。全年共拉运物资44.42万吨，比2006年增加7.31万吨。

（4）为油田内各单位提供车辆配属服务。全年共配属车辆268台。

（5）客运周转量完成3295.6万人·千米，比2006年减少1167万人·千米。客运量完成18.81万人次，比2006年减少6.11万人次。

（6）提供汽车维修作业及机械加工服务。全年汽车修理及钻井设备维修完成454个标准台。

（7）以客车、油田特种车辆的改装制造为主。全年改装车辆117台，制造野营房、车厢480台套。

【设备资产状况】　截至2007年底，拥有各类车辆604台6264.5个吨位，比2006年增加82台860.0个吨位。资产原值19044.057万元，净值11268.49万元，新度系数0.59。其中，吊车54台1225个吨位；罐车32台403.7个吨位；拖车53台1153.7个吨位；重型货车277台4008.2个吨位；中、小型货车114台698.9个吨位；大中客轿车27台931个座位；轻型客货车47台。

【主要成果】 经过广大职工的不懈努力，克服了各种不利因素，取得了9项主要成果。

(1) 生产指标大幅超产。累计完成货物周转量48615.7万吨·千米，比2006年增加6961.5万吨·千米，完成预算的112.9%，实现了历史性跨越；完成吊车吨·小时246.9万吨·小时，比2006年增加55.4万吨·小时，完成预算的115%；井队搬迁321队次，比2006年减少88队次；物资运输44.42万吨，比2006年提高119.7%；原油拉运11.87万吨，比2006年减少5.23万吨。

(2) 运效指标全面提高。货运车工作率完成90.9%，比计划提高0.9个百分点；日行程322千米，比计划提高了46千米；车吨产量完成74030吨·千米，比2006年增加5206吨千米。

(3) 经济指标稳步增长。实现主营业务收入32448万元，比2006年增长23.3%；上缴长庆局费用4403.1万元，比2006年增长16%；上缴地方各种税费2622.6万元，比2006年增长5%；实现了长庆局下达的经营指标。

(4) 局内运输市场整合工作初步完成。巩固了原有钻井工程总公司、井下技术作业处、器材供应处、机械制造总厂等传统市场，新开发了录井公司、水电厂、管具公司、采气厂、建设工程总公司和国际项目部土库曼斯坦等运输服务市场，运输持续发展的基础进一步增强。

(5) 机械制造加工业务快速发展。研制开发了修井机、环保节能型清蜡车等新产品，与陕汽、重汽、陕西欧舒特公司签订了合作意向书。

(6) 安全生产连续7年实现先进和达标，创运输处历史最好水平。全年未发生责任上报事故，环境保护工作实现“一杜绝、两达标”，被评为长庆局安全生产先进单位。

(7) 发展成果惠及职工。职工收入得到提高，生产指挥基地调整基本完成，保持了大局稳定。

(8) 党群工作全面推进，精神文明建设成果显著。获得长庆局先进荣誉3项，被甘肃省总工会授予“模范职工之家”，涌现出长庆局劳动模范1人、先进工作者4人，形成了和谐、稳定、发展的局面。

(9) 基层建设工作全面推进。二中队被长庆局命名为第一批基层建设示范点，三中队、六中队和九中队通过了长庆局的检查验收，全处科学管理、规范管理、精细管理迈上新台阶。

【市场开发】 创新服务模式，打造长庆运输品牌，全面拓宽运输服务市场。充分发挥“虚拟大运输”的资源优势和货运一级资质优势，全面创新车辆服务模式，通过依托社会资源，由运输处委派管理人员，利用多年形成的成熟的管理体系和GPS管理平台，为长庆局各单位提供运力保障服务，既为各单位降低了安全风险和管理难度，又增加了效益，开拓了市场，同时还维护了长庆局的整体利益，实现了双赢互利。通过全处上下的共同努力，局内运输市场整合工作已初步完成。全年累计新增货物周转量4903万吨·千米，新增收入2796.9万元，为运输处的持续发展奠定了坚实的基础，也为运输的安全、稳定提供了可靠保障。

【企业管理】

(1) 全面强化经营管理。进一步完善生产经营承包责任制，对基层单位按照生产经营型、费用控制型实行分级分类管理。在管理与生产的协调性和科学性的基础上，突出强调经营管理的准确性、稳定性和基础性。

（2）加强财务预算管理，建立全面覆盖的预算机制，实行月度动态实施预算管理办法，进一步增强了预算的可操作性和约束力，确保全处年度预算目标的实现。

（3）强化资金管理，完善资金授权管理办法和会计核算制度，确保资金安全。完善成本控制机制，从成本源头抓起，实现降低成本增加效益的目的，2007 年成本较预算节约 485.3 万元。

（4）组织管理理论研究，开展管理论文征集活动。征集论文 64 篇，为提升管理水平提高经济效益提供了建设性意见。

（5）及时完善设备综合信息数据库，坚持开展设备综合经营管理，把实物管理与价值管理结合起来，注重运效分析和投资回报率。全年共完成周保 5892 台次，一检 4097 台次，二检 1063 台次，小修 1069 台次。

（6）以"质量安全，我们共同的责任"为主题，开展了"优质服务月"、"做用户最信赖的承运人"等活动，积极选树典型，开展典型教育，涌现出 2 个先进单位和 11 名先进个人。全年用户回访率达到 100%，用户满意率为 99%，客户投诉率控制在 1%以内，货损货差率为 0，质量管理工作进一步提高。

（7）认真落实"六个要坚持，六个不允许"的要求，狠抓领导班子和干部队伍建设。加强党委中心组学习，修订完善干部任用考核体系，对一般管理人员和专业技术人员进行了全面考核，对 3 名科级管理人员予以戒勉，试聘一般管理人员 3 人，对 11 名科级管理人员进行了任前公示。

（8）2007 年举办各类培训班 7 期，培训 600 多人次，特种岗位作业操作证取证率 100%。认真组织开展"技术大培训、岗位大练兵、技能大比武"活动，在 12 个技术工种开展岗位练兵 1617 人次。举办汽车驾驶员、汽车修理工等 6 项技能比赛，参加 175 人次。有 2 名员工在"全国交通行业教练员职业技能竞赛"中，分别被评为甘肃省"技术标兵"、"优秀选手"和全省道路运输行业"三学一创建"先进个人。

【安全生产】

（1）从 7 个方面制定了 27 项安全环保工作的具体措施。签订安全生产责任书 21 份，补充完善了《运输处安全生产责任制通则》等 5 项安全管理制度。强力宣贯新版 HSE 管理体系标准，组织员工学习长庆局 HSE 方针、目标、承诺，结合运输作业实际，修订了《HSE 管理手册》和《程序文件》。规范承包车安全管理，制订下发了《运输处承包车辆安全管理规定》和《运输处关于加强承包车辆保险管理工作的通知》等规定。

（2）完善二级应急救援保障体系 12 项，先后组织开展了 10 次事故应急救援演练。组织开展各类安全检查 18 次，查出问题 97 项，整改问题 97 项。加强路查路检工作，检查车辆 1800 台次，发现违章 26 起，现场整改 24 起，限期整改 2 起。

（3）深入开展"安全环保基础年"、"安全生产警示日"和"安全生产月"活动，全年组织开展交通安全专项整治活动、事故案例教育、应急预案演练等 7 项活动。广泛宣传《安全生产法》、《道路交通安全法》和中国石油集团《关于加强安全生产的决定》等法律法规、标准和规章制度。全年未发生上报事故，千人死亡率、千人重伤率、千台车死亡率均在长庆局控制指标以内，安全环保工作连续七年实现先进和达标，安全管理跨入长庆局先进行列。

【结构调整】　加快产业结构调整步伐，持续发展、科学发展的基础显著增强。充分发挥陕西长庆专用车制造有限公司体制、资质和地域优势，加强与各高校、科研单位的联合，利用社会力量实现技术支撑。立足消化、吸收与创新，加快野营房、油田专用车等产品升级，研制开发了环保节能型清蜡车、修井机等新产品，全年完成车辆改装制造117台，完成野营房、车厢、水罐制造480台（套），实现产值8500万元。积极采取合作的方式，分别与陕汽、重汽和陕西欧舒特公司签订了合作协议。

【基层建设】

（1）以点带面，推进示范点建设有序展开。选树运输一分公司二中队为第一批局级基层建设示范点。按照“边示范、边推广、边创新”的工作思路，总结推广在基层建设中取得的“三卡一岗一活动”经验，完成了40％的基层队达到示范点标准的创建目标。

（2）深入开展“五型班组”创建活动，针对运输实际确定了“固定式＋流动式”相结合的创建标准，对生产场所固定的14个班组采用“固定式”标准，对流动性较大的38个运输小队采取“流动式”标准，保证“五型班组”创建活动取得实效。初步形成了具有长庆运输特色的基层管理工作体系，基层建设取得了明显成效，企业的竞争力进一步增强。

（3）加强“三标”建设，提高基层基础管理水平。建立健全、梳理汇编了覆盖全处管理工作各个环节的规章制度8大类180多项，统一各类台账、报表、记录的建立、使用和存档标准，规范基层队的视觉标识，按岗位细化操作程序，编绘操作行为流程图，培养和提高员工标准化意识，推进标准化建设。

【信访稳定工作】

（1）加强各项改革政策的宣传，充分利用广播、电视、网络、橱窗等宣传媒体，抓好信访条例、政策法规、企业形势任务等的宣传。开展“以热爱长庆，奋发有为，促进企业和谐稳定发展”为主题的群众性学习讨论活动，广泛宣传长庆局、运输处一系列“惠民政策”，不断增强广大员工特别是离退休职工、有偿解除劳动关系人员的法律意识、政策观念以及对企业采取各种管理措施的理解。

（2）加大信访稳定工作力量。成立了庆城综合办公室，在离退休人员、有偿解除劳动关系人员中成立自管小组45个，设立信息员45名，及时收集、反馈各种不稳定苗头。加强重点人员和关键群体的监控与帮教，针对不同群体和重点人员的利益诉求，分别采用法律诉讼、调解等方式，妥善解决遗留问题。在全处各级信访接待人员日常工作中开展“四带、三清楚、三必谈、三必访”活动，即带着感情、带着责任、带着政策、带着理性开展工作，做到对员工的基本情况、重大事项、基本去向清楚，在员工工作调整、任务拖欠、发生重大差错时必谈，当员工生病住院、婚丧大事、发生困难时必访。信访接待人数和件数比2006年分别下降25.2％和22.5％。

（3）深入开展法纪教育和“三禁一反”活动，制定突发事件应急预案4份，建立了36人组成的13个“四位一体”帮教小组，在极端困难的情况下，运输实现了大局稳定，没有发生群体性事件和集体上访，为各项工作的顺利开展奠定了坚实的基础。

【党群工作全面推进】

（1）进一步加强党的建设，新成立党总支5个，党支部15个，使党的组织机构延伸到每个生产单元。认真开展基层党支部“六个一”创建工作，建立联系点10个，进点活动26次65人次。不断优化党员结构，发展新党员23人，预备党员转正25人。全面加强流动党员管理，提出“顺应实际，区别要求，灵活创新，机制保障”的流动党员教育管理工作思路，在车队党组织中推行跨支部

(小组）组织生活方式，使“三会一课”落实率、民主生活会落实率均达到了100%，党员民主评议合格率达到98.2%，一、二类党支部达到100%。

（2）加强党风廉政建设责任制，修订完善了《运输处管理人员廉洁自律规定》。在全处开展“话说党风建设和反腐倡廉”网络征文活动和征集“廉洁从业”心得体会活动，撰写书面材料152份，填写对照检查表76份。组织了警示教育活动，将《赌之害》等五部电教片下发到基层单位，开展《规定》和廉洁从业知识竞答活动，参与率97%、优秀率97%。开展“公开承诺、转变作风”活动，处和基层两级领导班子向全处职工、家属做出了公开承诺，好班子和较好班子比率达到100%。

（3）工会深入开展各类劳动竞赛，广泛开展群众性技术创新、技术攻关及合理化建议活动，持续深化厂务公开制度和“职工明白卡”制度。全处厂务公开项目101期7大类668条，真正实现了职工最关心什么就公开什么，要求明白什么就说明什么。同时，形成了具有运输特色的6种制度化的文化活动。全年共举办“贺新春文艺晚会”、庆“三八”女职工文化体育活动等大型体育文化娱乐活动4场次，组织“送文化到一线”慰问演出5场次，举办“夏季露天舞会”7场次，累计有5000余人参加了各类文化体育娱乐活动。在长庆局西安基地第十届迎新年职工体育比赛中，运输处代表队勇夺拔河比赛第一名。通过积极组织、倡导健康向上的文化体育活动，增进了职工群众的身心健康，进一步提升了职工队伍的凝聚力。

（4）共青团工作以“青”字号创新创效活动为主线，组织开展了“创岗夺杯争标兵”竞赛、争创“青年红旗车”、“青年突击队”等“青”字号活动，8支青年突击队开展保生产突击活动40余次，涌现出局级优秀青年突击队2支、处级优秀青年突击队3支，汽车修理厂团支部获得长庆局“五四红旗团支部”称号。参加局“五小”智慧杯竞赛活动，分别获得二等奖1个，三等奖2个。

（张　强）

通信处

【概述】　通信处主要担负长庆油田专用通信信息网的规划建设和运营管理业务，为长庆油田生产建设和职工文化生活提供通信保障和信息数据交换服务。长庆石油通信专用网作为长庆油田现代化生产建设的重要基础设施之一，已成为一个横跨陕、甘、宁、内蒙古四省（区）、覆盖长庆油田各个主要生产站、点和生活基地，集光纤、数字微波传输系统、数字程控交换系统、卫星通信系统、视频会议系统、有线数字电视系统、长庆互联网络系统为一体的多功能专用通信信息网，具有独立的网络管理系统、集中监控系统和自动计费系统。

通信处机关设6个职能科室、6个附属单位，分别在西安、银川、延安、庆阳、靖边设立5个总站和6个基层单位以及西安长庆通信信息有限责任公司。在职职工444人，其中，合同化员工373人、合同制员工71人。干部193人，其中有，19名高级工程师、88名工程师、99名工程技术人员。操作服务人员251人。

拥有固定资产1.2亿元，近8万门电话、

计算机网络用户。拥有国家建设部颁发的电信工程专业承包二级、电子工程专业承包三级资质。2007 年取得了 QHSE 管理体系认证证书。可承担大中型通信网络建设工程、信息网络建设工程、卫星通信组网工程以及油田场站自动化建设工程等。

截至 2007 年底长庆石油通信专用网光缆传输干线网络长达 2342.6 千米，数字微波传输长度 1208.2 千米，干线传输容量为 2.5Gb/s。固定电话网由遍布长庆的 47 座程控交换站、点，经大容量数字中继连接而成，总装机容量 78788 门，实装电话 52000 门。长庆互联网是在长庆石油通信网的基础上构建起来的星型计算机网络，已形成以西安为网控中心，庆阳、延安、银川、靖边等区域网络中心为骨干节点，利用高速光纤数据通道，采用广域网技术互联的综合信息网络服务平台。西安网控中心分别与中国石油集团总部、中国电信、中国网通互联。现汇聚办公局域网 189 个，宽带住宅网络用户 20000 户，是中国石油集团信息专网的重要组成部分。

运行和维护的有线电视网络 14 个，服务用户 50000 多户。经过 2007 年的改造，绝大多数小区的有线电视网络实现了光纤到楼，带宽达到了 860 兆以上，截至 2007 年底已发展数字电视用户 20000 多户。

【生产经营指标】 微波/光纤主干电路阻断历时计划指标小于 10 小时/次，实际 8.34 小时/次；微波/光纤中继站点电路阻断历时计划指标小于 2.5 小时/次，实际完成 0.78 小时/次。网络可用性计划指标不小于 99.9%，实际完成指标 99.9%。计费系统差错率计划指标不大于 10^{-5}，实际完成指标 10^{-6}。设备完好率计划指标不小于 97%，实际完成指标 98.8%。电话装移机时限、电话障碍修复时限（扣除顾客原因）均无超标。

【新技术开发应用】

（1）先后完成了西安兴隆园、三桥基地、礼泉、银川、庆阳等基地的有线电视网络的改造工程，改善了油田职工文化生活质量。到 12 月底，已在西安兴隆园、和兴园、龙凤园、泾渭苑、长实小区、礼泉、银川燕鸽湖、延安河庄坪等基地发展数字电视用户 20000 多户。

（2）进一步完善了 GPS 车辆调度管理系统，安装车载终端 3000 多台，并投入使用，在生产管理中发挥了显著的作用。目前在多元经济企业中推广应用 GPS 车辆调度管理系统也正在进行。

（3）积极推进视频会议等应用业务，在油田部分单位实现了中国石油集团视频会议三级会场建设。充分发掘软件视频会议系统的潜力，实现了油田部分单位内部软件视频会议以及中国石油集团会议系统与内部会议系统的对接，这种模式为长庆局其他单位建设视频会议系统摸索出一条新思路。

（4）2007 年 9 月 29 日，与中国联通陕西、甘肃、宁夏、内蒙古四省（区）合作的“新长庆通”业务开通。此项业务的开展，既加强了专网和公网的合作，促进了长庆通信和中国联通互利互惠，充分发挥双方在资源、产业方面的优势，又能有效降低油田生产成本、提高生产指挥、信息传递的效率，惠及更广大的用户，对双方都具有重大的战略意义。

（5）完成了长庆局科研课题《油田光传输波分系统应用研究》的主要研究任务，进入总结评比阶段。通过本项目研究工作的开展为后续油田光传输波分系统网络的建设获取了必须的关键技术数据，同时为波分网络建设规划的重点部分，包括设备配置、布局、保护等关键技术做了全面的演试和准备，取得了较好的成果。

（6）在 NGN 网络方面进行了智能网业务平台建设工作，通过智能网建设，能够开放包括软终端、视频服务、彩铃、预付费、一号通、Centrex 等智能业务，且系统的处理能力满足各业务2000用户的使用，目前利用已建成的NGN系统，正在进行智能网平台的应用开发实验工作。NGN智能网IP视频电话业务实验工作已顺利完成，下一步推广应用，将加快通信处增值业务发展。

（7）在陕西片区范围内推广应用了阿尔卡特IAD设备终端，总容量达到三百余线。解决了小容量用户接入长庆通信网内的燃眉之急，取得了较好的投资效益。实现了通过长庆互联网和IAD的语音电话业务的应用，正在进行可视电话增值业务实验工作。

（8）自主开发，解决了视频点播疑难问题。开发完善了视频点播系统，实现了VOD系统多线程下载限制功能，解决了点播发布服务不稳定的问题，也解决了恶意下载无法限制的问题，同时实现了主页面的改版。

【网络建设】

（1）对长庆信息网西安网络出口、银川网络出口进行千兆接口改造，并对防火墙进行了升级换代，为下一步网络出口能力的提升打好了基础。

（2）正式启用了宽带网络认证系统，实现了长庆互联网自费宽带上网用户的统一管理和身份验证，基本解决了宽带业务用户收费无依据，管理存在漏洞的问题，实现了用户计时上网和计流量上网的上网计费方式，丰富了广大用户的上网选择。

（3）结合网络结构调整，进行了全网IP地址的规划，并按照规划对庆阳、银川、靖边和延安区域网络办公及住宅用户地址进行了调整，实现区域路由收敛，提高了网络访问速度和效率。

（4）实现了办公网与住宅网网络的分离。建立了为住宅用户服务的长庆社区版本网站，实现了服务性网站的整合。同时建立和启用了住宅网络域名系统，初步实现住宅网络与集团网络的业务分离。

（5）实现了西北区域中心网络接入。在7月27日实现了长庆互联网接入西北区域中心，解决了长庆局网络访问中国石油集团业务不畅的问题。

（6）积极参与中国石油集团组织实施的骨干网络建设项目，争取用较好的投入，使长庆互联网的功能更加强大、安全、稳定。

（7）建设完成了靖边通信站至西气东输靖边压气站的24芯光缆18千米；榆林—乌审旗第二净化厂—乌审旗5+1基地—苏6-2配气站16芯和8芯光缆共129千米。

【工程建设】 承揽油田内外工程20余项，完成工程产值2000余万元，实现利润100余万元。承揽的工程主要有：采油一厂侯市联合站安全监控系统建设、河庄坪基地有线电视系统改造工程；银川友爱基地有线电视改造工程；榆林至乌审旗第二净化厂光缆通信工程；第二输油处西峰生产指挥中心通信工程；庆阳有线电视改造工程；采气二厂榆天化15万吨/年醋酸项目输气管道光缆工程；第七采油厂2007年产能建设通信工程；三桥基地有线电视系统改造工程；靖边通信站至第一净化厂架空光缆工程；泾渭苑二期工程；低效油田2007年产建通信工程；长庆苏里格气站安防系统建设项目；定边油气综合生产基地通信工程等。

【安全生产】 深入开展以“强三基、反三违、严达标、除隐患”为主题的“安全环保基础年”及“安全生产月”、“安全生产警示日”等活动。基层单位全面实施HSE“两书一表”，促进了生产和工程施工现场的安全管理。完成了安全、职业健康、环境三个模块基础数据整理、校验以及集中导入及21项业务数据录入HSE信息系统的工作。组织21名领导干部和安全监督员参加了长庆局举办的安全生产监管人员取证（复审）培训班，并取得了安全资格证书；组织50名登高架设作业和27名电工作业人员进行了特种作业取证（换证）培训，并取得了特种作业操作证。

对全处431名员工进行了第三次健康体检，体检率达到97.07%，并及时建立健全了员工健康档案。

【改革与管理】　制定了新的《通信处综合业绩考核办法》；制订下发了《通信处关于明确各岗位上岗条件和岗位技能要求的通知（试行）》、《通信处员工请销假管理规定》、《通信处合同制员工及社会化劳务用工工资管理实施办法》、《通信处优秀技能员工评选、考核、管理实施办法（暂行）》等文件。

在原有质量管理体系的基础上引入环境管理体系和职业健康安全管理体系，并将三个体系进行整合，形成了QHSE管理体系，取得了QHSE管理体系的认证证书。

完成的自主开发项目有《长庆互联网VOD系统改造》项目、《GPS巡线系统》项目、《部门台账管理系统》、《任务管理系统》、《通信处电子报表系统》、《通信处语音故障处理系统》等，不仅节约了大量的资金，而且有效提高了管理效率。

【精神文明建设】　通信处获得长庆局2007年度无线电管理先进台站荣誉称号、效能监察招投标管理及物资采购自立项目专项奖、质量管理先进单位、宣传思想工作先进单位荣誉称号、财务报表评比三等奖、长庆局“党员风采”书画摄影展览优秀组织奖、学习贯彻党的十七大精神知识竞赛优秀组织奖等荣誉和奖项；银川总站被评为长庆局先进集体；刘劲、宋养齐被评为局级先进个人。

（耿慧霞　王建忠）

工程监督公司

【概述】　2007年，工程监督公司（以下简称监督公司）从业人员340人，其中党政领导4人，机关管理人员14人，基层管理人员17人，监督专业技术人员305人。设有机关职能部门4个，下设11个（临时）监督部。持有中国石油集团HSE操作证40人、陕西省安全生产监督管理局安全资格证16人、中国石油天然气股份公司监督资格证67人。固定资产原值590.33万元，净值375.75万元；拥有各类监督检测设备54台（套），其中车辆6台，单多点测斜仪7套，设备新度系数0.65。施工区域分布在陕、甘、宁、内蒙古等省（区）。

2007年，监督公司认真贯彻落实长庆局各项工作部署和长庆油田分公司产建工作要求，围绕“发展大油田，建设大气田”这一主线，以“抓质量、树形象，抓作风、带队伍，抓基础、促管理，抓培训、提素质”为重点，确立了“以诚服务，追求完美，服务甲方，做专做强”的发展思路，把甲方的指令、甲方的工作要求作为公司工作最基本的要求，本着对油田负责的态度，认真履行监督职责，顺利地完成了全年生产经营目标。

【生产经营指标】　2007年，监督钻井3018口进尺699万米、地质录井3074口、测井3001口、试油（气）2468口，住井10196人次/天，巡井27491人次，发现质量（安全）隐患问题21544个，现场解决19015个，下发《工程质量问题整改通知单》7315份。完成价值工作量3320万元，超额完成了长庆局下达的经营指标，创造了监督公司成立以来历史新纪录。

【工程质量监督】　在认真分析自身优、劣势的同时，制定了“以诚服务，追求完美，服务甲方，做专做强”的发展思路，严格按照

“宁缺毋滥”的原则选聘监督人员，及时组织新人员岗前培训和适应性培训，保证监督人员合格上岗。坚持跟进服务，靠前与项目组联系、正副总监靠前指挥、监督靠前服务，抓重点环节，保障生产衔接；突出重点区域、重点井、重点井段、重点环节施工过程，根据不同的施工阶段采取不同的监督方式，保证重点工序到位率达到100%。同时，根据不同专业，因地制宜，分类监督，并且不断强化质量意识，树立“质量就是市场”的理念，保证了工程施工质量；坚持勤上井、勤检查，不放过点滴问题和隐患，全年未发生一起质量事故。

【管理创新】　加强监督部的管理力量，调整了部分正副总监，成立10个监督部，明确管理责任，便于生产协调管理。坚持“唯才是用”的原则，实行监督“分级管理”模式，激励监督人员练本领、求上进。强化目标管理机制，建立权责利一致的管理体系，签订综合业绩目标责任书，细化考核细则、考核办法，按照“季度考评、年终考核”的原则，加大奖励和处罚力度，鼓励先进、鞭策后进。坚持“横向扩展，纵向挖潜”的市场开发原则，扩大市场占有份额，横向上积极争取扩大长庆市场占有份额，向尚未进入的采油（气）厂渗透，纵向上积极开发长庆油田分公司0.3毫达西开发试验项目、水源井、老井改造项目等工程，为今后的生存发展储备空间。积极主动进行质量回访，跟踪调研，听取甲方的意见、建议和要求，及时反馈监督信息，提高甲方对监督工作的信任度，牢固稳占现有监督市场。扩大外部市场，寻找新的经济增长点，扩大监督项目和市场占有份额。实行成本过程分析，把成本过程控制作为贯穿全年生产经营工作的一条主线，实现成本全程动态分析监控，定期分析成本使用和盈亏状况，分析原因，制定控制措施。在资金管理上，严格实行集中管理、一支笔审批制度。

【安全生产】　树立“以人为本”的人本思想，构建安全生产长效机制，健全安全管理机构，从主管领导到主管部门、监督部、各监督点、各专业组，层层管理，一层抓一层，一级对一级负责，层层有压力、有责任。划分安全生产责任区，建立领导和部门安全生产承包点，完善安全责任追究制度，谁承包谁负责，把安全生产责任层层分解到每个部门、岗位，并纳入领导、部门、监督部年终综合业绩考核中，实行“一票否决”制。加大安全生产危险源识别，培养安全风险识别能力和应急能力，做好各类事故防范、井控管理、有毒有害气体监测和防护工作。坚持人身安全和交通安全并重，预防和规避并举。坚决推行“路单制”和“谁乘车、谁负责”的责任制，把安全责任与行车责任放在同等位置，达到责任同担的目的。

【队伍建设】　坚持党委中心组和基层领导班子理论学习制度，把学习与专题研讨、调查研究与解决实际问题、集体学习与个人自学相结合，在求实、务实上下工夫，不断提高理论水平和执行政策的能力；在重点抓好公司部室及监督部班子成员培训的同时，有意识地在近年新招的年轻监督中发现和培养骨干人才，从思想、作风、能力等方面进行培养；加强领导班子民主集中制建设，各级领导班子按照“集体领导、民主集中、个别酝酿、会议决定”的原则，相互交流，上下沟通，集思广益，发挥了集体领导的作用；加强领导班子作风建设，牢记“六个要坚持、六个不允许”，在讲团结、讲风格、讲民主上做文章，把精力用在抓管理、解矛盾、带队伍上，充分发挥班子的整体功能。同时，按照局党委的要求，开展“转变作风，公开承诺”活动，公司领导班子、机关部门以及现场监督部公开向上级组织、职工、甲乙方单位送达承诺书，公开监督电话，自觉地接受组织、职工和甲乙方单位的监督。公司机关和监督部树立为“领导决策、基层工作、职工群众服务”的思想，把职工群众满意不满意作为工作的出发点和落脚点，逐步树立了良好的机关形象。注重年轻监督的培养创造机会和条件送外参加培训和取证培训，鼓励他们岗位成才；注重吸纳新生力量，从大中专院校招聘实习生，补充各专业缺员，确保各专业平衡发展；提高监督人员的工资补助待遇，增加一线人员的生活补助，改善监督人员的生活和工作条件，配备监督设备、办公仪器和器材，满足一线人员的工作和生活需要；经常深入基层、深入群众，调查研究，帮助职工解决实际问题，有针对性地做好职工的思想教育和一人一事的思想工作，确保队伍稳定。加强基层民主管理和民主监督，重大决定倾听职工群众的意见和建议，重大事项和制度出台经过讨论、征求意见，切实维护职工的知情权、参与权、管理权、监督权；推进厂务公开制度，从职工最关心的问题入手，重点抓住关系职工群众切身利益的重要问题、涉及领导干部廉洁自律等情况的公开，各监督部设置部务公开栏，公开奖金差费发放、考勤、食堂账目等，并把队务公开、食堂管理作为年底班子考核和综合业绩考核的重要内容，给职工一个明白，给管理者一个清白。抓好信访工作，建立信访信息网络，及时掌握各种信息，经常了解掌握职工群众的思想动态，超前做工作，把一切不稳定因素化解在萌芽状态，杜绝了越级上访和集体上访问题。综合治理工作平稳有序，认真抓了监督部人员摸排工作，分析掌握有酗酒和赌博不良嗜好的重点人的思想动态及现实表现，及时制定措施，做到监督部重点教育、专业组重点控制、党员重点帮教。

【精神文明建设】　加强以党支部建设为核心的基层建设。根据党员分布情况成立7个临时党支部，选配好党支部书记，掌握流动党员情况，建立临时党员关系，健全了基层党的组织机构。党支部积极配合监督部班子的工作，为带好队伍奠定了基础；注重党支部建设和党员队伍的管理，在配备监督时，注重党员分布，保证了各监督部、监督点有党员，确保基层党组织建设的健全；各党支部制定了切实可行的工作计划，党委不定期督导检查基层党建工作，传授工作方法，为各监督部增添各类图书100余本，发放学习材料和活动用品，使党支部工作逐步走上正轨，在基层建设中发挥了基层党组织应有的作用；加强以岗位责任制为中心的基础工作，按照实际情况制定了标准化监督部、现场、岗位的规范标准，重点指导、培养和发挥典型作用，以点带面，整体推进；加强以岗位练兵为主要形式的基本功训练。重视岗位和现场操作培训，采取现场跟踪指导、师徒帮促、一对一帮教、集中授课等培训法，有的放矢，促进监督人员尽快适应监督作业要求；加强基础建设，严格规范资料管理，保证资料的填写准确、整洁、规范，杜绝数字填写差错，定期通报各监督部资料。

【党风廉政建设】　组织干部职工学习党的十七大精神和中纪委七次全会精神及党风教育和廉洁自律各项规定，开展理想信念、党纪条规、荣辱观教育，牢记“六个要坚持、六个不允许”，践行“八荣八耻”，打牢思想道德根基，树立正确的权力观、利益观，不断增强遵纪守法、廉洁从业的自觉性，提高拒腐防变的能力；落实廉政教育制度，围绕党风廉政规定，从公司领导到正副总监、监督人员自觉地接受职工群众和甲乙方的监督；建立反腐倡廉的内控体系，发挥制度和监督在惩治、预防腐败中的作用，围绕“人、事、财、物”四项权利，规范约束廉洁从业行为，从源头上治理；坚持监督促廉，加强对领导人员、监督人员、容易发生问题的部位环节和关键岗位人员的监督，保证权力规范运作；

开展效能监察，重点对监督聘用、车辆雇用、自用车辆维修和油料消耗、大宗物资采购、社会市场创收等职工比较敏感的部位进行监察，杜绝漏洞，推进反腐倡廉、效能监察工作进一步规范化。

（李国虎　陈　璞）

技术监测中心

【概述】　技术监测中心（以下简称监测中心）有员工 137 人，其中合同化员工 114 人、合同制员工 23 人；管理人员 41 人、专业技术人员 46 人、操作服务人员 50 人；硕士研究生 3 人、本科生 24 人、大专生 38 人；有高级职称 6 人、中级职称 43 人。机关设 3 个职能部门，基层设 6 个专业监测站和 1 个多种经营单位。中心党总支设党支部 6 个，党员 62 名。固定资产 1250 项，资产原值 1937.2 万元，设备新度系数 0.59。

【主要监测指标】

（1）工程质量监督覆盖了长庆油田 250 万吨/年原油产能建设、24 亿立方米天然气/年产能建设以及 50 亿立方米/年天然气骨架工程、天然气净化厂二期工程；对长庆局 20 万吨/年低效油田产能建设、4 亿立方米/年气田产能建设以及 43.8 万平方米“万户住宅”工程等主要建设项目进行了质量监督。

（2）产品检验完成物资装备部电缆检验、器材处油化剂检验、长庆油田分公司、长庆局安全处委托产品抽检样品 6070 个，检定报警器探头 9000 台，检定压力表、其他仪表近 7000 块。

（3）节能监测完成抽油机、输油泵、加热炉、配电箱测试 376 台。

（4）环境监测完成了长庆油田分公司各采油厂、输油处加热炉废气监测 130 台（次），监测设备噪声、厂界噪声共计 130 个站次。

（5）计量检定大罐 33 具 4.5 万立方米，检定流量计 180 台（次）。

（6）特种设备检验完成固定式压力容器检验 1000 台，油田专用加热炉检验 354 台，锅炉内部检验 155 台，简单压力容器检验 86 台，参加立式下灰罐的气压试验 102 台（次），完成起重机械检验 349 台，其中，流动式起重机 212 台，固定式起重机 137 台。

（7）2007 年，共举办安全生产技术培训班 215 期，培训 10746 人次，其中取证培训 4475 人，复审培训 6271 人。举办企业负责人和安全管理干部资格培训班 13 期，培训 1350 人。

【经营指标】　2007 年，实现收入 4475 万元，再次实现了经营业绩首位数字换字头。在全部消化物业费、资产折旧及占用费、投资回报以及安全生产费的前提下，节余长庆局补贴费用 150 万元。

【技术资质】　2007 年，业务资质取证 32 个，主要获取了环评法人资格和安评资质，个人资质达到 274 个，人均持证两个以上。

【市场拓展】　在相继开发了呼吸器、压力管道、槽车、电线电缆、复合管等检验项目后，通过和国家油气田井口设备质量监督检验中心合作，增加井口装置、抽油设备、石油钻采设备用气动元件、石油钻采工具设备、金属材料及金属制品、石油机械产品及设备共 38 项油田检验项目。环境监测工作承揽了西气东输公司孔雀河等 7 个压气站环境监测工作量，首次开拓出油田外部社会市场。

【质量管理】

（1）严格流程管理。健全完善了各项监测工作《质量管理办法》，明确制定了严格的流程，具体规定个人操作行为、基层单位管理范围和中心控制层面。为配合表格的规范化建设，专门开发了工程质量监督、产品质量检验数据采集、分析系统，提高了检测数据处理效率和精确度。

（2）强化内部监管。按照流程和标准对监测工作进行要求，建立了中心主管领导、职能部门、基层单位技术质量负责人、操作人员四级质量监管体系，按月对各单位出具的报告进行抽检复查，先后形成资料 9942 份，共计检查资料 2188 份，抽查资料占总资料的 22%，发现问题 40 个，发出问题整改通知单 17 份，提出整改意见 26 条，印发《质量检查通报》9 期。

（3）坚持奖罚分明。在加大质量工作内部考核力度的同时，加大了质量考核结果与工资奖金、评先选优、晋级提拔、身份转聘相挂钩的力度。授予 1 个单位“质量管理先进集体”、18 名同志“质量管理先进个人”称号。对出现质量问题的 1 个单位的 2 名领导及 3 名职工给予通报批评和经济处罚，使职工普遍受到了教育。

【安全生产】　重点把好交通安全关。按照“谁租赁、谁负责，谁使用、谁管理”的原则，不符合条件的坚决不用。对租赁车辆的交通安全实行三级管理，各基层单位站长（主任、经理）为本单位交通安全的第一责任人，每季对各用车单位的交通安全工作检查一次，严格执行节假日“三交一封”制度和恶劣天气出车审批制度，及时消除不安全因素。

有效落实安全环保责任。按照实现“三个杜绝、两个实现，一个确保”的工作目标，监测中心与 5 个基层单位逐级签订《安全环保责任书》，层层分解任务，较好地落实了安全生产领导责任、管理责任、岗位责任和领导干部承包责任制，定期开展专项检查，先后现场查找、整改存在问题 12 个。

加大安全教育力度。利用年初生产冬闲时机，组织了 2 期“质量与安全培训班”，从质量管理、安全生产以及应急预案等方面对职工进行系统培训，受训率达 98%，并先后组织了两次人员伤害事故应急演练和火灾事故应急演练。

配备安全护具，加大防护力度。补充配发工服 143 套、安全帽 55 顶；锅炉检验连体服 10 套、绝缘鞋 56 双、灭火器 30 只、防护眼镜 6 副，有毒有害气体检测仪 1 台，做到了劳保护具穿戴齐全上岗的安全要求。

【队伍建设】

（1）坚持以培训的方式提高人员素质。通过内部培训和送外培训两个渠道，着力培养大批基层监测实用人才，尤其是切实抓好关键岗位人员培训，培训率保持在 85%以上。

（2）大力培养一专多能的复合型人才。对一级建造师、压力管道检验师、锅炉检验师、注册环境影响评价师、注册安全工程师等 9 个专业资质采取考证奖励的政策，要求各基层站领导带头考取证书，基层领导人员两年内不能取得本专业资质，将调离领导岗位。

（3）开展理论研究，坚持每年举办一届优秀论文暨成果发布会。其中《浅谈石油天然气建设工程质量监督的几种管理方法》获得长庆局第五届企业管理论文二等奖，《构建大型石油天然气建设工程质量全过程监督管理体系》获得长庆局第四届企业管理现代化优秀成果三等奖。

【稳定工作】　确保政令畅通，坚决执行上级关于稳定工作的安排和措施。对职工的利益问题，特别是最为敏感的招聘、提拔、职称评定、奖金发放等做到公平、公正发展经济不忘惠及职工，职工的工资奖金，在政策允许的范围内，最大限度地给予保证，并积极创造条件，办好职工的福利待遇，救济困难职工等。同时，对涉及员工切身利益的各项政策，耐心细致地做好解释工作，直至人人明白。全年无一人上访，未发生不稳定的事件。

【党组织建设】 积极落实党中央四个保持共产党员先进性长效机制文件要求，积极开展“创先争优”等主题活动，通过党员责任区、党员先锋岗等形式，发挥党员的先锋模范作用。不断建立完善党员的教育机制、监督机制，重点抓好党支部工作制度的落实，提高了党员队伍的整体素质和工作水平。

按照《关于做好党员联系和服务职工群众工作的实施意见》，监测中心建立健全了党员联系点制度，领导干部每人联系3—5名职工群众，每一个基层单位指定1—2名党员作为有偿解除劳动关系人员的联系员，并修订下发了《厂务公开实施办法》，使职工的知情权得到充分保证。

以党支部“六个一”创建活动为载体，调整了3名基层党支部书记，为2个基层单位新配备了专职支部书记，使5个基层单位党支部全部配齐了专职支部书记。

【党风廉政】 大力倡导“八个方面”的良好风气，切实做到“六个要坚持、六个不允许”，为职工做出了好样子。认真落实党风廉政建设责任。签订了《2007年党风廉政建设责任书》，提高了领导干部廉洁自律的自觉性。根据长庆局纪委关于严格禁止利用职务上的便利谋取不正当利益的规定和油田在两级领导干部中开展以“公开承诺、转变作风”为主要内容的作风建设活动要求，中心领导班子成员和29名副科级以上干部进行了公开承诺。坚持民主管理，认真执行“三重一大”议事决策制度。对于人员调整、物资采购、大额度资金使用等重大和敏感问题，按照组织程序规范办理，全年未发生违反规定的人和事。

【工会工作】 组织开展“当好主力军、建功‘十一五’、和谐奔小康”竞赛活动。按照长庆局生产持续提速的要求，深入开展“创纪录、上水平、增效益”竞赛活动和“赛安全、赛质量、赛速度，比管理、比作风、比效益”为主要内容的“三赛三比”立功竞赛活动。

组织开展“监测质量提升”竞赛活动。以基层站为单位，开展站与站之间、站内各个业务之间、同一业务监测检验人员之间的工作质量竞赛。通过竞赛活动，提高了职工对质量问题的重视，进一步牢固树立了质量责任意识。

不断深化“创建学习型组织、争做知识型职工”活动。以职工个人成才为重点，号召各基层工会组织职工开展业务自学，积极考取国家一级建造师、国家环境影响评价师、检验师、注册安全师、无损检测专业资格证，取得了较好的效果。

（程雪涛）

培训中心

【概述】 2007年，培训中心以创建中国石油集团示范性教育培训基地为目标，扎实推进“教育培训质量年”和长庆局“技术大培训，岗位大练兵，技能大比武”活动，认真组织实施了一批重点和大型培训项目，实现了主要业务的快速发展，构建了稳定和谐的工作局面。全年培训 22322 人次，比 2006 年增长 22%；职前学制教育招生 1263 名，在校学生达到 2875 名，比 2006 年增加 14%；2007 年毕业生 822 名，就业率达到 97%；成人学历教育录取 1547 名，在册学员达到 4151 名。疗养旅游接待内外疗养旅游人员 3318 人次，比 2006 年增长 45%。

【职后培训】 2007 年，培训中心被命名为“中国石油长庆培训中心”，被中国石油集团确定为重点建设培训基地。承办了中国石油集团井下作业技师、技能专家、钳工技师，井控培训、土库曼斯坦钻井现场甲方人员培训、技能竞赛强化培训等重点项目。组织培训的变电站值班员和气焊工职业技能参赛选手在中国石油集团大赛中取得了“四银二铜”和“优秀组织奖”。尤其是井控培训推行“7+1+2”培训模式（每期培训班坚持理论培训 7 天、室内模拟训练 1 天、现场操作训练 2 天），成效显著。同时，积极落实培训工作“三个面向、五到现场”的要求，推行“双满意”培训服务，深入钻井工程总公司、水电厂、第三采油技术服务处、第四采油厂等 11 个单位，现场办班 20 期，培训员工 1053 人次，既解决了基层的工学矛盾，又锻炼了教师队伍。2007 年，共组织中国石油集团培训班 4 班次 241 人次；长庆油田分公司培训 90 班次 4325 人次；长庆局培训 193 班次 9538 人次；社会及周边市场培训 41 班次 1959 人次；井控培训 76 班次 6259 人次。

【职前培训】 2007 年，累计完成 111228 学时工作量。其中，常规教学工作量 87 班次 51888 学时，培训教学工作量 54240 学时，函授教学工作量 5100 学时。坚持常规教学督导工作，对教师的备、讲、辅、批、考五个环节组织定期检查，组织学生对任课教师的教学情况进行网上测评，掌握了教学的基本情况，并予以及时督促改进。本着突出学生技能操作训练的宗旨，按照“两压一增一提高”（压缩在校学制教育时间，压缩理论课时、增加实践教学环节、提高学生技能水平）的要求，修订了石油工程等 11 个专业的教学计划。

【成人教育】 2007 年，组织高起专、专升本、高起本 31 个专业 38 个班级 5800 人次的面授教学任务；组织了 7 个专业 927 名本、专科毕业生论文答辩及毕业工作。调整了本专科函授教学工作格局。从方便学员函授学习的需要出发，将长庆桥基地确定为专科面授教学点，师资以培训中心和陇东学院教师为主，方便了学员学习及教学工作；将临潼基地确定为本科教学点，依托西安石油大学和西安交通大学的师资组织教学，降低了办学成本。同时，在银川设立函授教学站，方便了学员就近学习。与此同时，我们征求西安石油大学等院校的意见，调整了学员成绩构成，调动了学员面授听课的积极性，长庆桥、临潼、银川三个面授教学点的学生课堂出勤率达到 45%，学员报到考试率达到 80%。

【科研工作】 为长庆局基层操作现场培训和冬训工作编写出版了《钻井操作技术》、《试油气操作技术》和《修井操作技术》三部基层操作现场培训多媒体教材，使培训教材更加规范科学。成功申请了 1 项局级科研项目，获得科研经费支持 48 万元。研制的 DPCS-2 井下作业井控模拟装置获得了长庆局科技进步三等奖，并取得了国家实用新型专利 1 项，通过了爱得思 BTEC 饭店管理 ND 项目的资质认证。

【办学投入】 2007 年，投入 549 万元。购置计算机 266 台，更换学生桌椅 700 套；新建管工工作台 70 个、钳工工作台 60 个、焊工和电工工作台各 20 个；投资 500 万元维修改造了长庆桥基地的职工公寓、培训公寓、学生宿舍，整修了校园电路和部分管网，修建了培训餐厅、职工食堂及4个小吃部，添置了一批食堂炊具，认真落实“三优一满意”活动，基地服务满意率达到91%。对未央湖、长庆桥、临潼三个基地进行了以计算机单机病毒防护为主的网络改造；对未央湖培训教室的多媒体系统进行了优化；改造升级了钻井室内井控模拟装置前台硬件设备，购买便携式钻井井控模拟器，在临潼培训基地筹建了井控培训工具实训室和安全防护设备实训室。实训基地的建设和实训设施的完善，改善了办学条件，为保障教学改革、加强技能训练奠定了基础。

【内部管理】 坚持职工代表大会制度，将校务公开、民主议事和民主监督作为民主管理的主要内容，形成制度。对科级干部提任、干部职称评审、职工退休、住房分配、物业补贴发放实行公示制度；招生工作坚持“公开、公正、公平、健康、有序、规范”的运行；基建维修、低值易耗品采购由经营办公室统一计划，下达通知书并监督实施；对5万元以上物资采购实行招投标和议标制度；对“三重一大”事项实行联席办公会议讨论制度，使教职员工在知情、议事、监督的基础上有效地行使了民主管理权利。加强对基层骨干培训，全年共组织中层干部、业务骨干、教师、服务员、锅炉工、驾驶员等培训班10期375人次，送外培训75人次，培训覆盖率达66%。

坚持“目标管理，过程控制，结果考核，责任追究”的原则，按年度下达基层建设的目标任务和基层党建工作任务书，每月召开领导工作例会，并在校园内网予以公布。在安排月度工作时，实现了行政工作与基层党建工作同步安排，同步落实，同步检查，同步考核；实行财务预警制度，有效地防止了费用超支。认真组织了《劳动合同法》宣贯，在充分摸底调研的基础上，理清了规范用工思路，制定了《社会化用工管理及工资实施暂行办法》，清理压缩社会化用工23名，积极稳妥组织了社会化用工择优转聘工作。通过挖掘长庆桥和临潼基地的资源潜力，弥补了基地收缩后的资源压力。

【安全生产】 全面实现了安全环保工作目标。以“安全环保基础年”活动为主线，扎实开展了安全环保宣传教育和培训，全方位落实安全监管责任，突出抓好以交通安全为主、重点领域、重点时段的安全监管，持续推进以风险管理为重点的HSE管理体系建设，建立了中心级HSE体系文件，在八达公司、运输队、锅炉房等部位全面实施了HSE体系，促进了安全管理水平的提升。

认真落实社会治安综合治理工作责任制、内部治安目标管理责任制、重大案件责任追究制，以创建平安校区为目标，以重点要害部位治安防范为重点，强化内部治安和消防管理，加强了师生员工法制安全教育和内外部治安环境治理，有效维护了校园治安秩序稳定。

【多元经济】 根据长庆局统一部署，制定了《培训中心规范职工股暨清理法人实体工作实施方案》，对临潼长庆实业发展公司、长庆沙棘油厂、陕西长庆石油旅行社3个关闭注销企业进行了财产清查和税务清算，对历史遗留问题进行了妥善处理；对八达公司职工股和资产进行了清查，兑付职工股置换资金682万元，并完成了工商变更手续，规范职工股工作全面完成，运行顺利平稳。八达公司坚持强化内部管理，加强安全监控，积极开拓内外部市场，实现产值4732.2万元，利润262.06万元，完成董事会下达利润计划的109.2%。

【精神文明建设】 西安项目部被确定为长庆局基层建设示范点，党群工作科被局企业文化处命名为“企业文化建设先进单位”。中心团委被局团委命名为“红旗团委”。井控培训站副站长张发展被长庆局树立为劳动模范，陇东项目部被长庆局树立为模范集体。2007年6月，培训中心顺利通过了甘肃省文明委“全国文明单位”复查验收。

（郭军霞）

资本运营部

【概述】 资本运营部下设科室7个。部领导班子成员3人，处级干部6人（包括正处级干部1人、专职监事2人），科级干部11人。职工（全部为干部）总数29人；男职工18人，女职工11人。中级职称12人，占干部总数的41%；副高级职称7人，占干部总数的24%。党员23人。

【主要指标】 2007年，长庆局多种经营企业完成经营总值43.5亿元、销售收入41.1亿元、利润总额2.6亿元、增加值12.0亿元，全员劳动生产率9.34万元/（人·年）。生产经营总值上亿元的企业16个。至2007年底，长庆局国有股权投资总额70643.45万元，累计分红19973.86万元，其中2006年分红7639万元；集体股权总额6362.72万元，累计分红3256.53万元，其中2006年分红1463万元。

【重点工作】 资本运营部以规范管理为基调，以清理、整合、调整为主线，以规范职工股、清理法人实体、加强股权管理为重点，积极稳妥推进多元经济钻井、井下作业、录井业务移交整合，有效促进控参股公司管理，较好地完成了长庆局下达的各项工作任务。

（1）根据长庆局有关要求，由资本运营部牵头，财务资产、人事等部门配合，先后编制了多种经营钻井、井下作业、录井队伍移交方案，按照“两移交一不变”的原则，坚持总体督办，积极跟进，抓住问题、及时协调，全面完成了整体移交。并确定了钻井、录井业务实行“委托经营”模式结算，井下作业实行租赁经营模式进行结算方式，确保了A类业务顺利结算。移交共涉及厂（处）单位8个，多种经营企业18家；实际移交钻机14部，涉及从业人员868人；移交井下作业机组66套，涉及从业人员1030人；移交录井队伍45支，涉及从业人员283人；移交资产原值2.92亿元，资产净值1.78亿元。通过移交，有效解决了多元经济与长庆局主业的业务雷同和同业竞争问题，促进了相关队伍的统一调动和规范管理。

（2）根据中国石油集团、长庆局规范职工股工作的总体部署和相关要求，把规范职工股作为2007年工作的重中之重，研究明确了规范职工股工作的原则、程序和要求，编制出台了长庆局规范职工股工作总体实施方案和指导意见，并先后三次筹备召开工作会议进行宣传动员和安排部署。会同有关部门督促指导32个单位依据长庆局总体要求编制上报各实施方案。协调组织职工股权专项审计，查证核实了职工的原始出资时间、股权数量、董事会分红方案以及配送股等基本情况。深入开展对职工持股企业的财产清查，坚持实物盘点同核实账务相结合、清理资产同核查负债与净资产相结合，有效掌握了各企业的资产和经营状况。按照先试点、后全面铺开的原则，在有效试点和总结经验的基础上，由领导带队，深入各单位进行现场调研和“一对一”指导服务，依法合规推进了全局性实施工作，有效确保职工股回购资金兑付工作的如期进行和规范职工股任务的圆满完成。本次规范职工股，长庆局共兑付资金 5.459 亿元，其中，国有受让职工股权 4.285 亿元，溢价额 1.132 亿元；集体受让职工股权 0.190 亿元，溢价额 0.043 亿元。

(3) 根据中国石油集团、长庆局清理法人实体要求，并着眼多种经营持续发展需要，以减少法人实体数量、压缩法人实体层级，在年底前将全局多种经营法人实体缩减至 40 家以内的目标，对多种经营系统的法人实体逐个反复研究，与规范职工股合并编制了规范清理工作实施方案，确定了各企业的股权结构、业务定位和下一步管理方式，明确了对多种经营法人实体实施专业化、集团化重组的基本方向，并研究完成多种经营系统化工产业整合重组方案。对多种经营企业移交主业边远采油井资产情况进行调查，涉及 5 个单位的 86 口油井、2 座接转站和 1 座总站，经审计确认资产 2697.90 万元。经研究并报请中国石油集团批复，对多种经营企业移交矿区服务系统的资产进行了妥善处置。通过清理，全局法人实体由 2006 年的 86 家（不含中国石油集团控股的法人企业）减少到 38 家。

(4) 以规范公司治理运作、加强公司监管、维护保障长庆局权益为目标，推进股权管理内控体系建设，编制并下发《全面风险管理手册（股权管理分册）》，成为长庆局风险管理的样板专业。认真抓好长庆局控、参股公司的议案审理和长庆局股权决策的督促落实，全年审议各类议案 221 个。加强控股公司监管，对长庆局属 6 家控股公司进行实地调研，并完成了经理班子业绩考核，解决了地产集团资金危机及所属多种经营企业的整合、长实集团西奇公司债权转换等复杂问题。就地产集团发展定位与管理模式进行了认真研究。对长庆局所投资公司股权价值逐一进行分析，初步完成了公司价值评价报告。加强出资人代表管理，修订完成《股东代表、董事、监事履职考核奖惩暂行办法》，制定下发了《控股公司经理班子综合业绩考核指导意见》；会同人事劳资处提出股权代表和股权管理委员会调整意见，报长庆局及时进行了决策和调整；完成对 30 多名出资人代表的行权履职评价报告；研究制定长庆局《关于全面推行专职董监事制度的实施方案》，并配合抓好组织实施工作。加强股权管理基础工作，及时进行了股权管理信息系统维护更新，并按照中国石油集团要求，举办股权管理信息系统培训班，顺利完成了信息系统升级后的操作维护和资料更新。

(5) 加强系统管理，制定并及时下发多种经营 2007 年发展指导计划，形成了《关于加强多种经营企业管理的若干意见》、《监管企业管理办法》。分陕西、宁夏、陇东等片区召开 2007 年多种经营系统工作会议，对系统先进集体、先进个人进行了表彰。派员赴大庆、辽河、四川等油田调研多种经营管理工作，完成专题调查报告。加强多种经营财务管理，完成系统财务决算，实现结算资金 29.72 亿元，其中，长庆油田分公司 9.57 亿元、长庆局 20.15 亿元。督促华油公司搞好清欠工作，收回货币资金 1272 万元、实物资产 1697 万元。加强项目投资管理，审查多种经营投资项目 7 个、涉及投资 2.56 亿元；开展规范清理所涉及的历史投资项目调研，对 5 个利用职工借款建设的项目提出了处置意见；编制并向中国石油集团上报《长庆局股权投资业务发展规划》；开展集体资产管理和发展专项研究，完成《多种经营系统油田化学企业整合重组实施方案》，以及野营房业务、建筑施工业务摸底调查工作；做好项目开发储备，完成《咸阳市地热资源开发利用项目调研报告》。着眼多种经营发展需要，与西北大学合作完成长庆局软科学课题《长庆局多种经营资源整合及管理研究》。加强业务培训，举办了多种经营企业厂长（经理）培训班。

(6) 结合长庆局 2007 年安全环保目标和

多种经营实际，制订了《多种经营系统 2007 年安全环保质量工作要点》、《长庆局多种经营系统 2007 年安全环保基础年活动实施方案》，分专项、分阶段开展安全生产检查督导工作，确保了生产经营的安全平稳运行。审核多种经营企业车辆准入 1114 台，组织安装 GPS 系统 729 台。编制和修订完善了长庆局《多种经营装备制造业“十一五”发展规划》。起草下发《关于加强多种经营企业器材物资采购管理的通知》，参与修订《长庆局价格管理办法》，疏通了内部产品采供政策。截至 12 月 10 日，全局内部产品实现销售收入 14.72 亿元，比 2006 年增长 6.89%，其中，长庆局市场 6.96 亿元、长庆油田分公司市场 5.54 亿元、社会市场 2.22 亿元。其中，多种经营产品企业实现销售收入 7.87 亿元，比 2006 年增长 11.35%（其中，长庆局市场 4.99 亿元、长庆油田分公司市场 1.95 亿元、社会市场 0.93 亿元）。强化内部产品质量管理，长庆局两次质量抽查的 11 个生产厂点、67 批次产品全部合格，为历年最好。内部产品年内未发生质量投诉事件。

（7）对泾河医院合作办医问题，与陕西省人民医院进行了 12 次反复商谈，使合作方式从最初的股份制办院模式到合作办医、合作建院、合资设立股份制医院，调整为“土地一次性转让”方式，并正式签订了土地转让合同。

对陕西长庆专用车制造有限公司改制合作涉及的有关问题，多次与合作方蓝溪集团进行了正式协商、书面函件沟通，并协调运输处、陕西长庆专用车制造有限公司，解决了厂房租赁事项。会同财务资产处审核了《长庆局所属客车改装厂改制项目资产评估报告书》（共三册），赴中国石油集团就资产评估备案事项进行了专题汇报，完成评估备案。结合当前实际情况变化，重点就下一步合资合作模式进行了深入的沟通和谈判，并起草了有关商谈纪要，拟从源头上解决土地过户等一系列关键问题。

（8）根据中油资字［2007］454 号文件和中国石油集团有关会议精神，长庆局成立了领导小组，统一负责加油站移交工作的组织领导和协调。完成了移交工作涉及的 37 座加油（气）站、油库基础资料的收集汇总，编制了《长庆局成品油销售业务整合及产权转让方案》，提交移交领导小组及相关部门审定后，协调组织实施；积极承办并圆满完成了中国石油股份在长庆召开的两次成品油销售业务整合协调座谈会的组织与接待工作。

（9）按照长庆局资本运营、多元经济工作的统一部署，加强领导班子建设，做到职责明确、团结协作、相互支持。制定了《资本运营部推进“四好”领导班子创建活动实施方案》。加强党群组织建设，推进民主管理和部务公开，组建成立了两个党支部，培养党员发展对象 2 名，确定入党积极分子 4 名。“七一”前夕，部党总支邀请陕西省委党校蔡世忠教授，以《用党的建设创新理论推进党的建设伟大工程》为题，开展党课教育；组织参观有革命“红色桥梁”美誉的西安八路军办事处纪念馆，重温入党誓词，增强党员、干部、入党积极分子的大局意识、责任意识和使命意识。组织大家认真学习十七大报告等系列文献，并结合本部工作进行座谈讨论。加强党风廉政建设，根据局党委、局机关党委安排，发出了转变作风“公开承诺书”；组织领导班子成员向全体职工进行了公开承诺，广泛接受民主监督。完成部室合同管理信息系统中的机构、人员、业务管理流程的初始化设置工作，为长庆局合同管理系统全面上线试运行做好准备。强化长庆多元经济网、部门门户网站等信息窗口服务，制定《资本运营部网站管理暂行办法》，网上发布信息 100 余条、通知公告 30 余条。

（李天琛）

交通服务处

【概述】 交通服务处设机关职能科室3个，基层单位2个。年用工总量136人，其中合同化员工118人（处领导2人、科级干部10人、一般干部11人，驾驶员68人、修理人员16人、内退职工11人）、合同制员工7人、社会化劳动用工11人。有各种类型小汽车78辆，各类机修设备、机具10台（套），设备新度系数0.51。固定资产原值4553.85万元，资产净值2437.41万元。

【经营指标】 2007年，经营收入2446万元，成本支出3254万元，内部利润-808万元，减亏10万元。车辆完好率100%，平均出勤率91.3%，比2006年上升了3.1个百分点。共行驶350万千米，完成目标的110%。2007年，维修车辆1864台次，其中，一级维护627台次、二级维护597台次、项目修理640台次、大修发动机17台次。

【经营管理】 根据长庆局下达的经营指标，层层分解加大考核力度，严格奖罚兑现，做到指标到位、措施到位、考核到位。定期检查IC加油卡使用情况，对汽车配件进行市场价格、质量调研，及时规范管理办法和运行程序。重点抓住设备维修、燃油消耗、车辆保险等主要环节，实行成本目标管理、动态管理。进一步强化生产运行管理，强化调度岗位职责，保证生产工作有效运行；加强设备管理，加大车辆回场检查工作力度，完善检验办法，落实工作责任，有力地提高了设备保障能力。

【安全生产】 进一步明确全员安全生产责任，着力夯实安全环保基础工作，不断提高管理水平。牢固树立“安全是天、是政治、是大局、是责任、是最大效益”的理念，扎实持久地抓好安全生产基础工作。深入开展个人无违章、岗位无隐患、班组无违纪，基层队、厂无事故的“四无”活动。把汽车驾驶操作技能、职业道德、行为举止、服务态度和车容车貌作为培训内容，利用冬季设备整修、生产启动前的一段时间，对驾驶员进行为期两周的集中学习和培训，参加的各类人员60多人。全面开展行车风险分析，落实和完善车队HSE“一书一表”管理的同时，切实抓好设备管理，杜绝物的不安全因素。进一步完善以《机动车辆信息库》为主的设备档案。全面运行车辆GPS监控系统，定期讲评监控情况，及时处理违章超速人员。严把车辆回场检验关，全年累计检验回场车辆1800多台次，回场检验率达到了100%。强化车辆修理质量管理。加强修理过程、换件、检验管理，严格进出厂检验，严格修理过程中的自检、互检，及时纠正和处理修理质量责任问题，使修理质量、修理时效得到很大程度的提高，保证了车辆的正常运行。全面开展“红旗设备”检查讲评活动，坚持季度集中检查和日常检查相结合，全年检查车辆200多台次，覆盖率达到100%，达标率90%，评出“红旗设备”30多台次。

【队伍建设】 认真开展基层党建量化考核工作，重新调整、划分党支部，开展好党支部“六个一”创建活动，为更好地发挥党支部的战斗堡垒作用和党员的先锋模范作用起到了积极的促进作用。认真做好职工思想教育工作，各党支部、各级管理干部与职工谈心交心100多人次。重点做好一人一事的思想教育转化工作，收到了较好的效果。通过思想教育工作，职工队伍发生了根本性的变化，提高了服务质量。在设备管理、安全生产、优质服务、车辆出勤率等方面有了明显的提高，涌现出许多完成任务好、优质服务好、安全生产好的驾驶员。表彰了11名局、处两级“百万千米优秀驾驶员”(其中局级5名，处级6名)。

抓好干部队伍建设和基层队伍管理。加强各级班子、干部队伍党风廉政建设，严肃纪律、严格制度和加强内控管理，自觉抵制各种不良风气的侵蚀，认真解决思想作风、工作作风、领导作风和生活作风方面的认识问题，始终做到自重、自省、自警、自励。按照长庆局党委关于领导干部“公开承诺，转变作风”的要求，副科级以上干部分别在干部大会、职工大会等不同层面进行公开承诺，接受监督。职工培训工作做到两个结合：个人自学与参加培训相结合、学习与技能考核相结合。举办技能培训班2期，参加人员80多人次；参加长庆局安全生产、设备管理、财会业务、劳资系统、党群工作、纪检监察、企业文化、档案文秘等各类培训班23期，参加人员36人次。慰问职工遗属和生病住院职工30多人次、发放慰问金16.50万元；开展“送温暖、献爱心”社会捐助活动，捐助衣物和现金3000多元。年终评选出先进集体2个；先进个人6名、“岗位明星”5名；表彰“先进党支部”1个、“优秀共产党员”7名；受到长庆局、局党委表彰的先进集体1个、“先进党支部”1个、“优秀共产党员”1名、先进个人1名。

（郭光明）

长庆宾馆

【概述】　2007年，长庆宾馆按照长庆局“发展大油田、建设大气田，创建模范和谐矿区”的总体工作部署，坚持“以人为本、关爱员工、构建和谐”的发展主题，进一步夯实过程管理、改善经营环境、关注细节服务、有效提高了服务意识、提升了管理与服务水平。大力开展“感动企业、感动宾客、感动自己”和“学大庆、学阳光、学刘玲玲，为宾馆发展作贡献”主题教育活动，广大员工凝聚力、向心力显著增强，队伍建设稳步提高，较好地完成了各项工作指标。

截至2007年底，机构设置为7部1室，即综合办公室、财务部、销售部、房务部、餐饮部、综合经营部、工程部和保安部。员工272人，其中，合同化员工49人、合同制员工59人、社会化员工164人。

【经营指标】　全年实现主营业务收入3281万元，比2006年增长17.4%；向国家及地方政府缴纳各种税金、附加费150万元，主营业务实现利润162万元。

【经营管理】

（1）建立健全质量、健康安全环境长效机制，进一步完善了QHSE管理体系，开展QHSE管理体系复审前期阶段性自查自改活动，及时督促整改不合格项，使过程管理日趋科学化、规范化，实现了从制度管理向自主管理的转变、从领导负责向共同负责的转变、从惩罚性制度向激励性制度的转变、从重在事后处理向事前预防管理的转变、从防范状态向受控状态的转变、从被动参与向主动参与的转变、从组织行为向团队行为的转变、从自我预防向体系预防的转变，使宾馆自主管理能力明显提高，员工对危险的辨识与削减水平明显提高，事故管理、分析服务质量水平明显提高，部门应急反应能力明显提高。

（2）强化执行力，落实责任制。继续坚持每日工作晨会制，每周工作例会、每月工作总结、每季工作考核制度。认真回复、落实宾客投诉、部门反映的问题，并在第一时间内解决，在管理层积极倡导现场走动式管理，有效地引导员工按照服务规范为宾客提供细致周到的贴心服务。在操作层倡导“金钥匙”服务理念，竭尽全力为宾客提供“满意加惊喜的服务”。在服务工作中，竭尽全能为宾客提供服务，合理满足或超越客人的期望，把方便留给客人。针对不同需求层次，提供个性化服务，切实做好服务延伸，不断关注细节，做到“以情感人、用心服务”，凸显宾馆个性化服务，树立了良好的服务品质。全年接待宾客33万人次，无重大投诉。

（3）强化全员培训，提升执业素质。完善员工培训资料包，修订《员工手册》、制作《礼仪礼貌培训教材》、《酒店英语培训教材》、《饭店服务100问》、《服务质量案例》、《食品卫生与公共场所卫生常识》等培训手册。通过举办安全和综合知识竞赛等多种途径，普及员工的酒店专业知识、奥运知识、旅游知识、消防安全知识，提高了员工的综合素质和业务能力，为宾馆服务质量的稳步提升奠定了基础。大力开展员工技能等级取证培训。先后组织了前厅、客房、公卫、商品、洗衣、仓管、维修电工、电焊工、钳工、经管员等十个工种的技能等级考试，有77人参加、73人取得了技能等级证书。其中，高级工17人、中级工20人、初级工36人，通过率94%。

（4）关爱员工，营造和谐。领导班子始终心系员工，把不断改善员工工作、生活环境和提高员工收入水平作为重点工作来抓，不断提高员工满意度，构建和谐企业，营造温馨工作环境。加大硬件设施改造，为员工创造舒适工作环境。为楼层工作间安装了空调，洗衣房安装了通风设备，对前台管理系统进行了更新和改造，配置了电脑和扫描仪，简便了登记手续，提高了工作效率；改善员工生活环境，先后为员工宿舍添置了电视机，为更衣室添置更衣柜，对员工洗手间空调和热水系统进行了改造，提高了舒适度；提高员工就餐标准，制订员工餐菜谱，较好地改善了员工伙食，使员工能够更好地投入工作；创办员工之家，设置员工图书阅览角，组织员工春游及各种联谊和文体活动，极大地丰富了员工的业余文化生活，使员工队伍和谐稳定，全年没有一起员工投诉和上访事件发生。不断寻求新的经济增长点，提高员工收入，在企业发展的同时，企业的成果惠及员工，员工收入与2006年同期相比增长15%以上，较好地体现了企业与员工同进步、同发展。

（5）改善环境，回报宾客。继续加大对硬件设施改造，解决了建馆初期硬件方面的“硬伤”。截至2007年底，已投资100余万元，对宾馆客房的宽带网、龙梅厅、公共卫生间的热水空调系统、洗衣房的排风系统、客房的空调系统、前台、舞厅的工程改造和客房电视机更换，为宾客提供健康环保产品，既提高了宾客满意度，也改善了员工工作环境。

（6）开源节流，降本增效，实现宾馆节约发展、绿色发展、健康发展。培养员工勤俭节约的思想意识，充分发挥各层级、各岗位员工的聪明才智，通过相互交流、不断总结经验，营造勤俭节约的企业文化氛围；采取有效措施，不断降低成本，采购工作深入市场调查，货比三家，通过价格、质量进行公平竞争，择优选择供货商，仅此项措施全年节约成本27.3万元；创建宾馆OA办公系统，实现了网络文件传阅，有效地压缩了办公费用；在客房经营与管理中，加强对一次性易耗品的回收工作，进行有效利用，建立相应奖罚制度，使此项工作逐步制度化、规范化。

【精神文明建设】 加强领导班子党风廉政建设，提高党员干部廉洁自律能力。按照长庆局党委、长庆局的部署，坚持“标本兼治、综合治理、惩防并举、注重预防”的反腐倡廉战略方针，继续抓好领导干部的教育，组织干部深入学习胡锦涛总书记在中纪委七次全会上的讲话精神，提高领导干部理论水平。切实抓好责任落实。明确了党政“一把手”是领导干部作风建设的第一责任人，对本单位领导干部作风建设负总责。扎实开展“加强作风建设，促进廉洁从业”主题教育。党总支高度重视，积极响应，认真开展党支部“六个一”创建主题教育活动，积极参加了长庆局举办的“领导干部作风建设和廉洁从业”知识竞答活动，有力地促进了领导班子和中高层管理人员廉洁自律能力的提高。2007年，中、高层管理人员没有发生一起违纪违法事件。

按照“五种能力”和“四好班子”建设要求，及时调整领导班子成员分工，明确职责，做到了人人有专责、事事有人管。加强工作协调和沟通，不断提高执行力。严格执行议事规则和决策程序，强化集体领导意识，重大问题和决策，必须召开专题办公会，集体研究决定，形成了靠制度管人、按程序办事的工作机制；牢固树立以人为本的科学理念，全面落实稳定工作责任制，设立了员工意见箱和总经理接待日制度，强化重点问题排查走访和处理，协调利益关系，化解矛盾，确保单位和员工队伍稳定；坚持民主生活会制度，开展批评与自我批评，及时沟通思想，化解矛盾，有效解决自身存在的问题，班子成员相互支持，密切配合，整体功能有效发挥；根据长庆局党委、长庆局的部署，研究制定了长庆宾馆中、高层管理人员以转变工作作风为主要内容的“公开承诺”实施办法，宾馆领导班子成员均在宾馆中、高层管理人员会议上向员工进行了公开承诺。

（张靖福）

乳山职工培训中心（乳山长庆公司）

【概述】 截至2007年12月底，乳山职工培训中心（以下简称乳山培训中心）机关设有3个职能科室、4个直属单位。受长庆局委托，负责管理中美合资乳山隆达美西橡胶制品有限公司、中韩合资乳山韩京摩擦材料有限公司。用工总量150人，其中，合同化员工36人（管理人员30人、操作服务人员6人）、合同制员工69人、社会化劳务用工45人。

乳山培训中心及两合资企业固定资产原值5742.32万元，净值2044.06万元，年计提折旧206.72万元，待摊销递延及无形资产806.61万元。其中，中心固定资产原值3560.32万元，净值966.06万元，年折旧47.72万元，待摊销无形资产813.32万元。

【经营思路和目标】 以加快发展为中心，立足乳山求生存，服务油田求发展，大力推进技术和管理创新，加大市场开发力度，加强经营管理，强化安全生产，努力改善职工生产、生活条件，全面完成了长庆局下达的以收抵支的预算费用指标。法人企业实现经营收入4000万元，实现利润100万元。

【主要工作】

（1）认真贯彻落实长庆局2007年度工作会议精神和对乳山培训中心的要求，提出了“在市场开发上下工大，在经营管理上做文章，在降本增效上看效果，在职工收入上见实惠”的工作主题；明确了“乳山硬稳住、庆阳快发展、立足乳山求生存、服务油田谋发展”的基本思路；提出了“聚精会神抓经营、一心一意谋发展，理性务实、创新创效、平稳运行、和谐发展”的工作要求。

（2）根据长庆局下达经营承包责任书及相关工作要求，与各单位、各部门分别签订了2007年《目标经营承包责任书》、《安全生产、环境保护责任书》、《党风廉政建设责任书》。对生产经营单位坚持“划线考核”，增大经营班子压力，建立绩效分配机制，实行经营层年度考核兑现制、管理人员月薪制、操作层计件制；加大对经营者的奖惩力度，鼓励经营单位快发展、多创收。

（3）加强财务管理，开展增收节支。按项目成本分月预算全年资金使用情况，并将收入、费用分解到各个生产环节、各部门，做到层层有指标，人人有压力。规范资金决策程序，严格控制费用支出，努力抓好增收节支，确保了费用不超。按照“现金流第一、利润第二”的原则，加快资金回收，确保资金良性循环，提高资金运营效率。

（4）加强安全管理，确保生产平稳有序。组织开展“安全环保基础年”、“安全生产月”、“安全生产警示周”等一系列活动，推进了安全文化建设，建立健全了安全生产管理体系，确保了中心全年安全平稳运行。

（5）加大营销管理力度，市场开发有新突破。乳山隆达公司堵漏系列产品销往海外。韩京公司经过一年多的努力已成为陕西汉德车桥公司份额最大的摩擦片供应商，北方奔驰市场实现新突破，累计供货5万片，实现销售收入近100万元。庆阳隆达工程公司完成了吴定分厂的建设，为公司更好地占领油田市场创造了条件。

（6）强化质量管理，提高产品档次和水平。乳山隆达公司通过了中国质量认证中心湖南评审中心对公司质量体系的年度审核。韩京公司通过了ISO/TS 16949质量管理体系认证审核。庆阳隆达工程公司开展了以优质服务、优良作风、优良业绩和让客户满意为主要内容的“三优一满意”活动，不断提高产品质量与服务质量。

（7）加强基础管理工作，不断提高整体运行质量。隆达公司继续推行6S管理，并将6S管理工作纳入绩效考核体系中，与工资、奖金挂钩。韩京公司全面推行计件工资制度，使公司在人员减少的情况下，产量比2006年上升了51.4％。庆阳公司狠抓企业内部管理，先后制订了库房管理、物资采购等12项规章制度，杜绝了违章现象的发生，规范了企业经营行为。

（8）加强党建工作与员工思想政治工作。全面推进思想宣传工作、基层党的建设、领导班子建设、员工队伍建设、党支部“六个一”创建工作及党风廉政建设。按照长庆局党委的安排部署，领导班子成员和机关开展了“公开承诺、转变作风”活动。认真学习、宣传、贯彻长庆局《企业精神理念体系》和《员工行为规范体系》，得到了广大员工的认同。

（9）员工培训工作成效显著。全年有19名员工参加学历培训，有10名员工通过培训提高了学历层次。全年参加局及外部培训班15期，培训23人次，各单位共举办各类培训班20期，培训134人次，完成年培训计划的100％。

（10）坚持以人为本，努力改善员工工作、生活条件，提高员工福利待遇水平，将发展成果惠及广大员工、家属。投资近百万元，修建了灯光球场、维修了办公楼和公寓楼、更换了住宅楼水管线，创建了整洁、文明、安全、和谐的工作和生活环境。

（成秀梅）

塔里木第八勘探公司

【概述】 2007 年，塔里木第八勘探公司（以下简称第八勘探公司）紧紧抓住发展机遇，努力发挥自身优势，集中力量开拓钻井市场，同时发挥长庆筑路在新疆的品牌效应，积极开发中石化西北局市场。钻井市场开发取得较大进展，各项生产提速初见成效。完成钻井进尺 64473 米，完成产值 13400 万元（未含道路工程完成产值 6000 余万元）。

第八勘探公司设综合管理部、财务资产部，有 5 部钻机（70538、70539、70540、70561、70562）。工区拥有道桥、产建施工设备 50 余台（套），运输车辆 60 余台。2007 年在册职工 380 人（不包括临时工），分属钻井工程总公司新疆项目部及建设工程总公司新疆工区。其中，钻井工程总公司新疆项目部有职工 237 人、建设工程总公司新疆工区有职工 143 人。第八勘探公司员工中取得大专及以上学历的有 65 人、中专学历 28 人、高中以下 287 人，高级工程师 3 人、工程师（助理工程师）26 人，技师 12 人、中级工 213 人、初级工 126 人。

【钻井生产】 2007 年，动用钻机 5 部（中石化西北局塔河油田部署 2 部、塔里木油田部署 3 部），年开井 12 口，完井 11 口，2007 年等停时间 282.25 天，钻井进尺 64473 米，完成目标工作量的 107.5%。生产时间 29201.56 小时、占总时间的 88.56%，纯钻进时间 9021.55 小时、占钻井总时间的 27.36%，非生产时间 3770.94 小时、占钻井总时间的 11.44%。钻机月速度比 2006 年提高 540 米/（台·月），平均机械钻速 6.72 米/小时，比 2006 年提高 1.29 米/小时，钻井周期比 2006 年缩短 23.67 天，平均井深比 2006 年减少 209 米。完成井的井身质量合格率达到 100%，优良率达到 100%。70538 钻井队承钻的 AD2 井和 70539 队承钻的 TK1033H 井、TK1045 井被中石化西北局评定为优质井。

【建筑施工】 新疆工区鄯吐高速道路工程、英买力气田道路工程和 G315 河堤防护工程分别在 3 月份平稳启动。英买力气田道路工程于 5 月上旬全面完工；连霍国道鄯吐高速一标段路基桥涵工程主体工程于 11 月中旬完工，实现了节点目标；G315 河堤三项新增防护工程由于设计变更，只完成新增工程中的两项。全年共完成施工产值 6000 多万元。

【创新指标】 第八勘探公司 2007 年在塔里木盆地北段勘探开发钻井中部分指标创造了进入塔里木盆地以来最好水平。

（1）2007 年 1 月，70562 钻井队以月进尺 4614 米，刷新了 70539 钻井队创造的月进尺 4360 米的纪录。

（2）70562 钻井队施工的 LG15－19 井使用的 MS1952SS 型 PDC 钻头钻井进尺达到 3647 米，刷新该队在 LG16－3 井使用同类型钻头进尺 2974 米的纪录，创第八勘探公司钻头使用最优指标。

（3）70540 钻井队承钻的 HQ5 井 24.4 天顺利完钻，同时实现了从二开单只钻头完钻的突破。

（4）2007 年 12 月 9 日，70562 钻井队进入塔中油田进行中古 203 井施工作业，这是长庆钻井史上第一次进入沙漠腹地施工。

（5）TK1033H 井、AD2 井、TK1045 井连续三口井先后被甲方评为优质井。

（6）2007 年 12 月 18 日，以 352 天的有效工作日，年钻井进尺突破 6 万米大关，创年累计钻井进尺最好成绩。

（7）2007 年 12 月 21 日，70539 钻井队年累计钻井进尺突破 2 万米，刷新单支钻井队年累计进尺最好成绩。

【生产管理】

（1）从精、细、严入手，坚持做到管理靠前，计划超前，组织超前，服务超前，急事不过夜，要事不倒手，全力以赴保生产。

（2）不断优化生产组织程序，提前排出月度生产计划运行大表，按时召开周生产例会、月度生产会，针对工作中存在的问题，及时制定整改措施，并安排专人负责督促落实。

（3）将全月非生产时效控制目标层层分解到各办公室和钻井队，重点抓好生产物资供应、搬迁运力调派、安全措施的制订与落实、大型作业的组织、技术方案的执行等关键环节，为提高工作效率和服务质量奠定良好基础。

（4）制订了详细的防汛工作预案，储备了足量的防汛物资和生产生活物资。各级领导带队严格检查，及时整改隐患。汛期各单位加强 24 小时值班，及时掌握汛情动态，保证信息畅通，确保了钻井、道路施工工作顺利进行。

【安全工作】

（1）深入开展“安全环保基础年”、“百日安全无事故”、“安全月”、“安全警示周”等活动。形成上下齐抓共管，人人重视安全，群防群治隐患违章的格局。

（2）先后修订了“消防工作管理”、“外雇车辆交通管理”、“人员倒休乘车安全管理”、“安全设施定人定责管理”、“现场监督员考核管理”等制度，补充完善了井控、防火防爆、防中毒、防洪防汛、防工业事故、防有毒有害气体、防环境污染、防冻解冻等应急预案，通过实施演练，提高了紧急状态下的应急处置能力。

（3）组织 36 名职工参加了塔里木油田的井控持证培训，组织 89 名职工参加防 H_2S 取证和复审培训。各井队利用井间等停时间，由队干部、生产骨干集中为职工授课，开展各种操作规程、消防知识、冬季安全操作规程培训，将培训考核与职工的奖金分配挂钩，保证了培训质量。

【党建工作】 第八勘探公司截至 2007 年底共有党员 108 人，公司党委下设党总支部 2 个、党支部 11 个。党建工作主要抓了以下几项工作：

一是建立了新的教育制度。把党章规定的党员义务与党员的岗位职责相结合，建立了以监督、检查、考核、评比、奖惩为主要内容的目标管理制度，用党章和党内法规严格规范党员行为，从而增强了党员的服务意识。

二是开展了“担当主力军，党员站头排”活动。把党员的承诺公布于众，接受职工群众的监督和检验；在力所能及的范围内党员每年为群众做 1—2 件实事、好事，不断增强服务群众的实效性。春节、国庆节期间，全体党员向困难职工群众捐款 8050 元。

三是狠抓了党委中心组和干部员工的理论学习。重点学习了《党章》、“三个代表”重要思想、科学发展观、十七大精神等，并按党委中心组、各项目部机关和基层党支部三个层次实施，分别列出计划安排，保证学习落到实处。

四是扎实开展了党员集中教育月系列活动。参加集中学习的副处级以上党员领导干部共有2名，科级党员干部13名，普通党员95名。108名党员全部参加了自我评议，各党支部结合群众评议和党员自我评议，组织召开了支部会议，对每一名党员在遵守公司管理制度和廉洁从业方面的表现进行了讲评。对发现的问题，各支部、党员制订了切实可行的改进措施，逐一进行整改。

【纪检监察工作】 进一步加强廉政文化建设，积极引导党员干部树立尊廉崇洁、积极向上、无私奉献的思想道德情操，增强政治素养，自觉养成守法、诚信、自律的良好行为规范，抵制腐朽思想和不良风气的侵蚀，筑牢拒腐防变的思想道德防线。围绕构建惩防体系的工作任务和目标，督促所属各单位制订和完善了相关制度。同时，成立了纪检监察小组，定期或不定期地深入各基层单位开展效能监察，由此消除了管理上的漏洞。认真落实“六个要坚持、六个不允许”的具体要求，切实转变各级领导干部作风，按照长庆局党委的部署要求，在各级管理人员中开展了“公开承诺，转变作风”活动。

【工会工作】 截至2007年底，共有工会会员368人，下设基层工会8个，工会小组25个。全年围绕加强基层工会自身建设，严格按照《中国工会章程》对两级工会组织进行了改选和增补选，改选了5个基层工会，组建了钻井项目部机关工会，增补选了16名委员。2007年新吸收工会会员48人，使符合规定的职工入会率达到了100%。积极组织各钻井队立足生产、建功创优，队与队之间、班与班之间展开竞赛活动，不断提高职工操作技能。从7月开始，开展了“大干100天，打好原油上产攻坚战”劳动竞赛。5支钻井队先后刷新、创造16项劳动竞赛新指标。规范基层民主管理，在钻井队成立了队务公开领导小组、在工会委员会内设立了队务公开监督小组，制订了队务公开制度、检查通报制度、信息反馈制度。建立了民主信箱。将经营政策、职工各种收入、奖惩、干部职责履行、培训计划及执行、重要岗位的人员聘用、党员发展、材料消耗、办公与招待费、党风廉政建设等职工普遍关注的或直接涉及职工切身利益的10个方面的情况定期、定时进行公开或公示。增加了管理透明度，推进了民主管理。

【共青团工作】 截至2007年底，共有团员185人，下设团总支2个，团支部8个。2007年，以争创“青年文明号”和“青年示范岗”活动为载体，坚持不懈地抓好团支部建设，充分发挥了团支部的战斗堡垒作用。一是认真落实“三会一课”制度，定期召开“支部大会”、“支部委员会”、“民主生活会”，及时总结交流，安排部署工作。团总支根据工作需要，整理搜集相关材料，编辑成团课教材，采取轮训的形式，由团干部授课，定期组织团员学习，有计划、有目的对团员进行思想及职业道德教育。

二是建立健全团支部专项档案，专人负责管理，将团支部工作档案详细分为10个科目，对团支部各项工作进行详细记载、备案。钻井项目部团总支开设了计算机培训班和英语辅导班，从基础知识教起，注重实践操作能力，为实现人才储备奠定了基础。将英语学习列入年度学习计划，着重学习钻井专业英语，循序渐进，逐步提高了团员的听、写、读能力，并举办了3次英语演讲比赛。

【综合治理工作】 按照“谁主管，谁负责”的原则，不断加大社会治安综合治理工作力度，充分发挥党政工团齐抓共管机制的作用。下发了2007年社会治安综合治理工作要求。进一步完善了基层综合治理的基础工作，各基层单位成立了社会治安综合治理领导小组，并指定专人负责汇报本单位综合治理工作开展情况。公司党政主要领导与基层党政一把手签订了社会治安综合治理目标责任书。狠抓内部治安目标责任制的落实，坚持把治安防范与安全生产同安排、同落实，实行年终考核与经济效益挂钩、与政绩挂钩。形成了维护内部治安秩序稳定人人有责的工作局面。

（伏　宁）

北京办事处

【概述】　北京办事处机关设综合管理科、经营财务科，基层设接待服务部、物业管理部。共有员工 26 人，其中，在职社会化员工 20 人、内部退休 2 人、买断并办理退休手续 1 人、合同化用工 3 人。

【接待服务】　办事处在现有条件的情况下尽心尽力为油田来京办事人员提供了良好的服务。在住宿困难的情况下为了满足需要，办事处调整领导办公室，腾出了原先占用的部分客房和清理了部分职工占用的客房。在长庆局领导和机关处室的支持下，对其中部分房间进行了简单维修和粉刷，更换了部分变形和漏风的窗户及床铺，使接待用房达到了 20 间，基本满足了住宿需要。2007 年，长庆局在北京举办了四期处级干部和中青年干部学习班，每班 30—40 人，为了做好接、送站，三名科室长在完成本职工作的情况下，顶车接送，最多一人一天跑飞机场达三趟之多；年底来京的局领导、机关处室长、工作人员较为集中，为了搞好接待，几位科室长有的连续四个周末、周日不能休息。在几个培训班学员学习期间，办事处几位领导多次到干部学院看望学员，征询大家意见，代表局领导送去水果和饮料，在中秋节给每个学员送上月饼。2 月下旬，局财务处的同志来京汇报年终结算，为了使他们能较好地完成工作任务，不但为他们外出提供方便，而且将办事处机关办公的房间、电脑优先让给他们使用，努力做好业务配合与接待工作。全年先后接待了 9 位退休的前长庆油田老领导。有的老领导已多年不到北京，有的已年届八旬。为保证他们办事、观光方便，我们专人专车配属，提供一切方便，使每位老领导都高兴而来，满意而归。在为领导和长庆局出差人员办事的同时，也把为油田职工、家属办事作为我们一项重要任务。经过多方努力，先后与北京十个医院建立了联系，并通过长庆局两办的网页发送了医院专长、联系电话、门诊时间、地点等信息，同时公布了办事处领导、几位科室长的办公电话和手机，为来京看病职工提供接送、联系、买药等服务。为了方便普通职工一家住宿，办事处还将一楼几间客房进行了简单粉刷，开设了三人间。对确实经济困难的，给予免费住宿。据不完全统计，全年免住宿费近 12 万元。

2007 年，对油田重点工作保证率和交办事项完成率均达到 99％以上，共接待长庆局、长庆油田分公司以及局属单位来京出差的人员 5843 人次，提供车辆服务 1872 车次，安全行驶达 103300 千米以上，其中干部出车 453 车次，安全行驶 23300 多千米。中国石油集团机关部门领导用车 162 车次，长庆局、长庆油田分公司以及中国石油集团兄弟单位出差用车 1710 车次。接待长庆局、长庆油田分公司以及石油系统兄弟单位出差人员就餐 7648 人次，同时接待其他宾客就餐 28380 人次。看望老领导 220 人次。

【对外联络】　注重发挥窗口功能、提高联络办事能力。坚持把贯彻落实中国石油集团有关部门、北京市、海淀区、街道办有关指示和安排，当作一项重要工作来抓，积极配合、参与街道办组织开展的各种工作和活动。特别在“两会”和十七大召开期间，先后6次参加了中国石油集团保卫处、维稳办、海淀区、街道办召开的相关会议，并按照会议精神，详尽地研究制订了北京办事处维稳工作预案。办事处建立应急工作组，坚持每天向街道办和中国石油集团保卫处汇报情况、搞好信息传递、坚持干部值班，确保了“两会”期间长庆油田在北京没有发生人员上访以及安全事故。采取多种形式，利用各种时机，加强与中国石油集团和股份公司各部门的联系；主动走访兄弟油田驻京办事处，借鉴学习他们好的经验和做法；同时加强与在中国石油集团、股份公司各部门工作的原长庆油田人员以及在京居住的原长庆油田老领导的联络。配合有关部门为局机关和厂（处）单位领导和同志办理审批出国手续；配合中国石油集团党风建设第四巡视组工作，发挥了办事处联络服务的基本功能。

（张　平）

兰州办事处

【概述】　2007年，兰州办事处深入贯彻落实长庆局2007年工作会议精神，组织全体员工认真学习贯彻党的十七大精神，紧密结合办事处工作和员工思想实际，全面履行办事处的各项职能，较好地完成了各项工作任务。截至2007年底，兰州办事处有员工33人。其中合同化职工12人、合同制员工2人、社会化用工19人。有机动车6台，当年申请报废3台；固定资产原值445.57万元，年末净值174.13万元，无形资产375.16万元。

兰州办事处设立党委，下辖2个基层党支部。行政领导1人、职能科室4个、附属单位1个。

【生产经营】　2007年长庆局下达的经营承包指标是：

（1）费用化补贴79万元，专项费用677万元。

（2）上缴固定资产折旧费16.13万元。

（3）上缴投资回报2万元，报废资产损失1.84万元。

（4）上缴“三金”25.64万元。

（5）下达工资总额52.04万元。

2007年，主营业务收入50.9万元（9月份以后，办事处改建工程开始，停止住宿接待）。总支出753.06万元，以收抵支702.16万元。

【主要工作】　2007年，共接待各类人员414人次，其中，局级领导42人次、处级领导104人次、科级以下及随行人员268人次，车辆配合129车次。代购飞机票127张、火车票145张。受长庆局及局机关处室部门委托，参加省委、省政府以及有关部门召开的各种会议15次，并将会议精神及时向局里作了汇报，使省委、省政府的各项方针、政策及时在油田得到贯彻执行。接受省委、省政府相关部门电话、函件、电传件委托办理事项22件，协助局相关部门办理各类事项56件（次），发出各种信函件85件，收发电传149张。做到了上情下达，下情上报。

【队伍建设】　办事处党委下发了《关于在两级领导干部中开展公开承诺转变作风活动的通知》，主要领导带头承诺，科级干部和机关科室从思想素质、廉洁自律、转变作风、优质服务等方面，向职工和离退休职工作出承诺，并以此为契机，组织开展党员评议、干部工人年度考核、总结评比、表彰先进等活动，加强干部队伍、职工队伍和离退休职工队伍建设。2007 年度，办事处有 5 名职工荣获长庆局先进生产（工作）者等荣誉称号。

【内部管理】　在经营管理上，重点加强招待所的管理，从绩效考核入手，把主营业务收入与员工的效益紧密结合，增强员工的责任心和积极性；从内部管理和培训提高入手，对礼仪礼节、服务内容等方面进行了规范和培训。树立服务理念，明确服务标准，提高服务质量，保持了 2006 年同期的入住率和经营收入。在财务管理上，严格审批、核准报销制度，严格控制资金费用支出，费用收支状况每季度在职工大会上公布一次，对万元以上的支出项目，必须经处办公会研究审核后再具体实施。在安全管理上，强化交通安全、社会治安综合治理、消防等管理，坚决落实安全防范措施，及时更新消防器械，加强日常值班、节日值班和门岗值班管理，全年未发生治安案件和交通事故。年度局安全生产考核达标。

【矿区服务】　继续与绿化单位签订了《托管绿化协议》，加强了日常的监督管理和考核，使小区继续保持了兰州市“园林化单位”称号。在物业服务工作上，做到“四个”坚持：坚持门岗值班，强化日常管理；坚持卫生保洁，保持优美环境；坚持定期维护，保证设施完好；坚持快捷服务，方便住户生活。全年日常维修 500 多次，较大维修 20 余次。在日常工作中，关心离退休职工的政治生活和日常生活，协助长庆局人力资源开发服务中心与有偿解除劳动关系人员签订了《再就业劳动协议》；组织全体党员、离退休职工及有偿解除劳动关系党员，举办了庆祝建党 86 周年知识答题活动，组织开展了丰富多彩的文体活动；按时发放养老金和各种补贴，看望慰问因病住院人员 3 人，慰问救助长期有病困难人员 2 人 1200 元，帮助 1 名职工子女在局内单位就业，组织 13 名职工和 23 名离退休职工进行了体检。通过一系列的管理和服务工作，保证了办事处工作的正常运行，职工家属生活和谐有序。

【改建工程建设】　按照长庆局的部署和安排，办事处改建工程于 2007 年 7 月成立了项目组，利用一个多月的时间进行了装修改造施工图设计审查、施工图预算、材料品牌、价格调研和施工单位、监理单位考察招标等工作，于 9 月中旬全面开工。在工程施工过程中，项目组从建设工期、投资控制、质量安全等方面严密组织，精心施工，办事处各部门给予了大力支持和积极配合。3 号楼（办公楼）改造工程于 2007 年 12 月底完工，2 号楼（接待楼）将于 2008 年 4 月份完工，1 号楼（综合接待楼）改建工程报建工作已经完成。

（杨晓斌）

上海联络处

【概述】　上海联络处机关职能部门设：综合办公室、市场开发科、经营财务科，基层单位设：无锡技术开发中心（明园饭店）。截至 2007 年 12 月底，固定资产原值 1379 万元，净值1035万元。用工总量41人，其中，合同化员工12人、合同制员工22人、社会化劳务用工7人。大专以上文化占到42%。上海联络处党委下设3个党支部，现有正式党员12名、预备党员7名、入党积极分子5名；并经长庆局工会批准成立了工会委员会。

【经营指标】 2007年，上海联络处累计接待各类人员1.1万人次。其中接待中国石油集团、股份公司领导11次，接待长庆局及长庆油田分公司各级领导22次；接待陕、甘、宁、省（区）领导4次；举办会议、学习、培训班21个；接待旅游疗养团队23个、影视剧组2个；慰问长庆油田华东地区离退休职工16人次；协助油田职工子女来沪上学5人次；接待职工、家属来沪看病7人次；为长庆局及有关部门在沪协调处理事务3次。基本达到自负盈亏，超额完成了长庆局下达的各项考核指标。

【工作业绩】

（1）市场开发成绩比较显著。上半年派出营销人员分别赴北京及各油田联系培训、会议、疗养业务，收到了良好效果。在中国石油集团举办的培训、会议招标会上中标额名列中国石油集团各疗养院前茅，初步树立起了“长庆油田华东培训中心”的品牌。

（2）培训平台建设效果良好。联络处以增挂“长庆油田华东培训中心”牌子为契机，积极寻求合作伙伴，不断加强和拓展平台建设，已与9所院校、8家合作机构、22家社会参观场点建立了合作关系，拥有兼职培训策划师12名、参与授课老师15名，可以开展33大类的课程。可以从理念沟通、理论学习、知识讲座、技能培训等四个方面开展不同层次的培训业务。并能够借助上海联络处在会议、旅游方面的经验，在整个华东地区开展异地培训业务。

（郑志良）

西安长庆科技工程有限责任公司

【概述】 西安长庆科技工程有限责任公司（以下简称科技工程公司）是长庆局控股的勘察设计企业，也是连续三年进入全国百强的甲级勘察设计研究院。主要从事石油、天然气、炼化、建筑、电力、通讯、机械、自控、消防、环境保护等工程的勘察设计和研究工作。公司有6个职能部门，下设石油工程设计部、天然气工程设计部、建筑工程设计部、公用工程设计部、工程勘察部、技术经济部、EPC工程项目部、档案出版中心、信息中心和咨询分公司、工程监理分公司、科技开发分公司、苏州分公司等12个设计、研究部室。用工总量629人。管理和专业技术人员558人，其中，高级技术专家53人、中级技术人员143人；硕士研究生43人、本科313人；各类国家注册资质人员128人；公司持有国家颁发的甲级工程勘察设计、工程总承包等资质27个。

截至2007年底，资产总值为28437.98万元，比2006年增长37.5%。其中，固定资产原值4116.64万元，净值3192万元。

2007年，创造了工程总量、生产技术指标、经济效益和科技创新成果四个方面的历史最好纪录，同时，依据中国石油天然气中国石油集团的部署，在长庆局的统一组织下，对员工持股进行了清理和受让。公司各级组织和广大干部员工以大局为重，自觉做好规范清理员工股工作，平稳实现了体制的变革。

【经营业绩】　2007 年，实现经营收入 2.72 亿元，比 2006 年增长 27.81%；实现利税 1.33 亿元，比 2006 年增长 30.41%；所有者权益 1.65 亿元，资本增值保值率 125.29%，总资产收益率 38.19 %，超额完成了董事会下达的各项业绩指标。

【主要生产指标】　完成方案、初设等前期工程 218 项，比 2006 年增长 40.6%；完成总分目级项目施工图设计 1520 项，比 2006 年增长 28.8%；完成图纸工作量 4.997 万标准张，比 2006 年增长 28.61%。

在油田建设方面，完成油田产能建设勘察设计 325.55 万吨。其中，大型站场 10 座、中小型站场 80 多座、储罐 70 万立方米、油田安全环保隐患治理项目 12 个。

在气田建设方面，完成靖边、子洲、苏里格气田及山西煤层气地面建设初步设计 25 亿立方米、施工图设计 22.5 亿立方米；完成苏里格气田 50 亿骨架系统工程、第二天然气处理厂等工程和 7 个气田安全环保隐患治理项目。

在矿区建设方面，完成建筑设计 111.45 万平方米，比历史纪录提高了 59.2%。其中，完成泾渭园三期 A 区、C 区、银川基地扩建等住宅工程的勘察设计，完成靖边、定边两个生产基地、冯地坑倒班点扩建、侯市倒班点迁建、第二输油处西峰生产指挥中心等重点项目的勘察设计。

在管道建设方面，完成油气管道工程设计 1380 千米，比 2006 年增长 10.3%。其中，完成国家重点工程西部原油管道工程。油田重点工程铁—西输油管道工程以及长庆—蒙西输气管道工程等。在长距离成品油顺序输送工艺技术方面有新的突破。

【市场开发】　在保障长庆油田建设，服务长庆油气发展的同时，积极开发外部市场，全年签订各类项目合同 128 项，实现社会市场产值约 6111 万元，占年收入的 22.5%。在国家重点工程项目中，承担了西气东输二线高台—景泰直径 1219 毫米 518 千米天然气管道工程勘察设计；承担了国内最大的煤层气中央处理厂初步设计和山西沁水盆地煤层气 5 亿立方米产能建设设计，在地方重点工程上承担了应张天然气管道，长—蒙管道等项目勘察设计；在国际合作项目上，与壳牌长北项目组、法国道达尔公司进行了合作，参与了哈萨克斯坦 pk 油田伴生气利用及让纳若尔油田 4 号气举项目、巴基斯坦 MARI 油田天然气脱水项目、俄罗斯中亚油气公司轻烃处理等工程。在主营业务健康发展的同时，相关业务也有了长足发展，在工程总承包、工程监理等领域，主动出击，取得了全面丰收，市场范围继续扩大，工程监理全年产值完成 1560 万元，工程总承包完成产值 3600 万元，科技产品研发、工程咨询也创造了显著的经济效益。

【科技成果与创新】

（1）鼓励技术创新，科技成果数量多、级别高。全年承担各级科研项目 54 项，完成 35 项；荣获各类优秀成果奖 67 项，其中，“西峰油田 150 万吨/年产能建设地面工程”、“化子坪联合站建设工程”分获国家优质工程金、银奖；“姬塬油田整体开发方案”荣获国家优秀工程咨询成果奖，“苏里格气田 30 亿立方米/年开发规划（地面工程部分）”等 31 个项目分获中国石油集团、陕西省优秀成果奖，获局级成果奖 33 项。这是建院 34 年来获奖成果数量最多、级别最高的一年；全年申请专利 24 件、受理 24 件、授权 10 件；发表各类论文 51 篇。由公司专家王遇冬主编、王登海、郑欣等参编的《天然气处理原理与工艺》一书正式在全国出版发行，并作为高校教材，走进了石油大学、西安石油大学等高等院校。

(2) 强化集成创新，标准化设计取得显著成绩。与长庆油田分公司合作完成了《苏里格气田地面系统标准化设计统一规定》、《2007年油气田产建地面工程设计技术统一规定》、《油气田穿跨越及穿越特殊地段设计技术统一规定》等3项技术规定，为长庆油气田“标准化设计、模块化建设”提供了技术标准。以苏里格气田经济开发为目的，不断集成创新，形成了以“工艺流程通用化、井场布局标准化、工艺设备定型化、安装预配模块化、建设标准统一化、安全设计人性化、设备材料国产化、生产管理数字化”为核心技术的“苏里格气田标准化设计”，在苏里格气田12座站场、329口井场建设中大面积推广应用，达到了“两提高”（提高生产效率、提高建设质量）、“两降低”（降低安全风险、降低综合成本）、“三有利”（有利于均衡组织施工生产、有利于坚持以人为本、有利于EPC模式的推广）的综合效果，受到了中国石油集团、股份公司领导和专家的高度评价。油田标准化设计也取得阶段性重要成果。参编国家、行业专业标准规范4项、参与审查行业标准规范、设计手册30多项。

(3) 强化自主创新，技术研发获得突破性进展。重点研究推广天然气处理、天然气液化、原油稳定、气体处理和轻烃综合利用等方面的新工艺新技术；在天然气脱水脱油、含醇污水处理、煤层气处理工艺等方面取得了研究成果，成为苏里格气田开发及山西煤层气开发等项目的核心工艺技术；“新型脱水脱重烃工艺装置研制”、“油罐烃蒸汽回收装置研制及应用”、“冷油吸收轻烃回收工艺研究应用”取得重大突破和阶段性成果；“三甘醇脱水橇装装置”项目获“甘肃省经济技术创新成果一等奖”，并推荐参评全国经济技术创新成果；“单塔精馏回收甲醇”、“天然气三甘醇脱水装置”、“油田伴生气综合利用回收技术”和“天然气田含甲醇污水处理工艺技术”等4个项目，首次列入“中国企业新纪录”。

【数字化建设】 加大数字化建设的力度，先后投入600多万元，购置了航测遥感信息系统、GPS全球定位系统、大型数码工程绘图机、彩色工程打印机、复印机、高性能计算机等100多台（套），购置PDA三维配管工艺等20多种专业设计软件，以及AUTOCAD平台软件50多套；大面积推广三维工程设计，稳步运行“工程勘察设计管理信息系统”、“工程设计档案管理信息系统”，“工程造价管理信息系统”，实现了工程勘察、工程设计、工程概预算、档案信息、出版文印网络化和数字化。

【企业管理】

(1) 加大培训力度，推动队伍整体素质进一步提高。先后参加了建设项目管理、技术规范、质量体系、国家一级注册建筑师、国家注册岩土工程师、压力容器资格、工程定额编制及软件学习培训，培训员工345人次。公司自办消防知识、焊接技术、劳动合同法等培训班6期，培训274人。各单位根据专业特点和技术发展需要，开展了多项系列软件培训，安全、节能、环保、水土保持等课题新技术培训。组织设计人员与宝鸡钢管厂技术专家进行交流，选择优秀科技工作者与新员工结成师徒帮教对子，组织37名新员工开展企业文化培训。

(2) 依法治企、从严管理、关注细节、注重执行。制定了《2007年度经营绩效考核办法》，建立了业绩考核激励机制；完善了财务预算管理体系，加强成本和资金预算管理；推进内控体系建设，建立了人事、财务、采购、质量、安全等5个方面的内控体系框架；加强法律事务与合同、招投标管理，2007年合同送审率、履约率达到100%；强化内部审计，2007年共审计经济合同167份，取得间接审计成果2137.91万元；加强劳动用工管理，修订完善了用工管理制度，编制了《理顺社会化劳动用工关系实施方案》和《公司劳动定员计划》；强化工资管理，发挥了工资的激励作用；加强了安全管理，落实了监管责任，杜绝了重大事故的发生；加强了社会治安综合治理、消防安全与重点要害部位管理，达到局考核要求。

【质量与安全】

（1）加强了QHSE体系建设。结合体系审核、管理评审以及生产经营实际，针对体系运行中发现的问题，修订体系文件24个，新编体系文件11个；制定了《首问责任制》、《设计策划深度规定》等5项程序文件，《油气田地面工程设计技术统一规定》等4项技术规定，从制度和机制上保证了油气田产建设计质量。建立了设计部门和设计人员的质量档案，增强了质量责任意识。狠抓了工程项目的前期策划、方案评审、技术把关，认真落实了三级审核制（设计、审核、审定）、“三类评审制”（书面审核、现场审核、会议审查）、“三级会审制”（基层设计部、咨询中心专家、主管领导）和“总工程师负责制”。

（2）强化了质量监督检查。开展了“质量月”和为期40天的质量大检查活动，共抽查各类设计图纸9个总分目/62个目，选派10名专家分赴现场进行检查，对发现的问题进行了认真总结分析。迎接了中国石油集团质量复查，虚心接受专家的指导。国家建筑质量大检查，以建筑工程节能、结构主体安全、地基基础、无障碍设计、强制性规范执行为重点，先后检查了泾渭苑Ⅲ期住宅等21项工程。通过强化质量监督和检查，进一步增强了各级领导和专业技术人员的质量意识，促进了勘察设计质量的提高。

（3）加强了信息沟通与现场服务。倡导“零缺陷”管理，增强全员服务意识，加强与业主的沟通，积极配合现场施工作业，及时处理现场问题。采取长驻设计代表与短期设计现场服务相结合的方式，做好油气田产能建设及各类工程的现场服务，确保工程建设的顺利进行。2007年共处理答复各类问题70多项、900多条，现场服务人员达3259人（天），为2006年的105.2%。业主对总体布局、工艺技术、设备选型、节能措施、配套设施、经济合理、工程监理等方面比较满意、评价较高，用户满意度逐年上升。

（4）积极开展“安全环保基础年”活动。推进安全环保生产责任制，强化安全环保业绩考核。2007年共召开安委会4次，安全消防和要害部位检查8次。同时把安全、环保、节能理念贯穿于工程设计之中，突出工程设计在安全生产、环境保护、节能减排方面的引导作用。全年安全生产考核达标。

【精神文明建设】

（1）认真开展“四好班子”创建活动，促进了两级领导班子建设。努力从政治素质、工作业绩、团结协作、作风形象上打造四好领导班子。坚持民主集中制原则，努力转变领导作风，严格履行8项会议制度，做到了科学决策、民主决策；坚持党内民主生活，增强了班子的凝聚力；坚持党委中心组学习制度，提高了领导人员的理论素质；加强党风廉政建设，落实了领导干部反腐倡廉的责任，推进教育、制度、监督并重的惩治和预防腐败体系的运行，保证了干部队伍的纯洁；开展领导班子成员廉洁自律承诺，公司班子成员及中层以上领导干部郑重公开承诺、努力转变作风，做到了兑现承诺、严格自律。

（2）认真开展党建和工会、共青团工作，促进了基层建设。按照基层党支部“六个一”创建活动的要求，科技工程公司各级党组织围绕生产经营中心和员工队伍建设，积极开展工作，充分发挥了党支部的战斗堡垒作用和党员的先锋模范作用。组织开展了“弘扬大庆精神、铁人精神，学习刘玲玲，为长庆发展作贡献”主题教育活动，组织编制了基层建设三年推进计划，促进了基层建设工作；工会、共青团组织发挥了桥梁和纽带作用，在员工教育、创新增效、劳动竞赛和队伍稳定等方面积极开展工作，推动了勘察设计提速。

(3) 加大宣传工作力度，服务中心工作。科技工程公司高度重视和支持宣传工作，完善了宣传工作制度，壮大了业余通讯员队伍，利用网络和报纸平台，紧紧围绕勘察设计中心，加强了对内、对外宣传，及时反映工作动态，鼓舞员工的士气；宣传标准化设计和企业形象。

(4) 认真做好稳定工作，促进了和谐企业建设。认真落实中国石油集团、长庆局规范员工股清理法人实体的工作部署，深入开展教育，科学编制工作方案，及时做好一人一事的思想工作，在重大变革面前认识明确、思想统一、服从大局、队伍稳定，保证了规范清理员工股工作按长庆局要求平稳有序进行；深入开展送温暖、献爱心活动，全年筹措资金 13.7 万元慰问离退休人员、员工遗属、有偿解除劳动关系人员、患病员工。每逢节假日通过多种形式慰问现场作业及节日坚持生产的人员，关心员工的生日和婚丧嫁娶；筹措 500 多万元为员工购买意外伤害保险，为员工进行健康体检；开展健康向上的文化体育活动，举办“设计杯”篮球比赛、拓展训练等各类活动 20 多次，参加 580 多人次；组织开展向灾区捐款活动，共计捐款 17420 元，营造了和谐的工作环境。科技工程公司荣获甘肃省“五一劳动奖状”，再次荣登西安市优秀高新技术企业榜，被评为西安市“知识产权优势企业”，“守合同、重信用”企业，被中国石油集团授予“西部管道工程建设先进集体”；公司有 6 个集体、20 多名个人获得局级以上表彰。

（苏忠华）

长庆实业集团有限公司

【概述】 长庆实业集团有限公司（以下简称长实集团）是由长庆实业集团及由其投资组建的 8 个成员企业共同组成的综合性企业集团。注册资本 7100 万元。拥有资产总额 10.36 亿元，其中，固定资产原值 7.36 亿元，净值 4.40 亿元，流动资产 4.37 亿元。

长实集团设机关部室 6 个、成员企业 8 个、项目经理部 3 个、分公司 1 个。用工总量 1457 人，其中专业技术人员 36 人、高级职称 19 人、中级职称 104 人、初级职称 151 人。生产经营场点横跨陕甘两省，主要从事油田开发、油田地面工程技术服务、建材和机电产品制造、工商贸易、油田化工、物业管理等行业。2007 年，广大干部员工团结拼搏，开拓进取，超额完成了董事会下达的各项经营考核指标，呈现出快速发展、稳定和谐的良好局面。

【经营业绩】 2007 年，实现销售收入 66755.47 万元，完成预算的 133.44%，比 2006 年增加 9383.94 万元，增长率 16.36%。其中，原油生产业务收入 34207.55 万元，占总收入的 51.24%；商品流通业务收入 2220.43 万元，占 3.33%；油气田服务业务收入 27722.91 万元，占 41.53%；饮食服务业务收入 164758 万元，占 2.47%；其他业务收入 957 万元，占 1.43%。汇总报表利润总额 10517.45 万元，完成全年预算利润总额的 156.14%，比 2006 年增加 2381.96 万元，增长率 29.28%。企业增加值 26846.98 万元，比 2006 年增加 5134.98 万元，增长率 23.65%。负债率为 68.98%。

【石油勘探开发】 加强了地质研究，积极实施勘探评价，全力抓好油田勘探开发，保证油田稳产增产。全年共钻井 203 口，新增含油面积××平方千米，探明地质储量××××万吨，年动用含油面积××平方千米，地质储量××××万吨，新建产能 12.5 万吨/年，当年产油 3.58 万吨，所属开发区块年产量达到 15.77 万吨，为计划的 124.9%。

镰刀湾油田以持续稳产上产为目标，按照“镰刀湾油田下面再找镰刀湾”的决策，加强对长 2 以下油层的综合地质评价，发现了长 4+5、长 6 油藏。当年开钻 43 口井，完钻 42 口，钻井总进尺 6.5 万米；部署探井已探明含油面积××平方千米，地质储量×××万吨。当年动用含油面积×平方千米，地质储量×××万吨，新建产能 1.5 万吨/年，当年产油 3934 吨，创造了年产原油 6.5 万吨的新纪录。

姬黄 37 井区根据储量现状，筛选产建目标，钻井 108 口，总进尺 27.5 万米，集中规模新建产能 9 万吨/年，当年产油 2.33 万吨，区块产量达到 6.59 万吨；新增探明地质储量×××万吨，含油面积××平方千米，当年合作开发，当年见到效益，已成为长实集团最具发展前景的主力油田。

小河油田开发以建成年产 3 万吨小型整装油田为目标，立足老油田稳产增产，加强外协，落实方案，积极滚动开发长 6 油藏。当年钻井 52 口，钻井总进尺 7.9 万米，新建产能 2 万吨/年，生产原油 2753 吨，同时新发现了××油藏，年原油生产能力升至 6669 吨。新增探明地质储量×××万吨，含油面积×平方千米，为快速建成小型整装油田奠定了基础。

华 53 井区从加强管理入手，不断完善油田管理设施，在综合含水逐年递增的情况下，大力挖掘潜力，年生产原油 2824 吨，保持了较好水平。

合作开发的镰刀湾西区原油生产总量有新的增加，按照投资比例，为长实集团贡献原油商品量 3751 吨。

同时，积极跟进葫芦河、王家湾区块的地质分析，加大与长庆油田分公司的协调力度，为投入开发做了大量的前期准备工作。石油勘探开发、原油生产作为长实集团的主导产业，主营业务收入已占总收入的 60%。

【产业结构调整】 紧紧围绕企业产业定位和“一体两翼”发展架构，一心一意谋发展，聚精会神抓经营。通过清理注销、整合归并，消灭了亏损企业；通过规范理顺、强化管理，增强了企业的盈利能力。公司产业及资产结构调整取得了新的突破，成员企业的业务分工更加明确，产业格局更加明晰，以油为主的主营业务不断发展壮大，专业油公司、井筒技术服务、油田地面工程服务、油品销售和酒店管理等业务板块，呈现出齐头并进的良好发展局面。长乐公司充分发挥专业油公司的职能，大力挖掘老油井生产潜力，积极做好油田稳产上产工作，实施油水井技术改造 34 井次，实现日增产原油 6.16 吨，老井综合递减率控制在 6%，有效延长了油田开采寿命，综合效益明显提高。开发公司从强化生产组织入手，突出井筒技术服务业务，积极开发油田内外市场，在长庆油田分公司采气一厂、采油五厂争取到了修井、新井试油、封井等工作量。施工作业队伍打入东方地球物理公司的煤气层试气市场，完成了永和 1-1 井、永和 2 井 2 层次试气、压裂等井下作业工程，并签订了后续 3 个层位的井下作业协议。长实建工着力发展油田工程地面建设、机电制造和安装主导业务，顺利完成了陇二计量接转注水站及管线安装工程、“114 黄夹克”长输管线工程和部分井区送变电工程等重点项目，顾客满意度有所提高。长源公司把管护好油田、建设好作业区、带出好队伍作为工作重点，积极开展标准化井站建设活动，油井管护水平不断提升。

长陇公司加强原油销售环节的管理，千方百计拓展渣油等石化产品经销业务，办理了经销石化产品的资质证、经营许可证，积累了一定的上下游客户资源。长达物业公司不断完善物业服务市场运作机制，加强长实小区“软硬件”建设，完成了长实大厦亮化工程、630 千伏·安变压器的安装施工及投运项目、长实小区供水系统改造等项目；积极拓展服务范围，增加服务面积近 3 万平方米；以小区安全为己任，强化保安队伍管理，提高了保安力量快速反应、处理突发事件的能力，小区获得西安经济技术开发区凤城路派出所“零发案小区”称号。酒店管理板块准确把握市场动态，顺利完成了“西安名都旅行社”的收购工作，并获得局内两条疗休养线路承办权。庆城第一招待所从提高服务人员素质入手，不断改善设施和服务条件，优质服务，吸纳客源，取得了较好业绩。

【内控体系建设】 认真落实长庆局内部控制体系建设指导意见和实施方案，不断更新管理理念，严格落实人事、财务、物资、股权、市场等方面的内控措施，逐步建立了严谨规范的风险监控、财务审核、资金调配、经营考核、信息管理等一系列的规章制度，增强了管理的科学性、有效性。成员企业逐渐实现由经验管理、粗放管理向科学管理、精细管理、人本管理转变。

切实落实两级预算管理，加强预算动态控制，有效控制现金流量，拓宽融资渠道，量入为出，千方百计缓解资金压力，加大财务检查力度，注重财务管理的过程控制，保证了企业运营安全。结合实施新会计准则，加强对税收政策的研究，做好各项税收筹划。认真组织开展长实集团范围内的定期财务审计检查、年度考核决算活动，充分发挥财务稽核作用，有效地防范和化解了财务风险。

发挥内部审计在防范企业经营风险、促进企业加强管理和增加企业价值方面的积极作用，严格执行《内部审计管理制度》和《审计工作要点》等制度规范，把握好“管理+效益”的内部审计定位，加大有效控制和经济责任审计的力度，离任或届中经济责任审计查证资金 2861.27 万元，对审计中发现的问题进行了跟踪落实、督促纠正，维护了正常的经营秩序。

企业法律工作与生产经营活动紧密结合，严格落实合同管理办法、重要经营项目法律咨询论证管理等规定，强化基础管理，提高预防风险能力。全年共签订合同 820 余份，总金额 4.8 亿元，合同履行率达到 98.6%。公司经济运行平稳，未发生任何新的经济纠纷，有力保证了企业的经营安全。

【安全管理】 认真落实安全生产责任制，定期召开安委会，明确工作思路和重点，保证各级管理人员安全责任落实到位、安全监督检查到位、隐患整改措施到位。

积极组织开展“安全环保基础年”、“安全生产月”、事故隐患集中整治等活动，抓好井下作业井控检查问题的整改。强化井控培训，组织应急演练，切实抓好工程施工队伍资质管理。开展员工预防有毒有害气体的宣传教育，严格落实 CO、H_2S 安全防护措施，确保生产现场“物的安全状态”和“人的安全行为”。以“综合治理，保障平安”为主题，开展应急预案演练，先后组织消防、应急演练 7 次，累计参加 480 余人次；开展专项安全检查 8 次。

加强安全环保监督，认真落实安全监管的各项制度，组建安全环保监督站，对公司的重点项目派驻专职监督人员；组织每月的巡回监督检查；加强交通车辆的监督管理，安装 GPS 车载移动监控装置；建立成员企业和项目组安全监督信息通报制度，完善监督信息反馈渠道，把专项检查与不定期抽查相结合，以查促改，及时消除安全隐患。

强化体系宣贯培训，开展质量管理体系、环境管理体系和职业健康安全管理体系宣贯认证工作，完成了“三个体系”《管理手册》、《程序文件》以及其他相关文件的编写，加强HSE“两书一表”运行，组织开展体系内审和管理评审活动，确保了体系运行持续有效。2007年8月29日，长实集团整体顺利通过了北京中安质环认证中心的审核。

认真落实医疗保健工作制度，组织员工进行了健康体查。结合创建标准化井站、清洁文明井场活动，加强硬件设施建设，进一步提升了生产现场、设备设施的防范等级。杜绝了人身伤害、环境污染与生态破坏事故的发生，废气、废水、固体废弃物的排放全部达到国家规定的控制标准。

【清理规范法人实体】　以减少法人实体数量，压缩法人层级为目标，先后完成了长青公司、工贸公司等企业的清理注销和新技术开发公司变更登记准备工作。随着清理规范工作的不断深化，公司法人实体由原来的20家减少到8家。

按照长庆局清退职工股和清理法人实体工作要求，在全局率先完成了《规范职工股暨清理法人实体实施方案》和《法律工作应急处置预案》的编制。成立领导小组，组织财务、审计、股权管理和工商管理部门联合办公，开展全面调研摸底、清产核资、财务审计，严格按照法人治理结构的议事规程办事，认真核准股权，积极做好职工股回购工作。在9月底前，对所属五家涉及职工股规范的成员企业，筹集资金750余万元，全面回购职工股本金530多万元，加付本金利息216万元，全面完成了职工股股本金清退工作。

积极推进企业内部业务及资源整合，完成了井下作业及录井队伍移交工作，对2006年已实施整合重组的建安企业，积极做好方案的实施，消除企业重组带来的不利因素；进一步理顺母子公司的产权关系，依法完善企业工商手续，确保监管到位，依法经营。

【盘活资产】　利用存量土地，加快C3区生产办公基地建设。项目开工以来，严把施工质量和现场安全生产关口，认真落实施工进度周报制度、定期安全检查制度和质量否决制度；保证了工程优质高效按期完成，被地方质监部门树为“样板工程”。目前，一期工程全面竣工。随着成员企业进驻，将彻底改变成员企业无固定办公生产场所的历史。

盘活长陇公司低效资产，对具高风险的40节长途运输液化气槽车成功转让，全额收回1200万元转让款，有效缓解了资金压力，最大限度降低了经营风险。

坚持以清欠追偿、处理好清算注销企业的相关问题和保持企业稳定为重点，落实领导责任，尽心竭力抓好清欠追偿工作。西兰公司欠款问题有望得到解决。西奇公司清欠工作以实现债权为目标，签署了1000万元转让债权、分期付款的协议，已按约定收回四笔共计800万元欠款。

【精神文明建设】　大力加强和改进基层党的建设，全面贯彻落实保持共产党员先进性长效机制“四个文件”精神，进一步落实党建工作责任制，大力推进基层党支部“六个一”和“四好”领导班子创建活动，积极开展“公开承诺，转变作风”活动，认真落实党委中心组学习制度，全年集中学习12次，领导干部作风建设得到加强，对重大决策和事关职工切身利益的事项，集体决策，充分听取各方面意见，按照“四会一层”议事规则履行程序，保证了企业民主决策、政令畅通、执行有力，各级班子的整体功能和领导管理能力进一步提升。

深入贯彻落实《基层建设纲要》，按照“典型示范、总结经验、突出重点、有序推进”的工作思路，深入开展“五型”班组和基层建设示范点创建活动，在镰刀湾油田召开基层建设工作推进会，选树了3个基础工作扎实、特色鲜明的“五型”班组建设示范点，进行现场观摩和经验交流，制定基层建设达标考核办法，开展标准化“红旗井站”评比活动，促进了基层建设。

加强思想政治工作，围绕中心，开展“形势、目标、责任、任务”主题教育、社会主义荣辱观教育、“树正气，讲忠诚，求团结，谋发展”职业操守教育和“我与企业共命运”责任感教育活动，进一步统一了思想，明确了任务，强化了责任，凝聚了人心。

惩治和预防腐败体系建设扎实推进，源头治理工作持续深入。按照党风廉政建设责任制的要求，不断完善和落实领导体制和工作机制，深化反腐倡廉制度、纪律和作风教育，围绕建设资源节约型企业和提高资源利用效率，重点组织开展自用资源管理和不良资产处置效能监察，强化监督，促进了领导人员廉洁从业。

深入实施《企业文化建设纲要》，宣传“爱国、创业、求实、奉献”的企业精神和“诚信、创新、业绩、安全”的核心理念，宣传长实集团“十一五”规划和企业发展远景，大力选树典型，弘扬先进，增强队伍的凝聚力和团队精神。麻黄山项目组荣获“长庆局2007年度模范集体”称号；陈传金荣获“长庆局劳动模范”称号，刘建刚荣获“长庆局先进生产者”称号。在长庆局召开的低效储量合作开发年产油气当量突破60万吨庆功大会上，镰刀湾项目组、麻黄山项目组荣获“长庆局先进集体”荣誉称号，有4个班组、井站荣获“长庆局先进班站”荣誉称号；王科等8人荣获“长庆局先进个人”荣誉称号。

全面落实维护稳定工作责任制，定期分析稳定形势，研究部署稳定工作，畅通信访渠道，妥善解决历史遗留问题，着力化解政策性矛盾，2007年共接待群众来访53人次，受理来信13件，信访量比2006年下降了37.73%，受理率达到100%，做到了件件有落实，事事有结果，维护了员工队伍的整体稳定。

切实关心员工生活，积极改善一线生产生活条件，更新配备电视机、电话、冰箱等生活设施，购置文化娱乐用品，井站面貌焕然一新。按照长庆局的统一政策，实行员工带薪休假制度，为员工投保了意外伤害险，给209名合同制员工补发了住房补贴，落实了离退休职工家属及子女医疗补贴和未央湖住户物业费补贴办法，解决了64户有偿解除劳动关系人员的住房问题，帮助290名有偿解除劳动关系的原集体工实现了再就业；向未再就业的220人累计发放困难补助费71.2万元；两大节日期间，筹措资金72.26万元共慰问特困职工、退休人员和有偿解除劳动关系人员1116人次，为灾区捐款1.79万元，捐助衣物1762件，较好地履行了企业的社会责任。“企业发展，惠及职工”的措施得到较好落实，员工收入大幅增加，生活质量逐年提高。

（李　军　任绥海）

西安长庆地产集团有限公司

【概述】　西安长庆地产集团有限公司（以下简称地产公司）现有员工183人。其中，合同化员工 119 人、合同制员工 52 人、社会化劳务用工 12 人（全部为油田子女）；共有党员 79 名、工会会员 171 人、团员 33 名；大专以上学历 137 人、中专及以下 46 人；高级职称 6 人、中级职称 41 人、初级职称 51 人。

截至 2007 年底，资产总额为 28762.47 万元，负债总额 23649.34 万元，所有者权益 5113.13 万元，资产负债率 82.22%。

地产公司机关设 6 个部室、3 个直属单位、2 个全资子公司、2 个参股公司。共设党支部 8 个、基层工会委员会 7 个、团支部 3 个，党工团组织健全。

【生产经营】 2007 年，完成经营收入 1.34 亿元，实现利润 950.79 万元，其中，创净利润 610.85 万元，利润总额和净利润分别比 2006 年增长 184%和 237%，净利润完成计划的 170%。

2007 年，地产公司紧抓油田职工活动中心、泾渭工业园公建项目和康馨广场等三大重点工程，精心组织，周密部署，全面落实项目管理责任制，保证了各个项目工程建设的顺利实施。职工活动中心项目是长庆油田的重点工程。4—6 月份，在工期任务紧，施工组织难度大的情况下，公司领导现场督促，坚持轮班作业，开展“保质量、抢速度、赶工期、迎‘七一’”劳动竞赛活动，全体项目建设管理人员加班加点，努力工作，保证了工程建设任务的圆满完成，于 6 月 18 日顺利移交，提前实现了公司提出的 6 月底投运、“争 10 保 7”工期目标，打响了长庆地产品牌。泾渭工业园公建项目地质详勘、围墙砌筑、墓群外迁、现场临时用电等准备工作全部完成，并于 12 月 3 日顺利开工，实现了长庆局下达的工期计划目标；康馨广场项目规划报批等工作按期逐步展开。

【机构调整】 优化内部资源配置，调整理顺管理架构。一是针对机关部室人员不足、职责不清、工作流程不顺等问题，新组建了安全环保监督部、人事劳资部等职能部室，完善了管理组织机构。二是撤销合并了原有五大项目部，组建了工程建设项目部，7 月 1 日起正式运行后，既承担了泾渭工业园综合办公大楼及实验楼等项目的建设管理任务，又为下一步承揽新的工程奠定了基础。三是调整经营理念和管理方式，将原销售管理部变更为销售分公司，按市场化运作的要求建立了新的营销机制。兴盛园开盘销售实现销售回款 3 亿元，提取营销费用及创收约 150 多万元。四是督导银川长庆房地产开发有限公司规范运行。针对大部分人员已借聘到局管项目组，经营业务及核算实体不顺的问题，进一步理顺了该公司法人治理结构，并量力而行地开展了相关业务。

【财务管理】 一是明确会计核算主体，理顺财务收支渠道。二是加强资金预算管理，提高资金统筹使用效率，当年增加资金效益 210 万元。三是加强经营成本控制，降低了运行费用。四是加强财务人员管理，完善财务管理制度，明确了财务审批程序。五是加强参、控股企业的投资收益管理，通过源头参与，过程控制，增强了企业赢利水平。

【劳资管理】 劳动用工及薪酬管理得到进一步规范和加强。按长庆局管项目组借聘人员、地产公司直管人员、控股公司人员、参股公司人员四类管理模式，研究制订了地产公司工资管理办法；向长庆局申请解决了 17 名长期借聘人员的人事关系转入问题；对借聘湖滨花园、燕鸽湖两个项目组的人员，按照长庆局的安排进行了整体划转；社会化劳务用工在全面清理摸底、合理压缩规模、提高聘用层次的基础上，严格按政策规定开展了合同制转聘工作，使劳动用工管理逐步规范。

【物业服务】 对属地产公司自行管理的未央湖花园、兴乐园两个商品房住宅小区的物业服务，坚持从大处着眼，小处着手，急业主之所急，想业主之所想，在努力提供优质满意服务、创建安全和谐小区的同时，不断加大资金投入，加强硬件设施建设。全年先后为业主调整增加了室内活动场所和活动器材，修建了篮球场和排球场，进行了未央湖花园小区电气春检和东门道路的拓宽改造，治理了兴乐园小区的天然气泄漏隐患。2007 年，未央湖花园荣获“全国物业管理示范小区”、“西安市园林式居住区”称号。

【市场开发】 地产公司主营工作量严重不足，既无土地储备，又无新上项目支撑，经营形势十分严峻。为此，地产公司成立了项目开发小组，抽调相关人员，围绕土地储备、资产盘活、项目招商等重点工作，广开视野、捕捉信息、寻求商机，共调研论证土地信息及开发项目 30 余个、上报长庆局审批项目 4 个、实施 2 个，市场开发取得了实质性进展。特别是桩机项目的正式上马运行，使地产公司的产业结构得到进一步改善，成为转变经济增长方式的新动力。

【党群工作】 紧紧围绕生产经营中心，切实加强党建和思想政治工作，坚定了全体员工同心同德谋求发展的信心，增强了企业凝聚力，为企业科学发展、和谐发展营造了良好的环境。

一是加强领导班子建设。党委中心组全年组织政治理论学习 10 次，召开形势任务分析讨论会和领导干部务虚会各 1 次，并采取多种形式深入开展了“形势、任务、目标、责任”主题教育活动，在促进领导干部更新理念方面取得了实效。同时，按照长庆局党委的部署和要求，制定了地产公司创建“四好”班子实施细则，深入开展了“四好”班子创建和“公开承诺、转变作风”活动，提升了公司两级领导班子整体形象。

二是狠抓党风廉政建设。在监督有效和有效监督上下工夫，组织广大党员干部认真学习贯彻中央两个《条例》、中纪委《关于严格禁止利用职务上的便利谋取不正当利益的若干规定》、长庆局对领导干部提出“六个要坚持、六个不允许”的要求，下发《新时期领导干部反腐倡廉教材》人手一册，督促自学，增强了党员干部接受监督的自觉性。

三是加强基层建设。按照长庆局基层建设及创建“五型”班组的要求，制订了《地产公司基层建设实施方案》和《创建学习型、安全型、清洁型、节约型、和谐型班组实施细则》，并严格按照创建标准健全工作机制，落实工作措施，使公司基层建设上了一个新台阶。

四是开展基层党支部“六个一”创建活动。加强了基层党组织和党员队伍建设。适时撤销合并、重新组建了 2 个基层党支部，调整选配了 3 名基层党支部书记，划分了党建工作责任区，使基层党支部在结构和覆盖面上更加合理。同时，积极做好党员发展和培训工作，共发展新党员 4 人、培养入党积极分子 2 人、预备党员转正 8 人。

五是积极发挥工会、共青团组织的职能作用。召开了地产公司二届一次职代会，选举产生了新一届工会委员会和四个专门委员会，健全了工会组织机构。组织开展了“我为地产公司发展献一计”合理化建议征集活动，共征集各类合理化建议及意见 147 条；深化厂务公开，全年共公开各类事项 9 次 16 项；实施“送温暖”工程，慰问困难员工、老领导、有偿解除劳动关系人员及退休人员 36 人次，看望住院和病休职工 16 人次，慰问节日期间坚守岗位员工 235 人次，全年累计发放慰问金和困难救济金 1.7 万元。根据公司员工队伍现状，新设立了团委，从机构上为发挥共青团组织作用提供了组织保证。团组织利用“五一”、“国庆”等重大节日开展了一系列丰富多彩的业余文化活动，组织开展了“迎奥运”知识竞赛和十七大代表进社区等活动，进一步增强了吸引力和凝聚力。

六是狠抓了社会治安综合治理及维护稳

定工作。注重发挥党政工团的合力和整体优势，严格按照长庆局党委、长庆局关于维护稳定和社会治安综合治理的一系列指示精神，明确责任，强化措施，有力地促进了社会治安综合治理和维护稳定工作。

七是全面推进宣传思想政治工作。深入开展党的十七大精神的宣传，使党员干部和全体员工系统了解十七大精神的实质，统一了思想，增强了立足本职，推动企业又好又快发展的信心和决心；深入开展了“发扬大庆精神、铁人精神，学习刘玲玲，为长庆发展作贡献”主题教育活动，使管理层的生产组织、市场开发、经营管理能力得到了进一步加强，操作层的岗位技能、安全防范意识、爱岗敬业精神得到了进一步提升；通过对公司的发展战略、产业定位及各个阶段的重点工作、经验做法、先进典型进行大张旗鼓的宣传，振奋了精神，鼓舞了士气，有力地保障了各项工作的顺利开展。

（苟世伟）

西安长庆工程建设监理有限公司

【概述】　西安长庆工程建设监理有限公司（以下简称监理公司）劳动用工 466 人，其中，合同化员工 27 人、合同制员工 7 人、社会化用工 432 人。监理公司最高决策机构为股东（代表）大会，公司管理机构设总经理 1 人、副总经理 3 人、总工程师 1 人。设机关职能部门 4 个、现场项目监理部 30 个，委派总监理工程师 28 人、总监理工程师代表 34 人、专业监理工程师和监理员 474 人次，配备车辆 74 台，检测设备 2200 台（套）。资产总额 3034.85 万元，人均资产 121.394 万元。

【经营指标】　2007 年，在监工程项目 33 项，总监理投资约 65 亿元，监理收入 4081.10 万元。其中，长庆油田分公司市场 2713.40 万元，长庆局市场 282.20 万元，社会市场 707.30 万元，多元经济 378.20 万元。

【市场开发】　2007 年，开发落实工程项目 34 个，其中，油气田及地方产建项目 27 项、长输管道项目 5 项、房屋建筑项目 19 项、炼化项目 1 项；为 2008 年跟踪开发工程项目 11 个，合同金额达 3600 万元。

先后进行用户回访 5 次，共下发用户回访单 111 份，收回 110 份，其中，油气田产建 96 份，房屋建筑 15 份，用户满意率达到 96.595%。

【现场监理】　2007 年，完成长庆油田分公司油田产建新（扩）建站点 99 座，油井 1638 口，注水井 409 口，集输油管线 1118.55 千米，供、注水管线 519.21 千米，电力线路 576.322 千米，道路 26.698 千米，建设标准化井场 353 座；气田产建新建场站 11 座，改扩建集气站 41 座；新建集气干、支线 225.75 千米，采气、注醇管线 362.45 千米；供电线路 11.018 千米，通信光缆 206.03 千米，道路 234.098 千米。完成长庆局低效储量项目产建新（扩）建站点 19 座，油井 189 口，注水井 38 口，集输油管线 212.7 千米，供、注水管线 22.8 千米，电力线路 70.86 千米，道路 13 千米，建设标准化井场 32 座。苏里格气田开发新建场站 4 座，改扩建集气站 3 座；新建集气支线 22.64 千米，采气管线 172 千米；供电线路 25.23 千米，道路 33.87 千米。房屋总建筑面积约 157 万平方米（长庆局 129 万平方米，长庆油田分公司 28 万平方米），在建125万平方米，竣工32万平方米的监理工作。

2007年，承担的33项监理工程，监理服务质量及现场工程实体质量稳中有升，工程质量合格率达100%，优良率也较上年有较大提高。所有受监工程均实现安全生产目标；内部安全管理制度落实，没有因监理失职而造成重大质量安全问题，所有受监工程均按监理合同约定如期完成。

【经营管理】　2007年，签订各项经营财务合同28份，合同签约率100%。实现监理费收入4081.10万元，超额完成年初股东会下达的3000万元监理费收入指标，比2006年增加约842万元，增幅12.6%。

2007年，共发生成本费用3609.01万元，其中，项目成本2445.18万元，营业税金104.20万元，占总成本费用的70.64%，管理费用及财务费用1059.63万元，占总成本费用的29.36%。

2007年，上缴税费574.32万元，其中，上缴增值税395.31万元、营业税58.55万元、城建税32.12万元、企业所得税71.31万元、教育附加费及水利基金17.03万元、企业所有者权益892.74万元，负债及所有者权益3034.85万元。

【内部管理】　一是精心策划，严密部署，掌握生产主动权。根据2007年油气田产能建设安排，监理公司主动与油田各项目组进行沟通，确定了油气田产建、房建、输油气管道等所有在监工程项目的总监、总监代表以及各项目监理部的监理人员。并提前做好前期各项准备工作，有效保证了工程质量和安全生产目标。二是加强业务培训，提高监理人员业务水平。2007年，监理公司共组织内部培训和外派进修7期，内容涉及监理资料收集整理、安全监督、质量通病治理、职业道德、防腐监造、材料见证取样、无损检测等多方面，参加467人次，取得相关专业资格证149人次。对未能参加岗前培训班的监理人员，现场总监结合工程实际，在监理驻地进行培训，提高员工的业务水平和综合素质。三是继续推行总监负责制，提升现场管理水平。在思想观念上从过去的“三控两管一协调”转变为“三控三管一协调”；在目标制定时，把安全、质量、进度、投资、合同、信息全部纳入目标计划，做到了年、月有计划，周、日有检查，定期有考核，控制有措施，创新有提高。同时通过目标分解，把各项管理责任落实到人头，形成自上而下的管理链条，从监理员、监理工程师、总监代表到总监各个层面一级向一级负责。监理公司加大了对总监的考核力度，并从经济政策方面采取了相应的激励措施。四是把安全生产摆在一切工作的首位。进一步明确总经理为公司安全的第一责任人，公司安全总监为直接责任人，各监理部总监为监理部安全第一责任人，主管HSE的监理工程师为直接责任人。并要求各级安全第一责任人和直接责任人。积极贯彻“安全第一，预防为主”的方针。工程一开工，各监理部根据所承担的工程和工作任务，分析事故危险源，制定切合实际的措施，特别是对重点工序、重点部位、重点工种的控制，和参与工程建设的各方齐心协力，抓好落实。五是继续抓好工程质量，提高技术管理水平。首先把好图纸审查关、队伍选择关和材料设备验收关。在此基础上花大力气转变工作作风，在监管结合、“严、细、实”上下工夫，排除各种障碍和困难，从源头上把好质量关；其次结合项目工程特点，选择对工程主体质量有危害的重点通病进行治理。发挥样板的示范作用，及时总结推广先进典型，使质量通病的治理有看得见、摸得着的标准。从施工工艺和方法上巩固质量通病治理的成果，坚决杜绝类似的质量通病在同一个工队、同类工程中重复发生。第三针对现场出现的问题进行技术攻关，通过每年技术论文的选题和发布进行研究解决，对新材料、新工艺、新技术的应用从长远发展的角度考虑，在对外合作和交流方面加强力量。

【各项成果】 2007 年，由监理公司监理的长庆西峰油田 150 万吨/年产能地面建设工程荣获中国石油集团“优质工程金奖”，同时荣获国家“优质工程金奖”。监理公司被陕西省监理协会评为“2006 年度先进工程监理企业”。召开了 2006 年度工程建设监理技术研讨会，成功发布论文 55 篇。

（张 婷）

兴隆园物业服务处

【概况】 兴隆园物业服务处（以下简称兴隆园物业处）主要担负着兴隆园小区物业管理及公用事业服务、离退休职工管理服务和幼儿教育等工作。设有机关科室 5 个，机关附属 1 个，基层单位 14 个。基层党（总）支部 11 个；基层工会委员会 8 个，工会小组 41 个；团总支 1 个、团支部 4 个。全处员工总数 337 人（含合同制员工 57 人），其中，男员工 165 人、女员工 172 人；干部 173 人，占员工总数 51. 34%；工人 164 人，占员工总数 48. 67%。截至 2007 年末，拥有资产总值 15968. 2 万元，其中，固定资产原值 14922. 2 万元，净值 8362. 8 万元。

【经营指标和服务指标】 2007 年，完成主营收入 3550 万元，比 2006 年增长 5%，多元经济实现产值过亿元。严格执行预算管理有关规定，全年预算执行符合率 99%。节约费用 60 万元。经矿区服务事业部组织考核测评，兴隆园小区综合服务满意率为 93. 86%。

【内部改革】 2007 年 3 月，长庆局下文将“长庆石油勘探局公用事业处”更名为“长庆石油勘探局兴隆园物业服务处”。7 月底，根据中国石油集团和长庆局的文件精神，又更名为“长庆石油勘探局矿区服务事业部兴隆园物业服务处”。并将隶属于原兴隆园物业服务处的靖边分处整体剥离。

根据长庆局《关于规范职工股暨清理法人实体工作指导意见》，成立了规范清理工作领导小组，召开专题会议，对五个专业组和多种经营单位，除暂时保留的长庆华能实业有限公司外，兴隆园华兴科工贸有限公司、长庆园林绿化公司、三业开发公司、榆林兴庆公司实施关闭清算。

【维护稳定工作】 坚持把日常排查与专项排查、集中排查结合起来，从显性问题、隐性问题和处内职工队伍三个方面，认真排查不稳定因素，全力做好小区和全处稳定工作。按照长庆局规范职工股暨清理法人实体工作的实施意见，对规范清理工作以及加油站移交等有可能引发不稳定的因素进行分析，制定并落实相应措施。同时，充分发挥居民管理办公室的作用，化解矛盾，理顺情绪，全年调解民事纠纷 8 起。认真抓了基地服务类有偿解除劳动关系人员的再就业工作。认真执行长庆局规定，合理开发实质性就业岗位，加大宣传教育力度，引导再就业人员珍惜机会，突出前瞻性和全面性，把握主动权。组织再就业人员学习党的十七大精神，举办再就业人员趣味运动会，开展岗位劳动竞赛活动，对 64 名先进个人进行了表彰，激发了工作热情。同时，加强与上级部门的信息沟通，注重政策引导，讲究工作方法，使维护稳定工作顺利进行。

【安全生产】 认真开展“安全环保基础年”活动，牢固树立“安全是天，是政治责任、是最大经济效益”的思想，调整补充了物业处安委会成员，明确了各级领导人员“三全”管理责任。加强安全环保责任体系建设，与14个基层单位、5个机关科室签订了安全环保责任书，修订完善了3个应急预案。在重点部位推行HSE管理体系，修订HSE“两书一表”、“一书一表”。全面启动QHSE内审体系建设，顺利通过了QHSE认证机构的外审。为全处20余台车辆安装了GPS监控设备，提高了交通安全监控能力。对加油站、锅炉房、配气站等重点要害部位，坚持经常性定期或不定期安全检查。以“安全生产警示周”、“安全生产警示日”、“安全生产月”活动为主线，策划组织了“6·5”世界环境日和安全生产月、安全咨询日、群众性应急知识竞赛、驾驶员安全学习教育和“保安全、促发展、创和谐”安全知识竞赛，开展小区防洪防汛演练、职工食堂食物中毒应急演练，消防知识讲座和消防演练等活动。2007年11月9日，与西安市经济开发区公安分局共同举办了一次“警民鱼水情，平安社区行”系列活动，使全员安全意识和自防自救能力有了明显的提高。

【小区建设与管理】 以创建满意工程，构建和谐矿区为目标，不断提升服务水平。组织实施了幼儿园外墙处理、小区235个单元信报箱更换、新三区146个路灯、庭院灯的更换等13项维修改造项目。在提高居民生活环境水平上，组织实施了小区健身路径配套工程，在幼儿园北侧、二区水塔西侧、新三区4号高层东侧广场等安装健身器材30套；在三个住宅区间安装休闲椅、石桌凳157套。进行了锅炉房4号燃气锅炉更新改造，离退休职工活动中心室内装修改造，小区视频监控建设等投资规模较大的项目。自筹资金，组织实施了公寓楼数字电视配备、公寓楼视频监控系统、小区入户防盗门更换等项目。继续做好小区日常维修、电气设备春检、制冷设备检修、道路下陷修复、地下室防水处理、卫生间渗水处理、供水供暖管网的检修保养等工作，使小区保障服务功能更加完善。2007年6月，接管兴隆园小区文化活动中心后，精心组织协调各项工作，截至12月31日，放映电影21场、文艺演出14场次、事迹报告会2场，接待职工健身1800余人次。在小区车辆停放、交通秩序治理、小区治安管理、房屋装修管理等方面取得了新的成效。在小区建设项目和维修改造项目多、凤城四路、开元路开通等因素的影响下，小区治安保卫、节日装饰、供应服务、环境卫生、绿化美化亮化等均保持了平稳的态势，部分服务项目较往年有所提高。圆满完成了油田有史以来规模最大、涉及人员最多、持续时间最长、情况最为复杂的兴隆园小区售房工作。

【班子建设和队伍建设】 坚持把加强班子建设与队伍建设相结合，把企业文化建设与基层建设相结合，组织召开了企业文化建设推进会和基层建设工作推进会，命名表彰了4个基层建设示范点单位，进一步助推了基层建设工作和“五型”班组创建活动。继续深入开展“技术大培训、岗位大练兵、技能大比武”活动，成功举办了第三届职工职业技能大赛，选拔和选树了直燃机运行工、维修工、配电工等三个岗位的3名“技术状元”、6名“技术标兵”和9名“技术能手”。在应对小区大面积停电、汛期暴雨和冬季风雪“侵袭”的关键时刻，全处职工以雨雪为令，全员参与，确保安全；员工队伍士气高昂、奋力拼搏，涌现出中国石油集团优秀共产党员1名，长庆局模范集体1个，长庆局先进工作者1名。

（贺建东　李　军）

泾河园物业服务处

【概述】 泾河园物业服务处（以下简称泾河园物业处）坚持以“提升物业服务水平，构建模范和谐矿区，全面增强保障生产、服务生活、维护稳定的能力”为工作主线，强化服务意识，完善服务措施，管理水平持续提高，小区环境明显改善，园区整体和谐稳定，全面完成了长庆局和事业部下达的各项业绩考核指标。

截至2007年底，泾河园物业处用工总量654人（不含幼儿园和再就业），其中在册职工354人、临时用工300人。2007年9月底前，泾河园物业处在册职工38人。10月1日起，原委托服务的钻井工程总公司、建设工程总公司、第二采油技术服务处、水电厂等四个单位人员一次性划入，原机械制造总厂离退休职工管理站整体划入，泾河园项目组人员划入，在册职工增至354人，其中干部66人、工人288人；男职工89人，女职工265人。直接管理的临时用工300人，其中保安75人，维修服务58人，保洁、垃圾清运人员100人，离退休职工服务人员46人，其他人员21人；另外还安排有偿解除劳动关系人员412人，从事楼宇看护、治安协管工作。泾河园物业处机关设综合办公室、物业管理科、财务经营科等3个科室，基层设绿化保洁服务中心、物业维修服务中心、治安服务中心、离退休职工服务中心、信访办公室、再就业办公室、房产交易办公室等7个科级单位，材料库、车队、收费室等3个直属队。资产总额：3096.54万元，固定资产净值3044.92万元，流动资产51.62万元。主要负责龙凤园小区的管理、服务工作。

龙凤园小区共建住宅楼169栋7325户，截至2007年底已搬迁入住7260户。有幼儿园两所，入托幼儿560名。有老年大学一所，开设7个专业、30个教学班、近600名学员。有职工活动中心1个，健身中心2个，文化活动广场9个、图书阅览室1个。有老年艺术团1个、少儿艺术团1个、有门球协会、书画协会、音乐舞蹈协会、秦腔协会等13个。

【生产指标】 龙凤园小区住宅总建筑面积为80万平方米，总投资10亿元。9个小区建小系统集中供热锅炉房8座，水源热泵房1座，共安装法国进口2吨位燃气锅炉44台，承担供暖面积80万平方米；建10千伏开闭所一座，变配电所7座，年转供电1188万千瓦·时，年转供水60万立方米，年转供气1178万立方米。小区种植草坪24万平方米，种植乔灌木和常青树共160种73万棵（株），绿化覆盖率为39.6%，年清扫、运送垃圾12960吨。

【经营指标】 2007年，实现收入735.66万元，费用支出8820.59万元，长庆局认可指标-7846.55万元，上缴税费169.09万元。

【工程建设】 完成了绿化喷灌施工验收，进行了会馆、老年大学、活动设施使用功能的调整；完成5号锅炉房、污水处理厂的噪音、废气治理，安装性能优良的阻抗性复合消声器、墙壁吸音板、隔音门、消声采风口，较好地解决了噪音扰民、废气难闻的问题；完成园区供排水、供配电、供热等配套系统和基础设施的检修；完成了解决270多户居民的室内山墙冷桥（冷凝水）问题的方案设计、方案论证、施工队伍确定等准备工作；覆盖全园的视频监控系统建设已接近收尾；大型停车场修建工程已经上报待批。小区服务功能进一步优化，人居环境明显改善。

【企业管理】

（1）加强生产组织管理。明确工作责任，畅通服务信息，落实值班制度。制定了园区停水、停电、停气应急预案并组织演练，抓好水、电、气、暖保障供应。抓物业服务监督检查。认真落实周例会、周晨检、处长接待日、居民座谈会、满意度调查和满意度分析、首问负责制等服务制度。环卫工作坚持“一日两扫、全天保洁”，定区域、定人员、定职责、定标准，做到了“三令”（以风为令、以雨为令、以雪为令）“四无”（地面无垃圾，墙面无乱贴，楼道无乱堆，草坪无杂物），园区干净整洁。花草树木定期修剪、锄草、松土、浇水、施肥、防治病虫害，科学种植；坚持作好公共设施日常管护，对路灯、庭院灯、给水井、污水井、园区道路、公共建筑及时维修，确保设施完好。室内维修认真落实“五个一”服务要求，规范服务行为，完成各类报修7300余项。全年维修一次性合格率达到98%，各类设备完好率、房屋及设施完好率、路灯亮灯率均达到了96%以上。治安服务中心实行半军事化管理，严格训练、规范执勤，确保了小区秩序稳定。机关各部门坚持做到有访必接、有信必回、首问负责、限时办理、及时回复，认真解决好住户反映的各类问题。

（2）加强劳动用工管理。根据矿区服务系统改革的要求，及时做好划转人员的人事接转、信息采集、工资调标晋档、职称评审等工作。按照长庆局的要求，重点对社会化劳务用工进行了规范和清理。及时修订完善了服务处奖金发放办法。

（3）规范财务经营管理。按照“三分开”的要求，做好财物的分账建账、成本还原、账务交割、会计核算工作，搞好年度预算的制定、执行和调整工作，完善预算管理办法，加大预算控制力度，规范计划审批，搞好资金管理。加大收费稽查稽核工作，对小区住户信息逐单位、逐户进行核对。加大对自费住户应交费用的收缴力度，做到住户、单位、费用三对口。加大对商业房租赁管理和资金缴纳工作，商业用户的物业及水、电、气、暖费用缴纳到位。对住户的水表、电表、气表逐户进行全面检查，对存在问题及时进行整改。有效落实物业缴费“一卡通”制度，进一步完善缴费方式，转变居民消费意识。搞好材料的采、供、存管理。

（4）加强计划管理。规范审批程序，搞好认质认价，降低采购成本，落实领料制度。做好物资的储存管理，及时清理盘点，减少库存积压，高效利用物资，保证生产需要。2007年完成器材收发1105项，进出库量618万元。搞好维修项目和工程项目管理。对40个维修项目和工程项目实行招投标，做到程序合法，公开透明。加强对工程的合同审查、项目审计，2007年共审查各类合同144份，送审金额1301万元，审减金额56.43万元，做到了工程项目“投资、质量、工期、安全”四大指标有效控制。

【安全生产】　明确全年安全生产目标，将安全工作纳入党政工作的重要议事日程，形成党政主要领导亲自抓、分管领导具体抓、班子成员协助抓的齐抓共管工作格局。与各基层单位签订了安全生产目标责任书，严格实行安全生产、环境保护一票否决制和责任追究制，把各项任务和措施落实到每个基层单位，落实到人头。开展“强三基、反三违、严达标、除隐患”为主题的安全环保基础年活动。制作安全专题展板，发放安全知识宣传单，举办安全文艺会演、安全小品、歌咏比赛、快板、情景剧等安全文化活动，搞好安全意识教育。安排组织了电力春检、锅炉夏季检修，加强了对锅炉房、变配电室、污水处理厂生产安全管理；加强对幼儿园、保安食堂等的食品卫生监督检查；开展了住户使用天然气专项消防检查；完善调整了九项安全生产应急预案，先后四次开展电路故障、锅炉房爆炸、突然停电停水、火灾等安全应急预案的演练及讲评；注意抓好维修项目和工程施工安全管理。2007 年未发生安全生产事故。安全生产在全局 55 个单位年度考核中排名第十，被评为长庆局 2007 年度安全生产“先进单位”，3 人被评为长庆局安全生产先进个人。

【社会治安综合治理】　召开社会治安综合治理工作会议，与 9 个基层单位签订社会治安综合治理目标责任书，层层落实责任。补充了保安力量，在重点部位安装了报警装置、视频监控装置，为住宅楼楼道安装了防盗栏。深入开展“反盗窃”、“道路交通整治”等五项专项整治活动，实行交警进社区，搞好交通秩序管理。2007 年追回被盗自行车、摩托车 11 辆，抓获并移交公安部门犯罪嫌疑人 15 人，有力地震慑了犯罪分子，确保了居民生命财产安全，实现了“无治安案件、无刑事案件、无治安灾害事故、无内部人员违法犯罪”的“四无”工作目标，社会治安综合治理工作走在了长庆局和陕西省前列。多次召开维护稳定工作会议，建立稳定预案，研究落实维稳措施，对园区各种不稳定因素进行排查。重点加强特殊时期、敏感时期、特殊群体的监控管理，了解思想动态，化解矛盾。信访办公室认真做好信访接待工作，耐心细致地解释疏导，全年共接待来信来访 113 人次，协调处理各类问题 56 件，有效地维护了园区稳定。再就业服务中心正确把握政策，积极教育引导，根据不同时期的矛盾和问题，认真做好思想工作，积极解决有偿解除劳动关系人员的实际困难，使他们自觉服从大局，维护稳定。在矿区服务系统改革中，严格按照政策规定，认真搞好划转人员的思想教育工作，确保了平稳交接和队伍稳定。

【精神文明建设】　开展十七大报告进社区宣传教育活动，举办十七大专题讲座 70 余场次，近万人次离退休职工收看了十七大专题辅导，下发十七大知识竞赛试题万余份，使十七大精神家喻户晓；开展“除陋习、知荣辱、讲文明、树新风”文明月活动，举办秦腔名角演唱会、“六一”文艺演出、“七一”安全歌咏比赛、安全小品专题文艺晚会、消夏舞会、秧歌比赛、国庆文艺演出等文艺会演，组织社火表演、焰火晚会等大型节日活动十余次，社区天天有活动、周周有表演、月月有比赛；巩固社区文化阵地，对园区活动场地及设施进行了全面检查维修，把会馆改造成老年大学，添置教学设施和活动器械，拓展教学项目，成立了老年艺术团、老年乐队、少儿艺术团和各类文体协会，并发挥文体协会的骨干带头作用，多次组织老同志走出龙凤园，到咸阳、西安、临潼、高陵等基地汇报表演、比赛交流。搞好前线队伍冬休回撤的欢迎工作，组织百人锣鼓队，悬挂横幅、营造气氛，隆重欢迎前线将士凯旋。充分利用板报、专栏、网络等载体，及时宣传油田的大好形势和取得的辉煌业绩，鼓舞人心，弘扬正气。在局内报刊、网络、电视等媒体投稿 200 多篇（条），采用 170 多篇（条），在《中国石油报》、《西安日报》、《三秦都市报》、《西部法制报》、西安电视台、陕西电视台刊登各类新闻报道 20 多篇（条），制作完成《和谐社区——龙凤园》等 4 部专题片，树立了较好的物业服务品牌和企业形象。

2007 年，龙凤园小区先后获得“文明社区”、“学习型社区”、“物业管理示范住宅小区”、“科普文明小区”、“环保诚信联盟先进单位”等荣誉称号。2007 年 6 月份被评为全国“绿色社区”。泾河园物业处被评为长庆油田“社会治安综合治理先进单位”、长庆局

“安全生产环境保护先进单位”、长庆局“企业文化建设先进单位”、“宣传思想先进单位”等称号。

（彭灵社）

泾渭苑物业服务处

【概述】 泾渭苑物业服务处（以下简称泾渭苑物业处）主要承担泾渭苑小区物业服务与公用事业、社会公益事业、离退休人员服务以及职工住房交易以及马岭生产基地物业服务。设机关职能科室4个（综合办公室、财务经营办公室、物业管理办公室和保卫科）；下属科级基层单位6个（一区服务站、二区服务站、马岭服务站、水电服务站、供热服务站、离退休职工服务站）；队站级基层单位4个（器材供应站、收费室、110警务室和交通服务队）。用工总量455人，其中，合同化员工322人、合同制员工4人、社会化劳动用工129人。高级职称3人、中级职称19人、初级职称31人。泾渭苑一区有住户2544户，马岭小区有住户636户，二区设计总户数2568户。

【生产经营指标】 2007年，物业管理面积112.65万平方米，总供热面积42.23万平方米，年转供电477.7万千瓦·时，年转供水37.4万立方米，年转供天然气26.5万立方米，年转供液化气18.4吨。管理草坪17.26万平方米、乔灌木6.02万株、绿化覆盖率为29%，人均绿化面积为11.9平方米，年清扫、运送垃圾约1800吨。泾渭苑小区配套设施有4台20吨锅炉的供热站1座，日供水能力1万立方米自来水的水厂1座，开闭所1座，配电室7座，污水提升泵房1座，幼儿园1所。

实现社会化收入178万元，成本支出5784万元，补贴5606万元，预算执行符合率达到99.84%，圆满完成了矿区服务事业部下达的经营指标。

【经营管理】 坚持全面预算管理，推行费用承包责任制，完善考核标准和实施细则，加强对经营工作的检查考核力度；坚持财务核算和财务监督，强化基层单位的经营意识，最大限度地降低生产成本；坚持完善计量、勤俭节约、精打细算、从严控制各项费用、实现降本增效；坚持按财经纪律办事，严格要求、严格管理、堵塞漏洞、增加收入。2007年7月底矿区服务系统整合以后，按照“分开运行、分开核算、分开考核”的要求，在短时间内完成了分账和建账工作，按照资金收支两条线管理的要求，实行了新的资金运行管理模式，确保了资金安全。顺利通过了北京天园全审计事务所的审计，出具了无保留意见的《审计报告》。

【物业管理和服务】 以深入开展“为居民服务、让业主满意、建和谐小区、争行业一流”活动为主线，狠抓员工服务意识的树立和工作理念的转变，牢固树立“业主是天”、“业主就是衣食父母”、“永远想到业主前面”的服务意识，树立“业主需求是最高命令，业主满意是最高追求”，“居民就是上帝、小区就是市场、服务就是效益”的服务理念。坚持把为居民服务作为物业处的第一功能，变被动服务为承诺制主动服务，努力为居民提供全方位、多层次、人性化的服务，坚持把“业主满意、小区和谐”作为各项工作的最高目标，以优质服务打造“泾渭物业”服务品牌。狠抓服务规范化、标准化和制度化。制订了物业处各项管理制度、工艺流程和操作规程，使服务程序更完善科学，服务行为更规范有序，并在物业服务实践中总结概括出了泾渭苑物业服务处服务标准，即维修服务“五个一”、清洁服务“三令四无”和治安服务“四个必帮”、“八个必管”。坚持“四项制度”，即每周的处领导值班制度、每两月一次的居民座谈会制度、每周五居民接待日制度和24小时服务热线制度。全处员工认真落实“四个服务”，即遵守承诺的诚信服务，以人为本的感动服务，关注细节的精细服务，确保质量的标准服务，增强了居民的安全感、舒适感、方便感和归属感。做到住户搬迁到达时有人接、有人搬、有人管，确保了住户搬迁安全平稳；深入开展“抓基础、促管理、强素质、保安全”活动，提高了现场管理水平，进一步夯实了服务基础。泾渭苑小区居民服务满意率测评从上半年的84%上升到2007年底的96%。

【水电暖气供应】　加强与地方供电部门、供气单位的企地合作，协调泾河项目组搞好泾渭苑小区公用设施的维修，最大限度地保证小区水、电、暖气的正常供应；坚持每周2次的家庭室温测量，随时掌握动态数据并及时反馈供热站。保证了29.76万平方米面积的房屋供热；安排专人看护水源井，参照国家标准，加强了水处理的杀菌消毒工作，并定期做好水样化验分析，实现了饮用水从源头到用户“三点一线”全方位检测，确保小区住户饮用水质量；及时制定小区通气方案，加强安全检查，保证了前期搬迁入住700户的安全用气，全年开户通气1921户；制定电力设备春检工作安排和检修计划，组织完成了1个开闭所及4个变电所内的15条高压电缆、36只10千伏氧化锌避雷器，107条低压电缆的检查和试验，共检修公用动力照明配电箱（柜）11面、楼宇单元配电箱91个、住户配电箱1320个，水系电机及电缆27套，确保小区供电系统平稳运行；按照维修计划组织完成了小区373个水暖地井、657个阀门的维修保养。小区水电暖气供应有序，居民生活得到保障。

【小区建设】　2007年，建设了保安营地、维修工房、供热服务站办公用房和绿化喷灌系统，修建了一区住宅楼散水排水渠，改造了住宅楼雨篷，安装了A—S户型11栋楼35个单元140个防盗窗。对小区围墙进行了加固并修建了3处排水系统。配备了垃圾箱、垃圾车等保洁设施，完善了道路标识系统、楼宇标识牌。大力实施环境净化、美化、亮化、绿化、硬化工程，装修配套了二区老年活动室，为离退休职工活动创造了条件，使小区服务功能更趋合理。

【安全生产】　深入贯彻落实矿区服务事业部一系列安全环保规章制度，牢固树立以人为本抓安全的理念，把安全生产工作始终摆在各项工作的突出位置抓实抓好，安全环保及消防工作实现了“零事故、零损失、零伤害、零污染”，教育职工牢固树立安全意识、忧患意识、危机意识和责任意识，加强员工安全培训，提升安全素质，启动运行QHSE体系，编写完成程序文件34个、管理手册1本、岗位作业指导书6个，制定安全管理制度10项；坚持实施安全生产承包责任制，泾渭苑物业处与基层单位、基层单位与班组层层签订了安全目标责任书，建立了领导安全生产承包点，明确了各自的管理责任、执行责任、监督责任，做到了目标到班组，责任到人头；扎实开展安全生产大检查，结合“安全环保基础年”和“安全生产月”活动，坚持做好节假日安全检查、专项安全检查和每季度1次的定期安全检查。下发整改通知单9份，限期整改问题93项。对现场发现的3起违章行为分别予以通报批评、经济处罚及清理辞退；加强设备检修、保养工作，消除设备安全隐患，保证了小区用电安全和供暖安全；深入开展以“反违章、降车速、文明驾驶”为主题的小区交通秩序专项整治，严肃查处违章行为，对小区内的车辆进行日常检查和集中整治，确保了小区交通安全；切实抓好应急管理工作，编制了应急管理办法，建立了应急管理组织机构，形成了“横向到边，纵向到底”的应急管理组织体系，全年制定预案9项，演练预案2次。加强防洪防汛，划分责任区域，落实24小时值班，加大巡查力度，确保了小区安全度汛。泾渭苑物业处被评为长庆局2007年度环境保护先进单位。

【结构调整】　按照长庆局矿区服务事业重组的精神，及时成立了两个领导小组，摸清了被移交单位的人员、设备情况，分期分批召开了人员移交大会，使钻井工程总公司259名、水电厂86名、运输处41名，共计386名员工平稳有序地划转到泾渭苑物业处；做好马岭基地的稳定工作，泾渭苑物业处领导先后3次带领有关部门人员现场办公，做好员工思想工作，解决存在的困难，保证了马岭基地的平稳运行；做好机构及人员调整工作，分别成立了供热服务站和水电服务站，分开供热、供水和供电业务，实现了精细化、专业化管理。切实解决实际问题，改善基层单位的办公环境和办公条件。

【社会治安综合治理】　深入开展“建平安小区”活动，大力加强治安防控体系建设，认真落实责任制，与各部门、单位签订社会治安综合治理目标责任书，坚持“打防结合，以防为主，齐抓共管，群防群治”方针，充分发挥泾渭苑物业处综治领导小组的主导作用，保安队伍的主体作用，坚持保卫科和小区服务站相结合，人防、物防和技防相结合，企业和地方相结合。突出“四个重点”，即突出“三禁一反”、突出“重点人”、突出节假日和重要时期、突出经常抓和常防范。加强社会治安综合治理队伍建设，举办了首届保安技术比武，提高保安素质和队伍整体配合、快速反应能力。认真开展社会治安综合治理宣传月活动，加大对居民法制宣传教育力度。成立了信访稳定工作领导小组，制订了《泾渭园物业服务处群体突发事件应急处置预案》，按照“内紧外松、注意保密、讲究方法”的工作原则，仔细排查各种不稳定因素和人员，做到有访必接，有信必回，疏堵结合。加强信息交流，畅通沟通渠道，小区未发生影响稳定的大小事件，顺利通过了长庆油田社会治安综合治理领导小组的验收。

【组织建设】　制订了泾渭苑物业处《“三重一大”议事决策制度》、《领导班子工作制度》和《领导班子议事规则》等组织制度。加强“四好班子”建设，提高干部“五种能力”。全年共组织中心组学习13次。认真开展公开承诺转变作风活动，认真落实民主生活会制度，切实加强班子成员思想作风、工作作风和生活作风建设。抓好党支部“六个一”创建工作。建立完善了移交泾渭苑物业处基层单位的党、工、团组织，成立了马岭服务站党总支和6个基层党支部，选举配齐了基层党支部委员会和支部书记。组织开展多种活动，加强对党员的教育和管理。抓好党风廉政建设，扎实开展以“加强作风建设、促进廉洁从业”为主题的党风建设和反腐倡廉活动，有效促进了干部队伍作风转变。重视廉洁文化建设，印发了《泾渭苑物业服务处廉洁文化建设实施方案》，编制完成了未来三年的廉洁文化建设工作运行大表，充分利用小区宣传载体，努力营造浓郁的廉洁文化氛围，取得了良好效果。

【队伍建设】　加强员工队伍思想建设，教育员工牢固树立发展意识、高度的责任意识和崇高的服务意识；实现思想观念的四个转变，即由被动服务向主动服务转变，由粗放式服务向精细化服务转变，由低素质、低水平向高素质、高水平转变，由工作型向学习型转变；加强培训工作，精心组织了物业管理、HSE管理体系、职业道德、《物权法》和《劳动合同法》知识培训班8期，培训260人次；抓好取证和复证培训，培训覆盖率100%，管理及服务人员持证上岗率100%。开展岗位大练兵、“学理论、练硬功、赛质量、比服务”劳动竞赛，提高员工队伍的素质。

【精神文明建设】　抓好党的十七大精神的学习宣传，配发《十七大学习辅导百问》等学习资料30册，组织88名党员干部参加了十七大精神答题活动，下发了十七大精神辅导光盘，促进了十七大精神学习宣传的深入；开展“发扬大庆精神、铁人精神，学习刘玲玲，为发展长庆作贡献”主题教育活动，组织编发了2万余字的学习资料，组织了主题教育有奖征文和演讲比赛，2007年对外发表各类新闻稿件233篇；抓好工会和共青团工作，工会组织开展的劳动竞赛，民主管理、厂务公开逐步加强，文体活动蓬勃开展，送温暖工程有效落实；共青团组织开展“青字号”工程，举办青年文化夜校，帮扶孤寡老人。加大对活动场所和服务设施的投入力度，安装了室外健身活动器材；组建了12个文体协会，成立了泾渭苑锣鼓队，开展了门球、国庆文艺演出和重阳节趣味活动等文体活动。

泾渭苑小区被评为西安市“文明小区”。一区服务站被长庆局评为2007年度先进集体，陈宝玮被长庆局评为2007年度先进生产（工作）者。泾渭苑物业处团委被长庆局团委评为2007年度“五四红旗团委”，综合办公室被长庆局企业文化处评为2007年度先进单位。

（黄　睿）

湖滨花园物业服务处（长庆湖滨花园建设项目组）

【概述】　长庆湖滨花园建设项目组（湖滨花园物业服务处）成立于2007年3月14日，设综合部、工程技术部、材料供应部。2007年7月31日，按照长局矿区物业服务系统整合精神，更名为湖滨花园物业服务处湖滨花园处。2007年3月，湖滨花园土地使用权由西安长庆地产集团变更为长庆局，西安市人民政府4月19日正式批复，该土地由长庆局经营使用。

【工程建设】　2007年，长庆湖滨花园建设项目作为长庆局启动万套住宅建设工程重要组成部分正式启动。在经过工程地质勘察、文物勘察、施工图设计、监理招标、项目报建和审批等前期工作后，于2007年10月25日举行了开工奠基仪式。

2007年开始一期工程建设，工程总建筑面积24.88万平方米。将新建住宅楼40栋、1452套，建筑面积11.736万平方米，幼儿园1所4690.8平方米，文化活动中心4.6435万平方米，综合商业用房1.62万平方米；综合办公区建设，办公楼1栋4.0809万平方米、单身公寓1栋1.7178万平方米、食堂1栋8997平方米。地下建筑面积3.8782万平方米。截至2007年底，已完成一期住宅35栋楼基坑开挖。完成湖滨大厦土方开挖、试桩施工，全面完成了长庆局下达的项目建设年度节点目标。

【项目定位】 项目的规划定位是现代都市花园职工住宅小区。住宅性质为经济适用房，主要解决油田一线在西安的无房户。小区总体规划住宅套数 5668 套，建筑总面积 47.11 万平方米。综合办公区及公用建筑面积 10.18 万平方米。由长庆湖滨花园建设项目组代表长庆油田实施建设管理，项目总体规划由中国建筑西北设计研究院负责设计，综合办公区由上海建筑设计院负责设计。小区依照中国建筑西北设计研究院设计进行施工，在系统配套上主要依靠城市公共配套系统，使小区在运行机制上融入西安市市政系统，真正成为现代都市花园。2007 年 10 月被授予未央区重点项目，2007 年被评为长庆局万套住宅建设优秀项目组。

（辛秋平）

燕鸽湖物业服务处

【概述】 燕鸽湖物业服务处（以下简称燕鸽湖物业处）于 2007 年 7 月底，更名为长庆石油勘探局矿区服务事业部燕鸽湖物业服务处（银川办事处）。主要担负着银川燕鸽湖基地、新城基地、南门基地、吴忠基地、十八千米农业基地的物业服务、离退休职工管理和油田驻银川办事处的职能。燕鸽湖物业处设有机关科室 5 个、机关附属单位 4 个、基层科级单位 16 个、直属队站 4 个；用工总量 983 人，其中合同化员工 430 人（其中内退 60 人）、合同制员工 145 人、社会化劳务用工 408 人。固定资产原值 20448 万元，净值 12135 万元。所辖基地中，截至 2007 年底，燕鸽湖基地住户 10312 户；南门基地住户 282 户；新城基地 274 户；吴忠基地 235 户；十八公里基地 14092 亩（其中，耕地面积为 7056.2 亩、果园面积 1144 亩、鱼池面积 300 亩、建筑占地面积 1304 亩，沟渠、道路占地面积 2381 亩，防风林带 1066 亩），住户 90 户；燕鸽湖基地续建工程设计住房 4704 套。各基地总户数 11193 户。

燕鸽湖基地有幼儿园 3 所。第一幼儿园建筑面积 2307 平方米，第二幼儿园建筑面积 2540 平方米，第三幼儿园由采油三处建成并与银川市第一幼儿园合作管理，建筑面积 4030 平方米。银川基地有银川老年大学长庆分校 1 所，老年艺术团 1 个，离退休文体活动协会 10 个，离退休职工活动中心 6 个，南门、新城各有离退休职工活动中心 1 个。

【主要生产指标】 燕鸽湖基地设供热站两座，第一供热站有 10 吨燃煤锅炉 4 台；第二供热站有 10 吨燃气锅炉 2 台，20 吨燃气锅炉 5 台，总供暖面积 118 万平方米。设南、北开关站两座，年转供电 2600 余万千瓦·时。年转供水 270 万立方米。绿化面积达到 53.76 万平方米，绿化覆盖率为 37.09%，人均绿地 17.92 平方米；全年清运垃圾 18250 吨；全年完成人工湖环境改造、屋面维修、绿化喷灌工程、锅炉房隔音降噪改造、小区道路改造等投资 2300 万元。

【经营指标】 2007 年，实现收入 1659.84 万元，费用支出 16767.47 万元，局实际补贴 15107.63 万元，较下达指标节约 14 万元，较好地完成了全年经营指标。

【主要成果】 安全环保和社会治安综合治理工作成效显著，小区和谐稳定。物业处被长庆局评为安全生产先进单位和消防工作先进单位。基地管理和小区环境建设取得新成绩。

物业处通过了 QHSE 管理体系“三合一”认证，被评为自治区物业管理优秀示范住宅小区。物业服务继续走在局内前列。2007 年综合服务满意率达 95.45%。两个幼儿园顺利通过银川市一级一类幼儿园评审。规范职工股和清理法人实体工作平稳进行，职工股置换和创业公司人员安置工作全面完成。重点工程建设项目有序推进，年度节点目标全面实现。矿区服务系统划转移交工作全面完成，接收单位员工思想稳定，服务水平明显提升。涉及职工切身利益的问题得到及时、有效的解决，企业与员工关系更加和谐。精神文明建设取得新成果。员工教育、居民教育成效显著，六区服务站被确定为长庆局首批基层建设示范点，丰德强荣获长庆局劳动模范称号。

【物业管理和服务】　一是组织编印了《物业服务标准及规范》，为实现物业服务规范化管理奠定了基础。环卫管理的“三令”、“四无”、居民服务的“五个一”以及治安服务的“四个必帮”、“五个必查”、“八个必管”等管理和服务标准得到了较好的落实。二是认真搞好基地的维修工作。2007 年，完成维修工程投资 1500 余万元。三是全年共栽植乔木 2377 棵、常青树 4367 棵、花灌木 69040 棵，种植草坪 2 万多平方米。四是基地收费大厅建成投运，整合了物业处和通信处收费管理，方便了居民。五是顺利通过了银川市一级一类幼儿园的评定，幼教工作走上了规范发展的路子。六是环卫工作继续坚持“一日两扫，全天保洁”，基地环境卫生保持良好。5 月份，燕鸽湖基地荣获自治区优秀示范住宅小区称号。

【工程建设】　重点工程建设项目有序推进，燕鸽湖基地新区续建工程年度节点目标全面实现，燕鸽湖基地建设项目组被评为长庆局 2007 年度模范集体。配套设施建设，完成了湖心区改造、第一供热站扩容改造、第二供热站节能环保改造（隔音降噪、变频调速、节能改造）、绿化喷灌工程、门球场遮阳篷建设、环湖路道路改造和二区道路拓宽、基地南大门建设等八大工程。

【安全生产】　坚持将工业安全、交通安全和居民生活安全作为工作重点，切实落实各项安全措施。一是在矿区服务系统率先开展了 QHSE“三合一”认证工作，安全环保工作的标准化、精细化和全面受控程度进一步提高。二是将供电和供暖的安全运行放在工业安全的首要位置，认真组织电力设备春检和锅炉夏季检修工作，切实加强对电工和司炉工的安全操作培训和岗位技能培训，确保了供电供暖的正常运行。三是着力加强了小区交通管理。在小车队和创业公司车队加装了 GPS 车辆管理系统，对基地所有常驻车辆办理了出入小区通行证，积极开展交警进社区和小区交通专项整治活动，全年累计检查各种车辆 11000 余台次，查处违章车辆 334 台次，处罚违章司机 6 人次。四是开展经常性的居民家庭用电用气安全教育。以“安全生产月”、“安全警示日”、“119”消防日等主题教育活动为载体，以离退休职工、职工家属、中小学生等留守群体为切入点，深入小区、校园开展宣传教育，居民自我防范意识明显增强。四是加强消防安全专项检查，全年共组织消防专项检查 13 次，查出各类问题 147 个，现场整改 121 个，下发火险隐患责令整改通知书限期整改 26 个。

【社会治安综合治理】　坚持“打防并举，预防为主，齐抓共管，综合治理”的工作方针，充分发挥“企地结合、条块结合、警民结合”治保体系的作用，确保了安定有序的生产生活秩序。一是加强了治保队伍建设。开展了以经警日早操、周警训、立岗执勤、列队巡逻为主要内容的队伍建设“大提速”活动，提升了经警队伍的整体素质和公众形象。二是结合基地治安形势有针对性地开展了“反自行车盗窃”、“反偷防盗”、“反吸毒贩毒”等专项治理活动，有效遏制了盗窃、涉毒等多发性案件的发生。

三是充分发挥社会治安综合治理激励机制作用，对53名抓获盗窃、涉毒嫌疑人的有功人员进行了奖励，激发了保安人员的工作主动性。

坚持把有偿解除劳动关系人员、离退休职工等特殊群体的稳定作为重点，全力做好服务工作。注意掌握信息，认真做好工作，及时预防和化解不稳定事件。吃透政策，加强管理，认真做好再就业服务工作。共安排497人上岗再就业。加强了对离退休群体的正面教育，继续深入开展"理解教育"、"形势教育"、"责任教育"活动；依托"一校一团十个协会"组织开展丰富多彩的老年文体活动，寓教于会，寓教于学，寓教于乐，组织文体竞赛活动18场次。积极为员工办实事、解难事，确保了员工队伍稳定。

【内部管理】　以有效控制成本、提高效益为重点，制定实施了《综合业绩考核办法》和《综合业绩考核实施细则》。针对地方供电部门多年来高价收费的问题，多方奔走、积极争取，最终达成电力公司两年内共返补电费400万元的协议。加强全面预算管理，在维修费、燃料费、水电费、人工费的挖潜上狠下工夫，确保全年经营任务指标的完成。按照矿区服务系统"分开运行、分开核算、分开考核"的要求，完成了分账和建账工作；按照资金收支两条线管理的要求，实行了新的资金运行管理模式，减少了漏洞，确保了资金安全。工程管理重点强化了程序管理，制订下发了《关于规范工程、维修管理程序的补充意见》和《基建项目管理工作流程》，初步建立了既各负其责、相互配合、又相互监督、相互制约的建设工程管理运行机制。内部审计工作，在健全内部审计制度、规范审计流程、全面加强对各项经营活动全过程审计的同时，重点加强了维修、绿化工程和物资采购的结算前审计，全年审减资金104万元。人事劳资工作，以技术技能培训和特种作业取证培训为重点，全年送外培训60人，并通过技能鉴定的高级工36人，初、中级工30人；处内培训298人次。切实加强用工管理，认真开展定编、定岗、定员工作，通过岗位合并和压缩定员，上半年压缩用工总量43人。

【结构调整】　规范职工股和清理法人实体工作有序运行。2007年5月，完成了园林公司职工股的清退工作，年底前完成了创业公司职工股的清退工作；园林公司经过债务清理、税务稽查和财务审计等法定程序后平稳注销，创业公司的人员已得到了妥善安置，资产和业务按照长庆局的统一部署进行处置。按照油田矿区服务系统改革的总体部署，2007年物业处整建制接收科级单位4个、基层单位1个；划转合同化员工143人、合同制员工6人、社会化劳务用工43人；划转基地3个、划拨资产224.3万元。

【基层建设】　在狠抓局级示范点建设的同时，以"五型"班组创建活动为载体，坚持以点带面，从基础管理、队伍建设和党支部建设三个方面，确定了三个基层单位为物业处内部示范点，建立了处领导、机关部门对三个内部示范点的创建帮促责任制。2007年年底三个单位全部通过了验收。

【精神文明建设】　结合主题教育活动，在全处范围内开展了以"感恩于心、报恩于行"为主要内容的员工思想教育活动；成立了居民教育工作领导小组，制订下发了《居民教育实施意见》，确定了"分区实施、分类操作、整体推进"的工作原则和公德意识教育、行为习惯养成教育、荣辱观教育、法制教育、"识恩、知恩、感恩、知足"教育活动。组织员工开展广播操比赛、三人篮球赛等文体活动，活跃了职工文化生活；参与扶贫救灾等社会公益事业，积极履行企业的社会责任。

（李　晶）

庆城综合服务处

【概述】　庆城综合服务处（以下简称庆城服务处）是长庆局矿区服务事业部下属的一个处级建制单位。主要承担着陇东矿区20个生活小区的物业服务与公用事业、公益事业、离退休职工管理等服务业务。服务总面积168.13万平方米；住宅楼271栋，住户6557户，面积48.62万平方米；办公楼68栋，面积11.79万平方米；生产工房83栋，面积28.27万平方米；职工公寓19栋，2.35万平方米；供暖面积70.12万平方米，年供水320万立方米；年供液化气671吨（折合约为50瓶工业用气和55778瓶民用气）；年转供电1800万千瓦·时；绿化维护面积26.7万平方米，环境保洁面积62.44万平方米。设机关科室7个、科级单位10个、附属单位4个，党总支7个、党支部21个。用工总量1256人，其中，合同化员工993人，占用工总量的79.06%；合同制员工54人，占4.3%；社会化劳务用工209人，占16.64%。干部164人，其中管理干部154人、技术干部10人；高级职称6人、中级职称55人、初级职称74人（助理职称55人，员级职称19人），其他（未定级）29人。党员1870人（其中托管离退休职工党员1586人），其中，在职党员284人（含内退58人），党员占在职职工总数22.61%。离退休职工、内部退养职工、有偿解除劳动关系人员及职工遗孀（遗属）共6083人（其中陇东片3219人、西安片2864人）。截至2007年底，全处固定资产原值7846.23万元，净值4217.02万元。

2007年，庆城服务处在长庆局和事业部的正确领导下，以科学发展观为统领，以“发展大油田，建设大气田，创建模范和谐矿区”为目标，团结带领全处干部职工认真贯彻落实中国石油集团、长庆油田矿区服务系统改革和矿区服务事业部领导干部会议精神，稳步推进企业改革改制，理顺管理运行机制，各项工作均取得了较好成绩，和谐矿区建设效果明显，开局良好。

【矿区服务】　紧紧围绕保障油田生产、服务职工生活，维护矿区稳定三大任务，积极实施服务质量提升战略，加快矿区服务硬件和软件升级，优化服务资源，调整队伍结构，健全管理制度，规范服务标准，简化工作流程，保障能力和服务水平得到全面提升。

完善服务保障机制，矿区服务质量稳步提升。先后分系统开展不同层面调查研究5次，召开专题研讨会、座谈会，研究解决服务体系、小区布局、矿区维修、供热系统调整、环卫绿化、治安稳定、食品卫生等方面问题30多项，使物业服务水平得到提高和小区面貌发生了较大改观。

抓实日常服务工作，矿区服务水平不断提高。牢固树立“优质服务是根本，满意服务是灵魂，用户需要是内容，业主满意是标准”的服务理念，增设服务大厅，开展热线服务投诉受理、承诺服务和给孤寡老人免费送气送水等项目。全年供水82万立方米，转供电185万千瓦·时，运送液化气20000瓶，送气到户19500余瓶；配置室外活动器材140多件，休闲坐椅256把，粉刷修缮老职工活动室9300多平方米，配备活动桌椅400张，使小区居民生活环境得到进一步改善，住户满意度从2007年9月份的92.1%上升到12

月份的94.3%。

坚持亲情服务，离退休服务工作再上新台阶。落实尊老、爱老、助老服务措施，建立完善基础资料和信息库，制作亲情服务卡，健全离退休职工文体活动组织，按照“月月有赛事，日日有活动”原则，全年组织小型多样文体活动6场次，参加8400人次；举办书画作品展览1次，展出作品200余件；为3300多名离退休职工免费订阅《老年日报》、《中国石油报金秋周刊》，创办《温馨生活》。组织学习十七大精神、矿区服务系统改革政策和《物权法》、《老年人权益保障法》等知识，丰富了离退休职工文化生活。认真落实中国石油集团和长庆局关于老职工的各项政策规定，及时发放各项生活费用和慰问金，全年表彰奖励优秀离退休职工123名、文体活动先进个人48名、有偿解除劳动关系人员先进个人29名、敬老爱老好儿女8名、文明家庭4户，为235名70岁以上老寿星举办了生日祝寿活动，老职工两项待遇全面落实。

【经营管理】 按照“三统一”、“三分开”的总体要求，坚持高标准、高起点，完善管理制度，规范管理流程，经营管理水平不断提高，各项工作稳步推进。

基础管理得到夯实。坚持科学管理，清查核对收入成本、账务资产，编制资产清单，建立了完整的资产管理数据库。按照“一分开”“两集中”原则，安装运行中油财务管理信息系统，申请开办了封闭结算账户，开立了资金收支账户，经营工作步入了规范化管理轨道。

经济安全平稳运行。先后制定合同管理等经营管理办法18项，初步建立了财务资产、规划计划、矿区建设等制度体系；通过核实全处资产，盘活资产存量，摸清家底，对部分闲置设备进行合理调剂，提高了资产使用率；加强招投标环节管理、合同管理，设置了审计岗位，扩大招投标范围，严格程序，严格资信审查，2007年审查合同538份7571万元，合同履约率100%。审计对外资金结算合同392份7000多万元，审减资金支出37.2万元。

经营指标圆满完成。账面成本总额25880.69万元，社会收入401.79万元，工业物业收入3805.8万元，考虑长庆局认可指标3671.39万元，相关指标结余214.61万元后，实际完成补贴总额18216.32万元，与矿区服务事业部下达预算相比结余38.68万元。

【基层建设】 按照长庆局总体要求，成立了创建工作领导小组和办公室，制定了“五型”班组创建目标、工作标准和考核办法。通过舆论引导、选树标杆、激励约束等多种方式推进、选树基层建设示范点7个，“五型”班组11个，实现了2007年30%的基层班组达到“五型”班组建设标准的工作目标。

按照长庆油田矿区服务系统改革实施方案和相关会议精神，将13个基层单位整合为11个，组建了保卫科、器材供应站、交通服务队、供水队，理顺了业务范围和服务职能。同时，对基层单位领导班子进行调整充实，加强了管理力量。机关各部门和基层单位按照统一要求，梳理制定各类管理制度187项，岗位职责190项，服务规范20项，建立起了管理科学的运行机制。

全面加强基层党组织建设，建立党总支7个，党支部46个，制订党建工作制度14项。以贯彻落实中央四个先进性长效机制文件为重点，深入开展党支部“六个一”创建活动，紧紧围绕矿区服务中心，开展党支部“双目标管理”、党员“双培双提高”和“建区创岗”活动，巩固和发展共产党员先进性教育成果。按照《党章》要求，切实加强党员教育管理，广大党员践行科学发展观的能力有了较大提高。

加强职工队伍建设，提高职工素质。结合2007年冬季培训，合理制定课程安排，采用教师授课、学员互动、事例分析等多种形式，扎实、有序开展管理层、操作层员工培训，注重抓好特种作业取证复审培训。全年举办各类培训班 22 期，98 人参加了局级培训（含高级工取证），165 人参加了处级培训，412 人参加了基层岗位培训，晋升中级职称 3 人。32 人取得了物业管理师资格证书，154 名职工参加了各类函授学习，职工自觉学习的风气逐渐形成，队伍整体素质得到提高。第一物业公司被评为长庆局先进集体、环境保护先进集体、油气当量突破 2000 万吨先进集体；第二物业公司被评为安全生产先进集体；涌现出局劳动模范崔文先、先进生产（工作）者吴晓刚、优秀宣传干部李荣虎、优秀网络通信员江心亮、环境保护先进个人左宏伟、安全生产先进个人时小龙、刘嘉龙、孟强等一大批先进典型。

建立并实施《领导班子工作制度》和《领导班子议事规则》，大力推进民主集中制建设，两级领导班子整体功能得到充分发挥。全面落实党风廉政建设责任制，开展领导干部、机关部门及工作人员“公开承诺，转变作风”活动，领导带廉、制度保廉、教育倡廉、监督促廉的惩防腐败机制基本建立。

工会组织全面落实工会四项基本职能。围绕矿区服务实施了以“建和谐平安小区，树物业服务品牌”为主要内容的“三赛一比”和“安康杯”劳动竞赛。共青团组织广泛开展青工岗位练兵、导师带徒等活动，群众性创新增效活动蓬勃开展。举办积极向上的活动，增强青年队伍的素质。在中国石油文联、中国石油美术家协会举办的第五届中国石油职工艺术节美术大赛上，职工岐峻岩彩画《梦》获银奖、反映西气东输题材的油画作品《远方》获美术类铜奖、张建民作者小传和作品分别被录入《中国石油美术书法家丛书》。

【安全环保工作】 加强基础工作。庆城服务处成立了处 HSE 管理委员会，制订了全处重点要害部位领导承包方案，明确 2007 年安全环保考核指标。确立了 6 个处级领导、18 个科级领导安全生产要害单（部）位承包点 10 个。制定制度和设备安全操作规程共计 55 项，分类建立 HSE 体系、节能减排等各类台账 78 个，分行业制定 HSE 现场检查表 16 种、各类活动记录 6 种，为全处 HSE 体系建立和运行打下了扎实基础。

全面推进 HSE 管理体系建设，扎实开展“安全环保基础年”活动，举办安全教育培训班 5 期，开展安全技能培训和安全生产管理制度学习 32 场次，培训职工 1000 多人次。围绕“安全生产月”、“12·23 安全警示日”，制作安全知识橱窗 20 个，悬挂横幅 40 条，组织围绕油田内外重大安全事故案例，以班组为单位组织开展“反违章”讨论活动，撰写安全体会文章 300 余篇。

以反“三违”为突破口，建立监督考核制，通过联合监督、交叉监督、巡回监督、抽查监督，从严处置违章行为。全年组织开展交通车辆、锅炉压力容器、食品卫生等专项监督检查，检查作业现场 82 个，查出各类问题 268 个，下发监督公报 4 份，查出问题逐一得到整改，安全环保基础管理水平不断提高。

积极开展危险源监控、措施防范和隐患治理活动，累计投入资金 544 万元，治理安全环保隐患项目 13 项，节能减排项目 9 项，更换安全标识牌、标志牌、警示牌、流程牌 450 个，在液化气总站改（扩）建及董家滩液化气站搬迁工程中，改造站内电气线路，增设消防间 2 座，消防器材 26 件。硬件配置的到位支撑了安全建设顺利进行。

【和谐矿区建设】 按照建设“四化”矿区要求，从完善矿区基础配套、防洪防汛及安全设施、公益设施、基地绿化美化等方面全面考虑，持续投入改造，加大矿区综合治理力度，切实落实帮扶机制，注重思想政治教育，和谐矿区建设取得新进展。

不断完善矿区基础设施建设。利用事业部维修资金1642万元、自筹资金1274.5万元，完成房屋维修、供热供水系统、排污系统、供电线路改造、冬防保温、安全环保隐患治理等建设项目共209项，小区居民生活环境得到进一步改善。

加强内部社会治安综合治理，高度重视信访稳定工作。成立治安维稳工作领导小组12个，治保小组、民事调解小组，帮教小组33个，健全治安防控体系，落实强化巡逻、重点监控、群防群治的小区治安管护思路，与长庆公安分局协作，建立治安联防互动机制，小区治安综合治理工作不断加强。落实领导干部走访基层、下访职工群众制度，定期分析排查不稳定因素。全年调查处理职工来信5件，接待来访群众77人次，妥善解决了职工反映的岗位调整、工资福利、物业服务、住房登记等问题，实现了维权与维稳的协调统一，保持了全处持续稳定的良好态势。

建立健全《困难职工帮扶实施办法》、《职工供养亲属丧葬补助办法》等制度，积极开展送温暖活动。全年慰问特困户、困难职工229户，探望住院职工184人次，慰问离退休职工15034人次，发放慰问金600多万元。投入200多万元，在各生活小区、离退休职工活动室安装健身器材，为基层班站配置了办公桌椅、电脑等办公设施，职工生产生活条件有了明显改善。全处广大干部职工、小区住户和离退休老同志都真切地感受到了企业改革发展带来的实惠。呈现出心齐气顺、风正劲足、干事创业、争创一流的良好局面。

围绕五大责任，培植核心文化，确定了以“科学发展、构建和谐”为庆城综合服务处核心服务宗旨。充分发挥电视二台综合宣传功能，突出主业生产单位工作动态，兼顾各驻矿单位宣传，增强娱乐性，开辟了《油事瞭望》、《油城故事汇》等12个栏目，围绕十七大精神学习宣传，推出了《创造新业绩、献礼十七大》、《权威解读十七大报告的18个新亮点》等专题栏目，播出时间比2006年增加310小时。购买发放《中国共产党第十七次代表大会报告》、《中国共产党章程》、《十七大报告辅导读本》等学习资料800余份。同时，充分运用网络、板报、橱窗等媒体，广泛宣传改革政策、讲解形势、释疑解惑，引导干部职工理解改革、支持改革、促进发展。

（王静若）

河庄坪综合服务处

【概述】　河庄坪综合服务处（以下简称河庄坪服务处）组建于2007年7月份，由原采油一处所属的公用事业管理站、职工医院、离退休管理站等3个单位整体划拨组建而成。河庄坪服务处设机关科室5个，机关附属2个，处属科级单位5个，直属单位4个。全处合同化员工484人。其中，干部140人、工人344人；男职工239人、女职工245人。拥有各类管理人员57人，各类专业技术干部54人。其中，高级职称6人、中级职称41人、初级职称50人。全处合同制员工111人，其中，男职工19人、女职工92人。有党总支6个，党员123人，其中在岗党员90人、内部退养党员31人、离退休党员2人。

河庄坪服务处主要担负着河庄坪基地、富县基地的物业服务以及侯市、王窑、坪桥、王南、张渠、杏河、杏北7个倒班点的工业物业服务工作，主要包括基地环卫、绿化、幼教、医疗卫生、离退休人员托管服务、一线服务点后勤保障等工作。

资产总值4500.85万元。其中，固定资产原值7259.18万元，净值4244.15万元；负债4500.85万元。共有各类设备71台（套），资产原值1090.73万元，资产净值354.17万元，设备新度系数0.44。

【经营指标】　完成了长庆局、矿区服务事业部下达的指标，全年社会化收入266.61万元，工业收入2156.65万元，补贴总额8653.62万元。

【医疗卫生】　按照“社区医院”的定位，结合河庄坪服务处实际情况，重点关注和解决广大职工、离退休人员、家属医疗和保健，开展优质服务，全面提高医疗服务水平和服务质量。一是高度关注职工健康和职业健康，累计为采油一厂和采油一处6859名员工进行了体检，其中体检异常结果电话通知约1800余人，追踪上门服务约100余人；开展一线巡回医疗活动，为一线员工测血压300多人次、疾病咨询2800多人次，发放宣传资料3300余份。二是广泛开展各种慢性病及日常保健知识咨询活动5次，咨询人数达到3518人次，发放宣传材料10470余份。三是下调了13个医疗服务收费项目，切实减轻患者医疗负担。四是维修、更换办公设施，改善就医环境，得到了广大职工家属和患者的认可。五是加强食品卫生检查，消除食品安全隐患。2007年检查26个食堂，查出各类问题33个，现场整改30个、下达卫生监督意见书限期整改3个。从业人员体检179人，办健康证173人、查出“五病”人员6人，均调离工作岗位。六是加强鼠疫监测和防治，发放灭鼠药100千克，喷洒消杀灭药品400千克，发放鼠疫知识问答及职业病防治知识宣传单2000余份。职业病防治完成7个单位，有毒有害场所监测评价2个单位，均合格。

【安全生产】　认真贯彻落实中国石油集团、长庆局、矿区服务事业部改革推进会议和相关文件精神，牢固树立政治意识、大局意识和责任意识，坚持“安全生产就是优质服务”的理念，建立完善了《河庄坪综合服务处安全事故管理实施细则》等安全监管规章制度38个；成立以主要领导为组长的处HSE管理（防火）委员会，逐级制订安全职责，落实重点要害部位承包，使主要生产单位“一职一责、一岗一责”覆盖率达100%；送外安全管理人员培训13人，外送特殊工种操作人员取复证37人；组织安全监管人员开展了3次食品卫生安全专项检查活动，对查出的问题进行了及时整改。组织开展了4次拉网式入户检查和服务，对生活小区6.409千米天然气压力管线、家庭用气管线及阀门、燃气灶具、液化石油气瓶及燃气报警装置的使用情况进行上门检查和服务，把事故隐患消除在萌芽状态，保证了基地供暖用气及小区居民日常用气安全。

【和谐矿区建设】　坚持共举中国石油一面旗，同唱长庆油田一首歌，建立和谐的厂处关系，加强和谐文化建设，加快了构建和谐矿区的步伐。

积极开展“扶贫帮困献爱心”、“抗灾救灾”捐助活动，全处895名职工为困难职工和灾区群众共捐款26570元。落实“特困必访、节日必看、住院必探、孤寡必管、贡献必奖、贫困生必助”的帮困救助机制。国庆节、春节为困难职工发放救济金118600元，金秋助学金50600元。春节前夕，按照矿区服务事业部统一部署和要求，大力营造节日氛围，确保小区广大职工家属度过一个温馨祥和的春节。在小区各主干道悬挂红灯笼1200多个，红绣球3000多个，“奥运福娃”

温馨提示牌60个，霓虹灯1100余条，“金布”缠绕行道树500余棵；悬挂横幅4条，条幅60条，制作宣传栏16块；制作花卉造型5处、装扮迎春树4棵；亮化、美化小区道路2000多米，装扮休闲广场4个；春节期间，投资10余万元组织了近200人的大型秧歌演出；正月十五，与厂处共同出资30万元举行了大型焰火表演；丰富了离退休职工和小区居民的节日文化生活，创建了和谐热烈的节日氛围，受到了小区业主的广泛赞誉。

加快基本设施建设，完善小区整体功能。坚持“用好投资，切实解决民生问题，不搞政绩形象工程”的工作思路，通过严格施工全程管理，圆满地完成了矿区服务事业部下达的幼儿园维修、红庄水库管线恢复、中道改造、基地幼儿园维修改造、基地活动中心、锅炉房水处理系统改造等2批11项1021万元的维修任务，有效地提升了小区的硬件设施条件，小区服务功能日趋完善，真正将企业发展成果惠及广大职工家属。

新建小区中心花园等地“连心路”、“便民路”13条700多米；硬化公寓区停车场600多平方米，铺设透水砖1515平方米，重做散水1200平方米；改造增设职工活动室2个、户外活动场地4个，增设户外健身器械10套，完善了小区基础设施，进一步提升了小区服务功能。

【精神文明建设】　充分利用网络、报纸、展板等各种形式，大力宣传各条战线取得的丰硕成果、典型事迹，先后被长庆网采用37篇、长庆石油报采用4篇、采油一厂电视台采用56篇，中国石油报采用1篇，并在小区内制作宣传橱窗54块。2007年，河庄坪小区荣获延安市城市管理局市级园林小区称号；河庄坪综合服务处物业管理科荣获长庆局质量节能先进等8个集体、21名个人获得局以上先进荣誉。以广场文化、节日文化、彩色周末为载体，广泛开展秦腔自乐班、“拳、剑、扇”广场活动、长跑比赛等丰富多彩的文化活动，吸引小区居民积极参与小区文化建设，不断提升小区文化品位。

【物业服务】　遵循“以绿为主、绿美结合”的原则，大力推行绿化工程。在小区内新栽乔木灌木2800株，补栽、更换、修剪各类花灌木1300余株，修剪草坪6次80多万平方米、绿篱3次16000米。新增过境公路两侧绿化带1800多米；在遭遇50年不遇的大范围降雪面前，坚决执行冬季以雪为令的“三令”制度，先后7次、3500多人次在河庄坪小区、富县基地、前线倒班点大力开展清扫积雪工作，保证了广大职工家属的出行安全，进一步提高了保障生产、服务生活的能力。针对2007年降温提前的气候特点，按照“早安排、早准备、早动手”的工作原则，详细调查研究部署冬季点炉前的各项工作，提前供暖20多天。为保证供暖正常，在小区住户设置测温点358个，室内最高温度22摄氏度，最低16摄氏度，达到了国家供暖标准，供暖质量创历年最好水平，也赢得了广大业主的广泛赞誉。

精心打造“440”服务品牌，进一步提升服务水平。以“进万家门、知万家情、解万家难、连万家心、让万家乐”为宗旨，大力推行四个服务，即：遵守承诺的诚信服务，以人为本的感动服务，关注细节的精细服务，确保质量的标准化服务。规范上门服务礼貌用语，不断提高“440”热线服务标准，以快捷、高效、优质的服务确保业主综合满意度的稳步提升。2007年440热线接听电话4380次，先后为小区业主维修天然气炉具、气表429次、电路维修305次、供水管线284次、供暖维修396次、疏通下水道328次。组织节前对小区天然气、液化气用户入户检查2次计5352户次，查出有漏点的用户12户，全部及时进行了整改。确保了小区水、电、气、暖供给保障率达95%，维修及时率达100%，一次维修合格率达95%以上。

【离退休职工管理】　河庄坪综合服务处有离退休职工和服务对象总数达 1462 人，其中离退休干部 113 人，离退休职工 550 人；内部退养职工 300 人；有偿解除关系人员 197 人；第一采油技术服务处遗属（孀）总人数 302 人。离退休干部中，享受副局级医疗待遇 1 人、副处级 8 人、正副科级 40 人，正高级职称 1 人、副高级职称 5 人、中级职称 58 人。离退休职工中，80 岁以上 26 人、70—79 岁 222 人、60—69 岁 258 人、50—59 岁 157 人。2007 年死亡总数 10 人，其中干部 4 人、工人 4 人（其中 1 人是技师）、遗孀 2 人。各级组织以“老有所养、老有所医、老有所学、老有所教、老有所为、老有所乐”为工作目标，定期组织开展离退休职工健康体检、节日慰问，送去慰问品和慰问金；认真做好离休人员“两费”发放及医药费报销，按时足额发放离退休人员养老金和生活补贴。离退休职工管理站全年为老同志送液化气 3000 多瓶，上门维修液化气炉具 27 次，电路、照明设施 1000 多户次，得到了老职工的普遍欢迎。

（贾　峰）

和兴园综合服务处

【概述】　和兴园综合服务处（以下简称和兴园服务处）成立于 2007 年 7 月 30 日，并 8 月 21 日正式挂牌运行。主要承担和兴园小区、原长庆建工庆城住宅区以及长庆建工、高陵金陵花园工业托管业务的物业服务、治安联防，社会公益事业服务、离退休人员服务等综合性的服务保障工作任务。按照精简高效的原则，和兴园服务处机关设置三科一室，即计划财务科、物业管理科、党群工作科和综合办公室，下设两个科级单位和一个副科级直属部门、四个直属队、28 个班组。全处用工总量 295 人，其中在册合同化员工 255 人、合同制员工 28 人、社会化用工 12 人、内部退养 18 人、退休 5 人。

【服务指标】　和兴园综合服务处所管辖区域共有 56 栋住宅楼，住户 2046 户。总占地总面积 19.83 万平方米，其中绿化面积 9.4 万平方米，绿化覆盖率达 37.7%。供暖面积 21.2 万平方米，年转供水量 27.3 万立方米、年转供电 473.21 万千瓦·时，年供液化气 157.01 万立方米（13084 瓶），年转供气 50.3 万立方米，年燃煤量 6359.37 吨。

2007 年实现收入 188.3 万元，费用支出 3799.3 万元，核定补贴 3625 万元，实际补贴 3611 万元，节约 14 万元。

【改革与管理】　和兴园综合服务处成立以来，在长庆局、矿区服务事业部的正确领导下，理顺管理机制，坚持物业改革和矿区服务两手抓，稳步实施，持续推进，保持了整合以后“队伍不散、思想不乱、服务质量不降”的良好局面。完成改制后，制订出台了《服务处工作制度》、《服务处财务运行管理制度》、《服务处岗位职责》、《服务处绩效考评明细规则》等一系列工作标准和考核办法，规划编制了 2008—2010 年基地调整和改造计划。2007 年总计完成小区维修改造工程 12 项，包括住宅区水电暖系统、球场、路灯、道路、办公、幼儿园等设施的改造维修；物业服务站开通了 24 小时服务热线，制定了公开服务承诺，维修、水电气暖、环卫排堵、疏通等报修及时响应、及时解决；小区绿化保洁坚持养、建、管并重，加大了人工浇水施肥、病虫害防治等养护力度，使居民居住环境和生活质量大为改观。供暖期间，物业服务站24小时及时处理供暖过程中出现的跑、冒、滴、漏等问题，加大室内温度检测次数，提取可靠数据，及时调整锅炉运行参数，确保了室温达到要求，暖气保供率100%。

【离退休服务】　服务处离退休职工服务站逐步规范移交、托管人员的管理服务项目、内容和标准，建立了人员基本台账和基本信息录入，不断提高工作人员政策水平、服务意识、工作能力等整体素质，规范日常业务工作流程，耐心、细心、贴心地做好退休人员的服务工作。举办十七大学习培训班、履行党组织生活制度，实现老有所学和老有所为；经常性举行老年人文体娱乐竞赛活动，实现老有所乐，医疗报销及时办理，帮贫扶困活动不重不漏，实现老有所依和老有所养，“六有”政策得到较好的落实。在五一、国庆、重阳节、元旦、春节等节日期间组织各种慰问活动，让离退休职工感受企业温暖与关怀。全年慰问离退休职工、内部退养职工、有偿解除劳动关系人员、遗孀总计5588人（次），帮扶困难户、党员、遗孀36人，慰问建国前参加革命的老同志8人，送去慰问金总额达204.86万元。切切实实通过活动聚人心，通过关爱暖人心，通过服务得人心，促使离退休人员能够发挥余热，关心企业发展、支持子女工作，自觉维护矿区稳定大局。至2007年已连续五年被评为西安市老年体协“先进集体”。

【安全生产】　从完善安全基础工作开始，摸清底子，理顺关系，认真贯彻“安全第一、预防为主、综合治理”的方针，树立全员、全过程和全方位观念，以落实安全生产责任制为主线，强化安全管理为手段，消除事故隐患为目标，制定各项安全措施和规章制度、深入基层开展安全宣传教育活动，落实解决安全隐患，杜绝“三违”行为，全年未发生安全事故。

【综合治理】　以构建平安和谐小区为目标，在小区深入开展社会主义荣辱观教育和法制宣传教育，强化治安人员日常管理和训练、增加治安人员装备、设立治安全天候举报电话，全面推进“平安社区”建设进程。在管辖的范围之内，未发生任何刑事、治安案件、无火灾事件，无各类上访问题的发生。

【精神文明建设】　围绕“发展大油田、建设大气田，创建模范和谐矿区”的总体目标，突出油田矿区文化特色，充分挖掘社区资源，强化文化阵地建设。成立了10个社区党小组和6个议事委员会，不定期召开各层面座谈会，及时宣贯党的方针政策和企业发展状态，听取矿区居民对社区工作的意见和建议，及时沟通，与居民心连心、手拉手共创、共建、共享文明和谐成果。广泛开展“健身健心强素质，诚信文明创和谐”等群众性精神文明创建活动，组建了腰鼓、秧歌、锣鼓、戏曲等8个文体兴趣小组，丰富社区居民的思想文化素质和精神文化生活，获得了长庆局组织的女子门球赛、体操、秧歌竞赛12项一等奖和2项三等奖。参加驻矿区企业出征迎送仪式6次，发放居民健康知识手册11种11022份，为3名智障残疾人申报了未央区“残疾人公益岗位”，为他们解了燃眉之急。为23名70岁以上的老人办理了老年寿星证，为256名有偿解除劳动关系人员办理了再就业上岗合同，与152人签订了再就业困难补助合同。坚持团结鼓劲稳定和正面宣传为主的方针，举办科普节能、家庭美德、健康文明、企业动态等内容的宣传栏11期，文化站全年共制作新闻46期256条，报送长庆局电视台89条，专题新闻9期、系列报道10期，先后制作举办了《先锋之歌》、《党的十七大精神专题辅导》、《学习新党章》等电视专题片14部；社区文化活动室参加人员达21000

人次，平均每天约60人次，阅览室共接待读者6000多人次，借阅杂志有13000多人次。丰富多彩的文化服务为社区精神文明建设注入了活力，为驻矿企业和社区营造了学先进、正作风、赶先进、促发展的良好氛围，推进了和谐社区和精神文明建设的进程。2007年被评为“未央区敬老模范社区”、未央区“无邪教社区”、六村堡“精神文明建设”先进集体和六村堡“创卫工作”先进集体。

（杨忠峰）

礼泉综合服务处

【概述】 礼泉综合服务处（以下简称礼泉服务处）是按照油田矿区服务系统改革的整体部署，于2007年8月，将原来隶属于钻井工程总公司的礼泉基地、学林小区的物业服务人员和机构进行分离，新组建成立的一个综合性物业服务单位。主要承担礼泉基地学林小区的物业与公用事业、社会公益事业、离退休人员的服务，以及职工住房交易管理等工作。

礼泉服务处设有综合办公室（党委办公室）、物业管理科（住房交易科）、计划财务科3个职能科室、2个附属单位、8个基层单位，其中科级单位4个、直属队4个、基层班组共23个。有员工370人，其中合同化员工303人、合同制员工71人、社会化劳务用工27人。所有用工中，干部62人、工人308人；男职工125人、女职工220人。

【基地概况】 礼泉服务处所辖的礼泉基地，是长庆油田在西安及周边地区最老的生活基地之一，也是长庆油田八大生活基地之一，由西区、东区、金家沟三个区块构成，占地面积544.05亩，职工住宅46栋，建筑面积11.65万平方米，住户1760户，常住人口5000多人。在全体职工、离退休人员及广大家属共同努力下，礼泉基地先后获得了30多项荣誉，2007年6月被国家环保总局授予全国“绿色社区”称号。

学林小区，位于在西安市泾河工业园，属于钻井工程总公司职工团购住房，有住宅楼18栋，住户804户。环卫清扫面积2万平方米，绿化面积2.3万平方米，供暖面积，年转供水2.8万立方米，转供电68万千瓦·时，转供天然气113万立方米。

【主要业务】 主要业务有五大类：一是物业服务，包括基地的保洁、绿化、治安保卫等；二是公用事业服务，包括基地居民和驻园单位水、电、暖、气的供应，公共区域道路、广场、绿地以及照明、排污等设施的养护；三是福利性服务，主要是幼儿园的管理；四是社会公益性服务，包括离退休人员、家属的管理，相关活动的组织，以及居民委员会、住房交易、住房公积金的管理等；五是矿区基础设施建设和各类基建维修服务。

【物业管理】 礼泉服务处切实转变观念，更新服务理念，努力打造专业化精品服务，把住户满意不满意作为衡量自己工作优劣的标准，促进了全体职工服务意识的进一步提高。不断加强内部管理，通过入户调查、召开居民座谈会、开展意见征求活动等，找差距、摆问题、抓整改，服务水平进一步提升。在日常服务工作中从园区广大职工、家属、离退休人员迫切要求和热切关注的问题入手，从眼前能做到的事做起，使园区居民对物业服务各项工作的满意度进一步提高。全年累计供水453717立方米，供电2334033千瓦·时，液化气入库9392瓶、出库9384瓶。截至12月14日，在礼泉基地入户维修供水供暖管线385户、安全用电入户检查281户、液化气安全使用入户检查874户、维修炉具60户。组织维修人员对礼泉基地44栋住宅楼前后的供电线路进行了检查整改，整改不规范线路64处，拆除废弃线路23处。学林小区水电维修188户，配合开发商更换气表164户。冬季供暖平均温度出水68℃、回水60℃，累计耗煤1777吨、库存6223吨。修整草坪52370平方米，修剪树木200余株、绿篱1200平方米，翻整绿化空地2100平方米，清理绿化地杂物41796平方米，补种三叶草2100平方米。8月份至年底，累计清理生活垃圾600余吨，清理杂草32000平方米，更换垃圾桶55个，补充配置塑料垃圾桶103个，增设小区绿地标语牌110个，栽种各种树木600余株，补种麦冬3660平方米。国庆节期间，在小区摆放花卉12000盆、各类造型30余处，广场摆放花木29盆，天桥铺设彩灯200米，雪松挂彩灯20条，道旁树缠绕灯带65棵，营造了浓厚的节日氛围。

【安全生产】　坚持“以人为本，事前预防”的安全管理原则，制订和完善了《礼泉综合服务处安全管理规定》、《礼泉综合服务处基地服务管理规定》等16项安全管理制度，紧紧围绕“强三基、反三违、严达标、除隐患”活动，将安全责任层层分解，把安全工作细化到每位员工、每个岗位。各类问题进行定期检查，现场整改，及时消除了事故隐患，确保了全年安全生产。

【矿建施工】　新建自行车棚2座，景观式水冲厕所3座；对影响基地容貌和整体规划的两栋薄壳楼进行了拆除；按照整体规划布局，对原有的长庆局老职工比赛的2座门球场、2座地掷球场，由东区迁建到了西区。2007年投资近1000万元，对基地内的车行道、人行道、给排水设施等进行了维修改造。翻修了石宾路、知识路、宾馆路、活动路四条主干道路，对部分住宅楼及锅炉房、发电房、水泵房、幼儿园的屋面防水进行了维修，共计13500平方米，同时对楼顶太阳能热水器的排列摆放进行了统一规划。对路灯系统进行改造，增设马路灯19套、庭院灯89套、石制音响85台、配电箱3台。安装了视频监控系统。实施了道路雨箅子更换、住宅楼遮阳篷拆除、给排水管网维修、混凝土地坪维修、房屋粉刷、锅炉房维修、幼儿园维修、住宅单元门维修、移栽种植草坪树木及水、电、暖维修等零星维修工程共计60多项。

【队伍建设】　通过实施“以人为本”的服务宗旨，推行承诺服务、推行诚信服务、文明服务、人性化服务，倡导“工作一丝不苟，服务无微不至”的精神，开展扎实有效的思想教育、理论学习和岗位培训，职工队伍综合素质不断提高，服务能力、服务质量得到有效提升，服务满意率大幅度提高。2007年9月，被国家环保总局授予“绿色社区”荣誉称号。

（吕宏亮）

昌源综合服务处

【概述】　昌源综合服务处（以下简称昌源服务处）是2007年矿区服务系统改革时将器材

供应处公用事业管理站咸阳服务队、庆阳服务队、咸阳干休所、离退休职工管理站；井下技术作业处物业管理公司、离退休职工管理站、文化站、居委会等机构和人员从原单位剥离组建而成。机关设在咸阳市金旭路。主要负责咸阳昌源小区、西村小区、干休所小区、庆城器材机关小区、庆阳总库小区5个生活小区和井下贺旗基地、咸阳朝阳七路工业基地的物业与公用事业、社会公益事业、离退休人员服务，以及职工住房交易管理工作。服务区域14.26万平方米，管理住宅1642套，服务业主4896人。

昌源服务处机关设综合办公室（党委办公室）、计划财务科、物业管理科（住房交易科）、党群工作科4个职能科室，下设庆阳物业服务站、咸阳物业服务站、咸阳干休所、第一离退休职工服务站、第二离退休职工服务站5个基层科级单位和5个基层直属小队。用工总量359人，其中，男职工147人、女职工212人。有管理人员59人，其中，处级干部2人、科级干部23人、中级职称19人。

【经营管理】　2007年10月独立运行以来，按照矿区服务事业部的统一部署，实行“收支两条线”的资金管理模式，实现了账务分开核算的目标，完成了中油财务管理信息系统软件的安装、运行，使会计核算工作步入正常轨道，完成了2007年维修项目预算编制、上报和组织实施工作；实现工业物业收入391万元。

【物业服务】　一是强化制度建设。共制定物业管理、财务管理、人事劳资、行政管理、党务工作、安全生产等9个方面90多项制度和岗位职责、操作规程40多个。二是主动走访业主，广泛征求意见，开展满意度调查，征集改进和完善物业管理的建设性意见和建议121条。自服务处成立以来，解决了小区5477平方米屋面漏雨问题，更换供热管网118户、上下水管线152户、电缆线546米。对6个小区组织进行了“翻箱倒柜”式的彻底大扫除，从根本上改变了小区面貌。注重日常保洁和绿化管护工作，坚持每天两次清洁，值班捡拾，随时保洁，及时修剪花草树木。每周对小区保洁、绿化、门卫、维修、水电暖供应、安全等进行监督检查2次，使广大业主和离退休人员以及原单位员工真正感受到物业服务处给小区带来的新气象、新变化。发放便民服务卡，公布维修和服务监督电话，保证24小时畅通，严格执行急报急修、随报随修的原则，认真做好日常维修工作。三是及时成立社会治安综合治理领导小组，设立服务处总值班室，制订了《内部治安综合治理考核办法》、《暂住人口管理办法》等管理规定，聘用咸阳市保安公司40名保安，并配备了对讲机、自行车、远程射灯等设备，根据不同区域划分工作重点，提高巡逻频率，确保小区安全。四是关注和帮扶弱势群体，先后发放困难补助费12.94万元、节日慰问金90.47万元，看望住院离退休职工231人次、祝寿88人次，表彰优秀老龄工作者、好公婆、好儿媳及健康之星72人，修建离退休职工活动室240平方米，并配备了活动器材。坚持组织离退休职工开展经常性的文体娱乐活动，组建了百人腰鼓队、百人扇子舞队、百人合唱队等，丰富了离退休职工的业余文化生活。

【安全生产】　重点对锅炉、压力容器、电梯等特种设备，民用天然气、液化气，防洪防汛，公共娱乐场所消防、用电安全，基建维修、食品卫生等进行了拉网式隐患排查，共检查和整改安全、治安、绿化管护、小区交通、供水供电、清洁卫生以及管线漏水、屋顶渗漏等方面问题163个。投资15万元对18号高层的安全隐患进行了彻底治理。对供暖设备、设施、管网进行了全面系统的检查、维护和保养，对运行的4台锅炉及压力表、安全阀、温度计等安全附件和昌源小区498

台壁挂炉进行了检查和校验。做到了供暖燃料、备件储备充分，确保贺旗、咸阳两个基地的锅炉运行正常。在长庆局和矿区服务事业部领导的关怀和大力支持下，联系解决了咸阳昌源小区12号、18号楼306户住户和服务处办公楼的供暖问题。

【精神文明建设】 一是深入开展“发扬大庆精神、铁人精神，学习刘玲玲，为长庆发展作贡献”主题教育活动。创办了《服务简讯》内部期刊，编发10期；编印《员工文明用语》、《员工行为规范》和《“三禁一反”有关规定》等300册，制作宣传灯箱30个，及时宣传矿区服务改革政策、安全常识等；元旦、春节前印制遵纪守法、做文明居民的“倡议书”1200多份，发到每个住户，号召广大业主共建文明和谐家园。二是坚持“三贴近”的原则，最大限度地满足广大职工家属的精神文化的需求，在坚持开展好日常社区文体活动的基础上，组建了书画协会、舞蹈协会、音乐协会、棋牌协会、台球协会、门球协会6个群众协会。策划组织了“和谐昌源”元旦文艺会演，演出节目23个；组织实施了大型社火表演队、服装模特表演队、篮球队等；建成了功能较为完善的职工活动中心，最大限度地丰富社区文化，陶冶广大职工、家属的道德情操。2007年，昌源小区先后荣获咸阳市“文明小区”和“卫生先进单位”等荣誉称号。

（许　芸　芮恒琪）

靖边物业服务处

【概述】 靖边物业服务处（以下简称靖边服务处）于2007年8月23日挂牌成立，负责长庆靖边基地的物业服务、管理和生产保障工作。2007年，设机关职能部门3个，基层服务站2个。职工总数140人，其中合同化用工19人、合同制用工27人、社会化用工94人；其中干部16人、工人124人；女职工81人、男职工59人。截至2007年末，固定资产原值4859万元，净值3868万元。

靖边基地占地1254亩，有12家单位入驻，常住人口6252人。拥有单身公寓楼5座，客房414间，床位1300张；双职工公寓154套；拥有宾馆一栋，客房50间；多功能报告厅1个，小型会议室3个，可容纳150人开会；食堂3座，可提供1600人同时就餐。

【生产经营】 2007年，服务处总供热面积15.37万平方米、年转供水38.06万立方米、年转供电337.4万千瓦·时、年转供气405.5万立方米，绿化覆盖率36.5%。全年主营业务收入1926万元，比2006年增长18.78%。

【基地服务】 坚持以“发展大油田，建设大气田，构建模范和谐矿区”为总体目标，牢固树立“以人为本，优质服务”的意识和“把客人当亲人、热情周到，把业主当上帝、诚实守信”的服务理念，把“践诺重于承诺”具体体现在服务工作上。以为一线职工建“家”为目标，公寓推出“亲”字服务；宾馆注重服务工作中体现“情”字。制订实施了《公寓文明服务公约》、《公寓承诺服务》、《宾馆长住房工作细则》、《重点大型接待工作细则》等服务标准和服务项目。始终把服务无小事、细微是重点的观念渗透到服务的每个环节。

基地供应保障服务工作变被动为主动，

推出24小时维修服务承诺，提出三主动三落实服务措施，即：主动走访，落实服务回访制度，主动检查、落实安全检查制度，主动维修、落实服务承诺制度。每月坚持质量回访一次、集中安全大检查一次。开展安全消防演练3次，防洪防汛演练2次，启动锅炉应急预案2次，2007年冬季气温骤降，供暖提前半个月点炉一次成功，彰显了服务保障能力。

基地环境治理始终树立“人人维护、齐心建家”的观念，以班组为单位实行区域承包制，每班每日做到“三扫三保洁”，即：每天扫三次公共路面、擦三次公共设施，确保达到地面无垃圾、设施无浮灰、绿篱无杂物的“三无”标准。在基地美化、亮化工作方面，以增加点缀，突出特点为着眼点，共建栅栏200米，不但解决了游人任意踩踏花园的问题，也为基地增添了一道靓丽的风景线。增加路灯点3处，解决了一线职工夜间上下班行走安全问题。

全面开展服务文化创建活动，以服务标准为核心，以创建服务品牌为目标，突出精细化管理，凸显亲情服务，坚持以人为本、诚信服务原则，各服务窗口制订和落实了《服务工作标准》、《考核打分标准》、《综合满意测评标准》，全年重要接待52次，其中接待中国石油集团人员1次，局级人员21次，接待总数500余人次。在综合服务满意率达到95%以上。

【安全生产】　扎实开展“安全环保基础年”活动，成立了安全生产及HSE管理委员会，建立健全安全环保监管网络体系，牢固树立“安全生产工作关键在领导、重点在现场、要害在岗位”的意识，加大管理力度，努力实现本质安全，为各项工作的持续有效协调发展奠定了基础。

修订了《靖边物业服务处安全生产活动实施方案》，《靖边服务处领导干部安全检查制度》等安全检查、安全教育、安全考核制度，编制了各类应急处置预案14个，并及时组织了演习演练。认真开展警示教育活动，使“关爱生命、关注安全”成为每个员工的座右铭，广泛开展“强三基、反三违、除隐患、严达标”活动，拉动员工思想转变，提高安全意识和安全法制意识，促使“要我安全”向“我要安全、我能安全”的转变，使“安全第一、环保优先、以人为本”的理念真正深入人心。全年共治理各类安全环保隐患20余项。

大力开展“五型”班组建设和基层建设“示范点”创建活动。结合工作性质制定了竞赛活动计划，以劳动竞赛活动不断推进优质服务活动的扎实开展、推进基层班组建设，形成了“以拓宽服务领域、提高服务质量、打造服务品牌、塑造服务形象”为内容的争先创优劳动竞赛活动。围绕安全、生产、服务，先后开展了“赛服务、比技术、赛质量、争能手”竞赛活动、“比作风、比管理、比速度”的“三比”竞赛活动和“比文明服务、创经济效益”竞赛活动；各项竞赛活动的展开，增强了员工的服务意识、竞争意识。

【员工培训】　坚持内部培训与外部培训相结合的方针，以“3456”三级循环培训为主线，以大培训、大练兵、大比武为载体，以实现队伍整体素质提高为目标。即：从靖边服务处、部门、班组3个层面入手；通过编制培训计划、明确指导思想、确定培训目标、确立岗位能手、落实岗位职责、总结考核评比6个环节实施；采取“五结合”学习法，集中培训与自学相结合、理论与实际相结合、学习与使用相结合、思想教育与技术技能相结合以及培训与比武练兵相结合；坚持以360课时的年培训量确保“4个提高”，即员工素质得到提高、业务技能得到提高、整体工作水平得到提高和服务满意率得到提高。同时采取“送出去”、“请进来”、“多交流”的培训。积极参加长庆局组织的各项专业培训和学习，2007年送外培训22人次。

【社会治安综合治理】　联合驻地各单位保安力量，坚持24小时巡逻制度，对要害部位重点防控，有效地控制了基地重大事故和“黄、毒、赌”事件的发生。规范了车辆停放、超速管理，在基地摆放“严禁泊车”警示牌6个、安装限速牌4处，使车辆乱停乱放、超速行驶等违章现象得到了有效控制，达到了“平安小区”创建标准。

【精神文明建设】　认真学习十七大文件，举办学习、讲座，深刻领会精神实质，用十七大精神全面指导各项工作，统一思想、统一认识，全面提高队伍整体思想素质、政策水平和工作能力。层层落实岗位培训、技术考核、岗位练兵、技术比武、各种预案的演练，提高了广大员工的基本技能，锻造了一支特别能吃苦、特别能战斗的员工队伍。2007年服务处荣获“全国绿色文明社区”的称号，石油宾馆被评为长庆局先进集体，公寓部、加油站被评为长庆局“大干100天，建功‘十一五’”劳动竞赛活动立功集体，物业管理科、靖边物业服务站被评为长庆局安全环保先进集体，石油宾馆被评为长庆局女职工岗位学习成才先进集体。

（苏明明）

兴庆路综合服务处

【概述】　兴庆路综合服务处（以下简称兴庆路服务处）原名为西安油气销售综合服务处。2007年，长庆油田矿区服务系统改革后，整建制纳入矿区服务事业部，更名为兴庆路综合服务处，由原来与长庆油田分公司油气销售处“一对一”生产服务转变为物业服务、公用事业服务和社会公益性服务。

2007年，兴庆路服务处设机关职能部门3个、附属单位1个，下属基层科级单位3个。用工总量105人，其中，合同化员工55人、合同制员工30人、社会化劳务用工20人。处级干部2人、科级干部11人，中级职称13人。固定资产原值203万元、净值80万元。

【经营指标】　实现各项收入及矿区费用补贴1170万元，各项费用支出1170万元，其中，上缴固定资产折旧费、社会保险费、住房公积金和各种税金180万元。多种经营销售收入886万元，实现利润30万元。

【“1+3”服务】　坚持把“促优质服务、创满意工程、建和谐小区”作为各项工作的最高目标，不断强化服务意识，提高服务水平，使物业服务质量全面提升，业主满意度明显上升。2007年，在矿区服务事业部组织的满意度测评中，满意率达96.05%。

在对销售处“一对一”服务上始终坚持“提升实力、跟进服务、保障有力、共同发展”的原则，完善了后勤服务的联动机制和回访制度，加大主动服务和回访力度，在水电暖的供应、环境卫生、员工食堂等方面服务及时到位。

接待服务以打造“长庆”品牌形象为目标，以招待所、餐厅两大主导产业为主线，通过强化服务意识，提高服务技能，持续开展“服务满意度”提升活动，圆满完成了接待任务。全年共承办各类会议和培训班35个，接待客人26760人次，创近年接待量最高纪录。

物业管理服务以“建和谐平安小区，树物业服务品牌”为目标，深入学习“银川物业处经验”，努力实施“用户满意工程”，积极开展“优质服务年”活动，保证了小区的供水、供电、供气，提高了业主和用户对后勤服务的信任度和满意度。

离退休管理服务以主动服务离退休职工为核心，坚持做实做细“五必访”（即住院、寿辰、困难、节日、丧葬）工作。全年共计慰问探望离退休职工、遗孀 205 人次；发放慰问金 10 万余元；组织开展各项文化娱乐活动 95 场次，丰富了离退休职工的生活情趣。

【基层建设】　研究制订了《推进基层建设实施方案和基层建设示范点推进计划》，建立了创建工作领导机构，召开了基层建设示范点创建工作专题动员会，统一了思想，确立了目标，明确了任务。

狠抓了创建工作的帮促落实，对招待所创建工作的进展实行跟踪管理和定期督察制度，组织人员进行帮促，着力规范各类台账、记录、日志、档案、预案等基础资料，真实记录和反映基层管理及服务工作，先后优化、细化各类制度 22 项 119 条，做到了制度成册、上墙，实现了管理中心下移，夯实了管理基础。11 月下旬党总支对基层示范点建设进行了专项考核验收，全面完成了首批创建工作。

【社会治安综合治理】　突出重点环节、落实防范措施，通过深化治安和夜间巡逻以及人防与技防相结合的方式抓好小区治安管理，形成了昼夜互补、人技配套、和谐联动的小区治安屏障。召开稳定工作专题会议，落实防范措施，制订应急预案，全年保持了和谐稳定。

【矿区建设】　全面加强小区建设，重点实施了小区大门内道路改造、职工活动中心改建、中心花坛修缮、东大门及围墙翻新、招待所门头更换等五项工程，硬化面积 1800 平方米。“绿化、净化、美化、亮化”工程从根本上改变了小区面貌。在长庆局、矿区服务事业部有关部门的关怀支持下，对小区建设进行了整体规划，建设一栋 18 层住宅楼和配套地下停车库。为了保证工程有序运行，与销售处共同成立了小区建设改造领导小组、监督领导小组和工程项目组，编制了项目建设总体计划安排。经项目组的精心准备和共同努力，在不到半年多的时间内，较快地完成了工程地质勘查、施工图设计、项目的报建和审批、施工和监理队伍的招标等工作，小区建房工程已于 2007 年 12 月 24 日破土动工。

【精神文明建设】　在员工中开展了以“企业感恩员工、员工感恩企业、人人感恩父母”为主题的感恩主题教育系列活动，先后组织“感恩从心开始，让爱温暖彼此”集体签名活动 1 次、参观延安枣园等革命圣地活动 2 次、感恩主题演讲比赛 1 次、感恩主题座谈会 3 场次。因地制宜开展各项文体娱乐活动，先后举办了“喜迎新春联欢会”、庆“三八”、“迎奥运、庆国庆”等活动，在和销售处一起组队参加的长庆油田举办的羽毛球比赛和基地运动会上均取得了较好的名次。各基层单位也结合实际，因地制宜地组织小型多样的文体活动。先后组织了扑克、象棋、跳棋、门球等趣味比赛。营造了快乐工作的良好氛围。2007 年，服务处涌现出长庆局先进工作者 1 名。

（肖虎刚）

职工医院

【概述】 职工医院隶属于长庆局矿区服务事业部，是一所综合性三级乙等医院，编制床位900张，其中，甘肃庆阳长庆职工医院400张、西安泾河园分院规划建设500张（一期投用200张）。设有13个临床科室、7个医技科室、34个专业，均拥有德国西门子6排CT、日本东芝彩色B超、岛津800毫安X光机、奥林巴斯Q260电子胃肠镜和全自动生化分析仪等先进设备。能够开展普外科、妇科腹腔镜、胸腔镜、断肢再植、自体骨髓干细胞移植、永久性心脏起搏器安装、腔静脉滤器植入、先心病房缺封堵及肝、肺等肿瘤介入治疗，担负着甘肃陇东地区、西安部分地区油田职工家属及周边地区人民群众的医疗保健任务。

【主要技术指标】 2007年，门诊量187893人次，住院5839人次，平均住院天数12.72天；完成手术939台次；健康体检18200人；职业健康体检4402人，作业场所卫生检测评价3060个；计划免疫接种2621人；治疗有效率96.49％、抢救成功率92.55％、诊断符合率100％，无菌手术一期愈合率100％，各项医疗指标均达标。

【经营管理】 在全面抓好医疗服务工作的同时，严格控制成本指标，制定合理的季度、月度成本预算，控制各项费用支出。做好月度、季度经营分析，确保成本不超预算。认真组织固定资产清查活动，对整合调整的五家单位固定资产进行清点、核对，接收病床650张、医疗设备131台、房屋3栋、固定资产原值1262万元。清查药品4大项2756种、器械2大项907种，建立了详细的台账明细表。对22项废旧设备、仪器、低值易耗品申请报废处置。修订了39项财务管理制度、3个费用报销规定，为成本控制提供了依据。

【医疗服务】 把“要我服务”变为“我要服务”，将“服务生产一线”落到实处。主动了解油田生产单位医疗需求，积极跟进服务。3月份，根据泾渭苑小区职工入住实际，新成立了泾渭苑门诊部，累计接诊病人21000余人，急诊转送20余人。5月份，为进一步适应油田生产生活基地调整的需要，全局医疗卫生业务整合调整，为保证整合工作的顺利实施，职工医院成立了由15人组成的整合领导小组，设立了龙凤园门诊部、采二卫生所和水电卫生室，逐步理顺组织机构，规范业务管理，统一各项政策，实现了整合工作有序推进，医疗服务工作平稳运行。同时新增设1个前线卫生室，扩大了医疗覆盖面。组织油田职工健康体检18200人，建立了健康档案，逐一提出了健康警示。健康体检咨询管理部积极开拓油田内外体检市场，体检人数和体检收入比2006年大幅增长。组织部分副主任医师、主治医师先后赴安塞、靖边等地为一线职工举办急救知识培训和常见病预防保健讲座5次，开展急救培训20多场2000余人，发放教材2000余份。开展了为期20天的“送健康到一线”活动，医疗服务小分队深入长庆局、长庆油田分公司8个单位21个一线站点，为职工赠送常备药品20多种，发放急救知识宣传彩页468份，急救宣传手册954份，送去了长庆油田领导对一线职工的关爱。

【科研成果】 认真贯彻落实“人才强院，科技兴院”的战略，鼓励医务人员积极创新、科研攻关。在临床上开展了《应用富集骨髓干细胞技术治疗骨折不愈合》实例，填补了本地区此项技术空白，增加了治疗骨折不愈合病例的方法。积极更新医疗设备，新购进“西门子 6 排螺旋 CT”，提高了疾病诊断水平。组织召开了第二届医疗卫生科学技术大会，评审科研成果 12 项，其中 6 项获医院 2007 年度科技成果进步奖。

【整章建制】 汇编了全院的制度、职责，包括医院组织、诊疗、护理、预防管理等 9 大类 710 项管理制度。修订了 14 个机关部门和临床科室的 38 个主要岗位职责，并调整了 25 个专业委员会，理顺了管理职能。加强法律事务管理。制定了《职工医院社会化劳务用工管理暂行办法》、《职工医院社会化劳务用工护士管理细则》；针对西安泾河园分院投运，制定了《职工医院综合业绩经济考核实施细则》，重新调整了薪酬分配方案。同时加强信息化建设，对机关内部局域网 63 个终端用户进行设备更新升级，初步建立了覆盖机关各部门和临床各科室的医院综合信息系统。大力加强基层建设，印发了《职工医院基层建设推进计划》、《基层建设考核办法》和《职工医院创建“学习型、安全型、清洁型、节约型、和谐型”班组实施办法》，全面提高工作执行力，严格落实《职工医院关于职工奖惩的若干规定》，增强了全院职工讲服务、重安全的意识。

【质量管理】 在建立健全 13 项医疗质量管理制度的基础上，补充完善“医患沟通制度”，保障了患者知情权。同时将患者满意度测评纳入科室质量考核内容，采取定期向患者发放“问卷调查表”、与患者座谈、公布监督电话等措施，及时了解患者的意见建议，全年共发放调查表 1200 余份，满意率达到 95%以上。严格执行门诊医生挂牌上岗制度，门诊大厅新增“每日应诊医生公示”及“医生诊室公示”，方便了患者就诊。坚持落实三级医师查房制度，重点检查病历书写、医患沟通、知情告知、合理用药等情况，发现问题，限时整改。制定了《职工医院护理质量管理规章制度》，逐月对护理人员进行考核，全年共评选出“三星”护士 35 名，“二星”护士 74 名，并给予奖励，有力促进了护理工作质量的提高。为确保处方质量，抽查处方 313 张，促进了合理、规范用药。狠抓药品质量，关注国家药品质量公告，及时清理不合格药品，保障了患者用药安全。

【队伍建设】 坚持以“技术大培训、岗位大练兵、技能大比武”活动为主线，先后开展了医护专业知识培训、护理技能大赛等一系列活动，2007 年院外培训 42 人次；院内培训 56 场 3800 人次。组织 63 名前线井队卫生员，开展了为期一个月的理论培训和专业技能实践操作培训。开通了“好医生”空中课堂，提供了业内专业信息及远程医学教育服务。在长庆局第 14 届职工职业技能大赛暨第五届护理员技能决赛中，职工医院参赛选手获护理技术状元 1 名、技术标兵 2 名、技术能手 7 名，并被长庆局评为“三大”活动先进单位。

【精神文明建设】 加强思想建设，组织党员理论学习教育会 6 次，举办入党积极分子培训班 1 期。开展了基层党支部“六个一”创建活动，确定基层创建联系点 8 个。新成立党总支 1 个，党支部 6 个。发展新党员 11 名。认真开展“四好班子”创建工作，不断提高领导干部“五种能力”，注重发挥班子整体作用。以保持党同人民群众的血肉联系为重点加强作风建设，印发了《职工医院关于加强作风建设的若干意见》，开展了“公开承诺，转变作风”活动，完善党群工作制度 95 项。开展了“加强作风建设，促进廉洁从业”系列主题教育活动；组织全体党员干部参加了廉政教育答题；定购了《中共中央纪委关于严格禁止利用职务上的便利谋取不正当利益的若干规定》单行本及其《辅导材料》；62 名科级以上领导干部向院党委作出了书面承诺，上交了对照检查材料；积极推进廉洁文化建设，配发廉政台历 67 本，制作廉洁警示固定标语牌 37 块，发放各种警示教育材料 200 多份。在业务整合过程中，认真做好职工的思想政治工作，保证了全院职工队伍的稳定。承办了长庆局第 14 届职工职业技能大赛暨第五届护理员技能决赛，主办了职工医院第十届护理技能大赛和全院首届医疗、医技、计算机基础技能比武；编排了庆祝“5·12”国际护士节先进表彰文艺晚会；组织了第七届“医疗杯”男女混合排球赛和周末登山等活动，丰富了职工的业余文化生活。青年志愿者组织便民义诊活动 4 次，接待就诊群众 2000 余人；扎实推进“青工技能提升计划”，13 名青工参加自学考试及函授学习，取得了大专以上学历。

【社会治安综合治理】　加强社会治安综合治理工作，积极创建平安小区，签订了《社会治安综合治理责任书》和《禁毒责任书》22 份；加强楼群院落的巡逻看护及重点要害部位的值班看守，建立了严密的治安防控网络，社会治安综合治理工作达标。改善了病人的就医环境及医务人员的工作环境。

【安全环保工作】　牢固树立“安全是天、是责任、是最大的经济效益”的理念，重点抓好医疗安全、消防安全、交通安全和毒麻药品安全等工作。落实各级领导的安全环保责任，签订安全生产责任承包书 22 份。修订完善《职工医院一般以上事故应急救援预案》等措施 11 项。以医疗安全为重点，抓好基础、过程和终末三个质量环节，严防各类医疗差错、事故的发生。严禁毒、麻药品在各护理部保管，由药房统一归口管理，堵塞了药品丢失的漏洞。坚持开展节假日前的安全生产自查自改工作，对查出的隐患做到及时整改。车队坚持每天的安全教育和节日车辆“三交一封”制度，强化司助人员的安全意识，杜绝了车辆安全事故的发生。开展了 HSE 管理体系“一书一表”实施和宣贯，制定风险削减措施 49 项。加强易燃易爆化学危险品和毒、麻药品的安全管理，严格“五专”和双人双锁制度，将管理责任落实到人头。加大节能减排力度，全年节水 2%、节约燃油 4%。注重对医疗垃圾及污水无害化处理，做到达标排放。积极开展应急救援预案演练，先后组织消防演练 2 次，重大疫情演练 1 次，与兄弟单位合作组织医疗救援演练 2 次，增强了职工的应急处置意识和应急处理能力。

（梁延升）

燕鸽湖医院

【概述】　燕鸽湖医院是 2007 年 5 月 23 日由长庆局所属第三采油技术服务处银川长庆石油医院和钻井工程总公司燕鸽湖医院整合而成的综合医院，主要负责宁夏片各生产生活基地油田职工家属医疗卫生服务工作，负责宁夏、吴起、定边、靖边、榆林、鄂尔多斯市区域油田员工的健康体检及前线医疗服务工作。医院职工总数 220 人（含内退 26 人），其中主任医师 1 人、副主任医师 12 人、中级职称 49 人，初级职称 53 人，中高级专业技术人员占职工总数的 28%。

医院占地面积 19.87 亩，建筑面积

6456.05 平方米，病床 120 张。固定资产原值 5126.2 万元，净值 3756.48 万元；其中大型医疗设备 63 台，原值 1422.4 万元，包括意大利全自动生化仪、德国西门子彩色 B 超、美国史赛克腹腔镜等。下设 15 个科室、部门、前线医疗卫生所 16 个、钻井队卫生站 57 个。设 3 个党支部、4 个团支部、11 个基层工会。

【整合工作】　按照长庆局统一部署，组织完成了银川长庆石油医院 105 人和钻井燕鸽湖医院 113 人卫生资源的整合。撤销燕鸽湖基地一区、二区卫生所，集中力量建设医院。取得了银川市医疗机构资质，变更了外围油房庄、靖边 2 个卫生所的执业证照，新建了靖三联卫生所，在盘古梁、郝坨梁、油房庄 3 个医疗卫生所派驻了医疗服务人员。医院整合工作小组认真清产核资，完成财务移交；统一思想认识，加速员工融合；严肃整合纪律，确保队伍稳定；注重医疗安全，实现平稳过渡。

【整章建制】　结合整合后实际情况，医院坚持走“稳步提高、差异化竞争的特色医疗”道路，提出了“打造优质服务品牌，创建和谐满意医院”的愿景，以建设“技术一流、服务周到、百姓放心、全员发展”的区域性职工医院为目标。成立整章建制领导小组，修订补充、完善了规章制度 233 项，岗位职责 141 项，各类突发事件应急预案 16 项，汇编成 30 多万字的《燕鸽湖医院制度汇编》一书。

【经营管理】　提出了“立足油田，竭诚服务，提高效益，全面发展”的经营理念，采取五项措施加强经营管理。不断完善经营管理体制，规范业务管理，加强经营业绩考核，实行“成本核算、优质服务、考评结合、适当平衡”的分配原则；加强财务管理，合理编制预算，加强成本控制，制订了《燕鸽湖医院业务招待费管理规定》、《燕鸽湖医院报销管理规定》等 17 项财务管理制度，大力开展增收节支、节能降耗，积极倡导无纸化办公，使医院各项费用都控制在预算指标之内。遵照宁夏回族自治区“三统一”实施办法，药品招标采购降低药价，减少库存，让利患者；加强前线卫生所的管理，统一药品供应与配送，建立“药品实物账”和“现金账”两本台账，严格交接、降低损耗；规范健康体检和医疗服务的合同签订和履约，加快合同结算。全年业务收入 1757.09 万元为预算的 103.18%。

【质量管理】　将“质量是我们的尊严”作为全体员工的座右铭，完善服务质量考核办法，实行医疗事故责任追究制，强化员工服务意识和法律意识，防范医疗差错事故发生。制定医院质量控制体系和 16 项各类突发卫生事件应急预案，实现全员参与质量管理。坚持“一切以病人为中心”，规范各项服务标准，努力构建和谐满意医院。在全院开展“提升服务质量、创建满意医院”大讨论活动，加强各部门人员专业技能和礼仪培训。以卫生部颁发的《医务人员医德规范及实施办法》为主，开展医务人员自我评价与社会评价、科室考核与上级考核、定期考核与随时考核相结合的办法，提升医务人员职业道德水平。遵照中国医院协会《2007 年度患者安全目标》，采取有力措施，保证患者安全。严格执行三查七对制度，提高病房与门诊用药的安全性，建立临床实验室“危急值”报告制，建立与实施手术前确认制度与程序，建立医疗不良事件上报制度等。聘请法律顾问，组织 120 人次学习《医疗卫生人员法律必读》。在临床科室进行 4 期病历、处方展评，规范了医疗文书书写。

【主要技术指标】　诊断符合率 96%以上，治愈好转率 94.7%，抢救成功率 95%以上，平均住院日 12.2 天，服务满意率 89%。门（急）诊总量达 68483 人次，比 2006 年增加

27303人次；出入院1254人次；职工健康体检13000人次；完成各类手术543例。

【科研成果】 2007年，新开展腹腔镜下胆囊切除术、术中胆管造影、肾脏肿瘤根治术、踝关节融合术、静推泵在静脉麻醉中的使用、气管表面麻醉法用于抑制插管反应、无创正压机械通气在重症（COPD）患者中的临床应用、胰岛素泵在初发2型糖尿病患者行强化治疗8项临床业务研究，拓宽了业务范围，满足了患者的就医需求。

【医疗服务】 坚持“跟进生产一线，满足社区医疗”的服务宗旨，建立应急救援队伍，完善突发事件应急救援预案，充分利用医院的医疗资源，不断开拓和巩固体检服务市场。全年完成体检和建立健康档案13000人次（份）。积极开展“送健康到一线”的活动，医务人员为一线职工义诊、查体、开展健康咨询，免费发放各类药品4万余元，发放健康知识传单5000余份。协助长庆局卫生处赴陕、甘、宁、内蒙古省（区）各油田单位的60多个员工餐厅进行食品卫生检查。

将医疗服务延伸至基地居民家中，上门为小区居民建立健康档案4000余份，并建成电子档案纳入银川市社区卫生服务网络统一管理。先后走访了燕鸽湖小区三个幼儿园，对小学一年级8名教师进行免疫程序等内容的培训。社区医疗坚持“安全、有效、方便、价廉”原则，贴近居民生活，推行的社区中医特色医疗，被银川市树为典型。

【员工培训】 坚持以多种形式培养人才。投资建立了电子图书馆；开通了“好医生”网站；订阅67类专业报纸杂志。组织8名护理骨干赴上海学习宝钢医院、上海第三人民医院的管理经验；组织院、科两级业务培训15次；邀请省级医学专家、教授来院讲课、指导手术23次；参加学术活动6次，送外进修10人；参加不同层次学历教育88人次。

【党群工作】 举办十七大精神学习班，制定学习运行大表，加强督导、逐项落实。坚持中心组学习，不断提高思想认识和管理水平。开展“公开承诺，转变作风”活动，强化机关服务职能。深入开展“形势、目标、责任、任务”主题教育，倡导“快乐工作”，营造团结和谐、积极向上的工作氛围。

召开全院党员大会，组织中级以上业务骨干和中层干部40余人参加拓展训练，凝聚团队力量，统一思想认识。

关心员工生活，改善就医环境。先后组织实施了靖边卫生所维修改造、院内道路硬化、污水处理和发电机房的改造，单身公寓改造，院内电子监控设施安装等，使员工的工作条件和生活环境、患者的就医环境初步得到改善。

坚持思想教育与解决实际困难相结合，开展了学习大庆精神、铁人精神和长庆精神，向刘玲玲等先进模范学习，立足岗位作贡献等活动。国庆、中秋“双节”期间对临时困难员工、住院员工和节日值班员工进行慰问，发放慰问金2万余元；开展“扶贫帮困送温暖”活动，174名员工向灾区捐款6865元。组织劳动竞赛、技术比武6次，购置文体器材40多件；举办220多人次参加的职工篮球赛、乒乓球赛和“迎国庆、盼奥运”秋季运动会；组织290余人次参加拔河、冬季越野长跑活动。

【精神文明】 在宁夏回族自治区级医疗单位“讲奉献，比技能”大赛中，徐晓娟获得“医疗技术标兵”称号；刘志霞、王小红获“长庆局第十四届工人技术运动会技术能手”称号；医院外妇科获得“长庆局先进集体”荣誉称号，常淑梅获得“长庆局先进个人”荣誉称号，李卫华获得“长庆局先进女工”荣誉称号，急诊护理组获得“长庆局先进女工集体”荣誉称号。

（张　茹）

兴隆园医院

【概述】　兴隆园医院是由原西安长庆医疗中心、钻井工程总公司礼泉卫生所等5个医疗机构整合成立的非营利性医疗单位。设机关职能科室4个、医疗医技科室6个、卫生所5个。医疗楼占地5亩，建筑面积6900多平方米，总床位80余张。用工总量246人，其中合同化员工152人（含内退职工9人）、合同制员工13人、社会化劳务用工81人（含劳务派遣工2人）；处级干部3人、科级干部9人；主任医师2人、副主任医师12人、主治医师、主管护士等中级专业技术人员54人；退休职工5人。拥有各类医疗设备80台（套），固定资产原值3951.6万元，净值395.1万元。资产总值475万元，流动资产80万元。

【技术指标】　治疗有效率97%，诊断符合率93%，抢救成功率88%，患者满意率96%；全年门诊接诊8.4万人次，住院900人次，各类手术271例；为生产一线30余个队站2700余名职工巡回医疗、咨询，发放宣传资料2000余份，免费发放药品近3万元；举办健康教育讲座12次，发放健康教育处方1万余人次，开展义诊、健康咨询活动4次，健康及职业病体检7600人次，为家庭病床病人出诊130余次。

【经营指标】　实现收入1095万元，2007年支出3294万元，剔除长庆局2208.42万元的费用补贴，全年收支持平并略有节余。

【业务整合】　根据长庆局医疗卫生系统业务整合暨矿区服务系统改革工作会议精神，在历时半年时间里，先后整合了井下技术作业处卫生所、建设工程总公司卫生所、钻井工程总公司礼泉卫生所、西安油气销售服务处卫生所等5个基层卫生所。整合后医疗卫生人员思想稳定，业务布局合理，服务工作到位，医疗、护理质量稳中有升，整体实力得到显著提升。

【医疗管理】　采取有效措施，规范医疗操作规程，强化质量过程管理，做到了依法执业、依法行医，杜绝了无执业资格人员行医和在岗人员无执业证的现象；进一步建立健全了医疗护理质量管理、医生交接班制度、三级查房制度、会诊、转诊制度、质量控制等各项规章制度，规范了医疗行为；加大对临床医护质量的检查力度，每周召开院例会分析讨论医护质量，采取平时督导检查和定期集中检查相结合的方法，对基础医护质量和治疗环节进行把关；配备急救设施和急救队伍，救护车、救护人员24小时待命，急救设备完好率100%。对医务人员每季度进行一次急救培训及急救演练，对急诊室护士每月组织一次急救知识考核。2007年完成了两次全局性的急救演练工作，开展内科老年病康复、慢性病及非传染性疾病的防治，建立了以开展外妇科腹腔镜、宫腔镜微创手术、周期性健康体检（监测）、危险因素评价（评估）、三级预防相互衔接，防治结合（干预）为体系的一整套连续性健康管理模式。充分利用城市医疗卫生资源，建立医疗绿色通道，实行双向转诊等成为兴隆园医院显著的医疗服务特色。

【经营管理】　强化“事前预算、源头节约、过程控制、事后核算”管理，不断加大过程控制力度。加快对卫生所收费管理系统的安装实施。药品、医用耗材、办公用品实行医院统一定点、集中采购。不断完善各项财务管理制度，加强对设备维修、材料采购、业务招待、差旅费、话费支出的审批报销制度。严格资金监管，严肃结算纪律，对外结算付款统一“一支笔”。坚决落实医疗服务收费政策，及时公布医疗服务项目、收费标准、药品及医用耗材价格等信息，接受群众监督。

【社区服务】 加快向社区卫生服务中心和健康体检中心的发展模式转变。根据社区居民需求，不断创新服务方式，完善服务功能，拓展服务项目，开展与医疗保健相关的各种延伸性服务。根据社区不同人群的需求，实现多层次的医疗服务。变“坐堂医生”为“上门医生”，将医疗服务工作延伸到家庭、到床头。为居民建立健康信息档案，随时掌握他们的健康动态变化，有针对性地开展健康教育。建立绿色通道和双向转诊制度，形成“小病在社区”、“大病到医院”、“康复回社区”的服务格局，真正使居民足不出户就可享受到安全、便捷的医疗服务。建立便民联系卡，医生与社区居民沟通和跟踪服务成为制度。2007年9月被确定为卫生部和陕西省“社区卫生服务适宜技术试点单位”，社区卫生服务工作受到中华人民共和国卫生部有关领导的充分肯定。

【设备购置】 2007年投资2000多万元，购买了飞利浦64层（排）螺旋CT、飞利浦数字化X线机、芬兰CLASSIC钼靶乳腺X线机、日立7080型全自动生化分析仪、奥林巴斯260型超细电子胃镜、阿洛卡阿尔发10彩色超声、芬兰F1－LA高端口腔综合治疗台等高精尖医疗设备27台（套），为基层卫生所更新医疗设备17台（套），硬件建设处于社区医院领先水平。

【医德医风建设】 加强职业道德、职业纪律、职业技能教育，树立全心全意为人民服务的宗旨，把医德医风建设贯穿于整个工作的始终；在医疗服务方面实施多种措施，通过设立家庭病床、建立职工健康档案，建立老年人就诊挂号免费制度、预约检查等一系列服务措施，改善服务质量。牢固树立“以病人为中心”的思想，积极开展人文关怀服务，组织实施了一张笑脸、一声问候、一杯热水、一张舒适的床、一个清洁的环境、一张入院介绍和一本服务指南“七个一”工程。在西安市未央区卫生局组织的创建“和谐医院”及“健康卫士”的活动中，兴隆园医院获得了“和谐医院”的荣誉称号，内科副主任医师艾江宇被推荐为“健康卫士”。

【服务一线】 按照长庆局2007年工作会报告中“高度关注职工健康，提高职工保障水平”的精神，始终把关爱员工健康、改善一线员工医疗卫生条件作为一项重点工作来抓。8月份，主要领导带领两支送健康医疗服务小分队，深入靖边、高沟口、顺宁以及乌审旗等生产一线，为钻井工程总公司、井下技术作业处、建设工程总公司以及长庆油田分公司第四采油厂等单位的30多个队站、2689人次进行了咨询和诊治，发放健康教育宣传材料2000多份，为近20个地处偏远，交通不便的生产作业点和建工营地免费配备30多个品种近3万元药品。

【队伍建设】 加大人才培养力度。一是采取送出去、请进来方式，加快人才的培养。积极参加省市各种医学学术会及专题讲座，开展院内业务学习和讲课。全年举办培训班7期，送外培训4人；二是积极开展岗位练兵和技术比武活动。2007年下半年开展了为期三个月、65人参加的技术大练兵、大比武活动，有10名选手参加了长庆局第十四届护理技能大赛，马海莉和景文娟2名同志分别获得了“技术标兵”和“技术能手”的称号；三是完善了技术资料，购置医疗专业工具书80余册；四是做好新上岗5名大学生及10名新聘护士岗前培训和教育工作；五是及时为医务人员办理“好医生”网站学习手续，全体医务人员继续教育率均达100%。

（葛长青）

新闻中心

【概述】 新闻中心充分发挥新闻媒体的“喉舌、阵地、窗口、平台”作用，为长庆局努力开创持续有效快速协调发展的新局面、为长庆油田年产油气当量实现2000万吨作出了新的贡献。截至2007年底，新闻中心用工总量154名，其中，合同化员工91人、合同制员工23人、社会化劳务用工40名。中心设立机关科室2个（综合办公室、经营财务科），业务部门7个（总编室、通联部、采访部、报刊部、电视编辑部、网络新闻部、电视播控部），基层单位1个（印刷厂），挂靠单位2个（中国石油报长庆记者站、石油工业出版社长庆编辑室）。中心党委下设6个党支部，共有党员64名。

【各项指标完成情况】

（1）新闻宣传指标：2007年四大网站信息发布总量15719条，其中，长庆局门户网发布信息8227条、长庆局主页发布信息5336条、长庆局外网发布信息147条、网络电视发布及外送信息2009条（期、部），超额完成全年计划；共出版报纸125期。完成年计划的115%，其中，正刊104期、生活时讯21期，分别完成年计划的108.3%和175%。电视编辑制作《长庆新闻联播》157期，为年计划的112.14%。制作专题新闻23期，制作专题片及电视专栏节目51部，为年计划的182.5%。收录厂（处）单位新闻素材2340分钟，播出各类节目1494部（集），时间长度1890小时。累计完成1600余人次采访任务，共采写报纸稿件613篇，图片380幅，网络稿件652条、长庆油田分公司网络稿件120条。记者单月最高采写稿件46篇。油田外部报道累计在中国石油报刊登稿件401篇。其中记者刊登稿件162篇，为年计划的162%；头版头条共9条，为年计划的112.5%；在中国石油集团信息门户和国家级网站刊发新闻255条，为年计划的255%；电视新闻被中国石油集团影视中心和中国石油集团门户采用51条，为年计划的127.5%；石油新闻联播及中国石油集团信息门户播发电视专题片8部，为年计划的160%，均创历史新高。

（2）经营指标：实现印刷收入196万元，比年计划超出6个百分点；费用补贴控制在年计划之内，并略有结余；实现多种经营收入381.94万元。

（3）管理指标：安全生产、消防、重点要害部位保卫、内部社会治安综合治理继续保持平稳，职工队伍稳定；党风廉政建设和效能监察工作运行平稳；计划生育工作规范运行；民主管理和厂务公开扎实有效；“公开承诺、转变作风”活动求真务实。

【重点宣传工作】

（1）重点突出了2006年成果报道。自2006年12月19日开始，陆续报道了各厂（处）单位2006年度的新成果、新纪录、新技术，及各基层单位围绕贯彻长庆局领导干部会议、“三大”活动总结表彰会会议精神系列报道。

（2）重点突出了长庆局工作会议精神的

宣传报道。长庆局“两会”召开后，新闻中心以确保“两个直播”为重点，现场跟踪采访会议进展情况。1月30日局工作会议召开后，网络电视和闭路电视在第一时间内对工作报告，向西安、庆阳、银川和陕北地区油田单位进行了全程现场直播。三大媒体原汁原味宣传报道会议主要内容。“两会”结束后，把在全局上下迅速掀起学习贯彻会议精神热潮，作为新闻宣传和舆论引导的重点，按照“六大系列”即：“主题报告解读系列、机关处室长访谈系列、言论系列、‘两会’精神学习贯彻经验交流系列、劳模典型报道系列和‘两会’精神贯彻落实系列”全方位宣传报道，确保会议精神家喻户晓，人人皆知。

（3）重点突出了春节特别报道。专门成立了春节特别报道小组，自2月16日至2月24日，先后奔赴庆城各单位、南梁作业区等生产一线，采写反映春节期间一线职工坚守岗位、默默奉献的典型事迹及企地和谐共建，以特殊方式欢度春节的稿件56篇（条）、照片100多幅，在网络、电视播出，及时报道春节期间坚守在工作岗位上的一线职工生产、生活情况。

（4）重点突出了生产启动宣传报道。在春节收假的前一天，记者提前上班参与建设工程启动采访。随后，记者分陇东、礼泉、宁夏三路跟随局领导现场采访报道长庆局生产启动情况。报纸分别在一版、四版重要位置图文并茂给予重点报道。同时，把生产启动宣传与贯彻落实工作会议精神宣传有机结合起来，三大媒体及时推出栏目，及时关注和跟踪报道油田各单位生产启动情况。

（5）重点突出了“2007重点工作执行力系列”报道。长庆局2007年47项重点工作任务分解文件下发后，新闻中心及时策划并组织实施了“112”即：“围绕一个主题，形成一个系列，刊发20篇深度报道”和“1363”即“围绕一个主题，做到三个结合，完成六个一百，实现三个确保”的“2007重点工作执行力系列报道”活动，专门成立特别报道小组，深入基层，从生产、经营、安全、基地服务、基层建设、企业文化建设等全面跟踪报道长庆局47项重点工作落实情况。共刊发系列深度报道稿件20篇；“1363”宣传报道采访组先后深入126个基层单位，采访不同层次的职工142人（次），在网络、报纸、电视上刊发相关稿件100篇（条），照片120多幅。

（6）围绕和谐矿区建设及“八荣八耻”教育活动，精选写题，强势策划，深入陕、甘、宁、内蒙古4省（区）所在的油田主要生产单位及在野外施工作业队站30多天，行程3000多千米，推出了一大批时效强、可读性高、主题鲜明、指导性较高的稿件，其中采写西峰油田的系列稿件还被新华网、人民网等130多家媒体转载，形成了一个“发展大油田，建设大气田，创建模范和谐矿区”的宣传强势。

（7）采取多种形式大力宣传女焊工刘玲玲，中国石油榜样人物周丰、郭秀玲，油田卫士代超等一批在油田内外有广泛影响的典型人物。

（8）全面打好“2007第三轮宣传战役”。成立专门宣传报道小组，深入各单位和生产一线，对长庆局重点工作、生产建设、安全环保、基层建设、先进典型、科技成果等重点工作落实情况，进行了全面跟踪采访报道，先后形成网络、电视、报纸稿件257篇（条），累计近4万字，在全局上下掀起了贯彻落实长庆局工作会议精神、切实增强工作执行力的热潮。

（9）全面宣传报道长庆局“万套住宅建设工程”的进展情况。网络、报纸、电视同时刊发（播）“万套住宅建设工程”现场会的消息、配发评论员文章，刊载银川燕鸽湖基地建设项目组的经验介绍以及其他项目组的表态发言，为这项民心工程造势。

（10）重点宣传报道油田上下认真学习贯彻十七大精神以及油田2007年成果的宣传报道。网络、报纸、电视同时开设“学习十七大、贯彻十七大”的专栏，完成十七大长庆代表的3个版本、总长17分钟专题片的制作，三大媒体同步联动，图文并茂，形成声势，为学习贯彻十七大精神营造气氛。2007年12月20日，长庆油田油气当量突破2000万吨，新闻中心在前后一个多月的时间内，发布新闻（包括网络、报纸、电视）达275条（篇）以上。

【重点工作】

（1）及时明确了全年的目标、任务及战略措施，确定了“围绕两大主题”，坚持“四个靠前”，推行“五个机制”，破解“三个瓶颈”问题，完善六项基础管理，凸显四大作用，实现“一个目标”的“2453641”工作思路，紧紧围绕科学发展和构建和谐两大主题；坚持掌握信息靠前、策划安排靠前、重点采访靠前、通联工作靠前“四靠前”工作方法；积极推行编辑主导制、编采轮换制、新闻奖评制、重大宣传课题制、新开栏目实行项目或制片人制五项机制，着力破解网络信息的快捷丰富，电视节目栏目内容创新拓展和报纸宣传的精短深度三个瓶颈问题，积极推进和完善编采、经营、安全、科技、基层和队伍六个方面基础管理，进一步凸显新闻媒体的喉舌、阵地、窗口、平台四大作用。

（2）积极改进新闻报道方式，提高三大媒体宣传质量和效率。及时策划启动了一批重点报道和栏目，包括重点工作系列报道、主题教育系列报道、执行力系列报道、贯彻工作会系列栏目（言论篇、启动篇、动态篇、主题教育篇、提速篇等子栏目）、安全环保基础年、基层建设、记者一线行、执行力大家谈、劳动者之歌、安全生产警示周等，在网络、报纸、电视总共开设新栏目20多个。实现了宣传重心的转移，从过去以报纸为龙头转向以网络为龙头，增加人员、强化管理，形成了网络优先、提高时效、增加更新数量，与报纸、电视优势互补、协调配合的新格局。实行了对油田外部宣传的一体化，调整领导分工，加强联系沟通，从过去重视中国石油报的投稿，转变为中国石油报、中国石油集团信息门户、中国石油报道三位一体，并加强与社会媒体的联系，扩大对外宣传的范围。实施了3项创新性工作，一是在长庆局工作会期间，对工作报告成功地进行了网络和闭路电视直播，点击量达到上千人次；二是组织了春节特别报道、执行力系列报道、局47项重点工作系列报道、记者一线行等策划；三是自行摄制了90分钟的《春潮涌动——长庆油田迎新春电视特别节目》，开设和摄制了《长庆大家园》、《凡人小事》等栏目。

（3）扎实推进内部管理，不断提高员工的执行力。以“员工星级管理”为基本载体，进一步深化和完善内部管理机制；以提高执行力为重点，着力加强基层建设；以加强基层基础建设，完善和落实岗位责任制为重点，进一步健全新闻采编播发操作规程。组织各岗位开展岗位描述，明确岗位规范和工作职责。先后组织修订完善了《网络新闻宣传制度》、《电视新闻采编播发规定》、《多种经营应收账款管理办法》等管理制度和办法，进一步加强了制度建设；全面推进内控体系建设，重点在财务、资产、经营、费用等方面建立以内控体系为重点的、涵盖主要经营管理业务的风险管理体系；切实加强经营管理，突出经营指标的全程监管，确保年度预算目标的实现；全面细化和推进QHSE管理、“5S现场管理”及“全程质量管理卡”等行之有效的管理办法，努力提高基础管理水平，确保安全生产、消防和综合治理工作平稳运行。

（4）认真组织开展了“学习、对照、查

摆”活动。把认真学习《苟三权局长致新闻中心新闻工作者的公开信》作为加强中心两级班子建设和员工队伍建设的一项重点举措，认真组织开展了“三对照、三查摆、三改进”活动。

（5）围绕“构建和谐”主题，切实抓好信访稳定工作，从源头入手抓好对职工的教育和引导。继续严格落实内部治安综合治理和维护稳定工作承诺制。加强治安值班和信息收集，严格落实重大事项及时报告制度。关心职工生活，做好思想政治工作。积极开展小型多样、寓教于乐的文体活动，丰富和活跃职工的生活。

（6）围绕创建“四好班子”、提升“五种能力”，切实加强领导班子和员工队伍建设，全面提高队伍整体素质。通过中心组学习、领导班子务虚会、政治理论学习等方式，组织两级班子成员深入学习“三个代表”重要思想和科学发展、构建和谐的重要理论，认真学习贯彻落实长庆局工作会议精神，努力提高班子和中层干部的政治理论、政策水平和领导能力。从转变作风提高执行力着手，坚持以务实创新为基本要求，努力做到贴近工作，深入基层。注重增强班子成员之间的团结协作，坚持平时的互相谈心，工作中相互通气，增强班子的民主氛围。严格议事规则和决策程序，凡是涉及中心发展、和谐稳定及职工家属根本利益的重大事项，涉及重大的新闻宣传策划部署等，都要做到认真调研、集体研究、慎重决策。以构建惩治和预防腐败体系为主线，严格执行长庆局党风廉政建设目标责任书的要求和规定；把党风建设和反腐倡廉的责任、目标和要求，以目标管理责任承包的形式层层分解，与基层单位（部门）负责人签订承包责任书，从源头上建立和完善监督制约机制，确保党风廉政建设责任落到实处。

（赵玉华）

长庆石化综合服务处

【概述】　长庆石化综合服务处（以下简称石化服务处）是在2007年7月底，按照长庆局矿区服务系统重组整合精神，将从原来的咸阳长庆石油助剂厂分离出来的服务单位更名而成立的一个二级半单位。

截至2007年底，石化服务处下设机关科室3个、附属单位2个、处属科级单位5个，用工总量82人（其中，劳务合同工24人），处级干部2人，科级干部4人。

【业绩指标】　2007年，实现各类收入1047万元，其中，关联交易结算收入688万元、社会收入359万元，收入完成预算指标。各项支出共计1377万元，其中，工资支出268万元、折旧16万元、工资附加48万元、水费支出88万元、误餐费6.8万元、劳务工工资30万元，土地房产税73万元。成本未超预算。

【具体措施】

（1）转变观念，全面提升服务质量。以提供服务保障能力为前提，以追求服务满意率为目标，以全面提升服务质量为突破口，年度综合满意率为97.2%。2007年安全转供电680万千瓦·时，供自来水38.9万立方米，供暖21.9万平方米。

（2）狠抓制度建设，推行目标管理。重新修订小区各项管理规定88条，编制15个岗位的考核细则和工作标准，将责任落实到人头。针对不同部门和网点的具体情况，采取不同的承包经营方式，继续对三站、试压站实行内部利润指标考核，对印刷厂实行了经营承包，对幼儿园实行了对外租赁经营承包。

（3）以人为本，关心职工生活。完成了新建120套住房和161套腾空房的分配工作；完成了一、二组团电路改造工程，更换住户电表900块，更换箱式变压器2个；对单身楼热水系统进行了改造，解决了单身职工的洗浴问题；完成了三组团闭路电视数字化改造工作，安装机顶盒1600个。

（4）增强安全意识，搞好安全生产。认真开展“强三基、反三违、严达标、除隐患”活动，查处“三违”行为128起，进行了严厉处罚。6次对单身楼和活动中心等公共场所进行安全检查，对查出的12个问题认真进行了整改。定期对小区的消防设施进行检查维护和保养，完善了《防止天然气泄漏安全预案》、《小区治安防范安全预案》、《小区防汛工作应急预案》、《小区突发性事件处理应急预案》等应急预案。全年完成阀门试压4179个，垫子房制作各类垫片2535个。三站完成小区维修726项，给新建四栋住宅楼铺设电缆120米。

（5）加强小区社会治安综合治理工作。增加了17名保安人员，成立由保安组成的小区巡逻队，实行了巡逻工作督察制度，在辖区内建立警务联系制度，配合公安机关开展打击盗窃自行车和非法传销的活动，处理各种矛盾200多起，处理突发事件9起。实现了小区内部治安稳定，无群体事件和刑事治安案件发生。

（6）加大环卫和绿化工作力度。全年小区绿化补种补栽各类乔灌木15个品种，3889株，补栽绿化面积达850平方米。对小区2700余株乔灌木喷洒防治病虫害农药6次。清运生活垃圾1260吨。完成了一、二组团喷灌系统改造工程。

（7）认真做好离退休职工管理和服务工作。做好一人一事的思想工作，重视解决离退休人员的实际困难，使离退休人员思想稳定，被咸阳市评为老龄工作先进单位。举办各类活动22次，老年大学共招收学员311名、开设课程13门。并开展丰富多彩的文体活动，增强了学员的学习兴趣。

（8）认真搞好党支部建设，发挥党组织的战斗堡垒作用。加强党组织建设，创建党员模范岗3个、党员责任区2个，落实“三会一课”制度，全年召开总支会、支部大会7次，党小组会议6次，上党课3次，观看教育录像2次。组织党员答卷3次，共48份。发展新党员1名，转正1名，培养积极分子1名。

（权振荣）

博士后科研工作站

【概述】　2007年，博士后科研工作站（简称博士后工作站）紧密围绕博士后的宣传引进、中期评估考核及出站考核评审、在站博士后的日常管理与精细服务等重点开展工作。组织并成功召开了一场博士后期满出站考核评审会议，一场博士后中期评估考核会议。

博士后工作站在企业技术进步中的平台作用，以及博士后在企业科技创新中的带动作用进一步凸显。截至2007年底，在站博士后2名，新引进的1名博士后进站手续已通过局主管部门审批。

【主要工作】

（1）在实行“薪酬+绩效津贴”的薪酬运作模式基础上，继续对在站博士后试行博士后薪酬与工作绩效挂钩的薪酬发放模式，即将博士后年薪酬中的72%作为基本薪酬并按月发放，余额的28%则根据博士后在站期间的中期评估考核，或期满出站考核评审成绩分别兑现。而博士后中期评估考核或期满出站考核评审成绩均由高校博士后流动站及企业博士后工作站专家共同组成的考核小组经过认真评议作出，体现了公正性、权威性和公平性。2007年1月，唐贵博士后期满出站考核评审取得优秀成绩；6月份，杨志刚、吴金桥博士后中期评估考核并取得优秀成绩。

（2）针对2007年底从申请进站者中筛选的一名以在职身份意向进站博士后研究人员的实际情况，博士后工作站提出了加强博士后薪酬与工作绩效挂钩力度的薪酬方案，即对考核成绩达到优秀者兑现100%的薪酬，对考核成绩达到合格者只兑现80%的薪酬兑现模式，以进一步加强对企业需要，而博士后不能完全脱产从事企业博士后研究工作的人员管理力度，确保博士后科研项目的正常运行。2007年12月底，博士后工作站根据局主管部门的审批意见，已按程序同该博士后签署了博士后工作站进站协议。

（3）继续推行博士后科研项目紧密结合长庆局科研生产实际需求，研究成果服务于长庆局主营业务发展的基本工作思路。本着兼顾博士后个人专业特长展现与企业发展双赢的目的，遴选并吸纳真才实学的申请人员进站。博士后项目研究过程中，通过加强博士后与其科研项目团队的协作，推进并逐步形成博士后与其项目组团队优势互补，鼎立攻关的科研和学术交流氛围。使博士后科研项目组的集体智慧及博士后的带动作用在科研攻关中得到了有效发挥。唐贵、杨志刚、吴金桥3名博士后以其扎实的理论基础知识功底、严谨的科研工作作风及刻苦钻研的实际行动，按计划全面完成了科研任务，取得了阶段性成果，并得到了项目依托单位的一致好评。杨志刚博士荣获了其项目依托单位——工程技术研究院2007年度劳动模范荣誉称号。

（毛连海）

中油财务西安分公司

【概述】　中油财务有限责任公司西安分公司（以下简称中油财务西安分公司）现有员工10名，其中大专以上5人、中级以上职称4人。人员行政上隶属于中油财务有限责任公司和长庆局共同领导，业务上隶属于中油财务有限责任公司领导、管理、稽核。

【业务范围】　中油财务西安分公司按照中油财务有限责任公司授权办理以下业务：协助成员单位实现交易款项的收付；对成员单位办理票据承兑与贴现；办理成员单位之间的内部转账结算；吸收成员单位的存款；对集团成员单位的资信调查业务；经营中国银行

业监督管理委员会批准并由财务公司授权的其他金融业务。

中油财务西安分公司所服务的主要客户是长庆石油勘探局及其资金结算中心、长庆油田分公司及其资金结算部、中油测井中国石油集团、西安石油勘探仪器总厂、中油西北销售公司西安分公司、中油陕西销售分公司、中油管道塔里木输油气分公司、西北石油管道等中国石油集团成员单位。截至 2007 年底在西安分公司开户办理结算业务的中国石油集团企业单位 110 户。上述企业中尤其是长庆油田为西安分公司的发展提供了广阔的前景。

中油财务西安分公司经过 9 年的平稳运行，取得了较好的成绩。截至 2007 年底，资产总额达 53.04 亿元，累计办理结算业务 49.4 万余笔，结算金额 1.2 万亿元，创造利润上亿元，取得了较好的经济效益和社会效益。2007 年日均结算 370 笔，人均年工作量 1.16 万笔以上。

【新业务拓展】

（1）关联交易。为了更好地贯彻中国石油集团加强资金集中管理的要求和为区域内中国石油集团各企业提供结算服务，适应中国石油集团的快速发展，从 2007 年 8 月 1 日起开展了关联交易封闭结算。为了做好此项工作，中油财务西安分公司指定专人到北京参加了业务培训。在各结算单位的大力配合下，到年底前已开立关联交易结算账户 48 个，结算 773 笔、结算金额 41.86 亿元。

（2）网上银行结算。2007 年以来，中油财务西安分公司认真贯彻落实财务公司推行网上银行业务的精神，向新老客户积极推介网上银行。通过努力，2007 年新增网银用户 2 户，还有部分客户正在做网上银行的咨询，已有意向使用网上银行。网银结算量比 2006 年增加 5360 笔，增长 3.62 倍。

（3）资金集中管理。2007 年主要大客户都与中油财务西安分公司签订了委托代理划款协议，对资金进行了集中管理。每日业务终了对企业指定账户资金全部集中上收或补平，实现了企业对账户的零余额管理。

（4）银企直联。为了早日实现结算数据与银行直接相连，中油财务西安分公司在大量调查研究的基础上，派出多名业务人员专程去财务公司参加了业务培训，为银企直联做好了准备。银企直联的实现将进一步提高工作效率，减少人手干预，加快汇款速度，实现真正意义上的点对点到账。

【制度与队伍建设】　2007 年，中油财务西安分公司从人员思想到日常工作以及各项制度的执行落实，都经历了学习、提高、再学习、再提高的过程。

2007 年 4 月中油财务公司有关部门领导和专家组成检查团来中油财务西安分公司检查指导工作，对有关凭证、账表、账务都进行了严格的检查，各位领导对资金结算、会计核算、票据传递、档案保管、账务处理、错账冲正等多方面都提出了新的要求。6 月份中华人民共和国审计署上海特派办来西安分公司进行了为期 3 天的延伸审计。

2007 年 8 月份银监会派专人与陕西银监局共同对中油财务西安分公司以前年度工作进行了全面检查和验收，通过现场考核、走访客户，了解了中油财务西安分公司的经营环境、服务对象以及本机构存在发展的必要性和重要性，对近 10 年的工作和服务理念、内部管理制度、风险控制措施、经营成果做出了很高的评价，于 9 月 27 日批准为分公司，陕西银监局于 11 月 10 日给中油财务西安分公司颁发了《金融许可证》。

2007 年中油财务西安分公司组织员工学习领会国家法律法规，学习警示教育材料，进一步修订完善了《固定资产管理办法》等有关规章制度，细化了会计、出纳岗工作流程。中油财务西安分公司所有工作都做到了有章可循，职责分明。截至 2007 年底，共建立健全各项规章制度、业务流程、岗位职责等24个。确保了资金的安全运行和财务预算及其他各项目标的实现。

中油财务西安分公司在日常工作中坚持客户至上、服务第一的思想，认真履行各自职责；团结一致，协作配合；坚持上门服务，定期征求意见；做到急事急办、特事特办，为客户提供优质快捷的服务。另外，还与客户多次联系、交流、沟通，既稳定了老客户又争取了新客户。结算量、吸收存款以及完成利润均创开业来最高水平。

（张　茵）

泾河工业园项目组

【概述】 2007年泾河工业园项目组认真贯彻落实长庆局工作会议精神和“万套住宅建设工程”领导小组安排，围绕建设住户满意的精品工程，以人为本，创新管理，狠抓工程安全、质量、进度和投资四个控制，促进各项工程又好又快建设，圆满完成长庆局下达的建设目标和任务。

【建设成果】 2007年共开工建设227栋8406套住宅楼，总建筑面积98万平方米，总投资约12亿元，是2006年工程量的164%。完工移交了泾河医院工程，竣工验收了泾渭苑二期52栋1920套住宅工程，按期完成了泾渭苑三期130栋5838套住宅楼工程的节点目标。

【工程质量】 实施多级质量监督检查体系，优化现场施工质量管理的各个环节，特别针对基坑开挖、灰土回填、防水工程、混凝土浇筑、安装工程等特殊工序和关键环节进行重点控制和专项管理。采取多种形式，灵活机动，不定时限，进行巡查、抽查、夜查、专项检查。在二期工程室内粉刷阶段采取了光检法，治理空鼓和裂缝问题。对卫生间和屋面防水逐楼逐户进行三次72小时的闭水实验。在安装阶段加大进场材料四方验收制和破坏性检验制，严格对采暖和给排水系统进行逐户打压试验。在竣工验收阶段采取一户一检制，有效消除了“堵、跑、滴、冒、漏”现象，质量通病明显减少，工程质量普遍提高。

【投资控制】 推行了全过程预算管理。通过优化施工方案，审查施工设计，减少设计变更，严控工程量签证，进行工程量清单招标和建材合理低价招标，规范拨付办法，严格审查环节把关，严密结算审批，减少非建设性支出，特别是争取地方政府优惠政策，减免报建费用等措施，降低工程风险，确保了投资不超。

【施工组织】 开工前，重点抓住文物考古、场地平整、地质勘察、三通一平、队伍考察、工程招标、基坑开挖等工作，有效压缩前期准备时间夺工期；建设过程中积极开展奋战80天和决战60天达到节点目标的两次工程会战保工期；进行思想提速、外协提速、管理提速、器材供应提速和系统配套五个提速抢工期；狠抓施工设计环节、对外协调环节、器材供应环节和工序衔接四个关键环节赶工期；采取多种方法，加大奖惩力度，施工现场发生了较大的改观，施工进度取得预期的效果。

坚持积极适应、努力探索、大胆创新、不断完善，逐步形成了一套具有特色，符合实际的项目管理体系和工程管理办法。工程招标、器材招标、合同管理、财务经营、工程决算已基本与长庆局内控体系实现对接，管理逐步规范完善。项目内控工作透明规范、流程顺畅、程序严密、监督有力、运转高效，形成了特色，实现了从人为控制向制度约束和机制控制的转变。

从规划设计到施工过程始终坚持以人为本，着力功能细化，注入文化元素，注重品质提高。对户型进行合理布局，力争空间错落有致；大胆使用外墙色彩，使小区增光添色；增设五福临门、仁义泉、和为贵、人生平安等主要小品和反映长庆发展主要元素的浮雕组画，充分将传统文化的内涵和长庆精神与现代建筑有机融合，寓情于景，内涵深刻。绿色生态、健康和谐、文化休闲的建筑理念得到较佳体现，职工居所也逐步实现从“有”到“优”的转变。

【主要措施】

（1）着力提高员工整体素质。工作中善于用人之长，充分发挥骨干的带头作用，注意调动全员工作积极性。通过组织集体春游活动，安排外出考察学习，改善交通就餐服务，安排员工健康体检，形成生病探视制度等方式，认真探索和营造轻松快乐的工作氛围。用真诚凝聚员工，对员工的工作、生活、健康、家庭等方面的困难及时给予帮助和必要的照顾，在细微处关爱员工。有效激发了员工爱岗敬业、无私奉献、忠诚事业的工作激情和高尚风范。

（2）狠抓安全生产。通过开工前与施工单位签订安全施工合同，与监理签订安全责任书，突出关键环节和过程控制，加强日常安全检查，开展安全警示教育，从源头杜绝安全隐患，教育和督促施工单位与操作人员消除违章，防范风险，关爱健康。堵塞了安全管理的盲点和漏洞，安全形势稳定良好，全年没有发生建筑重大伤亡事故，安全生产指标全部达标。

（3）改善企地关系。通过开展“和谐高陵”文化联谊，领导层进行拜访互动，加强经济开发合作，企地关系更加和谐融洽。税费得到优惠减免，持续发展得到政策支撑，各种干扰得到有效遏制，建设环境明显好转，助推了项目建设。

（余连民）

第十二篇

长庆石油勘探局大事纪要

长庆石油勘探局大事纪要

一　　月

2—3 日　长庆局第二届“爱我长庆”青年职工大型集体婚礼在南国宝岛三亚举行，来自钻井工程总公司、井下技术作业处等单位的 31 对新人参加了婚礼。

9 日　厄瓜多尔分公司重点推进的厄瓜多尔国家石油公司 15 区块钻井日费项目合同正式签约生效，日费为 3 万美元，预计合同总价值 1214.7 万美元。

10 日　内蒙古乌审旗旗委书记包崇明率党政领导一行 18 人来长庆慰问，长庆局副局长凌心强、长庆油田分公司总经理助理王公江，以及长庆局和长庆油田分公司有关部门负责人参加了座谈会。

同日　长庆局印发《审计督察实施办法》（长局发［2007］4 号）。就审计督察工作的内容、范围、责任、程序及处罚等作了明确规定。

15 日　机械制造总厂与宝鸡石油机械有限责任公司合作产品发布会，向江汉石油管理局推介了长庆和宝石合作以来的首部产品——成套 70D 钻机。出席产品发布会的领导有长庆局党委常委、副局长、总工程师赵业荣，副总工程师刘硕琼、局长助理吴述普以及局机关工程技术部、质量安全环保处、规划计划处、科技发展处、党委宣传部等部门负责人，宝鸡石油机械有限责任公司董事长兼党委书记雷庆平、副总经理忽宝民等领导以及双方员工代表 200 余人。

同日　长庆油田分公司总经理、党委副书记王道富，长庆局局长、党委副书记苟三权一行专程前往延安市，与陕西省委常委、延安市委书记李希，延安市委副书记、市长陈强等领导亲切座谈，互致新年祝福，共商企地合作大计。长庆局副局长杨再生、长庆油田分公司总经理助理王公江、延安市委副书记王建军等领导参加了座谈会。

同日　长庆局印发《工程造价管理办法》（长局发［2007］5 号）。就工程造价管理机构与职责、工程计价依据和执行、工程造价的确定和控制、责任等作了明确规定。

同日　长庆局印发《建设工程概（预）算管理办法》（长局发［2007］6 号）。就工程概（预）算分类及作用、审核范围、编制依据、审核程序等作了明确规定。

15—19 日　长庆油田分公司总经理、党委副书记王道富，长庆局局长、党委副书记苟三权，副局长杨再生，长庆油田分公司总经理助理王公江一行，拜会、慰问陕、甘、宁、内蒙古省（区）党委、政府，并汇报了长庆油田 2006 年油气勘探开发建设成果及发展目标。内蒙古自治区党委书记、人大常委会主任储波，甘肃省省委书记陆浩，宁夏回族自治区政府主席马启智，甘肃省副省长杨志明，陕西省省委常委、延安市委书记李希以及银川市、鄂尔多斯市、榆林市的党政主要领导分别会见了长庆油田领导，对长庆油田领导一行冒着严寒前来慰问、汇报工作表示欢迎，对长庆油田在过去一年来取得的巨大成绩表示祝贺。

18 日　长庆局多元经济工作会议在西安

召开。长庆局党委常委、副局长凌心强，局长助理兼资本运营部主任朱文伯，资本运营部、多种经营管理处、规划计划处、财务资产处，以及局属各厂（处）单位相关负责人出席了会议。

同日　长庆局在西安、庆阳分片召开党员代表会议，选举苟三权同志为长庆局出席甘肃省第十一次党代表大会代表。滕玉林、蒲建中、刘自强、赵业荣、谢文虎等长庆局领导及局长助理、党员代表共 169 人参加了会议。

同日　建设工程总公司被陕西省总工会授予“陕西省模范职工之家”称号，成为长庆局唯一获得此项殊荣的单位。

22 日　中国石油集团资本运营部副主任丁士炉来长庆油田检查指导工作并听取了长庆油田的工作汇报。长庆局副局长凌心强、长庆油田分公司总经理助理蒋杨贵、长庆局局长助理朱文伯及长庆局资本运营部、长庆油田分公司对外合作部的负责人参加了汇报会。

23 日　长庆局副局长、总工程师赵业荣到培训中心临潼基地检查培训工作，并出席了钻井技能培训学员座谈会。局人事劳资处、规划计划处、财务资产处、质量安全环保处、工程项目部和钻井工程总公司等处室及单位负责人参加了座谈会。

26 日　中国石油集团合同管理信息系统在长庆局成功实现全面上线试运行，标志着长庆局合同管理工作进入了信息系统管理的新阶段。

28 日　长庆局印发《安全防护设施和检测仪器监督管理办法》（长局发［2007］26 号）。就安全防护设施和检测仪器监督管理部门的职责、配备、购置与验收、使用与管理、报废等作了明确的规定。

29 日　长庆油田分公司与长庆局经过积极友好协商，达成了 2007—2009 年关联交易分协议，双方对有关问题签署了备忘录。

30 日　长庆局 2007 年工作会议暨九届五次职工代表和先进模范表彰大会在西安隆重召开。会上局长、党委副书记苟三权作工作报告，党委副书记、纪委书记、工会主席蒲建中传达中国石油集团工作会议精神。会议由长庆局党委常委滕玉林主持。

31 日　长庆局 2007 年工作会议暨九届五次职工代表和先进模范表彰大会胜利闭幕。长庆局局长、党委副书记苟三权在会议结束时作了重要讲话，长庆局党委副书记、纪委书记、工会主席蒲建中主持会议。长庆局副局长、党委常委刘自强，副局长、总工程师、党委常委赵业荣，副局长、党委常委谢文虎，副局长、安全总监、党委常委杨再生，副局长、党委常委凌心强，党委常委张启英，局长助理张元忠、邓火孝、朱文伯、吴述普，副总工程师刘硕琼，安全副总监戴能尚，以及长庆局所属各厂（处）单位、机关部门主要负责同志、劳动模范、职工代表共 205 人参加会议。

二　　月

2 日　中共中央候补委员、庆阳市委书记黄选平，市委副书记、市长张智全率庆阳市党政五大班子领导专程来西安慰问长庆油田广大干部职工，长庆油田领导王道富、苟三权、冉新权、杨再生以及油田相关部门负责人参加了座谈会。

2—3 日　长庆局召开 2006 年度钻（录）井技术座谈会，局长苟三权，副局长、总工程师赵业荣、谢文虎、杨再生，局长助理以及长庆局、长庆油田分公司机关、厂（处）单位的相关技术负责人参加了会议。长庆局副局长、总工程师赵业荣作了长庆局 2006 年度钻井技术工作报告暨 2007 年钻井技术工作总体部署。

3 日　陕西省省委常委、延安市委书记李希带领延安市政府、市人大、市政协四大领导班子主要领导到长庆访问，向长庆油田领导、职工和家属祝贺新年。长庆油田领导王道富、苟三权、冉新权、杨华、周宗强、杨再生以及机关有关处室负责人迎接客人的到来。

同日　长江大学校长张昌民一行 7 人来到长庆，进行工作交流和节日慰问。长庆局局长、党委副书记苟三权，副局长刘自强，副局长、总工程师赵业荣，局副总工程师刘硕琼，长庆油田分公司副总地质师李忠兴及长庆油田分公司、长庆局机关相关部门负责人参加了座谈。

同日　庆阳市市委常委、军分区司令员曹昌俊，政委范贤巨等一行 6 人到长庆访问。长庆油田领导王道富、苟三权、周宗强、杨再生等出席了座谈会。

4 日　长庆局调整科学技术、安全生产暨环境保护（HSE 管理委）、保密、内控体系建设指导、防火、劳动争议调解委员会以及井控管理工作领导小组（长局发［2007］36 号）。

4—5 日　长庆局在西安隆重召开长庆局 2006 年度井下作业技术座谈会。长庆局副局长、总工程师赵业荣，副局长杨再生，以及井下技术作业处、三个采油技术服务处、工程院等相关单位负责人出席了座谈会。赵业荣在会上作了《全面落实科学发展观，以满足长庆油田勘探开发需求为己任，推动长庆局井下作业又好又快发展》的报告。

6 日　长庆局团委召开学习局工作会议精神座谈会。钻井工程总公司、建设工程总公司等西安片的 16 家单位团委负责人、团员青年共 20 人参加了会议。

同日　西安石油大学校长张宁生一行 9 人到长庆访问。长庆油田分公司党委书记、纪委书记、工会主席、副总经理冉新权，长庆局党委副书记、纪委书记、工会主席蒲建中以及油田相关部门负责人与客人进行了座谈。

7 日　长庆油田分公司副总经理周宗强，长庆局副局长杨再生，长庆油田分公司总经理助理王公江率长庆油田分公司、长庆局机关部门和厂（处）单位负责人拜会、慰问咸阳市委、市政府。周宗强、杨再生一行受到了咸阳市委书记张立勇等领导的亲切接待。

同日　长庆局局长、党委副书记苟三权，党委副书记、纪委书记、工会主席蒲建中，局党委常委、组织部长张启英以及局长办公室、工会、离退休职工管理处等部门负责人一行，在新春佳节即将来临之际，看望、慰问了在西安的油田老领导、技术专家、劳模、困难职工，把新春祝福和关爱送到大家心中。

8 日　中国石油长庆培训中心在长庆未央湖揭牌成立。中国石油集团人事劳资部主任李万余，副主任金华，股份公司人事部副总经理侯创业，中国石油集团人事服务中心主任徐新福，长庆油田分公司总经理、党委副书记王道富，长庆局局长、党委副书记苟三权，副局长、总工程师赵业荣，以及油田双方机关有关处室负责人、油田有关厂（处）单位负责人出席了揭牌仪式。仪式由王道富主持。

9 日　长庆油田分公司总经理、党委副书记王道富、长庆局局长、党委副书记苟三权、党委常委、组织部长张启英与 8 位在长庆油田挂职锻炼的中国石油集团、中国石油集团股份公司机关干部座谈。

同日　长庆局机关在西安长庆宾馆龙梅厅隆重召开 2006 年度先进表彰暨 2007 年新春团拜会。长庆局领导苟三权、蒲建中、凌心强及局机关受表彰的先进集体代表、先进工作（生产）者、各部门负责人 180 余人欢聚一堂，以形式多样、内容丰富的文艺节目共迎新春佳节。

同日　在西安隆重举行了长庆油田向陕西石油普通教育管理中心捐赠1000万元教育教学资金仪式。陕西省委教育工委委员、教育厅副厅长张雄强，长庆油田领导苟三权、冉新权、刘自强、蒋杨贵，油田双方机关有关处室负责人，陕西省教育厅有关负责人，以及陕西省石油普通教育管理中心党政领导班子全体成员，所属13所学校领导、教师代表共100余人参加了捐赠仪式。

11—13日　中国石油集团党组成员、副总经理周吉平一行6人从北京飞抵榆林气田，在长庆局局长、党委副书记苟三权，长庆油田分公司党委书记、纪委书记、工会主席、副总经理冉新权及相关部门领导的陪同下，先后赴榆林气田、苏里格气田、靖边油田、安塞油田进行工作调研，并对生产一线员工进行慰问。中国石油集团科技发展部、信息管理部、国际事业部，股份公司勘探与生产分公司等部门负责人随同慰问。

12—13日　长庆局领导蒲建中、刘自强、赵业荣、谢文虎、杨再生、凌心强分6路赴千里油区慰问基层职工。

14日　中共咸阳市委书记张立勇，副书记、市长千军昌到长庆访问。长庆油田领导王道富、苟三权、杨华、周宗强、赵业荣、李安琪、谢文虎、杨再生，局长助理吴述普以及油田双方有关处室负责人出席了座谈会。

同日　长庆局2007年度纪检监察工作会议在西安召开。长庆局党委副书记、纪委书记、工会主席蒲建中，副局长刘自强及长庆局机关各部门、各厂（处）单位相关负责人参加了会议。

15日　长庆局调整低效储量合作开发联合管理委员会、苏里格气田合作开发联合管理委员会组成人员（长局发〔2007〕38号）。

22日　中国石油集团总经理、党组书记蒋洁敏在中国石油集团办公厅主任李润生、人事劳资部主任李万余及长庆局局长、党委副书记苟三权，长庆局党委副书记、纪委书记、工会主席蒲建中等领导的陪同下，到上海看望了正在住院治疗的原长庆局局长、党委书记江夕根，带去了中国石油集团领导及广大职工、家属的深情厚谊和新春的祝福。

27日　陕西省副省长吴登昌率省政府办公厅、省工交办、省发改委、省国土资源厅、延长石油中国石油集团等部门、单位相关同志来长庆调研。长庆油田领导王道富、苟三权、冉新权、杨华、刘自强、周宗强、杨再生，局长助理吴述普以及油田双方办公室、对外关系协调处负责人参加了座谈会。王道富代表长庆油田向陕西省领导作了多媒体汇报，苟三权主持了座谈会。

三　　月

1日　长庆局参加了中国石油集团2007年审计工作视频会议，同时召开长庆局2007年审计工作会议，安排部署当年的审计工作。会议在西安、庆阳、银川设立分会场，长庆局党委常委滕玉林、局机关相关部门及各厂（处）单位领导、全局审计人员共283人参加了会议。

1—3日　长庆局局长、党委副书记苟三权，副局长刘自强、杨再生，局党委常委、组织部长张启英，局相关处室负责人以及采油二处、采油二厂领导，在庆阳市拜访、慰问庆阳市委、市政府，与中共中央候补委员、庆阳市委书记黄选平，副书记、市长张智全，副书记石卫东，副书记、副市长付振伟等领导亲切座谈。

5日　第三采油技术服务处职工陈新岩被宁夏回族自治区党委组织部、宣传部、团委等九个部门联合授予“首届宁夏优秀志愿者”称号。

同日 长庆局专门召开局领导班子成员、处室长会议，学习胡锦涛、温家宝到中国石油集团所属企业和海外项目视察时的重要讲话和指示精神。长庆局局长、党委副书记苟三权主持了会议，并就学习贯彻落实胡锦涛、温家宝重要讲话和指示精神提出了明确要求。

8日 中国石油集团工程技术与市场部、股份公司生产分公司在长庆油田召开2007年长庆油田钻机协调会议。中国石油集团工程技术与市场部主任杨庆理，副主任夏显佰等中国石油集团、股份公司相关部门领导，长庆油田领导苟三权、周宗强、赵业荣以及在长庆油田从事钻井的大庆、辽河、大港、四川、华北、吉林等兄弟单位的长庆项目负责人出席了会议。

9日 局党政领导会议研究决定，黄应红任定边采油技术服务协调领导小组组长、定边生产基地建设项目组经理、党支部书记；牛仁会任兴隆园物业服务处处长、党委书记；周地南任湖滨花园物业处党委书记；吴志华任定边采油技术服务协调领导小组临时党委书记；牛仁会任兴隆园小区建设项目组经理、党支部书记，燕世文任银川燕鸽湖基地建设项目组经理、党支部书记，权衡任湖滨花园建设项目组经理，王黎明任泾河工业园建设项目组经理兼安全总监、党支部书记。

10日 长庆局将“长庆石油勘探局公用事业处”更名为“长庆石油勘探局兴隆园物业服务处”，原内设机构及定员编制不变（长局发［2007］45号）。

13日 长庆局成立定边生产基地建设项目组（长党发［2007］28号）、定边采油技术服务协调领导小组（长局发［2007］54号）、兴隆园小区建设项目组（长党发［2007］25号）、银川燕鸽湖基地建设项目组（长党发［2007］26号）、长庆湖滨花园建设项目组（长党发［2007］27号），明确了泾河工业园建设项目组经理班子、项目组主要工作职责（长党发［2007］29号），对合作项目部工作职责及机构编制进行调整（长局发［2007］52号），成立长庆湖滨花园物业服务处（长局发［2007］53号）。

同日 长庆局印发《关于加强安全文化建设的实施意见》（长局发［2007］50号）。就安全文化建设的指导思想及原则、目标、任务、保障措施等作了明确规定。

16日 在石油工业质量管理协会召开的2007年工作会议上，长庆局钻井工程总公司因质量管理工作成效显著，被评为石油质协优秀会员单位；总工程师李晓明被评为2005—2006年度优秀质协工作者。这是钻井工程总公司继2005年获得石油质协“实施用户满意工程先进单位”、2006年“全国用户满意企业”、2006年石油质协“QC小组活动先进单位”之后的又一省部级荣誉。

20日 在西安举行道达尔公司与长庆局苏里格南项目服务合同签字仪式。长庆局局长、党委副书记苟三权，道达尔勘探与生产中国责任有限公司总裁戴贝斯出席签字仪式并分别讲话。长庆局国际事业部、钻井工程总公司、井下技术作业处、建设工程总公司、录井公司、工程技术研究院负责人及道达尔苏南项目、作业部、采办、钻井、对外事务等部门负责人参加了签字仪式。

同日 长庆油田社会治安综合治理工作会议在西安召开。长庆局党委副书记、纪委书记、工会主席蒲建中，长庆油田分公司副总经理杨华、油田综合治理领导小组成员以及油田各厂（处）单位相关负责人参加了会议。会议总结了2006年油田社会治安综合治理工作，通报了油田2006年社会治安综合治理工作的考评情况，表彰和奖励了2006年度社会治安综合治理先进单位和见义勇为积极分子，部分先进单位做了经验交流，会议部署了2007年油田社会治安综合治理重点工作。蒲建中和杨华分别代表长庆局和长庆油田分公司与各厂（处）单位负责人签订了2007年度社会治安综合治理责任书。

23日　长庆局党委中心组召开传达学习“两会”精神专题会议。会议由长庆局局长、党委副书记苟三权主持，长庆局领导班子成员、局长助理以及机关部门负责人共30多人参加了会议。会议认真传达学习了十届全国人大五次会议和全国政协十届五次会议精神，会议就如何结合企业实际抓好贯彻落实进行了热烈讨论，提出了明确要求。

23—24日　甘肃省安全生产监督管理局党组书记、局长王建中率领的省安全环保专家检查组，在长庆局副局长、安全总监杨再生等领导的陪同下，到钻井第二项目部检查指导工作。

26日　在中国石油长庆培训中心隆重召开长庆局2007年员工教育培训工作会议。长庆局局长、党委副书记苟三权，党委副书记、纪委书记、工会主席蒲建中，副局长、总工程师赵业荣、党委常委、组织部长张启英及长庆局人事劳资部门的负责人出席了会议。机关相关部门（处室）和各厂（处）单位负责人以及各单位培训工作负责人等130余人参加了会议。

26日　长庆局新一代IC加油卡系统投入试运行，正式投运时间定为2007年5月1日。

26—27日　中国石油集团党组纪检组、监察部监察专员兼副主任、股份公司监察部副总经理刘晓莉一行3人来长庆开展纪检监察工作调研。长庆局党委副书记、纪委书记、工会主席蒲建中和油田双方纪检监察部门负责人参加了座谈。

27日　土库曼斯坦地质总公司总工艺师（副总裁）阿达先生和总机械师海默尔先生到长庆局访问。双方就合作项目的准备情况、合作中存在的问题及今后的合作意向进行座谈，长庆局副局长谢文虎及局相关部门负责人参加了座谈。

28日　长庆局印发《因私出国（境）管理若干规定》（长局发［2007］65号）。就因私出国（境）人员的审查范围、程序等作了明确规定。

同日　长庆局印发《机关部门责任目标量化管理考核办法（试行）》（长局发［2007］69号）。就考核内容、方法、形式、奖惩兑现等作了明确规定。

同日　长庆局印发《规范职工股暨清理法人实体工作指导意见》（长局发［2007］71号）。就规范清理的目的、意义、总体思路、工作原则、工作部署等作了明确的指导。

29日　中国石油集团总经理助理徐文荣一行来到西安，进行基地服务系统专题调研，在长庆油田召集11家驻西安地区的中国石油集团下属企业领导进行座谈。来自长庆油田、长庆石化分公司、中国石油集团测井有限公司、陕西销售公司、西北石油管道公司、西安石油仪器总厂、中国石油集团物资西安公司等11家单位的主要领导、分管基地服务的领导30余人出席了座谈会。长庆油田领导苟三权、冉新权、刘自强参加了会议。会议由中国石油集团发展研究部副主任胡绎主持。

30日　长庆局局长、党委副书记苟三权，副局长刘自强，局长助理张元忠，长庆油田分公司总经理助理蒋杨贵陪同徐文荣在兴隆园小区、龙凤园小区、泾渭苑小区进行实地调研。

31日　局党委常委会研究决定，戴娜任局党委宣传部部长，王玉琦任庆阳指挥部临时党委委员、书记，刘永谋任靖边指挥部临时党委委员、书记，刘伟任西安长庆地产集团有限公司党委书记。

同日　局党政领导联席会议研究决定，委派王育中为长庆局股东代表，并推荐其为西安长庆地产集团有限公司董事会董事长、经理人选；肖剑华任规划计划处处长、孙治国任规划计划处副处长（正处级）、苏计成任审计处处长，勾健任对外关系协调处处长，黄依理任咨询中心主任，范万动任资金结算中心主任，易宝安任审计服务中心主任，王玉琦任庆阳指挥部指挥，刘永谋任靖边前线指挥部指挥。

四　　月

1日　鄂尔多斯市委书记、市人大常委会主任云峰一行来长庆访问。双方就地企相互支持和共同发展等事宜进行友好交流。长庆油田领导王道富、苟三权、冉新权、滕玉林、周宗强、李安琪、杨再生、凌心强以及油田相关机关部门负责人出席了座谈会。

4日　长庆局完成第二套SS－2000型压裂机组加砂35立方米的试验。

6日　东方地球物理勘探有限责任公司总经理王铁军，副总经理阎万朝、张玮，物探总监兼东部勘探事业部总工程师邓志文一行13人来访长庆，并与长庆油田分公司签署关联交易协议。长庆油田领导冉新权、杨华、刘自强、赵业荣及油田双方机关有关处室负责人出席了签字仪式。

同日　甘肃省人大常委会副主任、省总工会主席李德奎，甘肃省总工会党组副书记、省总工会副主席刘天明以及甘肃省总工会相关人员组成调研组来长庆油田调研工会工作。

同日　陕西省安全生产监督管理局副局长王昊文一行来到长庆，就长庆局安全生产工作展开专项调研。长庆局副局长、安全总监杨再生，机关相关处室负责人以及部分厂（处）单位安全部门负责人参加了座谈会。

8日　甘肃省副省长石军一行6人在陕西省参加“一会一活动”期间，来长庆油田指导工作，并与长庆油田领导进行座谈。长庆局局长、党委副书记苟三权，长庆油田分公司副总经理周宗强，长庆局副局长杨再生、凌心强，长庆油田分公司总经理助理王公江等领导参加了座谈。

10日　长庆局开展2007年全局钻井、井下作业系统春季井控安全大检查。长庆局副局长、总工程师赵业荣担任本次井控检查领导小组组长。

同日　长庆局在土库曼斯坦地质康采恩尤拉屯气田12口气探井钻井工程1.5亿美元总包合同正式签署，标志着长庆局在开拓国际市场方面迈出了一大步。土库曼斯坦地质康采恩总裁朱马耶夫、副总裁阿达，长庆局副局长谢文虎出席了当天的签字仪式。

12日　长庆局在靖边基地召开安全环保监管会议。长庆局副局长、安全总监杨再生，安全副总监戴能尚，局机关相关部门和厂（处）单位的主管领导、安全管理人员共90余人参加了会议。

同日　长庆局机械制造总厂承造的ZJ50DB直升机吊装固控系统在西安泾河工业园成功下线。标志着长庆油田的固控系统生产水平已具备国际水平。

18日　塔里木长庆油田分公司副总经理、安全总监安文华带领机关相关处室领导到长庆局第八勘探公司调研。

同日　长庆局对工程技术部内部机构编制进行调整（长局发［2007］78号），对工程定额与造价管理中心定员编制进行调整（长局发［2007］79号），对国际事业部机构编制进行调整（长局发［2007］80号）。

19日　长庆局在临潼召开局工会委员会第七届全委扩大会议。长庆局党委副书记、纪委书记、工会主席蒲建中，全局各单位工会负责人参加了会议。

同日　长庆局局长、党委副书记苟三权，副局长凌心强及局机关相关部门负责人先后到建设工程总公司、机械制造总厂和技术监测中心等单位进行现场调研。

同日　长庆局印发《招标管理办法》（长局发［2007］86号）。就招标管理机构与职责、招标范围、招标方案的编制审批、招投标文件的编写，开、评、定标程序等内容作了明确规定。

20日　长庆局在西安举行2006年度劳模、先进代表外出疗休养活动启动仪式。长庆局局长、党委副书记苟三权，党委副书记、纪委书记、工会主席蒲建中以及全局各级工会负责人为劳模、先进送行。蒲建中主持欢送仪式。

同日　长庆局决定在全局范围内，开展以“崇尚创新精神，尊重知识产权”为主题的“保护知识产权宣传周”活动。

23日　长庆局召开贯彻中央四个先进性长效机制文件座谈会。局党委常委、组织部（人事处）部长（处长）张启英及钻井工程总公司、井下技术作业处等12家单位党委主要负责人参加了座谈会。

24日　长庆局印发《关于加强应急管理工作的意见》（长局发［2007］88号）。就应急管理工作的指导思想、工作原则、工作目标及应急管理体系的建设、运行机制、保障措施等作了明确指导。

26日　中国石油国际（乌兹别克斯坦）有限责任公司授标长庆局第一口井深为5650米的钻井综合服务项目。表明长庆局在南美和中亚两个油气工程技术服务重点市场取得了新突破。

27日　长庆局召开两级党委中心组视频学习专题会议。会议邀请国务院国资委企业改革局副局长周放生就《中央企业全面风险管理指引》出台的背景、主要内容和国资委对贯彻落实《指引》的要求作了专题报告。长庆局领导蒲建中、谢文虎、杨再生、张启英，局长助理朱文伯及长庆局和厂（处）单位党委中心组成员，长庆局及厂（处）单位内控体系建设指导委员会成员，局机关各相关部门主要负责人，两级机关全体干部和内控体系建设项目组及专业组人员共计1200多人收看了视频报告会议。会议分别在延安、庆阳、银川、西安设立了4个分会场。

同日　西安经济技术开发区党工委书记郭学民一行9人来访长庆。长庆局党委常委、副局长刘自强，局长助理张元忠及机关相关处室人员参加了座谈会。

同日　长庆局在培训中心召开了2007年度设备管理工作会。长庆局副局长、总工程师赵业荣，局长助理吴述普，安全副总监戴能尚，相关部门负责人以及厂（处）单位主管设备负责人共90余人参加了会议。

29日　长庆局井下作业队伍整合资产移交协议签订。

同日　第二采油技术服务处李四广在甘肃省召开的纪念中国共青团成立85周年、甘肃青年“五四”表彰大会上荣获“甘肃青年五四奖章”。他是长庆局唯一获“甘肃青年五四奖章”的获得者。

30日　建设工程总公司兰银检测项目部承建的第四标段主体工程圆满完工，是兰（州）—银（川）管道全线主体工程建设完工的第一家检测单位。

同日　长庆局印发《合同管理办法》（长局发［2007］92号）。就合同管理部门及职责、合同订立与审查审批、履行、变更、转让和解除等作了明确规定。

同日　长庆局印发《年度综合业绩考核兑现办法》（长局发［2007］93号）。就所属单位及其领导班子考核指标、兑现等作了明确规定。

同日　长庆局印发《困难家庭女员工离岗休养暂行规定》（长局发［2007］96号）。就困难家庭女员工离岗休养审批程序、待遇等作了明确规定。

五　　月

1日　苏里格气田合作开发项目组天然气年产量突破1亿立方米。

5日　建设工程总公司承建的道达尔测试井土建服务工程桃6项目0.7千米黏土路重建工程、5.7千米道路平整翻修工程及30米×30米的井场营区重建工程同时顺利验交。

7日　钻井工程总公司以62天有效生产时间年累计进尺突破百万米，比历史纪录周期缩短了19天，创造了油田此项生产最新指标。

9日　水电厂2007年线路春检工作按期全面完工。

同日　长庆局印发《内部单位分类分级管理试行办法》（长局发［2007］99号）。就分类分级方法、直属类单位级别的划分等作了明确规定。

10日　钻井工程总公司30693钻井队以63天6小时的有效时间，年累计进尺达20002米，突破2万米，比历史纪录周期缩短了21天17小时，创造了长庆油田钻井生产最新指标。同日该队施工的旗12－17井完井，钻机月速度高达15146米/（台·月），比历史纪录增加926米/（台·月），再创油田一项钻井生产技术指标，成为第一个一天创造两项纪录的钻井队。

11　24日　长庆局在培训中心临潼基地举办首期侧钻技术培训班。来自长庆局三个采油技术服务处和井下技术作业处井下作业队、修井队的技术员及操作骨干共45人参加了培训。

12—13日　中国石油集团总经理、党组书记、股份公司总裁蒋洁敏及中国石油集团副总经理、党组成员周吉平，股份公司副总裁胡文瑞以及中国石油集团、股份公司有关部门负责人深入长庆油田调研。长庆油田领导王道富、荀三权、冉新权、蒲建中、杨华、杨再生等陪同调研。

14日　长庆局局长、党委副书记荀三权主持召开领导班子专题会议，集中传达学习中国石油集团总经理、党组书记、股份公司总裁蒋洁敏等领导同志在听取长庆局、长庆油田分公司工作汇报后的重要讲话精神，专题研究如何认真学习蒋洁敏总经理考察长庆油田时的重要指示精神，把鄂尔多斯盆地建设成为石油天然气的重要能源基地，把长庆油田建设成为模范和谐矿区。

同日　长庆局研究决定，朱文伯为华油长庆西安实业公司新一届董事会董事长人选；长庆局研究同意，推荐王育中为西安建源房地产有限公司董事会董事、总经理人选；长庆局党委常委会研究决定，强少军任职工医院党委书记、李建凯任燕鸽湖医院党委书记、郝自力任兴隆园医院党委书记；长庆局党政领导联席会议研究决定，张百宁任职工医院院长、李琪任燕鸽湖医院院长、贺红旗任兴隆园医院院长。

16日　长庆局委派局长助理朱文伯替换滕玉林为长庆石油勘探局股东代表，并推荐其为华油长庆西安实业公司董事、董事长人选；委派副局长、党委常委凌心强替换滕玉林为长庆石油勘探局股东代表，并推荐其为宁夏长宁天然气有限责任公司和内蒙古西部天然气股份有限公司董事、副董事长人选。

同日　长庆局印发《关于对油田部分医疗卫生业务进行整合调整的实施意见》（长局发［2007］107号），对油田部分医疗卫生业务进行整合调整，将庆城、长庆桥、高陵等地区医疗卫生资源统一整合到长庆石油勘探局职工医院管理，组建成立兴隆园医院、燕鸽湖医院。

同日　将培训中心（职工疗养院）局内

名称规范为“长庆石油勘探局培训中心”。培训中心以“中国石油长庆培训中心”名称承担中国石油集团有关培训项目（长局发［2007］108号）。

同日　长庆局印发《人力资源配置暂行办法》（长局发［2007］110号文）。就人员招聘、流动、借聘等作了明确规定。

17日　长庆局局长、党委副书记苟三权一行来到陇东生产一线现场检查指导工作。长庆局副局长、总工程师赵业荣，钻井工程总公司、第二采油技术服务处以及有关处室和部门负责人陪同检查。

同日　陕西省人大副主任邓理率领省、市、区（县）三级人大常委会相关领导到长庆油田调研，听取长庆局的工作汇报。长庆局党委副书记、纪委书记、工会主席蒲建中，局长助理张元忠以及局党委宣传部、办公室、卫生处、基地服务部、兴隆园物业服务处有关领导参加了汇报会。

同日　甘南藏族自治州人民政府分别给长庆局、长庆油田分公司发来感谢信，对长庆局、长庆油田分公司无私援助该州因捡拾矿石被困矿井的9名群众表示感谢。

同日　长庆局召开医疗卫生系统业务整合暨矿区服务系统改革推进视频会议。长庆局局长、党委副书记苟三权出席会议，并作重要讲话。

18日　大港油田中国石油集团总经理助理刘长山一行7人到长庆局访问。双方就基地服务、离退休职工管理等方面情况进行座谈。长庆局局长助理张元忠及人事劳资处（党委组织部）、离退休职工管理处、人力资源中心等部门负责人参加了座谈会。

19日　甘肃省委书记、省人大常委会主任陆浩一行17人来长庆油田陇东生产一线检查指导工作。甘肃省委常委、省委秘书长姜信治，省政协副主席、省发改委主任邵克文，省委副秘书长、政研室主任冉万祥，省水利厅厅长许文海，省农牧厅厅长武文斌，省卫生厅厅长侯生华，庆阳市委书记黄选平，庆阳市委副书记、市长张智全，长庆油田领导苟三权、冉新权、赵业荣等陪同检查。

同日　中国石油大学（华东）党委书记郑其绪一行到长庆局访问。长庆局副局长谢文虎，长庆油田分公司党委副书记、纪委书记、工会主席冯尚存以及油田勘探开发、工程技术、人力中心等部门相关人员参加了座谈。

21—22日　由长庆局主办、建设工程总公司承办的长庆局2007年气焊工职业技能竞赛暨中国石油集团职业技能竞赛选手选拔赛在西安三桥基地举行。职业技能鉴定中心、宣传部、组织部等有关部门负责人参加了开幕、闭幕仪式。

24日　以全国政协副主席张思卿为团长，全国政协常委、安徽省原省委书记、原省政协主席卢荣景，全国政协常委、全国政协经济委员会副主任、陕西省原省长程安东为副团长，全国政协副秘书长孙怀山为秘书长的全国政协常委考察团来长庆油田视察工作。陕西省委、省人大、省政府、省政协领导，以及长庆油田领导苟三权、冉新权、杨再生、冯尚存等陪同。下午，长庆油田为考察团举行了隆重的欢迎仪式，苟三权代表长庆油田致欢迎辞并作了简要工作汇报。冉新权同志主持欢迎仪式。

同日　长庆局召开规范职工股暨清理法人实体工作座谈会。会议听取了各单位关于此项工作进展情况及存在问题的汇报，认真总结了本阶段工作，并就下一步工作提出了具体要求。长庆局副局长凌心强出席会议并讲了话。会议由长庆局局长助理朱文伯主持。局属厂（处）单位主要领导、主管领导以及局企管、财务、人事、宣传、外协、资本运营等相关部门的负责人参加了会议。

同日　长庆局决定撤销“长庆石油勘探

局通信公司”牌子，今后在长庆局内外统一以“长庆石油勘探局通信处”名称开展业务（长局发［2007］113号）。

同日　长庆局印发《软科学研究管理办法》和《软科学课题验收及成果评审细则》（长局发［2007］114号）。就软科学研究范围、管理机构、职责、立项程序、过程管理、经费使用、验收评审、应用等作了明确规定。

27日　长庆通信网西安到庆阳光传输SDH骨干网的第二条光缆建成并开通，实现了西安—延安—吴起—庆阳—咸阳—西安光纤传输环路保护。

28日　长庆局党委常委会研究决定，吴志华任定边采油技术服务处党委书记、郭占春任安全环保监督部主任、孙治国任机械动力处处长、黄应红任定边采油技术服务处处长兼定边前线指挥部指挥。

29日　长庆局应急管理工作专题会在陇东召开。长庆局副局长、安全总监杨再生，安全副总监戴能尚，局长助理吴述普等出席了会议。长庆局各相关部门及各厂（处）单位主管领导参加了会议。

30日　在西安低效储量合作开发项目组办公楼会议室隆重召开低效储量油气上产庆功会。长庆局局长、党委副书记苟三权，长庆局领导滕玉林、凌心强，党委常委张启英、局长助理朱文伯出席了庆功会。参加庆功会的还有局机关各处室负责人及两个项目负责人等。庆功会由党委副书记、纪委书记、工会主席蒲建中主持。苟三权在会上作了重要讲话。

同日　长庆局对纪检监察处内部机构编制进行调整，健全和完善了部分厂（处）单位纪检监察机构及岗位设置（长局发［2007］116号）；成立定边采油技术服务处。增挂“长庆石油勘探局定边前线指挥部”牌子，同时撤销定边采油技术服务协调领导小组（长局发［2007］117号）。

31日　中国石油集团总会计师、党组成员，股份公司财务总监王国樑一行13人来长庆调研。调研组认真听取了长庆局的工作汇报。长庆局局长、党委副书记苟三权，局党委常委滕玉林，副局长凌心强，局长助理兼资本运营部主任朱文伯，以及局机关相关部门负责人参加了汇报会。

六　月

1日　长庆局决定成立机械动力处，级别为正处级，列入局机关职能部门编制（长局发［2007］118号）；成立安全环保监督部，级别为正处级，列入局机关附属单位（长局发［2007］119号）。

2日　长庆局“万户住宅建设工程”——泾渭苑三期住宅工程首栋住宅楼破土动工。泾渭苑三期工程规划建设85栋3120套住宅楼，总建筑面积34万平方米，是2007年长庆局“万户住宅建设工程”的重要组成部分。

4日　长庆局印发《教育培训工作暂行规定》（长局发［2007］122号文）。就管理体制、培训内容和方法、培训机构、经费等作了明确规定。

5日　在北京人民大会堂举行的“2007年‘6·5’世界环境日暨全国绿色创建表彰大会”上，长庆龙凤园小区被评为“国家绿色社区”，泾河园物业服务处被评为“全国绿色社区”创建先进单位，泾河园物业处处长、党委书记许允被授予“全国绿色社区创建活动”先进个人荣誉称号。

6日上午　在喜庆的鞭炮声和轰鸣的机器声中，银川燕鸽湖基地扩建工程破土动工，拉开了扩建工程开工建设的序幕。银川基地扩建工程是长庆局“万户住宅建设工程”的重要组成部分，是“企业发展惠及职工”重要思想的具体实践。银川基地扩建工程规划总建筑面积 57.6 万平方米，总户数达 4704 套。

同日　长庆局下发文件，对 2006 年度优秀 QC 成果及优秀技术监督论文给予表彰和奖励。长庆局共申报 QC 成果 89 项、技术监督论文 27 篇。经评审，评出“降低视频会议故障”等优秀 QC 成果 60 项；《深化石油施工企业用户满意工程途径探讨》等优秀监督论文 17 篇。另外，钻井工程总公司、工程技术研究院、井下技术作业处等单位 2006 年申报的 QC 成果和技术监督论文整体水平较高，获得全局通报表扬。

7 日 4 时　钻井工程总公司 30653 队施工的学 77－86 井，以 90 天 14 小时的有效时间，钻井进尺率先突破 3 万米大关，比 2006 年缩短 31 天 6 小时，创油田钻井进尺上 3 万米最新纪录。与此同时，该队于 6 月 5 日 16 时，在学 77－86 井完井井深 2037 米，钻机月速度高达 15669 米/（台·月），比上年增加 1449 米/（台·月）；5 月 29 日，在所施工的学 78－85 井，日进尺高达 1326 米，比上年增加 175 米，先后连续刷新了两项油田生产新指标。

11 日　中国石油集团人事服务中心副主任向守源、人事服务中心职业技能开发处副处长丁传峰一行深入培训中心调研。

同日　宁夏回族自治区建设厅授予银川燕鸽湖基地“全区城市物业管理优秀住宅小区”称号，这是燕鸽湖基地连续三年获此殊荣。

同日　长庆局对股权管理委员会成员进行调整（长局发［2007］125 号）。

同日　长庆局印发《员工教育培训经费使用管理暂行规定》（长局发［2007］126 号文）。就经费来源、使用原则、管理办法、使用范围、核算标准等作了明确规定。

14 日　在宁夏回族自治区“安康杯”安全生产劳动保护工作现场经验交流会上，第三采油技术服务处被中华全国总工会和国家安全生产监督管理总局授予 2006 年度全国“安康杯”竞赛优胜企业荣誉称号，这是该处第三次摘此殊荣。

16 日　长庆局向环县人民政府转让国有土地使用权签字仪式于上午在庆阳市隆重举行。长庆局副局长杨再生、庆阳市副市长付振伟、市政协副主席张诚基、环县县委书记赵连印、县长王谦和局机关有关处室及局属庆阳地区有关单位负责人等参加了签字仪式。

17 日　乌兹别克斯坦采油股份有限公司副总经理卡里莫夫来到井下技术作业处靖边项目部，在试油 168 队三机组负责施工的召 38 井现场观摩了压裂施工。

18 日　长庆局定边生产基地建设项目开工剪彩仪式在定边县举行。长庆局副局长、总工程师赵业荣、榆林市副市长万恒、长庆局局长助理吴述普、定边县县长杨文海等领导为工程开工剪彩。定边县县委、县人大、县政府、县政协四大班子领导，及油田双方机关有关处室负责人，油田各有关厂（处）单位负责人等参加了开工剪彩仪式。

19 日　长庆油田“万套住宅建设工程”——泾渭苑三期住宅工程开工庆典仪式在高陵举行。长庆油田领导刘自强、凌心强、张元忠、蒋杨贵，高陵县县委常委、政法委书记张军利，副县长吴逸伦，长庆局机关相关处室负责人以及部分厂（处）单位负责人参加了开工仪式。

同日　长庆局定边前线指挥部、定边采油技术服务处举行隆重的揭牌仪式。长庆局副局长、总工程师赵业荣，局长助理吴述普，定边县县委、县人大、县政府、县政协负责人，油田双方机关有关部门负责人，油田各有关厂（处）单位负责人参加了揭牌仪式。

同日　俄罗斯国家技术监督局防爆与矿山设备专家伊利娜到机械制造总厂调研。伊利娜对该厂即将出口俄罗斯的钻井液振动筛、除砂泥一体机的防爆电机、固定螺栓等设备及部件进行了详细的技术检测；表示该厂生产的固控设备其产品质量、技术水平、性能外观等关键环节均已达到了国际先进水平。

同日　长庆局领导苟三权、蒲建中、凌心强在相关部门负责人的陪同下，到已竣工的职工文化活动中心检查指导工作。局领导参观了放映厅、影院、职工活动室等，详细了解了活动中心的室内装修、音响、灯光设施，感受了影院的演示效果，听取了工程项目部的工作汇报。苟三权对该项目部一年多的工作给予了肯定。他指出，要把活动中心办成丰富职工业余文化生活、传播先进企业文化的阵地，要加强管理，把好事办实、实事办好。

20日　中国石油集团召开“HSE管理体系推进工作视频会议”，中国石油集团副总经理廖永远在会上作重要讲话，中国石油股份副总裁胡文瑞主持会议。长庆局局长、党委副书记苟三权，党委副书记、纪委书记、工会主席蒲建中，副局长、总工程师赵业荣，副局长杨再生、凌心强，局长助理张元忠、吴述普，西安片各厂（处）单位主要负责人以及机关各部门负责人在长庆分会场参加会议。

同日　壳牌中国勘探与生产公司与长庆局在长期合作的基础上，本着平等互利、共同发展的原则，经过友好协商，签订了长北项目二期工程——井丛和管线的采购与施工合同。签约仪式在长庆宾馆龙梅厅举行，壳牌中国勘探与生产公司总裁西蒙·邓鑫，壳牌长北项目经理迪母·小约翰，长庆局局长、党委副书记苟三权，副局长谢文虎、凌心强，长庆油田分公司副总经理李安琪，以及长庆油田分公司对外合作部、壳牌公司相关人员、长北项目联管会代表、长庆局机关处室、施工单位员工代表出席了签字仪式。长庆局副局长谢文虎主持了签字仪式。签字仪式上，壳牌中国勘探与生产公司总裁西蒙·邓鑫与长庆建设工程总公司总经理郝世英共同签署了长北项目二期工程——井丛和管线的采购与施工合同。

同日　长庆局2006年度局劳模赴外疗休养人员从西安出发。在欢送仪式上，长庆局党委副书记、纪委书记、工会主席蒲建中代表局党委、长庆局为劳模们送行。本次劳模赴外疗休养活动中，18位局劳模将在澳大利亚、新西兰两国进行为期14天的疗休养。

25日　建设工程总公司仅用了24天就顺利完成了长北油气田开发项目CPF二期工程174根桩基的浇筑任务，比原计划提前了6天。

26日　长庆局基层建设工作推进会在靖边基地隆重召开。会议总结了近年来长庆局基层建设所做的主要工作和成效；明确了当前和今后一个时期基层建设工作的指导思想、工作目标、重点任务和措施；观摩学习了7个基层建设示范点；命名、表彰了20个基层建设示范点；命名了4个企业文化建设示范基地，并就今后一个时期基层建设工作做了安排部署。中国石油集团思想政治工作部副主任朱元，长庆局局长、党委副书记苟三权，党委副书记、纪委书记、工会主席蒲建中，副局长、总工程师赵业荣、局长助理朱文伯，局机关各部门主要负责人、局属各单位及控股企业主要领导、基层建设主管领导、基层建设主管部门负责人、基层单位代表及基层建设示范点代表共135人参加了会议。朱元、苟三权分别在会上作了重要讲话。

29日　长庆局在西安基地举办纪念建党86周年“长庆党员风采”书法、美术、摄影展览。长庆局局长、党委副书记苟三权，局党委副书记、纪委书记、工会主席蒲建中，油田老领导包方钧、倪崇僖、王树荣为展览开幕式剪彩，长庆局党委宣传部、企业文化处等部门负责人及油田职工书法、美术、摄影爱好者参加了剪彩仪式。局党委副书记、纪委书记、工会主席蒲建中主持剪彩仪式。

30日　新落成的长庆职工文化活动中心灯火辉煌、热闹非凡。纪念中国共产党成立86周年暨长庆职工活动中心落成庆典文艺晚会在这里隆重举行。长庆局副局长凌心强及长庆油田分公司、长庆局工会、企业文化处相关负责人出席了晚会，并为文化中心投运剪彩。

七　月

2日　长庆局召开全局领导干部视频会议，总结上半年工作，分析存在的问题，明确下半年重点工作。长庆局领导苟三权、滕玉林、蒲建中、刘自强、谢文虎、杨再生、凌心强，局长助理、副总师，局机关各部门及附属单位副处级以上领导，局属各单位副总师以上领导、机关科室长，各有关单位项目经理、书记，共454人参加了视频会议。其中，西安主会场237人，庆阳、银川、靖边、延安等分会场217人。

6日　长庆局党政领导联席会议研究、中国石油集团人事劳资部批复（人劳字［2007］174号）同意，聘任沈双平为长庆石油勘探局局长助理、李静群为长庆石油勘探局副总工程师、王红为长庆石油勘探局副总会计师。

10日　长庆局土库曼斯坦项目部的14名土籍钻井操作人员，来到钻井工程总公司职工培训中心礼泉培训基地，进行为期一天的参观学习。

12日　陕西省石油石化企业协调小组首次座谈会在长庆油田召开，参加座谈会的有协调小组组长、长庆油田分公司总经理、党委副书记王道富，协调小组副组长、长庆局局长、党委副书记苟三权，协调小组副组长、长庆油田分公司党委书记、副总经理冉新权，协调小组成员中国石油集团测井有限公司总经理李剑浩，长庆石化分公司总经理张喜文，陕西销售公司总经理卢济新，中国石油集团管材研究所所长杨龙，咸阳石油钢管钢绳有限责任公司总经理吴根柱，宝鸡石油机械有限责任公司副总经理、财务总监邹荣，宝鸡钢管有限责任公司党委副书记黎芦，长庆油田分公司党委副书记、纪委书记、工会主席冯尚存，长庆油田分公司总经理助理蒋杨贵及有关单位负责人。

13日　长庆局2007年工程建设项目管理座谈会在西安召开。长庆局副局长凌心强，局长助理张元忠，基建工程部、规划计划处、苏里格合作开发项目组、钻井工程总公司等有关部门、局属项目组和厂（处）单位代表50余人参加了会议。

14日　长庆局2007年高校毕业生“双选会”在西安未央湖举行。

同日　长庆局将井下技术作业处采气服务业务剥离，组建成立采气技术服务处（长局发［2007］153号）。

同日　长庆局党委常委会研究决定，郭月琴任培训中心党委书记、李旭春任国际事业部党委书记、郭怀林任采气技术服务处党委书记、姬定成任低效储量合作开发项目组党委书记。

同日　长庆局党政领导联席会议研究决定，金学智任国际事业部总经理、徐宝亮任采气技术服务处处长、宋钊元任巡视员办公室正处级巡视员。

16日　长庆局2007年新分配大学生军政教育训练动员大会在西安市民兵训练基地召开。长庆局党委副书记、纪委书记、工会主席蒲建中，副局长、总工程师赵业荣、西安警备区副司令员老志明，以及西安民兵训练基地、长庆局人事劳资处、武装部等相关部门负责人出席了动员会。动员大会由蒲建中主持，赵业荣在动员会上作了讲话。

同日　在2007年“6·5”世界环境日暨全国绿色创建表彰大会上，长庆靖边基地被评为“全国绿色社区”，兴隆园物业服务处靖边分处被评为“全国绿色社区”创建先进单位，靖边分处处长王东生被授予“全国绿色社区创建活动”先进个人称号。

18日　中国石油集团企业年金基金管理专项效能监察组来长庆，对企业进行为期4天的年金基金管理专项检查。长庆局纪检监察处、社会保险中心，长庆油田分公司人事劳资处、纪检监察处等相关部门负责人参加了会议。

19—20日　长庆局2007年上半年安全环保监管会议在银川基地隆重召开。长庆局副局长、安全总监杨再生，安全副总监戴能尚，局长助理吴述普，局机关相关部门和厂（处）单位主管安全的领导共70余人参加了会议。

21日　长庆局印发《GPS车辆管理系统运行管理办法（试行）》（长局发〔2007〕155号）。就GPS车辆管理系统的管理单位、职责、安装、使用、维护、监控等作了明确规定。

22日　长庆局局长、党委副书记苟三权，局党委副书记、纪委书记、工会主席蒲建中在西安接见了刚刚获得中国石油集团“十大标兵”荣誉称号的第二采油技术服务处女焊工刘玲玲，祝贺她载誉归来。苟三权指出，长庆油田正值大发展时期，需要涌现更多的像刘玲玲这样的先进典型。

25日　中共中央候补委员、庆阳市委书记黄选平，庆阳市市长张智全等一行5人来访长庆。长庆油田领导王道富、苟三权、冉新权、周宗强、杨再生等参加座谈会，就有关事宜进行座谈。

同日　长庆局党委常委会研究决定，杨锋任局党委组织部副部长（正处级），蒲建中兼任矿区服务事业部党委委员、书记，刘自强兼任矿区服务事业部党委委员、副书记，朱文伯任矿区服务事业部党委委员、副书记兼纪委书记、工会主席，马效忠、慕甲锋、徐斌、刘拴孝任矿区服务事业部党委委员，杨懿峰任矿区服务事业部党委办公室主任、刘春科任矿区服务事业部党群工作部主任，尚世君任矿区服务事业部泾河园物业服务处党委委员、书记，严正江任矿区服务事业部泾渭苑物业服务处党委委员、书记，周地南任矿区服务事业部湖滨花园物业服务处党委书记，李泉任矿区服务事业部燕鸽湖物业服务处（银川办事处）党委书记，刘兴福任矿区服务事业部庆城综合服务处党委书记，杨文任第二采油技术服务处党委书记，徐步京任机械制造总厂党委书记。

同日　长庆局党政领导联席会研究决定，杨锋任人事劳资处副处长（正处级）、刘自强兼任矿区服务事业部主任、朱文伯兼任矿区服务事业部副主任、马效忠任矿区服务事业部副主任、慕甲锋任矿区服务事业部副主任兼总会计师、徐斌任矿区服务事业部副主任兼安全总监、杨懿峰任矿区服务事业部综合办公室主任、杨杰山任矿区服务事业部计划财务部主任、刘拴孝任矿区服务事业部人事劳资部主任、熊浩平任矿区服务事业部安全环保部主任、倪文清任矿区服务事业部物业服务部主任兼住房资金管理中心主任、戎玉瑛任矿区服务事业部公益服务部主任、朱世骏任矿区服务事业部离退休管理部主任、王黎明任矿区服务事业部矿区建设部主任、权衡任矿区服务事业部湖滨花园物业服务处处长、燕世文任矿区服务事业部燕鸽湖物业服务处（银川办事处）处长（主任）、杨伯岳任矿区服务事业部庆城综合服务处处长、李锡璋任矿区服务事业部社会保险中心主任、赵清显任局人力资源开发服务中心（再就业服务中心）主任、王秉科任局工程定额与造价管理中心主任、雒继忠任第二采油技术服务处处长、纪忠明任机械制造总厂厂长、高小东任资本运营部（多种经营管理处、集体投资管理中心）主任（处长、经理）。

28 日　中国石油集团井控检查组结束在长庆油田为期 14 天的检查，就检查情况进行讲评。检查组组长、塔里木勘探开发指挥部钻井总监和副组长、中国石油集团井控巡视员刘国华以及检查组成员参加了会议。长庆局副局长、总工程师赵业荣，油田分公司副总经理周宗强以及油田双方相关部门人员参加了会议。

同日　内蒙古自治区乌审旗隆重举行“中国·萨拉乌苏”首届民间艺术节、内蒙古第二届草原文化与文学艺术论坛、乌审旗天然气节暨那达慕大会。长庆油田分公司党委书记、副总经理冉新权，长庆局副局长、安全总监杨再生，长庆油田分公司总经理助理王公江率领长庆代表团到会。

同日　长庆油田累计生产原油突破 1 亿吨，达到 10002.09 万吨。天然气累计产量突破 450 亿立方米，达到 459.89 亿立方米。2000 年重组至今，长庆油田累计生产原油 5701.82 万吨，是 1970 年到 1999 年 30 年总量的 1.35 倍；累计生产天然气 427.54 亿立方米，是 1970 年到 1999 年 30 年总量的 17.21 倍。

30 日　长庆局决定组建成立矿区服务事业部。矿区服务事业部是长庆石油勘探局所属的，负责矿区服务业务的管理机构，对所属矿区服务单位实行集中管理。业务上接受中国石油集团矿区服务工作部的指导（长局发［2007］167 号）。

31 日　长庆油田矿区服务系统改革实施工作会议在西安隆重召开，标志着长庆油田矿区服务系统改革进入实质性实施阶段，同时长庆油田矿区服务事业部正式成立。参加会议的有长庆油田矿区服务系统改革领导小组成员，长庆局领导苟三权、滕玉林、蒲建中、刘自强、赵业荣、杨再生，局长助理、副总师，长庆局机关各部门及附属单位副处级以上干部，矿区服务系统改革工作小组成员，长庆局所属西安地区各单位党政主要领导，主管人事劳资、计划、财务、物业服务、医疗卫生、离退休职工管理等工作领导，以及相关业务部门负责人和长庆油田分公司、长庆石化分公司有关矿区服务业务部门负责人，共计 480 多人参加了会议，其中西安主会场 280 人，银川、庆城等分会场 200 余人。长庆局局长、党委副书记苟三权宣读了中国石油集团人事劳资部《关于沈双平等三人任职的通知》，并宣布了矿区服务事业部领导班子。蒲建中兼任矿区服务事业部党委书记，刘自强兼任矿区服务事业部主任。沈双平任长庆局局长助理，李静群任长庆局副总工程师；王红任长庆局副总会计师。长庆局党委常委、人事劳资处处长（党委组织部部长）张启英宣布了矿区服务事业部机关和有关单位、部门领导班子。

八　月

8 日　西南石油大学党委书记朱世宏、校长杜志敏来访长庆。长庆局局长、党委副书记苟三权会见了西南石油大学领导并进行了座谈，双方就进一步加强校企合作进行探讨。副局长、安全总监杨再生以及相关部门负责人参加了座谈会。

同日　长庆局印发《信息化工作管理办法》（长局发［2007］176 号文）。就信息化工作的管理机构与职责、规划计划管理、建设项目管理、运行维护管理、信息安全管理、信息标准管理、培训等作了明确规定。

8—9 日　长庆局召开了 2007 年廉洁文化

建设工作推进会。长庆局党委副书记、纪委书记、工会主席蒲建中出席了会议。纪检监察处、局机关行政事务处以及局属各单位负责纪检监察工作的同志参加了会议。

9日　未央区区委书记郭大为一行7人到长庆局访问。长庆局局长、党委副书记苟三权会见了未央区政府领导，双方进行了座谈，就未央区道路建设和规划问题进行沟通与协商。副局长、党委常委刘自强以及有关部门人员参加了座谈会。

同日　中国石油集团保密专项检查组来长庆，通过听汇报、查资料等形式对长庆局机关及局属有关单位的保密工作进行了检查。

14日　长庆局土库曼斯坦尤拉屯项目技术方案专家审查会在西安举行。长庆局副局长、总工程师赵业荣，副局长谢文虎，副总工程师刘硕琼出席会议。接受邀请的7名国内知名钻井专家，国际事业部、工程技术研究院、钻井工程总公司、井下技术作业处、录井公司等单位以及局机关相关处室领导和技术人员共40余人参加了会议。

15日　银川市人大常委会副主任马世伟、马德琴、雷鸣，银川市副市长陈银生等领导，到长庆局银川物业管理处新城服务站调研。

20日　长庆局迎接中国石油集团HSE管理体系审核首次会议在西安召开。中国石油集团审核组组长谢国忠、中国石油集团安全环保部体系处处长邱少林及中国石油集团审核组成员，长庆局领导苟三权、蒲建中、刘自强、赵业荣、谢文虎、杨再生、凌心强，安全副总监戴能尚，长庆局机关有关处室及厂（处）单位相关人员50余人参加了会议。长庆局局长、党委副书记苟三权在会上作重要讲话。

同日　长庆局召开规范职工股试点工作推进会议，标志着长庆局此项工作已进入实施阶段。长庆局副局长凌心强、局长助理沈双平、局规范职工股领导小组各专业组及有关试点单位负责人、有关多元经济企业经理20余人参加了会议，会议由局长助理朱文伯主持。

21日　和兴园、礼泉、昌源三个综合服务处挂牌成立，标志着长庆油田矿区服务系统改革实质性向前推进。长庆局领导滕玉林、赵业荣、杨再生，矿区服务事业部副主任马效忠、慕甲锋、徐斌分别到和兴园综合服务处、礼泉综合服务处和昌源综合服务处揭牌并讲话。长庆局生产运行处、科技发展处、党委宣传部、企业文化处和矿区服务事业部物业服务部、人事劳资部、计划财务部、安全环保部、党群部、公益服务部、社保中心等有关处室领导，长庆局和矿区服务事业部相关单位领导及职工，当地政府有关领导参加了揭牌仪式。

同日　长庆局党委中心组召开《中华人民共和国劳动合同法》专题学习会，特邀全国人大法工委行政法室主任张世诚作专题辅导。长庆局、矿区服务事业部领导，长庆局及矿区服务事业部机关处室，西安片各单位相关人员约200余人听取了专题辅导。

同日　中国石油集团技术商业化集成研究工作组来长庆，就长庆局技术商业化课题召开了现场咨询会。中国石油集团科技发展部副总工程师刁顺，长庆局副局长、总工程师赵业荣及相关技术单位负责人出席了会议。

同日　长庆局发布《钻井施工现场布置规范》（标准代号为Q/CNPC—CQ3306—2007)、《试油（气）作业井场布置规范》（标准代号为Q/CNPC—CQ3307—2007)、《油（水）井修井作业井场布置规范》（标准代号为Q/CNPC—CQ3308—2007）三项局级企业标准（长局发［2007］188号）。

22日　河庄坪、庆城两个综合服务处挂牌成立。长庆局领导滕玉林、蒲建中、刘自强，矿区服务事业部领导朱文伯，局长助理吴述普，矿区服务事业部党委委员刘拴孝，分别到河庄坪综合服务处、庆城综合服务处揭牌并发表讲话。长庆局党委宣传部、局工会和矿区服务事业部物业服务部、党群部、公益服务部、离退休管理部等有关处室领导，长庆局和矿区服务事业部相关单位领导及职工，当地政府有关领导参加了揭牌仪式。

同日　长庆局党委副书记、纪委书记、工会主席蒲建中，副局长刘自强在参加庆城综合服务处揭牌仪式后，到职工医院调研。长庆局工会、宣传部、矿区服务事业部等部门负责人随同前往。

同日　长庆局局长、党委副书记苟三权，副局长凌心强带领局办公室负责人前往苏里格气田合作开发项目组生产一线调研指导工作，并看望慰问了一线将士。

22—24 日　中国石油股份公司副总裁胡文瑞，股份公司对外合作部、勘探与生产分公司等总部机关有关部门负责人一行 9 人，到苏里格气田调研。长庆油田领导苟三权、冉新权、李安琪、凌心强陪同调研。

23 日　靖边物业服务处挂牌成立。长庆局副局长谢文虎、矿区服务事业部副主任马效忠到靖边物业服务处揭牌并讲了话。长庆局和矿区服务事业部有关单位、处室领导及职工，当地政府有关领导参加了揭牌仪式。

25 日　由甘肃省总工会主办、长庆局工会承办、长庆局井下技术作业处协办的 2007 年甘肃省职工技能大赛“井下作业工”省级决赛、长庆石油勘探局第十四届职工职业技能大赛在西峰油田西 34 - 122 井作业施工现场开幕。甘肃省总工会副主席宋奋吉，长庆局党委副书记、纪委书记、工会主席蒲建中，甘肃省总工会副巡视员李兆林，中国石油集团人事服务中心负责人，长庆局相关部门负责人、长庆局陇东片部分单位领导参加了开幕式。

同日　长庆局印发《应急物资库管理办法（试行）》（长局发［2007］187 号）。就各级应急物资库的建设、管理以及应急物资的配备、使用、维护和调配等作了明确规定。

27 日　经过精心准备，长庆局与土库曼斯坦地质公司于当地时间 12 时（北京时间 15 时），在该国 15 井施工现场共同举行了尤拉屯气田 12 口气探井钻井工程开工典礼。仪式由长庆局副局长谢文虎主持。土方代表国家内阁油气工业勘探技术部执行部长穆哈莫德夫、地质公司副总裁阿达，长庆局局长苟三权、长庆局副局长谢文虎为开工典礼剪彩。典礼仪式上，苟三权局长和土库曼斯坦地质公司副总裁阿达先生分别致词，共同祝愿尤拉屯 12 口气探井开钻顺利、首钻告捷。

27 日—9 月 2 日　长庆局局长、党委副书记苟三权，副局长谢文虎一行 8 人，在出席土库曼斯坦尤拉屯 12 口气探井项目钻井开工典礼之后，先后到长庆局土库曼斯坦分公司和乌兹别克斯坦项目部调研、看望慰问职工，并拜会了项目合作方高层负责人。

28 日　长庆子洲—米脂气田建成投产，日产 85 万立方米的强大气流源源不断地注入陕京二线，它的建成投产将为长庆气田向首都北京安全稳定供气提供有力的保障。

九　月

1 日　中国石油集团矿区服务工作部副主任周抚生到长庆局矿区服务事业部调研。长庆局矿区服务事业部主任、党委副书记刘自强，副主任马效忠，副主任、总会计师慕甲锋，副主任、安全总监徐斌，以及矿区服务事业部相关部门负责人参加了会议。

2—3 日　中国石油集团党组成员、纪检组组长王福成一行在长庆油田领导王道富、蒲建中、杨华陪同下，前往安塞油田调研。

王福成一行先后到好汉坡、130环保井区、王窑集中处理站检查指导工作并听取了长庆油田的工作汇报。

11—14日　长庆局副局长、安全总监杨再生，局长助理吴述普一行8人，先后到靖边、定边、青铜峡等一线基层单位调研安全生产工作，并看望前线职工。

12日　中国石油股份公司勘探与生产分公司副总经理刘圣志到苏里格气田合作开发项目组苏36－1集气交接站调研。油田分公司副总经理李安琪、长庆局副局长凌心强以及油田相关厂（处）负责人陪同。

13日　长庆局发布《井筒作业系统压力管汇件定期检验技术规范（试行）》（标准代号为Q/CNPC—CQ3309—2007）为局级企业标准（长局发［2007］195号）。

14日　长庆局印发《境外资金管理办法（暂行）》（长局发［2007］197号）。就境外资金的收入、支出、预算、筹资、担保、安全管理等作了明确的规定。

17日　中国石油集团物资采购质量检查组到长庆局检查指导工作，并听取了长庆局有关工作汇报。中国石油集团物资采购质量检查组组长张学灵，长庆局副局长、安全总监杨再生，质量安全环保处等相关单位和部门负责人参加了汇报会。

同日　长庆局西安片职工参加了西安市未央区张家堡街道人大代表选举。上午9时，各分选区同时开始投票选举。长庆局领导滕玉林、蒲建中、谢文虎等以及机关选民共316人参加了局机关分选区的投票选举。

同日　中国石油集团人力资源管理系统推广工作西部片区（西安）现场实施启动会在长庆召开。会议重点安排部署了中国石油集团ERP系统（企业资源计划系统）建设的推广工作。中国石油集团人事劳资部副主任金华、信息管理部副主任王同良、人事劳资部副处长杨庶民、信息管理部副处长卢山、长庆局副局长、总工程师赵业荣、中国石油集团管材研究所党委副书记贾立仁、长庆局党委常委、人事劳资处处长（组织部部长）张启英、东方物探信息中心主任李阳明、埃森哲公司项目总监卢伟及中国石油集团西部片区各单位主管领导，长庆局机关相关部门和各单位人事部门负责人等210多人参加了会议。杨庶民主持会议，赵业荣致欢迎词。

23日　长庆局明确了新组建单位2007—2008年度管理类级（长局发［2007］206号）。

29日　长庆局在职工医院西安泾河园分院举行隆重而热烈的落成投用仪式。长庆局局长苟三权、陕西省卫生厅副厅长黄立勋为泾河园分院揭牌。长庆局及矿区服务事业部领导苟三权、蒲建中、刘自强、凌心强、朱文伯、马效忠，陕西省卫生厅副厅长黄立勋，陕西省人民医院领导吴新安、刘勤社、徐永刚、杨斌英、王歧山，高陵县领导王碧辉、胡建超，西安交通大学第一、第二附属医院领导王亚峰、贺西京，长庆局、长庆油田分公司、矿区服务事业部相关机关处室和厂（处）单位的领导，地方政府相关部门和业务主管部门领导、施工单位代表、龙凤园、泾渭苑长庆油田入园单位的业主代表等出席了落成投用仪式。

同日　长庆局与中国联通“新长庆通”业务开通签字仪式在长庆举行。长庆局副局长、安全总监杨再生，中国联通陕西分公司副总经理董建良，长庆局通信处主要负责人及中国联通陕西、甘肃、宁夏、内蒙古分公司代表等出席了签字仪式。

同日　长庆局局长、党委副书记苟三权，副局长凌心强、局长助理张元忠一行在银川会见了银川市代市长王儒贵、常务副市长梁积裕等银川市政府领导，双方就进一步加强企地合作、共谋发展等问题进行了交流，并互致节日问候。

十　　月

8日　西安市市委常委、副市长李秋实，市政府副秘书长郭艳文、市卫生局局长秦鸿学，以及未央区区委常委、副区长龙晓华等社区卫生服务工作小组领导成员到兴隆园医院调研社区卫生服务工作。长庆局矿区服务事业部副主任马效忠陪同。

同日　长庆局党委常委会研究，中国石油集团人事劳资部批复同意（人劳字［2007］290号），刘拴孝任局党委组织部副部长（正处级）。

11日　长庆局在西安召开全面推进规范职工股暨清理法人实体工作会议，认真贯彻落实中国石油集团关于规范职工股权和清理法人实体的总体部署，安排部署长庆局后三个月的工作重点。长庆局局长、党委副书记苟三权，党委副书记、纪委书记、工会主席蒲建中，副局长谢文虎、凌心强，局长助理朱文伯、沈双平，副总工程师李静群，矿区服务事业部党委常委刘拴孝，机关各有关处室负责人，局属各单位主要负责人200余人参加了会议。会议由蒲建中同志主持。

12日　长庆局印发《土库曼斯坦项目相关单位服务人员工资发放实施细则》（长局发［2007］217号）。就土库曼斯坦项目服务人员的工资、境外津贴、各项保险及公积金的缴纳等作了明确规定。

15日　庆阳市市委常委、常务副市长李银一行9人到长庆油田访问。长庆油田分公司副总经理周宗强，长庆局副局长、安全总监杨再生，长庆油田分公司总会计师刘德，总经理助理王公江以及相关部门负责人参加了座谈。

17日　中华人民共和国卫生部妇幼保健与社区卫生司司长杨青、社区卫生处副处长刘利群、社区妇幼处处长孙振霖、陕西省卫生厅副厅长黄立勋、西安市卫生局以及未央区领导等10余人到兴隆园医院调研社区卫生服务工作。长庆局副局长凌心强、长庆局矿区服务事业部副主任马效忠等领导陪同。

同日　以中国石油大学（北京）校长张来斌为组长，西南石油大学校长杜志敏为副组长的全国10余所大学校长、专家组成的教育部专家考察组到西安石油大学实践教育基地——长庆工程技术研究院调研。长庆局局长、党委副书记苟三权，长庆油田分公司党委书记、副总经理冉新权，长庆局副局长杨再生以及局科技发展处、工程技术研究院等负责人参加了座谈会。

同日　在比2006年晚启动15天，动用钻机总量相当的情况下，钻井工程总公司以225天有效时间在油田内部市场的年进尺达到了361.16万米，在油田内部市场年进尺首次突破360万米，比2006年全年在油田内部市场完成的进尺还多钻了1.74万米，再次刷新了油田此项钻井生产指标。

18日　中国石油集团设备管理检查组到长庆局进行为期6天的设备管理专项检查。长庆局副局长、总工程师赵业荣，局长助理吴述普，局机关有关处室以及相关厂（处）单位负责人共20余人参加了汇报会。

同日　长庆局在西安召开2007年冬季生产安排及2008年生产准备工作会议。长庆局副局长、安全总监杨再生，局长助理吴述普、沈双平，副总工程师李静群，矿区服务事业部副主任、安全总监徐斌以及各厂（处）单位负责人共90余人参加了会议。

19日　长庆局在银川燕鸽湖扩建工程现场召开了长庆油田万套住宅建设工程现场会，推广银川燕鸽湖建设项目组在工程建设中的好经验、好方法，以促进“万户住宅建设工程”又好又快进行。长庆局副局长凌心强、局长助理张元忠、矿区服务事业部副主任马效忠，以及长庆局、矿区服务事业部机关相关部门，银川燕鸽湖基地建设项目组、兴隆园基地建设项目组、泾河工业园建设项目组、湖滨花园建设项目组等相关负责人 39 人参加了会议。

同日　长庆局决定将固井公司整建制从钻井工程总公司分离出来，组建成立长庆石油勘探局固井工程公司，作为长庆局的直属单位管理，级别为副处级（长局发［2007］231 号）；将管具公司整建制从钻井工程总公司分离出来，组建成立长庆石油勘探局钻井管具公司，作为长庆局的直属单位管理，级别为副处级（长局发［2007］232 号）；将钻井工程总公司五个工程项目部级别固定为副处级，将钻井工程总公司运输公司和西安长庆钻宇实业集团有限公司升格为副处级（长局发［2007］233 号）。

22 日　长庆局印发《安全环保监督管理办法》和《安全环保监督信息管理办法》（长局发［2007］236 号）。就安全环保监督管理的组织机构与管理、职责与权利、素质要求与行为准则、监督程序、考核、监督信息类别与内容、信息传递方式与程序等作了明确规定。

23 日　长庆局党委常委会研究决定，杨国荣任钻井管具公司党委书记（副处级）、李志昌任固井工程公司党委书记（副处级）、曹中陆任钻井工程总公司运输公司党总支书记（副处级）、智兴昌任钻井工程总公司西安长庆钻宇实业集团有限公司党总支书记（副处级）；局党政领导联席会议研究决定，慕建军任固井工程公司经理（副处级）、李雪岗任钻井管具公司经理（副处级）、马宏元任钻井工程总公司运输公司经理（副处级）、李蒙任钻井工程总公司西安长庆钻宇实业集团有限公司经理（副处级）、陈秉伟任钻井工程总公司第一工程项目部经理（副处级）、郁贵田任钻井工程总公司第二工程项目部经理（副处级）、张汉信任钻井工程总公司第三工程项目部经理（副处级）、杨茂存任钻井工程总公司第四工程项目部经理（副处级）、袁卓任钻井工程总公司第五工程项目部经理（副处级）。

24 日　中国石油集团在北京主会场召开学习贯彻党的十七大会议精神视频会议。长庆局领导苟三权、蒲建中、赵业荣、谢文虎、杨再生，局长助理、副总师及矿区服务事业部领导，长庆局机关各部门及附属单位主要负责人，矿区服务事业部机关各部门负责人等在西安参加了视频会议。长庆局分别在西安、庆阳、银川、延安、靖边等地设立了 5 个分会场。

25 日　中国石油集团党组成员、总会计师王国樑一行来长庆油田调研。长庆局局长、党委副书记苟三权，党委常委滕玉林，长庆油田分公司总会计师刘德、长庆局副总会计师王红，以及油田双方财务系统负责人参加了座谈会。

25—26 日　中国石油集团矿区服务工作部副总经济师付建昌率中国石油集团矿区服务系统改革工作考核验收组一行 5 人来长庆检查指导。长庆局和矿区服务事业部领导蒲建中、刘自强、朱文伯、马效忠、慕甲锋、徐斌、刘拴孝，长庆石化分公司副总经理杨庭以及长庆局、油田分公司和矿区服务事业部相关部门负责人参加了汇报会。

28 日　重庆科技学校党委副书记武金陵，石油工程学院院长、教授、博士范军一行 9 人来访长庆。长庆局副局长、总工程师赵业荣，长庆局科技、人力资源、培训等相关部门负责人参加了座谈会。双方就科研、培训以及进一步加强校企合作等问题进行了深入探讨。

十一月

1 日　长庆局向长庆石化分公司赠送吉祥石。长庆局副局长刘自强、长庆石化分公司总经理张喜文，长庆局、长庆局矿区服务事业部、长庆石化分公司相关部门负责人以及长庆石化分公司员工参加了仪式。

2 日 长庆局召开党委中心组学习贯彻十七大精神专题会，集中学习十七大精神，并就如何贯彻十七大精神进行座谈。长庆局、矿区服务事业部党委中心组成员，局机关和矿区服务事业部机关部门负责人共 35 人参加了会议。长庆局局长、党委副书记苟三权主持专题会，并就学习十七大报告的体会和与会者进行了交流，同时对如何贯彻落实十七大精神提出了要求。

同日 兰州石化副总经理、总会计师蒋尚军一行 6 人来访长庆局。长庆局副局长凌心强，局长助理朱文伯，规划计划处、财务资产处、企管法规处、资本运营部相关负责人与来访客人座谈。

4 日 钻井工程总公司 30653 队以 241 天 6 小时有效工作时间，年钻井进尺突破 8 万米，成为长庆钻井 37 年来首次问鼎 8 万米的钻井队及中国石油集团当年首支上 8 万米的队伍，实现了历史性的跨越。

5 日 西安市规划局党委书记、局长和红星率西安市规划局总工办、建审处、用地处、市政处、未央分局等领导到长庆现场办公，解决长庆油田西安基地建设相关问题。长庆局局长、党委副书记苟三权对西安市规划局多年来对长庆油田在西安市的持续发展及油田西安基地建设给予的大力支持表示感谢，并向西安市规划局领导汇报了油田在西安基地建设中遇到的相关问题和需要西安市规划局帮助和协调解决的事宜。和红星就每个问题进行了明确答复，能现场决定的立即责成相关业务处室给予办理，并明确了办理期限。

同日 由陕西省国家税务局组织，甘肃、宁夏、内蒙古三省（区）国家税务局共同组成的纳税评估组进驻长庆油田，对长庆局及长庆油田分公司 2007—2008 年上半年的纳税情况进行评估。长庆局和长庆油田分公司共同组织汇报会，陕西省国家税务局副局长刘明权、长庆局党委常委滕玉林、长庆油田分公司总会计师刘德、长庆局副总会计师王红等参加了会议。

6 日 长庆局在西安基地召开长庆局钻井年进尺突破 400 万米庆功大会。长庆局局长、党委副书记苟三权，长庆油田分公司党委书记、副总经理冉新权，长庆局党委常委滕玉林，党委副书记、纪委书记、工会主席蒲建中，副局长刘自强、杨再生、凌心强，油田老领导张云清、魏光强、陈国法、刘福德、雷发瑞，局长助理、副总师及矿区服务事业部领导，油田双方机关有关部门负责人，局属部分单位负责人及先进集体、先进个人代表近 300 人参加了庆功会。长庆油田分公司发来了贺信。

同日 长庆局、长庆油田分公司在低效储量合作开发项目组联合召开低效合作开发樊学油田 2008 年年产 20 万吨开发方案审查会。开发方案顺利通过初审。

8 日 由长庆局党委宣传部、局工会、国际事业部牵头组织的慰问采访组，在国际部领导的带领下到厄瓜多尔，慰问采访在厄瓜多尔工作的长庆局员工。

同日 长庆局在姬塬油田生产现场为钻井工程总公司 30653 钻井队召开年进尺突破 8 万米庆功大会，表彰他们为长庆钻井事业，为长庆油田的发展所作的贡献。长庆局副局长、安全总监杨再生，安全副总监戴能尚，局长助理、钻井工程总公司总经理沈双平，局机关相关部门以及钻井工程总公司、定边前线指挥部、采油五厂、采油六厂有关负责人共 100 多人参加了庆功大会。

9 日 第三采油技术服务处的《定向开窗侧钻技术研究》、《转向压裂技术在靖安油田的应用效果分析》、《砂岩酸化技术在绥靖油田开发中的应用》三篇论文在宁夏回族自治区科学技术协会、宁夏社会科学界联合会、自治区团委、自治区青年联合会、宁夏石油学会联合主办的“第三届宁夏青年科学家论坛”优秀学术论文发布会上分别获得一、二、三等奖。本次论坛的主题是“石油化工产业科技创新与节能降耗”。其中《定向开窗侧钻技术研究》、《转向压裂技术在靖安油田的应用效果分析》两篇论文在会上进行了交流。

同日　由机械制造总厂生产的10台API规范的“长石”牌抽油机抵达天津港，准备发往加拿大埃德蒙顿阿尔伯特油田。标志着长庆局自产抽油机首次走出国门，实现了历史性突破。

10日　钻井工程总公司以249天的有效时间，在油田内部市场年进尺首次跨越400万米，创造了一项新纪录。这标志着钻井工程总公司整体技术服务水平迈上了新台阶，成为长庆油田发展进程中一个非常重要的里程碑。

11日　长庆局成立节能减排领导小组（长局发［2007］241号）。

12日　长庆局党委常委会研究决定，王纪中任局机关党委书记。长庆局党政领导联席会议研究决定，雍亚民任矿区服务事业部新闻中心主任、童天喜任局财务资产处处长、高连中任局生产运行处处长、王纪中任局机关事务管理处处长、孟汉青任局教育处处长、张晓成任工程监督公司经理。

13日　第三采油技术服务处青工王芸香、文金霞在第三届宁夏青年职业技能大赛中荣获宁夏回族自治区“杰出青年岗位能手”称号，姜军武、安启萍获“优秀青年岗位能手”称号。同时，采油三处获得本届技能大赛团体优胜奖第二名。

同日　长庆局2007年第二期党校培训班在临潼培训基地圆满结束。来自局属21个单位的45名基层党支部书记、党总支书记接受了为期12天的集中脱产培训。

14日　长庆局女干部培训班在临潼培训基地开班。来自局属22个单位的37名女干部将接受为期12天的集中脱产培训。这是长庆局近年来举办的首期女干部培训班。

同日　榆林市政府常务副市长李统计一行16人到长庆油田调研税收情况。长庆局副局长谢文虎、长庆油田分公司总经理助理梁永乐及财务资产处负责人等有关领导参加座谈会。

14—18日　长庆油田离退休系统2007年信息化建设暨统计工作会议在培训中心未央湖基地召开。来自长庆局、长庆油田分公司、长庆石化分公司所属各厂（处）单位主管领导、离退休管理科（站）长及统计员共90余人参加。会议传达了中国石油集团离退休信息建设暨统计工作会议精神，集中培训了与会的统计人员，讲解并示范了当年统计报表填写方法和要求。

15日　长庆局第一期厂处领导学习贯彻十七大精神学习班在培训中心临潼基地开班。长庆局党委副书记、纪委书记、工会主席蒲建中，局党委宣传部、党委组织部以及培训中心负责人出席了开班仪式。

17日　钻井工程总公司30693钻井队以254天有效时间队年进尺跨越8万米，仅用一年时间改写了吴起油田队年进尺4.36万米的历史纪录，成为吴起油田会战36年来首支队年进尺突破8万米的钻井队，并成为钻井工程总公司继30653队后第二个上8万米的队伍。

同日　录井公司L30885队以254天有效工作时间完成38口油开井的地质录井任务，录井进尺突破8万米大关，创造了吴起油田录井进尺新纪录。

18日　水电厂、第二采油技术服务处工会获“甘肃省工会财务工作先进单位”称号。

同日　长庆局第二期厂处领导学习贯彻

十七大精神学习班开班在培训中心临潼基地开班，长庆局党委副书记、纪委书记、工会主席蒲建中，局党委宣传部、党委组织部以及培训中心负责人出席了开班仪式。学习班邀请了西北大学和西安交通大学的专家教授作专题报告，为学员系统深入地讲解十七大精神内涵。

同日　井下技术作业处以 256 天的有效时间，试油气压裂酸化突破 5000 层大关，创造了长庆试油压裂 34 年来的历史新纪录，也创造了中国石油集团年施工新纪录，标志着该处市场竞争能力得到进一步提升。

19 日　庆阳军分区副政委赵怀庆一行 4 人来长庆与油田各厂（处）单位武装部负责人就长庆民兵预备役建设等问题进行座谈交流。兰州军区人民军队报记者随同采访。

同日　济南柴油机厂副总经理张心勤来访长庆，就产品使用和售后服务等问题与长庆局相关单位负责人进行座谈。长庆局副局长谢文虎，局机械动力处、器材处等处室、部门负责人参加座谈。

19—20 日　长庆局在西安召开 2007 年度财务决算工作会议。会议传达了中国石油集团 2007 年决算会主要精神，对长庆局 2007 年财务决算工作进行了具体安排。长庆局党委常委滕玉林、副总会计师王红，长庆局矿区服务事业部副主任、总会计师慕甲锋，局机关有关部门、局属相关厂（处）单位财务工作人员共 180 余人参加了会议。

20 日　中国石油集团驻陕石油石化企业协调组稳定小组第二次座谈交流会在长庆未央湖会议中心举行。中国石油集团维稳办副主任黄刚、政策调研处副处长吕春阳应邀出席会议，长庆油田有关领导参加会议。会议由长庆局党委副书记、纪委书记、工会主席蒲建中主持。长庆油田分公司党委副书记、纪委书记、工会主席冯尚存汇报了长庆油田的基本情况及协调组工作开展情况，长庆油田分公司、长庆局、陕西销售公司、长庆石化分公司等 10 个驻陕单位的维稳办公室相关负责人在会上进行了情况汇报和经验交流。

同日　井下技术作业系统试油气压裂酸化一举突破 6000 层大关，比 2006 年增长 15.38%，创造了长庆油田勘探开发 37 年的历史最高纪录，连续 8 年创中国石油之最。

同日　中国石油甘肃销售公司总经理助理郑雪峰一行 7 人到长庆局访问。长庆局局长助理吴述普，局资本运营部、生产运行处、人事劳资处、器材处等处室等部门和单位负责人参加了座谈会。

同日　长庆局在西安召开企业文化建设讨论会，对长庆局企业文化建设“精神理念体系”（修改稿）、“行为规范体系”（修改稿）进行广泛深入地讨论。长庆局局长、党委副书记苟三权，党委副书记、纪委书记、工会主席蒲建中，副局长谢文虎，长庆局企业文化建设项目组成员，局机关有关处室以及相关厂（处）单位负责人等 50 多人参加了讨论会。

21 日　长庆局第三期厂处领导学习贯彻十七大精神学习班开班，长庆局党委副书记、纪委书记、工会主席蒲建中，局党委宣传部、党委组织部以及培训中心负责人出席了开班仪式。学习班邀请了西北大学、西安交通大学的专家教授作专题报告，为学员系统深入地讲解十七大报告的热点问题，帮助大家更深刻地理解和把握十七大精神内涵。

24 日　在北京人民大会堂召开的中国企业新纪录（第十二批）发布会上，由长庆局企业管理协会组织申报的长庆局 16 个项目入围中国企业新纪录，并受到表彰（其中有 3 项为 2005 年以前创造，至今仍未被打破）。其中，钻井工程总公司 10 项，西安长庆科技工程有限责任公司 4 项，录井公司 1 项，机械制造总厂 1 项。本次会议由中国企业联合会、中国企业家协会、国家发改委、国务院国资委、国务院研究室、科技部、《北京青年报》联合举办，新华社、中央电视台等50余家中央新闻媒体以及企业界代表500多人参加了大会。中国企联名誉会长袁宝华、常务副会长张彦宁、国家发改委副主任欧新黔出席了会议，并为企业颁发证书。

26日　长庆局在西安隆重召开井下作业试油压裂酸化突破6000层次庆功大会，分析总结井下作业试油压裂酸化提速经验、表彰先进集体及个人。局长、党委副书记苟三权，长庆油田分公司党委书记、副总经理冉新权，长庆局党委常委滕玉林，副局长刘自强，长庆油田分公司副总经理周宗强，长庆局副局长、总工程师赵业荣，副局长谢文虎、杨再生、凌心强，油田老领导张云清、魏光强、陈国法，局长助理、副总师及矿区事业部领导，油田双方机关有关部门负责人，局属部分单位负责人及先进集体和个人代表270多人参加了庆功会。

同日　第一采油技术服务处油城宾馆荣获延安市卫生局颁发的“食品卫生等级A级单位”荣誉称号，成为2007年度延安市20家获此殊荣的单位之一。

28日　长庆局召开贯彻党的十七大精神务虚会，长庆局局长、党委副书记苟三权，局副总师以上领导、矿区服务事业部领导以及机关各处室、厂（处）单位负责人共150人参加了会议，共商长庆局未来发展大计，推动企业和谐、科学、又好又快发展。

同日　宁夏回族自治区职工“创双优”活动“长庆杯”暨长庆局第14届职工职业技能大赛录井项目决赛在银川落下帷幕。85名经过层层选拔的优秀选手经过两天的激烈角逐，最终决出22名优胜者。其中，李小军、张志鹏分别获得“钻井地质工技术状元”和“综合录井工技术状元”称号，吕红、肖李承等4人获得“技术标兵”称号，罗红梅等16人获得“技术能手”称号。

29日　延安市副市长郝宝仓一行到长庆局访问，与长庆局副局长杨再生、局长助理吴述普，以及机关有关处室、器材供应处等单位负责人座谈。双方围绕“加强企地合作、实现共赢发展”这一主题进行了广泛交流。

十二月

1日　苏里格气田合作开发项目组天然气生产再传捷报：井口产气年累计达3.5026亿立方米，提前30天完成全年3.5亿立方米生产指标，年产量呈现跳跃式增长的态势，是2006年产量的207%。

4日　庆阳市市长助理、市公安局党委书记、局长董建武到长庆局访问。双方就陇东公安系统开展油区专项治理工作进行了探讨。长庆局副局长、安全总监杨再生以及相关处室负责人出席了座谈。

同日　由中国电视艺术家协会行业电视委员会主办的“第十一届中国行业电视节目展评”活动揭晓。长庆油田参评的8部电视片中，长庆局选送的5部电视专题片分别荣获一个二等奖、两个三等奖、两个优秀奖。

6日　中国石油集团工程技术市场部在西安召开苏里格区块社会队伍资质管理工作讨论会。中国石油集团工程技术市场部副主任夏显佰，中国石油集团勘探与生产分公司负责人，长庆局副局长、总工程师赵业荣，长庆油田分公司、长庆石油勘探局、四川石油管理局、辽河石油管理局工程技术负责人，以及长庆油田分公司、长庆局相关处室负责人参加了会议，并就苏里格区块社会队伍资质管理工作进行了专题讨论。

同日　陕西省副省长吴登昌一行在长庆局局长、党委副书记苟三权，长庆油田分公司副总经理、安全总监周宗强及延安市副市长薛占海的陪同下赴安塞油田调研。

7日　长庆油田分公司和长庆局召开了2007年第六次油田双方生产技术协调会。长庆油田分公司副总经理周宗强，长庆局副局长、总工程师赵业荣，油田双方相关副总师以及有关部门、单位负责人参加了会议。

同日　甘肃团省委青工部部长孙文一行到陇东油区，对第二采油技术服务处、采油二厂“青年文明号”创建工作进行验收复核。

同日　长庆局印发《基建队伍管理办法》和《投资工程项目管理办法》（长局发［2007］271号）。就基建队伍的资质、准入、分包、HSE管理及长庆局投资工程项目的管理机构与职责、项目设计、招投标、合同、从业人员资质、技术、施工管理、竣工验收等作了明确规定。

9日　低效储量合作开发项目组原油年产量突破30万吨大关，提前21天完成全年原油生产任务，低效油田勘探开发再创历史新高，这标志着低效油田开发已基本步入大规模发展轨道。

10日　长庆局在西安隆重召开低效储量合作开发年产油气当量突破60万吨庆功大会，总结低效合作开发经验、表彰先进集体和个人，全面推进长庆局各项事业又好又快发展。这是长庆局继钻井年进尺突破400万米、井下作业试油压裂酸化突破6000层次之后的又一喜事、盛事。长庆局局长、党委副书记苟三权，党委副书记、纪委书记、工会主席蒲建中，长庆油田分公司副总经理李安琪，长庆局副局长、总工程师赵业荣，副局长谢文虎、杨再生、凌心强，局长助理、副总师及矿区服务事业部领导，长庆局、长庆油田分公司和矿区服务事业部机关有关部门负责人，局属部分单位负责人以及先进集体、先进个人代表210人参加了庆功会。苟三权在会上发表重要讲话。

同日　长庆局党委常委会研究决定，刘贵喜任工程技术研究院党委书记。局党政领导联席会议研究决定，吕松林任长庆石油勘探局安全副总监（中国石油集团人事部批复人事函字［2007］6号）、刘定运任工程技术研究院院长、王长宁为工程技术研究院副院长（正处级）。

11日　陕西省“平安区”考评验收组到长庆油田检查指导工作，长庆局党委副书记、纪委书记、工会主席蒲建中，长庆油田分公司副总经理杨华出席会议。在听取长庆油田预防职务犯罪工作的汇报后，陕西省委政法委副书记刘自成对长庆油田所取得的成绩给予充分肯定。会议由杨华主持，他代表长庆油田对考评验收组的到来表示欢迎，并介绍了长庆油田的发展历史和油田的整体情况。

同日　长庆局印发《员工意外伤害综合保险实施办法》（长局发［2007］273号）。就员工意外伤害综合保险的运作形式、参保范围、投保方式、保费缴纳方式及标准、被保险人权益等作了明确规定。

19日　长庆局印发《长庆石油勘探局所属单位（部门）领导班子和领导人员年度考核办法》和《局处两级领导人员局机关矿区服务事业部机关部门公开承诺考核办法》（长局发［2007］275号）。就领导班子、领导人员和机关人员的考核内容、考核办法及程序、结果的评定、考核结果的应用等作了明确的规定。

20日　继2003年油气当量突破1000万吨大关之后，长庆油田连续4年以每年230万吨以上的规模快速增长，到2007年12月20日，年产油气当量达到2007.73万吨，成为我国第三个年产油气当量上2000万吨的特大型油气田。12月20日下午，长庆油田在西安隆重举行年产油气当量突破2000万吨表彰大会，庆祝这一具有里程碑意义的盛事。这天，长庆油田科研综合大楼前的广场被鲜花、彩旗装扮一新，100块展板展示着长庆大发展的辉煌成果，2万只放飞的气球寄托着十多万长庆人对美好明天的期望。

长庆油田领导苟三权、冉新权、滕玉林、蒲建中、赵业荣、谢文虎、冯尚存、刘德，油田老领导张云清、魏光强、陈国法以及油田副总师以上领导出席了大会；油田劳动模范和先进集体代表、油田机关及附属单位领导、油田基层单位党政领导、油田西安地区各单位员工代表共 2000 人，共同庆祝和见证长庆发展史上这一历史性的时刻。

23 日　西安市政府咨询员、市地铁建设指挥部副总指挥乔征一行 6 人来长庆局调研，长庆局局长、党委副书记苟三权与客人共话和谐发展。长庆局副局长、矿区事业服务部主任刘自强，长庆局副局长凌心强，长庆局矿区事业服务部副主任马效忠及规划计划处等单位负责人参加了座谈会。

苟三权对乔征一行的到来表示热烈欢迎，并就长庆油田 2007 年的发展情况作了简要介绍。苟三权、凌心强还在西安市轨道交通二号线试验段工程项目部负责人的陪同下，参观了西安市地铁张家堡站的施工现场。

27 日　宁夏回族自治区固原市市委书记何学清来访长庆，就进一步加强企地合作等问题与长庆油田领导进行交流。长庆油田分公司党委书记、副总经理冉新权，长庆局副局长杨再生，以及油田相关部门负责人出席座谈会。

同日　长庆局印发《调整完善基本工资制度实施办法》（长局发［2007］282 号）。就调整基本工资、地区补贴、夜班津贴标准等作了明确规定。

第十三篇

附　　录

长庆石油勘探局领导讲话

苟三权在长庆石油勘探局 2007 年员工教育培训会议上的讲话

（2007 年 3 月 26 日）

同志们：

今天，我们隆重召开长庆局 2007 年员工教育培训工作会议。这是今年在生产全面启动之后召开的规模最大的一次专业工作会议，对于深入贯彻落实中国石油集团和长庆局工作会议精神，全面安排部署员工教育培训工作，提升队伍素质，确保完成“14633”的工作目标和任务，努力开创长庆局持续有效快速协调发展的新局面，具有十分重要的意义。会上，赵业荣作了重要报告，总结了 2006 年员工教育培训工作取得的成绩，对进一步加强 2007 年员工教育培训工作进行了安排部署，提出了具体要求；人事劳资处通报了 2006 年冬训工作；职业技能鉴定中心安排了 2007 年技能鉴定工作；局工会安排了 2007 年职业技能大赛活动；钻井工程总公司、井下技术作业处、第二采油技术服务处、培训中心等四个单位作了发言，他们讲得都很好，我都赞同。希望各单位结合实际，认真抓好贯彻落实。

2006 年，全局上下以科学发展观为统领，按照“发展大油田、建设大气田，创建模范和谐矿区”的总体要求，强化生产组织，积极稳健经营，狠抓安全环保稳定，各路生产持续提速，各项任务全面完成，实现主营业务收入 111.75 亿元，比 2005 年增长 20.96％，在 10 个方面取得了突出成绩。其中，以“万千”培训工程和“技能大培训、岗位大练兵、技术大比武”活动为主要内容的教育培训工作取得了丰硕成果。各级领导干部对员工教育培训重要性的认识明显增强，工作目标和方向更加明确；在全局初步形成了门类齐全、重点突出、运转高效的教育培训格局，员工教育培训质量明显提高；组织编写了一系列具有长庆特色技术的培训教材，总结出了个人“对手赛”、班组“红旗赛”、队站“竞技赛”等实用有效的岗位培训方法；分层次、大规模举办各类培训班 1122 期，培训员工 22730 人，全员培训率达到 72％以上。扎实的培训工作促进了员工技术水平的稳步提高，在陕、甘、宁三省（区）及中国石油集团举办的技术比武活动中，长庆局职工都名列前茅，取得了较好的成绩。特别是在中央企业石油钻井工和金属结构制作工技能大赛中，取得了 4 金 7 银、团体第 1 名和第 3 名的历史最好成绩。刚才，会议表彰的 2006 年度员工教育培训工作 8 个先进单位、24 个先进集体、25 名优秀培训工作者和 18 名优秀教师，都是从工作实践中涌现出来的奋发有为、业绩突出的代表，他们对待教育培训事业的严谨态度、创新精神和取得的优异成绩，为各单位和全体教育培训工作者树立了学习的榜样。

在此，我代表局党委、长庆局向受到表彰的先进单位、先进个人表示热烈的祝贺！向为全局教育培训工作付出辛勤努力、作出贡献的广大教育培训工作者致以亲切的问候！

下面，我着重讲三点意见。

一、充分认识当前员工教育培训工作的重要性和紧迫性

教育培训工作在实现国家经济社会发展目标中具有不可替代的重要作用。党中央、国务院高度重视教育培训工作，对人才培养工作多次提出明确要求。中国石油集团对三支人才队伍建设作出了总体部署，提出要求并专门召开会议，对员工教育培训工作作出了安排部署。我们必须从全局和战略的高度充分认识、深刻把握，把进一步加强员工教育培训工作作为一项事关全局的重大任务抓紧抓好。

一是切实抓好教育培训工作，是“发展大油田、建设大气田”的必然要求。长庆油田作为中国石油实现可持续发展的主力军之一，中国石油集团赋予了我们“发展大油田、建设大气田”的历史使命，明确要求2010年原油产量达到1450万吨，天然气产量达到200亿立方米，实现年产油气当量3000万吨。今年长庆油田年产油气当量的目标是突破2000万吨。要认真履行好油田双方的历史重任，实现共同发展的战略目标，关键在人。长庆是著名的低压、低渗、低产油田，要实现可持续发展，必须转变发展模式，依靠科技兴企，走技术创新之路。中国石油集团对长庆明确提出了0.3毫达西储层有效动用和提高油井单井产量两个重点课题，要求2010年拿出成果。要攻克这一难关，十分需要不同层次的专业技术人才和操作技能人才。因此，教育培训工作的地位和作用显得非常重要，这是培养各类人才、提高全员素质的重要途径，是保障长庆油气大发展的基础工程。只有不断加大教育培训工作力度，尽快形成合理的人才结构，更好地展示和发挥人才队伍的整体效能，才能全面提高工程技术服务能力和质量，为完成中国石油集团赋予的历史使命提供坚强有力的人才保证和智力支持。

二是切实抓好教育培训工作，是实现长庆局持续有效快速协调发展的迫切需要。“十一五”将是长庆油田发展史上走向辉煌、高速发展的历史时期，也是长庆局千载难逢的战略机遇期。2007年工作会议已经明确了全局总体工作指导思想和“14633”的工作目标任务。确定了工程技术服务业务的提速目标：要求钻井生产按照“三靠两保证”的原则，实现持续提速、整体提速，钻井进尺要突破400万米，录井要完成1756口，试油（气）压裂要突破5000层次，修井要完成17400井次，建筑施工要完成总包产值15亿元；为了稳步提高工程技术服务能力，长庆局今年要新增钻机13部，以后每年将购置8—10部钻机，预计到“十一五”末，长庆局钻机总量将达到140部。今年还要增加2000型压裂机组和其他先进实用的装备；还将在钻井液、固井、水平井、定向井等高端技术服务上突出特色，形成核心竞争力。这些目标的实现，对员工的技术素质提出了更加严格的要求。

从目前长庆局员工队伍的实际情况看，显然与新的形势、新的任务和新的要求有较大的差距。经过多年的努力，特别是2006年培训力度的加大和“三大”活动的深入开展，全员技术素质有了一定提高，队伍的技术结构得到了一定改善，高素质的经营管理人才、专业技术人才和操作技能人才逐步增加。但总体情况仍然不尽如人意，三支队伍总量相对偏低，结构不合理，综合素质不高。在经营管理人才队伍中存在的主要问题是专业结构不尽合理，高层次复合人才缺乏，整体年龄偏大；在专业技术人才队伍中存在的主要问题是总量偏少，特别是一线专业技术人才相对紧缺，在行业中叫得响的技术领军人物较为缺乏；在操作技能人才队伍中存在的突出问题是高层次技能人才偏少，在聘技师只占技能操作人员总数的百分之一，在聘高级技师更是凤毛麟角，仅占技能操作人员总数的1.44‰。一线技术骨干严重短缺，有的基层队、车间甚至长期没有技师，有的技术骨干长期得不到培训，技术老化，特别是大量新增员工技术素质普遍偏低。如果这种状况不能尽快得到改善，就会严重影响长庆局整个人才队伍建设的步伐。因此，以更大的规模、更大的力度抓好员工教育培训工作，努力提高各类人才的数量和质量，已经成为推进生产建设全面提速，保证长庆局加快发展的当务之急。

三是切实抓好员工教育培训工作，是认真履行国有企业三大责任的可靠保证。安全是天，是责任，是政治和大局。没有安全环保的良好局面，就谈不上全面落实科学发展观，也谈不上真正构建和谐长庆，更谈不上履行企业的“三大”责任。目前长庆局安全环保形势整体是平稳的，尤其是在生产建设全面启动的过程中做到了安全、平稳、有序。但国际市场“2·22”事故给我们敲响了警钟，随着长庆油田新工作区域不断增加，整体队伍结构也发生了变化，新增员工比例明显增大，一线队伍新增员工明显增多，有的钻井队60%以上都是近一年多来新招的青年员工。由于生产任务繁重，他们在岗前接受的技术培训十分有限。特别是当前对多元经济的17部钻机进行了整体移交，正在对几十部试油机组进行清理移交，这部分从业人员由于多种原因，安全意识不到位、岗位操作不规范、技术水平较低，潜藏着很大的安全风险。必须强化培训，全面提高员工安全素质，养成自觉良好的安全行为习惯，进一步增强安全风险防范能力，为彻底消除安全隐患、确保本质安全奠定坚实基础，努力把长庆局安全环保工作提高到一个新的层次，真正履行好企业的经济、政治和社会责任。

四是切实抓好教育培训工作，是实现以人为本、促进员工岗位成才的有效途径。现代企业竞争力的强弱越来越取决于员工素质的高低。在技术更新速度越来越快的现代社会里，员工素质也越来越成为一个变数，因而富有远见的企业都十分注重员工教育培训。发达国家企业员工教育培训的费用一般要占其工资总额的2%—10%，正是这种高投资的员工教育培训支撑了世界一流企业的迅速成长和其投资的高回报率。面对日趋激烈的市场竞争形势，不进则退、不学则退，员工的培训问题已经成为当前企业的一项重大而迫切的任务。长庆局2007年工作会议明确提出了“以人为本、关爱职工、服务群众”的企业宗旨，将员工个人成长融入企业发展之中，实现两者的共同进步、协调发展。把发展成果惠及员工，不仅仅是物质层面的，更重要的是给员工提升素质早日成才创造有利条件。国外知名企业提出“给员工全方位的培训就是最好的福利”，这个观点对我们有很大的启迪。培训不仅关系到员工个人的成才，更关系到企业的长远发展；一个不重视员工培训的企业是没有生命力和发展前途的。各级组织要积极适应新形势、新变化，大力营造尊重劳动、尊重知识、尊重人才、尊重创造的良好氛围，关心员工成长，为员工岗位成才搭建平台，充分实现员工的自身价值，使企业各方面的活力竞相迸发，进而促进学习型企业的形成。就全体员工而言，要转变“一岗定终身、一张文凭打天下”的理念，把握学习机会，积极主动学习，努力提高自己，只有这样，才能在激烈的竞争中站稳脚跟，激流勇进。

二、下大气力努力开创员工教育培训工作的新局面

长庆局始终坚持把员工教育培训摆在十分重要的位置，采取了强有力的措施，出台了相关政策，在加快企业发展进程中持续推动和规范员工教育培训工作。一是加强领导。长庆局领导班子除了主要领导亲自抓以外，领导分工中还有两位常委负责抓员工教育培训工作；机关部门也形成了分工明确、协作配合的“大培训”运行机制。二是培训目标明确。人事培训管理部门通过深入细致的调查研究和反复论证，精心编制了《长庆石油勘探局“十一五”员工教育培训规划》，明确了员工教育培训工作的发展定位、总体目标和重点任务，突出五项培训工程，在此基础上每年还要编制翔实的培训计划。三是整合培训资源。加大投资力度，加快推进培训基地建设，把培训中心建设成为集员工教育培训、特殊工种培训、职业技能鉴定、政治理论教育和函授学历教育“五位一体”的综合性教育培训基地，得到了中国石油集团的充分肯定，隆重挂牌成立了“中国石油长庆培训中心”，列为中国石油集团重点扶持的培训基地，为油田教育培训事业大发展奠定了坚实基础。四是把员工培训作为基层建设的重点。广泛开展了“万千”培训工程和“三大”活动，并把培训活动和基层建设的考核与“示范点”的评选结合起来，推动了基层建设上台阶。五是建立激励机制。鼓励广大员工学业务、学技术，立足岗位成才，建立健全了技能竞赛和技术能手表彰奖励制度，完善选拔技术能手的具体办法和措施，制订出台了《优秀技能员工评选指导意见》和《员工动态聘用管理暂行办法》，根据员工技能、业绩和获奖情况，在合同化员工、合同制员工和社会化劳务用工三种用工形式之间实行相互转聘、动态管理；注重在主要生产技术工种和生产一线选聘技师、高级技师，真正使那些在生产实践中业绩突出、技能高超的优秀操作技术工人担当重任，同时在住房销售政策等方面给予倾斜，为各类操作技能人才的成长创造了良好环境。

长庆局持续有效快速协调发展，关键在人才，而人才的培养靠的是教育培训。2007年长庆局要在以往工作的基础上，继续努力，下大气力，努力开创员工教育培训工作的新局面。工作的着力点：一是抓体制，二是抓机制，三是抓资源配置。

在体制方面，重点是按照中国石油集团对教育培训工作的总体要求和部署，进一步完善“主要领导抓总、主管领导负责、人事劳资部门主管、业务部门参与、培训机构组织实施”的管理体制。本着“发挥优势，资源共享，满足服务”的原则，统一规划、合理布局培训基地，加快形成“以中国石油长庆培训中心为龙头、局属单位培训基地为主体、社会培训资源为补充”的与长庆油田发展相适应的三个层面的教育培训网络。培训中心要力争建成中国石油集团的职业教育示范基地。

在机制方面，大力推行“三级计划、四级培训、统分结合、分类实施”的工作运行机制，重点围绕健全员工教育培训工作的组织、制度、经费和基地四大保障体系，努力形成四种配套机制：一要形成符合各类人才特点的开发型人才培养机制。人才培养是人才资源能力建设的重要环节，是人力资源能力建设的基础和保障，重点是培养和提高人的学习能力、实践能力和创新能力。近期长庆局将要出台《员工教育培训管理暂行规定》，进一步强化员工教育培训工作的科学化、制度化、规范化管理。二要形成符合现代企业制度要求的人才选用机制。人才选用机制是充分发挥人力资源优势的关键环节，核心是以公开、平等、竞争、择优为导向，按现代企业制度要求改革目前的一些做法和规定，人岗相适、用当其时，充分发挥人才的潜力和优势，促进优秀人才脱颖而出，促进员工保持长久的学习积极性和上进心。三要形成绩效优先的人才评价机制。人才评价是识才用才的基础和前提。目前长庆局《员工教育培训评估考核办法》初稿已经制定，要加快建立健全教育培训质量评估体系，改进和完善人才评价的标准和方法，真正做到客观、公正、全面反映人才的业绩、能力和贡献，为人才的培养和使用提供科学依据。四要积极探索建立训用结合、择优而用的人才激励机制。人才激励机制是教育培训工作的重要内容。要积极探索研究制订《员工教育培训激励约束暂行办法》，加快推行培训、考核、待遇、使用一体化，把学习培训与评优选优、晋职晋级结合起来，把培训纳入工作业绩考核范畴和薪酬挂钩，激发内动力。特别是在一线操作岗位探索推行"日训、周考、月兑现、年评优"的培训考核激励机制，对培训考核结果实施"双挂钩"，充分调动一线职工学技术、学业务的积极性和主动性。

在资源配置方面，继续整合培训资源，重点是完善培训中心的教学设施和相关配套设施建设。目前，有关部门正在做调研规划，局务会要研究审核，并在资金投入上给予一定的倾斜，并积极争取中国石油集团的相关投入。

三、对下一步员工教育培训工作的要求

建设一流的企业，必先要打造一流的员工队伍。在新的形势和任务面前，教育培训工作只能不断加强，不能丝毫削弱；只能不断改进提高，不能止步不前。全局上下一定要牢固树立人才资源是第一资源的理念，把员工教育培训工作摆在更加重要的位置，进一步增强使命感、责任感和紧迫感，采取有力措施，认真研究解决员工教育培训面临的新情况、新问题，抓住机遇、突出重点，改革创新、狠抓落实，努力开创员工教育培训工作的新局面。

一是加强领导，狠抓落实。各级领导干部要明确工作责任，单位"一把手"对教育培训工作负总责、主管部门具体负责、相关部门要积极配合和参与，形成强大的合力。要认真安排部署，把教育培训工作作为一项战略性、基础性工作列入重要的议事日程，纳入本部门、本单位的发展规划和工作计划，统筹安排，整体部署，使教育培训落到实处、见到实效。要切实转变作风，坚持重心下移，深入基层，针对人才队伍建设中关键问题，及时研究制定有效措施，认真加以解决。

二是把握原则，突出重点。员工教育培训工作由长庆局统一规划，统一部署，整体推行，坚持做到保证进度，保证质量，保证需求。当前，要突出抓好干部队伍的政治理论学习、业务知识学习，及时更新知识结构，有计划分步骤地开展集中学习培训。要围绕生产经营中心任务，突出关键岗位、安全素质、技能训练等教育培训内容，使关键岗位人员优先培训，骨干人员重点培训，紧缺人员抓紧培训，让最需要培训的人员及时参加培训。

三是解放思想，创新方法。员工教育培训工作是一项系统工程，需要各部门、各单位齐抓共管，通力合作，整体推进。要创新组织方法，按照分级管理、各负其责的要求，完善相应的管理机构，做到工作职责到位、人员到位、措施到位，以保证各类人才队伍建设工作的顺利开展。要创新培训方法，认真学习和借鉴现代培训新理念、新方法，研究探索教育培训工作的规律及特点，围绕知识、技能和素质培训，不断完善和充实培训课程，实现培训理论和内容的创新。要创新活动方法，持续深化"技能大培训、岗位大练兵、技术大比武"活动，不断增强员工的学习能力、竞争能力、发展能力；积极开展学习型企业创建活动，引导广大员工树立终身学习的理念，争做知识型员工，努力营造优秀人才脱颖而出的环境。

四是严格制度，力求实效。中国石油集团明确提出 2007 年是"教育培训质量年"，长庆局教育培训工作要坚持高标准、严要求，做到“工作有计划，行动有方案，步步有落实”。要选派优秀教师，确保培训的质量和效果，选择优秀教材，确保培训的针对性和实效性，努力把教育培训办成“精品工程”。要严格落实培训制度，坚持做到“四个必训”，即转岗培训、岗前培训、冬休集中培训和班组长、大班司钻等关键要害岗位定期再培训。要通过强有力的教育培训，切实转变和消除岗位操作应知应会的“无知”，不辨风险违章指挥、违章操作的“无畏”，遇到紧急情况应急处置的“无能”，最终转化为“有知”、“有畏”、“有能”。

五是提高自身，强化执行。要保质保量地实现全年乃至“十一五”期间的教育培训目标，对于全体教育培训工作者来讲，任务艰巨、责任重大、使命光荣。要进一步增强责任感和使命感，保持奋发有为的精神状态，全身心地投入到教育培训事业当中，不断探索和实践员工教育培训工作的新思路、新模式和新方法。要加强自身学习，教育培训工作者既要有广博的理论知识，又要有过硬的专业知识，才能真正履行职责、发挥作用，必须紧跟形势，不断进取，加快提高自身工作能力和业务水平。要坚持求真务实，教育培训工作与企业和员工息息相关，决不能流于形式，更不能有半点虚假成分，这就要求全体教育培训工作者必须不断改进工作作风，深入培训现场，了解掌握基层的实际需求，有针对性地指导帮助基层开展教育培训工作。

六是加大宣传，典型引路。加大宣传工作力度，是树立和落实科学的人才观、创造良好的人才工作氛围的一项重要措施。各单位要利用多种形式，认真宣传相关政策制度，提高广大员工对教育培训工作的思想认识，在全局上下真正树立起科学的人才观。要及时总结和推广教育培训方面成功经验和做法，加大对先进典型和先进人物的宣传力度，在长庆局形成人人努力学习、努力工作、努力成才的良好氛围。

同志们，员工教育培训工作的任务十分艰巨和繁重。我相信，只要全局上下积极共同努力，真抓实干，锐意进取，开拓创新，积极主动地做好全年教育培训各项工作，就一定能够为培养和造就高素质的员工队伍，为推进长庆局持续有效快速协调发展作出更大的贡献！

（长局办发［2007］12号）

苟三权在长庆石油勘探局党委中心组传达学习“两会”精神专题会议结束时的讲话

（2007年3月23日）

同志们：

今天，我们召开长庆局党委中心组传达学习“两会”精神专题会议。参加这次会议的有长庆局领导班子成员，局长助理级领导成员，以及机关部门的负责人共30多人。十届全国人大五次会议和全国政协十届五次会议是在我国实施“十一五”规划并实现良好开局之时召开的一次重要会议。认真传达学习和贯彻落实会议精神，是当前全局的一项重大政治任务。

今天的会议传达学习了十届全国人大五次会议精神和全国政协十届五次会议精神。与会的各位领导结合学习贯彻“两会”精神对长庆局的工作谈了非常好的意见和建议，会议讨论热烈，我深受启发。

今年的“两会”是在我国经济社会发展转入科学发展轨道的重要时期，改革发展进程步入关键阶段召开的，对于进一步动员和激励全国各族人民全面贯彻落实科学发展观，推动经济社会又好又快发展，在全面建设小康社会、构建社会主义和谐社会的伟大征程上迈出新的步伐具有十分重要的意义。会议审议通过了新的一年我国经济社会发展和民主法制建设的主要任务；审议通过了《物权法》、《企业所得税法》两部对经济发展起基础性作用的重要法律。这次大会是一次民主、求实、和谐、奋进的大会，会议开得圆满成功。

胡锦涛总书记3月7日在看望全国政协委员并参加联组讨论时指出：“把共同建设、共同享有和谐社会贯穿于和谐社会建设的全过程，真正做到在共建中共享、在共享中共建。”这进一步阐明了构建社会主义和谐社会进程中必须坚持的重大原则，丰富了构建社会主义和谐社会的重大战略思想内涵，具有重大的理论意义和实践意义。会议期间，胡锦涛同志关于国际、国内形势和人大工作作了重要讲话，我们必须认真学习，领会精神实质，抓好贯彻落实。

温家宝总理所作的《政府工作报告》，总结了过去一年在以胡锦涛同志为总书记的党中央领导下，全国人民团结奋斗所取得的伟大成就，提出了2007年我国经济社会发展的目标任务，并对各项工作进行了部署，对我们的工作具有重要的指导意义。报告充分体现了以邓小平理论和“三个代表”重要思想为指导，贯彻落实科学发展观、构建社会主义和谐社会等重大战略思想，文风朴实，言辞恳切，突出民生，注重公平。

报告指出2006年是我国实施“十一五”规划并实现良好开局的一年，国民经济和社会发展取得重大成就。2007年政府工作的主要思路和任务是：以邓小平理论和“三个代表”重要思想为指导，全面落实科学发展观，加快构建社会主义和谐社会，认真贯彻党的十六大以来各项方针政策，加强和改善宏观调控，着力调整经济结构和转变增长方式，着力加强资源节约和环境保护，着力推进改革开放和自主创新，着力促进社会发展和解决民生问题，全面推进社会主义经济建设、政治建设、文化建设、社会建设，为党的十七大召开创造良好的环境和条件。

会议通过的《物权法》和《企业所得税法》这两部重要法律，对形成有中国特色的社会主义法律体系，完善社会主义市场经济体制，保障和推进改革开放现代化建设具有重大而深远的意义。

下面结合长庆局今年的各项工作，就如何学习领会胡总书记的讲话和温总理的报告，如何贯彻好“两会”精神谈几点意见。

一、认真传达学习和贯彻落实“两会”精神是当前全局一项重大政治任务

全局各级党政组织要把学习贯彻“两会”精神，当作一项重要的政治任务，近期集中一段时间进行学习，两级中心组要带头学习。要重点深入学习胡锦涛总书记的重要讲话精神，学习温家宝总理所作的《政府工作报告》和《物权法》、《企业所得税法》两部法律，要认真学习其他报告和文件。要采取辅导、讨论、讲座等多种形式和有效措施，抓好“两会”精神的学习宣传，在全局上下营造学习好、领会好、贯彻好、落实好会议精神的浓厚氛围，真正把广大干部职工的思想统一到“两会”精神上来，努力促进长庆局又好又快发展，切实履行好国有企业的经济、政治和社会三大责任，以优异的成绩迎接党的十七大召开。

二、结合实际学习贯彻“两会”精神，突出“科学发展”的主题，全面贯彻落实中国石油集团、长庆局2007年工作会议精神，努力完成今年各项工作任务

温总理报告提出政府工作的基本思路和任务，第一句话就是以邓小平理论和“三个代表”重要思想为指导。这是我们的政治大旗、思想大纲，突出体现在两个主题上：一是全面贯彻落实科学发展观；二是加快构建社会主义和谐社会。发展是硬道理，这是根本、目的和目标。怎么发展？温总理的报告里面提出加强和改善宏观调控、调整经济结构、转变增长方式和“四个着力”，这都是关于推进科学发展的问题。2007年中国石油集团和长庆局工作会议要求要牢牢把握科学发展和构建和谐两大主题。目前，我们发展的思路、理念以及保证措施都已经明确。我认为在发展问题上应该做好以下几个方面的工作。

1. 持续转变增长方式，提高核心竞争力

长庆局经过研究决定，钻井等工程技术服务业务在发展的速度和质量上，要体现两个字：一个是“好”，另一个是“快”；规模适度、重在做强。为了注重发展的质量，长庆局成立了提速领导小组，通过强化技术和管理来实现提速，而不是纯粹靠增加生产装备和队伍来提速，这本身就是一个注重质量的问题。2006年长庆局通过钻井提速增加进尺50万米，今年要力争达到30万米，根据运作的情况和最近摸排的结果，有可能要达到40万—50万米。同时，在核心技术的研发、引进和应用上要注重一些尖端技术。在装备配置上，也要引进一些先进装备。在水平井、多分支井上，要注重前沿技术的积累和掌握。在转变增长方式、提高竞争力、注重发展质量这方面，当前要结合学习贯彻“两会”精神，全力抓好以钻井为“龙头”的生产整体持续提速，抓好核心技术的研发和推进。

2. 适度扩大生产能力

今年新增的13台钻机，最近逐步调整到位；2000型压裂机组已经到位，目前正在调试。对于这些装备的应用必须加快进度，尽快形成生产能力。同时，对三个采油技术服务处和定边采油技术服务协调领导小组所需要的修井机、通井机等装备的更新、配备，今年也要加大力度、加快进度。

3. 积极拓展油田内部市场

近几年长庆油田分公司发展很快，采油厂由原来的3个发展到7个，采气厂由1个发展到3个。而我们的采油技术服务处仍然是3个，除了原来老区域实现“一对一”服务以外，新区的市场没有拓展，服务没有紧跟油气发展的新形势。针对这种状况，长庆局决定在生产技术服务这一块，新成立定边采油技术服务协调领导小组，主要针对定边区块的采油六厂、五厂和三厂在定边的部分区域以及长庆局低效储量合作的区域，进行对口的技术服务。三个采气厂到现在为止，仍然没有对口的服务队伍，年初要求井下技术作业处加快组建气井修井队伍，主要是针对三个采气厂及苏里格气田的市场实施对口服务，占领气井修井市场。在采油技术服务方面，对于技措、大修等利润空间较大的市场，要全面占领；对于小修市场，要根据能力适度占领，发挥最大潜力。定边采油技术服务协调领导小组要积极主动地开展工作，拓展业务，占领市场。

4. 加快油气生产建设

低效储量合作开发和苏里格气田合作开发目前正在稳步有序全面推进，20万吨/年产能的资源基础是落实的，如果今年干得好，原油产量有可能达到30万吨/年；天然气产能有可能达到4亿立方米/年、产量可达到3.5亿立方米/年。低效储量与油气合作开发业务必将成为与工程技术服务业务并驾齐驱的“两个轮子”之一，所以当前油气产能建设和生产必须加快推进。

5. 加快一线单位办公和科研场所建设

主要是两个合作项目组和定边采油技术服务协调领导小组没有固定的办公、科研地点。最近通过努力争取，报建方案已获得中国石油集团批准，长庆局将在定边、西安分别建立科研办公点，包括其他的配套项目。靖边生产指挥点也要相应完善，充分发挥支撑保障功能。

6. 积极稳健有效推进国际业务

国际业务通过2006年和2005年的调整，现在发展势头较好。厄瓜多尔市场开发成效显著，效益也比较好；与土库曼斯坦商谈的12亿元工程技术服务“大单”合同条款已经谈定，即将签订合同。印尼市场效益不理想，前景也不看好，业务要收缩，有计划退出，下一步主要目标是厄瓜多尔和中亚市场。只要有队伍、设备和人员，海外前景看好，市场盈利空间较大。下一步，国际业务要积极、稳健、有效地推进。

7. 拓展新兴业务

今年咸阳市委、市政府来拜年时，曾提出联合开发利用咸阳地热问题。地热是宝贵资源，谁优先拥有资源，谁就拥有财富。同时，该项产业也得到国家、政府的大力支持。从长远来看，不仅仅是我们几个生活小区探索利用地热的问题，如果能够开发利用咸阳的地热资源，对于下一步开辟新的业务，将是一个很好的方向，凌副局长、朱助理正在组织人员进行调研、商谈，也在向中国石油集团汇报沟通，要抓紧前期工作。

8. 切实转变作风

转变作风是保证工作的基本前提。转变作风包括转变思想作风、工作作风、学风、领导作风和生活作风。结合贯彻“两会”精神，如何做到又好又快的发展，需要全局上下高度重视，全力以赴，扑下身子，埋头苦干，争取完成全年的目标任务，为今后的发展奠定坚实的基础。

三、结合实际学习贯彻“两会”精神，突出“构建和谐”的主题，抓好安全生产，维护大局稳定，着力推进模范和谐矿区建设

在温家宝总理的工作报告中，对于政治稳定和社会和谐给予了高度重视。中国石油集团和长庆局从上到下都突出强调“构建和谐”的问题。

长庆局在构建和谐方面，始终坚持以人为本，提出要把发展的成果惠及全体员工。为了解决好职工子女的教育问题，年初油田两边捐款1000万元，用于移交学校的教学设施改善和对教职员工的激励，教育处要与有关部门加强联系，确保这些资金用到改善教学条件上，用到我们的孩子身上。近期，还准备对全局医疗系统进行资源整合，适度配备相应的医疗设施，包括治疗和检测仪器设备，发挥优势资源，确保职工家属的健康。另外，在年前充分调研和摸排的基础上，长庆局研究决定2007年要建设9000—10000套职工住房，这是一个民心工程。最近长庆局组建了5个局管项目组，标志着“万户住宅建设工程”已经启动。项目组和机关职能部门要切实把这个“民心工程”干好，真正办成全局职工家属的满意工程。同时，对于社保、医疗等方面还要研究出台一些政策，提高保障能力。要逐步改善职工的生产生活条件，对定边、靖边生产基地的建设和配套要加快进度。要认真细致地做好稳定工作，落实责任，完善措施，建立稳定工作的长效机制，确保大局稳定，努力构建和谐长庆。

四、结合实际学习贯彻“两会”精神，努力提高领导干部和广大职工的整体素质

在今年的“两会”上，胡锦涛总书记强调指出，各级干部特别是领导干部要进一步增强忧患意识，始终保持开拓进取的锐气；要进一步增强公仆意识，始终牢记全心全意为人民服务的宗旨；要进一步增强节俭意识，始终发扬艰苦奋斗的精神，团结带领广大群众不断夺取改革开放和社会主义现代化建设的新胜利。胡锦涛总书记的这一要求，内涵深刻、意味深长、令人警醒、意义重大，具有很强的指导性和现实针对性。我们一定要深刻领会胡锦涛总书记这一讲话精神，不断增强“三种意识”，提高综合素质，转变工作作风，推动各项事业。

全局各级领导干部要继续落实好中国石油集团总经理蒋洁敏对领导干部提出的五点要求，落实好长庆局对领导干部提出的“六个要坚持、六个不允许”，把强化执行力作为第一要求，努力加强领导班子和干部队伍作风建设，树立勤奋好学、学以致用的良好学风，树立发扬民主、团结和谐的思想作风，树立求真务实、真抓实干的工作作风，树立关爱职工、服务群众的领导作风，树立廉洁自律、遵纪守法的良好风气。要切实增强忧患意识、公仆意识、节俭意识，树立新时期领导干部良好形象，在企业改革、发展中充分发挥模范表率作用。同时，要通过对“两会”精神的贯彻学习，进一步提高广大干部职工思想素质和政治素质，增强队伍的凝聚力和战斗力。

（长局阅［2007］3号）

苟三权在长庆石油勘探局医疗卫生系统业务整合暨矿区服务系统改革推进视频会议上的讲话

（2007年5月17日）

同志们：

根据中国石油集团的统一部署和总体要求，以及长庆局发展与改革的工作安排，今天我们召开长庆局医疗卫生系统业务整合暨矿区服务系统改革推进视频会议，对深化油田医疗卫生系统以及矿区服务系统改革工作进行全面动员和实质性推进。刚才，张元忠传达了《中国石油集团矿区服务系统改革实施意见》；滕玉林宣读了《长庆局医疗卫生系统业务整合方案》；刘自强作了长庆局矿区服务系统改革的工作部署。会后，各单位、各部门要认真传达学习、深刻领会贯彻中国石油集团《实施意见》精神，抓紧抓好长庆局整合方案和改革工作部署的执行和落实，以实际行动积极稳妥地推进油田医疗卫生系统整合和矿区服务系统改革。

下面，我讲三个问题。

一、统一思想，充分认识医疗卫生系统业务整合和矿区服务系统改革的重要意义

为什么要进行医疗卫生系统整合？大家知道，随着长庆油田生产生活基地的调整，油田逐步形成了以西安、咸阳、银川、庆阳、河庄坪等为主体的生活基地格局，生产指挥、科研及前线生产基地也进一步收缩集中，而医疗卫生系统仍在延续以前各自分散管理的格局，同在陇东，就有1个总院、2个分院、3个卫生所，银川地区包括靖边、榆林地区，也有2个医院、7个卫生所，造成医护人员、医疗仪器设备分布不均，各自为政，利用率不高，职工家属“看病难”、“治疗难”的问题依然存在，总体医疗服务保障水平仍然不高。在今年长庆局工作会议上，我曾讲到“要积极稳妥地推进企业改革”，“要将改革成果惠及全体员工家属”，“要高度关注职业健

康，提高职工医疗保障水平”。因此对医疗系统进行整合，提高医疗资源的利用率，满足职工家属基本医疗保障需求，是坚持科学发展观的必然选择，是将发展成果惠及广大员工家属的具体行动，是对“发展大油田、建设大气田，创建模范和谐矿区”的强力保障，也是为全体医护人员岗位成才、提升素质搭建的良好发展平台。同时，医疗卫生系统整合也是矿区服务系统改革的重要组成部分，与中国石油集团的改革方向、部署和要求完全一致。

在2007年工作会议上，中国石油集团明确提出，要全面实施矿区服务系统改革，创建新型矿区管理体制，努力构建模范和谐矿区。最近一个时期，中国石油集团党组、中国石油集团及中国石油集团矿区服务工作部陆续出台了《关于构建社会主义和谐矿区的指导意见》、《矿区服务系统改革实施意见》和《关于加快启动和推进矿区服务系统改革的通知》等一系列政策性文件，并召开了专门的会议，对矿区服务系统改革作出了总体部署和工作安排。长庆油田作为中国石油集团矿区服务系统改革的一类单位，是中国石油集团明确要求进行改革的重点单位，必须加快推进。

矿区服务业务，包括医疗卫生系统，是长庆局整体业务的重要组成部分，是和谐矿区建设的重要内容，在长庆发展的各个历史阶段，作为油田发展的“后勤部”和“大本营”，发挥了十分重要的基础保障作用。重组改制以来，油田持续加大基地调整的力度和步伐，矿区服务系统持续转变服务理念、制订完善服务标准、加快完善服务功能、不断提高服务质量，在改善生产生活环境、维护矿区稳定等方面做了大量艰苦细致的工作，见到了明显成效，使油田职工家属的生产生活条件有了显著改善，企业的凝聚力和吸引力得到了有效提升，为油田发展作出了积极的贡献。

但我们也要看到，面对新形势、新任务，矿区服务系统还存在亟待解决的发展问题。由于长庆油田生产生活基地点多线长、高度分散，各基地的自然环境及各方面的条件差异很大，部分基地处于“老、少、边、穷”地区的偏远乡村，严重缺乏社会依托。目前，全局除现有的5个物业服务处外，还有20多个单位设有物业管理部门，下设几十个生活站，从业人员达7000多人。旧的管理体制，机制不灵活，成本费用居高不下，管理各自为政，建设资金得不到保障，老矿区改造资金紧缺，总体保障能力不强，无法满足油气田大发展的需要，无法满足油田职工家属不断增长的物质文化需求。

中国石油集团党组从战略和全局的高度出发，将矿区服务业务置于科学发展、构建和谐的大背景下，从增强保障生产、服务生活、维护稳定的能力进行定位，提出要进一步推进改革、加强管理，逐步完善服务功能、提高服务水平，实现生产与生活同步发展。2006年以来，中国石油集团将矿区服务系统改革列为重点工作之一，当年5月28日召开了矿区服务系统改革研讨会，下发了《深化基地服务系统改革指导意见》，并在辽河、华北、青海、兰州、锦西五家油田及炼化企业启动了矿区服务系统改革试点工作，为全面推开后勤服务系统改革探索路子、总结经验。2007年3月2日，中国石油集团总经理办公会专题研究矿区服务系统改革工作，在认真总结了试点单位经验的基础上，决定在中国石油集团内部全面推进矿区服务系统改革。4月20日，召开了矿区服务系统改革动员视频会议，标志着这项工作进入全面实施阶段。中国石油集团把深化矿区服务系统改革作为现阶段一项重点改革任务，具有长远的战略考虑。这项改革的影响决不仅限于矿区服务业务本身，对于整个中国石油集团的改革和发展都将产生非常深远的影响。因此，对长庆油田而言，矿区服务系统改革，是长庆局实施专业化管理、社会化服务的需要，是矿区服务系统提升服务功能的需要，更是保障长庆油田科学发展、构建和谐的需要。

二、狠抓落实，积极稳妥地推进医疗卫生系统业务整合和矿区服务系统改革工作

医疗卫生系统业务整合和矿区服务系统改革，涉及业务、资产、人员等方面新的整合，也涉及体制的调整、职能的划分、机制的转变，是一项复杂的系统工程。中国石油集团要求在今年 6 月中旬前完成改革实施方案的报批，9 月底前完成矿区服务事业部的组建，时间紧、任务重、头绪多。因此，各级领导干部特别是各有关单位的主要领导、机关相关部门，一定要充分认识这项工作的艰巨性和复杂性，切实增强责任感和紧迫感，扑下身子，狠抓落实。为了确保改革工作能够顺利进行，长庆局成立了矿区服务系统改革领导小组，并抽调有关业务人员组成了四个工作小组，形成了强有力的组织保障体系。

矿区服务系统改革的指导思想和总体目标是：以科学发展观为统领，以专业化管理、企业化经营、市场化运作和社会化服务为方向，坚持管理体制统一、核算办法统一、管理范围和工作要求统一的原则，构建以“分开运行、分开核算、分开考核”为主要内容的矿区服务新型管理体制和运行机制，加强对矿区服务系统的领导和管理，不断提高保障能力和服务水平，努力创建和谐矿区。

医疗卫生系统整合的基本思路是：按区域整合资源，合理布局，理顺医疗机构、体制；充分利用现有资源，同时加大力度购置补充医疗、检验仪器设备，实施优化配置，提高利用效率。进一步加强对油田职工家属的医疗保障，提升医疗服务水平，更好地服务职工家属，服务一线生产，服务油田发展。

总体要求是：全面贯彻落实中国石油集团《实施意见》，在思想上、行动上与中国石油集团保持高度一致，积极稳妥、平稳有序地推进医疗卫生系统业务整合和矿区服务系统改革。

1. 统一部署，精心安排

中国石油集团《矿区服务系统改革实施意见》，经过反复论证与推敲，并在试点单位进行了实践检验，具有非常强的政策性和可操作性。因此，我们在操作过程中，要严格按照中国石油集团的统一政策和规范程序实施，切实搞好各工作环节的衔接，确保圆满完成任务。工作小组和各有关单位及相关部门，要按照长庆局确定的基本工作原则、工作部署和工作要求，以对企业、对职工高度负责的精神，精心安排并组织好这项工作。工作中力求把每个环节都考虑周到、安排妥当。在全面实施之前，要把各项准备工作做深做细，搞好调查研究，预见到可能出现的问题，提前研究出解决的措施和办法，化解各种矛盾和问题。同时，要制定出操作性强的实施工作计划，把握好进度和节奏，按时间要求有条不紊地进行。

2. 把握政策，确保稳定

医疗卫生系统业务整合和矿区服务系统改革工作，政策性强，涉及多方利益，全油田职工家属都非常关注，在实施中将不可避免地会遇到一些复杂问题、具体情况。如果整体意识和大局观念不强，工作考虑得不周到不细致，甚至执行政策不严肃，极容易引起矛盾并成为不稳定因素。因此，各级领导干部和工作人员要深刻领会和把握好中国石油集团有关文件精神，正确处理局部与全局的关系，从保证改革发展和维护企业稳定的大局出发，明确工作目标和原则，准确把握实施中涉及的政策界限。对改革涉及的业务范围、人员、资产及费用核定等问题，要严格按照中国石油集团的相关规定和长庆局制订的实施方案执行，不允许搞“政策变通”，不允许搞例外，更不允许随意乱开口子、各行其是。遇有复杂情况，处理时一定要慎之又慎，妥善研究解决，做到政策执行上不留尾巴，努力实现顺利平稳，确保和谐稳定。

3. 抓住重点，稳步推进

“三统一”和“三分开”是建立具有中国石油特色的矿区服务新型管理体制和运行机制的核心内容，是推进这次改革必须牢牢把握的重点。

一是切实做到分开运行，建立统一的矿区服务管理体制。这次改革要严格按照中国石油集团的部署和要求，成立由各驻矿单位主要领导及矿区服务事业部主要领导组成的矿区管理领导小组，负责研究决定矿区运行和建设中的重大事务，包括：审议矿区建设规划和年度建议计划，审议矿区服务业务的年度预算、决算和服务价格，协调解决矿区建设、运行中出现的重大问题等。在管理机构上，建立统一的事业部管理体制、组建矿区服务事业部，把矿区服务业务真正作为长庆局内部相对独立的业务板块，实行规范的专业化管理，并在长庆局的统一领导下，整体谋划矿区服务业务的改革和发展，以达到提高专业化管理水平、增强企业市场竞争力的目的。

二是严格执行分开核算，建立统一规范的财务管理制度。建立矿区服务系统财务管理体系，严格实行单独核算，真实准确地核定成本，是明确费用渠道、保证矿区服务业务正常运行的重要基础。由于矿区服务的业务范围比较庞杂，实际情况也非常复杂，成本核算的难度比较大。各单位及相关业务部门要本着尊重历史、实事求是的原则，严格按照业务范围，理清各项收支，准确测算矿区服务业务的成本费用，做好成本费用还原工作，为落实有关政策提供依据。同时，要组织编制好矿区服务业务年度预算，将其纳入驻矿各单位预算并做好对接，建立起畅通规范的资金渠道，推动矿区服务业务实现收支平衡、良性发展，真正发挥矿区服务业务服务主业、强化保障、科学发展、构建和谐的重要作用。

三是建立健全考核指标体系，切实落实工作责任。长期以来，长庆局对各单位是按照一个整体来进行考核的，偏重于生产经营业绩的完成情况，没有对医疗卫生和矿区服务业务进行过全面系统的考核评价，各项业务的责任不够明晰。医疗卫生和矿区服务业务具有自身的特点，与生产经营业务的定位不同、工作要求也不一样，在相当长的一个时期内，不是一个经营性业务，不以盈利为目的，而是一个保障和服务性的业务。对这项业务的考核与其他业务有很大区别，需要研究建立一个新的考核指标体系，对其工作业绩的评价既要有硬指标的约束，更要注重广大职工群众的意见和评价。有关部门要在进行深入研究，围绕保障企业生产、服务职工生活、维护矿区稳定、创造就业机会、建设宜居环境五大职责，按照中国石油集团的政策要求，尽快建立能够正确评价医疗卫生和矿区服务业务工作业绩的考核指标体系，形成有效的激励约束机制，促进管理和服务水平不断提升。

三、加强领导，确保医疗卫生系统业务整合和矿区服务系统改革工作顺利进行

全局各单位及机关有关部门要从改革发展稳定的大局出发，进一步增强政治意识、大局意识和责任意识，切实加强领导，将矿区服务系统改革工作作为近期的一项重要工作进行认真研究和实施，保证领导工作到位、指导协调到位、政策宣传到位、责任落实到位。

1. 明确组织领导机构，落实工作责任

为确保油田医疗卫生系统业务整合和矿区服务系统改革工作的顺利展开，在长庆局层面，成立了改革工作领导小组和相应的工作机构。各有关单位也要相应成立由主要领导同志负责的领导机构，落实工作人员，明确工作职责和程序，抽调责任心强、熟悉相关政策、专业知识丰富、业务较为扎实、具有实践经验的工作人员。要建立责任制，明确目标和任务，加强督促和检查，做到领导落实、组织落实、人员落实和工作责任落实。同时，要认真开展前期的调查研究，全面了解情况，在深入调查、准确掌握第一手资料的基础上，精心组织研究和制定改革实施方案，使方案尽可能科学合理、具有可操作性。

2. 做好政策宣传和思想政治工作，确保油田大局稳定

医疗卫生系统业务整合和矿区服务系统改革，直接关系到广大职工、家属的切身利益，必须同步过细做好维护稳定工作。要以构建和谐为指导，坚持讲政治、顾大局，充分运用报纸、电视、网络等油田主流媒体，大力宣传矿区服务系统改革的重大意义、目标任务和政策措施，统一思想，提高认识，不断增强广大职工推进改革的决心和信心。特别要加强对医疗卫生系统及矿区服务系统职工的宣传教育，讲清形势，明确政策，让大家明白实施医疗卫生系统业务整合和矿区服务系统改革，并不是要把这些业务从企业中分离出去，而是要将其作为一个相对独立的业务板块进行运营和管理，目的是提高服务和保障能力，使大家消除顾虑，自觉推进改革。要牢固树立“稳定压倒一切”的思想，做好深入细致的思想教育和解疑释惑工作，尤其是要准确把握职工的思想动向，对他们关心和提出的问题，要以认真负责的态度，作出正确分析和明确答复。对工作中出现的新情况和群众反映比较集中的问题，要及时掌握，认真及时研究，积极妥善地加以引导或解决，正确处理推进改革和维护稳定的关系。各级领导干部要勇于克服困难，善于化解矛盾，努力把问题解决在基层，切实做到“思想不散、秩序不乱，工作不间断、矛盾不上交”。凡涉及重大政策问题，要及时向领导小组报告，避免因工作失误和政策上的偏差引起新的矛盾和问题。要坚持确保大局稳定、维护职工利益的原则，不断改进工作方式和方法，妥善处理各方面利益关系，确保油田大局和职工队伍稳定。同时，要动之以情、晓之以理，让广大职工家属明白，通过试点单位经验表明，推进医疗卫生系统业务整合和矿区服务系统改革，不但不会影响职工群众的生活，反而会使各服务单位更加注重提高服务质量，改善油田矿区生产生活条件。

3. 务必做到改革和生产经营“两不误、两促进”

目前正值油田生产建设的大忙季节和黄金季节，长庆局2007年的生产经营任务十分繁重。各单位必须做到推进改革、搞好生产经营和维护大局稳定一起抓，要以医疗卫生系统业务整合和矿区服务系统改革为动力，进一步推动长庆局生产经营工作，不能因为医疗卫生系统业务整合及矿区服务系统改革而影响企业大局的稳定、影响生产经营工作及全年经营目标的顺利完成，必须做到统筹兼顾，全面推进。

4. 严明组织纪律，保证工作有秩序开展

在医疗卫生系统业务整合和矿区服务系统改革过程中，各单位除了认真贯彻落实各项政策外，必须严格执行各项工作纪律和规章制度，尤其要严守人事、财经纪律，依法依规管理，严肃行为约束。对涉及医疗卫生业务和矿区服务业务的单位，都要制定并实施有效管理和监督的办法，坚决防止乘机乱分钱物、侵害国家和企业利益等违法违纪问题的发生，坚决防止违纪突击提拔干部和调动人员的事情发生。各级党员领导干部要牢固树立政策和纪律观念，以身作则，带头遵章守纪。组织人事、纪检监察等有关部门要切实加强监督检查，严格工作纪律，对“上

有政策，下有对策”、违规操作的行为，要严肃查处；对蓄意制造矛盾、引起不良后果的，要严肃追究责任。

5. 强化调查研究，加强协调配合

医疗卫生系统业务整合和矿区服务系统改革，涉及油田的各个方面和长庆局的大多数单位，各单位和机关部门之间，必须增强大局意识和全局观念，加强各方面的沟通协调，做到相互理解、密切配合、通力合作，努力形成推进工作的整体合力，确保各项改革措施落实到位。在方案制订过程中，要注重深入基层、深入现场调查研究，尽可能把矛盾解决在方案制订阶段，解决在问题出现的萌芽状态。

6. 切实加强基层党的建设和社区文化建设

要坚持基层党建工作与医疗卫生系统业务整合和矿区服务系统改革同步推进，加强医疗卫生系统和矿区服务系统党的思想建设、组织建设、作风建设、制度建设和先进性建设，发挥好各级党组织的政治堡垒和广大党员的先锋模范作用，充分发挥工会、共青团组织的作用，密切与职工群众的沟通和联系，切实为职工群众做好事、办实事、解难事；积极组织矿区群众开展丰富多彩、健康有益的文化教育等活动，倡导科学文明健康的生活方式，努力创建具有长庆特色的矿区文化，以此凝聚人心、推动改革、促进和谐。

同志们，实施和推进医疗卫生系统业务整合和矿区服务系统改革，关系到长庆局发展稳定大局，关系到油田职工群众的切身利益，时间紧、任务重、情况复杂、工作难度大，是一项新的、重要而艰巨的任务。我们一定要按照中国石油集团的统一部署和总体要求，统一认识，坚定信心，加强协调，扎实工作，高效、圆满地完成各项既定工作任务，为坚持科学发展、构建和谐长庆，推进长庆局持续有效快速协调发展，为“发展大油田，建设大气田，创建模范和谐矿区”，为把鄂尔多斯盆地建设成为我国石油天然气重要能源基地，作出新的更大的贡献。

（长局办发［2007］14号）

苟三权在长庆石油勘探局低效储量油气上产庆功会上的讲话

（2007年5月30日）

同志们：

今天，我们怀着十分高兴和喜悦的心情，在这里隆重召开长庆局油气上产庆功会，庆贺低效储量开发原油日产突破1000吨、天然气日产突破100万立方米。这是重组改制以来长庆局发展进程中的一件大事，也是长庆局加快产业结构调整、着力培育新的经济增长点见到显著成效的一件盛事、一件喜事！

这些成绩的取得，是中国石油集团、股份公司亲切关怀、正确领导的结果，是长庆油田分公司以及油田老领导、老专家、老前辈大力配合、鼎力支持的结果，也是长庆局科学决策、突出发展的结果，更是油气合作开发战线上全体干部职工顽强拼搏、无私奉献的结果。在此，我代表局党委、长庆局，向两个项目组、向低效油气储量合作开发战线上的广大干部职工，表示热烈的祝贺和亲切的慰问！向大力支持与真诚合作的长庆油田分公司各级领导和广大员工，表示衷心的感谢！向长期关心和支持油气合作开发的老领导、老专家、老前辈，表示诚挚的谢意！

油气合作开发原油日产突破千吨、天然气日产突破百万立方米，是长庆局坚持科学发展、构建和谐长庆进程中的一个重要里程碑。低效石油储量合作开发在2006年取得了突破性进展，迈出了实质性步伐，实现了跨越式发展；苏里格气田合作开发从技术到管理已经成为这一地区开发建设的“排头兵”。2007年以来，两个项目组整体工作水平进一步提升，呈现出快速发展的良好势头：一是增储上产成效显著。油气田勘探开发总体形势喜人，勘探评价亮点纷呈。苏里格气田合作开发气层钻遇程度高，Ⅰ+Ⅱ类井比例达到了83.3%，而且产能稳定；低效石油储量合作开发有新的发现，2007年年产20万吨产能的储量已经落实。二是重点工程建设进展顺利。年产20万吨原油产能建设工程和年产4亿立方米气田产能建设工程进展顺利，油气田地面建设按照既定目标，全力加快工作进度，有望在7月底之前完成骨架工程，并创造了完井速度、建井周期、地面施工进度等多项新纪录。三是管理水平明显提升。两个项目组通过不断深化油气合作开发技术管理，基本形成了适合自身特点的配套技术和有效的生产管理方法，取得了明显成效。油井见效程度已达到50%以上，综合递减率、自然递减率、含水上升率三大开发指标保持先进水平；气田日均压降接近0.02兆帕的合理范围，实现了天然气日产100万立方米以上稳定生产的目标。两个项目组扎实有效的工作，书写了长庆局发展史上浓墨重彩的一笔，为全年实现年产油气当量60万吨目标奠定了良好基础，也为明年油气产量持续上升，以及“十一五”规划目标油气产量实现“双百”开了一个好头。

当前，长庆油田的发展面临更新、更高的目标和要求。蒋洁敏总经理在长庆调研时明确提出，要把鄂尔多斯盆地建设成为我国重要的石油天然气能源基地，并为长庆油气大发展勾勒出了宏伟的发展蓝图。为此，我们必须牢牢把握难得的历史机遇，牢牢把握科学发展与构建和谐这两大主题，把实现年产油气当量3000万吨目标作为我们长庆人义不容辞的政治责任，把鄂尔多斯盆地建设成为石油天然气重要能源基地作为我们双方共同的战略目标。

我们必须进一步认清形势，明确目标，加快发展，努力做大做强做实油气合作开发业务，使其尽快真正成为推动全局快速发展的新兴业务。

第一，牢记使命，加快发展。当前，全局油气生产呈现出良好的发展势头，全局上下必须清醒地认识到，低效油气合作开发已成为长庆局创收增效的主要渠道，对长庆局的生存与发展具有十分重要的意义。一是要抓住机遇，加快发展。要始终不渝地坚持做大做强做实油气合作开发业务，着力培育新的经济增长点，使之早日成为与工程技术服务业务并驾齐驱的“两个轮子”之一。二是要认真实施油气产量最终达到两个年产100万吨当量的“双百工程”规划目标。在油气开发建设过程中，要按照长庆局新的规划，认真策划和精心组织实施“双百工程”，始终坚持勘探评价开发一体化，不断优化产能建设部署。三是要统筹兼顾，合理安排。合作项目部和两个项目组要集中各方面力量，千方百计、不遗余力地落实好2008年油田年产20万吨、气田年产4亿立方米产能建设所需的区块和储量，为油气合作开发业务的持续发展提供可靠的物质基础，进一步发展油气合作开发的大好形势，确保“‘十一五’末长庆局年产原油产量100万吨、天然气产量12亿立方米，实现两个年产100万吨油气当量”目标。

第二，科学管理，高效开发。油气合作开发要突出经济效益，时刻牢记走低成本开发的路子，通过科学管理，运用市场机制，推广配套适用的先进工艺技术，优化简化工艺流程，有效解决储量不落实、单井产量低、产建投资大、采油采气成本高的问题，进一步降低建设成本，实现高效开发。一是积极开展技术攻关，提高单井产能。油田开发要坚持“三叠系超前注水”，不断完善注采井网和开发技术政策；对各储层改造参数进行对比分析，建立多层系改造模式；分析油井工作制度的匹配性，加强井筒管理，有效提高单井产能。气田开发要充分利用各类地震资料，开展地质、测井、地震多学科立体交叉的含气薄砂层综合预测技术研究，依托长庆油田分公司研究院、物探鄂尔多斯分院等科研力量，实行“专家布井、集体讨论、共同决策”的井位优选程序，提高Ⅰ+Ⅱ类井的钻井成功率。同时，坚持移动注醇、合理控制生产压差等措施，提高单井产量。二是不断优化简化工艺流程，走低成本开发的路子。油田建设要充分利用在电测、投产、地面建设方面的一系列适合自身特点的快速发展技术，坚持地面与地下相结合、站场布置与管网走向相结合的原则，整体规划，分期实施，降低投资。气田建设要进一步开展 CO_2 压裂试验，降低水锁伤害，继续推广快速求产技术的应用；采用模块化、橇装化设备，便于拆卸搬迁、缩短周期；采用适宜的工艺技术，优化地面建设方案，简化工艺流程，降低建设费用。三是坚持管理创新，扎实开展“基础管理年”活动。从标准化现场、标准化班组、标准化岗位的“三标建设”入手，大力加强基础工作，提高现场人员的整体素质，努力实现“业务管理流程化，岗位操作标准化，现场管理规范化，整体管理科学化”的“四化”管理工作目标，提高油气合作开发管理水平。

第三，注重安全、清洁发展。安全环保是企业可持续发展的前提，是构建和谐矿区的基础。油气开发生产建设作为长庆局的一项新兴业务，更是我们安全监管的重要领域，必须把“安全第一、环保优先、以人为本”的理念贯穿在油气生产的全过程，体现在油气生产的每一个作业现场。一是严格落实安全环保责任制。要牢固树立“安全是天，是责任，更是政治和大局”的理念，深入开展“安全环保基础年”活动，进一步增强全员安全环保意识，加强安全环保文化建设，全面提升岗位人员安全环保素质，提高安全环保管理水平。二是切实加强和改进安全技术管理。要认真落实“三靠两保证”的提速原则，正确处理速度、安全、质量与效益的关系，进一步加强技术管理，不断提高基层管理人员、技术人员和关键岗位操作人员的整体技术素质和操作技能，增强对故障复杂的预防能力、判断能力和处置能力。三是加强 HSE 体系建设。要把优良传统作风与科学管理结合起来，全面推进“两书一表”和岗位操作指导卡，严格生产过程控制，严格现场作业管理，严格工作程序管理，促进生产作业现场的标准化建设，不断增强体系的实效性，实现生产建设的“平稳、均衡、效率、受控、协调”。四是加强安全环保隐患治理。要进一步完善油气作业现场的隐患排查机制，实行挂牌督办制度，及时发现、及时治理，确保整改的内容、标准、措施、进度和责任“五落实”。当前，正值生产的大忙季节，两个项目组的全体干部职工，必须从思想上高度重视防洪防汛工作，层层落实责任，搞好科学预测，做好超前防范，确保万无一失。

第四，狠抓培训，提高素质。建设一支高素质的人才队伍，是长庆局做大做强做实油气合作开发业务的关键。加强油气开发一线员工的教育培训和职业技能培训，是项目组当前的一项重点工作。两个项目组必须着眼于油气合作开发业务的长远发展，把教育培训工作放在重要位置，严格按照职工培训规划，搞好相关业务培训，尽快提升全员技术素质和操作技能。要落实“四个必训”，抓好转岗培训、岗前培训、集中培训和班组长等关键要害岗位定期再培训。要继续深入开展“技术大培训、岗位大练兵、技能大比武”三大活动，引导全员学技术、钻业务、练硬功。要建立切实有效的激励机制，对培训考核结果实施“双挂钩”，充分调动一线职工学技术、学业务的积极性和内动力，确保培训效果，努力形成一支结构合理、作风过硬、素质优良的油气开发人才队伍。

同志们，我们的使命光荣而神圣，工作任重而道远。各级领导干部和全体职工要在成绩面前谦虚谨慎、戒骄戒躁，始终坚持以科学发展观为指导，继续发扬大庆精神、铁人精神和长庆精神，坚定信心、加倍努力、脚踏实地、埋头苦干，为“十一五”末两个年产100万吨油气当量规划目标的实现，为长庆局持续有效快速协调发展，为把鄂尔多斯盆地建设成为我国重要的石油天然气能源基地，作出新的更大的贡献！

（长局办发［2007］16号）

苟三权在长庆石油勘探局基层建设工作推进会上的讲话

（2007年6月27日）

同志们：

在中国共产党诞辰86周年到来之际，在全局上下认真贯彻落实蒋洁敏总经理在长庆油田调研时的重要指示精神，各项工作持续提速、整体提速，生产经营踏上全年工作目标步子的关键时刻，我们在这里隆重召开全局基层建设工作推进会。这对于进一步加强长庆局基层建设，全面提升基层基础管理水平，打牢基础、固本强基、科学发展、共建和谐，具有十分重要的意义。

昨天，我们在40591钻井队、苏6－1集气交换站等7个示范点进行了现场观摩，对这几个单位的基层建设工作有了感性以及理性的认识。可以说，他们的成功经验是创新实践的结果，是集体智慧的结晶，更是敬业精神和责任心、执行力的深刻反映，从不同侧面展示了长庆局基层建设工作的丰硕成果，相信大家都会从中受到启发、受到教育、受到鞭策。

会上，蒲建中代表长庆局作了基层建设工作报告，全面总结了基层建设工作情况，安排部署了下一步的工作任务；钻井工程总公司、井下技术作业处作了基层建设工作专题发言；30533钻井队等6个基层建设示范点单位作了经验交流发言；中国石油集团思想政治工作部朱元副主任宣读了中国石油集团第三批“中国石油企业精神教育基地”的决定，并为长庆苏里格气田功勋井——苏6井授牌；赵业荣宣读了长庆局第一批基层建设示范点命名决定，朱文伯宣读了长庆局企业文化示范基地命名决定，并举行了授牌仪式。这次选树的20个基层建设示范点及4个企业文化示范基地，是全局基层建设和企业文化建设的样板。其中，既有党支部建设和基层班子建设的先进，也有基础管理、队伍建设和企业文化建设方面的典型；既有工程技术服务系统的样板，也有生产服务、基地后勤服务系统的标杆。在这里，我代表局党委、长庆局，向首批命名的长庆局基层建设示范点、企业文化示范基地，表示热烈的祝贺！向为基层建设和企业文化建设付出心血与汗水的各级组织和广大干部员工，表示衷心的感谢和崇高的敬意！

为了开好这次会议，局党委、长庆局多次召开专题会议安排部署，各单位、各部门做了大量扎实细致的准备工作。特别是这次会议自始至终得到了中国石油集团思想政治工作部、政策研究室等有关部门的支持、帮助和指导，思想政治工作部朱元副主任全程参加了会议，前面又作了重要讲话。上级的重视、关心和指导，必将对长庆局基层建设工作起到极大的促进作用。

基层是企业的细胞，是长庆局各项决策得以贯彻落实的根基，是企业可持续发展的基础。多年来，我们继承和发扬石油工业优良传统，大力弘扬大庆精神、铁人精神和长庆精神，结合实际狠抓“三基”工作，形成了一整套具有长庆特色的基层管理工作体系，有力支持和保障了油田各项事业的发展。近年来，长庆局深入贯彻落实《中国石油天然气集团公司基层建设纲要》，以“坚持科学发展、构建和谐长庆”为目标，着眼基层、立足基层、服务基层、建设基层、发展基层，做了大量卓有成效的工作，企业发展的基础不断巩固和加强。集中体现在以下六个方面。

一是基层班子整体功能不断增强。全局上下以“四好”班子创建活动为载体，突出思想政治建设，强化对基层领导班子的管理、考核与监督，基层班子“五种”能力明显增强；严格执行“六个要坚持、六个不允许”，工作作风明显转变，整体素质不断提高；全面引入干部选拔竞争机制，基层领导班子结构不断优化，整体功能进一步增强；教育培训力度持续加大，基层班子成员业务能力和经营管理水平不断提升。

二是基层党支部作用有效发挥。按照“四同步”要求，及时建立健全新组建单位及作业队的党支部，党组织的辐射与带动作用进一步扩大；着眼构建保持共产党员先进性长效机制，广泛开展“双培双提高”活动和基层党支部“六个一”创建工作，基层党组织的凝聚力和战斗力显著增强；广大党员在生产提速、技术攻关、创新创效、重点工程建设等方面的先锋模范作用得到充分发挥，有154名同志被授予局级优秀共产党员称号，获得省部级以上劳动模范、先进工作者等荣誉称号的人员中，党员占到80%。

三是基层队伍整体素质进一步提高。深入开展“万千培训工程”和“技术大培训、岗位大练兵、技能大比武”活动，倡导和推行“日培训、周考核、月兑现、年评优”的培训考核激励机制，引导广大员工学技术、钻业务、练硬功，特别是加强了基层队长、工人技师及高级技师等一线关键管理、操作人员的培养和培训，基层骨干人才队伍不断壮大。全员培训率达70%以上，涌现出50名省部级以上技术状元，208名局级技术标兵和技术能手，他们成为长庆局快速发展的中坚力量。

四是基层基础管理更加科学规范。积极推行以HSE为重点的体系管理，突出加强基础管理制度建设，严格执行岗位责任制，促进了生产过程全面受控；扎实开展“安全环保基础年”活动，加强重点领域安全监管，狠抓生产运行与现场“三标”管理，安全环保保持平稳态势，被评为中国石油集团安全生产先进企业。

五是基层员工生产生活条件明显改善。坚持以人为本、共建和谐，油田双方投入3亿元加快生产生活基地及公共设施建设；长庆局提出并启动了“万套住宅建设工程”；为生产一线更新配套野营房1330顶，同时通过完善员工内部社会保险体系，实行野外一线作业人员免费就餐，推行职工带薪休假制度，整合医疗系统、优化配置资源、投入5100万元购置医疗设备，以及配套基层文化娱乐设施等一系列政策措施，使企业发展的成果真正惠及全员。

六是企业文化建设取得新的进步。积极推行企业宗旨、企业精神、经营理念、企业标识等“四个统一”，大力弘扬大庆精神、铁人精神和长庆精神，刻树和培育了4个具有鲜明文化理念、文化特质和文化氛围的企业文化示范基地，成为建设具有长庆特色企业文化的样板。精神文明建设同步推进，荣辱观教育深入开展，全局有90多个集体、140多名员工获得省部级以上荣誉称号。

基层建设的不断加强，推动了长庆局又好又快发展。近一年来，全局各路生产建设工作持续提速、整体提速，工程技术服务保障能力和可持续发展能力显著增强。在2006年各路生产大幅度提速的基础上，2007年上半年完成钻井进尺189万米，比2006年提高11.34%；完成录井771口，比2006年提高10.46%；完成试油压裂酸化1633层次；完成井下作业7193井次；完成建筑施工总包产值3.3亿元。低效储量油气合作开发生产原油13.7万吨、天然气1.5亿立方米，比2006年分别提高159%和291%。为完成全年生产经营目标奠定了基础。

回顾长庆局加强基层建设的实践，我们在不断探索、持续推进的同时，也积累了以下五个方面的基本经验。

一是必须坚持紧紧围绕长庆局持续有效快速协调发展这个中心。近一年来，全局基层建设坚持把服务和保障长庆油气大发展作为根本任务，与生产经营有效融合，实现了长庆年产油气当量突破1700万吨和长庆局服务保障能力的快速提升，奠定了持续有效快速协调发展的坚实基础。实践证明，没有坚实的基层做支撑，一切发展都无从谈起。只有坚持抓基层建设从发展出发，抓发展从基层建设入手，把基层建设的各项工作深入到生产经营的各个环节，才能充分发挥基层组织的政治优势、组织优势，调动广大员工的积极性和创造性，投身于企业加快发展的火热实践。

二是必须坚持以基层领导班子和党支部建设为核心。全局各级基层班子和党支部始终站在改革、发展、稳定的第一线，坚定不移地贯彻执行党的路线方针政策，坚定不移地落实中国石油集团和长庆局的各项工作部署，坚定不移地带领广大党员干部员工努力完成各项生产任务，坚定不移地实现好、发展好、维护好员工的切身利益，充分发挥了“堡垒与旗帜”的作用。实践证明，基层班子和党支部是基层队伍的“龙头”与“核心”。我们抓基层，就要首先抓好班子建设和支部建设，着眼基层、立足基层，“谋实”工作思路、“抓实”活动载体、“靠实”体制机制、“落实”工作部署，这样才能使基层始终充满生机与活力。

三是必须坚持全面提升职工队伍整体素质这个根本。高素质的员工队伍是企业持续发展、稳定发展的根本所在。多年的发展实践证明，正是因为我们大力推进“三支队伍”建设，特别是2006年以来“三大活动”的广泛深入开展，使一大批技术能手、岗位明星脱颖而出，充实壮大了我们的技术骨干队伍和高技能人才队伍，也正是这部分“领军”人物在生产一线屡创佳绩、在科研战场攻坚啃硬、在后勤基地优质服务，才推动了长庆局的大发展、大跨越。

四是必须坚持不断夯实基层基础管理这个基石。管理是企业永恒的主题。基层建设的各个方面都离不开有效的管理，只有管理工作上得去，基层建设才能上水平。几年来，长庆局坚持不懈地狠抓基础管理，不断强化生产管理、经营管理、安全管理和民主管理，建立完善各项规章制度，规范企业管理行为，促进了基础管理再上新台阶，实现了基层建设与企业同步发展。实践证明，只有抓住管理这条主线不放松，在管理科学化、制度化、规范化、专业化上下工夫，才能做到有法可依、有章可循、有序推进，以科学高效的管理推动基层建设水平的不断提升。

五是必须坚持以人为本、构建和谐这个主题。基层建设的内涵十分丰富，涉及企业的方方面面，直接与员工的生产生活密切相关。究其本质而言，基层建设的核心在人。实践证明，基层建设必须以人为内动力，如果基层没有活力，就难以推动整体工作；基层不和谐，就难以推进企业发展。因此，在推进基层建设上，必须紧紧抓住活力与和谐这个关键点，关爱员工、关注员工，切实维护员工利益、促进员工全面发展，最大程度地激发员工的内动力、执行力和无限潜能，使每一位员工依靠组织和团队的力量，在为企业奉献的同时，实现自身价值的不断升华。

与此同时，我们也应当清醒地认识到，长庆局基层建设还存在一些薄弱环节和亟待改进的地方。主要是：基层建设发展还不够平衡，工作水平存在较大差异；基层党支部“六个一”创建工作才刚刚起步，一些基层干部素质亟待提高；基层员工队伍结构性矛盾比较突出，整体素质有待进一步提升，特别是技术人才、操作骨干较为短缺；个别单位基础管理依然比较粗放，现场标准化管理尚需加强，尤其是我们的安全生产形势仍然比较严峻，等等。这些问题需要我们高度重视、深入研究，在下一步工作中认真加以解决。

基层的重要地位和基层建设的极端重要性，决定了我们必须始终不渝、毫不松懈地持续加强基层建设，不断强化基础管理，打牢永续发展的根基。当前和今后一个时期，长庆局基层建设工作的指导思想是：以科学发展观为统领，以加强基层领导班子和党支部建设为核心，以全面落实岗位责任制、强化现场管理、实现本质安全为重点，以打造高素质员工队伍、促进企业与员工和谐发展为目标，进一步夯实管理基础，全面提升管理水平，着力构建基层建设长效机制，为推进长庆局持续有效快速协调发展奠定坚实基础。长庆局基层建设的工作标准是：领导班子坚强，支部作用突出；队伍结构合理，员工素质优良；管理科学规范，确保安全稳定；工作业绩显著，经济效益良好。

下面，就进一步加强和全面推进基层建设工作，我再强调三点意见。

一、统一思想、明确目标，进一步提高对加强基层建设重要性和紧迫性的认识

基层建设是长庆局整体工作的重要组成部分，更是促进长庆局持续有效快速协调发展的关键环节和根本保证。我们必须站在坚持科学发展、构建和谐长庆的高度，进一步认清加强基层建设的重要意义，切实增强做好基层建设工作的责任感和紧迫感，统一思想，团结一致，齐心协力推动基层建设各项工作再上新水平。

1. 加强基层建设是贯彻落实中国石油集团“把鄂尔多斯盆地建设成为我国重要的石油天然气能源基地”的战略需要

2007 年 5 月，蒋洁敏总经理在长庆油田调研时，从保障国家能源安全、构建和谐社会的高度，明确提出要“把鄂尔多斯盆地建设成为我国重要的石油天然气能源基地”，既指出了长庆油田在中国石油可持续发展中的战略地位和重要作用，也为长庆油气大发展勾画出了宏伟蓝图，更为我们做好当前和今后一个时期的工作指明了方向。这是中国石油集团“东部硬稳定，西部快发展”和建设综合性国际能源公司的战略要求，也是一项长期而艰巨的战略任务，更是历史赋予我们的光荣使命和重大责任，需要我们戮力同心、共同奋斗，需要全局上下埋头苦干、扎实工作，坚定不移地向前推进。在这个过程中，基层承担着繁重的任务，担当着重要的角色。因为每一项重大决策和重点任务都需要通过基层来实施，每一项工作完成的质量，最终都取决于基层执行的力度、推进的水平和创新的能力。可以说，基层兴则企业兴，基层强则企业强。我们只有切实把工作重心放在基层，大力加强基层建设，才能使基层真正成为坚强的基石，更好地服务于长庆油气大发展。

2. 加强基层建设是长庆“发展大油田、建设大气田，创建模范和谐矿区”的内在要求

长庆油田作为中国石油集团实现可持续发展的主力军之一，2010 年要实现年产油气当量 3000 万吨。这既是油田双方的共同责任，也是实现共同发展的战略目标。长庆局作为中国石油集团重要的地区性工程技术服务企业，依靠服务、搞好服务、提升服务、确保服务的指导思想和经营理念，在任何时候、任何情况下都不容动摇。基层作为生产、经营、科研的基本单元，是长庆局全部工作的主要载体和平台，必然要直接承担起增强服务保障能力的重任，而形成这种能力与素质的根本在基层，在于基层建设的水平。我们必须着眼于长庆油气发展大局，继续唱响“我为祖国献石油”的主旋律，紧紧围绕油气增储上产这个中心，全面加快基层建设步伐，在打造综合实力上提升层次，在增强服务保障能力上提高标准，为长庆油田实现更快、更大的发展，提供优质、高效、安全、快捷的技术服务、生产服务和后勤服务。

3. 加强基层建设是长庆局实现“十一五”发展目标的基础工程

“十一五”将是长庆油田发展史上走向辉煌的战略机遇期，年产 3000 万吨油气当量目标的实现，必将为长庆局提供稳定的市场、充足的工作量和千载难逢的战略机遇，长庆局也必将迈上科学发展的“快车道”。《长庆局“十一五”发展计划纲要》提出了“建设国内一流、西部领先，以工程技术服务为主、各类业务协调发展，与相关利益者和谐共建、具有较强市场竞争力的综合性地区服务公司”的目标，2007 年长庆局工作会议又明确了“14633”的工作思路和工作部署。基层作为企业战略执行、发展目标实现、工作任务推进的主体，毫无疑问是实现这一目标的坚实基础，需要付出艰辛的努力，需要有扎实的基层工作、一流的基层队伍来支撑。我们必须深刻认识基层建设工作的重要现实意义，牢固树立敏锐的机遇意识、强烈的发展意识、高度的责任意识、厚重的人本意识，进一步增强做好基层建设工作的责任感和使命感，激发和调动基层一切力量，瞄准目标、勤奋工作、创新奉献、整体推进，切切实实把长庆局总体工作部署落实到位，确保各项奋斗目标的顺利实现。

4. 加强基层建设是长庆局凝聚力量、科学发展、提升核心竞争力的有效途径

实现企业科学发展、和谐发展，队伍是根本，重心在基层。我们必须认识到，基层是长庆局发展的根本所在，也是全局物质财富和精神财富的创造者。很难想象一个组织涣散、管理粗放、队伍素质低下的企业，能够在市场竞争中立足和发展。同时也必须认识到，实现企业与员工、企业与企业、企业与社会、人与自然之间和谐相处，共同发展的基础也在基层。如果没有一支积极进取的员工队伍，没有一种健康向上的文化氛围，企业就难以和谐发展、持续发展。因此，加强基层建设，就是要通过建立长效机制，在投资方向、政策制定、环境改善和办实事等方面向基层倾斜，努力建设稳定基层、和谐基层、活力基层；就是要通过基层党支部和党员先锋模范作用的充分发挥，进一步密切党群、干群关系，调动一切积极因素，共同推进企业发展；就是要通过加强环境保护，

实施清洁生产和绿色作业，不断创造能源与环境、人与自然之间的和谐；就是要通过强化安全生产和职业健康管理，改善员工工作、生活条件，营造“快乐工作”环境，依靠基层凝聚力量、激发干劲、鼓舞士气，不断增强长庆局持续有效快速协调发展的物质基础、政治保障和精神动力。

二、结合实际、突出重点，努力把长庆局基层建设提高到一个新水平

古语云：“欲流之远，必先浚其源；欲树之高，必先固其根”。这次会上，长庆局已经明确了基层建设示范点创建目标。这个推进目标能否如期实现，取决于各级组织、各级领导对基层建设工作的认知程度和投入力度，取决于各单位是否建立起了完善的基层建设工作长效机制，取决于基层是否具有强烈的自建意识。各单位、各部门要增强工作的主动性和创造性，以基层建设示范点创建活动为载体，固本强基，积极实践，努力把基层建设成为广大员工施展才华的大舞台、创新奉献的主战场。加强和推进基层建设工作，必须着力突出“五个重点”，坚持做到“五个结合”。

1. 着力突出基层领导班子和党支部核心作用，坚持把加强基层建设与打造坚强有力的基层领导力量和工作堡垒紧密结合起来

基层领导班子和党支部建设是基层建设的核心内容，是落实和推动基层建设各项工作的关键。长庆局加快推进基层建设，就是要以提高素质、优化结构、增强能力为重点，以党支部“六个一”创建工作为主线，在提高党支部战斗力上下工夫，在提高基层干部服务群众自觉性上下工夫，在提高党员素质、发挥党员模范带头作用上下工夫，努力把基层领导班子和党支部建设成为坚强有力、奋发有为、员工拥护的领导核心和战斗堡垒。

一是要建设过硬的基层班子。要以适应长庆油气大发展的需要为前提，按照“四同步”要求，加强基层班子的选配、管理和考核监督，把那些文化素质高、发展潜力大、基层工作经验丰富的同志选配到基层领导班子中，特别要注重增强党支部书记和基层队长的政治素质、技术素质、管理能力和操作能力，使他们不仅要“当家”、“管家”，还要成为“行家”、“专家”，切实提高基层班子带队伍的能力，打造强有力的基层领导力量。

二是要发挥基层党组织引领发展的作用。有为才有位。要完善和推行目标管理，把基层班子建设、党支部建设、员工队伍建设、企业文化建设同生产经营工作有机地融合在一起，坚持和运用民主管理、思想政治工作、党团课、业务培训和主题教育活动等行之有效的方式，找准党建工作与生产经营工作的最佳结合点，切实履行好宣传职工、组织职工、引领职工、服务职工和保障生产的职责，使基层党组织成为引领长庆发展的前哨阵地。

三是要强化基层党组织的教育管理功能。要以增强党员业务能力和发挥作用为重点，深化“党员责任区”、“党员示范岗”、“双培双提高”、“党员人人有绝活”、“党员身边无违章”等特色活动，造就优秀的党员团队，使广大党员在生产建设、科研攻关和基层管理的各项实际工作中，真正做到“完成任务多于群众、工作质量优于群众、技术水平高于群众、奉献精神强于群众”；在安全生产、促进发展、维护稳定等各项急难险重任务面前，真正做到“平时言行能看出来、困难面前能站出来、生死关头能豁出来、利益面前能让出来”，使党员身份更加闪亮，先锋模范作用更加突出。

2. 着力突出基层队伍素质建设，坚持把加强基层建设与实现员工的全面发展紧密结合起来

要实现企业与员工的共同发展，必须全面提高基层队伍的整体素质。关心员工、爱护员工、发展员工，是长庆局牢固树立并全面落实科学发展观，以人为本、构建和谐的具体体现。

一是要努力提高员工队伍整体素质。提高员工整体素质是基层建设的根本。要加强基层干部的思想政治素质和业务素质建设，加大综合技能培训力度，健全干部交流激励机制，创造公平公正的竞争环境，使基层干部尽快成长为生产建设的“专才”、经营管理的“通才”，努力打造作风好、素质优的基层干部队伍。要加强人才开发管理，健全人才培养机制，创造良好工作条件，倡导团结协作、集体攻关的团队精神，促进广大技术人员再学习、再教育、再培训、再提高，着力提升基层技术人员解决实际问题的能力，努力打造技术精、业务强的基层专业技术人才队伍。在我们的员工队伍构成中，岗位操作服务人员的基数最大，占到了全局用工总数的70%以上，这是长庆局提升核心竞争力的最重要基础，必须坚持从全局的高度和战略的高度，精心谋划好操作服务人员队伍建设。要按照长庆局员工教育培训工作总体部署，突出“体制、机制和资源配置”三大工作着力点，健全完善基层员工学习知识、参加培训、增强技能、锻炼提高的工作机制，积极搭建员工成长成才的平台。继续广泛深入地开展“技术大培训、岗位大练兵、技能大比武”和“争创学习型班组、争当知识型员工”等活动，激励广大员工立足岗位学技术、钻业务，切实增强劳动本领和创新能力，使员工队伍整体向技术型、技能型发展，努力打造能力强、本领高的岗位操作服务人员队伍。

二是要倾力改善基层生产生活条件。长庆油田特殊的工作环境和工作性质，客观上使基层的同志非常辛苦，夏天顶烈日、冬天冒严寒，晴天一身汗、雨天一身泥。心系基层、情牵基层、服务基层，是我们各级领导干部和两级机关的职责所在。要坚持以人为本、关爱员工，积极创造条件改善基层员工的工作生活条件，提高福利待遇，适时修订、调整、充实和完善激励、教育、聘任、休假、医疗、保险等制度政策，加大对健康安全隐患的整治力度，探索建立新的工作机制，全心全意维护好员工的切身利益，从根本上促进企业与员工的全面进步。需要特别强调的是，赴外作业特别是在境外工作的同志，舍家离乡，比我们更辛苦。2006年，长庆局在生产生活条件改善、员工休息休假，以及相关福利保障等方面做了大量工作，2007年还要继续加大工作力度，使这些同志能够安心、顺心、舒心地工作。要认真贯彻落实中国石油集团新近出台的《关于加强和规范一线队伍管理的意见》，切实加强一线队伍劳动组织管理，完善一线人员补充接替和有序退出机制，强化岗位管理，抓好培训落实，营造良好的工作和生活环境，加快建立一线队伍建设长效机制。利用三年左右的时间，实现技能操作人员100%参加培训、100%持证上岗、100%掌握岗位应知应会操作知识和技能。

3. 着力突出基层基础管理，坚持把加强基层建设与提高基层执行力紧密结合起来

基础不牢，地动山摇。基层基础管理是长庆局整个工作的根基，而执行力的强弱又直接决定着管理方式方法的成败。我们必须立足当前、着眼长远，扎扎实实打好企业发展的基石，一丝不苟地抓好企业的基层基础管理工作。

一是要切实加强制度建设。制度建设是基层工作的基础，没有一套科学完善的制度，基层建设工作就无法落到实处。要针对长庆局发展形势和市场环境的变化，认真清理和废止不符合基层实际的制度、规定和做法，积极为基层“减负”，及时研究建立新的工作制度体系并抓好落实，切实发挥制度的强制规范作用和激励约束作用，形成管理人员重业绩、技术人员比创新、岗位员工论技能的核心价值观，确保基层各项工作科学、规范、高效、协调运转。

二是要严格执行岗位责任制。“以岗位责任制为中心的基础工作”是大庆的基本经验，也是“三基”工作的重要内容之一。我们过去每年都要开展岗位责任制大检查，目的只有一个，就是督促抓落实。总结和分析我们发生过的各类事故、工作中出现的各种问题，并不是装备所不及，也不是技术所不能，更不是措施所不全，多数是对制度的漠视，对职责的不作为。所以，我们不但不能冷落和丢掉这个石油企业的“传家宝”，而且还必须发扬光大，通过狠抓岗位责任制落实，增强岗位责任心、提高执行力，使岗位操作人员清楚知道自己该干什么、怎么干、干到什么程度，自觉地上标准岗、做标准事、干标准活。

三是要加快推进 HSE 体系建设。近日，中国石油集团召开了 HSE 管理体系推进工作视频会议。按照会议精神要求，要加快 HSE 体系建设，完成对现有健康、安全、环境管理理念的整合，逐步从分类管理过渡到体系管理，使整个生产过程都处于受控状态。要加强 HSE 管理，切实加强监督检查和过程控制，坚持把“规定动作”做准确，坚决杜绝“自选动作”。要积极推行异体监督机制，建立完善相关的保障制度，实现对整个生产作业过程的全面监督，有效降低安全生产风险，从源头和根本上解决安全生产中的突出问题，努力实现本质安全。

四是要加强标准化建设。标准化包含三方面，即管理标准化，要求基础管理扎实，规章制度齐全，原始记录准确；现场标准化，要求工作现场符合作业标准，安全、文明、卫生、整洁；操作标准化，要求每个员工严格执行操作程序和动作标准，使人—机(物)—环境达到最佳状态。标准化建设最根本的要求，就是要按规操作、照章行事、讲求程序，坚决做到执行制度不掺水、落实政策不变通、推进工作不打折。昨天，大家参观的几个生产现场，是全局基层标准化建设的典范，他们在操作上不准许一个“挂空挡”，在技术上不放过一个“低标准”，在管理上不原谅一个“小差错”，在态度上不容忍一个“过得去”，这就是对标准化的最好诠释。

4. 着力突出业绩与效益，坚持把加强基层建设与实现各路工作持续提速、整体提速紧密结合起来

基层是企业效益产生的源泉，同时也是创造财富的主体。加强基层建设的最终目的，就是为了实现长庆局又好又快发展。

一是要确保全年目标的实现。2007 年是长庆油田持续大发展的重要一年，年产油气当量将突破 2000 万吨，同时也是长庆局快速发展的关键一年，全年要完成钻井进尺 400 万米，实现主营业务收入 125 亿元。这无论是从量的变化，还是从质的变化来看，都是一个大的飞跃。从目前各路生产情况看，截至 6 月 25 日，钻井完成年计划的 47%；录井完成年计划的 43%；试油压裂酸化完成年计划的 32%；井下作业完成年计划的 42%；建筑施工完成年计划的 22%；低效储量油气合作开发分别完成年计划的 49%和 44%。虽然我们已经踏上了实现全年工作目标的步子，但任务依然艰巨而繁重，必须坚持“三靠两保证”的提速原则，通过脚踏实地、埋头苦干来实现，要以各路工作的持续提速、整体提速推动和检验基层建设，并通过加强基层建设促进和保证各项目标任务的圆满完成，实现效益最大化。

二是要确保长庆局的整体效益。2007 年，长庆油田年产油气当量要在 2006 年的基础上净增 300 万吨，长庆局也要在力保油气增储上产的同时，实现钻井整体提速 30 万—45 万米、主营业务收入增加 10 亿元以上，可谓生产任务艰巨、经营形势严峻，实现这一

目标，机关责无旁贷，基层责无旁贷。无论是工程技术服务系统、生产服务系统，还是基地后勤服务系统，都要积极行动起来，认真履行好工作职责，切实加强和规范内部管理，在节约挖潜、费用控制上下工夫，在提高服务质量和能力上下工夫，通过扎实有效的工作，确保业绩目标的实现。在服务好油田内部市场的同时，还要注重抓好在外部市场服务作业队伍的管理，通过高标准、高质量地推进基层建设，促进海外市场、塔里木市场取得更大的收益。

三是要确保投资项目的高效运行。2007年，长庆局在为员工办实事方面，出台了一系列重要举措，投资项目、在建项目很多。能否把涉及员工切身利益的好事办实、实事办好，关键在于各级领导干部能否把自己肩上的职责履行好并落实到位。各级领导干部必须讲大局、重责任，讲纪律、重协调，坚持把推动本单位的局部发展与长庆局的整体发展结合起来，把维护基层员工的眼前利益与长远利益结合起来，采取有力措施，保障项目运作，切实把惠及员工的“民心工程”建设好。

5. 着力突出企业文化建设，坚持把加强基层建设与建立具有长庆特色的企业文化体系紧密结合起来

良好的文化来源于基层。企业文化只有融入基层发展实践，才具有发挥作用的着力点和不断创新的生长点。

一是要用特色文化凝聚发展力量。长庆局工作区域点多、线长、面广，基层队站或野外施工，或地处偏远，或流动作战，是一个“没有围墙的工厂”。生动而丰富的基层是孕育文化的沃土，是推进文化创新的良田，长庆企业文化是在广大员工长期的工作实践中产生的，具有强大的生命力。要按照中国石油集团“四统一”要求，继承和发扬长庆精神，让“攻坚啃硬、拼搏进取”深深扎根于基层，充分体现在每个岗位上。要以企业文化示范基地建设为载体，精心构建具有长庆特色的企业文化，凝聚人心，提升素质，形成推动企业发展的强大精神动力和力量源泉。

二是要重点突出塑造安全文化。国际石油公司安全文化的发展大体经历了三个阶段：第一是解决装备及工艺安全阶段；第二是标准化操作阶段；第三是构建安全文化阶段。目前，许多国际知名石油公司已经进入安全文化阶段，就是通过员工自律自觉实现安全，这也是现代企业的一个重要标志。安全文化对促进员工安全生产具有显著的教育、规范和警示功能。要在强化制度约束的同时，大力倡导和宣传“安全是天，是责任，更是政治和大局”的安全理念，通过对员工进行潜移默化的熏陶，促进安全文化真正融入生产、施工、服务的全过程，让员工在人文关怀中受到教育，使员工的安全意识和安全责任感不断增强，规章制度执行力和行为养成能力持续提高，实现从“要我安全”向“我要安全”、“我会安全”向“团队互助”的境界转变。

三是要在文化创建中培育团队精神。员工是企业文化的创造者、实践者和承载者，有很多的创新和创造，也有很多好的做法和经验。要坚持“尊重员工每一项提议、理解员工每一种需求、激活员工每一份潜力、助推员工每一次进步”的原则，充分发挥员工的积极性、主动性和创造性，通过特色文化的自我建设，提炼出符合员工实际、反映基层风貌、凝聚队伍力量的基层文化理念，使员工始终保持旺盛的斗志和工作热情。要深入开展“建家”活动，丰富内容，完善机制，营造和谐，进一步增强基层员工的归属感、荣誉感、责任感，真正使员工在“文化享有”上各得其利，在“文化创造”上各尽其能，努力形成支撑企业改革发展稳定的“人和”

动力。

三、落实责任、扎实推进，确保基层建设目标任务全面完成

基层是企业的基础，员工是战斗力的主体。没有基层建设的科学发展，就不会有整个企业的可持续发展和战斗力的生成，就难以完成我们作为国有企业所肩负的重要历史使命和切实履行好“三大责任”。长庆局是一个庞大的系统，基层建设是其中最为重要的环节。基层与机关之间、基层单位之间既相互联系，又相互制约。只有科学统筹基层各方面的工作，使其相互配合、相互促进，才能解决好基层建设实践中出现的新情况、新问题，使基层更具有凝聚力、战斗力。

1. 统筹规划、整体联动，形成基层建设齐抓共管的工作格局

基层建设既是基础性工程，也是全局性工程。“搭台”靠上面，“唱戏”靠下面，单凭上级机关的推动，或基层自身的努力，都难以实现基层建设协调发展的目标。因此，既要充分发挥好局、处机关的领导作用，也要充分调动基层单位的主导作用，做到上下联动、协调发展。

一是要增强领导班子的责任意识。要切实把基层建设工作摆到各级班子的重要议事日程，充分发挥好“设计师”的作用，构筑好基层建设的总体框架，制定好基层建设的具体方案，防止“各吹各的号，各唱各的调”。基层建设千头万绪，情况复杂，各级领导要按照“倾向性问题及时解决、突出矛盾慎重化解、战略问题逐步解决”的原则，善于抓主要矛盾，做到主次分明、忙而不乱、整体联动、有序推进。

二是要增强机关各部门的合力意识。两级机关要按照“分级负责、全员参与、横向分路、纵向分层”的指导原则，形成一级抓一级、层层抓落实的齐抓共管的领导体制和工作格局。机关各部门要按照基层建设规划目标和工作部署，把延伸到本部门的有关工作纳入工作系统和工作规划。各部门布置任务时，要充分考虑基层的实际情况，坚持想基层所想、急基层所急，统筹安排，加强协调，为基层多服务、少添堵，多办事、少添乱。

三是要增强基层单位的自建意识。基层单位要按照全局基层建设目标要求，不等不靠，创新实践，努力推动基层建设向更高层次、更新境界不断攀升。这次基层建设工作推进会，既是一次学习交流会，也是一次动员部署会，我们提出了推进目标，确定了工作任务，会后要做的工作很多。各单位要按照长庆局的总体部署和目标要求，高度重视、积极行动、各负其责、合力推进，努力开创长庆局基层建设工作的新局面。

2. 转变作风、履行职责，发挥领导干部的引领推动作用

基层是我们全部工作的出发点、着力点和落脚点。各级领导干部和两级机关务必按照“六个要坚持、六个不允许”的要求，切实转变领导作风和工作作风，牢固树立基层观点和群众观点，心系基层、服务基层。

一是要满腔热情，服务基层。各级领导干部和机关工作人员要有强烈的服务意识，想问题、办事情、做决策，都应当以解决基层问题、增强基层活力为出发点。要坚持“一线工作法”，深入基层，调查研究，有计划、有目的、有重点地到基层一线去、到野外现场去，尤其要到困难大、矛盾多的基层单位去“蹲点”，找出问题症结，指导基层工作，帮助基层打开局面。

二是要求真务实，狠抓落实。长庆局基层建设的工作思路、目标和重点都已经明确，关键是要狠抓落实。抓落实是检验基层执行力的唯一标准。抓落实就是要坚持高标准，但不能搞“高指标”，布置工作、下达任务，必须充分考虑基层的实际承受能力，只有从

实际出发，目标符合实际，举措切实可行，基层建设才能健康发展。抓落实就是要求各级领导干部提高执行力，扎扎实实做事，多干榜上无名但基层十分需要的事，多干上级不易看到但基层普遍欢迎的事，多干一时难以见效但对长远发展有好处的事，多干无益于个人扬名得利但对基层建设有益处的事。

三是要建立机制，确保长效。基层是一面镜子，群众是一把尺子。机关工作是否到位，基层最有发言权。要坚持贴近生产、贴近现场、贴近员工的“三贴近”原则，把加强和深化基层建设的重点放在长效机制的建立上，履行职责服务基层，依靠基层建设基层。全面推行基层评价机关制度，把基层是否满意作为评价机关工作的重要标准，把机关工作与基层建设情况进行工效挂钩考核，从机制上促进机关服务基层质量与效率的提升。组织部门要对抓基层工作有思路、有办法、成效显著的基层单位领导，加强管理、重点培养，择机提拔使用，把想干事、能干事、会干事，懂技术、善管理、年轻有为的同志，提拔到领导岗位上来，给他们以更大的舞台，让他们为长庆局的发展作出更大的贡献。

3. 以点带面、典型引路，促进全局基层建设水平进一步提高

基层建设没有典型就没有说服力，就没有生动的工作局面。加强基层建设，全面提高基层队伍的整体素质，做好经验的交流和推广，发挥典型的示范和带动作用十分重要。这次会上，我们选树了一批全局基层建设的先进典型，部分单位交流了经验和做法，目的就是要让大家对照先进找差距、拓思路、增动力，以点带面，整体推进。

一是要加强宣传，典型带动。要充分利用报纸、电视、网络三大强势媒体和各种有效手段，大张旗鼓地宣传基层建设工作中的标杆和典型，积极营造比学赶帮、争创一流的良好氛围，切实发挥典型的感召力和影响力。各单位要注意挖掘典型、培育典型，使典型形象更加真实、饱满、生动，在员工中树立起可亲、可敬、可信、可学的榜样，用自己身边的典型引导和带动基层建设工作不断深入开展。

二是要打造品牌，扩大影响。要把典型示范作为推动基层建设的有效手段和重要途径，积极刻树样板，充分发挥“品牌”效应，通过“请进来、走出去”，对典型进行精心培育和重点推介，通过多种渠道宣传和扩大示范点的典型经验和做法，让长庆基层建设的“品牌”真正“走出去”，为长庆局基层建设持续注入活力，为中国石油集团基层建设工作锦上添花。

三是要取长补短，整体推进。“一枝独秀不是春，百花齐放春满园”。这次会上命名的一批典型样板，各具特色、亮点突出，具有很强的示范作用。各单位要以这次会议为起点，向示范点看齐，加强相互之间的学习、交流和借鉴，结合实际全面推广和扩大成果，通过再总结、再创新，推动全局基层建设工作整体协调发展。

同志们，基层是长庆局各项决策和工作部署全面贯彻落实的基本单元，是长庆局全部工作和竞争力的基础工程。发展大油田、建设大气田，创建模范和谐矿区，把鄂尔多斯盆地建设成为我国重要的石油天然气能源基地的新形势、新任务、新目标，对长庆局基层建设工作提出了更新更高的要求。让我们坚持以科学发展观为统领，精心谋划、创新实践、脚踏实地、埋头苦干，筑牢基层建设基础性工程，努力把我们的基层建设工作提高到一个新水平，全面推进长庆局持续有效快速协调发展！

（长局办发［2007］20号）

苟三权在长庆油田矿区服务系统改革实施工作会议上的讲话

（2007 年 7 月 31 日）

同志们：

根据集团公司的统一部署和总体要求，今天我们召开长庆油田矿区服务系统改革实施工作会议。刚才，刘自强宣读了《长庆油田矿区服务系统改革实施方案》，滕玉林宣读了中国石油集团关于《长庆油田矿区服务系统改革实施方案》的批复，也宣布了中国石油集团人事劳资部《关于沈双平等 3 人任职的通知》和长庆局矿区服务事业部领导班子，张启英宣布了长庆局矿区服务事业部机关和有关单位、部门领导班子。以此为标志，长庆油田矿区服务系统改革进入实质性实施阶段。根据会议安排，我首先简要传达一下刚刚结束的中国石油集团领导干部会议精神，其次就长庆油田矿区服务系统改革实施工作讲几点意见。

一、深入学习贯彻中国石油集团领导干部会议精神

2007 年 7 月 18—20 日，中国石油集团领导干部会议在大庆油田召开。出席这次会议的有：国有重点大型企业监事会主席韩修国、中国石油集团党组成员、总经理助理、股份公司管理层成员、中国石油集团部分老领导，中组部、中宣部、全国总工会能源化学工会等中央和国家相关部委有关领导同志应邀出席了会议。中国石油集团、股份公司所属企事业单位、专业公司、机关部门主要负责同志共 300 多人参加了会议，黑龙江省委副书记、常务副省长栗战书同志到会致辞。

会议用一天半时间参观了大庆油田铁人纪念馆等 10 个传统教育基地与先进基层单位；会上中国石油集团党组书记、总经理蒋洁敏传达了 2006 年以来中央领导同志关于中国石油的一系列重要指示和讲话精神，并代表中国石油集团党组作了题为《发扬大庆精神　加强基层建设　努力实现集团公司科学发展和谐发展》的主题报告，会议结束时，蒋总又作了重要讲话。辽河油田、大连石化等 6 个单位和个人作了典型发言；中国石油集团副总经理周吉平作了 2007 年上半年生产经营总结和下半年工作安排的报告；会议表彰了 10 名标兵个人（我局职工刘玲玲同志被评为中国石油集团“十大标兵”，为长庆油田赢得了荣誉）、100 个标杆班组（我局有 3 个：钻井工程总公司 70518 钻井队钻井工程一班、井下技术作业处压裂大队压裂五队二机组、建设工程总公司新疆工区道桥项目部路面作业组）、1000 个先进班组（我局钻井工程总公司 30533 钻井队工程一班等 23 个班组获此殊荣）。会议结束前，中国石油集团党组成员、纪检组长王福成作了总结讲话，并对贯彻落实会议精神提出了要求。这次会议收获很多，概括起来主要有三点：一是重温了大庆石油会战艰苦创业的光荣历史，接受了一次大庆精神、铁人精神再教育。二是学习了兄弟油田尤其是大庆油田基层建设的经验，看到了工作上的差距，明确了中国石油集团关于加强基层建设的总体部署、目标、任务和工作要求。三是进一步领会了中国石油集团关于科学发展、和谐发展的基本要求，明

确了工作的目标和方向。

蒋总的主题报告就继承和发扬大庆精神、铁人精神，加强基层建设工作，培养一支铁人式的石油员工队伍，促进中国石油集团科学发展、和谐发展，作了全面的部署，提出了明确的要求，对中国石油集团当前和今后一个时期的工作具有重要的指导意义。重点讲了四个方面的意见。

1. 大庆精神、铁人精神永远是我们的宝贵精神财富

蒋总指出，大庆精神的基本内涵是："为国争光、为民族争气的爱国主义精神，独立自主、自力更生的艰苦创业精神，讲究科学、'三老四严'的求实精神，胸怀全局、为国分忧的奉献精神"，概括起来也就是：爱国、创业、求实、奉献。铁人精神是对王进喜同志崇高思想、优秀品德的高度概括，是我国石油工人精神风貌的集中体现，是大庆精神的具体化、人格化。

大庆石油会战中形成的优良传统和作风主要包括："两论"起家、"两分法"，这是大庆油田的基本功，就是通过学习《实践论》和《矛盾论》，用辩证唯物主义的立场、观点、方法，去分析、研究、解决油田开发建设中的一系列问题。"三老四严"、"四个一样"是石油职工过硬作风的集中体现，这就是对待革命事业要当老实人、说老实话、做老实事，对待工作要有严格的要求、严密的组织、严肃的态度、严明的纪律；做到黑夜和白天一个样、坏天气和好天气一个样、领导不在现场和领导在现场一个样、没有人检查和有人检查一个样。"五条要求"是石油职工的行为规范；"三个面向、五到现场"是领导机关工作的基本指导思想；"三基"工作是大庆油田加强基层建设的基本经验；"岗位责任制"是大庆油田最基本的生产管理制度。"抓生产从思想入手，抓思想从生产出发"的"两抓"是大庆油田抓思想政治工作的基本方法。

报告中强调，面对新形势新任务，我们进行新的创业、实现新的发展，必须大力发扬大庆精神、铁人精神。无论过去、现在还是将来，大庆精神、铁人精神永远是鼓舞百万石油员工奋勇前进、不断胜利、再创辉煌的不竭动力和强大精神支柱。

2. 基层建设取得新进展

报告指出，加强基层建设是大庆经验的主要组成部分，是石油战线的优良传统之一，也是提升企业核心竞争力的重要途径。中国石油集团基层建设取得的新进展主要表现在七个方面：(1) 加强和改进党建工作，基层党组织的战斗堡垒作用进一步增强。(2) 强化安全环保基础工作，安全环保长效机制正在形成。(3) 加强科学管理，基层生产管理水平不断提高。(4) 创建学习型组织，培养知识型员工，基层队伍业务素质有较大提升。(5) 逐步完善劳动用工制度，有效调动广大员工的积极性。(6) 注重改善基层生产生活条件，有力促进了和谐矿区建设。(7) 增强思想政治工作的实效性，员工队伍始终保持良好精神面貌。

蒋总指出，在充分肯定基层建设工作成绩的同时，也要清醒地看到存在的问题和不足。主要表现在五个方面：一是基层建设工作发展不平衡，长效机制尚未形成。二是基层队伍状况变化较大，员工素质不能完全适应企业科学发展的需要。三是基层基础管理存在薄弱环节，队伍执行力有待加强。四是一些单位思想教育比较薄弱，针对性和实效性较差。五是少数基层干部领导管理能力不强，政治、业务素质有待提高。这些存在的问题和薄弱环节，也反映出我们领导和机关思想认识上的不足和工作上的差距。对于基层建设和机关工作中存在的各种问题，必须认真对待，采取有效措施，切实加以解决。

3. 努力做好新形势下的基层建设工作

报告从四个方面强调了加强基层建设的重要意义：第一，加强基层建设，是全面贯彻落实科学发展观、加快公司发展的必然要求。第二，加强基层建设，是构建和谐企业、增强队伍凝聚力的内在需要。第三，加强基层建设，是适应技术进步要求、培养高素质员工队伍的现实选择。第四，加强基层建设，是持续推进管理创新、全面提升企业整体管理水平的有效途径。

蒋总在报告中提出了中国石油集团加强基层建设工作总的要求，即以邓小平理论和“三个代表”重要思想为指导，全面贯彻落实科学发展观，大力发扬大庆精神、铁人精神，坚持以人为本、固本强基、求真务实、继承创新，以加强基层党组织和领导班子建设为核心，以强化基础管理为重点，以提高员工基本素质为根本，不断增强队伍凝聚力、战斗力和执行力，着力构建基层建设的长效机制，为加快建设综合性国际能源公司奠定坚实基础。

报告明确了基层建设的主要目标：

（1）基层党组织健全，领导班子有力。

（2）思想教育到位，先进文化主导。

（3）队伍结构合理，员工素质优良。

（4）管理科学规范，生产安全环保。

（5）条件不断改善，队伍保持稳定。

（6）工作业绩突出，经济效益良好。

报告提出了当前和今后一个时期，加强基层建设要重点抓好七个方面的工作：（1）继承发扬大庆精神、铁人精神，构筑共同的思想基础。（2）加强基层班子建设，努力提高领导管理能力。（3）健全完善和严格落实各项规章制度，努力提高基层基础管理水平。（4）着力抓好培训工作，提升基层队伍技术业务素质。要严格落实持证上岗制度。（5）进一步规范劳动组织管理，稳定一线队伍。（6）深入开展“五型”班组创建活动，提高班组建设水平。在全集团范围内广泛深入地开展学习型、安全型、清洁型、节约型、和谐型班组创建活动，力争在“十一五”期间，80%以上的基层班组达到“五型”班组建设标准。（7）发挥思想政治工作优势，形成奋发有为、共建和谐的良好氛围。

4. 切实加强基层建设工作的组织领导

蒋总强调指出，加强基层建设，必须从各级领导抓起，从领导机关抓起。重点做好四个方面的工作：一是坚持以科学发展观为统领，在构建和谐企业的全局中统筹谋划基层建设工作。二是健全工作体系，落实工作责任。三是转变作风、服务基层，切实解决基层的实际困难。四是领导干部要带头发扬大庆精神、铁人精神，为基层做出表率。

蒋总在会议结束时作了重要讲话，全面概要分析了中国石油集团面临的形势和任务，并对贯彻落实会议精神、做好各项工作提出了总体要求。主要强调了四点：第一，深入学习贯彻胡锦涛总书记的重要讲话精神，进一步统一思想认识。第二，把握好发展定位，努力实现各项业务的协调推进。第三，有序推进重组整合，不断完善有利于整体协调发展的体制机制。第四，调动各方面积极因素，努力营造有利于整体协调发展的良好氛围。

周吉平副总经理的报告总结了上半年中国石油集团取得的九个方面的业绩，指出了五个方面的矛盾和问题，提出下半年要突出抓好六个方面的工作。

上半年，集团公司实现销售收入4624亿元、与2006年同比增长9%，实现利润922亿元、税费888亿元，与2006年同口径相比，分别增长3%和4%。股份公司业绩表现良好，股价再创新高，总市值现居全球上市石油公司第二位，上半年工作成效显著，主要生产经营指标好于预期。主要有九个方面的业绩：

（1）油气勘探获重大突破，产量保持稳

定增长。上半年，国内生产原油 5387 万吨、完成年计划的 50%，生产天然气 260 亿立方米、与 2006 年同比增长 18%。(2) 炼化生产和油气销售平稳运行，供应保障能力不断增强。(3) 国际业务快速发展，经营规模持续扩大。(4) 工程技术实物工作量再创新高，服务质量和水平进一步提升。完成钻井进尺 1256 万米、增长 7.4%。加大水平井推广应用力度，完成水平井 403 口。积极推进欠平衡钻井，完成欠平衡井 64 口。继续推广“磨溪经验”，大力实施钻井提速工程，在长庆、辽河、四川等油气田取得显著效果。(5) 重点工程建设有序开展，企业发展基础更加牢固。东北、西北、西南和海上油气战略通道建设稳步推进，部分领域取得突破性进展。(6) 安全环保形势稳定好转，节能减排工作加快推进。上半年中国石油集团未发生工业生产重大及以上安全环保事故，事故总起数、死亡人数和经济损失均大幅下降。(7) 技术创新能力持续提高，支撑作用有效发挥。(8) 持续重组继续深化，企业管理不断加强。对 10 家炼化上市与未上市企业实施重组整合，整体优势得到发挥，资源配置更加合理。按照市场化运作原则，全面启动矿区服务系统改革，已完成 47 家企业改革方案的批复工作。(9) 党建、班子和队伍建设取得新进展，保持了企业和谐稳定。

当前存在的五个方面的突出矛盾和问题。一是节能减排任务艰巨；二是成本费用全面上升，油气操作成本和人工成本上升偏快，控制成本的压力加大；三是安全生产形势不容盲目乐观；四是和谐矿区建设还有大量工作要做，不稳定因素依然存在；五是中国石油集团整体协调发展的体制机制还不完善，业务发展不够平衡，业务结构不尽合理，有的专业化程度还比较低。

下半年，要突出抓好六个方面的工作：(1) 精心组织生产建设，实现平稳高效运行。(2) 强化营销管理，努力保证市场稳定供应。(3) 突出技术创新和节能减排，加快转变发展方式。(4) 有序推进持续重组，规范和完善各项管理。(5) 扎实抓好安全环保稳定工作，努力构建和谐企业。(6) 以作风建设为重点，进一步加强领导班子建设。

关于会议精神的贯彻落实，中国石油集团党组成员、纪检组长王福成提出了三点要求：第一，认真传达贯彻会议精神，在广大干部员工中普遍进行一次广泛深入的大庆精神、铁人精神传统教育；第二，坚持把工作重点放在基层，进一步形成重视关心基层的良好氛围，打牢企业改革发展稳定的基础；第三，领导干部要带头发扬大庆精神、铁人精神及石油工业的优良传统和作风，切实把会议精神落到实处。

7 月 23 日，长庆局领导班子召开专题会议，传达学习了中国石油集团领导干部会议精神，提出了学习好、贯彻好、落实好会议精神的具体要求。当前，全局上下要按照积极深入、全面细致、不折不扣、结合实际、求真务实的原则，把传达贯彻中国石油集团领导干部会议精神作为近期一项重点工作，切实抓紧、抓好、抓出成效。要积极主动地抓好学习宣传，把学习宣传的效果体现在实际行动和具体措施上，务求取得实效。当前和今后一个时期，要突出抓好四个方面的工作。

一是大力弘扬大庆精神、铁人精神。这次会议重温了大庆石油会战艰苦创业的光荣历史，是一次大庆精神、铁人精神的再学习、再教育，全局上下要以这次会议的召开为契机，大力宣传和弘扬大庆石油会战中形成的“三老四严”、“四个一样”等优良传统和作风，向中国石油集团此次选树的标兵个人、标杆班组及先进班组学习，进一步提高对新形势下坚持发扬大庆精神、铁人精神重大意义的认识，自觉继承发扬优良传统和作风，不断增强队伍的凝聚力和战斗力。全局上下要把弘扬大庆精神、铁人精神，发扬大庆优良传统和作风，以及学习宣传“集团公司十大标兵”刘玲玲的事迹作为这次学习宣传的重要内容。局党委宣传部负责拿出具体的宣传意见，要做到有计划、有目标、有方案、有载体，通过学习宣传，使全体职工受到大庆精神、铁人精神的再教育。

二是全面推进基层建设。这次会议重点对基层建设工作进行了全面部署，从四个方面深刻阐述了基层建设的重要意义，提出了总体工作要求和六个主要目标、七项重点工作，并提出要在中国石油集团范围内广泛开展学习型、安全型、清洁型、节约型、和谐型班组创建活动，力争在“十一五”期间有80%以上的基层班组达到“五型”班组建设标准；会议还组织学习了兄弟油田尤其是大庆油田基层建设的经验，这些经验非常典型、富有特色，值得我们认真学习借鉴。下一步，要按照会议对基层工作提出的新要求，结合长庆局领导干部会议和基层建设会的安排部署，进一步调整工作思路、工作计划和工作方案，制定我局“五型”班组创建的具体标准和工作意见。要切实加大力度、加快步伐，全面推进我局基层建设工作迈上新的台阶。

三是要进一步转变工作作风。加强基层建设，必须从各级领导抓起，从领导干部抓起，这是中国石油集团领导干部会议提出的要求，也是长庆局对各级领导干部和各级机关的要求。各级领导干部和两级机关要带头发扬大庆精神，把“三老四严”、“四个一样”、“五条要求”、“三个面向、五到现场”等良好作风落实到各项工作中，要持续组织开展转变作风的教育活动，以身作则，务求实效，以实际行动为基层和群众作出表率。要按照会议要求，把“群众满意不满意、群众拥护不拥护”作为评价领导干部和机关工作是否到位的基本标准。有关部门要结合干部管理和绩效考核工作，进一步完善考评机制，建立起一套基层和职工群众进行评价的标准和办法，以此促进领导干部和机关作风的进一步转变。

四是要始终坚持科学发展、和谐发展。发扬大庆精神、铁人精神，归根到底还是为发展，科学发展是第一要务，和谐发展是根本目的。当前，中国石油集团、长庆局都面临着良好的发展机遇，我们一定要以学习贯彻中国石油集团领导干部会议精神为契机，按照中国石油集团的总体部署和要求，切实抓好生产提速、安全环保、改革稳定、万套住宅建设工程等重点工作，确保全局各项工作持续稳定健康发展。各单位、各部门要结合本单位、本部门实际，提出如何保持各项工作持续推进和加强管理的工作思路、具体意见，确保将中国石油集团领导干部会议精神真正落到实处，确保长庆局2007年各项工作任务的圆满完成。

二、全面推进矿区服务系统改革

矿区服务业务是长庆局的四大业务之一。加快推进矿区服务系统改革，是中国石油集团发挥整体优势、加强专业化管理的战略举措，是长庆局加快发展的现实需要，也是油田深化改革的必然要求，对于科学发展、和谐发展具有十分重要的意义。这一问题，我在5月17日长庆局医疗卫生系统业务整合暨矿区服务系统改革推进视频会议上，已经讲得比较清楚了，这里就不再赘述了。

中国石油集团明确要求，10月份以前必须完成矿区服务事业部的成立和推动工作，实现“分开运行、分开核算、分开考核”。5月份以来，根据《中国石油天然气集团公司矿区服务系统改革实施意见》的通知精神，长庆局遵循“三统一、三分开”和切合长庆实际的原则，确定了“优化资源，整体设计，分步运作，平稳有序”的总体思路，全面部署了长庆局矿区服务系统改革工作。在认真学习领会、准确把握中国石油集团政策的基础上，制定了详细的工作计划，做了大量艰苦细致的工作。编制了《长庆油田矿区服务系统改革实施方案》，经长庆局、长庆油田分公司和长庆石化分公司共同审定后，于6月中旬向中国石油集团进行了专题汇报，并得到正式批复。

根据中国石油集团《实施意见》、通知精神，长庆油田成立了以长庆局、长庆油田分公司和长庆石化分公司三家单位的主要领导任组长的矿区管理领导小组，并报经中国石油集团批准。按照《实施意见》、通知精神，矿区管理领导小组负责研究决定矿区运行和建设中的重大事务。包括：审议矿区建设规划和年度建议计划，审议矿区服务业务的年度预算、决算和服务价格，协调解决矿区建设、运行中出现的重大问题等。

为加强矿区服务系统改革工作的领导，中国石油集团成立了矿区服务改革领导小组，组长由中国石油集团主管领导担任，成员由中国石油集团、股份公司相关部门的领导组成，并要求各企业相应成立由主要领导负责的矿区服务系统改革领导机构和工作班子，落实人员，明确职责。据此，长庆局成立了由主要领导任组长，长庆局相关领导及长庆油田分公司、长庆石化分公司分管领导任副组长，有关部门领导为成员的矿区服务系统改革领导小组，具体负责长庆油田矿区服务系统的改革工作。这个改革领导小组也随改革实施方案一并得到中国石油集团的审查批准。

按照中国石油集团的要求，经长庆局党委研究，明确了长庆局矿区服务事业部的组织机构，设立了“八部一室”，明确了事业部的领导班子，并报中国石油集团人事劳资部备案，抄报中国石油集团矿区服务事业部。刚才，我们已经对矿区服务事业部领导班子、机构设置及部门主要领导进行了宣布。

目前，长庆石油勘探局矿区服务事业部已经具备了全面推进的一切条件。今天召开本次大会，标志着矿区服务系统改革工作正式进入实质性实施阶段。

矿区服务系统改革涉及业务、资产、人员等方面的整合，涉及体制的调整、职能的划分和机制的转变，是一项情况复杂、涉及面广、政策性强的系统工程。长庆局矿区服务事业部的组建时间较紧、任务繁重、头绪很多，全局广大干部职工特别是各级领导干部一定要深刻领会推进矿区服务系统改革的现实意义和深远意义，充分认识到此项工作的艰巨性和复杂性，坚决做到与局党委、长庆局保持高度一致，迅速把思想和行动统一到中国石油集团的重大决策上来，全面贯彻落实《实施方案》，扎扎实实推进各项工作，确保矿区服务系统改革实施工作的顺利推进。这里，我再提几点具体要求。

第一，严肃组织纪律。严格按实施方案规定和要求推进改革，对业务人员和资产的划分，要坚持原则，把握政策，不允许搞政策变通，不允许乱开口子，更不允许各行其是，对一些共性的问题必须确保同一问题相同的政策，保持政策的统一性、一致性。各级干部要进一步严肃组织纪律、工作纪律，对于按规定划转的人员，包括领导干部必须无条件服从。对于违反组织纪律、不服从划转的人员，将严肃责任追究和处理。

第二，切实加强组织领导。矿区服务系统改革在局党委、长庆局的领导下，在改革领导小组具体指导下有序推进。组织实施条块结合、明确责任、落实到人。局领导实行分片负责制，具体安排是：滕玉林负责河庄坪综合服务处、靖边物业服务处的组建；蒲建中负责庆城综合服务处的组建；赵业荣负责礼泉综合服务处的组建；谢文虎负责燕鸽湖物业服务处有关人员、资产的划转；杨再生负责昌源综合服务处的组建；凌心强负责和兴园综合服务处的组建；刘自强负责其余物业服务处的组建和人员资产划转，并统筹协调全部物业服务处的组建和人员资产划转工作。同时，长庆局成立综合、财务和人事三个工作组，分别由朱文伯、王红和刘拴孝担任组长，主要按照《实施方案》明确责任，加强协调，相互配合，按计划推进矿区服务系统改革实施工作。

第三，牢固树立“一盘棋”思想。这次矿区服务系统改革，从体制上是内部分开，不是从长庆局分离。矿区服务事业部是长庆局的一个组成部分，接受长庆局党委和长庆局的领导。全局上下、全体干部、广大职工必须要有清醒的认识。广大党员干部必须围绕大局，维护长庆局这个整体，牢固树立“一盘棋”思想，自觉抵制流言飞语，自觉维护《实施方案》的完整和统一，全力确保这项改革按照《实施方案》整体推进。

第四，抓紧推进制度建设和机制建设。矿区事业部的组建启动，先是机构建立、人员的到位，后是规章制度的建立、工作职责的明确和工作流程的梳理，尤其要界定事业部机关与长庆局机关的工作界面。这些工作任务很重、情况复杂，无现成东西可供参照，需要我们认真研究、努力工作、积极探索，建立制度健全、职责清晰、体系完备的运行机制。局机关各有关部门要积极主动地支持事业部的工作，为事业部的迅速组建和工作的平稳顺利启动大开绿灯，强力推进。

第五，认真编制“十一五”发展规划。按照中国石油集团“十一五”发展规划，矿区事业部要抓紧编制《长庆油田矿区服务系统“十一五”发展规划》，对今年的老基地维修改造、棚户区改造以及节能减排项目建设计划，抓紧编制上报，积极向中国石油集团争取项目、争取资金。加大老矿区维护改造力度，加快步伐，使广大职工家属切实感受到、享受到发展与改革的成果。

第六，统筹兼顾，同步推进发展与改革工作。长庆局下半年生产经营任务和各项改革工作十分繁重，各级领导干部一定要牢牢抓住加快发展的良好机遇，扑下身子、真抓实干，做到改革和生产经营“两不误、两促进”。要把推进改革、促进发展、维护稳定一起抓，以矿区服务系统改革为动力，进一步推动长庆局生产经营中心工作，不能因为矿区服务系统改革而影响企业大局稳定、影响生产经营工作及全年经营目标的顺利完成，必须做到统筹兼顾，全面推进。

第七，深入宣传教育，确保油田大局稳定。各单位、各部门要充分运用报纸、电视、网络等手段，大力宣传矿区服务系统改革的重大意义、目标任务和政策措施，统一思想，提高认识，消除顾虑，推进改革。要深入细致地做好思想政治工作，对工作中出现的新情况和群众反映比较集中的问题，要及时掌握，认真研究，正确引导，妥善解决。各级领导干部要勇于克服困难，善于化解矛盾，努力把问题解决在基层，切实做到“思想不散、秩序不乱、工作不间断、矛盾不上交”。凡涉及重大政策问题，要及时向领导小组报告，避免因工作失误和政策上的偏差引起新的矛盾和问题，确保油田大局和职工队伍稳定。

同志们，矿区服务系统改革关系到中国石油集团重大决策部署的贯彻落实，关系到长庆油田的长远发展和繁荣稳定，关系到广大职工群众的切身利益，时间紧、要求高、任务重，实际情况复杂，工作难度很大。我们一定要按照中国石油集团、长庆局的统一部署和总体要求，精心组织，稳步推进，按时、圆满地完成各项工作任务，为长庆局持续有效快速协调发展，为“发展大油田，建设大气田，创建模范和谐矿区”，作出新的更大的贡献！

谢谢大家。

苟三权在长庆石油勘探局全面推进规范职工股暨清理法人实体工作会议上的讲话

（2007 年 10 月 11 日）

同志们：

长庆局全面推进规范职工股暨清理法人实体工作会议，是局党委、长庆局根据形势发展要求召开的一次重要会议。这次会议的主要任务是：认真贯彻落实中国石油集团的总体部署和要求，统一思想，明确目标，总结经验，加快节奏，全面实施规范职工股暨清理法人实体工作，促进长庆局持续有效快速协调发展。

刚才，朱文伯宣读了中国石油集团对长庆局清理规范工作有关事项的批复意见，凌心强就规范职工股暨清理法人实体工作进行了总结部署，谢文虎对规范职工股所涉及的财务资产问题及有关工作程序提出了具体要求。他们都讲得很好、很全面，我完全同意。同时，钻井工程总公司等 6 个单位还结合工作实际，就规范清理工作作了专题发言。我相信，通过今天的会议，将会全面推动和加快实施规范清理工作。

下面，我简要强调三点意见。

一、深刻认识规范清理工作的重要性和必要性

全面推进规范清理工作，首先要统一各级领导干部的思想，深刻认识这项工作的重要性和紧迫性。认识是先导，认识问题不解决，工作就很难开展好。我们有些单位领导对规范清理政策理解不深不透，认识模糊，往往按自己的想法和思维、从自身利益出发对待工作，势必会影响到规范清理的全面推开和顺利完成。今天，把各单位的“一把手”请来，就是要进一步统一思想、提高认识，把思想和行动统一到中国石油集团的决策和长庆局的安排部署上来。

首先要认识到，全面推进规范清理工作，是中国石油集团党组为加快建设综合性国际能源公司所作出的重要决策。1998 年以来，中国石油集团在中央企业中率先重组改制，建立了油公司体制及运行机制，整体竞争实力显著增强。但是，伴随着中国石油集团的快速发展，也逐步凸显出一些深层次问题，特别是多元经济规模快速扩张，法人实体数量急剧增多，投资领域不断延伸，产权链条越来越长，职工持股公司也随之大量滋生。这些多元经济法人实体和职工持股公司，在分流安置富余人员及职工子女，繁荣矿区经济的同时，已暴露出与主体业务同业竞争、重复建设，生产安全环保存在隐患，管理运行、关联交易不规范，以及职工持股或有风险等问题。这些问题的出现，严重影响了中国石油集团的整体发展进程。

2004 年，中国石油集团纪检巡视组通过实地调研，提出了长庆职工股问题，引起了中国石油集团领导的高度关注。为审慎研究和解决职工持股问题，中国石油集团相关部门组成工作组，先后 10 多次对长庆局和长庆油田分公司的职工持股情况进行了系统、深入的调研。2005 年，中国石油集团原总会计师贡华章亲赴长庆，专门针对职工股问题进行了座谈和调研。2006 年下半年以来，中国石油集团对规范职工股问题形成了明确决策，先后两次批复并提出对长庆局规范清理工作的总体部署，要求长庆局在2007年底之前，必须全面完成规范职工股工作。2007年以来，中国石油集团印发了《关于清理规范职工持股公司的通知》，要求各企事业单位必须就职工持股问题进行全面清理和规范，随后又召开股权管理工作会议，对规范职工股工作作出了具体部署和安排。蒋洁敏总经理多次强调：职工持股问题大量存在，长庆最为突出；要进一步清理法人实体，有效处置职工股权，控制和降低经营风险；2007年，要以长庆作为试点，从领导干部做起，全面清退职工股。中国石油集团王国樑总会计师在长庆调研时指出：对规范职工股问题，中国石油集团党组认识高度统一，必须坚定推进，在工作中不能留任何死角。因此，对于规范清理工作，不是要不要开展的问题，而是如何加快实施、全面推进的问题。

其次要认识到，全面推进规范清理工作，是长庆局规范管理、加快发展的内在客观需要。近几年来，长庆局多元经济发展比较快，总体规模不断扩大，在安置就业、提高经济效益等方面，发挥了积极的和不可替代的作用。但从整体来看，多数企业对油田主体的依附性强，业务趋同，管理不规范，质量安全及环保问题较为突出。要解决这些问题，就必须在规范清理工作中，通过职工股回购、置换等途径，强化长庆局国有、集体资本控制力；通过企业间的整合重组，改变目前产业分布散乱、业务重叠的局面，提高产业集中度和资源利用效率。这将有利于理顺长庆局主业与多元经济的关系，进一步夯实发展基础，促进多元经济规范、健康、有序发展。

三是要认识到，全面推进规范清理工作，是从根本上维护职工切身利益的重要举措。目前，全局80％以上的职工都在多元经济企业投资持股，而且持股额较高。不少职工对投资持股的风险意识淡薄，“负盈不负亏”，风险承受能力较低。现阶段，由于绝大多数职工持股公司主要面向油田内部市场运作，受油田发展和市场波动的影响很大。可以预见，当油田走出大规模上产阶段以后，围绕产建市场生存的部分职工持股公司，将面临很大的经营风险，势必在较大范围内波及持股职工的切身利益，影响到全局和矿区的稳定。这种现象，已经在中国石油集团的其他个别单位有所发生。就长庆局而言，个别经营亏损的职工持股公司，已经使职工股东的利益受到了损失，部分职工和主办单位也有退出职工持股的强烈愿望。通过规范清理工作，将有利于调整和保护好持股职工的权益，这既符合中国石油集团的战略要求，也符合长庆局和全体职工的切身利益。

所以，我们必须统一思想，明确目标，坚定不移地全面推进规范清理工作。

二、把握原则，理顺关系，保障规范清理工作顺利进行

年初，长庆局部署和启动规范清理工作时，明确提出了必须坚持的“四项原则”，各单位在方案编制和具体操作当中都能够很好地把握和贯彻。从目前的进展情况看，全面推开、加快推进规范清理工作的各方面条件已经完全具备：一是中国石油集团政策与工作程序进一步明确，尤其是资金已拨付到位；二是通过九个多月的实践探索，具体操作思路、方法更为清晰；三是有关的前置性工作进展顺利，为开展后续工作打好了基础，包括A类业务移交、职工股专项审计、宣传维稳和法律风险预案编制、财产清查、债权债务和历史问题的处置，以及相关配套政策的研究制定等。有关部门和单位做了大量卓有成效的工作，取得了阶段性成果，中国石油集团也多次给予了肯定。

当前，规范清理工作已经进入关键时期、攻坚阶段。在全面推进、全方位实施的过程中，我们还必须一如既往地坚持既定的原则，并结合实施工作各阶段的重点，努力把握好以下几点。

一是必须坚持按政策、法律、程序办事的原则。凡涉及股权受让、资产置换、业务重组、权债处置、人员安置等事项，既要统一政策、合规有序，又要有法可依、有章可循，做到内部程序和法律程序的有机结合，还要公开透明、遵循民主程序、规避政策法律风险。

二是必须坚持全面展开、有序推进的原则。三家试点单位顾全大局，精心谋划，先行探路，为我们带了好头。下一步，凡涉及规范清理的单位，都要以“一盘棋”思想，积极行动起来，紧跟全局步伐，整体铺开并全面推进工作，做到不留死角。

三是必须坚持立足基层、确保稳定的原则。既要在思想上、行动上与中国石油集团和长庆局保持一致，坚定不移地推进规范清理，又要切实把维护稳定工作放在突出位置，深入基层，掌握情况，有针对性地搞好宣传引导，积极争取广大职工的理解支持，及时发现和消除不稳定因素，确保长庆大局稳定。

规范清理工作政策性强，影响面广，涉及各个层面的关系。要善于抓住主要问题和突出矛盾，致力于处理好以下三方面的关系。

一是要处理好局部与全局的关系。我们强调的全局是指确保中国石油集团、长庆局科学发展、和谐发展的大局。如果这个大局受到影响，就必然会从根本上波及职工的切身利益。由于规范清理工作情况复杂，尽管我们确定了“一企一案，因企施策”的实施措施，但为了全局的平衡和工作平稳推动，总体上必须按照中国石油集团的政策和原则去实施，这必然会影响到部分企业的局部利益。但我们要看到，没有“发展大油田，建设大气田”的这个经济大环境，没有长庆局和各主办单位的大力支持，这些企业持续生存和发展也就失去了重要基础。所以，我们必须立足大局、着眼长远，教育和引导广大干部职工，站在整体和全局角度看问题、做工作，做到个体服从集体，眼前服从长远，局部服从全局。

二是要处理好规范清理与生产经营的关系。目前，全局生产经营已到了年度冲刺的阶段，任务十分繁重。一定要加强统筹协调，务必做到规范清理和生产经营一起抓，实现“两不误、两促进”。要分工明确，齐心协力，密切配合，绝不能因为规范清理工作而影响生产建设及全年经营目标的完成。

三是要处理好规范与发展的关系。规范为了发展，发展必须规范。规范职工股、清理法人实体的基本目的是要加强管控，整合资源，做大做强规范重组后的法人企业，促进国有和集体资本保值增值。为此，一方面，要通过规范职工持股行为，理顺产权关系，明确管理方式，解除职工大量出资所引发的风险；通过清理法人实体，加快资源整合，强化治理机制，提高企业运行质量，加强监管，有效防范经济法律风险。另一方面，要抓紧研究发展问题。多元经济作为长庆局整体经济的有益补充和重要组成部分，在提升经济规模、增强整体实力、安置富余职工、构建和谐社区、融合企地关系等方面，都发挥着非常重要的作用。当前，必须对多元经济下一步的管理模式、发展规划、激励支持政策等问题进行认真研究，尽快拿出操作性强、切实可行的实施方案，促进多元经济在规范的基础上又好又快地发展。

三、加强领导，精心组织，确保按计划完成工作任务

第一，统一思想认识，加强组织领导。领导干部要进一步提高认识，坚定不移地贯彻落实中国石油集团、长庆局的总体部署，把思想和行动切实统一到规范清理工作的目标和要求上来。要进一步落实工作责任，加大组织力度，加强协调督导。各单位主要领导作为第一责任人，要全面负责、全过程参与和组织好这项工作。各级领导和党员干部，要以身作则、率先执行，起好带头和引导作用。在这一事关中国石油集团、长庆局发展大局和整体利益的原则性问题上，任何单位都不能拖后腿、出偏差。对于工作不力、推诿扯皮、寻找借口、等待观望、影响全局工作进度的，要严肃追究领导责任。

第二，吃透政策精神，抓好工作落实。要认真学习和研究政策，在真正吃透政策、消化政策的前提下，把握好政策执行的准确性、一致性和严肃性。在具体工作中，对已有明确政策的，要坚决按照政策处理，做到不折不扣；政策不明确的，要注意摸清情况、提出意见，并及时与有关部门沟通，确保口径一致。要围绕工作目标，增强工作的计划性、针对性，认真组织实施。要核准情况，夯实基础，确保规范清理工作能够始终经得起政策、法律和历史的检验。为保证长庆两边基本政策的统一性，有关部门要注意随时与长庆油田分公司保持联系，在关键性问题上保持一致。

第三，加强协作配合，保证工作进度。各专业组之间、各主办单位与部门之间，必须加强协作，主动沟通，始终保持信息渠道通畅，工作衔接紧密。要加强与中国石油集团相关部门的联系，就人员安置与工资指标、资产处置等重大问题，争取政策支持和指导。要建立信息收集、动态通报和定期例会制度，对进度滞后的单位，加强督导，采取有效措施，确保全局规范清理工作按计划进度在年底前顺利完成。

第四，加强政策宣传，落实维稳预案。各单位党政组织和信访部门要深入基层，有针对性地做好政策宣传解释工作，把规范清理工作的目的、意义和政策向职工讲清讲透，采取多种方式和途径，深入细致地进行分析引导、释疑解惑。对群众反映的问题以及工作中可能出现的新情况、新问题，要在认真研究的基础上，制定有针对性的措施，细化维稳预案，落实工作责任，并在政策范围内积极妥善解决，把问题发现在基层，把矛盾化解在基层，确保油田发展大局和职工队伍稳定。

第五，严肃工作纪律，杜绝违纪行为。各级组织要进一步严肃组织纪律、财经纪律，做到有令必行、有禁必止。严格把握政策界限，切实做到“四个不准”、“两个防止”，坚决杜绝账务不实、财产不清，以及违规违纪事件的发生。要严格执行中国石油集团的有关规定，不得以任何形式组织设立职工持股公司，未经长庆局批准，不得兴办新的法人实体。纪检监察、组织人事、巡视等部门要主动介入、协调行动、加强督导、及时诫勉，对于违反工作纪律的人员，进行责任追究和严肃处理。

同志们，规范职工股暨清理法人实体工作，是中国石油集团的重大决策，关系到中国石油集团的整体战略的实施，关系到长庆“发展大油田、建设大气田、创建模范和谐矿区”的大局，关系到全局职工的切身利益，责任重大，任务艰巨。各单位、各部门和各级领导干部，一定要认清形势，统一步调，坚决按照中国石油集团的决策和长庆局的部署，集中力量，加快进度，确保年内全面完成规范清理任务，为长庆局持续有效快速协调发展作出积极贡献。

（长局办发［2007］33号）

苟三权在长庆石油勘探局党委中心组党的十七大精神专题学习会议上的讲话

（2007 年 11 月 2 日）

同志们：

今天长庆局党委中心组召开会议，主要是对十七大精神进行专题学习。参加这次专题学习的有长庆局、矿区服务事业部党委中心组成员，局机关和矿区服务事业部机关部门负责同志共 35 人。

刚才，蒲建中全文领学了十七大报告，与会的各位领导和同志们就认真学习贯彻十七大精神，结合工作实际谈了非常好的认识和体会，会议讨论热烈，大家深受启发，进一步加深了我们对十七大精神实质的理解。

下面，我结合长庆局的实际，就认真学习、深入领会胡锦涛总书记的报告，贯彻好、落实好十七大精神，重点讲两个方面的内容。

一、学习十七大精神的六点认识体会

举世瞩目的十七大，是一次承前启后，继往开来，高举中国特色社会主义伟大旗帜，为夺取全面建设小康社会新胜利而奋斗的历史盛会，对党和国家事业的发展具有重大而深远的意义。

会上，胡锦涛同志代表十六届中央委员会所作的报告，是一篇具有很高思想理论水平和很强实践指导意义的政治报告。报告以马克思列宁主义、毛泽东思想、邓小平理论和“三个代表”重要思想为指导，深入贯彻落实科学发展观，科学回答了党在改革发展关键阶段举什么旗、走什么路、以什么样的精神状态、朝着什么样的发展目标继续前进等重大问题，对继续推进改革开放和社会主义现代化建设、实现全面建设小康社会的宏伟目标作出了全面部署，对以改革创新精神全面推进党的建设新的伟大工程提出了明确要求。报告描绘了在新的时代条件下继续全面建设小康社会、加快推进社会主义现代化的宏伟蓝图，是全党全国各族人民智慧的结晶，是我们党带领全国各族人民坚定不移地走中国特色社会主义道路、在新的历史起点上继续发展中国特色社会主义的政治宣言和行动纲领，是马克思主义的纲领性文献。其历史地位和历史意义，怎么评价都不会过分。

第一，报告鲜明指出了要高举中国特色社会主义伟大旗帜，指明了党和国家的前进方向，使我们更加坚定了走中国特色社会主义道路的信心和决心。旗帜就是方向，旗帜就是形象，旗帜就是党的指导思想和行动指南。高举中国特色社会主义伟大旗帜是党的十七大的主题。胡锦涛同志在报告中鲜明地指出：“中国特色社会主义伟大旗帜，是当代中国发展进步的旗帜，是全党全国各族人民团结奋斗的旗帜。”他强调“在当代中国，坚持中国特色社会主义道路，就是真正坚持社会主义；坚持中国特色社会主义理论体系，就是真正坚持马克思主义”。这是实事求是思想路线的体现。他首次提出了“中国特色社会主义理论体系”这一新概念，这个理论体系包括邓小平理论、“三个代表”重要思想以及科学发展观等重大战略思想，凝结了几代中国共产党人带领人民不懈探索实践的智慧和心血，是马克思主义中国化最新成果，是全国各族人民团结奋斗的共同思想基础。

胡锦涛同志在报告中反复强调走中国特色社会主义道路的同时，还提出了与之相配套的五条具体途径。这就是：中国特色自主创新道路、中国特色新兴工业化道路、中国特色农业现代化道路、中国特色城镇化道路、中国特色政治发展道路。一条伟大道路和五条具体道路的提出，说明我们党发展中国特色社会主义的总体框架越来越清晰，具体路径越来越明确。同时也指出了这条伟大道路的目标是“建设富强民主文明和谐的社会主义现代化国家”，这是对原来“建设富强民主文明的社会主义现代化国家”表述的新发展，表明了我们党从新的历史起点出发，开始了开拓中国特色社会主义更为广阔前景的新征程。

第二，报告深刻阐述了贯彻落实科学发展观的科学内涵和重要意义，使我们更加准确地把握科学发展观的四个基本要求。科学发展观是对党的三代中央领导集体关于发展的重要思想的继承和发展，是马克思主义关于发展的世界观和方法论的集中体现，是同马克思列宁主义、毛泽东思想、邓小平理论和“三个代表”重要思想既一脉相承又与时俱进的科学理论，是我国经济社会发展的重要指导方针，是发展中国特色社会主义必须坚持和贯彻的重大战略思想。深入贯彻落实科学发展观是十七大报告的主题性内容。胡锦涛同志对科学发展观的科学内涵进行了全面系统阐述，指出科学发展观第一要义是发展，核心是以人为本，基本要求是全面协调可持续，根本方法是统筹兼顾。深入贯彻落实科学发展观，要求我们牢记社会主义初级阶段基本国情，准确把握基本要求，即始终坚持“一个中心、两个基本点”的基本路线、积极构建社会主义和谐社会、继续深化改革开放、切实加强和改进党的建设。这四个方面是相互关联，相互依存的，全面准确地把握和理解这四个方面，深入贯彻落实科学发展观就有了强有力的政治保证、社会环境保证、体制机制保证和组织保证。需要注意是，报告在阐述“必须坚持统筹兼顾”时，特别提出了“统筹国内国际两个大局”这一新的统筹理念。这表明，我们党树立世界眼光，加强战略思维，善于从国际形势发展变化中把握发展机遇，应对风险，营造良好国际环境，是贯彻科学发展观，促进经济社会又好又快发展的“根本方法”之一。

第三，报告深刻诠释了全面建设小康社会的新要求，使我们加深了对中国特色社会主义事业“四位一体”总体布局的理解。党的十七大在对小康社会的美好前景进行了全面描绘，对经济、政治、文化、社会等方面的工作提出了具体目标和要求。这些目标和要求的提出，使我们党和国家的奋斗目标更加明确、措施更加具体、蓝图更加清晰。这些目标和要求，符合社会主义初级阶段的基本国情，适应了国内外形势的新变化，顺应了各族人民过上更好生活的新期待，必将激励全党全国人民万众一心、开拓奋进，为建设富强民主文明和谐的社会主义现代化国家而努力奋斗。

胡锦涛同志在论述“实现全面建设小康社会奋斗目标的新要求”的过程中出现了很多的新的提法和新的表述，这些新的提法和新的表述给“小康社会”注入了新的内涵，特别是将中国特色社会主义事业总体布局由经济建设、政治建设、文化建设“三位一体”，扩展为包括社会建设在内的“四位一体”，提出了加快发展社会事业、全面改善人民生活的目标，使中国特色社会主义事业的总体布局更加全面和科学，反映了党对如何建设中国特色社会主义认识不断深化，对科学发展的理解更加全面，标志着党在治国理政方面已经达到一个新的高度。

第四，报告深刻总结了十六大以来五年的辉煌成就和改革开放近30年以来的历史经验，使我们更加自觉地贯彻党的理论和路线方针政策。十六大以来，面对复杂多变的国际环境和艰巨繁重的改革发展任务，党和国家在邓小平理论和“三个代表”重要思想指导下，提出并贯彻科学发展观等重大战略思想，改革开放和全面建设小康社会取得重大进展，综合国力大幅提升，人民得到更多实惠，国际地位和世界影响显著提高，开创了中国特色社会主义事业的新局面，开拓了马克思主义中国化的新境界。实践充分证明，十六大和十六大以来中央作出的各项重大决策是完全正确的，充分证明了我们党能够带领全国各族人民不断取得新的胜利。

进一步联系改革开放近 30 年的历史进程，我们的体会更多也更深刻。十七大报告深刻阐述了改革开放的必要性和重要性，指出改革开放是强国之路，是我们党、我们国家发展进步的活力源泉；改革开放的目的就是解放和发展社会生产力；改革开放是决定当代中国命运的关键抉择，是发展中国特色社会主义、实现中华民族伟大复兴的必由之路。强调要把改革创新精神贯彻到治国理政的各个环节，毫不动摇地坚持改革方向，提高改革决策的科学性，增强改革措施的协调性。要完善社会主义市场经济体制，推进各方面体制改革创新，加快重要领域和关键环节改革步伐，全面提高开放水平，着力构建充满活力、富有效率、更加开放、有利于科学发展的体制机制。这些新思想、新论断，必将进一步激发我们以改革创新、奋发有为的精神状态，戮力同心、坚定不移地把改革开放伟大事业继续推向前进。

第五，报告深刻阐明了社会和谐是中国特色社会主义的本质属性，使我们更加清醒地认识到积极推动和谐社会建设的重要性和必要性。构建社会主义和谐社会是贯穿中国特色社会主义事业全过程的长期历史任务，是在发展的基础上正确处理各种社会矛盾的历史过程和社会结果。十七大报告充分论述了科学发展和社会和谐的关系，指出科学发展和社会和谐是内在统一的，没有科学发展就没有社会和谐，没有社会和谐也难以实现科学发展。报告的一个显著特点就是更加关注民生，将民生问题上升到党的施政方针，专门用一个部分对加快推进以改善民生为重点的社会建设进行了全面部署，并在其他部分对建设和谐文化、推进建设和谐世界进行了深入阐述，充分体现了科学发展观以人为本的核心和实现科学发展、和谐发展、和平发展的要求，体现了党的根本宗旨和马克思主义群众路线。

同时，报告中一些原有提法的改变，充分体现党对和谐社会的认知达到了一个新的高度，值得我们细细体会。一是关于“转变经济增长方式”表述为“转变经济发展方式”，新的表述说明经济发展方式的内涵发生了重大变化，“增长”注重的是速度的提高和总量的扩张，而“发展”更看重的是各种关系的协调，更突出了“好”字当头的总要求。二是关于强调“翻两番”的目标时由“总量”变为“人均”，这表明我国经济社会发展和全面建设小康社会提出了新的更好的要求，突出体现了“以人为本”的理念，让人民群众尽可能多地分享发展成果。三是把“生态文明”首次写入报告，并要使生态文明观念在全社会牢固树立，强调了物质文明、精神文明、政治文明、社会文明、生态文明五种文明并重，这是党科学发展、和谐发展理念的一次升华，体现了对改善民生的高度关注，是建设和谐社会的战略选择。

第六，报告深刻阐述了以加强党的执政能力和先进性建设为主线的党的建设的总体布局，要求我们以改革创新精神全面推进党的建设，不断增强党的执政能力和作风建设。世情、国情、党情的发展变化，决定了以改革创新精神加强党的建设的重要性和紧迫性。

今后五年党的建设的总要求，可以概括为“12351”。一条主线是党的执政能力建设和先进性建设；两个坚持是坚持党要管党和坚持从严治党；三个要求是为民、务实、清廉；五个建设是以坚定理想信念为重点加强思想建设，以造就高素质党员、干部队伍为重点加强组织建设，以保持党同人民群众的血肉联系为重点加强作风建设，以健全民主集中制为重点加强制度建设，以完善惩治和预防腐败体系为重点加强反腐倡廉建设；一个总目标是使党始终成为立党为公、执政为民，求真务实、改革创新，艰苦奋斗、清正廉洁，富有活力、团结和谐的马克思主义执政党。

在思想建设方面，报告提出深入学习贯彻中国特色社会主义理论体系，着力用马克思主义中国化最新成果武装全党。在执政能力建设方面，要求把提高领导水平和执政能力作为各级领导班子建设的核心内容抓紧抓好。在党内民主建设方面，第一次在党的重要文献中明确提出“尊重党员主体地位”的新要求。在干部制度改革方面，着力造就高素质干部队伍和人才队伍，鲜明提出要提高“选人用人公信度”。在党的作风建设方面，新提出了“三真”要求：真诚倾听群众呼声，真实反映群众愿望，真情关心群众疾苦。在反腐倡廉建设方面，第一次提出“反腐倡廉建设”的新概念，这是对党风廉政建设和反腐败斗争事业的新定位，表明党中央对反腐倡廉工作规律性的认识和把握达到了新高度。报告关于加强和改进党的建设的一系列新要求新举措，处处体现了鲜明的改革创新精神，这为在新形势下全面推进党的建设新的伟大工程、提高党的自身建设和管理水平，拓宽了视野，指明了方向。

还有其他许多方面，在十七大报告中都有新的论断和新的思路，特别是对国有企业、能源行业提出了许多新的部署和新的要求，为我们实现科学发展、深化内部改革、构建和谐企业等各项工作指明了方向。我们要逐一认真加以理解和领会，全面把握精神实质。

二、认真学习贯彻十七大精神的工作安排和要求

党的十七大对发展中国特色社会主义作出了一系列重大决策和战略部署，为党和国家的各项工作指明了方向。我们必须坚定不移地在政治上与党中央保持高度一致，按照中国石油集团的统一部署，认真传达学习党的十七大精神，联系实际，深刻领会，进一步增强全面贯彻落实科学发展观的自觉性和坚定性，进一步增强推动长庆局又好又快发展的使命感、责任感和紧迫感。

1. 精心组织，统筹安排，把传达学习贯彻党的十七大精神作为头等大事和首要政治任务来抓

（1）全面系统，突出重点。十七大精神内涵十分丰富，涉及经济、政治、文化、社会和党的建设各个方面。学习十七大精神，既要全面系统，又要注意突出重点。全局各级党组织要按照中国石油集团党组的统一部署和要求，认真研读党的十七大文件，原原本本学习党的十七大报告和党章，全面准确学习领会党的十七大精神。在学习中要突出六个方面的重点：一是深刻领会高举中国特色社会主义伟大旗帜的重要思想，进一步坚定走中国特色社会主义道路的信心和决心；二是深刻领会科学发展观的科学内涵，全面准确把握深入贯彻落实科学发展观的四个基本要求；三是深刻领会全面建设小康社会奋斗目标的新要求，加深对中国特色社会主义事业“四位一体”总体布局的理解；四是深刻领会改革开放是党在新的时代条件下进行的新的伟大革命，始终保持改革创新、奋发有为的精神状态；五是深刻领会社会和谐是中国特色社会主义的本质属性，积极推动建设和谐社会；六是深刻领会以改革创新精神全面推进党的建设新的伟大工程，全面加强和改进党的建设。总之，一定要把精神真正吃透，一定要把十七大提出的重大理论观点、重大战略决策和工作部署弄明白，真正使党的创新理论成为广大党员和群众的行动指南，真正把干部职工的思想统一到党的十七大精神上来。

（2）加强领导，形成合力。全面贯彻落实十七大精神，各级党委和基层党组织要切实负起责任。一是各级领导率先垂范，带头学习，组织班子成员原原本本、认认真真学习报告和决议。二是要统筹策划，精心部署，集中时间和精力，对十七大精神的学习贯彻进行专题研究和安排，制定运行大表，明确责任和分工，积极主动地抓好落实。三是用通俗易懂的语言和生动活泼的形式，向广大党员和全体员工进行宣讲，使十七大精神进基层、进现场、进干部职工头脑。四是各级党组织要采取多种形式，举办培训班，联系实际召开各个层次、各种类型的学习交流会、研讨会和座谈会，营造浓厚的学习氛围，创造性地贯彻落实十七大精神，实现学习贯彻十七大精神和生产经营工作两不误、两促进。

（3）注重宣传，积极推动。要认真组织好党的十七大精神的宣传。各级宣传部门要举办宣传理论骨干培训班，编写下发学习十七大精神辅导材料，为基层深入学习提供教材。培训部门要把十七大精神的学习作为今冬明春员工冬季培训的重要内容，认真进行安排。各级离退休管理部门要抓好离退休职工的学习，使十七大精神家喻户晓，深入人心。要充分利用报纸、电视、网络、广播、橱窗、板报等多种宣传载体，开设“学习贯彻党的十七大精神”专题专栏，刊发心得体会文章，解读十七大精神，及时反映基层的具体措施和学习成效，总结和推广好的经验和做法，把学习贯彻党的十七大精神不断引向深入。

（4）联系实际，务求实效。学习宣传贯彻党的十七大精神，要坚持理论联系实际，紧密联系本单位、本部门的工作实际，紧密联系广大党员和员工的思想实际，坚持学以致用、用以促学，把用十七大精神武装头脑、指导实践、推动工作作为学习的出发点和落脚点。要通过学习宣传贯彻党的十七大精神，更加坚定不移地高举中国特色社会主义伟大旗帜，坚持中国特色社会主义道路和中国特色社会主义理论体系不动摇；更加自觉地把科学发展观贯彻落实到长庆发展各个方面，进一步明确本单位本部门的具体奋斗目标；进一步将发展成果更多体现到改善民生上，促进矿区和谐，维护大局稳定。要通过学习宣传贯彻党的十七大精神，认真查找精神状态上存在的差距，把落实十七大精神变成每位党员干部和全体员工的自觉行动，解放思想，振奋精神，立足岗位，埋头苦干，确保全年各项业绩目标顺利实现，促进长庆局各项工作迈上新台阶。

2. 认清形势，结合实际，抓好十七大精神的贯彻落实

学习贯彻十七大精神，首先要正确认识长庆局所面临的形势，立足我国仍处于并将长期处于社会主义初级阶段这个基本国情，深刻把握中国石油集团改革发展稳定工作新特点，把长庆局的改革发展纳入我国经济社会发展的大环境和中国石油集团建设综合性国际能源公司的大前提、大前景下进行深入思考和统筹谋划。据测算，2020 年我国石油缺口仍将达 2.5 亿吨。为了减轻能源压力，国家将加快深海海域和塔里木、准噶尔、鄂尔多斯、柴达木、四川盆地等地区的油气资源开发。保障国家能源安全，中国石油义不容辞。而作为中国石油重要战略接替区之一的长庆油田，必须深刻认识到“发展大油田、建设大气田，创建模范和谐矿区，把鄂尔多斯盆地建设成为我国重要的石油天然气能源基地”是中国石油集团党组对我们提出的奋斗目标，也是我们长庆人肩负的最重要的历史使命。

当前，鄂尔多斯盆地的油气勘探已进入快速发展阶段。长庆油田连续7年保持油气产量迅猛增长的好势头，以每年200万—300万吨的速度持续增长，2010年以前长庆油田的年产油气当量将实现3000万吨的目标，2012年或稍长一段时间将达到5000万吨的目标，长庆油田已成为中国陆上第三大油气田，中国石油第二大油气田。2007年，长庆局以钻井整体提速、持续提速为龙头，提升工程技术服务能力和生产能力，收到了明显效果。钻井进尺将突破400万米，试油压裂将突破5000层次，增幅均达到8%以上。截至目前，已经创造61项新的历史纪录，有2个钻井队进尺突破7万米，形势喜人。但从加快鄂尔多斯盆地的开发建设步伐来看，2008年井筒工作量仍然很大，预计部署钻井进尺将达1000万米，而长庆局计划455万米左右，承担的工作量不到50%。因此，长庆局工程技术服务能力还有很大的提升空间和市场需求，我们必须继续坚持整体提速、持续提速，全力保障勘探开发和油气田增储上产，为国家能源安全供应、为国民经济长期稳定发展作出积极贡献。

在认清形势的基础上，我们要进一步理清发展思路，明确工作目标和任务。要按照长庆局"十一五"发展目标，着眼于提升工程技术服务保障能力、发展创新能力、技术创新能力、管理控制能力建设，突出发展主营业务，突出转变经济发展方式，突出和谐矿区建设，突出党的建设和领导干部队伍建设。在目标任务的制定上，必须做到全面协调、统筹兼顾，既要注重当前利益，更要着眼长远发展；既要讲求量的增长，更要注重质的提升，长庆局的发展必须是"好"与"快"的有机统一，不能把二者割裂开来和对立起来。又好又快，要求"快"以"好"为前提，坚持"好"字当头，好中求快，把握发展的节奏和步伐，使较快的增长速度长期保持下去。同时，"快"也是"好"的必要条件。较快增长本身就是较好发展的重要基础。只有保持较快增长，才能抓住机遇，不断增强经济实力，更好地解决发展中出现的矛盾和问题，才能真正把十七大精神落实到我们的具体实践中、体现在新的工作成效上。

要按照十七大关于坚持把发展作为党执政兴国第一要务的重要方针，继续加快长庆局发展步伐。经济发展是政治文明、文化繁荣、社会进步的物质基础。全局广大干部职工必须牢固树立敏锐的机遇意识和强烈的发展意识，深刻理解发展的科学内涵，真正实现在发展中提高核心竞争力，在发展中改善生产、生活条件，在发展中创建和谐长庆，在发展中提升企业综合实力。要不断增强工程技术服务保障能力和核心竞争力，继续实施"提速工程"，适度控制队伍总量，保持最佳经营规模，全面加强技术创新创效能力。抢抓管道市场增长机遇，加快提高管道施工队伍的整体素质作业能力，提升长输管道市场占有率。坚持做优做专生产服务业务，按照中国石油集团提出的产值30亿—50亿元的目标进行规划，找准产品和市场定位，做大做专机械加工业务，集中精力在优、专、特上实现突破，达到一流。要保持快速增长势头，做大做实油气田合作开发业务，坚定低效储量油气田合作开发"双百工程"目标不动摇，使其尽快成为与工程技术服务业务并驾齐驱，推动长庆局快速发展的效益贡献点和经济增长点。紧跟中国石油集团海外业务发展总体部署，优化市场布局，按照做大土库曼斯坦项目、发展厄瓜多尔项目、稳定乌兹别克斯坦项目、收缩印度尼西亚项目的基本思路，重点加强中亚市场，建立相对长期稳定的合作关系，推动国际业务积极稳健有效地发展。

要按照十七大关于加快转变经济发展方

式的战略要求，建设科技创新、资源节约和环境友好型企业。经济增长方式与经济发展方式，既相联系又有区别。一般来说，经济增长方式是指通过要素结构变化包括生产要素数量增加和质量改善来实现经济增长的方法和模式。经济发展方式的内涵更加丰富，既涵盖要素结构的变化，又包括产业结构、需求结构、区域结构的变化，也包括资源和生态环境的状况。就长庆局而言，转变经济发展方式，主要是按照十七大精神，实现由主要依靠增加生产要素投入、单纯追求工作量扩张的粗放型增长方式，向注重依靠科技进步和提高劳动者素质、加强管理、改善效益的集约型增长方式转变。工程技术的进步和突破是上游业务发展的关键，是转变经济发展方式的主攻方向。随着长庆勘探开发领域的不断拓展，新的技术课题也在不断产生。因此，要进一步增强自主创新能力，加大科研攻关力度，认真实施重点科技项目，研究解决水平井、多分支井，以及井控、固井等工艺中的技术难题，做好成熟配套技术的推广运用，注重引进国内外先进技术设备，着力在安全高效钻井及改进相关装备、工具等方面加快技术攻关步伐，促进科技成果向现实生产力转化。坚持节约资源和环境保护基本国策，加快建立安全环保长效机制，严格落实安全环保责任，大力推进节能减排，研究制定节能减排目标和保证措施，建立健全工作责任制，建立激励约束机制，发展循环经济，提高资源利用效率，从通常的经济增长转变为全面协调可持续的经济发展。

要按照十七大关于推进改革开放伟大历史进程的重大决策，稳步推进企业各项改革工作。我们要根据中国石油集团的整体部署和要求，统一思想，严明纪律，按照“优化资源、整体设计、分步运作、平稳运行”的总体思路，继续深化矿区服务系统改革，不断提高矿区服务业务保障生产、服务生活、维护稳定的能力和水平。要把握原则、吃透政策，妥善处理好局部和全局、规范清理与生产经营、规范与发展三种关系，平稳推进规范职工股和清理法人实体工作。积极探索建立长庆物流模式，进一步提高运营效率，促进物资供应和运输业务的健康持续发展。完善企业管理体制和运行机制，建立健全竞争激励机制，增强企业内部活力。

要按照十七大关于积极构建社会主义和谐社会的要求，不断推进模范和谐矿区建设。牢固树立科学发展观，把创建模范和谐矿区贯穿于“发展大油田、建设大气田”的全过程，把实现好、维护好、发展好职工群众的根本利益作为长庆局一切工作的出发点和落脚点。共举中国石油一面旗，同唱长庆油田一首歌，共同推进长庆油田整体协调发展。坚持以人为本的企业宗旨，以改善民生为重点，将发展成果惠及广大职工家属，改善一线生产生活条件，加快推进“万套住宅建设”等惠民工程。切实解决广大职工群众最关心、最直接、最现实的问题，继续关心离退休职工，继续做好困难职工的帮扶救助工作。进一步加强“三禁一反”和维护稳定工作，确保矿区良好的治安环境和稳定的大局。进一步密切企地关系，妥善处理好企业与外部的关系，树立石油企业良好的社会形象。

要按照十七大关于推进党的建设新的伟大工程的总体部署，切实加强和改进党的建设。全局各级领导班子要以创建“四好”班子活动为载体，突出强化民主集中制建设，继续抓好干部政治理论学习，切实提高领导班子的决策水平和工作能力。大力推进基层党支部“六个一”创建工作，充分发挥党组织的政治核心作用和广大党员的先锋模范作用，不断巩固和扩大党的先进性教育成果。坚持“标本兼治、综合治理、惩防并举、注重预防”的方针，深入开展党风廉政建设和反腐倡廉工作，努力构建惩治和预防腐败体系。加强基层建设，按照长庆局基层建设推进会的要求，以一线主干队伍为重点，全面推进基层建设“示范点”和“五型班组”创建活动，进一步提升基层基础工作水平。大力弘扬大庆精神、铁人精神和长庆文化，持续开展“发扬大庆精神、铁人精神，学习刘玲玲，为长庆发展作贡献”主题教育活动，引导和教育广大员工继承和发扬石油工业优良传统和作风，立足本职岗位，创造一流业绩。

3. 立足当前，谋划长远，全面完成今年各项任务目标

2007 年还有两个月的时间，各项工作已进入最后冲刺阶段。各单位在认真组织传达学习十七大精神的同时，要按照年初工作会议确定的任务目标，继续平稳组织生产经营，严格遵循“三靠两保证”的提速原则，切实抓好今冬明春的各项工作，确保全年业绩目标的完成。要突出抓好冬季安全生产，细化冬季生产组织措施，加大各类隐患排查和治理力度，抓好冬防保温工作，严把工程收工、队伍回撤关键环节，制定针对性强的应急预案，确保冬季安全生产。要保持高度政治敏锐性，切实做好维护稳定工作，确保矿区大局稳定。要及早谋划，周密安排，做好财务决算和明年投资计划及财务预算指标的编制工作，进一步搞好关联交易封闭结算工作的试点。要及时搞好年终总结、评比和表彰工作，全面回顾一年来的工作，科学合理地研究确定明年框架指标体系，认真做好明年生产建设的施工组织和工作部署，确保明年开好局、起好步。

为了使广大干部员工更深刻地领会党的十七大精神实质，有效推动工作开展，局党委、长庆局决定，从 11 月中旬开始，举办 3 期由各单位党政主要领导、专职党委副书记参加的学习班，并在北京管理干部学院处级干部培训班增加学习十七大专题内容；举办 3 期宣传骨干和党支部书记培训班。在 11 月底前召开为期 3 天的领导干部务虚会，以十七大精神为指导，认真研讨今后一个时期长庆局加快发展的思路和明年重点工作部署。从 12 月开始，将在陕西、庆阳、宁夏等地分片召开学习研讨会，听取各单位学习贯彻十七大精神的工作情况汇报。

同志们，我们一定要把学习贯彻十七大精神同做好生产经营各项工作紧密结合起来，坚决把中央精神和中国石油集团各项工作部署落实到具体工作中去，以高度的政治责任感和使命感，以锐意进取、奋发有为的精神状态，团结和带领广大员工，为完成 2007 年的各项业绩指标，为创造全面建设小康社会的新业绩而努力！

（长党办发［2007］17 号）

苟三权在长庆石油勘探局钻井年进尺突破 400 万米庆功大会上的讲话

（2007 年 11 月 6 日）

尊敬的各位老领导、各位先进代表、同志们：

正值油田上下掀起深入学习贯彻党的十七大精神热潮，全面推进科学发展、和谐发展，以饱满的热情，昂扬的斗志为实现全年

各项工作目标奋力拼搏之际，我们在这里隆重召开庆功大会，热烈庆贺长庆局钻井年进尺突破400万米大关。这是全局上下引以为豪的一件大事、喜事和盛事，也使广大干部职工深受鼓舞、信心倍增。在此，我代表局党委、长庆局，向全局上下为实现钻井生产大提速，团结协作、顽强拼搏的广大干部职工，向受到表彰的先进集体和先进个人，表示亲切的问候和热烈的祝贺！向给予我们大力支持的长庆油田分公司各级领导、各有关部门和单位，表示诚挚的谢意！向为长庆局钻井事业作出贡献的老领导、老同志表示衷心的感谢！

长庆局钻井年进尺突破400万米大关，创造了长庆油田会战37年以来钻井年进尺新的纪录，标志着长庆钻井整体技术服务水平迈上了新的台阶，成为长庆钻井事业发展进程中一个非常重要的里程碑。回首长庆钻井发展的艰辛历程，几代长庆人攻坚啃硬、顽强拼搏、无私奉献，在广袤的鄂尔多斯盆地，用汗水和智慧谱写了一部可歌可泣的英雄篇章。特别是近年来，伴随着长庆油田的不断发展壮大，长庆钻井整体实力更是突飞猛进，年钻井进尺连年实现大跨越，今天实现了400万米这一历史性的重大突破。这既是全局生产建设取得的一项重大成就，也是工程技术服务水平和保障能力得到整体持续提升的充分体现，对于做强做大工程技术服务业务，推动长庆局持续有效快速协调发展，具有十分重大和深远的意义。

这一成绩的取得，得益于长庆局“提速工程”的全面实施。今年以来，长庆局深入贯彻落实中国石油集团工作会议精神、领导干部会议精神和蒋洁敏总经理在长庆视察工作时的一系列重要指示精神，坚持一切服从和服务于2009年实现年产油气当量3000万吨的奋斗目标，服务于工程技术服务能力的提高，确立了钻井工程“做强做大、规模适度、重在做强”的发展思路，明确提出全年靠提速增加钻井进尺30万米以上，整体提速8%的提速目标。按照“整体提速、持续提速”的工作要求，坚持“靠技术、靠管理、靠和谐提速，确保安全与质量”的“三靠两保证”提速原则，全面实施以钻井为“龙头”的工程技术服务“提速工程”。成立了长庆局提速领导小组和项目组，根据提速目标，分区域、分区块、分井型制订提速方案，突出抓好重点勘探开发区域、特殊工艺井施工，为钻井生产整体、持续提速奠定了坚实基础。生产组织系统与长庆油田分公司加强合作、戮力同心，建立起了高效的生产运行及外部关系协调机制，科学合理配置队伍，确保了钻井生产有序运行和持续提速。进一步强化了生产组织，钻井生产时效达到96.4%，比2006年提高1.18个百分点，充分发挥了施工队伍的作业潜能。各级安全、质量、监督部门把安全环保作为一切工作的重中之重，强化井控管理，强化质量管理，突出抓好隐患治理、安全培训和应急体系建设，确保了钻井生产安全平稳提速。科研机构及技术部门强化技术攻关，在气井重点完善以PDC钻头和复合钻井为核心的配套技术，在油井大力推广“四合一”钻具快速钻井技术，为钻井生产大提速提供了有力的技术支撑。各生产服务单位紧跟钻井生产进度，强化现场服务、优化服务流程，努力提供高效平稳的优质服务，为钻井生产整体、持续提速提供了可靠的服务保障。两级机关积极转变作风、服务基层，及时解决生产提速过程中的新情况、新问题，发挥了积极的推动作用。特别是钻井工程总公司，面对新的提速目标，解放思想，自我加压，把实现钻井整体提速、持续提速作为钻井工程总公司上下的首要责任，积极发挥工程技术服务的“龙头”作用，成立了5个区域提速项目组，建立起了有效的激励机制和高效运行的生产运行机制，全力确保长庆油田分公司重点工程和油气生产。目前，已有 3 支油井钻井队进尺突破 7 万米，其中 30653 队已经突破 8 万米，成为中国石油集团今年第一支进尺突破 8 万米的队伍；2 支气井钻井队进尺突破 4 万米，为钻井生产大提速作出了重要贡献。同时，海外钻井队伍和新疆钻井队伍也不辱使命，土库曼斯坦钻井总包项目进展顺利；新疆市场运行平稳，钻井完井 8 口，为钻井生产整体、持续提速作出了积极的贡献。

经过全局上下的共同奋斗和不懈努力，钻井生产在比 2006 年启动晚 15 天、动用钻机与去年基本持平的情况下，有效克服了外部环境复杂、气候条件恶劣等不利影响，实现了整体提速、持续提速、和谐提速，创造了钻井生产新的辉煌。截至 11 月 3 日，全局共创造和刷新了最高机械钻速、最短钻井周期等 62 项生产技术指标，钻井进尺连续 5 个月超过 50 万米，累计进尺近 401 万米，超过 2006 年全年水平，比 2006 年增长 11.9%，提前完成了全年钻井生产目标。通过大力实施“提速工程”，确保了全局各路生产建设的顺利进行，取得了良好的经济效益。截至 10 月 31 日，全局实现主营业务收入 103.41 亿元，比 2006 年增长 7.24%；企业增加值 35.79 亿元，比 2006 年增长 20.65%。

钻井大提速所展现的“长庆速度”，得到了中国石油集团的高度关注和充分肯定。蒋洁敏总经理批示：要着力在提高效率的基础上，增强技术为主，增加油气产量的竞争力。蒋总的批示为我们今后在水平井钻井、提高油气当量等方面提出了新的更高的要求。廖永远副总经理批示：长庆局取得的成绩令人可喜，提速经验值得总结推广，希望认真落实蒋总批示精神，努力转变经济发展方式，加强技术和管理工作，持续提高钻井速度、缩短施工工期，着力提高效率和效益，不断增强队伍的战斗力和竞争力。

“提速工程”在全局上下产生了积极的示范、引导和牵引作用，有力带动了工程技术服务和生产服务能力的全面提升，形成了全局各路工作整体提速、持续提速的良好局面：试油（气）压裂突破 4800 层次，比 2006 年增长 15.3%，创历史最好水平；建筑施工总包产值 12.5 亿元，与 2006 年基本持平，在苏里格气田建设实行“标准化设计，模块化施工”，得到中国石油集团、股份公司领导高度评价，被称为“中国石油集团新的一种建设模式”；加工制造、水电、通信、运输、器材供应等各项指标均显著提升。低效油气储量合作开发“双百工程”有序推进，生产原油 25.6 万吨，比 2006 年增长 103%；生产天然气 2.9 亿立方米，比 2006 年增长 139%，预计全年油气当量将超过 60 万吨。国际业务和外部市场开拓取得新的重大突破，土库曼斯坦尤拉屯气田 1.5 亿美元天然气井钻井总包项目全面启动，进展顺利。安全环保长效机制正在逐步建立，HSE 管理体系持续完善，全局安全环保稳定形势持续好转。企业改革工作在多个领域积极稳妥顺利推进，取得了实质性进展。“万套住宅建设工程”项目已全面开工。党组织建设进一步加强，党风廉政建设持续推进，领导干部和两级机关作风进一步转变。基层建设迈上新台阶，明确了“五型”班组创建目标，“万千培训工程”和“技能大培训、岗位大练兵、技术大比武”三大活动见到了明显成效。和谐长庆建设取得阶段性成果，广大职工家属的生产生活条件进一步改善，保持了油田矿区和谐稳定。这些成绩的取得，是中国石油集团正确领导的结果，是长庆油田分公司快速发展和大力支持的结果，是长庆局历届领导班子持之以恒、不懈努力的结果，是全局广大干部职工大力弘扬大庆精神、铁人精神和长庆精神，开拓进取、努力拼搏的结果。

钻井年进尺突破 400 万米，是长庆局推进持续有效快速协调发展所取得的一项重要成果。但我们也要清醒地认识到，对于长庆油田2009年实现年产油气当量3000万吨、“把鄂尔多斯盆地建设成为我国石油天然气的重要能源基地”这些宏伟目标而言，我们还有更多的工作要做，还面临更大的挑战，特别是以钻井为“龙头”的工程技术服务业务还要承担更大的责任和光荣使命。因此，我们必须要以400万米为新的起点，乘党的十七大胜利召开的强劲东风，按照十七大报告提出的新要求，深入思考和统筹谋划实现科学发展、深化内部改革、构建和谐企业等重大战略问题，抓住机遇，迎接挑战，实现新的更大的发展。

进入第四季度，长庆局各路工作都已进入向全年目标冲刺的关键时期，面临的工作任务依然十分艰巨，必须认真抓好各项重点工作。要把学习贯彻党的十七大精神作为当前和今后一个时期的头等大事和首要政治任务，扎扎实实学习好、宣传好、贯彻好、落实好十七大精神；全力以赴组织好冬季生产，突出抓好冬季安全生产，积极推进和谐矿区建设，在全面完成今年各项任务目标的同时，认真做好明年生产启动准备工作，确保明年各路工作开好局、起好步。

同志们，长庆局钻井年进尺突破400万米的辉煌业绩，值得我们骄傲与自豪，更坚定了我们向新目标迈进的决心和信心。让我们在党的十七大精神指引下，坚决贯彻落实中央精神和中国石油集团各项工作部署，脚踏实地、埋头苦干、振奋精神、再创辉煌，努力推动长庆局科学发展、和谐发展，为把鄂尔多斯盆地建设成为我国石油天然气的重要能源基地而努力奋进！

（长局办发［2007］35号）

苟三权在长庆石油勘探局党建工作研讨会上的讲话

（2007年11月27日）

同志们：

长庆局这次党建工作研讨会，是在油田上下掀起深入学习贯彻党的十七大精神热潮，全面推进科学发展、和谐发展，以饱满的热情、昂扬的斗志，为实现全年各项工作目标奋力拼搏之际，局党委召开的一次专题研究部署全局党建工作的重要会议，这对于开创长庆局改革发展的伟大事业与党的建设新的伟大工程相互促进、共同发展的良好局面，具有十分重要的推动作用。

党的十六大以来，以胡锦涛同志为总书记的党中央就全面推进党的建设新的伟大工程作出了一系列重大部署。从2005年1月开始，开展了以实践“三个代表”重要思想为主要内容的保持共产党员先进性教育活动。这是我们党在新的历史条件下，用发展着的马克思主义武装全党的一项重大举措，是加强党的执政能力建设和先进性建设的一次成功实践，取得了重要的实践成果、理论成果和制度成果。为了巩固和扩大先进性教育活动成果，建立健全永葆先进性长效机制，切实发挥基层党组织的战斗堡垒作用和党员的先锋模范作用，中央在系统总结和提炼升华保持共产党员先进性教育活动经验的基础上，制定并印发了《关于加强党员经常性教育的意见》、《关于做好党员联系和服务群众工作的意见》、《关于加强和改进流动党员管理工作的意见》和《关于建立健全地方党委、部门党组（党委）抓基层党建工作责任制的意见》四个先进性长效机制文件。这四个文件，既有广泛的实践基础，也有理论的有力支撑，更有很强的指导性和可操作性，为加强企业党建工作提供了强有力的制度保障。

中央四个先进性长效机制文件印发后，甘肃省委、中国石油集团党组高度重视，相继制订并下发了一系列贯彻落实的配套文件。为了贯彻落实中央《关于建立健全地方党委、部门党组（党委）抓基层党建工作责任制的意见》，甘肃省委于2006年9月专门召开了中央在甘单位党建工作座谈会，对新形势下进一步做好中央在甘单位党建工作进行了系统安排和部署，同时制定出台了《中央在甘单位党建工作报告联系制度（试行）》。甘肃省委的《报告联系制度》要求具体，责任明确，操作性强，对于建立中央在甘单位党建工作责任制和协调互动的工作机制，真正把基层党建工作责任制落到实处，实现中央在甘单位和地方党的建设相互促进、共同发展具有十分重要的意义。

按照甘肃省委的要求，为推进先进性建设长效机制的贯彻落实，甘肃省委组织部于2006年12月下发了《关于对先进性教育活动整改方案和中央四个先进性长效机制文件贯彻落实情况进行集中检查的通知》，从今年3月初开始，抽调50名同志组成12个检查组，对全省贯彻落实情况进行了集中检查，并于4月5日召开汇报会，听取了对全省各地、各部门（单位）贯彻落实中央四个长效机制文件检查情况的汇报。同时派出三个调研督查组，对中央在甘16家单位贯彻落实省委党建工作座谈会精神、推进党建工作的情况进行了全面督查，并于今年8月3日在兰州召开了中央在甘单位党建工作调研督查情况通报会，对中央在甘单位党建工作所取得的成绩给予了充分肯定，指出了存在的问题和不足，对加强和改进中央在甘单位党建工作提出了具体要求，同时明确提出2007年下半年，将对包括长庆局在内的其余12家中央在甘单位党建工作进行调研和督查。

长庆局这次党建工作研讨会，是一次深入学习贯彻十七大精神，进一步落实甘肃省委关于中央在甘单位党建工作总体要求和中国石油集团党组的部署安排，研究加强和改进长庆局党建工作的重要会议。会上，滕玉林同志宣读了长庆局党委《关于在局处两级领导干部和两级机关中开展“公开承诺、转变作风”活动的实施意见》，对开展此项活动进行了安排部署；局党委班子成员郑重向大会作出了转变作风的公开承诺，充分表明了局领导班子成员身体力行转变作风、践行宗旨取信于民的勇气和决心；钻井工程总公司等单位从不同的侧面，就开展党支部“六个一”创建、推动基层建设，深化“四好”班子创建、加强能力建设，健全落实先进性长效机制、加强党组织和党员队伍建设，实施党员目标管理、促进党建与生产经营工作有机结合等方面的做法和经验，作了大会发言交流。这些做法和经验，在一定程度上体现了长庆局先进性教育的成果，反映了长庆局党建工作的水平，具有较强的典型示范和借鉴指导作用；局党委宣传部等机关部门就党建工作的有关新情况、新问题进行了探讨交流，既有较高的理论性，也有较强的操作性。可以说，这次会议，既是一次总结党建工作新经验、探索党建工作新途径的交流会、研讨会，也是一次学习贯彻十七大精神，切实转变干部作风，加强党建工作的动员会、促进会。总的来看，这次会议开得很成功，达到了统一思想、提高认识，明确任务、坚定信心、交流经验、拓宽思路的目的。

下面，我就深入学习贯彻党的十七大精神，进一步加强和改进长庆局党建工作，讲几点意见。

一、深入学习贯彻党的十七大精神，着力用十七大精神统领全局各项工作

党的十七大，高举中国特色社会主义伟大旗帜，以马克思列宁主义、毛泽东思想、邓小平理论和“三个代表”重要思想为指导，深入贯彻落实科学发展观，科学回答了党在改革发展关键阶段举什么旗、走什么路、以什么样的精神状态、朝着什么样的发展目标继续前进等重大问题，对全面推进改革开放和社会主义现代化建设、实现全面建设小康社会的宏伟目标作出了战略部署，对以改革创新精神全面推进党的建设新的伟大工程提出了明确要求。认真学习贯彻十七大精神，对于我们继续解放思想，推进科学发展、和谐发展，具有十分重大的意义。全局各级党组织一定要把学习贯彻十七大精神，作为当前和今后一个时期的首要政治任务抓紧抓好。

第一，要精心组织好学习宣传，深刻理解和准确把握十七大的基本精神。十七大精神内容丰富，博大精深，涵盖了改革发展稳定、内政外交国防、治党治国治军的方方面面。学习十七大精神，既要全面系统，又要突出重点。各级党组织要按照局党委的统一部署和要求，认真研读党的十七大文件，原原本本学习党的十七大报告和党章，全面准确领会党的十七大精神。在学习中要突出六个方面的重点：一是深刻领会高举中国特色社会主义伟大旗帜的重要思想，进一步坚定走中国特色社会主义道路的信念和决心；二是深刻领会科学发展观的科学内涵，全面准确地把握深入贯彻落实科学发展观的四个基本要求；三是深刻领会全面建设小康社会奋斗目标的新要求，加深对中国特色社会主义事业“四位一体”总体布局的理解；四是深刻领会改革开放是党在新的时代条件下进行的新的伟大革命，始终保持改革创新、奋发有为的精神状态；五是深刻领会社会和谐是中国特色社会主义的本质属性，积极推动建设和谐社会；六是深刻领会以改革创新精神全面推进党的建设新的伟大工程，全面加强和改进党的建设。总之，一定要把精神真正吃透，一定要把十七大提出的重大理论观点、重大战略决策和工作部署弄明白，真正使党的创新理论成为全局广大党员和职工群众的行动指南，真正把干部职工的思想统一到党的十七大精神上来。

第二，要发扬理论联系实际的学风，深入研究和认真解决长庆局改革发展的重大问题。学习的目的全在应用。全局各级党组织和党员干部要在全面掌握十七大精神的基础上，紧密联系本单位、本部门的工作实际，紧密联系广大党员和职工群众的思想实际，坚持学以致用、用以促学，把用十七大精神武装头脑、指导实践、推动工作作为学习的出发点和落脚点。特别要联系长庆局改革发展实际，深入思考、认真研究和解决好以下四个方面的重点问题：一是按照十七大关于坚持把发展作为党执政兴国第一要务的重要方针，如何进一步解放思想、更新观念，全力推动长庆局又好又快发展；二是按照十七大关于加快转变经济发展方式的战略要求，如何进一步推进科学发展，把长庆局发展纳入科学发展的轨道，建设科技创新、资源节约和环境友好型企业；三是按照十七大关于推进改革开放伟大历史进程的重大决策，如何进一步稳步推进长庆局各项改革工作，不断增强加快发展的生机与活力；四是按照十七大关于积极构建社会主义和谐社会的要求，如何更加关注民生，进一步推进模范和谐矿区建设，推动和谐发展，维护大局稳定。

第三，要坚持以改革创新精神，切实加强和不断改进长庆局党的建设。十七大在深刻分析党的建设面临新情况新问题的基础上，强调党要站在时代前列带领人民不断开创事业发展新局面，必须以改革创新精神加强自身建设，并明确要求我们必须把党的执政能力建设和先进性建设作为主线，坚持党要管党和坚持从严治党，贯彻为民、务实、清廉的要求，以坚定理想信念为重点加强思想建设，以造就高素质党员、干部队伍为重点加强组织建设，以保持党同人民群众的血肉联系为重点加强作风建设，以健全民主集中制为重点加强制度建设，以完善惩治和预防腐败体系为重点加强反腐倡廉建设，使我们党始终成为立党为公、执政为民，求真务实、改革创新，艰苦奋斗、清正廉洁，富有活力、团结和谐的马克思主义执政党。这既是十七大对今后五年党的建设的总要求和新举措，也是当前和今后一个时期长庆局党建工作必须始终坚持和遵循的指导思想和基本原则。全局各级党组织一定要深刻把握和准确理解十七大对党的建设提出的新任务新要求，科学分析长庆局党建工作的新机遇新挑战，全面认识长庆局改革发展面临的新课题新矛盾，自觉地把长庆局党建工作放到国家经济社会发展的大环境之中，纳入到中国石油集团、长庆局科学发展、和谐发展的大前景下进行深入思考和统筹谋划，从坚持党对国有企业政治领导的高度，从巩固党的执政地位的高度，从确保长庆局改革发展稳定的高度，充分认识加强和改进长庆局党建工作的重要性和必要性，切实增强做好党的工作的责任感和紧迫感，努力实现油田生产建设与党的建设相互促进、全面发展。

二、继续加强领导管理能力建设，着力建设高素质的领导班子和干部队伍

持续推进长庆局又好又快发展，关键在各级领导班子。领导班子的综合素质和领导能力，是决定长庆局兴衰成败的关键因素。培养和造就政治素质好、经营业绩好、团结协作好、作风形象好，致力于为长庆局建功立业、得到职工群众拥护的领导班子，既是各级党组织的政治责任，也是长庆局党建工作的关键和龙头。当前和今后一个时期，加强长庆局各级领导班子建设的总体要求是：坚持以邓小平理论和“三个代表”重要思想为指导，认真贯彻党的十七大精神，围绕科学发展和构建和谐两大主题，突出思想政治建设，提高领导管理能力，增强班子整体功能，努力把各级班子建设成为坚决贯彻落实党的路线方针政策和长庆局总体部署、善于领导科学发展、构建和谐企业的坚强领导集体。

第一，要坚持用马克思主义中国化最新成果武装头脑，不断提高各级领导班子和领导干部的思想政治素质。理论建设是领导班子思想政治建设的根本，理论素养是领导干部素质的核心。重视不重视学习，从一定意义上讲，决定了一个干部的理性思维和发展潜力。加强领导班子思想政治建设，根本的就是要抓好理论武装工作，首要的是坚持用马克思主义中国化最新成果武装头脑、指导实践、推动工作。从总体情况看，长庆局各级领导班子思想政治素质是好的。同时，我们也要清醒地看到在一些班子成员身上还存在着一些较为突出的问题。有的对政治学习兴趣不浓，对业务学习浅尝辄止，经常性、一贯性的学习抓得不紧；有的虽然学习了，但不能准确地把握精神实质；有的不能理论联系实际，不能把学习的体会和成果转化为谋划工作的思路、促进工作的措施等。这些都是与科学发展观对领导班子思想政治素质要求格格不入的。全局各级领导班子，必须把思想理论建设放在首位，深入学习中国特色社会主义理论体系，真正学懂弄通，掌握精神实质，提高理论素养，进一步增强运用科学理论分析和解决实际问题的能力。要在全局各级党组织和党员干部中深入开展学习实践科学发展观活动，进一步提高各级领导班子贯彻科学发展观的自觉性和坚定性，提升政治意识、大局意识和责任意识。要加强对各级干部的理想信念教育和思想道德建设，努力使之成为共产主义远大理想和中国特色社会主义共同理想的坚定信仰者、科学发展观的忠实执行者、社会主义荣辱观的自觉实践者、社会和谐的积极促进者。在抓好理论学习的同时，要从指导工作的实际需要出发，加强现代企业管理方面知识的学习，不断丰富做好领导工作的知识武装和知识储备。要认真落实党委中心组学习制度，健全完善领导干部述学、评学、督学、考学等制度，把领导班子和领导干部的学习情况特别是运用理论解决实际问题的能力，作为评价和使用的重要依据。

第二，要以带头践行社会主义核心价值体系为重点，切实加强领导干部道德修养。社会主义核心价值体系，是社会主义意识形态的本质体现，也是领导干部道德修养的基本内容。从总体上看，我们干部队伍的道德状况是好的。但也确实存在着不容忽视的道德滑坡、道德失范等现象，严重损害了党在职工群众中的形象和威信。以建立社会主义核心价值体系为重点，加强党员干部道德修养，已成为干部队伍建设的一项重大而紧迫的任务。加强党员干部的道德修养，首先要健全道德规范。各级党组织都要根据党章和党内其他法规的规定，紧密结合各自实际，建立健全党员干部的道德行为规范。其次要加强道德教育。通过典型示范、活动激励、警示教育等，促使党员干部判断行为得失、分清是非荣辱、明辨善恶美丑，确定价值取向，提升道德境界，带头践行以“八荣八耻”为主要内容的社会主义荣辱观。再次要加强道德监督。在评议党员、考核干部时，要把道德品质作为重要内容，以激发党员干部提高道德水准的内在动力。各级干部尤其是党员领导干部都要积极开展批评与自我批评，继承优良传统，弘扬新风正气，抵制歪风邪气，坚持党性原则，讲操守、重品行、尚清廉、树正气，自觉做求真务实、锐意进取的楷模，诚信正派、见贤思齐的楷模，克己奉公、先人后己的楷模，艰苦奋斗、勤俭节约的楷模，遵纪守法、廉洁奉公的楷模，情趣高尚、抵制丑陋的楷模。

第三，要以提升核心竞争力为着眼点，努力提高领导班子和领导干部的管理领导能力。加强领导班子的领导管理能力建设，是提升长庆局核心竞争力，加快推进长庆局持续有效快速协调发展的关键。近年来，通过“三讲”学习教育、先进性教育活动，大规模、多层次的干部培训和形式多样的实践锻炼，各级班子的领导管理能力有了明显增强。但新形势、新任务给加强各级班子能力建设提出了新要求，如果我们的干部不能尽快提升能力水平，就难以完成肩负的历史责任。那种自身能力较低、但又没有工作活力和学习动力的干部，那种不愿把心思用在事业上、不愿把精力投放到议大事、谋全局、抓发展、讲团结、促和谐的干部，必然难以成为促进本单位发展的领头人，必然会贻误党的事业，辜负职工群众的殷切期望。我们必须坚持把提高领导管理能力作为各级班子建设的核心内容抓紧抓好，不断提高各级班子引领企业发展、维护安全稳定、科学民主制度化决策、培育先进企业文化和拒腐防变的能力。通过加强领导班子能力建设影响和带动全局党的建设，促进职工队伍整体素质提升，使长庆局党的全部工作始终符合时代要求和职工群众的期待。

第四，要坚定不移地贯彻民主集中制原则，不断增强领导班子的团结和活力。贯彻民主集中制，既是发挥党对国有企业政治领导作用的重要途径，也是领导班子增强团结和活力的前提和基础。当前，长庆局各级班子贯彻执行民主集中制总体情况是好的，但也有少数领导干部对如何正确贯彻民主集中制认识还不十分到位，行动还不十分自觉，不同程度地存在着不符合民主集中制要求的现象。这些问题的存在，影响了班子整体功能的充分发挥。这里我要特别强调的是，任何个人在组织和集体面前都是微不足道的。实践证明，凡能成就一番事业的人，都是善于合作共事的人；凡单打独斗、单枪匹马则难以成就大事。那种内部缺乏民主，个人或少数人说了算；那种民主“过剩”，班子成员形不成统一认识；那种不善于集中大家智慧和正确意见的做法和行为，都是与民主集中制要求相悖的。各级领导班子要进一步增强民主意识，深入研究探索贯彻执行民主集中制的有效途径，把集体领导与个人分工负责结合起来，把广泛发扬民主与正确进行集中结合起来，把尊重下级与服从上级结合起来，确保领导班子高效、协调运转。要始终高举团结和谐的旗帜，班子正职要带头执行民主集中制，带头维护和增强班子的团结，做到一碗水端平、公平公正，对副职既要严格要求、严格管理，又要关心爱护、放手让他们在各自职权范围内大胆开展工作。班子副职对正职要高度负责，准确定位，当好配角，做到大事多请示、小事勤沟通，并要认真做好分管工作，不给正职添麻烦。副职与副职之间要互相支持、互相信任、互相谅解、互相补台，凝心聚力。同时，要健全党内生活，坚持和完善民主生活会制度，切实提高班子解决自身问题的能力。

第五，要继续深化干部人事制度改革，不断健全完善各类人才培养选拔任用机制。造就高素质的领导班子和干部队伍，关键在于深化干部人事制度改革，建立适合长庆局特点、充满生机与活力的各类人才培养选拔机制，提高选人用人的公信度。要坚持党的干部路线和德才兼备原则，以扩大民主为方向，以解决“能上能下”为突破口，以选贤任能为目标，建立健全民主、公开、竞争、择优的干部选拔任用机制，建立健全符合科学发展观和正确政绩观要求的考核评价体系，建立完善公开选拔、竞争上岗、差额选举等办法，继续建立完善后备干部人才队伍，把党管干部原则与经营管理者依法行使用人权和落实职工群众“四权”结合起来，把组织考核推荐和引入市场竞争机制、公开向社会招聘结合起来，多方面吸引人才，不拘一格选用人才，真正把那些德才兼备、绩效突出、群众公认的干部选拔到各级管理岗位上来，形成正确的用人导向。要按照提高素质、优化结构和“四不唯”（不唯学历、不唯职称、不唯资历、不唯身份）的要求，适应长庆局发展需要，统筹考虑，合理配备，在大力选拔优秀年轻干部的同时，要用好各个年龄层次的干部，努力使领导班子实现合理的年龄梯次结构、配套互补的专业知识结构、团结相容的个性结构、不断增强领导班子的整体功能和合力。特别要选好配强“一把手”，注意把那些政治素质强、民主作风好、领导经验丰富、能够驾驭全局、清正廉洁的优秀干部选拔到主要领导岗位。要从长庆局可持续发展的战略高度出发，围绕素质优良、数量充足、结构合理、堪当重任的要求，突出理论培训、实践锻炼和党性修养，进一步落实后备干部培养选拔制度，为领导班子建设提供充足的人才储备。同时，要贯彻尊重劳动、尊重知识、尊重人才、尊重创造的方针，坚持党管人才原则，统筹抓好以高层次人才和高技能人才为重点的三支人才队伍建设，激发各类人才的创造性和创业热情，努力开创人才辈出、人尽其才的新局面。

三、深入开展“公开承诺、转变作风”活动，切实改进领导干部作风和机关作风

党的作风体现着党的宗旨，关系党的形象，关系人心向背，关系党和国家的生死存亡。始终保持党同人民群众的血肉联系，是党风政风建设的核心问题。我们各级干部是企业党的骨干力量，其作风如何，事关党的形象，事关企业的兴衰。加强党的作风建设，首先要抓好领导干部的作风建设，着力解决好廉政勤政方面的突出问题。2006 年以来，局党委根据中央、中国石油集团关于加强领导干部作风建设的总体部署，对领导干部提出了“六个要坚持、六个不允许”的总要求，强调要把转变作风、强化执行力作为第一要求，牢固树立“五种良好风气”，并制定下发了《关于加强领导干部作风建设的若干意见》。为进一步加强作风建设，局党委决定，在局处两级领导干部和两级机关中开展“公开承诺、转变作风”活动。这是局党委、长庆局贯彻落实党的十七大精神，实现干部队伍作风根本好转的又一重要举措。首先要从长庆局领导班子做起，率先垂范，勤政廉政。局属各单位党委也要紧密结合实际，深入开展“公开承诺、转变作风”活动。领导班子成员及两级机关要身体力行，作出表率。一诺千金，取信于民。局党委组织部、巡视员办公室要加大干部作风巡视监督力度，把班子成员和机关部门的承诺、履诺情况，作为考核评价领导干部的重要内容，一年组织两次下级对上级、基层对机关作风转变、公开承诺的量化评价，公布排序，促使各级领导干部真正树立起为民、务实、诚信、清廉的良好形象。这里，我要再次强调和重申，各级领导班子和领导干部必须带头执行“六个要坚持、六个不允许”。

一是要坚持立党为公、执政为民，不允许以权谋私、唯利是图。立党为公、执政为民是“三个代表”重要思想的本质，是我们干事业的根本出发点和落脚点。我们的一切奋斗和工作都是为了造福职工群众。如果私心杂念太重，凡事先为自己打算，斤斤计较个人得失，想职务多、想责任少，想待遇多、想奋斗少，甚至以权谋私，争权争名争利，就会失信于民，必然会给我们的各项事业造成损失，必然会损害职工群众的根本利益。因此，各级领导干部必须忠诚于党和人民的事业，牢记全心全意为人民服务的宗旨，把实现好、维护好、发展好职工群众的根本利益作为一切工作的最终目标，切实解决广大职工群众最关心、最直接、最现实的问题，做到权为民所用、情为民所系、利为民所谋。

二是要坚持胸怀大局、开拓创新，不允许重利轻义、因循守旧。胸怀大局是领导干部讲政治的重要标志。对于各级领导干部来说，打造长庆工程技术服务强势品牌，“发展大油田、建设大气田，创建模范和谐矿区”和“把鄂尔多斯盆地建设成为我国重要的石油天然气能源基地”就是我们的大局，就是我们的责任。要完成我们肩负的历史使命，就必须坚持在实践中发展、在继承中创新，用新的思维、新的理念开创加快发展的新局面。如果只重私利、看轻责任、看轻大义，丧失原则立场，或工作上没有思路、没有创新，稀里糊涂，以其昏昏，使人昭昭。或锐气全无、畏首畏尾、不思进取，人未老而气先衰，必将贻误大事，墨守成规，打不开局面。各级领导干部要识大体、顾大局，时刻保持清醒头脑，改革创新，奋发有为，聚精会神抓工作、一心一意谋发展，努力做到对国家负责、对社会负责、对企业负责、对职工群众负责。

三是要坚持恪尽职守、真抓实干，不允许推诿扯皮、工作飘浮。恪尽职守就是要始终保持蓬勃向上的朝气，在本职工作岗位上脚踏实地、埋头苦干、有所建树，以一流的标准、一流的工作，创造一流的业绩。真抓实干是领导干部党性和事业心的具体体现。各级领导干部要以身作则、求真务实，扑下身子真抓，脚踏实地实干，不干，半点马列主义都没有。“当一天和尚”就要“撞一天钟”，不撞钟不行，撞不响也不行。但在实际工作中，仍然存在有的事没人干、有的人没事干，有的事相互推诿、有的人相互扯皮，甚至尸位素餐、无所作为，有的工作漂浮、华而不实、摆花架子、做表面文章等现象，这些都是非常值得警惕的。每个干部尤其是党员领导干部必须时刻牢记职责、不辱使命，以事业为本、落实为责、创业为荣，大兴求真务实之风，始终保持真抓实干、干就干好的作风和不畏困难、锲而不舍的韧劲，持续推进长庆局又好又快的发展。

四是要坚持遵章守纪、严于律己，不允许违法乱纪、为所欲为。“不以规矩，不成方圆”。行为规范是内部管理之基础、经营效益之保障、干部形象之根本。但我们个别干部制度意识淡薄、思想上对自己要求不严，执行不力，工作上主观臆断，随意性大，行为上无拘无束；有的干部甚至心存侥幸，把党纪政纪当作摆设。权力是把双刃剑，能使人高尚，也能使人堕落；能成就一个人，也能毁掉一个人。各级领导干部必须牢固树立“行则规范，为则有序”的观念，必须坚持依法治企，必须按照内控管理的原则、程序和规章制度办事，绝不能随心所欲，更不能为所欲为。各级领导干部要“常思贪欲之害、常除非分之想、常修为官之德”，要把得住原则、守得住清贫、耐得住寂寞、抗得住诱惑。

五是要坚持政令畅通、步调一致，不允许有令不行、各行其是。政令畅通是党员领导干部讲党性、讲政治的根本要求，步调一致是心往一处想、劲往一处使、形成强大合力的前提。各级领导干部必须珍惜当前心齐气顺、风正劲足的良好局面。如果有令不行、有禁不止，上有政策、下有对策，班子就没有号召力、队伍就没有战斗力、企业就没有凝聚力，就会影响到长庆局的又好又快发展。各级领导干部要讲政治、讲正气、讲团结、讲纪律，严格约束自己的言行举止，相互信任、相互学习、相互尊重、相互支持，不利于团结的话不讲、不利于团结的事不做，确保政令畅通、步调一致、令行禁止，竭力创造一个民主集中、协调统一的工作环境。

六是要坚持联系群众、艰苦奋斗，不允许高高在上、奢侈浪费。密切联系群众是我们党的政治优势和优良传统，艰苦奋斗是新的历史条件下永葆党的先进性的根本要求。如果干部高高在上、脱离群众，讲究排场、铺张浪费，就会严重削弱企业的号召力、凝聚力和执行力，就会损坏党在职工群众中的形象。因此，各级领导干部必须牢记“两个务必”要求，始终坚持“八个坚持，八个反对”，自觉在艰苦奋斗的实践中加强党性锻炼，深入基层，调查研究，靠前指挥，解决问题，真诚倾听职工群众的呼声，真实反映职工群众的愿望，真情关心职工群众的疾苦，多为群众办好事、办实事。倡导勤俭节约、艰苦奋斗，反对奢侈浪费、大手大脚，带头抵制拜金主义、享乐主义和奢靡之风。

四、全面巩固和发展先进性教育活动成果，着力加强基层党的建设

党的基层组织是党在社会基层组织中的战斗堡垒，是党执政的组织基础。先进性是马克思主义政党的生命所系、力量所在，要靠千千万万高素质的党员来体现。近年来、特别是先进性教育活动以来，全局基层党的建设工作认真贯彻落实中央和四省区以及中国石油集团指示精神，围绕生产经营中心，服务改革发展大局，在转变中适应，在改革中探索，在探索中改进，在继承中创新，在改进中加强，有力地保证和促进了长庆局的改革发展稳定。面对新形势下国有企业党建工作环境和条件所发生的深刻变化，有的领导干部思想定位不准确、认识有偏差，不能很好地把握党建工作与生产经营的关系，程度不同地存在着抓党建工作不十分自觉和十分得力，发挥企业党组织作用还不十分经常和制度化，抓党建工作的主动性还不很强；少数基层党组织缺乏活力，创新意识还不够强；部分党员素质还不很高，有些党员甚至丧失了先进性，个别党员领导干部还存在消极腐败现象，影响了党的先进性；一些单位党务工作队伍能力素质还不能完全适应形势发展的需要等。如果不尽快改变这种状况，就势必动摇党的执政根基。当前和今后一个时期，全局各级党组织要按照十七大对全面推进党的建设新的伟大工程的明确要求，围绕中心，服务大局，拓宽领域，强化功能，不断增强党组织的创造力、凝聚力和战斗力，努力把基层党组织建设成为促进科学发展、构建和谐企业的组织者、推动者和实践者。

第一，要充分发挥国有企业党组织的政治核心作用。党组织在国有企业中发挥政治核心作用，是实现党对国有企业政治领导的重要内容，是建立中国特色现代企业制度的基本要求，也是企业核心竞争力的重要组成部分。由于企业投资主体、资产结构、经营方式不同，党组织发挥政治核心作用的方式、方法也会有些不同。但不论发生什么样的变化，坚持党对国有企业的政治领导决不能动摇，充分发挥国有企业党组织的政治核心作用决不能改变。我们要按照贺国强 2006 年 12 月在全国国有企业创建“四好”领导班子先进集体表彰暨经验交流会议上，提出企业党组织发挥“五个方面作用”的要求，切实找准党组织发挥作用的着力点，以“四抓四确保”为主要内容，积极探索各级党组织发挥政治核心作用的实现途径。一要抓方向，在参与企业生产经营、改革发展等重大问题决策中进行政治把关，确保党的路线方针政策得到贯彻执行；二要抓思想，加强企业党建工作、思想政治工作和企业文化建设，确保职工综合素质的全面提高；三要抓培训，加强“三支人才”队伍建设，确保为企业发展提供智力支持和人才保障；四要抓协调，妥善处理好各方面利益关系，调动一切积极因素，确保企业和谐发展。

第二，要坚持不懈地抓好先进性长效机制的贯彻落实。党的先进性是新时期党要完成所肩负的伟大历史使命的必然要求。巩固和发展先进性教育活动成果，建立永葆先进性长效机制，是抓好基层党组织和党员队伍建设的有效措施。中央、甘肃省委先进性长效机制配套文件下发以来，全局各级党组织高度重视，积极组织开展学习、宣传工作，研究提出贯彻落实的具体措施，形成了一些比较好的做法，有力地促进了文件的贯彻落实，也见到了比较好的效果。下一步，要在前一段工作的基础上，进一步探索符合各单位特点的具体措施，扎实抓好党员队伍建设这一基础工程，建立党员党性定期分析制度，组织党员认真学习中国特色社会主义理论体系和《党章（修正案）》，坚持用马克思主义中国化最新成果武装头脑，不断提高党员的思想政治素质，切实增强党员的工作能力，努力发挥党员在生产经营和社会生活中的先锋模范作用；积极探索加强党员队伍管理的新途径、新办法，创新管理方式，落实管理责任，使广大党员都能接受党组织的教育管理，始终保持先进性；积极探索做好党员联系和服务群众工作，拓展联系群众的途径，丰富服务群众的内容，建立联系和服务群众的网络，继续开展“争先创优”、“双培双提高”和各具特色的主题实践活动，为党员服务群众、发挥作用搭建平台。要以开展基层党支部“六个一”创建工作为主线，适应企业重组改制、结构调整、机制转换以及实施“走出去”战略的要求，优化党组织设置，理顺隶属关系，创新活动方式，增强工作活力，充分发挥党组织推动发展、服务职工、凝聚人心、促进和谐的作用。要认真做好发展党员工作，注重在生产一线和科技人员、青年职工中发展党员。以党的基层组织建设带动其他各类基层组织建设，推进全局基层建设“示范点”和“五型班组”创建活动，进一步提升基层基础工作水平。

第三，要切实增强党建工作的针对性和实效性。加快发展是长庆局的第一要务，全局的一切工作都要服从和服务发展这一中心。党建工作虽然不能直接以经济数字来衡量，但如果能做到紧贴中心来部署推进党建工作，把职工群众的积极性调动起来，把本单位的活力充分激发出来，同样可以转化为实实在在的经济和社会效益。从这个意义上讲，党建工作也是生产力。因此，全局各级党组织必须正确认识和处理好生产经营与党建工作的关系，坚持围绕发展抓党建、抓好党建促发展，把促进本单位改革发展稳定，不断提高经济效益，实现国有资产保值增值，作为党建工作的出发点和落脚点，作为检验本单位党建工作成效和党组织战斗力的主要标准。要坚持“服务中心做工作、进入管理起作用”的基本思路，找准党建工作与本单位生产经营工作的切入点，推动党建工作与生产经营活动的有机融合，促进党建工作与加快发展的良性互动、协调推进，努力把党组织在管理中的软实力转化为本单位发展的硬效益。

第四，要高度重视和积极推进党内基层民主建设。党内民主是党的生命。发展党内基层民主，是政治体制改革和政治文明建设的重要内容。在世情、国情、党情发生深刻变化的新的历史条件下，我们党要巩固和发展团结统一、充满活力的新局面，就必须进一步加强党内民主建设，以扩大党内民主带动人民民主，以增进党内和谐促进社会和谐。全局各级党组织要按照《党章（修正案）》规定，尊重党员主体地位，保障党员民主权利，努力营造党内良好的民主气氛，积极鼓励和有效保护党员讲真话、讲心里话。要建立完善党内情况通报制度、情况反映制度、重大决策征求意见制度，推进党务公开，增强党组织工作的透明度，发挥党员在民主参与、民主选举、民主决策、民主监督等方面的作用，落实党员的知情权、选择权、参与权和监督权。要坚持党的代表大会制度，不断改革和完善党内选举制度，条件成熟的局属单位党委，都要按期召开党员代表大会或党员大会，进行换届选举。要健全党内议事和决策机制，严格实行民主集中制，增强决策的科学性、民主性。全局各级党组织，要始终同局党委保持高度一致，切实保证政令畅通、令行禁止。

第五，要以完善惩治和预防腐败体系为重点加强反腐倡廉建设。坚决惩治和有效预防腐败，关系人心向背和党的生死存亡，是我们党必须始终抓好的重大政治任务。中国共产党的性质和宗旨，决定了党同各种消极腐败现象是水火不相容的。全局各级党组织一定要充分认识反腐倡廉斗争的长期性、复杂性、艰巨性，全面落实中央“标本兼治、综合治理、惩防并举、注重预防”的方针，加强以完善惩治与预防腐败体系为重点的反腐倡廉建设，在坚决惩治腐败的同时，更加注重治本，更加注重预防，更加注重制度建设，努力拓展从源头上防治腐败的工作领域，切实抓好建立健全惩治和预防腐败体系实施纲要的落实，不断推进全局党风建设和反腐倡廉工作。要以领导干部为重点，加强理想信念教育、廉洁从业教育和权力观教育，筑牢各级干部拒腐防变的思想防线。要加大对各级干部的日常教育、管理和监督，加强对干部廉洁自律情况的监督检查，严格禁止党员干部利用职务上的便利为本人和特定关系人谋取不正当利益。要加强廉洁文化建设，认真落实局党委《关于加强和推进廉洁文化建设的意见》，积极开展争创“廉洁单位、廉洁机关、廉洁班子、廉洁岗位、廉洁家庭”活动。加强对权力运行的有效制约和监督，确保领导干部正确履行职责。加强和完善巡视工作制度，扩大巡视覆盖面，及时发现和解决领导干部中存在的苗头性、倾向性问题。抓好违规违纪案件查处，深入开展效能监察，严格干部离任审计，以更有力的措施，不断推进教育、制度和监督并重的惩防体系的全面落实。

第六，要以企业文化建设为抓手推进宣传思想工作创新改进。适应企业现代化管理的要求，坚持把思想政治工作、精神文明建设与企业文化建设统一起来，是培养“四有”职工队伍，为推进企业改革发展稳定提供强大精神动力和思想政治保证的有效途径，也是把国有企业政治优势转化为市场竞争优势的重要举措。全局各级党组织要积极探索思想政治工作与企业文化建设相结合的有效办法，把思想教育与严格管理结合起来，把解决思想问题与解决实际问题结合起来，坚持用马克思主义中国化最新成果武装干部、教育职工，用中国特色社会主义共同理想凝聚力量，用以爱国主义为核心的民主精神和以改革创新为核心的时代精神鼓舞斗志，用社会主义荣辱观引领和培养文明风尚，不断巩固“我为祖国献石油”的共同思想基础。要坚持以人为本，加强和改进思想政治工作，注重人文关怀和心理疏导，用正确方式处理人际关系，善于运用典型推动工作，充分发挥思想政治工作统一思想、凝聚力量，释疑解惑、化解矛盾，理顺情绪、激励斗志的作用。要以增强诚信意识为重点，大力弘扬爱国主义、集体主义、社会主义思想以及大庆精神和铁人精神，加强社会公德、职业道德、家庭美德、个人品德建设，发挥道德模范的榜样作用，引导职工自觉履行法定义务、社会责任、家庭责任。要深入开展内容丰富、形式多样、职工群众喜闻乐见的精神文明创建活动，倡导文明、健康、科学的生活方式，使思想政治工作更加贴近实际、贴近职工、贴近生活。要大力推进企业文化建设，把企业文化建设融入企业管理、思想政治工作和精神文明建设的全过程，形成具有鲜明时代特征、石油特色、长庆特点的企业文化体系，使长庆局企业文化和精神文明建设走在中国石油集团和所在省区前列。要按照构建和谐社会的要求，切实推进模范和谐矿区建设，加快推进“万套住宅工程”建设，强化安全生产监管，进一步加强“三禁一反”和维护稳定工作，深入开展“平安长庆”创建活动，确保矿区良好的治安环境和稳定的大局。进一步密切企地关系，妥善处理好企业与外部的关系，树立石油企业良好的社会形象。

第七，要坚持党的依靠方针积极推进职工民主管理。我们党的最大政治优势是密切联系群众，党执政后的最大危险是脱离群众。作为工人阶级的广大石油职工，为保障国家能源安全，促进经济社会发展作出了巨大贡献。做好石油企业的群众工作，维护职工的合法权益，对于始终保持党同人民群众的血肉联系，对于巩固和扩大党执政的阶级基础和群众基础，具有十分重要的意义。我们要全面落实党的依靠方针，牢固树立“工人伟大、劳动光荣”的观念，紧紧依靠广大职工群众搞好长庆局的发展，尊重和维护职工民主管理、民主监督的权利，完善以职工代表大会为基本形式的企业民主管理制度，支持和保证职工代表大会依法行使各项职权。企业重大决策必须及时向职工代表通报，企业重大改革措施出台前必须广泛征求职工意见，涉及职工切身利益的重大事项必须提请职工代表大会审议通过。要进一步深化和规范厂务公开，健全完善公示、听证制度，增强决策透明度。要积极探索完善以党和国家政策、法律法规为基本依据的维权机制，以及以实施送温暖工程和促进再就业为基本载体的帮扶解困机制。

五、加强领导落实责任，努力形成全局抓党建工作的合力

加强和改进长庆局党的建设工作，是一项长期而紧迫的任务，既需要局党委常抓不懈，也需要各级党组织和局党委有关职能部门的组织领导和戮力合作。我们要坚持党要管党、从严治党的方针，按照局党委《关于贯彻落实〈中央在甘单位党建工作报告联系制度（试行）〉的意见》和局党委《关于进一步加强和改进党的建设工作的意见》的要求，高度重视长庆局党建工作，加强组织领导，精心安排部署，抓好责任落实，共同完成好全局党建工作的各项任务。

第一，健全落实工作责任制，努力构建党建工作新格局。局处两级党委及其职能部门要按照管理权限分工负责，切实加强对党建工作的领导和指导。各级党委组织部门要履行好宏观指导的职能，各有关职能部门要各司其职，各负其责，密切配合，形成合力。局处两级党委要切实加强对思想政治工作、精神文明建设和工会、共青团等群众组织的领导，建立健全必要的工作制度，认真做好思想政治工作和精神文明建设的中长期规划，每年至少要听取两次工会、共青团等群众组织的工作报告，及时讨论研究解决他们工作中的重大问题，支持并帮助他们按照法律和各自的章程，围绕生产经营中心任务，独立自主、创造性地开展工作。坚持党建带工建、带团建，充分发挥工会、共青团等群众组织联系广大职工群众的桥梁和纽带作用，为长庆局改革发展稳定大局服务。纪检监察部门要在同级党委和上级纪委的领导下，积极开展工作。要定期向党委报告工作，切实担负起协助党委抓党风建设和反腐倡廉的职责。党委书记作为第一责任人，要切实承担起加强和改进本单位党建工作的责任，指导好所属基层单位的党建工作。兼任党内职务的单位负责人要自觉坚持“一岗双责”制，主动向党委汇报主管、分管的工作，自觉接受党委的集体领导。各级党组织要认真制定加强党建工作的规划、目标和措施，督促检查所属基层单位党建工作责任制的落实。各有关部门在抓好生产经营工作的同时，也要重视基层党建工作，进一步树立“不抓党建就是失职、抓不好党建就是不称职”的观念，努力形成党委统一领导，组织部门牵头抓总，有关部门密切配合、齐抓共管的党建工作新格局。

第二，积极推进制度创新，探索建立党建工作长效机制。近年来，长庆局各级党组织在工作实践中，结合实际探索建立了一系列加强和改进党建工作的制度和规定。从总体上看，这些制度和规定对加强本单位党建工作起到了重要的推动作用。但随着形势和任务的变化，这些制度都需要不断创新和不断完善，使之更加符合中国特色社会主义理论体系，更加符合长庆局党建工作实际。局处两级党委及其职能部门要注意研究党建工作面临的新情况，充分体现时代性；注意总结基层和职工群众创造的经验，充分体现实践性；注意把握制度之间的内在联系，充分体现系统性；注意贴近基层党组织和党员队伍实际，充分体现可操作性；着力在领导班子建设、基层党组织建设、党员队伍建设三个层次和学习教育、管理监督、联系服务群众、党内民主参与四个方面下工夫，努力形成符合长庆局实际的党建工作制度体系，不断推进党建工作的科学化、规范化。要着眼于提高素质、稳定队伍、优化结构，建立健全党务工作队伍建设机制，加强党务工作人员的培养管理，真正把那些素质好、能力强、潜力大、熟悉生产经营和党务工作的优秀干部选配到党务工作岗位上来，努力建设一支梯次合理的复合型党务工作人员队伍。

第三，研究新情况新问题，努力探索党建工作新路子。党的事业的发展没有止境，党的建设的创新也没有止境。党的建设是一个不断发展的过程，我们的认识也是一个随着实践发展而不断深化的过程。局处两级党委及其职能部门要根据形势和任务的发展变化，大力弘扬求真务实、开拓创新精神，深入开展调查研究，善于在实践中发现问题、找准问题和解决问题，善于从实际工作中总结新鲜经验，用于指导工作。要本着解放思想、实事求是、与时俱进的科学态度，尊重基层和党员的首创精神，顺应时代发展趋势，深入思考关系党的建设理论和实践的全局性、前瞻性、战略性问题，积极探索新的历史条件下企业党建工作的特点和规律，不断推进党建工作的理论创新、制度创新、工作创新和方法创新，着力解决好党建工作的热点、难点问题，努力使长庆局党建工作不断适应油田各项事业的发展要求。

六、立足当前谋划长远，全面完成今年各项任务目标

2007 年仅剩一个月的时间，各项工作已进入最后冲刺阶段。各单位在认真组织传达学习十七大精神的同时，要按照年初工作会议确定的任务目标，继续平稳组织生产经营，严格遵循“三靠两保证”的提速原则，切实抓好今冬明春的各项工作，确保全年业绩目标的完成。要突出抓好冬季安全生产，细化冬季生产组织措施，加大各类隐患排查和治理力度，抓好冬防保温工作，严把工程收工、队伍回撤关键环节，制订针对性强的应急预案，确保冬季安全生产。要保持高度政治敏锐性，切实做好维护稳定工作，确保矿区大局稳定。要及早谋划，周密安排，做好财务决算和明年投资计划和财务预算指标的编制工作，进一步搞好关联交易封闭结算工作的试点。要及时搞好年终总结、评比和表彰工作，全面回顾一年来的工作，科学合理地研究确定明年框架指标体系，认真做好明年生产建设的施工组织和工作部署，确保明年开好局、起好步。

同志们，党的十七大举世瞩目，影响深远，为我们描绘出了新的宏伟蓝图，加强和改进国有企业党建工作，为促进长庆局改革发展稳定提供强有力的保证，是时代赋予我们的神圣职责。我们肩负着新的庄严使命，面临着新的重大任务和良好的发展机遇。我们一定要以党的十七大精神为指针，高举中国特色社会主义伟大旗帜，全面贯彻落实科学发展观，在陕、甘、宁、内蒙古四省（区）党委和中国石油集团党组的坚强领导下，以更加坚定的思想，更加清醒的认识，更加科学的措施，更加迅速的行动，更加务实的作风，努力开创长庆局改革发展与党建工作共同进步的新局面！

（长党办发［2007］20 号）

苟三权在长庆石油勘探局贯彻党的十七大精神务虚会上的讲话

（2007 年 11 月 30 日）

同志们：

这次务虚会开得很好。三天来，与会同志对照党的十七大精神，解放思想、深度思考、集思广益，共谋长庆局发展大计。大家在几天的发言中，能够联系十七大精神，结合工作实际，各抒己见、献计献策，做了很好的交流发言。利用一天的时间，长庆局领导结合各自分管工作，对今后的发展提出了一些思路、意见和原则。大家讲的都非常好，既是献计献策，又是各单位、各部门之间的一次交流，通过上下联动，形成了许多非常宝贵的意见和建议。会议开得很成功，达到了预期目的。

这次会议既务虚、又务实，是一次贯彻落实十七大精神，统一思想、达成共识、坚定信心的动员会，是贯彻落实科学发展观，理清思路、明确目标的研讨会，是站在新的发展起点上，超前谋划、系统思考、加快发展的推进会。会议的召开对推动长庆局科学发展、和谐发展、又好又快发展具有十分重要的指导意义。会议的收获很多，概括起来主要有三个方面：

一是提高了认识，明确了责任。同志们能够发扬理论联系实际的良好学风，根据党的十七大提出的新理论、新思想、新部署、新要求，结合长庆局和本单位实际，站在全局战略的高度，深入思考、积极探索长庆局科学发展、和谐发展的新思路、新举措。在发言中大家一致认为，长庆局作为国有大型企业，一定要在国家全面建设小康社会伟大进程中，积极肩负起企业的经济、政治和社会责任，各项工作都要力争走在中国石油集团和油田所在地的前列，努力创造油田又好又快发展的新成果，以良好的发展业绩、发展质量和发展效率回报国家、回报社会、回报职工。

二是统一了思想，达成了共识。会上，大家对长庆发展所面临的环境和形势有了更加清醒的认识，为长庆未来发展的宏伟规划深受鼓舞，进一步统一了思想，坚定了发展的信心，提高了加快长庆发展、构建和谐长庆的责任感、使命感和紧迫感。大家明确表示，一定要牢牢抓住当前难得的发展机遇，认真研究形势，积极应对挑战，按照长庆局总的发展方向和要求，突出重点，研究问题，全面搞好部署，各项工作要力争上轨道、上水平、上台阶，以实际行动为长庆大发展作出应有的贡献。

三是理清了思路，明确了目标。会议紧紧围绕十七大报告对国家能源战略问题、节能减排问题、安全生产问题、管理体制改革等问题的具体要求，站在落实科学发展观的高度，对今后发展进行了深入分析和研讨，进一步理清了工作思路，明确了工作目标和具体措施。

这次会议非常难得，十分重要，大家作了认真的准备和积极的发言。局办公室要对提出的意见和建议进行整理，各部门要对事关长庆局发展大业和工作的重要问题，分系统组织研究，制定具体措施，切实加以解决。

下面，根据会议讨论发言意见，结合我本人的思考和认识，主要讲以下几个方面的问题。

一、面临的机遇与挑战

当前和今后一个时期是长庆局加快发展的重要战略机遇期。清醒认识和科学把握当前长庆局面临的新形势、新任务，对推进长庆局未来发展至关重要。总体上讲，长庆局面临着难得的发展机遇，也有许多十分有利的条件。

从国际形势来看。现在国际油价逼近100美元/桶，继续高位震荡，导致了世界各大石油公司和石油资源国持续加大勘探开发投入，围绕油气资源展开激烈争夺，这为石油工程技术服务业务快速发展提供了一个大背景。

从国内形势来看。2007年11月27日，中共中央政治局召开会议，分析当前经济形势，研究2008年经济工作，提出要坚持稳中求进，保持经济持续平稳较快协调发展；2007年前三个季度，国民经济持续快速增长，GDP增速达11.5%。预计2008年国民经济将继续保持10%左右的发展速度。因此，国内油气需求将持续快速增长，石油供需矛盾日趋突出，近期成品油市场供应非常紧张。

预计到2010年，原油进口量预计达到1.5亿吨，国家对外依赖程度将超过50%。面对石油供给的严峻形势，国家对能源尤其是石油天然气可持续发展和安全供应高度重视，有关部委正在研究出台促进石油工业可持续发展的相关支持政策，这为石油企业的发展营造了较好的外部政策环境。近期，在我们周边的一些省区，包括陕、甘、宁、内蒙古等省（区）都积极表态支持长庆油田的快速发展，这也为长庆局各项业务全面协调发展创造了更为和谐有利的外部条件。

从中国石油集团形势来看。一是石油天然气储量和产量继续快速增长。中国石油集团新增探明石油地质储量连续三年保持在5亿吨以上，其中长庆油田贡献最大，每年都在1亿吨以上，占到了五分之一；新增天然气三级储量均超过3000亿立方米，苏里格基本探明5000亿立方米。2006年国内生产原油1.07亿吨、2007年将达到1.08亿吨，净增100万吨；2006年生产天然气442亿立方米、2007年将达到542亿立方米，连续两年增幅超过20%，这里面长庆的贡献比较大。按照“十一五”规划，到2010年，中国石油集团将实现原油产量1.11亿吨、生产天然气642亿立方米，油气当量将达到1.78亿吨，油气生产保持快速增长的势头。

二是国际业务经营规模和领域继续扩大。中国石油集团大力实施国际化战略，继续加快“走出去”步伐。2007年，中国石油集团海外业务扩展非常活跃，按照突破中亚、拓展非洲、做大南美、推进亚太、加强中东的思路，建立长期稳定的海外油气合作区，实现国际业务规模有效可持续发展。2007年1—10月份，中国石油集团海外份额油已累计生产原油5058万吨，生产天然气48.43亿立方米。按照规划，到“十一五”末，海外业务将发展成为中国石油集团的“半壁江山”。

三是油气骨架管网建设全面铺开。中国石油集团加快建设东北、西北、西南和海上四大油气战略通道，构建多元化的油气供应体系。已经规划的横跨东西、纵贯南北的全国油气骨架管网将陆续开工，中哈原油管道二期、中俄原油管道、西气东输二线、兰—郑—长成品油管道、东北管网等8大管道建设，将在2007—2011年四年间建设完成，总长度17253千米，总投资1661亿元，平均每年约有4000千米的建设项目，相当于每年增加一个“西气东输”工程，而且都是大口径管线。

四是装备制造业务加快发展。由于油气勘探开发投资持续上升，对石油装备的需求不断增长，中国石油集团已经决定将装备制造业务列为加快发展的业务，明确提出要以石油装备为重点，加快推进产品技术升级和关键装备国产化，规划到2012年全集团实现装备制造产值1000亿元。同时，将长庆装备制造业务也确定为加快发展的业务。

从长庆的形势来看。鄂尔多斯盆地被中国石油集团确立为我国重要的油气资源战略接替区，要建设成为重要的油气生产基地，必将继续加大投资。预计到12月20日左右，长庆年产油气当量将突破2000万吨，按原来“十一五”规划到2010年将达到3000万吨，2007年通过勘探开发，长庆油田分公司提出提前一年实现“十一五”规划目标，2009年实现3000万吨。“十一五”之后还将有新的增长。油田主营业务的快速发展，也为长庆局提供了充足的市场空间。

所有这些形势，为我们提供了千载难逢的发展机遇。但同时机遇与挑战并存，当前我们也面临着严峻的挑战。

一是国家及中国石油集团政策变化带来深刻的影响。

国家对中央企业收取国有资本收益。2007年按净利润5%，2008年开始按10%收取，这必然引起中国石油集团对原来未上市企业“十一五”期间利润全留的政策进行调整。

资源税改已经基本确定，由“从量”改为“从价”征收，对长庆局原油利润影响较大。按暂定税率5%，如价格按60美元/桶计算，每吨原油增加资源税近140元，仅这一项，长庆局2008年按45万吨计算，将直接减少利润6000多万元。而且国家对土地、环保、安全等方面都出台了严格的调控政策，监管的力度进一步加大，这都将给我们的生产建设和经济效益带来较大影响。

中国石油集团对明年的预算政策将会作较大调整，总体上全面实施紧缩政策，包括建设成本和操作成本，并对差旅费、办公费、业务招待费、出国费、会议费等五项管理性费用进行大幅压缩，初步确定压缩20%左右。

面临量价背离的突出问题。重组以来，长庆局工程、生产技术服务价格未能及时合理调整，没有与原材料市场价格、原油价格变化形成联动机制，这种静态的价格体系给长庆局经济效益造成重大影响，关联交易合理价格的形成机制还没有完全建立。

成本刚性增长因素增加。2007年人工成本、油料等生产资料比上年大幅上涨，人工成本仅工资及其附加比2006年增长近3亿元，成品油采购价格从11月份开始大幅涨价，当年增加成本5400万元。

二是“大市场、低效益”的矛盾将会更加突出。鄂尔多斯盆地“三低”油气藏的特点决定了必须走低成本开发的路子，快速上产的要求使“建产规模、建设成本和上产幅度”之间的矛盾日益突出，再加上低成本的历史原因，使长庆油田分公司和长庆局都面临愈来愈大的压力。对长庆局而言，还有一个结构性的问题，天然气的产能主要是在苏里格气田，根据目前测算的情况来看，苏里格气田除了录井能够基本保持盈利，其他的井筒作业都面临全线亏损。同时，中国石油集团今年又没有明确顺价政策，这使工程技术服务业务面临更大的经营压力；低效储量合作开发的利润返还政策以及反哺资金政策随时都有可能调整。

三是“三支人才”队伍总量依然不足，结构不尽合理，特别是各类骨干人才匮乏，与长庆局快速发展不相适应。以技师为例，目前全局有资格的高级技师60人，在聘的只有43人；有资格的技师549人，在聘的398人。

四是工程技术服务能力和水平与长庆油气大发展的形势不相协调、不相一致，而且结构性矛盾依然突出。长庆油田分公司的产量、规模和上缴利润都稳居中国石油集团第二。而长庆局除了钻井和井下作业居中国石油集团前列之外，水电、运输、加工制造及地面工程建设都排到第五、第六位。我们所具备的实力与长庆油气大发展的形势不协调、不一致。从内部的市场占有率看，钻井不到50%；长庆局内部业务发展也不平衡，钻井和井下作业冲到了前面，其他业务的整体保障能力比较低。

五是安全环保形势虽有一定好转，但依然存在薄弱环节，面临严峻挑战。有些环节存在安全隐患，小事故不少，务必要引起我们的高度警觉，认真对待。另外还有外部环境等问题，都制约着我们的发展。

分析和认清这些问题，既不能妄自菲薄、自甘落后，也不能脱离实际、急于求成，而是要正确判断形势，分清优势劣势，正视矛盾困难，坚定发展信心。

二、必须牢固树立“四种意识”

面对新的形势、新的任务，我们必须增强又好又快发展的使命感、责任感和紧迫感，从思想上、认识上、行动上充分做好准备，以良好的精神状态主动应对挑战，特别是要牢固树立在2007年工作报告中提出的“四种意识”。

必须牢固树立敏锐的机遇意识。机不可失，时不再来。我们面临前所未有的战略发展机遇期，但是整体能力、实力和油气大发展不相协调，如果抓不住这个机遇，等到长庆油田分公司稳定发展到高峰期，长庆局发展能力还跟不上、技术还上不去，今后再想发展、再想做强做大，只能是望洋兴叹。只有迎头赶上，抓住这个机遇，才能够把长庆局做大做强。比如低效油气储量合作开发，如果抓不住机遇，后期调整影响都比较大，应该积极争取政策，争取保住，做大做强。再比如长庆局今年的万套住宅建设，现在国家实行土地紧缩政策，尤其是对于企业集资建房，纳入了政府经济适用房建设，现在征地难上加难，在存量土地上建房对户型面积的限制是户均60平方米，而职工对住房的要求比较高。所以必须要抢抓机遇，利用好已有政策。

必须牢固树立强烈的发展意识。发展是硬道理，只有发展才能提高综合实力，只有发展才能解决企业面临的问题。实践证明，大发展大解决，小发展小解决，不发展不仅解决不了问题，反而问题会越来越多。因此，科学发展、和谐发展、又好又快发展，这是我们的责任。

必须牢固树立高度的责任意识。长庆局企业文化理念体系最重要的一点是提出了核心价值观，就是为国家奉献能源，为社会营造和谐，为长庆创造价值，为员工谋求幸福。这既是企业的核心价值观，又是各级管理者的责任所在，必须树立起对国家、对社会、对员工高度负责的责任意识。

必须牢固树立厚重的人本意识。企业的发展就是为员工谋求幸福。坚持以人为本是科学发展、和谐发展的根本。必须积极响应十七大号召，在思想上牢固树立起厚重的人本意识，把员工的事放在心上，才能积极谋划为员工办实事，着力解决好员工最关心、最直接、最现实的利益问题。

三、发展基础

重组8年以来，长庆局紧跟长庆油气大发展的步伐，把确保油田勘探开发需要作为首要任务，积极转变经济发展方式，持续调整市场结构和产业结构，加快培育新的经济增长点，企业效益逐年提高，职工收入稳步增长。应该说，几年来长庆局的发展基础越来越雄厚。

一是投资规模迅速扩大，钻井、试油压裂等关键生产设备得到快速更新。2006年投资规模为20.5亿元，2007年投资规模达到31亿元，增长了50%，增加了10亿元。其中非安装设备投资6.6亿元，在2006年更新13部钻机的基础上，2007年又增加了11部钻机；从2006年到2007年新购SS－2000型压裂机组3套，完全走在了全国的前列。全局主要设备新度系数由2000年的0.58提高到目前的0.7，装备整体能力进一步提升。

二是工程技术服务能力与核心竞争力显著提升。通过实施以钻井为“龙头”的工程技术服务“提速工程”，实现了整体提速、持续提速，年钻井能力达到430万米以上，目前已经超过420万米。如果不是由于20多天阴雨的影响，今年很有可能逼近440万米。试油（气）压裂酸化能力达到6000层次以上，均位居中国石油集团前列。

三是生产服务保障能力进一步增强。水电、通信、运输、物资采供等生产技术服务业务跟进发展，综合服务保障能力得到增强。

四是低效油气储量合作开发取得新进展。全年原油产量超过30万吨，天然气产量将达到4亿立方米，年产油气当量达到60万吨。原油新建产能20万吨/年，天然气新建产能4亿立方米/年，为明年的发展奠定了很好的基础。

五是国际市场开发取得新的突破。厄瓜多尔市场取得了跨越式发展，是一个新的增长点。同时，长庆局一举中标土库曼斯坦尤拉屯气田 12 口天然气钻井总包项目，合同总额近 12 亿元，目前前两口井顺利推进，为有效拓展土库曼市场奠定了坚实基础。

六是科技创新能力进一步增强。钻井、井下、地面建设等一大批新工艺、新技术取得新的突破，在勘探开发低渗透油气田方面形成了长庆特色的优势技术、集成技术和领先技术，这也是我们的核心技术。应该说在低渗透油气工程技术服务方面，尤其是在压裂酸化方面，我们具有核心技术和主导技术，不仅走在了国内前列，完全可以说走在了世界前列。

七是科学管理水平进一步提高，基层建设扎实推进，基础管理工作进一步加强。

八是和谐矿区建设取得阶段性成果，基础设施进一步改善，一线生产生活条件明显改善，创造了和谐稳定、有利于发展的大环境。

九是形成了长庆特色的企业文化，培养了一支“特别能吃苦、特别能战斗、特别能负重、特别能奉献、特别能创造”的职工队伍。“五特文化”已经成为长庆文化的核心文化，这一文化创造了辉煌的过去，也必将创造辉煌的未来。

应该讲，我们拥有长庆油田快速上产的资源基础、市场基础，具备加快发展的硬件基础、软件基础，形成了有利于发展的环境基础、文化基础，我们完全有基础、有条件抓住机遇，使长庆局发展得更好、发展得更快。

四、发展目标

中国石油集团提出了“发展大油田、建设大气田、创建模范和谐矿区，把鄂尔多斯盆地建设成为我国石油天然气的重要能源基地”的总体要求，这也是我们为之奋斗的目标。长庆局的目标就是企业的愿景，即：打造长庆工程技术服务强势品牌，把鄂尔多斯盆地建设成为我国石油天然气的重要能源基地和长庆人的美好家园。

打造长庆工程技术服务强势品牌，这既是我们的愿景，也是我们的发展目标，必须把工程技术服务做强做大，做出长庆品牌，打出长庆速度。

把鄂尔多斯盆地建设成为我国石油天然气的重要能源基地。这是我们长庆的共同目标。其中既有长庆局的贡献，也有长庆局的责任，所以要把实现 3000 万吨油气当量目标作为长庆共同的责任、共同的义务。

建设长庆人的美好家园，这是科学发展、和谐发展的必然要求，是以人为本的必然选择。

五、发展战略

长庆局的企业经营理念是：战略制胜，追求卓越，和谐共赢。其中第一个层面就是战略制胜。企业发展战略是对企业发展中整体性、长期性、基本性重大问题的谋划。多少年来的企业兴衰历史证明，如果一个企业拥有正确的发展战略，就能够兴旺发达。所以我们也要认真研究战略问题。通过认真分析当前面临的客观形势，总结长期实践的战略理念，长庆局应当实施“五大战略”。如果得到大家的认同，将成为长庆局深入贯彻落实十七大精神、加快推进又好又快发展的行动指南。

一是科技创新战略。科学技术是第一生产力。长庆几十年来的发展实践充分证明，从油田 20 世纪 70 年代的创业阶段、80 年代的稳产阶段，到 90 年代的油气并举，一直到 2000 年以后步入了发展的快车道，就是因为科技创新，逐步拥有了配套技术，打开了油气勘探开发的大门，拿到了“金钥匙”。所以，科技创新战略应该是长庆局的首要战略。

二是人才强企战略。人才是第一资源。

长庆局的人才观是“人才就在身边”，对待员工应该尊重、培养和大胆使用。必须高度重视人才素质的提高，建立有利于人才成长的平台、氛围和环境，只有用政策留人、用发展留人、用事业留人、用感情留人、用待遇留人，才能够做强企业，才能够提高长庆局的核心竞争力。

三是管理提升战略。长庆局的企业管理理念是“关注细节、重在执行”，在企业内部管理上必须要关注细节，提高执行力。要大力发扬“三老四严”、“四个一样”的优良传统，持续推进管理创新，提升管理水平。要积极创新管理体制、机制，通过管理提高企业的实力，增强企业的活力，提高队伍的凝聚力、战斗力。

四是持续发展战略。长庆局的发展观是“持续有效快速协调发展”。我们不追求一时的快速，而是追求综合协调发展、持续发展。基本内涵有两个，一个是时间上的持续，另一个是各业务层面的协调。要突出转变经济发展方式，积极培育新的经济增长点，不仅要考虑今天的发展，而且要考虑企业长远的可持续发展。

五是市场开发战略。长庆局是服务型企业，只有依靠市场才能够生存，才能够发展，市场开发毫无疑问是决定企业能否持续发展的一个战略问题。长庆局的市场观是“像服务外部市场那样，优质服务长庆市场”，就是要做到两个市场都必须优质，更强调对长庆市场要做到优质。这里面有一个市场定位的问题，就是要立足内部市场、长庆市场。全局80%—90%的工作量应该在长庆内部市场，这个问题一定要引起大家的高度关注。为了长庆局的发展，我们是不是做到了像对待外部市场那样对待内部市场，这个问题必须提到相当的高度来认识、来对待。另一个是服务观问题，长庆局的服务观是“践诺重于承诺”，践行高于承诺，必须靠优质的服务，才能最终赢得市场。

应该讲，这“五大战略”，是对过去发展战略的提炼概括，是对长庆局发展实践的客观总结，更是今后实现科学发展、和谐发展、又好又快发展所必须遵循的生存与发展战略。

六、发展思路

1. 做强做大工程技术服务业务

着力提升工程技术服务保障能力与核心竞争力，打造长庆工程技术服务强势品牌，在中国石油集团创建长庆速度，打造长庆品牌。

按照蒋洁敏总经理指示精神，做强不光是一个提速的问题，还要走内涵式、集约式发展的路子。在提高单井产量的技术方面，要多打水平井、欠平衡井、多分支井、丛式井；在节能减排方面，把节约用地、减少工作量、提高效益相结合，作为转变经济发展方式的重要手段。加强自主创新，走技术发展之路，通过技术创新提高单井产量、投资回报和工作水平。

钻井。要继续坚持“做强做大、规模适度、重在做强”的发展思路，走内涵式发展道路。同时，要适应长庆油气发展的形势，加大钻机更新改造力度，优化装备结构，提升工程能力。

录井、固井、管具。坚持“做专做强、质量为本、保障有力”的发展思路，紧跟钻井提速，努力使技术服务能力与钻井能力相配套、相一致。重点在“专”上做文章，在确保质量上做文章，在提升保障力上下工夫。

试油（气）压裂酸化。继续坚持“做大做强、培育特色、拓展市场”的发展思路，要适度增加1000型压裂机组，有效占领关联交易市场，不断扩大市场份额。

采油气技术服务。继续坚持“跟进发展、突出重点、就近服务”的发展思路，遵循“井下技术作业处和采油、采气技术服务处联手拓展市场”的工作要求，缩短服务半径，适度增加试气机组的配置，跟进占领长庆内部市场，对于采油五、六、七厂由长庆钻机完成的工作量，必须由长庆来试油。同时，要加快提高工艺技术水平，努力实现扭亏为盈。

工程建设。坚持“创新模式、培育规模、效益优先”的发展思路，积极实践 EPC 管理模式和“标准化设计、模块化建设”模式，保持和巩固油气田地面建设的领先地位和竞争优势。要加快发展管道业务，稳定集输炼化业务，有效开展道桥业务。

工程监督与监理。遵循“坚持标准、质量第一、确保安全”的发展思路。要对业主负责，对工程的质量和安全负责，做到让业主满意、让长庆局放心。

2. 协调发展生产服务业务

水电、通信、运输、物资采供等生产服务业务：坚持“协调发展、做优做专、保障生产”的发展思路，提高生产服务能力，与工程技术服务能力相协调、相配套。

供电专业。要围绕油气开发重点区域，跟进建设油气田供电网络，确保供电的可靠性。

通信专业。要以中国石油集团推进信息化建设为契机，持续提高数据传输能力。

物资采供。要围绕产能部署，规范管理，降低成本，加快周转，确保生产。

运输和物资供应。要立足现状，携手探索发展长庆物流业务。注重借鉴石油物流业务开展的相关经验，积极搭建长庆物流业务平台，探索形成长庆物流模式。

运输业务。要利用“两个资质”，适度增加投入，有效拓展市场，围绕运输产业链和物流做文章。进一步理顺运输价格体系，促进运输业务、物资采供业务的健康持续发展。

3. 快速发展低效油气储量合作开发业务

按照“快速发展、增储上产、增效创收”的发展思路，始终坚持“四个不动摇”，即：坚持“双百工程”目标不动摇、加快推进的决心不动摇、保护矿权的意识不动摇、低成本开发的路子不动摇。实行“勘探、评价、开发”三位一体的滚动建产模式，加大投入，精细管理，加快推进低效油气储量合作开发“双百工程”。除了低效油气储量合作开发项目组和苏里格气田合作开发项目组以外，长庆实业集团也要在这一区域加快发展，长庆局将给予支持，积极帮助其快速发展。

4. 稳步发展海外业务

坚持“做大中亚、稳健发展、确保效益”的发展思路，全面优化目标市场结构，跟进中国石油集团海外重点项目，尽快做大中亚市场，目标是 10 部钻机，同时带动其他业务发展。还要稳步扩大南美市场，收缩退出印尼市场。

5. 乘势发展装备制造业务

坚持“做优做特、打造品牌、扩能提效”的发展思路，抓住难得机遇，突出自身优势，有效整合资源，打造“三抽”产品、固控设备及钻井液管汇、天然气采输设备为主体的，研发、制造、营销一体化的装备制造中心，打造长庆制造品牌。积极培育核心竞争力，着力提高经济效益，推动长庆装备制造业务快速发展、协调发展、跨越式发展。

6. 做实做优矿区服务业务

做实做优就是要实实在在为职工群众办实事，把我们的矿区建成美好家园。坚持“以人为本、优质服务、构建和谐”的发展思路，强化服务意识，落实保障措施，努力把长庆油田建设成为中国石油集团模范和谐矿区。不断完善服务功能，提升服务水平，开展人性化、个性化服务，营造和谐自然的人文环境。持续推进矿区基础建设，加强生活小区管理，改善生产生活环境，为生产建设保驾护航；加快生活基地建设步伐，大力实施“万套住宅建设工程”，持续改善职工居住环境；认真做好离退休职工管理工作，广泛开展小型多样的文体活动，开辟服务窗口，争创绿色社区。

7. 规范发展多元经济业务

坚持“规范管理、集约发展、确保效益”的发展思路，要先规范、再发展，规范的目的是为了更好地发展。必须规范多元经济的体制、机制，走提高专业化、集约化，提高产业集中度的路子，确保效益。要在今年规范职工股和清理法人实体工作的基础上，紧紧围绕油气产业链延伸，加快推进产业结构调整，要充分利用行业优势和区位优势，加快形成以西安泾河工业园和宁夏银川河东工业园为中心、辐射油田内外市场、有较大规模和发展潜力、相互协调配套的产业群体，在专业化整合的基础上规模化发展化工、机电、建筑安装、加工、服务及相关产业，努力承担好繁荣油区经济、安置油田职工和待业子女、稳定职工队伍的经济责任和社会责任。多元经济的发展模式要逐步从小规模、低层次，向集团化、集约化转变；从单纯依靠油田市场需求拉动，向依靠产业投资和技术进步促进增长转变。要处理好规范与发展的关系，推行专职董监事制度，试行专职董监事交叉配备，有效加强对股权投资单位的管理，规范公司运营行为，维护企业整体利益。加大支持力度，加大管控力度，促进企业健康快速发展。

七、持续推进“四大”工程

1. 继续抓好以钻井为“龙头”的工程技术服务提速工程

2007年长庆局工程技术服务业务实现了整体提速、持续提速，取得了明显效果。2008年长庆局工程技术服务业务要继续组织“再提速”，实现“再提速”。坚持把提速作为一项系统工程来对待和组织，按照“三靠两保证”的提速原则，继续组建项目组，继续明确提速目标，继续给予重奖政策和激励机制，以“提速”为抓手，认真抓2—3年，抓出大成效，全面提升长庆局工程技术服务能力和水平，做强做大工程技术服务业务，转变经济发展方式，不断增强服务保障能力与核心竞争力。对能快速提高钻井速度的MWD等井下仪器设备要研究提出方案，争取一次性全部解决。

从现状分析来看，“再提速”仍有潜力，主要表现为四个不平衡：一是业务发展不平衡；二是区域之间不平衡；三是不同井型之间不平衡；四是队与队之间不平衡。因此，消除这些不平衡因素，实现“再提速”的空间还比较大，还大有可为。

2. 加快发展低效油气储量合作开发双百工程

低效油气储量合作开发业务是长庆局调整产业结构的需要，是维护矿权的需要，是长庆局大幅度创收增效、与工程技术服务业务并驾齐驱的“两个轮子”之一。要抓住机遇，快速发展，加快推进低效油气储量合作开发业务“双百工程”目标的顺利实现。2008年计划原油产能建设20万吨/年，产量45万吨；天然气要达到“7788”，就是计划产能建设7亿立方米/年，产量7亿立方米；目标力争达到产能8亿立方米/年，产量8亿立方米。

精细项目管理。坚持“抓关键、攻难点、重执行、强落实”的原则，完善开发方案，落实井位坐标；优化资源配置，合理部署队伍，确保产建任务按期完成；地面建设工程重点做好气田“标准化设计、模块化建设”模式的全面推广应用，集中力量确保产能建设目标的优质高效完成。

强化组织协调。加快推进油田注水，严格执行油藏注水开发政策，提高油田稳产水平和开发效果；做好日常生产管理，认真落实两级动态分析制度，确保生产安全平稳运行；加强与长庆油田分公司及兄弟单位的沟通协调，确保完成全年油气生产任务。

加强地质研究。继续推广应用适用新技术、新工艺；加强综合地质研究，探索油气富集规律、寻找油气富集区，提高钻井成功率；抓好攻关试验，探索复杂油气藏有效开发技术。

搞好勘探评价。进一步加深现有合作区块的地质认识，积极寻求新的突破；抓好新增气田合作区块的评价部署；搞好外协攻关与合作，积极争取新的合作区块，落实持续上产的储量和区域接替。

3. 启动实施又一个万套住宅建设工程

当前，国家对土地资源及房地产市场宏观调控的力度越来越大，土地资源稀缺，房价持续攀升，而长庆局2007年的住房建设基本上解决了合同化员工住房问题，2008年再启动一个万套住宅工程，在完全解决合同化职工住房问题的基础上，要基本解决合同制员工住房问题，必须要抓住有利时机。从目前土地存量上看，长庆局完全有这个条件。其中湖滨花园800亩地，2007年启动了1400多套，还有3600套；泾渭苑三期B区还有3200套；燕鸽湖基地新区的南区新建1152套；在燕鸽湖新区外三角地征的230亩地，能规划1800套；银川金凤小区规划土地106亩，规划1000套；银川新城小区新建住房310套；已经远远超过了一万套。

要抓紧制订规划，抓紧前期的报建，只要有需求，2008年再新开工建设一万套住宅。各建设项目组务必按照“抓住机遇、加快建设；企业组织、以需定建；零利润、完全成本”的原则，统筹规划、统一组织、科学管理、规范运作，真正建成油田职工家属的满意工程、温暖工程。

4. 持续推进万千培训工程

对职工的培训既是一种福利，也是一种投资，最大的受益者是企业。万千培训工程就是每年要培训数万名操作岗位员工，每年培训数千名管理和技术干部。要让企业受益，让员工受益。因此，要持续推进万千培训工程，以“岗位大练兵，技能大培训，技术大比武”活动为载体，认真落实“十一五”培训规划。

准确定位培训业务。积极实施长庆局技能型人才培训规划，发挥高级技工学校、技师学院的资质，为企业培养结构合理、素质优良的技能型人才。系统考虑一线人员培训方案，以操作骨干、班组长、科级干部和支部书记为重点，不断加强骨干人员培训。认真做好新增人员岗前培训，根据长庆大发展对技能型人才的需求，通过岗前培训和全日制教育两条途径，为企业持续发展超前储备劳动力资源。继续做好成人继续教育培训，建立工学结合的员工教育和培训体系，面向在职员工开展成人函授教育。

坚持按需培训。学历教育培训上，要以招收油田职工子女为主，按需求定规模，重点要放在采油采气、钻井、试油、焊工、机修等油田急需专业的培训，确保入口与出口相一致，确保基本就业，对于汽车驾驶等专业也需要进行一定数量的培训。

继续加强培训体系建设。推行教育培训“一把手”负责制，纳入班子和领导人员考核的重要内容。进一步整合完善培训资源，完善经常性、全覆盖、分层次、有重点的培训工作格局。加快培训基地建设，完善技能训练设施和仿真培训，探索远程网络培训。

进一步加强师资队伍建设。通过业务转型、岗位提高、适当补充引进的方式，加快师资队伍建设步伐。

继续抓好培训教材的开发和建设。逐步延伸、加大主干工种基层现场培训教材的开发力度，形成具有长庆特色相对规范、统一标准的现场操作培训教材体系。

八、着力抓好六项重点工作

1. 加快推进科技创新

我们的科技创新是一个战略，战略问题

必须要放在首位。增强自主创新能力是企业发展的战略核心，也是转变经济发展方式的中心环节。作为工程技术服务企业，必须坚持服务油气发展，服务主营业务，突出自主创新，突出长庆特色，大力推进科技创新，使其成为长庆局又好又快发展的加速器、助推器。

完善科技创新体系。进一步整合科技资源，积极搭建科技研发平台，实现产、学、研一体化。加大设备购置力度，加快建设国家级低渗透油气田工程实验室。把加强自主创新、集成创新与引进、消化、吸收再创新有机结合起来，提升自主创新能力。

明确科技攻关方向。围绕再提速开展配套技术研究，围绕提高单井产量进行储层改造攻关。加快水平井、欠平衡井、多分支水平井钻完井技术研究；继续开展 CO_2 压裂和0.3毫达西特低渗油田压裂增产改造技术研究；研究稳油控水等井下作业新技术；完善和推广老井整体重复压裂技术；开展高温高压盐膏层钻井和井控技术瓶颈攻关，为海外项目提供技术支撑。

加快技术成果转化与推广应用。重点抓好PDC钻头、“一趟钻”工程等油气井快速钻井技术推广；抓好试油压裂高效施工技术推广；抓好气田场站“模块化设计、标准化建设”等新技术的集成与推广；抓好气田丛式井、水平井钻井提速配套技术的集成；加强钻井、井下作业工具与装备、低密度支撑剂等的研发与应用。

建立科技创新激励机制。下一步长庆局要专门研究相关政策，适度提高科技骨干待遇，建立利于人才培养成长的、配套完善的运行机制和平台，促使优秀人才尽快脱颖而出，形成结构合理、素质优良、作风过硬的科技骨干队伍。

2. 夯实安全环保稳定基础

长庆局的安全观是：“生命和健康高于一切。”必须要牢固树立“安全第一、预防为主、综合治理”的方针，树立以人为本的思想。按照国家和中国石油集团相关政策，要提取安全生产费用，对中国石油集团我们必须多做工作，争取相关政策，争取多提、提够，将来用于我们安全隐患的整改，用于安全基础性工作的开展。

努力夯实五项基础。不断完善HSE管理体系建设，严格落实安全环保责任，进一步强化执行力。严格落实安全培训教育制度；加强基层安全环保基础管理；严格安全环保源头管理；持续抓好隐患排查治理工作；加大安全环保监测力度。

抓好五项重点工作。持续加强交通安全监管，杜绝重特大交通事故的发生；高度重视国际业务安全环保监管；突出多元经济法人企业安全环保监管；加强油气合作开发安全环保监管；突出井筒作业安全环保监管。强化井控培训和应急演练，杜绝井喷失控、中毒和重大污染事故的发生。

积极推进节能减排工作。按照中国石油集团的总体部署，坚持转变方式、调整结构、节约优先，坚持优化设计、源头治理、关口前移，坚持强化基础、健全体系、齐抓共管，把节能减排作为转变发展方式的突破口，认真研究制定节能减排目标和保证措施，积极开发推广资源节约、环境友好、现场适用的新项目、新技术，使全局节能减排工作跟上中国石油集团总体要求的步伐。

切实抓好稳定工作。围绕构建维护稳定工作的长效机制，强化各级领导干部维护稳定工作责任，严格落实稳定工作责任制，全面实施维护稳定综合性措施，集中精力排查调处影响大局稳定的突出矛盾和问题，确保油田矿区大局稳定。

3. 持续深化企业改革与管理

稳步推进五项改革。一是持续推进专业化重组。要探索建立新的管理模式。在这方面，2007 年可以称得上是长庆局的“改革年”，但尽管如此，有些工作还没有推进到位，今后还要持续推进，彻底理顺管理体制和组织架构；二是持续规范多元法人实体，推动多元经济健康稳步发展；三是深化劳动用工制度改革，探索建立员工能进能出的流动机制。对于社会化员工、劳务用工的规范管理问题，要结合新的《劳动合同法》，抓紧时间，研究出台相关政策，这次长庆局转聘合同制员工，其中包括油田子女将近 3100 人，也是长庆局推进用工制度改革的具体表现和稳定一线队伍的一个具体措施，这里面也包括了一些社会用工和一线要害岗位用工，这样做有利于稳定队伍。同时，要解决职工子女就业问题，让改革发展的成果惠及千家万户，要结合劳动用工制度改革，逐步推进；四是加大干部人事制度改革，推行能上能下、能进能出的用人机制；五是强化激励约束机制，建立和谐的企业收入分配制度，形成物质激励、精神激励和荣誉激励相结合的长效激励机制。

切实加强企业管理。一是强化投资决策和项目管理，理顺投资管理体制，对投资和成本实行全过程控制；二是不断强化财务集中管理，加大预算控制力度，提高资金安全运营效率和效益，不断改进成本控制方法，完善成本控制机制，有效控制“五项”成本费用；三是加强和完善法律事务与合同、招投标管理，建立健全两级审计体系，有效规范企业经营管理行为；四是进一步强化物资采购管理，完善制度，规范采购审批流程，做到落实责任、把好关口、高效快捷、确保供应；五是继续推进全面风险管理体系建设，深入宣贯《风险管理手册》；加强生产运行指挥系统等信息化项目建设和管理，构筑起功能完备、运行高效的信息化平台。

全面加强基层建设。就是要以基层党支部建设为核心，重点开展基层建设示范点推进工作和“五型”班组创建活动，推动基层建设制度化、规范化、科学化，夯实长庆局的发展基础和管理基础。

4. 全面推进企业文化建设

企业文化是企业发展的灵魂，是企业的软实力，反映企业的核心竞争力。靠文化管理是企业管理的高级阶段。长庆企业文化中的“五个特别”就是长庆局核心竞争力的一种体现。现在长庆局企业文化理念体系和行为规范体系已经正式研究出台，2008 年要加强宣贯，要争取得到全体职工的认同，最后形成一种共识，来引领企业、引领职工的思想，形成企业的凝聚力，最后形成战斗力。这是我们未来 2—3 年必须着力抓好的一项工作。

5. 切实推进和谐矿区建设

十七大报告充分论述了科学发展与构建和谐的关系，将民生问题上升到党的施政方针，对加快推进以改善民生为重点的社会建设进行了全面部署，充分体现了科学发展以人为本的核心。下一步，长庆局要继续坚持以改善民生为重点，实现好、维护好、发展好职工群众的根本利益，让改革发展的成果惠及千家万户。

研究出台相关惠民政策。主要是：对职工遗属生活补贴标准的政策；对职工家属医疗费用报销的政策；探索油田矿区无住房在外购房补贴政策；研究合同制员工购房政策及物业补贴政策；继续加大投入，改善一线职工的生产生活条件，提高就餐、住宿等生活质量。

加快推进几项基础建设重点工程。比如康馨广场，包括停车、职工食堂、健康锻炼等主要功能，希望能给职工家属带来健康、带来温馨。加强湖滨大厦、油气科研综合楼等重点工程建设，争取早日投产，为职工家属工作、生活、健身提供良好环境；落实千户以上社区绿化景观、休闲活动的配套完善，创造和谐和自然的居住环境。

不断提升服务水平。围绕“八个转变”，切实转变观念，提高服务质量，树立长庆物业品牌，为长庆的大发展提供生活保障，建设长庆人的美好家园。

关注员工身心健康。突出抓好医务人员培训，引进大学生进行接替，提高业务素质和诊疗服务水平；高度关注职工职业健康，严格落实带薪休假制度；加大职工疗休养投入，积极倡导快乐工作；建立健康管理长效机制和职工健康评估制度，努力提高医疗质量和服务水平。

6. 持续推进党的建设和班子建设

各级党组织要把深入学习贯彻十七大精神作为当前和今后一个时期的首要政治任务，以“公开承诺、转变作风”活动为主线，以改革创新的精神，切实加强党的思想建设、组织建设、作风建设、制度建设和反腐倡廉建设。长庆局下一步还要专门研究，抓好党建各方面的工作。

抓好基层党组织建设。以健全和落实保持共产党员先进性长效机制、巩固和扩大先进性教育成果为重点，以开展基层党支部“六个一”创建活动为主线，全面加强基层党组织和党员队伍建设。

抓好领导班子建设。坚持以“四好”领导班子创建活动为载体，着力加强学风、工作作风、思想作风、生活作风和领导能力建设。坚持民主集中制，完善民主生活会制度，切实提高班子解决自身问题的能力。

抓好干部作风建设。在局处两级领导干部和两级机关中，深入开展以“公开承诺”为主要内容的转变作风活动，具体要求是继续倡导“六个要坚持、六个不允许”，即：要坚持立党为公、执政为民，不允许以权谋私、唯利是图；要坚持胸怀大局、开拓创新、不允许重利轻义、因循守旧；要坚持恪尽职守、真抓实干，不允许推诿扯皮、工作飘浮；要坚持遵章守纪、严于律己，不允许违法乱纪、为所欲为；要坚持政令畅通、步调一致，不允许有令不行、各行其是；要坚持联系群众、艰苦奋斗，不允许高高在上、奢侈浪费。利用2—3年的时间，力争使各级领导干部和局处两级机关工作人员的政治素质进一步提高，工作作风根本好转，执行力明显提升，服务意识更加增强。

抓好党风建设和反腐倡廉建设。以完善惩治和预防腐败体系为重点，坚持教育为先，更加注重预防，更加注重治本，更加注重制度建设，严肃查办案件，强化监督制约，确保领导干部政治生命安全，确保企业经济运行安全。

抓好宣传思想政治建设。深入开展主题教育活动；培养选树一批先进典型；开展群众性精神文明创建活动；加强社会主义荣辱观、道德法制的宣传教育，促进模范和谐矿区建设。

抓好工会、共青团建设。深化劳动竞赛活动，广泛开展群众性技术创新、技术比武及合理化建议活动；不断健全、完善基层团组织建设，组织开展形式多样的思想教育和建功立业活动，充分发挥生力军和突击队作用。

离年底还剩一个月了，时间紧、任务重，为了确保全面完成2007年的各项生产经营任务，各级领导干部一定要切实负起责任，采取有力措施，着力抓好冬季生产组织，尤其是突出抓好安全、环保、稳定工作，确保2007年划一个圆满的句号，确保2008年开好头、起好步。

同志们，通过这次务虚会，我们很受鼓舞，也增强了信心，希望大家回去以后根据会议领悟的情况，再深思熟虑，深度思考，上下联动，把各项事业做好，努力推进长庆局科学发展、和谐发展、又好又快发展。

（长局发［2007］267号）

苟三权在长庆石油勘探局低效油气储量合作开发油气当量突破 60 万吨庆功会上的讲话

（2007 年 12 月 10 日）

各位领导、先进代表、同志们：

正值油田上下深入贯彻落实党的十七大精神，钻井年进尺突破 400 万米、试油压裂酸化施工突破 6000 层次大关，即将全面完成全年各项任务目标的关键时刻，我们隆重召开庆功大会，热烈庆贺长庆局低效油气储量合作开发年产油气当量提前突破 60 万吨。这是重组改制以来长庆局发展进程中的一件大事，也是长庆局加快产业结构调整、着力培育新的经济增长点见到显著成效的一件盛事、喜事！这些成绩的取得，是中国石油集团、股份公司亲切关怀、正确领导的结果，是长庆油田分公司大力帮助、鼎力支持的结果，也是低效油气储量合作开发战线全体干部员工艰苦奋斗、无私奉献的结果。在此，我代表局党委、长庆局，向在低效油气储量合作开发战线上连续奋战、顽强拼搏的广大干部员工，向受到表彰的先进集体和先进个人，表示亲切的问候和热烈的祝贺！向给予我们大力支持的长庆油田分公司各级领导、各有关部门和单位，表示诚挚的谢意！

长庆局低效油气储量合作开发自 2000 年先后开始运作以来，尤其是近年来，广大干部员工克服了环境恶劣、基础薄弱、条件艰苦等一系列困难，在确保油田矿权得到维护的同时，走出了一条艰苦创业、加快发展的成功之路。2007 年工作会议上，长庆局提出：低效油气储量合作开发业务是快速提升经济实力的新兴业务，是能够为长庆局大幅度创收增效、与工程技术服务业务并驾齐驱的“两个轮子”之一，同时提出了年产原油达到 100 万吨、年产天然气达到 12 亿立方米，实现两个年产 100 万吨油气当量的“双百工程”目标。全局低效油气合作开发系统，尤其是两个项目组努力工作，不辱使命，全面推行“勘探、评价、开发”一体化的滚动建产模式，圆满完成了油田年产 20 万吨、气田 4 亿立方米的产能建设重点工程，创造了多项新的纪录。截至目前，原油产量超过 30 万吨、天然气产量接近 4 亿立方米，稳步踏上了年产油气当量 60 万吨的步子。面对低效石油合作开发区块极其复杂的地质状况、井点高度分散的开发现状和苏里格气田经济有效开发的世界级难题，低效油气储量合作开发战线广大干部员工紧紧围绕“有效解决储量不落实、单井产量低、产建投资大、采油采气成本高”的难题，解放思想、刻苦钻研、大胆实践，加快推进技术创新步伐，着力解决制约发展的技术难题，努力降低开发成本，实现高效开发，取得了显著成果。在几年来的艰辛创业历程中，低效油气储量合作开发战线广大干部员工牢固树立加快发展的责任感、使命感，团结一心、紧密协作、同甘共苦，以良好的工作作风和精神面貌，有力地推动了各项工作创纪录、上水平。低效油气储量合作开发业务快速发展的实践再次证明，广大干部员工是一支特别能吃苦、特别能战斗、特别能负重、特别能奉献、特别能创造的过硬队伍，团结协作、同舟共济的团队精神必将为做大做实油气开发业务提供坚强有力的保证。全局各单位紧密配合两个项目组的生产进度，采取有力措施，确保生产建设有序衔接和顺利推进，为低效油气储量合作开发业务快速发展提供了强有力的技术支撑和服务保障。此外，长实集团多年来通过积极探索和有效拓展低效油田开发业务，走出了一条自我积累、不断壮大的发展之路，全年原油产量达到了15万吨，使长庆局全年生产油气当量总量上升到了75万吨，做出了积极的贡献。

同志们，低效油气储量合作开发年产油气当量突破60万吨，是长庆整体协调发展所取得的一项重要成果。面对新的机遇和新的挑战，我们必须保持清醒认识，必须牢牢把握难得的历史机遇，进一步加快发展步伐。要按照“快速发展、增储上产、增效创收”的发展思路，始终坚持“双百工程”目标不动摇、加快推进的决心不动摇、保护矿权的意识不动摇、低成本开发的路子不动摇，全面推行“勘探、评价、开发”三位一体的滚动建产模式，加强生产组织协调，加大勘探评价工作力度，提高油气科学开发水平，努力做大做实油气开发业务，使其真正成为与工程技术服务业务并驾齐驱的“两个轮子”之一。全局上下都要大力支持低效油气储量合作开发，低效油气储量合作开发战线的广大干部员工要坚定信心、加倍努力、脚踏实地、埋头苦干，确保油田矿权得到维护，确保“双百工程”目标的顺利实现，为把鄂尔多斯盆地建设成为我国石油天然气的重要能源基地，作出新的更大的贡献！

苟三权在长庆油田油气当量突破2000万吨表彰大会上的主持词

（2007年12月20日）

各位领导、先进代表、同志们：

正值油田上下掀起深入学习贯彻党的十七大精神热潮，全面推进科学发展、和谐发展、又好又快发展，确保全年各项工作目标圆满完成之际，今天我们在这里隆重召开长庆油田年产油气当量突破2000万吨表彰大会。长庆油田年产油气当量突破2000万吨，实现了几代长庆人的理想与追求，书写了长庆人“发展大油田、建设大气田”的新篇章，创造了我为祖国献石油的新辉煌，这是长庆油田发展历史上的又一座丰碑，标志着长庆油田步入了一个崭新的发展阶段。2000万吨的跨越，对于中国石油集团加快推进综合性国际能源公司建设，对于国家加快推进西部大开发，促进陕、甘、宁、内蒙古省（区）的经济振兴和民族团结具有十分重要的意义。

今天参加会议的有：油田老领导、油田在家领导，劳动模范、先进集体代表，油田机关及附属单位领导、油田基层单位党政领导及油田西安地区各单位员工代表，共2000人。

现在，我宣布：长庆油田年产油气当量突破2000万吨表彰大会正式开始。

（略）

同志们，长庆油田年产油气当量突破2000万吨，实现了长庆特低渗透油气田规模、科学、有效开发的大跨越，勾勒出长庆油气大发展的新蓝图。刚才，冉新权书记总结了长庆油田年产油气当量突破2000万吨的工作，提炼了三个方面的体会和九个方面的成绩，对我们今后的工作有着重要的指导意义。

站在新的历史起点上，我们豪情满怀，信心倍增，我们一定要秉承长庆油田37年积累的优良作风和光荣传统，发扬大庆精神、铁人精神和长庆精神，高唱我为祖国献石油的主旋律，抓住历史机遇，坚持不懈地加大勘探开发力度，不断增加储量产量；坚持依靠科技进步，提高工程技术保障能力和核心竞争力；坚持以人为本，把创建模范和谐矿区提升到一个新的水平。

让我们紧紧团结起来，同心同德、振奋精神，脚踏实地、埋头苦干，着力打造长庆工程技术服务强势品牌，全面提升服务油气发展综合保障能力，向着2009年年产油气当量突破3000万吨的宏伟目标奋勇前进，为“发展大油田、建设大气田，创建模范和谐矿区，把鄂尔多斯盆地建设成为我国石油天然气的重要能源基地和长庆人的美好家园”作出新的更大的贡献，不断开创长庆油田科学发展、和谐发展、又好又快发展的新局面。

滕玉林在长庆石油勘探局2007年度审计工作视频会议上的讲话

（2007年3月1日）

同志们：

在刚才召开的中国石油集团2007年审计工作视频会议上，中国石油集团审计部主任孙先锋总结了中国石油集团2006年的审计工作，安排部署了2007年审计工作任务，中国石油集团党组成员、纪检组长王福成作了重要讲话，对内部审计工作提出了更新更高的要求。希望同志们进一步提高认识，认真学习、深刻领会，并在今后的工作中切实抓好贯彻落实。

根据中国石油集团对审计工作的总体要求，结合长庆局实际，受苟局长委托，我着重就长庆局的审计工作谈四点意见。

一、2006年是审计工作卓有成效的一年

2006年，长庆局内部审计工作认真贯彻中国石油集团、长庆局工作会议精神，以及国资委加强中央企业审计工作的通知精神，坚持以科学发展观为指导，精心构建内部审计新体制，努力找准工作定位，明确工作重点，提高工作质量，进一步加大事前事中审计力度，全面履行了审计监督服务职能。特别是在企业快速发展、审计任务繁重的情况下，广大审计工作者克服了许多困难和阻力，扎扎实实工作，默默无闻奉献，做了大量艰苦细致的工作，取得了突出的审计成果，为强化全局经营管理、提高经济效益发挥了保驾护航的作用。全年审计工作呈现出五个方面的特点。

一是精心构建内部审计新体制，优势逐步显现。2006年，长庆局调整完善了内部审计管理体制，将长庆局审计业务管理职能与审计业务执行职能分开，成立了新的审计处和审计服务中心，并在局属12个主要生产经营单位（含长实集团）设立审计科、6个单位设立专职审计岗，配备充实了审计人员，全局审计人员由54人扩充至95人，建立起

“一级为主、二级为辅，上下结合、全面覆盖”的审计工作体系。全局各级审计机构、审计人员按照“全方位、全覆盖、全过程”的审计工作总体要求，充分发挥新体制的优势，分工协作，密切配合，坚持以财务审计为基础，以内部控制审计为主线，以经济责任审计和资金管理审计为重点，努力构建“事前参与、事中监控、事后评价”的全过程审计工作格局，突出了对企业经营管理关键环节和高风险区域的监控，充分发挥了内部审计的再管理、再控制和再监督的作用。

二是审计工作卓有成效，取得了突出的经济成果。一年来，局内两级审计机构各项工作平稳运行，完成各类审计项目 81 项，累计审计资金工作量 273 亿元，审计发现各类违规、违纪及影响经济效益金额 10928 万元，审计督察整改金额 5444 万元；基建维修工程、支出性合同等资金结算审计发现问题并审减金额 2883 万元，通过参与招标商谈、退回不合规合同等方式，降低合同价款及资金支出 7016 万元，取得了较好的直接、间接审计成果。特别是厂（处）单位审计机构，克服机构新成立、工作不熟练等困难，在不到一年的时间里，仅在支出性合同审计中就取得直接成果 1125 万元。对减少企业资金流失、增加企业经济效益、促进企业管理、完善内部控制起到了积极作用，取得了实实在在的审计效果。

三是审计工作做到了“三个创新”，实现了“四种转变”，较好地适应了企业发展的需要。审计工作在管理体制和运行机制上创新，及时调整了职能定位；在工作制度上创新，不断完善了审计工作制度、业务管理制度、业绩考核制度和责任追究制度等；在工作思路上创新，突出事前审计，注重过程监督，构建全过程审计工作模式。通过精心部署和组织，审计工作初步实现了“四种转变”：审计定位从单纯查错防弊为主，向规范经营管理、增加企业价值转变；审计目标从追求审计直接成果向体现审计综合效果转变；审计方式从事后审计为主，向“事前参与、事中监控、事后评价”全过程审计转变；审计方法从传统手工审计向计算机网络审计转变。内部审计工作已经较好地融入了企业的经营活动之中，发挥了“保健医生”的作用。

四是审计覆盖面不断扩大，审计工作方法不断创新。通过不断完善审计制度建设，长庆局重点经营管理领域已基本纳入到审计监督的范围。审计部门主动适应新形势、新环境、新任务，坚持与时俱进，创新审计方法，在内部控制、财务收支、经济责任、合同签约、对外结算、建设工程及各类专项审计工作中，通过“制度化、程序化、规范化”建设，逐步形成了“事前参与、事中控制、事后评价”的全过程审计工作新格局，为实现“全方位、全覆盖、全过程”的审计工作目标迈出了坚实的步伐。特别是适应长庆局经营管理的发展变化，推广了财务“网上在线实时审计”、计算机辅助审计、合同签约前网上审计、建设工程全过程跟踪审计等新的审计方法，将审计监督的关口不断前移，体现了内审优势，发挥了防患于未然的作用。

五是抓基础、重管理，审计队伍建设得加强。针对 2006 年以来新增审计人员较多的实际，审计处组织开展了 4 期全局审计人员培训，培训审计人员 130 多人次。各审计机构也主动开展业务学习，加强内部基础管理，树立“公正、廉洁、求实、创新”的良好形象，花大力气提高审计人员的职业素质，较快地适应了审计工作需要。目前，全局审计队伍中具有中高级职称人员占总人数的 60%，大专以上学历人员占 80%，一部分审计人员还具备国际注册内部审计师、中国注册会计师及造价工程师资格。从总体上看，审计队伍建设得到不断加强，长庆局内部审计工作始终保持在中国石油集团审计系统前列。

二、长庆局面临的形势任务对审计工作提出了更新更高的要求

长庆局“十一五”规划和2007年目标任务，为长庆局的发展规划出宏伟的蓝图。作为中国石油实现持续发展的战略接替区，长庆油田在鄂尔多斯盆地勘探成果显著，资源基础雄厚。中国石油集团赋予了长庆“发展大油田、建设大气田，创建模范和谐矿区”的历史使命，机遇难得。同时，长庆局也面临着国家财税政策调整、建设成本控制和工程技术服务收益难度增加等种种不确定因素，压力巨大。面对前所未有的发展机遇和严峻挑战，要圆满实现长庆局的各项奋斗目标，包括审计工作在内的全局各路工作，都必须牢固树立“加快发展、协调发展、安全发展、绿色发展、和谐发展”的意识，认真履行国有企业的经济、政治和社会三大责任，全面开创长庆局持续有效快速协调发展的新局面。

中国石油集团在“十一五”发展计划纲要中明确提出了“要完善审计、纪检监察的监督约束机制，全面加强内部管理，建立以源头治理和过程控制为核心的目标体系”的要求；长庆局2007年工作会议上，也明确提出“要突出事前审计，注重过程监督，加强内部控制和经济责任审计的力度，把涉及经营活动的单位和部门，包括表外资金全部纳入审计监督范围”的工作要求。内部审计监督作为现代企业制度的一项重要制度安排，审计部门作为长庆局综合经济监督部门，要主动承担起维护全局经济安全运行的重要责任；内部审计作为企业内部控制体系中的重要组成部分和基本方法，审计部门也要承担起监测内控体系有效运作的职责。

各级审计机构、全体审计人员必须充分认识到审计工作的重要性，深刻理解审计工作的重要使命和神圣职责，要全面适应现代企业管理的要求，不断推进观念创新、方法创新，丰富审计内涵，促进审计关口前移，实现审计重心从查错防弊为主向规范经营行为、增加企业价值、进行企业经营诊断的方向转变；实现审计方式由事后审计监督为主向“事前参与、事中监控、事后评价”全过程审计监督的方向转变；实现审计内容由以财务收支审计为主向内部控制、经营风险和管理效益的方向转变。

各单位和各级领导，也要进一步加强对审计工作的领导，要充分认识到，建立健全内部审计制度是法律赋予国有企业的重要责任，是长庆局必须严格执行的一项根本性制度；内部审计工作是长庆局依法治企的客观要求，也是强化管理、规范经营、节支增效、实现可持续发展的重要措施。要切实把审计工作提高到确保企业经济运行安全的高度来加以认识，自觉接受审计监督，重视和支持审计工作。主要领导要定期听取审计部门的汇报，要关心和支持审计人员履行职责、开展工作，认真解决审计工作中遇到的困难和阻力，为审计工作开展创造条件，确保审计工作的顺利进行。

三、对做好今后审计工作的要求

全局各级审计机构、审计人员要时刻牢记维护长庆局经济安全的神圣使命和重要职责，紧密围绕长庆局整体发展思路与目标，继续坚持以财务审计为基础，以内部控制审计为主线，以经济责任审计和资金管理审计为重点，落实财务收支审计、内部控制审计、经济责任审计、基本建设工程审计、经济合同审计、资金结算审计、股权管理审计、海外项目审计、表外资金审计等必审项目，不断创新审计方法，在深入和深化上下工夫。要进一步扩大审计覆盖，实现长庆局经营管理重点领域的审计监督“无盲区、无死角”，努力达到内部审计“全方位、全覆盖、全过程”的工作目标。

根据长庆局经营管理的需要，要确定工作目标和工作重点，采取有效措施，加大审

计力度、深度，提升审计的质量和效果。要注重在以下六个重点方面有所作为、有所突破。

第一，审计工作要始终瞄准企业资金流动，强化资金的管理与控制。通过加大基建及维护工程审计、支出性经济合同审计、对外结算付款审计等常规资金管理审计的力度和深度，维护资金安全，最大限度地减少企业资金的流失。基建及维护工程项目审计，要坚持“先审计、后结算”的审计控制制度，投资较大的项目，必须单独立项进行全过程跟踪审计，其他项目应当采取就地审计及完工结（决）算相结合的方式，促进建设项目管理、提高建设资金使用效益。支出性经济合同签约前审计和对外结算付款审计，要坚持执行“先审计、后签约”、“先审计、后付款”的制度。通过两级审计机构分级分类审计，分工协作，把好资金流失的关口。要特别注重现场审计，过程监督，重点遏制基建及维护工程、经济合同中的虚假结算等突出问题，大力防范和查处利用虚假合同转移和套取资金的行为。

第二，要切实加强经济责任审计，促进领导班子和干部队伍建设。长庆局把强化执行力、努力加强领导班子和干部队伍作风建设作为我们事业兴衰成败的关键，放在更加突出的位置。开展经济责任审计，是在实践中促进领导班子和干部队伍建设的重要举措，必须加大力度、狠抓落实，赋予经济责任审计新的内涵。一要继续坚持厂处级领导干部“离任必审”的制度，研究完善经济责任评价指标体系，重点关注领导干部在遵守法律法规、规章制度，重大经营决策，企业管理，内部控制，会计信息，资产质量等方面的经济责任履行情况；二要适当将离任审计层级下移，各单位审计机构要对重点三级单位、控参股或有实际控制力的多元经济企业负责人开展经济责任审计，加强对基层领导干部的审计监督；三要适时将经济责任审计向事前延伸，对任期届满 3 年以上的领导干部，开展任期届中经济责任审计工作，逐步使经济责任审计常规化；四要丰富常规审计的内涵，将审计结果人格化、责任化，促进各级领导人员进一步重视、加强经营管理与内部控制工作，认真履行其应负的经济责任。

第三，全面深入开展内部控制审计，从源头上遏制违规违纪问题。内部审计是内部控制体系建设的重要组成部分，内部控制审计就是对内部控制体系的健全性、合理性及有效性进行持续的了解、测试、评价并提出改进建议。开展内部控制审计，及时发现和改进内部控制中存在的问题，才能保证内部控制有效运作，进而保证企业经济安全平稳运行。三者间的关系显而易见。

长庆局开展内部控制审计刚刚起步，还处在探索阶段。从今年开始，我们要进一步统一思想认识，切实把内控审计作为重点工作来抓，把审计资源向强化内控审计的方向倾斜，加大内控审计工作的力度，探索开展内部控制审计的有效途径。要按照内控体系的总体部署，组织开展内部控制审计的试点工作，总结积累经验。要遵照循序渐进的原则，逐步扩大审计范围，对涉及高风险领域、重大投资项目、重要管理领域的业务，抓紧开展相关内部控制审计，边干边总结，努力从理论和实践两个方面取得突破。要深入研究内部控制审计的方式方法、评价体系和评价标准，总结对内部控制进行持续监督、独立评估和缺陷报告的有效方法，形成一套适合长庆局企业管理特点的内部控制审计模式。

第四，做好常规审计与专项审计的有效结合，努力提高审计的综合效果。一是常规财务审计要在坚持开展“网上在线实时审计”和计算机辅助审计的基础上，与经济责任审计有效结合，对财务收支活动进行动态跟踪，及时防范和纠正违规违纪问题的发生，并且要将审计结论责任化。二是财务收支、建设工程、经济合同、结算付款等常规审计要与内控审计有效结合，及时发现和纠正已经存在的问题，要对产生问题的根源——相关内部控制设计合理性与执行有效性，进行跟踪测试检查，及时提出完善内控的意见和建议，从根源上杜绝问题的发生，最大程度地发挥内审的预防性作用。三是有选择地开展股权管理审计、境外项目审计，加大对控参股企业或多元经济企业的审计力度，对长庆局境外项目的财务状况、经营成果、资金安全及风险管理控制实施审计，为长庆局加强股权管理和境外项目管理提供服务。四是要加强专项审计及审计调查，把住房公积金、社会保险基金、工会经费等表外资金纳入审计范围，把安全环保专项资金、节能降耗及科研经费等专项费用也要列入审计范围，加强监管。同时还要针对领导关心的难点、热点问题开展审计调查，为领导层决策提供审计依据。五是要探索多种形式的管理效益审计方式，注重审计的综合分析，要善于从全局和宏观的角度，分析、归纳审计中发现的普遍性、倾向性和突出性的问题，进一步提升审计的综合效果，为长庆局加强管理、完善内控服务。

第五，加强审计信息化建设，不断更新审计手段，努力提高审计工作效率。要按照中国石油集团审计信息化建设规划的总体要求，加快中油审计 1.0 系统网络版和审计管理信息系统在审计工作实践中的推广应用，积极开展计算机辅助审计。要紧跟长庆局经营管理领域先进技术手段的发展，研究应用适应财务集中核算的网上在线实时审计方法、适应合同管理信息系统的网上合同审计方法等一系列先进的审计方法和手段，使审计工作能够更好地融入全局计算机、网络、数据库等先进的管理系统，不断提高审计工作的效率和效果。

第六，强化审计督察力度，促进问题整改，切实提高企业经营管理水平。长庆局最近专门下发了《审计督察实施办法》，对审计后续工作做了进一步的规范，明确了审计处为总的督察部门，对审计发现问题的整改督办，也明确了相关部门的责任，并对整改时间、整改回复制度作出了比较具体的规定。各单位、各部门要高度重视，对外部审计、中国石油集团审计和内部审计提出的审计意见，要限期整改，及时回复整改报告。审计部门要认真落实督察办法，加大执行力度，下决心解决以往审计发现问题屡查屡犯、屡禁不止的现象，维护审计意见的严肃性，切实提高审计帮促管理、完善内控的实效。

四、努力提高审计队伍的整体素质

贯彻落实长庆局“十一五”发展战略，全面完成 2007 年的各项目标和任务，班子是关键，队伍是根本。审计工作也不例外，要全面履行审计部门的工作职责，维护长庆局经济运行安全，必须采取有效措施，努力提高审计队伍的思想和业务素质。

第一，要明确责任，努力提升审计工作的质量和深度。长庆局建立“一级为主、覆盖两级”的审计工作体系，目的是通过统一领导、分级管理、分类审计，形成两级审计分工负责、互相促进、互为补充、覆盖全局的完整的审计网络体系。审计处作为全局内部审计管理机构，重点要履行内部审计管理职能，要认真研究全局经济运行和经营管理特点，制定完善全局内部审计制度，部署和组织审计工作开展，管理监督各级审计机构的审计工作质量，搞好审计督察督办，使全局的审计工作能够更好地适应和满足企业发展的需要。审计服务中心作为局一级审计业务执行机构，是全局审计工作的中坚力量，重点要在加大审计力度、增加审计深度、提高审计质量方面下工夫，着力研究和做好财务收支、内部控制、经济责任、经济合同、建设工程以及专项审计等具体审计业务，抓好审计质量控制，降低审计风险。各单位审计机构作为本单位经济监督的主要力量和局级审计的补充，要接受长庆局审计管理机构和本单位的双重领导，参与本单位经营管理，执行具体审计业务，要在研究本单位经营管理和做好审计具体工作、提高审计质量方面下工夫。

第二，各级审计机构要加强审计队伍的思想作风建设。要组织审计人员认真学习邓小平理论和"三个代表"重要思想，用科学发展观指导和做好新形势下的内审工作。要加强对审计人员的职业道德教育，牢固树立"公正、廉洁、求实、创新"的审计人员良好形象。同时还要以构建惩治和预防腐败体系为主线，加强党风廉政建设方面的学习与教育，真正做到廉洁执业，防微杜渐，警钟长鸣。

第三，要加强审计人员的培训，不断提高审计人员的工作技能。当前，内部审计工作面临许多全新领域，需要掌握大量的新知识、新技能，这对审计人员的素质提出了更新更高的要求。客观地说，我们现有的审计人员的整体素质和能力与实际的工作要求还有一定差距，因此要重视后续教育，不断加大培训力度。审计人员业务素质提高必然促进审计工作水平的提高。审计部门和人事部门要认真研究制定切实可行的审计人员培训计划，明确培训工作目标和考评标准，组织搞好培训工作，还要利用多种途径，采取送外培训、交叉审计、联合审计、学习考察等方式，在实践中锻炼和提高审计人员的业务素质。各单位也要积极支持审计培训工作。

第四，企业内部审计是高层次的经济监督，任务重、责任大。各单位要为内部审计独立进行审计监督创造条件。要依据中国石油集团和长庆局有关规定，健全内部审计机构，配齐、配好审计人员。要切实把好进人质量关，注重改善审计队伍的知识结构。今后审计部门凡调整、充实、新增审计人员，要择优选拔经过实践锻炼，表现突出，并具备审计、财务、工程等专业知识的优秀人才。

会议结束后，各单位、各部门要认真学习贯彻中国石油集团和长庆局审计工作会议精神，制定切实可行的措施，进一步加强审计工作。审计处要抓好检查落实，促进内部审计工作顺利开展，为长庆局强化管理、规范经营、完善内控发挥更大的作用。

同志们，内部审计涉及企业经营管理的各个方面。虽然我们面临的任务十分艰巨和繁重，但审计工作意义重大，而且非常富有挑战性。希望长庆局全体审计人员充分认清肩负的重要责任，多做艰苦细致、富有成效的工作，进一步取得各级领导的重视和支持，通过不懈努力、开拓创新，为长庆局经济安全运行和持续有效快速协调发展不断做出新的更大的贡献。

（长局阅［2007］2号）

蒲建中在长庆石油勘探局纪检监察工作会议上的讲话

（2007年2月14日）

同志们：

在全局上下认真学习贯彻中国石油集团、长庆局工作会议精神之际，经局党委、长庆局研究决定，召开了2007年全局纪检监察工作会议。这次会议，是继长庆局工作会议之后，又一次重要的会议，对于加强党风建设和反腐倡廉工作，为长庆局持续有效快速协调发展提供坚强有力的政治和纪律保证，具有十分重要的意义。

过去的一年，在局党委、长庆局的正确领导下，经过各级党政组织和纪检监察部门的共同努力，全局党风建设和纪检监察工作继续保持了稳步发展的态势，取得了显著成效：领导人员政治意识、大局意识、责任意识、自律意识明显增强，贯彻落实局党委、长庆局一系列重大部署更加自觉、更加坚决，拒腐防变的能力进一步得到提升；查办违纪违法案件工作力度加大，严肃了党纪政纪和企业财经纪律；惩防体系建设工作扎实推进，从源头上防治腐败的工作不断强化，一些诱发腐败的深层次问题，正在逐步得到解决；效能监察着力解决生产经营管理方面存在的问题，工作扎实，成效明显；廉洁文化建设积极推进，载体丰富，营造了以廉为荣、以贪为耻的氛围，促进了廉洁从业；细化目标，分解责任，创新方法，党风廉政建设责任制进一步落实。

党风建设和反腐倡廉工作的不断加强，有效保证了长庆局各项工作的顺利开展，维护了企业稳定。全局广大干部职工已切身感受到党风建设和反腐败工作的实际成效，对进一步搞好党风建设和反腐败工作充满信心。2006 年，局纪委、纪检监察处对全局党风建设情况进行了抽样调查，在 20 个调查项目中，其中 11 项认为“好”和“较好”，均比 2005 年高出 13 个百分点。这些成绩的取得，与大家的共同努力是分不开的。在此，我代表局党委、长庆局和局纪委向辛勤战斗在纪检监察战线上的同志们，表示亲切的慰问和衷心的感谢，向全局纪检监察先进集体和先进个人表示热烈祝贺！

在肯定成绩的同时，我们也应清醒地看到存在的问题和不足。对于这些问题，各单位、各级领导必须高度重视，必须通过加强教育、完善制度、严格管理，认真加以纠正和解决。

安武林同志所作的工作报告，是经局纪委常委会讨论并一致通过的，希望各单位认真抓好贯彻落实。

下面，我代表局党委、长庆局重点就落实好今年全局党风建设和反腐倡廉工作任务，讲几点意见。

一、围绕创建“四好”班子，切实加强领导干部作风建设

“四好”领导班子的创建，根本在于提升思想，重点在于增强能力，关键在于转变作风，目的在于促进发展。在长庆局 2007 年工作会议上，明确了科学发展与构建和谐两大主题，对全年的目标任务和总体要求已作了具体部署。抓好各项工作的落实，取得各项事业的成功，必须要有好的党风和企业风气，必须要有“政治素质好、经营业绩好、团结协作好、作风形象好”的领导班子。厂处领导人员是长庆局企业改革发展稳定的中坚力量，在企业中处于关键地位，负有重大责任，如果其作风不正、作风不实，就不能成为构建和谐长庆的带头人，我们的事业就难以取得成功。班子好，则事业兴；干部强，则发展快。

当前，长庆局的发展正处在新的起点上，既面临着良好发展机遇，又存在诸多矛盾和挑战。随着长庆局的快速发展，投资规模越来越大，管理难度越来越大，面临的风险越来越多。管理体制、产业结构、责任理念和队伍思想观念等方面都发生了深刻变化，企业内部管理、制度和监督等方面还有薄弱环节，产生腐败问题的条件和土壤仍然存在。在安全生产防护、劳动保护以及执行劳动法等方面，存在的一些损害群众利益的问题，还没有从根本上得到解决。有的领导干部形式主义、官僚主义严重，少数干部工作方法简单，办事不公，与民争利；有的领导人员廉洁从业意识不强，作风不扎实，执行政策规定和制度的态度不坚决，有的甚至违纪违规。这些问题损害了党的形象，影响了企业稳定，如果不从源头上有效预防和治理，势必涣散各级领导班子的战斗力，对我们的各项事业造成严重影响。蒋洁敏总经理强调指出，越是发展的关键时期，越是面临复杂局面，越要加强领导干部的作风建设；越是领导机关，越是领导干部，越要有更高更严格的要求。坚持党的群众路线，加强领导干部作风建设十分重要和紧迫。

2007年，我们要从坚持科学发展、构建和谐长庆的全局出发，把加强各级领导人员的作风建设放在更加突出的位置，围绕创建“四好”班子，通过抓整体和抓个体，把胡锦涛总书记关于新时期领导干部作风建设“八个方面”的要求，切实转化为各级领导人员自重的准则、自省的镜子、自警的标尺、自励的目标。各级党政组织一定要切实负起抓好作风建设的责任，建立健全领导干部作风建设的领导机制和工作机制。党委领导班子要负总责，主要领导是第一责任人，班子成员要以身作则。班子成员出现问题，要一级一级追究责任。坚持以人为本的原则，坚持从群众中来到群众中去的工作方法，畅通职工群众表达愿望、反映情况的渠道，把群众的满意度作为检查反腐倡廉工作成效的重要标准，把符合群众根本利益的要求，作为制定政策的重要依据之一。维护职工群众的知情权，加强厂务公开，坚决纠正损害群众利益的问题，维护公平正义，维护职工群众合法权益。对因侵犯职工合法权益，引发不稳定因素的责任人，要进行严肃处理。两级党委、纪委要认真组织落实领导人员有关事项报告、述职述廉和党内监督各项制度，把树立“八个方面”的良好风气和落实蒋洁敏总经理的五点要求，列入创建“四好”领导班子实施方案和具体措施中，充分运用民主生活会、谈话、诫勉、询问和质询等多种手段，加强督促检查，并把考核结果作为衡量干部德才素质的重要方面，作为奖惩和使用的重要依据。各级领导干部要对照胡锦涛总书记和蒋洁敏总经理的要求，认真查找和分析在作风建设上存在的主要问题，有针对性地采取有效措施加以改正，努力做到“五个不能、五个必须”：不能把职工群众没提意见当作没有意见，必须深入基层切实掌握实情；不能把抓过了当作抓好了，必须跟踪落实，一抓到底；不能把没有发生问题当作不会发生问题，必须作过细的工作，防微杜渐；不能把突击性成果当作突破，必须抓根固本，打牢基础；不能把领导表扬当作标准，必须头脑清醒，不断进取。要坚持扑下身子，艰苦细致地干实事，真正做到想干事、会干事、干成事；能共事、不出事、不误事，以实际行动树立领导干部的新形象，以工作实效赢得职工的信赖、支持和理解。

二、深入贯彻落实《实施纲要》，大力推进惩防体系建设

深入贯彻落实《实施纲要》，对于全面贯彻落实科学发展观，构建和谐长庆，不断拓展从源头上防治腐败工作领域，深入开展党风建设和反腐败斗争，以实际行动迎接党的十七大胜利召开，具有十分重要的现实意义和深远的历史意义。各单位、各部门要做到“三个必须”，进一步建立健全惩防体系。一是必须进一步提高认识，增强完成推进计划和分工任务的责任感、使命感。按照长庆局2006年制定的分工方案和推进计划，完成2007年的工作，时间紧，任务十分繁重。我们要进一步深刻认识贯彻落实《实施纲要》的极端重要性，谋划好全局，安排好阶段性工作，让责任、目标、进度更明确、更具体，让措施更有力、更具有操作性。各单位、各部门要根据不同时期各自的特点抓住重点，对承担的每一项任务，都要细化工作措施，切实抓好落实，保证按时优质完成任务。纪检监察部门要认真履行组织协调职责，认真研究解决工作中遇到的问题，协调、督促各部门完成职责范围内的任务，确保长庆局2010年建立起比较完善的惩治和预防腐败体系。二是必须进一步明确重点，坚持教育倡廉、制度保廉、监督促廉。在党员干部中深入开展理想信念教育、党纪条规教育和社会主义荣辱观教育，打牢思想道德根基；通过建立健全反腐倡廉一系列制度，推进从源头上防治腐败的制度改革和创新，充分发挥制度在惩治和预防腐败中的重要作用；通过加强对两级机关和领导人员、重点环节和重点部位的监督，保证权力规范运作。三是必须不断总结完善，增强惩防体系的严密性、科学性。认真总结贯彻落实《实施纲要》工作的实践成果、制度成果和理论成果，发扬成绩，克服缺点，坚持在实践中探索，在改革中完善，在创新中发展，把抓落实的过程变成创新工作思路、工作载体和工作方法的过程，进一步加强工作指导和监督检查，保证惩防体系建设的扎实推进。坚持与时俱进，把反腐倡廉工作融入生产经营建设中，找准服务科学发展、构建和谐的切入点和着力点，积极拓展从源头上防治腐败的工作领域，努力形成科学、严密、有效防治腐败的新机制。

三、立足从源头防治腐败，不断完善和优化制度建设

党的十六大以来，胡锦涛总书记多次强调："依靠制度惩治和预防腐败，是做好反腐倡廉工作的根本途径。"只有加强制度建设，真正形成用制度规范和约束从业行为，按制度办事、靠制度管人、用制度管权的有效机制，才能从根本上解决腐败问题；同时，也只有把防治腐败的要求寓于制度建设之中，才能充分发挥制度在惩治和预防腐败中的保证作用。长庆局在完善法人治理结构、促进企业经营管理和深化反腐倡廉等方面出台的一系列规章制度，推进了国有资产运营的权力制衡、科学决策、规范操作和民主监督，促进了企业改革、发展和稳定，为从源头上遏制和减少腐败提供了制度环境。但是，还存在有的制度不够科学系统、有的制度缺乏有效性、有的制度失去执行力等问题。这些问题是需要想办法、花气力解决的重点难点问题。各部门、各单位一定要高度重视、认真研究、抓紧解决，不断提高制度建设的质量和水平。要注重把制度建设融入内控体系建设，抓住投资决策、资金运作、财务管理、物资采购、招投标等关键环节，推进流程再造，优化细化管理，努力形成相互制约、便于监督、刚性较强的制度体系和流程体系。特别是要以防止权力失控、决策失误、行为失范为重点，从腐败现象易发多发的领域入手，将那些实践证明行之有效的成熟做法和经验，用制度的形式确定下来，真正使权力沿着制度化、规范化、程序化的轨道运行，促进企业管理不断向集约化和精细化转变。

要切实加强落实制度的力度，加强执行力建设。长庆局各项决策部署和各项规章制度能否得到全面贯彻落实，关键在于执行力建设。强调执行力，就是要以执行力的强化保证各项制度执行到位，保证防范风险的责任落实到位，做到执行决策部署、政策制度不折不扣，确保令行禁止，推动企业持续有效快速协调发展。

四、创新思路，强化措施，积极推进廉洁文化建设

大力加强廉洁文化建设，积极推动廉洁文化进企业，是党中央作出的具有战略意义的工作部署。增强创建实效，既要明确方法途径和重点，也要明确实现的目标；既要体现反腐倡廉的要求，也要注重体现文化的内涵。一是要围绕中心，确立创建重点。廉洁文化建设必须紧紧围绕长庆局的生产、经营管理活动开展，服从服务于长庆局中心工作，促进企业的改革发展。要积极培育廉洁从业理念。各单位要围绕自身实际，总结、提炼、培育具有自身特色的廉洁从业理念，加强理念导入，积极引导党员干部学习、消化并自觉践行这些理念，从而坚固思想道德防线。要完善廉洁从业制度。针对企业管理中的薄弱环节，把廉洁从业的要求融入企业规章制度建设之中，加快各项管理制度的完善、改进和配套建设。要强化廉洁从业监督。依据有关法规，联系企业改革发展实际，多渠道、多形式、多侧面地推进民主监督，切实建立起“有权必有责，用权受监督、违纪受追究”的监督约束机制。二是要提升品位，增加文化内涵。廉洁文化在建设过程中必须注重不断增加文化内涵，不断提升建设品位。缺少了文化内涵，廉洁文化各项活动也就失去了吸引力，其创建效果也会大打折扣。各单位在理念与内容设计上，要注重吸收传统文化精华；在特色培育上要以特求新，充分利用油田自身的人文资源，紧扣油田文化发展的脉搏加以创新突破，强化特色牵引作用；在形式上要与时俱进，充分利用现代科技、现代传媒传播廉洁文化。三是要加强领导，形成创建合力。廉洁文化建设是一项系统工程，只有各级组织、各个方面统一思想，提高认识，才能取得实效。要落实责任，把廉洁文化建设纳入“一岗双责”的责任范围，明确考评和奖罚，形成廉洁文化创建的动力机制。要发挥大宣教格局的作用，努力形成廉洁文化建设的合力。要积极探索、创新廉洁文化建设的方法途径，注重建设廉洁文化阵地，充分发动广大干部、职工群众积极参与廉洁文化建设活动，努力实现廉洁文化进班子、进岗位、进厂区、进家庭。

五、内强素质外树形象，不断加强纪检监察队伍建设

纪检监察部门担负着维护党的纪律、执行党内监督、确保政令畅通等重要职责，工作的政治性、政策性很强，必须立场坚定，对党忠诚，必须适应新形势、新任务的需要，内强素质，外树形象，全面加强自身建设，不断开创纪检监察工作新局面。

一是要加强组织协调，提高纪检监察工作能力。协助党委组织协调反腐败工作，是《党章》赋予纪委的一项重要职责。两级纪委要按照《中国石油天然气集团公司各级纪委协助党委组织协调反腐倡廉工作的实施办法(试行)》，认真履行职责，积极主动做好组织协调工作，重点发挥好通盘谋划、政策指导、协调沟通、监督检查、总结推动五个作用。要立足全局，协助党委统筹规划党风建设和反腐倡廉工作，认真落实反腐败领导体制和工作机制；要注意发现工作中反映的倾向性问题、执行政策中出现的新情况，切实加强政策指导，适时制定和完善政策规定；要加强与职能部门的沟通联系，建立完善加强组织协调的机制、制度和措施，把反腐倡廉任务落实到单位、部门和责任人，形成大监督格局；要通过日常监督和专项检查，了解掌握工作的落实情况，及时发现薄弱环节和存在的问题，提出改进工作的意见和建议；要加强工作总结、信息反馈和典型引导，及时推广好的经验和做法，摸索反腐倡廉工作的规律和办法，以点带面，促进工作上水平。

二是要不断加强学习，提升整体素质。学习是前进的基础、进步的阶梯。不学习就会落伍，甚至被淘汰。每一名纪检监察干部都必须始终把学习作为一项重要、紧迫的任务抓紧抓实抓好，并长期坚持下去。要注重向书本学。以学习、遵守、贯彻、维护《党章》为主线，系统学习、掌握纪检监察业务知识，以适应高质量开展工作的需要；注重知识更新，改善知识结构，广泛学习现代科技、经济、金融、法律、审计等各方面的知识，不断拓宽知识面；多思考，努力提高运用理论解决实际问题的能力；多实践，把学到的知识致力于推动工作上，学以致用。要注重向先进学。最近，中央纪委表彰了一批全国纪检监察系统的先进集体和先进工作者，他们是纪检监察战线上的优秀代表，他们的事迹是我们学习的活教材。要采取有效措施，通过多种方式，深入学习他们立党为公、执政为民，坚持原则、实事求是的政治品质；学习他们与时俱进、开拓创新、知难而进、奋发有为的精神状态；学习他们求真务实、真抓实干、艰苦奋斗、谦虚谨慎的工作作风，努力提高我们的思想素质、政治素质、心理素质，进一步提高新形势下做好纪检监察工作的本领。

三是要加强反腐倡廉理论研究，努力增强工作的原则性、系统性、预见性、创造性。在不断变化的局内外形势下，反腐倡廉工作必然会面临许多前所未有的新情况、新问题。这就要求我们不仅要切实做好各项实际工作，而且要加强对反腐倡廉工作的理论研究，认真总结实践经验，开拓新思路，探索新办法，积累新经验，进行新创造，不断推进理论创新，为做好反腐倡廉工作提供有力的理论指导。要深入研究新形势下反腐倡廉的特点、规律和发展趋势，深入研究如何进一步提高新形势下纪检监察工作的能力和水平，深入研究违纪违法案件尤其是大案要案发生的深层次原因及对策，牢牢把握反腐倡廉工作的主动权。要及时总结、概括和提炼各单位、各部门创造的好做法、好经验，并注意其他企业的有益做法，结合长庆局实际加以借鉴。

六、求真务实，切实抓好反腐倡廉几项重点工作

各部门、各单位要精心组织、周密部署，采取更加得力措施，把今年确定的各项重点任务落到实处，并在以下三个方面取得新进展、新成效。

1. 坚决查处违纪违法案件，发挥查办案件的综合效应

胡锦涛总书记在中央纪委第七次全会上强调，必须进一步抓好大案要案查处。要始终保持惩治腐败的强劲势头，依照党纪国法，坚决查处各类违纪违法案件，坚决惩处腐败分子。我们要按照胡锦涛总书记的要求，始终把查办违纪违法案件作为惩治腐败和端正党风的重要措施，抓实抓好。坚决查处违纪违法案件，要突出重点领域、重点问题、重点人员和关键环节，发现一起、查处一起，绝不姑息、绝不迁就。各级党政领导要态度坚决、旗帜鲜明地支持办案工作，要切实加强对办案工作的领导，定期听取工作汇报，重大案件亲自协调、靠前指挥，做案件查处的坚强后盾。纪检监察部门要积极完善办案的制度机制，把严格依纪依法办案的要求，贯穿到立案、调查、审理、处分、执行等各个环节，提高执纪办案水平，使所办案件经得起历史检验。要注重办案的综合效果，充分发挥查办案件的治本功能。通过对所查办案件的剖析，找准发生案件的原因，使党员干部从中受到教育，吸取教训；针对案件中暴露出来的问题，发现体制机制上的薄弱环节，完善制度规定，探索加强防范的途径和办法，推动惩防体系的建立健全。

2. 深入开展效能监察，促进企业规范管理

效能监察既是从源头上预防和治理腐败的重要措施，又是促进企业管理、提高经济效益的有效手段。抓好这项工作，一是要注重选题立项的针对性。紧紧围绕生产经营管理的重点、难点、薄弱环节和职工反映的热点，慎重地选择自立项目，要选准题目，真正做到有的放矢。二是要加强工作程序的规范性。完善将效能监察工作有机融入长庆局经营管理的一体化运作程序，从选题立项、组织实施、协调运作、督促检查、成果审定、总结推广等方面，认真加以规范，突出监督重点，充分体现全过程、全方位监督的合理性与适用性。三是要坚决维护制度的严肃性。

在纠正违规违纪行为的同时，要重点检查有关法律、法规、规章和企业内部制度的贯彻落实，善于整理和归纳所发现的问题，认真分析原因，督促有关部门健全制度，加强管理，完善监管制约机制；完善效能监察工作评价体系，科学界定绩效，量化考核指标，加大奖惩力度，最终达到标本兼治、综合治理的目的。四是要追求监察结果的实效性。立足于强化项目管理、创造最佳效益。通过堵塞漏洞、规范行为、促进管理、提高效能，保证长庆局改革发展的顺利进行。要处理好纪检监察部门与业务主管部门的关系。纪检监察部门在发挥主体作用的同时，一定要通过组织协调，调动各业务部门的积极性，依靠他们的有效参与，把常规性的监察方法、手段，同业务部门的一些考核、测评方法结合起来，通过自查自纠、自我整改，更好地为实现长庆局节约发展、清洁发展、安全发展和可持续发展发挥积极作用。

3. 强化考核和责任追究，切实落实党风廉政建设责任制

实行党风廉政建设责任制，是落实反腐倡廉各项任务、推动党风建设和反腐败斗争深入发展的重要制度保证。近年来，我们摸索和积累了一些落实党风廉政建设责任制的经验，现在各单位已经把这项工作列为经常性工作，并且能够熟练地开展。然而，要进一步深入深化，就要紧紧抓住检查考核和责任追究两个关键环节，不断增强责任制的“刚性”约束力。加大检查考核的力度和深度，就要创新考核模式、提高考核标准，真正把考核结果作为领导班子和领导干部业绩评定、奖励惩处、选拔任用的重要依据。责任追究是严肃法纪、严明责任、严正风气的保障。要进一步提高责任追究质量，把责任追究贯穿于“三个全过程”，即贯穿于责任制督查考核的全过程，对督查考核中发现的问题，在督促限期整改的同时，严格按职责划分进行责任追究；贯穿于优化经济发展环境的全过程，通过责任追究净化投资环境和发展环境；贯穿于对领导干部监督管理的全过程，认真落实选拔任用在党风方面发生问题“一票否决”制度。通过严格的责任追究，促进领导人员公正高效地履行责任，促进管理、监督到位，促进政治责任、安全责任落实到位，确保不发生重大案件，确保企业经济运行安全。

同志们，2007 年是长庆局深入贯彻落实科学发展观、全面实施“十一五”规划的重要一年，是充满希望和挑战的一年，改革发展和反腐倡廉的任务艰巨而繁重。让我们同心同德，以求真务实的精神和作风，不断开创长庆局反腐倡廉工作新局面，为加快长庆局持续有效快速协调发展共同奋斗！

（长党办发［2007］2 号）

刘自强在矿区服务事业部领导干部会议上的讲话

（2007 年 8 月 30 日）

同志们：

今天，我们召开长庆石油勘探局矿区服务事业部组建运行后的第一次领导干部会议，主要任务是全面贯彻落实中国石油集团有关

文件和长庆油田矿区服务系统改革实施工作会议精神，进一步统一思想、提高认识、明确目标、扎实工作、持续推进矿区服务系统改革实施工作，加快建立具有中国石油特色的新型管理体制和运行机制，全面提升矿区服务系统的保障能力和服务水平，为坚持科学发展、构建和谐长庆、创建“四共”模范矿区作出贡献。

下面，我主要讲四个方面的问题。

一、统一思想、提高认识，切实增强做好矿区服务系统各项工作的责任感

关于统一思想、提高认识这个问题，在5月中旬召开的长庆局医疗卫生系统业务整合暨矿区服务系统改革推进视频会议，以及7月底召开的长庆油田矿区服务系统改革实施工作会议上，苟三权局长和我都按照中国石油集团的统一部署和政策要求，从不同的角度进行过详细的解读和阐述。最近一个时期，宣传部门组织报纸、网络、电视等多种媒体也进行了广泛宣传，大家对这个问题也有了一定的认识。今天，再次提出这个问题，主要是因为目前根据工作需要，调整进入事业部工作的一些同志，特别是两级机关的一些领导同志和工作人员，有相当一部分此前并没有从事矿区服务业务，对这个系统的业务不一定都十分了解，这次由于专业化整合重组而进入矿区服务系统工作，受过去所从事专业、任职经历、工作时间等各方面因素的制约，在认识和理解上对这次改革可能还不够到位、不够全面、不够深刻。因此，有必要对这个问题再强调一下。

以物业与公用事业服务为主要业务的矿区服务系统，是伴随着油田的发展壮大、逐步配套完善和有序发展起来的。无论是在艰苦创业阶段，还是在改革开放时期，矿区服务系统始终发挥着重要的基础支撑和服务保障作用。在长庆油田创业初期，矿区服务系统广大干部职工按照“先生产后生活”的要求，“三个石头一口锅”、“一顶帐篷支个窝”，克服各种艰难困苦，初步建立起了能够满足基本生产生活需要的后勤基地；在稳定发展阶段，矿区服务系统按照“生产生活同步建设”的要求，积极完善矿区服务设施，不断改善职工生产生活条件，有力地保证了油田生产建设和职工日益增长的物质文化生活需要。重组改制以来，矿区服务系统按照“全心全意服务生产生活”的要求，努力适应新形势的需要，不断增强服务意识，积极完善服务功能，着力改善生产生活环境，全力维护矿区稳定，做了大量艰苦细致而富有成效的工作。经过37年的发展建设和调整完善，长庆油田逐步形成了以西安（咸阳）、银川、庆阳、河庄坪为中心的油田生活基地分布格局，目前共有生产生活小区51个，分布在陕、甘、宁等省（区）26个县（市），占地总面积2792公顷；矿区内共有生活基地16个、住宅小区28个，职工住宅1068栋、40301套，建筑面积近342万平方米，驻矿居民17万人；全局矿区服务系统管理的资产原值9亿多元，净值近6.3亿元，从业人员达1万多人，已经形成了一个庞大的工作体系和相对独立的业务板块，不仅承担着为油田生产生活提供保障服务，还承担了离退休职工服务、矿区稳定等重要工作和一部分社会责任。

在油田发展历程中，矿区服务系统作为油田各项业务的重要组成部分，伴随着油气田勘探开发核心业务、工程技术服务及生产服务主体业务的快速发展而发展。但由于矿区服务业务本身的从属地位，生产经营与矿区服务业务没有真正做到分开独立核算，在一定程度上存在成本相互挤压的现象，驻矿单位在费用分摊上也缺乏统一和规范，致使资金投入不足，富余人员较多，队伍结构不合理，服务水准不高，服务意识不强，管理相对薄弱，基地布局偏、散、小等问题较为突出。特别是近年来，随着经济社会快速进步和油田持续发展，矿区服务系统存在的问题更为显现，突出表现为“三个不适应”，即：矿区服务系统的服务保障能力与油田持续快速发展不相适应、与职工群众不断增长的物质文化需求不相适应、与企业的管理体制与运行机制不相适应。这些突出的矛盾和问题，在长庆油田是客观存在的，在石油、石化系统也是普遍存在的，由此引起了各级领导和组织的广泛关注和高度重视。中国石油集团在2004年工作会议上，首次提出统筹企业发展与矿区和人的全面发展；2005年明确提出要实施以创新物业管理模式为重点的改革，实现社会化服务、区域化管理、企业化经营、市场化运作；2006年提出要深化基地服务系统改革，特别是要按照“四共”要求理顺矿区服务系统运行费用和建设资金渠道，并在辽河等五个油田试点；2007年，中国石油集团在逐步探索和审慎实践的基础上，站在战略和全局的高度，从4月份开始全面实质性推进矿区服务系统改革工作。长庆局作为矿区服务系统改革的一类单位，按照中国石油集团整体部署和安排，拉开了矿区服务系统改革的序幕。

这次中国石油集团实施以“三统一”、“三分开”为主要内容的矿区服务系统改革，主要是基于以下“六个需要”而作出的重大决策：一是发展成果惠及职工的需要。实现科学发展要有物质基础，构建和谐须有保障条件。随着油气主营业务快速发展和盈利能力的持续增强，中国石油集团党组以科学发展、构建和谐为主题，以履行“三大责任”为根本，着力关注和注重改善民生问题，积极通过矿区服务系统这个有效载体，不断改善职工生产生活环境，持续提高职工生活质量，努力实现生产与生活同步发展，切实让职工群众共享发展成果，从而进一步提升职工群众的凝聚力和战斗力。二是积极构建和谐社会的需要。创建和谐矿区是构建和谐社会的重要内容和有效途径。由于历史原因和行业特点，目前居住在各矿区的居民，除了职工、离退休人员、家属、遗属外，还包括有偿解除劳动关系人员、改制企业职工、分离移交单位职工和社会人员。这些人员经济条件不同、利益诉求不一样，但对生活环境的要求是一致的、对美好环境的渴望也是一致的。通过实施矿区服务系统改革来全面提升服务水平、改善居住环境，使他们共享发展带来的实惠，共同营造民主法治、公平正义、诚信友爱、充满活力、安定有序、人与自然和谐相处的良好氛围，共同促进和谐矿区建设。三是维护社会稳定的需要。随着经济社会的不断发展，人们的价值取向更加趋向多样化，利益群体更加呈现多元化，这对做好稳定工作提出了更高要求。矿区服务系统与广大居民有着最直接联系的优势，能够及时掌握矿区不同群体的思想动态和利益诉求，最能够了解他们的“热点”和“难点”问题，这对有关单位和部门及时掌握信息、有的放矢做好稳定工作具有重要作用。同时，矿区服务系统能够积极创造和扩大就业岗位，也能有效消除不稳定因素，维护企业正常的生产生活秩序。四是实施各项专业化重组的需要。专业化管理是石油石化各项业务未来发展的方向。从20世纪末开始，中国石油集团通过业务重组将油气主业改制上市，之后持续对炼化、物探、测井等业务进行整合。这次又对矿区服务系统进行专业化整合重组，其战略意义决不限于矿区服务业务本身，而在于为未来实施各项专业化重组奠定坚实基础和创造有利条件。五是提升工程技术服务能力的需要。工程技术服务业务是中国石油集团主体业务，进一步增强工程技术服务能力、不断提升工程技术服务水平，对中国石油集团建设具有较强国际竞争力的跨国企业集团具有十分重要的意义。这次中国石油集团通过深化矿区服务系统改革，就是要有效地解决部分未上市企业负担过重问题，使工程技术服务业务轻装上阵，持续全面提升工程技术服务能力，不断适应油气主营业务快速发展要求，适应国内、国际两个市场需要，适应建设综合性国际能源公司的需要。六是促进矿区服务系统发展的需要。中国石油集团从科学发展观要求出发，把除过油气核心业务、工程技术服务主体业务之外的矿区服务业务，作为一项重要业务进行专业化管理，这不仅能够有效地促进油气核心业务和工程技术主体业务发展，也能进一步带动矿区服务系统的发展，进而实现全面协调可持续发展。同时，也对有效提升矿区服务水平，增强市场竞争能力，铸造优良品牌，实现产业化发展，都具有十分重要的现实意义。

总之，实施矿区服务系统改革，是中国石油集团发挥整体优势、加强专业化管理的战略举措，是长庆局加快发展的现实需要，也是广大职工群众的迫切要求，对进一步促进油田干部职工的凝聚力、战斗力、创造力，实现长庆油田科学发展、和谐发展、永续发展具有十分重要的意义。

二、突出重点、准确理解，正确把握矿区服务系统改革的主要内容

这次矿区服务系统改革就是要坚持管理体制统一、核算办法统一、管理范围和工作要求统一的原则，实现生产经营业务与矿区服务业务分开运行、分开核算、分开考核。同时，建立矿区服务费用分担机制、矿区建设投入机制和日常监管机制。“三统一”、“三分开”和“三个机制”是建立具有中国石油特色的矿区服务新型管理体制和运行机制的核心内容。

1. “三统一”

（1）建立统一的管理体制。根据矿区服务系统改革有关文件精神，一是成立由各驻矿单位主要领导及矿区服务事业部主要领导组成的矿区管理领导小组，负责研究决定矿区运行和建设中的重大问题。二是组建矿区服务事业部，专门负责矿区服务业务的管理工作，是矿区服务业务的管理机构，其组织架构和管理模式由中国石油集团统一规定。三是明确矿区服务事业部对所属单位的管理方式。

（2）建立统一的核算办法。矿区服务业务由中国石油集团统一建立全面预算、集中核算、资金收支两条线的财务管理体系以及科学合理的费用分担机制。矿区服务事业部作为独立会计主体和“一级财务”（矿区服务事业部直接与长庆局和长庆油田分公司进行结算，不与各厂（处）单位进行结算），单独建账、单独设立银行账户、单独核算、单独编制会计报表。会计报表同时上报长庆局财务资产处和中国石油集团矿区服务工作部。

（3）建立统一的业务范围和工作要求。根据中国石油集团和长庆局有关矿区服务系统改革文件精神，矿区服务系统是为企业生产提供保障、为职工生活提供服务的。纳入矿区服务系统的业务，主要包括物业与公用事业、社会公益性事业、离退休职工管理及医疗卫生服务，也就是“三个方面、四项内容”，即按照事业部业务范围，现阶段主要搞好物业与公用事业服务、社会公益性事业服务和离退休职工管理与医疗卫生服务工作，努力使保障能力和服务水平在现有基础上有较大的提升。在未来发展中，坚持面向生产、面向生活、面向市场的原则，按照产业政策不断拓展服务项目、延伸服务领域，积极发展工业物业、社区服务、社会物业、延伸产业等，加快培育具有石油行业特色和竞争能力的服务产业，努力实现矿区服务业务良性发展。同时，不断健全管理制度，完善各项管理流程，制定统一工作标准，提出统一工作要求，持续提高矿区服务业务和管理水平。

2. “三分开”

（1）分开运行。①管理体制上分开运行：目前已组建成立的矿区服务事业部是按分公司模式组建的，纳入长庆局编制，事业部设立党委，隶属长庆局党委领导，同时设立纪委、工会、共青团等组织。矿区服务事业部机关由“八部一室”组成，即综合办公室（党委办公室）1个，综合管理部门和业务部门各4个，机关附属单位2个。②人员分开运行：按照“人随业务走”的原则，明确了纳入矿区服务事业部的业务、机构、人员等。事业部目前下属17个基层单位，其中，物业与公用事业单位12个、医疗卫生单位3个、公益性事业单位2个；另有长庆石化综合服务处1个，仍委托长庆石化分公司管理。③财务账户分开运行：矿区服务事业部作为独立会计主体，实行单独核算制度，建立全面预算、集中核算、资金收支两条线的财务管理体系和科学合理的费用分摊机制。④计划投资和矿区建设分开运行：一是矿区建设投资由矿区管理领导小组审定后，上报中国石油集团批准并分开下达，其资金由中国石油集团负责筹集。二是矿区建设投资项目由事业部统一组织实施。

（2）分开核算。事业部作为独立的会计主体，财务管理体系分开核算主要体现在以下“六个单独”上：①单独的会计体系。②单独建账。③单独设立银行账户。④单独编制会计报表。⑤单独核算。⑥单独预算。

会计报表同时上报长庆局财务资产处和中国石油集团矿区服务工作部。

（3）分开考核。①中国石油集团对长庆局和事业部业务指标分别下达、分别进行考核。②矿区管理领导小组对事业部进行考核。③事业部所属厂（处）单位由事业部进行考核。

3. “三个机制”

（1）费用分担机制。以2006年矿区服务业务的财务决算为基数，按照实施方案确定的业务范围，对业务范围变化引起的核算口径进行调整，将一次性投入及其他非常规性支出进行扣除，形成物业与公用事业、社会公益性事业、离退休和医疗卫生三类业务的矿区服务系统完全成本。

关于物业与公用事业服务：由各单位承担的物业与公用事业服务费用，按驻矿单位的受益人数（包括在册员工、离退休职工和困难群体，不包括物业与公用事业板块职工）平均测算综合服务价格（元/人），按照受益人数由各单位分担：

长庆油田分公司分担额 = 综合服务价格×长庆油田分公司受益人数（包括长庆油田分公司在册员工、1998年以后的离退休职工和困难群体人数）进行分担。

未上市企业（如长庆局、中油测井、东方物探等）分担额 = 综合服务价格×未上市企业受益人数（包括未上市企业在册员工、1998年以后的离退休职工和40％的困难群体人数），剩余60％的困难群体综合服务费由中国石油集团补贴。

1998年以前的离退休职工分担额 = 综合服务价格×1998年以前离退休职工人数，转入离退休和医疗卫生服务板块，由中国石油集团承担。

关于社会公益性事业服务：有偿解除劳动合同人员应负担的物业及公用事业费用由驻矿单位按照“谁解除谁承担”的原则进行分担。其中，未上市企业应分担部分由中国石油集团承担60％。家属、遗属应承担部分转入社会公益性事业费用解决；有偿解除劳动合同人员及家属、遗属的其他相关费用，仍按原渠道解决；上市和未上市企业承担社会公益性事业费用的预算，先按6∶4比例编制，最终以中国石油集团批准的费用预算为准。

关于离退休和医疗卫生服务：医疗卫生费用和1998年以前的离退休职工费用由中国

石油集团补贴。1998 年以后的离退休人员费用，按照中国石油集团核定的人均离退休补贴标准扣减物业费后，由原单位承担。

（2）矿区建设投入机制。①投入范围：矿区建设包括与职工生活相关的供排水、供电、供暖、供气、小区道路、环卫、文体、绿化、托幼、医疗卫生、离退休管理、社保等业务的基础设施和服务设施。②投资分担办法：矿区建设规模依据中国石油集团审定的规划，按当年下达的年度投资计划执行。矿区建设投资由中国石油集团负责筹集。③项目组织和运作：矿区建设项目由事业部统一组织。建设规划和年度建议计划由事业部编制，经矿区管理领导小组初审后，由事业部上报中国石油集团；中国石油集团按有关管理规定和程序审批后，下达立项批复、投资计划和拨付资金；项目竣工后交事业部统一管理，并形成固定资产。建设项目严格执行基本建设程序，统一组织实施，实行项目管理。

（3）监管机制。①强化“四共”管理：由长庆局、长庆油田分公司和长庆石化分公司及事业部主要领导组成的长庆油田矿区管理领导小组，承担矿区共建、共管领导责任，统一负责研究决定矿区运行和建设中的重大事务，包括审议矿区建设规划和年度建议计划，审议矿区服务业务的年度预算、决算和服务价格，协调解决矿区建设、运行中出现的重大问题等。②强化制度监管和服务监督：一是根据矿区服务系统管理及工作的需要，结合油田实际，建立健全矿区服务系统各项管理制度，规范管理流程，提升管理水平。二是修订完善矿区服务工作标准和质量规范，履行服务承诺，加强质量回访，提高服务质量。三是严格责任追究、考核奖惩、举报受理、监督检查等制度，落实工作责任。四是强化系统内部 HSE 体系建设，提高矿区安全环保水平。

三、突出特点、把握规律，正确处理好各种关系

1. 正确认识和准确把握自身工作特点及规律

矿区服务系统和其他行业一样，都具有自身鲜明的业务特点和工作规律。只有正确认识并加以把握，才能更好地协调处理各种关系，实现矿区服务业务又快又好发展。

（1）矿区服务系统具有美好的发展前景。从宏观层面上看，党中央更加关注民生问题，在“十一五”规划纲要中明确提出“继续发展主要面向消费者的服务业”要求；从产业本身层面上看，矿区服务系统属于第三产业，也是目前和今后一个时期需要大力发展的“朝阳产业”和“新兴产业”；从中国石油集团层面上看，将矿区服务业务和油气勘探开发、工程技术服务业务一样，列为三大产业，作为一个相对独立的业务板块进行管理和发展。对矿区服务系统而言，是“加强而不是削弱，是发展而不是剥离，是建设而不是收缩”。从这个意义上来讲，矿区服务系统广大职工特别是领导干部，一定要克服原有的矿区服务系统是侍候人的、是后勤的、是从属地位的职业自卑心理和“吃喝拉撒睡，怎么干都不对”的职业畏惧思想，跳出“你给钱，我干活”的“打工”层次；进一步提高对矿区服务业务的认识，切实增强矿区服务系统未来发展的自信心，积极主动、满怀热情地做好保障企业生产、服务职工生活、维护矿区稳定、创造就业机会、建设宜居矿区五项工作，全面提升保障能力和服务水平。各级组织和领导干部，要运用多种手段进行政策宣讲，统一思想，凝聚人心，激发广大职工热爱岗位、立足奉献的热情，使广大职工真切体会到“吃喝拉撒睡，越干越有味”。

（2）矿区服务系统的职责就是优质服务。对于矿区服务系统来讲，不可能像油气勘探开发和工程技术服务业务一样通过科技进步、技术创新等手段提高水平，就其业务本身来讲，进入“门槛”比较低，整个系统没有“高科技”，没有很高深的科技含量，也没有事关企业生死的“重大决策”，只有对业主服务的感恩之心和工作责任心。对矿区服务系统整个业务来讲，“优质服务是根本，满意服务是灵魂，用户需要是内容，业主满意是标准”。各级领导干部在这个问题上要有清醒的认识，要教育广大干部职工继续解放思想，不断更新观念，增强服务意识，强化服务理念，在思想、角色、方式、内容和目标上实现从“管理型”向“服务型”转变；努力从“软件”上抓起，“把业主当上帝”，让优质服务的意识固化到矿区服务系统每一个从业人员的脑海里，高标准地做好矿区服务工作；要让“矿区服务工作没有最好，只有更好”的理念深入人心。只有准确把握油田矿区服务工作的规律和特点，关注服务工作细节，进行业主满意经营，实施规范、特色、真诚、感动、人文等服务，矿区服务业务才会每天都有新进步，业主也才会获得“超值的服务”。

（3）矿区服务系统的服务质量和水平是可以量化的。与油田其他业务相比，我们过去对矿区服务系统进行的业绩考核主要以成本指标为主体，把对业主服务质量的考核一直作为“软指标”来对待。虽然从 2006 年开始，长庆局对所属单位的业绩考核中增加了“业主满意度测评”，但是与目前矿区服务业务发展要求相比，还需要不断地补充、完善、细化和规范。根据中国石油集团对矿区服务系统的定位，事业部是一个具有费用性质的单位，主要职责就是为驻矿企业及居民提供保障和服务，为业主服务、让业主满意就是事业部广大干部职工的使命和天职。所以，事业部不仅要继续搞好业主满意度测评，将其作为业绩考核硬性指标进行考核量化，还要将以安全感、舒适感、方便感和归属感为内容的“四感”，以及亮化、美化、净化、绿化为内容的“四化”等作为“硬杠杠”纳入考核范围，进行更为科学、合理、规范、全面、细致的考核，从而进一步提高矿区服务能力和工作水平。

2. 正确处理好工作界面和层级关系

（1）理清三个界面。

事业部机关是事业部的决策中心、管理中心、协调中心、信息中心、服务中心，各部门必须团结一致、紧密配合、积极协商、共同推进，正确理清和处理好长庆局与事业部、长庆局机关与事业部机关、事业部机关与所属厂（处）单位等三个业务界面关系。

一是长庆局与事业部界面。根据改革实施方案，事业部是长庆局的组成部分，属于长庆局编制，接受长庆局的领导，对长庆局和矿区管理领导小组负责；事业部是矿区服务业务的管理机构，全面负责油田矿区服务业务；事业部作为相对独立的业务板块进行专业化管理，对事业部所属部门和厂（处）单位具有统一管理、监督、协调、指导、考核、服务的职能。

二是长庆局机关与事业部机关界面。长庆局机关和事业部机关分别是长庆局和长庆局事业部的指挥管理中枢，二者之间没有直接隶属的行政关系，事业部机关在业务上接受长庆局机关的工作指导和管理监督。其中，文化、报刊、电视、广播、体育、社保等单位，业务指导仍由长庆局党群、劳资部门负责，计划、财务、人事、安全等管理职能由事业部统一行使。

三是事业部机关与事业部所属厂（处）单位界面。事业部所属各厂（处）单位接受事业部领导和管理，对事业部负责；事业部机关是事业部根据业务性质和工作特点下设的管理部门，每个部门都有明确的工作职责，在日常工作中既各有分工又互为联系。

（2）协调四个关系。

当前，事业部机关部门要积极协调和正确处理好事业部与长庆局、矿区企业、地方政府和上级业务部门四个层面的关系。

一是事业部与长庆局关系。事业部是长庆局的一个重要组成部分，直接接受局党委、长庆局的领导。这个关系，各级领导干部必须搞清楚。事业部领导要积极主动地向局党委、长庆局和局领导汇报工作，机关各部门要按照有关要求积极参加长庆局组织开展的有关活动，各部门、各单位要自觉地接受长庆局业务指导和工作监督，确保事业部各项工作顺利有序进行。

二是事业部与矿区企业的关系。矿区企业既是矿区管理领导小组的重要组成单位，也是事业部重点保障服务的对象，二者之间关系密不可分。事业部所属厂（处）单位与驻矿单位的关系是服务与被服务的关系，二者之间虽然不直接进行费用结算，但却是一种“鱼水关系”，谁都离不开谁。各部门、各单位要积极主动进行联系沟通，广泛听取各方面意见，积极取得各单位支持，不断构建驻矿单位共同参与管理的工作机制，营造他们关心、关注驻矿单位建设与发展的良好氛围。

三是事业部与地方政府的关系。按照国家有关属地管理原则，地方政府业务主管部门对事业部具有业务管理职能。事业部所属各单位和部门，要打破“石油庄园”原有独立的管理体制与运行模式，主动“走出去”，向当地政府业务主管部门汇报工作，加快建立业务直通管道和日常联系机制，在工作上求得他们的支持与指导，积极构建良好的企地关系。

四是事业部与上级业务部门的关系。中国石油集团矿区服务工作部是为加强矿区服务业务管理而新组建的总部职能部门，主要负责对矿区服务系统总体工作进行指导、协调和管理，是长庆局矿区服务事业部的上级主管部门。机关各部门要尽快与矿区服务工作部对口部门进行接触，求得更多的政策支持和业务指导，促进事业部工作又好又快开展。

四、坚定信心、扎实工作，着力推进矿区服务业务又好又快发展

当前和今后一个时期，各单位、各部门要着力抓好以下七项工作。

1. 深入学习和准确把握上级政策精神

一是要认真学习党的路线、方针、政策，特别要深入学习胡锦涛总书记在中央党校的重要讲话精神，牢牢把握“四个坚定不移”的根本原则，进一步增强全面落实科学发展观的自觉性和坚定性，并自觉运用到矿区服务系统改革的实践中。二是要深入学习中国石油集团、长庆局和事业部有关文件精神，当前主要抓紧学习《中国石油天然气中国石油集团矿区服务系统改革实施意见》（中油矿服字［2007］214 号）、《关于长庆油田矿区服务系统改革实施方案的批复》（矿改办字［2007］4 号）、《长庆油田矿区服务系统改革实施报告》（长庆字［2007］18 号）和《长庆石油勘探局关于成立矿区服务事业部的通知》（长局发［2007］167 号）四个文件，以及中国石油集团、长庆局领导的有关重要讲话精神，吃透精神、把握实质、明确重点、促进工作；三是要抓紧学习矿区服务系统有关业务知识、政策法规、工作制度和服务标准等，重点学习好《物业管理条例》、《物权法》等，理清矿区管理业务的职能与责任，依法维护广大居民和企业的合法权益。

2. 努力践行好矿区服务五项工作责任

一是保障企业生产。这是矿区服务业务发展的前提。各单位要紧密结合当前油田生产发展需要，积极探索增强保障能力的有效途径，全方位为生产建设提供支撑。二是服务职工生活。这是矿区服务业务生存和发展的基础。要进一步完善服务设施，健全服务网络，增强服务功能，尽力满足职工群众日益增长的物质文化需要。三是维护矿区稳定。这是矿区服务业务应尽的责任。要充分发挥广泛联系社区居民的优势，及时掌握不同群体的利益诉求，当好稳定“信息员”和政策“宣传员”，协助有关单位和部门做好引导工作，努力消除不稳定因素。四是要创造就业机会。这是矿区服务业务应尽的义务。各单位、有关部门要更加关注民生问题，为矿区人员就业和再就业创造条件；五是建设宜居矿区。这是矿区服务业务的重点工作。有关部门要理顺矿区建设资金渠道，完善矿区各类设施建设，努力提升矿区“四化”水平。

3. 切实抓好以计划财务为重点的各路工作

计划财务工作是事业部十分重要的工作内容。按照中国石油集团要求，虽然已经上报了2008年财务预算编制，但是仍然有很多工作要做。计划财务工作要坚持做到“三个加快”，即：一是要加快建立分开运行、单独核算的财务管理体系和与中国石油集团直通的财务通道，按照中国石油集团统一安排部署，务必于9月30日前完成，进一步理顺财务管理体制；二是要加快完成2008年固定资产投资计划、矿区建设维修计划、老基地功能完善、棚户区改造、节能减排等计划，以及“十一五”发展规划等；三是要加快工作节奏，在编制年度计划的同时，搞好长庆矿区“十一五”规划的调整和旧矿区维修改造规划。同时，与上级部门加强沟通，争取政策支持，处理好历史遗留问题，为矿区服务系统正常运行打好基础。

4. 着力构建安全环保与稳定长效机制

一是要深入贯彻落实国家、中国石油集团和长庆局关于安全环保稳定工作的一系列法律法规、政策规定及文件精神，明确事业部所属单位和部门行政主要领导为安全环保稳定第一责任人，实施责任追究制度；二是新组建的事业部HSE管理委员会要尽快开展工作，对已建立HSE管理体系的单位切实提高其执行力，对新组建单位积极建立HSE管理体系并推行“两书一表”、“岗位指导卡”和“STOP卡”，实现生产的全面受控；三是要突出重点领域安全管理，切实抓好交通安全、锅炉安全、压力容器安全、公共娱乐场所安全、居民家庭液化气使用安全、食品健康安全，以及防火、防洪、防汛、重大疫情等安全监管工作；四是抓好全员安全素质和安全文化教育，继续开展“送健康到一线”活动，搞好节能减排工作，不断改善矿区环境；五是要打牢稳定基础，积极引导职工正确认识和妥善处理各种矛盾和问题，不断提高矿区治安的人防、物防和技防，确保矿区职工正常的生产生活秩序，维护稳定大局。

5. 进一步加强各项基础管理工作

中国石油集团明确要求，年底前矿区服务业务的规章制度、服务规范和工作标准进一步健全，矿区管理水平和服务质量明显提升。一是要按照事业部有关文件精神，结合本单位、本部门工作实际和业务特点，抓紧整章建制，明确工作职责，梳理管理流程，细化工作标准，进一步建立制度健全、职责清晰、体系完备的运行体系；二是要进一步完善服务承诺、质量回访、责任追究、考核奖惩、举报受理、监督检查等制度，使各项工作有章可循、有规可依；三是要按照《中国石油天然气集团公司内控体系建设实施方案》，学习借鉴有关单位的实践经验，着手建立财务资产、规划计划、招投标管理等为重点的风险管理体系，逐步推进内控体系建设；四是按照中国石油集团有关要求，着力抓好业务管理信息系统推广应用工作，加快事业部门户网站建设，以信息化建设推动服务质量和管理水平进一步提高。

6. 切实加强矿区服务系统基层建设

一是要认真学习贯彻中国石油集团领导

干部会议精神和《基层建设》纲要，大力弘扬大庆精神、铁人精神和长庆精神，按照中国石油集团领导干部会议确定的总体要求、"六个目标"和"七项重点工作"，广泛开展学习型、安全型、清洁型、节约型、和谐型班组创建活动；二是要加强基层党组织建设，在9月底前完成事业部所属单位的基层党组织建设，以及工会、共青团组织建设，充分发挥基层党组织的战斗堡垒作用和群众组织的桥梁纽带作用；三是要加强班子建设和作风建设，严格落实局党委、长庆局提出的"六个坚持、六个不允许"，坚持做到"和谐、创新、热情、轻松、廉洁"；四是要加强队伍建设，广泛开展各种业务学习和岗位技能培训，为职工岗位成长成才搭建平台；五是要加强企业文化建设，传承中国石油和长庆优秀的企业文化。

7. 全面完成矿区服务系统各项改革工作任务

目前，矿区服务系统改革已进入实质性运行阶段，事业部架构已经基本形成，机关部门正常开展工作，6个新成立单位已挂牌运行。但与中国石油集团和长庆局的工作要求相比，事业部当前和下阶段面临的工作任务仍然还很繁重。当前正值油田生产建设的关键时期，事业部所属各单位和广大干部职工要进一步明确目标、落实责任、脚踏实地、真抓实干，按时圆满完成矿区服务系统各项改革工作，全面提升自身保障生产、服务生活、维护稳定的能力。

同志们，矿区服务系统改革是当前一项十分重要而艰巨的工作，直接关系到我们坚持科学发展、构建和谐长庆的大局，关系到油田广大职工群众的切实利益。我们要以中国石油集团领导干部会议和矿区服务系统改革动员会议精神为动力，紧紧围绕科学发展、构建和谐两大主题，按照中国石油集团矿区服务系统改革工作的统一部署和总体要求，团结一致，求真务实，努力做好矿区服务系统各项改革工作，持续稳步提高服务质量和保障能力，为推进长庆局持续有效快速协调发展，为"发展大油田、建设大气田，创建模范和谐矿区"，把鄂尔多斯盆地建设成为我国石油天然气的重要能源基地作出新的贡献。

（长矿办发［2007］5号）

赵业荣在长庆石油勘探局2007年"技术大培训、岗位大练兵、技能大比武"活动总结表彰大会上的讲话

（2007年12月29日）

同志们：

党的十七大提出了要深入贯彻落实以人为本的科学发展观，关注人的全面发展，促进人的素质的全面提升。苟三权局长在前不久召开的务虚会上提出，要大力实施人才强企战略，持续推进"万千"培训工程，以"技术大培训、岗位大练兵、技能大比武"活动为载体，认真落实"十一五"培训规划，努力形成素质优良、结构合理、数量充足的人才梯队，要让企业受益，让员工受益。

“技术大培训、岗位大练兵、技能大比武”活动自2006年开展以来，得到了全局各单位和广大职工的积极响应，在开展的深度和广度上，在影响力和覆盖面上都有大幅度的提升，促进了职工素质的提升，促进了企业的快速发展，取得了明显的成效。

（1）营造了浓厚的学习氛围。“三大”活动的开展得到了各级组织的高度重视和广大职工的积极参与。局党委、长庆局把加强员工培训摆在了“人才强企”的战略高度，作为提高企业核心竞争力的桥梁和纽带。各单位各部门牢固树立人才资源是第一资源的理念，树立“培训是企业的长效投入，是发展的最大后劲，是员工的最大福利”的观念。树立“冬训是职工成长的春天”的冬季培训理念，坚持“以人为本”，坚持企业发展与员工发展的协调统一。各级领导、培训工作者的责任感和紧迫感进一步增强。各单位围绕“万千”培训工程，开展“三大”活动，充分利用各种新闻媒体，加大宣传力度，集中报道劳模先进、岗位明星、技术能手、技术标兵的先进事迹，大力宣传开展“三大”活动的重大意义，引导广大职工积极参与其中，形成了学技术、钻业务、练硬功的风尚和氛围。

（2）提高了队伍的综合素质。“三大”活动作为提升职工素质的系统工程，已成为广大职工学习新知识、掌握新技能、实现新发展的大舞台。各单位通过现场培训、集中培训、师徒帮教、现场观摩、操作演示、岗位练兵、技能大赛等形式，推动职工整体素质的提升。2007年，全局共举办培训班1129期，培训员工29098人次，较2006年增加28%；职业技能鉴定员工11057人次，办理职业资格证书5871本；24850余人次参与基层单位开展技术练兵1826场次，4862人参加了39场次、127个工种的厂处级技术比武，752名选手参加了13个项目的局级技术比武，均创历史之最。在中国石油集团变电站值班员、气焊工职业技能竞赛中获得“四银两铜”的好成绩，第十四届职工职业技能大赛涌现出技术状元15名，技术标兵33名，技术能手121名，参加甘肃省技能大赛获得技术状元的3名职工同时获得“甘肃省五一劳动奖章”。

（3）促进了企业的快速发展。“三大”活动切合了企业快速发展的需要，切合了广大职工自身发展的需要，在长庆局以钻井为龙头的工程技术服务“提速工程”和低效油气储量合作开发“双百工程”中发挥了重要的作用。2007年，长庆局创造了钻井年进尺突破420万米、单个井队突破8万米，井下作业系统试油压裂酸化突破6000层次，低效油气储量合作开发油气当量突破年产60万吨等一系列新纪录、新水平，这些新纪录、新水平凝结着广大培训工作者的心血，包含着“三大”活动组织者的汗水。一支素质优良、结构合理、数量充足的人才队伍正在不断成长，成为长庆局发展建设的中坚力量。

（4）形成了良好的发展局面。“三大”活动作为一项群众性的系统工程，越来越被各级领导所重视，越来越被广大职工所欢迎，越来越深入人心。“三大”活动紧紧围绕长庆局中心工作，同生产经营工作相结合，同“万千”培训工程相结合，同基层建设相结合，同劳动竞赛相结合，互相促进、相得益彰、良性互动、共同提高，形成了蓬勃发展的良好局面。

这些成绩的取得，得益于局党委、长庆局的高度重视，得益于机关各部门的通力协作，得益于各单位的积极响应，更得益于广大职工的积极参与。在此，我代表活动领导小组对各级领导和广大干部职工给予活动的大力支持和积极参与表示衷心的感谢，并向即将受到表彰的先进集体和先进个人表示热烈的祝贺！

下面，我从四个方面对活动作一总结和安排。

一、以“万千”培训工程为龙头，建立科学适用的培训机制，为职工创造学习发展的机会

全局上下以培养万名操作岗位员工，千名管理和技术干部为目标，完善培训机制，创新培训方式，提高培训质量，搭建人才梯队，改善人才结构，加快队伍建设，提高了企业的核心竞争力。

1. 完善工作机制，健全考核体系，有计划分层次开展培训

加强培训工作的宏观管理，细化培训工作计划，强化执行力是做好培训工作的关键。年初，长庆局召开了员工教育培训工作会议，安排部署了全年培训工作，整体规划、宏观管理，形成统分结合、分类实施、部门协作、齐抓共管的大培训格局。制定了《教育培训暂行规定》、《员工教育培训经费使用管理暂行规定》，确保了培训工作有重点、有计划、分层次地进行。

在长庆局层面，开展了五个层次的培训。一是开展经营管理队伍培训。2007 年共选派 242 名经营管理人员参加中国石油集团组织的厂处经营管理人员任职资格、工商管理硕士和工程概预算等培训项目的学习。举办了 3 期厂处级领导干部培训班，2 期中青年干部培训班，均收到较好的培训效果。二是加大专业技术培训。先后选派 159 名高层次专业技术人员参加中国石油集团组织的研发项目与技术管理、国际化人才“千人培训工程”、工程硕士专业学位和高级技术专家等项目的培训。重点加强主干专业技术骨干的培训，培训 416 人次。全局培训专业技术人员 4513 人次，较 2006 年增加了 37.2%。三是强化操作技能培训。先后选派 61 名操作技能人员参加中国石油集团组织的钻井技师、井下作业技师和钳工技师等培训项目的学习。长庆局培训高级技师 27 人、技师 228 人、高级工 1591 人、培训各类操作技能人员 18934 人次，较 2006 年增加 24.1%。四是开展国际化骨干人才培训。针对土库曼斯坦、厄瓜多尔、乌兹别克斯坦等国际市场的进一步拓展，先后举办了国际商务知识和项目管理、俄语强化、英语强化、国际井控及 HSE 管理等培训班，培训员工 131 人。五是分阶段实施学历教育。重点组织 20 名局处机关和工程技术岗位人员参加硕士研究生培训学习，有计划地组织了 797 名在职员工参加了本科和专科层次函授学历教育培训学习。

2. 突出培训重点，注重培训实效，增强培训的针对性

突出重点、突出特色，增强工作的针对性和实效性是培训工作的生命线。人事劳资处在组织大规模职工培训的同时，注重对职工培训教师队伍素质建设，注重因地制宜、因材施教、组织人力编写适合长庆实际的培训教材，尤其是基层现场操作培训教材，并根据各单位的实际需要，围绕工程技术服务和生产建设需要编制培训计划，按生产需要组织培训班，在培训特色、培训重点、培训质量、培训的针对性和实效性上下工夫，形成了多层次、多渠道、全方位、多覆盖的职工培训机制，使培训工作见到明显的效果。

各单位紧紧围绕本单位主营业务和生产实际开展培训，深入调查研究，编制培训计划，加强过程控制，确保培训效果。钻井工程总公司按照“四个必训”要求，举办新增钻井工技能提高培训班、新增长兴工岗前培训班和违章人员培训班。培训中心围绕贯彻中国石油集团“教育培训质量年”活动，及时调整培训思路，以适应局基层建设工作要求，做到培训工作的高起点、高质量、高要求。第一采油技术服务处责任落实到位、措施跟进到位、培训内容到位、考核检查到位，保证培训的针对性和实效性。录井公司确立

了以“安全、质量、责任”为主线的岗位培训方案，利用单井生产过程和休整间隙，相互交流、相互帮教、相互对比、相互监督，提升了培训的效果。

3. 方法灵活多样，形式不拘一格，工学矛盾得到较好解决

“因地制宜、因岗而异、灵活多样、实用有效”是培训工作的主要特点。各单位结合自身实际，结合一线作业队伍生产施工特点，积极探索适合野外作业过程中行之有效的培训方式和方法，使培训工作在基层得到较好的落实。在培训时间上，坚持了“宜长则长，宜短则短”的原则，不搞一刀切；在培训形式上，采取了集中与分散相结合、请进来与送出去相结合、脱产与在岗相结合、内培与外培相结合、岗位练兵与专题训练相结合等多种培训形式，较好地解决了工学矛盾。

第三采油技术服务处从“两个创新、两个结合、四个落实”入手，狠抓员工培训工作，先后抽调67名机关工作人员组成五个辅导团，深入到前线基层班组，坚持跟班作业，利用工余和待工时间对员工进行学习辅导。第二采油技术服务处根据生产实际情况，以修井队车组为单元，以标准化操作为基础，以安全常识为主线，采用“一日一岗一题”、“现场跟踪”、“现场传帮带”、“事故案例分析”等多种行之有效的培训方法。运输处有针对性地编制了驾驶员心理素质训练教材，培养驾驶员良好的心理素质，对于削减职业性心理紧张、提高交通安全、预防交通事故起到了良好的效果。

4. 加强制度建设，完善激励机制，推动培训工作的创新发展

政策拉动，激励带动，措施促动是培训工作充满活力的主要原因。长庆局实行“三级计划、四级培训、统分结合、分类实施、以局培训中心为龙头、以局属单位为主体、以其他培训资源为补充”的运行机制。推行教育培训“一把手”工程，把教育培训工作作为“一把手”的重要职责，纳入班子和领导人员考核的重要内容，有效推进了“万千”培训工程的实施。在培训中建立培训、考核、使用、待遇相结合的运行机制，推行按技能、贡献大小进行劳动分配的政策，优先录用岗前培训合格或取得上岗资格证书的人员，确立与企业愿景目标一致的个人学习目标，体现学与不学不一样，技术业务水平高低不一样，贡献大小不一样，激发职工学习热情。

钻井工程总公司主要领导亲自抓员工培训，亲自主持制定年度培训计划，主管领导主持召开有关会议，对职工培训工作进行安排部署、检查落实。第二采油技术服务处主要领导主持召开员工培训论证专题会议，主管领导深入到培训现场检查指导培训工作。培训中心制定了《培训项目管理实施细则》，对培训项目的组织与实施、安全管理、培训质量评估与回访等环节，明确了工作流程、要求和标准。技术监测中心在特种作业人员培训考核上坚持“教考分离”制度，实行“有情施教，无情考核”，较好地保证了培训中教与学的质量和效果。水电厂、机械制造总厂等单位及时进行整章建制，完善培训激励机制，使基层员工培训工作逐步走上了规范化和科学化轨道。

5. 普及安全知识，强化资质取证，为安全生产保驾护航

长庆局始终把安全培训放在突出位置来抓。今年以来，针对生产任务加重、生产提速加快、新增人员增多和技术素质较低等实际，结合“安全环保基础年”、“安全生产月”活动，广泛开展了多种形式的安全生产教育活动。重点加强安全技术培训，突出规范化操作规程培训，做到了普及性培训和资质取证培训同时抓，较好地保障了长庆局各路生产的安全大提速。

各单位严格程序、规范运行，扩大培训

范围，加强气井、特殊区块、特殊井的井控现场培训，全面提高职工的井控意识和预防井喷、处理井喷的应急能力，认真组织井控的取证和复审培训，确保了全年井控无事故。建设工程总公司坚持从源头抓起，在开工前强化对职工的安全教育和 HSE 技术交底教育，做到一人不漏，开展安全知识培训工作，增强安全意识，开展应急演练活动，提高应急能力。井下技术作业处从完善井喷应急预案和强化井控演练着手，强化杜绝井喷失控和井喷着火爆炸事故，杜绝有毒有害气体伤害事故的应急预案演练培训。

二、以职业技能鉴定为抓手，建立富有实效的实践机制，为职工提供适合发展的岗位

开展职业技能鉴定，推行职业资格证书制度，是企业人力资源开发的重要手段，是提高职工整体素质、促进人力资源合理配置的重要措施。长庆局始终遵循“职业技能鉴定是手段，职业技能培训是基础，提高职工素质是目的”的指导方针，坚持“先培训后鉴定，不培训不鉴定”的原则，加大培训鉴定力度，改善职工知识结构，提高职工技能水平，增强了职工的业务水平和工作能力。

1. 严格就业准入，规范用工管理

长庆局对新录用到技术岗位的人员都要经过相应的职业培训，取得职业资格证书，方能上岗。对接收的复转军人，在培训中心进行为期一年的职业培训，经技能鉴定取得初、中级职业资格证书后进行安置；对新招入社会化用工，人力资源管理中心严格把关，必须取得职业资格证书方可录用。目前长庆局新录用技术工人的持证率达到 100%。

2. 严格持证上岗，强化劳动安全

各单位认真落实职业资格证书制度，认真执行长庆局《职业技能鉴定实施细则》等技能鉴定制度，按时组织各类用工参加职业技能鉴定。对基层管理人员按照“先培训后上岗、先培训后使用、先培训后提拔”的原则，实行持证上岗和岗位任职资格制度；对基层单位操作人员、班组长和特种作业人员，按规定组织参加职业技能鉴定和各类资格培训，取得相应的职业资格证书后持证上岗；新增和转岗人员未经培训或考核不合格者，一律不予录用，不准上岗。各单位按照岗位规范严格考核，颁发上岗合格证，实现了全员持证上岗。培训中心长庆井控培训站 2007 年承办井控培训班 67 个班次，培训人数达 5648 人，先后编写了《硫化氢防护技术》等六部培训教材，为全局井筒作业的安全平稳运行奠定了坚实的基础。录井公司每口井施工前组织员工进行危险源辨识活动演练，统一印制了“录井公司违章积分卡”，对于连续三次违章的员工，须离岗接受安全教育，经考核合格后方可上岗。

3. 严格鉴定程序，确保鉴定质量

技能鉴定中心把鉴定质量放在突出位置，严格鉴定工作程序，做到“四个坚持”。一是坚持召开考前会。每次开考前，给考评员明确分工并提出具体要求，责任到人，实行目标责任制，要求考评人员严格履行“工作守则”。二是坚持让考生代表查看试卷密封签是否完整无损，并当堂拆封，否则不得开考。三是坚持阅卷登分“流水作业”，实行谁阅卷、谁签名、谁负责。四是坚持背靠背评分。通过“四个坚持”，力求做到客观公正，避免人为因素造成的差错和失误，避免技能鉴定中的个人情感，杜绝阅卷评分中的不正之风。按照“统一标准、统一教材、统一试题、统一证书”的要求，建立健全了鉴定准备规则、考场规则、监考守则、阅卷评分守则及考评员守则等五项规则，形成了培训管理有人抓，实施过程有人管，实际操作鉴定有人检的质量保证体系。

加强了技能鉴定考评员队伍建设。将具有丰富的专业知识和较高操作技能，熟悉所鉴定工种业务的技师、高级技师吸收入考评员队伍中。下发了《长庆油田职业技能鉴定质量督导办法》，由督导员和鉴定所（站）长为考评员的技术水平、工作质量、敬业精神等方面给予评价并作出结论，作为考评员能否继续聘用的参考依据。目前，全局共有795名考评员和45名专兼职管理人员，全部持证上岗。

三、以职工职业技能大赛为载体，建立练兵比武的长效机制，为职工搭建脱颖而出的平台

广大职工群众是推动企业发展进步的强大动力。“三大”活动坚持以技能培训、岗位练兵为基础，提高职工的基本技能；以技术创新为主导，提高职工的创新意识和创新能力；以劳动竞赛为载体，焕发广大职工的劳动热情；以壮大高技能人才队伍为目标，不断提高技能比武的质量，逐步形成了岗位练兵—劳动竞赛—技术创新—技能比武为载体的“四位一体”的职工素质提升模式。

1. 内容丰富，方法灵活，在岗位练兵比武中打牢基础

岗位练兵是检验技术大培训的重要方式，也是提升职工职业技能素质的关键环节。各单位以群众性的练兵为平台，以车间、队、站为重点，以技术标准、岗位规范、安全应急处理、技术关键与难点等为主要内容，运用各种竞赛形式，形成“干中学、学中练、练中比、比中创”的竞赛氛围。

第三采油技术服务处以岗位为本位，开展以“一岗精、二岗通、三岗会”为主要内容的岗位技能培训。通过厂设“练兵场”，区设“练兵台”，站设“练兵角”的方式，切实解决了“高级别，低技能”、“工种内其他岗位操作技术不会”等问题。井下技术作业处结合生产实际，针对社会化用工的具体情况开展“一帮一”、“一带一”师徒结对子活动，组织“每日一题、每周一练、每月一评、每季一测”的“四个一”岗位练兵活动，驻井干部、技术员、班长或技师对员工进行轮流辅导，不拘形式，把岗位作为练兵的现场。

2. 突出重点，服务大局，在重点工程竞赛中逐步成长

组织群众性立功竞赛活动，是激发职工学技术、练本领、比贡献的有效途径，能够最大限度地调动广大职工的积极性、主动性和创造性，有利于提高职工素质，增强岗位竞争能力，促进企业的发展。

各单位各部门紧贴生产，紧跟实际，服从服务于油田年产油气当量2000万吨和长庆局“提速工程”、“双百工程”，动员广大职工开展了形式多样的立功竞赛活动。局工会围绕提升工程技术服务保障能力，深入开展了“创纪录、上水平、增效益”竞赛活动；在靖边、西峰、定边等油气区，围绕重点工程、重点项目，组织开展了“赛安全、赛质量、赛速度，比效益、比贡献、比服务”的“三赛三比”竞赛和“大干100天、建功大气田”立功竞赛活动；围绕安全基础年，开展了争创安全“百佳班组、百佳个人”的“安康杯”竞赛活动；围绕和谐矿区创建和“万套住宅建设工程”的实施，在基地物业系统开展“创文明服务窗口，争明星服务岗位，树服务行业新风”竞赛活动。

钻井工程总公司充分发挥工程技术服务“龙头”作用，开展了“安全质量增效，技术创新提速，生产服务创优，经营管理提质，基层建设争先”立功创优劳动竞赛活动，推广运用以“四合一”钻具为核心的“一趟钻”工程技术等一系列先进操作法和技术革新成果，先后创造了87项新纪录、新指标，钻井进尺连续5个月超过50万米，全年一举突破400万米。井下技术作业处针对上半年完成年度工作量30%的情况，开展了以“五赛五比”为主要内容的“大干50天，完成1100层次”的短平快劳动竞赛，超额完成了预定目标。两个合作开发项目组开展了以“安全、优质、快速、高效”为主题的“大干三季度，建功大气田”劳动竞赛，实现了油田的良性开发和持续稳产，年产油气当量突破了60万吨。为打好“万套住宅”建设工程攻坚战，银川燕鸽湖基地建设项目组在参建单位中组织开展了“比安全、比质量、比进度、赛标准化工地”为主要内容的“三比一赛”百日劳动竞赛活动，有效激发了施工单位的工作积极性和工作热情，保证了工程质量和工程进度。

3. 学以致用，消化吸收，在经济技术创新中熔炼锻造

培养职工的创造性思维，增强创新意识，提高创新能力，是实现长庆局“科技创新战略”的关键。各单位、各部门按照科技提速的要求，针对生产经营中的关键环节和技术难题，注重发挥广大职工的聪明才智和首创精神，及时开展群众性技术创新活动，组织技术革新、技术攻关和发明创造，让职工熟悉新设备，了解新工艺，掌握新技术，培养学习型、知识型、技能型、专家型职工队伍，提升了职工的岗位创新能力，增强了企业的发展动力。

工程技术研究院围绕钻井再提速，组织职工开展技术攻关，先后在缝内转向压裂工艺技术、水平井分段试油压裂技术等试验中取得良好效果，小井眼钻井技术、空气钻井技术得到实质性突破，为钻井持续提速提供了技术支撑。西安长庆科技工程公司围绕油气田产能建设，开发设计的天然气三甘醇脱水撬装装置和西峰油田地面建设工艺技术研究分别荣获甘肃省职工优秀技术创新成果一等奖和三等奖，姬塬轻烃EPC项目部获得陕西省职工经济技术创新示范岗。

4. 以赛代训，以赛促学，在职业技能大赛中崭露头角

在开展全员大学习、岗位大练兵的基础上，长庆局层层组织技术比武，形成了基层队、大队（车间）、厂处、局、省部五级选拔机制，做到了统一管理、统一组织、上下结合，分层实施，确保整个活动有始有终，达到了预期的目的。

长庆局今年组织了第14届职工职业技能大赛，承办了陕西、甘肃、宁夏三省（区）“长庆杯”职工职业技能大赛，参加了中国石油集团气焊工、变电站值班员技能大赛。组织了石油钻井工、录井工、输气工、计算机操作员等13个项目的总决赛。长庆局分别在全国总工会职工素质提升大会和甘肃省百万职工职业技能素质提升活动表彰会上作了经验介绍。通过练兵比武平台，使一大批优秀操作人才脱颖而出，推动了职工队伍的建设，促进了企业的快速发展。

运输处举办了热力司炉工、汽车修理工、计算机操作、钳工、电焊工、兼职教师和汽车驾驶员7个项目的决赛。水电厂、三个采油技术服务处、录井公司、兴隆园物业处等单位也纷纷组织了厂处级技术比武，在全局形成燎原之势，推动了活动的深入开展。

“三大”活动的深入开展，为长庆局发展筑牢了根基，增添了动力，有力地促进了长庆局的持续有效快速协调发展，也得到了各级组织的高度评价。甘肃省人大副主任、总工会主席李德奎同志在全省百万职工职业技能素质提升活动总结表彰大会上指出：“长庆已经建立起了一个完整的长效培训机制，成效非常明显，值得全省各大企业借鉴。”

“三大”活动虽然取得了一定的成绩，但工作中还存在一些不足，总体发展还不够平衡、高技能人才的比例还有些偏低、激励约束机制尚未完全形成、专兼职培训教师素质还有待进一步提高等，这些都需要我们在下一步工作中认真加以解决。

四、2008年“技术大培训、岗位大练兵、技能大比武”活动初步安排

提升职工整体素质是一项紧迫任务，但

又不是一朝一夕的工作，需要各单位的大力支持、各级领导的高度重视和广大职工的积极参与，各单位各部门要从提高认识、深化主题、加强调研、完善机制四个方面大力推进。

1. 提高认识，激发职工参与“三大”活动的热情

“三大”活动能否广泛深入开展，关键取决于各单位、各部门的思想认识是否统一，取决于我们宣传引导、组织动员广大职工的工作是否扎实深入。因此，各单位要继续把提高认识、统一思想摆在“三大”活动的首位，站在企业战略发展的高度，充分认识开展“三大”活动的必要性、重要性和长期性，进一步增强做好活动的自觉性、主动性和创造性。一是开展“三大”活动是实现长庆局科学发展、和谐发展、又好又快发展的基本要求。随着长庆局科技创新、人才强企战略的实施，产业结构调整、专业化整合的推进，对广大职工素质提出了更高的要求，特别是对技能人才的需求将进一步扩大。虽然近年来全局高技能人才比例呈稳步上升趋势，但“三支人才”队伍总量依然不足，结构不尽合理，特别是各类骨干人才匮乏，与长庆局快速发展不相适应，培养和造就一支适应企业发展需求的高素质的职工队伍，是摆在我们面前的一项十分紧迫的战略任务。二是开展“三大”活动是实现企业科技创新、自主创新的重要保障。企业的发展必须坚持以科技进步为发展动力，提高自主创新能力，特别是要打造长庆特色的系列工艺技术，实现工程技术服务由劳务输出型向技术服务型转变。要牢牢抓住增强自主创新能力和提高广大职工素质推动发展这个中心环节，营造鼓励成才、激励创新、奖励贡献的体制机制环境，不断激发广大职工的创造热情，提高广大职工参与创新的能力，把蕴涵在职工中的巨大潜能开发出来，转化为推动科技创新，促进经济增长的现实生产力。三是开展“三大”活动是尊重职工主体地位和首创精神的具体体现。“三大”活动是广大职工广泛参与的创造性活动，不仅为广大职工学习业务技术、提高自身素质提供了广阔的舞台，也为广大职工释放创造能量、涌现创造成果、开展创造活动提供了有利条件，使广大职工在企业发展中的主体地位和首创精神得到充分体现。四是开展“三大”活动是促进职工全面发展、提升岗位竞争能力的重要途径。随着长庆局的快速发展和结构性调整，一大批员工岗位需要重新调整，一大批新增员工和社会化用工涌入企业，做好调整人员的转岗培训，新增人员的岗前培训，油田子女的就业前培训，提高他们的岗位适应能力、职业技能和综合竞争能力，是确保长庆局持续发展、和谐稳定发展的关键环节，必须抓紧抓实。

2. 深化主题，充分发挥“三大”活动促进发展的作用

深化主题，就是要牢牢把握促进企业发展这个主题，紧紧围绕推进科学发展和构建和谐两大中心任务，按照苟局长在务虚会上提出的发展目标、发展战略和发展思路，扎实有效地推进“三大”活动的深入开展。

一是深入推进“万千”培训工程。加快“五项培训任务”的实施步伐，加强知识型、技术型、复合型员工培养，构筑企业技术人才梯队，着力提高企业核心竞争力。2008年将要培训员工30000人，比2007年增加3909人，增幅15%。技术工种操作技能人员参加岗位练兵普及率达70%，岗位练兵工种覆盖面达80%，全局全年举办各级技术比武覆盖面达50%以上，全员培训率要达到55%。二是广泛开展群众性经济技术创新活动。2008年将在活动开展的基础上，征集、评选、命名一批“职工优秀技术创新成果”、“先进技术操作法”、“创新能手”，

推广一批职工优秀技术成果，扩大职工技术创新活动的影响，推动技术成果的转化。激励和引导职工积极参加“小革新、小发明、小改造、小设计、小建议”活动，进一步培育创新意识，提高创新能力，倡导创新精神，营造创新氛围。三是继续组织开展职工职业技能大赛。不断创新比赛形式，丰富比赛内容，健全比赛机制，扩大比赛范围，提高比赛质量。长庆局将组织承办 1—2 个省级一类竞赛活动，参加 3—5 个全国、中国石油集团和省级一类竞赛项目，组织第 15 届职工职业技能大赛，开展 8—10 个工种的决赛。各厂（处）单位技术比武的覆盖面要达到 50% 以上。通过连续举办技能大赛，逐步形成全方位、多层次、广覆盖的技能竞赛工作格局。四是开展技能演练展示活动。在开展技能大赛的基础上，结合各工种的实际，组织相应比赛工种（项目）的技术尖子，作经验介绍、现场演示、现场答辩，观摩职工现场咨询、交流，现场操作实习等形式，传授绝技绝活，推广先进操作法，发挥高技能人才的示范带头作用。

3. 深入调研，努力破解“三大”活动中存在的难题

“三大”活动经过两年的深入开展，已经有了广泛的工作基础，取得了一定的经验和成效，但也存在一些突出的矛盾和问题，需要不断加以研究和解决。一是要解决好工学矛盾。近年来，随着长庆局的持续提速、全面提速，各单位工作任务十分繁重，如何解决工作与培训的矛盾，做到“两不误、两促进”，需要我们进一步研究解决。二是要解决好冬休中的集中培训与职工休假的矛盾。“冬训工作是职工成长的春天”已成为广大职工的共识，但是要保证职工、特别是一线冬休职工不脱离家庭生活的培训。各单位、各培训部门要结合实际，以生活基地为单元，采取上门培训等多种形式，认真加以解决，既要确保培训的质量，又要保障职工的休息休养。三是要解决好高技能人才匮乏的问题。要加大对高技能人才的培养力度，突破比例、年龄、资历和身份界限，不拘一格选拔人才。要通过职工命名先进操作法、首席技师、金牌工人等形式，提高工人技师的待遇和地位，鼓励职工学技术、钻业务，促进技能人才的成长。四是要解决好专兼职教师的培训、培训场地设施建设、适用教材编写等问题。培养提高在职教师教学水平，加大兼职教师的培训力度，开展第二届员工培训兼职教师技能竞赛。突出新知识、新技术、新工艺和新方法的教材开发编写，组织气井修井工艺技术、采油、采气工艺技术、固井工艺技术等基层现场操作培训教材的开发编写。加快培训基地建设，完善技能训练设施和仿真培训，积极探索建立远程网络培训体系。

4. 完善机制，积极促进“三大”活动的健康发展

完善机制，就是要通过建立健全各项制度，为“三大”活动的顺利开展和不断深化提供有力保证。一是进一步完善领导机制。要推行教育培训“一把手”负责制，将培训工作纳入班子和领导人员考核的重要内容。要进一步整合资源，加强领导，进一步完善经常性、全覆盖、分层次、有重点的培训机制。二是进一步完善工作机制。要实行目标管理，进一步加强“三大”活动的计划性，既要制定长计划又要做出短安排，既要确定目标又要提出任务，既要精心策划又要抓好落实。要加强活动的检查、评比、考核工作，研究制定科学完善的考评办法，实现“三大”活动的经常化、制度化。三是进一步完善激励机制。要进一步健全使用与培训考核相结合、待遇与业绩贡献相联系的激励机制，建立有利于人才成长的平台、氛围和环境，用政策留人、用发展留人、用事业留人、用感情留人、用待遇留人，为优秀人才

脱颖而出创造公平竞争的环境，形成知识崇高、人才宝贵、劳动光荣、创造伟大的良好风尚。

同志们，全面提高职工队伍的整体素质，建设高素质职工队伍，意义重大，任务艰巨。让我们认真学习贯彻党的十七大精神，全面落实科学发展观，落实长庆局的各项工作部署，振奋精神，扎实工作，努力把“技术大培训、岗位大练兵、技能大比武”活动不断引向深入，为“发展大油田、建设大气田，创建模范和谐矿区，把鄂尔多斯盆地建设成为我国石油天然气的重要能源基地和长庆人的美好家园”作出新的更大的贡献。

谢文虎在长庆石油勘探局全面推进规范职工股暨清理法人实体工作会议上的讲话

（2007 年 10 月 11 日）

同志们：

根据中国石油集团和长庆局关于规范职工股暨清理法人实体工作安排部署，长庆局成立了由财务、审计和资本运营等部门组成的财务资产工作组。通过加强政策研究、深入调研指导、紧密配合协作，按计划分阶段完成了财务资产相关工作，确保了长庆局规范职工股和清理法人实体工作顺利进行。根据会议安排，下面我重点就规范清理中财务资产一路的工作做以通报安排。

一、长庆局拟收购企业的资产状况

全局纳入规范职工股范围的厂（处）单位有 32 家，涉及职工持股公司 60 个，其中，拟由长庆局国有、集体收购职工股的公司有 35 家。在这 35 家企业中，国有收购 30 家，集体资产投资管理中心收购 5 家。其余公司的职工股通过公司回购、清算注销等方式清退处置。

截至 2006 年 12 月 31 日，35 家企业资产总额 41.44 亿元，负债总额 27.87 亿元，所有者权益 13.57 亿元，平均资产负债率为 67%。按照净资产情况分析，实收资本 8.17 亿元、占净资产的 60%，资本公积 0.67 亿元、占净资产的 5%，盈余公积 2.04 亿元、占净资产的 15%，未分配利润 2.66 亿元、占净资产的 20%。

经统计，全局职工原始出资总额 5.35 亿元。根据中国石油集团关于规范职工股有关政策，初步预算国有收购职工股所需资金 6.24 亿元，集体收购职工股所需资金 0.54 亿元。

二、主要工作进展情况

财务资产工作是整个规范清理工作的基础。今年以来，财务资产工作紧密围绕长庆局整体工作部署，完成了全局 32 个厂（处）单位上报方案中有关财务资产状况审查与核实工作；研究、指导和协调了部分企业债权债务处置与股权置换工作；组织开展了多元经济企业财产清查、职工股专项审计，以及移交主业的 A 类资产审计与租赁价格测算工作；制定了 A 类资产处置方案，为长庆局规范职工股和清理法人实体工作奠定了基础。目前，3 家试点单位和第一批 9 家单位的职工股专项审计已基本结束，第二批 20 家单位职工股专项审计已全面推开。通过全局上下努力，各项工作进展比较顺利，具体表现在以下几个方面。

一是深入研究，认真核实各单位上报实施方案的财务资产情况。在各单位上报个案审查中，对各类资产处置进行了认真研究，提出了对量化集体资产、矿区服务系统主办的法人实体，以及在政策范围之外法人实体的处置意见。以2006年度财务决算报表为依据，逐一核对各单位方案中涉及的资产项目，摸清了各法人实体的资产状况和经营积累情况，为进一步研究各单位方案、确定职工股规范方式提供了可靠依据。

二是结合实际，抓好对多元经济企业移交主业A类资产的审计与价格测算工作。经审计核实，多元经济企业向主业移交钻机15部、井下机组66套、录井设备42台（套）。资产原值2.92亿元，资产净值1.78亿元，其中，账内资产原值1.58亿元，净值1.19亿元，占移交资产的54%；账外资产原值1.34亿元，资产净值0.59亿元，占移交资产的46%。通过对所移交A类资产的全面审计，为2007年“两交一不变”总体原则下的A类资产租赁价格的测算，以及今后正式移交主业提供了依据。

在多元经济企业A类资产租赁价格测算方面，造价中心充分考虑多元经济企业A类资产构成复杂的实际，按照《长庆石油勘探局固定资产管理办法》有关规定，对资产租赁价格进行了认真细致的测算，初步拿出了价格方案，长庆局准备近期研究审定。

三是认真分析，及时做好企业债权债务清理和后勤物业类资产处置工作。截至2006年年底，多元经济企业3年以上无动态应收款项3000多万元，反映出长庆局部分多元经济企业净资产不实，有潜亏因素存在。为此，长庆局非常重视，要求各单位加大清欠催收力度，通过认真清理，多元经济企业清欠工作成效显著，截至2007年上半年，多元经济企业累计收回各类欠款5000多万元，采取内部往来抵冲500多万元，收回抵账的实物400多万元。

在资产处置方面，结合矿区服务系统改革实际，经局有关会议研究同意，对第三采油技术服务处、银川物业处和水电厂三家多元经济企业投资兴建的物业及后勤服务类固定资产由长庆局直接收购，纳入矿区服务系统资产管理。

四是深入现场，积极开展职工股专项审计工作。为稳步推进规范与清理工作，审计人员根据长庆局《关于做好职工股审计核实工作的通知》精神，采取现场审计的方法，主要对职工股原始出资时间、出资额度、增资扩股、权益配股以及股东分红等情况进行了审计与核对，确保了职工股专项审计工作有序推进。这项工作将在本月内全面完成。

五是协作配合，做好职工股回购资金测算和筹措工作。为确保职工股收购资金及时到位，长庆局加强与中国石油集团有关部门的联系沟通，多次就资金问题向有关部门和领导汇报，争取了中国石油集团的理解与支持，并及时向中国石油集团提交了资金申请报告，中国石油集团已通过注资方式解决了国有收购资金，为长庆局规范职工股工作提供了资金来源和保障。

六是认真组织，深入开展财产清查工作。为核实多元经济企业财务资产状况，长庆局下发了《关于多元经济企业开展财产清查工作的通知》，并认真指导各单位依据“实物盘点同账务核实相结合、清理资产与核查负债及净资产相结合”的原则，对企业流动资产、固定资产、负债及所有者权益进行全面清查，并将企业各类应收款项、对外投资、账外资产，以及资产出租、出借、对外担保等事项作为重点清查对象。目前，钻井总公司、长实集团、采油一处三个试点单位的财产清查工作已基本结束，其他单位清查工作正在按计划进行。

财务资产工作围绕长庆局规范职工股暨

清理法人实体总体部署，做了不少工作，也取得了一定成绩，但从总体工作来看，还存在不少问题，主要表现在以下三个方面，需要引起各单位高度重视，并在工作中及时加以改进。

一是个别单位对财产清查、职工股专项审计等基础工作重视不够，需进一步加强工作组织力度。

二是少数单位职工股资料不齐全，未按审计要求提供相关资料，影响了全局总体工作进度，要专人负责，尽快健全资料。

三是少数企业对债权清收不及时，致使有些债权形成呆账，需成立专门组织，加强债权债务的清理。

三、近期工作安排

在规范清理工作具体实施阶段，财务资产一路涉及职工股专项审计、财产清查、资产处置和股权调整等工作，工作专业性、政策性强，影响面大，情况复杂，必须高度重视，认真抓好落实。下面就近期有关工作做以具体安排。

1. 关于职工股专项审计工作

职工股专项审计，是实施国有企业收购职工股的基本依据，事关规范工作的顺利进行。鉴于多元经济企业职工股的存在形式很不一致，持股方式多样，各单位要按照长庆局［2007］137号文件精神，积极配合审计部门，核准职工股原始出资额和出资批次，以及增资扩股、权益配股、股利分红和所有者权益变动情况，提前收集、整理审计所需的相关资料，确保职工出资凭证等原始资料齐全准确。审计部门一定要严格把关，把握好政策尺度，取准第一手资料，为认真做好职工原始出资及其演变情况的真实性、准确性审计，提供可靠依据。

2. 关于财产清查、债权债务清理及后期的审计确认工作

这次财产清查工作以2007年8月31日为基准日，涉及的单位多、任务重。各主办单位要严格按照长庆局《关于多元经济企业开展财产清查工作的通知》精神，成立相应组织机构，认真对债权债务、对外投资、对外担保等事项进行清查，对账外资产要如实填列，不得隐瞒，不得随便处置。特别是对于拟清算注销和整合回归主业的企业，要逐一核对债权债务，做好签认和催收工作，及早成立债权清收组织，制定周密计划，落实清收责任，决不能形成潜亏给长庆局留下包袱。做到清欠与清理同步开展，分头推进，按计划及时完成任务。

根据中国石油集团有关精神，对拟由国有收购职工股的企业，长庆局将在先行内审的基础上，委托中介机构对2007年12月31日资产、负债和损益情况进行审计，核准净资产情况。整体工作结束后，中国石油集团还将组织人员进行抽查。下一步，财务、审计和资本运营等部门，要对财产清查、内部审计中反映出的问题认真研究分析，提出解决方案，并做好中介机构审计和中国石油集团检查的准备工作。各单位要加强与业务部门的沟通联系，对存在的问题，要抓紧完善资料，积极整改，全力配合搞好审计工作。

3. 关于移交主业的A类资产租赁价格及处置政策

对于今年移交主业的A类资产，审计部门已审计核实了资产原值和净值，造价中心依据审计结果，就钻井、井下、录井作业拿出了资产租赁价格初步意见。下一步，财务资产处、造价中心和资本运营部要结合多元经济企业2006年钻井、井下和录井三个板块的经营情况，尽快研究，形成合理的价格体系，上报局有关会议研究确定后予以实施。

根据9月20日局务会纪要精神，多元经济企业移交主业A类资产的处置政策已基本确定。在下步具体实施中，财务资产处、企管法规处等相关部门要严格按照《公司法》、

《税法》，以及中国石油集团和长庆局相关资产管理规定，认真研究，就A类资产处置涉及的税收、账务处理和法律等问题进一步分析，并与中国石油集团相关部门积极沟通，以得到具体政策指导。在认真分析研究的基础上，及时拿出切实可行的操作方案，确保此项工作顺利完成。

4. 关于职工股收购及资金兑付工作

根据中国石油集团规范职工股有关政策规定，对于拟收购的职工股，按原始出资加付一定溢价或折价的协议定价方式出资受让，当净资产高于实收资本时按溢价收购，当净资产低于实收资本时按折价收购。因此，要按照总体设计、分类处置、一企一案的原则，认真搞好净资产的确认与职工股权收购工作。目前，中国石油集团国有收购资金已到位，长实集团、采油一处和钻井总公司三家试点单位职工股收购工作即将实施。为保障此项工作顺利进行，财务资产处、资本运营部和企管法规处，要在依法签订职工股受让协议的同时，提前研究制定职工股收购资金兑付及相关的财务资产制度和工作程序。要在职工原始出资审计的基础上，依据中国石油集团所确定的有关职工股收购定价原则和标准，准确测算应支付职工的资金，及时完成职工股收购的前置性工作。

5. 关于规范清理后各法人公司的经营财务管理工作

长庆局规范职工股后，各法人公司的产权结构转化为国有、集体二元结构，基本属于长庆局国有和集体合并控股或全资公司。为此，相关部门要提前对这些法人实体下一步财务资产管理政策及相关制度进行研究。财务资产处要研究纳入长庆局合并报表的国有控股公司财务管理、预算管理、资产管理和融资问题，健全完善相关制度；资本运营部要提前研究各公司法人治理结构设置、股权管理和激励约束等政策。各主办单位要结合公司具体情况，研究企业发展规划，完善相关制度，提前考虑研究各企业2008年经营政策，确保明年经营工作顺利开展。

6. 关于规范与清理工作中的财务监督问题

鉴于这次规范清理工作涉及的单位多、资产总量大、债权债务关系复杂，为确保各企业的资产和相关资源不流失，各主办单位在规范职工股实施过程中要针对企业实际情况，提前介入、主动介入，要严格按照国家有关财经纪律，切实加强财务管理和监督，坚决杜绝违纪违规事件的发生，切实做到“四个不准”，即：不准私设“小金库”，不准突击花钱，不准擅自分红或提高分红标准，不准擅自处置资产或转移资产。“两个防止”，即：防止国有、集体资产流失，防止职工合法权益受到侵害。

同志们，财务资产工作贯穿规范清理工作的全过程，工作量大，政策性强，关系到规范清理整体工作的成效。只要我们按照长庆局的总体部署，提高思想认识，切实加强领导，深入研究政策，精心组织，密切协作，就一定能扎扎实实地完成好这项重要任务，为全局规范职工股和清理法人实体工作奠定坚实的基础。

杨再生在长庆石油勘探局2007年安全环保监管会议上的讲话

（2007年4月12日）

同志们：

今天的会议十分重要，是长庆局今年以来的第一次安全环保监管会议。在这次会议上，吕松林同志总结了2007年一季度安全环保工作，分析了存在的问题和面临的风险，对二季度安全环保工作做了整体部署，符合长庆局工作会议和安全环保管理委员会会议的精神，体现了长庆局抓好安全环保工作的决心、思路和要求，我完全同意。国际事业部剖析了“2·22”事故，这起事故教训十分深刻，各单位要举一反三，坚决杜绝类似事故的发生。在这次会议上，钻井工程总公司介绍了安全监督和反违章经验，井下技术作业处介绍了安全试油工艺技术研究情况，第二采油技术服务处介绍了隐患治理经验，水电厂介绍了安全文化建设经验，机械制造总厂介绍了现场6S管理经验，钻井工程总公司小车服务公司介绍了交通安全管理经验等。这些经验对各单位安全环保管理有很好的借鉴作用，希望各单位认真学习；会议对2006年度安全环保先进单位、先进部门、先进集体、先进个人进行了表彰，机关有关部门作了重点发言。发言中，提到了全局不可忽视的风险，并就如何规避风险提出了要求。这次会议开得很好，是统一思想、振奋精神，推动长庆局安全环保工作再上新台阶的动员会，是认清形势、明确责任、提出要求的部署会，也是交流经验，学赶先进的表彰会。各单位要组织好会议精神的学习贯彻，迅速掀起贯彻落实安全环保工作的高潮，扎扎实实落实局党委、长庆局有关安全环保工作一系列方针、政策及措施。

过去的一年，长庆局上下深入贯彻科学发展观，坚持“以人为本”的理念和“安全第一、预防为主、综合治理”的方针，安全环保工作的思路更加清晰，力度明显加大，基础得到加强，作风得到改进，在企业高速发展、安全环保工作面临较大压力的情况下，广大员工克服困难，积极奉献，保持了安全环保形势的稳定，促进了长庆局跨越式发展。在此，我代表长庆局党委和长庆局，向受表彰的先进单位、先进部门、先进集体和先进个人表示热烈的祝贺，向为长庆局安全环保工作付出辛勤努力，作出重要贡献的全体员工，表示亲切的慰问和衷心的感谢！

2007年是长庆局加快发展、实现新跨越的一年。我们将力争实现125亿元的工作目标。增量发展步伐的加快，生产经营工作任务的加重，无疑对全局安全环保工作提出了更高的要求和更严峻的考验。下面，我就如何完成好今年的安全环保工作任务，特别是二季度安全环保工作，再强调以下几点意见：

一、抓好安全环保工作，思想认识必须到位

近年来，从党中央国务院到中国石油集团对安全环保工作重视程度越来越高、要求越来越严。党的十六届六中全会作出的《关于构建社会主义和谐社会若干重大问题的决定》，把搞好安全环保工作提到了贯彻科学发展观，构建和谐社会的战略高度。蒋总就任中国石油集团党组书记、总经理之后，召开的第一个大型会议就是冬季安全生产工作领导干部视频会议。近期，中国石油集团又出台了安全生产和环境保护“十一五”发展计划，对今后五年的安全环保工作进行了周密规划和全面部署，并召开了 HSE 委员会会议，对安全工作提出了一系列新的举措和更高的要求，特别是对落实安全环保责任制提出了前所未有的严厉措施。对上级的部署要求，我们必须认真学习、深刻领会、坚决贯彻。长庆局已经召开了 HSE 委员会会议，对贯彻中国石油集团 HSE 委员会会议精神提出了要求。安全环保工作事关政治、事关责任、事关发展、事关大局，也事关各级领导的政治生命和广大员工的切身利益，是一项重中之重的工作。因此，各级领导对安全环保工作要有高度的认识，务必增强抓好安全环保的紧迫感和责任意识。

1. 要站在国有企业履行三大责任的高度，认真抓好安全环保工作

坚持以人为本的科学发展观，建设社会主义和谐社会，就要以保障人民群众的生命健康为本，以保护人的生存发展环境为本，这是企业最根本的经营之道。作为中央直属的国有企业，我们不仅承担着经济责任，还肩负着政治责任和社会责任，如果不能确保安全稳定，企业即使发展再快，效益再好，也不能说就是一个合格的企业，我们的领导干部就是一个合格的领导干部。确实像蒋洁敏总经理说的，安全环保是否决性指标，经营是计划性指标，节能降耗是约束性指标。因此，各级领导干部必须要按照贯彻落实科学发展观的要求，处理好速度与质量、生产经营与安全环保的关系，按照“不安全不建设、不安全不开工、不安全不生产、不安全不运行”的要求，以对员工、对社会、对国家极端负责的精神，切实做好安全环保工作。

2. 要站在促进长庆局发展的高度，认真抓好安全环保工作

今年是长庆局的黄金发展期，面临诸多历史机遇。长庆局研究制定了“14633”发展思路，提出了今年营业收入 125 亿元的奋斗目标。愿景鼓舞人心，目标催人奋进。但如何才能保证战略目标的实现，如何才能使广大员工分享发展的成果，一个重要前提就在于必须实现安全发展、清洁发展。安全环保对于企业生产经营具有“一票否决”的作用，只有安全发展和清洁发展，才是对员工有意义的发展，才是对社会负责任的发展，才是健康有效的发展。因此，各级领导干部必须像抓市场和生产经营那样，舍得在抓安全环保工作上付精力，用心思，花工夫；在特定条件下，甚至要拿出比抓生产经营更大的精力来抓安全环保，让安全真正当“第一”，让环保切实居“优先”，把这项重中之重的工作抓紧抓好抓出成效。

3. 要站在对干部政治生命和对员工利益负责的高度，认真抓好安全环保工作

安全环保工作与领导干部的政治生命和员工的经济利益越来越密切相关。近年来，国务院出台了《关于特大安全事故行政责任追究的规定》，中国石油集团也实施了一系列安全事故责任追究制度和奖惩措施。为了切实贯彻落实好国家和中国石油集团的各项法律、法规和制度，2007 年长庆局也相继出台了一系列新举措，加大了安全环保管理的力度。这是我们出于关心和保护各级领导干部，保障职工基本利益而采取的措施，也是对广大干部和职工一种严肃的爱。因此，各级领导干部必须牢固树立正确的政绩观，以对干部政治生命和员工利益高度负责的态度，切实抓好安全环保工作，坚决遏制和杜绝较大以上事故的发生。

4. *要从解决当前的突出矛盾出发，认真抓好安全环保工作*

几年来，尽管我们在安全环保管理方面做了大量艰苦细致的工作，并见到了一些成效，但安全环保综合管理水平仍不能满足企业快速发展的需要，各单位普遍存在着责任不明确、落实不到位，员工素质偏低，设备设施老化，管理基础比较薄弱，“三违”行为时常发生等问题。随着“发展大油田、建设大气田、构建模范和谐矿区”的展开和新兴产业项目的不断开发，各单位业务领域拓展、市场规模扩张、工作量加大，安全环保的风险进一步增加。这需要我们格外警醒、格外重视、格外认真，要以如履薄冰的态度，时刻绷紧安全环保这根弦，不能有丝毫的松懈。

二、抓好安全环保工作，目标责任必须落实到位

安全环保工作是一项系统工程，是全员、全方位、全过程的工作，必须从实际出发，层层落实责任，分解目标，传递压力。要全方位、分层次签订安全环保责任书，要纵向到底，横向到边，构建“一把手挂帅，主管领导负责，专业部门分管，安全部门监控，党政工团齐抓，职工全员参与”的安全环保责任体系和工作格局，形成“千斤重担全员挑，人人都扛硬指标”的局面。

1. *要落实好领导人员的安全环保责任*

全局各单位要落实各业务主管领导和专业部门在安全环保工作中的责任。各单位一把手要切实履行安全生产第一责任人的责任，亲自组织完善各级领导和职能管理部门的安全环保职责，理顺内部管理流程，建立和实施切实有效的目标责任制考核与奖惩机制，形成严密的过程控制体系。安全环保主管领导要负主管责任，监督隐患治理，并对安全环保工作适时提出奖罚意见。对同级及下属单位领导安全环保履职情况进行监督，对失职领导按规定提出处理意见。其他副职领导要按照分工，认真履行分管业务范围内的安全环保责任。各单位领导班子成员要按照长庆局要求，认真制定年度安全环保工作计划，并确保执行有效。长庆局将对各单位领导年度安全环保工作计划执行情况进行突击性检查，以促进领导人员落实各自业务范围内的安全环保职责。

2. *要落实好各机关部门的安全环保责任*

安全生产，全员有责，机关的责任也很大。要使局、厂（处）、项目部（大队）三级机关所有的部门都要根据自身业务特点承担安全环保责任，并切实抓好考核，落实奖惩；各相关职能部门更要按照“谁主管、谁负责”、“谁主办、谁负责”的原则，在各自的管理层面和管辖范围内，落实相应的安全环保责任。要按照“领导带队、内行组团、穿戴劳保、事先不约、多用时间、多查隐患、整改闭环”的要求，切实履行好检查职责。下基层检查时，切忌走马观花、蜻蜓点水、做表面文章，要切实将现场“查全、查透、查准”，真正达到检查一个现场、改变一个现场、提高一个现场。

3. *要落实好基层的安全环保责任*

各单位要及时与基层和项目部主要负责人签订《安全环保责任书》，进一步明确安全环保控制指标和主要任务。要通过修订基层“两书一表”来加强基层的安全环保责任，并把责任落实情况与有效的考核、奖惩结合起来。今后长庆局层面上的安全环保检查，要把基层安全环保责任制落实情况作为重点，让压力向基层传递、使责任由全员共担，努力推进“三全”管理制度的落实。

三、抓好安全环保工作，队伍建设必须强化到位

安全环保的繁重任务，对干部职工的安全环保素质是一个挑战。当前队伍结构发生了明显变化，大量新员工进入企业，不懂安全、不了解规章制度，已成为安全环保的一大隐患。因此，加强各个层面的培训教育，提高全员的安全环保素质，是当务之急。

1. 要加强安全环保监管队伍建设

安全环保监管队伍是搞好安全环保工作的骨干和中坚力量，今年要在抓好专业培训的同时，着力搞好队伍组织建设。在目前各单位建立安全监督体系的基础上，长庆局将建立统一的安全监督队伍，真正在全局形成“监管分开、异体监督”的监管体系。要强化安全监督的权威，采取有效措施，使各级安全监督有责任、有权力、有手段、有利益。要注重安全环保专家队伍建设，选拔培养专业素质优秀的人才，聘任为长庆局安全环保管理专家，并为他们建档立库，加强动态跟踪服务，为长庆局安全环保管理全面上水平提供支持。要关心和支持安全环保管理人员的工作，在资金投入、后勤保障、政策制定等方面创造良好的环境和条件，树立监管人员的权威性，积极替他们撑腰，为他们鼓气，确保安全环保各项规定执行到位。

2. 要加大基层安全环保培训教育力度

基层管理人员不掌握基本理论就不可能实施有效管理，岗位员工不掌握操作规程就不可能做到“三不伤害”。从日常检查情况看，基层管理人员和岗位操作人员对岗位危害、风险削减控制措施“一问三不知”的现象比较普遍，必须着力解决。培训工作首先要摸清培训需求，加强针对性。当前要加强岗位员工如何识险避险知识的培训教育。基层培训要有适用的教材，人事劳资部门要组织安全环保部门和各培训学校编制关键岗位多媒体培训教材，建立岗位人员考试题库，确保培训质量。同时，要切实抓好基层自学，逐步建立基层员工自我培训、自我教育的激励机制，着力解决基层员工的工学矛盾。要通过给员工发放自学记录本，实施“导师带徒”，并实行一定的奖励政策等措施，鼓励员工搞好岗位自学，使每个员工都能做到“想安全、懂安全、会安全、能安全”。

3. 要大力开展安全文化建设

安全文化建设要突出先进理念的提炼和宣教，突出员工行为方式的熏陶和养成。要加大对《安全文化手册》的宣贯力度，积极营造浓厚的文化氛围，使安全理念“入脑入心”。要搞活宣贯的形式，以丰富多样的方法，喜闻乐见的载体，具体生动的内容，增强全员的安全意识，全面提高员工安全技能。通过深入的宣传教育，使全体员工强化讲安全，知荣辱的意识：以珍爱生命为荣，以忽视安全为耻；以清洁生产为荣，以脏乱差为耻；以高标准工作为荣，以低老坏为耻；以严细认真为荣，以马虎凑合为耻；以遵章守纪为荣，以违章蛮干为耻；以懂安全、知环保为荣，以不学无术为耻。

4. 要注重安全环保执行能力建设

安全环保工作“严格不起来，落实不下去”，说到底是个执行力的问题。有章不循、有令不行、有禁不止、各行其是的现象一天得不到根治，安全环保就一天不得安宁。要强化执行制度的严肃性，严格按照企业规章制度和岗位操作规程办事，养成尊重科学规律、反对违章蛮干的好习惯，养成令行禁止、雷厉风行，执行制度一丝不苟、完成工作精益求精的好作风；今后基层岗位员工对于明显违反操作规程，危害安全环保的现场指挥有权抵制，并有权越级上报。要培养事事从严、事事过细的工作作风，敢于叫真章，善于抓细节，及时发现和堵塞安全环保的漏洞，识别和防范现场的各类风险。要坚持问题管理法，强化危机意识和风险意识，树立安全环保工作“没有最好只有更好”的理念，时刻对各种风险和隐患保持高度警觉，时刻睁大挑毛病、找问题、查隐患的眼睛。

四、抓好安全环保工作，激励约束机制必须完善到位

实现本质安全环保，机制是关键。我们要

善于把安全环保的要求与满足员工各层次的需求结合起来，建立完善一整套科学的激励约束机制。要以此作为各级领导抓安全环保的一个基本思路，在安全环保工作的每个关键环节和每项重要举措中，都要注重发挥激励约束机制的作用，让员工从安全生产、清洁生产中得到实惠，从“三违”行为中受到惩戒。

1. 要完善安全环保激励约束机制

今年，长庆局将继续推行安全环保工作奖励政策，进一步加大安全环保奖励力度，进一步建立完善本单位的安全环保激励约束机制，完善安全环保考核制度和考核指标体系，把安全环保指标完成情况作为考核各级干部的一项重要内容，作为任免干部、奖惩职工的重要依据，实行“一票否决”。安全监督的待遇要与监督绩效挂钩，用激励约束机制调动各级监督人员的积极性，促使监督责任的落实。

2. 要加大事故处理力度

要认识到，对事故责任人和相关干部职工的严肃处理是对他们最大的关心和爱护。对下属的溺爱姑息不仅是对“三违”行为的纵容，也是对自己的政治生命不负责任，对自己的企业员工不负责任。在这方面，我们宁听一路骂、不听一声哭。对发生事故的单位，要组成联合调查组，深入查找事故原因，堵塞管理漏洞，并严肃追究相关事故责任人的责任，确实做到“四不放过”。

五、抓好安全环保工作，基层基础工作必须落实到位

基层是生产施工的基本单元，是现场管理的载体，也是发生事故的最前沿。因此，抓安全环保工作必须要立足基层，始终坚定不移地加强基层安全环保建设。

1. 要全面深化基层 HSE“两书一表”精品工程和绿色示范队创建活动

2006 年，长庆局狠抓基层建设，基层现场的安全环保表现水平总体得到明显提升，但各单位情况并不均衡。钻井总公司、井下作业处等井筒作业单位 HSE“两书一表”精品工程和绿色示范队创建成绩十分突出，后勤辅助生产单位 HSE“两书一表”精品工程、绿色基层队建设不深入，表明这些单位的领导对基层安全环保建设的重视程度还不够，工作没有落实到位。2007 年，各单位都要提高认识，全面抓好这项工作。主管领导要亲自上手，党政工团要形成合力。要改进检查验收方法，强化现场能力考核，既要达到标准化管理、标准化现场的要求，更要达到标准化操作的要求。凡是在日常检查中发现有严重违章或重大事故隐患以及对员工提问考试不合格的，均将取消评优创先的资格。通过严格的奖惩，促使基层持续达标，持续改进。

2. 要加大反“三违”、除隐患力度

反“三违”必须花大气力、常抓不懈。要牢固树立“违章是不道德的”、“违章害自己、害家庭、害同事、害单位、害国家”的理念，引导员工深刻认识“三违”的严重危害，增强防范意识，努力做到“个人无违章、岗位无隐患”。要完善违章处罚管理办法，将“三违”行为与个人评先进、技能鉴定、职称评定、工资进档以及安全奖励有机结合起来，促进员工自觉规范操作行为。要加大对现场突击检查力度，对查出的“三违”行为要严厉处罚，该培训的培训、该下岗的下岗，切实把违章当事故处理，绝不能心慈手软、姑息迁就，确保岗位操作只有“规定动作”，杜绝“自选动作”。同时，要进一步加强事故隐患治理，完善排查机制，做到及时发现、及时治理；实行挂牌督办制度，制定严密的安全环保管理方案，确保整改的内容、标准、措施、进度和责任“五落实”，切实做到治理一处，安定一方。

3. 要加强环保管理

要搞好环保专项治理，严格按照环保有

关规定做好新建项目的环境影响评价和环保措施落实。要强化环境监控，加强对工业废气、固定源工业废水、危险废物和放射源的监督管理，确保污染处理设施完好运行，实现污染物达标排放和总量控制；加大环境敏感区作业的隐患排查、监控和雨季防污染检查力度，强化钻井、井下作业等移动污染源的现场监控，确保环境敏感区作业安全，杜绝较大环境污染和生态破坏事故的发生。

六、抓好安全环保工作，风险管理必须控制到位

安全环保风险管理是开展各项管理工作的基础和前提，2007 年要以全面识别和有效控制为目标，努力抓好这项工作。

1. *要全面开展危害因素识别活动*

要定期开展危害因素普查工作。各单位安全环保主管部门至少每年牵头组织生产、技术、设备管理等部门，开展一次普查；各车间（大队）至少每季度组织开展一次；基层固定场所至少每月开展一次，移动现场至少要在开工前开展一次。要继续在所有岗位推行 STOP 卡和岗位作业指导卡等“两卡”管理，对主动识别风险的员工，给予一定的奖励，调动员工参与风险管理的积极性和主动性。在有效识别的基础上，要逐项制定措施，实现严格的风险控制。

2. *要进一步完善各项操作规程*

目前，基层还存在操作规程覆盖面不全、实用性较差等问题，尤其是近几年，随着新产业项目和新工艺、新设备、新材料的相继实施，以及施工作业环境和区域的不断变化，基层现场的操作规程没有得到及时全面的制定和完善，这对安全环保工作形成了很大的风险。各单位技术主管部门和设备管理部门要组织对现有的各项操作规程和设备设施维护保养规程进行清查、修订和完善；对新产业项目、新工艺、新设备、新材料，要根据实际需要建立健全各项规程，坚决杜绝无章作业、无规程操作；对建筑安装施工项目，要制定完善有效的施工组织设计和技术方案，并严格落实交底制度，确保各项作业有章可循。

3. *要切实加强应急管理*

要按照长庆局应急预案的具体要求，切实加强应急救援队伍建设，储备必要的应急物资装备，有计划地组织开展应急培训和实战演练，使之了解和掌握应急行动任务和处置办法。同时，积极组织修订各单位的专项应急救援预案和重大危险场所、重点要害部位的应急处置预案，要确保有风险就有预案、有预案就可操作。确保一旦发生事故，能够及时有效处置，把损失降到最低。

七、突出二季度，集中精力抓落实，使各项措施到位

二季度是事故高发期，是抓好全年安全环保工作的重要时期，刚才，吕松林同志讲了二季度存在的十大安全风险，并提出了八项措施，这仅仅是站在长庆局层面上从几个方面分析提出的，一个方面讲一个行业。因此，各单位要根据业务的实际，细化安全风险，识别定准本单位存在的具体安全风险，提出针对性的操作措施，狠抓落实，这样才能做到有效防范。为此提出几点要求：一是各级负责安全生产管理和监督的领导要深入一线，集中精力组织辨识风险、排查隐患、制定措施、检查落实。二是基层各级安全监管人员工作要到位，没有特殊情况，一般不安排外出。三是加强现场岗位培训和末尾淘汰式培训，对培训不到位或不负责任者，或培训后明知故犯者，要加大处罚力度，坚决不留情面。四是支持岗位职工维持安全的行为，即有权拒绝违章指挥、有权拒绝合作者违章操作、有权拒绝进入无安全环境保障的工作环境作业。五是重申现场安全监督的四种权利，即有权对严重违章作业者责令停工、有权对无视规章制度蛮干指挥者提出停职建议、有权对违章强干的操作行为进行处罚、有权对安全环保优秀者提出奖励建议。对于“3+4”权利，希望各级领导给予高度重视和支持，这是抓好安全环保措施落实的最根本保证。六是交通安全管理方面，各单位要加强经验交流、互学互帮、积极推广好的做法和经验，不断运用GPS技术和属地管理的模式，使车、人处处处于受控状态，利用“义务监督”方式，弥补目前路查路检的不足。鼓励各单位开创更好更有效的交通管理模式，以推动全局交通管理更上水平，确保交通安全管理工作万无一失。

同志们，2007年是长庆局加快发展、构建和谐的十分重要的一年。安全环保工作队伍是负有重大责任的主力军，安全环保工作是发挥关键作用的重要环节。希望大家牢记自己的使命，不要辜负长庆局领导和广大员工的重托，进一步提高认识、明确任务，坚定信心、真抓实干，严格按照长庆局安全环保工作部署要求，扎实推进各项工作，有力促进长庆局安全环保形势的持续稳定，坚决杜绝较大以上事故的发生，为长庆局实现持续有效快速协调发展保驾护航！

（长局阅［2007］4号）

凌心强在长庆石油勘探局全面推进规范职工股暨清理法人实体工作会议上的讲话

（2007年10月11日）

同志们：

今天这次会议，是长庆局根据规范职工股和清理法人实体工作进展情况，结合中国石油集团近期股权工作会议精神，在苟局长的亲自组织下，召开的一次非常重要的专题动员、部署和安排规范清理工作的会议，充分表明了长庆局对贯彻中国石油集团要求、推进这项工作的高度重视。下面，根据会议安排，我通报总结一下今年以来长庆局规范清理工作的动态和进展情况，并就后三个月的重点工作做以安排。

一、今年以来规范清理工作进展情况

2007年1月14日，中国石油集团正式批复了长庆局规范职工股总体方案。之后，按照中国石油集团部署要求和长庆局总体方案，全局各单位迅速启动了规范清理所涉及的各路工作，并在计划部署、政策宣贯、A类业务整合移交、实施方案编制、试点推进，以及职工原始出资专项审计、法人实体财产清查等方面做了许多积极有效的前置性工作，取得了八个方面的重要进展。总体看，尽管这项工作十分复杂，政策性和法规性很强，操作难度也很大，但通过全局各部门、各单位的密切协作和共同努力，工作取得了阶段性成果，基本踏上了计划安排的步子。

1. 总体规划，严密组织，全面做好工作部署

规范职工股和清理法人实体是中国石油集团的重要决策。中国石油集团《关于清理规范职工持股公司的通知》明确要求，2007年要完成中国石油集团系统内从事主营业务职工持股公司的规范清理工作；2008年要全面完成职工持股公司的规范清理工作。长庆油田作为中国石油集团的试点单位，必须在2007年内全面完成规范清理工作。对于中国石油集团的这一重大决策，局党委、长

庆局认识非常明确，年初就召开了由各主办单位、多元经济企业领导参加的专题会议，认真传达了中国石油集团批复和中国石油集团领导的重要指示精神，统一思想、宣传动员，对贯彻落实中国石油集团决策进行了认真部署。确立了“总体规划、三步实施”、“各种模式、试点先行”的操作思路，明确了规范清理的范围和必须坚持的五条基本原则，并从实施计划、进度安排、处置方式等方面做了周密安排。苟局长在年初长庆局工作会议上，进一步就规范职工股和清理法人实体工作提出了总体要求，要求各单位“态度要积极，宣传要到位，情况要摸透，规范要有序，方案要细致，行动要稳妥，步调要一致”，把思想统一到中国石油集团决策和长庆局部署上来。为加强组织协调力度，加快推进工作，长庆局成立了规范清理工作领导小组，苟局长亲自出任组长。领导小组下设6个专业组，由局各分管领导出任组长，并明确了具体的分工和职责。各单位也按照长庆局统一部署，相继成立了领导小组和专门的工作机构，认真制订工作计划和具体措施，为全面启动和加快推进工作提供了有力的组织保证。出于进一步指导和推进工作的需要，长庆局还制订了《规范职工股暨清理法人实体工作实施方案》，并于3月底以《指导意见》的形式行文下发各单位执行，明确提出了“四个不准”（不准私设“小金库”，建立账外账；不准乱发奖金，突击花钱；不准未经审批，擅自分红或提高分红标准；不准未经批准，擅自处置资产或转移资产）、“两个防止”（防止国有和集体资产流失；防止职工合法权益受到侵害）和“六个确保”的要求，并强调了有关的政治纪律、组织纪律、经济工作纪律和群众工作纪律。这些工作的开展，为总体上把握并推开后续工作建立了重要的保证。从各单位目前实施情况看，各路工作正在平稳有序地向前推进。

2. 加强督导，把握进度，认真编制实施个案

长庆局《指导意见》下发后，按照总体设计、统一政策、分类处置、一企一案的原则，各专业组按照工作分工，认真研究政策，积极组织落实，加大了督导协调力度。各单位根据要求，在广泛征求职工意见和调查研究的基础上，根据自身实际编制了具体的实施个案。规范清理领导小组办公室结合工作进展情况，先后对钻井工程总公司、建设工程总公司、井下技术作业处、三个采油技术服务处、长实集团、地产集团等重点单位进行了有针对性的调研督导，并对各单位方案编制及有关的政策问题进行了咨询交流和指导服务，及时了解、沟通和通报工作的进展情况，督促加快方案编制进程。同时，要求各单位严格遵循工作程序，方案经班子研究并提交职代会、公司董事会审议后再上报长庆局。目前，所涉及的32家主办单位，已全部上报了实施个案和配套的防范法律风险预案、宣传维稳预案。长实集团、第一采油技术服务处方案正式实施的前置性工作已基本完成。钻井工程总公司有关复杂疑难问题的处置也取得了重要进展。

3. 服从大局，加快整合，A类业务回归主业

多元经济钻井、井下作业等A类业务移交主业是中国石油集团的要求，也是整个规范清理工作的第一步。2006年年底，按照“两交一不变”的原则和“总体督办，积极跟进，抓住问题，及时协调”的工作思路，长庆局按计划启动了多元经济钻井、井下作业、录井等A类业务整合移交主业的工作，并于2007年6月底全面完成了移交工作。整合移交过程中，各主办单位和多元经济企业识大体、顾大局，行动积极，紧密配合，分工负责，很好地执行和落实了长庆局总体

要求，保证了移交工作的顺利进行，为规范职工股和清理法人实体创造了有利条件。目前，长庆局正在组织研究A类业务移交后资产处置和管理运营等相关的后续工作。A类业务移交后，多元经济系统彻底改变了多年存在的与长庆局主业同业竞争、重复建设的局面。中国石油集团蒋洁敏总经理在听取长庆局汇报后，对我们在短期内完成这一复杂工作给予了充分肯定。蒋总指出，长庆局“通过对多元经济的整合规范，实现了对主业的统一管理，不但对自己的健康发展很重要，对别人的工作也有指导意义”。

4. 查证核实，专项审计，核准职工原始出资

职工股有序退出是规范清理工作的重点之一，也是我们在2007年必须实现的工作目标。鉴于职工入股时间、持股方式等方面的不同情况，准确界定原始出资和入股时间，以计算核准职工股置换资金，不仅涉及职工的切身利益，也涉及国家利益和企业利益，还直接影响到整体工作的推进，是规范职工股的基础依据，也是十分重要的工作程序。对此，中国石油集团、长庆局非常重视，明确了相关的政策界限和原则要求。财务资产部门多次召开专题会议，反复研究操作方案，专门下发了文件。审计部门派出全部业务骨干，分组审计核实，做了大量艰苦细致的工作，从政策、业务等方面为各单位提供了有力地指导和帮助。目前，3家试点单位、第一批9家单位的职工原始出资审计已经完成，其他单位的职工股专项审计也正在紧锣密鼓地进行，为后续工作的开展奠定了坚实基础。

5. 梳理问题，制定预案，提前化解各类风险

这次涉及的60家职工持股公司，分布在全局32个厂（处）单位。每个公司都不同程度的在债权债务、股权投资及资产处置等方面存在一些比较复杂的难点问题，处置不当，将对整体工作产生很大影响，也可能导致法律风险和稳定问题。对此，法律事务组通过反复调研论证，研究编制并下发了规范职工股法律风险评估报告，提出了防范和化解风险的具体措施，对各单位研究制订防范法律风险预案起到了很好的指导作用。钻井工程总公司、地产集团、长实集团等单位，组织了专门的工作机构和专业人员，在认真清查债权债务和相关问题的基础上，制订实施方案和具体措施，明确部门和责任人，分阶段组织落实，工作非常有成效。长庆局对各单位反映的问题，及时安排各专业组分析研究，提出意见办法，并多次组织专题讨论，形成决策意见，以指导各单位的工作。目前，涉及移交主业的资产处置与人员安置问题已基本解决，有关公司投资处置、股权置换、资产处置方案也基本完善。各单位财务资产清查、债权债务处置也取得了实质性进展。长实集团已经完成了母公司置换子公司职工股工作，钻井工程总公司、建设工程总公司、第二采油技术服务处、第三采油技术服务处、地产集团等单位的有关历史遗留问题也正在加紧解决当中。

6. 先行试点，探索总结，认真做好示范引导

选择试点，先行探路，是长庆局反复研究后，为全面实施规范清理工作所做的慎重决策。长庆局选择钻井工程总公司、长实集团、第一采油技术服务处作为试点单位，就是想从情况比较复杂且具有一定代表性的单位着手，进行探索和实践，以总结经验，引导示范。总体看，试点是成功的。长实集团、第一采油技术服务处已基本完成职工股置换的各项前期工作，钻井工程总公司也将在管业公司清算的基础上，于10月底基本完成职工股规范工作。这三家试点单位领导高度重视，认识非常到位，组织工作有力，

在贯彻中国石油集团、长庆局决策方面坚决彻底，他们的态度、决心和行动值得各单位认真借鉴和学习。8月下旬，长庆局在总结三家试点单位工作的基础上，就下步有关工作程序问题向中国石油集团提交了专题报告，并在国庆前向中国石油集团呈报了解决国有置换职工股资金问题的请示。中国石油集团研究后很快给予了批复，对我们工作的支持力度很大。朱文伯同志前面已经向大家宣读了中国石油集团资本运营部的正式批复。现在看，政策、程序已进一步明确，资金问题也全面落实，具备了全面推开、加速推进工作的条件。希望同志们一定要认清形势，坚定不移地贯彻中国石油集团要求，切实把各方面的实施工作抓紧抓好。

7. 突出重点，通盘考虑，同步研究解决问题

规范清理工作是一项系统工程，涉及方方面面的工作，许多工作相互交织、互相影响，既要从现实出发，又要从长远考虑，必须提前研究部署，才能确保整体工作的进度与实效。从今年九个多月的工作进展看，至少涉及八个方面的工作需要同步研究和解决好：一是规范后法人实体的定位及股权调整置换方案；二是移交A类资产的处置政策；三是规范职工股涉及的法律及财务工作程序；四是人员安置问题；五是专业化、区域化集团重组问题；六是企地关系协调问题；七是部分单位特定历史问题的处置；八是集体资产管理与多元经济的发展问题等。对于这些问题，各专业组正在按照长庆局安排加紧组织研究，资本运营部还专门组织人员赴大庆、辽河、四川等兄弟单位考察学习。目前，长庆局对以上多数问题已经形成了基本思路和初步方案，下步将根据规范清理的进展情况进一步研究决策。正式方案和政策确定后，各单位要认真贯彻落实。

8. 分段部署，分步指导，确保整体工作进度

为有效确保规范清理工作的进度和效果，今年以来，长庆局先后组织召开了八次各类专题会议，研究部署和督导工作。领导小组办公室把收集情况，研究问题，反馈意见，通报动态作为一项工作制度认真执行。从目前的情况看，各专业组、各单位都能够根据工作实际，及时研究、协调和落实长庆局各项安排和部署，总体进展比较顺利。今天这次会议，既是前一阶段工作的总结会，也是进一步统一思想、全面推进工作的动员会，局长苟三权在会上还要作重要讲话，请同志们务必要认真领会，不折不扣的贯彻执行。

以上是关于长庆局规范清理工作目前进展情况的总结通报。总体来看，这项工作已经取得了阶段性成果。但存在的问题也很多，主要表现在三个方面。

一是思想认识还需要进一步提高。这次规范清理涉及中国石油集团系统内所有企业。对于中国石油集团这样重大决策，我们一些单位的领导还缺乏足够的政治敏锐性，思想上还存在模糊认识，在政策的宣贯引导上力度不够，存在一定的畏难情绪，导致本单位工作不力，行动迟缓。对此，务必加以重视和解决，不首先解决领导的思想认识问题，就无法推开工作，也很难保证工作中不出问题。

二是工作进展不平衡，整体进度还是比较缓慢，增加了后续工作的压力和难度。客观讲，这次规范清理工作难度大、任务重、时间紧，涉及的现实、历史问题很多，尽管我们做了大量艰苦细致的工作，但各单位工作进展不平衡，按年底工作目标衡量，总体进度还是比较缓慢。但无论如何，对于中国石油集团的决策，我们必须不折不扣地坚决贯彻执行。用中国石油集团王国樑总会计师

的话讲，能不能做好这项工作，是考验我们各级领导执行力的试金石。钻井工程总公司、长实集团是全局法人实体最多、历史包袱最重、工作难度最大的两家单位，他们的工作能做好，我们其他单位就没有理由做不好。这次会议以后，希望各单位一定要高度重视，克服一切干扰和困难，加大工作力度，确保年底完成工作任务。

三是问题杂、难点多，需要进一步认真研究和积极应对。这次规范清理，既是一次国家、企业、职工利益格局的调整，也是企业产权、产业、市场、组织结构，以至企业发展战略的调整。事情千头万绪，涉及方方面面，各单位面对的情况和问题也不尽相同，需要我们创造性地做好各方面的工作，积极应对、化解矛盾、规避风险。这里需要强调的是，长庆局有统一政策、统一要求的，一定要按长庆局决策执行；应当由企业自行处置的，请各单位积极组织，妥善加以处置，以保障规范清理工作的顺利实施。

二、关于后三个月的工作重点与安排意见

1. 总体安排

后三个月是长庆局规范清理工作的关键和实质阶段，鉴于时间已经非常紧张，必须加大力度，加快进度，全面做好各方面的实施任务。以确保年底全面完成规范清理工作，具体进度安排是：

10月底前基本完成长实集团、第一采油技术服务处、钻井工程总公司主办的13家职工持股公司的规范清理；

11月中旬基本完成井下技术作业处等第一批9个单位主办的22家法人实体的规范清理；

从现在开始，对其余20个单位主办的25个法人实体，按照成熟一个、上手一个的原则，提前组织规范清理，确保年底前全面完成60家职工持股公司的规范清理目标，使长庆局国有、集体直接投资的公司数量控制在29家以内。

2. 重点工作

（1）细化工作计划，密切协作配合，分段落实目标。这方面，三个试点单位做得非常好，也是一条重要的经验。这次会议以后，各单位要结合自身实际，进一步全面研究和部署工作。要加强组织领导，列出实施计划运行大表，明确工作内容和步骤，把工作细化到每周、每天，把工作要求、阶段性目标和责任落实到具体的部门和责任人，并定期检查落实。各单位主要领导要腾出足够的时间和精力，亲自研究布置和检查工作，做到责任到位、措施到位，保证长庆局总体规范清理目标的实现。综合协调组要加大协调和督办力度，及时做好上下沟通联系、政策指导和专题问题的汇报请示，从总体上把握好工作进度。其他专业组要根据工作分工，密切协作，全面做好相关工作。

（2）遵循法律程序，完善法律手续，确保依法合规。规范清理必须坚持和履行必要的法律程序。在这个问题上，一点都不能含糊，更不能逾越，否则，很可能会产生法律风险。对此，各单位必须高度重视，要聘请法律顾问或专职律师参与到具体的工作中来；要按长庆局批复要求完善法律手续，方案上报前未履行董事会、职工（代表）大会审议的，必须召开会议，完善程序；要根据各个层面的法律关系，制定规范的法律文书，并收集齐全相关的原始法律文件，确保文本规范，主体合格，要素齐全，内容合法；要严格按照法律规定，解决好规范清理中的各种法律问题，包括章程修改、变更登记、转让手续、清算注销等各个方面，有效规避和防范法律风险。法律事务组要继续及时进行检查指导，为规范清理工作提供强有力地法律支持。需要进一步强调的是：职工股受让、相关股权转让的合同文本必须经法律事务组审查同意后才能签订；职工股转让资金的兑付必须经财务资产组、综合协调组审查确认后才能实施。

(3) 组织财产清查，搞好审计核实，清理处置问题。规范清理工作一定要经得起历史的检验。各主办单位要按照长庆局安排，扎实细致地做好财务资产一路的相关工作，做到程序合法合规、结果真实可靠，符合国家、中国石油集团、长庆局规定。

一是关于职工股专项审计问题。基于历史原因，全局各单位职工股的存在形式很不一致，有自然人直接持股、职工代表信托持股、职工持股会持股、各种方式的混合持股等。有些单位还没有完善职工持股的相关手续、资料和凭据。为此，各单位要配合审计部门，进一步核实职工出资时间、出资数量、入股形式、出资凭证，完善相关资料，为专项审计确认提供可靠依据。

二是关于原量化给职工的集体资产受益权，要严格按中国石油集团要求，收归长庆局集体资产投资管理中心。综合协调组、财务资产组和各主办单位要认真组织落实，认真核实确认，确保完整收回。

三是关于移交主业A类资产的处置问题，原则上以置换和内部调整对冲的方式解决。要在A类资产审计核实的基础上，搞实、搞准、搞细相关情况，认真做好移交资产的价值确认和租赁价格测算等工作。

四是关于内部财产清查和中介机构的审计确认问题。这项工作既涉及职工股的受让价格，也涉及长庆局和各公司的利益与后续发展。各单位一定要严密组织，认真配合，确保清查审计结果真实可靠。经请示中国石油集团同意，这次职工股受让价格的测算，先按各公司提供的中介机构2006年度审计结果初步确定。正式置换受让职工股的时间定在2007年12月31日，最终价格的确定，以中介机构2007年度审计结果为依据。为此，各公司要加强经营管理，绝不能出现经营滑坡的问题，更不能出现年末净资产低于实收资本导致职工股折价的情况。各主办单位要加强对公司的督导帮促，并向长庆局作出承诺，保证职工利益不受影响。

(4) 贯彻批复精神，清理规范同步，做好法人处置。清理法人实体，压缩法人数量和管理层级，是这次规范清理工作的另一项重要任务。各单位要严格执行长庆局对本单位上报规范清理方案的批复意见，加快法人实体的清理处置，拟保留法人实体的数量必须控制在长庆局批复的范围以内，批复意见中确定应当清算、关闭、整合、解散的，必须按法定程序加快组织实施。今后，未经长庆局审查批复，任何单位不得新设法人实体。

(5) 认真研究政策，做好人员安置，规避劳资纠纷。这次规范清理涉及的人员分流安置问题主要有两个方面：一是多元经济企业A类业务、资产、人员移交主业后，将突破长庆局原有的用工、工资指标；二是随着规范清理中部分法人实体的归并注销，将带来富余人员的安置问题。关于这两个问题，长庆局已经向中国石油集团作了汇报。解决人员的分流安置问题，原则上还是要靠主办单位。各单位要进一步完善人员分流安置方案，按照《劳动合同法》和中国石油集团、长庆局劳动用工管理的有关规定，妥善处理好这个问题，规避出现劳资纠纷。人事部门要超前引导，同步疏导，从政策、渠道上给予指导帮助。

(6) 加强政策宣贯，处好企地关系，确保大局稳定。大局稳定是顺利开展规范清理工作的重要保障。各单位要进一步细化、完善宣传维稳预案，为规范清理工作创造良好的环境氛围。要及时掌握和研究实施过程中可能出现的新情况、新问题，结合宏观政策和企业具体实际，向职工讲清规范清理工作的目的、意义和现实必要性，掌握好宣传的尺度和效果，有针对性地做好思想教育和政策解释工作。要正确引导、加强沟通，分析问题、化解矛盾，及时掌握动态情况，落实工作责任和措施，确保队伍稳定。这次规范清理后，将有半数以上企业注销，客观上会引起地方政府的关注，处理不好，不仅会影响到规范清理的进度，还可能影响企地关系。各单位、企地关系协调组，要进一步摸清情况，及时收集汇总问题，提出应对办法，及时协调好与地方政府的关系，确保规范清理工作不受影响。

（7）加强经营管理，规范经营运作，确保年度指标。在完成规范清理工作目标的同时，各项生产经营工作也要做到平稳运行。各单位、各公司要认真研究和处理好规范清理与正常生产经营工作的关系，做到规范清理与生产经营两不误，坚决做到“三个确保”、“两个不变”。即：确保生产经营工作的正常开展和经营水平的基本稳定、确保安全生产、确保职工队伍稳定；2007年度已经下达的各项经营指标不变、年初制定的各项考核指标和政策也保持不变。要继续贯彻“谁主办、谁负责”的原则，明确主办单位的责任，加强质量安全环保管理、股权管理和财务管理，最大程度地保障多元经济系统的整体稳定与发展。

（8）超前谋划安排，研究配套政策，实现持续发展。规范清理本身不是目的。苟局长多次讲到规范清理、集体资产积累与多元经济发展的关系问题，要求通过规范清理，进一步做大做强集体资产，培育和重新定位多元经济的业务领域和发展方向。资本运营部等有关部门，要围绕局长的指示要求，抓紧研究多元经济专业化整合和下步的发展问题，制定相关的配套支持政策，正确处理好规范与发展的关系，为规范清理后多元经济的持续发展创造条件。多元经济企业的稳定与发展，过去离不开主办单位的大力支持；规范后，仍然需要主办单位一如既往地关心和支持。要根据规范清理以后的新环境，结合中国石油集团股权工作会议精神，进一步研究和加强价值型股权管理，推行专职董监事制度，把股权管理与内部行政管理有效结合起来，探索多元经济的有效管理模式和激励手段，研究托管方式下主办单位的责任与利益机制，促进规范后的公司在现代企业制度的框架下，形成规范的治理结构和治理机制。各主办单位、各公司从现在起，就要深入思考规范后企业的生存与发展问题，研究制定新的发展战略和促进发展的具体措施，确保企业能够持续稳定发展。

同志们，现在已是10月中旬，时间紧，任务重，能不能做好规范清理工作，能不能完成中国石油集团交给的这一艰巨任务，是对我们各级领导智慧、素质、能力的综合考验。各单位、各部门一定要把这项工作作为当前工作的重中之重，坚定不移地贯彻执行中国石油集团部署要求，加快进度，创造性地开展工作，全力以赴保证长庆局规范职工股和清理法人实体总体目标的实现。

（长局办发［2007］33号）

长庆油田干部大会领导讲话

中国石油天然气集团公司党组成员、副总经理、股份公司副总裁廖永远在长庆油田分公司、川庆钻探工程公司领导干部大会上的讲话

（2008年2月26日）

同志们：

我们这次到西安来，主要是受中国石油集团党组委托，宣布关于组建川庆钻探工程公司，同时对长庆石油勘探局和长庆油田分公司实施重组整合的决定，以及整合后长庆油田分公司、川庆钻探工程公司领导班子调整配备的决定。同时代表党组、代表蒋洁敏总经理来看望大家，并通过你们向奋战在油气勘探开发生产一线的广大干部员工，向为石油工业发展作出贡献的离退休老同志和员工家属，致以崇高的敬意和亲切的慰问！

刚才，中国石油集团人事部副主任、股份公司人事部副总经理孙金瑜同志宣读了关于成立川庆钻探工程公司，同时对长庆石油勘探局、长庆油田分公司实施重组整合的通知，以及领导班子调整配备的任职文件。王道富、苟三权、冉新权、曲广学、胥永杰、蒲建中六位同志作了发言，表示坚决服从中国石油集团党组和股份公司的决定。王道富和苟三权同志的发言情真意切，表达了对长庆油田的深厚感情和对企业未来发展的美好祝愿。冉新权、曲广学、胥永杰、蒲建中同志的发言，表达了一定不辜负组织的重托和员工的期望，相互支持，相互配合，尽职尽责，开拓创新，带领广大干部员工全面完成各项任务的信心和决心。在此前的领导班子会上，班子其他成员也都表示坚决拥护党组的决定，努力把今后的工作做得更好。他们讲得都非常好。下面，结合这次重组整合和班子调整，我讲四点意见。

一、关于长庆油田分公司和长庆石油勘探局近几年的工作

重组改制以来，长庆油田分公司和长庆石油勘探局坚持以邓小平理论、“三个代表”重要思想和科学发展观为指导，认真贯彻落实中国石油集团党组和股份公司的决策部署，始终把发展作为第一要务，紧紧围绕增储上产目标，大力发展主营业务，夯实安全环保基础，强化经营管理，推进科技创新，建设和谐矿区，不断提升可持续发展能力，各项工作取得了长足进步。

一是油气勘探开发业务实现了跨越式发展。长庆油田分公司坚持“甩出去，打下去”的工作思路，石油勘探在姬塬、白豹等地区取得重大突破，累计新增石油探明储量7.84亿吨，年均增长1亿吨；天然气勘探在苏里格气田东部、榆林气田周边等地区取得重大发现，新增天然气探明储量11408亿立方米，年均增长超过1500亿立方米，油气勘探成果名列中国石油集团前茅。优化生产组织，转

变开发方式，狠抓老油田降递减和新区上产两大工程，累计建成原油产能1338万吨/年、天然气产能82亿立方米/年，生产原油5855万吨、天然气465亿立方米，2007年原油、天然气产量达到1213万吨和110亿立方米，油气当量2090万吨，分别比2000年增长1.61倍、4.34倍和2.11倍，为中国石油集团实现“双百”增产目标作出了重要贡献。经济效益持续提高，累计实现销售收入1817亿元、利润1085亿元。2007年实现收入501亿元、利润317亿元，分别是2000年的3.3倍和8.1倍。

二是工程技术服务水平和保障能力持续提升。长庆局始终把确保油田勘探开发需要作为首要任务，加大钻机配套更新力度，主要设备新度系数达到0.7，比2000年提高0.12，服务保障能力进一步增强。大力推进以钻井为龙头的提速工程，2007年钻井进尺423万米，比2000年增长192%。生产服务水平持续提高，年试油（气）压裂酸化达到6000层次以上，连续8年位居中国石油集团之首。工程技术自主创新水平不断提升，在钻井、井下作业、地面建设等方面形成70多项特色先进优势技术，特别是在低渗透油气工程技术服务方面拥有了一批核心技术。2007年修井作业达到16758井次，建筑施工总包产值10亿元，加工制造产值6.3亿元。水电、通信、运输、物资采购供应等业务跟进发展，各项指标均显著提高。积极拓展高效海外市场，实现海外收入4.42亿元。企业综合实力显著增强，2007年资产总额达到197亿元，比2000年增长153%，实现主营业务收入125亿元，增长213%。

三是安全环保和节能减排工作成效显著。两家企业始终把安全环保工作摆在突出位置，深入开展“安全环保基础年”活动，严格落实安全环保责任制，强化员工队伍安全培训，几年来未发生重特大安全环保事故，多次获得股份公司、中国石油集团安全生产先进单位称号。加大投入，对关键设备、设施进行维修改造与更新，开展专项整治和全局性安全环保隐患排查，有序推进重大隐患治理，夯实了本质安全基础。推进HSE管理体系建设，基层队（站）“两书一表”实施率进一步提高。加强应急管理，健全四级应急预案体系，强化安全应急演练，构建了响应迅速、保障有力的应急联动机制。高度重视节能减排工作，大力推行清洁生产，废水、废气和固体垃圾实现了及时处理、达标排放。

四是科技创新能力和整体管理水平显著提高。两家企业坚持把科技创新作为提升核心竞争力的重要手段，以推动油气勘探开发业务发展为目标，加大技术攻关和成熟技术推广应用力度，加快科技创新体系建设，形成了一批先进适用的特色技术、配套技术和具有国内外先进水平的新产品，为油田发展提供了有力的技术支撑。健全各项管理制度，推进内控体系建设，完善法律风险防控体系，强化企业基础管理，管理效率和效益进一步提高。

五是党建、队伍建设及和谐矿区建设取得新成果。两家企业坚持巩固和扩大保持共产党员先进性教育活动成果，进一步夯实基层党建基础，提高了党员队伍素质。扎实开展“四好”班子创建活动，加大干部培养选拔力度，促进了两级班子和干部队伍结构优化。认真贯彻落实《基层建设纲要》，广泛开展各类主题教育活动，引导员工自觉弘扬大庆精神、铁人精神，涌现出了一批先进典型和模范人物。坚持不懈地抓好职工队伍培训和人才培养，不断加强特色企业文化建设，职工技术水平和综合素质明显提高。同时，坚持共举中国石油一面旗，同唱长庆油田一首歌，认真落实“四共”原则，在保证关联交易顺利进行，创建和谐矿区，维护企业稳定，改善职工生产生活条件等方面做了大量工作，形成了相互支持、共同发展的良好局面。

重组改制以来两家企业取得的工作成绩说明，两个领导班子是讲政治、顾大局、责任感强的班子，是善于引领企业发展、求真务实，推动企业不断前进的班子，是坚持以人为本，尽职尽责办实事，能够维护职工群众利益的班子。同时也说明，我们的员工队伍是一支艰苦奋斗、无私奉献的队伍，是一支面对困难和挑战，能够经受住严峻考验，能打硬仗的高素质队伍。党组对两个企业班子的工作是满意的，对同志们付出的辛勤劳动和取得的成绩给予充分肯定。

二、关于这次重组整合的方式和意义

这次业务整合和专业化重组，是党组根据集约化、专业化、一体化整体协调发展的体制改革总体思路作出的重要决策，是适应建设综合性国际能源公司需要的重要战略部署。近年来，在党中央、国务院的正确领导下，中国石油集团全面贯彻落实科学发展观，上下一心，努力拼搏，实现了持续有效较快协调发展。党的十七大在深刻分析国际、国内形势的基础上，对能源行业的发展提出了一系列新思路、新要求，为我们实现科学发展、构建和谐企业指明了方向。深入贯彻落实十七大精神，2008 年中国石油集团工作会议明确提出了建设综合性国际能源公司的奋斗目标。其总体思路是以科学发展观为指导，坚持奉献能源、创造和谐的企业宗旨，实施资源、市场、国际化三大战略，充分发挥整体优势，加快发展主营业务，稳步发展相关业务，在保持较快发展速度的同时注重提高发展质量，在扩大经济总量的同时注重提高发展效益，在企业发展的同时注重与资源环境社会相协调、与员工的全面发展相统一，切实履行经济责任、政治责任和社会责任，增强保障国家能源安全能力，全面提升综合实力、国际竞争力和可持续发展能力。目前，中国石油集团发展目标已经明确，已经普遍达成共识，关键是抓住时机，狠抓落实。

建设综合性国际能源公司，实现企业又好又快发展，体制是根本，机制是保障。1999 年，按照党中央、国务院关于深化国有企业改革的部署和要求，为加快建立现代企业制度，中国石油集团进行了重组改制，对核心业务和非核心业务实行了分开、分立，成立股份公司，成功实现了境外上市。这是中国石油集团深化改革的重大举措，符合国有企业改革的方向，是当时形势下的现实选择。重组改制，对于加快上市和未上市企业主营业务发展，实现专业化生产和协作，促进企业经营机制转换，都发挥了重要作用，对于这一改革所取得的成果应充分肯定。但随着中国石油集团各项业务的不断发展，企业内外部环境的变化，在实际运行中也出现了一些新情况、新问题，与全面贯彻落实科学发展观的要求，与实现中国石油集团安全发展、清洁发展、和谐发展的要求，与建设综合性国际能源公司的要求，还存在许多不适应的地方。主要是：上市、未上市业务关系未能完全理顺，资源得不到有效配置，低水平重复建设比较严重，力量散、竞争力不强，可持续发展能力和后劲不足，区域市场的控制力不是很强，没有形成对核心业务的有效支撑，等等。特别是油田未上市工程技术服务业务对长庆油田分公司“一对一”的服务方式，不利于其做专、做强、做大和有序竞争，也不利于技术水平的提升和成本降低。为此，我们一定要站在中国石油集团长远发展的战略高度，在不断总结经验，借鉴国内外好的做法和模式的基础上，采取有效措施，持续进行内部体制机制的改革完善，着力解决影响企业长远发展的重大问题，打破体制性障碍，形成专业优势，打造公司持续发展的体制平台，推进中国石油集团集约化、专业化、一体化整体协调发展。

此前，我们已先后对销售企业、炼化企业和部分油田、钻探、管道、海洋工程、物资采购、装备制造、炼化项目建设、国际贸易等业务进行了重组整合。总的看，这些整合企业总体运行平稳，发展态势良好，职工普遍满意，队伍整体稳定。特别是从新疆、吐哈油田上市与未上市业务重组、成立西部钻探公司的实施情况看，效果比较理想，中国石油集团上下已基本形成共识。党组认为，在已取得的经验基础上，在更重要单位、更多领域、更加深入地实施业务整合和专业化重组的条件已经成熟，广大干部员工已具备较好的思想基础，尽快理顺油田上市、未上市业务管理体制，推进工程技术服务业务专业化重组，优化配置资源，发挥整体优势，实现上市、未上市业务的整体协调发展和整体利益最大化，对企业发展有利，对稳定职工队伍有利，对和谐企业建设有利。

2007年是国有企业改革30周年。从1978年开始，我国国有企业改革经历了放权让利、两权分离、建立现代企业制度三个阶段。在这些改革的艰苦历程中，我们石油企业也做了大量的探索和实践，同样经历了不平凡的30年。在2008年这个特别的年份，我们启动以大庆油田为代表的一批重要骨干企业的重组整合，继续深化体制改革和机制创新，进一步推动中国石油集团又好又快发展，有着特别的意义。我们对改革的认识一定要历史地、现实地、辩证地、长远地看。历史经验告诉我们，改革与发展始终相伴同行，发展没有止境，改革也同样没有止境。这次六家油田企业及部分设计施工企业重组整合任务完成后，我们确实在深化国有企业改革中迈出了一大步，但这只是中国石油集团在建设综合性国际能源公司历史进程中迈出的第一步，我们前进的道路还很漫长，也充满艰辛。同时，我们的改革不是走回头路，现在的改革道路是以党的十六大、十七大精神为指导，在深刻总结过去改革发展经验的基础上，深入贯彻落实科学发展观的一次伟大实践，是在过去改革基础上的进一步深化和完善，改革方向符合中央要求，改革目标明确，措施具体。需要明确的是，专业化重组后，未上市企业其他业务整合到油公司，并不是靠上一棵大树，吃大锅饭。下一步还要坚定不移、积极稳妥地择机推进矿区服务、装备制造、油田建设等业务的进一步专业化重组，以适应建设综合性国际能源公司体制需要。

这次重组的总体方案是：按照推进专业化重组和一体化管理的要求，对长庆石油勘探局和四川石油管理局的钻探业务实施专业化重组，组建川庆钻探工程公司，同时将两家企业的其他业务、资产、人员分别与长庆油田分公司和西南油气田分公司实施重组整合，委托股份公司授权长庆油田分公司、西南油气田分公司对整合后的企业实行全面、一体化管理。专业化重组与上市、未上市企业重组同步操作。

1. 将长庆石油勘探局和四川石油管理局钻探业务进行整合，组建川庆钻探工程公司

将长庆局钻井工程总公司、国际事业部、固井工程公司、钻井管具公司、工程技术研究院、录井公司，四川局3个钻井公司、国际工程公司、塔西南勘探工程部、钻采研究院、井下作业公司（含固井）、测井公司、地质勘探研究院（主要业务是录井）、物探公司、运输总公司等单位，纳入川庆钻探公司的重组范围。

川庆钻探公司（正局级）直属中国石油集团管理，在成都市按分公司注册登记。其发展定位是：以钻井、测井、地质录井、物探等石油工程技术服务为主要业务的专业化技术服务公司。重组方式采取内部资产划转重组的方式。自2008年1月1日起，将长庆局和四川局钻探业务的资产划入川庆钻探公

司，按照“人员随业务、职能和资产走”的原则，相关单位在册合同化员工整建制划入，两个未上市企业机关钻探业务管理人员和部分综合管理人员一并划入。川庆钻探公司机关综合管理部门人员的构成，原则上长庆局和四川局各占50%。原钻探单位多种经营业务均留在长庆油田分公司，由长庆油田分公司按市场和效益情况进一步整合，实现有进有退。离退休人员留在两个油田企业，由矿区服务部门统一管理。川庆钻探公司组建初期，划入的各厂（处）单位可暂维持现行管理格局。平稳过渡后，要围绕核心业务继续进行内部整合，逐步压缩管理层次，实现管理扁平化。

2. 对油田上市、未上市企业实施重组整合

按照“一个领导班子、一套机关机构、一体化管理、分开核算、两本账运行”的原则，对长庆石油勘探局和长庆油田分公司领导班子和管理机关（不含划入川庆钻探公司人员）进行整合。自2008年1月1日起，将长庆局其余业务、资产和人员整体委托股份公司授权长庆油田分公司实行全面管理，实现上市与未上市业务统一规范管理和一体化运作，实行一个领导班子、一套机关职能部门。同时，保留长庆石油勘探局独立法人、工商及税务登记资格，在中国石油集团内部统一使用长庆油田分公司的牌子。

重组后，长庆石油勘探局员工总量和工资总额计划与长庆油田分公司分开下达，在统计上分开处理；投资计划与长庆油田分公司分开下达，统一组织实施；长庆石油勘探局与长庆油田分公司分账运行，按中国石油集团会计制度规定进行会计核算，编制财务报表，经股份公司审查后，上报中国石油集团汇总；长庆局预算指标由中国石油集团下达，同时送股份公司，业绩指标完成情况统一组织考核。重组整合后，长庆局所属单位可暂维持现行管理格局不变，待运行一段时间后，可根据需要进行整合调整，进一步优化组织结构，优化人员配置。

下一步，总部有关部门组成的专门工作小组将与两个单位的领导班子、机关一起，协调、组织和落实有关重组事宜。

三、关于这次领导班子的调整配备

为保持政策的连续性，妥善做好重组整合工作，这次领导班子的整合配备，仍是坚持前一时期党组确定的重组企业班子整合配备的基本原则和成功做法，同时考虑班子实际情况和重组整合后的工作需要，经通盘考虑，慎重研究后作出的。一是考虑原两个油田班子成员的业务特长和专业分工，从保持稳定，实现工作平稳过渡出发，进行班子合并与分立；二是考虑川庆钻探公司为新组建单位，规模较大，任务较重，把班子配齐配强，有利于尽快打开工作局面；三是为发挥班子整体功能，新班子党政领导成员综合排序考虑班子成员的资历、工作需要、本人特点，以及在班子中发挥的作用等因素；四是考虑到长庆油田管理区域广，上产速度快，这次班子调整配备中，为长庆油田分公司配备1名常务副总经理，明确为正局级，以进一步加强领导力量，有利于推动工作；五是关于新班子党委的组成，原班子中党员领导成员进入党委班子，其他非领导成员党委常委、党委委员不再进入新班子，下步可安排总经理助理、副总师岗位；六是原上市与未上市企业的总经理助理、副总师、安全副总监等，企业整合后可仍担任相应职务，不再履行审批手续。

为此，党组经慎重研究并商得甘肃省委同意，决定：王道富同志到总部工作，提任中国石油天然气股份有限公司总地质师；苟三权同志调出任职，到冀东油田分公司担任总经理、党委副书记。整合后的长庆油田分公司党政领导班子由冉新权、曲广学、杨华、

周宗强、刘自强、李安琪、杨再生、凌心强、冯尚存、刘德等10名同志组成。

新组建的川庆钻探工程公司党政领导班子由胥永杰、蒲建中、赵业荣、万尚贤、李爱民、谢文虎、张本全、伍贤柱、王亮等9名同志组成。

原长庆石油勘探局党委常委滕玉林同志已到退休年龄，这次办理退休。

重组后，长庆油田分公司党组织隶属关系保持不变，以中共中国石油长庆油田分公司委员会名义隶属甘肃省委组织部管理，干部协管关系变更为长庆油田分公司新班子全体成员由甘肃省委协管。

王道富同志，1976年7月参加工作，博士研究生学历，教授级高级工程师。他1982年大学毕业后来到长庆油田，在油田科研、生产、管理岗位上工作了26年，曾任长庆局开发处副处长、处长，1999年任长庆油田分公司副总经理，2003年任长庆油田分公司总经理、党委书记，2006年5月改任总经理、党委副书记至今。他是党的十七大代表，今年又光荣当选为全国人大代表。他讲政治，顾大局，贯彻落实党组工作部署坚决，带领班子成员自觉加压，不断挑战油气藏低渗透极限；工作思路清晰，有创新意识，能够用辩证和发展的观点谋划大局，组织领导能力、驾驭全局能力比较强；作风扎实，对自身要求比较严格，群众威信比较高。道富同志担任长庆油田分公司主要领导以来，坚持把发展作为第一要务，加大油气勘探开发力度，坚持关键技术超前储备，瓶颈技术集中突破，成熟技术规模应用的原则，积极推进经济发展方式转变，大力推进科技进步，强化目标管理与过程控制，努力实现油田发展良性循环，保持了油气储量产量持续快速增长，年产油气当量突破1000万吨后，仅用四年时间又突破2000万吨。他潜心研究特低渗透油藏开发理论与技术，完成了多本专著，在国内外发表论文10多篇，获国家、省部级技术成果奖10余项。他组织创建的特低渗油藏开发模式，低渗透油田注水开发技术达到国际领先水平。道富同志到总部担任股份公司管理层领导职务，这是党组对他本人工作的认可、对长庆油田工作的认可，是他本人的光荣，更是长庆油田的光荣。在这里，让我们以热烈的掌声向道富同志多年来为长庆油田改革发展作出的突出贡献，表示衷心的感谢！

苟三权同志，1983年参加工作，博士研究生学历，教授级高级工程师。曾任长庆局采油二厂副厂长、常务副厂长，长庆油田分公司生产运行处处长、公司总经理助理、副总经理、党委委员等职，2006年5月任长庆油田分公司党委书记、副总经理，2006年10月任长庆石油勘探局局长、党委副书记至今。他大学毕业后一直在油田工作，积累了丰富的实践经验。他政治思想坚定，组织领导能力比较强，善于统筹兼顾，谋划全局，能够正确处理企业改革发展稳定的关系。任长庆油田分公司副总经理和党委书记期间，长庆油田实现了跨越式发展，原油产量连续4年超百万吨增长；担任长庆局主要领导以来，坚持以“服务油气发展，打造强势品牌，建设美好家园”为工作主线，大力实施以钻井为龙头的提速工程、海外业务开发工程、低效油气储量合作开发工程、万套住宅建设工程等工作，钻井进尺、试油压裂工作量居中国石油集团前列，主营业务收入、企业增加值实现较快增长，呈现出稳定和谐、快速发展的良好局面。他工作勤奋敬业，为人坦诚大度，作风严谨务实，自身要求严格，群众威信比较高。希望三权同志到新的单位、新的领导岗位后，继续发扬长庆油田“攻坚啃硬、开拓创新”的优良传统和作风，取得更大的成绩，不辜负党组的信任和重托。在这里，让我们以热烈的掌声向三权同志多年来为长庆油田建设发展所付出的艰辛劳动，表示衷心的感谢！

胥永杰同志，博士研究生学历，教授级高级工程师。曾任四川石油管理局井下作业处副处长、处长，四川局副局长、党委常委，2005 年至今任四川局局长、党委副书记。他政治素质好，大局意识强，贯彻党组的指示决议坚决。工作思路清晰，组织领导和驾驭局面的能力强，专业理论基础扎实。近年来，始终坚持以技术和管理创新引领企业发展，着力打造油气工程特色技术，致力于推进钻井工程全面提速，创造了磨溪经验、广安工程、龙岗速度等标志性提速工程，形成了山地全三维地震勘探技术、欠平衡钻井技术、气体钻井技术等一批特色技术，为加快四川盆地天然气勘探开发步伐，进入千万吨级大油气田行列作出了积极贡献。他为人正派，作风务实，团结同志，自身要求严格，群众威信比较高。

蒲建中同志，1968 年参加工作，大专学历，高级工程师。曾任长庆石油勘探局钻井三处党委书记、处长兼党委书记等职，2000 年任长庆局党委常委、工会主席，2005 年任长庆局副局长、安全总监、党委常委，2006 年任长庆局党委副书记、纪委书记、工会主席至今。他政治上坚定，坚持理论学习，自觉维护班子团结，大局观念强。熟悉党群管理工作，经验丰富，工作有思路，善于抓住工作重点，组织协调能力比较强。任长庆局党群副职以来，能够坚持把党建工作和生产经营有机结合，不断健全制度，丰富内容，创新方式，使长庆局党群工作水平全面提升，基层建设工作扎实推进。他善于做思想政治工作，严格落实稳定工作责任制，认真化解各类矛盾，真心实意为职工解决实际困难，保持了矿区环境的和谐稳定。他工作热情高，敬业精神强，为人正派，作风严谨，自身要求严格，群众基础比较好。

杨华同志，1984 年参加工作，教授级高级工程师。曾任长庆油田勘探开发研究院总地质师、勘探部副主任、研究院院长、长庆油田分公司总经理助理等职，2002 年 10 月任长庆油田分公司副总经理、党委委员。他专业基础扎实，技术水平比较高，思路清晰，工作能够超前谋划，超前部署，组织协调能力和综合管理能力比较强。负责勘探工作以来，长庆油田年均探明石油地质储量超过 1 亿吨，天然气超过 1000 亿立方米，为油田发展奠定了坚实的资源基础。他重视加强地质理论研究和技术创新，不断致力于制约油气田发展的瓶颈技术攻关，组织完成了国家“八五”至“十一五”期间几十项重大科技项目攻关，多次荣获国家和省部级科技进步奖。他政治思想素质好，事业心和责任感强，敢抓敢管，敢于负责，经常深入基层调查研究，及时解决生产中遇到的困难和问题。他作风朴实，为人正派，相容性好，自身要求严格，群众基础比较好。

这次从四川石油管理局进入川庆钻探工程公司的万尚贤、李爱民、张本全、伍贤柱同志，和从中意财产保险公司调任川庆钻探公司的王亮同志，他们都对石油事业有着执著地追求，综合素质好，党性观念和大局意识强，贯彻上级指示决议坚决，能在企业发展的大局中统筹谋划各自分管的工作，狠抓落实，表现出了较强的善于学习、善于分析和善于实践的能力。他们作风深入、关心职工、团结同志、严于律己，在广大干部职工中的认可度都比较高。

滕玉林同志参加工作 40 余年，把自己人生最宝贵的青春都奉献给了石油工业。他熟悉企业经营管理工作，在财务资产管理、关联交易、市场开发、企管法规等方面具有比较丰富的工作经验。任长庆局副局长以来，围绕全局经营目标的实现，全面落实经营责任，组织制定了一系列经营管理配套政策，推行模拟资产经营责任制，强化资金预算管理体系，加强对经营形势及中长期经济趋势的研究，在分管的低效储量、苏里格气田合作开发、文教卫生、物业管理等方面做了大量卓有成效的工作。他事业心、责任感强，作风扎实，群众基础比较好，是推进长庆油田各项事业发展的有功之臣。希望玉林同志退休后，在保重身体的同时，继续支持长庆的工作、关心长庆的发展。在此，也让我们以热烈的掌声，向他为油田发展作出的贡献表示感谢！

重组整合关系中国石油集团改革发展稳定大局，使命光荣、责任重大，希望新组建的长庆油田分公司和川庆钻探工程公司领导班子，团结带领广大干部员工，积极进取，开拓创新，努力开创各项工作的新局面，不辜负党组的重托，不辜负广大干部员工的厚望。也希望广大干部员工全力支持他们的工作，同心同德，团结一致，为建设综合性国际能源公司作出更大的贡献。

四、关于今后工作的几点要求

今年是全面贯彻落实党的十七大作出的战略部署的第一年，是实施“十一五”计划承上启下的一年。新的一年，我们的生产经营环境总体有利，同时面临的矛盾和压力也较大。在今年中国石油集团工作会议上，党组提出了建设综合性国际能源公司的奋斗目标，描绘了中国石油未来5—12年的发展方向和美好蓝图。其中特别强调要突出集中发展石油天然气业务，协调发展石油工程技术服务业务。国内油气勘探开发是中国石油集团盈利的支柱，也是发挥整体优势、增强综合实力的关键所在。工程技术服务是中国石油集团的优势和特色，是核心业务链的关键环节，是勘探开发、炼化生产及管道建设的重要保障。因此，坚持把资源勘探放在首位，不断巩固上游业务国内主导地位，保障国家能源安全，增强市场竞争力，这是今后一个时期我们工作的战略重点，也是我们石油工作者肩负的重大责任和崇高使命。

长庆油田作为中国石油的重要组成部分，在中国石油集团实现“东部硬稳定、西部快发展”和推进“资源、市场、国际化”三大战略过程中发挥着重要作用。加快长庆油田发展，提高川庆钻探工程公司的专业化运作水平，对于中国石油集团加快建设综合性国际能源公司具有十分重要的战略意义。两个企业的广大干部员工一定要增强责任感和紧迫感，在新班子带领下，以党的十七大精神为指导，深入贯彻落实科学发展观，认真执行党组的要求和部署，牢牢把握科学发展、构建和谐两大主题，加快主营业务发展，积极构建和谐矿区，努力开创改革发展稳定工作的新局面，为中国石油集团和股份公司发展、为全面建设小康社会和保障国家能源安全作出新贡献。新班子到位后，要把学习贯彻十七大精神作为当前和今后一个时期的重大政治任务摆到各项工作的首位，进一步认清形势，理清发展思路，明确发展目标，有序推进各项工作，把十七大精神落实到企业各项工作的具体实践中、体现在新的工作成效上。

1. 统一思想、精心组织，确保重组整合工作顺利完成

这次重组整合，涉及长庆油田的上市和未上市企业，又有新单位组建，情况复杂，人员较多，事关改革发展稳定的大局，必须高度重视，统筹协调，加强沟通，切实做好业务整合和专业化重组的各项工作。各级领导和广大干部员工，要从大局出发，充分认识整合的重大意义，把思想和行动统一到中国石油集团党组的决策上来，坚定不移地贯彻执行党组的决定，积极拥护、支持和服从整合。特别是各级党员干部，要保持积极进取的精神状态，充分发挥表率作用，坚决服从组织安排，正确对待个人的进退留转，经受住考验。长庆油田分公司和川庆钻探工程

公司的新班子在实施机构整合和组建新单位过程中，要做到思想统一，认识统一，行动统一，合理分工，自觉维护班子团结，集中精力把各项工作做深做细做实。要认真组织制定整合和组建方案，在机构设置上，既要体现先进科学，又要结合实际；既要保证统一管理，又要注重提高效率。在人员安排上，既要考虑现有岗位，又要发挥能力特长；既要实现平稳过渡，又要努力使每名同志都能各得其所。在具体方案的制订和实施中，要坚持原则，实事求是，广泛听取和征求职工群众意见，协调处理好各方面利益和关系，确保重组整合和专业化重组平稳推进、生产经营顺利进行、员工队伍总体稳定。

2. 突出主营业务，增强可持续发展能力

长庆油田分公司要全面落实“发展大油田、建设大气田、创建模范和谐矿区，把鄂尔多斯盆地建设成为我国石油天然气的重要能源基地”的总体要求，继续坚持把资源勘探放在首位，以“四新”领域为目标，坚持油气并举，大力实施储量增长高峰期工程，突出重点项目，深化地质研究，着力加强老区精细勘探，积极推进新区风险勘探，确保2008年完成探明石油地质储量1.5亿吨、天然气探明地质储量1200亿立方米，苏里格地区基本探明5000亿立方米。要精心组织油气开发工作，突出抓好老油田二次开发、新发现整体开发和重点天然气区建设，加大技术攻关力度，努力提高单井产量，提高开发整体效益，确保2008年生产原油1355万吨、天然气152亿立方米，为2009年油气当量突破年产3000万吨奠定基础。川庆钻探公司要紧密围绕油气勘探开发重点部署，充分发挥专业化优势，进一步做专做强钻探技术服务，推进装备结构调整和更新改造，优化队伍结构，统筹规划市场配置和队伍配备，不断提高服务质量和水平，为长庆、西南等油气田持续增储上产提供强有力保障。同时，要按照中国石油集团统一部署，进一步开拓国际工程技术服务市场，巩固成熟市场、占领高端市场，不断提升国际竞争力。

3. 强化科技、管理创新和节能减排，推动转变经济发展方式取得明显成效

要立足油气勘探开发需要，切实抓好重大科技项目、重大实验和瓶颈技术的攻关，大力推进水平井、欠平衡钻井及新技术的推广应用，加快重点实验室和先导试验基地建设，力争关键技术攻关取得实质性进展，先进适用技术得到广泛应用，为油田生产建设提供技术支撑。加快数字油田建设步伐，全面拓展信息化成果应用领域。按照科学、规范、严格、精细的要求，推进和完善内控体系建设，强化基层基础工作，严格规范劳动用工管理，特别要严格按照党组要求，以控制投资和降低成本为重点，突出加强投资、预算、财务、物资采购等管理，严格控制非生产性支出，把成本费用控制目标落到实处。以节能减排为重点，深入推进节约型企业建设，完善激励约束机制和评价考核制度，加快重点节能项目和减排项目实施，发展循环经济，提高能源资源综合利用效率，确保实现全年节能减排目标。

4. 狠抓安全环保稳定工作，努力构建和谐发展环境

在上个月召开的全国安全生产电视电话会议上，周永康同志指出3月份将召开全国“两会”，8月份将举办奥运会，其后还将隆重举行纪念改革开放30周年的重大活动，做好今年的安全稳定工作，意义特殊，责任重大。中国石油集团作为国有重要骨干企业，切实抓好安全环保稳定工作是我们义不容辞的重大责任和光荣使命。两个单位和全体员工一定要牢固树立“安全第一、环保优先、以人为本”的理念，继续深入开展“安全环保基础年”活动，层层落实安全环保责任制，强化生产受控管理，基本完成重大隐患的整

治工作，提高HSE管理体系运行效果，全面落实各级各类应急预案，认真执行中国石油集团反违章六条禁令，严格事故责任追究，有效防止各类事故的发生，巩固和发展安全环保工作的良好形势，为中国石油集团安全环保形势进一步好转作出贡献。要全面落实中国石油集团相关政策，落实维稳工作责任制，强化综合治理，着力构建维护稳定长效机制，确保一方平安。积极推进民生工程建设，稳步推进矿区能源福利制度改革，大力提高服务质量和水平，不断改善员工生产生活条件，使企业改革发展成果惠及全体员工。大力加强和协调好与陕甘宁蒙晋五省（区）及各级地方党委和政府的关系，积极主动向地方党委和政府汇报企业重组整合及生产建设、和谐矿区建设等方面的新情况，加强沟通联系，赢得他们的理解和支持，创造和谐的发展环境。

5. 加强党的建设、班子建设和队伍建设，为持续发展提供有力保证

要按照十七大对全面推进党的建设新的伟大工程的总体部署，以先进性建设为重点，着力加强和改进企业党建工作，充分发挥党组织的政治核心作用和广大党员的先锋模范作用。以提高领导干部引领科学发展的能力为重点，深入开展“四好”班子创建活动，不断提高两级班子的整体素质和能力。两个新班子要加强民主集中制建设，健全领导班子决策程序和工作制度，科学决策，分工负责，提高班子整体功能，在这次重组整合、专业化重组以及企业发展、队伍建设中发挥好核心作用。特别是在重组整合过程中，要严格贯彻执行中国石油集团《关于切实加强体制改革中人事、薪酬等管理工作的通知》精神，确保国有资产不受损失、确保资金安全和人事安排合理。继续加强以完善惩防体系为重点的反腐倡廉建设，强化对各级领导干部正确行使权力的监督，深入开展企业效能监察，扎实开展廉洁文化建设，形成反腐倡廉长效机制。进一步继承和发扬大庆精神、铁人精神和石油战线的优良传统和作风，加强三支队伍建设，强化基层建设和企业文化建设，不断提升员工队伍的凝聚力、战斗力和执行力。

同志们，长庆油田分公司已经进入一个新的发展阶段，川庆钻探工程公司正在迈上新的发展征程，党组对两个企业的发展高度重视、寄予厚望。我相信，两个单位的新领导班子一定能够不负众望，不辱使命，团结带领广大干部员工圆满完成好整合和组建任务，推进企业改革发展稳定工作迈上新台阶，以优异的成绩向党组交出满意的答卷，为中国石油集团建设综合性国际能源公司、为地方经济发展和社会稳定作出新的更大的贡献。

冉新权在长庆油田干部大会上的讲话

（2008年2月26日）

同志们：

刚才，中国石油集团人事部副主任、股份公司人事部副总经理孙金瑜同志代表中国石油集团党组，宣布了川庆钻探工程公司组建、长庆油田分公司和长庆石油勘探局重组整合，以及领导班子成员任免决定。中国石

油集团党组成员、副总经理、股份公司副总裁廖永远作了重要讲话，对长庆油田的工作给予充分肯定，对下一步工作提出了明确要求和指示，我们要认真贯彻落实。

根据中国石油集团党组决定，重组整合后长庆油田分公司、分公司党委班子由冉新权同志任总经理、党委副书记，曲广学同志任党委书记、副总经理，杨华同志任常务副总经理（正局级），班子成员还有副总经理、安全总监周宗强，副总经理刘自强、李安琪、杨再生、凌心强，党委副书记、纪委书记、工会主席冯尚存和总会计师刘德，班子共10名同志，今天是第一次集中亮相。蒲建中同志任川庆钻探工程公司党委书记、副经理，赵业荣同志和谢文虎同志进入川庆钻探工程公司领导班子。

随着领导班子的明确，油田干部员工、离退休职工及家属十分关心的重组整合工作已经开始，这是长庆油田近一个时期最重要的工作。在油田生产全面启动的关键时期，实施重组整合这样一项政策性强、影响面广、事关油田长远发展的战略性工作，对于刚成立的长庆油田分公司领导班子、机关干部和全体员工，都是一次重大的挑战和严峻考验。为了确保重组整合有序进行，油田生产平稳启动，员工队伍和谐稳定，安全环保、经营管理等各方面工作受控运行，公司党委、长庆油田分公司决定召开视频会议向全油田通报情况。希望达到统一思想、消除疑虑、鼓舞士气、凝聚力量、确保安全、促进生产的目的。

下面，根据油田目前的实际情况，我主要讲四个方面的意见。

一、切实把思想统一到中国石油集团党组重组整合决策上来

中国石油集团党组提出了建设综合性国际能源公司的宏伟目标，作出了实施业务整合和专业化重组的重要决策。这是中国石油集团党组落实科学发展观、构建和谐企业、实现又好又快发展的战略选择。这次中国石油集团重组整合的主要思路是：对油田和工程技术服务管理体制，管道运营与工程建设管理体制，海洋工程技术服务管理体制，装备制造、物资采购管理体制，炼化重大项目建设管理体制和国际贸易内部管理体制六个方面、8项业务的管理体制进行改革和完善。通过重组整合发挥中国石油集团的整体优势，促进上市未上市一体化、国内国外一体化和上下游一体化发展，实现专业化管理、集约化经营、产业化发展和规范化运作。

根据中国石油集团党组的决定，长庆油田的重组整合工作将按照“一个领导班子、一套机关机构、一体化管理、分开核算、两本账运行”的原则，对上市与未上市业务实行统一管理。重组整合后，长庆局员工总量和工资总额计划与长庆油田分公司分开下达，在统计上分开处理；投资计划与长庆油田分公司分开下达，统一组织实施；长庆局与长庆油田分公司分账运行，按中国石油集团会计制度规定进行会计核算，编制财务报表，经股份公司审查后，上报中国石油集团汇总；长庆局预算指标由中国石油集团下达，同时送股份公司，业绩指标完成情况统一组织考核。油田所属各厂（处）单位暂维持现行管理格局不变，待运行一段时间后，可根据需要进行整合调整，进一步优化组织机构，优化人员配置，主要目的是保证平稳有序推动，减少震动。

中国石油集团的改革方案给我们清晰地描绘了中国石油集团建设综合性国际能源公司的宏伟蓝图，对于我们认识和把握中国石油集团改革发展方向和机制体制建设方向提供了明确的指导。这是中国石油政治生活中的一件大事、一件好事，也是长庆油田政治生活中的一件大事、一件好事。各级领导、各级组织和全体干部员工要以此为指导，提高认识、加深理解，把思想统一到中国石油集团党组的重组整合决策上来，积极投身到长庆油田重组整合的实践中去。以对党组负责、对长庆油田负责、对员工负责的精神状态，全面、准确、有序、高效地完成好我们的重组整合任务。

二、充分认识重组整合的重要意义

这次重组与十年前重组的基础和环境是完全不同的。1999 年，为了转换经营机制，进入资本市场，与国际接轨，建立现代企业制度。按照党中央、国务院的部署和要求，中国石油集团进行了重组改制，成立股份公司并成功实现境外上市。

十年来，中国石油综合实力大幅提升。营业收入突破 1 万亿元，利润总额、上缴税费均超过 1900 亿元。股份公司港股总市值约为上市初期的 13 倍。未上市企业经济总量比重组改制初期增长了 2.5 倍，实现了整体扭亏为盈。海外油气投资项目原油作业产量、权益产量突破 6000 万吨和 3000 万吨。物探业务占全球陆上油气勘探市场份额排名第一，成为国际工程技术服务市场的重要力量。这十年的改革对于加快上市和未上市企业主营业务的发展，实现专业化生产和协作，促进企业经营机制的转换，发挥了重要作用。但是，随着中国石油集团各项业务的深入开展和企业内外部环境的变化，在运行中也出现了一些新情况、新问题。上市、未上市企业关系未能完全理顺，资源得不到有效配置，低水平重复建设比较严重，力量分散，竞争力不强，可持续发展能力不强，区域市场的控制力不强，没有完全形成对核心业务的有效支撑。为了适应新形势、新发展，中国石油集团决定进行业务整合和专业化重组。这是科学发展、和谐发展的需要，是推进集约化、专业化、一体化整体协调发展，建设综合性国际能源公司的重要举措，对企业发展有利、对稳定员工队伍有利、对和谐企业建设有利。

这十年来，长庆油田的综合实力也得到大幅提升。油气勘探连年获得突破，油气产量快速攀升，原油、天然气产量分别为改制初期的 3 倍和 11 倍，年产油气当量跨越 2000 万吨大关，产量、利润总额均成为中国石油行业第三、中国石油集团第二，并确立了 2009 年实现年产油气当量 3000 万吨的发展目标。十年来，长庆石油勘探局也进入历史上发展的最好时期，钻井进尺、试油（气）压裂酸化层次分别是十年前的 2.9 倍和 3.6 倍，均名列中国石油集团前茅。修井作业、建筑施工、加工制造和国际市场开拓能力都取得大发展。矿区建设和公用服务事业长足发展，建设配套了兴隆园、燕鸽湖、泾河园等 29 个功能完善、环境优美、服务规范的生活基地。一线生产生活条件大为改善，职工收入和福利水平显著提高。

在长庆油田取得上述成绩的过程中，我们也遇到了新情况、新问题。比如在关联交易上投入的精力不少，但运行效率依然较低，投资和成本费用控制的压力增加，“一对一”的工程技术服务方式，缺乏市场竞争和技术创新、管理创新的动力，不利于做专、做强、做大、做精，实现安全发展、清洁发展的基础还相对薄弱。这些问题都是机制体制方面存在问题的反映，是生产关系不适应生产力发展需要的反映，都要通过改革来调整。这次重组整合是在长庆油田整体实力显著增强的基础上、在油田快速发展的关键时期进行的，是理顺体制、健全机制、调整关系、促进发展的战略举措。对于巩固发展基础，扩大发展成果，解决遇到的上述问题，增强各项业务的可持续发展能力具有重要意义。对于推进工程技术服务专业化发展，优化资源配置，发挥整体优势，实现协调发展必将产生巨大的促进作用。因此，我们完全有理由相信，这次重组整合只会对长庆事业发展带来更大的促进，只会对长庆员工的全面发展提供更多的机遇，只会对长庆人的长远利益奠定更好的基础。

三、重组整合要把握的原则

在重组整合过程中，各级领导干部要牢固树立大局意识、政治意识和责任意识，严格执行中国石油集团党组的决定和要求，在公司党委、长庆油田分公司的领导和组织下，统筹安排重组整合和生产经营工作，做到“三个坚持”。

一是坚持公平公正的原则。重组整合涉及单位利益和员工个人利益，关系十分重大。只有做到公平公正，才能保证和谐有序。要把《公司法》、党组决定和财经制度作为公平公正的准绳，从讲政治、讲大局的高度，认真对待和把握重组整合中的各项工作。按照“人员随资产和业务走”的原则做好划转、分立工作，按照职能相近、业务相关和促进效率的原则做好整合工作。对人员安排等涉及干部切身利益的问题，要格外尽心，要做到公正公平，一碗水端平，不能有亲疏远近。要真诚沟通、密切配合、实现双赢。重组整合以后，不分长庆油田分公司和长庆局，都是长庆油田的员工，真正是一家人。

二是坚持以人为本的原则。37 年来，长庆油田的艰苦奋斗与深厚的文化底蕴锻造了一支特别能吃苦、特别能战斗、特别能奉献，敢打硬仗、能打胜仗的干部员工队伍，这是我们企业发展的宝贵财富。重组整合过程中坚持以人为本，就是要依靠全体干部员工做好重组整合工作，通过重组整合促进全体干部员工的发展。当前，最重要的是机关人员的岗位安排问题，基本思路就是干部员工的利益不受损害，这一点中国石油集团党组有明确要求，公司党委、长庆油田分公司将按照蒋洁敏总经理的要求和中国石油集团党组的决定，认真考虑每位干部的使用，妥善安排好每一名工作人员，确保人人有岗位。重组整合只能是进一步优化资源配置，充分发挥大家的聪明才智。特别是长庆正处于大发展期间，需要干部、需要优秀的人才，发展中遇到的问题都可通过发展消化。这里，对机关人员特别是领导干部也提出一点要求，就是要讲大局、讲奉献、讲党性，要全力支持这次重组整合工作。不要成天考虑利益得失，做好本职工作就是对重组整合工作的最大支持。特别是厂（处）单位，要按年初部署，该怎么干就怎么干。希望不要到处找关系、找人，公司党委会认真考虑每位干部的使用。

三是坚持平稳有序的原则。这次重组整合，目前基本上不涉及厂（处）单位，近期主要是机关部门和钻井、井下相关业务的整合。如何确保平稳有序是这次整合能否成功的关键。在这期间认真做好本单位的工作，就是对重组整合大局的最大支持。这一点希望各单位领导班子和主要领导要注意把握好。重组整合各项方案都必须经过集体决策、按规定报批的程序，实施过程中既要积极又要稳妥，做到有序操作。各单位、各部门和各级干部都要坚决抵制不正之风，不得滥发奖金，不得突击购物和滥发物品，不得相互吃请、私相授受。要把思想和精力放在工作上，尽职尽责干好本岗位的工作，自觉维护党员干部的良好形象，自觉维护机关人员的良好形象，自觉维护长庆油田的良好形象。

四、对近期工作的几点要求

重组整合和生产启动是公司当前的重点工作。为了保证重点，兼顾全面，有效衔接，不出现空挡，使各项工作处于受控状态。对近期工作的要求是：

1. 加强领导，严守纪律，确保重组整合的顺利进行

公司将成立重组整合领导小组，作为长庆油田重组整合工作的领导、决策和实施组织，领导小组下设方案编制、资产清查和生

产组织等工作班子。要求相关领导和工作人员严格按照中国石油集团党组的规定程序和长庆油田重组整合原则，积极有效地推动重组整合工作。同时，公司强调重组整合过程中要加强纪律观念，作为对各级领导、广大党员和干部员工，特别是机关工作人员政治素质的一次考验和检验。大家要保持积极进取的精神状态，充分发挥表率作用，坚决服从组织安排，认真履行岗位职责，严格遵守各项纪律，经受住重组整合的考验。一要严格遵守政治纪律，坚决贯彻执行重组整合方案，自觉维护稳定，不轻信和传播小道消息，积极支持和参与重组整合，保持和迅速建立起正常的工作秩序。生产建设单位不能观望、不能等待，要做到精力不散、思想不乱、工作不松。二要严格遵守组织纪律，做到下级服从上级、个人服从组织，在思想上、行动上、工作上与重组整合保持一致，同心同德、积极稳妥地处理好各方面关系，切实维护正常工作、生产和生活秩序。三要严格遵守人事纪律，坚决贯彻执行中国石油集团党组决定，高度重视人事安排问题，确保人事安排的合理性。各单位不得擅自调整和突击提干，更不能做损害员工利益的事情。四要严格遵守财经纪律，在当前机构调整、人员变更、资产重组的过程中，要特别加强对资金、物品的管理，做到详细清查、登记，特别要强调不能以任何理由、任何名义、任何方式，挪用、转移、隐匿国有资产，不能由于我们的工作失误造成国有资产的损失。五要严格遵守工作纪律，重申各级干部请销假制度、生产、稳定值班和要害部位守卫保护制度，强化生产调度令的严肃性，提高机关工作的质量和效率，做到令行禁止、雷厉风行、有序高效。副处级干部外出一天以上必须向主管领导请假，正处级干部外出一天以上必须向主要领导请假，不得擅自离岗。

2. 精心组织，严格程序，确保生产平稳启动

目前正值生产建设启动的关键时期，各项工作头绪较多，要严格按照年初工作会确定的各项工作任务和生产启动的流程组织运行，统筹兼顾，全面安排。生产启动的节奏要加快，但程序不能逾越，相关职能部门要严格履行准入、招标、交底和开工等把关和组织工作。重组整合目前不涉及各项目组、各厂（处）单位的运作，前期已经做了准备，也有工作计划和要求，该干什么工作还干什么工作，过去干什么，现在还干什么，要集中精力做好生产启动和油气生产组织工作，确保生产平稳启动，安全运行，使生产服务与重组整合两不误、两促进。要强化责任意识和大局意识，确保全年生产任务和各项经济技术指标的完成始终是我们共同的责任，也是公司的大局，绝不能有丝毫放松或贻误。任何时候都要牢记，做好本职工作就是对中国石油集团党组负责，就是对长庆油田分公司、公司党委负责。

3. 突出重点，抓住关键，强化安全环保稳定工作

重组整合过程是一个特殊时期，许多工作有待理顺，各项管理有待规范，安全环保和稳定工作的压力很大。大家要站在政治的高度，始终把安全环保和稳定工作作为头等大事，抓实、抓细、抓紧、抓好。各级干部要牢固树立“安全第一、环保优先、以人为本”的理念，严格执行国家安全环保法律法规，进一步健全完善和严格落实责任制，严格责任追究。在这个时候特别不能出现安全问题，如果因擅离岗位、责任不落实出现安全问题，要对相关人员从重处理。要毫不放松地抓好重点领域、关键环节、要害部位以及特殊时段的安全环保工作。加强施工作业现场监管，进一步强化对承包商的管理，严格市场准入，加强监管，实现生产建设的全

过程受控。要准确把握不同群体的利益诉求，及时了解掌握员工思想动态和关注的热点问题，要分片区、分层次、分不同群体，有针对性地开展政策宣传和教育疏导。落实稳定工作责任制，严格执行重要信息报告和处置制度，引导员工群众以理性合法的形式表达利益诉求。切实关心员工生活，着力解决员工群众最关心、最直接、最现实的利益问题，把重组整合这项对员工利益有利的好事情办好办实，让全体员工分享企业改革发展的成果。

4. 理清思路，明确定位，科学谋划油田发展大计

这次重组整合为油田的科学发展、和谐发展和又好又快发展营造了更好的环境，构建了更为顺畅的体制和机制平台。我们要认清形势、理清思路、抓住机遇，把长庆油田的发展定位到中国石油集团建设综合性国际能源公司的发展战略中来。认真研究油田发展面临的实际，既要看到促进油田发展的有利因素，也要清醒地认识到油田发展中存在的困难和矛盾，抓住影响本单位、本部门发展的主要矛盾，致力于科学发展、可持续发展，又好又快发展。要针对油田发展中出现的各种新问题、新矛盾，统筹谋划，积极应对，把思想统一到“发展大油田、建设大气田”的总体要求上来，把工作思路和工作方式转到大油田管理、大规模建设的新形势上来，使工作更加符合长庆发展的需要，更加符合油田的实际、更加符合科学发展的要求。要转变发展方式，把发展建立在优化结构、保护环境的基础上，进一步提高发展的质量、效益和效率。大力推进勘探开发一体化，全面推进标准化设计、模块化建设、数字化管理。工程技术服务和公用事业服务也要立足新的形势，超前谋划、超前定位、理清思路、制定措施。

同志们，长庆油田的重组整合工作已经起步，工作头绪多、任务重，要依靠大家团结起来、共同努力完成这个历史使命。让我们齐心努力、团结奋斗、扎实工作，圆满完成中国石油集团党组交给我们的重组整合工作，把长庆油田推向科学发展、和谐发展和又好又快发展的新阶段，为中国石油集团建设综合性国际能源公司作出新的更大的贡献！

王道富在长庆油田干部大会上的表态发言（摘要）

（2008 年 2 月 26 日）

对于中国石油集团党组重组整合长庆油田、组建川庆钻探工程公司，以及整合后长庆油田分公司、川庆钻探工程公司领导班子调整配备的决定，表示坚决拥护。

我即将离开长庆油田，告别工作了 26 年的单位，心中有一种难以割舍的情怀，但看到长庆油田在几代石油人的拼搏努力下，将逐渐成长为年产油气当量超 5000 万吨的大油田，又感到无比的高兴，长庆人不愧为中国石油工人的榜样。

自己的每一步成长都凝聚着上级领导和同志的培养，也是长庆油田给自己搭建了实现人生价值的舞台。衷心感谢中国石油集团、股份公司多年来对自己的培养和正确领导；

感谢长庆油田历届领导对自己的培养和帮助；感谢同志们多年来给予的理解、帮助和支持。

忘不了长庆这块培育自己的热土，忘不了现在正在荒山野岭上“为祖国献石油”的一线干部员工，忘不了和自己共同生活工作了26年的兄弟姐妹。将用真诚的心来珍惜曾经的相遇、相知和相互的帮助。在新的工作岗位上，自己将会按照中国石油集团党组的要求努力工作。

最后，祝愿长庆油田在，中国石油集团的正确领导下，在以冉新权和曲广学同志为班长的新领导班子的带领下，各项工作再上新台阶、再创新辉煌。

苟三权在长庆油田干部大会上的表态发言（摘要）

（2008年2月26日）

我完全拥护和坚决服从中国石油集团党组、中国石油集团关于对长庆油田实施重组整合和组建川庆钻探工程公司，以及领导班子调整配备的决定。

中国石油集团这次对长庆油田上市、未上市业务实施重组，并组建川庆钻探工程公司，是加快建设综合性国际能源公司、完善管理体制的重大举措，对长庆油田的整体协调发展具有重要的意义。

这次中国石油集团对自己的工作进行调整，我本人坚决拥护。并衷心感谢上级组织和廖总等领导长期以来对自己的关心和培养，衷心感谢多年来油田历届领导的亲切关怀，衷心感谢油田各位同仁和油田广大干部职工对自己的鼎力支持和关心帮助。

我相信，长庆油田新一届领导班子一定能够不负重托，带领广大干部职工不断谱写长庆发展的新篇章，再创长庆发展的新辉煌。真诚地祝愿长庆的明天更加美好，祝愿川庆钻探工程公司顺利起航、做大做强。

冉新权在长庆油田干部大会上的表态发言（摘要）

（2008年2月26日）

我完全拥护、坚决服从。中国石油集团党组对长庆油田领导班子进行调整配备，充分体现了中国石油集团党组对长庆油田工作的肯定、对长庆油田快速发展寄予的厚望。

根据党组安排，王道富同志将调任股份公司总地质师，苟三权同志将调任冀东油田总经理、党委副书记。王总、苟局长为长庆油田的发展倾注了满腔热情，付出了大量的心血，带领长庆油田取得了辉煌的发展成果，奠定了油田可持续发展的基础。并借此机会，代表长庆油田分公司领导班子和全体干部员工，对王总和苟局长为长庆发展作出的突出贡献表示衷心的感谢和崇高的敬意。同时真诚祝愿王总和苟局长在新的领导岗位上取得更大的成就。

长庆油田在中国石油集团发展战略中承担着确保国内主营业务持续发展的重任。中国石油集团党组已经为长庆油田规划了未来发展的蓝图，为长庆油田描绘了未来的美好前景。根据发展规划，长庆油田2009年年产油气当量要达到3000万吨以上，并保持稳步增长、持续发展，到2015年使长庆油田的年产油气当量达到5000万吨以上（不包括延长油田），把鄂尔多斯盆地建设成为我国重要的油气生产基地。

中国石油集团党组决定由我任长庆油田分公司总经理，这是对我的信任和重托，也是对我的鼓励和鞭策。我一定会尽心尽责，竭尽全力，扎实工作，不辱使命，用良好的业绩回报党组和同志们对我的厚爱，用油田科学发展、和谐发展、又好又快发展的局面回报党组和油田广大干部员工对我的信任和期望。

今后一个时期，长庆油田分公司将以科学发展观为指导，坚持以人为本，坚持依靠科技，加快油气增储上产步伐，转变发展方式，不断提高油气田开发建设管理水平，逐步建立适应大油田管理、大规模建设的机制体制，建设高素质的干部员工队伍，切实履行企业经济责任、政治责任和社会责任，全面提升可持续发展能力，为中国石油集团建设综合性国际能源公司作出贡献。

近期长庆油田分公司要重点做好六项工作：一是按照中国石油集团党组的总体部署和要求，平稳有序做好这次业务整合及专业化重组工作。这次业务整合及专业化重组坚持的一项基本原则就是确保广大干部员工的根本利益，希望广大干部员工放心，公司会按照公平公正的原则，认真考虑每一位干部员工的使用，妥善安置好每一位工作人员，切实维护好每一位员工的利益，让全体员工分享企业改革发展的成果。二是加强油气勘探，努力寻找大发现，开辟大场面，不断夯实油田快速发展的资源基础。三是努力拓展油气发展空间，加强原油2吨区的开发，扩大苏里格气田合作开发区域，确保公司今年油气产量比2006年净增500万吨以上。四是转变发展方式，依靠科技解决发展的瓶颈问题，大力推行“标准化设计、模块化建设、数字化管理”，不断提高油气田勘探、开发、建设、管理的水平。五是加强安全环保工作，努力实现安全生产零事故、“三废”全面达标排放。六是进一步加强党的建设、班子建设、企业文化建设、基层建设以及队伍建设，积极履行三大责任，构建和谐矿区，为油田大发展营造良好的内外部环境。

作为公司总经理，我将把发展长庆事业当作追求，努力提高科学决策的能力、领导发展的能力、总揽全局的能力和解决复杂问题的能力，充满激情地工作。在班子建设上，自己将带头贯彻落实中国石油集团党组的决策和要求，带头坚持民主集中制原则，让集体决策成为一种制度，使主动沟通成为一种习惯，使相互尊重成为一种境界，以创新精神解决新情况、新问题，努力把长庆油田分公司班子建设成为“四好班子”。在作风建设上，自己将坚持党的宗旨，发扬党的优良传统，严守党的纪律，带头执行中央、中国石油集团、长庆油田分公司廉洁自律的有关要求，带好班子、凝聚队伍、推动发展，要求下级做到的，自己首先垂范，要求下级不做的事，自己首先不做，并请大家监督。

长庆油田面临加快发展的历史机遇，也面临油藏埋深增加、储量品位变差、单井产量降低、投资成本控制压力增大、员工素质和运行机制还不适应油田大发展的需要等问题。相信有中国石油集团党组的正确领导，有总部机关各部门和专业公司的大力支持帮助，有班子成员的通力合作，有公司全体员工的共同努力，长庆油田一定能够克服一切困难，实现科学发展、和谐发展、又好又快发展，不断谱写出大发展的新篇章，为建设我国重要油气生产基地，为中国石油集团建设综合性国际能源公司作出新的更大的贡献。

曲广学在长庆油田干部大会上的表态发言（摘要）

（2008 年 2 月 26 日）

我坚决拥护中国石油集团的决定，坚决服从组织安排。一定同冉新权同志及班子其他成员一起同心同德，尽职尽责地把中国石油集团交给的任务完成好，把长庆的工作做好，决不辜负中国石油集团领导的重托，不辜负全局广大干部职工的信任与支持。

第一要加强学习，不断提高党性修养。在政治上与党中央保持高度一致，在行动上坚定不移地贯彻执行中国石油集团党组的战略部署和要求，创造性地开展工作，把党的十七大精神落实到推动长庆油田科学发展的各项具体实践中。坚持向同志们学习、向实践学习，使自己思想更加解放，思路更加开阔，方法更加灵活，不断提高自身素质和领导水平。第二要立足本职，全力推动发展大业。坚持把发展作为第一要务，紧密围绕长庆油田勘探开发生产经营中心任务，充分发挥党委的政治核心作用，为推进长庆油田科学发展、和谐发展、持续发展提供强有力的思想政治保证。第三要胸怀大局，坚决维护班子团结。坚持民主集中制原则，树立党政一盘棋思想，全力支持和配合冉新权总经理的工作，互相理解、互相尊重；搞好班子成员之间的团结，做到互相支持、彼此信任、团结协作、和谐共融，充分依靠油田全体干部职工集体的智慧和力量做决策办事情，齐心协力推进企业发展。第四要开拓创新，扎实做好党务工作。积极探索与实践新形势下党建工作、思想政治工作、企业文化建设和基层建设有效结合的新途径、新方法，不断加强党组织建设、班子建设和队伍建设，扎实推进惩防体系建设，不断加强宣传思想政治工作和精神文明建设，努力开创长庆油田党建工作新局面。第五要以身作则，争做廉政勤政模范。牢固树立正确的权力观、地位观和利益观，严格按照领导干部廉洁自律的有关规定，保持艰苦奋斗、勤俭节约的优良作风，多做为企业发展打基础的事，多做促进改革、有利长远发展的事，多做与职工群众利益相关的事，多做有利于长庆大发展的事。

当前，长庆油田已经站在更高的起点上，步入了崭新的历史发展时期。坚信在中国石油集团的正确领导下，在班子成员的密切配合下，在广大干部员工的团结协作下，一定能够克服地质条件、自然环境和社会环境等诸多方面的困难和压力，继续开创长庆油田又好又快发展的新局面。

附　表

工业总产值、企业增加值完成情况一览表

指标名称	计量单位	2007年完成	2006年同期	同比	
				增减	增减率（%）
工业总产值（现价）	万元	937970	835793	102177	12.23
工业销售产值	万元	957850	824217	133633	16.21
企业增加值	万元	544251	468086	76165	16.27
1. 生产税净额	万元	88342	96304	-7962	-8.27
其中：应缴增值税	万元	71299	83489	-12190	-14.60
2. 营业利润	万元	17242	54805	-37563	-68.54
3. 固定资产折旧	万元	90796	60831	29965	49.26
4. 工资	万元	248987	171925	77062	44.82
5. 工资附加费	万元	21425	30880	-9455	-30.62
6. 其他增加值	万元	77459	53341	24118	45.21
工业增加值	万元	370901	336111	4500	1.23

主营业务收入完成情况一览表

指标名称	计量单位	2007年完成	2006年同期	同比	
				增减	增减率（%）
合　　计	万元	1289415	1117514	171901	15.38
工程技术服务	万元	910721	841114	69607	8.28
生产服务	万元	172387	157804	14583	9.24
加工制造	万元	55759	43423	12336	28.41
基地后勤及社会服务	万元	43599	21512	22087	102.67
合资开发油气田	万元	93088	38946	54142	139.02
管理机关	万元	7032	8700	-1668	-19.17
科研开发	万元	6829	6015	814	13.51

生产经营主要指标完成情况分析表

指标名称	计量单位	2007年完成	2006年同期	同比	
				绝对额	%
工程技术服务					
1. 开钻井口数	口	1879	1625	254	15.63
其中：探井	口	100	75	25	33.33
开发井	口	1779	1550	229	14.77
2. 完成井口数	口	1873	1619	254	15.69
其中：探井	口	100	74	26	35.14
开发井	口	1773	1545	228	14.76
3. 钻井进尺	米	4220066	3689564	530502	14.38
其中：探井	米	316114	223918	92196	41.17
开发井	米	3903952	3465646	438306	12.65
4. 固井口数	口	1837	1574	236	15.46
5. 录井	口	1988	1630	358	21.96
6. 试油压裂酸化	层次	6763	5434	1329	24.46
其中：试油	层	2035	1551	484	31.21
压裂	井次	4221	3338		26.45
酸化	井次	507	545		-6.97
7. 井下作业井次	井次	16913	16194	719	4.44
其中：维护性作业	井次	15645	14966	679	4.54
大修	井次	88	96		-8.33
8. 承揽建筑工程合同金额	万元	241286	175365	65921	40.60
9. 直接从建设单位承揽工程完成的产值	万元	153580	153214	366	0.24
自行完成施工产值	万元	108968	106429	2539	2.39
10. 勘察设计完成合同额	万元	27200	21282	5918	27.81
加工制造					
1. 工业总产值（现价）	万元	68230	57562	10668	18.53
其中：机械制造	万元	62136	52253	9883	18.91
2. 工业销售产值	万元	67880	56906	10974	19.28
其中：机械制造	万元	61786	51597	10189	19.75
3. 产销率	%	99.49	98.86	1	0.63

续表

指标名称	计量单位	2007年完成	2006年同期	同比	
				绝对额	%
生产服务					
1. 供水量	万立方米	2002	1973	29	1.45
其中：自产水量	万立方米	1452	1497	-44	-2.97
商品水量	万立方米	1945	1861	84	4.50
其中：供股份公司水量	万立方米	1361	1322	39	2.91
2. 供电量	万千瓦·时	143498	129810	13688	10.54
其中：外购电量	万千瓦·时	119084	105893	13191	12.46
自发供电量	万千瓦·时	24414	23917	497	2.08
商品电量	万千瓦·时	138895	123166	15729	12.77
供股份公司电量	万千瓦·时	123434	105051	18382	17.50
3. 发电量	万千瓦·时	25047	24449	598	2.45
4. 物资供应购销量	万元	1230885	1061182	169703	15.97
其中：购进量	万元	618731	534062	84669	16.04
售出量	万元	612154	527120	85034	15.90
5. 货物周转量	万吨·千米	76069	67455	8614	12.77
合作开发油气田					
1. 原油产量	吨	301600	157100	144500	91.98
2. 原油销售量	吨	284780	112266	172514	153.67
3. 天然气产量	万立方米	40474	16611	23863	138.18
4. 天然气销售量	万立方米	38475	15929	22546	135.84
固定资产投资完成额					
1. 非安装设备购置	万元	68852	108774	-39922	-36.70
2. 合作开发油气田	万元	176487	111728	64759	57.96
3. 工程项目	万元	14133	15577	-1444	-9.27
4. 安全环保隐患治理专项	万元	7584	4509	3075	68.20
5. 生活基地配套、维护	万元	23585	10162	13423	132.09

编　后　记

《长庆石油勘探局年鉴（2008）》，是《长庆石油勘探局年鉴》第八卷本，也是最后一卷本。

本卷年鉴基本沿用了前七卷业已形成的框架结构和装帧风格。在编辑过程中，我们试图更加注重资料性、工具性和实用性，同时尽量让版式设计更加严谨，力求文字叙述更为流畅，并扩充增大了信息含量。

本卷年鉴编辑正值长庆石油勘探局与长庆油田分公司实行重组整合、机构撤并、人员整合，长庆石油勘探局实体机构不复存在。但对自1984年1月1日长庆油田会战指挥部改名为长庆石油勘探局以来24年的“长庆局”情节和保持历史资料完整性的责任心，使各级领导和年鉴编辑人员十分重视这最后一卷的年鉴编辑工作。原局党委书记、副局长曲广学在重组整合的当天要求机关各部门、各单位领导一如既往重视档案资料的收集，支持年鉴编辑工作；原局长、党委副书记苟三权担任编委会主任，并为本卷年鉴做了序；长庆油田分公司总经理、党委副书记、长庆石油勘探局局长冉新权十分重视、全力支持年鉴编辑工作。原局机关各部门、各厂（处）单位领导组织安排编撰人员撰稿、亲自审核稿件，对年鉴工作予以极大的支持。原局机关各部门、各厂（处）单位的撰稿人员，克服诸多困难，为本年鉴的出版付出了艰辛的劳动。同时，局办公室、长庆新闻中心、《中国石油报》长庆记者站等单位为年鉴编辑提供了大量的资料和照片。在此，对这些单位和所有支持年鉴工作，为年鉴编辑出版提供了帮助的人们致以崇高的敬意和深切的谢意。

在本年鉴的编辑过程中，我们尽管作出了很大的努力，但限于工作经验和编辑水平等方面的原因，难免存在疏漏和不足，恳切期望大家提出批评意见。

《长庆石油勘探局年鉴》编辑部
2008年7月